幸 运 研 途 考

333

教育综合
高分笔记

(修订版)

第一部分 教育学基础

[Lucky 学姐 编著]

中国商务出版社
CHINA COMMERCE AND TRADE PRESS

图书在版编目（CIP）数据

333 教育综合高分笔记：全四册 / Lucky 学姐编著 . -- 修订本 . -- 北京：中国商务出版社，2021.4
ISBN 978-7-5103-3772-7

Ⅰ. ①3… Ⅱ. ①L… Ⅲ. ①教育学—研究生—入学考试—自学参考资料 Ⅳ. ①G40

中国版本图书馆 CIP 数据核字 (2021) 第 060353 号

333 教育综合高分笔记：全四册（修订版）
SANSANSAN JIAOYU ZONGHE GAOFEN BIJI:QUANSICE（XIUDINGBAN）
Lucky 学姐　编著

出　　　版	中国商务出版社
地　　　址	北京市东城区安定门外大街东后巷 28 号　　邮　编：100710
责任部门	国际经济与贸易事业部（010-64269744　bjys@cctpress.com）
责任编辑	周水琴
总 发 行	中国商务出版社发行部（010-64266119　64515150）
网购零售	010-64269744
网　　　址	http://www.cctpress.com
邮　　　箱	cctp@cctpress.com
排　　　版	黄　静　仲伟娣
印　　　刷	南京孚嘉印刷有限公司
开　　　本	889 毫米 × 1194 毫米　1/16
总 印 张	41.5　　　　　　　　　　　　　总 字 数：1062 千字
版　　　次	2021 年 4 月第 1 版　　　　　　　印　次：2021 年 4 月第 1 次印刷
书　　　号	ISBN 978-7-5103-3772-7
总 定 价	258.00 元（全四册）

凡所购本版图书有印装质量问题，请与本社总编室联系。（电话：010-64212247）

版权所有　盗版必究（盗版侵权举报可发邮件到本社邮箱：cctp@cctpress.com）

前 言

各位学弟学妹：

你们好，我是 Lucky 学姐。曾经我也和大家一样，奋战在考研路上，经过自己的不懈努力最终成功上岸。考研是一场修行，考验着我们的心智，磨炼着我们的意志。只有真正经历过考研的人才知道：唯有忘我的坚持和努力才能收获胜利的果实！当我们回首往事，或许只有像高考、考研这样洒过热泪的奋斗史才是我们一生的财富，值得我们此生细细品味！

羽化成蝶的信念，支撑着我走过高考、走过考研。因为我也是曾经的经历者，所以能感同身受大家的考研不易。教育硕士要考的 333 教育综合知识点众多且庞杂，如果未经系统梳理，学习时间成本极大。如何帮助学弟学妹在较短的时间取得高分，是这些年来我一直思考的问题，也是我的使命。我的第一版《333 教育综合高分笔记》是在 2015 年完成的，之后根据每年最新的考试大纲、最新的参考书、最新的真题、最新的考试趋势以及对往届考生复习需求的持续关注、分析与思考，每年花费数月的时间对笔记进行更新完善，这也成为我生活中最大的部分。2021 年已经是第七个年头，在这七年中，通过和数万名学弟学妹的交流，我对大家 333 教育综合复习需求的理解更加深刻，并将这种深刻的理解融入到笔记各方面的更新之中。在更短的时间里取得高分，是我们共同的目标！通过笔记帮助更多的学弟学妹考入心仪的院校，奠定从事教育事业的坚实基础，是我全部付出的意义所在。

在整理笔记过程中，我参考了很多学者、老师的作品，有王道俊、郭文安主编的《教育学》，人民教育出版社；全国 12 所重点师范大学合编的《教育学基础》，教育科学出版社；柳海民主编的《教育学原理》（第 2 版），高等教育出版社；孙培青主编的《中国教育史》，华东师范大学出版社；王炳照等著的《简明中国教育史》，北京师范大学出版社；张斌贤主编，王晨副主编的《外国教育史》，教育科学出版社；吴式颖主编的《外国教育史教程》，人民教育出版社；张大均主编的《教育心理学》，人民教育出版社；陈琦、刘儒德主编的《当代教育心理学》，北京师范大学出版社；陈琦、刘儒德主编的《教育心理学》，高等教育出版社。《全日制攻读教育硕士专业学位入学考试大纲及指南》，人民教育出版社。此外，还有学术论文以及相关学科的知识。在此，特别感谢各位学者、老师的贡献，让我能汲取其中的智慧，更好地为学弟学妹服务。

《333 教育综合高分笔记》包含四部分内容，分别是教育学基础、中国教育史、外国教育史、教育心理学。四部分内容特点如下：

教育学基础理论性较强，与中国教育史、外国教育史、教育心理学内容都有相通之处。复习时要把握整体框架，在理解的基础上进行记忆。考试时常会结合实际生活中的教育现状、教育热点来考查分析论述题。这类型的题目需要我们平时多积累，多关注新闻、教育热点与教育改革发展状况。

中国教育史较易理解，可以按照历史发展的方向来把握主线，也可以按照教育思想史、实践史、制度史三条脉络来复习，在理解的基础上进行记忆。考试中有的大学会出中外教育史的比较题，这类知识点会在对应章节的高分拓展中详细补充。

外国教育史可以参考中国教育史的复习方法，按照各个国家历史发展的方向来把握主线，也可以按照教育思想史、实践史、制度史三条脉络来复习，在理解的基础上进行记忆。外国教育史中各个国家在不同时期会出台不同的教育法案，这些知识点容易混淆、难记忆，多进行比较，记忆一些有代表性的关键词。

教育心理学最难理解但也是一门有趣的学科，它涉及很多教育心理学实验和理论。笔记中通过增加图示、举例、背景知识等多种方式帮助大家理解，在理解的基础上进行记忆。考试中很多大学对教育心理学的考查会结合实际教育案例，用教育心理学的知识去分析教育现象。

如果你是跨专业、零基础或者有一定基础想突破高分，应配合我们的全程班视频课程学习，深化对 333 教育综合各个知识点的理解，让你事半功倍得高分。此外，我们的全程班不仅仅提供课程，还会提供优质、超值的配套服务，有公众号、微博、微信、QQ 答疑群等，让你在整个考研学习中体会到贴心、安心、放心。

《333教育综合高分笔记》（以下简称"笔记"）一套4本，设计思路如下：

1. 运用统计学的方法分析知识点

根据历年真题统计数据分析大纲各个知识点的出现频率，以考频条形图的形式直观呈现在笔记的每章节前。这样一方面，可以直接了解333教育综合大纲具体考查什么知识点；另一方面，可以直观感受每个考点的考频次数。

2. 利用思维导图构建知识体系

每部分笔记都有超大的知识地图，每章节前有本章的思维导图，便于大家形成完备的知识体系。

3. 指明参考书

每章都有详细列出本章对应的参考书章节，可以针对性的查看，帮助理解。

4. 采用康奈尔笔记法（5R笔记法）编排

笔记中的每页纸分成三部分，最大的空间为主栏，将333教育综合大纲要求的所有知识点都整理在其中；侧栏主要是对主栏中的有些知识点进行背景讲解、复习提示、答题指导、知识拓展、真题回顾等；主栏中有些知识点的下方有总结该知识点的关键词、助记口诀、助记图、助记表格、顺口溜等，这是笔记内容的精华浓缩部分，能帮助大家轻松理解、记忆知识点。

5. 使用颜色管理法进行科学标注

（1）黄色荧光

代表重点，是很多学校333教育综合常考的知识点，重点内容下面主干的语句、关键词、关键句用**洋红色加粗**字体突出，这是必须背熟练的内容。注意：借助使用我们配套神奇的红色遮字板（正版笔记独家专属），对重点知识进行反复巩固、背诵，一定会达到意想不到的效果。

（2）各个学校已考的各类题型分别用不同颜色标识，针对性强

填空题用红色标注，选择题用浅蓝色标注，名词解释用紫色标注，辨析题用绿色标注，简答题用深蓝色标注，论述题用红色标注。例如【填空/选择/名词解释/辨析/简答/论述】：21陕西，21南京，21北京，21山东，21华东，21东北。代表的意思是2021年陕西师范大学考过填空题，2021年南京师范大学考过选择题，2021年北京师范大学考过名词解释，2021年山东师范大学考过辨析题，2021年华东师范大学考过简答题，2021年东北师范大学考过论述题。其中，每个学校的名称省略了"师范大学"或"大学"。

《333教育综合高分笔记》是由Lucky学姐及其团队教研人员整理总结而成，凝聚了众人的智慧，付出了大量的心血、时间和精力，但鉴于时间、知识水平有限，难免会有疏漏之处，敬请读者批评指正。如果您有宝贵意见和建议，请发送至邮箱Lucky0451@126.com，你的付出会帮助到学弟学妹和Lucky学姐。

Lucky学姐开通了**官方淘宝店铺和微信公众号（Lucky学姐考研教育）、微博（Lucky学姐考研教育学）**，这些平台将定期发布考研信息、考研经验、复习建议、教育热点、知识拓展等等，Lucky学姐与你同行，有志者跟我来！

Lucky学姐
2021年2月

淘宝店铺	微信公众号	微博
Lucky学姐考研教育	Lucky学姐考研	Lucky学姐考研教育学

目 录

第一章 教育学概述 ……………………………………………………………… 2
　　第一节 教育学的研究对象和任务 …………………………………………… 3
　　第二节 教育学的产生和发展 ………………………………………………… 4
　　本章高分拓展 …………………………………………………………………… 9

第二章 教育的概念 ……………………………………………………………… 10
　　第一节 教育的质的特点（即教育的本质特征／教育的质的规定性）…… 11
　　第二节 教育活动的基本要素 ………………………………………………… 11
　　第三节 教育的历史发展 ……………………………………………………… 13
　　第四节 教育概念的界定 ……………………………………………………… 14
　　本章高分拓展 …………………………………………………………………… 15

第三章 教育与人的发展 ………………………………………………………… 22
　　第一节 人的发展概述 ………………………………………………………… 23
　　第二节 影响人的发展的基本因素 …………………………………………… 26
　　第三节 教育对人的发展的作用 ……………………………………………… 29
　　本章高分拓展 …………………………………………………………………… 31

第四章 教育与社会的发展 ……………………………………………………… 35
　　第一节 教育的社会制约性 …………………………………………………… 37
　　第二节 教育的社会功能 ……………………………………………………… 39
　　第三节 教育与我国社会主义建设 …………………………………………… 44
　　本章高分拓展 …………………………………………………………………… 46

第五章 教育目的 ………………………………………………………………… 54
　　第一节 教育目的概述 ………………………………………………………… 55
　　第二节 我国的教育目的 ……………………………………………………… 58
　　本章高分拓展 …………………………………………………………………… 62

第六章 教育制度 ………………………………………………………………… 68
　　第一节 教育制度概述 ………………………………………………………… 70
　　第二节 现代学校教育制度（即学制）……………………………………… 71
　　第三节 我国现行学校教育制度 ……………………………………………… 74
　　本章高分拓展 …………………………………………………………………… 77

第七章 课程 ……………………………………………………………………… 81
　　第一节 课程概述 ……………………………………………………………… 83

  第二节 课程设计 ··· 87
  第三节 课程改革 ··· 90
  本章高分拓展 ·· 94

第八章 教学（上） ·· 108
  第一节 教学概述 ·· 110
  第二节 教学过程 ·· 111
  第三节 教学原则 ·· 117
  本章高分拓展 ··· 122

第九章 教学（下） ·· 132
  第四节 教学方法 ·· 134
  第五节 教学组织形式 ·· 139
  第六节 教学评价 ·· 144
  本章高分拓展 ··· 149

第十章 德育 ·· 151
  第一节 德育概述 ·· 153
  第二节 德育过程 ·· 154
  第三节 德育原则 ·· 158
  第四节 德育途径与方法 ······································ 162
  本章高分拓展 ··· 166

第十一章 班主任 ·· 172
  第一节 班主任工作概述 ······································ 173
  第二节 班集体的培养 ·· 174
  第三节 班主任工作的内容和方法 ························ 177

第十二章 教师 ·· 179
  第一节 教师工作概述 ·· 180
  第二节 教师的素养 ··· 184
  第三节 教师的培养与提高 ··································· 185
  本章高分拓展 ··· 188

第十三章 学校管理 ·· 198
  第一节 学校管理概述 ·· 200
  第二节 学校管理的目标与过程 ··························· 202
  第三节 学校管理的内容和要求 ··························· 204
  第四节 学校管理的发展趋势 ······························· 205
  本章高分拓展 ··· 208

教育学基础大纲每章节考频

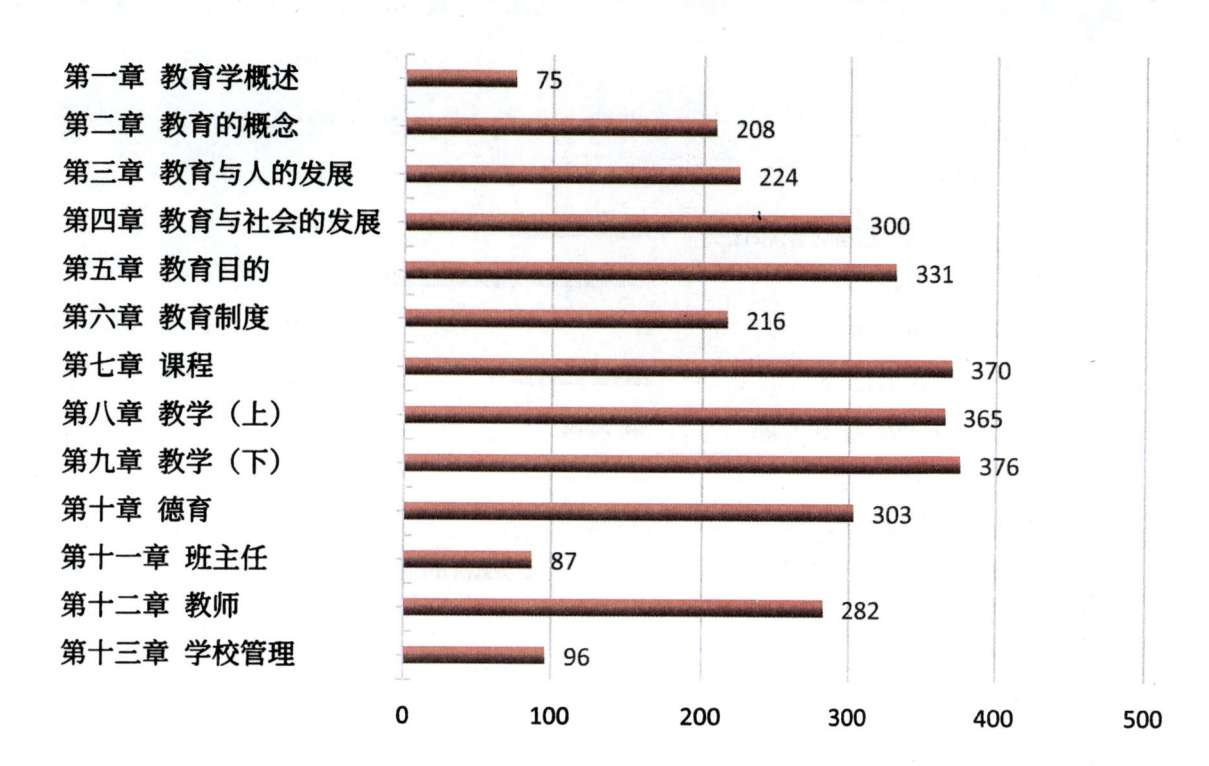

章节	考频
第一章 教育学概述	75
第二章 教育的概念	208
第三章 教育与人的发展	224
第四章 教育与社会的发展	300
第五章 教育目的	331
第六章 教育制度	216
第七章 课程	370
第八章 教学（上）	365
第九章 教学（下）	376
第十章 德育	303
第十一章 班主任	87
第十二章 教师	282
第十三章 学校管理	96

教育学基础大纲知识点整体框架图

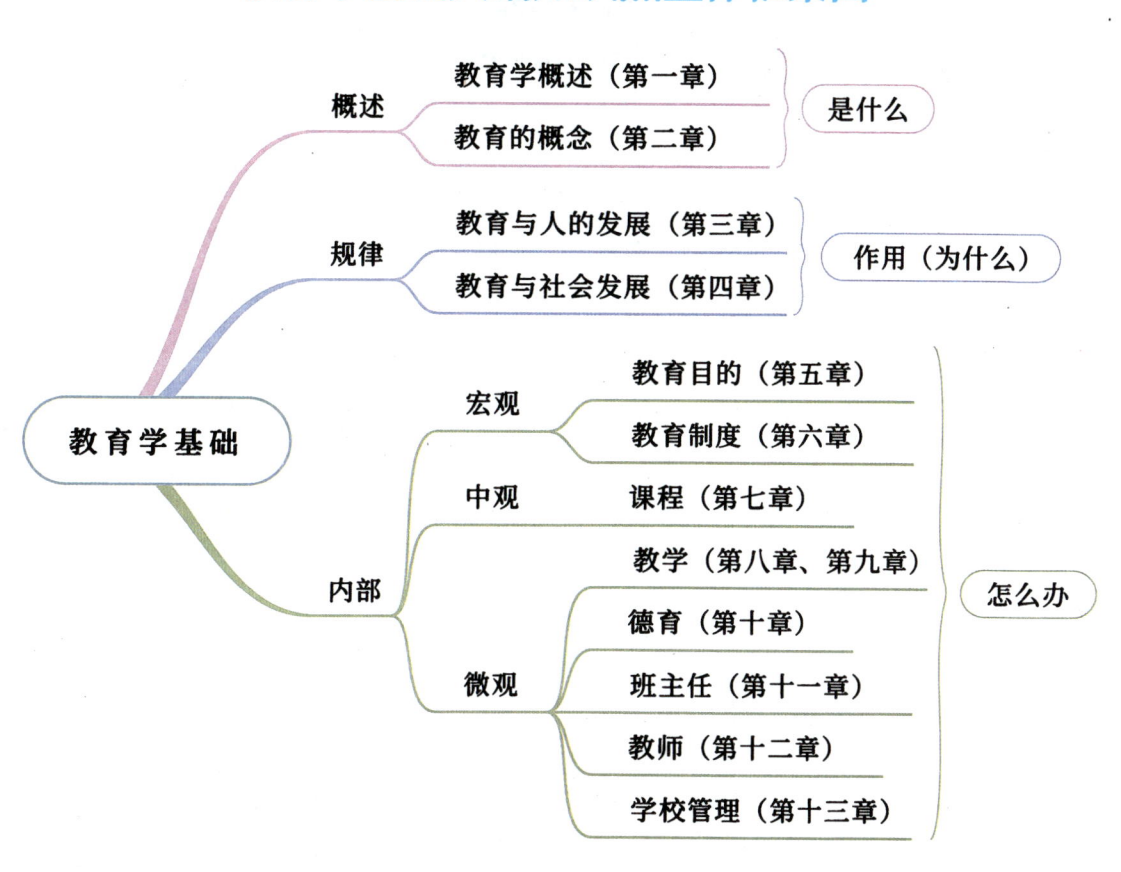

教育学基础
- 概述（是什么）
  - 教育学概述（第一章）
  - 教育的概念（第二章）
- 规律（作用（为什么））
  - 教育与人的发展（第三章）
  - 教育与社会发展（第四章）
- 内部（怎么办）
  - 宏观
    - 教育目的（第五章）
    - 教育制度（第六章）
  - 中观
    - 课程（第七章）
  - 微观
    - 教学（第八章、第九章）
    - 德育（第十章）
    - 班主任（第十一章）
    - 教师（第十二章）
    - 学校管理（第十三章）

第一章　教育学概述

本章大纲考点及考频

第一节　教育学的研究对象和任务　8
　一、教育学的概念　20
　二、教育学的研究对象　1
　三、教育学的研究任务　8
第二节　教育学的产生和发展　5
　一、教育学的萌芽阶段　1
　二、教育学的独立阶段　2
　三、教育学发展的多样化阶段　29
　四、教育学的理论深化阶段　1

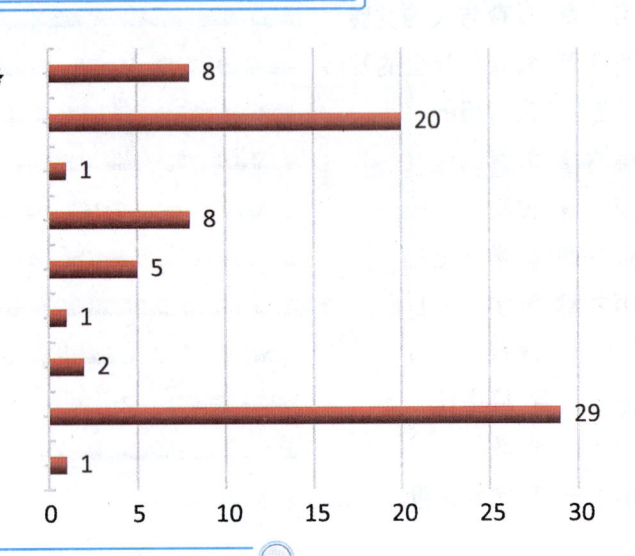

本章思维导图

教育学概述
- 教育学的研究对象与任务
  - 教育学的概念
  - 教育学的研究对象
  - 教育学的研究任务
- 教育学的产生与发展
  - 教育学的萌芽阶段
  - 教育学的独立形态阶段
  - 教育学发展的多样化阶段
    - 实证主义教育学
    - 实验教育学
    - 实用主义教育学
    - 批判教育学
    - 马克思主义教育学
    - 文化教育学
    （教育家、教育著作、教育思想、教育理论）
  - 教育学的理论深化阶段

本章参考书

【1】王道俊、郭文安主编：《教育学》（第七版），人民教育出版社，绪论
【2】全国十二所重点师范大学联合编写：《教育学基础》（第3版），教育科学出版社，第一章

第一节 教育学的研究对象和任务

【简答】：11 渤海大学，15 曲阜，17、18、20、21 湖北大学，17 湖南，20 深圳大学

一、教育学的概念
【名解】：10 江苏，10 中山，10 西南，11 渤海大学，11、15 沈阳，11 西北，11 扬州，15、21 广东技术，16 河南，16 海南，12、17、18、19、20 哈尔滨，19 长春，21 同济大学，21 华南

1. 教育学是一门以教育活动为研究对象的学科，核心是引导、培育和规范人的发展，解决培养什么人和怎样有效培养人的问题。

2. 教育学的研究对象是教育现象和教育问题，研究任务在于通过对教育现象、教育问题的研究，揭示教育本质、教育规律，探讨教育价值观念和教育艺术，指导教育实践。

3. 通过学习教育学，我们可以掌握教育的基本理论，树立正确的教育观念，提高从事教育工作的自觉性、创造性，增加对教育工作的兴趣，为培养社会主义建设人才做出贡献。

助记图 >>

```
                教育学
        ┌─────────┼─────────┐
       定义   研究对象和任务   意义
```

二、教育学的研究对象 【简答】：16 深圳大学

教育学是一门通过对**教育现象和教育问题**的研究，从而去**揭示教育规律**的社会学科。但是并非所有的教育现象和教育问题都可以成为教育学的研究对象，只有那些有研究价值、能够引起社会普遍关注的教育现象和教育问题才能成为教育学的研究对象。因此，教育学的研究对象是教育现象，重点在于研究教育问题，目的是揭示教育规律。

三、教育学的研究任务 【简答】：16 深圳大学，19 中国海洋

教育学的研究对象决定了教育学的任务主要有三项：

（一）揭示教育规律 【名解】：13 山西，14 渤海大学，17 郑州大学，17 天津大学，19 山东，20 沈阳

所谓教育规律，是指不以人们意志为转移的教育内部诸因素之间、教育与其他事物之间具有本质性的联系，以及教育发展变化过程的规律性。教育学的任务就是要在研究教育的现象与问题、总结教育经验的基础上去揭示教育的各种可验证的客观性规律，并阐明教育工作的原理、原则、方法与组织形式等问题，为教育工作者提供理论上和方法上的依据。

（二）注重探讨教育价值观念

人们在进行教育活动时，总会把自己对人生意义与社会理想的选择和诉求作为出发点，形成教育价值观念，以引领和规范教育的发展和人的发展。因此，在开展教育活动时，要认真探讨教育的价值问题，选择正确的价值取向，制定合理的教育目的或要求。

【复习提示】
"教育学"是重点，各校常考名词解释，注意与"教育"名词解释的区别。

教育现象：是人类各种教育活动的外在表现形式。

教育问题：当某种教育现象成为人们关注的焦点，被人们广泛地议论、评说或要求予以解决时，这种教育现象就变成了教育问题。

教育规律和教育价值追求并非水火不相容的，相反，主体能动的价值选择是建立在自觉遵循规律的基础上，价值选择又会引领主体的践行。

教育是一种艺术，是最讲究教育方法与睿智。

（三）重视探讨教育艺术

教育者有自己的经历、人生体验、教育风格。受教育者也有自己的主观意愿、感受理解，而且他们的成长还要经过自身的自我建构和自我努力。因此，培养人的教育活动应该是充满灵性、情感、自由创造的活动，它没有固定不变的方式方法，切忌简单机械、强迫命令。在这一意义上，也可以说教育是一种艺术。

综上所述，教育学的研究任务在于通过对教育现象、教育问题的研究，揭示教育本质、教育规律，探讨教育价值观念和教育艺术，指导教育实践。

> 最注重关爱和调动学生内在向上的动力，最具创造性和个性的艺术。

第二节 教育学的产生和发展

【简答/论述】：11 江西，14 西北，16 集美大学，17 河南，19 广西

一、教育学的萌芽阶段 【简答】：18 江苏大学

在奴隶社会和封建社会，教育学处于萌芽阶段，还没有成为一门独立的学科。古代的思想家、教育家的教育思想，都寓于他们的哲学或伦理学、政治学著作中。

（一）掌握四本书

1. 《论语》，汇集了我国古代教育家孔子关于哲学、政治、伦理和教育等方面的言论。
2. 《理想国》，古希腊哲学家柏拉图的教育思想寓于他的这本政治学著作中。
3. 《学记》，是儒家思孟学派撰写的，是世界上最早的专门论述教育问题的著作。
4. 《论演说家的培养》，也叫《雄辩术原理》，是古罗马教育家昆体良撰写的，是西方最早的论述教育教学问题的专著。

（二）教育学萌芽阶段的特点

1. 古代思想家和教育家总结和概括了不少符合教育发展的客观规律和人的认识规律。
2. 所有教育方面的著作，多属论文的形式，散见于哲学和政治著作中。
3. 教育思想停留于经验的描述，缺乏科学的理论分析，没有形成完整的体系。

二、教育学的独立形态阶段 【简答】：18 天津职业，20 成都大学

随着近代生产和科学的发展，资产阶级教育家为了阐明教育主张，总结教育方面的经验，写了一些教育著作，出现了体系比较完整的教育学，教育学逐渐成为一门独立的学科。

（一）代表人物及著作

1. 培根（英国）：《论科学的价值和发展》，首次把"教育学"作为一门独立的学科提出。
2. 夸美纽斯（捷克）：《大教学论》，这是近代最早的一部教育学著作，是独立形态的教育学的开端。

> 💡 复习提示
>
> "教育学"名词出现在近代，当教育成为一门独立学科以后才出现"教育学"。所以，不能说《学记》是讨论教育学问题的一本书。
>
> 注意洋红色字体标注容易考选择题。
>
> 《普通教育学》标志着什么？会考选择题。同时《普通教育学》会考名词解释，详细答案在外国教育史赫尔巴特那一节。

3. **洛克（英国）**：《教育漫话》，提出了完整的"绅士教育"理论，第一次将教育分为体育、德育与智育三部分，并把德育放在首位。

4. **康德（德国）**：曾先后四次在哥尼斯堡大学讲授教育学，是最早在大学开设教育学讲座的教授之一。

5. **卢梭（法国）**：《爱弥儿》，系统地阐述了他的自然主义教育思想。

6. **裴斯泰洛齐（瑞士）**：《林哈德与葛笃德》，在西方教育史上第一次提出了"要素教育"（德育、智育、体育以及劳动教育）以及教育心理学化的思想。

7. **赫尔巴特（德国）**：《普通教育学》，标志着教育学已经成为一门独立的学科。

（二）这个时期的特点

1. 从对象方面而言，教育问题成为一个专门的研究领域。
2. 从概念和范畴方面而言，形成了专门的教育概念与范畴。
3. 从方法方面而言，有了严谨科学的研究方法。
4. 从结果方面而言，产生了一些重要的教育学家，出现了一些专门的、系统的教育学著作。
5. 从组织机构而言，出现了专门的教育研究机构。

三、教育学发展的多样化阶段（20世纪以来教育学的发展）

随着科学技术的发展，心理学、社会学、伦理学、政治学等经验学科的兴起，教育学从中吸取了有关研究成果，出现了许多新的教育学派别和重要的教育学著作。

（一）实证主义教育学

1. 代表人物及著作

斯宾塞是英国著名的实证主义者，他的代表著作是《教育论》。

2. 观点

（1）反对思辨，主张科学只是对经验事实的描写和记录，提出教育任务是教导人们怎样生活。

（2）运用实证的方法来研究知识的价值问题，认为直接保全自己的知识最有价值，其次则是间接保全自己的知识，其他的知识价值次第下降。

（3）强调生理学、卫生学、数学、机械学、物理学、化学、地质学、生物学等学科的重要，特别重视体育，反对古典语言和文学的教育。

（4）主张启发学生学习的自觉性，反对形式主义的教学。

3. 评价

实证主义教育学重视实科教育的思想，反映了19世纪资本主义大工业生产对教育的要求，具有明显的功利主义色彩。

（二）实验教育学【名解/简答/论述】：10、16安徽，13宁波大学，14扬州，15江苏，19青海，21曲阜，21聊城大学，11鲁东，14首都，17内蒙古，19北京，15华中

1. 代表人物及著作

德国教育学家梅伊曼的《实验教育学纲要》和拉伊的《实验教育学》。

2. 观点

（1）反对以赫尔巴特为代表的思辨教育学，认为这种教育学对检验教育方法的优劣毫无用途。

多样化阶段重点掌握六种教育思想观点。多以名词解释形式来考查。每种教育思想的代表人物记清楚。

实验教育学非常重要。考名词解释时答案模式采用：代表人物→观点→评价

(2) **提倡**把实验心理学的研究成果和方法应用于教育研究。
(3) 把**教育实验**分为提出假设、进行实验和确证三个基本阶段。
(4) **教育实验**与心理实验的差别在于心理实验是在实验室里进行的，教育实验则要在真正的学校环境和教学实践活动中进行。
(5) 主张用**实验、统计和比较的方法**探索儿童心理发展过程的特点及其智力发展水平，用实验数据作为改革学制、课程和教学方法的依据。

3. 评价

优点： 采用自然科学的实验法研究儿童发展及其与教育关系的理论，提倡**定量**的研究方法，推动了教育科学的发展。

不足： 把科学的定量方法夸大为教育科学研究的唯一有效方法时，就走上了"唯科学主义"的迷途，受到来自文化教育学的批判。

(三) 实用主义教育学【名解/简答/论述】：12河北，17广东技术，18西华，18天津职业，19山西大学，10四川，10南京，13曲阜，15江苏大学，18内蒙古，21合肥

1. 代表人物及著作

美国**杜威**的《民主主义与教育》、**克伯屈**的《设计教学法》

2. 观点

(1) **教育即生活。** 教育的过程与生活的过程是合一的，而不是为将来的生活做准备。
(2) **教育即生长，教育即学生个体经验继续不断地增长。** 教育的目的只是促进人本身的生长，除此之外教育再无其他目的。
(3) **学校即社会，学校是一个雏形的社会。** 学生在其中要学习现实社会中所要求的基本态度、技能和知识。
(4) **教育即经验的改组或改造，** 课程组织以学生的经验和兴趣为中心，而不是以学科知识体系为中心。
(5) **师生关系以儿童为中心，** 教师只是学生成长的帮助者，而非领导者。
(6) **教学过程应重视学生自己的独立发现和体验，** 尊重学生的个体差异性。

3. 评价

优点： 实用主义教育学对以赫尔巴特为代表的传统教育理念进行了深刻批判，推动了教育学的发展。

不足： 在一定程度上忽略了系统知识的学习，忽视了教师的主导作用，忽视了教育的相对独立性。

(四) 批判教育学【选择】：18南京

1. 代表人物及著作

鲍尔斯和金蒂斯的《资本主义美国的学校教育》、阿普尔的《教育与权力》、布迪厄（布尔迪厄）的《教育、社会和文化的再生产》。

2. 观点

(1) 当代资本主义学校教育是导致现实社会不公平、造成社会差别和对立的根源；
(2) 学校教育的功能就是再生产出占主导地位的社会政治意识形态、文化关系和经济结构；
(3) 批判教育学的目的就是要揭示看似自然事实背后的利益关系，帮助教师和学生对自己所处的教育环境及形成教育环境的诸多因素敏感起来，即对他们进行"启蒙"教育，以达到意识"解放"的目的；

《民主主义与教育》2016年杭州师大考过名词解释，详细答案在外国教育史笔记中。德国赫尔巴特倡导以教师为中心的传统教育模式，提出"教师""书本""课堂"的传统教育学三中心。

美国杜威则倡导教育要以儿童为中心，提出"儿童""活动""经验"的"新三中心论"。

(4)教育现象不是中立的和客观的,而是充满利益纷争的。因此,教育理论研究要采用实践批判的态度和方法。

3.评价
(1)批判教育学继承了马克思主义的某些基本观点和方法。
(2)有利于更深刻地认识资本主义的教育。
(3)具有很强的战斗性、批判性和解放力量。

(五)马克思主义教育学 【简答/论述】:21山西大学,21河北

1.代表人物及著作
克鲁普斯卡娅的《国民教育和民主主义》(第一部用马克思主义观点阐述教育学和教育史的专著),凯洛夫的《教育学》,杨贤江的《新教育大纲》(我国第一部试图以马克思主义的观点论述教育的著作)。

2.观点
(1)教育是一种社会历史现象,在阶级社会中具有鲜明的阶级性。
(2)教育起源于生产劳动。劳动方式和性质的变化必然引起教育形式和内容的改变。
(3)教育的根本目的是促进学生个体的全面发展。
(4)现代教育与生产劳动相结合不仅是发展社会生产力的重要方法,也是培养全面发展的人的唯一方法。
(5)教育一方面受社会政治、经济、文化的制约,另一方面又具有相对独立性,并反作用于政治、经济和文化。
(6)马克思主义唯物辩证法和历史唯物主义是教育科学研究的方法论基础。

3.评价
马克思主义的产生为教育学的发展奠定了科学方法论基础,但由于种种原因,在现实运用中往往容易被简单化、机械化和过度政治化。

(六)文化教育学(又称精神科学教育学) 【名解】:15宁波大学,17内蒙古

1.代表人物及著作
狄尔泰的《关于普遍妥当的教育学的可能》、斯普朗格的《教育与文化》、利特的《职业陶冶、专业教育、人的陶冶》。

2.观点
(1)人是一种文化的存在,人类历史是一种文化的历史;
(2)教育的对象是人,教育又是在一定社会历史背景下进行的,因此,教育的过程是一种历史文化过程;
(3)教育研究必须采用精神科学或文化科学的方法,即理解与解释的方法进行;
(4)教育的目的就是要促进社会历史的客观文化向个体的主观文化转变,培养完整的人格;
(5)培养完整人格的主要途径就是"陶冶"与"唤醒",要发挥教师与学生双方的积极性,建构和谐的师生关系。

3.评价
(1)文化教育学深刻影响了德国乃至全世界20世纪的教育学发展,在教育的本质等问题上给人以很大启发。
(2)不足在于思辨气息太浓,哲学色彩太重,这决定了它在解决现实的教育问题

> 注意第一部,容易考选择题。

> **碎碎念**
> 马克思主义教育学与第五章教育目的中马克思主义人的全面发展学说类似,可以结合起来记忆。也可以结合政治中的马克思主义相关原理来理解。

上很难给出有针对性和操作性的建议，限制了在实践中的应用。

（3）一味地夸大社会文化现象的价值相对性，忽视客观规律的存在，使这一理论缺乏彻底性。

助记 >> 　发展多样化阶段：三实（实证、实验、实用）批马文

四、教育学的理论深化阶段

自 20 世纪 60 年代以来，由于科学技术的迅猛发展，智力的开发和运用成了提高生产效率和发展经济的主要因素，引起了世界性的新的教育改革，促进了教育学的发展。近几十年来，各国的教育学在不同的思想体系指导下，都有新的发展。

（一）布卢姆的教育目标分类学【选择】：18 南京

1956 年，美国心理学家布卢姆制定出了教育目标的分类系统。他把教育目标分为认知目标、情感目标、动作技能目标三大类，每类目标又分成不同的层次，排列成由低到高的阶梯。

（二）布鲁纳的知识结构说

1963 年，美国教育心理学家布鲁纳出版了《教育过程》一书，提出知识结构说和发现教学法。他的教育思想对编选教材、发展学生的能力、提高教学质量是有积极意义的。但他忽视学生的接受能力，主张儿童提早学习科学的基本原理，则不易推行。

（三）苏联教育家的教育思想

1975 年，苏联心理学家、教育家赞科夫的《教学与发展》，全面阐述了他的实验教学论体系。通过实验，他批判了苏联传统的教学理论对发展学生智力的忽视，强调教学应走在学生发展的前面，促进学生的一般发展。

1972 年起，苏联连续出版了巴班斯基关于教学过程最优化的系列著作。巴班斯基将现代系统论的方法引进教学论的研究，是对教学论进一步科学化的新探索。

（四）我国的教育学思想

最近几十年，我国广大教育工作者在促进具有中国特色的教育理论与实践的发展上，取得了丰硕成果。

1. 教育学科蓬勃发展，形成了许多分支学科。
2. 主动积极开展了多种教育实验，促进了教育理论与教育实践的结合。
3. 在教育实践中涌现出了一批学者型教师，出了许多宝贵的研究成果。
4. 广泛开展专题研究，博士群体尤其活跃，他们的大量学术专著得以出版。
5. 促进了教育观念和方法论的转变与更新，推动了教育理论和实践的发展。

关键词 >> 　理论深化阶段：两布＋苏中＝布卢姆、布鲁纳＋苏联、中国

> 第七章课程高分拓展中有补充布鲁姆的教育目标分类，请查看。

本章高分拓展

一、教育学的价值（教育学基础）

（一）教育学的理论价值

1. 反思日常教育经验

教育的科学认识（即教育学）是对日常教育经验（即教育的习俗认识）的一种理性反思和历史性超越，是教育习俗性认识历史发展的必然。现代社会要求以科学的教育认识来代替习俗的教育认识，以科学的教育理论代替日常的教育经验。

2. 科学解释教育问题

（1）教育学以教育问题为逻辑起点和对象，教育学研究的主要任务是对教育问题提供超越日常习俗认识和传统理论认识的新解释。

（2）教育学作为对于教育问题的科学解释，就必须使用专门的语言、概念或符号。

（3）教育学作为对于教育问题的科学解释，其解释是有理论视角、根据或预设的，而不是直接建立在感性经验与判断基础上，是一种理性的解释。

（4）教育学作为对于教育问题的科学解释，由于各个研究者或解释者所处的地位及所偏好的理论基础或视野不同，导致对同一问题产生不同的解释，最终通过理性的竞争，发现最恰当的解释方式。因此，教育学研究的一个基本任务就是要促进教育知识的增长，提供新的更有效的解释。

（二）教育学的实践价值

教育学对教育问题进行科学研究，其最终目的是为了更好地开展教育实践。

1. 激发教育实践工作者的教育自觉，促进他们不断地领悟教育的真谛。
2. 借由大量教育理论知识的获取，扩展教育工作的理论视野。
3. 养成科学的教育态度，培养坚定的教育信仰。
4. 提高教育实践工作者的自我反思能力，促进他们更好地进行专业发展。
5. 引导教育实践工作者开展教育研究，为成为研究型的教师奠定基础。

第二章　教育的概念

本章大纲考点及考频

章节	考频
第一节 教育的质的特点	16
第二节 教育活动的基本要素	27
一、教育者	5
二、受教育者	6
三、教育内容	7
四、教育活动方式	1
第三节 教育的历史发展	1
一、古代教育的特点	5
二、现代教育的特点	30
第四节 教育概念的界定	48
一、广义教育	11
二、狭义教育	27
三、学校教育	24

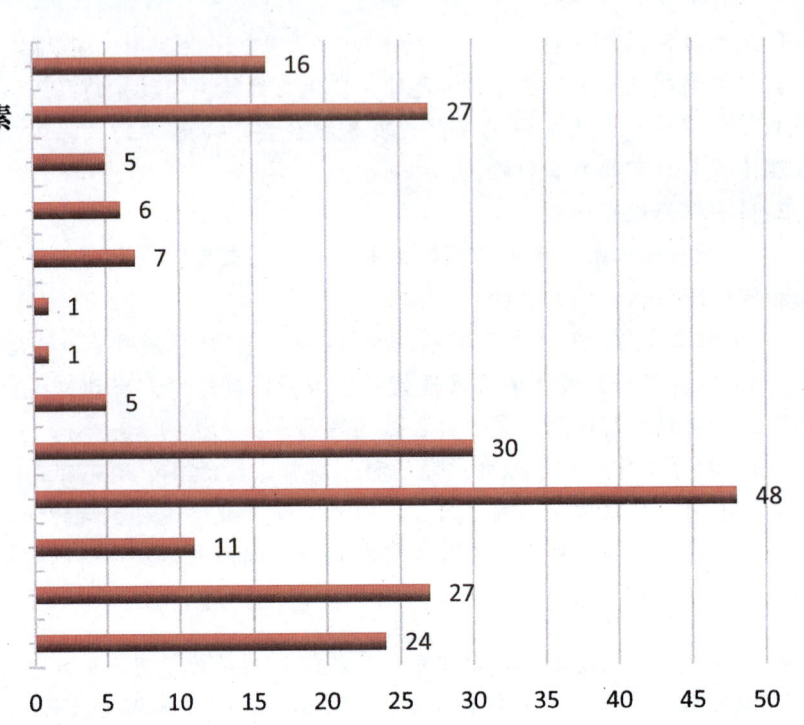

本章思维导图

教育的概念
- 教育的质的特点（即教育的本质特征）
- 教育活动的基本要素
  - 组成部分
    - 教育者
    - 受教育者
    - 教育内容
    - 教育活动方式
  - 相互关系
- 教育的历史发展
  - 古代教育的特点
  - 现代教育的特点
- 教育概念的界定
  - 广义教育
  - 狭义教育（学校教育）

本章参考书

【1】王道俊、郭文安主编：《教育学》（第七版），人民教育出版社，第一章
【2】全国十二所重点师范大学联合编写：《教育学基础》（第3版），教育科学出版社，第一章

第一节 教育的质的特点（即教育的本质特征/教育的质的规定性）

【名解/简答/论述】：12北航，19温州大学，11江苏，14延安大学，18广西民族，19河北大学，19大理大学，20天津，21河南，21洛阳，21华中，21云南民族，12、18湖北大学，17广西，19扬州

（一）教育是有目的地培养人的活动

教育是一种自觉的、有目的的活动，有目的地选择目标、组织内容及活动方式来培养人，促进人的发展。其首要的任务是促进年轻一代体、智、德、美、行的全面发展，使他们从生物人逐步成长为社会人，进而成为适应与促进社会生活各个方面发展需要的人。

（二）教育是教育者引导受教育者传承经验的互动活动

教育需要有经验的父母或学有专长的教师有目的地引导受教育者学习、传承、践行以语言文字图像符号呈现的种族与人类经验，并在生活与实践中领悟经验的社会意义，这样才能有效地发展他们的智能和品行，把他们培养成适应社会发展需要的人。

（三）教育是激励与教导受教育者自觉学习和自我教育的活动

教育者与受教育者的教学互动是以激励学生学习为基础、为动力的，旨在使青少年学生积极主动地成为自觉学习、自我教育的人。可以说，一切教育本质上都是自我教育。

（四）教育是一种社会现象，产生于社会生活的需要，而归根到底产生于生产劳动

人与动物的根本区别在于人会有意识地制造和使用工具，从事生产劳动。教育是培养人的一种社会活动，它的社会职能就是传递生产经验和社会生活经验，促进新生一代的成长。

（五）教育是人类社会特有的现象

教育是人类社会的永恒范畴，与人类社会共始终。教育是新生一代的成长和社会生活的延续与发展所不可缺少的手段，为一切人、一切社会所必需。随着社会的发展，教育对人的发展和社会发展的作用也越来越显著。

（六）教育的根本问题是人的发展问题

培养人是教育的立足点，是教育的本质特点，是教育价值的根本所在，是教育的本体功能。任何教育，只有通过培养人才能服务于社会。如果否定了教育的育人价值，也就否定了教育的社会价值。离开了对人的培养，教育对社会便无所作为。

> **真题回顾**
> 教育区别于其他社会现象的特征有哪些？/为什么说教育是人类特有的社会现象？11江苏简，14华南论

> **答题指导**
> 考名词解释时只需要写六大主干点。
> 考简答或论述题时不仅要写出六大点，还要写出每点下面的解释内容，不能只写主干。

第二节 教育活动的基本要素

【名解/简答/论述】：15广东技术，16天津职业，21北航，2卜山西大学，21沈阳，10、12浙江，15集美大学，15青岛大学，15、19湖北大学，14、16、21内蒙古，17广西师范学院，17、18沈阳，18陕西，18聊城大学，20安庆，20赣南，20天水师范，21东华理工，21中国海洋，21宁夏大学，17、21湖北大学

一、组成部分

构成教育活动的基本要素是：教育者、受教育者、教育内容和教育活动方式。

（一）教育者 【名解】：16沈阳，18广东技术，18郑州大学，19集美大学，20华南

含义：凡是对受教育者在知识、技能、思想、品德等方面起到教育影响作用的人都是教育者，主要指教师。

地位：教育者是教育活动的主导者、领导者、设计者、引导者。

作用：教育者向受教育者传授文化科学知识及其蕴含的社会意义，促进受教育者个性素质得到全面发展，使之成为社会需要的人，保障社会的延续和发展。

（二）受教育者 【名解/辨析】：11河南，13华南，15北航，20集美大学，21哈尔滨，20南京

含义：受教育者是指在各种教育活动中从事学习的人，既包括学校中学习的儿童、少年和青年，也包括各种形式的教育中的成人学生。

地位：受教育者既是教育的对象，又是学习的主体。

作用：教育活动的实际效果，受教育者个性素质的发展，均依赖于受教育者的自愿学习、自我建构和自我实现。

（三）教育内容 【名解/辨析】：12山西，14湖北大学，20扬州，21华东，21集美大学，21洛阳，21山东

含义：教育内容是指教育者引导受教育者在教育活动中学习前人积累的经验，根据教育目的和青少年学生发展的特点选编的、最有教育价值的科学文化知识和技术、灌输的思想和观点、培养的习惯和行为的总和。具体表现形式是课程标准、教科书、教学参考资料等。

作用：①教育内容是联系教育者和学习者的中介；②最佳的教育内容是目的性与对象性的统一；③教育内容包含教育目标，教育目标也是教育内容传授的出发点和归宿。

（四）教育活动方式 【名解】：20广东技术

含义：教育活动方式是指教育者引导受教育者学习教育内容所选用的交互活动方式。

地位：教育者、受教育者是教育活动的主体，教育内容是师生传承的精神客体，要使三者形成一个有目的地培养人的教育活动，必须通过一定的中介——教育活动方式才能实现。

作用：教育活动方式的设计、选择与实施过程中的师生互动的状态，在很大程度上决定着学生对所学知识的理解程度，决定着学生智力与能力的发展状况，影响着学生的思想品德和审美修养的水平。

二、相互关系

教育活动主要由这四个基本要素在教育活动中的地位、作用及其建立的关系所决定。在教育活动中，教育者和受教育者是影响教育活动成效的决定性因素。对于教育者而言，在教育活动中必须认真分析和研究其他三个要素：受教育者、教育内容和教育活动方式。教育者的任务是将既定的教育内容通过一定的教育活动方式传授给受教育者。对于受教育者而言，其认识的客体主要是教育内容，其在教育活动中的任务是在教育者的指导下学习和掌握教育内容。

辅助理解

教育者是社会现实的人，有自己的生活经历、价值观念、思维方式、生活方式乃至人生信念和社会理想。他们作为教育者是社会人与教育者的统一，要了解受教育者发展的规律，启发受教育者对自身成长的希望，热爱教育事业和受教育者，注重积累和创新从事教育活动的经验，才能促进受教育者全面发展。受教育者是社会现实生活中活生生的人，他们不是教育者可以任意涂抹的白板或加工的素材，而是学习活动的主体。受教育者不仅把自己的社会生活经验和个人的需要、兴趣、情感与希望带入教育过程，而且在教育活动中他们有自己的判断、选择、建构与评价。

真题回顾

2020年南京师范大学辨析题：学生在教育过程中既是认识的客体，也是认识的主体。

第三节 教育的历史发展

【简答】：16青岛大学

教育的历史发展分为两大时期：一是古代教育，包括原始社会、奴隶社会和封建社会的教育；二是现代教育，包括资本主义社会和社会主义社会的教育。

一、古代教育的特点 【简答/辨析】：14西南，15河南，19聊城大学，19哈尔滨，21安庆

(一) 原始的教育主要是在社会生产和生活中进行的

在原始社会里，由于生产力水平低，教育还没有从社会生活中分化成为专门的事业，没有专门的教育机构和专职教育人员，而是在社会生产和社会生活中进行的，这是古代教育的基本方式。

(二) 古代学校的出现和发展

到了奴隶社会，随着生产力的发展和剩余产品的出现，使社会上出现了脑力劳动和体力劳动的分工。在奴隶社会，出现了专门从事教育工作的教师，产生了学校教育，使教育从社会生活中分化出来，成为独立的形态。学校的出现意味着人类正规教育制度的诞生，是人类教育文明发展的一个质的飞跃。

(三) 教育阶级性的出现和强化

原始社会的教育没有阶级性，到奴隶社会，奴隶主占有生产资料和生产者，学校教育被奴隶主阶级所占有，所有的学校都是奴隶主阶级用来培养他们自己的子弟的场所。在封建社会，教育阶级性进一步强化。

(四) 学校教育与生产劳动相脱离

奴隶社会中体力劳动与脑力劳动分离与对立的状况，反映在教育上就表现为学校教育与生产劳动相脱离。由于长期相脱离，逐渐形成了一种教育传统。随着社会生产和文化的发展，这一传统越来越成为限制社会生产和技术发展、限制教育发展与人的发展的消极因素。

助记图 >>

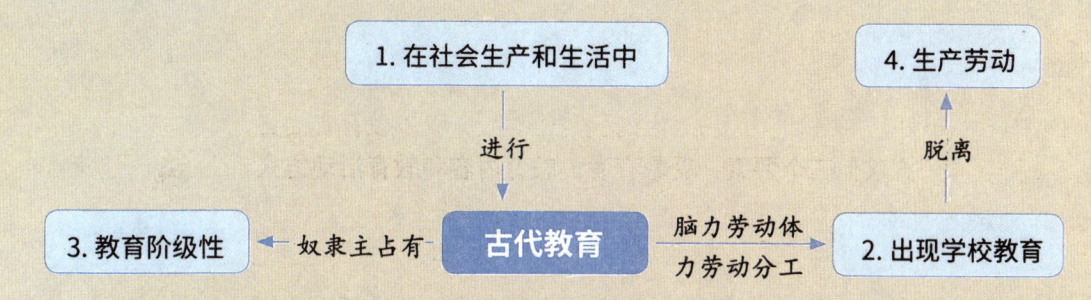

1. 在社会生产和生活中 —进行→ 古代教育
4. 生产劳动 —脱离→ 古代教育
3. 教育阶级性 ←奴隶主占有— 古代教育
古代教育 —脑力劳动体力劳动分工→ 2. 出现学校教育

二、现代教育的特点 【简答/论述】：10青岛，11聊城大学，11、18福建，13辽宁，13、16华南，13北京，13、14浙江，13湖南，14河北大学，15、21山东，16西北，16扬州，16天津职业，18闽南，19、20安庆，19江苏大学，19宁夏大学，20集美大学，20吉林，21中央民族，21河北，10宁波大学，11辽宁，12河南，15江苏大学

> **复习提示**
>
> 古代教育和现代教育的特点，以考查简答题为主，答案就是4个主干点以及每个主干点下面解释内容。
>
> 注意现代教育的特点与现代学校教育的特点的区别。

（一）学校教育逐步普及

19世纪后，各个先进的资本主义国家通过了有关普及义务教育的具有强制性的法律。这类发达资本主义国家先后普及了初等教育，完成了中等教育的普及和高等教育的大众化。学校教育的普及，是教育史上一件了不起的大事，提高了人的发展水平，促进了人的解放。

（二）教育的公共性日益突出

随着工业化大发展的需要，随着工人阶级和其他劳动人民对教育权的争取，教育的阶级性越来越不合时宜，越来越受到来自统治阶级和被统治阶级两方面的批判。教育逐渐成为社会的公共事业和共同话题，也成为政治家们优先考虑的社会问题。

（三）教育的生产性不断加强

现代教育与生产劳动逐步结合，促使现代教育成为劳动力再生产的重要手段，也成为科学知识再生产和发展科学技术的重要手段，对提高社会生产效率和增加社会财富起着重要的作用，因此，现代教育具有明显的生产性。

（四）教育制度逐步完善

随着学校数量的大量增加，需要确定一定的规范作为衡量学校工作的尺度。这推动了学校制度、课程设置、考试制度的不断完善，推动了学校教育的分层、分类和教育系统的形成，促使现代学校教育向制度化的方向发展。

综上所述，人的教育权是逐步扩大的，教育观念和教育内容、教育方法的科学理性和人文精神因素是逐步增强的，人的发展和人的教育在社会发展中的作用也是逐步凸显的。教育总是致力于培养和提升人的主体性，提高人的自觉性与创造性，提升人的地位与作用，推动社会的发展与前进。

顺口溜 >> "蒲公英制"→教育普及、公共性突出、生产性加强、教育制度完善

> 本章高分拓展中补充了"教育"定义的类型、教育的结构、教育的功能、我国关于教育本质问题的主要观点、关于教育起源的主要观点、教育的发展以及一些名词解释如教育先行、义务教育、素质教育等。

第四节 教育概念的界定

【名解】：10首都，11南京，11、14中山大学，12苏州，13、16四川，14、15、20延安大学，14北京，14天津大学，15华中，15、16广东技术，16天津职业，16、17陕西，13、17哈尔滨，17内蒙古，17、19、20湖北大学，17赣南，17集美大学，17广西师范学院，17宁波大学，18、21宁夏大学，11、14、18曲阜，18贵州，18山西，18沈阳，18、20淮北，19汕头大学，19湖北师范，19、20鲁东大学，11、19西华，20陕西理工，21福建，21重庆三峡学院，21石河子

一、广义教育
【名解】：10扬州，11、15、16、18华南，15江西，15、16哈尔滨，15集美大学，21北华大学，21湖北大学

凡是有目的地增进人的知识技能，影响人的思想道德，增强人的体质的活动，不论是有组织的或是无组织的，系统的或是零碎的，有教育者教导的或是自我教育的都是教育。

它包括人们在家庭中、学校里、亲友间、社会上所受到的各种有目的的影响，活动主体对所受到的影响自觉做出的认识、选择、对策、自我教育及自我建构。

> **答题提示**
> 非常重要。各校经常考名词解释，考"教育"名词解释时，回答广义教育第一段和狭义教育第一段即可。

二、狭义教育【名解】：10、16聊城大学，11江西，11陕西，12、14、16西华，12湖北大学，12安徽，12西南，14哈尔滨，15湖南科技，15东北，16福建，17华南，17扬州，17贵州，17河北大学，18集美大学，18温州大学，14、15、16、19、20吉林，20湖州师范，21苏州科技

狭义的教育是指有专门组织的教育，主要指学校教育，包括全日制学校教育、半日制和业余的学校教育、函授教育、广播电视教育、网络教育等。

狭义的教育是根据一定社会的现实和未来的需要，遵循受教育者身心发展的规律，有目的、有计划、有组织地引导受教育者主动地学习，促使他们提高素质、健全人格的一种活动，以便把受教育者培养成为适应一定社会需要和发展的人。

三、【补充】学校教育【名解】：10、11渤海大学，10河南，10青岛，10宁波大学，10安徽，10、12、14华中，11哈尔滨，11、15杭州，12南京，12华南，13、17西华，13湖北大学，14西南，16江苏，17沈阳，17天津，12、17江西，18陕西

学校教育是一种狭义的教育，是以学校为单位进行的教育活动。它是由专职人员和专门机构承担的，教育者遵循年轻一代身心发展的规律，有目的、有系统、有组织地引导受教育者获得知识技能，陶冶思想品德，发展智力和体力的一种活动，以便把受教育者培养成适应一定社会需要的人。一般来说，学校教育包括初等教育、中等教育和高等教育。学校教育的特点：①目的性、系统性和组织性；②可控性；③专业性；④集中性和效率性。

> "教育"一词最早出现在孟子"得天下英才而教育之，三乐也"。

本章高分拓展

一、"教育"定义的类型（教育学基础、陕西师大大纲新增）【论述】：16、19河南，19杭州，19石河子

（一）美国谢弗勒在《教育的语言》中给教育的定义进行了分类

1. 描述性定义

描述性定义，是对被定义对象的适当描述或对如何使用定义对象的适当说明，主要功能是解释。例如，我们用"教育"一词来表示"社会为了通过有目的的教和学来传递某些文化而创立和维护的那种特殊制度"。

2. 纲领性定义

纲领性定义，是一种有关定义对象应该是什么的界定，主要功能是陈述一种道德规范。"教育"一词的纲领性定义，往往包含"是"和"应当"两种成分，是"规定性定义"和"描述性定义"的混合。例如，教育是"社会借以发展年轻一代认识生活中的善和价值的能力的手段"。

3. 规定性定义

规定性定义是作者自己创制的定义，其内涵在作者的某种话语情境中始终是同一的。也就是说，不管他人是如何定义的，我就是这么定义的，并且我将始终在我定义的意义上来使用，主要功能是交际，例如，"教育的概念有很多种，我们所说的教育是指传递人类文化遗产的有目的的社会实践活动。"

（二）中国有代表性的"教育"定义

1. 一般认为，"教育"的概念最早见于《孟子·尽心上》中的"得天下英才而教育之，三乐也"。但这两个字在当时不是一个有着确定含义的词（在中国，孟子最早将"教""育"二字合为一体。）

2. 许慎《说文解字》："教，上所施，下所效也""育，养子使作善也"。

3. 从广义上说，凡是增进人们的知识和技能、影响人们的思想品德的活动，都是教育。狭义的教育，主要是指学校教育，其含义是教育者根据一定社会（或阶级）的要求，有目的、有计划、有组织地对受教育者的身心施加影响，把他们培养成为一定社会（阶级）所需要的人的活动。另外，教育这个词有时还作为思想品德教育的同义语使用。（《中国大百科全书·教育》）

（三）西方有代表性的"教育"定义

1. 柏拉图的"隐喻"。教育乃"心灵的转向"。"什么是教育？教育是为了以后的生活所进行的训练，它能使人变善，从而高尚地行动"。

2. 夸美纽斯的"生长说"。夸美纽斯认为人人具有知识、德行和虔信的种子，但这些种子不能自发地生长，需要凭借教育的力量，"只有受过恰当教育之后，人才能成为一个人"。

3. 洛克的"白板说"。洛克主张人心是白纸，通过教育使儿童掌握知识和德行。

4. 卢梭的"自然教育"。教育的任务是使儿童从社会因袭的束缚中解放出来，培养自然的人。

5. 裴斯泰洛齐的"完整的人的发展说"。"教育意味着完整的人的发展"。"人的全部教育就是促进自然天性，遵循她固有的方式发展的艺术。"

6. 斯宾塞。"从教育的生物学方面看，可以把教育看作一个使有机体的结构臻于完善并使它适合生活事务的过程"。"教育即为未来人的完满生活做准备。"

7. 涂尔干（杜尔凯姆、迪尔凯姆）的"作为活动的教育"。教育是成年人作用于后代的活动，这些后代还没有为参加社会生活做好准备。教育的目的在于引导儿童在身体、理智和道德方面达到一定的状态，这种状态是儿童的整个社会和他将投身其中的社会环境对他的要求。

8. 杜威：教育即生活，教育即生长，教育即经验的改组或改造。

9. 乌申斯基把教育分为狭义和广义两种：狭义的教育中，学校、负实际责任的教育者和教师是教育者；广义的教育是无意识的教育，大自然、家庭、社会、人民及其宗教和语言都是教育者。他认为："完善的教育可能使人类身体的、智力的和道德的力量得到广泛的发挥。"

10. 斯普朗格的"作为文化的教育"。"教是一种文化过程"。

二、教育概念的内涵和外延（教育学基础、陕西师大大纲新增）

（一）教育概念的内涵

1. 教育的含义

教育是人类社会特有的一种自觉地有目的地促进人的发展的活动，主要是发生在年长一代和年轻一代之间的教导与学习互动，旨在促进受教育者的社会化与个性化，从初生的自然人逐步成长为能适应社会并能促进社会发展的人。有目的地培养人是教育的立足点，是教育价值的根本所在，是教育的本体功能。

2. 广义教育与狭义教育

（1）广义的教育（可查看前面内容）

（2）狭义的教育（可查看前面内容）

（二）教育概念的外延

1. 正规教育与非正规教育【名解】：21杭州

按照教育活动的规范程度，教育可分为正规教育和非正规教育。

（1）正规教育

正规教育是指由国家教育部门认可的教育机构（学校）所提供的有目的、有组织、有计划、由专职人员承担的，以培养入学者的身心发展为直接目标的全面系统的训练和培养活动；正规教育有一定的入学条件和规定的毕业标准，其特点是统一性、连续性、标准化和制度化。正规教育是在学校产生之后开始出现的，包括当今教育中的各级各类教育。

（2）非正规教育

非正规教育是在正规教育系统外进行的有组织、有计划的教育活动，即国家教育行政部门统一学制要求范围（初等教育、中等教育、高等教育）以外的各类教育活动，如扫盲、文化技术培训、政治学习、业务训练、专题讲座、岗位培训和继续教育等。非正规教育的特点是有组织的活动，但未充分制度化，一般不需注册，不发文凭，不授学位；是系统教育，但未完全常规化。

2. 家庭教育、学校教育与社会教育

按照教育活动的存在范围，教育可分为家庭教育、学校教育与社会教育。

（1）家庭教育

家庭教育是以家庭为单位进行的教育活动，是指父母或者其他年长者在家庭内自觉地、有意识地对子女进行的教育。家庭教育的特点：①先导性；②感染性；③权威性；④针对性；⑤终身性。

（2）**学校教育**（可查看前面内容）

（3）社会教育

社会教育是在广泛的社会生活和生产过程中所进行的教育活动。依据从事教育的机构，可以将教育形态划分为学校教育、家庭教育、职业组织教育、文化组织教育、社区教育五类。社会教育的特点：①自愿性和自主性；②伸缩性和灵活性；③持久性和巩固性。

三、教育的结构（教育学基础、陕西师大大纲新增）

（一）教育活动的结构（教育的内部结构）

教育活动的结构（教育的内部结构）是从微观层面上来说的，指教育作为一种培养人的社会活动的构成。教育活动的结构是由教育者、受教育者（学习者）、教育内容、教育活动方式（教育手段）四部分组成，这四部分也是教育活动的基本要素。

（二）教育系统的结构（教育的外部结构）

教育的外部结构是从宏观层面上讲的，指教育作为社会的一个子系统，与社会的人口、政治、经济、文化和科学技术等其他子系统共同构成的社会结构，即教育系统的结构。教育与其他社会系统间存在着相互影响、相互制约的关系，共同影响着社会的发展。

四、教育的功能（教育学基础、陕西师大大纲新增）

（一）**教育功能的定义**【名解】：20苏州，20济南大学，20石河子大学，20新疆

教育功能就是教育对人的发展和社会发展所能够起到的影响和作用，尤指对人和社会的发展所起到的积极的促进作用。教育作为培养人的社会实践活动，它所发挥的直接作用就是促进人的发展，培养社会所需要的人；其间接作用就是通过培养社会所需要的人，满足社会的需要，促进社会的发展与进步。教育功能具有客观性、社会性、多样性、整体性和条件性的特征。依据不同的分类标准，教育功能可以分为不同的类型，如个体发展功能与社会发展功能，正向功能与负向功能，显性功能与隐性功能。

（二）教育功能的类型

1. 个体发展功能与社会发展功能（依据教育作用的对象划分）【简答/论述】：21重庆三峡学院，21广东技术

（1）个体发展功能（又称教育的本体功能或教育的固有功能）【简答】：21苏州科技，21赣南

教育的个体功能是教育活动与系统对个体发展所产生的各种影响和作用。具体体现有：

一是教育对个体发展的促进功能，包括教育促进个体社会化的功能和教育促进个体个性化的功能。

二是教育的个体谋生和享用功能。教育的个体谋生功能是指教育可以造就和培养具有谋生本领的劳动者和建设者，成为推动社会生活发展进步的人力资源。教育的个体享用功能是指教育可以成为个体生活的需要，受教育的过程是需要满足的过程，在满足需要的过程中，个体可以获得自由和幸福，获得一种精神上的享受。

（2）社会发展功能（又称教育的衍生功能或教育的工具功能）

教育的社会发展功能是教育活动与系统对社会发展所产生的各种影响和作用，包括教育的政治功能、经济功能、文化功能、科技功能和人口功能。

教育作为社会结构的子系统，通过培养人来影响社会的存在和发展，这构成了教育的社会发展功能。教育的社会发展功能不是教育自身的功能，而是教育培养的人参与到社会生活之中而发生的功能。该功能是教育的本体功能在社会结构中的衍生，是教育的衍生功能，也称教育的工具功能。

2. 正向功能与负向功能（依据教育作用的方向划分）（美国默顿提出）

（1）正向功能

教育的正向功能是指教育的结果是良好的，对人的发展和社会进步的影响是积极的。对于教育的正向功能研究和关注比较多，主要表现为教育对社会政治、经济、文化等各个方面发展所产生的积极影响，也包括教育对个人发展所产生的促进作用。

（2）负向功能

教育的负向功能是指教育的效果是消极的，对人的发展和社会进步的影响是负向的。如因教育培养目标定位过高导致的"过度教育"，社会并不能有效地使用"过度教育"培养的人才；因过分追求教育质量而导致的学业负担，反而伤害了学生的身心健康。

3. 显性功能与隐性功能（依据教育功能的呈现形式划分）（美国默顿提出）

（1）显性功能

显性功能是依照教育目的、任务和价值期待，教育在实际运行中所体现出来的与之相符合的功能，如教育的个体发展功能、政治功能、经济功能、文化功能、促进人的全面和谐发展、促进社会的进步等，这部分功能既是教育的期待，也具有显著的外部表现。

（2）隐性功能

隐性功能是教育非预期的且具有较大隐藏性的功能，教师的行为方式对学生潜移默化的影响，学校文化、社会环境对学生发展的影响，教育复制了现有的社会关系，再现了社会的不平等，都属于教育的隐性功能。但教育的隐性功能不等同于教育的负功能，隐性功能中既有积极的，也有消极的，我们需要利用积极的隐性功能，避免消极的隐性功能。

五、我国关于教育本质问题的主要观点（教育学基础、陕西师大大纲新增）【论述】：20 东北

（一）教育是上层建筑

教育就其主要方面来说，具有上层建筑的特点，即教育是上层建筑。一定社会的教育，是一定社会政治和经济的反映，又反过来为政治和经济服务。主要论点有：

第一，教育是社会的意识形态，由政治经济决定。

第二，教育与生产关系的关系是直接的、无条件的，而教育与生产力的关系是间接的、有条件的。

第三，历史性、阶级性是教育的根本社会属性。教育总是存在于一定社会中，随着社会历史条件的变化而变化。

总之，上层建筑说强调教育由经济基础决定，经济基础的变革必然引起教育制度、教育内容、教育方法的变革，教育具有上层建筑的本质特点。

（二）教育是生产力

教育是国民经济的重要组成部分，是劳动力再生产的必要条件，教育就是生产力。教育已经直接或间接地参与了物质生产过程。主要论点有：

第一，教育不是纯粹的意识形态。教育过程中不仅进行精神生产，而且进行着劳动力再生产。

第二，教育就是生产力。教育变为直接生产力的过程就是教育本身，就是培养生产力中"人"这最重要的要素。

第三，教育的本质属性是生产性和永恒性。

生产力说强调教育是劳动力的再生产过程，教育能把可能的生产力转化为现实的生产力；教育事业是生产事业，而不是消费事业；生产性是教育的本质属性。

（三）教育具有上层建筑和生产力的双重属性

教育是一个复杂的社会现象，教育中的各种因素都不能单纯地决定教育的本质，而是平行地、并列地发生作用。教育同时具有生产力和上层建筑的双重属性。教育的本质不是永恒不变的，随着社会的发展，也在不断增殖和更新它的质态，形成教育的多质的、多层次的、多水平的本质属性。

（四）教育是一种综合性的社会实践活动

教育的本质是教育者按照一定社会的要求对受教育者的身心施以有目的、有计划、有组织的影响，以使受教育者发生预期变化的社会实践活动，其本质就是促进个体社会化。这一观点从教育的内部矛盾入手来揭示教育的本质。

（五）教育是促进个体个性化与社会化的过程

这种观点认为教育的产生是由社会发展和人的发展的需要决定的，同时又是为社会要求与个体心理水平间的矛盾所规定的。无论在什么样的社会，教育都承担着培养人的社会职能。从这一点来说，教育的本质特征就是培养人，即促进个体个性化与社会化的过程。

（六）教育是培养人的社会活动

教育是培养人的活动，这是给教育做了质的规定。具有这一本质属性，不管其现象多么复杂，都可称为教育；不具有这一属性，就不是教育。教育本质"育人活动说"揭示了教育作为一种人类社会实践活动的最基本的特性，使得人们可以将教育与其他不同性质的社会活动相区别。

六、关于教育起源的主要观点（教育学基础、陕西师大大纲新增）【简答】：12延安大学，13四川，18苏州，20广西

（一）生物起源说 【选择/填空/名解/简答】：20重庆，21南京，21陕西，19青海，19重庆，19苏州，21洛阳

1. 代表人物

法国的勒图尔诺（利托尔诺）、英国的沛西·能。

2. 主要观点

（1）教育活动不仅存在于人类社会，而且存在于人类之外，甚至存在于动物界。

（2）教育的产生完全来自动物的本能，是种族发展的本能需要。

（3）人类社会教育的产生是一个生物学的过程，生物的冲动是教育的主要动力，人类社会的教育是对动物界教育的继承、改善和发展。

3. 评价

生物起源说以达尔文的生物进化论为指导，是教育学史上第一个正式提出的有关教育起源的学说，标志着人们对教育起源问题的讨论开始从神话解释转向科学解释。但它没有区分出人类教育行为与动物养育行为之间质的差别，把教育的起源问题生物化，其根本错误在于没有把握人类教育的目的性和社会性。

（二）心理起源说 【选择/名解】：20陕西，18宁波大学，21济南大学

1. 代表人物

美国的孟禄

2. 主要观点

教育起源于儿童对成人的无意识模仿。

3. 评价

表面上看，这种观点与生物起源说不同，但仔细考虑，却也离生物起源说不远。因为如果教育起源于原始社会中儿童对成人的行为的"无意识模仿"的话，那么这种"无意识"模仿就肯定不是获得性的而是遗传性的，是先天的而不是后天的，即是本能的而不是文化与社会的。只不过这种本能是人类的类本能，而不是动物的类本能，这是孟禄比利托尔诺和沛西·能进步的地方。

（三）劳动起源说（也叫社会起源说）【名解】：14陕西，21渤海大学

1. 代表人物

我国以及苏联的马克思主义者

2. 主要观点

（1）生产劳动是人类最基本的实践活动。

（2）教育起源于生产劳动过程中经验的传递。

（3）生产劳动过程中的口耳相传和简单模仿是最原始和最基本的教育形式。

（4）生产劳动的变革是推动人类教育变革最深厚的动力。

3. 评价

劳动起源说符合马克思主义的历史唯物论和辩证法，为科学地揭示教育起源问题和理解教育性质奠定了基础，但关于教育起源的确切提法仍然是值得探讨的问题。

七、教育的发展（教育学基础、陕西师大大纲新增）

（一）古代教育的特征（同前文"古代教育的特点"）

（二）近代教育的特征

进入近代社会以后，近代教育发生了巨大变化。其基本特征表现为：

1. 国家认识到公共教育的重要性，加强了对教育的干预。
2. 初等义务教育的普遍实施和逐步普及。
3. 教育逐渐从宗教中分离出来，体现出与公共教育发展相适应的世俗化。
4. 重视教育立法、依法治教，体现出教育的法制化。
5. 形成了较系统的近代学校教育制度。

（三）现代教育的特征（同前文"现代教育的特点"）

八、教育相关概念

（一）**教育先行**【名解/辨析】：11华东，14陕西，13南京

教育先行就是要求教育要面向未来，使教育在适应现存生产力和政治经济发展水平的基础上，适当超前于社会生产力和政治经济的发展，其中一是教育投资增长速度应当超过经济增长速度；二是在人才培养上要兼顾社会主义现代化建设近期与远期的需要，目标、内容等方面适当超前。教育先行是现代科技、生产和经济发展的必然要求；是人的发展的必然要求；是教育自身发展的必然要求。

（二）**素质教育**【名解/简答/论述】：12陕西，17延安大学，18复旦，14江西，15宁波大学，16湖南科技，21淮北，10东北，

10青岛

定义：素质教育是指以提高全民族素质为宗旨，以面向全体学生、全面提高学生的基本素质为根本目的，以注重开发受教育者的潜能，促进受教育者德智体诸方面生动活泼的发展为基本特征的教育。

注意问题：首先，素质教育不是不考试，而是旨在通过素质教育纠正那种把考试当作目的的错误教育思想；其次，素质教育强调面向全体学生，同时又注重因材施教，实现"一般发展"与"特殊发展"的统一。

怎么办：第一，充分认识到课程、教材、教学方面的改革是推进素质教育的核心，当作重点来抓；第二，从"应试教育"向素质教育的转变，根本取决于是否有一定适应素质教育要求的教师队伍，要求不仅要有崇高职业道德和奉献精神，还要有过硬的教学本领和现代化的教学思想；第三，通过改革升学、考试以及评估制度，逐步淡化学校教师以及学生的分数观念，减轻学校和学生的压力。

（三）义务教育　【名解】：10宁波，10哈尔滨，11首都，11安徽，12渤海大学，12、13东北，14宁波大学，16西北，16、18苏州，17首都，18杭州，19聊城大学，20四川，21温州大学

义务教育是指根据法律规定，适龄儿童和青少年都必须接受，国家、社会、家庭必须予以保证的国民教育。其实质是国家依照法律的规定对适龄儿童和青少年实施的一定年限的强迫教育的制度。义务教育又称强迫教育和免费义务教育。义务教育具有强制性、免费性、普及性的特点。我国义务教育法规定的义务教育年限为九年，这一规定符合我国的国情，是适当的。

（四）学习化社会　【名解】：12河北，14河南，18复旦

学习化社会是近年来国际社会刚刚出现的概念，是指一个人人均能终身学习的理想社会。在此社会中，学习者的基本权利能够获得基本保障，教育机会能够公平地提供，学习障碍能够合理地去除，终身教育体系能够适当地建立。

学习化社会发展的目的，是要提供一个理想的学习环境，实现每一个人自我天赋潜能，使其做一个自己想要做的人。伴随着"终身教育"思想的发展，其经历了原来"经常性教育"到"伴随生命的学习"和"学习化社会"的变化。学习化社会更加强调了学习的终身性，同时提出了学习的全民化，突出了学习的主动性。

（五）现代学校教育的特点　【简答】：10安徽，12福建

学校教育自产生时起，就区别于社会教育和家庭教育，具有独自的特点，具体包括（1）组织的严密性；（2）职能的专门性；（3）内容的系统性；（4）作用的全面性；（5）手段的有效性；（6）形式的稳定性。总之，学校教育具有其他教育形态所不具备的独特特点，而正是这些特点保证了学校教育的高度有效性，使其占据主导地位。

（六）研究性学习　【名解/简答】：12、14陕西，12西华，18河北大学，20陕西理工，21北航，14东北

研究性学习是指学生在教师的指导下，从学习生活和社会生活中选择和确定研究专题，用类似科学研究的方式，主动地获取知识并应用知识去解决问题的学习活动，以问题解决为主要内容，以发展研究能力为主要目的的一种新型学习方式。

这门课程不是一般意义上的"课外活动"，也不是传统的学科课程，它具有以下特点：①开放性是研究性学习内容选择上的主要特点。②问题性是研究性学习内容呈现的主要方式。③综合性、社会性和实践性是研究性学习内容选择和组织时应该重视的几个方面。

概括起来，研究性学习的本质在于：①在教学理念上，它强调学生本位；②在教学设计上，它突出问题本位；③在教学评价上，它看重过程本位。

第三章 教育与人的发展

本章大纲考点及考频

第一节 人的发展概述
- 一、人的发展的含义 —— 19
- 二、人的发展的特点 —— 3
- 三、人的发展的规律性 —— 70

第二节 影响人的发展的基本因素 —— 48
- 一、遗传在人的发展中的作用 —— 7
- 二、环境在人的发展中的作用 —— 16
- 三、个体活动在人的发展中的作用 —— 12

第三节 教育对人的发展的作用 —— 39
- 一、教育在人的发展中起着引领作用 —— 0
- 二、学校教育主要通过传承文化科学知识来培养人 —— 10
- 三、学校教育对提高人的现代性有显著的作用 —— 0

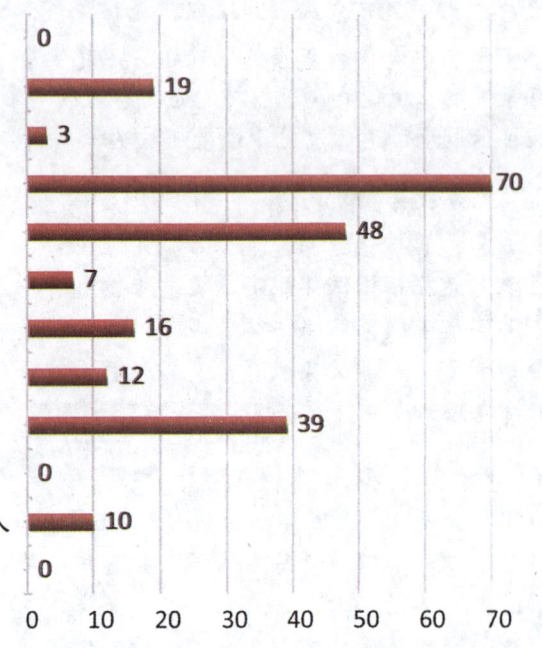

本章思维导图

教育与人的发展
- 人的发展概述
  - 人的发展的含义
  - 人的发展的特点
  - 人的发展的规律性
    - 顺序性
    - 不平衡性
    - 阶段性
    - 个别差异性
    - 整体性
- 影响人的发展的基本因素
  - 遗传（生理前提）
  - 环境（外部条件）—— 教育属于环境影响
  - 个体活动（决定因素）
- 教育对人的发展的作用
  - 教育起着引领作用
  - 学校教育通过传承文化科学知识来培养人
  - 学校教育提高人的现代性

本章参考书

【1】王道俊、郭文安主编：《教育学》（第七版），人民教育出版社，第二章

【2】柳海民主编：《教育学原理》（第2版），高等教育出版社，第四章

第一节 人的发展概述

一、人的发展的含义【名解/简答】：10苏州，10四川，12江西，12华南，14沈阳，16天津大学，17集美大学，17曲阜，18温州大学，18信阳师范，18天津职业，19福建，19华中，20西安外国语，21佳木斯大学，21合肥，21闽南，21湖北师范，12扬州

（一）"人的发展"两种释义

1. 一种是把它与物种发展史联系起来，将它看成是人类在地球上出现及其进化的过程，即人类的发展或进化；

2. 另一种更为通常的解释是把它与个体发展联系起来，将它看成是人类个体的成长变化过程。在教育学中主要讨论个体发展问题。

（二）个体发展也有广义和狭义之分。

1. 广义的个体发展是指个人从胚胎到死亡的变化过程，其发展持续人的一生。

2. 狭义的个体发展则是指个人从出生到成人的变化过程，主要是指儿童的发展。儿童的发展过程也就是儿童的成人过程。

（三）人的发展是整体性的发展，可分为三个方面。

1. 生理发展，包括机体的正常发育，体质的增强，神经、运动、生殖等系统生理功能的逐步完善。

2. 心理发展，包括感觉、知觉、注意、记忆等认知的发展，需要、兴趣、情感等意向的形成，能力、气质、性格等个性的完善。

3. 社会发展，包括社会经验和文化知识的掌握，社会关系和行为规范的习得，成长为具有社会意识、人生态度和实践能力的现实的社会个体，能够适应并促进社会发展的人。

（四）人的发展的特点及规律

人的发展的特点是未完成性和能动性，并呈现出自身的一些规律，如顺序性、阶段性、差异性和不平衡性。

助记图 >>

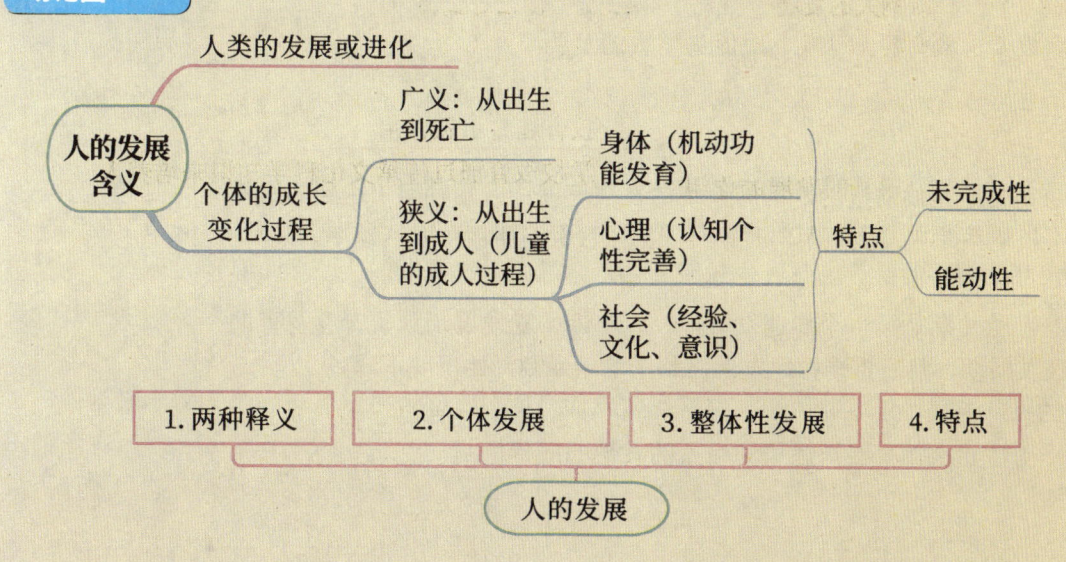

```
                         人类的发展或进化
                                              广义：从出生
                                              到死亡           身体（机动功
                                                              能发育）
                                                                              未完成性
人的发展                                                       心理（认知个   特点
含义         个体的成长                                         性完善）
             变化过程                         狭义：从出生                     能动性
                                              到成人（儿童     社会（经验、
                                              的成人过程）      文化、意识）

            1.两种释义    2.个体发展    3.整体性发展    4.特点
                              
                              人的发展
```

复习提示

此部分答案是简答题的答案量。如果考名词解释，可以将每个点内容进行压缩回答，只需要回答主要内容即可。请结合助记图来记忆。

真题回顾

名词解释1：人的社会发展

名词解释2：个体发展

二、人的发展的特点【简答】：20 沈阳，21 沈阳大学

（一）未完成性 【论述】：16 曲阜

人是未完成的动物，对于儿童来说，他们不仅处于未完成状态，而且处于未成熟状态，蕴含着人的发展的不确定性、可选择性、开放性和可塑性，潜在着巨大的生命活力和发展可能性。人的发展未完成性既包括人的自然属性的未完成性，也包括人的社会属性和精神属性的未完成性。人的未完成性说明人的需教育性和人的可教育性。

（二）能动性

人在发展过程中还会表现出人所特有的能动性，这种能动性具体表现在人的能动、自主、自觉、自决和自我塑造等方面。这种能动性是人的精神属性的基本特征，是与自然界发展变化及动物生长发展最重要的不同能动性，为教育提供了合理的人性假设，为教育活动提供了科学依据，指明了努力方向。

三、人的发展的规律性 【简答/论述】：10 天津，12 云南，12、13 福建，15 哈尔滨，13 中南大学，17、18、20、21 扬州，14、16 南京，14 闽南，14 重庆，14 河南，15 北京，16 青岛大学，16 海南，16 湖南科技，12、16 沈阳，17 安徽，18 郑州大学，18 中国海洋，19 湖北师范，19、20 宝鸡文理，19 渤海大学，20 安庆，20 江西科技，20 聊城大学，20 四川轻化工，20 西藏大学，21 北京联合，21 齐齐哈尔，21 华东，21 宁波大学，21 四川，10、20 辽宁，10、11、12 华中，11、18 渤海大学，17 天津，12 哈尔滨，13 聊城大学，13 扬州，13、17、20 浙江，10 南京，15、16 鲁东，17 青岛大学，17、18 沈阳，17、21 西华，17 湖南大学，17、21 温州大学，19 湖北大学，19、20 湖南，19 广西师范学院，21 三峡大学

人的发展的规律性主要表现为人的发展的顺序性、不平衡性、阶段性、个别差异性和整体性。这些规律性具有重要的教育学意义，是教育工作必须遵循的规律性。

（一）顺序性

1. 含义

在正常情况下，人的发展具有一定的方向性和先后顺序，既不能逾越，也不会逆向发展。

2. 体现

个体动作的发展就遵循自上而下、由躯体中心向外围、从粗动作向细动作的发展规律性；就心理而言，总是从无意注意到有意注意、从机械记忆到意义记忆、从具体形象思维到抽象逻辑思维，从喜怒哀乐等一般情绪发展到道德感、理智感、美感等高级情感。

3. 对教育的制约

人的发展的顺序性要求教育要循序渐进地促进学生的发展。

（二）不平衡性 【辨析】：18 山东

1. 含义

人的发展并不总是匀速直线前进的，不同系统的发展速度、起始时间、达到的成熟水平是不同的；同一机能系统在发展的不同时期（年龄阶段）有不同的发展速率。

2. 体现

从总体发展来看，幼儿期是第一个加速发展期，童年期平稳发展，到了青春发育期又出现了第二个加速发展期，然后再平稳地发展，到了老年期则开始出现下降。

3. 对教育的制约

人的发展的不平衡性要求教育要掌握和利用人的发展的成熟机制，抓住发展的关键

未完成性，2016 曲阜师大考了论述题，这部分扩充内容可以参考教材：王道俊《教育学》。

答题提示

简述人的发展的规律性及其对教育的制约。/ 简述教育工作应遵循儿童身心发展规律。/ 教育如何适应学生身心发展规律？/ 教育要怎样适应年轻一代身心发展的规律？这些问题都是回答人的发展的规律性。

期,不失时机地采取有效措施,卓有成效地促进学生健康地发展。

(三) 阶段性

1. 含义

人的发展变化既体现出量的积累,又表现出质的飞越。在个体发展的不同阶段,会表现出不同的年龄特征及主要矛盾,面临着不同的发展任务。不同的发展阶段之间是相互关联的,上一阶段影响着下一阶段的发展。所以,人生的每一阶段不仅具有本阶段的意义,而且具有人生全程的意义。

2. 体现

皮亚杰的认知发展阶段理论和埃里克森的社会性发展阶段理论,都是根据不同标准提出并产生了重要影响的阶段理论。

3. 对教育的制约

人的发展的阶段性要求教育要从学生的实际出发,尊重不同年龄阶段学生的特点,根据这些特点提出不同的发展任务,采用不同的教育内容和方法,进行针对性教育,以便有效地促进他们的个性发展。

(四) 个别差异性

1. 含义

由于人的遗传、环境、教育和主观能动性的不同,每个人的发展优势、发展速度与高度往往是千差万别的。

2. 体现

有的人爱动,有的人爱静;有的人善于理性思维,有的人善于形象思维;有的人早慧,有的人大器晚成。正是这些差别,构成了多姿多彩的人类世界。

3. 对教育的制约

人的发展的个别差异性要求教育者要深入了解学生,针对学生不同的发展水平以及不同的兴趣、爱好和特长因材施教,引导学生扬长避短、发展个性,促进学生自由地发展。

(五) 整体性 【名解】: 15 江苏

1. 含义

教育面对的是活生生的、整体的人,他们既具有生物性和社会性,还表现出个体的独特性。人的整体内部存在着一定的秩序和结构,人的整体发展总是呈现出各个方面相对独立发展时所不具有的一些性质和功能。所以,不从整体上把握教育对象的特征,就无法教育人。

2. 体现

事实上,人的生理、心理和社会性等方面的发展是紧密联系、相互作用的,使人的发展表现出明显的整体性。

3. 对教育的制约

人的发展的整体性要求教育要把学生看成是一个复杂的整体,促进学生德智体美行(实践智慧与能力)等方面全面和谐发展,把学生培养成完整和完善的人。

碎碎念

顺便复习一下教育心理学内容:皮亚杰的认知发展阶段理论是什么?埃里克森的社会发展阶段理论还记得吗?请到教育心理学相应部分查看,前两遍复习关键在于理解,后几遍复习如果遇到其他科目的内容,可以融会贯通地去学习或者复习相关知识点。

"整体大于它各部分总和",这是现代整体观念的核心。

助记图 >>

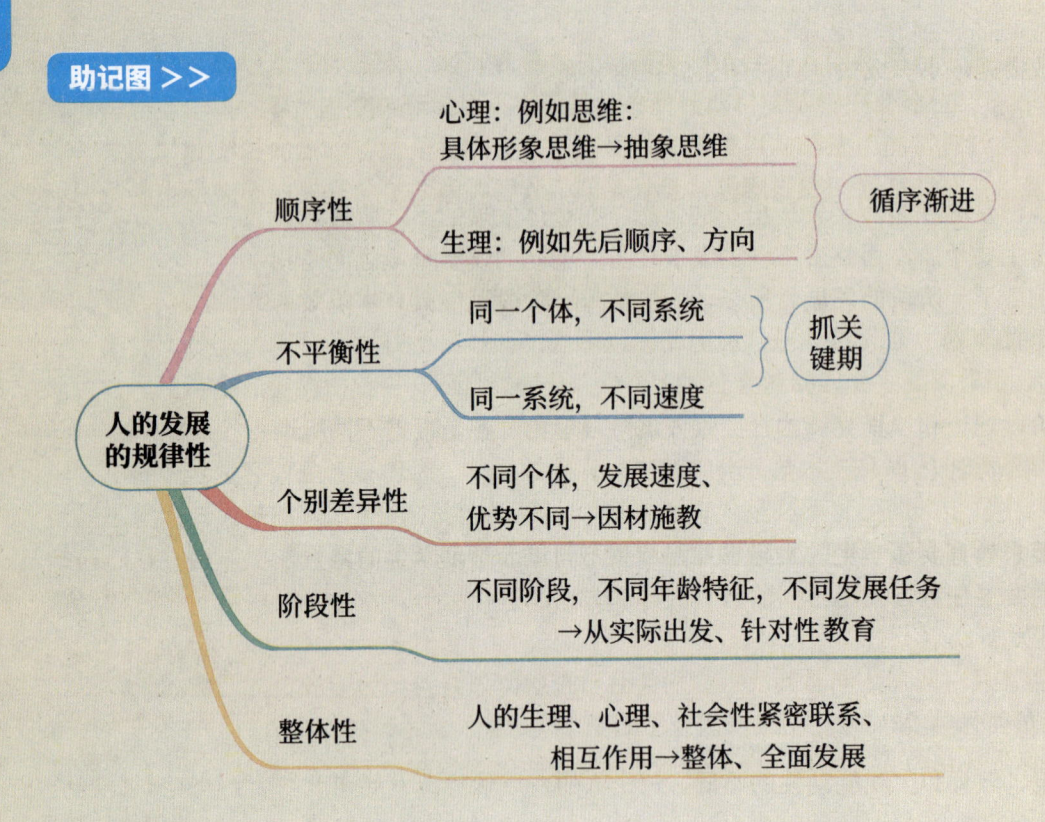

人的发展的规律性
- 顺序性
  - 心理：例如思维：具体形象思维→抽象思维
  - 生理：例如先后顺序、方向
  - 循序渐进
- 不平衡性
  - 同一个体，不同系统
  - 同一系统，不同速度
  - 抓关键期
- 个别差异性
  - 不同个体，发展速度、优势不同→因材施教
- 阶段性
  - 不同阶段，不同年龄特征，不同发展任务→从实际出发、针对性教育
- 整体性
  - 人的生理、心理、社会性紧密联系、相互作用→整体、全面发展

第二节 影响人的发展的基本因素

【简答/论述】：10东北，10青岛大学，10浙江，11曲阜，11渤海大学，12北航，19江西，17华南，18苏州，18海南，19湖北大学，20闽南，20湖南理工学院，20鲁东大学，20云南大学，20浙江海洋，21洛阳，21广东技术，10中山大学，11东北，11、12江西，12聊城大学，13、16、20西华，14内蒙古，15渤海大学，15天津，16哈尔滨，17青岛大学，17湖南大学，17天津职业，18石河子大学，19河北大学，15、17、18、19吉林，18、20、21湖北大学，20苏州，20天水师范，21太原，21广州大学，21海南，21西藏大学

一、遗传在人的发展中的作用 【简答/辨析】：11陕西，16江苏，18上海，18鲁东，21西华

（一）遗传素质的定义 【名解】：11哈尔滨，15福建

遗传是指人从上代继承下来的生理解剖上的特点，如机体的结构、形态、感官、神经系统的特点及本能、天赋倾向等。这些遗传的生理特点也叫遗传素质，是人身心发展的物质基础和前提条件。

（二）遗传素质在人的身心发展中的作用

1. 遗传素质是人的发展的生理前提，为人的发展提供了可能性

遗传素质是人身心发展的前提条件。如果没有这些生理条件，人的发展就无法实现。例如，一个人生下来无大脑就无法学习科学文化知识。当然，遗传素质只是为人的发展提供了生理方面的可能。它不是现成的知识、才能和思想道德品质，不能决定人的发展。

> **复习提示**
>
> 影响人的发展的基本因素包含遗传、环境、个体能动性三个方面，值得注意的是环境包含教育，教育也是一种环境影响。
>
> 有必要指出的是，我们在强调遗传素质的

2. 遗传素质的成熟程度制约着人的发展过程及其年龄特征

遗传素质本身有一个发展过程，它主要表现为人身体各种器官的构造及其功能的发展变化与完善。遗传素质的成熟程度，为一定年龄阶段的身心特点的出现提供了可能与限制，制约着人的发展的年龄特征。

3. 遗传素质的差异性对人的发展有一定的影响

人的遗传素质是有差异的。人的遗传素质的差异不仅表现在体态和感觉器官的功能上，也表现在神经活动的类型上。一个生来失聪的孩子，很难把他培养成音乐家；一个神经活动灵敏、智力超常的儿童，比较容易教育成才。

4. 遗传素质具有可塑性

随着环境、教育和人类实践活动的改变，人的遗传素质会逐渐地发生变化。例如，一个在遗传素质上神经活动属于不平衡、不灵活的人，在良好的教育下，也会变得很有涵养、很守纪律，这就说明了遗传素质具有可塑性。

二、环境在人的发展中的作用

【简答/论述】：10西北，19山东，17福建，18广东技术，18内蒙古，19曲阜，21同济大学，21湖南理工学院，10哈尔滨，10山东，18陕西，16、17、19聊城大学，21北华大学

（一）环境的含义

环境是指个体生存于其中并影响个体发展的外部世界，包括自然环境、社会环境和精神文明。其中，对人的发展起主要影响的是社会环境，包括所处的国家政治经济制度、经济生活、文化生活、风俗习惯以及家庭、邻里、朋友、学校、娱乐场所等。一个人的身心能否得到发展和发展到什么程度，都与他的社会环境分不开。

（二）环境在人的身心发展中的作用

1. 环境是人的发展的外部条件

环境是人发展的现实根基和资源，尤其是社会环境，为人的发展提供社会和物质条件。没有社会环境的影响，生物人不可能获得社会发展，如狼孩。因此，处于"环境剥夺"的状态的人，不可能得到社会性的发展。

2. 环境的给定性和主体的选择性 【名解】：14云南

（1）环境的给定性是指自然、社会、他人为儿童所创设的生存环境，对儿童来说是先在的、给定的、客观的。儿童生来不能选择，只能在客观的、先在的、给定的环境中生活，无法抗拒或摆脱环境的影响与限制，只有适应环境，以获得自身的生存与发展。

（2）环境的给定性并不意味着人的发展、人的命运就被注定了。人是具有能动性的主体，随着年龄和经验的增长，人的能动性、自主性、选择性、创造性都在逐步增长，其对环境的反作用与相互作用的活动也在逐步增强。环境在人的发展中能起到什么性质和多大的作用，很大程度上取决于人对环境的态度。

3. 环境对人的发展的作用离不开人对环境的能动活动

（1）环境的给定性离不开主体的选择性。环境的给定性不但不会限制人的选择性，反而激发了人的能动性和创造性。

重要性的同时也不能无限度地夸大遗传素质的作用。"先天决定论""血统论"和以高尔顿为代表的遗传决定论是错误的。

"一两遗传胜过万吨黄金"说法是错误的。（2018年陕西师大辨析题、2013年东北师大论述题）

💡 **复习提示**

没有儿童与人类环境的互动，没有后天人类所创造的文明生活和社会文化的滋养，人就不可能从自然人成长为所处时代的社会人。如"狼孩"。

"一方水土养一方人。"

"近朱者赤，近墨者黑"、墨子"素丝说"、荀子"蓬生麻中，不扶而直；白沙在涅，与之俱黑"都片面夸大了环境的作用。

孔子总结自己的人生经验："吾十有五而志于学，三十而立，四十不惑，五十知天命，六十而耳顺，七十而从心所欲，不逾矩。"

（2）人不仅能够适应环境、改造环境以求自身的发展，而且能够有意识地选择、组织、利用环境的资源与影响来为年轻一代获得更好的发展服务。

总结： 一个人发展到什么程度，都与其生活环境有关，"近朱者赤，近墨者黑"就是这个道理，即环境的作用既可能是积极的，又可能是消极的，但不能过分夸大环境的作用。所以，以华生为代表的环境决定论是错误的。

助记图 >>

环境 ⟶ 外部条件、给定性 ⟶ 人
人 ⟶ 能动活动、选择性 ⟶ 环境

三、个体活动在人的发展中的作用【简答/论述】：15云南，16内蒙古，17郑州大学，17天津大学，20洛阳，20江苏，21曲阜，21湖北师范，15闽南，17华中，19天津，20大理大学

（一）个体活动是人的发展的决定因素

人的能动性是在人的活动中、在人的社会生活中产生的，并通过人的活动表现出来。离开人的活动，遗传素质和环境所赋予的一切发展条件，都不可能成为人的发展的现实。因此，个体的活动、个体的社会实践是个体与环境互动的中介，是个体发展的基础，是个体发展的决定性因素。

（二）个体活动制约着环境影响的内化与主体的自我建构

人不仅是社会历史活动的主体，而且是自身发展的主体。人在同环境的相互作用的过程中，既改造着环境，也在改造环境的活动中发展和提升个人的素质，实质是主体的自我建构的过程。在同样的环境和教育条件下，每个学生发展的特点和成就，主要取决于他自身的态度，取决于他的能动性的发挥状况。

（三）个体通过能动的活动选择，建构着自我的发展

个人通过能动的活动不仅能把握自己与外部世界的关系，而且能把自身的发展当作自己认识的对象和自觉实践的对象，逐步地、有目的地、自觉地认识、选择与建构自己的发展，决定自己的人生道路。人的发展过程就是一个通过能动的活动不断自我超越的过程。

总结： 高度评价人的能动性在人的发展中的作用，它赋予了人在一定条件下主宰自己命运的可能。人不仅是遗传和环境相互作用的产物，也是自我选择与自我建构的产物。随着人的自我意识的提高和社会经验的丰富，人的主观能动性在人的发展中的作用会越来越大。

这是具有自我意识的人通过学习、奋进最终达到自觉、自由境界的发展过程的自我概括。

个体的能动活动影响人的自我设计和自我奋斗。人在发展过程中的自我设计和自我奋斗，实际上就是谋划自己人生的活动，它把个体发展的过去、现在、未来在意识中联结起来，使自我的"过去"与"未来"，在"现在"的自我奋斗的活动中，汇合成推动个人积极向上的自觉能动性。

特别提示

如果考题问：教育的价值（或教育的功能或教育的作用）要回答教育对人的作用和教育对社会的作用两个方面，即第三章第三节和第四章第二节两部分内容。

第三节 教育对人的发展的作用

（即教育的本体功能/教育对人的发展的功能/教育对个体的作用）

【简答/论述】：15、19苏州，17宁夏大学，18淮北，18宁波大学，20合肥，20济南大学，20石河子大学，21三峡大学，10渤海大学，10西北，12江苏，12山西，13、14西南，13湖南科技，11、14、15四川，14、15、18曲阜，14西华，14哈尔滨，15、21河南，10、16东北，16深圳大学，17山东，17扬州，18浙江，18辽宁，18青海，20延边大学，20赣南，20四川轻化工，21福建，21成都大学

一、教育在人的发展中起着引领作用

教育在年轻一代的发展中起着极其重要的引领作用，主要体现在有意识地为年轻一代的成长选择、建构、调控良好的环境，对他们的生活、交往、学习与实践等活动进行正确的教导、示范和辅助，并注重尊重他们的主体地位和激发他们内在的学习动力与自我发展的能动性、自主性，从各方面引领、关怀、维护他们的发展。

二、学校教育主要通过传承文化科学知识来培养人（知识的价值）【简答/论述】：
10闽南，11云南，12渤海大学，14、19福建，15扬州，21内蒙古，21集美大学，13江苏，18华中

学校教育是教育者有意识地为儿童的身心发展精心设置的一种环境，其最大的特点在于，把经过选择的、重新组编的、人类长期积累起来的文化知识作为精神客体与儿童互动，以促进儿童的发展，使他们成人、成才。

人类的符号系统，主要包括语言、文字、数字化信息等。符号及其负载的文化科学技术知识（亦可简称为文化知识或知识），之所以对人的发展至关重要，是因为文化知识蕴含着有利于人的发展的多方面价值。

首先，它促进人的认识的发展。（知识的认识价值）

学生若是能够掌握和运用前人知识，也就等于继承和掌握了前人认识的资源和工具，就能比较便捷地认识世界，能看到别人看不到的事实，发现别人发现不了的问题，解释别人解释不了的疑难，重组别人不能重组的经验。所谓"秀才不出门，能知天下事"，主要是指借助于学习知识来达到了解、认识天下事的目的。

其次，它促进人的精神的发展。（知识的陶冶价值）

知识蕴含着科学精神和人文精神。科学精神引导人实事求是，独立思考。人文精神则引导人追求人生的意义与尊严，坚持自由、平等与公正。让学生经历科学精神和人文精神的陶冶，体验到什么是实事求是、坚持真理，感悟到人何以生存，为何生存，才能真正形成人生智慧，具有人生理想和抱负，担当起社会责任、人类使命的人。

再次，它促进人的能力的发展。（知识的能力价值）

要有效地发展学生的认识问题和处理问题的能力，不仅要引导他们学习、理解知识，更为重要的是应当引导他们运用知识于实际，去解决各种实际存在的问题，并懂得从挫折、失败中总结经验、教训，修正错误，逐步地掌握正确的方法与程序，提高自身的探究、发现、改进、建构与创新的兴趣和能力。

最后，它促进人的实践的发展。（知识的实践价值）

答题思路

如果考简答/论述题：教育对人发展的作用？要回答一、二、三，其中"二、知识的价值"压缩回答即可。这部分内容回答了为什么教育会对人的发展起主导作用？（原因）而教育对人的发展发挥主导作用的表现及条件，在本章高分拓展中有补充，敬请查看。

学习提示

"富贵不能淫，贫贱不能移，威武不能屈。"此种人格就是挣脱奴性、物性的人。

知识固然重要，但不可搞"唯知识教育论"，如"两耳不闻天下事，一心只读圣贤书"。

如何引入社会实践、交往，密切学校教育与现实生活的联系，关注教育的社会必要性，促进学生全面发展，正是教育改革的重要课题。

主要指促进人运用知识去指导、推进社会实践的发展。当学生通过学习获取了知识，认识了某种事物特性，就能获得改造某种事物的可能性，也就推动了人们在这一领域的社会实践的发展。人们常说，学习的目的全在于运用，在很大程度就是强调知识对促进人的实践发展的价值。

三、学校教育对提高人的现代性有显著的作用

在社会发展的不同阶段，教育对人的发展所起的作用并不是完全相同的。与古代社会相比，现代社会对人的发展提出了越来越高的要求，教育对人的发展的作用也越来越大，这在人的现代性发展方面表现得尤为明显。

教育之所以能在人的现代化过程中起着重要的作用，是因为学生在学校里不仅学会了读、写、算等各个方面的基本知识与技能，而且学到了与他们个人的发展和他们国家的未来有关的态度、价值和行为方式。

我国正在进行社会主义现代化建设，人的现代化是社会现代化的重要基础和前提条件。我们应当自觉地优先发展教育，高度重视并充分发挥教育对人的现代化的促进作用。

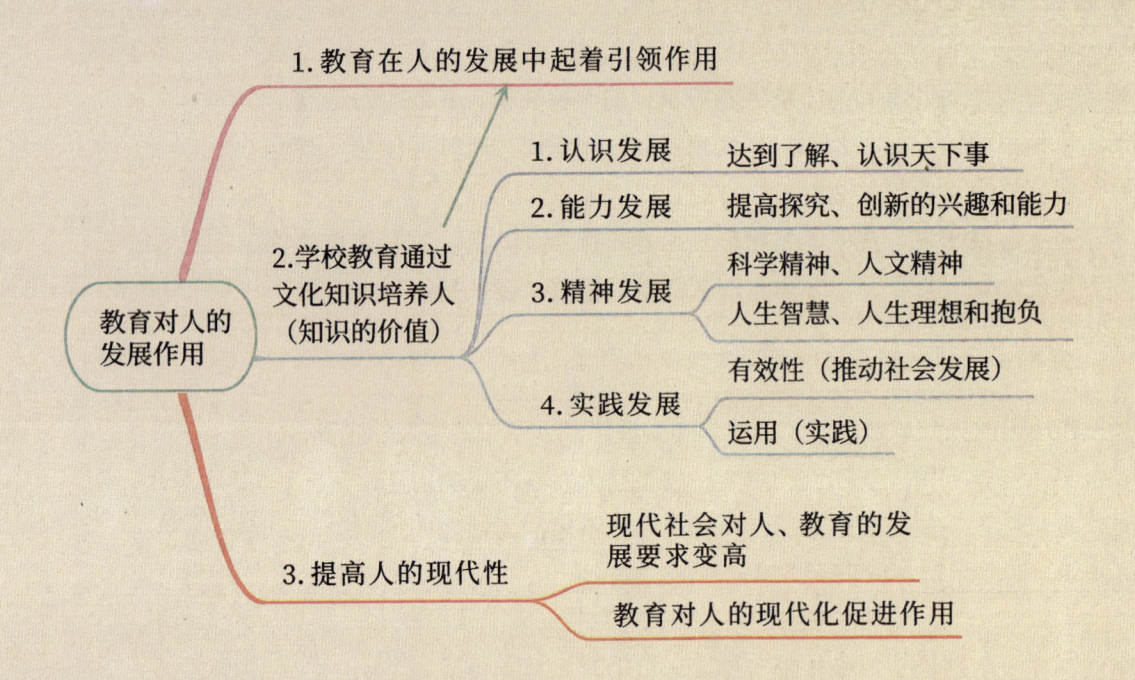

教育对人的发展作用

1. 教育在人的发展中起着引领作用

2. 学校教育通过文化知识培养人（知识的价值）
   - 1. 认识发展 —— 达到了解、认识天下事
   - 2. 能力发展 —— 提高探究、创新的兴趣和能力
   - 3. 精神发展 —— 科学精神、人文精神；人生智慧、人生理想和抱负
   - 4. 实践发展 —— 有效性（推动社会发展）；运用（实践）

3. 提高人的现代性
   - 现代社会对人、教育的发展要求变高
   - 教育对人的现代化促进作用

本章高分拓展

一、关于影响人的身心发展因素的主要观点（教育学基础、陕西师大大纲新增）

（一）单因素论与多因素论（根据影响人的身心发展因素的多寡而作的分类）

分类	代表性人物	基本观点	评价
单因素论	英国的高尔顿、美国的霍尔等	遗传决定论	单因素论认为在众多影响人的身心发展的因素中只有一个是决定作用的，忽视影响人的身心发展的其他因素以及各因素之间的关系
	行为主义学派（美国的华生）	环境决定论	
	教育万能学说派（法国的爱尔维修）	教育决定论	
多因素论	苏联的巴拉诺夫等著的《教育学》、斯腾的"辐合论"（二因素论）	影响人的发展因素有两大类：一类是生物因素，包括人的遗传因素、生理结构等；一类是社会因素，包括环境、教育等，着重突出环境因素的作用	多因素论是从两个或多个侧面提出遗传、环境和教育等因素在个体身心发展中的不同作用。
	格赛尔"双生子爬梯"	着重强调"成熟"与"学习"的相互作用	
	凯洛夫	三因素论：遗传、环境与教育在人身心中的交互作用	
	国内理论界提出	四因素论：在三因素的基础上增加主观能动性	
	国内理论界提出	五因素论：遗传、环境、教育、主观能动性、反馈调节	

（二）内发论与外铄论（根据影响人身心发展的动因是源于内或外而做的分类）

1. 内发论

代表人物：遗传决定论、卢梭的自然主义思想、格赛尔的成熟论（著名的同卵双生子爬梯比较实验）、孟子的性善论等。

观点：强调人的身心发展的力量主要源于人自身的内在需要，身心发展的顺序也是由身心成熟机制决定的。可见，内发论过分强调人的发展动因由人的内在因素起决定作用，忽视外部因素和人的能动性。

【补充】**遗传决定论**【简答/论述】：20曲阜，13东北

代表人物：英国的高尔顿、美国的霍尔和奥地利的彪勒。

观点：这种理论认为个体的遗传素质在其后天的发展过程中起决定性的作用，后天的环境和教育对儿童的影响只能延迟或加速这些先天遗传能力的实现，但不能从根本上改变它们。这种理论看到了遗传素质对于人的后天发展的巨大作用，但是却夸大了这种作用，最终导致历史唯心主义。

2. 外铄论（环境决定论）【名解/简答】：10聊城大学，17内蒙古，17东北，20成都大学，11北京

代表人物：中国的荀子、英国的洛克和美国的华生等。

观点：外铄论又称环境决定论、外塑论或经验论等。人的发展主要依靠外在的力量，诸如环境的刺激和要求、他人的影响和学校的教育等。外铄论者都强调外部力量的意义，故一般都看重教育的价值，外铄论的观点也是片面的，但是外铄论者研究了内发论没有关注的问题，在一定程度上强调了外界因素对人的发展的作用，还深入研究了外部作用如何才能被作用对象接受，并为内化为人的发展等方面提供了认识材料。

（三）内因与外因交互作用论（个体活动中多因素相互作用论）

主张内因和外因交互作用论的人认为影响人身心发展的因素不仅有内部的遗传因素还有外部的环境因素。主张这一观点的有两种认识：

1. 遗传和环境共同影响

代表人物：德国的施泰伦

主要观点：遗传从怀孕起就受环境因素的影响，人出生后环境的影响无时无处不在；遗传和环境在人的形成和发展过程中的作用始终是交织在一起的，很难明确划分。

人的发展 = 遗传 + 环境（共同影响）

2. 遗传和环境交互影响

代表人物：美国的吴伟士（伍德沃斯）

主要观点：认为虽然儿童的发展是其遗传和后天环境共同影响的结果，但这两种因素在儿童的发展中所起的作用是不同的。

人的发展 = 遗传 × 环境（二者之间作用不同）

3. 内因与外因交互作用论的基本思想

第一，遗传与环境对人发展的作用是相互制约、相互依存的。如，环境对于某种特性的形成能否起到作用，起多大作用，往往依赖于这种特性的遗传基础。

第二，遗传与环境的作用是相互渗透、相互转化的。它包括两层含义：一是遗传可以影响环境，环境可以影响遗传；二是遗传中有环境，环境中有遗传。如，新生儿总是带着各自不同的气质（神经类型）来到人间，有的好哭好动，有的文气安静。

第三，遗传与环境的相互作用不是始终固定不变的，它们是一个动态的相互作用过程。

第四，主体与客体之间是一种作用与反作用的动力关系。

二、学校教育在人的身心发展中的作用（教育学基础、陕西师大大纲新增）【简答/论述】：10曲阜，11安徽，14湖南科技，14西北，16湖南，17宁波，19贵州，13湖南大学，14华南，15集美大学，15西北，16东北，17南京，19华中，21长江大学

（一）个体个性化和个体社会化（学校教育对个体发展的功能表现在哪两个方面？）【简答/论述】：20陕西，19苏州，21南宁

1. 个体个性化【名解/简答】：17浙江大学，15、16广东技术，16延安大学，18广州大学

个性化是指个体在社会活动中形成独特性、自主性和创造性的过程。人的个性化的形成与发展依赖于教育的作用。学校教育作为一种有目的、有计划、有组织地对受教育者的身心施加影响的活动，旨在培养具有独特个性的、有主体性的、有创造力的个人。

教育促进个体个性化的功能主要表现为：

（1）教育促进个体主体意识的发展

个体的主体意识是人对自我的主观能动性的认识。教育正是通过对人的道德、智力、能力的培养而提高人对自我的认识。人通过接受教育形成道德观念，促进知识、能力的发展。

(2) 教育促进人的个体特征的发展

个体的特征就是个体的差异性，主要是指人的兴趣、爱好、智能结构、性格、气质等方面的特征。教育促进人的个体特征的发展主要是通过不同的教育内容与不同的教育形式来实现的。

(3) 教育促进人的个体价值的实现

人的个体价值是针对人对社会的贡献与作用而言的。教育使人认知到生命的存在并努力追求生命的价值和意义，赋予人创造生命价值的信心与力量。

2. 个体社会化

个体社会化指个体在出生后的发展中习得社会化的规范、价值观念和行为习惯等，并借以适应社会、参与社会的过程，即由一个"自然人"转化为"社会人"的过程。

教育促进个体社会化的功能主要表现在：

(1) 教育促进个体的观念社会化

人的观念是指人对社会事物的看法和人在社会活动中形成的思想。在人的观念社会化的过程中，教育起着导向的作用，即有计划、有意识地按照一定社会的要求帮助人们形成社会所需要或提倡的观念，抵制社会所批评或反对的观念。

(2) 教育促进个体智力与能力的社会化

在人的能力适应社会需要而不断发展的过程中，教育的功能主要体现在：教育指导、规范和加速人的能力社会化。

(3) 教育促进人的职业和身份社会化

社会分工赋予社会成员特定的职业，社会分工的发展与科技、教育的发展紧密相连。在现代社会中，个体所从事的职业与其在社会中的地位，在很大程度上是以接受相关的教育和训练为前提的。在现代社会，教育促进人的职业和身份社会化的功能越来越明显。

（二）学校教育在人的身心发展中发挥主导作用 【简答/论述】：10聊城大学，12广西，16浙江工业，17西北，18宁波，20河北大学，17苏州，18河北

1. 教育是一种有目的地培养人的活动，它规定着人的发展方向

教育是有目的地培养人的社会活动，它以育人为本。学校教育的价值主要在于，引导年轻一代通过掌握知识获得的身心发展，促进他们社会化、专门化、个性化，满足社会发展对人才的需要，从而积极地促进社会发展。

2. 学校教育主要通过文化知识的传递来培养人

学校教育最大的特点是弥漫着文化知识的气息，文化知识是滋养人的发展的最重要的社会因素与资源。文化知识蕴含着认识价值、能力价值、陶冶价值和实践价值，共同建构了学生个性素质的整体。因此，教育必须引导学生尊重知识、热爱知识、探究真知、创造性地理解和运用知识，从而获得发展。

3. 学校教育加速人的现代化

在决定一个人的现代性水平方面，教育是一个首要的因素，教育对个人的现代性有着直接的和独立的贡献。学校教育之所以能在人的现代化过程中起着重要的作用，不仅因为学生在学校里学会了读、写、算等基础知识与基本技能，而且学到了与未来有关的态度、价值和思维。

（三）学校教育主导作用有效发挥的条件（即学校教育如何有效促进人的身心发展/学校教育要促进人的身心发展要具备什么条件）【简答/论述】：10安徽，12陕西，14西北，14湖南，18新疆，18浙江工业，21陕

西，13江苏，17苏州，20安徽，21渤海大学

1. **受教育者的主观能动性与身心发展规律**

学校教育只是外部条件，是影响人的身心发展的外因，教育在人的身心发展中的主导作用必须通过人的内部因素，即个体的发展离不开能动的实践，个体主观能动性的发挥，对人的发展才起着决定性的意义。

2. **教育自身状况**

教育主导作用发挥的程度和能力的大小，与教育自身的条件也有很大的关系。这些条件包括教育的物质条件、教师的素质、教育管理水平及其相关的精神条件等。

3. **家庭环境的因素**

家庭和学校在儿童教育过程中是天然的合作者，家庭环境及其教育与学校教育的配合程度直接影响学校的教育作用。家庭经济条件的好坏制约着儿童所能享有的教育资源的质量；家庭的经济状况制约着家长在儿童成长中精力和经济的投入程度；父母的文化水平对儿童教育有直接的制约作用，家庭的人际氛围对教育影响的发挥有干扰和促进作用。

4. **社会发展状况**

社会的生产力水平、社会的政治经济制度、整体的社会环境、民族心态、文化传统都可能对教育功能的实现产生影响。

第四章 教育与社会的发展

本章大纲考点及考频

考点	考频
第一节 教育的社会制约性	12
一、生产力对教育的制约	12
二、社会经济政治制度对教育的制约	16
三、文化对教育的制约与影响	17
第二节 教育的社会功能	32
一、教育的社会变迁功能	4
（一）教育的经济功能	27
（二）教育的政治功能	30
（三）教育的生态功能	11
（四）教育的文化功能	40
二、教育的社会流动功能	25
（一）教育的社会流动功能的含义	14
（二）教育的社会流动功能在当代的重要意义	0
三、教育的社会功能与教育的相对独立性	1
（一）教育的社会变迁功能与社会流动功能的关系	0
（二）教育的相对独立性	36
第三节 教育与我国社会主义建设	0
一、教育在我国社会主义建设中的地位和作用	0
（一）树立以人为本的教育观	1
（二）把教育摆在优先发展的战略地位	10
二、科教兴国与国兴科教	3
（一）国兴教育的重大举措与巨大成绩	0
（二）国兴教育面临的问题	5
（三）努力办好让人民满意的教育	4

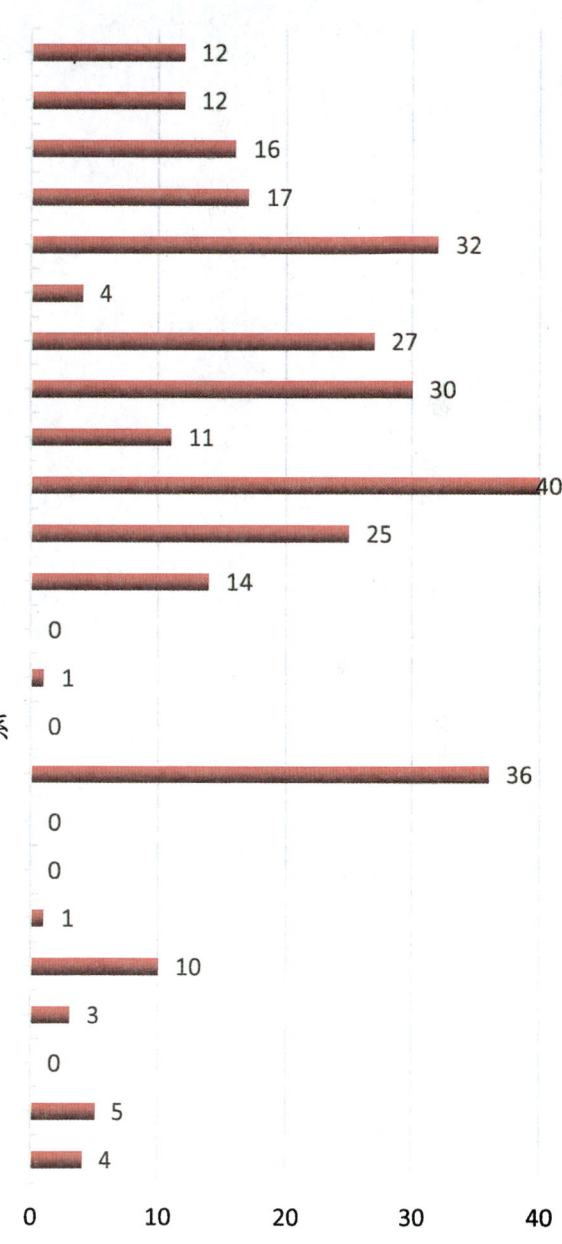

本章思维导图

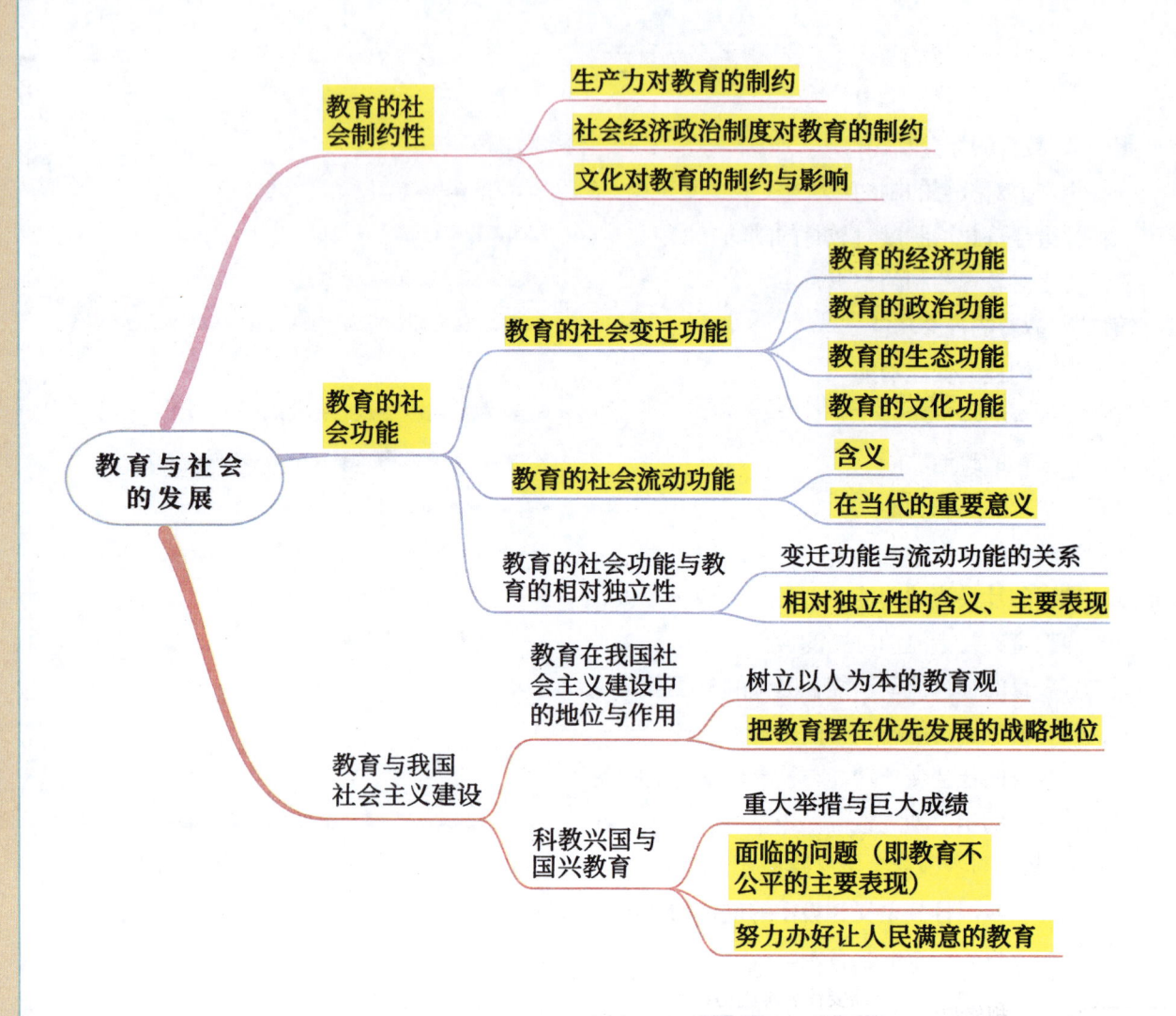

- **教育与社会的发展**
  - **教育的社会制约性**
    - 生产力对教育的制约
    - 社会经济政治制度对教育的制约
    - 文化对教育的制约与影响
  - **教育的社会功能**
    - 教育的社会变迁功能
      - 教育的经济功能
      - 教育的政治功能
      - 教育的生态功能
      - 教育的文化功能
    - 教育的社会流动功能
      - 含义
      - 在当代的重要意义
    - 教育的社会功能与教育的相对独立性
      - 变迁功能与流动功能的关系
      - 相对独立性的含义、主要表现
  - **教育与我国社会主义建设**
    - 教育在我国社会主义建设中的地位与作用
      - 树立以人为本的教育观
      - 把教育摆在优先发展的战略地位
    - 科教兴国与国兴教育
      - 重大举措与巨大成绩
      - 面临的问题（即教育不公平的主要表现）
      - 努力办好让人民满意的教育

本章参考书

【1】王道俊、郭文安主编：《教育学》（第七版），人民教育出版社，第三章

【2】全国十二所重点师范大学联合编写：《教育学基础》（第3版），教育科学出版社，第二章

【3】柳海民主编：《教育学原理》（第2版），高等教育出版社，第三章

· 第一节 教育的社会制约性 ·

【简答/论述】：12华南，19集美大学，21云南民族，10湖北大学，10苏州，10、13、16四川，17广西师范学院，18哈尔滨，20吉林，21湖北师范

一、生产力对教育的制约
【简答/论述】：11扬州，15吉林，15集美大学，16河北大学，18安徽，18华南，21东北，21聊城大学，12杭州，13河南，18陕西，21洛阳

（一）生产力的发展制约教育事业发展的规模和速度

教育发展的物质条件是由生产力的发展所提供的。教育经费的支付能力直接影响着校舍建设、仪器配备、教师待遇等条件。

社会生产力水平决定着社会对教育事业的需求程度，也决定着社会对劳动力的需求水平，进而决定着教育事业的规模和速度。

（二）生产力的发展水平制约人才培养的规格和教育结构

教育的根本问题是培养什么人的问题。社会生产力的水平、方式决定劳动力的规格，进而决定教育所培养人的规格，尤其是人的知识、技能和态度的规格。

学校教育结构反映经济的技术结构和产业结构的发展变革。这样，教育为生产培养的人才能满足生产力发展的需求，否则，即使培养的人才在总量上有富余，但仍会出现结构性失调。

（三）生产力的发展制约教学内容、教学方法和教学组织形式的发展和改革

生产力的发展推动了科学技术的发展，也必然促进教学内容的发展与更新。

教学方法和教学组织形式的变革都是与生产力的发展和科学技术的运用紧密相关的。例如，班级教学组织形式的产生与改进，探究、实验、参观和直观教具、影视、多媒体教学等现代方法的运用。

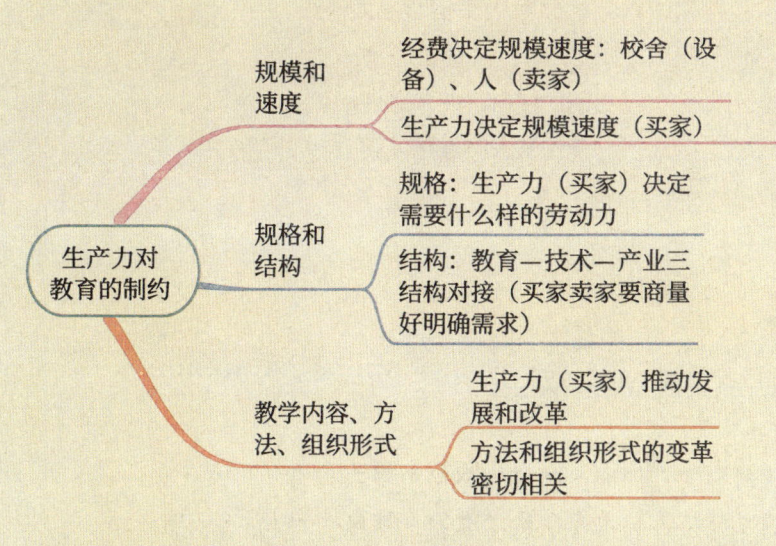

生产力对教育的制约：
- 规模和速度
  - 经费决定规模速度：校舍（设备）、人（卖家）
  - 生产力决定规模速度（买家）
- 规格和结构
  - 规格：生产力（买家）决定需要什么样的劳动力
  - 结构：教育—技术—产业三结构对接（买家卖家要商量好明确需求）
- 教学内容、方法、组织形式
  - 生产力（买家）推动发展和改革
  - 方法和组织形式的变革密切相关

生产力相当于人力资源买家，教育相当于人力资源的卖家，卖家要根据买家的规格和结构，规模与速度，通过一定的方法、组织形式按买家的要求（教学内容）生产。

二、社会经济政治制度对教育的制约
【简答/论述】：10聊城大学，14天津，15沈阳，15四川，18郑州大学，18宁波大学，20广东技术，20重庆三峡学院，21太原，21温州大学，21西华，14宁波大学，17西北，18陕西，21湖州师范，21济南大学，21大理大学

复习提示

如果问：教育与生产力/经济政治制度/文化的关系？要回答生产力/经济政治制度/文化对教育的制约和教育对生产力/经济政治制度/文化的促进作用这两个方面。

本章高分拓展中补充了教育与社会关系的主要理论：教育独立论、教育万能论、人力资本论、筛选假设理论、劳动力市场理论。

（一）社会经济政治制度的性质制约教育的性质

一定的教育具有什么样的性质是由那个社会的经济政治制度的性质决定的，而且教育的发展变革也受制于社会政治经济制度的发展变革。

（二）社会经济政治制度制约教育的宗旨和目的

教育目的是一个社会的经济政治制度对教育的权益要求的集中体现，它直接反映着统治阶级的利益和需要。社会中占统治地位的阶级，为了确保教育能够培养出他们所需要的人才，会选择教育内容，提出道德要求等，直接控制着教育，使教育为特定的社会关系服务。

（三）社会经济政治制度制约教育的领导权

统治阶级利用国家政权的力量，通过审批、调拨教育经费等办法来掌握教育的领导权；统治阶级还利用意识形态上的优势，通过编写教材、审定教科书、发行各种读物等途径来决定教育工作的发展方向。

（四）社会经济政治制度制约受教育权

受教育权是判断和确定一个国家和社会教育性质的重要标志，让哪些人受教育，受到何种程度的教育，都是由社会的经济政治制度决定的。

（五）社会经济政治制度制约教育内容、教育结构和教育管理体制

为了实现不同的教育目标，不同社会经济政治条件下的教育有着不同的教育内容。特定社会的教育结构也是由该社会的社会结构、经济结构决定的。教育的管理体制更直接受限于社会的经济政治制度，如经济政治上实行分权制的国家，教育管理上多强调地方自主。

社会经济政治制度对教育的制约：
- 教育性质（配套）
- 教育宗旨和目的（体现要求）
- 教育领导权（指明方向）
- 受教育权（谁受教育）
- 教育内容、结构、体制（配套）

社会经济政治制度（主）领导教育方向，实现宗旨和目的，控制受教育人，教育性质、内容、结构、体制要配套。体现通过一定的方式方法控制人的思想。

可见，教育的性质、教育的领导权与受教育权、教育的目的与方针政策、教育的课程与内容以及教育的管理体制都是受社会的经济政治制度所制约的。因此，"超阶级"或"超政治"的教育是根本不存在的。

本章高分拓展中还补充了科学技术、人口对教育发展的影响和制约，以及教育的科技功能和教育的人口功能。

三、文化对教育的制约与影响【简答/论述】：10、12 曲阜，13、21 鲁东，13 天津，13 内蒙古，15 湖南，16 贵州，17 山东，17 广西，17 郑州大学，20 渤海大学，12 渤海大学，15 青岛大学，16 闽南，12、19 四川

文化对教育的制约与影响具有广泛性、基础性、深刻性与持久性。

（一）文化知识制约教育的内容和水平

文化是教育的基础，教育的本质是以文化教育人，即通过传承和创新文化来培养人才。文化知识是教育的主要资源，文化知识的发展特性与水平制约着教育的发展特性与水平。

（二）文化模式制约教育环境与教育模式

文化模式为教育提供了特定的背景。教育促进个人的发展，必须受到特定文化模式的制约。文化模式还从多方面制约教育模式，不同文化模式下教育目的、内容、方式等

都有很大的差异。如东方文化模式是追求和谐，崇尚德行。西方文化模式是追求征服，崇尚理性。

（三）文化传统制约教育的传统与变革

文化传统越久，对教育传统的制约性越大。美国教育注重培养适应"民主社会"要求的理想公民，有浓厚的实用主义色彩。而我国的文化传统强调以民为本，崇尚仁义道德，追求功成名就。今天，我国教育改革遇到许多阻力，追根溯源与文化传统的消极因素有关。正确认识文化传统与教育的关系，对于指导我国今天的教育改革具有重大意义。

```
                    ┌── 文化知识制约教育内容
                    │   和水平
文化对教育的  ──────┼── 文化模式制约教育环境      知识制约知识（内容），模式
制约与影响          │   与教育模式                制约模式，传统制约传统。
                    └── 文化传统制约教育的传统
                        与变革
```

· 第二节 教育的社会功能 ·

【名解/简答/论述】：12广西，10重庆，10宁波大学，12辽宁，14东北，15广东技术，18山西，18中南民族，19中央民族，21吉林外国语，10湖大学，10、17苏州，11、12北航，12、14、16西南，12中南大学，12南京，14陕西，15、19浙江，16、20安徽，17集美大学，17河北大学，19长春，20广西，20延边大学，20、21江苏大学，20四川轻化工

一、教育的社会变迁功能
【整体出论述/名解】：13沈阳，14北京，16天津，19哈尔滨，11山东，16西南，16沈阳，17天津大学，21集美大学，21河南，21华中，21湖南理工学院

教育的社会变迁功能是指教育通过开发人的潜能、提高人的素质、促进人的社会化，引导人的社会实践，不仅使人能适应社会的发展，而且能够推动社会的改革与发展。教育的社会变迁功能表现在社会生活的各个领域，例如，教育的社会变迁功能包括教育的经济功能、政治功能、文化功能、生态功能。

（一）教育的经济功能
【简答/论述】：10河南，10西北，11山东，14渤海大学，15鲁东，15温州大学，16河南，16海南，17华中，14、17吉林，19华东，19河北大学，21天津，21辽宁，21信阳师范，11西华，12杭州，13、18陕西，16西南，17西北，17天津职业，18南京，21东北，21合肥，21济南大学

1. 教育是使可能的劳动力转变为现实的劳动力的基本途径

个体生命的成长只构成了可能的劳动力；一个人只有经过教育和训练，掌握一定生产部门的劳动知识、技能和技巧，并能生产某种使用价值，创造一定财富，他才能成为现实的生产力。可见，劳动力的培养必须依靠教育，它通过培养社会需要的各种劳动力推动社会生产与经济发展。

2. 现代教育是使知识形态的生产力转化为直接的生产力的一种重要途径

科学技术仅仅是一种知识形态的生产力，而要使知识形态的潜在生产力转化为现实的生产力，除了要通过艰巨而复杂的科学研究、发明创造或革新实践外，其技术成果的推广、经验的总结与提升都需要通过教育与教学的紧密配合。

> **复习提示**
>
> 教育的社会功能是由教育的社会变迁功能和教育的社会流动功能两部分组成。两者是有区别的。教育的社会变迁功能包含教育的经济功能、政治功能、生态功能、文化功能，是就教育所培育的主体在生产、经济、政治和文化等社会各领域所发挥的作用而言。教育的社会流动功能的含义及其在当代的意义，是就教育所培育的主体，

3. 现代教育是提高劳动生产率的重要因素

现代生产率的提高主要不是依靠增加劳动力的数量和延长劳动时间，而是依靠科学技术在生产中的应用、推广和不断革新，依靠提高劳动者受教育的程度与质量，依靠提高劳动者的素质、扩大脑力劳动者的比重、发挥劳动者在生产和改革中的创造性。

（二）教育的政治功能 【简答/论述】：11鲁东，12、16山东，12北京，13内蒙古，14、21天津，16吉林，16云南，17福建，17延安大学，18闽南，18华中，19扬州，19辽宁，20淮北，20贵州，20、21四川，21山西，21佳木斯大学，21华东，21浙江海洋，21温州大学，21云南民族，14宁波大学，18陕西，18南京，20河南，21东北

> 经过个人能力与品行的培养提高，能动性、创造性的弘扬，以实现其在职业分工和社会层次之间的流动而言。
>
> 教育的经济功能可以结合舒尔茨的"人力资本论"。（在本章高分拓展中已补充）

1. 教育通过传播一定的社会的政治意识形态，完成年轻一代的政治社会化

政治社会化主要通过教育进行，教育作为传递文化、训练思想与培养情感的活动，能以直接的或间接的，显性的或隐性的方式向年轻一代传播一定的社会政治意识，促进他们的政治社会化，从而为一定社会政治秩序的稳定创造重要条件。

2. 教育通过造就政治管理人才，促进政治体制的变革与完善

现代社会强调法治，更加重视人才的培养。由于科技向管理部门的全面渗透，国家对政治管理人才要求更高。许多国家为了适应对政治管理人才的需求，均设立了专门培养政治管理人才的学校或系科。

3. 教育通过提高全民文化素质，推动国家的民主政治建设

一个国家的政治是否民主，主要取决于该国的政体，但也与国民的文化素质密切相关。一个国家普及教育的程度越高，国民的文化素质越高，其国民就越能认识民主的价值，在政治生活和社会生活中就越能履行民主的权利。

4. 教育还是形成社会舆论，影响政治时局的重要力量

学校是知识分子和青少年集中的地方，通过教育者和受教育者的言论、行动、讲演、学校的教材和刊物等宣传一定的思想，造就一定的舆论，借以影响群众，为一定的政治、经济服务。

（三）教育的生态功能 【简答/论述】：14安徽，14华中，15、17广西，16上海，18天津，18河南，20华东，12河南，19江苏，21东华理工

> 💡 碎碎念
>
> 现在的水污染、空气污染（雾霾）严重、珍稀动物濒临灭绝等，很难见到"鹰击长空，鱼翔浅底，万类霜天竞自由"的景象。所以，通过教育与宣传达到：
> 1. 树立观念；
> 2. 普及知识；
> 3. 引导实践。

1. 树立建设生态文明的理念

人们为了个人的私利和生活改善，一味无止境地向自然索取，主宰自然，而不顾自然是否承受得起，是否对它造成了伤害。为了从根本上改变这种状况，在学校和社会上要加强生态文明的教育与宣传，让学生从小养成爱护自然、爱护生命、节约资源、保护生态环境的思想情感，从而逐步在全社会牢固树立建设生态文明的观念。

2. 普及生态文明知识，提高民族素质

对自然开发的无序与过度，不懂珍爱生命和节约资源等，造成生态灾害与失衡的原因很多，都与人的素质不高相关。我们应当有计划地普及生态文明知识，引导学生联系生活实际，懂得爱护花草树木，保护珍稀动物，节约资源，从小养成保护生态环境的行为习惯。

3. 引导建设生态文明的社会活动

生态文明建设关涉社会的移风易俗，学校的生态文明教育不应局限于校内，要组织学生参加到社区的生态文明建设中去，如组织学生到社会上去进行环境保护的宣传，访问生态文明建设中涌现的积极分子等。让学生在社会实践中加深提高认识，经受熏陶与锻炼，培养生态文明建设的情趣与信念。

(四) 教育的文化功能【辨析/简答/论述】：18南京，10青岛，11、19河南，12、18闽南，12浙江，12西北，13、16宁波大学，13鲁东，13天津，13华中，13广西，14山西大学，15渤海大学，15上海，15淮北，16北京，16贵州，17天津大学，18吉林，18集美大学，18、19广州大学，19、21鲁东大学，20内蒙古，21浙江海洋，21赣南，21江汉大学，11四川，12渤海大学，12曲阜，17广西，15青岛，16闽南，18石河子大学，20湖州师范，20浙江大学

1. 教育对文化的传递

人类社会能从愚昧与野蛮，走向今天的文明与开放，是文化教化的结果。而文化教化的前提是文化传递。教育无时无刻不在起着传递文化的作用，尤其是学校教育，因其具有明确的目的性、计划性等特点，一直承担着传承文化的重任。

2. 教育对文化的选择

为了有效地传承文化，必须发挥教育对文化的选择功能。教育对文化的选择功能体现了教育对文化发展的积极引导和自觉规范。当今是多元文化并存的社会，我国教育应坚持以辩证唯物主义和历史唯物主义为导向，处理好对文化的选择问题。

3. 教育对文化的发展

文化的生命不仅在于它的保存和积累，更在于它的更新与创造。教育通过把人类已有的精神财富内化为学生个体的精神财富，培养他们对文化的浓厚兴趣，使他们不仅能够适应和参与现实社会的文化活动，而且能够根据未来社会的需要创造更为美好的文化。

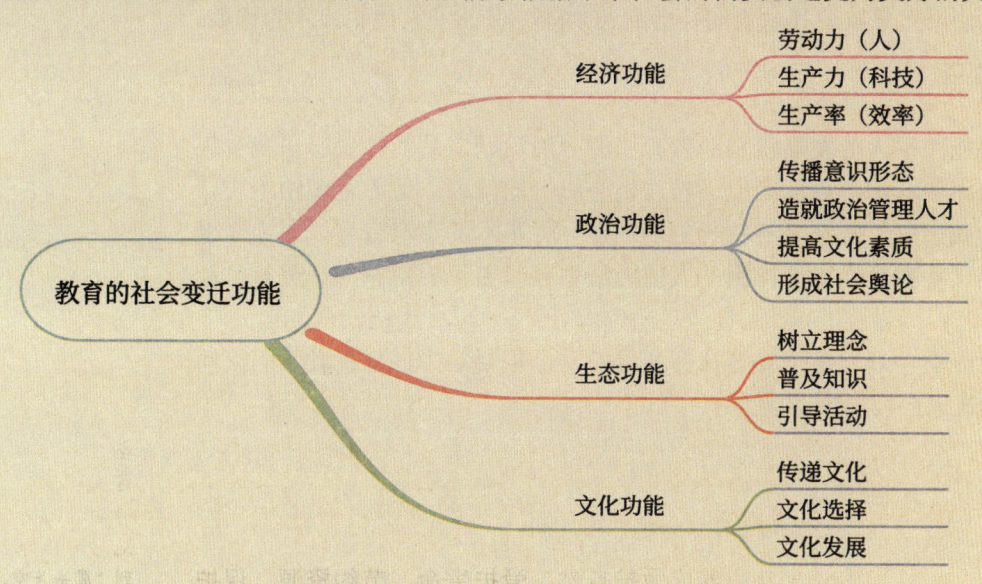

> 文化过分庞杂，要"简化"；
> 文化丑陋现象，要"净化"。

> 2018年南京师范大学辨析题：教育可以传承文化，但是教育缺乏文化的创造功能，它很难产生新文化。

教育的社会变迁功能
- 经济功能
  - 劳动力（人）
  - 生产力（科技）
  - 生产率（效率）
- 政治功能
  - 传播意识形态
  - 造就政治管理人才
  - 提高文化素质
  - 形成社会舆论
- 生态功能
  - 树立理念
  - 普及知识
  - 引导活动
- 文化功能
  - 传递文化
  - 文化选择
  - 文化发展

二、教育的社会流动功能【简答/论述】：10扬州，10福建，11中南大学，13华东，13杭州，13山西，14上海，16湖南大学，17广西师范学院，18四川，18辽宁，18内蒙古，21同济大学，21江苏，11广西，12安徽，13闽南，17辽宁，15苏州，11、19华南，19太原，20福建，20北华大学，20大理大学

(一) 教育的社会流动功能的含义【名解】：10、11苏州，13渤海大学，13河南，15辽宁，16广西，11、15、16福建，16西南，19扬州，20江苏，20上海，21吉林

教育的社会流动功能是指社会成员通过教育的培养、筛选和提高，能够在不同的社会区域、社会层次、职业岗位、科层组织之间转换、调整和变动，以充分发挥其个性特长，展现其智慧才能，实现其人生价值。

教育的社会流动功能，按其流向可分为横向流动功能和纵向流动功能。

教育的社会横向流动功能是指社会成员因受教育和训练，能够在社会区域、职业岗

> 期望改变个人现状，这不仅需要个人做长期艰苦而又创造性的努力奋斗，而且必须通过一定的途径，例如，参军立功、经商致富、务工赚钱、读书做官。

位与社会组织中做水平的流动，即可以根据社会需要，结合个人的意愿与可能条件更换其工作地点、单位等，改变其环境而不提升其社会阶层或科层结构中的地位。

教育的社会纵向流动功能是指社会成员因受教育的培养与筛选，能够在社会阶层、科层结构中做纵向的提升，包括职称晋升、职务升迁、薪酬提级，提高其社会层级地位与作用。

（二）教育的社会流动功能在当代的重要意义

期望改变个人现状，为获得更好的生存和发展的境遇乃是人之天性。教育在其中的地位与作用随着社会的发展变革而日益提升，对个人的社会流动起着主要的作用。

1. 教育已成为现代社会中个人社会流动的基础

在社会上生存、生活、流通，就必须具有一定的文化、技术与品质，也就是必须接受基础教育或义务教育。我们必须认识到："基础教育"是必不可少的"走向生活的通行证"，它使享受这一教育的人能够选择自己将要从事的职业，参与建设集体的未来和继续学习。

2. 教育是现代社会流动的主要通道

今天，我国农村的年轻一代要成功地进行社会流通，尤其是向上流通，只有经过教育，甚至只有经过优质的高等教育才能实现。中国工业化、信息化、城市化建设的过程中，高等教育大众化的加速，正充分展现其主要的社会流通功能，保证了人口与人才的调整、转换与供应。

3. 教育深刻影响社会公平

教育的社会流动功能关乎人的发展权利的教育资源分配问题，是一种关乎自我实现的教育资源的获得与利用的问题，由此产生了教育机会均等的问题。世界各国纷纷实行普及义务教育制度的实践表明，普及义务教育更多的是一种基本的生存权利。在当今世界，如果连优质的普及义务教育也未能得到，人便无法生存，更不要说参与平等竞争和实现人生价值了。

总之， 教育的社会流动功能，是个人与社会发展的一个重要动力，忽视教育的流动功能就会使个人和社会丧失向前发展的动力。

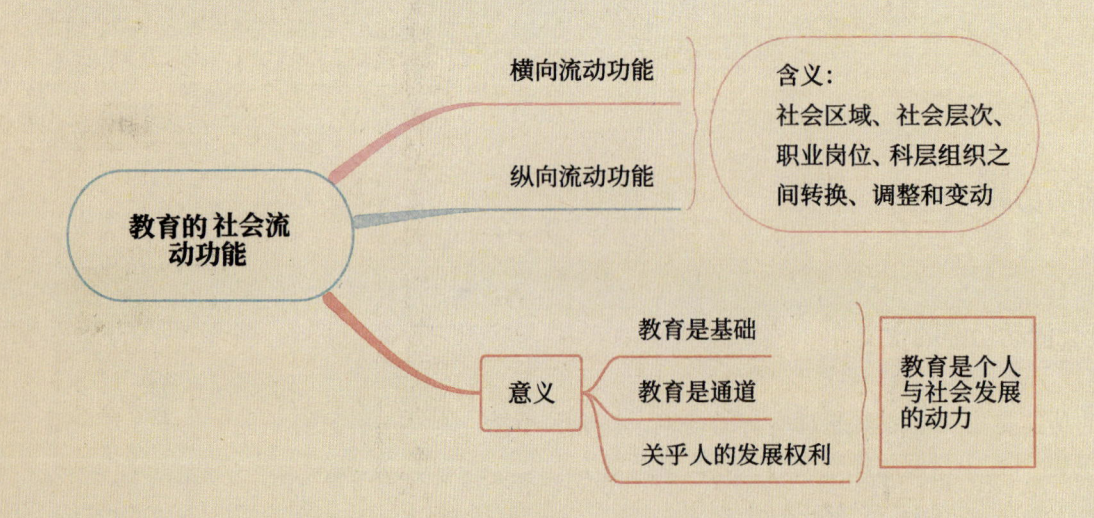

三、教育的社会功能与教育的相对独立性【论述】：12山东

（一）教育的社会功能中教育的社会变迁功能与社会流动功能的关系

1. 教育的社会变迁功能与社会流动功能是性质不同的两种功能，二者有严格的区别。

（1）教育的社会变迁功能，是就教育所培养的社会实践主体在生产、科技、经济、政治与文化等社会生活各领域发挥的作用而言，它指向社会的存在、变革和发展，以期为社会的发展、为国家与民族的发展服务。

（2）教育的社会流动功能，是就教育所培养的社会实践主体，经过个人能力与品行的培养和提高，能动性、创造性的弘扬，以实现其在职业分工和社会层次之间的流动而言的，它指向个体身心的发展、境遇的改善与提升，以期为个人的诉求与理想的实现服务。

2. 二者之间又有内在的联系，相互促进，相辅相成。

（1）教育的社会变迁功能为社会流动功能的产生、发展开拓了可能的空间。

（2）教育的社会流动功能也通过培养和提高社会实践主体，为社会变迁功能的实现提供人才及动力。二者的互动是社会发展和进步的必要条件，体现了教育对社会发展日益增强的能动作用。

（二）==教育的相对独立性==【简答/论述】：10苏州、10、15、20华中、11、15杭州、13山西、13云南、14湖北大学、14、15、20湖南科技、16曲阜、17四川、17江西、17贵州、18河北大学、18中央民族、18中南民族、18广西师范学院、18江汉大学、18淮阴、19广东技术、19西北、21湖州师范、21云南民族、11陕西、14华南、14淮北、15内蒙古、21湖南科技

1. ==教育的相对独立性==【名解】：17渤海大学、19湖北师范、16、19湖南科技、20安徽

教育的相对独立性是指作为社会一个子系统的教育，它对社会的能动作用具有自身的特点和规律性，它的发展也有其连续性和继承性。教育的相对独立性与教育的社会功能是具有内在联系的。可以说，教育的社会功能是教育的相对独立性的依据和主要表现。

2. ==教育的相对独立性的主要表现==

（1）教育是培养人的活动，主要通过所培养的人作用于社会

教育尤其是学校教育，是一种有意识地影响人、培育人、塑造人的社会活动。它主要通过照管、引导和促进年轻一代德、智、体、美等方面的发展，使他们社会化、个性化，保证社会的生存、延续与发展。这一社会功能将随着社会的加速发展、个人的能动性、创造性的递增而迅速增强。我们必须坚持并弘扬教育的这一特性，以便有效地推进现代社会的发展。

（2）教育具有自身的活动特点、规律与原理

教育是培养人的活动，而人具有天赋的能动性、可塑性和创造潜能等特点，具有特殊的身心发展和成熟的规律，教育、教学及其相关活动必须认识、遵循和创造性地运用这些基本特点与规律才能卓有成效地培养人才，而且要重视和遵循前人在这一方面总结的宝贵经验、原理、原则等。

（3）教育具有自身发展的传统与连续性

由于教育有自身的特点、规律与特有的社会功能，它一经产生、发展便将形成和强化其相对独立性，包括逐步构建按专业、系、院、校运行的学科规则与专业规范等方面整合的教育系统。我们无论是办学校、发展教育事业，还是进行教育改革，都要重视与借鉴教育的历史经验，都应在原有的基础上积极改进、稳步向前，切不可轻率地否定教育的连续性而企图另搞一套。

> **复习提示**
>
> 重视教育的相对独立性，注重发挥教育特有的社会功能，注意遵循教育自身的规律性和发展的连续性。不顾教育的相对独立性甚至视学校教育为政治、经济的附庸，是轻率地否定教育的特点、规律，有损于教育工作。
>
> 同时，不能把教育的相对独立性理解为绝对独立性。因为，教育归根结底是由生产力的发展水平和政治经济制度决定的。

第三节 教育与我国社会主义建设

一、教育在我国社会主义建设中的地位与作用

(一) 树立以人为本的教育观（即教育为什么要"以人为本"）【简答】：11北京

1. 以科学发展观指导教育工作，首先就要树立以人为本的教育观

树立以人为本的教育观，意味着肯定教育的根本宗旨在于促进人的全面发展，在生产力发展的基础上尽可能地满足大多数人的文化需要，尽可能地让每个人有公平的受教育机会，尽可能地开发每个人的发挥潜能。引导每个人保持个人与他人、与自然、与自身的和谐，成为社会的主人，国家的公民，为社会主义现代化建功立业。

2. 树立以人为本的教育观，还意味着肯定人是自我教育、自我发展的主体

教育对人的个体素质的发展无疑起着巨大的作用，但教育对人的发展不论起多大作用，也只是人的发展的外因，必须经过人的发展的内因，经过人的自我教育，才能转化为人的个性素质。因此，教育必须尊重人在自我教育、自我发展中的主体地位。教育的艺术和实效很大程度上取决于启发、培养、激励和发挥人的自我教育、自我发展的能动性。

(二) 把教育摆在优先发展的战略地位（为什么说"百年大计，教育为本"）【简答/论述】：
15华南，15安徽，20湖南科技，21贵州，10渤海大学，10江苏，10曲阜，18山西，18海南，21扬州

"百年大计，教育为本。"教育在我国社会主义现代化建设中具有基础性、先导性、全局性的意义。落实科学发展观，实现科教兴国战略和人才兴国战略，就必然要求把教育摆在优先发展的战略地位。

1. 所谓教育的基础性，实质上是人的素质在社会主义现代化建设中的基础性。

教育对人的个体素质全面发展的促进，既是个人为人处世的基础，也是社会稳定和发展的基础。我国人口众多，虽是包袱，更是宝贵的资源。为了开发我国的人口资源，使我国由人口大国转化为人才强国，优先发展教育是一个必然的战略性举措。

2. 所谓教育的先导性，是指教育的发展对社会主义现代化建设具有引领作用。

我国正处于实现工业化的过程中，同时又面对知识社会时代的来临。知识不仅是力量，而且成了第一力量、第一资源、第一产业、第一财富、第一权利乃至第一霸权。这对我国既是挑战，也是机遇。我国要调整产业结构，改变经济增长方式，提高经济增长的质量和效益，使经济社会可持续发展，关键在于知识创新，掌握核心技术，这在相当大程度上要依靠教育来传播最新知识技术，培养创新人才。

3. 所谓教育的全局性，是指教育的发展关乎社会主义现代化建设的具有全局性。

教育的功能对社会的发展来说无处不在，有经济功能、政治功能、文化功能、生态功能和社会流动功能。我们不难看出，教育使人的价值提升，对人与人、人与自然紧张关系的协调，对和谐社会的建设和完善，对我国社会结构的良性演变，对城乡差距、贫富差距的缩小，都起到了独特的积极作用。我们应当全面发挥教育的功能，促进人的全面发展和社会的全面进步。

顺口溜 >> 教育优先地位："搞拳击" → 导全基（先导性、全局性、基础性）

复习提示

1. 人是目的，社会的发展，是为人的生存和发展服务的。
2. 人是主体，人与自然、社会、个体的关系和作用中，人是主体角色。
3. 人的发展与社会发展是互动的。

人越全面发展，社会的物质文化财富就会创造得越多，人民生活越得到改善，就越能推进人的全面发展。

我国被称为"世界工厂"，"中国制造"行销全球。但从事的仅仅是加工环节，且以廉价劳动力、能源高消耗、环境污染为代价。而上游的工业设计、研发创新，下游的市场定价、营销运作，都为外国跨国公司控制。

二、科教兴国与国兴教育【名解/论述】：20华南，15西华，21北京联合

科教兴国战略是1997年在党的十五大报告中，根据我国现代化建设的迫切要求，结合世界科技教育发展的经验和趋势，在科学分析中国国情的基础上提出的一个重要战略方针。实现科教兴国，前提在国兴科技，关键在国兴教育，教育为本。

（一）国兴教育的重大举措与巨大成绩

1. 恢复高考和高校扩招

1977年我国恢复高考。1999年，我国高校开始扩招。恢复高考和高校扩招，实为我国现代化建设人才培养的一项奠基工程。

2. 普及义务教育的立法

2006年我国修订了《义务教育法》，对义务教育的性质、经济保障、管理体制、法律责任追究等做了进一步规定。

3. 对贫困学生的国家资助体系的建立

我国把义务教育纳入国家财政保障范围，不仅划拨教育事业费，而且对家庭经济困难学生给予补助。

4. 教育事业的巨大发展

我国学校教育的普及和提高在加速，高等教育也在大众化道路上快速发展，正朝着人力资源强国前进。

（二）国兴教育面临的问题（即教育不公平的主要表现）【论述】：10哈尔滨，10、12山东，15苏州，18宝鸡文理学院

1. 教育公共投入严重不足

教育经费是一种具有长期公益性的投入，各国通常是通过一定的法规，明文规定国民生产总值的一定比例用于教育投资。我国公共教育经费的投入占国民生产总值的比例低于发展中国家的平均水平，甚至比一些贫穷国家还要低。

2. 教育公平面临严峻挑战

改革开放以来，国家注重实施优先发展教育的战略，大力普及九年义务教育，不断完善政策法律法规和制度保障。这些举措使我国在教育公平上取得了巨大成就，但又出现以下新的教育公平问题。

（1）城乡之间、地区之间存在明显的差距问题

首先，教育经费与设备配置的差异导致教育条件的不公平。其次，师资力量与教学水平的差异导致教育过程的不公平。再次，城乡学校的教育条件与教学水平的差距导致教育结果的不公平。最后，教育投入的差距深刻影响着教育的公平。

（2）农民工子女受教育需要妥善解决的问题

一是留守儿童教育问题。留守儿童长期得不到父母的照料、监管和关爱，他们在生活、学习、品德与心理上都会出现一些不同程度的问题，需要及时解决。

二是农民工子女上学难问题。农民工子女随父母打工进城上学，往往受到不公平的对待，甚至失去上学机会。不妥善解决，会影响社会主义现代化建设，而且影响社会的和谐与稳定。

（3）优质教育资源短缺引发的教育机会不公平问题

一方面是受社会、经济、传统等影响，优质教育资源短缺；另一方面是随着教育的普及和社会发展的需要，人们对优质教育资源的需求越来越强烈。优质教育资源的分配

与学生家庭的经济背景和父母的社会阶层存在显著的关联。高学历、高收入和从事优势职业者的子女多集中在优质小学和中学学习，也占有更多的优质高等教育机会。

(三) 努力办好让人民满意的教育 【论述】：10哈尔滨，17河北大学，18宝鸡文理学院，19东北

1. 普及和巩固义务教育

义务教育是我国教育事业的重中之重，而难点在农村。要巩固和完善近年来建立的义务教育经费保障体制，教育公共投入应继续向农村义务教育倾斜，由国家全面负责农村义务教育经费。城乡之间和学校之间的差距是历史形成的，只有通过进一步的均衡发展才能解决。

故治本之道不是简单地拉平优质学校与薄弱学校的差距，搞平均主义，热衷于低水准的教育公平，而应当努力充实和提高农村学校和薄弱学校的教师队伍，改善它们的办学条件，使它们转化为优质学校，并鼓励已有的优质学校办得更好，这样才能真正让人民感到满意。

2. 大力发展中等职业教育

大力发展中等职业教育，有利于为社会发展培养大批高素质的劳动者和技能型人才，有利于拓宽就业渠道，有利于推进我国产业结构的调整和经济增长方式的转变。

从人才需求的趋势看，必须大力发展中等职业教育，逐步使中职学生与高中学生保持1:1的比例，为此，要调动各方面办学的积极性，形成公办与民办共同发展的格局；要充实教师队伍，调整专业设置，提高教学水平和学生质量；要拓宽中职毕业生的就业渠道，实行优质优酬，并有继续深造的机会。

3. 大力提高高等教育质量

高等教育是整个教育发展的龙头，既是数以万计的专门人才的"培养所"，又是技术创新、知识创新、观念创新的"发源地"。在支撑经济社会发展、提高自主创新能力、增强综合国力中具有不可替代的作用。当前主要任务是大力提高高等教育质量。

首先，要明确学校定位并办出特色。其次，要大力培养和提高教师队伍。再次，要培养学生的践行能力和创新能力。最后，要用不同的标准评估不同类型的学校。

> **真题回顾**
>
> 2019东北师大论述题：如何理解教育公平是社会公平的基石？
>
> 这部分内容容易与生活实际相结合或给一些案例来考查。要注意"万变不离其宗"。教育公平问题的表现，办好人民满意教育的方法。

本章高分拓展

一、关于教育与社会关系的主要理论（教育学基础、陕西师大大纲新增）

(一) 教育独立论

1. 简介

教育独立作为一种思潮，萌芽于五四运动之前，兴盛于20世纪20年代，以蔡元培为代表。1922年，蔡元培在《教育独立议》上阐明了"教育独立论"的基本观点，成为教育独立思潮的重要篇章。

2. 主要观点

(1) 教育经费独立。要求政府划出某项固定收入，专作教育经费，不能移用。

(2) 教育行政独立。专管教育的机构不能附属于政府部门之下，要由懂得教育的人充任，不能因政局而变动。

(3) 教育学术和内容独立。学校能自由编辑、自由出版、自由采用教科书。

（4）**教育思想独立**。不必依从某种信仰或观念。

（5）**教育脱离宗教而独立**。以传教为主的人，不得参与教育事业。

3. 评价

教育独立论主张教育脱离政党、教会而独立，要求教育家办教育，反映了资产阶级民主派要求摆脱军阀政府对教育的控制，反对帝国主义国家的文化侵略。在当时国家衰落的国情下维持教育基本生存状态有其合理性，也对后来的收回教育权运动和抵制殖民教育起到积极作用。但是教育不可能也不应该完全独立，因为教育独立性是相对的，教育由政治经济制度和生产力所决定。所以，教育独立运动在实践和理论上都行不通。

（二）教育万能论

1. 简介

教育万能论最早可追溯到古希腊时期哲学家亚里士多德首次提出的"蜡块"说，之后英国哲学家、教育家洛克在批驳"天赋观念论"的基础上提出了著名的"白板说"，完整的、系统的"教育万能论"是由法国启蒙思想家和哲学家爱尔维修提出的。

2. 主要观点

（1）教育对人的成长起决定性作用，否认遗传对人的成长的应有作用。

（2）人的才智差别根源于人所处的不同环境、后天的不同机遇及所受的不同教育，"人受了什么样的教育，就会成为什么样的人"。

（3）"教育是包括自然环境和社会环境等一切生活条件的总和，教育是万能的，它甚至还能创造天才"。

3. 评价

教育万能论反映了在当时的历史条件下，新兴资产阶级推翻封建制度的进步要求，但普遍忽视或否定遗传素质及人的主观能动性在人的发展中的作用，把社会环境和教育看作是影响人的发展的决定性因素，显然是不科学的。

（三）人力资本论【论述】：21郑州大学，21云南民族

1. 简介

20世纪60年代，美国经济学家舒尔茨创立了人力资本论。人力资本是人口质量投资，是一种能力资本、人力素质资本，是凝聚在劳动者身上的知识、技能及其所表现出来的可以影响从事生产性工作的能力。

2. 主要观点

（1）重视教育投资的作用，认为教育不但是一种消费活动，也是一种投资活动，能够提高劳动生产率，促进生产的经济效益。

（2）教育投资是人力资本的核心，是一种可以带来丰厚利润的生产性投资，包括学校教育、职业训练、卫生保健等多种形式。所有这些方面的投资都会改善和提高知识、技能、健康等人力品质，可以提高个人所得。

（3）一个人的教育水平愈高，其工资收入愈高；对社会而言，教育为社会培养人才，提高社会生产力，促进社会经济的发展。

3. 评价

人力资本论突破了传统物质资本的束缚，开辟了关于人类生产能力的崭新思路，为研究经济理论和实践提供了全新的视角。在这一理论和经济发展需要的相互刺激下，教育的经济主义思潮获得了极大的张力。

但教育增长与经济增长并不总是成正比的；教育、教育产品不能像商品、经济组织那样进行严格而准确的成本核算和费用分摊，更难以计算它的即时"利润"；经济增长是受多因素变量制约的，教育水

平仅仅是其众多因素之一，而且相当多的时候也不是决定性因素；人力资本理论着重从经济角度衡量和研究教育问题，容易忽视教育的主体价值。

（四）筛选假设理论

1. 简介

20世纪70年代，美国经济学家在批判人力资本理论的教育扩张没有加速经济的高速发展，反而产生了文凭膨胀、过度教育、高失业率等问题的基础上提出的一种理论，代表人物有伯格、斯蒂格利茨、索洛、斯宾斯等。筛选假设理论，简称筛选理论，又称文凭理论，这一理论认为教育并不能提高人的能力，只是一个筛子，是用来区别不同人的能力的手段。

2. 基本观点

（1）**信号和标识**

个人属性和特点可分两类：信号和标识。信号是后天获得、可以改变的，如教育程度、婚姻状况、个人经历等。标识是天生而不能改变的，如性别、种族、年龄、家庭背景等。雇主可以凭借信号和标识，特别是教育信号了解求职者的能力。

（2）**教育成本与能力呈负相关**

教育之所以能起到这种信号作用，是因为一个人的能力与人获得信号所需花费的成本成反比，在其他因素相同的条件下，能力较高的人支付较低的成本就可以获得较高的教育水平，因而教育水平是反映个人能力大小的有效信号，是雇主鉴别求职者能力，对他们进行筛选并安置到不同岗位上的一种装置。

（3）**教育与工资呈正相关**

由于教育水平反映了求职者的工作能力，雇主便对教育水平较高者支付较高的工资。另一方面，人们也可根据教育程度——工资等级表——了解不同程度教育投资的私人收益，结合额外教育信号所需成本，作出适当的教育投资决定。

3. 评价

筛选假设理论描述和解释了20世纪70年代以来困扰许多国家的教育文凭膨胀问题，在世界各国得到了广泛传播。但该理论片面强调教育的信号筛选作用，否认教育提高人的认知技能、从而提高劳动生产率作用的观点是错误的。

（五）劳动力市场理论

1. 简介

劳动力市场理论，又称"二元劳动力市场理论"，是在20世纪70年代初期美国经济学家在批判筛选假设理论关于教育与工资关系的分析的基本前提不正确，关于教育水平与个人收益成正相关的论断不全面的基础上提出的一种理论。代表人物是皮奥雷、多林格、戈登、卡诺依等。

2. 主要观点

（1）**劳动力市场由主要劳动力市场与次要劳动力市场组成**

不同背景的人将进入不同的劳动力市场从而享受不同的待遇。主要劳动力市场提供的是大公司、大企业和大机构中的职业岗位，雇员工作稳定，工资较高，晋升前景良好，自主性大；次要劳动力市场提供的是小公司、小企业的职业岗位，雇员工作不稳定，工资较低，工作条件差。两个市场之间具有相对的封闭性，它们之间的人员很少相互流动。

（2）**教育与工资的关系**

教育与个人收入之间的关系和个人的生产力本身并不相关；一个人的工资水平主要取决于他在哪一个劳动力市场工作，而他能在哪一个劳动力市场工作又与他的性别、年龄、种族及教育程度有显著的关系。教育只是决定一个人在哪一个劳动力市场工作的重要因素之一。

(3) 劳动力市场理论适用范围

人力资本理论与筛选理论关于教育与工资有显著的正相关的结论，劳动力市场理论认为这些只在主要劳动力市场中成立，在次要劳动力市场中是不成立的。

3. 评价

该理论得到了西方一些激进学者的好评，认为它揭示了教育在资本主义国家劳动力市场划分中的作用，揭示了教育的扩展未能改变各阶级、集团间收入不平等的现实。但也有些人认为，它对教育与经济关系的论述是不全面的。

二、教育的社会制约性（教育学基础、陕西师大大纲新增）（比全国大纲增加了2个内容：科技和人口，而生产力、政治经济制度、文化对教育的影响可查看前面内容）

（一）科学技术对教育的影响和制约【简答/论述】：20赣南，20云南大学

1. 科学技术能影响教育者的教育观念，提高其教育能力

科学发展水平会影响到教育者对教育内容、教育方法的选择和对教育工具的使用，也会影响到他们对教育规律的认识和教育过程中的教育机制。

2. 科学技术能够影响到教育对象

一方面，科学的发展日益揭示出教育对象的身心发展规律，从而使教育活动更符合这种规律，并使学习者扩展自己的受教育能力。另一方面，科学的发展及其在技术上的广泛应用，能够使教育对象的视野和实践经验得以扩大。

3. 科学技术还会渗透到教育影响的所有环节之中，为教育措施的更新和发展提供各种必需的思想要素和技术条件

科技迅速发展迫使课程体系不断变化，教学内容不断更新，教育教学设施、设备的不断更新与完善，教育方法的不断变化与拓展。

总结：纵观教育发展的历史，可以发现，有什么样的科学发展水平，就会有什么样的教育发展水平。只有在适宜的社会制度和文化传统的中介作用下，才能变为现实。

（二）人口对教育发展的影响和制约

1. 人口数量影响教育规模与结构

人口的高速增长要求扩大教育规模；人口增长率对教育结构的影响，一方面表现在学制上，一方面表现在学校内部。因此，在制订教育发展规划时，必须要考虑人口数量的因素，把握人口数量的现状和变化趋势，在学校数量、校内编制、师资力量等方面提前做好准备。

2. 人口质量影响教育质量

人口质量对教育质量的影响表现为间接和直接两个方面。直接影响是指入学者已有的水平对教育质量的总影响，间接影响是指年长一代的人口质量影响新生一代的人口质量，从而影响以新生一代为对象的学校的教育质量。

3. 人口结构影响教育结构

人口的年龄结构、性别结构、文化构成、职业结构、地域分布、民族结构等，都会对教育结构产生影响。如年龄结构和性别结构会影响各级各类学校在学校教育系统中的比例，文化构成和职业结构会影响教育需求水平，地域分布和民族结构会影响学校的办学形式。

三、教育的社会功能（教育学基础、陕西师大大纲新增）（比全国大纲增加了2个内容：科技和人口，而教育的经济功能、政治功能、文化功能可查看前面内容）

（一）教育的科技功能 【论述】：20云南大学

1. 教育为科学技术的发展提供知识积累

任何新的科学技术的产生和发展，总是建立在接受前人科学技术成果基础之上的，教育的重要任务就是传递人类已有的科学知识、经验和最新科技成果，促进科学技术的进步与创新的发展。

2. 教育为科学技术的发展培养所需人才

科学技术的进步和先进技术的发明，都依赖于掌握科学技术的人才，而人才的培养在于教育，特别是高等教育。

3. 教育为科学技术转化为生产力创造条件

科学技术只有被劳动者掌握，才能转化为现实生产力；而劳动者要掌握现代科学技术，就必须通过教育。因此，教育是科学技术向生产力转化的中介。

（二）教育的人口功能 【简答】：20渤海大学

1. 控制人口增长

教育主要通过以下几个方面控制人口增长：其一，国家教育事业的发展，刺激家庭教育需求的提高，从而增加抚养费用，起到控制生育率的作用；其二，教育程度的提高，能改变人们的生育观和家庭观；其三，教育程度的提高增加了妇女就业的机会，提高了养育儿童的能力。

2. 提高人口质量

教育在提高人口质量方面的功能，一方面表现为对青年一代的培养上，这不仅能提高当代人口质量的水平，而且会连续影响今后的人口质量水平。另一方面还表现在对成年人的教育上，不仅在于使他们自身获得提高，以适应社会发展的需求，而且还要使他们提高对优生、优育的认识，以便为自己的后代创造更好的发展条件。

3. 优化人口结构

教育通过提高就业人口中的文化、技术水平，为提高社会生产科学技术水平和改变社会经济结构服务，从而起到改变人口的文化结构和职业结构，使其适应社会发展的需要。教育也可以促进人口地域分布向合理的方向流动。

四、当代社会发展对教育的需求与挑战（教育学基础、陕西师大大纲新增）

（一）现代化与教育变革

1. 教育现代化的含义 【名解】：19杭州，20北京，20渤海大学

教育现代化是社会现代化的重要组成部分，是与人类社会从传统社会向现代社会的转变相适应，是对传统教育的批判、继承和发展，是一个动态的发展过程。教育现代化的核心和前提是人的现代化，主要表现在现代人的观念的确立，教育发展水平和科学技术应用的广度和深度的不断提高，教育制度的不断创新和教育结构的丰富多样性。教育现代化主要包括观念层面的现代化、制度层面的现代化和物质层面的现代化。

2. 教育现代化的内容 【选择/简答/论述】：12重庆，17、21广东技术，18江西，19西南大学

（1）观念层面的现代化

教育观念的现代化就是摒弃与时代和社会发展相背离的落后的教育观，树立与现代社会发展需要相一致的教育观念，如终身教育观、教育民主观等。教育观念的现代化是实现教育现代化一个重要前提。

（2）制度层面的现代化

义务教育的普及化、教育制度的民主化、学校教育管理的现代化、教育的终身化、教育评价机制的科学化等都属于制度层面的教育现代化。它要求我们建立结构优化、适合中国国情的教育制度体系；教

育决策科学化和民主化；教育组织合理化，调控方法理性化。

(3) **物质层面的现代化**

①教育内容现代化。注重教育内容的时代性和稳定性、结构性和系统性的统一。②教育条件设备现代化。教育条件设备是反映教育教学水平的一个重要标志。③还有教育方法现代化、教学组织形式现代化。

（二）全球化与教育变革

1. 全球化的含义

全球化是指人类社会发展到一定历史阶段，由于生产力的发展与科学技术的进步，经济、政治、文化、社会生活等方面在全球范围内形成互动，汇合成一个全球社会的历史过程和趋势。

2. 全球化对教育发展的影响

（1）学校教育开放性增强，全球式的教育规范逐渐得到确立。

（2）教育会与全球化问题及面临的困境更加密切地联系在一起，成为解决全球问题的一个重要手段。

（3）要求教育重新确立人才质量规格，教育目的有所变化。

（4）全球化引发教育上的系列冲突，使教育内外部的矛盾更为尖锐，包括全球化与本土化之间的矛盾、传统与反传统之间的矛盾、教育与其他社会系统之间的矛盾、教育内部发展不均衡带来的矛盾。

3. 在全球化背景下我国教育变革的基本路向

（1）**正确把握全球化与本土化的关系，明确教育发展的定位**

教育本土化，一方面可以理解为全球教育思想与中国教育实际的融合，是使全球教育思想转化为我国教育实际，并进而体现出本土特征的过程。另一方面，"本土化"目的在于克服"西化"，重建中国教育学，"建设有中国特色的教育学"是其经典表述。

（2）**理性看待全球化对教育的影响，有意识地抵御全球化的风险**

全球化给教育变革带来机遇和机会的同时，要警惕挑战和风险，用批判的眼光重新看待西方的教育学，克服抄袭多于创造的弊端。注意摒弃同质化趋势，尊重教育的多样性，承认教育发展目标和组成部分的多样性。

（3）**加强国际交流与合作，增进国际理解**

要鼓励和支持教育的国际化和办学主体的多元化。全球化视野中的中国教育，必须破除国别限制而顺应教育全球化的时代趋势，开展广泛的国际交流与合作，其核心是加大国际理解和全球意识的教育。

（三）知识经济与教育变革

1. 知识经济的含义

知识经济是以知识为基础的经济的简称。它直接依赖于知识的创造、传播和应用，是以现代科学技术为核心的建立在知识和信息的生产、存储、使用和消费之上的经济。

2. 知识经济的特征

（1）知识经济以知识作为最直接、最重要的生产要素。

（2）知识经济是以智力为支撑的经济。

（3）知识经济的劳动主体是与时代相适应的有知识的人。

（4）知识经济的内在动力是提升知识和技术领域的创造力。

（5）知识经济的价值取向是崇尚能力本位的。

3. 知识经济背景下的教育变革

（1）**把培养学生创新精神作为学校教育的宗旨**

知识经济带来的变化将会转化为学生主体对新知识的追求和对创新能力培养的需求。知识经济的创新本质，要求教育加大改革力度，更新教育观念，树立教育创新意识，建立教育创新体系，把培养学生创新精神作为学校教育的宗旨。

(2) 按照知识经济发展的要求，调整专业结构和教学内容，彻底打破学科壁垒

按照知识经济发展的要求，调整专业结构和教学内容，在教育内容"新"和学科"交叉"上下功夫，把培养通才与培养专家辩证地统一起来。

(3) 改变传统的教育职能和教育形式

转变教育观念，确立新的人才观和发展观，重塑教育培养目标，构建人才培养新模式。构建教育培训网络体系，营造学习型社会，以全面开发人力资源，提高劳动者素质。

(4) 大力推进教育成果市场化

知识经济依靠大批知识型劳动者。知识经济的核心和推动力是掌握现代科技的人。培养具有较高人文素养和科学素养的知识型劳动者，是知识经济对未来教育提出的基本要求。

(四) 信息社会与教育变革 【简答】：10安徽、13云南、15延安大学、17天津职业、20宁夏大学、21济南大学

1. 信息社会的含义

信息社会也称信息化社会，是脱离工业社会以后，信息将起主要作用的社会。信息社会是信息成为比物资或能源更为重要的资源、以信息价值的生产为中心促使社会和经济发展的社会。以计算机、微电子和通信技术等为主的信息技术革命是社会信息化的动力源泉。

2. 教育信息化

信息社会的教育变革主要体现为教育信息化，即在教育中普遍运用现代信息技术，开发教育资源，优化教育过程，培养和提高学生的信息素养，促进教育现代化。信息社会必将对教育提出相应的要求，具体表现为：

(1) 培养学生具有收集、选择、整理、管理和使用信息的能力。

(2) 信息新技术将十分有利于发展教育和培训，带来教育新技术的广泛应用。

(3) 为防止因个人信息技术能力的差距而造成的不平等现象加剧，学校和教师必须使所有的学生都能驾驭和掌握这些新技术。

3. 信息社会对学校教育的改革要求

(1) 现代化的意识。一是人应该具有开放性、创造性、开拓精神和未来意识；二是人应该具有民主意识，在自由宽松的环境中充分地发展个性；三是人应该具有人文精神。

(2) 较高的信息素养。一是能有效、高效地获取信息；二是能熟练、准确地评价信息；三是能精确、创造性地使用信息。

(3) 具有较强的自主学习能力。随着网络的普及，教育的时空界限越来越模糊，基于信息、多媒体、网络的自主学习成为信息社会的主要学习方式之一。

(4) 具有多方面的知识和较强的综合能力。在信息社会中，在各科知识划分得越来越细的同时知识的综合化程度也越来越高，具备多种知识和综合能力的"通才"在信息社会里将具有更灵活的选择性和更自由的生存空间。

(5) 具有合作共事能力。

(6) 实现教育的信息化。教育的信息化即教育教学活动的数字化、网络化、智能化和多媒体化；并具有开放性、共享性、交互性和协作性。

(五) 多元文化与教育变革 【论述】：11云南

1. 多元文化的含义

多元文化指的是人类群体之间的价值规范、思想观念乃至行为方式上的差异。多元文化的核心原则是所有文化都应得到尊重，应当承认文化的多样性和差异性并对其持一种宽容的态度。多元文化包含各

族群平等享有文化认同权、社会公平权以及经济受益权。

2. 多元文化教育

多元文化教育旨在保证弱势儿童接受平等教育的机会，促进多元文化社会中人们对不同文化的理解，促进不同文化群体间的平等和尊重。具体包括：促使教育日益多元化；引发教育中的文化冲突；弱化教育的文化整合功能；推动教育发展。

3. 多元文化背景下的教育变革

（1）勾画学校变革整体图景

多元文化教育的成功实施，必须将学校视为一个社会系统。为此，必须对学校进行整体变革，包括学校政策与政治、学校文化与隐性课程、学校的学习风格等。

（2）实施革新性课程变革

多元文化教育的成功实施，必须从制度层面进行改革，包括课程、教材、教学和学习方式等。其中，课程变革是核心问题。

（3）开展文化敏感性教学

文化敏感性教学要求教学适应不同文化学生的需要，最有效的途径之一就是将文化与各科教学结合起来，在课程设计、教学方法和评价学生等方面更具文化敏感性和文化相关性。

第五章 教育目的

本章大纲考点及考频

第一节 教育目的概述
一、教育目的的概念与意义 —— 0
二、教育目的的建构 —— 132
三、教育目的的价值取向 —— 0
四、马克思主义人的全面发展学说 —— 57
　　　　　　　　　　　　　　　　22

第二节 我国的教育目的
一、我国教育目的的基本精神 —— 19
二、我国教育目的在普通中小学的实现 —— 47
　（一）普通中小学的性质与任务 —— 0
　　　　　　　　　　　　　　　　2
　（二）普通中小学教育的组成部分 —— 52

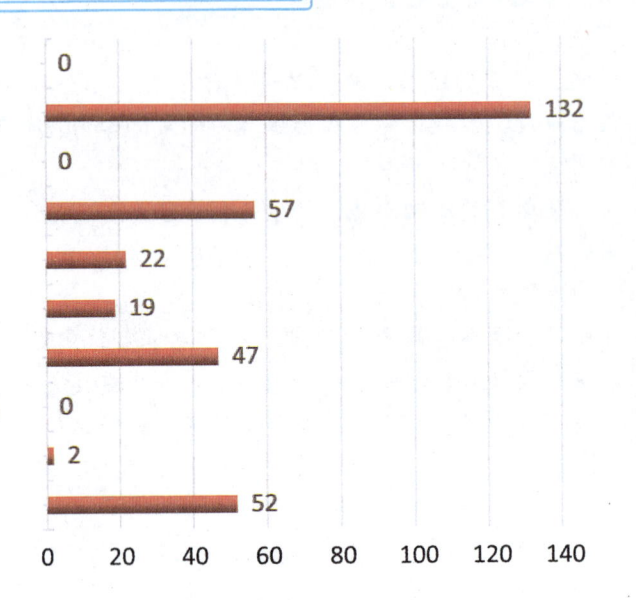

本章思维导图

教育目的
- 教育目的概述
  - 教育目的的概念与意义
  - 教育目的的建构
  - 教育目的的价值取向
    - 个人本位论
    - 社会本位论
  - 马克思主义人的全面发展学说
    - 内涵
    - 现实意义
- 我国的教育目的
  - 教育目的的基本精神
  - 在普通中小学的实现
    - 性质与任务
    - 组成部分

本章参考书

【1】王道俊、郭文安主编：《教育学》（第七版），人民教育出版社，第四章
【2】全国十二所重点师范大学联合编写：《教育学基础》（第3版），教育科学出版社，第三章
【3】柳海民主编：《教育学原理》（第2版），高等教育出版社，第五章

·第一节 教育目的概述·

一、教育目的的概念与意义

（一）教育目的的概念【名解】：10沈阳，10、13、19华东，10、11山东，10、19辽宁，10、12、16、20华中，10、12、15安徽，10、16、17宁波大学，10、19、21天津，10、14、17杭州，11、12、13、21山西，11、16、18闽南，11、12北航，11、18扬州，12鲁东，12中南大学，12江苏，12、14上海，13、20陕西，14西南，14苏州，14河北大学，14、20延安大学，14、16湖南科技，15温州大学，15、16、17华南，15北京，15江苏大学，11、12、15、16江西，11、15、16曲阜，16重庆三峡，16、19河南，12、14、16、20内蒙古，16集美大学，16、17、19贵州，17东北，17、19吉林，17首都，17中国海洋，10、13、17、18、21湖北大学，11、12、14、17、18西华，10、17、20重庆，12、17西北，10、12、16、18哈尔滨，18天津大学，18四川，18、19、20浙江大学，18、19海南，18湖北师范，18中南民族，18江汉大学，18齐齐哈尔，14、16、18山西大学，15、19广东技术，19汕头大学，19、20北华大学，14、19聊城大学，20合肥，20洛阳，20、21江西科技，20宁夏大学，20济南大学，20宝鸡文理，20陕西理工，20西藏大学，20佛山科学技术，21苏州科技，21湖南理工学院

教育目的是指把受教育者培养成为一定社会所需要的人的总要求，是学校教育所要培养的人的质量规格。反映了教育在人的培养规格、努力方向和社会倾向性等方面的要求。

从内涵上看，教育目的有广义和狭义之分。广义的教育目的是指存在于人的头脑之中的对受教育者的期望和要求。狭义的教育目的是指由国家提出的教育总目的和各级各类学校的教育目标，以及课程与教学等方面对所培养的人的要求。

（二）教育目的的意义（即作用/功能）【论述】：21江汉大学

1. 定向作用

教育目的规定了学校教育和学生发展的根本方向，是学校办学的根本指导思想，也是学生发展的基本定向，是学校教育工作的起点和归宿，并制约着其全过程。

2. 调控作用

教育目的规定了学校教育培养人才的基本质量规格，对学校教育的实施起调节和控制作用。

3. 评价作用

学校的办学质量以及学生的发展质量如何，可以有很多的标准来衡量，但评价学校教育质量的根本标准乃是教育目的。

从总体上看，教育目的是教育活动的出发点和依据，也是教育活动的归宿。它对于明确教育方向、建立教育制度、确定教育内容、选择教育方法、组织教育活动、进行教育管理、评估教育质量、引领和激励受教育者起着指导作用。

二、教育目的的建构

一般来说，教育目的是教育活动主体的目的，并不是自在之物，而是主体建构之物。但是，人们建构的教育目的却有其现实的社会根源。

（一）教育目的的建构需要反映社会发展规律，遵循社会历史条件的可能与限定

教育目的只能依据现实的社会生活、生产、分工、交往状况及其发展趋势的需求来建构，才能使教育培养出社会所需要的成员及各种人才，才能促进社会发展。

复习注意

教育目的非常重要。

教育目的回答了两个问题：一是规定教育"为谁培养人"，二是"培养什么样的人"。而教育方针除此之外还有"怎样培养人"问题和教育事业发展的基本原则。本章高分拓展中补充了教育目的与教育方针的关系。

教育目的的层次结构，依次为：教育目的＞培养目标＞课程目标＞教学目标。

（二）教育目的的建构还需反映人的发展规律，遵循人的发展的可能与限定

建构教育目的，不仅要依据社会发展的需求，而且要反映人的发展特性、规律与需求，遵循人的发展的可能与限定。这样才能使学校教育有正确的方向，从而顺利、有效地实现预期的目的。

三、教育目的的价值取向（试评个人本位与社会本位的教育目的论）【名解/辨析/简答/论述】：
14沈阳，17四川，17山西，10广西，21齐齐哈尔，21宁波大学，18重庆，12延安大学，12江西，12内蒙古，15、17、21青岛大学，15广东技术，17广西师范学院，20四川轻化工，10安徽，11首都，13山东，14聊城大学，15、19湖北大学，17鲁东，20海南，20宁波大学

教育目的的价值取向是指教育目的的提出者或从事教育活动的主体依据自身的需要对教育价值做出选择时所持有的一种倾向。在教育目的价值取向上，争论最多、影响最大、最具根本性的问题是：教育活动究竟是应注重满足人的个性发展需要，还是应注重满足社会发展需要。这构成了教育目的的选择上的两种典型的价值取向，即个人本位论和社会本位论。

（一）个人本位论【名解/简答/论述】：10浙江，12、18河北，15沈阳，15广东技术，15山东，15杭州，19重庆，18合肥师范，20临沂大学，20湖州师范，13北京，13南京，14扬州，15、16广西，19华中，19曲阜，20福建，21上海，14江苏

1. 代表人物

卢梭、裴斯泰洛齐、康德、马斯洛、萨特。个人本位论者认为，教育目的应该根据**人的本性、本能的需要**来决定，教育的根本目的就是**人的本性和本能的高度发展**，社会的要求是无关紧要的。

2. 主要观点

（1）**教育目的是根据个人发展的需要制定的**，而不是根据社会的需要制定的。教育的真谛在于使个人的发展的潜在可能与倾向得到完善的发展，除此之外没有其他目的。

（2）**个人价值高于社会价值**。社会价值只有在有助于个人发展时才有价值，否则，单纯地关注社会价值的实现就会压抑和排斥个人价值。

（3）人生来就有健全的潜在本能，**教育的基本职能就在于使这种潜能得到发展**。如果按照社会的要求去要求个人，就会阻碍个人潜能的健全发展。

3. 基本评价

优点： 个人本位论的价值取向重视教育的个人价值，强调教育目的从个人出发，满足个人的需要，具有一定的合理性。特别是在文艺复兴以后的历史条件下，它对于打破宗教神学和封建专制对人的束缚，倡导人的自由和个性解放，提升人的价值和地位，使教育回归到人间等方面具有深远的历史意义。

缺点： 激进的个人本位论者离开社会来思考人的发展，无视个人发展的社会需要和社会条件，甚至把满足个人需要和满足社会需要对立起来，把教育的个人目的和社会目的看成是不可调和的，只强调满足个人的需要与谋求个性的发展，而一味贬低和反对满足社会发展的需要，则是片面的、错误的、不可取的。这极易导致唯自由论和个人主义倾向。

（二）社会本位论【名解/简答】：11杭州，11华东，12云南，14江西，14南京，16扬州，18山东，18广西师范学院，21济南大学，21广东技术，13河南，15中国海洋，18苏州，20山东

1. 代表人物

教育目的的内容结构，由两部分构成。
① "培养什么样的人"。
② "为谁培养人"。

凯兴斯泰纳、涂尔干、纳托普、孔德。社会本位论也称国家本位论，社会本位论者认为教育的一切活动都要服从于社会的需要，教育的根本目的是由社会发展的需要所决定的，至于人的潜能与个性的需要是无关紧要的。

2. 主要观点

（1）教育目的不应从人的本位出发，而应该从社会需要出发，根据社会需要来确定。

（2）个人只是教育加工的原料，人的发展必须服从社会需要。

（3）教育的目的在于把受教育者培养成符合社会准则的公民，使受教育者社会化，保证社会生活的稳定与延续。

（4）社会价值高于个人价值，个人的存在与发展依赖并从属于社会，评价教育的价值只能以其对社会的效益来衡量。

3. 基本评价

优点： 社会本位的价值取向重视教育的社会价值，强调教育目的从社会出发，满足社会的需要，特别是在今天这样一个生产高度社会化的时代，具有一定的合理性。

缺点： 仅仅把人看作工具，而不是同时也看作目的，只是站在社会的立场看教育，完全抹杀了教育在发展和完善个人上的作用，并以此来排斥教育在满足个人发展与完善的需要，也是不正确的、片面的、必须避免的。

总结： 对待两种理论的正确态度是必须坚持以马克思主义关于人的全面发展思想为指导，认识个人发展与社会发展是密切相关的两个方面。作为一种培养人的教育，既要满足社会发展需要，又要满足个人发展需要，在历史发展过程中，二者是对立统一地辩证地向前发展的。

助记表格>>

教育目的的价值取向		
	个人本位论	社会本位论
代表人物	卢梭、裴斯泰洛齐、康德、马斯洛、萨特	凯兴斯泰纳、涂尔干、纳托普、孔德
观点	个人发展的需要制定 个人价值高于社会价值 人的潜能得到发展	社会发展需要制定 社会价值高于个人价值 受教育者成为公民、社会化
评价	（优）教育的个人价值，满足个人的需要 （缺）只强调满足个人的需要与谋求个性的发展，而一味贬低和反对满足社会发展的需要	（优）重视教育的社会价值，满足社会的需要 （缺）只是站在社会的立场看教育，完全抹杀了教育在发展和完善个人上的作用

四、马克思主义人的全面发展学说 【简答/论述】：13、20、21曲阜，14苏州，15闽南，18贵州，18齐齐哈尔，19浙江，21同济大学，16杭州，18江西，18西华，18东北，19安徽，19、21广州大学，19沈阳，20太原，20四川轻化工，21哈尔滨，21南京信息工程，21云南民族

（一）人的全面发展的内涵

1. 人的全面发展是指人的劳动能力的全面发展

人的全面发展必须具备的社会条件：

1. 社会生产力的高度发展，这是人的全面发展的物质前提。

马克思认为其最基本的含义是适应劳动的最基本需求。没有劳动，社会和个人都不可能存在和发展。

2. 人的全面发展是个人的智力和体力的全面发展

个人智力和体力尽可能多方面、充分地、自由地发展，并在此基础上实现脑力劳动和体力劳动的结合，是全面发展自己一切才能的人。

3. 人的全面发展是人的先天和后天的各种才能、志趣、道德、和审美能力的充分发展即人的个性自由发展

马克思认为人的个性领域的发展是真正的"自由王国"，个人从事自由活动的时间不断扩大，人的个性得到自由发展。马克思关于人的全面发展的学说是我国教育目的的理论基础。

（二）人的全面发展学说的现实意义

马克思关于人的自由而全面发展学说是在继承和发展历史上有关理论基础上的新的探索和科学概括，是我们选择社会主义教育目的价值取向的理论基础。

1. 社会主义制度的建立为人的全面发展拓宽了道路

我国的改革开放，既要着眼于人民现实的物质文化生活的需要，又要着眼于促进人民素质的提高，努力促进人的自由而全面发展。社会主义制度的建立为实现人的全面而自由发展的理想目的拓宽了道路。

2. 要依据我国的特点尽可能地促进人的全面发展

我国只能依据我国的现实条件，积极采取各种切实举措，尽可能地全面提高人的素质，促进人的个性全面发展，并以此作为现阶段我国教育目的的基本价值取向。

3. 人的全面发展是构建社会主义和谐社会的基本内涵

人的自由而全面发展与坚持科学发展观、建设社会主义和谐社会，是相互依存、相互促进的。教育作为专门培养人的社会实践活动，在构建社会主义和谐社会过程中，就是要通过培养自由而全面发展的人来实现我们的社会发展理想和人的发展的理想。

4. 追求人的全面发展与实现人的自由发展必须和谐统一

我国当前教育改革与发展应该高度重视马克思对人的自由发展的憧憬，在引导学生全面发展的同时，应关注学生个性的自由发展，不仅实现学生在知识、智力、技能发展上达到全面发展的要求，而且使他们在精神上不断追求自由与解放，促进更高层次的人的全面发展。

> 2. 社会主义生产关系为人的全面发展创造了条件，共产主义条件下人的全面发展将成为现实。
> 3. 教育与生产劳动相结合，这是人的全面发展的最好途径和方法。
>
> 马克思关于人的全面发展学说在教育学上重要意义：
> 1. 确立了科学的人的发展观。
> 2. 指明了人的全面发展的历史必然。
> 3. 为我国教育目的的制定奠定了理论基础。

第二节 我国的教育目的

一、我国教育目的的基本精神
【简答/论述】：10、16西南，11西北，11、13东北，11华中，10辽宁，11、13、16浙江，11、18天津，12江西，12北京，13、20重庆，13渤海大学，13、16湖南科技，14南京，14扬州，15西华，15延安大学，15、16吉林，16温州大学，17河北，11、17、21闽南，17聊城大学，18福建，18鲁东，18安徽，12河南，11、19华南，18郑州大学，19四川，19大理大学，20深圳大学，21佳木斯大学，21安庆，21成都大学，21石河子，18河南，20集美大学

我国教育目的的基本精神在于培养德、智、体、美全面发展的具有独立个性的社会

> **复习提示**
> 我国教育目的的基本点是什么？/我国教育目的的主要内容是什么？都是回答此部分内容。

主义现代化需要的各级各类人才。具体而言就是：

1. 培养"劳动者"或"社会主义建设人才"

教育目的的这个规定，明确了我国教育的社会主义方向，也指出了我国教育培养出来的人的社会地位和社会价值，即教育所造就出来的人不是不劳而获的剥削者、寄生虫，也不是供剥削阶级驱使的工人、农民、知识分子，而是社会主义的劳动者、建设人才，是国家的主人。

2. 坚持全面发展

受教育者的全面发展，可以从分类和分层两个角度来理解。

（1）从分类的角度看，包括生理和心理两个方面的发展。生理方面的发展主要指受教育者身体的发育、机能的成熟和体力、体质的增强。心理方面的发展主要指受教育者的智、德、美、行几个方面的发展。

（2）从分层的角度看，人的全面发展是一个多层次的发展所构成的立体结构，根据人的现实生活所要处理的关系，人的全面发展包括三个层面的发展：①人与自然关系的能力（如劳动生产能力、科技研究能力）；②人与社会关系的能力（如人际交往能力、组织协调能力、共同生活能力）；③人与自我关系的能力（如自我认识与建构能力、自我反思与评价能力、自我监管与实现能力）。

3. 培养独立个性

培养受教育者的独立个性，就是要使受教育者的个性自由发展，增强受教育者的主体意识，形成受教育者的开拓精神、创造才能，提高受教育者的个人价值。培养独立个性更多的是强调培养学生在社会生活中应有的批判精神、创新精神和超越精神。

（补充）全面发展和独立个性的关系 【辨析/简答/论述】：18重庆，21南京，16重庆三峡，16广东技术，16中国海洋，20广东技术，21重庆三峡学院

第一，我国教育所要培养的是全面发展的，具有独立个性的人。全面发展和独立个性，二者关系是辩证统一的关系，二者互不排斥。所谓"全面发展"就是说受教育者个体必须在德、智、体、美诸方面都得到发展，不可或缺，即个性的全面发展；所谓"独立个性"，说的是德、智、体、美、行等素质在受教育者个体身上的特殊组合，不可一律化，即全面发展的个性。事实上，全面发展在不同的受教育者身上必然会呈现出不同的个人特点，因为不同的人有不同的经历、经验，有不同的兴趣爱好、价值观念和人生追求，每个人都有不同的个性品质，不是千人一面的。因此，全面发展在于形成人的自由个性。

第二，我们教育不能没有统一要求，不能不促进受教育者的社会化，这是社会发展对其成员发展的质的要求。但是，统一性不等于一律化，社会化不等于模式化，不应排斥个性的自由发展。独立个性是全面发展的独立个性，自由发展是与社会同向度的自由发展，是受教育者独立自主发展的需要，也是他们形成使命感、事业心、创造性的源泉。

第三，独立个性是全面发展的独立个性。我们并不赞成与社会利益、社会秩序背道而驰，为所欲为的个性。对于损害社会利益和破坏社会秩序的极端自私自利的个性化或自由发展，必须加以教育、约束，使其回到教育目的所要求的轨道上来。

综上所述，我国教育目的的价值取向的出发点与归宿在于：培养德、智、体、美、行全面发展的具有创新精神、实践能力和独立个性的社会主义现代化需要的各级各类人才。

德智体美行中的行，指实践智慧与能力，包括践行中善于发现问题和解决问题的决策能力，善于组织、调动、协调各方面理论执行与完成能力，即综合实践能力。全面发展和独立个性的关系思路：（1）说明了两者的关系；（2）要注重全面发展；（3）要重视独立个性，但有的独立个性不被接纳；（4）总结。

二、我国教育目的在普通中小学的实现

（一）普通中小学的性质与任务 【简答/论述】：17河北大学，12天津

普通中小学教育的性质是基础教育；它的任务是培养全体学生的基本素质，为他们学习做人和进一步接受专业（职业）教育打好基础，为提高民族素质打好基础。正确而深入地理解中小学教育的性质和任务，应该把握以下几个基本要点：

1. 为年轻一代做人打好基础

普通中小学的教育对象是青少年儿童，他们正处在由社会意识薄弱的未成年人转化成为社会主义新人、接班人的重要时期。他们需要掌握科学文化基础知识和基本技能，为成为社会主义的建设者和接班人打好基础。

2. 为年轻一代在未来接受专业（职业）打好基础

新生一代的成长，总是先有一般发展而后才有专业（职业）发展，先成人然后才能成才，故普通中小学教育首先要注重促进年轻一代的一般发展，以便为他们进一步接受专业（职业）教育打好基础。

3. 为提高民族素质打好基础

民族素质是一个包容范围很广的概念。普通中小学特别是义务教育在其中起着奠基的作用，它为学生做人和接受专业（职业）教育打基础，因此，义务教育普及的程度和质量的高低，直接关系到民族素质的建构与提高。

> **关键词>>** 中小学的性质和任务：为年轻一代做人、专业（职业）、民族素质打好基础

（二）普通中小学教育的组成部分（普通中小学学生应当有什么样的素质结构？）【简答/论述】：
10渤海大学，10东北，11沈阳，13西北，14山西大学，14西南，15重庆，16江西，16安徽，18河北，20淮北，20华南，20青海，12东北，11苏州，18西华，21吉林外国语，21中国海洋

1. 全面发展教育的含义 【名解】：12沈阳，14华南，16广东技术，17天津职业，18郑州大学，19新疆，19湖北大学，19杭州，20山西，21洛阳

全面发展教育是指教育者根据社会的政治经济需要和人的身心发展规律和特点，有目的、有计划、有组织地对受教育者实施的旨在促进人的素质结构全面、和谐、充分发展的系统教育。全面发展的教育由德、智、体、美、劳动教育等部分组成。

2. 普通中小学教育的组成部分

（1）德育

含义：德育是引导学生领悟社会主义思想观点和道德规范，组织和指导学生的道德实践，培养学生的社会主义品德的教育。

地位：德育在全面发展的教育中，处于引领地位。

作用：集中体现了我国教育的价值取向和社会政治性质，对学生的全面发展起着定向和动力作用。

（2）智育 【名解】：11华中，15哈尔滨，18浙江大学，20集美大学

含义：智育是指授予学生系统的科学文化知识、技能和发展他们智力的教育。

地位：智育是全面发展教育的重要组成部分。

作用：帮助学生认识自然规律、社会规律，提高分析和解决问题的能力，掌握从事社会主义现代化建设和社会工作的实际本领。

💡 **碎碎念**

2010年东北师大简答题：简要回答全面发展教育的组成部分及其各自的地位和作用？换一种问法一定要知道回答哪部分的答案。

此处的德育与第十章的德育是一样的，只是表述略有不同。如果考查"德育"名词解释，建议记忆第十章的德育概念更好。

(3) 体育【名解】：13华中，20洛阳，21湖南理工学院

含义：体育是指授予学生健身知识、技能，发展学生体力、增强学生体质的教育。

地位：体育是全面发展教育的重要组成部分。

作用：体力和体质的发展是人的个性全面发展的生理基础。人们从事生产劳动、社会活动、军事活动和幸福生活都需要强健的体魄作基础。

(4) 美育【名解】：11哈尔滨，12湖北大学，13、17安徽，10、14东北，14山西，14闽南，16深圳大学，16西南，16、20内蒙古，16杭州，17华中，17郑州大学，18浙江大学，19宝鸡文理，20湖南理工学院，20温州大学，20天津外国语，21北京，21湖州师范，21鲁东，21湖北师范，21西华

含义：美育即培养学生正确的审美观，发展他们的鉴赏美、创造美的能力，培养他们的高尚情操和文明素质的教育。

地位：美育是全面发展教育的一个不可或缺的重要组成部分。

作用：在净化学生心灵，激发学生热爱和追求美好生活，促进学生全面发展方面具有重要作用。

(5) 劳动教育【名解】：21赣南

含义：劳动教育是引导学生掌握现代劳动的知识和技能，强调学生参加劳动过程的情感体验，养成良好的劳动习惯和正确的劳动态度，培育科学的劳动价值观，实现以劳树德、以劳增智、以劳健体、以劳益美、以劳促创新的教育。

地位：劳动教育是全面发展教育的重要组成部分。

作用：劳动教育具有培养学生劳动观念，磨炼学生意志品质，使学生树立艰苦创业精神以及促进学生多方面发展等重要作用。

3. 全面发展教育各组成部分之间的关系

(1) 在全面发展教育中，各育之间是相互联系、相互影响、辩证统一的。

第一，各育间不可分割。它们是相互联系、互为目的和手段，在实践中，共同组成统一的教育过程。德育对其他各育起着保证方向和保持动力的作用；智育为其他各育实施提供认识基础、智力支持；体育是实施各育的机体保证，是人的一切活动的基础；美育协调各育的发展；劳动教育是各育的实践基础。坚持五育并举，处理好它们的关系，使其相辅相成，发挥教育的整体功能。

第二，各育间不能相互代替。全面发展的五个组成部分各有自己的特点规律和功能，是相对独立的，缺一不可，不能互相替代，每一育的社会价值和满足个体发展的价值都是不同的。

(2) 在教育实践中应注意以下几个问题：

第一，根据不同教育领域的特点和要求实施合乎其自身规律的教育。如智育和德育任务和特点的差别，要求我们在实施过程中应遵照不同的原则、采用不同方法。

第二，注意全面发展教育各组成部分的协调配合、发展与转化，使其成为一个完整的统一体。在教育实践中我们不能把它们孤立开来，而是想办法使其相互配合、相互融通、协调发展。

第三，防止全面发展在实践中沦为排斥个性、平均发展。我们强调全面发展，并不是主张门门百分，平均发展。学校教育要根据个体的差异，在教育内容应有所侧重，在方法上应有所不同。

综合实践活动
【名解/简答/论述】：16福建，18西北，20洛阳，21同济大学，19江西，19宝鸡文理，19云南，21北航

含义：综合实践活动是在教师引导下，密切联系学生自身生活和社会实际，让学生自主进行综合实践活动，包括研究性学习、文艺创作学习、社区服务、社会实践、劳动技术和信息技术等活动，积累解决实际问题的经验、提高综合应用知识于实践的能力的教育。

地位：综合实践活动是全面发展教育的重要组成部分。

作用：帮助学生积累解决实际问题的经验，提高综合应用知识于实践的能力的教育，提升自我设计和自我反思的能力，具有践行、力行、笃行的素质。

本章高分拓展

一、教育目的与教育方针的关系（教育学基础、陕西师大大纲新增）【简答】：12苏州，14东北

（一）教育方针的含义 【名解】：18河南大学，20杭州

教育方针是国家或政党根据一定的政治，经济发展总路线、总任务规定的教育工作的发展思路和发展方向，教育方针是教育工作的总方针和根本指针，是教育政策的总概括。我国现行的教育方针是教育必须为社会主义现代化服务，为人民服务，必须与生产劳动和社会实践相结合，培养德智体美，全面发展的社会主义事业建设者和接班人。

（二）二者的联系

第一，二者在对教育社会性质的规定上具有内在的一致性，都含有"为谁培养人"的规定性，都是一定社会（国家或地区）各级各类教育在其性质和方向上不得违背的根本指导原则。

第二，教育目的是制定教育方针的方向，教育方针是落实教育目的的途径，所以两者在一定程度上是目的和手段的关系。

（三）二者的区别

第一，教育方针包含了教育目的。教育目的一般只包含"为谁培养人"和"培养什么样的人"的问题。而教育方针除包含"为谁培养人"和"培养什么样的人"外，还含有"怎样培养人"的问题和教育事业发展的基本原则。

第二，教育目的规定的是人才培养的质量规格，指向受教育者个体；而教育方针反映的是国家对教育事业的整体要求，指向教育事业。

第三，"教育目的"是理论术语、学术概念，是对教育所要追寻的理想作出的价值判断；"教育方针"是工作术语、政治概念，是一定历史时期内一个国家教育发展的政策性规定。

第四，"教育目的"具有理想性，而"教育方针"则具有现实针对性。

二、关于教育目的的主要理论（教育学基础、陕西师大大纲新增）

（一）个人本位论与社会本位论（可查看前面内容）

（二）内在目的论与外在目的论

1. 内在目的论

教育内在过程目的指教育活动本身的目的或者"活动里面的目的"，认为儿童的本能、冲动、兴趣所决定的具体教育过程就是教育的目的，强调了对儿童心理的关注，反对传统的远离儿童目前需要和理解能力的、抽象的、遥远的目的，要依据儿童身心发展规律与兴趣、需要，去促进其生长与发展。

2. 外在目的论

教育过程以外的目的指社会、政治要求或教师等人强加给儿童的目的，压抑、妨碍儿童自由发展的事物，这些目的都不是儿童真正想要的。

3. 评价

杜威反对"教育过程以外的目的""一般的和终极的目的",赞成"教育过程内部的目的""具体的目的"。杜威的内在目的论与外在目的论,实质上是想调和个人本位和社会本位论的分歧,"使个人特性与社会目的和价值协调起来",一方面提出教育目的存在于教育过程之中,强调个体化;另一方面又提出学校即社会,强调社会化。

(三)教育准备生活说与教育适应生活说

1. **教育准备生活说**【名解/简答/论述】:12沈阳,16安徽,17山东,21长江大学,14河南,18北京,19湖南,19中南大学

代表人物:斯宾塞

观点:教育的目的就是为"完满的生活"做准备,教育的主要任务就是教会人们怎样生活,教会他们运用一切能力,做到"对己对人最为有益"。

评价:教育准备生活说反映了人们期望通过教育获取能够使个人幸福的知识与能力的现实要求,在今天的教育实践和现实生活中仍然占有一定的地位。

2. 教育适应生活说【名解】:12陕西,17山东

代表人物:杜威

观点:

(1)反对将教育视为未来生活的准备,一旦把教育看作为儿童未来的生活做准备,必然要教以成人的经验,而忽视了儿童此时此刻的兴趣与需要,把儿童置于被动的地位。

(2)主张"教育即生活"。学校教育应该利用现有的生活情境作为其主要内容,教儿童适应眼前的生活环境,即培养能完全适应眼前社会生活的人。

以上两种观点都是片面的。教育的目的既要为完满的生活做准备,又要适应生活,应兼顾二者的优点。

三、1949年以来的教育目的(教育学基础、陕西师大大纲新增)(了解)

1. 1957年,毛泽东在最高国务会议上提出:"我们的教育方针,应该使受教育者在德育、智育、体育各方面都得到发展,成为有社会主义觉悟的、有文化的劳动者。"

2. 1958年,《关于教育工作的指示》提出:"党的教育工作方针,是教育为无产阶级的政治服务,教育与生产劳动相结合;为了实现这个方针,教育工作必须由党来领导。"

3. 1978年颁布的《中华人民共和国宪法》规定:"教育必须为无产阶级政治服务,教育必须同生产劳动相结合,使受教育者遭德育、智育、体育几方面都得到发展,成为有社会主义觉悟有文化的劳动者。"

4. 1981年,《关于建国以来党的若干历史问题的决议》提出坚持德智体全面发展、又专又红、知识分子和工人农民相结合、脑力与体力相结合的教育方针。

5. 1982年,《中华人民共和国宪法》规定:"国家培养青年、少年、儿童在品德、智力、体质等方面全面发展。"

6. 1985年,《中共中央关于教育体制改革的决定》将"三个面向"写入教育方针:"教育要面向现代化,面向世界,面向未来","所有这些人才,都应该有理想、有道德、有文化、有纪律,热爱社会主义祖国和社会主义事业,具有为国家富强和人民富裕而艰苦奋斗的献身精神,都应该不断追求新知,具有实事求是、独立思考、勇于创造的科学精神。"

7. 1986年,《中华人民共和国义务教育法》规定:"义务教育必须贯彻国家的教育方针,努力提高

教育质量，使儿童、少年在品德、智力、体质等方面全面发展，为提高全民族素质，培养有理想、有道德、有文化、有纪律的社会主义的建设人才奠定基础。"

8. 1993年，《中国教育改革和发展纲要》指出："教育必须为社会主义现代化建设服务，必须与生产劳动相结合，培养德、智、体全面发展的建设者和接班人。"

9. 1995年，《中华人民共和国教育法》规定："教育必须为社会主义现代化建设服务，必须与生产劳动相结合，培养德、智、体等全面发展的社会主义事业的建设者和接班人。"

10. 1999年，《中共中央国务院关于深化教育改革全面推进素质教育的决定》把教育目的表述为"以培养学生的创新精神和实践能力为重点，造就有理想、有道德、有文化、有纪律的德、智、体等方面全面发展的社会主义建设者和接班人。"

11. 2006年，修订通过的《中华人民共和国义务教育法》规定："义务教育必须贯彻国家的教育方针，实施素质教育，提高教育质量，使适龄儿童、少年在道德、智力、体质等方面全面发展，为培养有理想、有道德、有文化、有纪律的社会主义建设者和接班人奠定基础。"

12. 2010年发布的《国家中长期教育改革和发展规划纲要（2010~2020年）》指出："坚持教育为社会主义现代化建设服务，为人民服务，与生产劳动和社会实践相结合，培养德智体美全面发展的社会主义建设者和接班人。"

13. 2015年新修订的《中华人民共和国教育法》规定："教育必须为社会主义现代化建设服务、为人民服务，必须与生产劳动和社会实践相结合，培养德、智、体、美等方面全面发展的社会主义建设者和接班人。"

14. 2018年9月10日，全国教育大会召开。习近平在大会上做了重要讲话，强调要坚持中国特色社会主义教育发展道路，培养德智体美劳全面发展的社会主义建设者和接班人。这次会议指出，要在学生中弘扬劳动精神，教育引导学生崇尚劳动、尊重劳动，懂得劳动最光荣、劳动最崇高、劳动最伟大、劳动最美丽的道理，长大后能够辛勤劳动、诚实劳动、创造性劳动。在培养人的素质上，把"劳"与"德智体美"提到同等重要的位置。

四、培养目标的概念（教育学基础、陕西师大大纲新增）

（一）培养目标的含义 【名解】：12广西，16东北，21太原

培养目标是各级各类学校人才培养要达到的具体规格和标准。培养目标是教育目的在各级各类学校的具体体现，也是学校课程目标和教学目标的直接依据。

（二）培养目标与教育目的的关系 【简答】：14新疆

从培养人这一终极指向上来讲，培养目标与教育目的基本一致。培养目标是教育目的的具体化，教育目的与培养目标之间是一般与特殊的关系。但从其本身的特性、表述和作用方面来说，两者存在着差别。

1. 培养目标反映各级各类学校的具体要求，具有具体性、可操作性；教育目的则是各级各类教育目标的顶层设计，具有抽象性。

培养目标是教育目的在学校教育领域的具体化，它主要解决的是培养人的身心发展具体的特性，即培养人在身心发展方面所能达到的具体程度，在学校教育中有着可以操作、衡量的标准，如进行测试、行为观察等。而教育目的主要针对的是"培养什么样的人"，主要表现在理念上的宏观把握。

2. 培养目标在各年级、各阶段、各学校均有不同的表述，具有多样性；教育目的是理念层面的指引，具有相对的稳定性。

培养目标会随着不同的年级、不同的时期和发展阶段做出相应的调整变化，能真实地反映出受教育者的需要。教育目的反映统治者的要求，会在相当长的一段时期保持不变，除非时代变迁、政局动荡，否则教育目的是不会轻易改变的。

3. 培养目标能够不断矫正教育行为，起着规范作用；教育目的是教育活动的起点，起着指导作用。

教育目标具有变化性，能根据需要调整，不断地校正教育行为。教育目的是教育内容与教育实施的起点和依据。

五、我国中小学、幼儿园培养目标（教育学基础、陕西师大大纲新增）（了解）

（一）幼儿园的培养目标

2016年实施的《幼儿园工作规程》规定幼儿园保育和教育的主要目标是：

1. 促进幼儿身体正常发育和机能的协调发展，增强体质，促进心理健康，培养良好的生活习惯、卫生习惯和参加体育活动的兴趣。

2. 发展幼儿智力，培养正确运用感官和运用语言交往的基本能力，增进对环境的认识，培养有益的兴趣和求知欲望，培养初步的动手探究能力。

3. 萌发幼儿爱祖国、爱家乡、爱集体、爱劳动、爱科学的情感，培养诚实、自信、友爱、勇敢、勤学、好问、爱护公物、克服困难、讲礼貌、守纪律等良好的品德行为和习惯，以及活泼开朗的性格。

4. 培养幼儿初步感受美和表现美的情趣和能力。

（二）小学与初中（义务教育阶段）的培养目标

2011年，教育部颁布《九年义务教育全日制小学、初级中学课程计划（试行）》，规定全日制小学、初级中学的培养目标是：

1. 全面贯彻党的教育方针，体现时代要求，使学生具有爱国主义、集体主义精神，热爱社会主义，继承和发扬中华民族的优秀传统和革命传统。

2. 具有社会主义民主法制意识，遵守国家法律和社会公德。

3. 逐步形成正确的世界观、人生观、价值观，具有社会责任感，努力为人民服务。

4. 具有初步的创新精神、实践能力、科学和人文素养以及环境意识。

5. 具有适应终身学习的基础知识、基本技能和方法。

6. 具有健壮的体魄和良好的心理素质，养成健康的审美情趣和生活方式，成为有理想、有道德、有文化、有纪律的一代新人。

（三）高中的培养目标

2001年，教育部印发《全日制普通高级中学课程计划（试验修订稿）》，指出：普通高中教育是与九年义务教育相衔接的高一层次基础教育。普通高中教育要进一步提高学生的思想道德、文化科学、劳动技能、审美情趣和身体心理素质，培养学生创新精神、实践能力、终身学习的能力和适应社会生活的能力，促进学生个性的健康发展，为高等学校和社会各行各业输送素质良好的普通高中毕业生。

在九年义务教育基础上，普通高中教育的培养目标特别强调：

1. 热爱社会主义祖国，拥护中国共产党，了解中国历史和国情，对国家和民族具有责任感，初步形成正确的世界观、人生观和价值观。具有民主和法制精神，学习行使公民权利和履行公民义务；积极参与社会公益活动；具有自觉保护环境的意识和行为；具有集体意识和合作精神；具有参与国际活动和国际竞争的意识；具有独立生活的能力；形成健全的人格。

2. 具有适应学习化社会所需要的文化科学知识；形成独立思考、自主学习的能力；具有科学精神，形成科学态度，学会科学方法；能够利用现代信息技术手段进行学习，解决问题；进一步发展创新精神和实践能力，逐步形成适应学习化社会需要进行终身学习的能力。

3. 具有健康体魄和身心保健能力，养成自觉锻炼身体的习惯，掌握科学的锻炼方法；具有良好的心理素质；形成文明健康、积极向上的生活方式。

4. 树立健康的审美观，养成健康的审美情趣，对自然美、社会美、科学美和艺术美具有一定的感受力、鉴赏力、表现力和创造力。

5. 具有与社会生活相适应的职业意识、创业精神和一定的择业能力，形成一定的劳动技能和现代生活技能，能够对自己的生活和发展做出恰当的选择。

六、教育目的的层次结构和内容结构【简答】：18辽宁，21北京理工，21华南

（一）教育目的的层次结构【名解/简答/论述】：17江苏，21江汉大学，16云南，18广西师范学院，19中国海洋，21北航

教育目的的层次结构是在国家教育总目的的指导下，由各级各类学校的培养目标以及实现这些目标所必需的课程与教学目标所构成的教育目标系统，由四个层次构成，并且有上下位次之分，依次为：教育目的＞培养目标＞课程目标＞教学目标。

1. 培养目标【名解】：12广西，16东北，21太原

各级各类学校的培养人才的具体要求，即在总目的指导下，依据学校的层次、性质、人才培养的具体质量规格的不同，形成不同学校的不同培养目标。

2. 课程目标

即课程方案设置的各个教学科目所规定的教学应达到的要求或标准。

3. 教学目标【名解】：12南京，13广西，17浙江大学，21吉林外国语

即教师在实施课程计划过程中，在完成某一阶段（如一节课、一个教学单元或一个学期）的教学工作时所期望受教育者达到的要求或结果。

（二）教育目的的内容结构

这是指教育目的由哪几个部分构成及其相互之间的关系。教育目的一般由两部分构成。

1. "培养什么样的人"：就教育所要培养出的人的身心素质做出规定，即提出受教育者在知识、智力、品德、审美、体质等诸方面的发展要求，以期受教育者形成某种个性结构。

2. "为谁培养人"：就教育所要培养出的人的社会价值作出规定，即指明这种人符合何种社会的需要或为哪个阶级的利益服务。其中，关于人的身心素质的规定是教育目的内容结构的核心部分。

七、教育目的的社会制约性（确立依据）（在确立教育目的价值取向时主要考虑的问题）【简答】：12内蒙古，17天津大学，18云南，21宁夏大学

（一）社会依据

1. 教育目的要根据社会关系现实和发展的需要

教育产生于社会需要，与一定社会的现实及其发展有着密切联系，要更好地服务于社会，就必须依据社会现实和发展需要来选择和确定教育目的。培养现代人是现代社会关系结构及其制度发展对教育提出的根本要求，否则，将无益于现代化制度的确立。

2. 教育目的要根据社会生产和科学技术发展的需要

现代社会，生产力的发展及其产业结构的变化，科学技术作用的日益显著，已经成为制定教育目的不可忽视的重要的直接因素。

（二）个人依据

教育目的的制定要考虑受教育者的身心特点，但不影响教育目的的性质和方向。对受教育者身心发展的认识是提出教育目的的必要条件，因为：

1. 教育目的所直接指向的对象是受教育者。

2. 人们既然期望所提出的教育目的转化为受教育者的个性，就不能不考虑受教育者身心发展、心理发展的过程与规律。

3. 教育目的主要是通过各级各类学校的教育活动来实现的。

4. 受教育者在教育活动中，不仅是教育的对象，而且也是教育活动的主体。

第六章　教育制度

本章大纲考点及考频

考点	考频
第一节 教育制度概述	0
一、教育制度的含义和特点	0
（一）教育制度的含义	60
（二）教育制度的特点	3
二、教育制度的历史发展	0
三、终身教育	1
第二节 现代学校教育制度	0
一、学校教育制度的概念	109
二、现代学校教育制度的发展（类型）	4
（一）双轨学制	12
（二）单轨学制	2
（三）分支型学制	2
三、现代学校教育制度的变革	7
第三节 我国现行学校教育制度	1
一、我国现行学校教育制度的演变	2
二、我国现行学校教育制度的形态	0
三、我国现行学校教育制度的改革	13

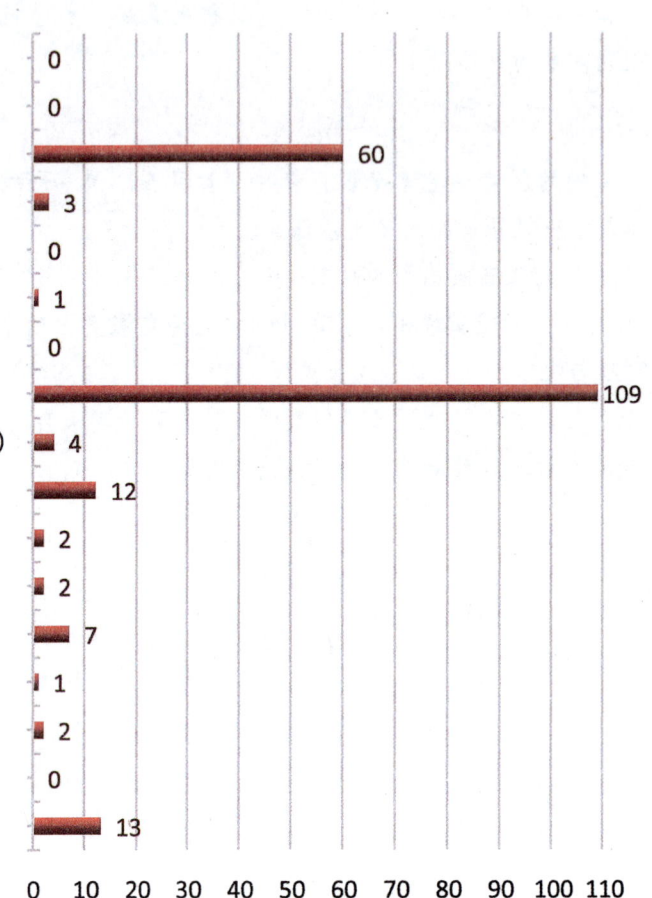

本章思维导图

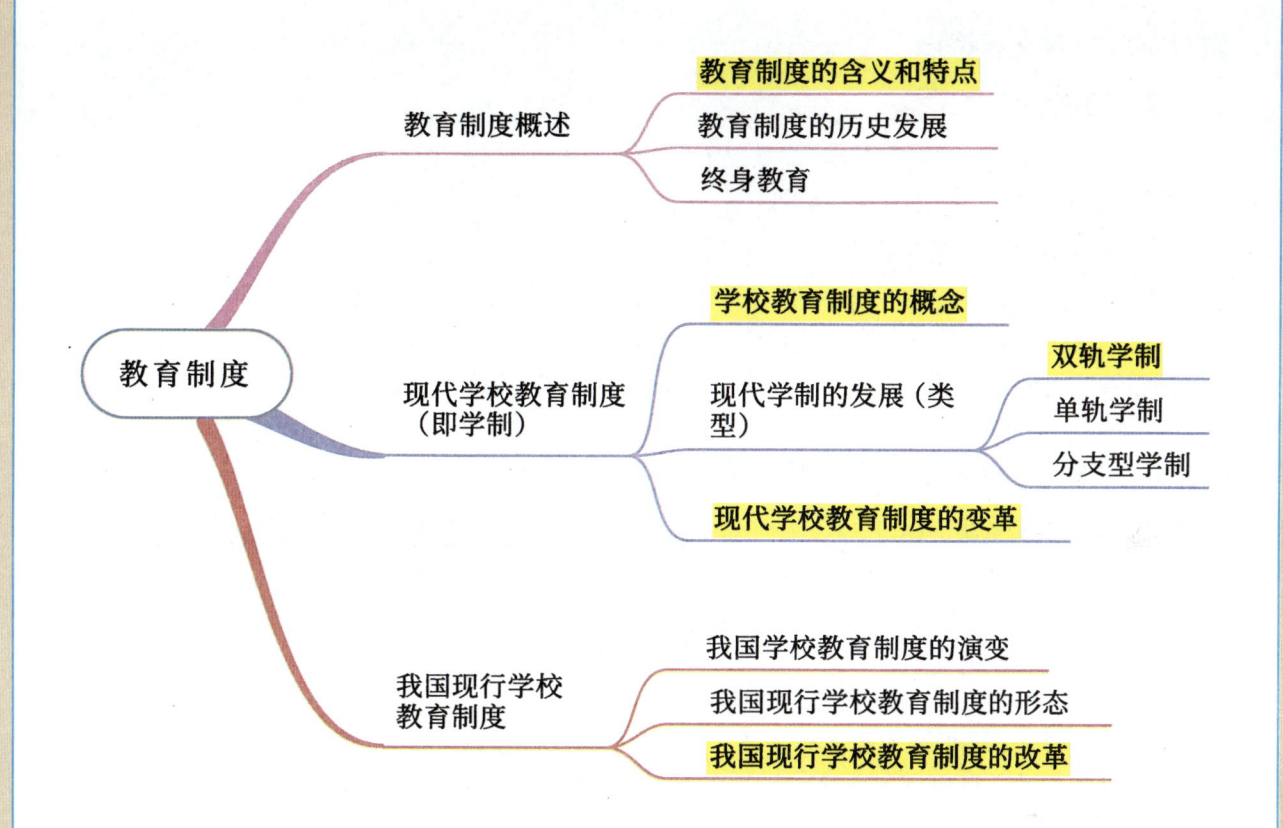

- 教育制度
  - 教育制度概述
    - 教育制度的含义和特点
    - 教育制度的历史发展
    - 终身教育
  - 现代学校教育制度（即学制）
    - 学校教育制度的概念
    - 现代学制的发展（类型）
      - 双轨学制
      - 单轨学制
      - 分支型学制
    - 现代学校教育制度的变革
  - 我国现行学校教育制度
    - 我国学校教育制度的演变
    - 我国现行学校教育制度的形态
    - 我国现行学校教育制度的改革

本章参考书

【1】王道俊、郭文安主编：《教育学》（第七版），人民教育出版社，第五章

【2】全国十二所重点师范大学联合编写：《教育学基础》（第3版），教育科学出版社，第四章

【3】柳海民主编：《教育学原理》（第2版），高等教育出版社，第六章

第一节 教育制度概述

一、教育制度的含义和特点

（一）教育制度的含义 【名解】：10、15闽南，10山东，10福建，11江苏，11、14华南，11北航，11天津，12、14华东，12山西，12、13、17扬州，13鲁东，14华中，14、15、21聊城大学，15渤海大学，15、18、21广东技术，13、15、16、17辽宁，16宁波大学，16河北大学，13、16曲阜，16天津大学，17、18、19上海，17河南，17安徽，17云南，17广州，17天津职业，16、18集美大学，18河北，18、19、21湖北大学，18、20宁夏大学，18郑州大学，18新疆，18湖北师范，13、15、19内蒙古，19四川，19西华，19浙江大学，20吉林，20江西科技，20太原，20延安大学，20天水师范，21南京，21江西，21湖南理工学院

教育制度是指一个国家各级各类实施教育的机构体系及其组织运行的规则。

它包括相互联系的两个基本方面：一是各级各类教育机构与组织，包括教育的各种施教机构与组织，还包括教育的各种管理机构与组织。二是教育机构与组织赖以存在和运行的规则，如各种相关的教育法律、规则、条例等。

（二）教育制度的特点 【简答】：11北航，17福建，21云南民族

1. 客观性

教育机构的设置、层次类型的分化、各级各类教育机构的制度化，都受客观的生产力发展水平制约，具有客观性。

2. 历史性

教育制度是随着社会的发展变化而变化的，在不同的历史时期和不同的文化背景下，就会有不同的教育需要，就要建立不同的教育制度。教育制度是随着时代的变革而不断变革的。

3. 规范性

任何教育制度是其制定者根据自己的需要制定的，有其一定的规范性。主要表现在入学条件即受教育权的限定和各级各类学校培养目标的确定上。

4. 强制性

教育制度独立于个体之外，对个体的行为具有一定的强制作用。但随着教育制度的发展及其内部的丰富多样化，特别是终身教育的确立与实施，个体选择性也越来越大。

二、教育制度的历史发展（了解）

（一）原始社会

教育还没从社会生产和社会生活中分离出来，没有产生专门的教育，因而也就不可能有教育制度。

（二）古代社会

由于古代学校只培养少量的剥削统治人才，不培养广大的生产劳动者，具有脱离生产和脱离劳动人民的性质，决定了其教育内容反映科学和技术的内容很少，从而决定了古代教育制度的简略性、非群众性和不完善性。

（三）现代社会

现代教育制度是随着现代学校的发展、分化和改革而建立起来的。现代教育制度不

> **复习提示**
> 非常重要！从标注的真题就可以看出重要程度。

> 教育制度的历史发展了解即可，目前没有真题考过。

但有阶级性和等级性，而且有生产性和科学性，它要为生产服务，与生产劳动相结合。这就决定了现代学校规模上的群众性和普及性，结构上的多类型和多层次性。

（四）当代

在当代，教育制度还在不断地向前发展。它已由过去单一的学校教育系统，发展成为以学校教育系统为主体，包括幼儿教育系统、校外儿童教育系统、成人教育系统的庞大的教育体系，它的整体发展方向是终身教育，这在发达国家体现得尤为明显。

三、终身教育 【论述】：21 吉林

终身教育是人一生各阶段当中所受各种教育的总和，也是人所受的不同类型教育的综合。前者从纵向上讲，说明终身教育不仅仅是青少年的教育，而且涵盖了人的一生。后者从横向上讲，说明终身教育既包括正规教育，也包括非正规教育和非正式教育。

终身教育的概念也在不断发展。国际21世纪教育委员会在其向联合国教科文组织提交的《教育——财富蕴藏其中》的报告中，对终身教育的内涵做了进一步的揭示。

自20世纪60年代以来，终身教育思潮引起世界各国的注意，为不同社会制度的国家普遍接受。联合国教科文组织把它作为教育领域活动的指导原则，很多国家把终身教育从原则和政策转向实际的应用。总之，各国教育制度均逐步向终身教育的方向发展。

真题回顾

2021年吉林师范大学论述题：为什么终身教育会成为现代教育制度的发展方向？怎样才能朝向终身教育的方向发展。

《外国教育史》最后一章现代欧美教育思潮中有详细介绍终身教育思潮。

第二节 现代学校教育制度（即学制）

一、学校教育制度的概念 【名解】：10、13山西，10、12、14、20湖北大学，10、13、14、18、20杭州，11、15、18鲁东，11、12、18河南，11、18华中，12辽宁，12、14、16、20陕西，12北航，12安徽，12、15、17苏州，12中山，13聊城大学，13、14宁波大学，14、17延安大学，15郑州大学，15南京，15、21重庆三峡，15天津，15重庆，15贵州，15吉林，13、15、19江西，15、21云南，16东北，16、21上海，16江苏，14、16内蒙古，17广东技术，11、17、21曲阜，10、17四川，12、17、19闽南，17、20浙江大学，17海南，10、12、18哈尔滨，13、14、18、21西北，18、21深圳大学，15、18、20西华，18华东，18青海，18复旦，19北京，19华南，19湖北师范，10、13、19沈阳，19青岛大学，13、19山西大学，19大理大学，20安庆、20、21合肥，20江苏大学，20赣南，20西藏大学，20云南大学，21中央民族，21苏州科技，21信阳师范，21洛阳，21黄冈师范，21江汉大学，21南宁，21宝鸡文理，21宁夏大学，21石河子，21新疆

（1）学校教育制度简称学制，是指一个国家或地区各级各类学校的系统及其管理规则，它规定了各级各类学校的性质、任务、入学条件、修业年限以及它们之间的关系。学校教育制度是现代教育制度的核心部分。

（2）学制是由三个基本要素构成的，即学校的类型、学校的级别、学校的结构。

学校的类型，即学校实施哪种性质的教育。学校的级别是指学校的层次水平，即学校在学制系统中所处的阶段以及在同类性质的学校中所处的地位。学校的结构决定了学校的类别，反映了学校之间的交叉、衔接、比例等种种关系。

二、现代学校教育制度的发展（类型/结构）【简答】：10浙江，16青岛大学，17广西师范学院，20石河子大学

非常重要！学制考名词解释时：（1）一定要完整地回答（教材、大纲都只有这个答案，回答第一点就能得满分）；（2）不作要求，锦上添花作用，答上更好。

本章高分拓展补充了学制确立的依据。

（一）双轨学制 【名解】：10华东，12云南，13苏州，16华东，17北京，18广西师范学院，18广州大学，18淮北，19安徽，20山东，21闽南，21临沂大学

1. 双轨制的简介

在18、19世纪的西欧，如英国、德国，在特定的社会政治、经济及文化发展条件的影响下，由古代学校演变来的带有等级特权痕迹的学术性现代学校和新产生的供劳动人民子女入学的群众性现代学校，二者同时得到比较充分的发展，形成了欧洲现代教育的双轨制。

2. 双轨制的结构

（1）一轨自上而下，为资产阶级的子女设立的。结构是大学（后来也包括其他高等学校）、中学（包括中学预备班）。

（2）另一轨自下而上，为劳动人民的子女设立的。结构是小学（后来是小学和初中）、职业学校（先是与小学相连的初等职业教育，后发展为和初中联结的中等职业教育）。

3. 双轨制的特点与趋势

双轨制是两个平行的系列，既不相通，也不连接，因为一轨从中学开始（基于家庭教育），一轨最初只有小学。这样就剥夺了在群众性小学上学的劳动者子女升入中学和大学的权利。由于双轨制与工业技术革命所推动的普及初中、高中教育的发展趋势相矛盾，迫使双轨制进行改革。

（二）单轨学制 【名解】：19宁波大学，20温州大学

1. 单轨制的简介

北美多数地区最初都曾沿用欧洲的双轨制。1870年以后，在社会政治、经济、文化急剧发展的背景下，美国早期双轨制的学术性一轨没有得到充分发育，就被在短期内迅速发展起来的群众性小学和中学所湮没，从而形成了美国的单轨学制。

2. 单轨制的结构与特点

自下而上的结构是：小学、中学、大学。特点是一个系列、多种分段，即六三三、五三四、四四四等分段。所有的学生在同样的学校系统学习，各级各类学校互相衔接。

3. 单轨制的趋势

单轨学制最早产生于美国，被世界许多国家采用，是因为它有利于教育的普及，有利于现代生产和现代科技的发展。

（三）分支型学制（Y型学制） 【名解】：13华东，17西北

1. 分支型学制的简介

苏联制定了单轨的社会主义统一劳动学校系统。后来，又恢复了帝俄文科中学的某些传统和职业学校单设的做法，这样形成了既有单轨特点又有双轨因素的分支型苏联型学制。

2. 分支型学制的结构和特点

一定程度的平等，灵活性大。它的前段（小学、初中）是单轨，进入中学阶段开始分叉，是介于双轨制和单轨制之间的分支型学制。苏联型学制的中学，上通高等学校，下达初等学校，左（中等专业学校），右（中等职业技术学校），这是苏联型学制的特点和优点。

3. 分支型学制的趋势

既有上下级学校间的相互衔接，又有职业技术学校横向的相互联系，形成了立体式的学制。教育起点上是公平的，从中等教育开始实行多轨制之间相互联通。既有利于教育的普及，又使学术型保持较高水平。

> **复习提示**
>
> 双轨制是资本主义国家分别为贵族资产阶级子女和劳动人民子女设立的，筛选严格、差距悬殊、互相分离、互不沟通的两个学校系统。英国是双轨制的典型代表。

助记图 >>

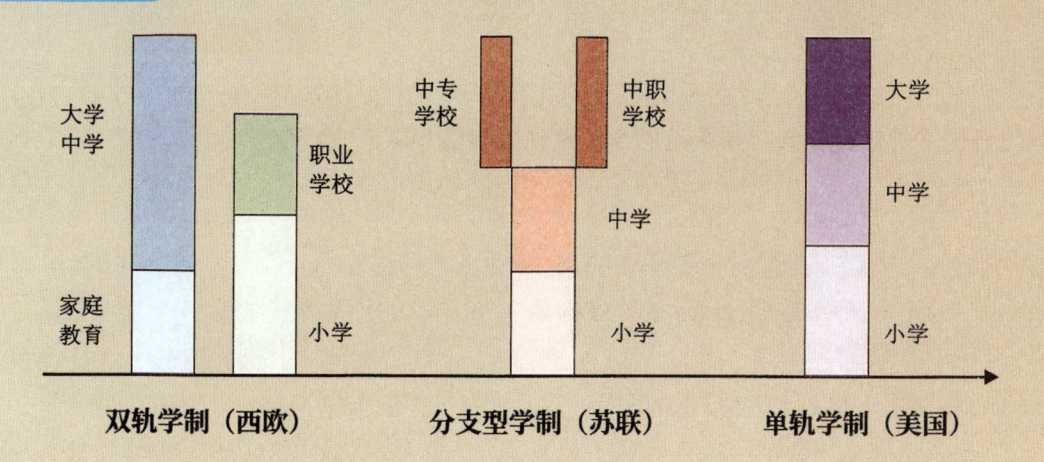

双轨学制（西欧）：大学/中学、家庭教育；职业学校、小学
分支型学制（苏联）：中专学校、中职学校、中学、小学
单轨学制（美国）：大学、中学、小学

三、现代学校教育制度的变革 【简答/论述】：11四川，15重庆三峡，16江苏大学，11、15、19南京，19石河子大学

（一）从学校系统看，双轨学制在向分支型学制和单轨学制方向发展

从发展过程可以得出两点结论：第一，义务教育延长到哪里，双轨学制并轨就要并到哪里，单轨学制是机会均等地普及教育的好形式；第二，综合中学是双轨学制并轨的一种理想形式，因而综合中学化就成了现代中等教育发展的一种趋势。

（二）从学校阶段看，每个阶段都发生了重大变化

1. 幼儿教育阶段

在当代，很多国家都把幼儿教育列入学制系统。与此相关，幼儿教育机构也发生了重要变化：一是幼儿教育的结束期有提前的趋势；二是加强小学和幼儿教育的联系。

2. 小学教育阶段

第一，小学已无初、高级之分；第二，小学入学年龄提前到6岁甚至5岁；第三，小学年限缩短到5年（法国）、4年（德国）；第四，小学和初中直接衔接，取消了初中的入学考试。

3. 初中教育阶段

一是初中学制延长；二是把初中阶段看作普通教育的中间阶段，中间学校即由此而来；三是把初中和小学连接起来，看作基础教育阶段，统一进行文化科学基础知识教育。

4. 高中教育阶段

高中阶段学制的多种类型，即高中阶段教育结构的多样化，乃是现代学制的一个重要特点。

5. 职业教育阶段

职业教育在发达国家基本上都是在高中和大学阶段进行的。从总体上看，职业教育在当代有两个突出的特点：一是对文化科学技术基础的要求越来越高；二是职业教育的层次和类型的多样化。

6. 高等教育阶段

一是多层次，包括专科、本科、研究生（硕士、博士）；二是多类型，现代高等学校的院校、科系、专业类型繁多，有的注重学术性，有的侧重专业性，有的偏重职业性。高等学校与社会、生产、科学技术、社会生活的各个方面的联系越来越密切。

真题回顾

2019年南京师大简答题：请简述当代世界学校教育制度改革与发展的主要趋势。

复习提示

现代学校教育制度的变革从两个方面来看，一个是学校系统；另一个是学校阶段，分别从幼儿、小学、初中、高中、职业、高等教育6个阶段分析变革情况，而且这个分析是从世界、多个国家的角度进行，不仅仅是中国。

助记图 >>

学校教育制度的变革
- 学校系统：双轨制→分支学制、单轨学制
- 学校阶段：
  - 幼儿：提前结束；幼小联系
  - 小学：无级别之分；入学提前；年限缩短；小初衔接
  - 初中：学制延长；中间学校；小初衔接
  - 高中：多类型
  - 职业教育：文化科学；类型多样化
  - 高等教育：多层次；多类型

第三节 我国现行学校教育制度

【简答】：17北京

一、我国学校教育制度的演变 【论述】：11首都，21华南

1. 清末学制

（1）学制建立

我国学制建立是从清末开始的。1840年鸦片战争后，帝国主义列强的疯狂侵略和国内资本主义势力的兴起，迫使清政府不得不对封建教育制度进行改革，兴学堂、定学制、废科举。

（2）壬寅学制

1902年，清政府颁布了《钦定学堂章程》，亦称"壬寅学制"，这是我国正式颁布的第一个现代学制，但未及实施。

（1）癸卯学制

1904年又颁布了《奏定学堂章程》，亦称"癸卯学制"，这是我国正式实施的第一个现代学制。这个学制的指导思想是"中学为体，西学为用"。其突出特点是教育年限长，总共26年。

2. 民国学制

（1）壬子癸丑学制

1912年9月，南京临时政府公布壬子学制，此后至1913年8月期间，又陆续公布了一些法令法规，综合起来形成了一个全面完整的学制系统，称为壬子癸丑学制，又称1912-1913年学制。该学制是民国的第一个学制，较全面地反映了资产阶级对教育的要求。

（2）1922年的"新学制"

1922年颁布了"壬戌学制"，通称"六三三制"。这个学制受美国实用主义教育的影响，强调适应社会进化的需要，发扬平民教育精神，谋求个性发展，注重生活教育，使教育易于普及，给各个地方留有伸缩余地。

3. 新中国学制

（1）1951年的学制

> **复习提示**
>
> 这部分不需要重点记忆，只需要了解每个时期大概的学制内容即可。每个时期内容可以结合当时的社会历史、政治情况。

1951年中共中央人民政府政务院颁布了《关于改革学制的决定》，指示废除旧学制，实行中华人民共和国的新学制。1951年学制是新中国成立后我国长期实行的基本学校教育制度，从单轨制逐渐转向分支型学制。新学制的颁布，标志着我国劳动人民在文化教育上无权利、无地位的时代已经过去，标志着我国学制的发展进入了一个新阶段。

（2）1958年的学制

1958年中共中央和国务院发布的《关于教育工作的指示》，明确指出："各省、市、自治区的党委和政府有权对新学制积极地进行典型试验。"学制改革试验如下：（1）提早入学年龄，进行六岁入学的试验，缩短学制，进行中小学十年一贯制。（2）为了贯彻"两条腿走路"的方针，采取多种形式办学，创办了农业中学、半工半读学校，进一步发展业余学校。

（3）1978年以后的学制

十一届三中全会以来，我国迅速结束了十年浩劫所造成的教育上的混乱局面，着手重建和发展被破坏了的学制系统：（1）延长了中学的学习年限；（2）恢复和重建了中专和技校，创办了职业高中；（3）恢复了高等学校专科和本科的两个层次，扩大了高等专科学校；（4）恢复和重建了很多院校、科系和专业；（5）建立了学位制度和完善了研究生教育制度；（6）恢复和重建了各级各类成人教育机构等等。这使我国学制逐步向合理和完善的方向发展，各级各类学校形成了一个完整的系统。

二、我国现行学校教育制度的形态（了解）

经过一个世纪的发展，我国已建立了比较完整的学制，这个学制在1995年颁布的《中华人民共和国教育法》中得到了确认。包括以下几个层次的教育：

第一，**学前教育（幼儿园）**：招收3～6岁、7岁的幼儿。

第二，**初等教育**：主要指全日制小学教育，招收六七岁儿童入学，学制为5～6年，还包括成人业余初等教育。

第三，**中等教育**：指全日制普通中学、各类中等职业学校和业余中学。全日制中学修业年限为6年，初中3年，高中3年。职业高中2～3年，中等专业学校3～4年，技工学校2～3年。属成人教育的各类业余中学，修业年限适当延长。

第四，**高等教育**：指全日制大学、专业学院、专科学校、研究生院校和各种形式的业余大学。高等学校招收高中毕业生和同等学力者。专科学校修业为2～3年。大学和专门学院为4～5年，毕业考试合格者，授予学士学位。业余大学修业者年限适当延长，学完规定课程经考核达到全日制高等学校同类专业水平者，承认学历，享受同等待遇。条件较好的大学、专门学院和科学研究机关设立研究生教育机构。硕士研究生修业年限为2～3年，博士研究生修业年限为3年，在职研究生修业年限适当延长，完成学业者也可获相应学位。

总之，改革开放以来，我国学制改革和发展的基本方向就是大力普及单轨的机会均等的基础教育，大力发展基础教育后的多样化的职业与专业教育，使学制日趋完善。

三、我国现行学校教育制度的改革【简答/论述】：10重庆，11首都，13福建，15东北，17山西，20曲阜，21北华大学，21济南大学，21西藏大学，10湖北大学，12福建，14四川，17天津大学

（一）基本普及学前教育

近年来我国学前教育发展较快，显现出结束期提前、由高班到低班逐步普及、加强

学前教育与小学低年级教育的联系和衔接的趋势。但也要注意我国国情，既要积极发展，也要量力而行。发达国家是在普及小学、初中甚至高中之后，才使学前教育由高班向低班逐级普及的。随着我国义务教育和高中阶段教育的逐步普及，学前教育也将逐步普及。

（二）均衡发展义务教育

义务教育对于人的发展、教育发展和社会发展都具有重大意义。《中华人民共和国义务教育法》规定我国的义务教育年限为九年。经过各方面的努力，到2008年年底，我国实现了免费的普及义务教育，这是我国教育取得的伟大成就。但我国义务教育也存在发展不平衡的问题，促进义务教育均衡发展已成为我国现阶段教育改革和发展的重大任务。

（三）努力普及高中阶段教育

在普及九年义务教育以后，普及高中阶段教育就成为教育发展的重要趋势。为了适应青少年的升学与就业的选择并满足社会的需要，高中阶段的学制应该多样化，即应有普通高中、职业高中、中等专业学校和技工学校等不同类型的学校供学生选择；应当扩大普通高中在高中阶段所占的比例，以满足我国高等学校不断扩大招生的需要；九年义务教育后的职业教育则应当多样化，使未能升入高中的学生可以选择接受就业前的各种职业培训。

（四）大力发展高等教育

近几十年来，世界各发达国家的高等教育的发展十分迅速，日益趋向开放与大众化，我国高等教育也出现了这种趋势。经过十几年的努力，我国高等教育实现了从精英教育到大众化教育的跨越式发展。高等教育的变化主要有三个方面：一是高等教育的多层次；二是高等教育的多类型；三是高等教育向在职人员开放。

（五）推进终身教育体系的建构

我国1999年《面向21世纪教育振兴行动计划》明确提出了"基本建立起终身学习体系"的目标。终身教育观念和理论带来了教育领域的一系列变革。在教育观念上，要求我们树立大教育观，同等重视正规教育和非正规教育。在教育体系上，建立终身教育体系，使教育贯穿人的一生。在教育目标上，要培养和提升人的终身学习的意识和能力，建设学习型社会。在教育方式上，要实施多元化教育，促进学习者更加主动地学习。

> **助记 >>**
> 普及学前教育：结束期提前、高班到低班、幼小衔接
> 均衡义务教育：免费普及义务教育、均衡义务教育是教育改革任务
> 普及高中教育：高中学制多样化→多类型、扩大普高比例、职教多样化
> 发展高等教育：多层次、多类型、向在职开放
> 推进终身教育：大教育观、贯穿一生、终身学习意识、多元化教育

> 来分析学制改革的趋势和方向。所以，考试的时候要看清楚题目要求，是不是针对我国的现行学校教育制度的改革。

本章高分拓展

一、学制的概念与要素

（一）学制的概念

学校教育制度简称学制，是指一个国家或地区各级各类学校的系统及其管理规则，它规定了各级各类学校的性质、任务、入学条件、修业年限以及它们之间的关系。学校教育制度是现代教育制度的核心部分。

（二）学制的要素

学制由三个基本要素构成，即学校的类型、学校的级别、学校的结构。

1. 学校的类型，即学校实施哪种性质的教育。由于划分的标准不同，学校的类型也就不一样。根据教育举办的主体的不同，可以分为公立学校与私立学校两类；根据教育性质的不同，可以分为实施普通教育的学校与实施职业教育的学校等。

2. 学校的级别，是指学校的层次水平，即学校在学制系统中所处的阶段以及在同类性质的学校中所处的地位。例如，高等师范专科学校在学制系统中处于高等教育阶段，在师范教育类别中与其他的学校相比则属于专科性质水平的学校。

3. 学校的结构，决定了学校的类别，反映了学校之间的交叉、衔接、比例等种种关系。如果我们以各级作为学制分析的标准，必然要涉及到类的交叉问题。如果以各类作为学制分析的标准，必然涉及到阶段的衔接问题，各级各类教育在发展的过程中应该保持合理的比例。归根结底，这都是由生产力的发展水平与社会的需求所决定的。

二、学制确立的依据【简答/论述】：10、15陕西，18中央民族，11中山大学

学制是社会历史发展的产物，它受到社会各方面因素的影响和制约。学制的产生、发展和变化也是由这些因素决定的。具体来说有以下这些因素：

1. 学制的确定受生产力和科技发展水平的制约

随着现代生产的发展和科学技术的不断进步，学校教育制度也逐渐完善起来。特别是近几十年来，电子计算机、生物工程和海洋开发等技术的飞速发展，更是促使各国不断改革学校教育制度，以培养高质量的人才，迎接新的科技革命的挑战。

2. 学制是社会政治经济制度和一个国家教育方针政策的要求

教育结构的确立和调整、学制的颁布和实施都是由国家政权机关控制的。国家的各项决策以适应本国的政治、经济制度为根本准则，关系着培养人才的类别与水平的教育结构和学制问题，也必然是以政治、经济制度的要求为依据的。

3. 学制的确立受学生身心发展规律和年龄特征的制约

确立入学年龄、修业年限、各级各类学校的分段，都要考虑青少年儿童身心发展的特点，适合他们的智力、体力等的发展水平。这一客观规律已为许多国家进行的学制实验和研究所证实。

4. 人口状况制约学制的确定

教育的对象是人，教育事业的投资、教育事业的规模、教育发展规划的制定和教育结构的调整等，都是与人口问题密切联系的。学校教育制度的确立、改革，同样要考虑到人口情况。

5. 一个国家的文化传统也制约着学制的确立

任何教育活动都是在一定的社会文化背景下进行的，同时也承担着一定的文化功能，如文化选择、文化传承、文化整合与文化创造等。不同的民族传统和文化传统会对教育类型和学校教育制度产生一定

的影响。

6. 学制的确立受国内外学制的历史经验的影响

任何一个国家的学制，都有它建立和发展的过程，既不能脱离本国学制发展的历史，也不能忽视外国学制中的有益经验。

三、各级学校系统

从纵向的施教机构来看，我国的学制包括学前教育机构、初等教育机构、中等教育机构、高等教育机构四个层次。

1. 学前教育机构

学前教育是指根据一定的培养目标和幼儿身心发展的特点，对入小学前的幼儿进行的有计划的教育，属于学校的预备阶段。幼儿园主要招收3~6岁的儿童，对其进行适宜的启蒙教育，促进幼儿身心的全面发展。实施学前教育的机构主要是幼儿园，以全日制为主，也有寄宿制、半日制等。

2. 初等教育机构

初等教育是为公民奠定科学文化知识基础以做好初步生活准备的教育，它对提高一个国家的民族文化水平和国民素质具有极为重要的作用。初等教育机构是实施义务教育和普及教育的重要载体，其教育对象主要包括儿童和未完成初等教育的成人两种。

3. 中等教育机构

中等教育即在初等教育的基础上继续实施的中等普通教育和职业教育。具体包括：全日制普通中学、中等专业学校、职业学校、技术学校等。

4. 高等教育机构

高等教育是建立在中等教育基础上的各类专业教育，包括大学和专门院校。按学历层次划分，一般可分为专科教育、本科教育和研究生教育。具体包括：大学与专门学院、专科学校、研究生部、函授大学、业余大学等。

四、各类学校系统

从横向类别机构上看，我国现行的学制包括普通教育系统、师范教育系统、职业技术教育系统、成人教育系统。

1. 普通教育系统

包括初等教育阶段、中等普通教育阶段、普通高等教育阶段，已经形成了一个具有持续性、阶段性、系统性的教育过程。

2. 师范教育系统

承担师范教育的机构主要包括中等师范学校、高等师范专科学校、高等师范学院、综合性师范大学以及各级各类师资培训机构，形成了自下而上的完整系统。

3. 职业技术教育系统

给予学生从事某种职业或生产劳动所需的知识和技能，包括职业高中、中等职业技术学校、技工学校以及高等职业技术学院或大学等。职业技术教育系统包括中等教育和高等教育两个阶段，突出表现在在职培训的过程中。

4. 成人教育系统

我国现行的成人教育系统是通过业余、脱产或半脱产的形式对成人进行的教育，是学校教育的继续、补充和延伸。包括：中等（成人中专）和高等（职工大学、广播电视大学、函授学院、网络学院和成人高等学校等）两部分机构组成。

五、现代教育制度改革（教育学基础、陕西师大大纲新增）【简答/论述】：18郑州大学，20苏州，16四川

（一）义务教育年限的延长

1. 义务教育的概述

义务教育是以法律形式规定的，适龄儿童和青少年必须接受的，国家、社会、学校和家庭必须予以保证的带有强制性的国民基础教育。具有三个特点：强制性、免费性、普及性。

2. 义务教育发展趋势

（1）入学年龄提前。
（2）义务教育年限延长。
（3）以立法形式推行义务教育。

3. 义务教育年限延长的意义

义务教育是世界各国现代化进程中或迟或早都要经历的一个过程，是教育普及化的一种普遍形式。义务教育的发展水平已逐渐成为衡量一个国家文明程度的标志之一。我国2006年新修订的《中华人民共和国义务教育法》第二条明文规定："我国实行九年义务教育制度。义务教育是国家统一实施的所有适龄儿童、少年必须接受的教育，是国家必须予以保障的公益性事业。"

（二）普通教育与职业教育的综合化

普通教育是以升学为主要目标、以基础知识为主要教学内容的教育；职业教育是以就业为主要目标、以从事某种职业或生产劳动所需要的知识和技能为主要教学内容的教育。二战以后，各国在增加综合中学比例的同时，还重视职业教育与普通教育的相互渗透，朝着综合统一的方向发展，呈现出普通教育职业化，职业教育普通化的趋势。

（三）非正规教育的复兴及其对正规教育的影响

非正规教育是指在正规教育制度以外进行的，有目的、有计划、有组织系统地为学习者有选择地提供学习形式的教育，如继续教育、网络教育等。随着教育制度不断地发展变化，正规教育越来越呈现出划一化、一律化等问题，难以适应现代社会的需要。非正规教育的发展和复兴，打破了正规教育对教育系统的垄断，成为正规教育十分重要的补充。非正规教育是正规教育之外的有组织的教育活动，是在它自身的环境中受到教育影响和获取教育资源的终身的过程。

（四）高中的多样化、特色化发展及其与大学的衔接

为了适应青少年的升学与就业方向选择和满足社会的需要，高中阶段的学制应该多样化，应有普通高中、职业高中、中等专业学校和技工学校等不同类型的学校，供学生选择；促进办学体制多样化，推进培养模式多样化，鼓励普通高中办出特色；高中和大学之间可以采取多种方式进行衔接，如鼓励大学在高中开设某些课程，鼓励专家到高中举行讲座，在高中开设供选修的高校课程。

（五）高等教育的大众化【名解】：11安徽

一是高等教育多层次，高等教育不仅要办本科的教育，还要有大专、硕士、博士等多个层次；二是高等教育多类型，除了综合性大学之外，还应有多种专门大学和院系；三是高等教育向在职人员开放。高等教育作为表征国家实力和社会总体发展水平的标志之一已逐渐成为世界各国的共识。

（六）终身教育体系的建构

自从法国教育家保罗·朗格朗的著作《终身教育导论》发表以来，终身教育引起了国际社会的广泛关注。1972年，联合国教科文组织发布了《学会生存——教育世界的今天和明天》的报告，进一步阐述了终身教育的内涵，并提出向学习化社会前进的目标，终身教育成为世界范围尤其是发达国家教育改革的

指导思想。

1996年，国际21世纪教育委员会在其向联合国教科文组织提交的《教育：财富蕴藏其中》报告中，对终身教育这个概念的内涵做了进一步的揭示，"教育不仅仅是为了给经济界提供人才：它不是把人作为经济工具而是作为发展的目的加以对待的。"

《国家中长期教育改革和发展规划纲要（2010年~2020年）》明确指出：学历教育和非学历教育协调发展，职业教育和普通教育相互沟通，职前教育和职后教育有效衔接。继续教育参与率大幅提升，从业人员继续教育年参与率达到50%。现代国民教育体系更加完善，终身教育体系基本形成，促进全体人民学有所教、学有所成、学有所用。

第七章 课程

本章大纲考点及考频

考点	考频
第一节 课程概述	0
一、课程及相关概念	1
（一）课程	58
（二）课程方案	26
（三）课程标准	88
（四）教科书	8
二、课程的基本问题	0
（一）课程理论的发展	4
（二）课程论争的几个主要问题	0
1. 学科课程和分科课程	92
2. 课程的一元化和多元化	2
第二节 课程设计	2
一、课程目标的设计	0
（一）课程目标的定义	9
（二）课程目标制定的依据	2
（三）课程目标设计的基本问题	0
（四）课程目标设计的基本方式	4
二、课程内容的设计	2
（一）课程内容	3
（二）课程内容的选择	2
（三）课程内容的组织	10
第三节 课程改革	0
一、世界各国课程改革发展的趋势	16
二、我国基础教育的课程改革	2
（一）我国新一轮基础教育改革的背景	0
（二）新一轮基础教育课程改革的理念	6
（三）新一轮基础教育课程改革的目标	31
（四）新一轮基础教育课程改革的内容	2
（五）新一轮基础教育课程改革的课程设置与结构	0

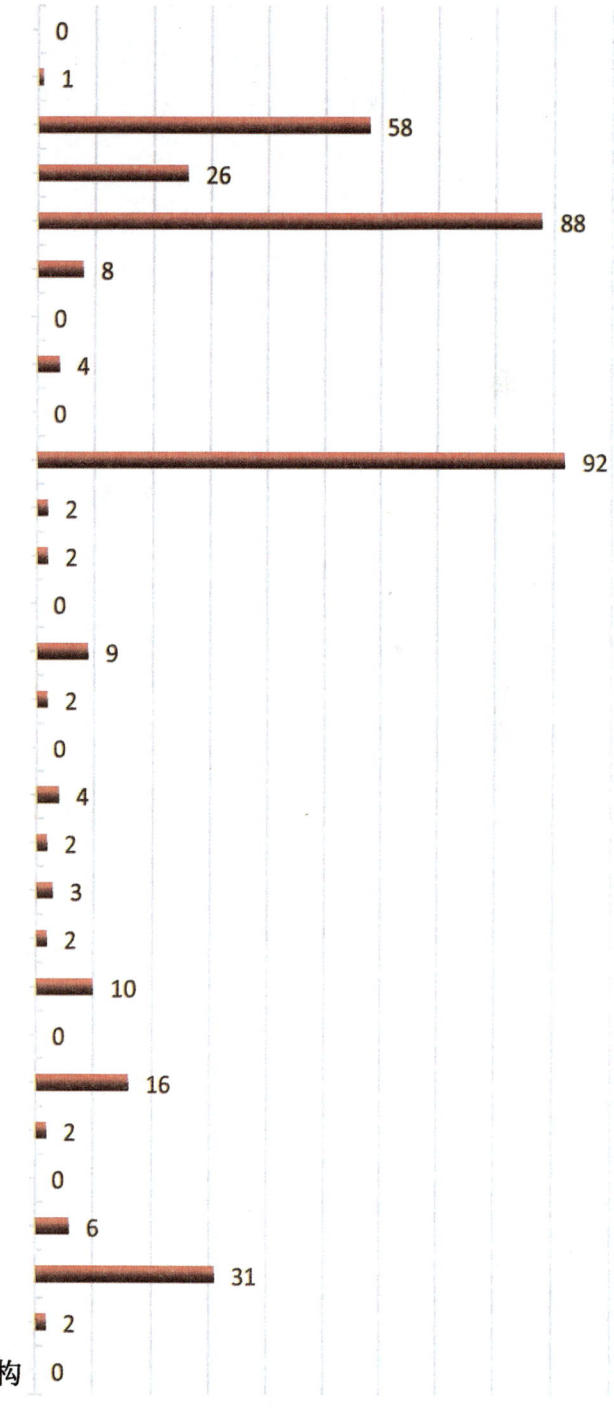

本章思维导图

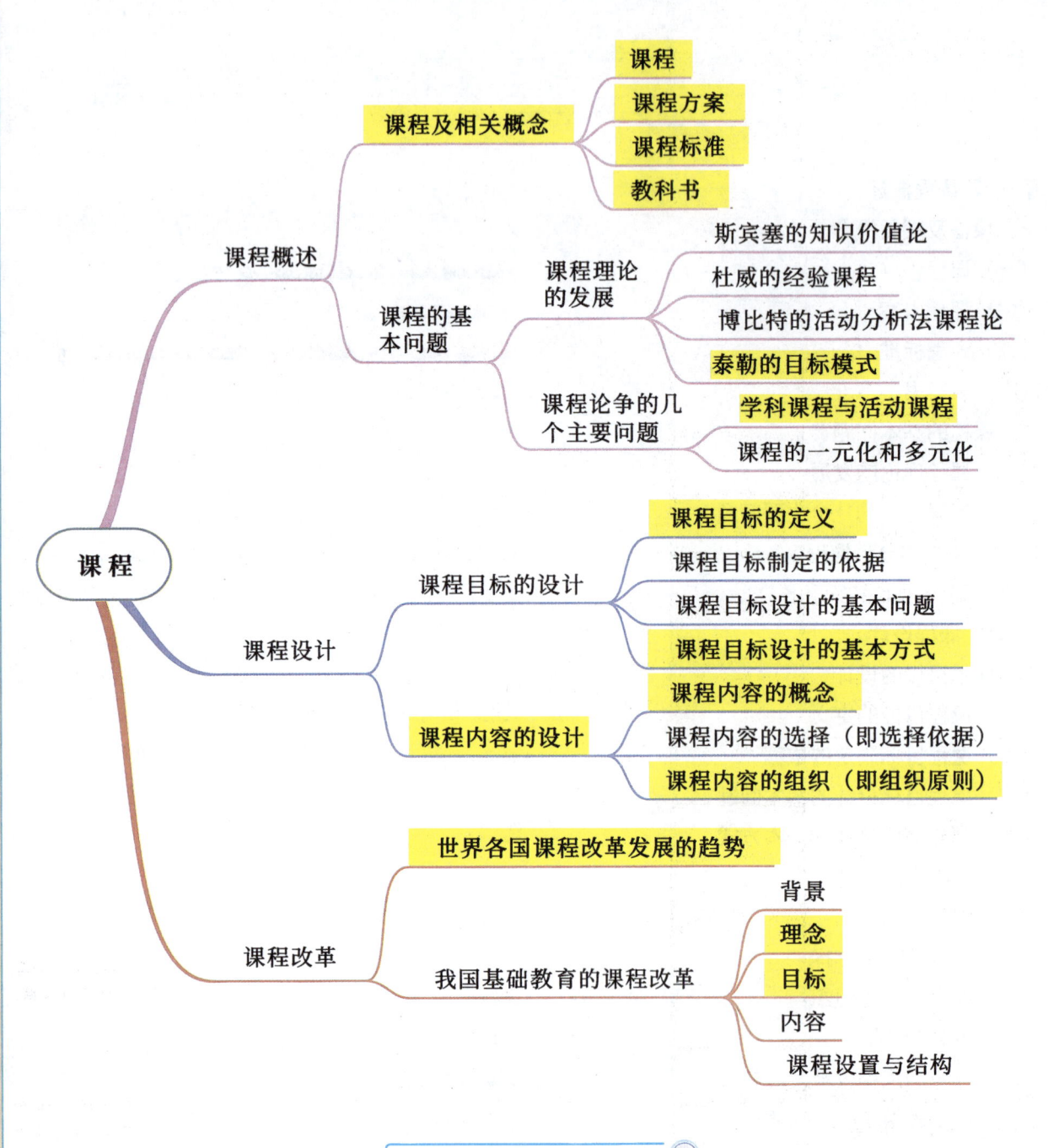

- **课程**
  - 课程概述
    - 课程及相关概念
      - 课程
      - 课程方案
      - 课程标准
      - 教科书
    - 课程的基本问题
      - 课程理论的发展
        - 斯宾塞的知识价值论
        - 杜威的经验课程
        - 博比特的活动分析法课程论
        - 泰勒的目标模式
      - 课程论争的几个主要问题
        - 学科课程与活动课程
        - 课程的一元化和多元化
  - 课程设计
    - 课程目标的设计
      - 课程目标的定义
      - 课程目标制定的依据
      - 课程目标设计的基本问题
      - 课程目标设计的基本方式
    - 课程内容的设计
      - 课程内容的概念
      - 课程内容的选择（即选择依据）
      - 课程内容的组织（即组织原则）
  - 课程改革
    - 世界各国课程改革发展的趋势
    - 我国基础教育的课程改革
      - 背景
      - 理念
      - 目标
      - 内容
      - 课程设置与结构

本章参考书

【1】王道俊、郭文安主编：《教育学》（第七版），人民教育出版社，第六章
【2】全国十二所重点师范大学联合编写：《教育学基础》（第3版），教育科学出版社，第六章
【3】柳海民主编：《教育学原理》（第2版），高等教育出版社，第七章

·第一节 课程概述·

一、课程及相关概念【简答】：17西安外国语

(一) 课程【名解】：10南京，10、13闽南，10、19天津，11中南大学，11陕西，12华东，12西北，12、19华南，12山东，13、16湖南科技，13鲁东，13西南，14河南，14曲阜，14、15延安大学，10、14四川，14内蒙古，14、15北航，15渤海大学，15、20湖北大学，11、15苏州，17温州大学，17上海，17广西师范学院，18、19贵州，14、18吉林，18山西，18沈阳，18西安外国语，18新疆，18湖北师范，19北京，19汕头大学，19海南，12、14、15、19、20哈尔滨，12、19江西，20华中，20北华大学，20扬州，21山西大学，21西藏大学，21陕西科技

课程是由一定的育人目标、特定的知识经验和预期的学习活动方式构成的一种动态的教育存在，是为实现各级各类学校的培养目标而规定的所有学科（即教学科目）及其目的、内容、范围、活动、进程等的总和，主要体现在课程计划、课程标准和教材（教科书）中。

从育人目标的角度看，它是一种培养人的蓝图；**从课程内容的角度看**，它是一种适合学生身心发展规律的、连接学生直接经验和间接经验的、引导学生个性全面发展的知识体系及其获取的路径。

(二) 课程方案（也称教学计划）【名解】：10聊城大学，13华东，14河北大学，14闽南，15扬州，15北航，15北京，15上海，15、20福建，16、19江苏，16沈阳，17鲁东，18内蒙古，18云南，18郑州大学，18宝鸡文理学院，18广西师范学院，20广东技术，20成都大学，21辽宁，21沈阳大学，21东华理工，21曲阜，21湖北师范

课程方案是指教育机构或学校为了实现教育目的而制定的有关课程设置的文件。

我国的普通小学和中学的课程方案，是在国家的教育目的与方针的指导下，为实现各级基础教育的目标，由国家教育主管部门制定的有关课程设置、顺序、学时分配以及课程管理等方面的**政策性文件**。

(三) 课程标准【名解】：10、13、21山西，11华中，11、13广西，11、18渤海大学，11、13、14、15西北，10、14、19辽宁，12闽南，12东北，12、20鲁东，12内蒙古，13宁波大学，13、4、16西华，13、18安徽，13、16哈尔滨，13、18天津，13、17重庆，13山西大学，14、20西南，14、17、20上海，14杭州，14、15淮北，13、19、21扬州，15南京，15北京，11、16福建，16河北大学，17、21江苏大学，17陕西，16、17、21吉林，17广东技术，17郑州大学，18温州大学，18、20深圳大学，18聊城大学，18天津大学，18、20华东，18、20海南，11、14、19沈阳，19青岛大学，19、21宝鸡文理，19四川，20合肥，20、21湖南科技，20临沂大学，20中国海洋，20天津外国语，20佛山科学技术，21中央民族，21华北大学，21齐齐哈尔，21同济大学，21苏州科技，21黄冈师范，21南宁，21大理大学

课程标准是指在一定课程理论指导下，依据培养目标和课程方案以纲要形式编制的关于课程的性质与价值、目标与内容、教学实施建议以及课程资源开发等方面的**指导性文件**。

课程标准是按教学科目编制的，反映某一门学科的性质、特点、任务、内容及其实施的特殊方法论要求。

(四) 教科书【名解/辨析】：14哈尔滨，15集美大学，17西华，17华南，20湖南理工学院，21青岛大学，21大理大学，18陕西

也称课本，它是依据课程标准编制的教学规范用书。它是以准确的语言和鲜明的图

> **复习提示**
>
> 课程的概念没有一个定论，不同的教育主张对课程的理解是不同的。请详细查看本章高分拓展补充。
>
> 课程方案是政策性文件，规定了课程设置、顺序及课程管理，是整个规划、学科设置中心，即课程如何设置。
>
> 课程标准在2001年以前称为教学大纲，2001年以后改称课程标准，它是教材编写、教学、评估与考试命题的依据，是国家管理与评价课程的基础，对教师工作有直接的指导意义，属于指导性文件，即每个学科要怎么弄。
>
> 2018年陕西师大辨析题：教科书是课程的唯一体现。当然是错误的。

表，明晰而系统地按教学科目分别编写的教学规范知识。教科书是课程标准的具体化，是学生学习的主要材料，是教师进行教学的主要依据。

教科书一般由目录、课文、习题、实验、图表、注释、附录等部分构成。

注意：教科书在课程资源开发利用中有着重要的地位和作用，但毕竟只是课程资源的一种，我们在编好和用好教科书的基础上，还应开发和利用其他丰富多彩、生动具体的课程资源，以充实课程的内容和提高教学的质量。例如，各类指导书和补充读物；工具书、挂图、图表和其他教学辅助用具，教学程序软件；幻灯片、电影片、音像磁盘等。

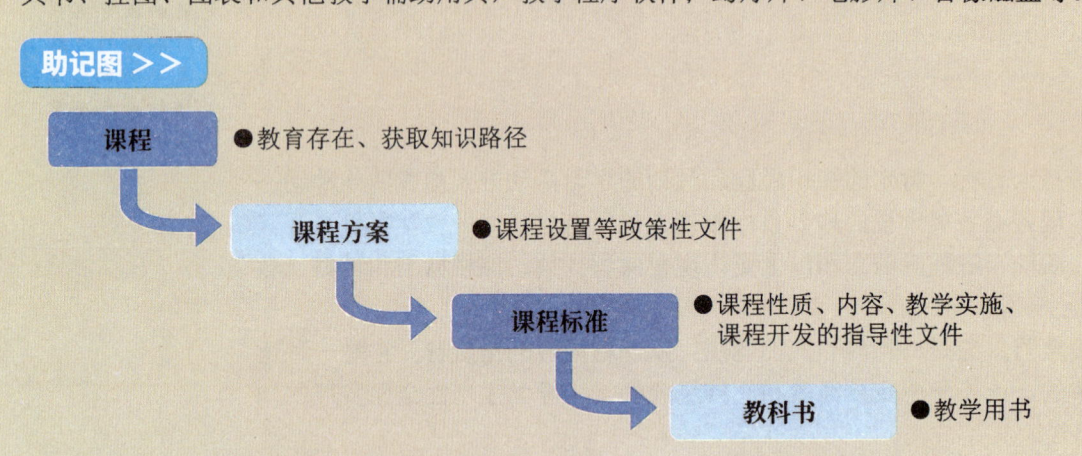

助记图 >>

- 课程 ●教育存在、获取知识路径
- 课程方案 ●课程设置等政策性文件
- 课程标准 ●课程性质、内容、教学实施、课程开发的指导性文件
- 教科书 ●教学用书

二、课程的基本问题

（一）课程理论的发展

1. 斯宾塞的知识价值论

1859年，斯宾塞提出"什么知识最有价值"的问题，是课程问题明确化的开端。

第一，**什么知识最有价值**。斯宾塞认为："在制定一个合理课程之前，必须弄清楚各种知识的比较价值"。

第二，**为未来的完满生活做准备**。斯宾塞强调"怎样去完满地生活？这个既是我们需要学的大事，当然也是教育中应当教的事。"

第三，**科学知识是课程的中心**。斯宾塞讲究科学知识的价值，并将科学知识分门别类地设置课程。

评价：他讲究知识的价值，注重人的社会生活对于科学知识的需求，是非常有意义的，但是，他把课程仅仅看成是科学知识，则有失偏颇。

2. 杜威的经验课程【名解】：19淮北

1902年，杜威发表的《儿童与课程》是影响深远的现代课程理论的开创性的著作。杜威主张：

第一，**课程设置应以学生的直接经验为中心**。杜威主张："抛弃把教材当作某些固定的和现成的东西，当作在儿童的经验之外的见解，不再把儿童的经验当作一成不变的东西，而把它当作某些变化的、在形成中的、有生命力的东西。"

第二，**课程是改造经验的过程**。儿童和课程仅仅是一个单一的过程的两极。正如两点构成一条直线一样，儿童现在的观点以及构成各种科目的事实和真理，构成了教学。从儿童现在的经验进展到有组织体系的真理，即我们称之为各门科目为代表的东西，是继续改造的过程。

评价：杜威用动态的知识观来阐释儿童现有经验与课程之间的联系是儿童经验改组的过程的观点值得肯定，但他并未明确解决课程设置的目的的要求，也未阐明课程与教

复习提示

在社会经济、政治、文化科学发展需要推动下，在对人的发展需求的认识引导下，对于课程设置侧重的观点不同，推动了课程的发展、变革，导致现代学校课程体系的形成与发展，激发不同课程思想的分化与矛盾的激化，推动了课程理论的研究与实践，导致"课程论"的产生与发展。课程理论及主要流派可以查看本章高分拓展补充。

学的联系与区别，致使课程及教材具有极大的不确定性，给教材的选编带来了难度，并严重地削弱了教材在教学中的作用。

3. 博比特的活动分析法课程论【论述】：15华东，19云南

1918年，博比特出版了《课程》一书，可以被看作教育史上**第一本课程论专著**。他认为应当运用科学的方法来确定教育目标，这种方法叫"活动分析法"，为后来盛行的课程目标的确定提供了方法论基础。具体设置课程的步骤是：

第一，**人类经验分析**。他对成人的社会生活活动做了大规模的调查，将社会生活活动分为十大类，这十大类的活动便构成了教育的主要目标，并据此来确定教育应当使儿童获得的知识、技能、能力、态度与品行等方面的要求，作为课程的基础。

第二，**具体活动分析**。博比特确定了这十大类里人类的一些必需的具体活动。

第三，**课程目标的获得**。评估每种活动可以完成哪些培养人的教育目标。

第四，**课程目标的选择**。确定学校里可培养的教育目标。

第五，**教育计划的制定**。确定哪些教育目标可通过学习知识得以实现。

评价：博比特的方法论注重适应社会生活发展的需要，有积极的一面，但过于烦琐、具体，既忽视与排斥了社会教育总的价值取向与教育目的，也未突出儿童身心发展的特点及需求。

4. 泰勒的目标模式【论述】：15华东

1949年，泰勒出版了《课程与教学的基本原理》，该书被视为现代课程理论的奠基石。泰勒认为课程原理是围绕四个基本问题组成和运作的：

第一，**确定教育目标**。学校应该达到哪些教育目标？

第二，**选择教育经验**。提供哪些教育经验才能实现这些目标？

第三，**组织教育经验**。怎样才能有效地组织这些教育经验？

第四，**评价教育结果**。我们怎样才能确定这些目标正在得到实现？

评价：泰勒的课程原理系统、完整而重点突出，其中，确定目标是主要的基础的一环。他的课程原理被称为"目标模式"，对课程理论的发展有很大影响，至今仍在西方课程领域中占有主要的地位。

> 泰勒原理可以查看本章高分拓展，有详细补充。

（二）课程论争的几个主要问题（也称课程类型）

1. 学科课程和活动课程【辨析/简答/论述】：16延安大学，21西华，12、13延安大学，15南京，18西北，21北航，21湖南大学，13杭州，15北航，21南京信息工程，21黄冈师范

（1）学科课程【选择/名解/简答/论述】：21南京，10杭州，10湖北大学，12、14渤海大学，12中南大学，13曲阜，16、20沈阳，17、19华东，17天津，17赣南，19集美大学，19、21聊城大学，19西安外国语，20四川轻化工，20云南，21北京理工，21浙江大学，21江西，15山东，16闽南，18广西师范学院，21宝鸡文理，10浙江，12广西，15陕西，16苏州

①**定义**

学科课程又称分科课程，是指根据学校培养目标和科学发展，分门别类地从各门学科中选择适合学生年龄特征与发展水平的知识所组成的教学科目。

②**特点**

第一，重视成人生活的分析及其对儿童为适应未来社会生活需要所做准备的要求，有明确的目的与目标。

第二，能够按照人类整理的科学文化知识的逻辑系统，结合学生身心发展的特点，预先选定课程及内容、编制好教材，便于师生分科而循序渐进地进行教学。

第三，强调课程与教材的内在伦理精神价值和智能训练价值，对学生的发展有潜在

> **复习提示**
> 学科课程、活动课程非常重要，经常出简答题或论述题，也会结合其他课程类型考查，例如综合课程、国家课程、地方课程、校本课程、显性课程、隐性课程等。（可以查看本章高分拓展补充）

的定向的质量要求。

③**评价**

优点：学科课程是一种静态的、预先计划和确定好了的课程与教材，重视每门学科知识的逻辑性、系统性和完整性；有助于学生学习和巩固基础知识，也易于教师教授。

缺点：不重视学科之间的相互联系，造成和加深了学科的分离；完全依据成人生活的需要，为遥远未来做准备，往往忽视儿童现实的兴趣和欲求，容易与学生的生活与经验脱节，导致强迫命令，使学生处于被动、消极，造成死记硬背等弊端。

(2) **活动课程**【名解/简答/论述】：10、20河南，12湖北大学，13中南大学，13扬州，13东北，13江苏，13南京，15安徽，15华中，15、20中央民族，15、17江西，16西南，16、21山东，17海南，18、21广东技术，19湖北师范，19太原，19河北大学，19、20大理大学，20首都，20、21华南，20苏州，20四川，21哈尔滨，21湖州师范，21温州大学，21青岛大学，21信阳师范，21洛阳，21深圳大学，21广西，21西安外国语，11云南，11华东，14北京，14湖南大学，16重庆，17辽宁，18陕西，19中央民族，15陕西，18中央民族，21郑州大学

①**定义**

活动课程又称"儿童中心课程""经验课程""随机课程""设计课程"或"生活课程"，打破学科逻辑系统的界限，以学生的兴趣、需要、经验和能力为基础，通过引导学生自己组织的有目的的活动系列而编制的课程。

②**特点**

第一，重视儿童的兴趣、需要、能力和阅历，以及儿童在学习中的自我指导作用与内在动力。

第二，注重引导儿童从做中学，通过探究、交往、合作等活动使学生的经验得到改组与改造，智能与品德得到养成与提高。

第三，强调解决问题的动态活动的过程，注重教学活动过程的灵活性、综合性、形成性，因人而异的弹性，以及把课程资源作为解决问题的工具，反对预先确定目标的观念。

③**评价**

优点：尊重学生的兴趣、需要、生活、规律、年龄特点、心理逻辑；与社会需要和实际生活相联系，有利于促进儿童学习的积极性。

缺点：不重视系统的科学文化知识的教学和严格而确定的目的与任务的达成，导致教学质量的降低；过于重视灵活性，缺乏规范性，其教学过程不易理性地引导，存在较大难度；对教师要求过高，不易实施和落实，极易产生偏差，学生也往往学不到预期的系统的科学基础知识。

助记表格 >>

		学科课程	活动课程
定义		分科课程，各门教学科目	儿童中心，经验课程
特点		①重视生活需要，明确目标 ②选定课程教材，分科教学 ③强调课程教材的伦理、智能价值	①重视儿童兴趣、需要 ②从做中学，探究、合作 ③强调解决问题的过程
评价	优点	①重视知识的系统性、逻辑性 ②有利于学生学习、巩固知识	①尊重学生的兴趣、需要 ②促进儿童学习积极性
	缺点	①不重视学科联系，加深学科分离 ②忽视儿童兴趣	①不重视系统知识，教育质量降低 ②过于灵活，缺乏规范 ③要求过高，不易实施

学科课程，顾名思义是根据每个学科进行教学，所以会注重每门课的系统、逻辑，学生也容易掌握每门课的基础知识。（就如现在的高中课程）。

活动课程是打破学科界限，以学生兴趣、需要、经验、能力编制的课程。代表人物：杜威。

2. 课程的一元化和多元化

（1）课程的一元化【名解】：20河北大学

①课程的一元化是指课程的编制应当反映国家的根本利益、政治方向、核心价值，反映社会的主流文化、基本道德、发展水平，体现国家的信仰、理想与意志。

②它有助于各民族的融合，全国人民的凝聚，国民素质的提高，国家的统一、强盛与进步。

③在我国，坚持基础课程一元化方向，体现了国家对青少年的基本要求，是贯彻教育目的与方针的重要举措，是提高教育质量的基本保障。但是不能一味地只讲课程的一元化而否定排斥多元化。

（2）课程的多元化【简答】：12北京

①课程的多元化是指课程也应当广泛反映**不同地区**的不同经济社会发展的要求；反映**不同民族**、阶级、阶层、群体的不同文化、利益与需求；反映**不同学生**个人的个性发展的选择与诉求。简言之，要反映各个方面的多样化需求。

②它有助于实事求是、以人为本，尊重不同地区、群体与个人的差异，有助于肯定各方面的独特价值，调动每个人的积极性，增进社会的民主与公平，促使社会和个人都能丰富多彩地发展。

③当然，也不能盲目追求多样化，一味照顾各方面的局部利益，不仅会造成课程的繁杂，加重学生的课业负担，而且会削弱教育的正确政治方向，严重影响教学的质量。

课程的一元化	课程的多元化
（1）课程反映国家的根本利益、社会主流文化，体现国家信仰 （2）有助于各民族融合，国家统一 （3）重要举措，基本保障，不排斥多元化	（1）课程反映不同地区要求、不同民族文化、不同学生选择 （2）有助于尊重不同地区、群体、个人的差异，调动积极性，增进民主与公平 （3）不盲目追求多样化

·第二节 课程设计·

【论述】：16北京，21湖南理工学院

课程设计【名解】：10、15山西，11鲁东，13沈阳，14、15北航，15、17、20辽宁，15内蒙古，16、17、21上海，16天津，19闽南，20四川轻化工，21云南大学

课程设计是以一定的课程观为指导制定课程标准、选择和组织课程内容、预设学习活动方式的活动，是对课程目标、教育经验和预设学习活动方式的具体化过程。

一、课程目标的设计

（一）**课程目标的定义**【名解】：10宁波大学，10哈尔滨，14安徽，16广东技术，16海南，17闽南，20南京大学，21鲁东，21延安大学

课程目标是指课程本身要实现的具体标准和意图，是课程实施应达到的学生身心素质发展的预期结果，是对培养目标的具体化。它规定了某一教育阶段的学生通过课程学习以后，在发展德、智、体等方面期望实现的程度，它是确定课程内容、教学目标和教学方法的基础，是指导整个课程编制过程最为关键的准则。

（二）课程目标制定的依据（即课程目标的主要来源）【简答】：12陕西，18渤海大学

1. 学生因素

课程的基本职能就是促进学生的身心发展，因此课程目标必须考虑学生的身心发展规律和需要。

2. 社会因素

学生作为个体，最终要成为一个社会人而融入到特定的社会，学校教育的一个主要任务就是使学生逐渐社会化。社会政治、经济、文化的发展趋势、时代特征及其对人的素质要求，是设计课程目标的现实依据。

3. 知识因素

知识是课程的原生性来源，教育的一个重要任务就在于将人类积累起来的知识传授给年轻一代以促进他们的成长，从而维系社会的传承和发展，因此，知识及其发展应成为课程目标的基本来源之一。

4. 直接依据来自教育目的和学校的培养目标

5. 学科专家的建议

（三）课程目标设计的基本问题

1. 课程目标的具体化与抽象化问题

课程目标的设计过于具体、目标行为表述太细致，往往会限制过死，不利于教学目标的研制；而课程目标过于抽象和概括，又不利于课程知识的选择和组织，不利于课程评价。因此，应当使这两个方面保持适当的平衡。

2. 课程目标的层次与结构问题

课程目标的设计需要有最高标准和最低标准、终极目标和过程目标等不同层次的目标，这样才能对课程实施起导向、调控和评价作用。课程目标应有一定的逻辑结构，即课程目标是由具体逻辑联系的项目组成的。

（四）<mark>课程目标设计的基本方式</mark>【简答】：12沈阳，17山东，18福建

1. 结果性目标的陈述方式

所谓结果性目标，即明确告诉人们学生的学习结果是什么。在设计时所采用的行为动词要求具体明确、可观测、可量化。这种指向结果性的课程目标，主要应用于"知识"领域。

2. 体验性目标的陈述方式

所谓体验性目标，即描述学生自己的心理感受、情绪体验应达成的标准。它在设计中所采用的行为动词往往是历时性的、过程性的。这种指向体验性的课程目标，主要应用于各种"过程"领域。

3. 表现性目标的陈述方式【名解】：21安徽

所谓表现性目标，即明确安排学生各种各样的个性化的发展机会和发展程度。它在设计中所采用的行为动词通常是与学生表现什么有关的或者结果是开放性的。这种指向表现性的课程目标，主要适用于各种"制作"领域。

> 结果性目标的陈述方式：说出、列举、识别、举例、选出、辨认、背诵等行为动词。
>
> 体验性目标的陈述方式：经历、感受、参加、尝试、交流、合作、考察、体验等行为动词。
>
> 表现性目标的陈述方式：从事、做、说、写、模仿、表达、展示、复述等行为动词。
>
> 请查看本章高分拓展补充了知识点：布卢姆的教育目标分类学。

二、课程内容的设计【简答/论述】：14天津，16华东

（一）课程内容的概念 【名解】：12广西，17云南，18山东

课程内容是课程的核心要素，从总体上讲，课程内容是根据课程目标从人类的经验体系中选择出来，并按照一定的学科逻辑序列和儿童心理发展需求组织编排而成的知识体系和经验体系。它体现在由课程方案所设定的，由各门课程标准分别规定的，并考虑到学生的年龄特征及其知识与经验水平和预期的学习活动及效果的需要而编写的教科书上。

（二）课程内容的选择（即选择依据）【辨析/简答】：17山东，18渤海大学

1. 间接经验的选择

间接经验即理论化、系统化的书本知识，它是人类认识的基本成果，间接经验具体包含在各种形式的科学中。间接经验选择的依据是科学理论知识内在的逻辑结构。

2. 直接经验的选择

直接经验是指与学生现实生活及其需要直接相关的个人知识、技能和体验的总和。直接经验选择的依据是学生的现实社会生活需要和学生社会性发展的要求。

（三）课程内容的组织（即组织原则）【简答/论述】：11、12福建，16山西，14华东，21辽宁

1. 泰勒明确提出课程内容编排和组织的三条逻辑规则，即连续性、顺序性、整合性。

（1）连续性是指直线式地陈述主要的课程内容。

（2）顺序性是强调每一后继内容要以前面的内容为基础，同时又对前面的内容加以深化、拓展。

（3）整合性是强调保持各种课程内容之间的横向联系，以便学生获得一种统一的观点，并把自己的行为与所学的课程内容统一起来。

2. 课程内容组织除上述三条逻辑规则外，还应处理好以下逻辑组织形式的关系。

（1）直线式与螺旋式

①**直线式** 【名解】：13云南

定义： 课程内容直线前进，前面的内容在后面不再呈现。

依据： 科学知识本身的内在逻辑是直线前进的，主张根据科学知识发展的逻辑来组织和编排课程内容。

适用： 理论性低、难度或操作性较低的学科知识。

②**螺旋式** 【名解/简答】：15云南，21江苏，10华东

定义： 同一课程内容前后重复出现，前面的内容是后面内容的基础，后面内容是前面内容的不断扩展和加深，且层层递进。

依据： 人的心理发展过程的规律，即人的认识由易到难、由低到高、螺旋上升，因而课程内容的组织和编写也要适应儿童学习的心理需求，逐步加深、适当反复、螺旋上升，稳步前进。

适用： 理论性强、学生不易理解和掌握的内容，尤其对低年级的儿童。

（2）纵向组织与横向组织 【论述】：17华东

①**纵向组织**

含义： 纵向组织是指教材内容要按照学科知识的逻辑序列，从已知到未知、从简到繁、从具体到抽象等先后顺序来组织编写。这是从学习理论的角度提出的一种组织形式。纵向组织注重课程内容的独立体系和知识的深度。

真题回顾

2021年辽宁师范大学论述题：课程内容组织的3对逻辑组织形式关系。

真题回顾

2017华东师大论述：论述课程内容组织中横向组织与纵向组织的关系及其在教学中的作用。

举例：加涅按照学生学习的八种层次的逻辑关系来设计课程内容的顺序。这八种学习层次为：信号学习；刺激—反应学习；动作连锁学习；言语联想学习；辨别学习；概念学习；规则学习；问题学习。加涅认为学习是由简单到复杂依次推进的。

②横向组织

含义：横向组织是指打破学科的知识界限和传统的知识体系，按照学生发展的阶段，以学生心理发展阶段需要探索的、社会和个人最关心的问题为依据，组织课程内容，构成一个个相对独立的专题。横向组织注重课程内容的综合性和知识的广度。

举例：从心理发展角度看，学生生理的、社会的、理智的、情感的发展，都是按照一定顺序由内部加以调节的，因此，教材内容应考虑学生发展的阶段性要求，从综合的角度，以知识之间的横向联系的方式组织课程内容。

(3) 逻辑顺序与心理顺序

①**逻辑顺序**是指根据学科本身的体系和知识的内在联系来组织课程内容。
②**心理顺序**是指按照学生心理发展的特点来组织课程内容。

现在人们一致认为，课程内容的组织要把逻辑顺序和心理顺序结合起来。逻辑顺序与心理顺序的统一，实质是在课程观上把学生与课程统一起来，在学生观方面，体现为把学生的"未来生活世界"与"现实生活世界"统一起来。

助记表格>>

课程内容的组织（组织原则）					
逻辑规则	逻辑组织关系				
连续性	直线式与螺旋式		纵向组织与横向组织		逻辑顺序与心理顺序
顺序性	前后不重复 理论性低	前后重复 理论性强	按学科知识逻辑 课程内容独立 知识深度	打破知识体系 课程内容综合 知识广度	学科体系 知识内在联系	学生心理发展特点
整合性						

·第三节 课程改革·

一、世界各国课程改革发展的趋势【简答/论述】：11重庆，12聊城大学，14鲁东，17、18浙江，17郑州大学，18河北大学，18、19青海，13安徽，21哈尔滨，11曲阜，17内蒙古，18淮北，19西华，19安徽

(一) 追求卓越的整体性课程目标

当前各国在课程改革中普遍倾向于培养学生的责任感和创新精神，社会交往能力和团队精神，灵活处理各种信息，适应灵活变化的社会环境和创造性地进行工作的能力，并注重国际理解教育，要求学生具有国际视野，尊重文化差异。

(二) 注重课程编制的时代性、基础性、综合性、选择性

复习提示

例如：德国完全中学的培养目标就是强调要帮助学生发展成熟的人格，培养学生参与社会民主建设的意识和态度，

面对全球化、信息化、知识经济等新的世界背景，各国基础教育课程改革都强调把握课程内容的时代性，一方面，反映科学发展的新趋势；另一方面，关注时代发展对人的生存方式及其必备素质的新要求，注重处理基础知识和学科发展的关系，增强课程对学生的适应性，大量开设选修课、综合课程、实践课程，满足学生的个性发展的需要。

（三）讲求学习方式的多样化

信息化、学习化社会、知识社会引起了教育、教学方式的改革。通过课程改革，创设以"学"为中心的课程和教学，真正使教学过程成为和事物对话、和他人对话、和自身对话的活动过程，从而超越单一的知识接受性的教学，创造一种活动性的、合作性的、反思性的学习，已成为世界各国课程改革的共同选择。

二、我国基础教育的课程改革【论述】：21同济大学，21南宁

（一）我国新一轮基础教育改革的背景

我国新一轮基础教育课程改革所处的背景既有社会的、国际的宏观背景，又有教育自身的微观背景。

1. 国际背景

（1）各国的基础教育都非常重视调整培养目标，强调学生的全面发展，而不仅仅关注学生学业目标。

（2）关注人才培养模式的变化和调整，强调实现学生学习方式的变革，以培养具有终身学习能力和具有国际竞争力的未来公民。

（3）各国都非常重视课程内容的调整。强调精选适合学生发展和时代需要的课程内容，关注学生经验，反映社会、科学最新进展，满足学生多样化发展的需要。

（4）重视评价改革，评价方式进一步多样化，注重发挥评价在促进学生潜能、个性、创造性等方面的作用。

2. 国内背景

（1）积极推进素质教育的需要。当前最为重要的教育背景就是素质教育的实施，这就要求对传统的以应试教育为指导思想的教育目的、教育教学方式、课程内容等进行变革。

（2）前七次课程改革的成就为新课程改革奠定了现实基础。

（二）新一轮基础教育课程改革的理念【简答/论述】：13南京，17西华，13重庆，13安徽，19天津大学，21湖北师范

新课程改革的核心理念是"以人为本"和"以学生发展为本"。

1. 为了学生的终身发展：为了学生的终身发展是本次课程改革的根本理念。

2. 为了每位学生的发展：基础教育是奠基工程，关系到未来中华民族的整体素质，课程改革要面向全体学生，充分考虑到各地区的差异，增强课程对地方、学校、学生的适应性，使全体学生都能得到充分发展。

3. 为了学生的全面发展：未来社会需要高素质的、具有广泛适应性的、全面发展的人。

4. 为了学生的个体发展：现行课程体系强调整齐划一、规模效应，忽视学生的个性发展，忽视学生发展的具体性、差异性。新课程追求学生的个性发展，承认学生是发展的、有潜力的、有差异的人，是活泼的、具有独立个性的人。教育要尊重学生的独特性和具体性。

发现和发展学生的天赋等。联合国号召各国基础教育课程改革务必精选学生终身发展必备的基础知识和基本技能，发展学生终身学习的愿望和能力。

我国基础课程改革的背景
↓
理念
↓
目标
↓
内容
↓
课程设置与结构

(三) 新一轮基础教育课程改革的目标：包括总体目标和具体目标

1. 总体目标

新课程以"教育要面向现代化、面向世界、面向未来"为指导思想，全面贯彻国家教育方针，以提高国民素质为宗旨，培养创新精神和实践能力为重点，强调课程要促进每个学生身心健康发展，培养良好品德，强调基础教育要满足每个学生终身发展的需要，培养学生终身学习的愿望和能力。

2. 我国基础教育课程改革的具体目标 【简答】：10山西，10、11沈阳，12辽宁，17青岛大学，17东北，19江苏大学，20海南【论述】：10福建，11、12、15鲁东，11东北，12渤海大学，13重庆，13华南，13广西，14苏州，14、16陕西，16杭州，16温州大学，18聊城大学，17、18江苏，18、19中国海洋，19、20西华，19浙江大学，20佛山科学技术

新一轮我国基础课程改革的具体目标有六个方面：

(1) **改变课程功能**。改变传统课程过于注重知识传授的倾向，强调让学生形成积极主动的学习态度，使学生在获得基础知识与基本技能的过程中学会学习并形成正确价值观。

(2) **改变课程结构**。改变传统课程结构过于强调学科本位、科目过多和缺乏整合的现状，整体设置九年一贯制的课程门类和课时比例，体现课程结构的均衡性、综合性和选择性。

(3) **改变课程内容**。改变传统课程内容"难、繁、偏、旧"和过于注重书本知识的现状，加强课程内容与学生生活以及现代社会和科技发展的联系，关注学生的学习兴趣和经验，精选终身学习必备的基础知识和技能。

(4) **改变课程实施**。改变传统课程实施过于强调接受学习、死记硬背、机械训练的现状，倡导学生主动参与、乐于探究、勤于动手，培养学生搜集和处理信息的能力、获取新知识的能力、分析和解决问题的能力以及交流与合作的能力。

(5) **改变课程评价**。改变传统课程评价过于强调甄别与选拔的功能，发挥评价促进学生发展、教师提高和改进教学实践的功能。

(6) **改变课程管理**。改变传统课程管理过于集中的状况，实行国家、地方、学校三级课程管理，增强课程对地方、学校及学生的适应性。

上述六个方面，包括转变课程功能，优化课程结构，更新课程内容，转变学习方式，改革考试评价，深化课程管理体系改革，从根本上说，是基础教育人才培养模式的系统变革。它既是基础教育课程改革的基本目标，也是课程改革的核心内容。

(四) 新一轮基础教育课程改革的内容 【简答】：10首都，21北京

我国新课程改革的内容主要体现在《基础教育课程改革纲要》中，有九部分内容。

1. 课程目标

将课程目标设为三大维度——知识与技能，过程与方法，情感态度与价值观。改变过去轻视过程、方法和情感的现象。

2. 课程结构

①整体设置九年一贯制的义务教育课程。小学阶段以综合课程为主，中学阶段设置分科课程和综合课程相结合的课程，高中以分科课程为主。高中阶段在开设必修课程时，设置丰富多彩的选修课，开设技术类课程，积极试行学分制管理。

②从小学到高中，设置综合实践活动课作为必修课，其形式包括信息技术教育、研究性学习、社区服务与社会实践和劳动与技术教育。

本章高分拓展中补充了影响课程改革的主要因素。

本章高分拓展补充了课程评价的主要模式：①目标评价模式；②目的游离评价模式；③外观评价模式；④CIPP评价模式；⑤差距评价模式。

③农村中学课程要为当地社会经济发展服务，城市普通中学也要逐步开设职业技术课程。

3. 课程标准

制定统一的国家课程标准，从知识与技能、过程与方法、情感态度与价值观三个维度阐述各门课程的目标。强调每一门课程对学生终身学习与发展的价值，注重学生经验、学科知识和社会发展三方面内容的整合，遵循学生身心发展的规律，突出课程为学生发展服务的理念。

4. 教学过程

①教师在教学过程中应与学生积极互动共同发展，引导学生质疑、调查、探究，在实践中学习，促进学生在教师指导下主动地、富有个性地学习。

②教师应尊重学生人格，关注个体差异，创设能引导学生主动参与的教育环境，使每个学生都能得到充分的发展。

③大力推进信息技术在教学过程中的普遍应用，促进信息技术和学科课程的整合，逐步实现教学内容的呈现方式、学生的学习方式、教师的教学方式和师生的互动方式的变革。

5. 教材的开发与管理

①教材改革应有利于引导学生利用已有的知识和经验，主动探索知识的发生与发展，同时也有利于老师创造性地进行教学。

②积极开发并合理利用校内外各种课程资源。

③完善基础教育教材管理制度，实现教材的高质量和多样化。

6. 课程评价

①建立促进学生全面发展的评价体系。

②建立促进教师不断提高的评价体系。强调教师对自己教学行为的分析与反思，建立以教师自评为主，校长、教师、学生、家长共同参与的评价制度，使教师从多种渠道获得信息，不断提高教学水平。

③建立促进课程不断发展的评价体系。

④继续改革和完善考试制度。

7. 课程管理

为保障和促进课程适应不同地区、学校、学生的要求，实行国家、地方和学校的三级课程管理。

8. 教师的培养与培训

①中小学教师继续教育应以基础教育课程改革为核心内容。

②地方教育行政部门应制定有效、持续的师资培训计划，教师进修培训机构要以实施新课程所必需的培训为主要任务，确保培训工作与新一轮课程改革的推进同步进行。

9. 课程改革的组织与实施

贯彻"先立后破，先实验后推广"的工作方针，建立课程教材持续发展的保障机制。

新课改的内容反映了以下教育理念的变革：

①变课程的统一和求同为尊重多元和个性差异。

②变课程的预定性和封闭性为课程的生成性和开放性。

③变课程内容和课程知识本位为学生本位。

（五）新一轮基础教育课程改革的课程设置与结构

我国新一轮基础教育课程改革整体设置九年义务教育课程：

1. 小学教育

以综合课程为主。小学低年级开设品德与生活、语文、数学、体育、艺术与音乐、美术等课程；小学中高年级开设品德与社会、语文、数学、科学、外语、综合实践活动、体育、艺术（或音乐、美术）等课程。

2. 初中教育

设置分科与综合相结合的课程，主要包括思想品德、语文、数学、外语、科学（或物理、化学、生物）、历史与社会（或历史、地理）、体育与健康、艺术（或音乐、美术）以及综合实践活动，鼓励学校创造条件开设选修课程。

3. 普通高中教育

在九年义务教育基础上进一步提高国民素质、面向大众的基础教育。普通高中学制为三年，由必修和选修两部分构成。课程设置注重时代性、基础性和选择性。具体课程设置以分科课程为主，开设语文、数学、外语、物理、化学、历史、地理、通用技术、综合实践活动、艺术（或音乐、美术）、体育与健康等课程。所有课程均包括若干必修和选修模块。

> 请结合自己上小学、初中、高中的课程来记忆。

本章高分拓展

一、课程的概念（教育学基础、陕西师大大纲新增）

（一）课程的定义（可查看前面内容）

（二）课程定义的内涵和外延【简答/辨析】：17中国海洋大学，21安庆

课程的定义随着社会的变化，其内涵和外延也是不断变化的。由于不同的教育主张和对课程的理解不同，对课程的定义也有所不同。概括起来，课程定义可以归纳为以下几类：

1. 课程即教学科目

把课程等同于所教科目，由来已久。我国古代的课程有礼、乐、射、御、书、数"六艺"；欧洲中世纪的课程有文法、修辞、辩证法、算术、几何、音乐、天文学"七艺"。事实上最早采用"课程"一词的是斯宾塞，也是从指导人类活动方面的诸学科角度来探讨知识价值和训练价值的。

评价：只关注教学科目势必会忽视学生的心智发展、情感陶冶和创造性表现等对学生成长有重大影响的维度。其实学校为学生提供的学习远远超出正式列入课程的学科范围，现在课程改革已明确把综合实践课列入课程，这说明将课程等同于学科是不完全的。

2. 课程即有计划的教学活动

把教学的范围、序列和进程，甚至教学方法和教学设计等作为课程，这种理解会把课程的重点放在有计划的教学活动安排上，易忽视教学活动对学生学习过程和个性品质的影响。

3. 课程即预期的学习结果

强调课程不是指向活动，而应该是直接关注预期的学习结果或目标。这种理解把课程的重点放在预

期的学习结果上，往往会忽略非预期的学习结果和学生之间所存在的差异。

4. 课程即学习经验

美国教育家杜威认为，课程即学生的学习经验。学生被视为有很大潜力的、独特的学习者。因此，学生的经验是最为重要的。学生的学习取决于他自己做了什么，而不是教师做了什么，即唯有学习经验才是学生实际意识到的课程。

评价：把课程定义为学习经验，是试图把握学生实际学到什么。因为经验是在学生对所从事的学习活动的反思中形成的，课程是指学生体验到的意义，而不是再现事实或重新演示的行为。从理论上讲，这一课程观很有吸引力，但在实践中很难落实。

5. 课程即社会文化的再生产

鲍尔斯、金蒂斯等人持这一观点，认为任何社会文化中的课程，事实上都是该种社会文化的反映，学校教育的职责就是要再生产对下一代有用的知识与价值。其实，课程就是从某种社会文化里选择出来的材料。

评价：认为课程应该不加批判地再生产社会文化的想法是幼稚的，现实的社会文化远非人们想象的那样合理。倘若教育者以为课程无须关注社会文化的变革，那么就会使现存的偏见永久化。

6. 课程即社会改造

巴西的弗雷尔批评资本主义社会的学校课程已经成为一种维护社会现状的工具，使人民大众甘心处于从属地位，或归咎于自己天性无能。所以他主张课程应该帮助学生摆脱盲目依从的状态，即要使学生在规划和实施课程的过程中起主要作用。

评价：在社会上，学校组织并未在政治上强大到足以促使社会发生重大变革的地步，且任何国家的课程都是对现存知识总体的选择，都经过一定意义上主流价值观的筛选。因此，认为学校课程能够起到指导社会变革的作用未免过于天真。

（三）古德莱德的课程定义分类

1. 理想的课程。由研究机构、学术团体和课程专家提出的应该开设的课程。
2. 正式的课程。由教育行政部门规定的课程计划、课程标准和教材等。
3. 领悟的课程。任课教师所领会、理解的课程。
4. 实行的课程。在课堂里实际开展的课程。
5. 经验的课程。也叫"生定课程"，学生实际体验到的课程。

（四）课程与教学的关系 【简答/论述】：14延安大学，19江苏

1. 大教学小课程

苏联以及我国一些学者认为，教学是上位概念，教学包含课程。课程往往被具体化为教学计划、教学大纲和教科书这样三部分，课程理论主要研究教学内容的设计、编制和改革。

2. 大课程小教学

美国现代课程论的奠基人泰勒等人支持这种观点，课程是上位概念，认为教学是包含在课程之中的，教学只是课程的实施与设计，教学理论只是课程理论的一个组成部分。这种看法在北美流行。

3. 课程与教学属于目的与手段的关系

西方一些学者提出课程是指学校的意图，教学则是指达到教育目的的手段，它们分别侧重于教育的不同方面。在一定程度上，两者还可以被认为是内容与形式的关系。正是这种"胎连式"关系，"课程—教学"被广泛采用。

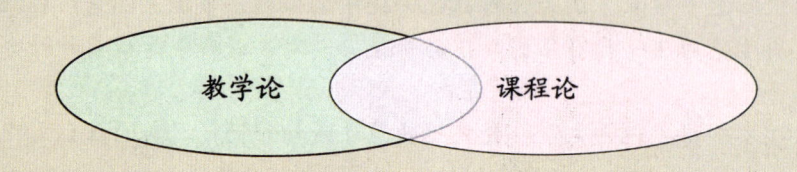

二、课程理论及主要流派

（一）知识中心课程理论（学科中心课程理论）【名解】：13江西

1. 代表人物

该理论以夸美纽斯、赫尔巴特、斯宾塞、巴格莱、赫钦斯、布鲁纳为代表人物，以要素主义、永恒主义、结构主义为代表理论。

2. 主要观点

（1）知识是课程的核心，学校课程应以学科分类为基础，以分科教学为核心，以掌握学科的基本知识、基本规律和相应的技能为目标。

（2）教师的任务是把各门学科的知识教给学生，学生的任务是掌握预先为他们准备好的各门学科知识。

（3）学科专家在课程开发中起重要作用，注重各学科的连贯性和系统性。

3. 评价

知识中心课程理论有利于学生掌握系统的科学文化知识，继承优秀的人类文化遗产，但容易使各门知识发生断裂现象，加重学生的学习负担，忽视学生的兴趣，理论和实践相脱离。

（二）社会中心课程理论（社会改造主义课程理论）【简答/论述/辨析】：15中山大学，10重庆，21广州大学

1. 代表人物

弗莱雷、布拉梅尔德、金蒂斯、布尔迪厄（布迪厄）。

2. 主要观点

（1）社会改造是课程的核心。把课程重点放在当代社会的问题、社会的主要功能、学生关心的社会现象以及社会改造和社会活动计划等方面。

（2）学校课程应以建造新的社会秩序为方向，应该把学生看作社会的一员。课程不应该帮助学生适应社会，而是要建立一种新的社会秩序和社会文化，主张学生尽可能多地参与到社会中去。

（3）课程知识应该有助于学生的社会反思。课程的价值既不能根据学科知识本身的逻辑来判断，也不能根据学生的兴趣、需要来判断，而应该有助于学生的社会反思，唤醒学生的社会意识、社会责任和批判意识。

（4）社会问题而非知识问题才是课程的核心问题。该理论不太关注学科的知识体系，认为课程应该

围绕当代重大的社会问题来组织，帮助学生在社会方面得到发展。

（5）吸收不同社会群体参与到课程开发中来。

3. 评价

社会中心课程理论重视教育与社会的联系，有利于为社会需要服务；重视学科的综合学习，有利于学生掌握解决问题的方法。但取消了课程问题的独特性，过分强调社会的需要，忽视了学生的兴趣以及必要的系统知识。

（三）学习者中心课程理论（活动中心课程理论或经验主义课程理论）【选择/简答】：14重庆，16浙江工业

1. 代表人物

杜威、克伯屈。

2. 主要观点

（1）课程要以学习者的需要和兴趣为基础，通过给予学习者探索机会、尊重他们的好奇心、给予他们进行个性化选择和承担责任的机会，帮助他们有自由和机会实现自己的梦想。

（2）课程应以儿童的活动为中心。杜威认为，课程必须与儿童的生活相通，以儿童为出发点、中心和目的。衡量课程价值的标准是促进儿童的生长与发展。

（3）课程的组织应心理学化。课程的组织应考虑到儿童现有的经验、能力和心理发展次序，如杜威所说，教育应抛弃把教材当作某些固定的和现成的东西，当作在儿童经验之外的东西的见解；不再把儿童的经验当作一成不变的东西，而把它当作某些变化的、在形成中有生命力的东西；我们认识到，儿童和课程仅仅是构成一个单一过程的两极。

3. 评价

学习者中心课程理论以学生的活动为中心，有利于激发学生的兴趣，培养其社会实践能力，但过分强调学生的兴趣，课程设置缺乏系统性，忽视系统知识的学习。

三、课程类型

（一）学科课程与活动课程（根据课程内容所固有属性的不同）（可查看前面内容）

（二）综合课程与分科课程（根据课程内容组织方式的不同）（教育学基础、陕西师大大纲新增）【简答】：21浙江海洋

1. **综合课程（广域课程/统合课程/合成课程）**【名解/简答/论述】：10青岛，12华东，15重庆，15东北，16、18江苏大学，16重庆三峡，17杭州，20济南大学，20山西大学，16重庆，16、17中国海洋，18西南大学，12广西，13杭州，17河北，18中央民族，20江苏

（1）含义

综合课程是指采取合并相关学科的办法，减少教学科目，把几门学科的教学内容组织在一门综合学科之中的课程，其根本目的是克服学科课程分科过细的缺点。

（2）优点

1. 克服了学科课程分科过细的缺点，比较容易贴近社会现实和实际生活。
2. 强化了学生的学习动机，丰富和拓宽了学习内容的内涵和外延。
3. 培养了学生的迁移能力，提高了学习效率。

（3）面临的问题

1. 教材编写问题，通晓各学科的人才稀少，教材的编写有一定难度。
2. 师资问题，受专业细分的影响，学科教师难以胜任综合课程的教学。

(4) 解决对策

1. 采用"协同教学"的方式，由若干教师合作完成一门综合课程的教学任务。可是，这难免带有"拼盘教学"的感觉，没有真正体现综合课程的真谛。

2. 开设综合课程专业。如综合理科系，专门培养综合理科教师。可见，分科培养师资的模式已经无法适应综合课程的教学需求。我国师范教育也应考虑这个问题，及时调整师范教育的结构。

(5) 分类（按综合程度由低到高划分）

课程名称	含义	举例
相关课程	也称"联络课程"，是指两种或两种以上学科在一些主题或观点上相互联系起来，但又维持各学科原来的独立状态。相关课程是这四种综合课程中仅有的一个保持学科独立性的课程。	在语文与历史，历史与地理，数学与物理、化学，化学与生物等相邻学科之间确定科际联系点，使各学科间保持密切的横向联系。（A+B=A+B）
融合课程	又名"合科课程"，是指把有内在联系的学科内容融合在一起而形成一门新的学科。与相关课程不同，合并后原来的科目不再单独存在。	把动物学、植物学、微生物学、生理学、解剖学、遗传学融合为生物学。（A+B=AB）
广域课程	又名"统合课程"，是指合并数门相邻学科的教学内容而形成的综合性课程（学科群），把有着内在联系的不同学科知识合并成一门课程。在范围上比融合课程要大。	社会研究课综合了历史、地理、经济学、社会学、政治学、法学和人类学等有关学科内容。（A+B+C+D+……=N）
核心课程 辨析 21陕西	又称"问题中心课程"，是以个人或社会生活的现实问题为核心，将其他学科的内容围绕核心组织起来，由一位教师或教师小组连续教学的课程。	以人类生存、环境保护、交通运输、社会组织和管理、娱乐和审美活动等人类的基本活动为主题设计的课程。

2. 分科课程（同学科课程的介绍）

(三) 必修课程与选修课程（根据学生选择课程权限的不同）（教育学基础、陕西师大大纲新增）

必修课程是指所有学生必须选择的课程。它是为了实现培养目标，保证教育的基本质量而开设的课程。学生按课程计划规定的固定序列来学习，通过这类课程的学习，学生应当掌握必备的基础知识、基本技能和基本态度等。

选修课程是指依据学生的兴趣、爱好与发展方向的不同，允许他们自由选择的课程，是为适应学生的个性差异而开设的课程。开设选修课程是实施个性化教育的重要举措。

(四) 显性课程与隐性课程

1. 显性课程 【名解】：12 河北

(1) 含义

亦称"正式课程""公开课程""官方课程"。是一个教育系统内或教育机构中用正式文件颁布而提供给学生学习，学生通过考核后可以获取特定教育学历或资格证书的课程，表现为课程方案中明确列出和有专门要求的课程。

(2) 特点

显性课程是指有明确目标要求的、公开性的，并为所有课程主体所意识到的课程，即一般意义上的课程。

2. 隐性课程【名解/辨析】：12延安大学、14江西、14西北、15东北、16安徽、16杭州、17广州、18北京、19淮北、19重庆辨、20聊城大学、20临沂大学、20青岛大学、20曲阜、21赣南、21海南、21陕西

(1) 含义

也称"潜在课程""隐蔽课程"。隐性课程是以内隐的、间接的方式呈现的课程，是学生在显性课程以外所获得的所有学校教育的经验，不作为获得特定教育学历或资格证书的必备条件。

(2) 特点

隐性课程是在学校环境中伴随着显性课程的实施与评价而产生的，可能对学习者产生实际影响而又不为某一课程主体（开发者、实施者、学习者）所意识的教育因素。

(五) 国家课程、地方课程和校本课程【简答】：21青岛大学

1. 国家课程【选择/名解】：15青岛、11、14首都、11河南大学、20淮北

国家课程亦称"国家统一课程"，它是自上而下由中央政府负责编制、实施和评价的课程。负责国家课程的课程编制中心特征有：权威性、多样性、强制性。一般来说，中央集权的国家比较强调课程的统一性，较多地推广国家课程。而地方分权的国家比较强调课程的多样性，较多地推广地方课程、校本课程。现在越来越多的国家政府已经认识到，虽然国家课程与地方课程、校本课程是不同的课程形式，但它们之间是相辅相成、互为补充的关系。

2. 地方课程【名解】：19曲阜

地方课程又称地方本位课程，是指地方各级教育主管部门根据国家课程政策，以国家课程标准为基础，在一定的教育思想和课程观念的指导下，根据地方经济、政治、文化的发展水平及其对人才的特殊要求，充分利用地方课程资源而开发、设计、实施的课程。它是不同地方对国家课程的补充，反映了地方和社区对学生素质发展的基本要求，具有鲜明的地域色彩。特征是区域性、本土性、针对性。

3. 校本课程【选择/名解/辨析/简答/论述】：18南京、11天津、15杭州、17宁夏、18宁夏大学、19淮北、20赣南、20石河子、21宁波大学、21重庆、19重庆、16重庆、10、17南京、17河北、21杭州、19山西大学

(1) 定义

校本课程是指学校参照国家课程标准、地方课程框架，学校根据自己的教育理念，在对本校学生的需求进行系统评估的基础上，充分利用当地社区和学校的课程资源，通过自行研讨、设计或与专业研究人员及其他力量合作等方式编制出的多样性、可供学生选择的课程。

(2) 校本课程的开发

①成立团队。在校本课程开发活动的前期，要多作宣传和动员，目的是组织一支强有力的开发团队。

②环境分析。每个学校所处的环境是不同的。进行环境分析，包括学校外部环境分析和学校内部环境分析、一般环境分析和特殊环境分析。

③目标制定。校本课程开发的目标至少包括两个方面：一是针对教师专业发展水平的目标；二是针对学生的课程目标。

④方案拟订。在校本课程开发具体实施之前，要拟订一个切实可行的方案。

⑤组织与实施。校本课程实施包括校本课程的原型评价和课程实验，校本课程的传播、采纳和推广，教学方法的选择，个别化教学，校本课程的时间安排等。

⑥评价与修订。校本课程的评价包括对学生学业的评价与课程本身的评价。

(3) 优点

①校本课程有助于最大程度地促进每个学生的发展，提高教师的专业水平，提高学校的办学水平。

②校本课程的开发使教师成为课程开发的主体，确立了教师的专业自主地位，也给教师的个性化教学提供了机会。

③校本课程开发需要教师挖掘自己的智慧，对课程重新认识、理解，因此，教师自身素质包括专业知识、教学能力等都得到了提升。

(4) 缺点

当前校本课程的开发中面临着各种各样的问题，如很多学校开发的校本课程都缺乏长远的系统规划，都是教师有什么特长就开什么课，缺乏对校本课程的系统设计和长远规划。

四、泰勒的目标模式（泰勒原理）（教育学基础、陕西师大大纲新增）【名解/简答/论述】：18鲁东，20江苏大学，14云南，14山西，14、17南京，15天津，15江苏，20苏州，12、15华东，17、18广西师范学院

(一) 代表作

1949年泰勒出版了《课程与教学的基本原理》，该书被视为现代课程理论的奠基石。泰勒享有"课程理论之父""教育评价之父""行为目标之父"之称。

(二) 主要观点（泰勒原理的内容）

第一，课程和教学计划应该回答的四个问题

首先，学校应该达到哪些目标？　　　　　→确定教育目标

其次，提供哪些教育经验才能实现这些目标？→选择学习经验

再次，怎样才能有效组织这些教育经验？　→组织学习经验

最后，我们怎么才能确定这些目标正在得到实现？→评价学习结果

第二，课程编制的阶段或步骤（泰勒课程编制过程模式）

首先，确定教育目标：根据学科的逻辑、学生心理发展的逻辑、社会的要求。

其次，选择学习经验：学生必须具有使他有机会实践教育目标所隐含的行为的经验；学习经验必须使学生由于实践教育目标所隐含的行为而获得满足感；学习经验所期望的反应，是在有关学生力所能及的范围之内；有许多特定的经验可用来达到同样的教育目标；同样的学习经验往往会产生几种结果。

再次，组织学习经验：依据连续性、顺序性和整合性原则。

最后，评价学习结果：教育评价至少包括两次评估：一次在教育计划早期进行，另一次在后期进行，以便测量在这个期间发生的变化。对于评价结果，泰勒认为，不应该只是一个单一的分数或单一的描述性术语，而应该是反映学生目前状况的一个剖析图。

(三) 特点

泰勒原理的实质是以目标为中心的模式，因此又被称为"目标模式"。泰勒认为课程目标必须指明课程结束后学生身上所发生的变化，注重目标、效率和行为控制，强调通过控制学生的学习行为和教师的教学过程来促进学生对于知识和技能的获得，它是一种有条理、系统的课程设计过程。

(四) 评价

贡献：泰勒原理一直被作为基本框架，它确定了课程开发与研究的基本思路和范围。泰勒原理为我们提供了一个课程分析的可行思路，具有逻辑严密的课程编制程序，具有引导性和调控性，各程序层次分明，具有较强的系统性。

局限：泰勒原理是课程开发的一个非常理性的框架，不可避免地带有那个时代科学至上的印记。对课程编制与实际使用认识有简单化、机械化倾向，并具有较大的主观性。预先确定严格的行为目标与手段，不利于发挥教师与学生的主动性与积极性。

五、布鲁姆的教育目标分类学（教育学基础、陕西师大大纲新增）【简答/论述】：20安庆，19西安外国语，20东北

布鲁姆将教育目标分为认知领域、情感领域和动作技能领域。每一领域的目标由低级向高级分为若干层次，从而形成了目标的层次结构。

（一）认知领域的教育目标分类

按照从简单到复杂的顺序分为6个层次：记忆、理解、应用、分析、评价、创造。

记忆	从长时记忆库中提取相关知识，包括识别和回忆。
理解	能够确定口头的、书面的或图表图形的信息中所表达的意义，包括解释、举例、分类、总结、推断、比较和说明。
应用	在特定情境中运用某个程序，包括执行和实施。
分析	将材料分解为其组成部分并且确定这些部分是如何相互关联的，以及部分同总体之间的联系，包括区分、组织和归属。
评价	依据准则和标准来作出判断，包括核查和评判。
创造	将要素整合为一个内在一致、功能统一的整体或形成一个原创的产品，包括生成、计划和贯彻。

（二）情感领域的教育目标分类【简答】：21陕西

按照价值内化的程度分为：接受、反应、形成价值、信奉、展露个性。

接受	具有意识、愿意和关注的素质，包括意识、愿意和专注。
反应	对一种情境作出默许、依从和评估等反应的素质，包括默许、依从和评估。
形成价值	接受、喜爱与承诺某一价值观的素质，包括接纳、喜爱和确证。
信奉	有信任和承诺某一价值观、将其视为指导原则的素质，包括信任和承诺。
展露个性	依据价值观和信念展示及调适行为的一种素质，包括展示和调适。

（三）动作技能领域的教育目标分类

按照从低级到高级的顺序分为6个层次：反射动作、基本基础动作、知觉能力、身体能力、技巧动作、有意沟通。

反射动作	非随意动作，与生俱来，伴随着成长而发展的动作技能，是基础动作或基本动作的前驱。
基本基础动作	建立在反射动作基础上、无须他人训练就会的动作形式，如知觉追踪某一物体，用手抓握东西等。它是知觉能力和身体能力进一步发展提高的起点，也是技巧动作发展的必要条件。
知觉能力	对所处环境中的刺激进行观察和理解并作出相应调节动作的能力。包括动觉、视听觉辨别、触觉辨别、眼—手和眼—脚协调动作等。
身体能力	身体各器官系统的机能与活力，包括动作的耐力、力量、灵活性和敏捷性。这是学习高难度技术动作的基础，构成运动技能训练中的基本功训练。
技巧动作	熟练完成复杂动作的能力。以基本动作为基础，结合知觉能力和一定的体力，经过一定的综合练习，就能熟能生巧地掌握技能动作。
有意沟通	传递感情的体态动作。它亦称体态语，既包括反射的，也包括习得的。有手势语、姿态、脸部表情、艺术动作和造型等。

六、课程实施（教育学基础、陕西师大大纲新增）【简答】：12天津

（一）课程实施的概念【名解】：20内蒙古，20浙江大学

课程实施是将编制好的课程计划付诸实践的过程，是实现预期的课程理想、达到预期的课程目的、实现预期教育结果的手段。课程实施是通过教学活动将编制好的课程付诸实践。课程实施的焦点是实践中发生改革的程度和影响课程实施的那些因素。

（二）课程实施的取向

课程实施的取向是指对课程实施过程本质的不同认识以及支配这些认识的相应的课程价值观。

1. 忠实取向（最初也是主流取向）

这种取向认为，课程实施过程就是忠实地执行课程计划的课程。衡量课程实施成功与否的基本标准是课程实施过程实现预定的课程计划的程度，实现程度高，则课程实施成功；实现程度低，则课程实施失败。

2. 相互适应取向

这种取向认为，课程实施过程是课程计划与班级或学校实践情境在课程目标、内容、方法、组织模式等诸多方面相互调整、改变与适应的过程。

3. 创生取向（新兴取向）

这种取向认为，真正的课程是教师与学生联合创造的教育经验，课程实施本质上是在具体教育情境中创生新的教育经验的过程，既有的课程计划只是供这个经验创生过程选择的工具而已。

（三）影响课程实施的因素【选择/简答/论述】：12重庆，13江西，16广东技术

1. 课程计划本身的特性，即课程方案本身的特点

成功的课程实施来自于切实的课程方案。设计课程方案时要考虑到各方面的实际情况和实施课程时所需要的资源。属于这方面的因素主要包括课程变革的需要和迫切性、课程变革目标与意义的清晰性、课程变革的复杂性、课程变革计划的质量与实用性。

2. 课程实施的交流与合作

课程的成功实施离不开合作性文化的建设，离不开各类各级教育行政部门、社会人士和其他专业人士、学校校长、教师等力量之间的合作与交流，以取得共识。

3. 课程实施的组织和领导

课程实施的领导者要做好课程实施的计划、宣传、督促等工作，取得课程参与者以及社会的认可。尤其是校长，是课程实施的一大关节点，新课程理念能不能走进课堂，很大程度上取决于校长对新课程的态度。

4. 教师实施课程的能力和素质

教师是直接的课程实施者，教师参与课程实施的积极性与主动性对课程实施的成败起着重要作用。任何课程理论与方案，都需要教师的充分理解和转化，才能被合理有效地运用于教学实践，体现其理论与实践价值。所以，课程实施一定要做好教师的培训工作。教师是影响课程实施成功与否的核心和关键。

5. 评价（考试）体系改革的滞后

评价体系改革的滞后成为制约课程顺利实施的"瓶颈"，目前能反映新的教育理念，符合新课改的评价体系虽在努力建构，但尚未建成，致使新课改的教育理念难以真正深入课堂。

6. 各种外部因素的支持，特别是文化背景因素

成功的课程实施应对社会环境有敏锐的把握，充分了解社会的结构、传统和权力关系，为课程改革争取到有利的政治和经济支持。这部分因素包括国家和地方政策的变化、财政拨款、技术支撑、舆论支持等。

7. 课程实施的理论基础

课程论发展状况、心理学研究进展、教学论研究成果等对课程实施产生着很大影响，其中，对课

实施影响最大的理论是关于课程实施策略的研究成果。

七、课程评价（教育学基础、陕西师大大纲新增）

（一）课程评价的含义

课程评价是在系统调查分析的基础上，对各级各类课程以及课程的各种形态满足学生发展、学校变革和社会发展需要的程度作出价值判断的过程。其根本目的是促进学生更好地发展，还具有协助改进课程、帮助选择课程、判断课程效果、了解学生发展等方面的作用。课程评价既包括学生学业的评价，又包括课程本身的评价。

（二）课程评价的模式

1. 目标评价模式（目标达成模式）

（1）简介及代表人物

泰勒认为，教育目的在于改变学生的行为，评价就是要衡量学生行为实际发生变化的程度，通过预先规定行为目标设计课程、评价课程。

（2）主要观点

把目标当作课程评价的依据和出发点，通过测量目标的达成程度，就能判断教学效果。课程的有效性取决于课程实施时学生行为发生的变化，评价者关注的是课程是否真正发生了作用。

（3）评价

优点：存在一定的科学性；清楚明确易于操作。

不足：但这种模式只关注预期的目标，忽视了其他方面的因素，因而遭受不少批评。后来许多评价模式正是在对目标评价模式批评的基础上形成的。

2. CIPP 模式 【名解/简答/论述】：13西南大学，17内蒙古，20东北，19中央民族

（1）简介及代表人物

CIPP评价模式包括背景评价、输入评价、过程评价、结果评价，由斯塔弗尔比姆等学者提出。该模式强调这4种评价为决策的不同方面提供信息。

（2）主要内容

①背景评价

确定课程计划实施单位的背景，明确评价对象及其需要，明确满足需要的机会，诊断需要的基本问题，判断目标是否已经反映了这些需要。

②输入评价

为了帮助决策者选择达到目标的最佳手段，对可供选择的课程计划进行评价。确定如何运用资源以达到目标，探讨不同策略达到目标的可行性、成本效益和实际效益等。

③过程评价

主要是通过描述实际过程来确定或预测课程计划本身或实施过程中存在的问题，需要对计划实施情况不断加以检查。

④结果评价

测量、解释和评判课程计划的成绩，帮助决策者决定是否应当终止、修订或继续课程计划。评价要收集与结果有关的各种描述和判断，把它们与目标以及背景、输入和过程方面的信息联系起来，对它们的价值和优点作出解释。

（3）评价

优点：以决策为导向，而不是以目标为导向；突出了评价的形成性功能，强调评价为教育决策、改进工作服务；重视评价的综合性功能；将教育目标本身也纳入评价当中。

不足：评价缺乏价值判断，评价人员的作用受到限制；在适用性上有很大局限。

3. 目的游离评价模式【名解】：17海南

(1) 简介及代表人物

由斯克里文提出，评价者应该注意的是课程计划的实际效应，而不是其预期效应。

(2) 主要观点

①目标评价模式只考虑到预期效应，忽视了非预期的效应（或称"副效应""第二效应"）。

②斯克里文主张采用目标游离评价的方式，即把评价的重点从"课程计划预期的结果"转向"课程计划实际的结果"上来。

③评价者不应受预期课程目标的影响，因为评价者要收集各种有关课程计划实际结果的信息，只有这样才能对课程计划作出准确的判断。

(3) 评价

优点：强调了评价过程是一种价值判断的过程，使评价更接近其本质；突破了预设目标的限制；将形成性评价和总结性评价结合了起来；重视对评价的再评价；评价模式更加科学化。

不足：难以做出合适的价值判断；难以协调评价者与管理者的关系；操作比较困难。

4. 外观评价模式（应答模式）

(1) 简介及代表人物

斯塔克针对CIPP模式与目标游离模式的不足提出来的。如果教育评价更直接地指向方案的活动而非方案的内容，如果能满足评价听取人对信息的需求，或者在反映方案得失长短的评价报告中更能反映人们不同的价值观念，那么这种评价即可称为"应答评价"。

(2) 主要特点

①以问题、特别是直接从事教育活动的决策者和实施者所提出的问题作为评价的先导，而不主张以预定的目标为评价的出发点。

②通过评价者与有关评价的各方进行持续不断的对话，了解他们的愿望，对教育方案进行修改，对大多数人的愿望做出回答，以满足各种人的需要。

(3) 评价

优点：注重各类人员在评价中的作用；重视非正式评价的作用；强调评价的民主性。

局限：评价实施的效率比较低；评价存在很大的主观性。

5. 差距评价模式

(1) 简介及代表人物

该评价模式由普罗沃斯提出，目的在于将设计的课程标准与实际的课程表现加以比较，找出彼此之间的差距，找出造成差距的原因，作为改进课程的依据，并且决定是继续课程计划，还是重复或终止课程计划。

(2) 四个部分和五个阶段

四个部分是：

确定课程标准；确定课程表现；对标准和表现进行比较；确定差别是否存在。

五个阶段是：

第一，设计阶段。界定课程计划的标准，以此作为评价的依据。

第二，装置评价阶段。了解实际的课程计划内各种资源分配与原来设计的课程计划之间相互吻合的程度，具体的差距所在。

第三，过程评价阶段。检查课程计划实施过程中的各种因素与预定的计划标准的差距。

第四，成果评价阶段。评价课程的最终结果是否与预期标准存在差别。预期的最终目标是否达成，实际结果与预期结果之间的差别是怎样的。

第五，成本效益评价阶段。根据以上各方面的评价结果，从整体上评价课程计划与其他计划的异同和优劣。

（三）课程评价的功能【简答】：12重庆

1. 导向功能

通过对课程的评价，可以引导我们走更适合国情的课程道路，使课程的制定更适合社会需要和学生的需要。

2. 调控功能

为了确保课程的正确实施，必须有强有力的管理制度，定期进行课程评价，做好奖惩工作，做好监督、调节和控制，以确保课程建设和实施沿着正确的轨道发展。

3. 激发功能

课程评价能够反映现行课程同主体需要的矛盾，促进课程健康地发展，保证课程的正确实施。

4. 诊断功能

一项课程或教学计划在实施后究竟有哪些成效，可以通过评价进行全面衡量而做出判断。这种判断不同于上述对目标达成程度的了解，而是对效果的全面把握。

（四）课程评价的主要范围

课程评价的范围主要是指课程评价应包含的领域。总体而言，课程评价的范围可从以下两个方面进行阐述。

1. 从课程研制程序上讲

（1）**课程理念评价**：主要是看它是否符合时代的发展趋势，是否体现了以学生发展为本的理念，是否符合民族的文化传统，是否符合国家的长远利益，是否符合国家当前的教育目标等，一般由课程研制者以外的专业机构及人员来进行。

（2）**课程目标评价**：主要是看它是否符合教育目的，是否符合学生的发展需要和实际，是否符合社会的发展规律与要求，一般也是由课程设计者与开发者以外的专业机构与人员进行。

（3）**课程开发评价**：主要包括对开发活动程序的评价、对所选的材料及其内在联系的评价、对开发课程所遵循的原则的评价等，一般应以开发人员的反思性评价为主。

（4）**教材评价**：除了看教材是否准确反映了课程目标与教育目的以外，还应看教材的组织结构是否合理，编排是否符合学生心理发展顺序，装帧设计是否美观大方等，最关键的还是教材内容的思想性、科学性与教育性。

（5）**课程实施评价**：就是教学评价。

（6）**课程效果评价**：就是教学效果和学习效果的评价。

2. 从课程纵向结构上讲

（1）**国家课程评价**：主要是对国家颁布的课程纲要、课程标准及由国家相关部门组织编写的教材的评价，一般组织专业机构来进行。

（2）**地方课程评价**：主要是对地方制定的课程标准、编写的教材以及根据国家课程纲要制定的课程实施意见进行评价。一是国家相关部门组织专家对其进行评价，主要表现为对地方课程进行监控；二是各学校也可以织力量对其进行评价，以便教材的选择。

（3）**校本课程评价**：主要是看其是否符合本校实际，是否具有可行性，能否促进学生的发展，是否具有系统性与连续性，是否具有本校特色等。一是相关主管部门对其进行的评价，以保证校本课程的质量；二是学校的自评，它有利于校本课程的改进。

八、影响课程改革的主要因素（教育学基础、陕西师大大纲新增）【简答/论述】：20南京，17曲阜，17宁波，20淮北

（一）政治因素

1. 政治因素制约课程变革目标的厘定

统治阶级根据自己的利益、愿望和要求，制定教育目的和培养目标，实际上也就意味着对课程目标的政治选择和规定，教育目的和培养目标的政治性实际上也体现着课程目标的政治制约性。

2. 政治因素制约课程变革内容的选择

课程内容的选择与编制要依据教育目的和培养目标，而教育目的和培养目标又须集中体现统治者的意志，因此课程内容的选择也受政治的影响和制约。

3. 政治因素制约课程编制的过程

课程计划、课程标准和教材的编写都是具有强烈的政治性，否则统治阶级就不能实现自己的教育目的和培养目标，不能培养出自己所需要的人才。因此，统治阶级总是采用不同的方法来控制课程的设置和编制。

（二）经济因素

1. 经济领域劳动力素质提高的要求制约着课程目标

现代社会需要的劳动者既要具备宽厚的基础知识，过硬的基本技能，富有灵活性、应变性和独创性，同时也要具有健全的心理品质。这些素养的培养无疑要靠教育来实现，因此必然会体现在课程改革的目标之中。

2. 经济的地区差异制约着课程变革

在不同国家或同一国家的不同地区，由于历史、文化等原因，各地经济发展水平不平衡。因此，课程改革既要考虑经济发展的总体水平，也要考虑地区之间的经济水平差异，因地制宜地为各个地区经济发展服务，促进地方经济的发展。

3. 市场经济对课程改革有重大影响

这主要体现在市场经济影响到课程价值取向的变化、课程目标的综合性、课程结构的优化等方面。

（三）文化因素

1. 文化模式影响课程变革

不同的民族文化有着不同的文化特质。民族文化的基本模式要求学校变革课程时，依据不同民族的文化特质，设置与不同民族文化相适应的课程，在课程内容、实施、评价等方面考虑和体现民族特色。

2. 文化变迁影响课程变革

学校课程作为传递、传播和创造文化的载体，应随文化的变迁作相应的调整。在科技突飞猛进、文化变迁较为激烈的时期，学校课程应进行较大的变革。

3. 文化多元影响课程改革

现代社会的文化日益呈现多元的趋势。学校课程如何体现文化间的差异，在尊重各少数民族、各社会阶层文化的同时，将不同文化整合起来，成为课程改革面临的一个实际问题。

（四）科技革新（科技因素）

1. 科技革新制约课程改革的目标

传授知识与发展能力是学校课程的两大主要目标。两大目标经历了复杂的演变历程，其中科技起了决定性作用。

2. 科技革新推动课程改革的理念

科技发展的水平影响着科学领域之内各学科分类发展的状况，进而影响课程的类型、结构、选择、

组织及其存在形式，影响着课程设计者的课程观。

3. 科技革新影响着课程改革的速度

科学的新发现、新发展对课程方向、内容、范围、进程、结构和形式等的发展都有极其重要的影响。

（五）学生发展（学生因素）

1. 学生身心发展的特点和年龄特征影响课程改革

课程改革要符合学生的年龄特征，要考虑到学生身心发展的全面性与完整性，要兼顾学生身心发展的顺序性、阶段性、不平衡性、个体差异性和整体性等。

2. 学生的身心发展需要影响课程改革

课程改革一方面要着重满足学生学习书本知识的需要，开设促进学生品德、才智、审美、体质和谐发展的一系列科目；另一方面要适当满足学生获取某些直接经验的需要，在课程中安排促进学生身心主动发展的多种活动。

3. 学生的最近发展区影响课程改革的着眼点

课程改革要求学生学习的内容既要超越学生现有发展水平，又要关注其潜在发展水平。这就要求课程改革要根据学生的最近发展区设定课程目标、选择课程内容，以促进学生的发展。

第八章 教学（上）

本章大纲考点及考频

考点	考频
第一节 教学概述	0
一、教学的概念	52
二、教学的意义	4
三、教学的任务	18
第二节 教学过程	0
一、教学过程的定义	9
二、教学过程的性质	39
三、学生掌握知识的基本阶段	6
（一）传授/接受教学的学生掌握知识的基本阶段	4
（二）问题/探究教学的学生获取知识的基本阶段	4
四、教学过程中应当处理好的几种关系	48
（一）间接经验与直接经验的关系	22
（二）掌握知识和发展智力的关系	31
（三）掌握知识与进行教育的关系	0
（四）智力活动与非智力活动的关系	9
（五）教师主导作用与学生主动性的关系	31
第三节 教学原则	28
一、科学性与思想性统一原则	6
二、理论与实践相结合原则	6
三、直观性原则	14
四、启发性原则	43
五、循序渐进原则	11
六、巩固性原则	1
七、发展性原则	5
八、因材施教原则	14

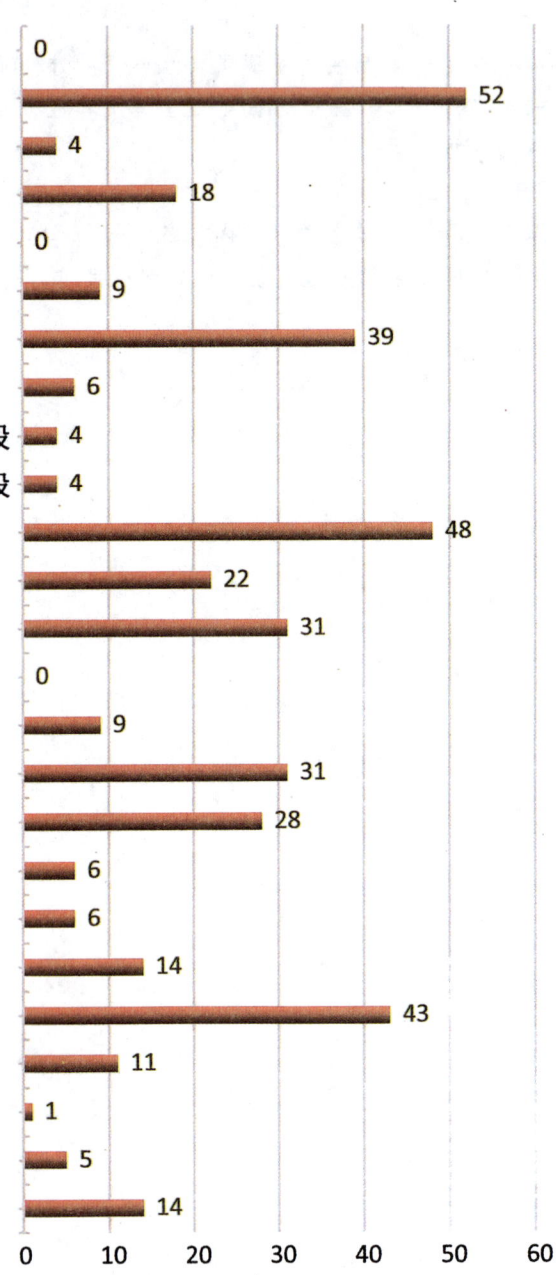

本章思维导图

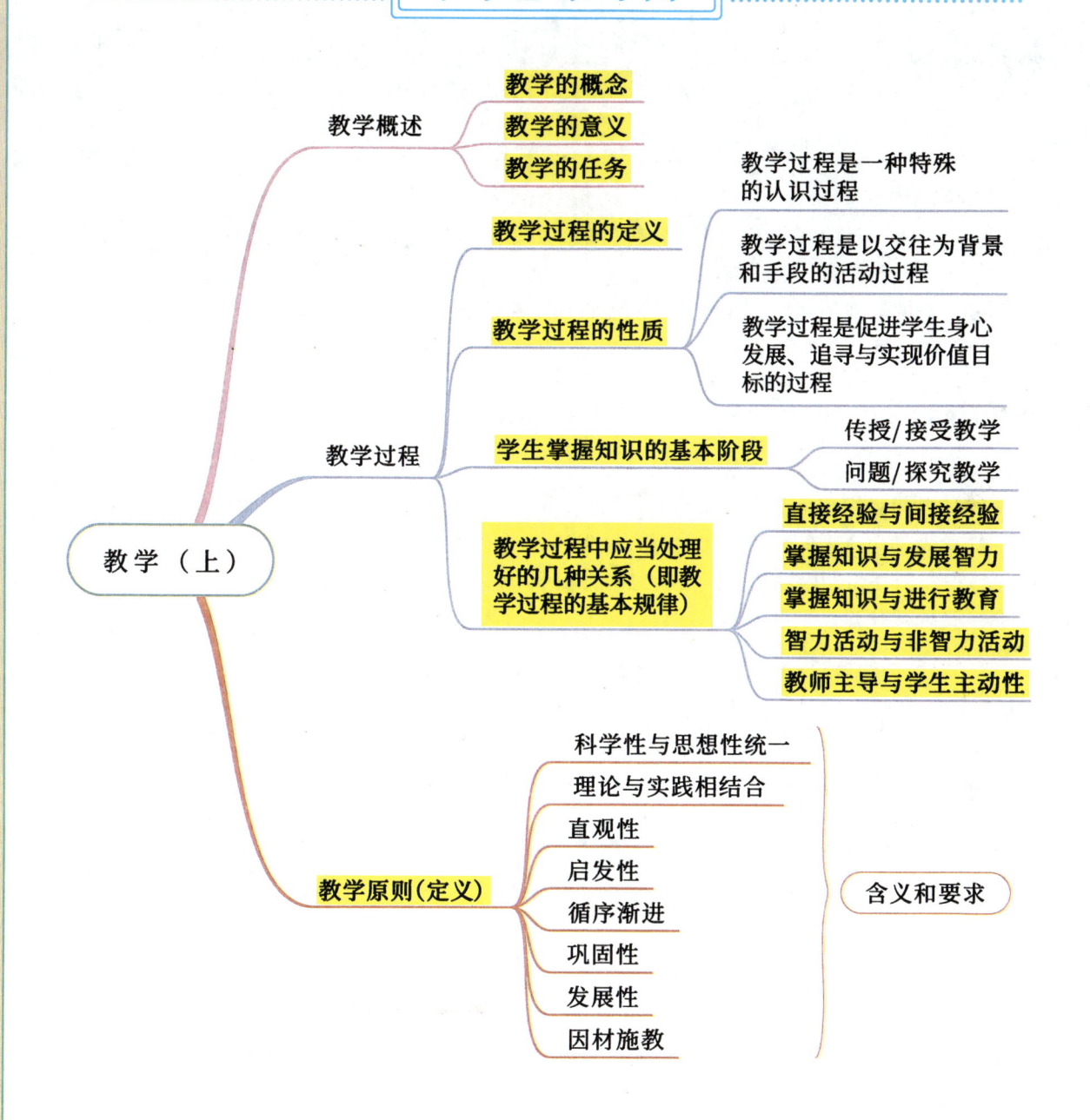

- 教学（上）
  - 教学概述
    - 教学的概念
    - 教学的意义
    - 教学的任务
  - 教学过程
    - 教学过程的定义
    - 教学过程的性质
      - 教学过程是一种特殊的认识过程
      - 教学过程是以交往为背景和手段的活动过程
      - 教学过程是促进学生身心发展、追寻与实现价值目标的过程
    - 学生掌握知识的基本阶段
      - 传授/接受教学
      - 问题/探究教学
    - 教学过程中应当处理好的几种关系（即教学过程的基本规律）
      - 直接经验与间接经验
      - 掌握知识与发展智力
      - 掌握知识与进行教育
      - 智力活动与非智力活动
      - 教师主导与学生主动性
  - 教学原则（定义）
    - 科学性与思想性统一
    - 理论与实践相结合
    - 直观性
    - 启发性
    - 循序渐进
    - 巩固性
    - 发展性
    - 因材施教
    （含义和要求）

本章参考书

【1】王道俊、郭文安主编：《教育学》（第七版），人民教育出版社，第七、八章
【2】全国十二所重点师范大学联合编写：《教育学基础》（第3版），教育科学出版社，第七章
【3】柳海民主编：《教育学原理》（第2版），高等教育出版社，第八章

第一节 教学概述

一、教学的概念 【名解】：10沈阳，10、11山东，11重庆，11、13、14、20江西，11中南大学，11、16、18华南，11、12、21扬州，12杭州，12哈尔滨，12内蒙古，12鲁东，12上海，12苏州，13南京，13、15陕西，13西华，13西南，14鲁东，14、15北航，15贵州，15聊城大学，16四川，16湖南科技，15、17、18吉林，17赣南，17河北大学，17广西师范学院，17、19宁夏大学，18曲阜，19安庆，19河南，20湖南理工学院，20太原，20新疆，20天水师范，21同济大学，21合肥，21湖北大学，21佛山科学技术学院

教学是在一定教育目的规范下，教师的教与学生的学共同组成的一种教育活动。在这一活动中，学生在教师有计划地组织与引导下，能动地学习、掌握系统的科学文化基础知识，发展自身的智能与体力，养成良好的品行与美感，逐步形成全面发展的个性。简言之，教学是在教师引导下学生能动地学习知识以获得个性发展的活动。

二、教学的意义 【辨析/论述】：21陕西，14河南，15福建，19广东技术

（一）教学是传播系统知识、促进学生发展的最有效的形式

教学是一种专门组织起来传承知识的文化活动，通过教学能够将人类积累起来的科学文化知识转化为学生个人的精神财富，有力地促进他们的身心发展。这样可以使青少年学生的个体发展能在短期内达到人类发展的一般水平，保证社会的延续和发展。

在社会主义现代化建设发展加速、知识技术猛增的今天，这种作用尤其重要，只有通过改进教学、提高教学的功效才能做到。

（二）教学是进行全面发展教育、实现培养目标的基本途径

教学不仅能够有目的有计划地将教育的各个组成部分传授给学生，为他们在德、智、体、美和综合实践能力等方面奠定基础，而且连绵不断的教学认识和交往活动还构成了学生特有的学习生活。

加强学校教育与社会生活之间的联系，使学生在教学中获得的知识能够在社会生活中得到运用、检验、充实与提高，使学生获得更为全面而切实的教育和发展。

（三）教学是学校教育的主要工作

教学是一种目的性、连续性、计划性极强的育人活动，是学校教育最基本、最经常、最主要的工作，所以学校应以教学为主、为中心，全面而妥善地安排教育活动。

新中国成立以来，我国教育的实践经验从正反两个方面证明：学校坚持以教学为主的原则，教育质量就能提高；反之，教育质量必然下降。坚持教学为主，并不意味可以轻视其他教育活动。所以，学校教育要处理好教学为主与全面安排的关系，既要坚持教学为主的原则，又要防止教学唯一的不良倾向。

三、教学的任务 【简答/论述】：10首都，10聊城大学，13北京，14、15北航，14淮北，14河北大学，16渤海大学，16华中，17浙江，17集美大学，18广西师范学院，15、19内蒙古，20洛阳，21湖南理工学院，15福建，19广东技术

（一）掌握科学文化基础知识、基本技能和技巧

教学的首要任务是引导学生能动地学习、运用和掌握科学文化基础知识和基本技能。因为教学的其他任务都只有在引导学生掌握知识和技能的基础上才能实现。

复习提示

教学过程理论的发展：
1. 古代：
孔子的教学思想、《中庸》的学习过程、《学记》、苏格拉底的产婆术、昆体良的《雄辩术原理》。
2. 近代：
夸美纽斯的《大教学论》、卢梭的自然教育、赫尔巴特的教学形式阶段理论。
3. 现代：
杜威的反省思维活动、凯洛夫的《教育学》、布鲁纳的认知结构教学理论。

真题回顾

2014年河南师大论述题：结合实际说明教学的意义。

复习提示

教学的意义和任务一般结合起来考查。例如2015年福建师大论述题：教学的意义和任务。

（二）发展品德、体力、智力、能力和创造才能

发展学生的品德、体力、智力、能力和创造才能，不仅是培养全面发展新人的要求，而且是有效地高质量地教学的必要条件，这是现代教学的一项十分重要的任务。

（三）培养正确的思想、价值观、情感与态度

学生个人的思想、价值观、情感与态度，是构成他们的灵魂、个性的核心，制约着学生个人的学习方向与动力，从而也深刻地影响着教学的效率与质量。因此，培养学生的正确思想、价值观、情感与态度是教学的一个重要的不可忽视的任务。

· 第二节 教学过程 ·

一、教学过程的定义 【名解】：10首都，11聊城大学，11广西，12北航，16深圳大学，18上海，19浙江大学，20太原，21福建

教学过程是教师有目的、有计划地引导学生能动地进行认识活动，自觉调节自己的兴趣和情感，掌握文化科学基础知识与基本技能，以促进学生德、智、体、美、劳全面发展，并为学生奠定科学世界观基础的活动过程。

二、教学过程的性质 【简答/论述】：11、20鲁东大学，13山东，14、15北航，15闽南，15天津，17广西师范学院，17陕西，17集美大学，18吉林，20西北，21合肥，21洛阳，21长江大学，10河南，11、16江苏，12扬州，13、14渤海大学，13、14湖南，14曲阜，14聊城大学，15南京，18天津大学，16浙江，18温州大学，20四川，20浙江海洋，21安徽

（一）教学过程是一种特殊的认识过程 【辨析/简答/论述】：21西华，10广西，20青岛大学，21南宁，18合肥师范

1. 教学过程是一种认识过程，确切地说，是一种特殊的认识过程

（1）教学过程主要是引导学生掌握人类长期积累的科学文化知识的过程，学生循序渐进地学习和运用知识的认识活动，是贯彻教学过程始终的主要、基本而特有的活动。

（2）教学中的交往活动是围绕认识活动进行的。教学中的促进学生身心发展，并使其符合社会价值标准与目标的活动则是在相关的认识与交往活动基础上进行的。

（3）以师生为传承知识而相互作用的认识活动是教学活动区别于其他活动的最突出、最基本的特点。

2. 教学过程也要注重学生认识过程的特性

（1）间接性。主要以学习人类积累的科学文化知识为中介，间接地认识现实世界。

（2）引导性。需要在富有知识的教师引导下进行认识，不能独立完成。

（3）简捷性。走的是一条认识的捷径，是一种科学文化知识的再生产。

（二）教学过程是以交往为背景和手段的活动过程 【论述】：20中国海洋，21华中

1. 教学活动不是孤立的个体认识活动，而是社会群体性的有目的、有组织的认识活动

（1）教学活动离不开师与生、生与生之间的交往、互动，离不开人们的共同生活。

（2）教学过程以社会交往为背景，尤其是个体最初的学习与认识。所以，有目的

> **答题提示**
>
> 教学过程的性质非常重要！简答、论述题都有考过。整体考简答时，下面扩充的内容可以简写。

111

地进行教学必须以交往为背景，并通过社会交往与联系社会生活来帮助和检验学生的学习效果，理解所学知识的实际意义与社会价值。

2. 教学还以交往、沟通、交流为重要手段和方法

（1）在教学过程中，教师引导学生学习与运用系统的科学文化知识，常常有意识地在师与生、生与生之间进行问答、讨论、交流，以便学生获得启发、进行思想碰撞与反思，使教学中的认知活动进行得更加生动、活泼、有效。

（2）在教学中，教师不仅运用交往引导学生进行认知，而且通过交往对学生进行情感的沟通、感染与培养。总之，交往在教学中的意义重大，但教学中的交往只能围绕引导学生学、用知识与获得发展来进行，否则就会迷失交往的目的与成效。

（三）教学过程是一个促进学生身心发展、追寻与实现价值目标的过程

1. 教学过程是教师引导学生掌握知识、认识世界、进行交往，以促进学生的身心发展，并追寻与实现价值增值目标的过程

学生的身心发展及其价值目标的实现，有赖于系统进行的教学认识和师生交往的活动，但是，促进学生成人、成才的价值目标则规定与制约着教学认识和交往活动的性质、方向及质量要求，十分重要。

2. 要使教学过程强有力地促进学生的身心发展，自觉地追寻与实现价值目标，就应当使教学成为教育性教学和发展性教学，这是现代教学的追求与特点

赫尔巴特早在19世纪就提出了教育性教学的概念，要求教学内容应有丰富的价值内涵，教学过程应有积极的价值追寻，让学生的思想情感深受启示、熏陶。赞可夫、布鲁纳等都很注重适当提高教学的难度与挑战性，使之能有效地促进学生的身心发展。

三、学生掌握知识的基本阶段【简答/论述】：10中山，13、14湖南，10广西，16南京，20天津

学生掌握知识阶段的学说，主要有两种模式：一种是以师生授受知识为特征的传授/接受教学；另一种是以学生主动探取知识为特征的问题/探究教学。

（一）传授/接受教学的学生掌握知识的基本阶段【简答/论述】：12中山，14福建，16上海，21湖南

1. 定义

传授/接受教学是指教师主要通过语言传授、演示与示范使学生掌握基础知识、基本技能，并对他们进行思想情趣熏陶的教学，亦称接受学习。

2. 学生掌握知识的基本阶段包括以下六个阶段

（1）**引起求知欲**。教学应从诱发和激起学生的求知欲，并把求知欲聚焦于当前学习的知识点开始，从引导学生做好学习的心理准备开始。

（2）**感知教材**。学生在教学中的认知，是从感知教材入手的。因为教材是一种用符号表征的书本知识，学生只有凭借自己的生活经验或有关的感性知识才能理解书本知识。学生有了必要的感性知识，形成了清晰的表象，那么他们理解知识就比较容易。

（3）**理解教材**。这是教学的中心环节，在教学过程中要引导学生把感性的材料同书本知识联系起来，进行思维加工，把握事物的本质和规律，上升到理性认识。

（4）**巩固知识**。引导学生把所学的知识牢牢操持在记忆里。只有在理解的基础上，记住所学的知识，才能顺利地继续学习、理解与运用新知识。故教学要注重巩固。

（5）**运用知识**。理解知识和巩固知识是运用知识的基础，要使学生从理解知识，发展到形成技能、技巧和解决实际问题的能力，单靠动脑不行，还必须引导学生动口、

学生掌握知识基本阶段的两种模式可参见王道俊《教育学》，有很多教学具体案例，有兴趣可以详细查看，借助案例能更好地理解。

答题提示

如果考简答题、论述题时，答案是1.定义+2.阶段+3.评价；
如果只考名词解释，那只需要回答1.定义+2.阶段的主干点即可。

动手，进行反复练习和实际操作才能达到。学习知识的目的在于运用。

(6) 检查知识、技能、技巧。学生掌握知识、技能和技巧的质量怎样，只有通过检查才能确定，一般采用课堂提问，检查课内外作业和测验来进行。

3. 评价

优点：

（1）注重书本知识的授受，能充分发挥教师的主导作用；

（2）按学科的逻辑系统循序渐进地进行教学能调动学生个人的学习积极性，使他们掌握系统的科学知识与技能，获得自身智慧、品德、审美的发展。

缺点：

（1）由于以书本知识学习为主，易脱离社会生活实际，使学生感到抽象、死板、难以理解；

（2）常常是教师讲得多，学生活动少，容易出现注入式教学；

（3）注重面向集体，忽视个别指导，不易使每个学生都能理解，都得到较好的发展；

（4）容易忽视教学民主、忽视学生主动性、创造性和独立思考能力的培育与发展。

（二）问题/探究教学的学生获取知识的基本阶段【名解/简答】：16中国海洋, 21沈阳大学, 14内蒙古, 18宁夏大学

1. 定义

问题/探究教学是指在教师引导下，学生主要通过积极参与对问题的分析、探索，主动地发现或建构新知识，获得学习与探究的方法、能力与科学人文精神的教学，是一种极具创造性、灵活性的教学，亦称探究学习、发现学习。

2. 学生获得知识的过程要经历以下基本阶段

（1）明确问题。探究学习是从引导学生明确所要探究的问题入手。探究学习的问题是具有一定难度和挑战性的，需要经过探究、分析、检验等认识活动才能解决的学术问题或实际问题。所以，提出与明确具有启迪性、诱惑力、挑战性的问题，是探究教学要解决的首要问题。

（2）深入探究。探究是一个不断深入分析问题、解决问题的过程，旨在弄清事物的特性、规律、因果关系及其价值，直到全部疑难得到化解，真知得到阐明与验证为止。这是探究学习的主要活动和中心一环。

（3）做出结论。做结论，既要有确定性、简明性，又要留有余地。因为事实判断性质的知识，是有条件、可发展的，并非绝对普适、绝对不变的。尤其价值判断性质的知识，更具有多元性、易变性，更不可简单化。

3. 评价

优点：

（1）注重引导学生对问题的探究，强调学生的学习主体地位，注重激发学生的求知欲，调动学生的主动性、创造性；

（2）注重让学生经历探究的艰难困苦，体验获取新知的乐趣和严格要求，尝到克服困难达到成功的兴奋和喜悦。

缺点：

（1）探究教学的工作量大，费时过多，而学生获得的知识量相对较少；

（2）若探究教学过多，可能影响教学任务的完成；

（3）若无高水平的教师引导，学生的主动性就难以发挥，容易出现自发与盲目，迷失探究方向，影响教学质量。

> **复习提示**
>
> 教学过程规律包含：①学生掌握知识的基本阶段；②正确处理教学过程中的几种关系。二者相互依存，相互促进。离开①，泛谈②就成了无本之木；但忽视②对①的指导作用，也不可能自觉而科学地完成教学任务。

四、教学过程中应当处理好的几种关系 【简答/论述】：11、21天津，11东北，12哈尔滨，17青岛大学，17曲阜，13、18江西，19安徽，19安庆，19北华大学，11、19沈阳，19青海，19海南，20吉林，20江西科技，21闽南，21黄冈师范，10、21山西，10、13湖北大学，10、12西南，11渤海大学，17东北，12湖南大学，13中南大学，10、12、13、16四川，13苏州，14宁波大学，15温州大学，15中国海洋，16扬州，16华南，18淮北，18郑州大学，18、20海南，20集美大学，20太原，20南京，21湖南科技，21重庆三峡学院

（一）间接经验与直接经验的关系 【简答/论述】：10青岛，11西北，13扬州，14江苏，14湖北大学，18山东，19辽宁，21北京理工，10江苏，12、13浙江大学，15、19、21扬州，13浙江，14华中，18聊城大学，19四川，20湖南，20湖南理工学院，21齐齐哈尔，21江西科技

1. 学生认识的主要任务是学习间接经验

有目的地组织学生进行间接经验学习的活动就是教学。它把人类世代代积累的科学文化知识加以选择，组成课程与教材，引导学生循序渐进地学习。学生就可以避免重复人类在认识发展过程中所经历的错误和曲折，用最短的时间来掌握人类创造的基本知识，成为符合现代社会需要的人。

2. 学习间接经验必须以学生个人的直接经验为基础

书本知识，一般是概念、原理、定律，属于偏理性的知识，对于学生来说，是他人的认识成果，是间接经验、抽象、不容易理解。学生要把书本知识转化为自己理解的知识，就必须以个人以往积累的或现时获得的感性经验为基础。

所以教学中要注重联系生活实际，利用学生已有经验，并补充学生学习新知识所必须有的感性认识，以便学生能顺利地理解书本知识并运用所学知识于实际，获得比较完全的知识。

3. 防止只重书本知识传授或直接经验积累的偏向

在处理直接经验和间接经验的关系时，要防止教学史上曾经出现的两种偏向。

一种是主张书本至上，注重书本知识的传授，习惯于教师的讲与听，导致注入式教学，造成学生知识一知半解，形式主义。另一种是在实用主义教育观的影响下，过于注重学生经验的积累，注重从做中学，忽视书本知识的学习，使学生难以掌握系统缜密的学科知识。

二者都偏向人为地割裂了学生掌握知识过程中直接经验和间接经验必然联系，违反了教学规律，必然会影响到教育教学质量。

（二）掌握知识和发展智力的关系 【简答/论述】：12广西，12安徽，14天津，15东北，15上海，18广西师范学院，19青岛，19山东，20湖南大学，21云南，10、11、17聊城大学，10天津，11广西，11杭州，12云南，12闽南，13西北，14山西，14辽宁，15湖南，15山东，15沈阳，15华中，16河北大学，16西南，17山西大学，18鲁东，18齐齐哈尔

1. 智力的发展与知识的掌握二者相互依存、相互促进

（1）在教学过程中，学生智力的发展依赖他们的知识掌握。对学生来说，掌握、运用知识的过程也是运用和发展智力的过程。只有在掌握知识的过程中学会获取这些知识的认识方法，并把这些知识的认识方法自觉地运用到以后的学习和实际中，才能发展智力。

（2）学生对知识的掌握又依赖他们的智力发展，因为人类的智力同样是掌握知识的必要条件。只有那些智力发展好的学生，他们的接受能力才强、学习效率才高；而智力发展较差的学生在学习中则有较多的困难。

2. 生动活泼地理解和创造性地运用知识才能有效地发展智力

答题提示

教学过程应处理的几种关系是重点，整体容易考简答、论述，单个关系也容易考简答、论述题，所以每个部分要详细掌握，做到有的放矢，遇到了不慌不乱。

教学过程应处理好的关系：掌握知识与培养思想品德的关系；掌握知识与提高能力的关系。在本章高分拓展中有补充。

(1) 知识不等于智力，传授了知识不等于训练了智力。一个学生知识的多少并不一定能标志他的智力发展的高低。

(2) 在教学中，不仅要教给学生以知识，而且要引导学生通过生动活泼主动的学习活动，透彻地理解知识原理，学会独立思考、逻辑推导和论证，能自如地甚至创造性地运用知识来解决理论和实际问题，这样才能使学生智力获得高水平发展。

3. 防止单纯抓知识教学或只重智力发展的片面性 【名解】：21湖南大学

近代教育史中，形式教育论与实质教育论经过长期的争论，两者都很片面，将掌握知识和发展智力分裂开了。形式教育论认为，教学的主要任务在于训练学生的思维形式，知识的传授则是无关紧要的。实质教育论认为，教学的主要任务在于传授给学生有用的知识，至于学生的智力则无须进行特别的培训。

今天教学中，有的强调"双基"教学，忽视通过学生主动探究；有的过于强调教学活动性和创造性，忽视系统知识的学习运用。这些都不利于提高教学质量。

（三）掌握知识与进行教育的关系

1. 进行教育性教学是现代教学的重要特性

教育性教学主要通过引导学生掌握知识及其蕴含的丰富而深刻的社会意义来实现，包括透彻地理解教学内容并感悟与认同其社会意义等，来培养学生的良好的思想品德与学风。

但这并不排斥教学还要通过各种规范、传统和教师的榜样与严格要求对学生进行的教育；还要通过严密组织、有序运转的班级教学活动，对学生进行的现代生活方式的训练及文明行为习惯的养成。这也是教育性教学的重要内涵。

2. 只有使所学知识引发了学生情感、态度的积极变化，才能让他们的思想真正得到提高

要使教学中传授的知识能给学生以深刻的影响，不仅要使学生深刻领悟知识，而且要让他们感受到它的巨大意义或深远影响，引起他们思想情感深处的共鸣、惊讶、敬慕、震撼、认同，或愧疚、悔恨，形成强烈的爱憎感、荣辱感，在态度和价值追求上发生积极的变化，这样才能推动学生开始是自我强迫的，然后逐渐转变为自觉的、坚持不懈的自我要求、自我教育与提高。在这个方面，空洞说教或强迫都是无效的。

3. 防止单纯传授知识或脱离知识教学的思想教育的偏向

在教学中要防止两种偏向。一种是单纯传授知识、忽视思想教育的偏向。持这种观点的人，以为教材富有思想性，学生学了思想自然会提高，无须教师多讲什么。另一种是脱离知识教学，另搞一套思想教育的偏向。这种做法必然画蛇添足，牵强附会，不仅不利于学生思想的提高，而且有害于系统的文化科学知识教学。

（四）智力活动与非智力活动的关系 【名解/简答/论述】：21海南、13、16广西、16安徽、18中国海洋、10闽南、16天津大学、16北京、21沈阳大学

1. 学生的学习、认识活动包括智力活动与非智力活动

学生的智力活动，主要指为认知事物、掌握知识而进行的感知、观察、思维、记忆和想象等心理因素的活动。它是进行学习、认识世界的工具。

学生的非智力活动，主要指在认知事物、掌握知识过程中诱发的好奇、欲求、情趣等心理因素的活动。它是学生进行学习、研究与实践的内在动力。

在教学过程中，学生的智力活动与非智力活动同时存在，各有其特点和功能，二者相互依存，相互作用，只有正确发挥整体功能，才能更好地提高学生的学习效率和教学

> **真题回顾**
>
> 2021年湖南大学名词解释：形式教育派

质量。

2. 按教学需要调节学生的非智力活动，才能有效地进行智力活动

在教学中，按教学需要调节非智力活动，从两方面进行。

一方面通过改进教学本身，使教学内容富有知识性、趣味性和启发性，适合学生年龄特征，以便引起学生的求知欲和兴趣。

另一方面，提高学生的自我教育能力，让他们能够逐步按教学要求自觉加强学习的注意力、毅力、责任感等，以提高学习效率。

（五）教师主导作用与学生主动性的关系【简答/论述】：17上海，18、20广东技术，18陕西，19湖北师范，19湖南大学，19山西，20华南，21南宁，11河南，10扬州，13聊城大学，14西南，14湖南大学，16山东，16西北，16、19内蒙古，16山西，16河北大学，17陕西，17鲁东，19上海，17郑州大学，18青海，19汕头大学，20洛阳，21华东，21赣南，21大理大学，21宝鸡文理

1. 发挥教师的主导作用是学生简捷有效地学习知识、发展身心的必要条件

充分发挥教师的主导作用，是有效教学的普遍规律。教师受过专门训练，精通所教的专业知识，了解学生的身心发展，懂得如何组织和教学，借助老师的教导与帮助，才能简捷有效地掌握人类科学文化知识，提高自己的身心发展水平，成为社会需要人才。

学生的学习主动性、积极性的正确发挥，有赖于教师的激发与引导，否则往往导致盲目、自发与低效。教学的效率和质量首先是由教师教得好坏决定的，一般来说，只有提高教师的素质和教学水平才能培养出成绩优秀的学生。

2. 尊重学生、调动学生学习的主动性是教师有效地教学的一个主要因素

学生是有能动性的人，他们不只是教学的对象，而且是学习与发展的主体。教师传授的知识与技能，施加的思想影响，都要经过学生个人的观察、思考、领悟、反思、认同、自我践行与修养，才能转化成为他们的本领与品德。

学生的学习主动性、积极性发挥得怎么样，直接影响并最终决定着他们的学习效果和身心发展的水平。因此，教师要尊重学生，民主平等地对待学生，充分调动学生的学习积极性，对于学生好奇、好问、好探究的天性要珍惜、爱护、循循善诱。

3. 防止忽视学生主动性和忽视教师主导作用的偏向

如何处理教学中的师生关系，在教学史上曾出现过两种片面性。

以赫尔巴特为代表的传统教育派认为，教师在教学中处于中心地位，向学生传授知识、进行教育主要依靠教师。他们片面强调教师权威，忽视学生的主动性，使教学进行得死板、被动，不利于培养学生的自主精神和创造才能。

以杜威为代表的现代教育派认为，应该把儿童变成教学的中心，充分发挥学生的主动性，教育的一切措施都围绕着学生转。他们片面强调学生的学习主动性，忽视教师的主导作用，往往使学生的学习陷入盲目探索，学不到系统的科学知识，不利于造就现代科技人才，落后于时代的发展。

上述两派的共同特点，都是把教师的主导作用与学生的主动性对立起来，强调一个而忽视另一个。但损伤任何一方的积极作用，都将导致削弱或破坏。唯有师生积极合作才能产生教学双方的积极性和教学的整体功能。

·第三节 教学原则·

【简答/论述】：11华南, 11、14山西, 15北航, 15江西, 15福建, 15中国海洋, 17广西师范学院, 19广西, 20陕西, 20西安外国语, 21佛山科学技术学院, 21西北, 10、16青岛大学, 14北航, 15贵州, 16湖南大学, 18四川, 18东北, 18苏州, 18宝鸡文理学院, 18石河子大学, 19集美大学, 19湖南, 21浙江海洋, 21浙江, 21淮北

教学原则的定义 【名解】：11闽南, 12江苏, 13哈尔滨, 13沈阳, 15山西, 13、16、19内蒙古, 17广东技术, 18郑州大学, 19聊城大学, 19云南, 20西南大学, 21江苏大学, 21郑州大学, 21佛山科学技术学院

教学原则是有效进行教学必须遵循的基本要求，既指导教师的教，也指导学生的学，应贯彻于教学过程的各个方面和始终。

我国中小学的教学原则主要有：科学性与思想性统一原则，理论与实践相结合原则，直观性原则，启发性原则，循序渐进原则，巩固性原则，发展性原则，因材施教原则。

顺口溜>> 教学原则：科学思想相统一，理论一定连实践，直观启发与渐进，巩固发展还量力，因材施教不忘记

一、科学性与思想性统一原则 【简答/论述】：16辽宁, 19湖北师范, 20北京, 20西华, 21安庆, 11北京

（一）定义

科学性和思想性统一原则是指教学要以马克思主义为指导，授予学生以科学知识，并结合知识教学对学生进行社会主义品德和核心价值观教育。

它是培养德、智、体、美全面发展人才的要求，是建设社会主义物质文明和精神文明的要求，也是教学的教育性规律的反映，体现了我国教学的根本方向和质量标准。

（二）贯彻科学性和思想性统一原则的基本要求

1. 保证教学的科学性

首先，在教学中，教师要以马克思主义的观点和方法来分析教材，使选择和补充的教学内容都能切合时代的需要，反映学科的进步。力求传授给学生的知识及其方法、过程都是科学的、准确无误的、富有教益的。

其次，无论讲授人文或科学知识，都应当深入浅出、通俗易懂、生动有趣，但要力求准确，不可因追求通俗有趣而影响了科学性、思想性。一旦发现自己的讲授、演算有错误，要勇于及时纠正。

2. 发掘教材的思想性，注意在教学中对学生进行思想品德教育

人文社会学科具有鲜明的思想性，如语文、历史、政治等都是提高学生思想修养、进行人生观教育的重要教材；自然学科也蕴含着丰富的人文精神，尤其是它所运用的研究方法、经历的艰辛过程和所揭示的客观规律，均有利于使学生养成实事求是的科学态度。

在教学中，如果教师脱离教学的具体内容，空泛地向学生道德说教、生拉硬扯地进行思想教育，就会削弱知识教学的系统性，影响学生对知识的理解，甚至引起学生的反感。

3. 重视补充有价值的资料、事例或录像

一般来说，教材的思想性寓于科学知识之中，大都十分内隐，自然科学尤其是这样。如果教师能深入领悟、吃透教材，根据教学需要补充一些有价值的资料，包括生动的故

教学原则非常重要！每个原则都要详细掌握，因为名词解释、简答、论述题三种题型都会考查！

真题回顾

2020年西南大学名词解释：教学原则。

2020年北京师范大学简答题：简述科学性与思想性统一的教学原则。

2020年陕西师范大学简答题：教学原则有哪些？

2020年上海师范大学论述题：结合实例说明直观性教学原则的含义及实施注意点。

事与实例、经典的格言、动人的录像，情况则大不一样，将开启学生的心智，震撼学生的心灵，使他们获益匪浅。

4. 教师要不断提高自己的专业水平和思想修养

列宁指出："在任何学校里，最重要的是课程的思想政治方向。这个方向由什么来决定呢？完全只能由教学人员来决定。"所以，教学的科学性和思想性主要靠教师来保障。

二、理论与实践相结合原则 【名解/简答/论述】：17西华，19广东技术，19山西，18山东，21江西科技，13云南

（一）定义

理论与实践相结合原则，是指教学要以学习基础知识为主导，将理论运用于解释和解决实际问题，学以致用，发展动脑、动手能力，并理解知识的含义，领悟知识的价值。它是教学及学习应遵循的重要原则。

（二）贯彻理论与实践相结合原则的基本要求

1. 注重联系实际学好理论

教师要善于通过演示、举出具体事例、回忆生活体验，想方设法联系有关学生的生活实际，唤醒与激活他们已有的经验、情趣与思考力，进行观察与思考、分析、领悟，这样才能让他们生动活泼、主动地理解和掌握抽象难懂的学科概念与原理。

2. 重视引导学生运用知识

首先，要重视教学中知识的运用，如解决实际问题的讨论、作业、实验等教学性实验。这是教学中运用知识的主要方式，让学生多动手解决具体问题，必定要求他们多动脑筋，不仅有利于提高他们的动手能力，还能养成学以致用的情趣。

其次，要在教学课程中，组织学生开展一些实际的学习活动。如进行一些参观、访问、社会调查，或从事一些实地观察、小发明以及生产劳动等。

3. 逐步培养与形成学生综合运用知识的能力

在教学中坚持理论与实际相结合原则，培养学生学以致用的能力，是一个学生综合运用知识的过程。它要求把按学科知识的概念系统进行学习的方式，转换为按"问题—解决"建构知识的系统进行学习的方式，而且还要见诸行动、做实验、做事情、做文章、搞艺术、搞交往、搞生产。

4. 面向生活现实，培养学生的对策思维

在教导学生向书本学习时，还需把学生的目光引向现实，包括学生生活现实、校园生活现实、社会生活现实、国际生活现实等，对照书本，以发现和提出问题，谋划和讨论问题的解决，并采取与问题相称的可能的行动，以培养学生的对策思维与解决问题的实践能力。

三、直观性原则 【名解/简答/论述】：12延安大学，13东北，20四川轻化工，15华中，16西华，17杭州，18河北大学，20山东，20太原，16贵州，17山西大学，18华中，20上海，21东华理工

（一）定义

直观性教学原则是指在教学中通过引导学生观察所学事物或图像，聆听教师用语言对所学对象的形象描绘，形成有关事物具体而清晰的表象，以便理解所学知识。

（二）贯彻直观性原则的基本要求

真题回顾

2013年云南师大论述题：结合案例，论述在课堂教学中如何运用理论联系实际原则。考简答题、论述题时全部要回答。
考名词解释时回答（一）定义+（二）基本要求中4条主干即可。

真题回顾

2016年贵州师大论述题：一位教师用一条活鱼来引导《鱼》一课，播放关于解剖鱼相关的视频使学生了解鱼的知识，

1. 正确选择直观教具和现代化教学手段

直观教具有三类：①实物直观，包括各种实物、标本。②模象直观，包括各种图片、图表等。③多媒体教学，这是运用计算机和网络技术进行直观的教学。不论选用哪种直观方式，都要注意其典型性、代表性、科学性和思想性，以适合儿童发展的特点，符合教学的要求，使学生能形成所学事物的清晰表象，掌握抽象的文字概念。

2. 直观要与讲解相结合

教学中的直观不是让学生自发地看，而是要在教师的指导下有目的地观察，或配合讲解边听边看。教师要通过提出问题，引导学生去把握事物的特征，发现事物之间的联系；应鼓励学生提问，解答学生在观察中的疑惑，以便更深刻地掌握理性知识。

3. 防止直观的不当与滥用

一节课是否运用直观，以什么方式、怎样进行直观，都应当根据教学的需要来决定，也就是说，不能把直观当作目的，不能为直观而直观，不是直观得越多越好。

4. 重视运用语言直观

教师用语言做生动的讲解、形象的描述、通俗的比喻，能够起到直观的作用。

四、启发性原则（即探究性原则或启发与探究相结合原则）【名解/简答/论述】：

12、20辽宁、15江苏、17沈阳、17扬州、18聊城大学、18陕西、19太原、19中国海洋、21温州大学、10杭州、12渤海大学、12北京、14沈阳、14安徽、15青岛大学、15鲁东、16福建、17赣南、17华中、18云南、18、19西北、18中国海洋、18贵州、19山东、20江西科技、21江西、21广西、11扬州、12、13、16陕西、13、20华中、14江西、16江苏、16、18闽南、19贵州、19湖南科技、20哈尔滨、21齐齐哈尔

（一）定义

启发性原则是指在教学中教师要激发学生的学习主体性，引导他们独立思考，积极探究，自觉地掌握科学知识，学会分析问题和解决问题，树立求真意识和人文情怀。

启发性原则看似强调教师对学生的启发，其实更重引发学生自主地探究、反思、领悟、觉醒与解决问题，所以，也称探究性原则或启发与探究相结合原则。

（二）贯彻启发性原则的基本要求

1. 调动学生学习的主动性

在激发学生学习主动性上，教师要发挥个人的创造性，善于运用发人深思的提问、令人心动的讲述，充分显示教学内容的吸引力，以便激起学生的求知欲，全神贯注地投入学习。

2. 善于提问激疑，引导教学步步深入

优秀教师在教学中均善于提问激疑，使学生茅塞顿开，思想活跃起来。教师因势利导，引导学生的认识步步深入，生动活泼地获取新知，并使他们的思维能力受到真正地锻炼与提高。

3. 注重通过解决实际问题启发学生获取知识

通过组织和引导学生观察、操作、动手解决实际问题，也是启发教学的一个重要途径。接触实际问题，对学生更具诱惑力、挑战性，会使他们更积极主动地进行学习和完成任务。

4. 引导学生反思学习过程

教学要引导学生反思学习过程，了解学习过程的程序和方法，分析学习过程中的顺利与障碍、长处与缺点，寻找形成障碍与缺点的原因，克服学习过程中的弯路与失误，使学习程序和方法简捷、有效，达到学会学习。

该教师用了什么教学原则，如何运用此原则？
2018年华中师大论述题：联系实际谈谈在教学中运用直观性原则应注意哪些问题。

这两题的问法稍微有点不同，但实质就是回答直观性原则的全部内容。

启发性原则是教学原则中最重要的，且中国教育史中孔子的教学思想（"不愤不启、不悱不发"）、《学记》（"道而弗牵、强而弗抑，开而弗达"）、苏格拉底的产婆术都有体现启发的思想。

真题回顾

2020年哈尔滨师范大学论述题：结合当前我国中小学教学实际，论述启发性

5. 发扬教学民主

要创造宽松、和谐、民主、平等、坦率、活跃的课堂教学氛围，是启发教学的重要条件。只有这样，学生的心情才会感到宽松，他们的聪明才智才能充分发挥出来。

五、循序渐进原则（即系统性原则）【名解/简答/论述】：14、20扬州，19天津，14闽南，15沈阳，16鲁东，16南京，18集美大学，21安徽，17福建，17闽南

（一）定义

循序渐进原则，又称系统性原则，是指教学要按照学科的逻辑系统和学生认识发展的顺序进行，使学生系统地掌握基础知识、基本技能，形成严密的逻辑思维能力。

（二）贯彻系统性原则的基本要求

1. 按教材的系统性进行教学

按课程标准和教科书的逻辑体系进行教学，要求教师深入领会教材的系统性，结合学生认识特点和本班学生的情况，编写一个讲授提纲或设计一个教学双边活动过程计划，以组织、指导教学的进程。

2. 抓主要矛盾，解决好重点与难点

教学循序渐进并不意味着教学要面面俱到、平均使用力量，而是要求区别主次、分清难易、有详有略地教学。抓好重点，用较多时间对重点，对学生进行启发，开展讨论，进行讲评，保证学生掌握基本概念和基本技能。难点不一定是重点，不同学生有不同的难点，故突破难点要针对性采取措施。

3. 由浅入深、由易到难、由简到繁

一味搞突击、求速成，欲速则不达。如果循序渐进进行教学，学生的基础打好了，能力提高了，学习效率自然会提高。

4. 将系统连贯性与灵活多样性结合起来

教学是一种复杂的艺术。教师必须认真备课，但课堂情况复杂，充满变数，若教师不顾实际情况的变化，机械执行，必将使课堂教学陷于被动、沉闷、低效的局面。因此，在教学中，教师应当将教学的系统性、连续性与灵活性机智地结合起来，以完成教学任务。

六、巩固性原则【论述】：21上海

（一）定义

巩固性原则，是指教学要引导学生在理解的基础上牢固地掌握知识和技能，长久地保持在记忆中，以便根据需要迅速再现，有效地运用。

（二）贯彻巩固性原则的基本要求

1. 在理解的基础上巩固

理解知识是巩固知识的基础。要使学生牢固地掌握知识，教师在教学中首先要使学生深刻理解知识，并通过剖析、理解、重构来记忆概念、原理。

2. 把握巩固的度

一是厘清哪些知识是需要牢记的，哪些知识是了解即可的。二是区分知识的精确度，教材中主要的定义必须记准确。三是作业量要适度，与技能、技巧形成的要求相适应。

3. 重视组织各种复习

复习就是重温已学过的知识。它可以使知识在记忆中强化、熟练，加深学生对知识

真题回顾

2017年闽南师范大学论述题：论述循序渐进原则及其教学运用。

2018年集美大学简答题：简述循序渐进的教学原则。

我们的弊端是要求学生记的知识点越多越好，背诵得一字不差最好，作业做得越多越好，导致学生用汗水换来低效与痛苦的发展。（希望各位考研同学在复习中也要注意，在理解的基础上记忆，记忆一些关键词关键句，给自己减轻负担）

的理解，提高学生的再造与创造能力。教学过程中，应根据需要组织各种复习。为了组织好复习，教师要向学生提出具体、明确的复习与记忆任务，安排复习时间，及时进行。

4. 在扩充、改组和运用知识中积极巩固

复习是巩固的主要方法，但不是唯一方法。在教学中，许多教师非常重视引导学生通过努力学习新知识，扩大、加深、改组原有知识，积极运用所学知识于实际来巩固知识。

七、发展性原则（量力性原则或可接受性原则）【名解/简答/论述】：13鲁东，15福建，19华中，10华东，15云南

（一）定义

发展性原则，是指教学的内容、方法和进度，既要适合学生已有的发展水平，又要有一定的难度，激励他们经过努力才能掌握，以便有效地促进学生的身心发展，也称量力性原则或可接受性原则。

（二）贯彻发展性原则的基本要求

1. 了解学生的发展水平，从实际出发进行教学

教师在教学过程中，随时都要了解学生的发展水平、已有的知识与能力状况。这是教学的基点与起点，也是学生知识的生长点。教学应当对学生有一定的难度，但这个难度是他们在教师引导下通过个人的努力能够解决的，即符合学生的最近发展区，有助于调动他们的学习积极性。

2. 考虑学生认识发展的时代特点

由于人民生活改善、科技发展、报刊图书激增、广播电视普及，儿童知识来源增多，从小获得的信息量大大扩充。与改革开放前的同龄人相比，知识面较广，思维较敏捷，接受能力有明显提高。故对学生的发展水平估计，要与时俱进，要考虑学生认知发展的时代特点。

八、因材施教原则 【名解/简答/论述】：10东北，11哈尔滨，12天津，19湖北师范，12扬州，13内蒙古，19华东，20湖南理工学院，20青岛大学，20湖州师范，13闽南，19、20湖南大学，21青岛大学

（一）定义

因材施教原则，是指教师要从学生的实际情况、个别差异与个性特点出发，有的放矢地进行有区别的教学，使每个学生都能扬长避短、长善救失，获得最佳发展。

（二）贯彻因材施教原则的基本要求

1. 针对学生的特点进行有区别的教学

了解学生的特点是搞好因材施教的基础。教师应当了解每个学生德、智、体、美和综合实践等各方面发展的特点，包括认知、情趣、擅长、价值取向与不足之处，以便有目的地因材施教。

2. 采取灵活多样的举措，使有才能的学生得到充分的发展

现代科技的发展，国际竞争的加强，都要求学校注意从小培养有特殊才能的人，探索和采用一些特殊措施，以保证早出人才、快出人才。

> 德育原则中也有因材施教，孔子因材施教的教学思想、加德纳多元智力理论（这是教育心理学部分的重点，可以回顾一下）

本章高分拓展

一、教学与教育、智育、上课的区别与联系（教育学基础、陕西师大大纲新增）【简答】：12内蒙古，21宝鸡文理

（一）教学与教育

教学与教育是部分与整体的关系。教育包含教学，教学是学校进行全面教育的一个基本途径。教学工作是学校教育工作的一个组成部分，是学校教育的工作重心。除教学外，学校还通过课外活动、生产劳动、社会实践、咨询与辅导等多种途径向学生进行教育。

（二）教学与智育【简答】：13东北

教学与智育是复杂的交叉关系。智育是指向学生传授系统的文化科学知识和技能，专门发展学生智力的教育活动，它是教育的一个组成部分。教学是智育的主要途径，但不是唯一途径，智育也需要课外活动等途径才能全面实现；教学的目的不仅要完成智育任务，也要完成德育、体育、美育等任务。

（三）教学与上课

教学与上课是整体与部分的关系。教学是由教与学两方面组成的，其中，"教"除了指教师在课堂上的教授工作以外，还包括教师在课间对学生的辅导活动，而"学"既包括学生在教师的直接教授下的学习，也包括学生为配合教师上课而进行的预习、复习与独立作业等自学活动。因此，教学包括上课，上课是教学活动的主要途径，但不是唯一途径。

二、当代主要教学理论流派（教育学基础、陕西师大大纲新增）

（一）行为主义教学理论【简答】：17重庆三峡学院

1. 代表人物及简介

以华生、斯金纳为代表的行为主义心理学家认为，学习即"刺激—反应"之间的联结，教学的本质在于如何进行强化。斯金纳程序教学是将各门学科知识按其中内在逻辑联系分解为一系列的知识项目，使之前后衔接、逐渐加深，然后让学生逐个学习每一项知识，并及时给予强化，使学生最终掌握所学的知识。

2. 教学目标

教学的目的是提供特定的刺激，以便引起学生特定的反应，所以教学目标越具体、越精确越好。这是一种突出预期行为的教学目标。

3. 教学过程

学生的学习行为受行为结果影响，若要学生作出合乎学习需要的行为反应，必须形成某种相倚关系，即在行为后有一种强化性的结果，加强对强化刺激的系统控制。假设一种行为得不到强化，它就会消失。相倚组织教学即为对学习环境的设置、课程材料的设计和学生学习行为的管理作出系统安排，关注的是"怎样教"，而不是"教什么"。

4. 教学方法（教学模式）：程序教学法

程序教学就是把教材分成连续的小步子，严格地按照逻辑编成程序的一种教学模式。主要采取四个步骤：①小步骤进行。②呈现明显的反应。③及时反馈。④自定步调学习。

5. 教学原则

（1）小步子原则：学习被分解成一步一步的，前一步的学习为后一步的学习作铺垫，后一步学习在

前一步学习后进行。

(2) **积极反应原则**：学生产生一个反应，给予强化或奖励，并促使学习者作进一步反应。

(3) **自定步调原则**：学习者依据自己的情况确定学习进度，按自己最适宜的速度进行学习。

(4) **及时反馈原则**：让学生立即知道自己学习的答案是否正确，一旦对第一步做出正确的反应（回答），立即呈示第二步（第二个问题）。

(5) **低错误率原则**：在教学过程中，尽量避免学生出现错误的反应，以避免影响学生的情绪和学习的速度。

6. 评价

关注"怎么教"，而不是"教什么"；侧重的是行为，并以一种可以观察、测量的形式来具体说明课程内容和教学过程；忽视了学生的情感、师生之间的交流。

（二）认知主义教学理论【名解】：21杭州

1. 简介及代表人物

以布鲁纳、奥苏伯尔为代表的认知心理学家认为，学习的本质是学习者内部认知结构的形成或改组，教学是促进学习者内部认知结构的形成或改组，尤以布鲁纳为代表，形成了认知结构教学理论。

2. 教学目标

布鲁纳认为，发展学生的智力应是教学的主要目的。他在《教育过程》中指出，必须要强调教育的质量和理智的目标，也就是说，教育不仅要培养成绩优异的学生，而且要帮助每个学生获得最好的理智发展。

3. 教学原则

(1) **动机原则**。利用学生的好奇心和学习愿望，激发学生参与探究活动的动机。

(2) **结构原则**。既要选择适当的知识结构，又要选择适合于学生认知结构的教学方式，使知识结构与学生头脑中的认知结构相匹配，促进学生学习。

(3) **程序原则**。根据学生的发展水平、动机状态、知识背景等现状，选择最佳顺序呈现教学内容。也叫做序列原则。

(4) **强化原则**。恰当提供强化，以便让学生适时知道自己学习的结果。但要注意的是，教师不应提供太多强化，以免学生过于依赖教师的指点。另外，要逐渐从强调外部奖励转向内部奖励。

4. 教学方法

布鲁纳认为，学生掌握学科基本结构的最好方法是发现法。发现法是指给学生提供有关的学习材料，让学生通过探索、操作和思考，自行发现知识、理解概念和原理的教学方法。

5. 教学策略

引导学生理解并掌握学科基本结构，需注意以下几点：第一，注意教学本身应有新奇性，同时跨度应适当，难度不能过高或过低，以激发学生的好奇心和胜任感。第二，根据学生的经验水平、年龄特点和材料性质，选取灵活的教学程序和结构方式来组织实际的教学活动过程。第三，注意提供有助于学生矫正和提高的反馈信息，并教育学生进行自我反馈，以提高学习的自觉性和能动性。

6. 评价

重视学生在学习中的主体性、主动性；忽视学生的情感。

（三）人本主义教学理论（情感教学理论）【论述】：21南宁

1. 简介及代表人物

以罗杰斯为代表的人本主义心理学家强调研究人类真实的内在自我，注重心理学研究与人类生活实际相结合，认为心理学应关注完整的人。教学的本质在于促进学生成为一个完整的人。

2. 教学目标

教育与教学过程旨在促进学生的个性发展，发挥学生的潜能，培养学生的积极性和主动性。教师的任务就是要为学生提供学习的手段和条件，促进个体自由的成长。教师是"助产士"和"催化剂"，是"为学习提供便利条件的人"，是"学习的促进者"。

3. 教学过程（教学步骤）

第一步，确定帮助的情境。教师要鼓励学生自由表达自己的感情。

第二步，探索问题。鼓励学生自己来界定问题，教师要接受学生的感情，必要时加以澄清。

第三步，形成见识。让学生讨论问题，自由地发表看法，教师给学生提供帮助。

第四步，计划和抉择。由学生计划初步的决定，教师帮助学生澄清这些决定。

第五步，整合。学生获得较深刻的见识，并作出积极的行动，教师对此要予以支持。

4. 教学方法

罗杰斯提倡有意义学习。有意义学习是指一种涉及学习者是完整的人，使个体的行为、态度、个性以及在未来选择行动方针时发生重大变化的学习，是一种与学习者各种经验融合在一起的、使个体全身心投入其中的学习。有意义学习四个要素：①全神贯注；②自动自发；③全面发展；④自我评估。

5. 评价

重视学生的情感；忽视系统知识的学习，导致教育质量下降。

三、关于教学过程本质的主要观点（教育学基础、陕西师大大纲新增）

（一）教学过程是一种特殊的认识过程

教学过程主要是引导学生掌握人类长期积累起来的科学文化知识的过程，学生循序渐进地学习和运用知识的认识活动贯穿于教学过程的始终。但教学过程又是一种特殊的认识过程，它是学生个体的认识过程，具有不同于人类总体认识的显著特点。

表现为：①间接性，即主要以学习科学文化知识为中介，间接地认识现实世界；②引导性，即需要在教师的引导下进行认识，而非独立完成；③简捷性，即一种科学文化知识的再生产。

（二）教学过程是促进学生全面发展的过程

教学的根本目的在于培养人，促进学生体、智、德、美等各方面的全面发展。学生的发展是在认识的基础上进行的，但认识过程不能等同于学生的全面发展，发展过程是比认识过程更为根本的过程。

教学过程本身并非学生的发展过程，因此教学过程应当基于认识过程，把认识过程转变为促进学生全面发展的过程。为了使教学过程有力地促进学生的身心全面发展，就要使教学成为教育性教学（赫尔巴特）和发展性教学（维果茨基等）。

（三）教学过程是师生交往过程

教学的实质是交往，教学过程是师生交往、沟通、互动和共同发展的过程。这种观点试图超越教师中心论和学生中心论，注重平等对话，倡导自由民主、宽容理解、平等和谐的师生关系。教学中的交往，必须紧紧围绕引导学生掌握知识、运用知识与获得发展来进行。

（四）教学过程是促进学生教育价值增值的过程

教学是一种价值活动。认识本身不是目的，实现教育价值的增值才是最终目的。因此，教学过程是作为价值主体的师生追寻和实现价值目标而开展的活动过程，其实质是促进学生体、智、德、美等各方面全面发展的教育价值增值的过程。

（五）教学过程是具有多质性的过程

仅从哲学认识论的视角思考教学过程，容易把教学过程限制在认识过程的狭小胡同里，忽视教学的全面性、综合性、多质性。因此，这种观点主张以系统论的视角全面分析教学过程不同层面的本质。

四、教学过程中应处理好的几种关系（教育学基础、陕西师大大纲比全国大纲新增以下2个内容）

（一）掌握知识与培养思想品德的关系 【论述】：12湖南大学，19西北，21内蒙古，21洛阳

1. 学生思想品德的提高以知识为基础

要培养学生的思想品德，需要有一定的科学文化知识为基础。赫尔巴特提出的"教育性教学"，深刻揭示了知识教学与思想品德的培养之间的内在联系，阐明了现代教学的发展方向。教育性教学主要通过引导学生掌握知识及其蕴含的思想品德来实现。

2. 引导学生对所学知识产生积极的态度才能使他们的思想得到提高

要使教学中传授的知识转化为学生的思想品德，不仅要引导学生深刻理解知识，而且要引起他们思想情感深处的共鸣，在态度和价值追求上产生积极的变化，才能转变为自觉的践行。在这个问题上，切忌空洞说教或强迫。

3. 学生思想的提高又推动他们积极地学习知识

在教学中，要防止两种偏向。一种是单纯传授知识、忽视思想品德培养的偏向。另一种是脱离知识教学而进行思想品德培养的偏向。这种做法必然牵强附会，不利于学生思想品德的培养。

（二）掌握知识与提高能力的关系 【简答/论述】：19东北，12湖南大学

1. 能力的提高与知识的掌握相互依存、互为条件

在教学过程中，学生能力的提高依赖于其知识的掌握。因为系统的知识是能力提高的必要条件，能力的提高离不开知识的掌握。同时，学生对知识的掌握又依赖于其能力的提高，因为能力同样是掌握知识的必要条件。

2. 科学地掌握知识才能有效地提高能力

通过传授知识提高学生的能力是教学的重要任务，但并非知识教学都能有效地提高学生的能力。学生的能力，只能在掌握和运用知识的过程中得以提高。所以，在教学中，不仅要引导学生掌握知识，而且要引导学生理解知识，了解获取知识的过程与方法，创造性地运用知识解决实际问题，才能提高学生的能力。

3. 防止只抓知识教学或只重能力发展的倾向

教学中如何处理掌握知识与提高能力的关系，形式教育论与实质教育论曾经有过长期的争论。形式教育论认为，教学的主要任务在于训练学生的思维，提高学生的能力，知识的掌握无关紧要；实质教育论则认为，教学的主要任务在于引导学生掌握知识，学生能力的提高无须特别训练。显然，两派的主张都是片面的，割裂了掌握知识与提高能力之间的内在联系，难以达到应有的教学效果。

五、教学模式概述（教育学基础、陕西师大大纲新增）

（一）教学模式的概念

教学模式是在一定教学思想或教学理论指导下建立起来的较为稳定的教学活动结构框架和活动程序。作为结构框架，突出了教学模式从宏观上把握教学活动整体及各要素之间内部的关系和功能；作为活动程序则突出了教学模式的有序性和可操作性。

（二）教学模式的特点 【简答】：12辽宁

1. 操作性

教学模式把某种教学理论或活动方式中最核心的部分用简化的形式反映出来，以便于人们理解、把握和应用。同时，它还具体地规定了教师的教学行为，使教师在课堂教学中有章可循，顺利完成教学任务。

2. 简约性

教学模式采用精炼的语言、象征性的图形和明确的符号来表示其构成要素之间的复杂关系，具有简约性特征，有利于人们的理解、交流和传播。

3. 针对性

每种教学模式都是为实现特定教学目标而设计的，因而具有较强的针对性与适应性。

4. 整体性

任何教学模式都是由一定的基本要素组成的，本身有一套完整的结构与一系列的运行要求。这种对教学结构的重组和综合，使教学模式表现出整体性特征。

5. 开放性

教学模式是一个动态开放的系统，有一个产生、发展、完善的过程。虽然教学模式一旦形成，其基本结构是保持稳定的，但这并不意味着该教学模式就从此一成不变了。

（三）教学模式的结构【简答】：12华东，18聊城大学

1. 理论依据

任何教学模式都是在一定的教学思想和理论指导下产生的。例如，程序教学模式是根据行为主义心理学提出的。指导思想是每个教学模式建立的理论基础。

2. 教学目标

教学模式所能达到的教学效果，是教育者对某项教学活动在学习者身上将产生什么样的效果所做出的预先估计。

3. 操作程序

教学在时间上展开的逻辑步骤以及每个步骤的主要做法等。任何教学模式都具有一套独特的操作程序和步骤。操作程序只能是基本的、相对的，而不是僵化的、一成不变的。

4. 实现条件

促使教学模式发挥效力的各种条件（教学、学生、教学内容、手段、时间、空间等）的最佳组合和最好的方案。

5. 教学评价

教学评价是教学模式的一个重要因素，包括评价的方法、标准等。每一种教学模式，都有适合自己特点的评价标准和方法。

六、当代国外主要教学模式（教育学基础、陕西师大大纲新增）

（一）程序教学模式【简答】：17广东技术

1. 代表人物：斯金纳。
2. 理论基础：行为主义心理学。认为学习是刺激—反应之间的联结，教学的目的是提供特定的刺激，以便引起学生特定的反应。
3. 教学目标：通过对强化刺激的系统控制，使学生做出合乎需要的行为反应。
4. 基本结构：①小步骤进行；②呈现明显的反应；③及时反馈；④自定步调学习。
5. 操作程序：解释——提问——解答——确认
6. 评价：

优点：①能够准确反映学生对事实知识的记忆和简单应用；②适应个体差异，适合学生自学；③采

用小步子的方法，对复杂内容可以化难为易。

缺点： ①严格规定了学生的学习进程，不利于培养学生的主动性和创造性。②不适合技能训练和艺术学科，缺少同学间、师生间的人际交往。③只能判断学生的学习结果，不能判断学生理解的深浅、是否进行创造性思维，不能够反映高级知识和能力的学习情况。

（二）发现教学模式

1. **代表人物：** 布鲁纳。
2. **理论基础：** 结构主义认知心理学。通过让学生学习学科知识的基本结构，促进学生的认知结构不断地重组和改造，使学生智力获得发展。
3. **教学目标：** 以解决问题为中心，在掌握学科的基本知识的基础上，着眼于学生探究思维能力、创造性思维能力的培养。
4. **操作程序：** ①创设问题情境。②提出假设。③验证假设。④应用假设解决问题。
5. **评价：**

优点： 有利于培养学生的学习兴趣，提高学生的潜在智力，提高学生的创造性思维能力。

缺点： ①花费时间较多；②智力较高、能力较强的学生更能适应这种模式，而能力一般的学生难以适应这种模式，会拉大学生之间的差异。③教师设计、实施这样的课程较难，对教师要求较高。

（三）掌握学习教学模式

1. **代表人物：** 卡罗尔、布鲁姆
2. **理论基础：** 掌握学习理论。只要给学生足够的时间和适当的教学，几乎所有学生对学习内容都能达到掌握的程度（准确完成80%—90%的测验题目）。②教育目标分类学。③教学评价理论。包括诊断性评价、形成性评价、终结性评价。
3. **教学目标：** 教师为掌握而教，学生为掌握而学，每个学生都能学好，达到掌握的程度。
4. **操作程序：** ①学生定向；②常规授课；③揭示差错；④矫正差错；⑤再次测评；⑥总结性评价。
5. **评价：**

优点： ①采用全程评价的方法；②有利于差生的学习。

缺点： ①不利于优等生的学习；②增加教师的负担。③忽视了教学的复杂性。

（四）暗示教学模式（"情境—陶冶"教学模式）

1. **代表人物：** 乔治·洛扎诺夫。
2. **理论基础：** ①暗示心理学。利用暗示手段可以使人的有意识心理活动和无意识心理活动达到高度协调，从而使人的潜在能力得到最大限度的发挥。②现代心理学关于人脑功能的研究。大脑两个半球同时运用，比单独一个半球活动效果好。在教学过程中，把学生逻辑的和非逻辑的心理活动同时调动起来，把语言活动、思维活动与音乐、游戏、表演等活动有机地结合起来，就能取得好的教学效果。
3. **教学目标：** 充分调动学生的无意识心理活动，不断促进学生潜能的发展。
4. **操作程序：** ①说明内容；②边播放音乐边朗读；③角色表演；④伸展活动。
5. **教学原则：** 愉快而不紧张；有意识和无意识统一；暗示手段相互作用。
6. **评价：** 能够充分调动学生的学习兴趣，满足学生的求知欲，充分发挥学生潜力，提高教学效果和学习效果。

（五）范例教学模式【名解】：12天津

1. **代表人物：** 德国教育家马丁·瓦根舍因。
2. **理论基础：** 结构主义和范例教学理论。强调精选范例，教给学生基本性、基础性和范例性的知识，

使学生掌握学科的基本结构，发展智力。

3. **教学目标**：实现教学与教育的统一，问题解决学习与系统学习的统一，掌握知识与培养能力的统一，主体与客体的统一。

4. **操作程序**：

①阐明"个"案。②范例性地阐明"类"案。③范例性地掌握规律原理。④掌握规律原理的方法论意义。⑤规律原理运用训练。

5. **评价**：

优点：侧重于教学内容的优化组合，呈现范例性材料，利于学生理解和接受知识，训练独立思考和判断能力。

缺点：教材的编排方面，难以使各个题型同整个知识体系有机衔接。

（六）非指导性教学模式【名解】：21西安外国语

1. **代表人物**：罗杰斯

2. **理论基础**：人本主义心理学理论。罗杰斯否定"以知识为中心"和"以教师为中心"的传统教学模式，强调教学要以学生个人为中心，教师在激发学生内在动机和需要的基础上，通过建立良好的人际关系和宽松融洽的课堂气氛，促进学生学习，而非"教"学生学习，因此称为"非指导性教学"。

3. **教学目标**：发展学生的人格和情感。这一模式着眼于教学的长期、间接的效果、倾向、变化和整个人格的发展，目标是培养"完整的人"。

4. **操作程序**：①确定帮助的情境；②探索问题；③形成见识；④计划和抉择；⑤整合。

5. **评价**：

优点：①突出学生情感和价值观的作用；②有利于发挥学生的积极性、潜能，塑造学生的个性；③有利于学生充分认识自我价值，形成自我的概念。

缺点：过分强调以学生为中心，忽视教师的主导作用，忽视系统知识的学习，导致教育质量下降。

七、当代我国主要教学模式（教育学基础、陕西师大大纲新增）

（一）传递—接受式教学模式

1. **指导思想**：赫尔巴特的四段教学法、苏联凯洛夫的教育思想。

2. **教学目标**：以传授系统知识、培养基本技能为目标，注重充分挖掘学生的记忆力、推理能力与间接经验在掌握知识方面的作用，强调教师的指导作用和权威性。

3. **操作程序**：①复习旧课；②激发学习动机；③讲授新课；④巩固练习；⑤检查评价；⑥间隔性复习。

（二）自学—辅导式教学模式

1. **含义**：教师先提出问题让学生自学，学生在教师的指导下独立进行学习，发现问题并解决一部分问题，然后再通过教师的辅导最终解决所有问题的教学模式。

2. **指导思想**：教师主导、学生主体的教学观。

3. **教学目标**：让学生主动参与学习，独立掌握系统知识，获得自学的方法，提高自学能力。

4. **操作程序**：①自学；②讨论；③启发；④总结；⑤练习巩固。

5. **评价**：能够培养学生的独立思考能力，在教学实践中也有很多教师在运用它。

（三）问题—探究式教学模式

1. **含义**：在教学活动中，以问题解决为中心，学生在教师的指导下，通过独立活动发现问题、解决问题的教学模式。

2. **指导思想**：皮亚杰的认知发展理论、布鲁纳的发现学习理论以及建构主义和人本主义的学习理论。
3. **教学目标**：训练学生通过搜集事实来建立理论的科学思维能力。
4. **操作程序**：①问题；②假设；③推理；④验证；⑤总结提高。
5. **评价**：能够培养学生创新能力和思维能力，能够培养学生的民主与合作的精神，能够培养学生自主学习的能力。

（四）目标—导控教学模式

1. **含义**：该模式又称"目标教学"模式或"单元达标教学"模式，是指以明确教学目标为导向，以教学评价为动力，以矫正、强化为活动核心，让绝大多数学生掌握教学内容的一种教学模式。
2. **基本程序**：①目标认定；②前提补偿；③达标教学；④矫正深化。

八、教学设计的概述（教育学基础、北师大大纲新增）

（一）教学设计的概念【名解】：12广西，15广东技术，16、17重庆，16首都，17聊城大学，18宁夏大学，18广州大学，18宝鸡文理学院，20山西，21首都，21杭州，21济南大学，21云南大学

教学设计是教师根据学生的年龄特点和学习需要，以一定的教学目标为向导，运用科学、系统的方法，在教学之前对教学目标、教学内容、教学策略、教学媒体等所作出的计划和安排，主要解决"教什么"和"怎么教"两个基本问题。教学设计是为教学活动制定蓝图的过程，它规定了教学的方向和大致进程，是师生教学活动的依据。教学活动的每个环节都将受到教学设计方案的约束和控制。

（二）教学设计的主要依据【简答】：17、18浙江工业，17首都

1. 现代教学理论

理论的指导是教学设计由经验层次上升到理性科学层次的一个基本前提。现代教学理论是指导现代教学实践的基本依据。通过教学理论的指导，不仅可以避免教师教学设计的盲目性，而且可以促使教师的教学设计由感性经验层次上升到理性科学层次，从而最大限度地保证教学设计的合理性与有效性。

2. 系统科学的原理与方法

运用系统方法分析课堂教学系统中各因素的地位和作用，使各因素得到最紧密、最佳的组合，从而优化课堂教学效果，是教学设计的一个基本特征，同时也是教学设计成功与否的关键所在。

3. 教学的实际需要

教学设计的全部意义就在于满足教学活动的实际需要，在于为实现这种需要提供最优的行动方案。

4. 学生的需要和特点

教学设计的基本特征之一就是它既关心"教"，又关心"学"。教是为了学，学是教的依据和出发点，教师的教必须通过学生积极主动的学才能起到有效作用。

5. 教师的教学经验

教师在教学设计中，既不能完全依据经验行事，也不能排斥教学经验的作用。只有将科学的理论和方法与好的教学经验结合起来，才能使教学设计既有共性，又有个性，并最终达到科学性和艺术性的有机统一。

（三）教学设计的过程与方法【简答/论述】：12首都，15淮北，15广东技术，17内蒙古，20新疆

1. 确定教学目标

确定教学目标必须依据课程标准、教材内容和学生特点，做到全面、具体、恰当。全面，即关注到教学目标的各个方面且注意均衡。具体，指在本节课中能够具体实现。恰当，指要求的程度要符合课程标准的要求及学生的实际。

2. 分析教学内容

教学内容的分析主要解决的是学什么的问题。一般而言，主要从以下三个方面着手：分析教学内容的特点、地位和作用；分析本节教学内容的范围与深度、重点与难点；分析蕴含于知识中的智力因素和情感因素。

3. 了解学生特征

了解学生的心理、生理和社会的特点；了解学生的起始能力，对学科已具备的有关知识与技能；了解学生的认知风格与学习习惯。

4. 选择教学媒体与教学方法

在教学过程中，教学媒体与方法的选择是多种多样的，选择教学媒体与教学方法需要充分依据教学规律与原则、教学目的与任务、教学内容、教师风格特点、学习者的身心发展特点等。

5. 设计教学过程

教学过程的设计，一般包括导入、新课教学、课堂练习、课堂总结、结课布置等。

6. 开展评价反思

对教学设计方案进行评价，以进一步完善教学设计方案。从总体设计上反思，从教学过程反思，从学生反应上反思，从教学准备上反思，从教学效果上反思。

九、教学设计的原则（教育学基础、北师大大纲新增）【简答】：16山西

1. 系统性原则

从理论上讲，教学设计是一项系统工程，诸子系统有序地按层级结构排列，且前一子系统制约、影响着后一子系统，后一子系统依存并反制约着前一子系统。根据教学设计的程序性特点，教学设计中应体现出其程序的规定性及联系性，确保教学设计的科学性。

从实践上看，每节课的教学是由承担不同教学任务与功能的教学环节组成的，尽管这些环节的安排会因为学科类型和课型的不同而发生变化，但是教师进行教学设计的一个重要任务就是要妥善安排各教学环节，把自己的教学规划为具有一定逻辑顺序的行为系列，从而减少教学时间的误用和资源的浪费。

2. 最优化原则

在进行教学设计时，教师一方面需要考虑如何系统地安排教学环节和程序，即从分析和设置教学目标开始，到选择教学方式、方法及媒体，到对教学目标进行检测和评价，这所有的教学步骤必须相互承接和呼应，上一步骤的完成应有助于下一步骤的实施。

另一方面，还应综合考虑所有影响教学的因素，如社会和国家的要求、学生的身心发展特点、教材、教具和独特的施教环境等，只有将它们和谐地统一于教学设计整体之中，才能达到最优化设计的要求。

3. 教学目标和内容设计的可接受性原则

在教学设计诸子系统中，教学目标起着制约其他子系统的作用，教师所确立的教学目标是不是学生"应该而又能够接受"的知识、技能或态度，决定教学的成效。一般来说，教师所确定的教学目标应符合学生的心智发展水平，其教学内容的难度和呈现形式应以学生的现实发展水平为基础，其跨度要适中，应落于学生的最近发展区内。"在贯彻可接受性原则的同时，要防止庸俗的'自然成熟论'和'儿童中心论'的影响。消极迁就学生的已有水平，过于迎合学生的消极需求，过低评估学生的接受能力，随意降低对学生的教学要求，步子过小，缺乏必要的坡度和难度，也不利于学生的学习与发展。"

4. 教学手段设计的多样化原则

教学手段设计的多样性指教学活动的组织形式、教学方法以及教学媒体的选择和运用，应依据教学任务、学生的特点以及各种教学方法和媒体的特点，灵活加以选择，相互弥补，配合运用，使教学获得最佳效益。

十、教学设计的一般模式（教育学基础、北师大大纲新增）

美国教育心理学家迪克和凯里所提出的教学设计系统模式被公认为是当代最完整、最具系统性的教学设计模式。

1. 确定教学目标
在本阶段，教学设计者的首要任务是明确教学目标是什么，究竟是知识与技能还是态度与观念，这些形态的目标能否通过教学来达成。

2. 进行教学分析
所谓教学分析，是指在教学目标之下，对达成目标的过程中学生学习所需技能的分析。

3. 检查起点行为
与教学分析阶段同时，为了解学生在从事新的学习之前是否具有适当的准备知识、技能和人格特质，设计者必须确定教学的起点行为。

4. 制订操作性目标
在进行教学分析和检查起点行为的基础上，教学设计者需要进一步将一般化的教学目标转化为切实可行的操作性目标。

5. 拟订测试题目
这是根据上一阶段提出的操作性目标及其测量标准，编制用以检验教学是否达成目标的测试题目。

6. 提出教学策略
教学设计者应着重策划怎样为学生提供适当的外部条件以支持其内部的学习加工过程，即通过教学方法与媒体的合理选择、教学环境和氛围的积极创设等多方面的教学策略，帮助学生达到预定的各项操作性目标。

7. 选定教学材料
教材知识是教师教学的一种材料而已，在实际教学活动中，教师要发挥自己的创造性，充分利用各种教学资源为教学服务。

8. 做形成性评价
这种评价是指在学科教学未结束之前，为了解学生的学习与进步情况所做的测量工作，其目的在于为改进已设定的教学提供反馈资料，以使教学能够在最多数的学生身上产生最佳的效果。在教学设计时，教师应预先考虑到形成性评价的时机及方式，及时发现学生的学习困难，随时予以补救。

9. 做总结性评价
这种评价是指在学科教学结束之后，为了解学生学习结果是否达到预期标准，是否符合教学前所订的教学目标而进行的测量。通常以期末测验的方式进行，教师根据测验结果做出评价，并分析教学成败原因，总结经验，以利于教学改进和提高。

第九章　教学（下）

本章大纲考点及考频

第四节　教学方法 — 0

一、教学方法概述 — 0
　（一）教学方法及相关概念 — 48
　（二）教学方法的选择 — 5
二、中小学常用的教学方法 — 15
　（一）讲授法 — 16
　（二）谈话法 — 4
　（三）练习法 — 0
　（四）演示法 — 3
　（五）实验法 — 1
　（六）实习作业法 — 2
　（七）讨论法 — 5
　（八）研究法 — 1
　（九）问题教学法 — 0

第五节　教学组织形式 — 4

一、教学组织形式概述 — 119
二、教学的基本组织形式与辅助组织形式 — 8
三、教学工作的基本环节 — 37

第六节　教学评价 — 0

一、教学评价概述 — 86
二、教学评价的原则与方法 — 17
三、学生学业成绩的评价 — 2
四、教师教学工作的评价 — 3

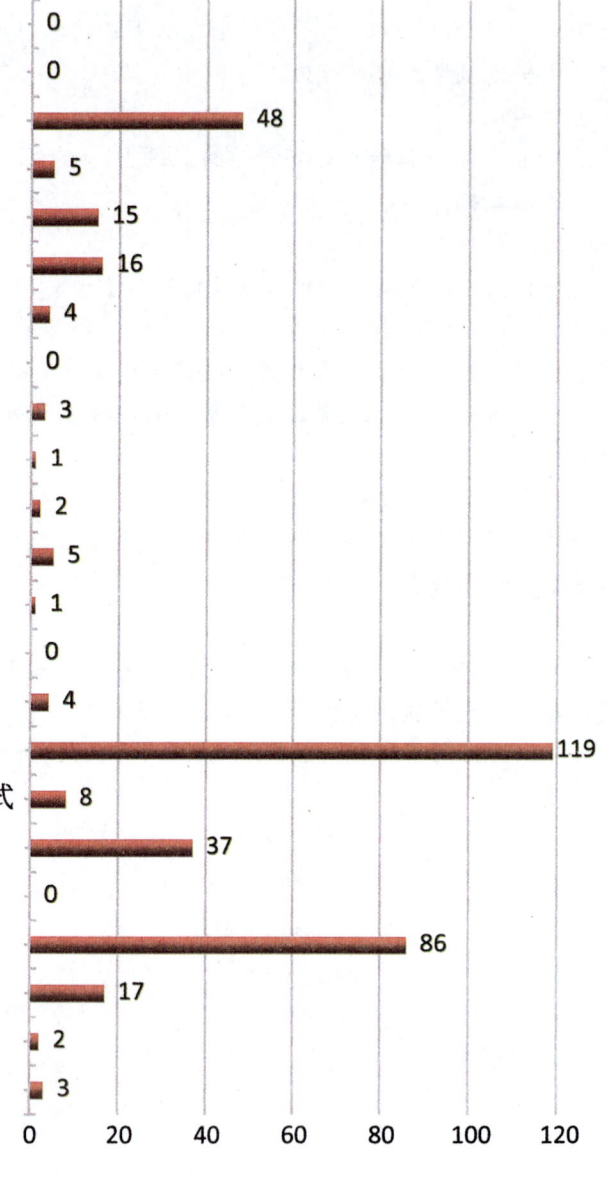

本章思维导图

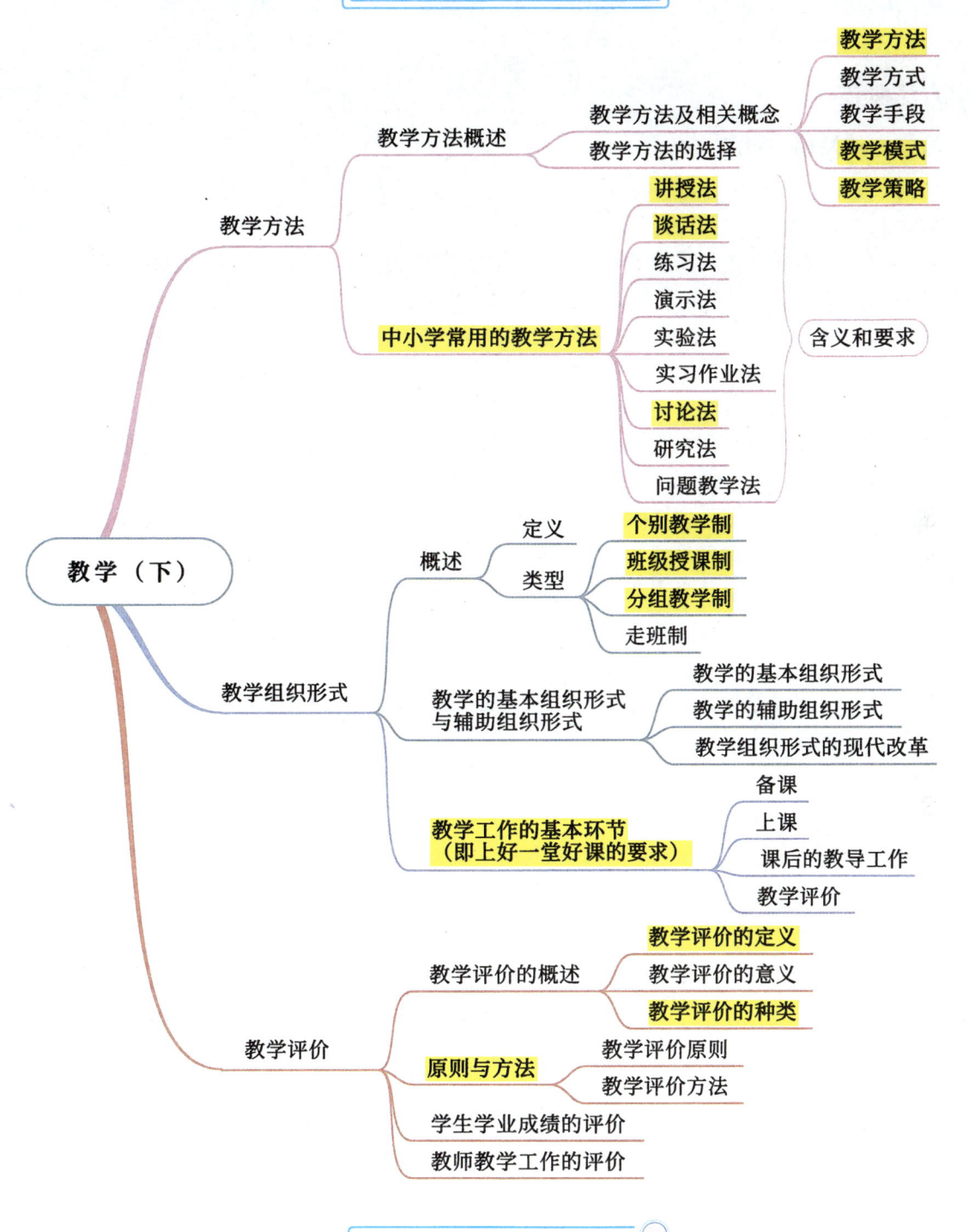

- 教学（下）
  - 教学方法
    - 教学方法概述
      - 教学方法及相关概念
        - 教学方法
        - 教学方式
        - 教学手段
        - 教学模式
        - 教学策略
      - 教学方法的选择
    - 中小学常用的教学方法（含义和要求）
      - 讲授法
      - 谈话法
      - 练习法
      - 演示法
      - 实验法
      - 实习作业法
      - 讨论法
      - 研究法
      - 问题教学法
  - 教学组织形式
    - 概述
      - 定义
      - 类型
        - 个别教学制
        - 班级授课制
        - 分组教学制
        - 走班制
    - 教学的基本组织形式与辅助组织形式
      - 教学的基本组织形式
      - 教学的辅助组织形式
      - 教学组织形式的现代改革
    - 教学工作的基本环节（即上好一堂好课的要求）
      - 备课
      - 上课
      - 课后的教导工作
      - 教学评价
  - 教学评价
    - 教学评价的概述
      - 教学评价的定义
      - 教学评价的意义
      - 教学评价的种类
    - 原则与方法
      - 教学评价原则
      - 教学评价方法
    - 学生学业成绩的评价
    - 教师教学工作的评价

本章参考书

【1】王道俊、郭文安主编：《教育学》（第七版），人民教育出版社，第八、九章

【2】全国十二所重点师范大学联合编写：《教育学基础》（第3版），教育科学出版社，第七章

【3】柳海民主编：《教育学原理》（第2版），高等教育出版社，第八章

第四节 教学方法

一、教学方法概述

（一）教学方法及相关概念

1. 教学方法 13华南，14北航，15曲阜，17上海，13、17、19、21哈尔滨，18杭州，20宝鸡文理，21沈阳大学，21华东，21云南大学

教学方法是为完成教学任务而采用的方法，包括教师教的方法和学生学的方法，是教师引导学生探讨与掌握知识技能、获得身心发展而共同活动的方法。

其主要特性是：（1）目的性。教学方法产生于教学目的的需要，是为目的、任务服务，并受其制约的。（2）双边性。教学方法始终是组织教师与学生为传承知识、技能，促进学生德、智、体、美、综合实践活动能力全面发展，而共同进行的教与学双边互动的活动。这是教学方法独有的重要特点。

2. 教学方式

教学方式有广义与狭义之分。狭义的教学方式常常是指构成教学方法运用的细节或形式。例如教师在教学过程中运用讲授法，可以采取提问与解答的方式讲。广义的教学方式外延很广，包括教学方法和教学形式，甚至涉及教学内容的组合与安排。例如，我们可以说教学活动都要以一定的教学方式进行，这里的教学方式外延就非常广泛、丰富。

3. 教学手段 【名解】：14、17、20哈尔滨

教学手段是指为完成教学任务，配合某种教学方法而采用的器具、资料与设施。随着科学技术的发展，教学手段经历了口头语言、文字和书籍、印刷教材、电子视听设备和多媒体网络技术五个使用阶段。运用各种教学手段能使教学联系实际，更好地调动学生的学习积极性。

4. 教学模式 【名解】：13闽南，13广西，13、15安徽，13天津，14杭州，15哈尔滨，15、18苏州，17西安外国语，17聊城大学，21苏州科技

教学模式是指在教学实践中形成的具有一定指导性的简约理念和可仿做的标准样式。它具有为完成某一任务而活动的方法特性，也属于方法范畴，但教学模式又不同于单一因素的某种方法，是在一定理念指导下的多种方法的特定组合。

所以，它既有简约的理念特征，又有可照着做的实践特性，是理论与实际相结合的产物或结晶。教学模式在教学中起着单一的教学方法所难以起到的具体而明确的引导和示范作用。

5. 教学策略 【名解】：10山西，10重庆，10渤海大学，10安徽，10浙江，11江苏，11天津，15西华，15内蒙古，16广东技术，16天津大学，16、17延安大学，17浙江大学，17首都，19西北，19中国海洋，19云南大学，20深圳大学，20温州大学

教学策略是指为达成教学的目的与任务，组织与调控教学活动而进行的谋划。教学策略具有目的性、个人的主观性、能动性、选择性以及调控性。

教学策略的提出与思考，有助于教师在教学之前对教学任务、内容及其完成的主客观条件，做全面、总体的思考与决策，有利于发挥教师的主导作用和提高教学质量。实施所采取的教学策略还有许多具体的工作要做，包括充实、调整教学内容，组织安排具体的途径、方法、顺序，开展多样化的活动等。

> **复习提示**
> 这几个概念容易混淆，注意细微差别。
>
> 国外几种教学模式：范例教学模式；程序教学模式；发现教学模式；掌握教学模式；非指导性教学模式；暗示教学模式。在本章高分拓展中有补充。

（二）教学方法的选择 【简答/论述】：19南京，19天津，21江西，21西华，18天津

教学方法是将知识的教育价值转化为学生精神财富的手段。教学的艺术在于选择与设计适当的教学方法引领学生的学习，激发学生的潜能，有效地促进学生个体素质的发展。

现代教学提倡以系统的观点为指导来选择和使用教学方法，以便优化教学，提高教学质量。主要依据如下几个方面：

（1）课题（或单元）与课时的教学目的和任务，学科的任务、内容和教学法特点。

（2）教学过程、教学原则和班级上课的特点。

（3）学生的情趣、水平、智能的发展状况、独立思考能力、学习态度、学风与习惯。

（4）教师的思想与业务水平、实际经验与能力、教学的习惯与特长。

（5）教师与学生活动的配合、互动，教师主动性与学生主动性的动态平衡。

（6）讲与练，学与用，班级、小组与个人活动，课堂教学与课外作业或课外活动等方面的结合。

（7）教学过程中的交往、沟通、合作与竞争。

（8）学校与地方可能提供的条件，包括社会条件、自然环境、物资设备等。

（9）教学的时限，包括规定的课时以及其他可利用的时间，如早自习、晚自习等。

（10）对可能取得的成效的缜密预计与意外状况出现时的应变措施。

总之，教学方法的选择与运用，既要讲科学规范、切合实际，又要重机智与创新。

> 2018年天津师大论述题：我国教学方法的选择依据。

二、中小学常用的教学方法 【简答/论述】：15北航，15西北，17广西师范学院，17中央民族，18北京，18郑州大学，20天津外国语，21湖北师范，13、15江西，15中央民族，20湖北大学，21浙江海洋，21陕西，21西北

我国中小学常用的教学方法有：讲授法、谈话法、练习法、演示法、实验法、实习作业法、讨论法、研究法、问题教学法。

顺口溜>> 讲授谈话与讨论，实验演示与实习，独立方法是研究，问题教学加练习

（一）讲授法 【名解/简答/论述】：10、12、16华中，13湖南科技，13中南大学，17赣南，17郑州大学，17陕西，18广西，18广西师范学院，19山西，10聊城大学，14陕西，17南京，17湖南大学，19江西

1.定义

讲授法是教师通过语言系统地向学生传授科学文化知识、思想理念，并促进他们的智能与品德发展的方法，是教师应用最早、最广泛的教学方法，可分为讲述、讲解、讲演、讲读。

2.运用讲授法的基本要求

（1）精炼讲授内容。注重科学性、思想性、启发性、趣味性，使学生掌握准确的概念、原理。

（2）注重讲授的策略与方式。针对任务、内容做深入具体的研究与决策。

（3）讲究语言艺术。力求语言清晰、准确、简练、形象、条理清楚、通俗易懂；讲授的音量、速度要适度，注重抑扬顿挫；以姿势助说话，提高语言的感染力。

3.评价

优点：

（1）教学效率高。在较短时间内，教师能够按照一定的体系和步骤，借助各种教

> 教学方法大多数是结合实际教学案例来考查，或联系实际来论述。
>
> 讲授法很重要，名词解释、简答题、论述题三种题型都会考查。其中论述题经常结合实际案例来考查。例如，2017年南师大论述题：讲授式教学方法在近现代的教育改革和实验中不断遭遇诟病和挫折，但为什么直到现在其依然是基础教育学校的

学手段，向学生传授较多的有关各种现象和过程的知识信息。

（2）**成本低**。一堂讲授课的基本费用，比起录制一个相等的电视节目，连同其人员和技术设备在内要少很多。

（3）**通用性强**。讲授课适用于多种学科的教学，也可以为适应教材或听众的变化而增加或减少其中某些内容。

（4）**集思想教育于知识传授之中**。教师通过内容丰富且具有说服力的讲授，对学生产生深刻的感染力，激发学生模仿教师的动机，采纳其价值标准。

缺点：

（1）**讲授法是一种单向性的思想交流或信息传输方式**。在大多数的情况下，学生不能够影响所传递知识的性质、速度和供给量。

（2）**讲授法作为一种以语言为媒介的方法，不能给学生提供丰富的感性知识**，学生不能直接体验教师教授的知识。

（3）**讲授对记忆的影响较差，学生常常忘记所讲的具体内容，这对于较长时间讲课来说尤其明显**。听的时间越长，所记住的东西比例越少。因此，讲课总时间中能够有效利用于学习的不多。

（二）谈话法（即问答法）【名解】：13西北，14山西大学，15哈尔滨，17华中

1. 定义

谈话法是通过师生问答、对话的形式来引导学生思考、探究，以获取或巩固知识，促进学生智能发展的方法。

谈话法可分为复习谈话和启发谈话。复习谈话是根据学生已学教材，向学生提出一系列问题，通过师生问答以帮助学生复习、深化、系统化已学的知识。启发谈话则是通过向学生提出未解决的问题，一步一步引导他们去思考和探取新知识。

2. 运用谈话法的基本要求

（1）**要准备好谈话计划**。善于引导学生从一个问题过渡到另一个问题，以实现教学目的。

（2）**要善问**。向学生提出的问题要明确、有趣味、有挑战性，能激活与深化学生的思考。

（3）**要善于启发诱导**。让学生探究问题或矛盾之所在，循循善诱，一步一步去获取新知识。

（4）**做好归纳与小结**。注意纠正一些不正确的认识，帮助学生掌握正确的知识，力求简明科学。

3. 评价

谈话法有助于激发学生的思维，调动学生的积极性，培养他们的独立思考、与人交往及语言表达的能力。

（三）练习法

1. 定义

练习法是学生在教师指导下运用知识去反复完成一定的操作、作业与习题，以加深理解和形成技能技巧的方法。

练习的目的是为了学以致用，加深理解，形成技能、技巧，培养解决实际问题的初步能力。练习是教学的一种基本方法。

> 主要教学方法，请论述你的观点。
> 答案是讲授法的定义、基本要求、优缺点，都要回答。
>
> 如考简答题时，评价只需要回答优点前2个即可。

> **答题提示**
>
> 谈话法考名词解释时，只需要回答1.定义的第一段+2.基本要求主干4点就可以。

2.运用练习法的基本要求

（1）**提高练习的自觉性**。只有明确目的、掌握原理、要领、步骤与方法，才能提高练习的自觉性，保证练习的质量。

（2）**循序渐进、逐步提高**。引导学生由易到难，逐步提高其掌握原理与技能的理解与熟练程度。

（3）**严格要求**。无论是口头、书面练习或动作练习，都要求学生一丝不苟、精益求精。

3.评价

练习法的特点在于，技能技巧的形成以一定的知识为基础，练习具有重复性。

（四）演示法【名解/简答】：16哈尔滨，10安徽，19青岛

1.定义

演示法是教师通过展示实物、直观教具、实验或播放有关教学内容的软件、特制的课件，使学生认识事物、获得知识或巩固知识的方法。演示的特点在于加强教学的可观察性。

2.运用演示法的基本要求

（1）**演示之前要做好准备**。要根据教学需要，选择典型的实物、教具，放大或用色彩显示要认真观察的部分，还要考虑好演示的方法与过程。

（2）**使学生明确演示的目的、要求与过程**。让学生知道看什么、怎样看，主动投入观察与思考。

（3）**讲究演示的方法**。要紧密配合教学，过早拿出直观教具，演示完不及时收好教具，都会分散学生注意；演示过程中，要适当提问、指点，引导学生边看边思考，以获取最佳效果。

3.评价

演示法是学生在教师的指导下，通过观察获得知识的一种方法。

（五）实验法【名解】：21湖北

1.定义

实验法是在教师指导下学生运用一定的仪器设备进行独立作业，观察事物的特性，探究其发展和变化规律，以获得知识和技能、培养科学精神的方法。实验法可分为探究性实验和验证性实验两种。

2.运用实验法的基本要求

（1）**做好实验前的准备**。制订好实验计划；备好实验用品，分好实验小组；让学生做好预习。

（2）**明确实验目的、要求与做法**。让学生懂得实验的原理、过程、方法和注意事项，提醒学生注意安全和爱护仪器，提高学生实验的自觉性。

（3）**注意实验过程中的指导**。要巡视全班实验情况，发现问题要及时向全班学生做指导，或组织经验交流，对困难较大的小组或个人要给予帮助，使每个学生都积极投入实验。

（4）**做好实验小结**。指出实验优缺点，分析问题产生的原因，提出改进意见，布置学生写好实验报告。

3.评价

实验法不仅可加深学生对概念、规律、原理等知识的理解，且有利于培养他们的探索研究、创造精神和严谨的科学态度，更有利于学生主体地位的发挥。

（六）实习作业法【名解】：11 哈尔滨，15 淮北

1. 定义

实习作业法是学生在教师的指导下进行一定的实际活动，以培养学生实际操作能力的方法。它的实践性、独立性、创造性都很强，能培养学生独立工作和实践的能力与品质。

2. 运用实习作业法的基本要求

（1）做好实习作业的准备。教师要制订计划，确定地点，准备仪器，编好实习作业小组。

（2）做好实习作业的动员。使学生明确实习作业的目的、任务、注意事项，提高自觉性。

（3）做好实习作业过程中的指导。要认真巡视，掌握全面情况，发现问题和经验，及时进行辅导与交流，以保证质量。

（4）做好实习作业的总结。由个人或小组写出全面或专题的总结，以巩固收获。

3. 评价

实习作业法的实践性、独立性、创造性更强，能使学生学到书本上学不到的知识。它对贯彻教学中理论联系实际原则，培养学生独立工作能力起着重要作用。

（七）讨论法【名解/简答/论述】：10 青岛，14 哈尔滨，12 福建，19 河北大学，18 华东

1. 定义

讨论法是学生在教师指导下为解决某个问题而进行探讨、评析，以辨明是非、获取真知、锻炼思维和独立思考能力的方法。

讨论法种类很多，既可以是整节的课堂讨论，也可以是几分钟的短暂讨论；或全班讨论，或小组讨论，还可以小组讨论与全班讨论结合起来进行。

在小学高年级尤其是中学，对一些重要问题，如基本概念和原理问题、人物性格与主题思想问题等，结合教学开展讨论十分必要。真理越辩越明，学生通过讨论、争辩，确实能提高学生的思辨能力和教育质量。

2. 运用讨论法的基本要求

（1）讨论的问题要有吸引力。能激起他们的兴趣，有讨论、辨析的价值。

（2）要善于在讨论中对学生启发、引导。要鼓励他们独立思考，勇于发表个人见解，把大家的注意力集中到争论的焦点上，向纵深发展，使问题逐步得到深化、解决，切忌暗示问题的结论。

（3）做好讨论小结。讨论结束前，教师要简要概括讨论情况，使学生获得正确的观点和系统的知识，并肯定学生的独立思考，允许保留个人的质疑。

3. 评价

优点： 讨论法对学生的需要反应灵敏，能够较好地发挥学生的主动性、积极性，有利于培养学生的独立思维能力和口头表达能力；有利于培养和提高学生独立研究能力和创造才能；还可以培养学生的合作精神，集思广益，互相启发，互相学习；有利于活跃课堂气氛。

缺点： 讨论法常常是结构差的活动，如果组织不严密，容易杂乱无章。在讨论过程中，不是所有的要点都可能被提出来，不是所有的信息都是准确的，也不能适合学生的所有

> 2018 华东师大论述题：如何在课堂教学中使用讨论法。

需要。讨论法要费时间去维持教学讨论的秩序,并发挥学生集体的作用,这些与课题无关。

(八) 研究法【名解】:21华南

1. 定义

研究法是学生在教师的指导下通过独立的探索,创造性地解决问题,获取知识和发展科研能力的方法。

2. 运用研究法的基本要求

(1) 正确选定研究课题。课题应当有一定难度和研究价值。

(2) 提供必要的条件。包括:仪器、药品、图书资料、工具以及其他必要的条件。

(3) 让学生独立思考与探索。应以学生为主体,教师适当给予指导,让每个学生都受到锻炼。

(4) 循序渐进、因材施教。一般要从半独立研究逐步过渡到独立研究;从单一问题的研究过渡到复杂问题的研究。

3. 评价

(1) 研究法有利于打破课堂和教科书的束缚,使教学与现实需要联系起来,有利于扩大学生的视野,激发学生的求知欲望。

(2) 使学生在研究和解决问题过程中受到较大的锻炼和提高,初步掌握研究的方法与发展分析问题、解决问题的能力和追求真知的科学精神。

(九) 问题教学法【名解】:21西安外国语

1. 定义

问题教学法是指在教师引导下,学生主要通过积极参与对问题的分析、探索,主动地发现或建构新知,获得学习与探究的方法、能力与科学人文精神的教学方法。

2. 问题教学法的基本要求

(1) 创设情境,明确问题。问题和情境引入得当,学生参与探究的积极性就被调动起来,这样学生就会在浓厚的兴趣中探究新的知识,为取得良好的教学效果打下基础。

(2) 引导学生积极探索、分析和解决问题。教师在教学过程中要善于启发引导学生,充分调动学生学习的自觉性、主动性和积极性,引导学生通过独立思考,积极探索,融会贯通地掌握知识,并提高他们的分析问题和解决问题的能力。

(3) 组织学生交流和研讨,得出基本结论。组织学生对问题研究进行交流与研讨,教师可以简要概括讨论情况,得出基本结论,在此过程中,使学生获得正确的观点和系统的知识,获得学习与探究的方法、能力和科学人文精神。

第五节 教学组织形式

一、教学组织形式概述

(一) 教学组织形式【名解】:10山西,10聊城大学,12安徽,15扬州,15河南,15闽南,17哈尔滨,15、19中国海洋,21沈阳大学,21东华理工,21陕西科技

教学组织形式是指为完成特定的教学任务,教师和学生按一定要求组合起来进行活

动的结构。教学组织形式不是固定不变的，随着社会的发展，对所培养人才要求的提高也会不断地改进和发展。今天，我国学校的教学以班级授课制为基本组织形式。

（二）主要的教学组织形式类型【简答/论述】：12中南大学，14、15北航，14陕西，15浙江，16海南，14、15四川，19山东，20东北，20天津外国语

1. 个别教学制【简答】：21洛阳

（1）定义

教师面对个别或少数学生进行教学的一种教育组织形式。在个别教学中，每位学生所学的内容和进度可以有所不同，教师对每位学生教的方法和要求也有所区别，自然每位学生学习的成效各不一样，甚至差距极大。

（2）评价

优点： 教师能根据每个学生的特点因材施教，使教学内容、进度适合于每一个学生的接受能力，充分发展每个学生的潜能、特长和个性。

缺点： 采用个别教学，使得办学规模小、速度慢、效率低。

2. 班级授课制【名解/简答/论述】：10聊城大学，10、16、17杭州，10辽宁，10、16西北，11、19南京，11鲁东，12、14、16、21华中，12中山，12北航，13重庆，13中南大学，13东北，14、15、21四川，11、15、16、18、21江西，15苏州，16华东，16山西大学，16、17北京，16、18扬州，16、20贵州，17河南，17、21温州大学，18齐齐哈尔，18江汉大学，18、19淮北，13、15、16、19、20哈尔滨，20华南，20江苏大学，20赣南，20沈阳，20云南大学，20南京大学，20天水师范，21临沂大学，21黄冈师范，21湖南大学，10江苏，10南京，14重庆，14延安大学，14福建，16东北，16、21深圳大学，16陕西，17河北大学，18上海，18沈阳，19宁夏大学，19西安外国语，20江西，20宁波大学，21大理大学，10、12聊城大学，11华东，13天津，13河南，13曲阜，14、16西南，19福建，16吉林，19天津大学，20北京，21陕西科技

（1）班级授课制的定义

班级授课制是一种集体教学形式。它把一定数量的学生按年龄与知识程度编成固定的班级，根据周课表和作息时间表，安排教师有计划地向全班学生集体上课，分别学习所设置的各门课程。在班级授课制中，同一个班的每个学生的学习内容与进度必须一致，开设的各门课程，特别是在高年级，通常由具有不同专业的教师分别担任。

（2）班级授课制的主要特征

班级授课制具有**场所固定、学生固定、内容固定、时间固定**和**教师固定**等特点，具体表现为以下几个方面：

①把学生按年龄和发展水平分别编成相对固定的班级，形成了一整套严格制度，使教学班级化、制度化、规范化和科学化。

②教学内容是以课为单位进行组织，教学工作能连续地、有节奏地进行下去，符合学生身心发展和认知规律，比较科学。

③以周课表方式科学地安排各科教学，能够充分发挥教师的主导作用，便于学生循序渐进地学习和掌握各学科的系统科学知识。

④班级授课使一个班的学生长期在一起学习、交往、生活，有力地促进学生的社会化，彰显出每个人的特点与差异，有效地促进学生的个性化。

（3）对班级授课制的评价

优点：

①有严格的制度保证教学班级化、制度化、规范化和科学化。

②以课为单位科学地组织教学，保证教学活动正常运转并获得一定质量。

③便于系统地传授各科的系统科学知识。

复习提示

教学组织形式类型中班级授课制最重要。外国教育史夸美纽斯也提出了班级授课制。两个地方内容重合，只需要记忆一个就可以。

班级授课制很好理解，结合自己高中的学习生活就可以想出来这几个特点，以及优缺点。

真题回顾

2020年北京师范大学论述题：班级授课制的时代局限性和变革趋势。

④能够充分发挥教师的主导作用。
⑤能有效地促进学生的社会化与个性化。

局限

①学生的主体地位受到限制。

教学活动主要由教师组织与运作，学生在教师的组织安排下进行学习，其主体性往往会因教学任务的繁重或教师的僭越而得不到较好的发挥。

②难以照顾学生的个别差异，不利于发挥学生的创造性。

课堂教学以统一的步伐进行，多以现成的结论作为教学内容，难以培养学生的创造意识与能力。

③灵活性差，实践性不强。

教学内容、时间、进度等都是固定的，学生很少有充足的机会与时间相互讨论、动手操作及进行社会实践。

④割裂了知识的整体性。

为完成特定的教学任务，教学以课为单位，将知识进行分割，破坏了知识的整体性。

3. 分组教学制【名解/论述】：11、12 华中，16 鲁东，18 中央民族，18 广西师范学院，20 中国海洋，19 天津大学

（1）定义

分组教学制是指按学生的能力或学习成绩把他们分为水平不同的组进行教学。

①它的类型主要有能力分组和作业分组

能力分组，是根据学生的能力发展水平来分组教学，各组课程相同，学习年限则各不相同。作业分组，是根据学生的特点和意愿来分组教学，各组学习年限相同，课程则各有不同。

②分组教学还分为内部分组与外部分组两种形式

内部分组是在传统的按年龄编班的前提下，根据学生能力或学习成绩发展变化情况来分组教学；外部分组则打破传统的年龄编班，按学生的能力或学习成绩的差别来分组教学。

（2）评价

优点：比班级上课更切合学生不同班组的水平和特点，便于因材施教，有利于人才的培养。

缺点：很难科学地鉴别学生的能力和水平；与教育公平的要求相左；往往会使快班的学生骄傲，慢班的学生积极性下降。

4. 走班制【名解】：20 华东

（1）含义

走班制又称"跑班制"，是指教室和教师固定而学生不固定的一种教学组织形式。学生根据自己的兴趣和能力选择适合自身发展的班级，在不同的教室中流动上课。不同学科、不同层次的班级，其教学内容和要求不同，作业和考试的难度也不一样。如同时学习四年级的语文、五年级的数学、六年级的自然科学等。

（2）评价

走班制把学生的兴趣和能力放在更加突出的位置，有利于因材施教。与美国的走班制相似的有芬兰的"无班级授课制"。走班制可以提高学生自主学习的积极性、提升学生的自信心，有助于培养学生正确评估自己、做成正确选择的能力。

二、教学的基本组织形式与辅助组织形式 【简答/论述】：15浙江，14、15四川

（一）教学的基本组织形式

我国学校的教学仍以班级授课制为基本组织形式，这是因为它具有其他教学形式无法比拟的优点。

①有严格的制度保证教学班级化、制度化、规范化和科学化。
②以课为单位科学地组织教学，保证教学活动正常运转并获得一定质量。
③便于系统地传授各科的系统科学知识。
④能够充分发挥教师的主导作用。
⑤能有效地促进学生的社会化与个性化。

（二）教学的辅助组织形式

现代教学，除了班级上课外，还要采用多种辅助的教学组织形式，以巩固、加深和补充班级上课制的不足。教学的辅助形式主要有：作业、参观、讲座、辅导等。

1. 作业

（1）定义：作业是学生在课外或在家中独立完成由教师布置的，为理解、掌握知识与技能而进行的学习或练习的任务。又称课外作业或家庭作业。它是教学重要的不可或缺的辅助形式。

（2）意义：首先，学生在上课中学习的基础知识、基本技能，只有在课外经过学生的独立思考与独立操作才能被他们消化、掌握和巩固；其次，通过作业能够培养和提高学生的自学能力、动手能力和创造性；最后，课外作业便于因材施教，有助于培养与发展学生的志趣和爱好。

2. 参观

（1）定义：参观是根据一定的教学目的组织学生到一定的现场，通过对实际事物或活动进行观察、询问，以获取知识的教学活动形式。

（2）意义：首先，能给学生以大量的实际知识，使教学和实际的社会生活和生产建设紧密地联系起来；其次，能扩大学生的眼界，激发学生的兴趣与求知欲，学到许多课堂上学不到的知识；最后，能使学生在接触社会主义现代化建设和英雄模范人物过程中收到多方面的深刻教育。

3. 讲座

（1）定义：讲座是由教师或有关专家不定期地向学生讲授与学科有关的科学趣闻或新的发展，以扩大他们的科学视野的一种教辅活动。

（2）意义：能扩大学生知识面，激发学生的科学兴趣，满足那些对某些学科有特殊爱好的学生发展特长的需要，为国家培养特殊人才；能活跃学校的学术气氛，养成良好的学风与校风。

4. 辅导

（1）定义：辅导是根据学生的需要，由教师给予指引的一种教辅形式。辅导可分为个别辅导、小组辅导、集体辅导。

（2）要求：首先，着重解决学生的疑难问题，但不可越俎代庖，替学生完成作业；其次，及时发现与补救教学中的缺陷，结合作业批改来评讲学生作业中的问题；最后，对他们的学习状况、学习风气、学习方法和思维方法进行指导，并使之得到改进。

（三）**教学组织形式的现代改革** 【论述】：11华东，21同济大学，21江西，21中国海洋，21贵州

教学基本组织形式与辅助形式经常结合起来考查，或给出相关案例或结合现在的教育热点来考查。

真题回顾

2011年华东师大论述题：针对班级授课制优缺点及探讨教学组织形式的改革方向。

2021年同济大学论述题：结合夸美纽斯的班级授课制理论，谈谈班级管理创新。

第一，**综合运用多种教学组织形式**。如班级授课与个别辅导、分组教学相结合，课堂教学与课外教学相结合，传统的教学形式与现代教育技术相结合，已经成为目前发达国家教学组织形式的新特点。

第二，**坚持把班级授课制作为学校教学的基本组织形式**。它具有其他教学组织形式无法取代的优点，在提高教学质量和效率方面发挥着重要的作用。

第三，**改进班级授课制，探索教学组织形式的新模式**。当代社会，单一的班级授课制已经不能满足培养新型人才的需要。因此，可以使整个教学过程个别化，用自学辅导以及借助现代教学技术的程序教学、计算机辅助教学等新的教学组织形式来替代班级授课制。

三、教学工作的基本环节（即上好一堂好课的要求）【简答/论述】：10、11、12华中、11闽南、13、14西华、13广汉、13沈阳、14吉林、15东北、15华南、16天津、16集美大学、11、17哈尔滨、17赣南、17、18西安外国语、18广东技术、18湖南大学、18宁夏大学、18江苏、20合肥、20华东、20天水师范、21青岛大学、21南宁、21大理大学、21石河子、11中南大学、12延安大学、17华南、20河南、20洛阳、20浙江、20重庆三峡学院、21沈阳

（一）备课

备好课是上好课的先决条件。上课前，教师必须备好课，编制出学期教学进度计划，写好课题计划与课时计划。备好课要做好以下三方面的工作：

（1）认真钻研教材；
（2）深入了解学生；
（3）合理选择教法。

（二）上课（怎样才能上好一堂课？）

提高教学质量的关键是上好课，这是教学的中心环节，要以现代教学理念为指导，遵循教学规律，全面贯彻教学原则，善于科学而灵活地运用各种教学方法。此外，还要注意以下要求：

（1）明确教学目的，这是上好一堂课的前提。
（2）保证教学的科学性和思想性。这是上好一堂课的基本质量要求。
（3）调动学生学习的积极性，这是上好一堂课的内在动力。
（4）解决学生的疑难，促进他们的发展。这是上好一堂课的关键。
（5）组织好教学活动。这是上好一堂课的保障。
（6）布置好课外作业。

（三）课后的教导工作

课后的教导工作是课堂教学的必要补充形式，也是提高教学质量的关键。

1. 做好学生的思想教育工作

主要包括：培养学生计划学习的习惯，及时复习当日功课，按时完成作业；查明学生未完成作业的原因，并进行有针对性的教育；与家长联系，共同商定督促与教育的办法等。

2. 做好对学生学习的帮助与辅导工作

这项工作包括：由教师对学生进行辅导与补课；组织学习经验交流会，优秀作业进行传阅，增进学生之间的互相学习，共同提高等。

如果有参加过教育实习，对整个过程肯定不陌生。即使不了解也没关系，熟记后，以后教育实习上课的流程大致就是这样的。

（四）教学评价

1. 本质： 教学评价是课堂教学的反馈环节。学业考评既是教学评价的重要组成部分，也是教学工作的重要环节，是判断学生是否达到或在何种程度上达到了教学目标的要求。

2. 内容： （1）检查与评定学生的学习效果；（2）分析与评价教师的上课效果。

3. 基本要求：

（1）按时检查；（2）认真批改；（3）仔细评定；（4）及时反馈；（5）重点辅导。

> **助记图 >>**

备课 → 上课 → 课后教导 → 教学评价

先决条件　　中心环节　　必要补充　　反馈环节

·第六节 教学评价·

一、教学评价的概述

（一）教学评价【名解】：10山西、10江苏、10扬州、11、15、21沈阳、12、14北航、11、13、17、19辽宁、12渤海大学、13聊城大学、13华东、13、15杭州、15北京、15、17上海、16西南、17山东、18四川、18青海、18河南、18广西师范学院、19华南、19曲阜、19云南大学、20北华大学、20内蒙古、20宝鸡文理、20新疆、21中央民族、21天津、21中国海洋、21湖北师范

教学评价是对教学工作质量所作的测量、分析和评定。它以参与教学活动的教师、学生、教学目标、内容、方法、教学设备、场地和时间等因素的有机组合的过程和结果为评价对象，是对教学活动的整体功能的评价。

教学评价是实现教学目的的一个重要手段，它是为了解、诊断、评定、调整与促进教学服务的。它包括对学生学业成绩的评价、对教师教学质量的评价，以及对课程本身的评价。

（二）教学评价的意义【简答】：19福建

第一，对学校来说， 可以记载和积累学生学习情况的资料，定期向家长报告他们子女的成绩，并作为学生升、留级和能否毕业的依据。

第二，对教师来说， 可以及时了解学生的学习情况和获得教学效果的反馈信息，以分析自己教学的优缺点，更好地提高教学水平。

第三，对学生来说， 可以及时得到学习效果的反馈信息，明确自己学习中的长处与不足，从中受到激励与警示，以扬长避短。

第四，对领导来说， 可以了解每个教师、每个班的教学情况，便于发现问题与总结经验，以改进教学。

第五，对家长来说， 可以了解子女的学习情况及其变化，以便配合学校进行教育。

（三）教学评价的种类【简答/论述】：13福建，14扬州，18广西师范学院，20闽南，11首都，11辽宁，20西安外国语

1. 根据评价在教学过程中的作用不同，可分为【填空/简答/论述】：21陕西，20成都大学，11北京

（1）诊断性评价【名解】：18河北大学，19中央民族，20福建，20青岛大学，21淮北

又称准备性评价，是在学期教学开始或单元教学开始时，对学生现有的知识水平、能力发展的评价。其目的是为了弄清学生现有知识和能力发展情况，优点与不足之处，以便更好地改进教学，因材施教，因势利导。例如，各种摸底考试。

（2）形成性评价【名解】：11云南，11四川，13华中，14湖北大学，14山西，16福建，16湖南科技，17、19鲁东，17广东技术，17华东简，18内蒙古，15、18中国海洋，18天津大学，19青岛大学，19浙江大学，20安徽，20太原，21山东，21河南，21华中，21广州大学，21云南

又称过程性评价，是在教学进程中对学生的知识掌握和能力发展所做的比较经常而及时的测评。其目的不注重于成绩的评定，而是使师与生都能及时获得反馈信息，更好地改进教与学，以促进教师和学生的发展、提高。例如，对学生的提问、作业批改等。

（3）总结性评价【名解】：16苏州

又称终结性评价，是在一个大的学习阶段，如一个学期或一门学科终结时，对学生学习成果进行的较正规的、制度化的考查、考试及其成绩的全面评定。其目的在于为学生评定成绩；为学生下一步提供依据等。

2. 根据评价所运用的方法和标准不同，可分为【简答】：21宝鸡文理

（1）相对性评价【名解】：14江苏，17中央民族，18、20辽宁，21临沂大学，21青岛大学

它是用常模参照性测验对学生成绩进行的评定，依据学生个人的成绩在该班学生成绩序列中或常模中所处的位置来评价和决定他的成绩优劣，而不考虑他是否达到教学目标的要求，也称：常模参照性评价。

（2）绝对性评价【名解】：19福建

它是用目标参照性测验对学生成绩进行评定，依据教学目标和教材编制试题来测量学生的学业成绩，判断学生是否达到了教学目标的要求，而不以评定学生之间的差别为目的，也称：目标参照性评价

3. 根据评价的主体不同，可分为

（1）教师评价

主要是指任课教师与班主任对学生的学习状况与成果进行的评价。

（2）学生自我评价

是指在教师的引导下学生对自己做的作业、试卷、其他学习成果进行的自我评价。

助记图 >>

评价作用不同 { 诊断性评价：准备性评价，学期或单元教学开始前
形成性评价：过程性评价，教学进程中
总结性评价：终结性评价，学期或学科终结时 }

评价方法不同 { 相对性评价：常模参照性评价，学生成绩在常模中所处的位置
绝对性评价：目标参照性评价，是否达到教学目标的要求 }

评价主体不同 { 教师评价：教师对学生学习成果的评价
学生自我评价：学生对自己的作业、试卷、成果进行自我评价 }

> 相对性评价适合用于选拔人才，但不能表明他在学业上是否达到了特定的标准。
> 绝对性评价适合用于升级考试、毕业考试、合格考试，不适用于甄选人才。

二、教学评价的原则与方法 【简答】：11北航，15辽宁，16中国海洋，17渤海大学，17广西师范学院，21华南

（一）教学评价原则 【简答/论述】：10福建，11陕西，12上海，20闽南，21鲁东，16鲁东

1. 客观性原则

教学评价要客观公正、科学合理，不能主观臆断、掺杂个人情感，客观性是教学评价能否发挥其功能的基础，违反客观性原则就会丧失评价的意义。

2. 发展性原则

教学评价应着眼于学生的学习进步、动态发展，着眼于教师的教学改进和能力提高，目的在于激励学生的积极性和创造性，而不是压抑和扭曲学生的发展。

3. 指导性原则

教学评价应在指出学生的长处与不足的基础上提出建设性意见，使被评价者发扬优点、克服缺点，不断前进。

4. 计划性原则

教学评价必须紧密配合教学工作有计划地进行，科学地控制各科教学评价的次数及总量并作出合理的安排，避免评价太多或过于集中，使学生和教师负担过重。

指导性原则	计划性原则	发展性原则	客观性原则
有指导	有计划	有发展	客观公正

（二）教学评价方法 【简答】：14、15北航，19西北

1. 观察法 【名解】：20浙江大学

观察是直接认知被评价者行为的最好方法。它适用于在教学中评价那些不易量化的行为表现（如兴趣、爱好、态度、习惯与性格）和技能性的成绩（如唱歌、绘画、体育技巧和手工制成品）。

2. 测验法

主要以笔试进行，是考核、测定学生成绩的基本方法。适用于对学生学习文化科学知识的成绩评定。但是测验法难以测定学生的智力、能力和行为技能的水平。测验的质量指标有信度、效度、难度和区分度。

3. 调查法 【名解】：15淮北

调查是了解学生的学习情况，为进行学生成绩评定搜集资料的一种方法。如果教师对学生的成绩有疑问则需要经过调查解决；特别是要了解学生的学习态度、方法和习惯更需要调查。调查一般通过问卷、交谈进行。

4. 自我评价法

可以帮助学生更好地理解教学目标，正确地评价自己，从而自觉改进学习。自我评价的具体方法，常用的有：运用标准答案、核对表，以及用录音机、录像机进行记录、比较。

掌握教学评价的原则和方法。

信度：指测验结果的可靠程度。
效度：指测验能够达到测验目的的程度，即是否能测出它所要测出的目标。【名解】：13、17南京
难度：指测验所含试题的难易度。
区分度：指测验能够拉开考生得分差距的程度。

三、学生学业成绩的评价【论述】：17安徽

（一）学生学业成绩评价的含义和意义【名解】：17浙江大学

学生学业成绩评价实质上就是判断学生是否达到或在何种程度上达到了教学目标的要求。学校通过对学生学业的评价，检查教学的完成情况，从检查中获得反馈信息，用来指导和调节教学过程和学习过程，从而改善教学、提高质量。

（二）教学目标在学生学业成绩评价中的作用

教学目标规定了通过教学应当使学生达到掌握一定知识、技能和发展一定能力、品质的要求，因而教学目标是评价学生学业成绩优劣的唯一质量标准。

（三）中小学的考试制度，主要由考查和考试两个部分组成

1. 考查

指对学生的学习情况和成绩进行的一种经常性、非正规的检查与评定。考查有口头提问、检查书面作业和书面测验等形式。目的是使师生都能及时获得反馈信息，以便改进教学。

2. 考试

指对学生学业成绩进行的阶段性或总结性的检查与评定。考试通常有期中考试、学期考试、学年考试、毕业考试等形式。

（四）试题编制的要求（命题的要求）

1. 依据教学目标、各科课程标准来选编试题；
2. 知识分布面要广，知识覆盖面要大，不可超出课程标准规定的范围；
3. 试题的类型要多样化，包括名词解释、填空、改错、论述等题型；
4. 试题之间不应有重复和相关；
5. 试题的容量适中，难度适中，有区分度；
6. 试题的文字表述要简明、准确、易懂。

（五）评分标准和记分法

为了给学生的成绩准确地评分，老师一定要掌握评分标准和记分法。评分标准要注意以下几方面：第一，学生掌握的知识的广度和深度；第二，运用知识的能力，包括语言和文字能力；第三，在口头、书面回答和实际操作中所犯错误的数量和性质等。常用的记分法有百分制记分法和等级制记分法。

四、教师教学工作的评价【论述】：17安徽

（一）评教的意义【简答】：15山西

对教师教学工作的评价，亦称"评教"，是对教师教学的质量分析和评价。它对教学工作具有重要意义，可以使教师个人更清楚地了解自己教学的长处与不足，以增进教师之间的相互了解、相互切磋与学习；可以使学校领导深入第一线，以提高教师的水平和改进教学。

（二）评教的要求【简答】：15山西

评教除了应遵循客观性、发展性、指导性、计划性的教学评价原则外，尚须注意下述要求。

> 教学评价的改革在本章高分拓展中有补充。

1. 着重分析教师的教学质量，而不是评价他的专业水平

二者有联系，又有严格区别。教学质量与教师的专业水平有关，更与他的教学态度、经验、方法及改革精神有关。不应以对教师专业水平的评价来代替对他教学水平的评价。

2. 根据学生的成绩来评价教师的教学质量

教学质量的高低，归根到底决定于学生的学习效果和学习成绩。

3. 注意教学的系统性与完整性

教学是系统连续进行的。无论是一学期或是一单元、课题的教学，教师都有整体设想。这些设想及效果不可能在一两节课中体现。故评教不能只凭听一两节课的印象就得出评价结论。

（三）教学的几种水平

根据现代教学理论的研究，教学可分为三种水平：记忆水平、理解水平和探索水平。教学发展的几种水平，是诊断和评价教学的重要依据。

1. 记忆水平

这是一种低水平的教学。它的主要特点是：教师老是照本宣科、一味灌输，不会引导、启发，学生则停滞在死记硬背、机械掌握、一知半解上，不能保证教学质量。

2. 理解水平

它的主要特点是：教师认真详细讲解教学内容，学生通过认真听讲、思考与练习，基本上能理解和运用所学知识技能，完成教学任务。但这种水平的教学，重教而不重学，重教师主导作用而不重发挥学生主动性，重教师讲解、学生理解而不重学生独立思考与探索。

3. 探索水平

这是教学的较高境界。它的主要特点是：教师注重引导、启发、讲解、示范；善于提出发人深思、能挑战学生智慧的问题；善于激励学生积极思考，充分发挥他们主动性、创造性，不断引导学生的探究走向深入，在激烈的思想碰撞与争论中发挥个人的聪明才智，攻克难关，获取真知，让师生分享教学的乐趣与甜头。

（四）评教的方法

1. 分析法

这是根据一定教学目的、原则或标准来分析和评价教师教学质量的方法。这是一种常用的评教方法，评价一节课，大多采用分析法。

2. 记分法

这是通过量化的分项记分来评价教师教学质量的方法，是近几年来渐渐盛行起来的方法。它先将教学的整体活动分为若干项目，并规定每个项目的分数和评分标准，要求评价者分项记分和得出总分。然后，通过统计，计算出被评教师每个人所得分数，根据分数高低显示教学的优劣。

本章高分拓展

一、教学评价的功能（教育学基础、陕西师大大纲新增）【简答】：15中山大学

1. 诊断教学问题

通过教学评价，教师可以了解教学目标是否合理，教学方法、教学手段的运用是否得当，教学的重点、难点是否讲清，也可以了解学生在知识、技能和能力等方面已经达到的水平和存在的问题。

2. 提供反馈信息

教学评价的结果不仅可以为教师判定教学状况、提供大量的反馈信息，也可以为学生了解自己学习的好坏优劣提供直接的反馈信息。

3. 调控教学方向

如果教学评价的标准和内容能够全面反映教学对学生的要求，充分体现学生全面发展的方向，那么，教学评价发挥的导向作用就是积极的，有利于学生的学习。否则，就有可能使教学活动偏离正确的方向。

4. 检验教学效果

在教学活动中，教师的教学水平和教学效果如何，学生是否掌握了必备的基础知识和基本技能，预定的教学目标是否实现，这些都必须通过教学评价加以检查和验证。

二、教学评价的改革（教育学基础、陕西师大大纲新增）【论述】：14闽南，16聊城大学，20深圳，21青岛大学，21湖南大学

（一）从侧重总结性评价到形成性评价

总结性评价重在发挥鉴定和筛选功能，主要为了衡量学生的好坏。相反，形成性评价关心的是能不能指向促进学校的发展、学生的进步等。如果不能实现这一功能，则是失败的评价。实施形成性评价应当注意：

1. 考试与考察的结合。
2. 评分与评语相结合。
3. 允许考第二次、第三次，可以适当采用不记分的方法，鼓励学生多做努力。
4. 自评、互评和师评相结合，增强学生的自我意识和独立性，促进学生在学习中的自我调控能力的发展。

（二）从侧重区分性功能到发挥激励性功能

由于学生会朝着教师期望的方向发展，教师应坚持以找优点为评价的出发点，坚持以个体为主的评价标准，突出正面的鼓励性评价。为了让学生体验成功，加强评价的激励功能，可以采用以下具体方法：

1. 将课程分成小的单元，在每一单元内考核，激发学生的学习热情。
2. 扩展评价的范围，尽可能满足学生的成功欲望。
3. 记录学生学业以外的突出表现，增强学生的成功感。
4. 注重学生发展过程中的纵向评价，让学生不断体验自己的进步。

（三）从侧重一元评价到多元评价

在具体的评价活动中，以测验成绩为主要或唯一尺度，这一评价模式就是多元评价。现代教育评价倡导多元评价思想，也就是从多视角、采用多种方法评价学生。在多元评价思想下，教育关注学生整体能力的提高。实施多元评价应当注意：

1. 重视高层次认知能力的考察。

2. 重视对学习过程的检测。
3. 注重对各种活动表现的检测。

三、读书指导法 【名解/简答】：20 江苏，19 扬州

1. 定义

读书指导法是教师指导学生通过阅读教科书、参考书以获得知识或巩固知识的方法。学生掌握书本知识有赖于教师的讲授，但终究还需靠他们自己去阅读、领会才能消化、巩固、加深和扩充知识。

2. 运用读书指导法的基本要求

（1）**提出明确的目的、要求和思考题**。让学生自主掌握学习的方向、要求，主动去实现。

（2）**教给学生读书的方法**。让他们学会朗读、默读；学会浏览与精读；学会查阅读物的序言、目录、注释、图表；学会做记号、提问题、做眉批、摘要和写读书心得等。

（3）**善于在读书中发现问题与解决问题**。朱熹说得好："读书无疑者，须教有疑。有疑者却要无疑，到这里方是长进。"

（4）**适当组织学生交流读书心得**。在个人阅读基础上，适当组织学生开展讨论、办学习园地、交流心得，以增进读书收获，培养读书的兴趣爱好。

3. 评价

读书指导法在于使学生在阅读的过程中，充分发展自己的能力，养成良好的学习习惯。

第十章 德育

本章大纲考点及考频

第一节 德育概述
- 一、德育的概念 — 0
- 二、德育的特点 — 52
- 三、德育的功能 — 0
- 四、德育的任务和内容 — 2

（注：上述数据按图示——德育的概念 0；德育的特点 0；德育的功能 2；德育的任务和内容 3）

第一节 德育概述
- 一、德育的概念　0
- 二、德育的特点　0（条形长度对应52）
- 三、德育的功能　2
- 四、德育的任务和内容　3

第二节 德育过程　5
- 一、德育过程的定义　20
- 二、德育过程的规律　17
  - （一）德育过程是学生在教师教导下的个体品德的自主建构过程　7
  - （二）德育过程是培养学生知情信意行整体和谐的发展过程　21
  - （三）德育过程是提高学生自我教育能力的过程　9

第三节 德育原则　24
- 一、理论和生活相结合的原则　2
- 二、疏导原则　8
- 三、长善救失原则　14
- 四、严格要求与尊重学生相结合原则　11
- 五、因材施教原则　9
- 六、在集体中教育的原则　2
- 七、教育影响一致性和连贯性原则　9

第四节 德育途径与方法　5
- 一、德育途径　35
- 二、德育方法　8
  - （一）说服　3
  - （二）榜样　8
  - （三）锻炼　3
  - （四）修养　5
  - （五）陶冶　18
  - （六）奖惩　3

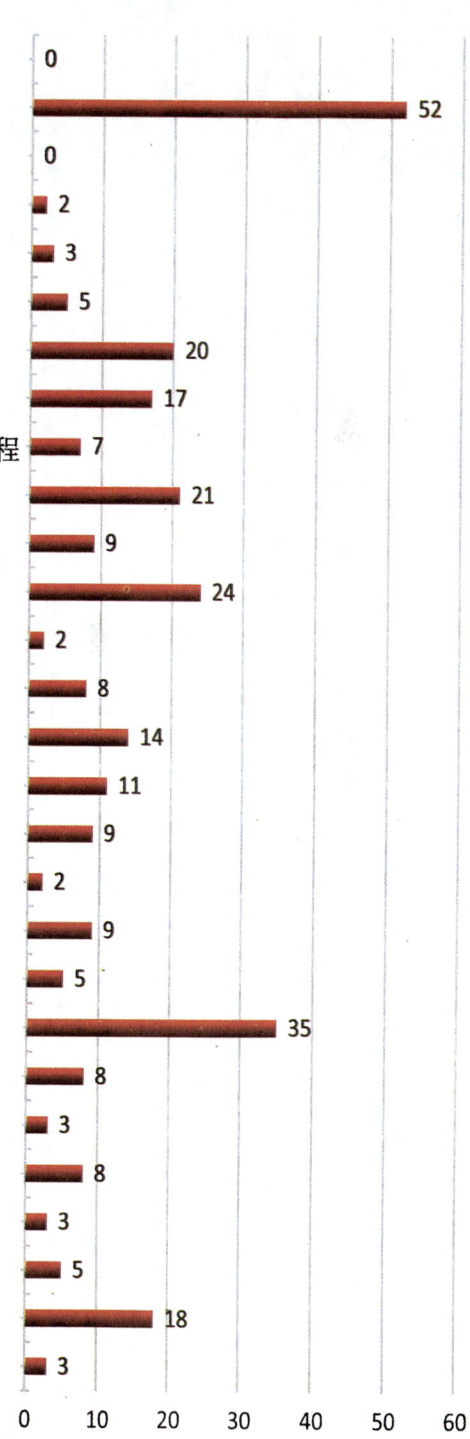

本章思维导图

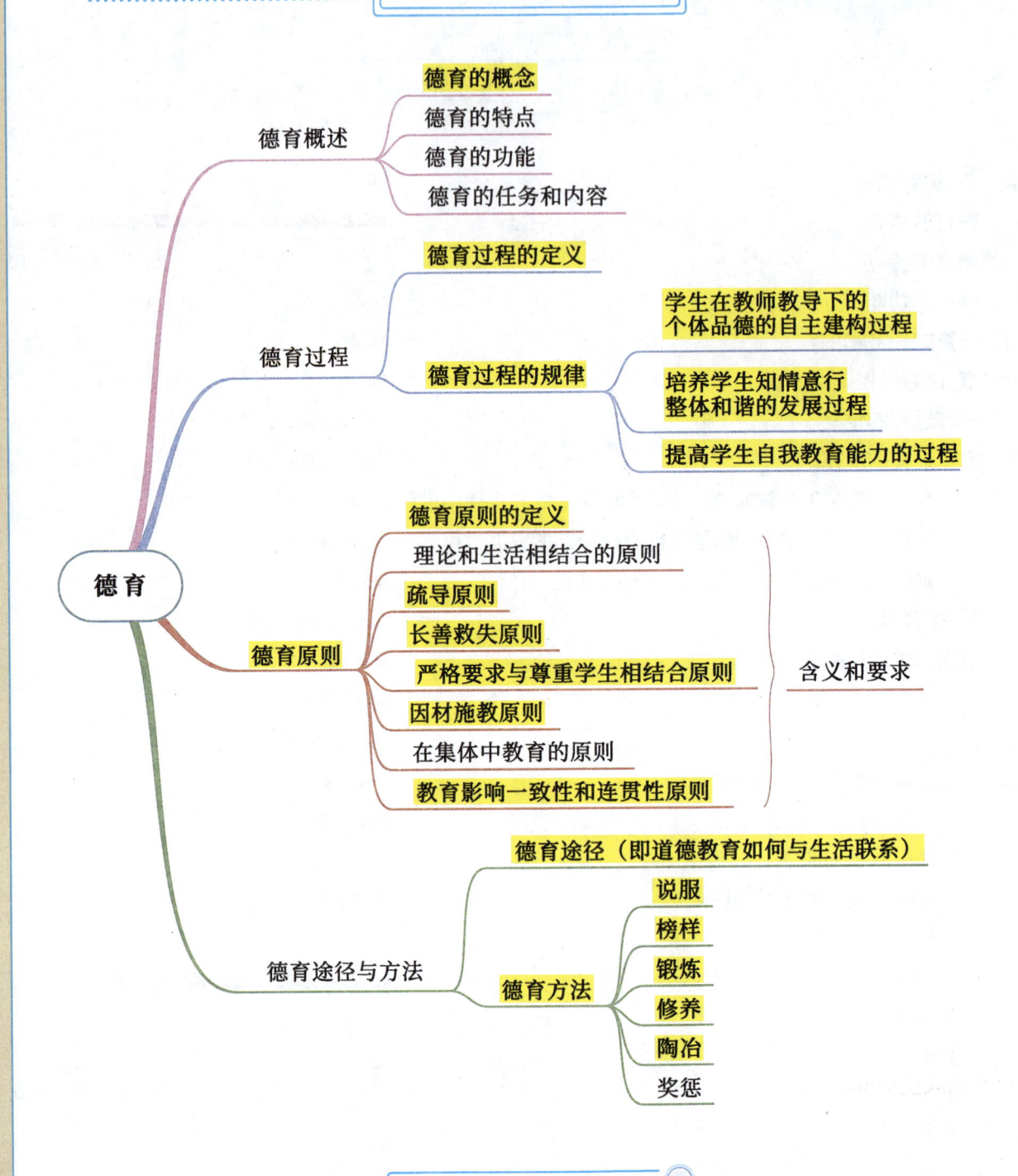

- **德育**
  - **德育概述**
    - 德育的概念
    - 德育的特点
    - 德育的功能
    - 德育的任务和内容
  - **德育过程**
    - 德育过程的定义
    - 德育过程的规律
      - 学生在教师教导下的个体品德的自主建构过程
      - 培养学生知情意行整体和谐的发展过程
      - 提高学生自我教育能力的过程
  - **德育原则**
    - 德育原则的定义
    - 理论和生活相结合的原则
    - 疏导原则
    - 长善救失原则
    - 严格要求与尊重学生相结合原则
    - 因材施教原则
    - 在集体中教育的原则
    - 教育影响一致性和连贯性原则
    - （含义和要求）
  - **德育途径与方法**
    - 德育途径（即道德教育如何与生活联系）
    - 德育方法
      - 说服
      - 榜样
      - 锻炼
      - 修养
      - 陶冶
      - 奖惩

本章参考书

【1】王道俊、郭文安主编：《教育学》（第七版），人民教育出版社，第十章

【2】柳海民主编：《教育学原理》（第2版），高等教育出版社，第九章

第一节 德育概述

一、德育的概念 【名解/辨析】：10湖北大学，10、15杭州，12山东，12鲁东，12河南，12中山，12内蒙古，13渤海大学，13、15江西，13、15、16、17、18华南，14湖南科技，14吉林，15上海，15辽宁，10、15福建，15中央民族，16东北，16山西，16天津大学，16云南，12、14、18、20哈尔滨，11、15、18西北，11、18西华，17天津职业，18中南民族，18聊城大学，18中国海洋，18广西师范学院，19广西，19北华大学，20宁夏大学，20四川轻化工，20石河子大学，21太原，21同济大学，21扬州，21合肥，21佛山科学技术学院，21安庆

德育的概念有广义和狭义之分，广义的德育是指教育者根据一定社会的要求和受教育者身心发展的规律，有目的、有计划、有系统地对受教育者施予政治、思想、道德和法律的教育影响，并通过学生积极主动的交往与互动、内化与外化，使其养成一定思想品德的教育活动。

狭义的德育专指道德教育，即学校德育是指根据一定历史时期的社会道德要求和个体品德心理的发展规律，有目的、有计划、有组织地培养受教育者的道德素质，使他们形成正确的道德观念、丰富的道德情感、坚强的道德意志、坚定的道德信念和较高的道德实践能力，不断提升道德境界的教育活动。简言之，德育是培养学生思想品德的教育。

二、德育的特点

第一，德育旨在培养学生的道德信念和人生观，形成学生的道德行为习惯，主要属于伦理领域。

第二，德育要解决的主要矛盾不是求真，不是知与不知，以回答世界是什么的问题；而是求善、知善、行善，回答世界应该是什么的问题，回答人应当怎样生活才有意义的问题。

第三，德育的主旨不是要求学生把握社会实践的物的尺度，体现"知识就是力量"，而是要求学生把握社会实践的人的尺度，体现"人道就是力量"。

第四，品德是个性素质结构的重要因素，在个性素质结构中起着价值定向的作用。德育是全面发展教育的重要组成部分，是教育的社会性质的根本标志。

三、德育的功能 【简答】：13聊城大学，21佳木斯大学

（一）学校德育对学生有育德功能，促进学生个性的全面发展

德育的育德功能是指能满足学生的道德成长需要，传授学生道德知识、规范，激励学生的道德实践，启发学生的道德觉悟，引导学生的道德成长，培养学生的健全人格，提升学生的人生价值与社会理想。

（二）德育通过育人发挥着重要的社会功能，促进社会的发展

德育的社会功能是经过所培养的学生积极参与日常生活、人际交往和社会实践对社会发展与改革发挥出巨大作用，即德育对社会的文化功能、经济功能、政治功能。

（三）德育不仅有正功能，而且可能会出现负功能

德育的负功能是指由于德育方向或方法不对，甚至方向、方法都不对，不仅不能促进，反而阻碍了社会发展和学生发展。

答题提示

如果考名词解释：德育，其中广义德育可以压缩，只回答最后一句话包含四个教育就可以。

德育重在引导学生辨别善与恶、公与私、义与利、理与欲、苦与乐、生与死、荣与辱，并做出明智的选择，确立对群体、对社会、对自然的应然态度，正确评价种种思想观念、生活方式和行为方式，讲求伦理规范、人生意义和社会理想。

例如当今社会往往诱导学生个人崇拜、金钱崇拜、享乐主义等，这就值得怀疑。

四、德育的任务及内容 【简答】：10首都

(一) 德育的任务

1. 逐步提高学生的道德修养能力和形成社会主义和共产主义的道德观

引导学生掌握社会主义理论和道德规范，自觉地身体力行，提高分辨是非、善恶的能力，形成基本的社会主义的道德观点、信念，为培养正确的人生观和科学世界观打下基础。

2. 培养学生坚定的政治立场和高尚的道德情操

引导学生在道德认识和实践活动中，激发出道德需要，形成正确的道德价值观，培养爱憎分明的政治态度，使他们对履行和捍卫社会主义道德富有责任感、义务感、使命感。

3. 养成学生良好的道德行为习惯和自我教育的能力

引导学生进行实际的道德锻炼和规范行为的训练，不仅要使他们能自觉地运用社会主义道德规范调节自己的行为，而且要使他们形成道德的行为习惯，成为个人的品德。

4. 培养学生的民族精神，使其形成正确的理想和信念

(二) 德育的内容 【简答】：10聊城大学，10青岛

德育内容是指用什么样的道德规范和人生观、价值观、世界观等来培养学生。我国德育内容是依据我国教育目的和德育任务确定的，起主导作用的是社会主义核心价值观，主要包括道德教育、思想教育、政治教育、法制教育和心理健康教育。

1. **道德教育**：主要以共产主义、社会主义道德理想为基础，培养青少年学生良好的道德品质和行为习惯。

2. **思想教育**：引导学生树立正确的人生观、世界观。在我国，要引导学生逐步掌握辩证唯物主义和历史唯物主义的基本观点，使其形成科学的世界观和人生观。

3. **政治教育**：注重对学生政治思想、政治立场和态度的培养，主要培养青少年对社会主义祖国、中国共产党、劳动人民和集体的积极情感和态度，塑造社会主义事业的建设者与接班人。

4. **法制教育**：对学生进行民主、纪律与法制的教育，培养学生民主意识与参与意识，掌握法律常识，遵纪守法。

5. **心理健康教育**：心理健康教育是根据学生身心发展的规律、年龄特征和时代特点，运用心理学的方法和手段，培养学生良好的心理素质，促进学生身心全面和谐发展和素质全面提高的教育活动。

第二节 德育过程

【简答/论述】：10首都，16沈阳，19北京，16南京，19浙江

德育过程的定义 【名解】：11北航，11、15沈阳，12、16、18上海，14河南，14华东，15天津，17渤海大学，18山西大学，18闽南，18淮北，19扬州，20合肥，20江西，20云南大学，21西北，

德育过程是学生在教师的引导下，主动积极地进行道德认识和道德实践，逐步提高自我修养能力，形成个人品德的过程。

> 德育过程内容全部是重点，一定要好好记忆掌握！

德育过程的特殊性就在于它是教师教导下学生思想道德的自主建构的过程，是知情意行整体和谐发展的过程，是学生自我教育能力不断提高的过程。

二、德育过程的规律（或德育过程的特点）【简答/论述】：13、14苏州，15江西，15西华，16天津，17云南，14、18鲁东，12辽宁，16南京，17哈尔滨，12、17四川，18曲阜，20华东，20天津，21湖州师范

（一）德育过程是学生在教师教导下的个体品德的自主建构过程（德育过程是教师教导下学生能动的道德活动过程）【简答/论述】：17江西，21北京理工，14扬州，15华东，15华中，16河南，21黄冈师范

学生的思想道德认识和行为习惯不是与生俱来的，遗传素质不可能自然地生长出思想道德。学生是在与社会环境的相互作用过程中，尤其是在教师有目的有意识的教育引导下，逐步形成自己的思想认识，发展自己的道德素质的。

1. 学生对环境影响的主动吸收

学生主要通过两个方面的活动接受社会的影响，建构自己的品德。一方面，家庭和社会环境的影响，对学生早期思想道德的发展起着潜移默化的巨大作用。其中，家庭影响更为显著。另一方面，他们又在学校教育尤其是教师的引导下，依据一定的思想道德观念进行学习、交往和生活，日益自觉地发展自己的思想道德素质，不断提高自我教育的能力。

2. 教师对学生的积极教导

虽然社会环境影响和学生自主选择对学生的思想道德发展有着十分重要的作用，但是，社会环境的影响良莠不齐，而学生的自主选择又可能带有一定盲目性。因此，教师的教导就成为学生品德健全发展的必不可少的指针与动力。教师有目的地组织引导学生积极参与丰富多彩的群体活动是德育最有效的方式。

3. 外部活动与内部活动相互促进

学生思想道德的形成和发展是在德育的活动过程中进行的，它包含两种相互连接的活动：一是学生的学习、研讨、作业、劳动、社会服务等外显的实践活动；二是学生在思想认识、情感、意志上展开的内隐心理活动。这两个方面的活动是相互连接、相互促进的。

在德育过程中我们一方面要组织好学生的各种外显的实际活动，以启迪、激发和引导他们积极开展内部的心理活动；另一方面，当学生内部的思想、情感与意志活动发动起来，又会表现出巨大的能动力量，要把他们的能动性引导到道德实践活动中去，进一步推动学生思想品德的发展与提升。

（二）德育过程是培养学生知情意行整体和谐的发展过程【简答/论述】：13安徽，14杭州，16湖南科技，10、14沈阳，11渤海大学，12、14杭州，12内蒙古，15北京，16、20华中，17西华，13、19、20辽宁，20中央民族，20湖南科技，20湖南理工学院，20鲁东大学，21浙江海洋

德育过程是培养学生品德的过程，而学生的品德包含了知、情、意、行四个要素，所以德育过程也是培养学生知、情、意、行整体和谐的发展过程。

1. 知、情、意、行是构成思想品德的四个基本因素

（1）知，是指道德认识，是人们对道德规范及其意义的理解和掌握，也包括道德观念、信念和评价能力；

（2）情，是指道德情感，是人们对客观事物的是非善恶判断时引起的内心体验，

> 德育过程的规律或德育过程的特征，整体会考简答题或论述题，下面每个规律或特征也会单独拿出来考简答或论述题，所以每个规律都要详细掌握。

> **复习注意**
> 德育过程与学生的品德发展过程既有联系又有区别。德育过程引导并促进学生品德的发展，是学生品德发展的重要条件，而不是学生品德发展过程本身。品德的发展过程是学生自身的心理品质的发展过程，有自己独特的规律。不能把二者混同。

是对客观事物爱憎好恶的主观态度；

（3）意，是指道德意志，是为道德行为所作出的自觉顽强的努力，是调节行为的一种精神力量；

（4）行，是指道德行为，是人们在道德认识、情感、意志的支配下，对他人和社会作出的反应，也是衡量思想品德高低好坏的根本标志。

2. 德育要有全面性，促进知情意行的和谐发展

（1）开展德育活动时，应注意全面性，兼顾知、情、意、行各要素，不能有所偏废。学校德育的重点，在于培养学生道德判断力、道德敏感性和道德行动力量，任何德育模式都不能忽视这些基本方面。

（2）我们对学生要晓之以理，动之以情，使儿童品德中的知、情、意、行四个方面相辅相成、全面和谐地得到发展，不可把四者割裂，以致对某些因素有所偏废，损害了其整体功能。

3. 德育具有多开端性，要具体问题具体分析

（1）强调知情意行的整体和谐，不等于说任何一次德育活动都必须严格按照知情意行的程序机械进行。恰恰相反，开展德育，既可以从知情的培养入手，也可以从意或行的锻炼开始，可以有多种开端，具有多开端性。

（2）在品德发展过程中，知、情、意、行四个因素的发展往往是不平衡的，每个学生品德发展情况也存在差异，表现出来的品德面貌或品德问题不尽相同。这就要求针对品德结构中诸因素发展不平衡的状况，灵活处理，有的放矢，因材施教。

4. 德育实践的针对性

道德品质的知、情、意、行的培养不能一概而论，简单对待，应该根据知情意行每一要素的特点，开展针对性的教育活动。

首先，学生的道德认识，既可以通过学习间接经验的方式，如听讲、看书、背诵等方式习得，也可以通过直接经验的方式，如亲历道德实践和社会活动等方式获取。就学校德育而言，最为便捷、常用的方式就是通过教师的讲授、讲解。此外，还可以通过组织学生参与有关道德认识的学习、讨论、辩论等方式来提高思想道德认识水平。

其次，要注重学生的道德情感培育。第一，思想道德情感的形成有其自身发展的阶段性。第二，要把握情意感通机制。让学生在情感场的氛围中，深化道德情感的体验，在情感上深受震撼，使其得到内化和升华。第三，要重视教育者的情意感召力和人格魅力的独特作用。在国内外的德育实践中，体谅模式、角色扮演模式、情境教育模式、关怀教育模式等均有利于丰富学生的道德情感。

最后，德育的最终目标是要促进学生实现道德认知、道德情感向行为的转化。而这一转化过程的实现有赖于开展各种道德活动和社会实践。因此，学校应有针对性地开展各种活动以提升学生的行动力。

(三) 德育过程是提高学生自我教育能力的过程 【简答/论述】：21南宁，10、16辽宁，11山西，12北京，17河南，18、20广东技术，21江苏

在德育过程中，要引导学生的活动与交往，培养他们的知、情、意、行和促进他们品德发展内部矛盾的转化，都有赖于提高和发挥学生个人的自觉能动性和自我教育能力。

1. 自我教育能力培育的意义

（1）一方面，自我教育能力是德育的一个重要条件，只有注意培养与提高学生的这种能力，德育才能进行得更顺利、更有效。

（2）另一方面，学生的自我教育能力的形成又是学生思想道德发展过程的一个重要标志。德育任务在于把学生从缺乏经验与能力的依赖性较强的儿童，逐步培养成为具有自我教育能力的、能独立自主地进行社会实践的思想道德主体。

2. 自我教育能力的构成因素

（1）自我教育能力主要包括自我期望能力、自我评价能力和自我调控能力。

（2）自我期望能力，是个体设定自我发展愿景的能力，是自我教育的内在目的和动力；自我评价能力，是个体对自我发展现状和趋势的评判能力，是进行自我教育的认识基础；自我调控能力，是在自我评价的基础上建立起来的自觉调节、控制自己思想与行为的能力，是进行自我教育的重要机制。

3. 学生自我教育能力的发展

（1）儿童的自我教育能力的发展是有规律的，大致是从"自我中心"发展到"他律"，又从"他律"发展到"自律"，再从"自律"走向"自由"。

（2）教师应该依据这一规律，从实际出发，因势利导，有目的地培养和提高学生的自我意识、自我评价和自我调控能力，形成和发展学生的自我教育能力，充分发挥他们在自身品德建构中的主体作用。

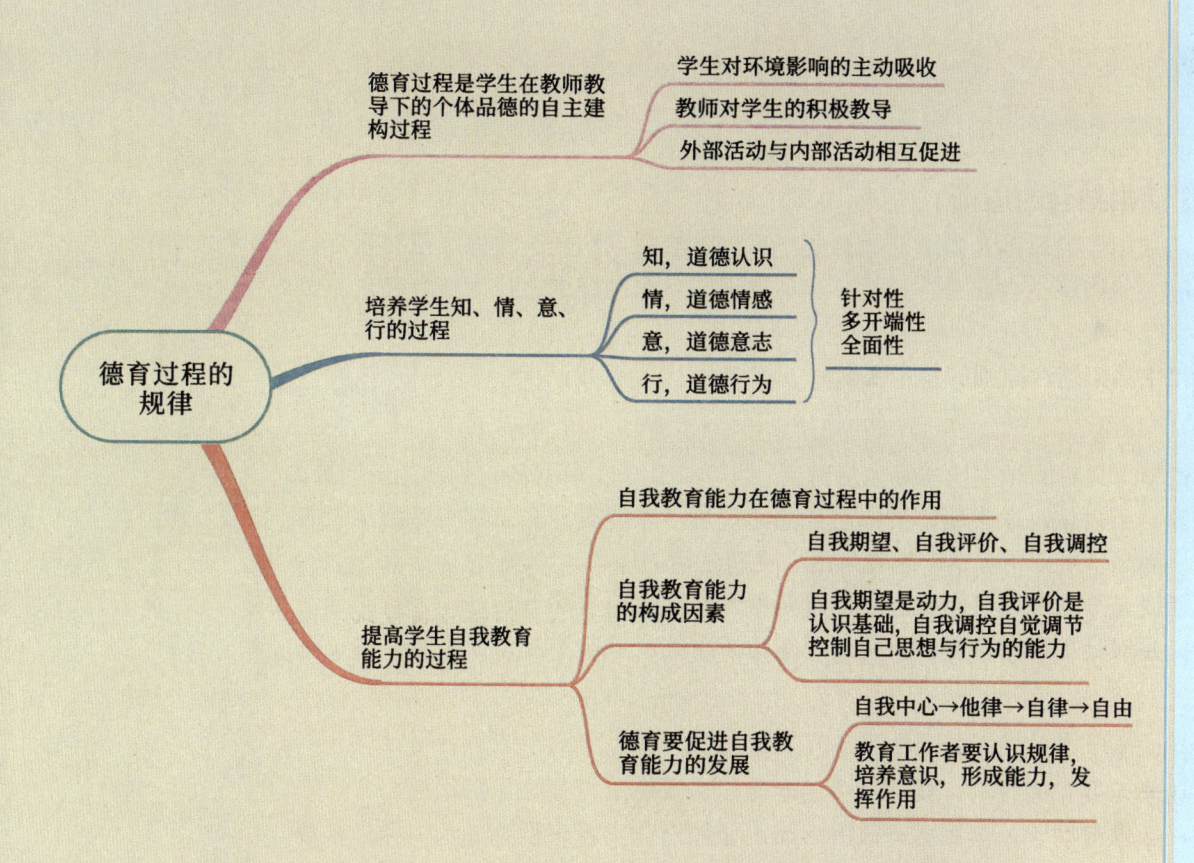

德育过程的规律
- 德育过程是学生在教师教导下的个体品德的自主建构过程
  - 学生对环境影响的主动吸收
  - 教师对学生的积极教导
  - 外部活动与内部活动相互促进
- 培养学生知、情、意、行的过程
  - 知，道德认识
  - 情，道德情感
  - 意，道德意志
  - 行，道德行为
  - 针对性、多开端性、全面性
- 提高学生自我教育能力的过程
  - 自我教育能力在德育过程中的作用
  - 自我教育能力的构成因素
    - 自我期望、自我评价、自我调控
    - 自我期望是动力，自我评价是认识基础，自我调控自觉调节控制自己思想与行为的能力
  - 德育要促进自我教育能力的发展
    - 自我中心→他律→自律→自由
    - 教育工作者要认识规律，培养意识，形成能力，发挥作用

第三节 德育原则

【简答/论述】：12北航，12山西，14河北大学，16深圳大学，17南京，17辽宁，17广东技术，17天津，18郑州大学，20吉林，20江西科技，20宝鸡文理，21东北，21云南，15湖北大学，19青岛，19大理大学，20北华大学，20浙江海洋，21辽宁，21聊城大学，21江汉大学，21四川，21青海

德育原则的定义 【名解】：12沈阳，12山西，12、18渤海大学，13江苏，14鲁东，15贵州，16闽南，18天津，20陕西理工

德育原则是教师对学生进行德育应该遵循的基本要求。它以个体品德发展规律和社会发展要求为依据，概括了德育实践的宝贵经验，反映了德育过程的规律性。德育原则对组织与开展德育、提高德育实效具有指导意义。

现阶段我国学校的德育原则主要有：理论和生活相结合原则，疏导原则，长善救失原则，严格要求与尊重学生相结合原则，因材施教原则，在集体中进行教育原则，教育影响一致性和连贯性原则等。

顺口溜>> 德育七原则：因善一集严疏理（因材施教、长善救失、教育影响一致性和连贯性、在集体中进行教育、严格要求与尊重学生、疏导原则、理论和生活相结合）

一、理论和生活相结合的原则 【论述】：13北京，20山东

理论和生活相结合的原则是指进行德育要把思想政治观点和社会道德规范的教育与参加社会生活的实践锻炼结合起来，把提高道德认识与养成良好道德行为结合起来，做到心口如一，言行一致。

贯彻理论和生活相结合原则的基本要求：

（一）理论学习要结合学生生活实际，切实提高学生的思想

德育的理论学习只有同学生的实际生活对话、互动，让学生感兴趣，为学生所需要、所理解、所体验、所内化，学生所学到的思想品德理论，才能真正介入、渗透到学生的实际生活中去，提高学生评价生活、选择生活、更新生活的能力。

学生的生活既是个人的，又是社会的；既是特殊性，又蕴含着普遍性。德育的理论教育或学习只能是对话而不是灌输，只能是思想情感上的交流与沟通，而不是生硬说教或强迫命令。

（二）注重实践，培养道德行为习惯

德育的理论学习要见诸行动，要注重引导学生的实践生活与交往，组织他们适当地参加集体生活、公益劳动、社会服务、政治活动，让他们在实践中锻炼成长，深化思想认识和情感体验，养成好的行为习惯，这是学校德育不可或缺的方面。

道德信念具有抽象性、普遍性，而生活则是具体的、特殊的，学生即使具有一定道德信念，但遇到复杂的生活问题时，也往往会不知所措、束手无策。所以，要让学生在实践中学习行为方式，锻炼应变能力。

> **复习提示**
>
> 德育原则注意与教学原则相区别。
> 德育原则会整体考简答、论述题，也会单独考某一德育原则。单独考某一原则时会与实际案例结合考论述。

二、疏导原则（循循善诱原则）

【名解/简答/论述】：14江苏，21西华，11北京，19江苏，19福建，19西华，20深圳大学，19湖南

疏导原则是指进行德育要循循善诱、以理服人，从提高学生认识入手，调动学生的主动性，使他们积极向上。疏导原则又称循循善诱原则。

贯彻疏导原则的基本要求：

（一）讲明道理，疏通思想

对青少年进行德育，要注重摆事实、讲道理，做深入细致的思想工作，启发他们自觉认识问题，自觉履行道德规范。即使学生有了缺点、毛病，行为上出现了过失、错误，也要注重疏通思想，提高认识，启发自觉。

（二）因势利导、循循善诱

青少年学生活泼爱动、精力旺盛。他们在课余生活中，唱唱跳跳、奔跑喊叫，积极参加自己喜爱的活动，这是学生身体和心理健康的表现。不可一味要求他们安安静静、循规蹈矩，像小大人一样。要善于把学生的积极性和志趣引导到正确方向上来。

（三）以表扬、激励为主，坚持正面教育

教师要给学生以启示、指点，使他们放眼社会、懂事明理，关心他人、祖国和世界，树立自己的理想。在他们的成长过程中，要坚持正面教育，对他们表现的积极性和微小的进步，要注意肯定，多加赞许、表扬和激励，引导他们步步向前，培养他们的优良品德。

> 孔子就善于循循善诱，这是教育的重要原则和优秀教师必备的品质。

三、长善救失原则

【名解/简答/论述】：13河南，15安徽，16湖南科技，18沈阳，20安徽，20西北，20海南，13闽南，13华南，14、18福建，17郑州大学，21南宁，21西华，20温州大学

长善救失原则是指进行德育要调动学生自我教育的积极性，依靠和发扬他们自身的积极因素去克服品德上的消极因素，促进他们的道德成长。

贯彻长善救失原则的基本要求：

（一）"一分为二"地看待学生

正确了解和评价学生是正确教育学生的前提。所以，对学生既要看到他积极的一面，也要看到他消极的一面；既要看他过去的表现，也要看他后来的变化和现时的表现；要看到优秀学生的不足之处，还要善于发现后进生身上的闪光点，以便长善救失，促进转变。

（二）发扬积极因素，克服消极因素

全面而深入地了解学生，为教育学生打下良好的基础，但要促进他们的品德发展，根本的一点在于调动其积极性，引导他们自觉地巩固发扬自身的优点来抑制和克服自身的缺点，才能养成良好的品德，获得长足的进步。

（三）引导学生自觉评价自己，进行自我教育

引导学生长善救失，固然需要教师起主导作用，但主要靠学生自我教育、自觉发扬优点来克服缺点。帮助学生善于虚心听取父母、教师、同学等各方面的意见，勇于解剖和正确评价自己，能够对自己的思想与行为自觉地进行反省与反思，自觉地进行道德修养。

> 2014年福建师大简答题：长善救失的德育原则内涵和要求。

四、严格要求与尊重学生相结合原则

【名解/简答/论述】：20西华，10扬州，11哈尔滨，12安徽，14辽宁，18渤海大学，18华东，14淮北，15温州大学，17江苏，18贵州

严格要求与尊重学生相结合原则是指进行德育要把对学生的思想和行为的严格要求

与对他们个人的尊重信赖结合起来，使教育者的严格要求易于转化为学生主动的道德自律。

贯彻严格要求与尊重学生相结合原则的基本要求：

（一）**尊重和信赖学生**

尊重、爱护与信赖学生是一个优秀教师必须具备的基本品德，也是教好孩子、获得良好德育效果的一个重要条件。皮格马利翁效应也证明了这个道理。

皮革马利翁效应又称罗森塔尔效应，教师通过眼神、笑貌、嗓音，滋润学生的心田，使学生更加自尊、自信、自爱、自强。期望和爱在孩子健康发展中有着重要意义。

> 请回顾教育心理学：皮格马利翁效应的具体内容。

（二）**严格要求学生**

教师向学生提出的教育要求应当是正确的、简明的、有计划的、积极的和严格的。没有要求就没有教育。在一定意义上说，德育就是对学生品德发展的引导和规范，主要表现为对学生的严格要求。

只有当要求是出于关爱的、真诚的，有利于学生树立自尊心、自信心，才能为学生乐于接受，积极履行，并逐渐从"他求"转向"自求"，从他律转向自律，这是教师在德育上获得成功的一项重要艺术。

五、因材施教原则 【名解/论述】：11、21哈尔滨，12天津，12延安大学，14东北，16鲁东，11、20闽南，19湖南大学

因材施教原则是指进行德育要从学生的思想认识和品德发展的实际出发，根据他们的年龄特征和个性差异进行不同的教育，使每个学生的品德都能得到最优的发展。

贯彻因材施教原则的基本要求：

（一）**深入了解学生的个性特点和内心世界**

这是进行德育的前提和基础，也是因材施教的前提和基础。通过观察、谈话、分析书面材料、调查研究等方式了解研究学生。

> 教学原则中也有因材施教原则，中国教育史中的孔子也有因材施教内容，如果考名词解释：因材施教，回答任一部分都可以，因为内容大同小异。

（二）**根据学生个性特点有的放矢地进行教育**

由于学生各人都有自己的生活环境、成长经历、个性特点和精神世界，因而对他们的教育必须区别对待、有的放矢，采用不同的内容和方法来因材施教。找到能适合学生特点、开启学生心灵的德育内容和方法，创造性地进行教育。

（三）**根据学生的年龄特征有计划地进行教育**

学生思想认识与品德的发展有明显的年龄特征，因而进行德育有必要研究和弄清每个年级学生的思想特点。只有掌握每个年级学生的年龄特征和思想特点，才能对中学德育做出整体规划、系统安排，以保证德育切合学生实际，取得更大成效。

六、在集体中教育的原则 【简答】：11华东，16沈阳

在集体中教育的原则是指进行德育有赖于学生的社会交往、共同生活，注意依靠学生集体、通过集体活动进行教育，充分发挥学生集体在教育中的巨大作用。学生集体不仅是教育的对象，也是教育的主体，具有巨大的教育力量。

贯彻在集体中教育原则的基本要求：

（一）**引导学生关心、热爱集体，为建设良好的集体而努力**

要发挥学生集体的教育作用，首先要把学生群体培养成为良好的学生集体。培养学

生集体的过程，也是一个教育和提高学生、促进他们的品德发展的过程，所以，许多优秀教师和班主任在培养学生的品德时，往往从组织和发展学生班集体开始。

（二）通过集体教育学生个人，通过学生个人转变影响集体

要发挥集体的教育作用，首先，教师要把集体当作教育的主体，先向集体提出要求，然后让集体再去要求、教育和帮助它的成员。其次，在集体中教育，也要注意通过学生个人影响集体。这样，教育了某一个学生，也就教育了全班其他的学生。最后，更为重要的在于引导、组织学生积极参与班集体的学习、课外活动与社会服务等共同活动。

（三）把教师的主导作用与集体的教育力量结合起来

充分发挥集体的教育力量，并不否定教师对集体活动的引领作用。马卡连柯曾说：这绝不是说，我们教育家和一般成人的集体领导者，只是站在一边旁观。恰恰相反，我们要时时刻刻地运用我们的思想和经验、我们的机智和意志去分析集体中各种各样的现象，并且用忠告、影响来帮助集体。

七、**教育影响一致性和连贯性原则** 【简答/论述】：13西华，14华南，16杭州，17上海，18内蒙古，11江苏，21苏州科技，21山东，21河南

教育影响一致性和连贯性原则是指进行德育应当目的有计划地把来自各方面对学生的教育影响加以组织，使其相互配合、协调一致、前后连贯地进行，以保障学生的品德能按教育目的的要求发展。

贯彻教育影响一致性和连贯性原则的基本要求：

（一）组建教师集体，使校内对学生的教育影响一致

为了组建教师集体以便对学生的影响一致。首先，全校教职工应当明确对学生进行德育的目的、任务和学生应遵循的行为准则及要求。其次，应当分工协作、互通情况、定期研究、协同一致地解决学生思想品德发展中存在的主要问题。

（二）做好衔接工作，使对学生的教育前后连贯和一致

德育要做好衔接工作，包括做好小学与初中、初中与高中以及学期之间的思想教育衔接工作；做好班主任和教师因工作调换而产生的衔接工作；这不仅要求后来的教育者应当了解前一段学生的教育情况，使学生的思想教育紧密衔接；而且每个教师都要防止德育中出现前紧后松、一曝十寒的现象。

（三）发挥学校教育的引领作用，使学校、家庭和社会对学生的教育得到整合、优化

首先，学校应与家庭和社会的有关机构建立和保持联系，形成一定的教育协作制度。其次，要及时或定期地交流情况，制定互相配合的举措。再次，要分工负责，控制和消除环境中对学生不良的自发影响。最后，最重要的是，要引导学生在多种多样甚至相互冲突的影响中，学会独立思考、明辨是非，以锻炼和提升学生自我修养的能力。

马卡连柯指出："只有建立了统一的学校集体，才能在儿童的意识中唤起舆论的强大力量，这是舆论的力量，是支配儿童行为并使它纪律化的一种教育因素。"

请回顾如何培养班集体的知识点。

此部分介绍了很多，其实主要意思就是将所有外界环境（学校、家庭、社会）相互配合、连贯、一致对学生进行教育。

第四节 德育途径与方法

【简答/论述】：21天津，15闽南，20临沂大学，20云南大学，21北华大学

一、**德育途径**（即道德教育如何与生活联系？/德育与教学的关系？）【简答/论述】：10华东，10、12南京，12、14西华，12沈阳，14华中，14北京，14、19天津，15山西，16陕西，16河北大学，16聊城大学，17西北，18哈尔滨，18安徽，16、19吉林，14、19内蒙古，19曲阜，20淮北，20深圳大学，21江苏大学，21福建，21青岛大学，21大理大学，21陕西理工，21石河子，13湖北大学，18北京，20延边大学，21内蒙古，21湖南理工学院

（一）思想政治课与其他学科教学

这是学校有目的、有计划、有系统地对学生进行德育的基本途径。通过这个途径，教育者能够引导学生掌握系统的科学知识、马列主义毛泽东思想等基本理论和社会主义的道德规范。这对提高学生的思想认识、奠定他们的人生观与世界观的基础都有重要作用。

（二）劳动和其他社会实践

这是学校德育尤其是劳动教育的重要途径。特点在于让学生在做中学，在交往中学。有意义的劳动和社会实践，能够提高学生的责任意识、服务意识，形成学生勤俭、朴实、顽强等好品德，在德育上有着不可或缺、不可替代的意义。

（三）课外活动与校外活动

这是生动活泼地向学生进行德育的重要途径。通过课外活动进行德育，能调动学生的积极性，培养他们的自律能力，形成互助友爱、团结合作、尊重规则的良好品德。

（四）学校共青团、少先队活动

共青团、少先队是青少年自己的组织，他们热爱自己的组织，积极参加团队活动，能激发青少年的上进心、荣誉感，使他们能够严于律己，自觉提高思想品德。

（五）心理咨询

心理咨询是培养学生健康心理品质的有效途径。通过谈心、讲座、咨询等方式对学生进行心理健康教育，可以帮助学生处理好学习、交往、择业等问题，使他们成为积极向上、健康乐观的人。

（六）班主任工作

这是对青少年进行德育的一个重要而又特殊的途径。通过班主任的积极工作，能够对其他途径起协调作用，而且能有效地管教学生基层组织和个人。

（七）校园生活

校园生活包括上述活动在内的全部学校生活。校园生活是学生重要的生存方式、学习方式，是学生品德发展的基础。我们要推进"素质教育"，就要开展丰富多彩的校园活动。

总之，各德育途径有各自的德育功能，缺一不可，也不能相互替代，它们之间相互联系，相互促进，从而形成学校德育工作的整体。

顺口溜>> 班主任组织共青团、少先队先在校园中，后到校外进行劳动和社会实践，对个别不愿参加的学生进行思想政治教育和心理咨询辅导。

复习提示

学校的全部生活，学生参与的各种活动和交往，都有德育价值，都是德育的途径。

本章高分拓展补充了德育模式：①道德认知发展模式；②体谅模式；③价值澄清模式；④社会学习模式；⑤集体教育模式；请详细查看。

二、德育方法 【简答/论述】：13沈阳，20陕西，21云南，15南京，19闽南，19青海，20延安大学，21江汉大学

德育方法 【名解】：12扬州、13鲁东、17东北、18天津大学

德育方法是师生为完成德育任务而采取的活动方式的总和。它有两层含义。第一，它是师生共同活动的方法。第二，它是为实现德育的目标、要求服务的。目标、要求不同，德育方法也不相同。我国中小学德育的一般方法有：说服、榜样、锻炼、修养、陶冶、奖惩等。

> 每个德育方法大多数考名词解释，也可能结合案例考查论述题。整体德育方法会考简答、论述题。

助记>> 德育方法：说陶修奖锻榜（说服、陶冶、修养、奖惩、锻炼、榜样）

（一）说服（明理教育法） 【名解】：13曲阜，17哈尔滨，21安徽

1. 定义： 说服是通过摆事实、讲道理，使学生提高认识、形成正确观点的方法。
2. 内容： 说服包括讲理、谈话、报告、讨论、参观等。
3. 运用说服法要注意以下几点要求：

（1）明确目的性，要有针对性
要针对要解决的问题，有的放矢，触动和启发学生的心灵。切忌一般化、空洞冗长、叨唠，使学生感到单调、厌烦，产生抵触情绪。

（2）富有知识性、趣味性
青少年渴求知识，期望更多地了解社会、人生。故说理要注意给学生以新知，使他们喜闻乐见，深受启示，并乐于去实践。

（3）注意时机
说理的成效，往往不取决于花多少时间，讲了多少道理，而取决于是否善于捕捉教育的时机，拨动学生的心弦，引起他们的情感共鸣。

（4）以诚待人，注重互尊互动
对学生说理，教师的态度要诚恳、深情、语重心长、与人为善，同时要尊重学生，耐心倾听学生的意见，不能一个人喋喋不休。

关键词>> 说服：摆事实、讲道理，针对（针对性）知识（知识性），尊重（以诚待人）时机

（二）榜样（榜样示范法） 【名解/简答/论述】：10沈阳，16北京，18中央民族，13、19哈尔滨，19湖北师范，21陕西，14云南

1. 定义： 榜样是以他人的高尚品德、模范行为和卓越成就来影响学生品德的方法。青少年学生的模仿性强，可塑性大，爱效仿父母、师长，向先进同学看齐，崇拜伟人、英雄、学者。
2. 内容： 榜样包括伟人的典范、教育者的示范、学生中的好样板。
3. 运用榜样要注意以下几点要求：

（1）选好学习的榜样，榜样必须是真实可信的
从古至今，人们都习惯拔高榜样，甚至编造一些美德故事来美化榜样，这是不可取的。尤其当学生有了自己判断能力之后，这样做只会令人反感、适得其反。

（2）激起学生对榜样的积极情感、敬慕之情

引导学生深入了解榜样，包括榜样的身世、奋斗的经历、卓越的成就，尤其是那些感人至深之处，使他们在心灵深处对榜样产生惊叹、爱慕、敬佩之情。

(3) **给不同年龄段的学生树立不同的榜样**

中小学时期长达12年，跨度大，学生的道德发展也经历了多个不同阶段，就要为学生树立不同的榜样。

(4) **要注重教师自身的示范作用**

德育的教育效果，在很大程度上取决于教师本人的以身作则。尤其是低年级学生，视教师为说一不二的权威，这就更需要教师加强自身的修养，要求学生做到的，自己一定要先做到。

(三) 锻炼（实践锻炼法）【名解】：10西北，18哈尔滨，19安徽

1. 定义： 锻炼是有目的地安排学生进行一定的生活交往与社会实践活动以培养品德的方法。

2. 内容： 锻炼包括练习、委托任务和组织活动等。

3. 运用锻炼要注意以下几点要求：

(1) **调动学生的主动性**

锻炼的主体是学生，只有激发学生的主动性、积极性，使他们内心感到锻炼是有益的、有价值的，他们才能自强不息、自觉严格要求自己，获得最大的锻炼效果。

(2) **教师给予适当的指导**

有时学生虽有良好的道德动机，但不善于选择适当的道德行为，当他们碰上复杂的情境时，会在行动上感到困惑。因此，对学生的道德活动应视学生的能力给予适当的指导。

(3) **坚持严格要求学生**

任何一种锻炼，若不严格要求，而是马马虎虎，就会搞形式主义，不可能使学生得到锻炼和提高。有经验的教师都懂得，对学生品德的锻炼贵在一个"严"字，丝毫不能放松。

(4) **及时检查并长期坚持**

良好的习惯与品德的形成，须经历长期反复的锻炼过程，贵在持之以恒。

(四) 修养（自我修养法）【名解】：15、18华中，15山西，15湖南科技，20青海

1. 定义： 修养是在教师引导下学生经过自觉学习、自我反思和自我改进，使自身品德不断完善的一种重要方法。

2. 内容： 修养包括学习、座右铭、立志、自我批评、慎独等。

3. 运用修养要注意以下几点要求：

(1) **培养学生自我修养的兴趣与自觉性**

引导学生自我修养，首先要培养他们的情趣，使他们愿意去实践。一个有效的办法是为学生树立学习榜样。

(2) **指导学生掌握修养的标准**

以什么作为修养的标准，决定着修养的方向性质，因而指导学生掌握正确的修养标准是极为重要的。我们应当提高学生分辨是非的能力和自我修养的水平，帮助他们坚持正确标准。

(3) **引导学生积极参加社会实践**

引导学生广泛接触社会生活、积极参加社会活动，从中体验自我修养的必要性及其重大价值，到火热的社会变革中吸取思想营养，在与先进模范人物的接触中获得教益。

（五）陶冶（情境陶冶法）【名解/简答/论述】：10中山，11、12华中，13、20哈尔滨，13杭州，14安徽，15湖南科技，16中国海洋，18云南，18江苏，20河北大学，20曲阜，20温州大学，19广东技术，20安徽，21成都大学，21湖南

1. 定义：陶冶是通过创设良好的教育情境，潜移默化地培养学生品德的方法。它利用暗示的原理，让学生通过无意识的心理活动来接受某种影响。

2. 内容：陶冶包括人格感化、环境陶冶和艺术陶冶等。

3. 运用陶冶要注意以下几点要求：

（1）创设良好的情境

要有效地陶冶学生，首先需要创设良好的情境。这种环境包括：美观、朴实、整洁的学习与生活环境；团结、紧张、严肃、活泼、尊师爱生、民主而有纪律的班风、校风。

（2）与启发引导相结合

引导学生注意到自己学习与生活情境的美好、温暖、富有教益，自觉吸收情境的有益影响，从而也在自己身上培养起相应的良好品德与作风。

（3）引导学生参与情境的创设

良好的情境不是固有的、自然存在的，需要人为创设。教师应当组织学生为自己创设良好的学习与生活情境。

（六）奖惩【论述】：13福建，21上海，21闽南

1. 定义：奖惩是对学生的思想和行为做出评价的一种方法。

2. 内容：奖惩包括表扬、奖励和批评、处分两个方面。表扬、奖励是对学生的良好思想、行为作出的肯定评价，以引导和促进其品德积极发展的方法。批评、处分是对学生不良思想、行为作出的否定评价，帮助他们改正缺点与错误的方法。

3. 运用奖惩要注意以下几点要求：

（1）要公平公正、正确适度、合情合理

当奖则奖，当罚则罚，实事求是。

（2）发扬民主，获得群众支持

奖惩由少数人决定，难免主观武断，出现差错，得不到大家支持。只有发扬民主，吸取大家的意见，才能公平合理。

（3）注重宣传与教育

奖励与处分旨在教育学生，故要有一定的形式与声势，在一定范围内宣布，并通过墙报、广播、橱窗等宣传，以便收到更好效果。

2013年福建师大论述题：学校德育的特征，举例说明教师如何运用"奖惩"这一德育方法。

本章高分拓展

一、德育模式（教育学基础、陕西师大大纲新增、北师大大纲新增）【简答】：20苏州

（一）道德认知发展模式

1. 皮亚杰的道德发展阶段理论【选择/简答/论述】：16青岛大学，16首都，19河北大学，19、21太原，10苏州，11海南，13首都

对偶故事法

在研究儿童过失行为的判断时，向儿童叙述下面的故事，然后要求儿童说出评定的理由。

故事一：一个叫约翰的小男孩在他的房间里，家人叫他去吃饭，他走进餐厅，但在门背后有一把椅子，椅子上有一个放着十五只杯子的托盘。约翰并不知道门背后有这些东西，他推门进去，门撞倒了托盘，结果十五只杯子都摔碎了。

故事二：一个叫亨利的小男孩，一天，他母亲外出了，他想从碗柜里拿出一些果酱，但是放果酱的地方太高了，他的手臂够不着，他试图去拿果酱时，碰倒了一只杯子，结果杯子掉下来打碎了。

问题：
（1）这两个孩子是否感到同样的内疚？
（2）这两个孩子哪一个问题更严重？为什么？

调查结果表明，6～7岁的儿童觉得约翰更坏些，因为他打碎了15只杯子，亨利只打碎了一只杯子，所以约翰比亨利更坏。他们根据行为客观后果的严重性来进行判断。相反10～12岁的儿童则会说亨利更坏一些，因为约翰开门时不知道门后有杯子，他是无意的，而亨利是趁妈妈不在偷吃东西时打碎杯子的。这时的儿童已经注意到行为的动机和意图，从行为的主观责任去判断。

皮亚杰主要研究了4～12岁儿童的道德观念，他用对偶故事的观察实验进行研究，揭示了儿童道德认知发展的总规律，即儿童道德的发展经历了他律到自律的转化过程。

他律是指早期儿童的道德判断只注意行为的客观效果，不关心主观动机，是受自身以外的价值标准所支配的道德判断，具有客观性。

自律是指儿童自己的主观价值标准所支配的道德判断。

皮亚杰在儿童的道德判断中提出了儿童道德发展的四个年龄阶段：

（1）自我中心阶段或前道德阶段（2～5岁）

自我中心阶段是从能够接受外界的准则开始的。这时期儿童还不能把自己同外在环境区别开来，把外在环境看作他自身的延伸，处于无律期，顾不得人我关系，而是以"自我中心"来考虑问题。

（2）权威阶段或他律道德阶段（6～8岁）

这一阶段的儿童服从外部规则，接受权威指定的规范，把人们规定的准则看作固定的、不可变更的，而且根据行为的后果来判断对错。看待行为有绝对化的倾向，赞成严厉的惩罚。

（3）可逆性阶段或初步自律道德阶段（8～10岁）

这一阶段的儿童已不把准则看成不可改变的，而把它看作同伴间共同约定的。同伴间可逆关系的出现，标志着品德由他律开始进入自律阶段。开始以动机作为道德判断的依据，认为只有回报的惩罚才是合理的，能够置自己于别人的地位，判断不再绝对化。

（4）公正阶段或自律道德阶段（10～12岁）

这一阶段的公正观念是由可逆的道德认知而来。公正观念出现，开始倾向于主持公正、平等，与成人的关系也从权威性过渡到平等性，儿童开始从关心和同情出发进行判断。

助记表格>>

皮亚杰的道德发展阶段理论		
道德发展阶段		主要特点
前道德阶段		自我中心；无律期。
他律道德阶段		服从外部规则；根据行为的后果来判断对错；绝对化的倾向，赞成严厉的惩罚。
自律阶段	初步自律道德阶段	可逆阶段；自律；动机作为道德判断的依据；能够置自己于别人的地位，判断不再绝对化。
	自律道德阶段	公正观念；平等性；开始从关心和同情出发进行判断。

2. 科尔伯格的道德发展阶段理论

美国的科尔伯格继承并发展了皮亚杰的道德认知发展理论，通过道德两难故事法研究道德发展问题，开创性地提出了著名的三种水平六个阶段的道德发展阶段理论。具体内容，请查看《教育心理学》第二章心理发展与教育。

（二）体谅模式 【论述】：18温州大学

体谅模式与道德认知发展模式强调道德认知发展不同，它把道德情感的培养置于中心地位。体谅模式由英国教育家麦克菲尔和他的同事创立，该模式有一套颇具特色的系列教科书《生命线》，并有教师指导用书《学会关心》。因此，体谅模式又称学会关心的道德教育模式。

1. 学校道德教育的首要职责是满足与人友好相处、爱和被爱的基本需要

麦克菲尔通过调查发现，青少年一致认为成人"好"的教育行为就是能体谅和宽容，"坏"的教育行为就是压制、支配的行为。他认为这项研究证明了："人类的基本需要是与其他人友好相处、爱和被爱，帮助人们去满足这种需要是组织教育的首要职责。"

2. 学校道德教育的根本目的是教会学生关心人和体谅人

麦克菲尔认为，关心人和体谅人是道德的基础和核心，道德教育的重点在于提高学生的人际意识和社会意识，学校道德教育的根本目的就是促进成熟的社会判断力和行为的发展。成熟度就是具有创造性的关心和体谅。在这里，关心和体谅既指教师在道德教育中对学生要"多关心，少评价"，又意味着道德教育应使学生学会关心人、体谅人。

3. 学校道德教育重要方法是观察学习和社会模仿

麦克菲尔明确反对运用理性的方法进行道德教育，提出要重视道德教育的感染力和榜样的作用。他认为，道德本身是富有"感染力"的，品德在很大程度上是受感染的。以他人为榜样是"个体自然发展的要旨"，任何道德发展水平都需在真实环境中模仿学习。榜样也许是一种最高的教育形式，因为从榜样中可以获得最实际的震撼人心的情感力量。观察学习和社会模仿是学会关心人和体谅人的重要方式。

（三）价值澄清模式 【名解/简答】：11云南，11辽宁，17内蒙古，13南京

价值澄清模式是针对美国儿童在多元社会中面对多种价值观的选择而提出的理论，代表人物主要有拉思斯、哈明、西蒙、鲍姆等。其中，拉思斯是该理论的创始人，与西蒙、鲍姆合著的《价值与教学》

一书系统地阐明了价值澄清模式。

拉思斯等人认为，社会上存在着多元价值观，课堂上的价值观和现实生活中的价值观不一致会引起学生的怀疑或抵触，因此传统的道德说教不能从根本上解决学生的价值认同问题。为此，他们提出了价值澄清模式，即学生可通过学习一个价值观的形成过程来获得自己的价值观。

1. 价值澄清模式的四大要素

（1）**关注生活**。以生活为中心，引导人关注有价值的生活中的事物，如情感、态度、目的等，解决生活中的问题。

（2）**接受现实**。原原本本地接受学生的一切，包括观点、兴趣、情感等价值观，以使学生坦诚地表达自己。

（3）**激发思考**。在接受的同时，鼓励学生进一步思考、反省各种问题，鼓励他们作出多种选择，更好地意识到、选择和珍惜日常的行为。

（4）**提高潜能**。通过价值澄清，使个人正视、思考个人的价值问题，更好地整合他们的选择、珍视和行动，提高自我指导能力。

2. 价值澄清模式的七个步骤

第一阶段：选择

（1）**自由选择**。只有在自由的选择中，个体才能根据自己的价值观行事；被迫的选择是无法使这种价值整合到他的价值体系之中。

（2）**从多种可能中进行选择**。真正的价值观，是经过选择的结果。因此，提供多种可能让学生进行选择，才有利于学生对选择进行分析思考。

（3）**在考虑后果后进行选择**。作出经过深思熟虑的理性分析、反复衡量利弊的选择，在此过程中，个人意志、情感以及社会责任等方面都受到考验。

第二阶段：珍视

（4）**重视所做的选择**。珍惜、重视自己的选择，为自己能有这种理性选择而感到自豪，并将其看作是自己内在能力的表现和自己生活的一部分。

（5）**确认自己的选择**。以充分的理由再次肯定这种选择，愿意公开、承认和拥护自己的价值，并乐意公开与别人分享。

第三阶段：行动

（6）**依据选择行动**。鼓励学生把自己所信奉的价值观付诸行动，努力践行，使行动反映出所选择的价值观。

（7）**反复地行动**。鼓励学生反复坚定地把价值观付诸行动，内化为价值体系的一部分，使之成为某种生活方式或行为模式。

3. 价值澄清模式的三大方法

（1）**澄清反应法**

澄清反应法是指"教师针对学生所说的话或所做的事而作出的反应，旨在鼓励学生进行特别的思考"，是在"交谈中自然形成的"。通过澄清反应来进行价值观教育，一方面要求教师要有足够的责任心及价值敏感性，及时抓住对话的机遇进行澄清反应。另一方面，要求教师拥有较高的对话技巧，少说多听，提出能激发学生进一步思考的问题。

（2）**价值单填写法**

价值单填写法是由教师选择"某一发人深思的陈述和一系列相关问题，把它们复制在一张纸上，分发给学生"，由学生独立完成价值单，并将答案写在纸上，然后学生之间或师生之间进行交流。价值单填写法对师生双方的要求比澄清反应法要高，从价值单的设计到讨论的进行，涉及读、写、说等多方面的能力。

（3）价值连续体法

价值连续体法是一种"极为有用的价值澄清方法"，适合于在大范围内对一些带有普遍意义的问题进行讨论。师生共同确定所要讨论的问题后，确认两种极端的态度，并写在一条直线的两端（于是产生连续体），将处于两种极端态度之间的其他态度写在连续体上。这种方法的实质就是鼓励学生审慎思考各种选择。

4. 评价

优点：①尊重儿童的地位，引发儿童的主动性；②具有较强的实践性，受到教师和学生的普遍欢迎；③有章可循，具有很强的可操作性；④注重现实生活。

缺点：①过分强调价值观的相对性，极易导致价值相对主义；②过分强调价值观的个性特征，极易导致极端个人主义；③在实际中，任凭以个人的价值观为标准来衡量和评价自身的社会行为，必然导致社会主流价值观的混乱和无政府状态。

（四）社会学习模式【简答】：12华东

社会学习模式是在社会学习理论的基础上提出的，代表人物主要是美国的班杜拉。

1. 社会学习模式的理论基础

社会学习模式的理论基础是班杜拉的社会（观察）学习理论。班杜拉认为，人的一切社会行为都是在社会环境的影响下，通过对他人示范行为及其结果的观察学习而得以形成的。观察学习包括注意、保持、动作再现和动机四个子过程。（具体内容，参阅《教育心理学》第三章学习及其理论解释）

2. 社会学习模式的基本观点

（1）通过榜样培养个体的道德行为

个体道德行为的学习是通过社会学习（即观察学习和模仿学习）实现的。模仿学习是通过直接观察他人的行为而习得新的行为的一种过程，对个人的道德行为具有重要的作用。社会学习模式坚信榜样的力量，通过观察榜样的行为以替代性反应的形式形成自己新的道德行为，改变、强化已有的道德认识和行为习惯。

（2）注重培养学生的道德判断力

在复杂的道德情境中，个体经常处于两难选择的道德困境，只有具备良好道德判断力的个体才能及时做出判断，作出适当的道德行为。影响道德判断能力的因素很多，其中最重要的是个体的认知能力。因而加强对个体认知能力的培养有助于其道德判断能力的养成。

（3）强调自我调节对道德行为的作用

个体心理环境中特定的动机及操作方面的因素制约着道德行为。因而，该模式特别强调个体自我调节对道德行为的作用，强调道德教育应把环境的示范和个体的发展与认知调节机制结合起来，以使个体的行为符合社会上约定俗成的道德规范或内心的道德观念，并在此过程中逐渐发展自我评价能力。

（4）倡导教育者的言行一致

对学生进行道德行为的训练，可以通过口头说教的形式，也可以通过教育者自身的行为进行教育活动，教育者必须言行一致。如果教育者言行不一，会直接影响儿童对道德律令的遵守程度，从而产生不良的道德行为。

3. 社会学习模式的研究方法

社会学习模式研究儿童道德教育问题，主要集中在模仿学习、抗拒诱惑和言行一致等方面，采用的方法主要是实验法。

（1）模仿学习

研究者先让儿童对故事中的人物行为的正确与否做出判断，进行初测，检测判断的水平如何；然后把儿童分成三个等组，采用不同的方法进行实验。实验结果表明，榜样影响作用高于赞扬强化作用，说明儿童的道德判断主要是由于社会学习和榜样的影响造成的。

(2) 抗拒诱惑

研究者挑选一批5岁男孩作为被试，先把他们带到一个放有玩具和字典的房间参观，告诉他们这些玩具禁止玩，但可以翻字典；然后把儿童分组进行实验结果发现，指责组抗拒诱惑或自制力较强，控制组次之，奖励组较差。这表明电影中奖励或指责的榜样具有"替代强化"的作用，会直接影响到儿童对诱惑的抗拒。

(3) 言行一致

研究者让成人和儿童一起玩小型滚木球游戏，按照一定规则将木球投入球门，投中得分，分数高者得奖。如果严守规则，得奖机会很少；如果不严守规则，得分受奖机会较多。实验分两个组进行，结果表明，成人和同伴越言行不一的榜样对儿童不良行为有着越重要的影响作用。

4. 评价

优点：该模式强调成人与环境对儿童道德行为形成的作用，符合教育规律的理论认识，同时，特别强调动机的激发以及动机对维持某特定行为的作用，也是值得我们借鉴的。

缺点：该模式忽略了儿童身心发展的"成熟性"和"阶段性"；在德育实验中缺乏具体的教育策略，很难在学校德育中实施等等。

(五) 集体教育模式

集体教育模式是苏联教育家马卡连柯提出来的。马卡连柯认为，集体教育就是"通过集体""在集体中"和"为了集体"的教育。

1. 集体教育的前提

"我的基本原则永远是尽量多地要求一个人，也尽可能多地尊重一个人。"在马卡连柯看来，尊重人和信任人是集体教育的基本前提。

2. 集体教育的原则

马卡连柯分析了儿童集体形成的阶段，提出了前景教育原则和平行教育影响原则。前景教育就是通过经常在集体和集体成员面前呈现美好的"明日之快乐"的前景，推动集体不断向前运动、发展，永远保持生气勃勃的旺盛的力量。平行教育影响就是教育者对集体和集体中每一个成员的教育影响是平行的，即"每当我们给个人一种影响的时候，而这影响必定同时应当是给予集体的一种影响"。

3. 集体教育的方法

马卡连柯认为，劳动教育即人的劳动品质的培养，其最大的益处在于"道德和精神上的发展"，即培养学生良好的道德品质。他认为，纪律教育是与集体教育、劳动教育密切联系的。纪律是达到集体目的的最好方式，纪律可以美化集体。在对学生进行纪律教育时，要合理使用惩罚和奖励，反对滥用惩罚，坚决反对体罚。

二、德育与教学的关系？（德育应该存在于一切教学活动之中）【简答】：12陕西，16东北

(1) 赫尔巴特强调实际上不存在无教育性教学，即德育应当普遍存在于一切教学之中。德育是教育者按照一定社会或阶级的要求，有目的、有计划、有系统地对受教育者施加思想、政治和道德影响，通过受教育者积极的认识、体验与身体力行，以形成他们的品德和自我修养能力的教育活动。

(2) 德育就是教师有目的地培养学生品德的活动。德育的途径分为直接和间接两种，直接的道德教学主要有思想品德课和时事政治课，间接的德育存在于一切教学之中，例如，劳动社会实践、课外活动与校外活动、班主任工作、共青团、心理咨询、少先队、校园生活等。

(3) 德育是全面发展教育的重要组成部分，德育渗透于一切教育教学过程中，与此同时，教学是学

校教育的核心工作是实施德育的基本途径，教学必须遵循教育性原则，在教学目标的确定、教学内容的组织、教学的实施过程中都要重视学生道德品质的培养。由此可见，德育的途径和范围非常广泛，甚至包括非学校教育的教育活动。因此，德育应当普遍存在于一切教学中。

三、我国当前学校德育存在的问题【简答/论述】：10湖南、11重庆、12、19浙江大学、17哈尔滨、20佛山科学技术学院、21深圳大学

1. 德育目标失衡

存在着过分理想化和政治化的倾向。只重视培养符合传统意识形态要求的"工具"，而不重视培养具有现代公民意识的"人"。德育目标要求很高，超越了社会发展阶段和青少年的身心发展水平，缺乏应有的层次性。

2. 德育方法单一

重填鸭式和灌输式地教，而不重视学生内化和自省性地体验。

3. 德育过程简单

以管代导。对学生进行封闭式教育，忽视在整个社会大背景中营造良好的德育大环境和氛围。

4. 德育的地位不高

具体表现为：第一，德育在学校中处于可有可无的状况，德育随时都要为升学让路，德育活动的开展受到限制，德育的经费不到位等；第二，学生对德育不感兴趣，德育没有吸引力。

5. 德育内容滞后，与丰富多彩的社会生活相脱离

随着改革开放的深入，经济体制改革的推进，商品经济的发展，竞争机制的广泛引进，使得社会生活更加丰富多彩，但也出现了许多新问题。然而德育内容显得陈旧、单薄，不足以解释当前复杂的社会现象，也不能解决学生的思想实际，于是德育就成了与现实生活和学生实际不相干的东西，既不能激发学生的情感，使其认同，更难促使其内化。

6. 德育重管理，轻人格养成

德育的本质是灵魂的教育，它不仅塑造人的行为，还要培养其高尚的情操、美好的情感和健全的灵魂。但是现在的德育工作往往满足于抓外部行为而忽视深层思想情感培养，使德育成了单纯的行为训练，长此以往，将会使德育生命力日趋萎缩。

7. 德育中的形式主义和简单化盛行

当前，德育形式化主要表现为德育量化的滥用，不少学校把品德量化作为德育的"常规武器"大用特用，比如做好事加分，做坏事减分，年终评定，便是一年的德育结果。

第十一章　班主任

本章大纲考点及考频

第一节　班主任工作概述
一、班主任工作的意义与任务　0
二、班主任素质的要求　2
　　　　　　　　　　　17

第二节　班集体的培养
一、班集体的教育功能　0
二、班集体与学生群体　4
三、集体的发展阶段　5
四、培养集体的方法　5
　　　　　　　　　　29

第三节　班主任工作的内容和方法　25

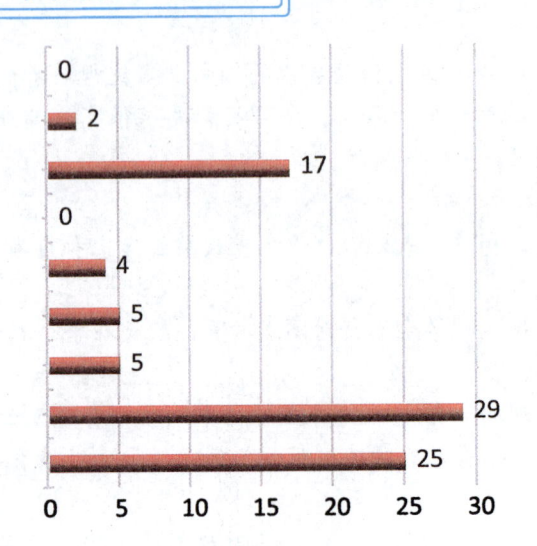

本章思维导图

- 班主任
  - 班主任工作概述
    - 班主任工作的意义与任务
    - 班主任素质的要求
  - 班集体的培养
    - 班集体的教育功能（即为什么要建设班集体）
    - 班集体与学生群体
      - 班集体
      - 学生群体
        - 正式群体
        - 非正式群体
        - 参照群体
    - 集体的发展阶段
    - 培养集体的方法
  - 班主任工作的内容和方法

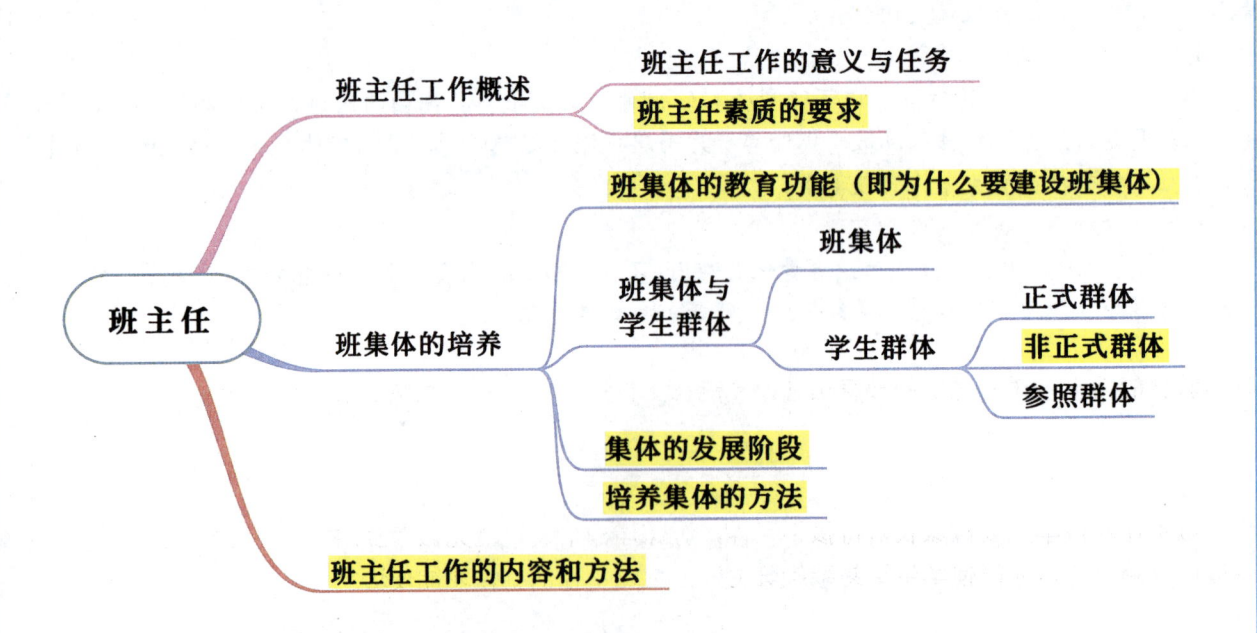

本章参考书

【1】王道俊、郭文安主编：《教育学》（第七版），人民教育出版社，第十四章

【2】全国十二所重点师范大学联合编写：《教育学基础》（第3版），教育科学出版社，第九章

· 第一节 班主任工作概述 ·

一、班主任工作的意义与任务【简答/论述】：20云南，21黄冈师范

（一）班主任工作的意义

第一，班主任是班集体的组织者、教育者和指导者，是学校领导实施教育、教学工作计划的得力助手。

第二，班主任对一个班的学生工作全面负责，组织学生的活动，协调各方面对学生的要求，对一个班集体的发展起主导作用。

第三，班主任在学生全面健康的成长中，起着导师的作用，并负有协调本班各科的教育与工作和沟通学校与家庭、社会教育之间联系的作用。

（二）班主任工作的任务

第一，依据我国教育目的和学校的教育任务，协调来自各方面对学生的要求与影响。

第二，有计划地组织全班学生的教育活动，做好学生的思想教育工作，并对他们的学习、劳动、工作、课外活动和课余生活等全面负责。

第三，把班培养成为积极向上的集体，使每个学生在德、智、体、美等方面都得到充分的发展，形成良好的个性。

二、班主任素质的要求【简答/论述】：12陕西，15华东，16华南，19吉林，20天津，11、14闽南，12沈阳，14河南，11、16福建，17扬州，17赣南，18西北，20江西，21黄冈师范

（一）高尚的思想品德，为人师表的风范

班主任是学生的教育者、引路人，是他们的学习榜样。班主任应有崇高的品德，饱满的工作热情，坚持不懈的进取精神，言行一致、表里如一，能为人师表。这样班主任才能在学生中树立崇高的威信，给学生以强有力的教育影响。

（二）坚定的教育信念，相信教育的力量

确信教育的力量，确信每个学生都有优点和才干，都有自己的前途，即使有某些缺点和错误的学生，只要对他做深入细致的思想教育工作，也能把他转变好。班主任只有确信教育的力量，树立坚定的教育信念，才能在工作中不畏困难，顽强而耐心地工作，收获教育的硕果。

（三）家长的情怀

班主任对待学生要像家长对待孩子一样，有深厚的情感，能无微不至地关怀，与学生彼此信赖。这样才能使学生更易亲近班主任，听班主任的话，才能使班主任工作顺利进行。

（四）较强的组织能力

善于组织学生开展活动是教育学生的重要条件。一个称职的班主任必须善于计划和组织学生的各种活动，善于根据情况的变化迅速作出决定、采取措施、进行调整，在工作中表现出魄力，能令行禁止，坚定地引导学生积极开展活动，不断前进。

（五）多方面的兴趣与才能

> 注意：陕西师大大纲删除了本章内容，考陕西师大同学了解即可，考其他学校的同学要好好复习。

> 这部分内容也容易结合一些案例来考查论述题。

青少年学生活泼好动，每个学生都有自己的兴趣和爱好，需要开展多种多样的活动。性格开朗，兴趣广泛，多才多艺的班主任能与学生有较多的共同语言，便于开展活动。

（六）善于待人接物

班主任为了教好学生，要与家长、任课老师、校外辅导员和有关社会人士联系协作，因而要善于待人接物。只有善于待人接物，能团结人的教师，才能更好地协调各方面的教育力量。

顺口溜>> 班主任要时刻想念工作，用家长的心肠组织好教书育人工作。

·第二节 班集体的培养·

一、班集体的教育功能（为什么要建设班集体？）【论述】：11、17 河南，19 宁夏大学，20 山西大学

真题回顾
2020年山西大学论述题：班级组织的功能。

（一）班集体不仅是教育的对象，而且是教育的巨大力量

第一，进行班主任工作必先注意培养班集体。因为班集体一旦形成，它便能成为教育的主体，具有巨大的教育力量。

第二，班集体能向其成员提出要求，指出努力方向，并通过集体的活动、纪律与舆论来培养其成员的品德。它能紧密地配合班主任开展工作，成为班主任依靠的重要力量。

（二）班集体是促进学生个性发展的一个重要因素

第一，在班集体的各种活动中，一方面，每个学生通过自己的经历和感受，都会积累集体生活的经验，掌握丰富的道德规范，养成社会主义思想品德，更加社会化。

第二，另一方面，每个学生都能找到适合于自己的活动、工作和角色，不断发展自己特有的志趣与爱好，更加个性化。

第三，在集体中，学生个人的社会化与个性化是相互促进的。而每个学生个性的充分发展，都将促进全班学生的全面发展。同时，班集体又是培育学生个性的园地，它能使个性之花竞相开放、争芳斗艳。

（三）班集体能培养学生的自我教育能力

第一，班集体毕竟是学生自己的集体，有它的组织机构，需要学生学会自己管理自己，自己教育自己，尤其是需要学生自主地制订集体的活动计划，积极地开展各种工作与活动。

第二，这无疑能有效锻炼和逐步提高学生的自我教育能力。随着班集体的发展，学生的自我教育能力也能提高到自觉的程度。

第三，即使离开班主任的直接领导和监督，班集体也能自觉独立地开展活动和很好地管理自己。要注重发挥班集体的自我教育功能，以便培养和提高学生的自我教育能力。

二、班集体与学生群体

（一）班集体【名解】：19宁波大学

班集体是有明确的奋斗目标、健全的组织系统、严格的规章制度与纪律、强有力的领导核心、正确的舆论和优良作风，能够有计划地开展各种教育活动，能自觉反思、总结经验，使集体不断自我教育、自我提高，不断向前发展。班集体被视为班级发展最高阶段。

（二）学生群体

1. 正式群体

正式群体是指在校行政、班主任或社会团体的领导下，按一定章程组织起来的学生群体。它有明确的目的与任务，有一定的组织纪律，能够正常开展工作或活动，进行总结与提高。

它包括班级的学生群体、共青团和少先队等；也包括为完成班的某方面的工作而组建的小组，如班刊编辑小组、学科小组、文体小组以及各种庆祝晚会或主题班会的筹备小组等。

2. 非正式群体【名解】：10安徽，12中山，18广州大学，18宁波大学

非正式群体是指学生自发形成或组织起来的群体。它包括因兴趣爱好相同，感情融洽，或是邻居、亲友、同学等关系以及因其他需要而形成的学生群体。

非正式群体是有活力的，是学生进行学习、娱乐、生活和交往所必需的，可以弥补正式群体活动之不足。不过非正式群体没有正式的组织机构和长远的活动计划，其成员也不稳定，易受外部条件和内部人际关系变化的影响，有盲目、消极的一面。但是只要班主任真诚帮助他们，耐心细致地做工作，就可能缩小其不良影响，化消极因素为积极因素。

3. 参照群体

参照群体是学生个人心目中向往和崇尚的群体。由于学生选择的和心目中向往的参照群体与他实际参加的学生正式群体往往不一致，因而给教育工作带来了极为复杂的情况。了解每个学生的参照群体十分重要，由此可以了解学生的内心世界，了解他们的志趣与价值诉求，了解他们的生活或学习的动力，从而能有针对性地对他们进行引导和教育。

三、集体的发展阶段【简答/论述】：10安徽，14华东，21沈阳，13陕西，17华东

（一）组建阶段

这时，班从组织形式上建立起来了。不过班的核心和动力是班主任，班主任必须对学生提出明确的集体目的和应当遵守的制度与要求，并引导学生积极开展活动，促进集体的发展。

这时集体对班主任有较大的依赖性，不能离开他的监督独立地执行他的要求。如果班主任不注意严格要求，班就可能变得松弛、涣散。

（二）核心初步形成阶段

这一阶段的特点是，师生之间、同学之间有了一定的了解，产生了一定的友谊与信赖，学生积极分子不断涌现并团结在班主任周围，班的组织与功能较健全，班的核心初步形成，班主任与集体机构一道履行集体的领导与教育职能。

这一阶段，班集体能够在班主任指导下积极组织和开展班的工作与活动，班主任开始从直接领导、指挥班的活动，逐步过渡到向他们提出建议，由班干部来组织开展集体的工作与活动。

（三）集体自主活动阶段

这一阶段特点是，积极分子队伍壮大，学生普遍关心、热爱班集体，能积极承担集体工作，参加集体活动，维护集体荣誉，形成正确舆论与良好班风。

这时班集体已形成，它已成为教育主体，能主动地根据学校和班主任的要求以及班上的情况，自觉地向集体成员提出任务与要求，自主地开展集体活动。

助记图 >>

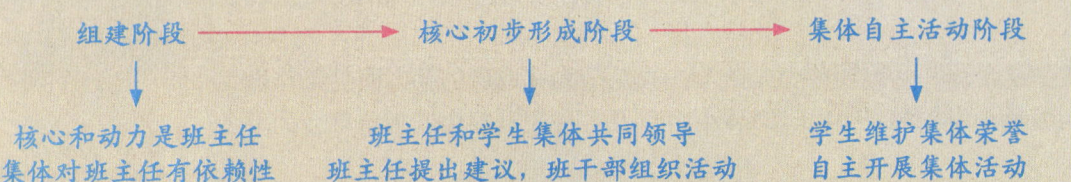

组建阶段 → 核心初步形成阶段 → 集体自主活动阶段

- 核心和动力是班主任 集体对班主任有依赖性
- 班主任和学生集体共同领导 班主任提出建议，班干部组织活动
- 学生维护集体荣誉 自主开展集体活动

四、培养集体的方法 【简答/论述】：11、12、16华中，14华东，17河南大学，17陕西，18闽南，19江西，20河南，20湖南理工学院，20青岛大学，20、21西华，21扬州，21赣南，13陕西，16、19华东，17郑州大学，16、18西北，19湖南，19宁夏大学，19上海，20鲁东大学

（一）确定集体的目标

目标是集体的发展方向和动力。培养集体首先要使集体明确奋斗的目标。集体的目标应当由班主任同班干部或全班同学一道讨论确定。目标的提出应当由易到难，实现一个目标后，立即又提出一个要求更高的目标，以推动集体不断向前发展。

（二）健全组织、培养干部，以形成集体核心

培养集体必须注意健全集体的组织与功能，使它能正常开展工作，发挥应有的作用。这里的关键是要做好班干部的选拔与培养工作。班主任要教育班干部谦虚谨慎，认真负责，不断提高修养水平和工作能力，以身作则，团结全班同学一道前进，充分发挥集体的核心作用。

（三）有计划地开展集体活动

班主任在确定班的奋斗目标后，应制订集体活动计划，有计划地开展各种活动，使每个学生都能在活动中得到锻炼与提高，引导集体朝气蓬勃地向前发展。

（四）培养正确的舆论和良好的班风

只有在集体中形成了正确的舆论与良好班风，集体才能识别是非、善恶、美丑，扶正抑邪，发扬集体的优点、抵制不良思想作风的侵蚀，才能使集体具有巨大的教育力量，成为教育的主体。

（五）做好个别教育工作 【简答/论述】：20洛阳，17渤海大学，17山西，21江西科技

个别教育是教师根据学生个人的特点、需要和问题而单独进行的教育，具有针对性。一般包括个别谈心、道德谈话、个别指导、辅导和帮助等。个别教育既包括后进生的工作，也包括做一般生和优秀生的工作。这些工作大致有三个方面：

培养班集体的方法是重点，要熟练记忆。推荐一本有关班主任对班级管理的书：魏书生的《班主任工作漫谈》，有兴趣可以看看，以后当老师、做班主任可以借鉴学习。

2017年山西师范大学论述题：为什么班主任在管理集体教育时要兼顾个人教育，班主任要如何做到对个人教育的管理？

1. 促进每个学生个性的全面发展

在集体的活动中，每个学生的优点与缺点、长处与不足都将充分表现，如何帮助每个学生长善救失、扬长避短，促进其个性全面发展，这是班主任的一个重要任务。

班主任应了解每个学生，善于激励和引导他们积极投身于集体的学习、交往活动，与同学互相学习、帮助，取长补短，既发展个人的潜能、个性，又推动集体共同提高。

2. 做好后进生的思想转变工作

后进生一般是指品行差或学习差，或品学俱差的学生。后进生都有各人的特点与缺点，这是他们落后的根源。只有针对他们的特点和缺点，有耐心、有信心，有的放矢，因材施教，经过深入细致的艰苦工作，才能获得成效。

3. 做好偶发事件中的个别教育

为了处理好偶发事件，做好肇事者的个别教育工作。首先，要遇事冷静、沉着、慎重，如果感情用事，辱骂殴打学生，就可能伤害学生的心灵和人格，导致意想不到的严重后果。其次，要注意弄清事情的真相，情节的轻重，产生的根源和造成的后果，经过认真研究才能做出处理。最后，要重教育，要启发学生认识错误，改过自新。

第三节 班主任工作的内容和方法

【简答/论述】：12山西、13鲁东、13西华、15温州大学、17中央民族、17海南、18河北大学、19闽南、19汕头大学、21湖北师范、12西南、12渤海大学、14吉林、15、21广东技术、16、21西北、18上海、18华南、19安庆、19山西大学、20合肥、20浙江、21集美大学、21福建

一、了解和研究学生

要教育好学生必须要先了解学生，并不断注意研究学生。这是教育学生做好班主任工作的必要条件。了解学生包括个人和集体两个方面。了解和研究学生的主要方法有：观察、谈话、分析书面材料、调查研究。

二、教导学生学好功课

学好功课是学生的首要任务，也是班主任一项经常性的任务。一个班的学生平均成绩的高低，与这个班的班主任是否注重抓学生的学习密切相关。班主任要注意对学习任务和态度的教育；加强学习纪律的教育；指导学生改进学习的方法和习惯。

三、组织班会活动

班会是班主任向学生进行思想品德教育的一种有效形式和重要阵地，有计划地组织和开展班会活动是班主任的一项重要任务。班会的内容与形式应当多样化。只有多样化，才能满足青少年追求知识、增长才干、抒发思想情感、面向社会等多方面的需要，调动他们的积极性。

四、组织课外活动、校外活动和指导课余生活

课外活动与校外活动对培养学生的志趣、才能，丰富和活跃他们的生活，促进他们

德智体美全面发展具有重要意义，而这些活动一般都是以班为单位来组织的，所以也是班主任一项经常性的重要工作。

五、组织学生的劳动

劳动有生产劳动、建校劳动和各种公益劳动。班主任在组织学生劳动时需要注意：做好准备工作，包括劳动准备、思想准备和组织准备。在劳动过程中，教师要进行教育工作。劳动过后，要进行总结工作，展示班级学生的劳动成果，表扬学生做得好的地方，还要克服缺点。

六、协调各方面对学生的要求

协调和统一校内外对学生的要求，这是有成效的教育学生的重要条件，也是班主任工作的一项重要任务。班主任要做好以下两方面：（1）统一校内教育者对学生的要求；（2）统一学校与家庭对学生的要求。

七、评定学生的操行

操行是指学生的思想品德的表现，操行评定就是对学生一年以来的思想品德发展变化的情况的评价。这有利于学生了解自己思想品德的优点与缺点，扬长避短；有利于家长了解自己的子女，更好地配合学校加强对子女的教育；有利于班主任和学校更好地了解和教育学生。

八、做好班主任工作的计划和总结

班主任工作面广，内容多，连续性强，是极其复杂的工作，为了更好地胜任工作，一要加强计划性，二要注意总结工作经验。工作计划分为学期工作计划和具体执行计划。工作总结可以分为专题总结和全面总结，教师在总结中不断提升自己，获取教师职业的更大发展。

助记法 >>

班主任工作的内容和方法：
学生方面：了解、研究学生，教导学生学好功课，评定学生操行（3点）
学生活动：组织班会活动，课外、校外、课余活动，学生劳动（3点）
外界影响：协调各方面对学生要求（1点）
班主任自身：做好工作计划与总结（1点）

复习提示

班主任工作内容和方法，简答、论述题都可能考。这部分内容很简单，可以联系实际学校教学来记忆。

真题回顾

2020年浙江师范大学材料分析题：有人说：班主任像父母，操不完的心，一不小心学生就会出什么问题。有人说：班主任只要找几个优秀得力的学生当助手，让他们帮忙管理即可。有人说：班主任要尊重学生，相信学生，无为而治即可。请运用班主任工作内容和方法等原理，结合材料谈谈你的看法。

第十二章 教师

本章大纲考点及考频

第一节 教师工作概述 — 0
一、教师劳动的特点 — 63
二、教师劳动的价值 — 7
三、教师的权利与义务 — 12
四、教师职业的角色扮演 — 7
　（一）教师的"角色丛" — 4
　（二）教师角色的冲突及其解决 — 9
　（三）社会变迁中教师角色发展的趋势 — 9
第二节 教师的素养 — 103
第三节 教师的培养与提高 — 0
一、教师的培养和提高的紧迫性 — 0
二、教师个体专业性发展的过程 — 39
三、培养和提高教师素养的主要途径 — 29

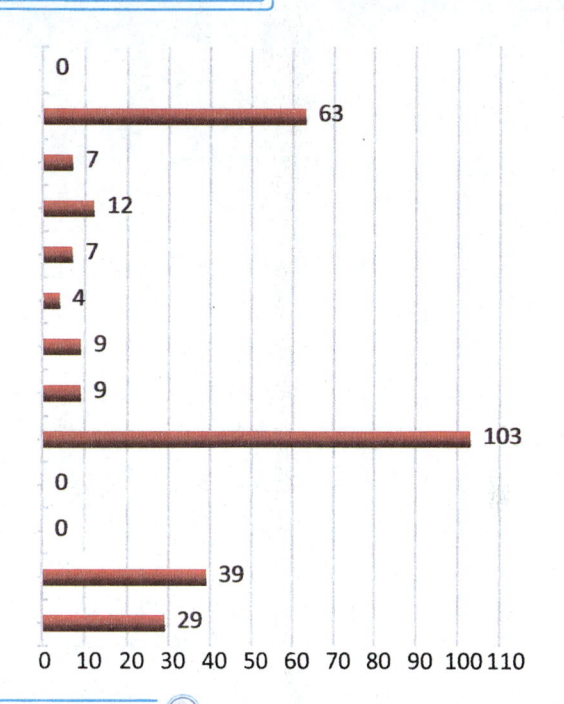

本章思维导图

- 教师
  - 教师工作概述
    - 教师劳动的特点
    - 教师劳动的价值
    - 教师的权利与义务
    - 教师职业的角色扮演
      - 教师的"角色丛"
      - 教师角色的冲突及其解决
      - 社会变迁中教师角色发展的趋势
  - 教师的素养
    - 高尚的师德
    - 宽厚的文化素养
    - 专门的教育素养
    - 健康的心理素质
  - 教师的培养与提高
    - 教师的培养和提高的紧迫性
    - 教师个体专业性发展的过程
    - 培养和提高教师素养的主要途径

本章参考书

【1】王道俊、郭文安主编：《教育学》（第七版），人民教育出版社，第十五章
【2】全国十二所重点师范大学联合编写：《教育学基础》（第3版），教育科学出版社，第五章
【3】柳海民主编：《教育学原理》（第2版），高等教育出版社，第十章

第一节 教师工作概述

一、**教师劳动的特点**【简答/论述】：10沈阳，10、12、15华中，10青岛，11、18曲阜，11、20江西，12华东，12杭州，12江苏，12、17华南，13哈尔滨，13、14西南，13湖南科技，13、15渤海大学，14、16、21西华，14陕西，14、16浙江，14山西，15内蒙古，15扬州，15东北，16广东技术，16苏州，16天津，17鲁东，17福建，17天津职业，13、17西北，15、18吉林，18复旦，19宁波大学，20湖北大学，20上海，21合肥，21深圳大学，10河南，11渤海大学，11天津，12西华，15江苏，15浙江，15曲阜，16海南，17湖南，17杭州，17闽南，20陕西理工，20四川

（一）**教师劳动的复杂性**【名解/简答】：17江苏，21苏州科技

1. 学生状况的复杂性决定着教师劳动的复杂性

教师劳动的对象主要是发展变化中的青少年学生，是具有能动性的主体。他们既有共同的生理、心理特点，遵循共同的发展规律，又有各自不同的天赋、经历、兴趣爱好和个性特征等，需要教师全面把握他们身心发展的共性、个性，创造性地因材施教。

2. 教师任务的多样性制约着教师劳动的复杂性

教师既要面向全体学生，又要关注个别学生；既要提高其学识才能，又要教会他们为人处世；既要培养优秀生，又要帮助后进生；既要与家庭、社会协调一致，又要对学生的校内生活全面负责。

3. 影响学生发展因素的广泛性制约着教师劳动的复杂性

学生入校后，仍然直接或间接地接受着社会和家庭的影响，尤其是随着科技的发展，大众媒体的普及，社会及同伴群体对他们的影响作用也越来越大。如何有效地协调各方面的关系，引导学生自觉抵制不良因素的影响而积极向上地成长，是当代教师的一项重大而复杂的任务。

（二）**教师劳动的示范性**

教育是教师引导、培养学生的活动，要求教师以身作则，具有示范性。教师的劳动对象是处在发展过程中的青少年学生，他们具有尊敬教师、乐于接受教师的教导、以教师为表率的所谓"向师性"的特点。所以，教师必须严格要求自己，以身作则。

（三）**教师劳动的专业性**

当今国内外教育组织普遍认为教师是履行教育教学职责的专业人员，这从根本上肯定了教师劳动的专业性。

1. 教师工作的领域主要是针对培养学生的教育教学领域。
2. 教师需要专业化的教育学、心理学以及学科专业知识来培养学生。
3. 教师需要专门的教学技能来授课和培养学生。
4. 教师对教育工作要有充分的情怀，才能做好这份工作。

（四）**教师劳动的创造性**【名解/论述】：21辽宁，20扬州

教师劳动的这种独特的创造性，是由教育对象的特殊性和复杂性决定的。

1. 表现在对教育、教学原则和方法的选择和运用上。
2. 教师对教材内容的处理和加工也是创造性的劳动。
3. 教师劳动的创造性还表现在教师的教育机智上。所谓教育机智，是指教师在教育教学活动中表现出来的对新的、意外的情况，正确而迅速地做出判断并巧妙地加以解决

> 教师这章内容全部都是重点，一定要好好记忆。因为教育硕士对口就业是教师。
>
> "教，上所施，下所效也。"

的能力。这其中也就体现了灵活性。

> **顺口溜>>** 王教师在复杂的物理专业中创造性的工作，是为人师表的典范。

二、教师劳动的价值【简答/论述】：16上海，19浙江，15浙江，16辽宁，17湖南，18福建，20四川

（一）教师劳动的社会价值

从宏观上看，最突出地表现在教师对延续和发展人类社会的巨大贡献上。教师的工作，联系着人类的过去、现在和未来。

从微观上看，教师劳动关系到每一个人的发展和幸福。在现代社会，一个人的发展状况如何，前途如何，在很大程度上取决于他所受的教育，取决于教师的劳动。

（二）教师劳动的个人价值

首先，教师劳动能够创造巨大的社会价值。因为，个人价值的大小主要取决于他对社会的贡献。

其次，教师劳动比一般劳动更具有自我实现的价值。教师在自己的劳动中能够充分发挥个人的才智，促进个人自身的完善和发展，满足个人较高层次的需要，教师劳动还能享受到一般劳动所享受不到的乐趣。

（三）正确认识和评价教师的劳动价值

首先，教师劳动的价值具有模糊性。其次，教师劳动价值具有明显的滞后性。再次，教师劳动价值具有隐蔽性。正因为教师劳动的价值具有模糊性、滞后性和隐蔽性的特点，所以很难为人们所充分认识。教师实际社会地位的低下也就自然而然了。

总之，"国将兴，必贵师而重傅"，任何一个有远见的政治家，都必须重视教育，尊重教师；任何一个国家欲在世界民族之林立于不败之地，必须重视教育，尊重教师。要致力于把教师职业真正发展为太阳底下最崇高、最优越的职业。

三、教师的权利与义务【简答/论述】：13重庆，15天津，18内蒙古，16、18集美大学，19曲阜，21云南大学

明确教师的权利与义务既是教师管理民主化、法治化的需要，也是保障教师的权利与义务、提高教师自身素质的需要。

（一）教师的权利【辨析/简答】：14重庆，17扬州，19鲁东大学，19青岛

教师除了享有国家宪法规定的公民的一般权利外，还应享有这一领域有关法律所赋予教师的各种特殊权利，主要有以下几个方面。

1. 独立工作的权利，即教师依法享有对学生实施教育、指导、评价的权利

《中华人民共和国教师法》第七条规定，教师有"进行教育教学活动，开展教育教学改革和实验，指导学生的学习和发展""评定学生品行和学业成绩"的权利。

2. 自我发展的权利，即教师依法享有发展自己、提高专业文化水平的权利

《中华人民共和国教师法》第七条规定，教师享有"从事科学研究、学术交流、参加专业的学术团体、参加进修或其他方式的培训"的权利。

3. 参与管理的权利，即教师可以通过各种合法途径参与学校的管理

《中华人民共和国教师法》第七条规定，教师有"对学校教育教学管理工作和教育行政部门的工作提出意见和建议，通过教职工代表大会或者其他形式，参与学校的民主管理"的权利。

4. 争取合理报酬、享受各种待遇的权利

教师的权利和义务，2018年有2个学校考了论述题，权利和义务回答时，最开始的介绍，最后的总结都要回答。

本章高分拓展中补充了教师的地位和作用、学生的权利和义务、师生关系的类型、良好师生关系的建立。

《中华人民共和国教师法》第七条规定，教师享有"按时获取工资报酬，享受国家规定的福利待遇以及寒暑假期的带薪休假"的权利。

顺口溜>> 教师教育管理学生，发展自己的专业水平，国家会给予老师报酬。

（二）教师的义务【简答】：18华南

教师的义务是指教师依法应当承担的各种职责。教师除了承担国家宪法规定的公民义务外，还要履行以下职责：

1. 遵守宪法、法律和职业道德，为人师表。
2. 贯彻国家教育方针，遵守规章制度，执行学校教学计划。履行教师聘约，完成教育教学工作任务。
3. 对学生进行宪法所规定的爱国主义和民族团结的教育、法制教育，以及品德、文化、科学教育。组织带领学生开展有益的社会活动。
4. 关心、爱护全体学生，尊重学生人格，促使学生在品德、智力、体质等方面全面发展。
5. 制止有害于学生的行为或侵犯学生合法权益的行为，批评和抵制有害于学生健康成长的现象。
6. 不断提高思想政治觉悟和教育教学业务水平。

总结：教师的权利和义务均由法律规定，受法律保障。任何教师都不能只行使权利而不履行义务，当然也不能只承担义务而不享受权利。同时，两者也不是绝对的，在不同场合下，权利和义务可以相互交叉、相互转化。

四、教师职业的角色扮演【简答/论述】：16西南，19闽南，18云南，18东北，19沈阳，20天水师范，21集美大学

（一）教师的"角色丛"【简答】：16宁波大学，17广西师范学院，20山东，21上海

教师角色丛是指与教师特定的社会职业和地位相关的所有角色的集合。明确教师角色观念，扮演好教师角色。角色观念是指教师对自己所要扮演的角色的认知，以及按照角色要求履行的角色义务和角色行为的意识。教师角色包括：

1. "家长代理人"和"朋友、知己者"的角色

教师是儿童继父母之后遇到的另一个权威，家长的代理人，高年级的学生则往往把教师视为朋友，希望得到教师在学习、生活等方面的关爱。

2. "传道、授业、解惑者"的角色

通过自身的言论、行动，潜移默化地引导学生，并启发他们的智慧、解除他们的困惑，促进他们的个性全面发展。

3. "管理者"的角色

教师管理的对象是具有能动性、自主性、个性的学生。教师是教育教学活动的管理者，要建立一种和谐、民主、进取的集体环境，要给予学生更多的自主与责任，以激发学生的主动性，使学生积极参与民主管理。

4. "心理调节者"的角色

教师应积极适应时代、社会的要求，提高自身的心理健康水平，掌握基本心理卫生常识，帮助学生解决心理问题。

5. "研究者"的角色

教师工作的对象是充满生命力的和各具个性特点的青少年，每个班、每个学生的情况都不一样，所以，教师不能千篇一律地机械地进行教育，而是要不断反思、研究和改进自己的工作。

（二）教师角色的冲突及其解决【简答/论述】：10苏州，15辽宁，17集美大学，17山东，18合肥师范，15上海，15安徽，17天津，18扬州

1. 教师职业常见的角色冲突主要有以下几种

（1）社会"楷模"与"普通人"角色冲突

社会希望教师"为人师表"成为学生的表率、社会的楷模，但这种期望对教师要求过严、过高。许多教师做不到也不愿做到，他们认为自己是一个普通的"社会人"，这种心理冲突尤其在青年教师身上经常发生并相当突出。

（2）"令人羡慕"的职业与教师地位低下的实况冲突

一方面，教师头上有许多令人羡慕的"桂冠"，被誉为"人类的工程师"；

另一方面，教师的社会地位卑微，由于分配不公，教师在经济上拮据，捉襟见肘。

（3）教育者与研究者角色的冲突

教师的角色要求他时时与儿童维持一种密切而持久的关系，这种时间与精力的投入使许多教师产生被"抽干"的感觉，形成教师在教书育人与自身发展、与教育研究、创新上的矛盾。

（4）教师角色与家庭角色的冲突

教师在学校工作艰辛，下班后往往不能休息，还要伏案备课、批改作业，或进行家访等，可能因自己没有尽到丈夫或妻子的责任，没有尽到父母或儿女的责任，而引起家庭矛盾，陷入苦恼之中。

2. 调节这些冲突，应从主客观两个方面着手

（1）客观上： 首先，要进一步提高教师的社会地位与经济待遇，改善教师的生活和工作条件，努力解决教师的实际困难；其次，要努力创造条件，给教师提供进修、培训与发展、提高的机会。最后，要提高教师的思想道德修养，增强使命感和责任感等。

（2）主观上： 首先，要树立自尊、自信、自律、自强的自我意识；其次，要根据实际情况需要，善于处理多种角色的矛盾冲突，做到有主有辅，有急有缓，统筹兼顾；最后，要善于控制自己的思想情绪，意志坚定地完成所承担的任务。

（三）社会变迁中教师角色发展的趋势【简答/论述】：15河南，15郑州大学，13、15华东，10、14福建，20沈阳，21鲁东，21西安外国语

在飞速发展的现时代，教师角色的任务内容与重心都发生了巨大变化。

第一，在教学过程中更多地履行多样化的职能，更多地承担组织教学的责任。

第二，从一味强调知识的传授转向着重组织学生的学习，并最大限度地开发社区内部新的知识资源。

第三，注重学习的个性化，改进师生关系。

第四，实现教师之间更为广泛的合作，改进教师与教师的关系。

第五，更广泛地利用现代教育技术，掌握必需的知识与技能。

第六，更密切地与家长和其他社区成员合作，更经常地参与社区生活。

第七，更广泛地参加校内服务和课外活动

第八，削弱加之于孩子及家长身上的传统权威。

教师角色的这些转换，不仅意味着学校教育功能的某些变化，而且对教师素养的要

> 角色发展的趋势一般会结合其他知识点一起来考查论述题。

求以及相应的师资培训问题也提出了更高的要求。

关键词>> 教师角色发展趋势

四化建设：教师之间合作化，教学职能多样化，学生学习个性化，知识传授社区化。好好学习，多多活动，家长社区多合作，不搞权威搞平等。

第二节 教师的素养

【简答/论述】：10安徽，11广西，11、13华中，11、20扬州，12华东，12北航，14曲阜，14、20哈尔滨，14、17上海，15广东技术，15、21湖南科技，15江西，16湖南大学，16河北大学，17东北，17吉林，18浙江工业，18江汉大学，18山西，18天津，14、18、19北京，19华南，19汕头大学，20中央民族，20闽南，20北华大学，20江苏大学，20云南大学，21北京联合，21湖南理工学院，21陕西理工，10、12闽南，10、15、20华东，10、17首都，10杭州，11、14重庆，11、13中南大学，11、15西北，19华中，11、16、17浙江，11、13、18山东，12、14渤海大学，12、14湖北大学，18、21山西，12陕西，12上海，12中山，13鲁东，14湖南科技，14、21天津，14河北大学，18广东技术，15、21江苏，16扬州，16中国海洋，16、17、20、21曲阜，17贵州，17四川，17西华，17、18郑州大学，18信阳师范，18中南民族，19太原，19、20宝鸡文理，19、21石河子大学，20安庆，20内蒙古，20宁夏大学，20湖州师范，21淮北，21赣南，21临沂大学，21湖北师范，21湖南，21云南

一、高尚的师德

（一）热爱教育事业，富有奉献精神和人文精神

热爱教育事业，是搞好教育工作的基本前提。许多优秀教师之所以能在教育工作中做出卓越的成绩，首先是因为他们热爱教育事业，愿意为下一代的成长贡献自己的毕生精力。

教师还应具备人文精神，要关怀学生的学习和发展，关怀民族、人类的现实境遇和未来发展。

（二）热爱学生，诲人不倦

热爱教育事业具体体现在热爱学生上。爱学生是教师的天职，是教育好学生的重要条件。教师只有热爱学生，才能教育好学生，才能使教育发挥最大限度的作用。

教师对学生的爱是一种巨大的教育力量，也是一种重要的教育手段。它往往能激发起学生对教师爱戴、感激和信任之情，使学生愿意接近教师，接受教师的教育。

（三）热爱集体，团结协作

教师的劳动既具有个性化，又具有集体性。教师与教师之间，教师与其他教育工作者之间应该相互尊重、团结协作、热爱。尊重并依靠教师集体，最大限度地发挥集体的教育力量。

（四）严于律己，为人师表

教师劳动具有示范性，因此教师必须以身作则，严于律己，凡是要求学生做到的，教师都要首先做到；凡是要求学生不能做的，教师首先要自律。只有以身作则，才能树立威信。

> 教师的素养太重要了！必须背熟，很多学校多次考查，毕竟以后要成为教师，首先要具备教师应有的素养。
> 教师是年轻一代的教育者，是教育事业的主要依靠力量，教师的素养如何直接关系到我国年轻一代成长的质量，关系到教育事业乃至社会主义建设事业的兴衰成败。

二、宽厚的文化素养

一个好教师的基本条件之一，就是要有比较渊博的知识和多方面的才能。教师应对自己所教学科的知识有科学、正确的把握。在此基础上，教师要对自己所教专业融会贯通、深入浅出、高瞻远瞩，达到运用自如的境界。同时，教师还应有比较深厚的文化修养。

三、专门的教育素养

（一）教育理论素养

主要指教师对教育科学基本理论知识的掌握，能恰当地运用教育学、心理学的基本概念、范畴、原理，处理教育教学中的各种问题，能自觉、恰当地运用教育理论总结、概括自己的教育教学经验并使之升华，能清晰、准确地表达自己的教育思想和进行改革的设想。

（二）教育能力素养

主要指保证教师顺利完成教育教学任务的基本操作能力。这要求教师善于从事各种教育、教学活动，成为教育方面的"临床专家"，能够像医生那样进行"分析""诊断"和"开处方"，解决教育教学中的各种问题。例如，课程开发能力；良好的语言表达能力；组织与引导教学的能力；机智地应变与创新的能力。

（三）教育研究素养

主要指教师运用一定的观点方法，探索教育领域的规律和解决问题的能力。教师应富有问题意识，反思能力，善于总结工作中的经验教训，创造性、灵活地解决各种教育问题。

四、健康的心理素质

教师的心理健康问题不仅会直接影响到教育工作的成败，而且会影响到学生的心理健康水平。健康的心理素质体现在心理活动的方方面面，概括起来主要指：教师要有轻松愉快的心境，有昂扬振奋的精神、乐观幽默的情绪以及坚韧不拔的毅力等。

总之， 教师的素质直接关系到教育工作的优劣成败，它不仅是教师在学生心目中树立起威信的基础，而且是造成教师劳动价值巨大差异的重要原因。

> **真题回顾**
> 2021年山西师范大学论述题：结合疫情下老师的教学，谈谈"教师的素养"。

· 第三节 教师的培养与提高 ·

一、教师的培养和提高的紧迫性

从总体上看，我国基础教育的教师数量问题基本上得到了解决，教师质量也得到了显著的提高。但是，若做具体而深入的考察与分析，仍然存在着一些令人关注与担忧的问题。

（一）教师的分布结构失调

城市教师工作条件相对较好，工资待遇较高，中小学教师数量比较富余；而农村地区，尤其是老、少、边、穷地区的教师工作条件比较艰苦，工资待遇偏低，因而中小学教师

> **复习提示**
> 教师的培养与提高，经常是以2个知识点结合起来考查的。例如，2014年华东师大论述题：针对教师专业发展的不同阶段应该怎样帮助教师成长？

数量不足。

(二) 教师的质量不均衡

农村中小学教师原有基础较差，教师队伍缺乏活力，代课教师比例较大，稳定性较差等。

(三) 教师队伍不够稳定，师资流失严重

师资流失有显性流失与隐性流失：显性流失是指工资较低、条件较艰苦的中西部或农村地区的教师，千方百计设法调往工资较高、条件较好的东部地区或城市学校任教；隐性流失是指在岗教师因从事以增加个人经济利益为目的的第二职业或活动而挤压和削弱了他的本职工作造成的实质性流失。

(四) 不少教师还缺乏现代教育的意识与能力

许多教师仍执着于传统的教育观、教学观、师生观，习惯于传统模式的一套做法，不重视而且未真正认识到，在教育和教学活动过程中应培养学生主动性、创造性与个性的必要，也缺乏这方面的经验、方法与能力。

二、教师个体专业性发展的过程 【辨析/简答/论述】：19南京, 10曲阜, 10哈尔滨, 11苏州, 11首都, 14宁波大学, 18中央民族, 19广州大学, 21延安大学, 21新疆, 12天津, 12苏州, 14华东, 16天津职业, 17宁波大学, 18新疆, 20成都大学

(一) 教师个体专业发展（教师专业化） 【名解】：10宁波大学, 11华东, 12、13西北, 13、16、20杭州, 14山西大学, 16、17广东技术, 17山西, 18江西, 18广州大学, 18天津职业, 18、21南京, 19中央民族, 19新疆, 20石河子大学, 20浙江大学, 21南京信息工程, 21中国海洋

教师专业化（教师个体专业发展）是指教师作为专业人员，从专业理想到专业知识、专业能力、专业心理品质等方面由不成熟到比较成熟的发展过程，即由一个专业新手发展成为专家型教师或教育家型教师的过程。

它包含双层意义：既指教师个体通过职前培养，从一名新手逐渐成长为具备专业知识、专业技能和专业态度的成熟教师及其可持续的专业发展过程，也指教师职业整体从非专业职业、准专业职业向专业性质职业进步的过程。

(二) 教师个体专业发展的过程

有关教师个体专业化发展过程的研究表明，虽然师范教育对专业化发展的作用不可忽视，但许多中小学优秀教师的良好品质与才能主要是在实践中逐步积累和发展起来的，其成长是一个多阶段的连续过程。

1. 美国学者凯兹概括并提出了教师发展的四个阶段

阶段一，求生期：在工作的第一年，努力适应以求得生存。

阶段二，强化期：一年后，对一般学生的情况有了基本了解，开始把注意力放在有问题的学生身上。

阶段三，求新期：在第三和第四年时，教师开始寻求新的教育教学方法。

阶段四，成熟期：教师花费三年、五年或更多的时间，成为一个专业工作人员，能够对教育问题作出反省性思考。

2. 国内学者叶澜等从"自我更新"取向角度对教师专业发展阶段进行了深入研究，把它分为"非关注""虚拟关注""生存关注""任务关注""自我更新关注"五个阶段。

教师的专业性发展是一个持续不断的成长过程，其最终目标是成为一个比较成熟的

教育专业人员，即能够促进学生的全面发展为个人追求目的，具有独立自主地从事教育与教学的专业知识与技能，有较强的启发性和创造性，具有从多个角度观察、分析问题和解决问题的能力等。

三、培养和提高教师素养的主要途径 【简答/论述】：16广东技术，18西南大学，19重庆，21闽南，21成都大学，10闽南，10、11首都，10、11安徽，12、14湖北大学，12天津，12、18湖南大学，14华东，14河北大学，14湖南科技，15华南，16扬州，16山西，16重庆，16四川，17、18郑州大学，18中南民族，19东北，19青海，20华南

（一）加强和改革师范教育

提高教师队伍的质量，首先必须采取有效的政策性措施，鼓励和吸引大批优秀学生报考师范院校。同时要努力提高教师的社会地位和物质待遇，以增强师范教育的吸引力。

其次，要改革现行的师范教育，紧密联系现时代对教师的新要求，使未来教师能获得与之相适应的专业教育，尤其要让师范生形成正确的教育理念，加强职业能力的训练，以便胜任教师的职责。

（二）实施教师资格考察制度

目前，我国教师的来源主要是师范院校的毕业生，而现存师资队伍又存在不稳定以及严重流失的现象，因此，吸收除正规教师以外的各种可能参与教育过程的人加入与扩充教师队伍，并为他们从教提供必要的职业帮助。实施教师资格考察制度就是其中一项重要的举措。

教师资格制度包括三层含义：（1）教师资格制度是国家实行的一种职业资格制度。（2）教师资格制度是法律规定的，必须依法实施。（3）教师资格是教师职业许可。

（三）加强教师的在职提高

如何帮助新教师适应教学实践的要求，顺利地完成由师范生到正式任教这一角色转换的过程，是教师在职培养工作的关键。因此，必须制订计划，通过有效的途径，专门向新教师提供系统的帮助，使他们尽快适应新环境，顺利地担当起一个教师应尽的职责。

之后，还应关心新教师的成长，主要是通过实践学习、教学反思、校本培训、校外支援和交流合作等形式，使他们不断得到提高与完善。总之，教师在整个任职期间都应该不断学习、继续接受教育。教师的在职提高过程，实际就是教师的终身教育过程。

真题回顾

培养教师素养的途径常与教师的素养结合起来考查，例如2014年湖北大学论述题：结合实际工作谈谈，在新的时期教师应具备怎样的素养？如何培养这些素养？

教学反思、校本培训、校外支援和交流合作在本章高分拓展中有补充。

本章高分拓展

一、教师的地位与作用（教育学基础、陕西师大大纲新增）

教师【名解】：16 东北，16、18 哈尔滨，19 长春，20 新疆，21 浙江大学

教师是履行教育教学职责的专业人员，承担教书育人、培养社会主义建设者和接班人、提高民族素养的使命。从广义上来看，教师与教育者是同一语，从狭义上讲，教师专指学校的专职教师。

按照不同标准，可将教师分为不同的类别。按照教师的资格不同分为：幼儿园教师、小学教师、初级中学教师、高级中学教师、中等职业学校教师、中等职业学校实习教师和高等学校教师七类；根据教师所任职的学校性质的不同，可分为：公立学校教师和民办学校教师；根据教师和学校形成之法律关系不同，分为：具有事业单位编制的、与学校签订聘用合同的教师和无事业单位编制、与学校签订劳动合同的教师（包括代课教师）。

（一）教师的地位

1. 社会地位：教师是人类文化的传递者，承担为社会培养新人的任务。教师的社会作用不可替代，教师的劳动理应受到全社会的尊重与承认。

2. 政治地位：随着社会的发展、教育地位的提高，教师政治地位的提高成为提高教师职业社会地位的前提。

3. 经济地位：教师经济待遇不仅影响教师个体的生存与发展，也影响教师队伍的稳定与专业化程度，它是教师社会地位最直接的表现。

4. 法律地位：教师的权利、义务与责任相联系，但在法律制度不健全、教师基本权利还没有得到应有保障的今天，教师合法权利的维护对教师社会地位的稳定有特殊意义。

5. 专业地位：20 世纪中叶以后，教师职业的专业性得到普遍认可与自觉建设。教师职业是专门性职业，教师就是专业人员。

（二）教师的作用

1. 教师是人类文化的传播者和发展者

人类积累的科学文化成果和宝贵的精神财富，必须通过从事专门教学活动的教师来实现。教师作为人类文化的传播者，通过将人类丰富文化遗产有效地传授给年轻一代延续社会的文明。教师在教学过程中通过传递知识而开启学生的心灵与智慧，帮助学生获取知识与运用知识解决问题，激发学生的创新精神。

2. 教师是社会物质文明和精神文明建设的推动者

社会的文明程度取决于社会成员的素质，社会成员的素质取决于教育，而教育活动的成败又取决于教师功能的发挥。从物质文明的建设和发展来看，教师通过教育输送各级各类人才参与物质文明建设。从精神文明的建设和发展来看，教师在培养各种高级专门人才、促进精神财富的生产方面也发挥着重要作用。

3. 教师是学生成长的引领者

教师不仅通过传播文化、传授知识等方式将学生培养成为未来社会所需要的建设者和合格公民，教师还在学生个人成长的过程中发挥着重要的影响作用。教育过程是一个提升人的主体精神、促进个人发展的过程，人的个体差异性在教育过程中应该得到充分的关注。

二、教师的专业素养与专业发展（教育学基础、陕西师大大纲新增）【简答】：21 宁夏大学

（一）教师专业素养的构成与结构 【论述】：18 淮北，20 陕西，21 信阳师范，21 华中

教师的专业素养是指教师拥有和带入教学情境的知识、能力和信念的集合，通常是经过正规而严格的教师教育获得的。教师的专业素养是以一种结构形态存在的。一般来说，包括：专业情意、专业知识、专业能力。

1. 专业情意与规范

专业情意与规范是教师专业素养的基础和保障，教师应具有以下三方面的专业情意与规范：

（1）法律义务是教师最基本的行为规范。

（2）专业道德是教师专业形成和成熟的重要指标之一。具体包括：①具有专业理想，主要表现为热爱学生和爱岗敬业；②具备专业态度和责任，教师需要有高度的事业心和责任感；③具有自我发展的意识，应自觉地进行自我陶冶、自我锻炼和自我培养。

（3）教学责任意识是教师区别于其他职业规范的标志。主要表现在以下三方面：①重视教学理念的更新，认识教育的未来性、生命性和社会性，主动学习新的教育观、学生观和教育活动观；②具备运用教育技术优化教学的意识；③具备评价与反思的意识，包括对教学过程、教学效果、教学评价等方面的反思。

2. 专业知识

教师的专业知识是教师职业区别于其他职业的理论体系与知识经验，是教师专业素质的基础。教师的专业知识包括：

（1）学科专业知识，即学科相关的基础知识、应用知识及教学技术知识。

（2）教育专业知识，主要由帮助教师认识教育对象、教育教学活动和开展教育研究的专门知识构成，一般分为有关教育的理论知识（如儿童生理和心理发展的知识）与有关教育的实践性知识（如教育教学经验）。

（3）通识性知识，即广泛而深厚的当代科学和人文方面的基础知识。

3. 专业能力

（1）教学能力，主要包括教学认知能力、教学操作能力和教学监控能力。

（2）组织管理能力，主要包括拥有作为组织者与领导者的管理智慧、具备较高水平的教育机智、重视对学生的激励和评价。

（3）反思研究能力，指教师对教育教学实践和理论进行探索，发现问题、并试图解决问题的能力。

（4）沟通合作能力，主要包括善于倾听、善于与同事合作交流、善于与家长进行沟通合作。

（二）教师专业发展的途径（此部分与本章第三节内容有重合）【论述】：20 陕西，21 宁波大学，21 西藏大学

1. 职前培养

（1）完善教师教育的培养体系。首先，加强教师教育的一体化，将职前、入职、职后教育统一起来，建立一个内部各阶段相互衔接、相互支撑和补充的教师教育体系。其次，优化课程设置，要把教师教育课程的改革作为教师教育改革的重中之重。最后，建立开放的教师教育体系。打破原有的由师范院校培养教师的单一模式，从封闭走向开放，使"定向型"与"开放型"教师培养模式并存。

（2）加强教师资格制度的建设。我国教师资格制度已逐步完善。规定中小学教师资格实行 5 年一周期的定期注册，注册条件以师德表现、年度考核和培训情况为主要依据。

2. 入职教育

（1）做好新教师的入职辅导。新教师的入职辅导是一个安排有序的计划，意在专门向新教师提供至少为期一年的系统而持续的帮助，使之尽快适应环境，进入角色。

(2) **入职教育的课程内容综合化。** 课程内容的设置要关注教师综合素质的提升，加强必要的心理辅导、人际沟通、科研指导等方面。

(3) **优化教育手段。** 经常采取的策略是安排有经验的导师进行现场指导，并与之分享经验。

3. 在职成长

(1) **教师专业发展学校**

教师专业发展学校是大学与当地中小学建立合作伙伴关系，将教师职前培养、在职进修和学校改革合为一体的学校形式。其目的是达到大学与中小学共同发展，参与合作的中小学为专业发展学校。专业发展学校打破了中小学与大学之间的隔阂，以合作为核心，满足了中小学与大学在课程改革、在职培训、共享信息、共同变革及改善教学等方面的合作需要。

(2) **校本培训** 【名解】：17温州大学，17沈阳，20西北，20云南

校本培训有利于促进大学与中小学的密切联系，具有以下特点：培训主体是中小学；培训理念强调以本校全体教师的专业发展为本；培训内容以学校和教师发展中迫切需要解决的实际问题为中心；培训方式贴近本校教育现场，多采用经验交流、问题研讨、现场诊断、案例评析、课堂教学展示等方法，强调个体自主研究与小组研讨结合，实行师带徒制。

(3) **教师教育网络联盟**

教师教育网络联盟是在政府教育行政部门的推动下，由举办教师教育的高校和其他提供相应支持与服务的企事业单位自愿组织起来的、共同提供优质教师教育资源的联合体。教师可根据自身需要便捷享有这些资源，突破了时间和空间的限制，是教师专业发展的便捷途径。

(4) **制定自我生涯发展规划**

认识自我及所处时间与空间环境；审视发展机会，确定发展目标；制定行动策略并按目标逐步执行；评价发展计划。

(5) **开展教育研究**

这是提高教师自身素质、促进教师专业发展的一条有效途径。特别是教师行动研究非常有效。教师行动研究主要是一种直接指向实践、重在改进教育教学工作的研究，该研究的过程包括选择和确定研究问题、分析问题、拟订方案、实践尝试、反馈评价、归纳总结等几个环节，主要特点是"为了行动而研究，对行动进行研究，在行动中研究"。

(6) **教学反思** 【简答/论述】：21延安大学，17浙江大学

教学反思是指教师把自己放到研究者、反思者的位置，通过对教育、教学日常工作中出现的某些疑难问题的观察、分析、反思与解决，提升自己的专业理论水平和专业实践的智慧与能力。教学反思的内容，不仅包括教师观察和思考儿童的行为，同时也要求教师将自己作为反思对象，反思自己的教育行为、教育理念，乃至对自己过去、现在的专业发展进行全程反思，进而对未来的专业发展进行规划。教学反思通常有观察日志、反思日记、教育轶事、案例研究、行动研究等方式。

(7) **同伴互助** 【论述】：17浙江大学

同伴互助是指在两个或两个以上教师之间发生的、以专业发展为指向、通过多种手段开展的，旨在实现教师持续主动地自我提升、相互合作并共同进步的教学研究活动，以达到改善教学之目的。同伴互助的形式有：沙龙会谈、一课多研、同课异构、专业对话、教练型教师示范教学、微型教学、相互听课、共同评价与分享、彼此鼓励、彼此协作与反馈等。有效开展同伴互助，需要学校营造合作的教研氛围，搭建教学团队建设平台并组织协同教学，培养教师的互助合作精神；需要教师以能者为师，努力提高自身综合文化素质。

三、教师的职业形象（教育学基础）

（一）教师的职业形象含义【名解】：20山西

教师的职业形象是教师群体或个体在其职业生活中的形象，是其精神风貌和生存状态与行为方式的整体反映。它既是社会对教师职业及其日常行为的一种总体性评价与概括性认识，也是教师群体内部或个体自身对其职业所持有的价值认识与情感认同。教师的职业形象是通过其内在精神和外在事物显现出来的，其内在精神包括职业的精神风貌、工作态度、敬业精神、创新精神等；外在事物表现为教师节日、教师组织、教师着装等。

（二）教师职业形象内容【简答】：17新疆

1. 教师的道德形象

教师的职业道德是教师从事教育教学活动时的基本行为规范，是教师自己对职业行为的自觉要求。它是以敬业精神为基础、以协调师生关系为主要内容的道德规范。"为人师表""身正为范，学高为师"等，强调教师的"榜样"作用、示范作用。乐于奉献，坚持公正是时代对教师职业的基本伦理道德要求。"奉献"作为从业的基本要求，是教师职业责任感、使命感的具体体现。公正就是"公平""正义""合理"。"公正"既是教育基本目标之一，又是教师职业的基本行为准则。

2. 教师的文化形象

教师是以文化为中介来与学生发生关联，对学生产生实质影响，并实现对社会的文化功能。文化不仅提供了教师形象确立的源泉、材料，而且使教师形象设计与塑造有自己的个性。教师的文化形象是教师形象的核心。

3. 教师的人格形象

教师的人格形象是教师在教育教学活动中的心理特征的整体体现，具体包括教师对学生的态度，教师的性格、气质、兴趣等。教师工作对象是活生生的、复杂多样的人，劳动是复杂的、富有挑战性的，因此教师必须有良好的个性心理品质。

总之，教师的职业形象是道德形象、文化形象和人格形象三者统一的整体，教师形象建设是一个不断设计与改造的过程，需要全社会对教师职业的地位、功能、条件进行科学认识，需要教师职业内部不断建立起自己的规范。

四、教师职业道德

（一）教师职业道德的含义【名解】：16广东技术师范学院

教师职业道德又称"教师道德"或"师德"，是教师在从事教育劳动时所遵循的行为规范和必备品德。它是调整教师与学生、教师与教师、教师与学校领导、教师与学生家长以及教师与社会其他方面关系时所必须遵循的基本道德规范和行为准则，是一般社会道德在教师职业中的特殊体现。它反映了教师的职业义务，体现了教师所担负的道德责任。

（二）教师职业道德的具体内容【简答/论述】：11扬州，14江西，18北京，15重庆，17江苏大学，17宁夏大学，19天津

2008年修订的《中小学教师职业道德规范》规定了教师的职业道德，体现了对教师职业道德的本质要求和时代特征，"爱"与"责任"是贯穿其中的核心和灵魂。

1. "爱国守法"（教师职业的基本要求）

爱国是教师做好本职工作的支撑点。教师把热爱祖国作为自己的神圣职责，不断强化自己的爱国意识，培养爱国情操。教师职业的神圣性、示范性，要求教师成为守法的楷模，进而对受教育者的守法行为产

2. "爱岗敬业"（教师职业的本质要求）

倡导"爱岗敬业"就是要求教师对教育事业具有强烈的责任感和深厚的感情。俗话说：兴趣是最好的老师。一个人只有对自己的职业有兴趣，爱自己的岗位，才能在这条路上越走越远，才能不断钻研，积极进取，因此说"爱岗敬业"是教师职业的本质要求。

3. "关爱学生"（师德的灵魂）

倡导"关爱学生"就是要求教师有热爱学生、诲人不倦的情感和爱心、亲其师，信其道。没有爱，就没有教育。这是调节教师与学生关系的基本行为准则。

4. "教书育人"（教师天职）

教书育人是教师最核心的职责与任务。教书是育人的重要手段，育人是教书的根本宗旨，二者相辅相成，辩证统一。倡导"教书育人"就是要求教师以育人为根本任务。教师必须遵循教育规律，实施素质教育，以培养学生的良好品行，激发学生的创新精神，促进学生的全面发展。

5. "为人师表"（教师职业的内在要求）

倡导"为人师表"就是要求教师言传身教，以身立教。学生是处于发展过程中的人，有明显的向师性，教师的一举一动，学生都会跟着学习，这就要求教师要坚守高尚情操，在各个方面率先垂范，做学生的榜样，以自己的人格魅力和学识魅力教育影响学生。

6. "终身学习"（教师专业发展的不竭动力）

倡导"终身学习"就是要求教师做终身学习的表率。终身学习是时代发展的要求，也是教师职业特点所决定的。教师必须树立终身学习理念，拓宽知识视野，更新知识结构，潜心钻研业务，勇于探索创新，不断提高专业素养和教育教学水平。

五、学生及学生观（教育学基础、陕西师大大纲新增、北师大大纲新增）【名解/简答/论述】：10青岛，16哈尔滨，10安徽，10西南，13河南大学，13辽宁，15湖北大学，16贵州，18河北

（一）学生

学生又称受教育者或者学习者，是教育活动的主体。从广义上讲，学生泛指所有从事学习活动的人。从狭义上讲，学生是指在教师的指导下有目的、有计划、系统地从事学习活动的人。简言之，学生是指在学校教育系统中从事学习的人，尤指在校的儿童和青少年。

（二）现代学生观的内涵

1. 学生是未成熟的人

学生的各个方面都尚未成熟，是发展中的人，具有极大的可塑性，在身心等方面都具有与成人不同的特点，他们需要教育，也最容易接受教育。

2. 学生是有主体性的人

主体性是指人在实践活动中表现出来的能力、作用以及地位，主要表现为主体的独立性、能动性和创造性。学生只有充分发挥自身的主体性，才能主动积极、有选择性地吸收外在的经验，形成自己的认知结构。

3. 学生是独特性的个体

独特性最本质的特征是个性。个性是个体具有心理倾向性的各种心理特征的总称。首先，独特性意味着差异性，需要因材施教。其次，独特性还意味着完整性，需要全面关注学生成长。

4. 学生是有特定权责的人

教师要做到正视并保护儿童的权利，避免其权利受到侵害；要合理地处理学生权利与责任的关系，既要保护学生的权利，又要善于引导学生承担责任，树立权责观念。

六、学生的权利与义务（教育学基础、陕西师大大纲新增、北师大大纲新增）

（一）学生的权利 【简答】：12河北，12重庆

1. 与学习活动直接相关的权利

（1）上课及参加课外活动的权利。学生享有"参加教育教学计划安排的各种活动，使用教育教学设施、设备、图书资料"的权利。

（2）获得物质帮助权。学生享有"按照国家有关规定获得奖学金、贷学金、助学金"的权利。

（3）获得公正评价和学业证书的权利。学生享有"在学业成绩和品行上获得公正评价，完成规定的学业后获得相应的学业证书、学位证书"的权利。

（4）表达个人意愿的权利。学生享有"对学校给予的处分不服向有关部门提出申诉，对学校教师侵犯其人身权、财产权等合法权益，提出申诉或者依法提起诉讼"的权利。

2. 与学习活动间接相关的其他权利

（1）人身自由的权利。人身自由是指法律规定范围内的行动上的自由。在学校里，不能因为学生犯了错误而采取禁闭、延长在校时间等措施侵犯学生的人身自由权。

（2）人格尊严的权利。教育者不得以任何理由对小学生在语言上进行挖苦、讽刺或者打击，不得做出侮辱学生的行为。

（3）生命健康的权利。《未成年人保护法》和《义务教育法》明确规定"不得体罚、变相体罚学生"。

（4）隐私的权利。隐私权是与人格尊严权是息息相关的。学生的隐私包括家庭背景信息、个人成绩、身体方面的欠缺或者是学生的日记等多个方面，不得随便公布于众或者泄露。

（二）学生的义务

根据是否与学习活动直接相关这个标准，学生的义务可分为与学习活动直接相关的义务和与学习活动间接相关的义务。

一是与学习活动直接相关的义务。主要包括：上课及参加课外活动的义务，遵守学校的作息制度和学习纪律的义务，完成规定学习任务的义务，遵守中小学生守则和日常行为规范的义务。

二是与学习活动间接相关的义务。主要包括：遵守国家法律、法规的义务，尊重同学和尊敬师长的义务，爱护学校财产的义务。

七、师生关系的特点与类型（教育学基础、陕西师大大纲新增、北师大大纲新增）【论述】：18宁波大学

（一）师生关系的特点 【名解/简答】：21陕西，21宁夏大学，21渤海大学

传统的师生关系具有鲜明的单向性、等级性和秩序性，即以教师为支配方，教师具有权威，师生关系按照严格的规则进行，谁也不能逾越规范形成的秩序。

当今的师生关系与传统的师生关系有很大不同，具有以下鲜明的特点。

1. 互动性，即师生关系是在交互活动中形成的。
2. 平等性，即强调师生之间人格、话语权等的平等。
3. 复杂性，即师生之间不是单纯的教与学的关系，而是由"教学关系、心理关系、个人关系和伦理学关系等不同层级的关系组成的动态系统"。
4. 多元性，即允许师生关系有多种形式，不再拘泥于一种标准。
5. 生成性，即师生之间并不是朝着一个已经规范好的、固定的目标发展，而是在交往中逐渐生成彼此认可的关系类型。

（二）师生关系的类型 【论述】：18南京

1. 教师中心论

(1) 代表人物：赫尔巴特、凯洛夫。

(2) 观点：①把教师看作教育主体，强调教师在教育教学过程中的权威地位；把学生看作教育客体，学生为教师所控制，对教师绝对服从。

②教师掌握了人类积累的文化知识，是知识和智慧的代表，社会价值观念的传播要靠教师的施教来完成，所以，在师生关系中，教师应处于中心地位。

③教师不但决定着教育教学的标准、内容、方法，而且也对学生的成长和发展方向具有绝对的权威。

(3) 评价：教师中心论重视教师在教育过程中的主导作用，主张教师的绝对权威和决定作用。在一定程度上，教师用自己的经验可以帮助儿童及早走上生活的轨道。但是，教师中心论过于重视书本知识，忽视社会生活，而且片面地强调教师的绝对支配权，把学生放在绝对客体的地位上，忽视学生的主体性、能动性和创造性。

2. 学生中心论

(1) 代表人物：卢梭和杜威。

(2) 观点：①把学生看作教育主体，强调学生在教育过程中的中心地位，强调学生的自主和自动，将教师置于辅助地位。

②学生的发展是一种自然的过程，教师不能主宰这一过程，而只能作为"自然的仆人"去引导学生的兴趣，满足学生的需要，为学生服务，而不能过多干涉学生的成长。

(3) 评价：反对教师中心，主张发展学生的个性，要求把一切措施围绕儿童转动，力图削弱传统教育中教师所具有的那种专断性的主导作用，主张把师生关系的中心由教师转到儿童。由于它片面强调学生的主动性，过分注重学生的经验而忽视了教师应有的主导作用，因而，学生不能够掌握系统的文化知识。

八、良好师生关系的建立（教育学基础、陕西师大大纲新增、北师大大纲新增）【论述】：10、20重庆，20赣南，20、21新疆，21济南大学，21海南

（一）良好师生关系的标准（特征）【辨析/简答/论述】：13延安大学，14新疆，18广州，19中央民族，18重庆，12西北，15广东技术，17浙江大学，18宁波大学

1. 尊师爱生，相互配合

现代"尊师爱生"不是封建等级关系、政治连带关系、伦理依附关系，而是体现了新型师生关系，是师生交往与沟通的情感基础、道德基础，其目的主要是相互配合与合作，顺利开展教育活动。

2. 民主平等，和谐亲密

师生关系的民主平等体现了师生在教育过程中相互尊重人格和权利、相互开放、平等对话、相互理解、相互接纳等关系。民主平等是师生在共同参与的过程中形成的。和谐亲密体现了师生的人际亲和力、心理融洽度。

3. 共享共创，教学相长

共享就是教师和学生共同体验和分享教育中的欢乐、成功、失望与不安，它是师生情感交流深化的表现。共创就是教师和学生在相互适应的基础上，相互启发，使师生的认识不断深化，共同生活的质量不断跃进。共享共创体现了师生关系的动态性和创造性，是师生关系的最高层次。

（二）建立良好师生关系的途径与方法（良好师生关系构建的基本策略）【简答/论述】：13天津，16重庆，17、20南京，20佛山科学技术，21浙江大学，17重庆，10西南，11、18南京，13宁波大学，15贵州，15延安大学，16广东技术，17、18浙江大学，18湖北师范，18浙江工业，19苏州，20石河子大学，20天津外国语，20山西大学

1. 了解和研究学生

教师要与学生取得共同语言，使教育影响深入学生的内心世界，就必须了解和研究学生。了解和研

究学生包括了解学生个体的思想意识、道德品质、兴趣、需要、知识水平、学习态度和方法、个性特点、身体状况和班集体的特点及其形成原因。了解和研究学生存在于教师教育生活的每一时空。

2. 树立正确的学生观

学生观就是教师对学生的基本看法，它影响着教师对学生的认识及其态度与行为，进而影响学生的发展。正确的学生观包括以下几个方面：学生都有巨大的发展潜力；学生的不成熟性具有成长价值；学生具有主体性，特别是创造性；学生是责权主体，有正当的权利和利益；学生是一个整体的人，是知、情、意、行的统一体。

3. 热爱、尊重学生，公平对待学生

教师要热爱所有学生，对学生充满爱心，经常走到学生中间，切忌挖苦、讽刺学生和粗暴对待学生。特别要尊重学生的人格，保护学生的自尊心，维护学生的合法权益，避免师生对立处理问题必须公正无私，让学生心悦诚服。

4. 主动与学生沟通，善于与学生交往

师生关系一般要经历生疏、接触、亲近、依赖、协调、默契阶段。在师生交往的初期，往往出现不和谐因素，这就要求教师掌握沟通与交往的主动性；同时，教师还要掌握与学生交往的策略和技巧，如一起参加活动、寻找共同兴趣或话题等。

5. 努力提高自我修养，健全人格

教师的素质是影响师生关系的核心因素。教师的师德修养、知识能力、教育态度、个性心理品质无不对学生产生深刻的影响。因此，教师必须加强学习和研究，使自己更具有智慧；经常进行自我反思，正确评价自己，克服个人偏见和思维定式；培养自己多方面的兴趣和积极向上的人生观；学会自我控制，培养耐心、豁达、宽容、理解等个性品质。

九、教师即研究者

（一）教师进行教育教学研究的优势

第一，教师工作于真实的教育教学情境之中，最了解教学的困难、问题与需求，能及时清晰地知觉到问题的存在。

第二，教师与学生的共同交往构成了教师的教育教学生活，因此教师能准确地从学生的学习中了解到自己教学的成效，了解到师生互动需要改进的方面，尤其是能从教育教学现场中、从学生的各种资料（如考卷、作业、作文、周记等）中获得第一手资料，这就为研究提供了良好的条件。

第三，实践性是教育教学研究的重要品性。教师是教育教学实践的主体，针对具体的、真实的问题所采取的变革尝试，能够在实践中得到检验，进而产生自己的知识，建构实践性的教学理论。

上述这些优势常常是专门研究者的研究中所不具备的，很好地认识和发挥这些优势，有助于教师增强开展教育教学研究的信心与信念。

（二）教师要想真正成为教育教学的研究者，还应具备以下一些基本素养

第一，有对于教育教学改进的热情，有对于教育教学问题研究的意识。这种意识是发自内心地对教育教学改进的一种需要的心向，是潜在的捕捉问题、解决问题的欲望。

第二，有终身学习和思考的习惯，及时了解和把握教育教学改革与发展的新动向与新知识。

第三，具有自我反思和批判的能力。不断突破定型思维方式，使熟悉的变得陌生，使习惯的变得新奇，使原来被忽略的变得清晰，一切习以为常的事被重新审视。

第四，掌握教育教学研究的基本方法，使教育教学研究体现客观、科学的本真特性。

第五，具有独立的研究精神。教育研究是一种创造性劳动，靠外力推动是不够的，还要有来自教师内在的执着、求真、创新的精神，才能推动教师进入"研究"的境地。

(三) 教师教育研究的意义 【简答/论述】：11 南京，12 首都，21 南京

1. 教师的教育研究有利于解决教育教学实际问题

教育研究不仅能增进教师对有效教学的认识，扩展教师对新思想新方法的运用，引发他们对教育教学信念的追求；而且更能增进教师对学生学习需求的关注和了解，更有效地促进和指导学生的学习与成长。

2. 教师的教育研究可以使课程、教学与教师真正融为一体

课程中的教育观念只有通过教师的注释才能转化为实际教师只有通过基于研究的教学，才能真正实施课程。因而，没有教师自主的专业研究，就没有过程模式的课程，也就没有自下而上的课程改革。从我国实施的新一轮基础教育课程改革来看，教师必须将新课程所蕴含的教育理念与知识本质付诸实际行动，才能使课程变为实际。

3. 教师的教育研究也是教育科学发展的需要

教师不仅是教育实践的主体，而且也应当成为教育研究的主体。教师基于实践情境实践问题和实践智慧而开展的教育教学研究，是对理论性研究的重要补充，是推动教育科学繁荣和发展的重要资源与力量。

4. 教师的教育研究可以促进教师持续的专业成长与发展

教师的教育研究，可以使教师真正成为有思想有能力、有智性、有悟性的教育实践主体。通过教育教学研究，教师才能不断地找到专业发展的新基点。有研究表明，教师发展有两种形式，即"拉磨式"循环和"螺旋式"上升。"自我更新关注"是教师专业成熟的标志。

十、教育行动研究

(一) 教育行动研究的含义 【名解】：11、16 山西、14 南京、16 江西、18 杭州、20 重庆、21 浙江大学

教育行动研究是有目的、有计划地对教育行动中的具体问题进行系统探究，以提高教育行动有效性的研究方法。严格来说，行动研究不是一种孤立的研究方法，而是一种教育研究活动，是一种教师和教育管理人员密切结合本职工作、综合运用各种研究方法，以直接推动教育工作的改进为目的的教育研究活动。

教育行动研究法中的"行动"，指的是教师的教育教学行动、活动、行为、情节等。简单地说，教师的工作就是由一个又一个的教育教学行为构成的。

(二) 教育行动研究的特点 【简答/论述】：11、14 首都，12 首都

1. 研究目的："为教育行动而研究"

研究的目的不是构建系统的学术理论，而是解决教育实践工作者在实践工作中遇到的问题。将教育教学实践中所存在的问题发展成课题，设计出解决方案，并逐个实施，达到解决问题、提高教育教学质量的目的。研究目的具有实用性，问题的解决具有即时性。

2. 研究情境和方式："在教育行动中研究"

教育行动研究的环境就是教育工作者所在的实际工作情境，并非经过特别安排或控制的场景。行动研究的研究过程，就是教育工作者解决问题的过程，也是教育实际工作者学会反省、问题探究与提高问题解决能力的过程。

3. 研究对象："对教育行动的研究"

"问题"的发现与界定是研究的起点。又因为特定环境的实践者所面临的问题是特定的，所以，行动研究作为研究对象的样本往往是特定的，不必具有普遍的代表性。

4. 研究主体："由教育行动者研究"

教育行动研究的主体是实际工作者，主要是教师，而不是外来的专家学者。专家学者参与研究扮演的角色是提供意见和咨询，是协作者，而不是研究的主体。中小学教师之间及其与教育理论工作者之间

的合作研究是其显著特点。

（三）**教育行动研究的过程**【简答/论述】：11南京，17广东技术，19首都，18新疆，19浙江大学，21延安大学

1. 选择和确定研究课题

教育行动研究的根本目的就是解决教育教学中的实际问题。教师首先要对问题进行确认，进而选择和确定研究课题。要确定研究课题，教师必须善于发现问题，这需要教师发展研究的敏感性，敏于看听、闻、思，而且要无中生有、有中生新。

2. 分析所要研究的问题

分析问题是对被确定为研究课题的问题，从不同层面、不同方面进行把握，进而使要研究的课题变得更具体、更清晰的过程。一般可以用自我追问的方式，通过回答一些问题来对所要研究的课题作出初步的分析。

3. 拟订解决问题的可能方案与策略

教育行动研究强调"动手做"，"做"是有方案、有计划思考的。在分析问题的基础上，需要制订初步的计划，明确问题的核心原因，确定重要因素以及研究的关键任务。此外，还要收集资料，不断修正方案和计划，最后形成更为可行的可能性行动策略构想。

4. 实践尝试行动策略

这是教育行动研究最关键最核心的环节。在行动中，既尝试可能方案与策略对于解决问题的有效性，也尝试通过问题的解决改善教育教学的可能性。

5. 反馈与评价行动结果

"做"得怎样，还要反馈、评价和修正。这就要根据行动结果，对整个研究作出全面评价，并进一步澄清产生新问题的原因，作为行动研究的反思，进入下一个行动过程。

6. 归纳总结

这一环节是把整个实际行动研究的过程和收获由感性认识提高到理性认识。行动研究的总结应是感性与理性的融合抽象与本质的整合，既有理论上的概括，更要有鲜活的、真实的、富有感情感悟和灵性火花的描述。

正是由于以上每个环节本身都充满了行动与研究的色彩，教师的整个教育行动研究过程，才不断通过教师的实践反思、调整，直到使教育教学活动有新的改进。因此，教育行动研究是一个开放的、循环的过程，是一个从不会间断的过程。

第十三章 学校管理

本章大纲考点及考频

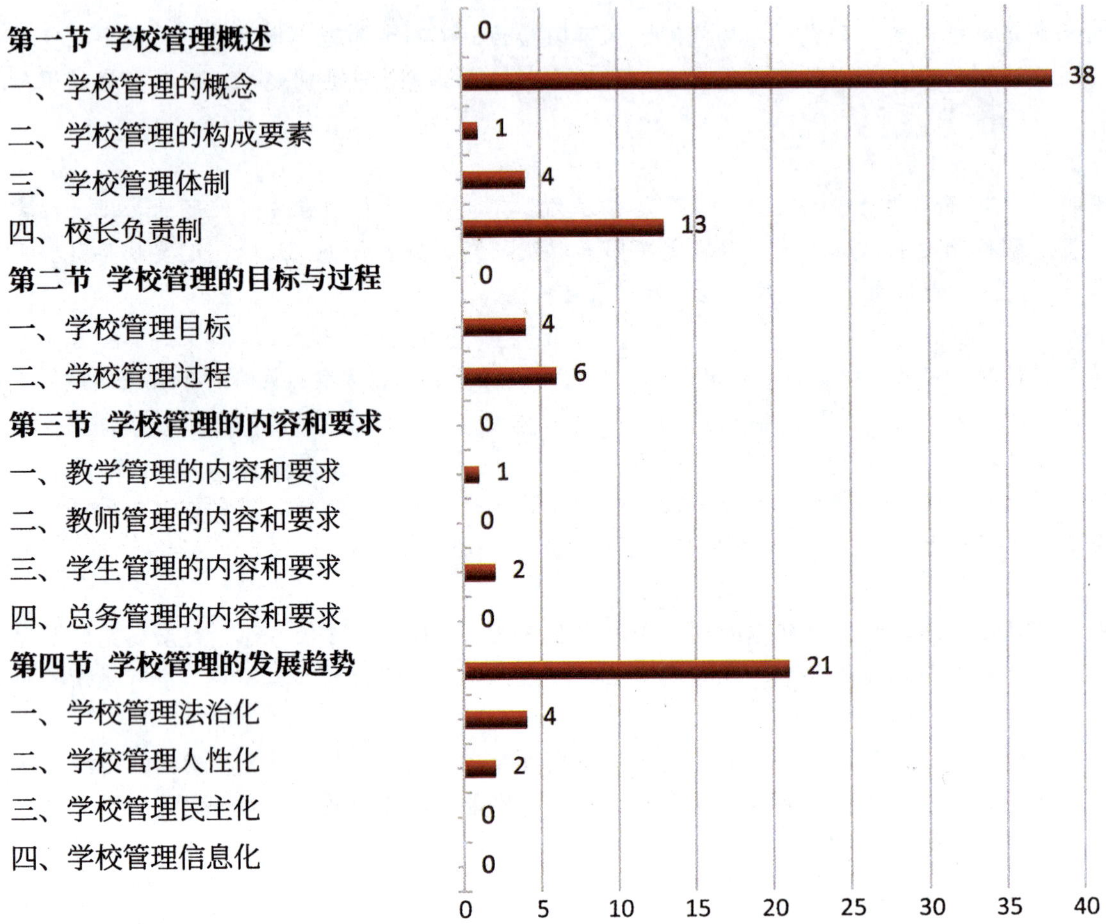

第一节 学校管理概述 0
一、学校管理的概念 38
二、学校管理的构成要素 1
三、学校管理体制 4
四、校长负责制 13
第二节 学校管理的目标与过程 0
一、学校管理目标 4
二、学校管理过程 6
第三节 学校管理的内容和要求 0
一、教学管理的内容和要求 1
二、教师管理的内容和要求 0
三、学生管理的内容和要求 2
四、总务管理的内容和要求 0
第四节 学校管理的发展趋势 21
一、学校管理法治化 4
二、学校管理人性化 2
三、学校管理民主化 0
四、学校管理信息化 0
0 5 10 15 20 25 30 35 40

本章思维导图

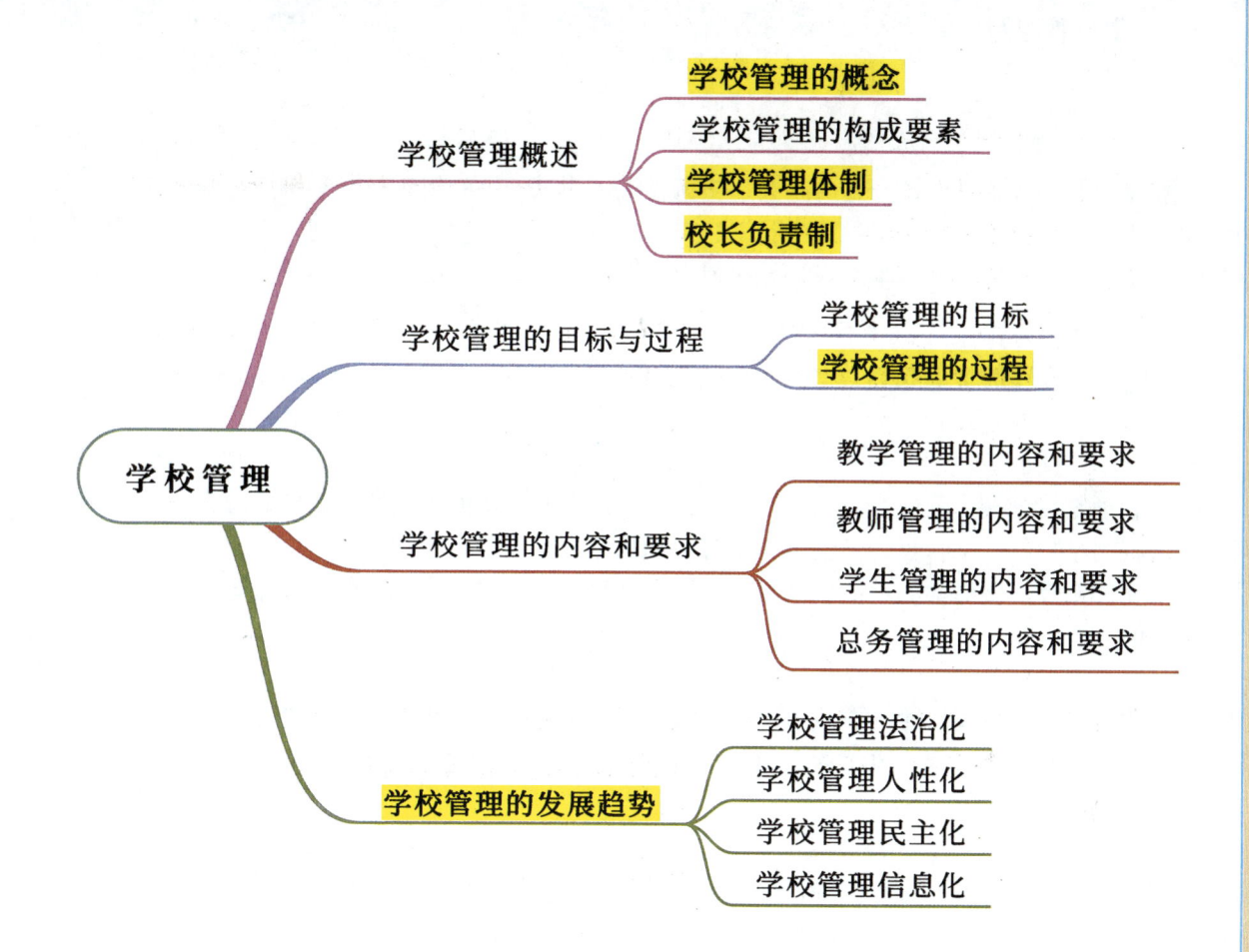

- **学校管理**
  - 学校管理概述
    - 学校管理的概念
    - 学校管理的构成要素
    - 学校管理体制
    - 校长负责制
  - 学校管理的目标与过程
    - 学校管理的目标
    - 学校管理的过程
  - 学校管理的内容和要求
    - 教学管理的内容和要求
    - 教师管理的内容和要求
    - 学生管理的内容和要求
    - 总务管理的内容和要求
  - 学校管理的发展趋势
    - 学校管理法治化
    - 学校管理人性化
    - 学校管理民主化
    - 学校管理信息化

本章参考书

【1】王道俊、郭文安主编：《教育学》（第七版），人民教育出版社，第十六章

第一节 学校管理概述

一、学校管理的概念

(一) 学校管理的含义 【名解】：10、11 山东，10、17 扬州，12、13 沈阳，12、15、18 华南，12 西南，12 杭州，13 江苏，14、19 上海，15 江西，15 福建，16 聊城大学，16 云南，16 渤海大学，16、17、19 辽宁，17 东北，10、17 哈尔滨，14、16、18 吉林，18 温州大学，19 湖北师范，19 河北大学，20 赣南，20 宝鸡文理，21 黄冈师范，21 佛山科学技术学院

学校管理是学校管理者在一定的社会历史条件下，通过一定的组织机构和制度，采用一定的方法和手段，带领和引导师生员工，充分发挥学校人、财、物、时间、空间和信息等资源的最佳整体功能，卓有成效地实现学校工作目标的组织活动。简言之，学校管理是管理者通过一定的组织形式和工作方式以实现学校教育目标的活动。

(二) 学校管理的显著特性（即学校管理的作用） 【辨析/简答】：20 山东，11 浙江，21 沈阳大学

1. 学校管理以育人为中心，具有教育性

学校管理是以学校为管理对象的实践活动。与工厂企业、政府机关等机构的管理不同，必须根据学校特性来管理。学校是一个育人的场所，功能就是根据一定社会政治、经济和文化的需要，遵循人的身心发展规律，把受教育者培养成德、智、体、美等方面全面发展的人才。

2. 学校管理的目的在于促进学生发展，实质是为师生服务，具有服务性

随着服务型企业管理思想的普及，"学校管理就是服务"的思想在教育管理领域也应运而生。用现代观点看，教师和学生乃是学校的真正主人。虽然学校管理工作错综复杂，但实质是为师生服务的。

3. 学校管理在特定的文化环境中进行，具有文化性

学校管理与文化有着不可分割的内在联系。首先，学校管理深受文化环境的影响与制约，文化环境不同，学校管理模式也会存在差异。其次，学校在受到文化影响与熏陶的同时，也会形成自己的亚文化，即学校文化。

4. 学校管理是对校内外各种资源的有效整合，具有创造性

学校管理是一门科学，也是一种艺术。既有规律可循，又因人、因时、因地、因事而千变万化，是一种充满创造性的活动。学校管理者要具有正确的观点、敏锐机智的头脑，恰到好处地解决矛盾，创造性地开展工作。

顺口溜>> 教授学生文化，服务学生生活的过程要有创造性（教育性、文化性、服务性、创造性）

二、学校管理的构成要素 【简答】：18 中南民族

学校管理的基本要素主要有学校管理者、学校管理对象和学校管理手段。

(一) 学校管理者

学校管理者就是在学校管理活动中处于领导地位、发挥引领作用的人。学校的正、副校长和各个职能部门的负责人是学校管理者、管理的主体，在学校管理中处于主导地

> 学校管理的构成要素，类似于教育的基本要素（教育者、受教育者、教育中介系统），是否还记得教育的基本要素呢？这可是重点，记得回顾一下哦。

位。此外，学校的教职员工和学生在一定意义上也是学校的管理者，因为他们都是学校的主人，不仅接受管理，而且也积极参与管理。

（二）学校管理对象

学校管理对象是学校管理者认识和实践的对象，主要包括学校的人、财、物、时间、空间和信息等资源。作为学校管理对象的人，主要是指学校的教职工和学生。

（三）学校管理手段

学校管理手段主要包括学校的组织机构和规章制度。

学校组织机构是根据一定的组织原理和工作需要建立起来的，它可以分为行政组织机构和非行政组织机构两种类型。行政组织结构包括决策机构、咨询机构、执行机构、监督机构和反馈机构等。学校非行政组织机构包括各种团队、工会、妇联、学生会等团体组织。

学校规章制度是学校全体成员日常工作的基本规范，是学校管理科学化、民主化和法治化的重要保证。学校规章制度一般包括学校的领导制度、教育教学管理制度、学生管理制度、校园管理制度、财务管理制度、后勤管理制度等。

总结：学校管理者、学校管理对象和学校管理手段构成学校管理的三大要素，它们在学校管理过程中相互联系与作用，构成了一个能动的复杂系统。其中，学校管理者在学校管理实践活动中起着关键性的作用。

> 学校管理的构成要素回答时采用总-分-总的方式，即开头+三个内容+总结，这样的答案才是非常完美的。

关键词>> 学校管理者（主）、学校管理对象（谓）、学校管理手段（宾）

三、学校管理体制【名解】：16福建，18扬州，18、20辽宁

学校管理体制是学校管理组织机构和管理制度的结合体，它是学校管理的枢纽，对学校管理功能的实现发挥着全局性、根本性和持久性的作用。

学校管理体制包括学校组织机构体制和学校领导体制两个方面，前者规定了学校管理机构的设置、各机构的职、责、权划分及相互关系，后者规定了学校由谁领导和负责。我国中小学的管理体制是校长负责制。

四、校长负责制【简答/论述】：16华东，20重庆三峡，15重庆三峡

（一）校长负责制的内涵【名解】：14苏州，14淮北，15重庆三峡，15温州大学，16北京，11、19华南，18广西师范学院，20云南大学，21湖南科技

校长负责制是指校长受上级政府主管部门的委托，在党支部和教代会的监督下，对学校进行全面领导和负责的制度。

在这一领导体制中，校长是学校行政系统的最高决策者和指挥者，是学校的法人代表，他对外代表学校，对内全面领导和管理学校的教育、教学、科研和行政工作。

（二）实施校长负责制应该注意的问题

1. 明确校长的权利和责任

校长拥有学校行政的决策权、各项工作的指挥权、副校长的提名和教职工的聘用与考核的人事权、学校办学经费的使用权、校内机构的设置权和校舍校产的管理权。

2. 发挥党组织的保证监督作用

第一，学校中的党组织要从过去那种包揽一切的状态中解脱出来，把自己的精力集

中到加强党的建设和加强思想政治工作上来；

第二，要团结广大师生，大力支持校长履行职权，保障和监督党的各项方针政策的落实和国家教育计划的实现。

第三，要坚持用马克思主义教育广大师生，激励他们立志为祖国的富强奋勇进取、建功立业，保证学生德智体的全面发展，使学校真正成为抵御资本主义和其他腐朽思想的侵蚀，建设社会主义精神文明的坚强阵地。

3. 加强民主管理和监督

为了避免校长独断专行，以防出现"家长制"和"一言堂"的管理陋习，学校应建立教职工代表大会制度，吸收教职工参与学校的民主监督和管理。

教代会制是校长负责制的重要组成部分，它为学校教职员工提供参政、议政的合法渠道，同时为保证学校领导决策的科学性与合理性。作为学校工作的全面负责者，校长不仅要接受上级主管部门的领导，也要接受教代会的监督。

关键词 >> 校长负责制：校长有权有责、有监督（党组织，教代会）

·第二节 学校管理的目标与过程·

一、学校管理目标

（一）学校管理目标的概念与意义 【名解】：13安徽，15、17上海，20广东技术

学校管理目标是指学校管理主体对管理活动的要求和期望，也就是通过管理活动所要达到的状态、标准和结果。学校管理目标在学校管理活动中占据重要地位，它既是学校管理活动的指南，也是衡量学校管理工作好坏的标尺。它有下述作用：（1）导向作用；（2）激励作用；（3）调控作用；（4）评价作用。

（二）学校管理的目标定位

学校管理的最终目的是通过科学而规范的管理，最大限度地利用校内外的各种资源和办学优势，最大限度地发挥学校的效能，卓有成效地提高学校的教育教学质量。简言之，发挥学校效能，促进学生发展，是现代学校管理的目标定位。

（三）学校管理目标实施的要求

1. 保持各种目标的协调一致

一所学校要高效而有序地运转，必须使有关学校管理的各种目标保持和谐一致。学校管理目标与学校教育目标一致；部分管理目标应当同学校管理总目标协调一致。

2. 建立高效率的管理组织系统

建立高效率的学校管理组织系统是学校管理的目标追求。从静态上看，应该是机构健全、职责明确、权责对称的。从动态上看，学校管理的各层次、各部分应该运转有序，发挥最大效率。

3. 组建一支高水平的学校管理队伍

高水平的学校管理队伍应该是一支充满朝气、富有生机和战斗力的队伍，能够在变化的环境中创造性地开展工作。

4. 采取科学的管理方法和手段

要从学校管理工作实际出发，根据人、财、物的不同特点，采取切实有效的方法。要以人为本，充分尊重人，发挥他们的自主性和创造性，让他们在工作中有一种幸福、成就感。

> **关键词>>** 有组织的队伍通过一定的方法和手段实现组织目标

二、学校管理过程 【名解/简答/论述】：19、21沈阳，16安徽，17江西，15聊城大学

学校管理过程就是学校管理者依据科学的管理原则，为实现学校管理的预定目标，对学校管理对象诸因素进行管理的客观程序。学校管理过程由计划、实施、检查和总结四个基本环节构成。

（一）基本环节 【简答】：12北航

1. 计划

计划就是对学校工作目标的全面设计和统筹规划，是学校管理过程的起始环节，起着指明方向、规划进程、统一步调、提高效率的作用。

2. 实施

实施就是将计划付诸行动，将设想转变为现实，使学校的人，财，物，时间，信息等资源产生最大的实际效益和社会价值。学校管理者要做好组织、指导、协调、激励作用。

3. 检查

检查是对计划的执行情况进行考核，其目的在于发现问题和解决问题。检查在学校管理中具有监督、考评和激励的作用。

4. 总结

总结是对学校管理过程的计划、实施、检查工作进行分析、评价等反思性活动。它既可以使我们获得成功的经验，提高学校管理工作的自觉性和预见性，也可以让我们吸取失败的教训，防止和克服盲目性与主观随意性。

（二）四个环节的相互关系

学校管理过程的四个环节是一个互相联系、互相制约、循序渐进、首尾相连的有机整体。

1. 计划统率着管理全过程；
2. 实施是计划的执行；
3. 检查是对实施过程的监督与检验；
4. 总结则是对计划、实施、检查的总体分析与评价及其改进建议。

各环节之间，都存在反馈回路，以便对工作产生反思、提高和促进作用。学校管理过程的四个环节是在循序递进中不断循环地向前发展的，这种循环不是机械地重复，而是螺旋式地上升。每次循环都是对前一个阶段工作的改进和提高。学校管理工作就是在这种循环往复的活动中不断向前发展的。

> **答题提示**
> 这部分多数考简答题，基本环节以及相互关系都要回答

第三节 学校管理的内容和要求

一、教学管理的内容和要求

（一）教学思想管理

教学管理首先应抓教学的思想管理。教学不是教师与学生之间知识的单向地授受，而是教师和学生之间的双向交流和互动。教学的目的不仅在于掌握知识，而且在于充分发挥学生的能动性全面实现知识的教育价值，在于促进学生创新精神和实践能力的提高。

（二）教学组织管理

建立有效的教学指挥系统，充分发挥各职能部门的作用，是教学组织管理的基本任务，也是实现教学目标的重要保证。一要加强教导处的建设；二要领导好教研组工作。

（三）教学质量管理 【简答】：20云南

教学质量管理是学校管理者依据一定的质量标准，运用科学的手段和方法，对学校的教学过程及其结果进行全面监控、检验和评估的活动，其目的是为了提高教和学的质量。教学质量是教学管理的生命线，学校教学管理的一切工作，最终都是为了提高教育教学质量。因此，教学质量管理在教学管理中处于核心地位。

1. 教学质量管理的基本内容

制订科学的教学质量标准；对教学质量进行检查和分析；对教学质量进行控制。

2. 教学质量管理的基本要求

坚持全面教学质量管理；坚持全过程教学质量管理；坚持全员教学质量管理；坚持全因素教学质量管理。

二、教师管理的内容和要求

（一）教师管理的性质（意义）

教师管理是学校管理的一个重要组成部分。但教师管理又有其特殊性。教师是脑力劳动者，工作复杂而艰巨，需要发挥创造性。如何创造良好的工作环境与氛围，调动每位教师的积极性，把他们的潜力与智慧引导到提高人才培养的质量上来，这是做好教师管理工作的关键。

（二）教师管理的内容

教师的选拔；教师的任用；教师的培养；教师的考评。

（三）教师管理的发展趋势

1. 逐步实现职务聘任制

随着改革开放的深入和市场经济体制的逐步建立，教师管理制度也从统一分配制转向职务聘任制，变身份管理为岗位管理，建立健全公开、公平的教师聘用制度与自主流动机制，是未来发展的趋势。

2. 趋向科学化、人性化和服务化

随着民主和法治观念的普及以及教师权利意识的觉醒，学校对教师的管理方式也在逐步发生变化，由传统的行政命令的"硬管理"变为尊重教师的"软管理"，对教师管

这部分内容是非重点，考查的学校很少很少。

真题回顾

2020年云南师范大学简答题：简述教学质量管理的内容及基本要求。

理也趋于科学化、人性化、服务化。

三、学生管理的内容和要求 【名解/简答】：19湖南科技，13福建

（一）学生管理的内容

学生管理是一项细致复杂而又多层面的工作，其内容主要包括学生的思想品德管理、学习管理、健康管理、组织管理、课外活动管理等方面。

（二）学生管理的要求

1. 遵照国家的法律法规要求，对学生依法进行管理

学校的管理者、教育者要具备良好的法律素质，知法懂法，守法护法，自觉保障法律所赋予学生的权利和义务，使学校所制订的校规校纪要与《中华人民共和国教育法》《中华人民共和国未成年人保护法》《中华人民共和国义务教育法》等国家法律法规保持一致，积极推进和落实依法管理。

2. 依据学生的身心发展特点，对学生进行科学管理

学生的身心发展具有顺序性、阶段性、差异性，对学生进行管理要考虑学生的身心发展水平，对不同年龄的学生应提出不同的要求，使用不同的管理方法。为了使学生管理科学化，管理者不仅要懂得管理学知识，还要具备教育学、心理学及生理学知识。

3. 发挥学生的主动性，引导学生进行自我管理

引导学生进行自我管理，首先，要启发学生认识时代形势发展对个人提出的要求与挑战，激发他们的理想、抱负，培养学生自我监督、自我教育与自我管理的意识；其次，要通过丰富多彩的活动、比赛及偶发事件的处理来锻炼学生的自我管理能力；最后，要通过相互交流、总结与评价，让学生体验到自我管理的快乐。

四、总务管理的内容和要求

（一）总务管理的内容

学校总务管理是一项事多、量大、涉及面广、政策性强的工作，其内容主要包括财务管理、生活管理、校产管理和环境管理等方面。

（二）总务管理的要求

管理者要深入基层了解实际情况，增强工作的针对性；把教学服务放在首位，想方设法为教学提供必要的资金和设备，不断改善教学环境和条件，妥善保管各种仪器和设备，做到物尽其用；坚持勤俭节约、廉洁奉公的原则是做好总务工作的重要保证。

> 学校要改革学生管理模式，变学生由被动得接受管理为主动的自我管理，让学生在自主自律中快乐成长。

第四节 学校管理的发展趋势

【简答/论述】：12西华，12安徽，14西南，14沈阳，15、20江西，15西北，17吉林，17河北大学，18四川，21山东，10天津，12鲁东，13湖南科技，15辽宁，16苏州，18齐齐哈尔，20河北大学，18、20、21华东

一、**学校管理法治化** 【简答/论述】：19闽南，12华南，15安徽，16重庆三峡

依法治校就是把学校管理纳入法治轨道，依法对学校进行管理。依法治校可以分为

205

两个方面：一方面是政府及教育主管部门依法管理和规范学校行为，另一方面是学校管理者依法管理学校的各项内部事务。

为什么要依法治校？
1. 依法治校是实施依法治国方略的必然要求。
2. 依法治校是适应市场经济发展的客观要求。
3. 依法治校是学校管理改革的需要。

如何推进依法治校工作？学校管理者应采取以下措施

1. 注重依法行政
依法行政是依法治校的前提和保障，因此，要求教育行政部门严格依据法律规定的职责对学校进行管理，维护学校办学的自主权；要探索综合执法机制和监督机制，依法监督办学活动；要依法建立和规范申诉制度，及时办理教师和学生申诉案件；要积极配合有关部门开展校园及周边环境的治理工作，保护学校的合法权益。

2. 加强制度建设
学校要依据法律法规制定和完善学校章程，作为学校管理的重要制度；要建立健全学校教育教学制度，保障国家教育方针的贯彻落实；要建立健全学校行政制度，完善校长决策程序；要完善学校财务和资产管理制度，依法收费，依法管理好学校财物。

3. 推进民主建设
要进一步完善教职工代表大会制度，切实保障教职工参与学校民主管理和民主监督的权利；要全面实行校务公开制度，应及时向教职工公布；学校的招生规定和收费项目与标准，应向学生、家长和社会公开；建立家长委员会和推动社区参与学校管理与监督。

4. 开展法治教育
依法治校的关键在于转变观念，学校要多采用学生喜闻乐见的方式，开展生动活泼的法治教育，提高师生员工的法律素养；学校领导与教师要带头学习法律知识，增强法治观念；要把具有遵纪守法素质作为考评校长、教师的重要内容。

5. 维护教师权益
学校要依法聘任合格教师，明确双方的权利与责任，尊重教师权益，保障教师的待遇；要建立校内教师申诉渠道，维护教师合法权益；要加强对教师的教育与管理，做到奖惩分明，严厉惩处教师侵犯学生人身权的违法犯罪行为。

6. 保护学生权益
要建立与完善安全管理制度，以预防和减少学生伤害事故；要建立应对各类突发事件的工作预案，增强预防和妥善处理事故的能力；要健全学籍管理制度，依法保护学生的受教育权；中小学一般不得开除学生，对学生处分要做到公正、恰当，重在教育。

二、学校管理人性化【名解/简答】：14辽宁，15湖南科技

人性化管理是指学校管理工作要以人为本，关注人的情感、满足人的需要、崇尚人的价值、开发人的潜能、尊重人的主体人格和地位。实行人性化管理，要做好以下工作：

第一，要考虑人的因素，一切从人的实际出发。

第二，在分配工作任务时，要考虑人的个体差异。

第三，要强调人的内在价值，把满足需要作为工作的起点，通过激励的方式来提高工作效率。

第四，要努力构建一种充满尊重、理解和信任的人际环境，增强教职工和学生的集体归属感。

学校管理的发展趋势是重点内容，其实很多的发展趋势都是重点。个人认为，可能是想让大家对以后教育发展动态有所了解，便于进入研究生学习后选择研究方向。也希望大家多关注教育热点和新闻，增强教育敏感性。

真题回顾

2020年华东师范大学论述题：试述学校管理的发展趋势及实践启示。

此部分也可能与其他结合，单独考其中一个内容，如2018年华东师大论述题：在现代管理中，有人主张"依法治校"，有人主张"以德治校"，请结合相关理论和实际，谈谈你对两种观点的看法。

第五，加强校园文化建设，充分发挥校园文化的管理和育人功能。

第六，要转变管理观念，改变管理方式，贯彻管理即育人、管理即服务的思想。

三、学校管理民主化

民主管理以对个体价值的肯定为基础，以个体才能的充分发挥和潜能挖掘为前提，积极吸引全员参与管理活动，集思广益，群策群力，共同参与，以取得最优的管理效益。实施民主管理应做好以下工作：

第一，学校管理者应充分肯定个体价值，树立"以人为本"的管理理念

在学校管理中树立以人为本的理念，就必须要坚持教师的主体性原则、参与性原则、鼓励性原则、公平性原则，要促进教师个性的发展，要以人格的力量管理学校。教师队伍是学校教育教学的主体，教师队伍建设是办学永恒的主题。

第二，广大教职员工要不断提高自身素质，积极参与民主管理

教师民主参与管理所隐含的意思是教师主体地位的确立，主体意识的凸显，教师是学校管理的主人翁。即在政治上体现广大教师当家作主的地位；在职能上发挥教师参政议政，对学校工作实现民主监督与民主决策的作用。

第三，管理体制上要充分保障教职员工的民主参与权利

充分发挥教职工参与民主管理的权利。凡是学校与教职工切身利益密切相关的改革方案、规章制度、教职工奖惩办法等，都要经教代会审议并通过。发扬民主，激发教职工主人翁意识，有利于领导将学校的良好意图转化为教职工的意愿，在学校管理过程中形成强大的凝聚力和协同力。

四、学校管理信息化

管理信息化包含两个方面：一方面是学校对信息技术的开发和使用，把计算机、网络、多媒体等现代技术运用到学校管理上来以提高管理的实效；另一方面是学校管理方式和内容的信息化，由过去的"人——人"管理、"人——物"管理转变为"人——机"管理，即注重对有关信息资源的管理。

1. 信息化管理给学校带来前所未有的变化

第一，学校信息系统的建立，改进了学校业务流程，减轻了管理人员的劳力，提高了管理效率。

第二，学校集成化管理系统的出现，打破了部门之间的封闭与隔离，实现了信息资源的共享，大大提高了管理者的决策效力和质量。

第三，学校的公共服务呈现普遍性和跨时空的特点，教师、学生和家长都可以利用学校的信息。信息服务的公开性提高了学校的服务水平和竞争力。

2. 信息化管理应做好以下工作：

第一，加强硬件投入与软件开发，为学校管理信息化提供物质基础。

第二，改进培训内容和方式，提高学校教职员工的信息管理素养。

第三，完善学校信息化管理的政策和规章制度。

本章高分拓展

一、学校管理校本化 【名解/简答】：17安徽，20扬州，19云南

校本管理是指学校在教育方针与法规的指引下，可以根据自己的实际情况和需要来自主确定发展目标和方向，自主进行学校的教育、教学和管理工作。简言之，就是以学校为本位的管理。

实施校本管理应做好以下工作：

1. 教育行政部门要简政放权

让学校自主管理，必须拥有一定的自主权力，因而教育主管部门应当把学校具有的教育决策权、财权、人事权等下放给学校。学校要充分发挥主动性、创造性，依法治校。

2. 倡导民主管理，集体参与、共同决策

政府将权力下放学校，不是交给校长个人，而是交给学校。学校必须从集权管理转变为民主管理，想方设法让教职工、学生及家长参与学校管理。

3. 开展校本研究，提高学校管理者的决策能力

校本管理的决策能力与效益的提高途径有很多，其中有效方式是开展校本研究，只有把学校自身的情况研究清楚了，自主决策才有针对性和实效性。

幸运研途考研系列

教育综合高分笔记

（修订版）

第三部分　外国教育史

[Lucky 学姐 编著]

中国商务出版社
CHINA COMMERCE AND TRADE PRESS

目 录

第一章 古希腊教育 ... 3
第一节 古风时代的教育 ... 4
第二节 古典时代的教育 ... 6
本章高分拓展 ... 11

第二章 古罗马教育 ... 16
第一节 共和时期的罗马教育 ... 17
第二节 帝国时期的罗马教育 ... 18
第三节 古罗马的教育思想 ... 19
本章高分拓展 ... 21

第三章 西欧中世纪教育 ... 23
第一节 基督教教育 ... 24
第二节 世俗教育 ... 25
第三节 拜占庭和阿拉伯教育 ... 28

第四章 文艺复兴时期的教育 ... 30
第一节 人文主义教育家 ... 31
第二节 人文主义教育的特征、影响和贡献 ... 33

第五章 宗教改革时期的教育 ... 35
第一节 新教的教育思想 ... 36
第二节 天主教教育 ... 37
本章高分拓展 ... 38

第六章 欧美主要国家和日本的教育发展 ... 40
第一节 英国教育的发展 ... 43
第二节 法国教育的发展 ... 46
第三节 德国教育的发展 ... 48
第四节 俄国及苏联教育的发展 ... 50
第五节 美国教育的发展 ... 53
第六节 日本教育的发展 ... 58
本章高分拓展 ... 60

第七章 欧美教育思想的发展 …………………………………………………… 66

第一节 夸美纽斯的教育思想 ……………………………………………… 70
第二节 洛克的教育思想 …………………………………………………… 74
第三节 卢梭的教育思想 …………………………………………………… 75
第四节 裴斯泰洛齐的教育思想 …………………………………………… 78
第五节 赫尔巴特的教育思想 ……………………………………………… 82
第六节 福禄培尔的教育思想 ……………………………………………… 88
第七节 斯宾塞的教育思想 ………………………………………………… 90
第八节 马克思和恩格斯的教育思想 ……………………………………… 92
第九节 19世纪末至20世纪前期的教育思潮和教育实验 ……………… 93
第十节 杜威的教育思想 …………………………………………………… 101
第十一节 现代欧美教育思潮 ……………………………………………… 105
第十二节 苏联教育思想 …………………………………………………… 110
本章高分拓展 ………………………………………………………………… 114

外国教育史大纲每章节考频

- 第一章　古希腊教育　　　　　　　　214
- 第二章　古罗马教育　　　　　　　　16
- 第三章　西欧中世纪教育　　　　　　74
- 第四章　文艺复兴时期的教育　　　　66
- 第五章　宗教改革时期的教育　　　　3
- 第六章　欧美主要国家和日本教育的发展　205
- 第七章　欧美教育思想的发展（一）　510
- 第七章　欧美教育思想的发展（二）　517

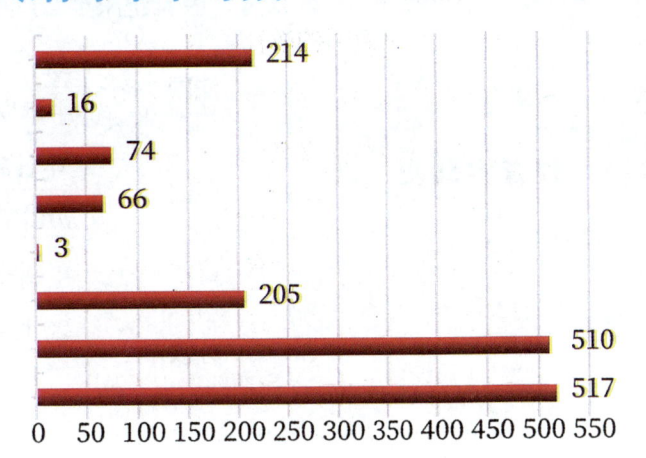

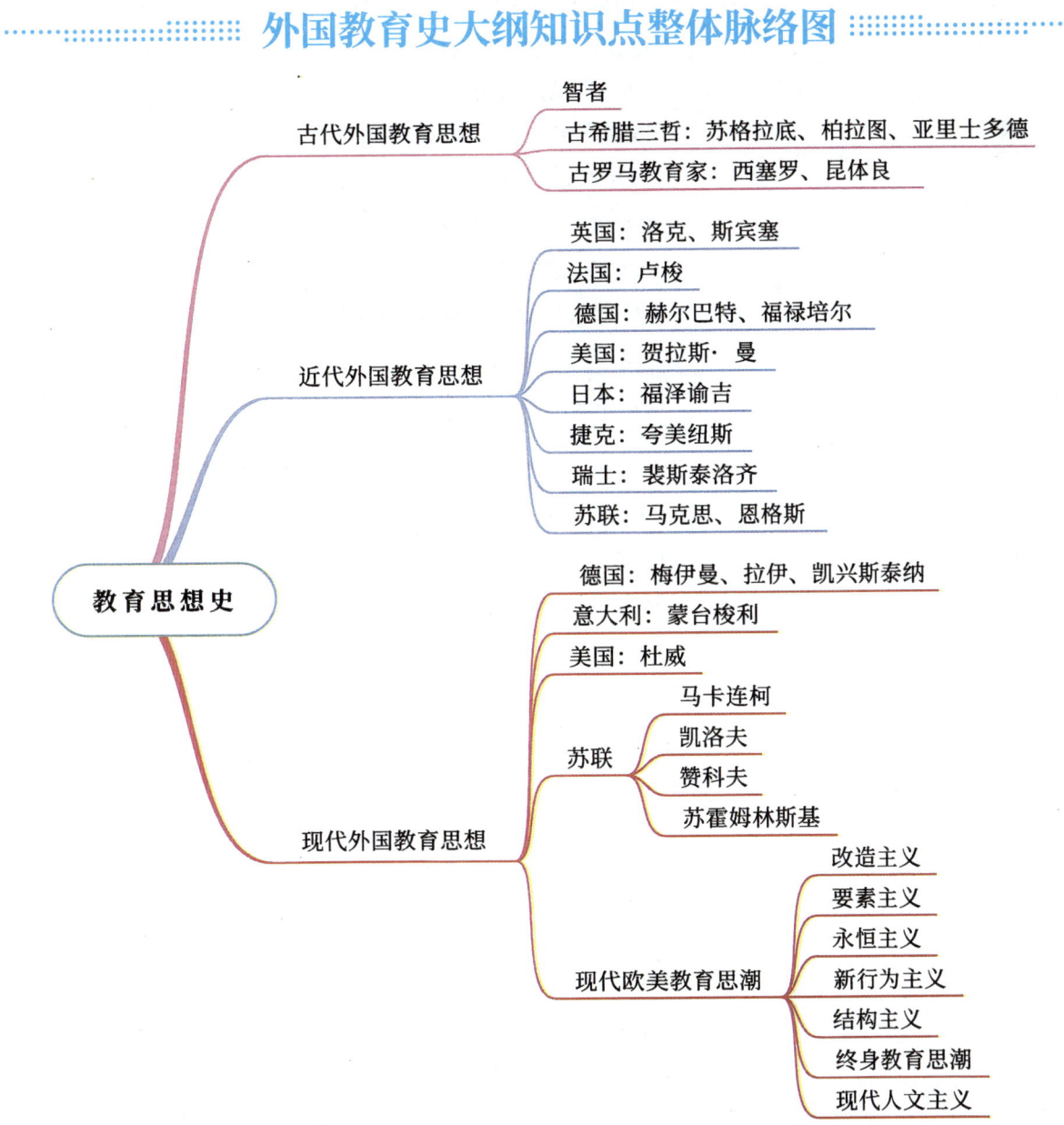

外国教育史大纲知识点整体脉络图

教育思想史

- 古代外国教育思想
  - 智者
  - 古希腊三哲：苏格拉底、柏拉图、亚里士多德
  - 古罗马教育家：西塞罗、昆体良

- 近代外国教育思想
  - 英国：洛克、斯宾塞
  - 法国：卢梭
  - 德国：赫尔巴特、福禄培尔
  - 美国：贺拉斯·曼
  - 日本：福泽谕吉
  - 捷克：夸美纽斯
  - 瑞士：裴斯泰洛齐
  - 苏联：马克思、恩格斯

- 现代外国教育思想
  - 德国：梅伊曼、拉伊、凯兴斯泰纳
  - 意大利：蒙台梭利
  - 美国：杜威
  - 苏联
    - 马卡连柯
    - 凯洛夫
    - 赞科夫
    - 苏霍姆林斯基
  - 现代欧美教育思潮
    - 改造主义
    - 要素主义
    - 永恒主义
    - 新行为主义
    - 结构主义
    - 终身教育思潮
    - 现代人文主义

教育实践史

- 19世纪末至20世纪前期的教育思潮
  - 新教育运动
  - 进步教育运动
- 法国
  - 统一学校运动与学制改革
  - 中学课程改革
- 美国
  - 生计教育和"返回基础"运动
  - 初级学院运动
- 日本
  - 军国主义教育体制
- 苏联
  - 20世纪20年代学制调整和教学改革实验
  - "二战"后教育改革

教育制度史

- 英国
  - 1870年《初等教育法》（福斯特法）
  - 1902年《巴尔福教育法》
  - 1926年《哈多报告》
  - 《1944年教育法》
  - 《1988年教育改革法》
- 法国
  - 1806年《帝国大学令》与大学区制
  - 1882年《费里教育法》
  - 1947年《郎之万—瓦隆教育改革方案》
  - 1959年《教育改革法》
- 德国
  - 1810年柏林大学和现代大学制度
  - 1959年《改组和统一公立普通学校教育的总纲计划》
- 美国
  - 1862年《莫里尔法》
  - 1918年"六三三"制
  - 1958年《国防教育法》
  - 20世纪60年代《中小学教育法》
  - 20世纪80—90年代《国家在危机中：教育改革势在必行》
- 日本
  - 1890年《教育敕语》
  - 1918年《大学令》
  - 1947年《教育基本法》《学校教育法》
  - 20世纪70—80年代的教育改革
- 苏联
  - 1786年《国民学校章程》
  - 1918年《统一劳动学校规程》
  - 20世纪20年代学制调整和教学改革实验
  - 20世纪30年代调整、巩固和发展

第一章　古希腊教育

本章大纲考点及考频

第一节 古风时代的教育
　一、斯巴达教育
　二、雅典教育
第二节 古典时代的教育
　一、智者派的教育活动与观念
　二、苏格拉底的教育活动与思想
　　（一）美德即知识
　　（二）"苏格拉底方法"
　三、柏拉图的教育活动与思想
　　（一）学园
　　（二）学习即回忆
　　（三）《理想国》
　四、亚里士多德的教育活动与思想
　　（一）吕克昂
　　（二）灵魂论
　　（三）自由教育

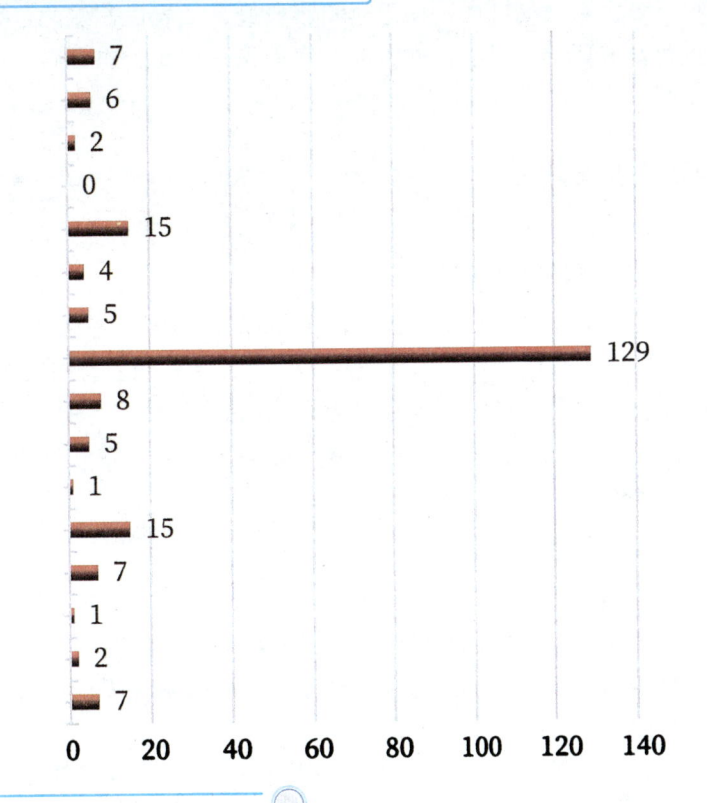

考点	考频
斯巴达教育	7
雅典教育	6
（过渡）	2
（空）	0
智者派的教育活动与观念	15
苏格拉底的教育活动与思想	4
美德即知识	5
"苏格拉底方法"	129
柏拉图的教育活动与思想	8
学园	5
学习即回忆	1
《理想国》	15
亚里士多德的教育活动与思想	7
吕克昂	1
灵魂论	2
自由教育	7

本章思维导图

古希腊教育
- 古风时代的教育
  - 斯巴达教育
  - 雅典教育
- 古典时代的教育
  - 智者派的教育活动与观念
  - 苏格拉底的教育活动与思想
    - 美德即知识
    - 苏格拉底方法
  - 柏拉图的教育活动与思想
    - 学园
    - 学习即回忆
    - 《理想国》
  - 亚里士多德的教育活动与思想
    - 吕克昂
    - 灵魂论
    - 自由教育

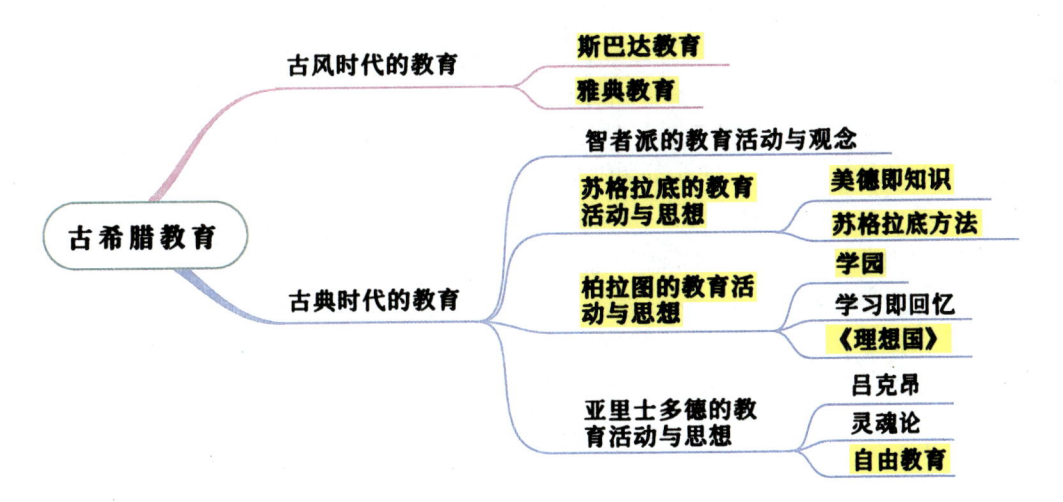

本章参考书

【1】吴式颖、李明德主编：《外国教育史教程》（第三版），人民教育出版社，第三、四章

【2】张斌贤主编：《外国教育史》（第2版），教育科学出版社，第三章

第一节 古风时代的教育

【简答/论述】：14 吉林，17 中国海洋，18 江汉大学，16 海南，17 西北，19 东北，19 聊城大学

在众多古希腊城邦中，斯巴达和雅典最具代表性，这两个城邦的教育代表了这一时期希腊教育的两个不同的发展方向，它们先后称雄于古希腊，在古希腊历史上占有中心地位。

一、斯巴达教育
【名解/简答】：20 曲阜，11 华南，13 哈尔滨，17 广西师范学院，19 集美大学，20 成都大学

（一）地理和政治环境

斯巴达地处平原，土地肥沃、易于耕作，但由于没有适宜的港湾，因而与外界的交往不便。斯巴达封闭的地理条件，对其社会、文化和教育的发展有一定的影响。

在斯巴达，教育被当作一项极为重要的国家事业，完全由国家控制，并由尚武精神所决定，典型特征是实用性的国家导向的军事教育，教育成为斯巴达治国和维持统治的主要工具。

（二）教育特点

1. 教育目的： 培养坚韧不拔的战士和绝对服从的公民。
2. 教育内容： 军事体育训练（五项竞技）和道德教育（训练绝对服从的精神）。
3. 教育性质： 完全由国家控制和举办，国家指派专门的官员具体负责并监督教育的实施。
4. 重视女子教育： 女子和男子接受同样的军事、体育训练，其目的是：①造就体格强壮的母亲，以生育健康的子女；②当男子出征时，妇女能担负起防守本土的职责。

（三）教育阶段

1. 家庭教育阶段（0～7岁）： 在家接受母亲养育或国家指派的保姆抚养。
2. 军事教育阶段（7～18岁）： 以军事训练和道德养成为主，教育目的主要是培养儿童强健的体魄和顽强的意志，养成勇敢、坚忍、顺从和爱国等品质。教育内容主要是"**五项竞技**"，即赛跑、跳跃、摔跤、铁饼和标枪。
3. 埃佛比教育阶段（18～20岁）： 青年军事训练团（又称"**埃佛比**"）接受正规的军事训练。学习内容是对"五项竞技"的强化和加深，重点在于运用到实际军事作战中。
4. 成人教育阶段（20～30岁）： 20岁后，进行实战训练，服兵役；30岁，获得国家正式公民资格，成为国家合格的军人。

评价： 斯巴达教育只重军事体育训练，轻视知识学术，鄙视思考和言辞，生活方式狭隘，除了军事作战，不知其他。这种片面的以国家目的为教育目的的教育实践严重阻碍了斯巴达人的才能发展。

二、雅典教育 【名解/简答】：21 福建，17 杭州

（一）地理和政治环境

雅典三面临海，有良好的海运条件，易于航海和商业贸易。与此同时，雅典政治上

> **历史背景**
>
> 古希腊是西方文明的起点，也是西方教育的源头。从荷马时代教育的萌芽，到古风时代制度化教育的初现，再到古典时代希腊城邦教育的辉煌，直至希腊化时期希腊教育传统向更广泛领域的传播，在悠久的历史长河中，古希腊创造了高度发达的城邦教育制度，形成和发展了丰富的教育思想，为近代以来西方教育的发展奠定了坚实的历史基础。

> **复习提示**
>
> 埃佛比，即青年军事训练团，是一种广泛存在于斯巴达、雅典等古希腊城邦中的教育机构。它主要承担着对城邦子弟进行军事训练的职能，一般年满18岁的城邦男性青年均须进入埃佛比接受军事训练，为期两年。

的多次改革也为经济发展创造了条件。政治上的民主倾向与经济的繁荣发展为雅典形成独特的公民民主意识提供了宽松的社会环境和稳固的经济基础。

（二）教育特点

1. 教育目的：身心和谐发展的公民，是健美的体魄和高尚的心灵完美结合的人。

2. 教育内容：通过品行、阅读、音乐等进行道德教育。强调智慧、正义、节制、勇敢四大美德。

3. 忽视女子教育：雅典的妇女社会地位较低，在家中深居简出，女孩子也只是在家庭中受教育。

（三）教育阶段

1. 家庭教育阶段（0～7岁）：幼儿在家中由父母养育。

2. 基础学校教育阶段（7～15岁）：进私立学校（文法学校、音乐学校、体操学校或角力学校）接受读写算和音乐舞蹈教育以及各种体育训练，目的是使公民子弟具有健全的体魄和顽强、坚忍的品质。

3. 体育馆学习阶段（15～18岁）：大多数公民子弟开始从事各种职业，少数显贵子弟进入国立体育馆，接受体育、智育和审美教育。

4. 埃佛比的军事教育阶段（18～20岁）：进青年军事训练团，接受军事训练。20岁，授予公民称号。

评价：雅典教育是一种身心统一和谐发展的教育。雅典教育对理性主义的重视，对身心和谐发展教育理念的理解，对职业化和专业化教育的反对，对自由教育的强调等对后世的教育思想和实践具有重大影响。

助记表格 >>

古风时代斯巴达教育与雅典教育的比较		
城邦	斯巴达	雅典
性质	军事专制	民主共和制
教育体制	教育完全由城邦负责	城邦重视教育，但并不绝对控制
教育类别	武士教育	公民教育
教育目的	英勇果敢的城邦卫士	身心和谐发展的公民
教育内容	以军事教育和道德教育为主	多样化的教育内容
对女子教育	非常重视	不太重视
总评价	形式单一，程度较低	形式多样，程度较高

---

1. 斯巴达和雅典教育的详细比较。
2. 东方文明古国的教育和学校的起源。

在本章高分拓展中都有补充。

第二节 古典时代的教育

一、智者派的教育活动与观念【简答】：11哈尔滨

(一) "智者" 【名解/辨析】：12闽南，12福建，12湖南大学，13河南，13宁波大学，15山东，17中央民族，18东北，19新疆，20赣南，21华中，21云南，21安庆

智者又称诡辩家、智术之师，是指古典时代一批收费传授辩论术和其他知识，并以此（收费授徒）为职业的巡回教师，是西方**最早**的职业教师。

智者派的共同思想特征：**相对主义、个人主义、感觉主义、怀疑主义**。在智者看来，一切知识、真理和道德都是相对的，都有赖于具体的感知者。没有客观真理，只有主观意见。

代表人物有普罗塔哥拉、高尔吉亚、希庇阿斯、安提丰等。"智者"的出现在教育思想史上具有重要地位，表明职业教师已逐步取代原有的大众教师，教育工作开始职业化。由于职业教师的出现，教育活动的内容、方法逐步规范化，有利于教育的进步。由于智者的出现，希腊思想才真正成型。

(二) "智者派"的教育贡献【简答】：20福建

智者作为西方最早的职业教师，对希腊教育实践和教育思想的发展，作出了重大贡献。

第一，智者云游各地，授徒讲学，以钱财而不以门第作为教学的唯一条件，这既推动了文化的传播，又由于教育对象范围的扩大而促进了社会的流动。

第二，传播文法、修辞、哲学的内容，不仅拓展了教育内容，还延伸了学术研究领域，西方教育史上长期沿用的"**三艺**"（文法、修辞、辩证法）就是由智者**首先**确定下来的。

第三，智者重视道德问题和政治问题，把道德和政治知识作为主要教育内容，不仅丰富了教育内容，还提供了一种新型的教育——政治家或者统治者的预备教育。

第四，作为职业教师，他们明确地意识到教育活动的特殊性，并开始将教育现象与其他社会现象相区别。同时也认识到教育与政治、道德具有密切的相互联系，明确了教育在国家生活中的重要作用。

第五，由于智者的出现，希腊教育思想才真正成型，智者们提出并在不同程度上探讨了希腊教育中的很多基本命题。简言之，智者的教育思想已经包含了全部希腊教育思想发展的基本线索和方向。

二、苏格拉底的教育活动与思想【简答/论述】：18华南，13重庆，14聊城大学，20宝鸡文理

苏格拉底（公元前469年—前399年）

苏格拉底是古希腊著名的哲学家、教育家。在哲学上，苏格拉底是最早将对人的关注引入到哲学领域的思想家之一，从而实现了从自然哲学向伦理哲学的转变。在教育上，苏格拉底长期从事教育活动，接受过他教诲的学生不计其数，其中既有显贵富贾，又有平民百姓，甚至还包括奴隶，而且他从不收取任何学费。苏格拉底提出了很多内涵深刻的教育见解，形成了独特的教学方法，这些成就使得他成为"在西方教育史上有长远影响的第一位教育家"。

时代背景

古典时代是希腊文明走向全盛并由盛转衰的时期。如果把古典时代视为古希腊教育发展的黄金时期，那么智者和智者学派的出现则标志着这个黄金时期的真正到来。

注意"最早""首先"等标注，容易出选择题。

复习提示

"希腊三哲"是苏格拉底、柏拉图、亚里士多德。

苏格拉底教育思想还包含教育目的论、德育论、智育论，在本章高分拓展中有补充。

（一）美德即知识 【名解/简答】：13扬州，15湖南，15湖南科技，17江苏，16湖南

苏格拉底认为，知识、智慧和道德是具有内在直接的联系。人的行为善恶主要取决于他是否具有相关的知识，只有知道什么是善，什么是恶，人才能趋善避恶。在这个意义上，苏格拉底明确指出，美德就是知识。

从"智德统一"的观点出发，苏格拉底提出"德行可教"的主张。既然道德不是来自人的天性，而是以知识或智慧为基础，那么，通过增长知识、发展智慧，就可以培养完善道德的人。因此，知识教育是道德教育的主要途径。

评价：①这个见解可以说是近代教育性教学原则的雏形。②在苏格拉底所处的时代，他提出"智德统一"的见解，对于破除贵族阶级的道德天赋的理论，是有着明显的进步意义。③但知识即美德观念也是不完善的，忽略了道德的其他方面，如情感、行为等。

关键词>> 知美德、育美德、成雏形、破天赋、忘德行

（二）"苏格拉底方法" 【填空/名解/简答/论述】：21陕西，10河南，10首都，10，12，17，19，21天津，10辽宁，10，11，13，15，17浙江，10，12，13西南，11广西，11北航，11，17，21聊城大学，11，12东北，11，14，20杭州，11江苏，11北京，12，13内蒙古，12，18华东，10，12南京，12山东，12，16，17，18，20，21上海，13福建，13，16延安大学，12，13，14，15，19四川，14，16湖南科技，14，21赣南，14，18淮北，14，18，20华中，15，19，20，21西华，15，19江苏大学，15中国海洋，15郑州大学，15，16，19鲁东，20贵州，15，19江西，15，19集美大学，16扬州，18陕西，16安徽，10，16沈阳，17山西大学，17南航，17广西师范学院，18山西，18新疆，18合肥，18湖南农业，11，18渤海大学，19，20安庆，19长春，19西安外国语，19曲阜，20闽南，20海南，20，21湖北大学，20湖南，20湖南大学，20吉林，20青海，20济南大学，20，21大理大学，21太原，21北华大学，21吉林外国语，21齐齐哈尔，21深圳大学，21西藏大学，10福建，11曲阜，13东北，13中南大学，13闽南，14江苏，15广西，16湖南，16，18集美大学，17鲁东，18海南，18扬州，17湖北大学，20江苏大学，20临沂大学，21东华工，21湖南大学，21南宁，12西华，14延安大学，15哈尔滨，16天津大学，17山东，20华南，20云南

苏格拉底法又称"问答法"或者"产婆术"。苏格拉底在哲学研究或讲学中，形成了由讽刺、助产、归纳、定义四个步骤组成的独特的方法。

1. 产婆术的过程分成四步
（1）**讽刺**：教师以无知的面目出现，通过巧妙的连续诘问，使学生意识到自己原有观点的混乱和矛盾，承认自己的无知。只有当学生认识到自己的无知时，才有可能学习。

（2）**助产**：教师进一步启发，引导学生，使学生通过自己的思考，得出结论或答案。

（3）**归纳**：从各种具体事物中找到事物的一般共性和本质。

（4）**定义**：把个别事物归纳为一般的概念，得到关于事物的普遍概念。

2. 苏格拉底方法的特点
（1）不将现成的结论强加于对方，而是通过不断提问诱导对方认识并承认自己的错误，自然而然地达到正确结论。

（2）问和答的双方是建立在平等的基础上讨论，受教的一方必须独立思考，不能生吞活剥地背诵别人的结论。

（3）问答法不是万能的教学法，它只能在一定的条件下和适度的范围内运用。如受教育者须有追求知识和真理的愿望和热情；受教育者必须就所讨论的问题已经积累了一定的事实和知识。这种方法不能机械地搬用于幼年儿童。

谐音助记>> "记住规定"：讥讽、助产、归纳、定义

思考：苏格拉底法与孔子的启发诱导的区别？在本章高分拓展中有补充。

经典真题

2014年延安大学论述题：试分析苏格拉底和孔子启发式教学方式的异同，并结合我国当前教育现实谈谈实施启发式教学的重要意义和方法。

三、柏拉图的教育活动与思想 【简答/论述】：11四川，13江西，17哈尔滨，18浙江大学，20温州大学，16苏州，17天津大学，17温州大学

> **柏拉图（公元前427年—前347年）**
>
> 柏拉图是苏格拉底的学生，他是古代西方哲学史上客观唯心主义的最大代表，主要教育活动是主持和创办学园。柏拉图用对话体裁写了不少著作，《理想国》和《法律篇》是其中集中体现其教育思想的两部最有影响的著作，其中《法律篇》对《理想国》中的一些观点进行了修正。在西方教育思想史上，柏拉图的《理想国》、卢梭的《爱弥儿》和杜威的《民主主义与教育》被称为教育史上三个里程碑。

在西方教育史上，柏拉图的《理想国》和卢梭的《爱弥儿》、杜威的《民主主义与教育》堪称三个里程碑。

（一）学园 【名解】：12、19云南，13闽南，14山东，15华中

柏拉图创办的学园被视为西方**最早**的高等教育机构。学园既开展了广泛的教学活动，培养各类人才，同时也进行哲学和自然科学领域的学术研究，促进了古希腊科学和文化的发展。学园开设的课程门类众多，有哲学、数学、音乐、天文学等学科（数学占有重要地位），并实行教学和探索思辨相结合、讲授与自由讨论相结合的教育模式。学园共存在900余年，一度成为当时希腊世界重要的学术活动中心。

（二）学习即回忆 【名解】：21南宁

学习即回忆是柏拉图所持的一种学习与认识理论。

第一，他认为学习并不是从外部得到什么东西，而是灵魂对已认识而遗忘的理念世界的回忆。认识理念世界要靠灵魂对理念世界的回忆，因为人的灵魂是永恒的、不变的，灵魂在降生到肉体以前已经认识了理念世界中的一切理念。

第二，当灵魂与肉体结合转生为人时，由于对进入牢笼（肉体是灵魂的牢笼）和失去自由而产生快乐、恐惧，并且受到现象世界中各种欲望诱惑等原因，使本来具有的知识，或已认识的理念遗忘了。

第三，不过，这种对真理和知识的遗忘和灵魂的睡眠状态是暂时的，如果遇到适宜的条件，或给予适当的提示（如用精神助产术），特别是借助可感事物（理念的副本）的启示，便能唤醒和回忆起灵魂中已有的知识。

关键词>> 学习即回忆：学习是灵魂对理念世界的回忆（非外而内，唤忘而知）

（三）《理想国》 【名解/简答】：10东北，11山东，13沈阳，14、17、21湖南，14、17闽南，17海南，18、20鲁东，19福建，21集美大学，21青海，15沈阳

柏拉图的《理想国》，是一部讨论政治和教育的著作，被认为是西方教育史上最为重要和伟大的教育著作之一。柏拉图所设想的理想国是一个由哲学王统治的正义的国家。在这个国家中，执政者、军人、工农商各就其位，各尽其职，互不干扰。理想国统治阶级内部（执政者、军人）实行共产制，个人不占有任何私人财产，全部教育公有，男女一律接受平等教育。**智慧、勇敢、节制、正义**成为理想国的四大美德。柏拉图认为实现理想国家的重要保证是良好的教育。

为了实现理想国，柏拉图提出了完整的教育计划。

1. 教育目的

培养和造就哲学家是柏拉图教育思想的最高目标和主要任务。

答题提示

《理想国》经常考名词解释，回答左栏第一段的六行内容即可。
如果考简答/论述题，全部回答。

2. 教育作用

柏拉图认为理想国的建立和维持主要通过教育来实施，通过教育培养顺民和合格的统治者。教育应由国家集中领导管理，取消私人办学，对全体公民实施强迫教育。

3. 教育内容

他强调男女平等，提出了广泛的教育内容（算术、几何、天文、音乐）和智者的三艺，合称为"七艺"。另外他还提出了各门学科的作用。

4. 教育阶段

（1）论学前教育

理想国中重视早期教育，主张教育由国家控制。国家应创办幼儿教育机构，实行儿童公养公育。柏拉图是"寓学习于游戏"的最早提倡者，认为对公民身和男女儿童的教育应该从音乐和故事开始，此外还要经过2～3年的体育训练，锻炼吃苦、耐劳、勇敢等品格。

（2）论普通教育

普通教育以情感教育为主，重视音乐和体育。7岁以后，男女儿童分别进入国家所办的初等学校，如文法学校、弦琴学校、体操学校学习。学习内容主要以读写算、音乐和体育为主。柏拉图对体育和音乐尤其重视。

（3）论高等教育

①第一阶段：**意志教育阶段**（18～20岁）

教育对象是具有银质的奴隶主的子弟。教育内容以军事体育训练及"四艺"（算术、几何、天文、音乐）为主。20岁以后，大部分青年结束学业，投入军营，去担负保卫国家的重任。少数才智出众的贵族子弟继续受教育。

②第二阶段：**发展智慧阶段**（20～30岁）

教育对象是少数具有金质的奴隶主的子弟，教育内容除"四艺"外，重点学习辩证法。30岁后，这部分青年中的绝大多数人就去担任国家的高级官吏。极少数聪慧而好学，并在哲学研究上有特殊才能的人，则继续学习。

③第三阶段：**继续学习阶段**（30～35岁）

继续研究哲学，直到35岁，然后成为国家的重要官吏。

④第四阶段：**哲学王**（50岁左右）

个别人需要再经过15年的锻炼，大约到了50岁时，经过指挥战争等各种考验，在学识方面，尤其在哲学方面有高深造诣的人，就可以成为国家的最高统治者——哲学王。

四、亚里士多德的教育活动与思想【简答/论述】：17湖南大学，21吉林外国语，21齐齐哈尔，21南宁，17温州大学，14、18延边大学

亚里士多德（公元前384年—前322年）

亚里士多德是古希腊一位百科全书式的学者，他在哲学、政治学、物理学、伦理学、逻辑学、心理学等学科上都有相当精深的研究与建树。在教育上，亚里士多德是古希腊教育经验和教育思想之集大成者，后世的各种教育思想几乎都被亚里士多德以萌芽的形式提出过。亚里士多德的教育思想主要散见于他的《伦理学》和《政治学》等著作中。

> **复习提示**
> 柏拉图是"寓学习于游戏"的最早提倡者。

> 亚里士多德是古希腊一位百科全书式的学者，他在哲学、政治学、物理学、伦理学、逻辑学、心理学等学科上都有相当精深的研究与建树。在教育上，亚里士多德是古希腊教育经验和教育思想之集大成者，

（一）吕克昂 【名解】：18 集美大学

吕克昂是亚里士多德于公元前 335 年创办的哲学学校。学校注重科学研究和相应的实验和训练，并建有图书馆、实验室和博物馆，是实践亚里士多德教育观念的主要机构，后与学园等合并为雅典大学。

在吕克昂中，为了发展理性灵魂，亚里士多德开设了包括"四艺"以及哲学、物理、文法、文学、诗歌和伦理学等在内的广泛的课程。学校中实行教学和科研相结合、研究与实验相结合、讲授与自由讨论相结合的教育模式，并根据学生的程度，将其划分年级或班级，进行分班授课。

关键词>> 吕克昂＋学园＝雅典大学

> 后世的各种教育思想几乎都被亚里士多德以萌芽的形式提出过。

（二）灵魂论 【名解/简答】：20 湖州师范，16 吉林

亚里士多德在《论灵魂》和《尼各马可伦理学》中，将人的灵魂区分为两个部分：理性的部分和非理性的部分。非理性部分又包含植物的灵魂和动物的灵魂两个部分。所以人的灵魂由三部分构成：营养的灵魂、感觉的灵魂和理性的灵魂。这三部分对应植物的灵魂、动物的灵魂和人的生命。

植物的灵魂， 灵魂的低级，它主要表现在身体部分，指的是身体的营养、生长、发育等生理方面；

动物的灵魂， 灵魂的中级，它主要表现在人的本能、情感和欲望等方面；

理性的灵魂， 灵魂的高级，它主要表现在思维、理解和判断等方面。

他认为，在人的发展过程中，身体、情感和理智三者应有一个发展的顺序。儿童是身体先发育，然后才有本能、感觉、情感，进而才出现思维、理解和判断。因此，与灵魂的这三个部分的区分相适应，对儿童应实施从体育到德育再到智育的全面和谐发展的教育。

植物灵魂 → 动物灵魂 → 理性灵魂

灵魂从低到高

灵魂论

亚里士多德的灵魂论在教育理论上有以下重要意义。

第一，它说明人也是动物，人的身上也有动物性的东西，它们与生俱来，采取不承认主义或企图消灭它，是违反人的本性，也是做不到的。

第二，人具有理性，人不同于动物，高于动物。能否用理性领导欲望，使欲望服从理性，是人与动物区分的标志。发展人的理性，使人超越动物水平，上升为真正的人，是教育，特别是德育的任务。

第三，灵魂三个组成部分的理论为教育必须包括体育、德育、智育提供了人性论上的依据。

关键词>> 植物性、动物性、理性是德智体依据（灵魂三部分）

(三) 自由教育（博雅教育）【名解】：11河南，12、16、17渤海大学，18齐齐哈尔，20沈阳，20云南

古希腊哲学家亚里士多德最早提出自由教育。自由教育又称博雅教育，是指对自由公民所实施的，强调通过自由技艺的学习进行非功利的思辨和求知，从而免除无知愚昧，获得各种能力全面完美的发展以及身心和谐自由状态的教育。

自由教育的教学内容为不受任何功利目的影响的自由知识，也称自由学科（"七艺"），包括文法、修辞、辩证法（逻辑）、算术、几何、天文、音乐等。自由教育成为西方经典的教育模式之一，对于西方教育传统的形成具有重要作用。

关键词>> 自由教育是通过自由技艺学习获得身心和谐全面发展，教学内容为七艺

本章高分拓展

一、东方文明古国教育和学校的起源（北师大大纲新增）

（一）巴比伦的教育

1. 巴比伦的学校

原因：文字的发明、泥板的广泛使用以及科学的发展，为学校教育提供了条件。最早的学校与寺庙有密切联系。在古代两河流域，人们将知识视为神赐，非祭司不敢享有，传习这些知识也是僧侣的特权。苏美尔文字最早由祭司发明，并由祭司首先使用。

产生：由于管理寺庙财产的需要，故寺庙中有关人员（一般称作"书吏"的人）需要学习文字和符号。这样就产生了训练书吏的学校。由于苏美尔人学校用的教材是泥板书，学生做练习或作业也是用泥板，泥板成为学校的主要学习工具，故学校被称为"泥板书舍"。

称谓：在泥板书舍中，负责人称为"校父"，教师称为"专家"，助手称为"大兄长"，学生称为"校子"。当时图书馆收藏的也是泥板书。大图书馆收藏的泥板书达数万块之多。

发现：在两河流域北部马里城挖掘出一所公元前2100年的学校遗址，这是人们迄今依据考古发掘所知的最古老的世俗教育机构。

2. 巴比伦学校的教学内容与方法

（1）教学内容

巴比伦的寺庙学校分为初级学校和高级学校两种，初级学校主要传授读写方面的内容；高级学校除了读写外，还学习文法、苏美尔文学、祈祷文等。

早期苏美尔人在训练书吏时，教学内容重视语言，尤重书写能力，此外还有阅读、翻译、计算等。掌握文字是一门艰难的艺术，尤其是楔形文字，已经离开物体形象甚远，要记住上千个字形并准确地运用，并非易事，须经专门训练，经过长期从师学习方可掌握。学习使用的书籍逐渐广泛，包括楔形文字符号表、文法著作和字典等。

（2）教学方法

当时的教学方法简单，一般由教师先在潮湿的泥板上写上字，再由学生临摹；课程主要是抄写和背

诵长串的单词或词组，也包括数学或文书。有些记有学生作文和练习的泥板一直保存至今。学校中纪律严格，常采用体罚。

公元 3 世纪以后，巴比伦作为古文明的中心，逐渐衰落。直到 19 世纪中叶后，经过考古工作者的考古发掘及研究，人们才得以了解其在早期人类文明史上的卓越地位。苏美尔和巴比伦的文化教育被看作是人类正式教育的起点。

（二）古代埃及的教育

1. 古代埃及的学校

（1）**宫廷学校**

宫廷学校是国王法老在宫廷中设立的学校，以教育皇子皇孙和朝臣的子弟为宗旨，学生学习完毕，接受适当的业务锻炼后，即分别被委任为官吏。

（2）**僧侣学校（或称寺庙学校）**

这是中王国以后出现的一种附设在寺庙中的学校，着重科学技术教育，亦为学术中心。

（3）**职官学校（亦称书吏学校）**

职官学校约创办于中王国时期，训练一般的能从事某种专项工作的官员，修业期 12 年。

（4）**文士学校**

文士学校培养能熟练运用文字从事书写及计算工作的人。此类学校较前两种低级，招收人数较多，对出身限制稍宽，修业期限有长有短。

2. 古代埃及学校教育的内容与方法

（1）教育内容

①宫廷学校

有关宫廷学校的教学内容无法考证。

②僧侣学校

僧侣学校的教学及研究内容以较高级的天文学、数学、建筑学、水利学、医学及科学为主，培养能力优而水平高的人。

③职官学校

职官学校的教学内容包括普通文化课程及专门职业教育，往往以吏为师。

④文士学校

文士学校通常教授书写、计算、有关律令的知识，有的还教授数学、天文和地理之类。在诸科目中，书写最受重视，是基本课业，也是费力的工作。书写工具是一种芦管笔，写在纸草、陶片或石板上。

（2）教育方法

在古代埃及的学校中，教师惯用灌输和体罚，教师施行体罚被认为是正当、合理的。古代埃及的学校不同类型，课程不同，水平也不一致，充分反映了当时统治阶级的要求，反映了社会经济、文化发展的需要，但都为统治阶级子弟所独占，一般平民不可问津，奴隶则更被剥夺了接受学校教育的权利，这充分反映了古埃及教育的阶级性和对劳动的轻视。

（三）古代印度的教育

1. 婆罗门教育

婆罗门教育以维持种姓压迫和培养宗教意识为核心任务。记载印度公元前 2000 年前后历史的古籍《吠陀》被当作统治阶级崇奉的经典，为教育提供了主导思想。

统治阶级宣传《吠陀》经只能为再生种姓所理解，因此入学校、习经典的权利只能为婆罗门、刹帝利和吠舍所享有，但三者享有的受教育权利的内容不尽相同。

婆罗门由于在种姓中地位最高,掌握宗教大权,而且当时教育是神学的附庸,故婆罗门所受的教育是当时最完备、最高级的教育。

刹帝利和吠舍所受的教育内容则比较简单,程度比较低,特别是吠舍的教育大为逊色。首陀罗则被剥夺了受教育权。首陀罗及贱民读书识字甚至构成死罪。这些情况充分反映了当时教育的阶级性,以及统治阶级力图控制教育和文化知识的用心。

公元前9世纪前,婆罗门教育以家庭教育为主,主要学习用古梵文写的《吠陀》经。教学方法主要是背诵。公元前8世纪后,出现了一种办在家庭中的婆罗门学校,通称"古儒学校",教师被称为"古儒"。儿童入学后迁居古儒家,学习年限为12年。古儒在学校教学时,常利用年长儿童作助手,由助手协助教师传授知识,这种方法后被英国教师贝尔袭用,成为盛极一时的导生制(贝尔—兰开斯特制)。

2. 佛教教育

公元前6—前5世纪,印度进入"列国时代",战火频繁。在战争过程中,掌握军事力量的刹帝利地位上升,婆罗门势力日益削弱,婆罗门已不足以维系人心。在此情况下,佛教应运而生。

佛教系释迦牟尼所创。佛教是植根于婆罗门的宗教,讲因果轮回;但也有区别,表现在佛教反对种姓制度,主张各种姓平等,迎合了下层被压迫民众及生活中不得志人的心理,因此吸引了大批信徒。公元前3世纪时,佛教得到广泛发展。

佛教教育的主要场所是寺院,学习内容主要是佛教经典,神学气氛较为浓厚。教学语言不用梵文而用地方语言,适应了平民学习的需要,较婆罗门的梵文教学有较大进步。僧徒一般学习12年,合格者称为"比丘"。佛教也重视女子教育,女僧学完后称为"比丘尼"。佛教的寺院不仅是教育机构,也是学术机构,堪称学术(神学)研究中心。一些著名的寺院吸引了大批的外国青年和学者前来学习,例如我国高僧玄奘。

佛教教育对印度乃至东方各国的教育都产生过巨大的影响,包括对中国书院教学制度有过重要影响;其精深的哲理也推动了思辨哲学的发展;佛教教育还在一定程度上照顾了广大下层民众,扩大了教育对象,故有其进步的一面;但所宣传的悲观厌世思想也有不可低估的消极作用。

(四)古代东方文明古国教育发展的特点【论述】:21哈尔滨

第一,作为世界文化的摇篮,东方产生了最早的科学知识、文字以及学校教育,无论是史料记载或考古发掘都证明了这一点。

第二,各国(或不同地区)的教育及不同时期的教育各有其特征。总的来说,与当时的社会政治、经济结构相应,教育具有强烈的阶级性及等级性,学校主要招收奴隶主子弟,并按教育对象的等级、门第而被安排进入不同的学校。

第三,教育内容较丰富,包括智育、德育及宗教教育等,既反映了统治阶级的需要,也反映了社会进步及人类多方面发展的需要。

第四,与教育内容繁复相应,教育机构种类繁多,形态各殊,有助于满足不同统治阶层的需要,既具有森严等级性,也具有强大适应力。

第五,各国通过丰富的教育实践,在教育方法上不乏创新之举,但总的来说,教学方法简单,体罚盛行,实行个别施教,尚未形成正规的教学组织形式。

第六,知识常常成为统治阶级的专利,故教师的地位较高,与后来古希腊、古罗马学校教师社会地位卑下形成鲜明对比。

第七,文明及文化教育甚为古老,但失于早衰或有过断层期,在此意义上,或许可称源远而流不长。巴比伦、埃及以及印度等东方文明古国均因异族入侵等原因导致历史中断,从而导致文化教育在本土的失传或断层。

(五)学校的起源

1. 最早的学校

发现之一：乌鲁克古城遗址。在该遗址中，发现了一些泥板文书，这些泥板文书有的是关于神庙经济的文书，也有的是用作学生的"课本"。人们推断至少在5500年前，两河流域就出现了学校教育。

发现之二：苏路帕克古城遗址。

发现之三：马里城的考古发现。

2. 学校产生的原因

学校的产生是人类文明发展到一定阶段的必然结果。学校的产生与社会的政治、经济和文化的发展水平有着密切关系。

(1) 生产力的发展

当社会生产力发展到一定程度，有了剩余产品，才使得脑力劳动与体力劳动发生分离，一部分人可以从生产劳动中脱离出来专门从事教育活动。同时，社会产品更加丰富，可以为学校的建立提供必要的设施和条件。

(2) 奴隶制国家的出现

为维护奴隶制国家的运作并确保统治阶级的统治地位，需要一部分掌握了政治、文化、宗教等方面知识的人来参与奴隶制国家的管理；再者，组织领导科学文化教育事业也是国家的基本社会职能之一。因此，奴隶制国家的出现使学校教育的产生成为必然。

(3) 文字的出现及科学知识的丰富

学校的产生还需要另一个非常重要的文化基础，那就是文字的出现以及逐渐丰富的科学文化知识。文字产生后，才有可能记录更多更广的知识经验，并把它们传授给其他人。除文字外，学校的产生还需要有特定的教育内容。教育内容源自人们在社会生活和生产实践中积累的科学知识。人类进入文明社会后，社会科学知识和自然科学知识不断丰富。在上古时代一些文明古国对于社会和自然规律就已经有了很多认识，取得了辉煌的科学成就，这为学校提供了丰富的教育内容，为学校的产生创造了必要条件。

二、比较雅典与斯巴达教育的异同，并简要介绍从中得到的启示。【简答/论述】：14吉林，17中国海洋，18江汉大学，16海南，17西北，19东北，19聊城大学，21中央民族，21石河子

1. 二者的共同点表现：

（1）政治上都是奴隶制城邦，教育为奴隶主阶级服务，具有等级性，培养的目标无论是战士还是公民，都是为国家政体服务的；

（2）因时代要求，两者的教育都重视体育，斯巴达是为了征服和奴役土著居民，举国皆兵；雅典为了强大自己也重视体育教育，对公民进行系统的军事训练。

（3）二者的教育体制都有年龄分期，且比较完善。

斯巴达：教育是国家事业。婴儿出生经长老检验，无残疾、体质强健的可由母亲代国家抚育；7岁以后送到国家教育场所接受系统教育指导至30岁；30岁成为公民，有权参加公民大会，可以担任官职，战时则战斗，60岁解除兵役。

雅典的教育体制是：婴儿出生后由父亲决定是否养育。7岁以前在家里接受教育，十分重视游戏和玩具的教育作用。7岁以后的男孩子开始接受学校教育。7~12岁的男孩子进的学校有文法学校和琴弦学校，13岁以后可以到角力学校进行体育训练，16岁以后可以到体育馆接受更为系统的体育训练。18岁接受军事训练，但是国家不统一要求，由青年自己决定。在军事训练中，可以学到一定的航海知识和政治法律知识。20岁，通过一定的仪式，成为正式公民。

2. 由于经济、政治条件的影响，二者的教育体制也表现出很大的差异，具体体现在以下方面：

（1）地理环境不同，造成经济、政治的差异

斯巴达北部是高山，南部是岩石海岸，与外界交通不便，然而境内土壤肥沃，自给自足的农业经济发达。

这种经济基础导致斯巴达在政治上是保守的军事贵族寡头统治，教育有较强的专制性。

雅典三面环海，有优良的港湾和丰富的矿藏，工商业发达，是地中海和黑海地区的贸易中心，这一点较斯巴达要优越许多。在此基础上雅典建立起奴隶主民主政体，教育体制民主色彩比较浓厚。

（2）不同的政治体制决定不同的培养目标、内容和方法

由于斯巴达的政治是军事贵族专制，对内要奴役土著居民，对外要防御外敌，因而其教育目标是培养英勇果敢的保家卫国的战士，相应地其内容只重视军事体育，不重视文化科学知识的学习；教育方法是野蛮训练和鞭笞。

雅典在政治上是奴隶主民主政体，教育的民主色彩较重；目标是培养身心和谐发展的国家公民。身心和谐发展包括：身体健美，具有智慧、勇敢、节制、公正等美德。教育内容上德、智、体比较兼顾，设置了文法、修辞、体操、音乐等各种类型的学校，方法上也比较重视启发诱导。

3. 雅典的教育要比斯巴达的更发达，产生了大量著名的教育家，为后世留下许多教育经典。这就启发我们，教育作为意识形态领域，其发展并不是与其他社会因素相孤立的，它受到生产力水平、政治制度的制约和影响，教育的进步、人的和谐发展需要有民主的体制来支撑。

三、苏格拉底的教育思想补充（陕西师大大纲新增）

（一）教育目的论

苏格拉底认为教育的目的是培养治国人才。治国人才必须有德有才，深明事理，具有各种实际知识。治国重任必须是由经过良好教育的德才兼备之人承担，那些没有受过教育，却用欺骗的方法使人相信他们具有治国才能从而窃取公职的人乃是"最大的骗子"。因此，苏格拉底认为教育的目的就是造就道德高尚、才能卓越的治国人才。

（二）德育论

伦理道德问题是苏格拉底哲学的主题，也是其教育思想的主题。苏格拉底认为教育的首要任务是培养道德，教人"怎样做人"。道德教育的具体内容就是培养人们具有智慧、正义、勇敢、节制等美德。

道德并非与生俱来，只有经过良好的教育，获得了明辨是非的知识，才能够基于正确的判断做出正确的道德行为。为此，他提出"知识即道德"的命题，并衍生出了"自制是德行的基础""守法就是正义""身教重于言教"等命题。

"知识即道德"是苏格拉底道德教育思想的核心。在他看来，人的行为之善恶，主要取决于他是否具有有关的知识。人只有知道什么是善、什么是恶，才能趋善避恶。

从"知识即道德"的观点出发，苏格拉底提出了"德行可教"的主张。既然道德不是出自于人的天性，而是以知识或智慧为基础，那么，德行是可教的。通过传授知识、发展智慧，就可以培养有道德的人。因此，在他看来，知识教育是道德教育的主要途径。

（三）智育论

苏格拉底主张，治国者必须具有广博的知识，除政治、伦理、雄辩术和人生所需要的各种实际知识以外，将几何、天文、算术列为必须学习的科目，而且学习这些科目的目的在于实用，而不是纯理论的思辨。

四、七艺【名解】：11中南大学，11、18西北，18安徽，18河南，18山西大学，18、21湖南大学，20淮北，20太原，20天津外国语，21上海，21山东

"七艺"包含文法、修辞、辩证法（逻辑学）、音乐、算术、几何、天文。"七艺"中的前"三艺"（文法、修辞、辩证法）是由智者首先确定下来的。古希腊哲学家柏拉图按照"以体操锻炼身体，以音乐陶冶心灵"的原则，把学科区分为初级和高级两类。初级科目的体育包括游戏和若干项运动；初级科目的音乐除狭义的音乐和舞蹈外，还包括读、写、算等文化学科。高级科目主要有算术、几何学、音乐理论和天文学。

第二章　古罗马教育

本章大纲考点及考频

第一节　共和时期的罗马教育　　1
第二节　帝国时期的罗马教育　　0
第三节　古罗马的教育思想　　　0
　一、西塞罗的教育思想　　　　2
　二、昆体良的教育思想　　　　13

本章思维导图

古罗马教育
- 共和时期的罗马教育
- 帝国时期的罗马教育
- 古罗马的教育思想
  - 西塞罗的教育思想
  - 昆体良的教育思想

古罗马教育的阶段划分

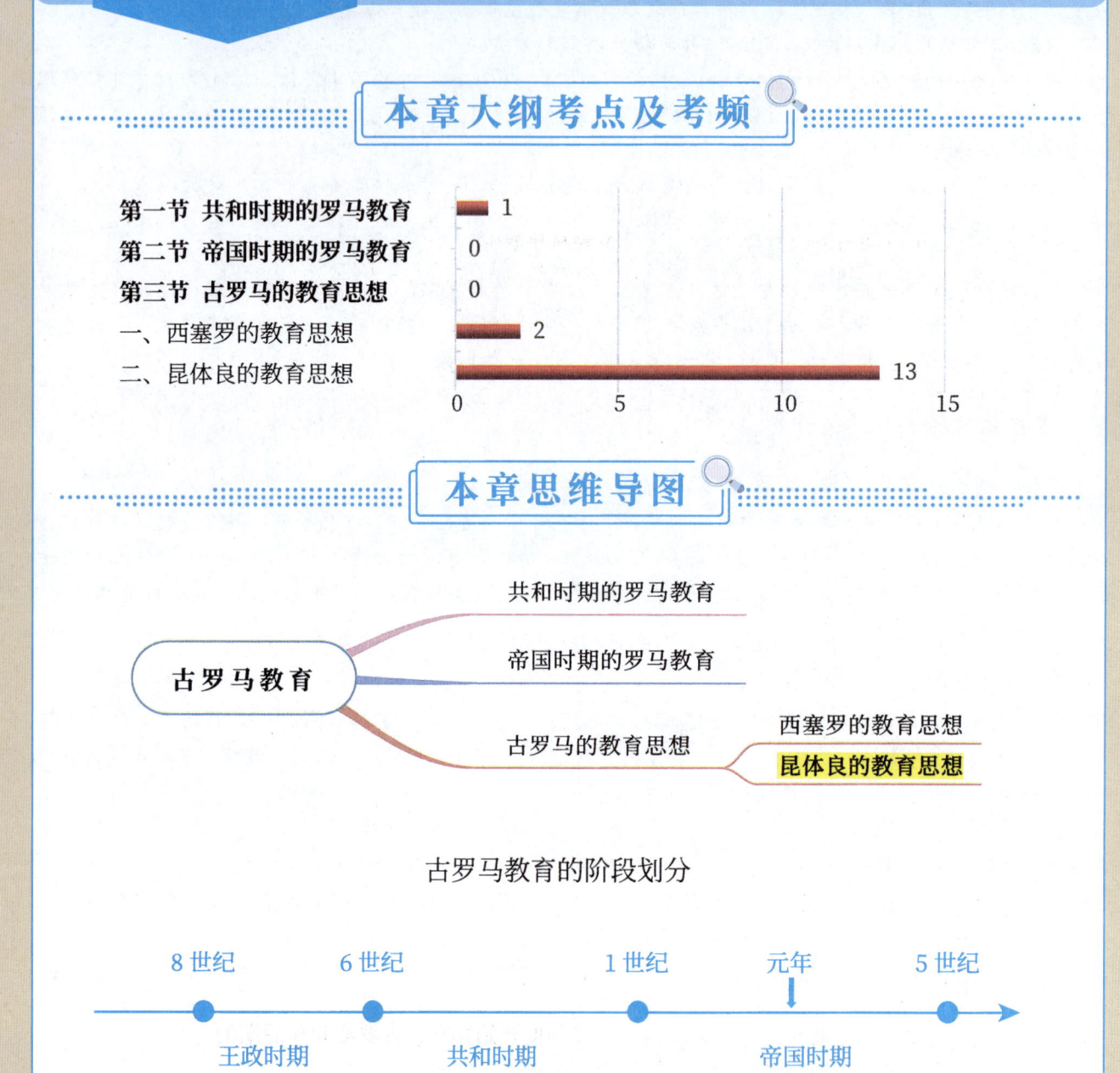

8世纪　　6世纪　　1世纪　　元年　　5世纪

王政时期　　共和时期　　　　帝国时期

本章参考书

【1】吴式颖、李明德主编：《外国教育史教程》（第三版），人民教育出版社，第五章
【2】张斌贤主编：《外国教育史》（第2版），教育科学出版社，第四章

·第一节 共和时期的罗马教育·

(了解)

一、共和早期的教育

（一）时代背景

在经济上，这个时期与王政时期相似，居民主要从事农业、畜牧业、手工业，商业尚不发达。奴隶在生产部门中所占的比重还不大，主要的生产形式是小农经济，古罗马人基本上是农民。但由于古罗马城邦与比邻城邦之间战争频繁，又要求古罗马人具有军人的品质。

（二）教育特点

这些社会特点决定了古罗马共和时期的教育基本上是农民—军人的教育，其主要的教育形式是家庭教育。家庭既是经济和生产单位，也是教育单位。古罗马以其"家长制"出名。家长（父亲）对子女操有生杀予夺大权。

（三）教育阶段

第一阶段：1～7岁的男女儿童由母亲抚养与教育。

第二阶段：从7岁起，女童仍在家中从母亲那里受到作为未来的主妇与母亲的教育；男童的教育则由父亲负责，跟随父亲进行作为农民和军人的实际教育，同时也学习读、写、算知识，16岁男孩即成为罗马公民。

二、共和后期的教育

（一）时代背景

从公元前3世纪开始，随着古罗马共和国奴隶制经济的迅速发展，在共和国内形成了奴隶与奴隶主之间、平民与贵族之间、拥有大量土地的元老院贵族与商业金融贵族之间的各种矛盾和斗争，在这种态势下古罗马进入共和后期。

（二）特点

这时的古罗马教育与早期相比有明显变化，学校制度开始建立。古罗马共和后期的学校教育制度既保留了古罗马民族自身文化的特点，又吸收了古希腊文化教育的成就，存在着几乎是平行的两种学校系统，一种是以希腊语、希腊文学的教学为主的希腊式学校，另一种是拉丁语学校。

（三）教育阶段

1. 初级教育（也称"卢达斯"） (了解)

招收7～12岁的儿童，教学内容是读、写、算，其中包括学习道德格言和《十二铜表法》。音乐和体育在古罗马小学中不受重视。学校是私立的、收费的，教师的收入很少，社会地位低下。教学方法主要是教师讲述、学生背诵。

2. 中等教育（文法学校） (了解)

时代背景

古罗马教育分为三个时期：王政时期、共和时期、帝国时期。由于王政时期没有可靠的资料作为依据，因而对于古罗马教育的研究，一般都是从共和时期开始的。古罗马既是希腊文化的继承者和传播者，作为一个务实的民族，同样也是文化教育的创造者。

招收 12～16 岁儿童，主要是贵族和富家子女。教学内容主要是希腊语、拉丁语、《荷马史诗》和其他希腊作家的作品、西塞罗和其他罗马作家的作品、地理、历史、数学和自然科学等；教学方法是讲解、听写和背诵。教师收入较高，也有较高的社会地位。学习方法主要是背诵，旨在掌握读、写、说的能力，为进入修辞学校继续学习奠定基础。

3. 高等教育（修辞学校）【名解】：18 中央民族

准备担任公职的贵族子弟，在读完文法学校后进入修辞学校或雄辩术学校。修辞学校的目标是培养演说家或雄辩家。这是当时古罗马日趋激烈的政治斗争和社会生活的需要。

教学内容有文学、修辞学、辩证法、历史、法律、数学、天文学、几何、伦理学和音乐等科目。以教授雄辩术为职业的修辞学家不仅收入高，也具有较高的社会地位。当时普遍认为，一个善于从事公民活动的演说家或雄辩家，必须精通文学，具有广博的知识。

助记表格>>

共和后期的罗马教育	初级教育（卢达斯）	私立，平民子弟，学习读、写、算、十二铜表法等
	中等教育（文法学校）	私立，富贵子弟，学习拉丁文、希腊文、修辞等。
	高等教育（修辞学校）	富贵子弟，培养演说家或雄辩家

第二节 帝国时期的罗马教育

（了解）

公元前 30 年，古罗马进入帝制时期，为了把学校作为统治工具，国家加强对教育的控制，对学校进行了一些改革。

第一，**改变了教育目的。**把培养演说家改为培养效忠于帝国的顺民和官吏。

第二，**国家加强了对教育的严格控制。**对当时一般都是私立的初等学校实现国家监督，把部分私立文法学校和修辞学校改为国立，以便于国家对教育的严格控制。

第三，**提高教师的地位和待遇，一改教师的私人选聘为国家委派。**有的皇帝还规定教师任免办法，明令各地遵照执行，同时保留教师在任免上的最后决定权。但在罗马帝国，绝大部分学校（特别是初等学校）仍属私立性质，绝大多数教师的薪金也不由政府支付。帝国所关注的只是中、高等学校，小学教育则不在奖励之列。

第四，**教育家对教育问题的探索和思索，**仅仅停留在学校教学组织、教学方法等具体方面，而不像古希腊的教育家那样对教育的一些根本性问题作出回答。

·第三节 古罗马的教育思想·

一、西塞罗的教育思想（浙江师大大纲删除）

西塞罗【名解】：20 渤海大学，21 北京联合

西塞罗是罗马共和后期的政治家、雄辩家、文学家、哲学家。他起初从事律师工作，后当选为执政官。《论雄辩家》是西塞罗论述教育的主要著作，在此书中，他讨论了一个演说家和雄辩家所必需的学问和应有的品格以及培养。

（一）关于雄辩家的定义

西塞罗认为一个名副其实的雄辩家，必须能够就眼前任何问题、任何需要运用语言艺术阐述的问题，以规定的模式，脱离讲稿，伴以恰当的姿势，得体、审慎地进行演说。雄辩家的特点是具备令人钦羡的高贵风度，还掌握雄辩术的一切准则，能就自己选择的任何论题进行阐述和发挥，既清楚地表达自己的思想，又能影响听众。

（二）雄辩家教育的内容

1. 广博的学识

雄辩家要有全部自由艺术和各种重要的知识。全部自由艺术是指文法、修辞、算术、几何、天文、音乐等学科；各种重要的知识是指政治、法律、军事和哲学等。

2. 在修辞学方面具有特殊的修养

决定演讲水平高低的重要方面是遣词造句以及整个演说词的文体结构。所以语言修养要表达正确、通俗易懂、优美生动、语言与主题相称。

3. 优美的举止与文雅的风度

给听众一种外在的行为上的美感，进而增加听众的信任度。西塞罗指出演说是由身体、手势、眼神以及声音的调节及变化等加以控制的，它们对于演说本身所产生的作用是巨大的。

（三）培养雄辩家的方法

西塞罗强调练习和模仿在雄辩家教育中的重要地位。他主张要进行经常的模拟演说，同时要勤于写作，用写作来磨炼演说。他认为写作可以训练人的思维能力和表达能力。这种能力可以转移到演说能力中去。

二、昆体良的教育思想【简答/论述】：17 延边大学，17 沈阳，20 中央民族，20 哈尔滨，20 陕西理工，20 延安大学，21 南宁，18 辽宁

昆体良【名解】：11 云南，11 江西，12 重庆，15 宁波大学

昆体良是古代罗马帝国初期的雄辩家和教育家。其著作《雄辩术原理》（又译《论演说家的培养》）是西方第一本专门研究教育理论的著作，既是他自己教学经验的总结，又是古希腊、古罗马教育经验的汇集，是古罗马教育理论的最高成就。昆体良所论述的教育、教学原理、原则和方法，为整个罗马帝国的学校和教师所重视和效仿，并在文艺复兴时期对人文主义教育家产生了深刻的影响。

> 本章高分拓展中补充了奥古斯丁的教育思想。

（一）关于教育目的和作用

昆体良认为德行是雄辩家的首要品质。所以他的教育目的是培养善良而精于雄辩术的人。他认为，一个雄辩家必须是一个善良的人，如果一个雄辩家不为正义辩护而为罪恶辩护，雄辩术本身就成为有害的东西。

昆体良承认天赋的作用，但更重视教育的力量。教育的关键在于首先要了解学生的天赋及其特点；其次必须遵循学生的年龄特点，在教学中适合各人的特殊情况和需要，使每个学生能发挥各自的长处。这种关注天性，适应自然的思想符合教育规律，影响了后期人文主义教育家。

（二）论学校教育的优势

昆体良认为，学校是儿童最高的学习场所，学校教育比家庭教育优越得多。原因在于：

第一，许多儿童在一起学习不会产生孤独或与世隔绝的感觉，并有助于克服儿童唯我独尊，自命不凡的状态；

第二，在学校可培养发展儿童间的友谊、合群的品性，养成适应和参加社会公共生活的习惯和能力，在大庭广众面前能态度自然，举止大方；

第三，学校教育能激励学生趋善避恶；

第四，学校能给儿童提供多方面的知识。

关键词>> 通过多方面的知识、学会趋善避恶、学会合群不孤独

（三）学前教育思想

在幼儿能说话的前后便该对其进行教育，但因幼儿接受能力有限，所以每次所教不宜过多。

主张幼儿应当学习字母、书写和阅读，第一次提出了双语教育的问题：先学希腊语，再学拉丁语，而后两者齐头并进。

重视幼儿学习兴趣的培养。在他看来，教育方法应当注意不要让儿童还不能热爱学习的时候就厌恶学习，要使最初的教育成为一种娱乐，向孩子们提出问题并对他们的回答进行表扬，绝不可使他们以不知道为快乐。还可以用比赛的方式，用奖励的物品鼓励儿童。

（四）教学理论 【简答】：16鲁东

昆体良教育思想中最有价值、影响最大的是关于教学的理论。在西方教育史上，昆体良是第一位教学理论家和教学方法专家。他使教学论成为一个相对独立的研究领域，对近代教学论的发展产生了深刻影响。

1. 班级授课制思想的萌芽

昆体良认为，大多数的教学可以用同样大小的声音传达给全体学生，无论听众多少，每个人都能全部听清楚。根据教师的实践，可把儿童分成班级，依照他们每个人的能力，指定他们依次发言。这些见解，堪称是班级授课制思想的萌芽。

2. 倡导因材施教

昆体良主张教师根据学生天赋才能的差异来组织和指导他们的学习，倡导教学要能培养个人的天赋特长，沿着学生的自然倾向最有效地发挥他们的能力。

3. 教学要"适度"

昆体良认为教师所传授的知识的分量与深度要适应儿童的天性，符合他们的接受能力，而不能使他们的学习负担过重。学习和休息应该交替进行。休息时应发挥游戏的作用。

4. 注意培养学生的能力

昆体良认为，教师在教学中应该结合教材、作业和演讲练习培养学生的判断力、想象力和创造力。为适应实际的社会生活，学生应具有独立工作能力。

5. 专业教育应该建立在广博的普通知识基础上

他认为雄辩家应学习包括文法、修辞、音乐、几何、天文、哲学等课程，而且对每门学科在培养雄辩家的各种素质、能力、技能等方面的作用和意义做了充分的论述。

6. 改进教学方法

昆体良主张采用赞许和表扬以及激励学生进步的方法，同时强调使用启发诱导和提问解答的教学方法，反对实行体罚。

关键词>> 班、材、度、能、广、法（板材定能广发）

7. 对教师的要求

昆体良高度重视教师的作用，认为要做好教育工作，教师是至关重要的，因此教师应当具有全面的素质。

（1）教师应当是德才兼备的，既教学生学习基础知识，又教学生做人。
（2）教师对学生应宽严相济。
（3）教师对学生的教育应当有耐心。
（4）教师应当懂得教学艺术，教学要简明扼要、明白易懂、深入浅出。
（5）教师要注意儿童的个体差异，做到因材施教。

关键词>> 因严才有艺（因材施教、宽严相济、德才兼备、有耐心、教学艺术）

本章高分拓展

一、奥古斯丁的教育思想

奥古斯丁

奥古斯丁是古罗马帝国后期著名的神学家、哲学家。他用柏拉图的理念论和灵魂不死等理论解释《圣经》并加以发挥和创造，使哲学和宗教结合，从而创立了基督教宗教哲学体系。他所创立的基督教哲学，成为中世纪基督教教义的重要组成部分，是经院哲学所依据的权威之一。《忏悔录》是奥古斯丁最有影响的作品，书中阐述了他的教育主张。

（一）宗教哲学观

上帝是永恒存在的不变的本体，上帝创造了人和世界上的万事万物，上帝是至真、至善、至美的本体。上帝即真理，真理即上帝。

知识、概念是人的心灵所固有的，要获得知识和真理，不能靠感觉，而是靠上帝赐予的"灵魂的眼睛"，靠思想。从这种认识论出发，奥古斯丁竭力论证信仰高于理性，宗教虔诚高于知识。奥古斯丁认为如果知识不能为宗教服务，不仅无用，而且有害。

（二）"原罪论"

"原罪论"认为所有的人都是带着原罪来到人世。人人因原罪都要受到上帝永世的惩罚。根据"原罪论"，奥古斯丁提出了禁欲主义思想。这些理论后来成了基督教的重要教义之一。

（三）关于学习内容

1. 奥古斯丁认为追求学问和真理是危险的好奇欲，因此轻视自然科学，抨击古希腊、古罗马的文学、诗歌作品。
2. 主张学习文法、修辞、辩论术、几何、音乐、数学、天文等学科中的"正确的观点"，学习这些知识的最终目的是为了认识上帝的至真、至善、至美。
3. 重点学习《圣经》，因为它是上帝的语言，是一切知识的源泉。
4. 教学的目的在于使学生发现心中已有的真理，而不是去认识客观的物质世界。教学活动就是通过符号、言语、数等引起学生对其心中已有的概念的重新认识。

（四）评价

1. 优点

（1）奥古斯丁是古罗马帝国后期在文化教育方面具有很大影响的人物。他创立的基督教宗教哲学以及相关的教育观，对西欧中世纪文化教育的发展产生了深远的影响。因此，奥古斯丁的思想是理解罗马帝国后期和西欧中世纪教育的重要环节。

（2）奥古斯丁的伦理学中保留了早期基督教的平等思想。例如，他主张行善，强调宽容、温良、慈善待人、谦逊和顺从等等。

2. 缺点

（1）奥古斯丁的知识观成为中世纪学校教育中的教学脱离实际、轻视实用知识、重视经验式的教条主义的教学方法的理论渊源。

（2）奥古斯丁根据"原罪论"提出禁欲主义思想，这些理论以后成了基督教的重要教义之一，对后来的西方文化教育产生了极坏的影响。

第三章　西欧中世纪教育

本章大纲考点及考频

第一节　基督教教育
- 一、基督教教育的机构与内容　2
- 二、基督教教育的特点　3

第二节　世俗教育　2
- 一、宫廷学校　2
- 二、骑士教育　34
- 三、城市学校与行会学校　6
- 四、中世纪大学　25

第三节　拜占庭和阿拉伯教育　0
- 一、拜占庭教育　0
- 二、阿拉伯教育　0

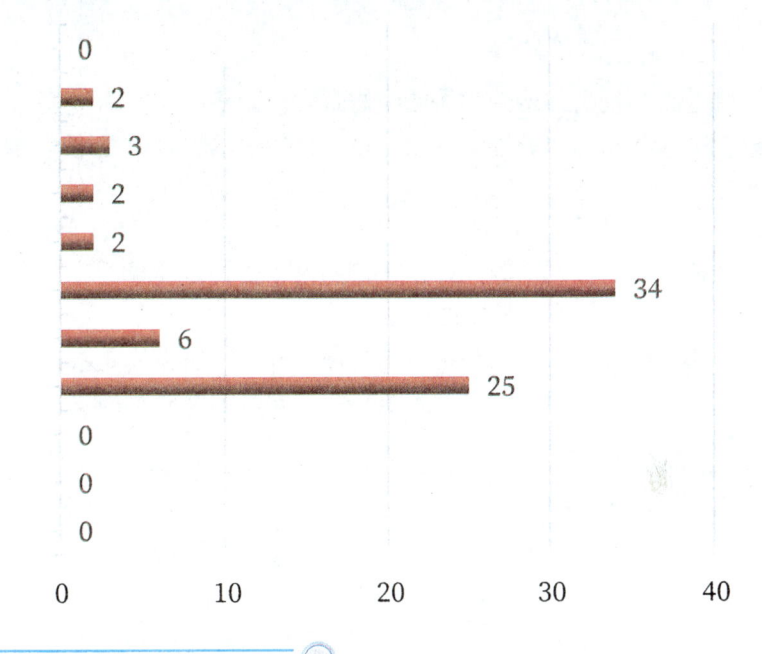

本章思维导图

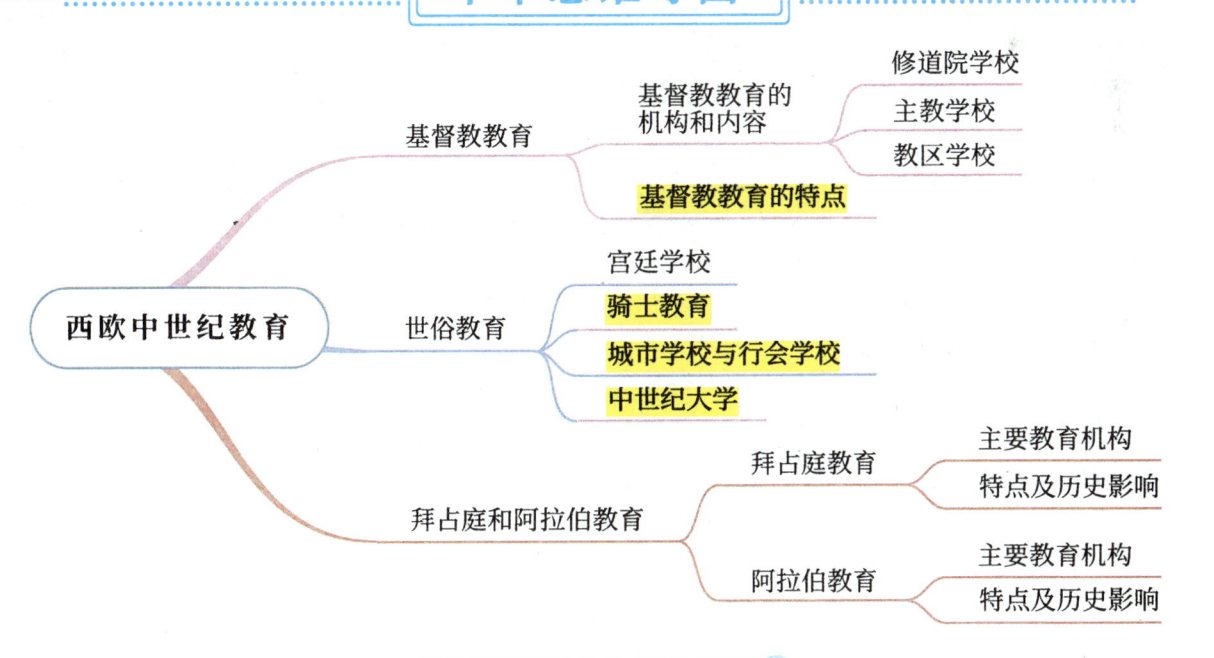

- 西欧中世纪教育
  - 基督教教育
    - 基督教教育的机构和内容
      - 修道院学校
      - 主教学校
      - 教区学校
    - 基督教教育的特点
  - 世俗教育
    - 宫廷学校
    - 骑士教育
    - 城市学校与行会学校
    - 中世纪大学
  - 拜占庭和阿拉伯教育
    - 拜占庭教育
      - 主要教育机构
      - 特点及历史影响
    - 阿拉伯教育
      - 主要教育机构
      - 特点及历史影响

本章参考书

【1】吴式颖、李明德主编：《外国教育史教程》（第三版），人民教育出版社，第六、七章

【2】张斌贤主编：《外国教育史》（第2版），教育科学出版社，第五章

第一节 基督教教育

（浙江师大大纲删除）

一、基督教教育的机构和内容 【简答】：17 上海

（一）修道院学校 【名解】：12 山东

修道院学校又称**僧院学校或隐修院学校**。最早作为教徒集体修行的场所，后发展为培养神职人员和为普通世俗人士传授文化知识的机构，是中世纪基督教主要的教育机构之一。

修道院学校的学生一般10岁左右入学，学习期限大约为8年。早期的修道院学校主要强调宗教信仰的培养，知识学习的内容最初是简单的读、写、算，随后课程逐渐加多加深，"七艺"成为主要课程体系。

修道院学校的教师完全由教士担任，教学方法主要是教师口授和学生背诵、抄写相结合，实行个别教学，学生的入学时间、学习进度和时间安排因人而异。学校的纪律十分严格，体罚盛行。

（二）主教学校（了解）

主教学校设在天主教座堂所在地，**又称座堂学校**。主教学校性质和水平与僧院学校差不多。强调宗教信仰的培养，学习读、写、算以及"七艺"课程。

教师完全由教士担任，教学方法主要是教师口授和学生背诵、抄写相结合，实行个别教学。与教区学校相比，学校设施更好、水平更整齐，但数量有限。

（三）教区学校（了解）

办在堂区教士所在村落或教室里面，**也叫堂区学校**，是由教会举办的面向一般世俗群众的普通学校。

学校的课程以灌输宗教知识为主，同时进行读、写、算及简单世俗知识的教学。

与修道院学校和主教学校相比，堂区学校的教育范围更大，培养目标更为宽泛，但学校的条件较差，设施不整，水平较低。

助记表格>>

	教育机构	起源	学习内容	教学方式	特点
基督教教育的机构和内容	修道院学校	僧院学校或隐修院学校，修行场所发展为神职人员、世俗人士传授知识机构	10岁学8年 宗教信仰、读写算，七艺	口授、背诵、抄写、个别教学，体罚	
	主教学校	座堂学校，天主教座堂	宗教信仰、读写算，七艺	口授、背诵、抄写、个别教学	比教区学校：设施更好 水平更整齐
	教区学校	堂区学校，教士所在村落或教室里面	宗教信仰、读写算、世俗知识		比修道院和主教：教育范围大 培养目标宽 设施不准水平低

> **时代背景**
>
> 古罗马帝国灭亡后，欧洲进入了长达千年的中世纪（5～14世纪）。西欧中世纪是在罗马帝国的废墟上，由文明程度远低于古罗马人的外来"蛮族"建立起来的。一方面由于战乱的破坏，另一方面限于占领者的文化水准，他们还不可能欣赏、学习和消受古希腊、古罗马时代的辉煌的文化遗产，因此，中世纪早期，古希腊、古罗马的文化成就被世人遗忘，西欧的文化教育水准大幅度下降。中世纪教育的显著特点是具有宗教色彩和等级化。

二、基督教教育的特点【简答】：13、15华南，16山东

（一）教育目的宗教化
以神学为最高学问，任何世俗学问都要服从于上帝的学说。科学要服从神学，神学理论高于其他学科。主要为了培养教会人才，扩大教会势力，巩固封建统治。

（二）教学内容神学化
主要课程是神学和"七艺"，神学包括《圣经》、祈祷文、教会的礼仪等；"七艺"是从古希腊内容演变而来的，经基督教改造，为神学服务。

（三）教育方法原始、机械、烦琐
为了维护神学和教会的绝对权威，教会学校要求学生盲目服从《圣经》和教师，学校个别施教，纪律严格，体罚盛行。

总的来说，基督教教育在培养僧侣和其他为教会服务的人员的同时，向群众宣传宗教，使劳动人民服从教会和封建统治。因此，西方教育发展史上一个重要的主题是教会和学校的分离，即教育的世俗化和国家化。但是，在中世纪早期世俗学校普遍消亡、文化衰落的情况下，教会教育在保持、传播古代文化、发展封建文化方面，起了一定的作用。

第二节 世俗教育

【简答】：11四川，18华东

一、宫廷学校【名解】：16贵州，20江西

1. 宫廷学校是一种设立在国王或者贵族宫廷中，主要培养王公贵族后代的教育机构，是欧洲主要的世俗教育形式。

2. 学习科目主要是"七艺"，教学方法采用当时教会学校盛行的问答法，以此让学生掌握有关宗教、自然和社会的各种知识。

3. 宫廷学校主要培养封建统治阶级所需要的官吏，但因为欧洲中世纪早期社会政教合一的特征，宫廷教育具有浓厚的宗教色彩，与教会学校有着密切的联系和相似性。

关键词>> 宫廷学校的地点、目的、性质、内容、方法、特点

二、骑士教育【名解/辨析/简答】：10苏州，10江苏，10浙江，12、13西北，13、15扬州，14、17、19上海，14福建，14山东，15东北，16海南，16重庆三峡学院，17河南，17江西，17贵州，17集美大学，17广西师范学院，10、18四川，18内蒙古，18齐齐哈尔，18、19北华大学，20深圳大学，20聊城大学，20浙江海洋，21北京理工，21佳木斯大学，21曲阜，20南京，21南宁

1. 骑士教育是**中世纪世俗教育**的一种主要形式，目的在于培养彪悍勇猛、虔诚上帝、忠君爱国、宠媚贵妇的骑士阶层。

2. 它是一种**特殊形式的家庭教育**，没有专门的教育机构和教育人员，主要是在骑士生活和社交活动中进行的。

历史背景

中世纪的世俗教育是指与教会教育相对而言的教育类型。尽管世俗教育受到基督教和教会的直接影响，但并不以培养神职人员为目的。世俗教育有不同类型，包括宫廷学校、骑士教育、城市学校与行会教育。

答题提示

骑士教育是重点，经常考名词解释，考查名词解释时，回答1.2.和3中主干，4.评价要简写，总字数控制在5~6行即可。

3. 骑士教育分为三个阶段：

第一，**家庭教育阶段：** 从出生到 7 岁为家庭教育阶段。儿童在家接受母亲的教育，内容有宗教知识、道德及身体的养护。

第二，**侍童教育阶段：** 7 岁以后为礼文教育阶段，低一级的贵族将儿子送到高级贵族的家庭中充当侍童，学习上流社会的礼节和行为规范。

第三，**侍从教育阶段：** 14～21 岁重点是学习"骑士七技"，即骑马、游泳、投枪、击剑、打猎、弈棋和吟诗；同时要侍奉领主和贵妇。年满 21 岁要通过授职典礼，正式获得骑士称号。

4. 评价：

（1）骑士教育旨在训练保护封建主世俗利益的武夫，其内容注重宗教道德品质，以养成军事征战能力为主要目的，文化知识极为贫乏。

（2）中世纪被歌颂的"骑士精神"，体现了当时社会所崇尚的人格品质和道德风光：对主人和君主尊崇忠诚、对贵妇斯文典雅、作战时勇猛果敢、与人交往中慷慨豪放。随着文艺复兴的发展，骑士阶层成为绅士阶层的原型，骑士教育也成为绅士教育的原型。

（3）骑士教育虽然内容简单，但比较实用，培养了当时社会所需要的实际应用人才。以后随着社会的发展，世俗教育日渐发达，逐渐形成自己的体系。

三、城市学校与行会学校 【名解】：11、13浙江，14华东，17天津大学，21重庆三峡学院，21宝鸡文理

（一）城市学校产生的原因

新兴市民阶层出于本阶级的特殊经济利益和政治斗争的需要，产生了教育需求，于是诞生了新型的城市学校。城市学校并不是一所学校的名称，而是为新兴市民阶层子弟开办的学校的**总称**，包含不同种类、不同规模的学校。例如，由手工业行会开办的学校被称为行会学校，由商人联合会设立的学校被称为基尔特学校。

（二）城市学校的特点

1. 领导权上， 最初的城市学校大多由行会和商会开办，以后随着城市的发展和管理的加强，这些学校逐渐由市政当局接管，由市政府决定学费金额、选聘教师、支付工资、确定儿童入学资格等。

2. 内容上， 城市学校强调世俗知识，特别是读、写、算的基础知识和与商业、手工业活动有关的各科知识的学习，扩大了学校教育的内容，使学校教育为人们的现实生活服务。

3. 培养目标上， 城市学校主要满足新兴城市对从事手工业、商业等职业人才的需要，因此城市学校虽然主要是初等学校，但也具有一定的职业训练的性质。

4. 在性质上， 城市学校虽然与教会有着千丝万缕的联系，但是基本上属于世俗性质。

（三）评价

城市学校是适应生产的发展、市民阶层的利益需要而出现的新型学校。其出现标志着新兴工商业阶级的要求和力量，打破了教会对学校教育事业的独占权。城市学校的兴起和发展对处于萌芽阶段的资本主义生产方式的成长起了促进作用。

> 城市学校与行会学校容易考名词解释，考名词解释时，3点内容都可以简写。

四、中世纪大学 【名解/简答/论述】：13西南，15湖北大学，15苏州，16北华大学，19湖南，19太原，20淮北，20重庆三峡学院，21辽宁，21陕西，18山东，18南京，19宝鸡文理学院，19华东，21东北，17赣南，18齐齐哈尔，12、13福建，20海南，21湖南科技

（一）中世纪大学产生的原因（社会背景）

1. 社会条件
到中世纪中后期（11、12世纪之后），随着西欧社会的稳定，农业和手工业等出现了复苏和繁荣的景象，原已破败的城市走向复兴。这种情况，为中世纪大学的产生提供了物质条件，同时也为师生组合在一起共同研讨学问提供了必要的场所。

2. 新兴阶层
经济的发展和城市的复兴带来了市民阶层的兴起，原有的基督教学校及其教育内容已经无法满足这种新兴阶层的需要，他们迫切需要一种能满足其自身需要的、新型的和世俗的教育机构和教育内容。

3. 文化条件
修道院和教会对古典文化的保存以及公元12世纪的翻译运动，丰富和深化了西欧人对古典文明的认识；十字军东征带来了东方的文化，开拓了西欧人的视野；经院哲学的产生及其内部的论争，繁荣了西欧的学术氛围。

4. 组织基础
基督教的教育机构尤其是修道院学校以及中世纪城市的行会组织，为中世纪大学的产生奠定了组织基础，有的大学甚至就是从教会的主教学校和修道院学校发展而来的。

（二）中世纪大学的特征 【简答】：17辽宁，19海南，19湖南科技，21赣南，21海南

1. 性质上
中世纪大学是12世纪左右兴起的**自治的教授和学习中心**。一般由一名（或数名）在某一领域有声望的学者和他的追随者自行组织起来，形成类似于行会的团体进行教学和知识交易。

2. 教育目的
中世纪大学的基本目的是进行**职业训练**，培养社会所需的专业人才。

3. 领导体制
中世纪大学按领导体制可分为两种：**"学生"大学与"先生"大学**。前者由学生主管校务。教授的选聘、学费的数额、学期的期限和授课时数等均由学生决定；后者由教师掌管校务，学校诸事均由教师决定。

4. 学位制度
中世纪大学已有**学位制度**，学生修完大学课程，经考试合格，获得"硕士""博士"学位。

5. 课程设置
大学的课程开始并不固定，后趋向统一，应社会需求分文、法、神、医四科进行学习。

6. 教学方法
讲演和辩论。讲演包括宣读和解释权威性教材。辩论也都从书本出发，结论是现成的。辩论有利于训练学生的逻辑推理能力，但是脱离实际。

7. 组织上
中世纪大学是由教师和学生组合的团体，从最初形成就表现出**自治**的特点，学校内部事务由学校自行管理。中世纪大学具有一些自己的特权，比如大学师生免税、免服兵役、集体迁移的自由等等。

> **复习提示**
> 中世纪大学的创建代表了中世纪文明和教育发展的最高成就。

助记 >> 领导用课程和教学方法，达到在组织、性质上符合学位要求的目的

（三）中世纪大学的特权【简答】：19华东

1. 居住权。大学的师生们可以在大学所在地平安而不受干扰地居住。
2. 司法自治权。大学的成员不受城市普通司法体系的管辖。
3. 罢教权和迁徙权。如果大学师生与城市当局或教会发生矛盾，或者教学、学习活动受到干扰时，可以进行罢教；如果问题得不到满意的解决，大学可以迁校。
4. 颁发教学许可证的特权。教皇颁布的训令规定，巴黎城内任何学生通过学习考试合格后，都可以获得在他们系科担任教学工作的许可证，并且在其他地方也享有教学权利而无须考试和检查。
5. 免税、免役权。大学师生具有免税和免服兵役的权利，等等。

（四）中世纪大学的历史影响（意义）

第一，中世纪大学打破了教会对教育的垄断，促进了教育的普及。它一开始是世俗性教育团体，不受教会统治，使较多的人不受封建等级限制得到教育，符合当时新兴的市民阶级对世俗教育的要求。

第二，对于高等教育的发展具有重要意义。现代意义上的大学基本上都直接来源于欧洲中世纪大学，现代大学的一系列组织结构和制度原则都与中世纪大学有着直接的历史联系。

第三，中世纪大学还培养了一大批人才，促进了古希腊文化、古罗马文化、阿拉伯文化等多种科学文化的保存、交流和发展。

第四，局限性：当时教会势力过大，宗教色彩浓厚，大学教学受经院哲学的影响很深。

第三节 拜占庭和阿拉伯教育

（浙江师大大纲删除）

> 本节内容非重点，了解即可，考的可能性很小。
>
> 395年，罗马帝国分裂为东西两个独立国家。东部以君士坦丁堡为都城，为东罗马帝国，史称拜占庭帝国。西罗马帝国于476年灭亡后，拜占庭帝国又存在了近一千年，直到1453年灭于奥斯曼帝国。

一、拜占庭教育（了解）

（一）拜占庭的主要教育机构（了解）

1. 初等教育

招收6～12岁儿童，学习文法、算术和《荷马史诗》等，保持古希腊时代的传统。

2. 中等教育

主要是文法学校，学习文法和古典作品。

3. 高等教育机构

君士坦丁堡大学，帝国政府创办，培养国家高级官吏，教师是著名学者，领取国家俸禄并免税。学生修业5年，以"七艺"为基础课程。

4. 隐修院学校和座堂学校

培养神职人员，进行神学教育，学习基督教经典和世俗学科，如"七艺"、古代哲学文学著作、演讲术等。

（二）拜占庭教育的特点及历史影响（了解）

1. 特点
（1）拜占庭教育直接继承了古希腊和古罗马的文化教育遗产。
（2）存在着因世俗生活需要而得到发展的世俗教育体系。
（3）教会的文化教育体系与世俗的文化教育体系长期并存。

2. 历史影响
拜占庭教育起到了保存和传播古希腊和古罗马文化的作用。拜占庭教育对东欧、西欧、意大利文艺复兴、阿拉伯教育都产生了重大影响。

二、阿拉伯教育（了解）

（一）阿拉伯的主要教育机构（了解）

1. 昆它布
初级教育场所，通常是教师在家招收少量学生，教简单的读写，教学内容主要是《古兰经》、语法、诗歌、算术等，教学重背诵。

2. 宫廷学校和府邸教育
教育政治和宗教领袖的子女，或是贵族请教师来家中教育他们的孩子。

3. 学馆
学者在家讲学的地方。讲授内容较为高深，属中等程度教育，是私人讲学的一种重要形式。

4. 清真寺
既是宗教场所，同时也是重要的教育场所。既传授基本知识，也讲授高深知识，将宗教教育与知识传授结合起来。主要科目有学习礼拜、神学、哲学、史学、文学、法学、数学、天文学等。教学既有背诵，也有研究性的讨论。

5. 图书馆与大学
图书馆与大学既收藏图书，又培养学者，是特殊形式的高等教育机构。

（二）阿拉伯教育的特点及历史影响（了解）

1. 特点
（1）阿拉伯教育具有尊师重教、教育机会比较均等的特点。
（2）教学组织形式多样，神学与实用课程并存。
（3）多方筹集教育资金以保证发展教育的物质条件等。
（4）开明的文化教育政策。

2. 历史影响
阿拉伯人由于实施开明的文教政策，广泛吸取被占领地区各民族的文化教育遗产，在融合东、西方文明的基础上，形成了具有自己特点的伊斯兰文化教育体系。阿拉伯人在数学、天文学、医学、哲学和文学的学术研究和教育方面对西方世界产生了重要影响。他们保存的希腊典籍对西欧重新认识古希腊文化产生了重要影响。他们在文化教育上取得的辉煌成就对西欧中世纪教育的发展和文艺复兴做出了不可磨灭的贡献。

第四章　文艺复兴时期的教育

本章大纲考点及考频

第一节　人文主义教育家
一、弗吉里奥
二、维多里诺
三、伊拉斯谟
四、莫尔
五、蒙田
第二节　人文主义教育的特征、影响和贡献

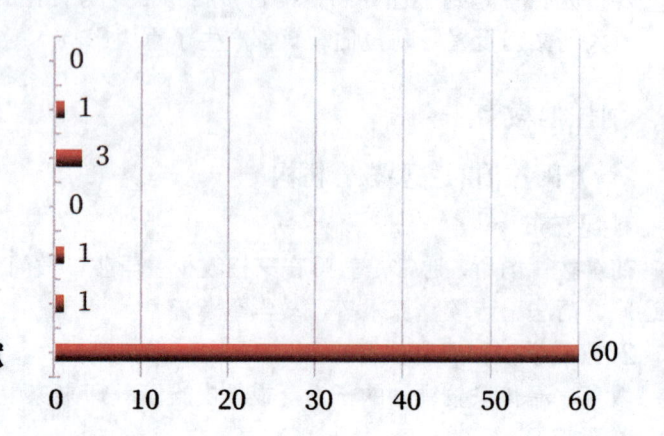

考点	考频
第一节	0
一、弗吉里奥	1
二、维多里诺	3
三、伊拉斯谟	0
四、莫尔	1
五、蒙田	1
第二节	60

本章思维导图

文艺复兴时期的教育
- 人文主义教育家
  - 弗吉里奥
  - 维多里诺
  - 伊拉斯谟
  - 莫尔
  - 蒙田
- 人文主义教育的特征、影响和贡献

本章参考书

【1】吴式颖、李明德主编：《外国教育史教程》（第三版），人民教育出版社，第八章
【2】张斌贤主编：《外国教育史》（第2版），教育科学出版社，第六章

第一节 人文主义教育家

一、弗吉里奥（浙江师大大纲删除）【简答】：14华东

弗吉里奥是**第一个**表达文艺复兴教育思想的人，并对昆体良《雄辩术原理》一书进行注释，引起了人们对昆体良教育经验的极大关注，发表《论绅士风度与自由学科》的论文，全面概括了人文主义教育的目的和方法。另外，他对"七艺"进行了修改，提升了"四艺"的学科地位。

弗吉里奥的主要观点：

（1）**在教育目的上**，主张对青年实施通才教育以培养身心全面发展的人。弗吉里奥给通才教育下过这样的定义：它是符合自由人的价值的教育，使受教育者获得品德与智慧的教育，能发展那些使人趋于高贵的身心的最高才能的教育。

（2）**在教育方法上**，他认为必须使所教内容适合学生的个人爱好和年龄特征。

（3）**在教育内容上**，他最推崇的三门科目是历史、伦理学（道德哲学）和雄辩术，认为这三门课程最能体现人文主义精神。

二、维多里诺

（一）"快乐之家"【名解】：12中南大学，16西北，19浙江

维多里诺是文艺复兴时期影响较大的人文主义教育家，在孟都亚创办了"快乐之家"宫廷学校，成为当时欧洲最好的宫廷学校和欧洲大陆人文学校的范例，被认为是人文主义学校的发源地。快乐之家学校环境优美，招收贵族子弟和部分天才贫苦学生，修业15年，培养身心和谐发展的人，即"受过良好教育的完全公民"。

（二）维多里诺的主要贡献

1. 倡导"自由教育"，培养全人

维多里诺接受了古希腊亚里士多德关于培养和谐发展的人的思想，认为教育的目的在于培养身心和谐发展的人。

2. 开设以古典语文为中心的内容十分广泛的人文主义课程

课程范围从初步的读写算、拉丁文、希腊文到传统的"七艺"、古代教义著作乃至骑士技艺。实现了古典文学、基督教和骑士教育理想三者的调和。这种由多方面文化构成的课程内容后来成为欧洲古典中学智力训练的基础。

3. 发展了新的教学方法体系

维多里诺强调尊重儿童的身心特征和个性差别，反对机械背诵，提倡启发学生的学习兴趣和主动性。

三、伊拉斯谟（浙江师大大纲删除）

伊拉斯谟是16世纪早期著名的人文主义学者和杰出的教育理论家。他与《乌托邦》的作者莫尔被认为是北方文艺复兴的典型代表，被称为"欧洲的导师"。他在教育方面的代表作主要是《基督教君主的教育》和《论童蒙的自由教育》。

伊拉斯谟所要培养的人的品质主要是虔敬、德行和智慧。获得虔敬、德行和智慧的必经之路就是学习古典文化，其中《旧约》和《新约》也是古典文化的重要组成部分。

时代背景

文艺复兴是欧洲新兴资产阶级在思想意识领域发动的一场反封建、反神学的人文主义新文化运动。文艺复兴时期的教育大致分为人文主义教育、新教教育、天主教教育三种类型。

人文主义者所提出的培养多才多艺、全面发展的"全人"的理想，对文艺复兴时期的教育变革产生了重要影响。

请回顾"自由教育"名词解释内容。

在他看来，文以载道，学文重要，学道更重要，最根本的目的是学古人之道以改造现实社会。他还特别重视教学方法问题，要求教师了解学生，因材施教。

四、莫尔（浙江师大大纲删除）【名解】：19 西北

莫尔是英国杰出的人文主义者，西方早期的空想社会主义者，代表作有《乌托邦》。他在《乌托邦》中提出了空想社会主义的教育思想。其主要观点如下：

1. 公共教育与学校教育

乌托邦实行公共教育制度，所有儿童不分男女都进学校接受教育。学校教育的内容极其广泛，包括德育、智育、体育等方面，培养德、智、体等方面全面发展的人。

2. 劳动教育

重视对儿童进行劳动教育，依据儿童的年龄和能力学习手工业和农业劳动技术，并且在劳动教育中注重劳动实践与理论的并行。

3. 成人教育与终身教育

教育不只限于儿童和青年时期，而是终生的。从这一点来看，莫尔可以说是成人教育和终身教育的倡导者。

五、蒙田（浙江师大大纲删除）【名解】：21 集美大学

蒙田是16世纪法国具有批判精神的人文主义思想文学家和教育家，其代表作为《论学究气》和《论儿童教育》蕴含着蒙田的教育观点。

第一，教育目的。 蒙田反对培养学究，要求**培养完全的绅士**。这种绅士具有渊博的、对生活有益的实用知识，具有良好的判断力，具有坚韧、勇敢、谦逊、爱国、忠君、服从真理、关心公益等品质，具有强壮的体魄。

第二，教育方法。 蒙田**提倡怀疑精神**，反对死记硬背，主张加强对知识的理解；反对强制压迫，主张自然发展；反对体罚，主张让教育充满兴趣和欢乐，使儿童的天性得以健康发展。

第三，教育内容。 蒙田反对空疏无用，**崇尚实际效用**。教师教的和学生学的应该是对实际生活有用的东西。

第四，语言学习。 他认为**本族语**是最有价值的。

第五，儿童学习。 要求儿童多**从生活和事实中学习**，多行动，多实践，这样获取的知识才最具实效。行动和实践是教育的重要手段，也是检验学生学习效果的尺度。

第六，教育教学。 他还认为没有一种完全适用于一切学生的教学方法，教师应掌握分寸，**因材施教**。

第二节 人文主义教育的特征、影响和贡献

【名解/简答/论述】：21河南，11西华，11重庆，12云南，14江苏，15闽南，16苏州，19华中，20佛山科学技术，21温州大学，10苏州，13东北，19海南，21江苏大学，21江西科技

一、人文主义教育的特征

【名解/简答/论述】：14、18湖南大学，10杭州，10西南，10、13山东，10、11、17天津，11渤海大学，11、20聊城大学，11华东，12、20鲁东大学，12华南，12、20南京，12、17重庆，13苏州，14沈阳，15延安大学，15西北，15湖北大学，16赣南，16哈尔滨，17陕西，17山西，17湖南，18天津大学，18华中，18四川，19吉林，19扬州，19内蒙古，19宁波大学，20江苏大学，20、21青海，20大理大学，20南京大学，21北京联合，11广西，16福建

（一）人本主义

人文主义教育在培养目标上注重个性发展，在教学方法上反对禁欲主义，尊重儿童天性，坚信教育可以重塑个人，可以改造自然和社会，这些都表现出人本主义内涵，人的力量、人的价值被充分肯定。

（二）古典主义

人文主义教育思想吸收了许多古人的见解，人文主义教育实践尤其是课程设置也具有古典性质，但这种古典主义绝非纯粹的"复古"，实则含有古为今用、托古改制的内涵，尽管它具有局限性，然而在当时却是进步的。

（三）世俗性

不论从教育目的还是从课程设置等方面看，人文主义教育充溢着浓厚的世俗精神，教育更关注今生而非来世，这是人文主义教育与中世纪教育的根本区别。

（四）宗教性

人文主义教育仍具有宗教性，几乎所有的人文主义教育家都信仰上帝，他们虽然抨击天主教会的弊端，但不反对宗教更不打算消灭宗教，他们希冀以世俗和人文精神改造中世纪陈腐专横的宗教性以造就一种更富世俗色彩和人性色彩的宗教性。

（五）贵族性

这是由文艺复兴运动的性质（并非大众运动）所决定的，人文主义教育的对象主要是上层子弟；教育的形式多为宫廷教育和家庭教育而非大众教育的形式；教育的目的主要是培养上层人物，如君主、侍臣、绅士等。

综上可见，人文主义教育具有两重性，进步性与落后性并存，尽管它有不足之处，但它涤荡了中世纪教育的阴霾，展露出新时代教育的灿烂曙光，开了欧洲近代教育之先河。

谐音助记 >> "贵人是重点"：贵族性、人本主义、世俗性、宗教性、古典主义

二、人文主义教育的影响和贡献

第一，教育内容发生变化。古希腊、古罗马时期的经典著作成为教学的主要内容，使美育和体育复兴并关注自然知识学习。

复习提示

文艺复兴运动是14世纪初期到17世纪中叶欧洲新兴资产阶级在意识形态领域里，向封建主义和基督教神学体系发动的一场伟大的文化革命运动，被复兴的是古希腊和古罗马古典知识的非基督教的世俗学科。

第二，教育职能发生变化。从训练、束缚自己服从上帝到使人更好地欣赏、创造和履行地位所赋予人的职责。

第三，教育价值观发生变化。重新发现人、确立人的地位，强调人性的高贵，复兴了古希腊的个人主义价值观。

第四，复兴了古典的教育理想。形成了全面和谐的完人的教育观念，从中世纪培养教士的目标转向文艺复兴培养绅士的目标。

第五，复兴了自由教育的传统。推崇理性，复兴古希腊的自由教育。

第六，兴起了自然主义教育思想。用自然取代《圣经》，按照人的天性生活，按照人的需求和本性设置课程，尊重受教育者的兴趣、爱好、欲望和天性，出现了直观、游戏、野外活动等新的教育方法。

第七，出现了新道德教育观。以原罪论为中心的道德教育开始解体。人道主义、乐观、积极向上、热爱自由、追求平等和合理的享乐等新的道德观在人文主义的学校中开始取代天主教会的道德观。尊重儿童，反对体罚，成为某些教育家的强烈要求。

第八，教育与劳动相结合及共产主义的教育思想。在某些空想社会主义教育思想中，**首次**提出教育与劳动相结合的思想以及成人教育的思想。

第九，建立了新型的人文主义教育机构。

第十，促进了大学的改造和发展。

第十一，教育理论不断丰富。

第十二，推动了教育世俗化的历史进程。

> **谐音助记 >>** 教育三变化三复兴，新道德观及新思想，建立教育机构促发展，教育理论世俗化

第五章　宗教改革时期的教育

（浙江师大大纲删除）

本章大纲考点及考频

第一节 新教的教育思想与实践
一、马丁·路德的教育思想
二、加尔文的教育思想
第二节 天主教教育

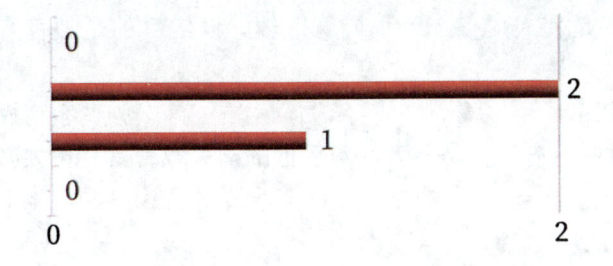

本章思维导图

宗教改革时期的教育
- 新教的教育思想与实践
  - 马丁·路德的教育思想
  - 加尔文的教育思想
- 天主教教育：耶稣会学校

本章参考书

【1】吴式颖、李明德主编：《外国教育史教程》（第三版），人民教育出版社，第八章

【2】张斌贤主编：《外国教育史》（第2版），教育科学出版社，第七章

第一节 新教的教育思想

一、马丁·路德的教育思想【简答/论述】：20湖州师范；19哈尔滨

宗教改革运动始于德国，发起者是威登堡大学的神学教授马丁·路德。路德从新教教会摧毁旧教教会、巩固自身地位的角度出发，非常重视教育，提出了对后来的教育影响甚大的教育主张：

第一，**提出普及义务教育及其目的**。强调教育具有宗教目的的同时也具有世俗目的。宗教目的是使人虔信上帝，灵魂得救。世俗目的是教育有利于国家的安全兴旺和人才培养。

第二，**提出国家在普及义务教育中的责任**。强调教育权由国家掌握而不是教会掌握，要求国家推行普及义务教育。对后世的国民教育具有重大影响。

第三，**要求建立包含初等、中等和高等教育的国家学校教育新体系**。

第四，**教育上除了进行《圣经》教育之外，还吸收了人文主义教育的方法和内容**。要求学习历史、音乐、体育等其他科目和古典学科。废除体罚，满足儿童求知和活动的兴趣，主张运用直观的方法。

马丁·路德的教育思想推动了新教教育的实践，促进了教育的国家化和近代西方普及义务教育的发展。

二、加尔文的教育思想【简答】：21华南

加尔文的教育主张主要表现在《基督教原理》《教会管理章程》《日内瓦初级学校计划书》等著述中。加尔文重视教育对个人生活、社会生活和宗教生活的意义。他的教育主张主要是：

第一，**普及初等义务教育，对贫苦儿童进行免费教育**；

第二，**国家应开办公立学校，实行免费教育，使所有儿童都能有机会受到教育**；

第三，**初等学校用国语教学，注重文法练习和学习使用算术等学科**；

第四，**学习基督教教义和日常生活所必需的知识技能**。

这种教育具有双重性，首先是为了促进宗教信仰，其次是为了世俗利益。作为一个人文主义者，他重视人文学科的价值。在中等教育方面，他注意将宗教科目与人文科目结合起来，还重视法语教学，在古典语言教学中注意克服形式主义倾向。在高等教育方面，1558年创办日内瓦学院，以培养传教士、神学家和教师为目的。

助记表格>>

	路德	加尔文
目的	与天主教争夺信徒，培养良好的臣民	确保良好政策的有效执行，维护教会安全，保证人的善性
教育与教会、世俗政权的关系	教育权由国家而不是教会掌控	国家和教会都对国民教育负有不可推卸的责任
教育规划（实践）	主张建立民族国家公共教育制度，实施强迫义务教育	实施义务、免费的国民初等教育

> **复习提示**
>
> 文艺复兴时期的教育分为人文主义教育、新教教育、天主教教育三种类型。宗教改革是欧洲基督教世俗化过程中出现的一场普遍性的历史运动，同时也是欧洲各国民族意识增强、要求摆脱罗马教廷控制的大规模社会政治运动。路德、加尔文倡导的强迫义务教育，推动了正在形成中的欧美民族国家开始关注普通民众的教育事业，并先后建立了近代早期的国民初等学校。

第二节 天主教教育

一、耶稣会学校

耶稣会是16世纪欧洲宗教改革运动兴起后，反对宗教改革运动的先锋和中坚，其首创者是西班牙人罗耀拉。耶稣会把办教育视为实现其宗教和政治目的的重要手段。

出于培养精英以成为未来统治阶层的考虑，耶稣会集中全力于中等和高等教育方面，而不重视初等教育。耶稣会设立的学校通称为学院，其中初级部5～6年，相当于中等教育和大学预科，学习拉丁语、希腊语等人文学科为主。高级部即哲学部和神学部属高等教育。

二、耶稣会学校的组织管理与教学方式

（一）教育目的

耶稣会把兴办教育视为实现其宗教和政治目的的重要手段，重视培养将来能够成为宗教和国家领袖人物的教育，主要教育活动集中在中等教育和高等教育方面。

（二）组织结构

耶稣会创办的学校统称为学院。每所学院均设校长和学监管理，下辖教授、教员、舍监、教导长、级长和学生。学院分为初级部和高级部。

（三）教育内容

初级部学习古典语言和文化；高级部又分为哲学部和神学部，学习《圣经》和经院哲学。

（四）组织管理

耶稣会学校的组织管理一切以《耶稣会章程》和《教学大全》这两个纲领性文件为标准和尺度。两个文件对教学内容和方法、教育管理人员的职责权限做了明确规定。这些规定具有法律的权威，对学校工作具有普遍的指导意义。

（五）师资水平

高水平的师资也是耶稣会学校取得成功的一个重要条件。耶稣会学校十分重视师资的培养和训练，教师均受过宗教、知识及教育教学方法三个方面的训练。

（六）教学方法

耶稣会学校的教学方法也富有成效。采用了寄宿制和全日制，学生依成绩分班，采取班级授课方式，教师在教学中采用讲授、阅读、写作、背诵、辩论、练习等多种方法，学校提倡温和纪律、爱的管理，强调师生间的亲密关系，很少使用体罚。

评价：耶稣会学校的规范运作为后世的教育实践提供了丰富经验。但是不管它的制度、方法多么完善，组织管理多么周密，师资水平多么高，这些都服从于一个目的——企图重建教皇和天主教会对欧洲的统治，这一目的是逆历史潮流的。

随着新教势力的不断壮大和天主教会危机的日益加深，罗马教廷于16世纪中叶开始采取措施来遏制宗教改革运动，史称"反宗教改革运动"。在1618～1648年的30年间爆发了一场大规模的国际性的宗教战争。最后，战争以妥协告终，欧洲各地的宗教状况基本形成定局。但教皇对30年战争的休战提出抗议，反对新、旧教议和，并利用耶稣会以地下活动的方式和外交手腕继续反对新教，竭力全面恢复天主教。

助记表格 >>

教育力量	人文主义教育	新教教育	天主教教育
不同点	贵族性（自身高级享受）	群众性和普及性	贵族性（重视上层社会子女教育）
相同点	宗教性、重视古典人文学科、取消体罚、世俗性增强		
三种教育力量的影响	（1）尽管宗教改革是人文主义引发的，但是宗教改革对近代教育转折的历史意义远远高于人文主义。宗教改革为西方教育近代化走向国家化、世俗化和普及化拉开了序幕。 （2）教育的总体发展发生重大变化，标志着世俗性近代教育从根本上取代了宗教性的中世纪教育，也标志着教育正向近代化迈进。		

本章高分拓展

一、意大利人文主义教育

意大利是欧洲文艺复兴的发源地，最初以复兴古罗马的文化为先导，继之以复兴古希腊的文化，并迅速影响到教育界。意大利人文主义教育的发展可分为两个时期，两个时期的教育发展状况不同，其产生和发展的状况与意大利人文主义运动的发展状况紧密相连，充分反映了当时意大利社会政治、宗教和文化等方面对教育的新要求。

（一）早期人文主义教育（14世纪初到15世纪末）

14世纪，意大利人文主义教育最初是通过文学艺术的表现形式间接表达的，如但丁的《神曲》、彼特拉克的《歌集》和薄伽丘的《十日谈》，都体现了人文主义教育思想的色彩。为其后的人文主义教育奠定了发展的框架与思路，具有浓厚的人文主义教育情结。

14世纪末期，古典学术在意大利得到了全面复兴，人们对古代文化有了更深刻和全面的认识，一些人文主义者在佛罗伦萨、威尼斯等城市都相继建立起宫廷学校。（最有名的是维多里诺"快乐之家"）

到15世纪时，欧洲文化的发展已经日益转向对古希腊和古罗马的研究，这种文化的转向迅速影响到教育领域，带来了文艺复兴时期人文主义教育事业的蓬勃发展和教育理论的新进展。

（二）后期人文主义教育（15世纪末到16世纪中期）

15世纪末16世纪初，意大利政局发生变化，共和制为君主制所取代，共和制、公民权等概念的意义在人们心目中日益淡薄。在教育上，由注重培养合格的公民转而注重培养理想的君主和朝臣，出现了许多关于培养君主和朝臣的教育论著。影响最大的是卡斯底格朗1528年出版的《宫廷人物》，详尽描述了当时社会所需要的完美朝臣和绅士的新形象，并论述了其教育内容和方法，体现了新人文主义的教育情怀。

二、北欧人文主义教育

北欧的文艺复兴运动是受意大利的影响而产生的，首先在尼德兰开始，人文主义教育也随之逐渐发展起来，其主要代表人物有尼德兰的伊拉斯谟、英国的莫尔等。

尼德兰的教育：比较发达，尤其是一个宗教团体"平民生活兄弟会"（格鲁特于1376年创立）所创办的教育。在文艺复兴运动的推动下，这一新宗教团体引进了在意大利学校受到称赞的人文学科课程，更重要的是创立了一套组织教学和学校管理的制度，这就使之与意大利独断独行的人文主义学校有了根本的不同。

助记表格>>

	文艺复兴时期意大利与北欧人文主义教育的异同			
	不同之处			相同之处
	教育性质	教育内容	培养目标	
意大利	注重个人全面发展，具有较强的世俗性	注重文学美育	强调培养城市公民	1. 注重对古典科目的学习与研究 2. 强调教育与社会的联系 3. 反对经院哲学，强调个性解放 4. 重视古典语言 5. 后期出现形式主义
北欧	注重社会道德的全面进步，具有较强的宗教性	注重宗教和道德教育	强调培养君主和朝臣	

第六章 欧美主要国家和日本的教育发展

本章大纲考点及考频

第一节 英国教育的发展 0
一、公学 15
二、贝尔—兰开斯特制 25
三、1870年《初等教育法》（福斯特法） 3
四、《巴尔福教育法》 3
五、《哈多报告》 0
六、《1944年教育法》 10
七、《1988年教育改革法》 5

第二节 法国教育的发展 0
一、启蒙运动时期的国民教育设想 1
二、《帝国大学令》与大学区制 3
三、《费里教育法》 8
四、《郎之万—瓦隆教育改革方案》 1
五、1959年《教育改革法》 0

第三节 德国教育的发展 0
一、初等国民教育的兴起 0
二、巴西多与泛爱学校 3
三、实科中学 9
四、柏林大学与现代大学制度的确立 8
五、德意志帝国与魏玛共和国时期的教育 0
六、《改组和统一公立普通学校教育的总纲计划》 0

第四节 俄国及苏联教育的发展 0
一、彼得一世教育改革 0
二、《国民学校章程》 0
三、苏联建国初期的教育管理体制改革 0
四、《统一劳动学校规程》 0
五、20世纪20年代的学制调整和教学改革实验 0
六、20世纪30年代教育的调整、巩固和发展 0

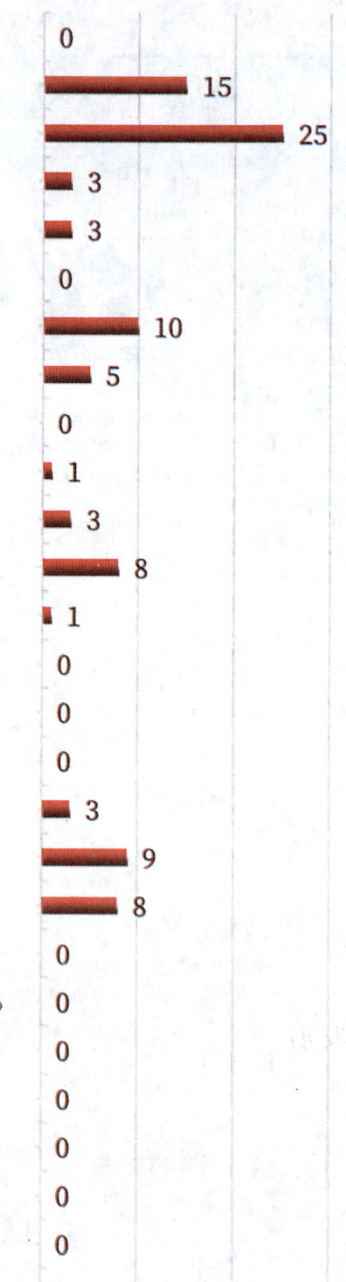

第五节 美国教育的发展

一、殖民地普及义务教育　0
二、贺拉斯·曼与公立学校运动　10
三、《莫里尔法》　19
四、"六三三"制　0
五、初级学院运动　3
六、《国防教育法》　50
七、《中小学教育法》　2
八、生计教育和"返回基础"教育运动　10
九、《国家在危机中：教育改革势在必行》　5

第六节 日本教育的发展

一、明治维新时期教育改革　9
二、军国主义教育体制的形成和发展　0
三、《教育基本法》和《学校教育法》　1
四、20世纪70—80年代的教育改革　0

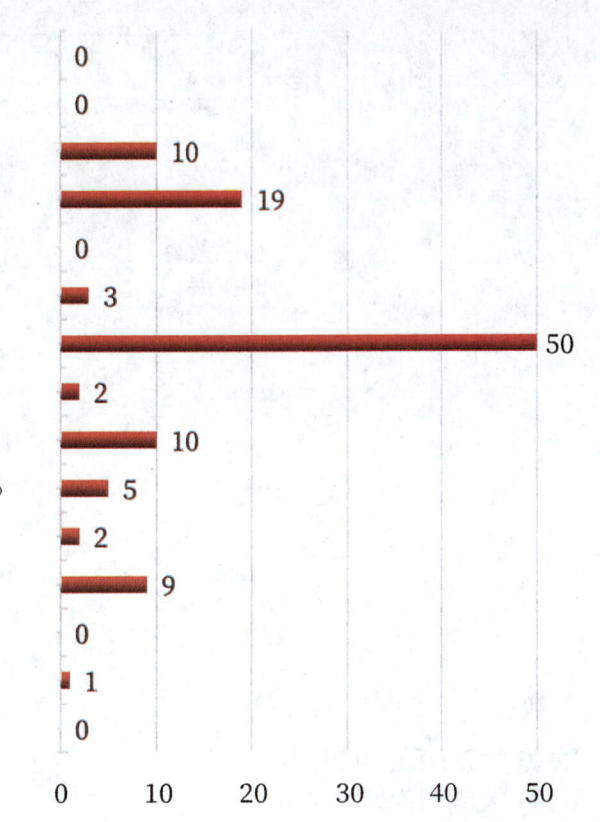

本章思维导图

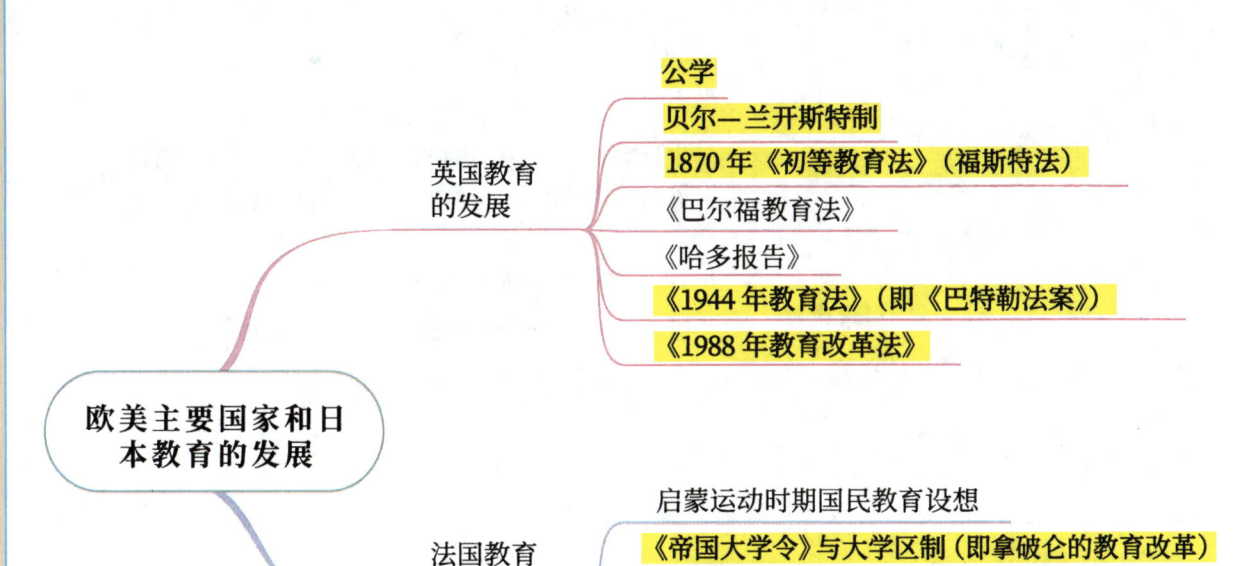

欧美主要国家和日本教育的发展

- 英国教育的发展
  - 公学
  - 贝尔—兰开斯特制
  - 1870年《初等教育法》（福斯特法）
  - 《巴尔福教育法》
  - 《哈多报告》
  - 《1944年教育法》（即《巴特勒法案》）
  - 《1988年教育改革法》

- 法国教育的发展
  - 启蒙运动时期国民教育设想
  - 《帝国大学令》与大学区制（即拿破仑的教育改革）
  - 《费里教育法》
  - 《郎之万——瓦隆教育改革方案》
  - 1959年《教育改革法》

本章思维导图

- **欧美主要国家和日本教育的发展**
  - 德国教育的发展
    - 国民教育的兴起
    - 巴西多与泛爱学校
    - 实科中学
    - 柏林大学与现代大学制度的确立
    - 德意志帝国与魏玛共和国时期的教育
    - 《改组和统一公立普通学校教育的总纲计划》
  - 俄国及苏联的教育发展
    - 彼得一世教育改革
    - 《国民学校章程》
    - 苏联建国初期的教育管理体制改革
    - 《统一学校劳动规程》
    - 20世纪20年代的学制调整和教学改革实验
    - 20世纪30年代教育的调整、巩固和发展
  - 美国教育的发展
    - 殖民地普及义务教育
    - 贺拉斯·曼与公立学校运动
    - 《莫里尔法》
    - "六三三"制
    - 初级学院运动
    - 《国防教育法》
    - 《中小学教育法》（20世纪60年代）
    - 生计教育和"返回基础"运动（20世纪70年代）
    - 《国家在危机中：教育改革势在必行》（20世纪80年代）
  - 日本教育的发展
    - 明治维新时期教育改革
    - 军国主义教育体制的形成和发展
    - 《教育基本法》和《学校教育法》
    - 20世纪70—80年代的教育改革

本章参考书

【1】吴式颖、李明德主编：《外国教育史教程》（第三版），人民教育出版社，第十、十五、二十、二十一、二十二章

【2】张斌贤主编：《外国教育史》（第2版），教育科学出版社，第八、九、十、十二、十三章

第一节 英国教育的发展

一、公学 【名解/辨析】：11陕西，12闽南，12浙江，16集美大学，17东北，17安徽，16、17西北，17江苏大学，17、18广西师范学院，21沈阳，20山东，20南京，21陕西

英国的公学是由**公众团体**集资兴办，以培养一般**公职人员**为教育目的，学生在公开场所接受教育的**私立教学机构**。公学的师资及设施设备条件好、收费高，是典型的**贵族学校**。

公学以升学教育为宗旨，注重**古典语言**的学习，也注重**体育和军事**训练，养成绅士风度。公学的教学质量较高，曾为英国培养了不少政治、经济领袖人才，因而总以天才教育相标榜，被称为**英国绅士的摇篮**。最为人称道的是伊顿、温彻斯特、圣保罗等**九大公学**。

> **关键词>>** 公学（中等教育）：由谁兴办、目的、性质、教学内容、教学质量、学校代表

二、贝尔—兰开斯特制 【名解】：10渤海大学，10、13辽宁，11杭州，11陕西，12北京，13山东，11、13、20福建，13内蒙古，14华东，14华南，15、19湖南科技，15、21西北，16延安大学，18海南，18广西师范学院，19浙江，20中央民族，20深圳大学，21南京，21青海

贝尔—兰开斯特制又称**导生制**，由英国传教士贝尔和兰开斯特所创。其目的是为了解决英国近代教育大发展背景下师资匮乏的问题。

基本方法是教师先在学生中选择一些年龄较大、学习成绩好的学生充任导生，教师先对导生进行教学，然后由他们去教其他学生。

采用这种教学方式，学生的数量可大大增加，在一定程度上缓解了教师奇缺的压力。因此，它一度受到人们的欢迎，在英国风行三十余年，并流传到法、德、美、瑞士等国家。但采用这种方法，不可避免地造成教育质量下降，因此，它最终被人们抛弃。

> **关键词>>** 贝尔—兰开斯特制又称导生制（初等）：谁创立、目的、方法、影响、局限

三、1870年《初等教育法》（《福斯特教育法》） 【名解/简答】：11东北，20河南，18湖南

1870年，英国政府颁布了《初等教育法》又称《福斯特教育法》，这是关于推行普及义务教育的法案。核心精神是建立英国公共初等教育制度和由地方教育委员会负责的教育督导制度。

法案主要内容：
第一，**国家对教育有补助权和监督权；**
第二，**将全国划分为数千个学区，设学校委员会管理地方教育；**
第三，**对5～12岁儿童实施强迫初等教育；**
第四，**在缺少学校的地区设公立学校，每周学费不超过9便士，民办学校学费数额不受限制；**

时代背景

文艺复兴和宗教改革运动以后，人文主义思想获得传播，自然科学中一系列重大的发明和发现、社会生产力的提高，都使得欧洲人的思想观念进一步贴近现实，并引发对传统观念的进一步挑战，加快了新思想的流行，西欧启蒙运动随之兴起。通过17世纪的英国革命、18世纪的工业革命、美国独立战争与建国和法国大革命，使资产阶级在世界历史舞台上的地位最终得以确立。本节主要介绍的是英国17～20世纪比较重要的教育管理体制及相关法案。

真题回顾

2020年南京师范大学辨析题：英国的"公学"是一种公立学校。

2020年山东师范大学辨析题：公学就是公立学校。

第五，学校中世俗科目与宗教科目分离。

意义：《初等教育法》是英国第一个关于初等教育的法案，其中最有意义的是强迫初等教育，标志着国民初等教育制度的正式形成。到1900年，英国基本上普及了初等教育。

四、《巴尔福教育法》（浙江师大大纲删除）【名解】：14福建，21辽宁，21佛山科学技术学院

1902年，英国政府颁布了《巴尔福教育法》，法令的主要内容如下：

第一，设立地方教育当局管理教育，以负责当地小学的物资供应和教学监督，代替原来的地方教育委员会；

第二，规定地方教育当局的主要职责是保证满足初等教育的要求，享有设立公立中等学校的权利，并为中等学校和师范学校提供资金；

第三，地方教育局负责支付教师的工资，也具有否决学校管理委员会选择的不合格的校长和教师的权力。

第四，地方教育当局还应负责对私立学校和教会学校提供资助，并对其进行一定的控制。

评价：

第一，《巴尔福法案》是20世纪英国的第一个重要的教育法案，该法案奠定了英国教育领导体制的基本形式，即议会、国家教育委员会和地方教育局相结合的教育领导体制。

第二，《巴尔福教育法》的颁布促成了英国政府教育委员会和地方教育当局的结合，形成了以地方教育当局为主体的英国教育行政管理体制。

第三，该法案第一次强调初等教育和中等教育的衔接，并把中等教育纳入地方管理，结束了英国教育长期的混乱状态，为建立国家公共教育制度奠定了基础。

五、《哈多报告》（浙江师大大纲删除）

1924年，提出"人人有权受中等教育"口号的工党政府任命哈多为主席，负责对英国的全日制小学后教育进行调查研究，1926～1933年提出了三次《关于青少年教育的报告》，也称《哈多报告》。其中影响最大的是1926年的报告，报告内容如下：

第一，小学教育应当重新称为初等教育。儿童在11岁以前所受到的教育为初等教育，5～8岁入幼儿学校，8～11岁入初级小学。

第二，儿童在11岁以后所受到的各种形式的教育均称为中等教育。中等教育阶段设立四种类型的学校：以学术性课程为主的文法学校、具有实科性质的选择性现代中学、相当于职业中学的非选择性现代中学、略高于初等教育水平的公立小学高级班或高级小学。

第三，为了使每个儿童进入最合适的学校，应当在11岁时进行选择性考试。同时规定，义务教育的最高年龄为15岁。

《哈多报告》的中心是强调：教育应当是一个连续的过程，可以分为前后两个阶段，即小学阶段和中学阶段。在这一过程中，11岁是一个关键年龄期。儿童完成初等教育，通过11岁考试，分别进入不同类型的学校，以适应儿童的不同能力和需要，同时减少中小学教育的阶级分野。

评价：

第一，《哈多报告》第一次从国家角度阐明了中等教育面向全体儿童的教育思想。

第二，从儿童心理发展特点的角度，明确提出了初等教育后的教育分流的主张，以

满足不同阶层人们的需要。

第三，报告反映的是通过一次性考试，把中等教育分为两部分，即传统的文法学校和各种形式的现代中学，反映了英国教育传统双轨制对改革的影响。

六、《1944年教育法》（《巴特勒法案》）【名解/简答】：10首都，12渤海大学，18南通大学，20西北，20青海，21佳木斯大学，15山东，16杭州，20湖南，21浙江海洋

为了进一步改革英国教育制度。1944年，英国政府通过了以巴特勒为主席的教育委员会提出的教育改革法案，即《1944年教育法》，又称《巴特勒法案》。法案的基本内容如下：

第一，加强国家对教育的控制和领导。设立教育部，统一领导全国的教育。同时，设立中央教育咨询委员会，负责向教育部部长提供咨询和建议。

第二，加强地方教育行政管理权限，设立由初等教育、中等教育和继续教育组成的公共教育系统。

第三，实施5～15岁的义务教育。父母有保证子女接受义务教育和在册学生正常上学的职责。地方教育当局应向义务教育超龄者提供全日制教育和业余教育。

第四，法案还提出了宗教教育、师范教育和高等教育改革等要求。

评价：

第一，《1944年教育法》结束了第二次世界大战前英国教育制度发展不平衡的状况，形成了初等教育、中等教育和继续教育相互衔接的国民教育制度。

第二，英国教育形成了中央和地方教育行政相结合、以地方为主的教育管理体制，并建立了初等、中等和继续教育相互衔接的学校制度，促进了英国现代教育的进一步发展。

七、《1988年教育改革法》（浙江师大大纲删除）【名解/简答/论述】：10天津，14东北，21湖南，12渤海大学，21山西大学

1988年，英国颁布的重要教育改革法案，该法案对英国教育体制全面进行改革，主要内容涉及普通中小学教育的改革问题，也涉及高等教育、职业技术教育、教育管理、教育经费等多方面的内容。其主要内容如下。

第一，规定在全国实施统一课程，确定在5～16岁的义务教育阶段开设三类课程：核心课程、基础课程和附加课程。

第二，建立与课程相联系的考试制度，规定在义务教育阶段，学生要参加四次全国性考试，分别在7、11、14、16岁时举行，作为对学生进行甄别和评估的主要依据。

第三，改革学校管理体制，实施"摆脱选择"政策。所有中小学可以摆脱地方教育当局的控制，直接接受中央教育机构的指导；赋予学生家长为子女自由选择学校的权利。

第四，建立一种新型的城市技术学校。这类学校开设基础课程和有关企业实用的课程，采取校内教学与到企业中实践相结合的途径，培养企业急需的精通技术的中等人才。

第五，废除高等教育的"双重制"。多科技术学院和其他学院将脱离地方教育当局的管辖，成为独立机构，取得和大学同等的法人地位。中央政府加强对高等教育的控制。

评价：《1988年教育改革法》被看作自《1944年教育法》以来，英国教育史上又一里程碑式的教育改革法案。这次改革强化了中央集权式的教育管理，对过去从来没有做过统一规定的课程、考试等问题开始进行全国划一管理，这对英国未来教育的发展产生不可忽视的影响。

复习提示

第二次世界大战之前，英国形成了文法中学、现代中学和技术中学三种类型的学校。人人受中等教育的观念已经为社会所接受。但英国的教育仍存在很多问题。1944年英国政府提出教育改革方案。

核心课程和基础课程合称为"国家课程"。核心课程包括英语、数学和科学。基础课程包括现代外语、技术、历史、地理、美术、音乐和体育。附加课程包括古典文学、家政、经营学、保健知识等。

第二节 法国教育的发展

一、启蒙运动时期的国民教育设想（了解）

启蒙运动时期，法国出现了诸多思想家，基于平等、自由等启蒙精神，提出了新的教育观念，对国民教育进行了设想。主要代表人物有爱尔维修、狄德罗和拉夏洛泰等人。

1. 爱尔维修 【名解】：14湖南大学

爱尔维修追求教育民主化，表达了人人智力天生平等的观点。他提出了**教育万能论**，把个人的成长归因于教育和环境，通过教育可以改变社会制度，解放思想，造就人才。教育万能论否定了遗传因素的作用，陷入了唯心主义的社会历史观。爱尔维修的另一个重要思想是国民教育思想，主张由国家创办世俗教育，教育应该摆脱教会的影响。同时，他强调科学知识的传授。

2. 狄德罗

狄德罗是启蒙运动和百科全书派的领袖人物。他认为人与人之间存在的大脑和感官结构上的某种差异，决定了智力发展水平上的某些不同，因此，他否定了爱尔维修的"教育万能论"，但是**肯定了教育**在人的发展过程中的重大作用。狄德罗提出了国民教育思想，认为应该剥夺教会的教育管理权力，教育应该由国家管理，国家应该推行强迫义务教育，强调科学知识的学习和科学方法的应用。

3. 拉夏洛泰

拉夏洛泰的主要著作是《论国民教育》，该书系统论述了国家办学的思想，对法国和西欧各国世俗公共教育制度的建立产生了很大影响。他强烈批判教会教育，从知识和教育的巨大作用角度说明了国家办教育的必要性。他认为，法国国民教育的目的应该是培养良好的法国公民，教育应该首先考虑的是国家。

助记表格>>

思想家	主要思想
爱尔维修	教育民主化、教育万能论；国民教育思想，世俗教育
狄德罗	肯定教育作用，但否定教育万能论；国民教育，义务教育，强调科学知识应用
拉夏洛泰	国家办学、国民教育

二、《帝国大学令》与大学区制 【名解/辨析】：16山东，17福建 18山东

1806年，法兰西第一帝国时期，为牢固掌握教育管理权，拿破仑颁布了《帝国大学令》。法令规定：

第一，以帝国大学的名义建立专门负责整个帝国公共教育管理事务的团体，设立帝国大学是法国政府管理全国教育的机构；

第二，帝国大学总监为最高教育管理长官，具体负责学校的开办、取缔、教职员任免等事宜；

时代背景

自中世纪中期起，法国一直是欧洲大陆上强大的封建专制国家。在宗教改革的风潮中，一些罗马天主教徒借此得到了较多的保护，在法国保持强大的势力；资本主义的发展也因此受到更多的压制，资产阶级革命迟于英国一百多年才发生。然而，也正因为专制势力的强大压迫，法国的资产阶级和农民、市民才得以站在一起形成"第三等级"，进行了比英国更为彻底的革命；18世纪的法国思想界也因此产生了影响整个欧美历史的启蒙运动，出现了卢梭、爱尔维修、拉夏洛泰这样一批在思想界革故鼎新的人物。

第三，帝国大学下设 30 人组成的评议会，协助总监管理全国的教育事务；

第四，全国共划分为 27 个大学区，每一个大学区设总长 1 人，由 10 人组成的学区评议会；

第五，开办任何学校教育机构都必须得到国家的批准，一切公立学校的教师都是国家的官吏。

这种大学区制的主要特点是：教育管理权力高度集中；全国实施学区化管理；学校机构必须有国家的统一批准；一切公立学校的教师都是国家的官吏。拿破仑建立的中央集权教育领导体制，对法国国民教育的发展具有深远影响。

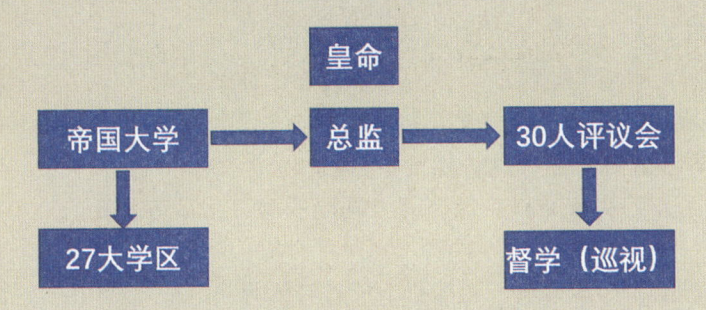

大学区制示意图

三、《费里教育法》（浙江师大大纲删除）【名解/简答】：13、14、15 渤海大学，15 河南，15 淮北，19 山东，20 山西大学，20 杭州

1881 年和 1882 年先后颁布的《第一费里法案》和《第二费里法案》，不但确立了国民教育**义务、免费、世俗化**三大原则，而且把这些原则的贯彻实施予以具体化：

第一，**义务：** 6～13 岁为法定义务教育阶段，接受家庭教育的儿童须自第三年起每年到学校接受一次考试检查，对不送儿童入校学习的家长则予以罚款；

第二，**免费：** 免除公立幼儿园及初等学校的学杂费，免除师范学校的学费、膳食与住宿费用；

第三，**世俗化：** 废除赋予教会监督学校及牧师担任教师的特权，取消公立学校的宗教课，改设道德与公民教育课。

《费里法案》的颁布与实施为这一时期初等教育的发展提供了必要的法律保障，指明了进一步努力的方向，标志着法国初等教育步入一个新的历史发展阶段。

四、《郎之万—瓦隆教育改革方案》（浙江师大大纲删除）【论述】：17 华东

1947 年，以法国著名物理学家郎之万和著名儿童心理学家瓦隆为主席的教育改革委员会提交了《教育改革方案》（以下简称《方案》）。该《方案》批评了法国教育的弊端，对各级各类学校的组织和制度以及教育的内容和方法，提出了具体的改革意见。

（一）《方案》提出了第二次世界大战后法国教育改革的六条原则

第一，社会公正原则。即男女儿童和青年无论家庭和社会地位、种族出身如何，都有接受适合自身才能的教育的平等权利。

第二，工作和学科价值平等；

第三，人人都有接受完备教育的权利；

本章高分拓展补充了雷佩尔提计划。

第四，在加强专门教育的同时，适当注意普通教育；

第五，各级教育实行免费；

第六，加强师资培养，提高教师地位。

（二）在上述原则的指导下，实施6～18岁学生的免费义务教育。 这种教育具体划分为三个阶段：

第一阶段为基础教育阶段（6～11岁），是幼儿教育的继续。

第二阶段是方向指导阶段（12～15岁），教师根据对学生的系统观察，对其发展方向予以指导。

第三阶段为决定阶段（16～18岁）。在四年方向指导性的中等教育阶段之后，学生分别进入三种不同类型的学校学习，即学术型学校、技术型学校、艺徒制学校。

《方案》还对高等教育进行了设计。在义务教育第三阶段之后，在学术型学校结业的学生可进入一年制大学预科接受教育，然后进入高等学校学习。

评价： 由于第二次世界大战后初期的历史条件，郎之万-瓦隆的教育改革方案并未付诸实施。但在它的影响下，法国开始大力扩充初等教育，同时把较好的初等学校升格为中学，极大地促进了中等教育的普及，基本实现了初等和中等教育的衔接。

五、1959年《教育改革法》（浙江师大大纲删除）

1959年1月，法国戴高乐政府为实现法国教育与其他几个资本主义强国同步发展的目标，颁布了《教育改革法》。义务教育年限由战前的6～14岁延长到16岁，并规定到1969年完全实现这一目标。具体实施过程如下：

（1）6～11岁为初等教育，所有儿童都应接受同样的初等教育。

（2）11～13岁为中等教育的第一阶段，即两年的观察期教育，除个别被确定不适于接受中等教育的儿童外，其余儿童都可进入中等教育的第一阶段。

（3）13～16岁为中等教育的第二阶段，这个阶段分为四种类型，即短期职业型、长期职业型、短期普通型、长期普通型。短期型为三年制，长期型为四年和五年制。长期普通型中等教育实际上是为大学做准备的教育，在国立中学上实施。

此方案由于实施效果不佳，法国在60年代初期普及中等教育的理想并没有得到实现。

第三节 德国教育的发展

一、初等国民教育的兴起（浙江师大大纲删除）

德国是较早将教育权从教会转移到世俗政权的国家。

早在16世纪后半期，威登堡、萨克森等邦国颁布强迫教育法令要求进行义务教育。

1763年普鲁士王腓特烈二世颁布《普通学校章程》，规定5～12岁的儿童必须到学校接受教育，否则对家长罚金。1787年，普鲁士成立高级学校委员会，管理中等和高等学校。1794年，普鲁士《民法》规定，学校事务最终决定权在政府手中。这些法令规定了国家强迫义务教育的各方面具体要求和措施，为德国免费初等义务教育的发展奠定了基础。

进入19世纪后，德国初等教育发展加速，19世纪末德国初等教育入学率达到100%，在初等教育发展方面，德国走在欧美国家的前列。

二、巴西多与泛爱学校【名解】：15、18浙江，21北京联合

泛爱学校是受卢梭和夸美纽斯教育思想影响而出现的新式学校，是自然主义教育思想在德国的实践，是德国资产阶级反封建的启蒙教育运动。泛爱学校的创始人是巴西多。

第一，教育的最高目的是增进人类的现世幸福，培养掌握实际知识、具有泛爱思想、健康、乐观的人，主张热爱儿童，让儿童自由发展。

第二，教育内容是德育、体育、劳动教育，重视现代语和自然科学知识，注重实物教学，反对经院主义、古典主义教育，禁绝体罚。

第三，教育方法上，泛爱学校强调适应自然的教育原则和让儿童主动地学习的教学方式，提出培养博爱、节制、勤劳等美德，注重实用性和儿童兴趣，寓教育于游戏之中。

巴西多的泛爱学校传播资产阶级进步的人文主义教育思想，起到了反对封建教育的作用，但泛爱运动所形成的教育思想过于注重儿童的自由而受到了后来赫尔巴特等人的批评。

三、**实科中学**【名解/辨析/简答】：10陕西，16浙江，16赣南，17华东，18湖南，，21深圳大学，18南京，19哈尔滨，19温州大学

简介：18世纪初，由于工商业的发展和城市生活的需要，实科中学在德国出现。1708年，席姆勒在哈勒创办了"数学、力学和经济学实科中学"。它是欧洲最早的实科中学之一。

性质：实科中学是一种既具有普通教育性质，又具有职业教育性质的新型学校。它排除课程内容的纯古典主义的倾向，注重自然科学和实科知识的学习，适应德国资本主义经济逐渐发展起来的需要。但是，实科中学的社会地位比文科中学低得多，学生不能升入大学，大都只能进入职业领域。

评价：实科中学兼具普通教育和职业教育的双重性质，能够直接反映经济生产和科技革命给教育带来的影响，更接近社会生活和生产发展的实际需要，具有更鲜明的现代中等学校的性质。实科学校具有更大的开放性，有利于推动教育的普及和推广。进入19世纪之后，实科中学已经成为德国中等教育的重要类型。

四、**柏林大学与现代大学制度的确立**【辨析/简答/论述】：21重庆，12渤海大学，14淮北，17、18山西大学，17河北大学，19山东，21华中

19世纪，德国高等教育实践所产生的世界影响与1810年洪堡柏林大学的创办紧密相连。在洪堡看来，大学的真正使命在于提高学术研究水平，为国家长远的发展开拓更广阔的前景。为实现这一理想，柏林大学着意在以下方面体现自己的特色：

（1）**办学自由：**柏林大学拥有充分的办学自主权，教师与学生享有充分的自由，即"教学自由"和"学习自由"。

（2）**聘请名师：**聘请一批学术造诣深厚、教学艺术精湛的教授到校任教，切实提高柏林大学的教学质量和学术声望。

（3）**科研能力：**重视柏林大学的学术研究与培养学生的研究能力。在哲学院、法学院、神学院与医学院等大兴学术研究之风。

巴西多编著包括多种基础科学知识的《初级读本》，该书附有100幅插图，被誉为18世纪的《世界图解》，教育史上第二本有插图的教科书。

17-18世纪德国中等学校的主要类型是文科中学，文科中学既保持了古典传统，更把升学预备教育和培养中上层职业者作为重要任务。进入19世纪之后，实科中学已经成为德国中等教育的重要类型。

复习提示

自从柏林大学创办开始，大学进入一个崭新的发展时期。柏林大学不仅是德国新大学的代表，也是现代大学之母。强调科学研究是大学的主要职能，大学因此成为探索和创造知识的机构。

(4) 教学方法： 以"习明纳尔"（seminar）为主，学生以教授为中心，组建研究室，从事教授提出的种种问题的研究。

柏林大学的改革不仅对当时的教育改革，而且对同时代及其后来的教育家均产生过一定的影响；不仅对德国大学的现代化，而且对欧美其他国家大学的现代化产生了重要影响，我国蔡元培对北大的改革也受其影响。

五、德意志帝国与魏玛共和国时期的教育（浙江师大大纲删除）

（一）德意志帝国时期的教育

德意志帝国时期形成了三轨学制，在此制度下产生了三种学校：一是为劳动人民设立的国民学校；二是为中层阶级设立的中间学校；三是为上层阶级设立的文科中学。德意志帝国时期在中等教育中出现了古典教育与现代教育之争，并因此在1892年对中等教育进行了改革，减少古典学科，增加现代语言和自然科学课程。根据此次改革，德国增设了实科中学和文实中学，前者注重自然科学和数学，后者注重现代外国语，从而确立了德国的三种中学：文法中学、实科中学和文实中学并存的局面。

（二）魏玛共和国时期的教育

魏玛共和国时期通过《魏玛宪法》规定了共和国教育发展的指导思想，反映了"一战"后德国民主化的要求。该宪法主张建立公立学校系统，废除双轨制，建立统一的四年制初等学校，提供免费的义务教育。因此，魏玛时期的教育改革对德国现代教育有巨大的促进作用，但其中也有着强烈的民族主义和国家主义的倾向。

六、《改组和统一公立普通学校教育的总纲计划》（浙江师大大纲删除）

1959年，德国教育委员会公布《改组和统一公立普通学校教育的总纲计划》（以下简称《总纲计划》）。《总纲计划》主要探讨如何改进普通初等和中等教育等问题。

第一，在初等教育阶段，建议所有儿童均接受四年制的基础学校教育，然后再接受两年促进阶段的教育。

第二，在中等教育阶段，建议设置三种中学：主要学校、实科学校和高级中学，分别培养不同层次的人才。

《总纲计划》提出的学校教育结构既保留了德国传统的等级性特征，又适应了"二战"后联邦德国社会劳动分工对学校培养人才规格和档次的不同要求，这种学校系统对激发儿童个性才能的发展也有一定的积极作用。

· 第四节 俄国及苏联教育的发展 ·

（了解）

一、彼得一世教育改革（浙江师大大纲删除）

沙皇彼得一世改革积极向西欧学习，引进先进科学技术，模仿法国和德国的教育制度，把发展文化教育作为富国强兵的重要手段。彼得大帝为了加强中央集权，在教育方

> **复习提示**
> 习明纳也意译为讨论课或讨论班。第斯多惠论教育，在本章高分拓展中有补充。

> 乌申斯基论教育在本章高分拓展中有补充。

面进行了变革：

第一，创办实科学校，特别是有关军事技术的专门学校，如炮兵学校、数学和航海学校及外国语学校等；

第二，改善初等教育，他下令开办俄语学校、计算学校；

第三，创办科学院，科学院分为数学研究、自然研究、文科研究三大部分，并附设大学和预备中学，以肩负科研和教学的双重职能

彼得大帝去世后，许多实科学校、计算学校停办，科学院和大学的经费不足，未能持续。

二、《国民学校章程》（浙江师大大纲删除）

1786年，叶卡捷琳娜二世上台开始教育改革，颁布了《俄罗斯帝国国民学校章程》，法令规定：

第一，各地设立国民学校，由当地政府领导，聘请校长进行管理。经费由当地政府、贵族、商人共同承担，奠定了俄国民教育的基础。

第二，在县设立两年制的免费初级国民学校；在省城设置五年制的免费中心国民学校，并对课程等做了详细规定。

第三，对师生的品德、教学乃至日常生活及宗教信仰提出了严格要求。

这是俄国史上发布**最早**的有关国民教育制度的正式法令，这一章程**标志**着俄国教育制度化和法制化的开端。由于该法令的实施，初等、中等教育被忽视和外省缺乏学校教育的情况有所改变，从而对俄国近代教育发展，特别是国民教育制度的建立起到了一定的作用。但该章程并没有涉及农村地区的教育。

三、苏联建国初期的教育管理体制改革（浙江师大大纲删除）

"十月革命"胜利后，苏维埃政府对旧的教育进行了根本性的改革。改革的重点是废除旧的教育制度，改变学校的性质，确立无产阶级政党对教育事业的领导地位。

苏联政府一方面建立了教育人民委员会和国家教育委员会，作为全俄教育的领导机构，阐明了教育工作的总方针和基本原则。实施免费、普及的义务教育，清除了教会对学校的影响。另一方面废除了旧的国民教育管理制度，撤销学区制、学堂管理处和视察处等机构。

共和国国民教育总的领导由国家教育委员会承担，各地方教育由省、县、乡的工农兵代表苏维埃执行委员会所属的国民教育局负责。这克服了革命前学校管理方面的分散和混乱现象，保证了学校领导的统一性，成功地拟定出建立新的社会主义教育体制的总的原则。

四、《统一劳动学校规程》（了解）

1918年，国家教育委员会制定了《统一劳动学校规程》和《统一劳动学校基本原则》（又称《统一劳动宣言》）。旨在建立一种各阶层居民都能入学的统一劳动学校，以完成普遍教育的任务。

统一劳动学校分为两个阶段：第一级学校招收8—13岁的儿童，学习期限5年；第二级学校招收13—17岁的少年和青年，学习期限4年。两级学校均是免费的，并且是相互衔接的。

"统一"原则表现为学校类型是统一的，低、高两级是互相衔接的，没有等级性。"劳

动"原则表现为学校是进行综合技术劳动教育的，所有儿童都要参加体力劳动，劳动是学生认识世界的途径。

这也是苏联教育史上第一个重要的教育立法，世界教育史上第一次贯彻了非宗教的、真正民主的、社会主义的教育原则。

五、20世纪20年代的学制调整和教学改革实验（了解）

（一）学制调整

将原有的统一劳动学校制度变成了四年制小学、七年制学校、九年制学校和中等技术学校，增加学制的灵活性，促进了各行各业人才的培养，满足了日益发展的经济建设的需要。

（二）综合教学大纲

1921～1925年国家学术委员会的科学教育组编制并正式公布了《国家学术委员会教学大纲》（通称为综合教学大纲）。

第一，这个大纲完全取消学科界限，将指定要学生学习的全部知识，按自然、劳动和社会三个方面的综合形式来排列，而以劳动为中心。

第二，改变了教学方法，开始采用所谓劳动教学法，即在自然环境中，在劳动和其他活动中进行教学。主张废除教科书，广泛推行"工作手册""活页课本"和"杂志课本"等。

第三，在教学的组织形式上，主张取消班级授课制而代之以分组实验室制（即道尔顿制）和设计教学等。

优点： 综合教学大纲力图通过单元教学形式，把学校的教学工作同现实生活紧密联系起来，彻底克服旧学校教学与生活完全脱离的缺点，并加强各门学科之间的联系，培养儿童自己掌握知识的能力和自觉的劳动态度。

缺点： 综合教学大纲实际上破坏了各门学科之间的内在逻辑，曲解了教学活动与现实生活之间的联系，因而削弱了学校中系统的基础理论知识的学习和基本的读写算能力的训练。综合教学大纲虽未普遍实行，但是对苏联学校的教学工作产生了影响。

六、20世纪30年代教育的调整、巩固和发展（了解）

1931年，苏联政府颁布了《关于小学和中学的决定》（以下简称《决定》）。《决定》对学校的基本任务、教学方法、干部、中小学的物质基础以及学校管理等方面提出了明确的要求和具体的改进措施，强调系统知识和传统的教学方法。

《决定》对克服苏联普通学校工作中存在的缺点，进一步改进学校教学、教育工作，提高教学质量，使之更加适合于社会主义建设的需要具有极其重要的意义，改变了学生与教师醉心于参加工人和集体农民的一般劳动，而忽视学校教学工作的错误倾向。但是，在实际执行这一《决定》的过程中，过分强调对学生的知识教育，结果导致学校工作走上了另一极端，即忽视学生的劳动教育。

第五节 美国教育的发展

一、殖民地普及义务教育（文实中学）（浙江师大大纲删除）

1751年富兰克林在费城创办了美国第一所文实中学。文实中学是私立收费的学校，规模较小，包含文、实两科，文科侧重于英语及现代外语的教学，实科侧重于算术、代数、几何、天文、地理等自然科学以及应用科学的教学。文实中学还兼培训小学教师，并招收女生，兼顾了古典教育与实际教育、升学与就业，因而被许多人效仿。文实中学扩大了中等教育机会，促进中等教育从古典向现代发展。

关键词>> 文实中学：文科（英语及现代外语）+ 实科（自然科学及应用科学）

二、贺拉斯·曼与公立学校运动

（一）贺拉斯·曼 【论述】：14 山西大学，12、13 西北

贺拉斯·曼 【名解】：14 渤海大学

贺拉斯·曼是19世纪美国著名的教育家，1827—1837年任马萨诸塞州州议会众议员、参议员、议长。在12年任期内，他热心公立教育运动的开展，创建了州教育管理体制，在推动美国公立学校发展上做出了重要贡献，以及在师范教育、普及教育思想领域所进行的卓有成效的探索，他被誉为美国公立学校之父。

1. 教育作用

（1）实施普及教育是共和政府存在的保证

为把来自不同国家、不同文化背景的移民培养成为美利坚合众国的公民，必须实施普及教育，将他们置身于公立学校这一大熔炉之中。

（2）教育是维持社会安定的重要工具

教育可以减少罪恶，可以减少社会遭受不良行为的损害。

（3）教育还是人民摆脱贫穷的重要手段

教育是消除贫穷的最佳手段。如果能平等地传播教育，财产就会随之而来，一批有智慧、有实际经验的人不会贫穷。

2. 教育目的

贺拉斯·曼提出教育目的在于培养社会需要的各类专业工作者。他把教育比喻为一部庞大的机器，依靠这种机器，可以把人性中的原材料加工成发明家、发现家等各工作者。

3. 教育内容

贺拉斯·曼认为完整的教育内容包括体育、智育、政治教育、道德教育以及宗教教育。

体育包括人体生理学、健身知识和卫生知识等；智育包括语文、生理学、历史、地理等实用科目；政治教育主要是向学生讲授所在州宪法和美国宪法；道德教育主要是教师教育儿童牢记虔诚、正义、尊重真理、热爱祖国、热爱全人类的观念，并养成仁慈、庄重、勤勉、节俭、节制的美德，最终为人类社会进步奠定坚实的道德基础；

时代背景

19世纪下半叶，美国资本主义经济得到迅速发展，由一个农业国家变为发达的工业国家。到20世纪初期，工业总产值已经跃居世界首位。此时，美国教育也有快速的发展，具有自己特色的地方教育管理制度和公立学校制度。

时代背景

19世纪以前的美国学校都是私立或教会办的，随着美国工业化和城市化的发展，以

宗教教育方面，反对教派控制学校和狭隘的教派教育，并不主张从学校中完全排除宗教教育。

4. 师范教育

贺拉斯·曼将师范教育视为提高公立学校教育的重要手段。为此，他倡议创设师范学校来培养教师。在他的宣传和领导下，马萨诸塞州建立了美国第一批公立师范学校。为保障合格教师的培养，他要求在师范学校开设公立学校所开设的全部科目。

（二）公立学校运动 【名解/简答】：14浙江，17重庆三峡学院，10天津，11四川，15渤海大学，17河北大学

公立学校运动是指依靠公共税收维持，由公共教育机关管理，面向所有公众的免费的义务教育运动。这一运动所采取的主要政策措施有：

第一，**建立地方税收制度，兴办公立学校**。通过地方税收制度的建立，为公立学校的创办和运行提供必要的经费支持。

第二，**实行强迫入学**。1852年，马萨诸塞州第一个颁布义务教育法，规定8~12岁儿童每年必须入学12周。

第三，**免费教育**。公立学校运动认为义务教育阶段应对所有符合规定的学龄儿童实行免费教育。公立和免费原则的实行，为更多人提供了接受中等教育的机会。

随着公立初等教育的发展，也相应促进了美国师范学校的发展。19世纪上半期，这一运动主要是在小学，19世纪后期至20世纪初期，主要在中学。公立学校的建立不仅奠定了美国教育制度的基础（统一和免费的公立学校体系），也成为美国普及教育运动的开端。

三、《莫里尔法》（浙江师大大纲删除）【名解/简答】：10华东，14苏州，15闽南，15赣南，17延安大学，17江苏大学，17东北，14、18辽宁，19沈阳，20福建，20重庆三峡学院，21南京信息工程，21江西，21山东，21华中，21江汉大学，21四川，17广西师范学院，21成都大学

1862年，林肯总统批准了莫雷尔提议的《莫里尔法》（又译《莫雷尔法案》也称《赠地法案》）。

第一，**联邦政府按各州在国会的议员人数，拨给每位议员3万英亩土地，各州应将赠地收入用来开办或资助农业和机械工艺学院，又称赠地学院**；

第二，**康奈尔大学、威斯康星大学等大学就是在这一法案的影响下创办或壮大起来的**；

第三，**赠地学院主要是农业与工艺机械教育，此外还有军事训练和家政教育等**。

《莫雷尔法案》开创了高等教育为工农业生产服务的方向，改变了高等教育重理论轻实践的传统，促进了美国高等教育的发展，形成了美国高等教育的社会服务特性。

四、"六三三"制

为了实现中等教育的目标，《中等教育的基本原则》报告建议改组学制，形成六三三制。

第一，第一个6年致力于初等教育，以满足6~12岁学生的需要。

第二，第二个6年致力于中等教育，以满足12~18岁学生的需要。

第三，中等教育由初级和高级两个阶段组成，每阶段3年。中学初级阶段的任务主要是帮助学生认识自己的能力倾向，让学生对将来从事的工作做出一定的选择。中学高级阶段的任务主要是帮助学生对所选定的领域进行训练。

第四，中等教育应当在组织统一、包容所有课程的综合中学进行。

及大量外来移民的增加，现有的中等教育已经不能满足人们的需求。贺拉斯·曼于1834年建议由州政府建立公立学校以来，美国就在19世纪30年代掀起了一次普及公立学校的运动。南北战争后，各州议会决定在各地普遍设立中学。这是一次重要的义务教育运动，贺拉斯·曼是重要的推动者。

复习提示

《莫雷尔法案》是美国第一部职业教育立法，开创了高等教育中开展职业教育的先例。

《中等教育的基本原则》在美国教育史上是一份很有影响的报告，它不仅肯定了六三三学制和综合中学的地位，而且提出了中学是面向所有学生并为社会服务的机构的思想。

关键词>> 六：初等教育6年；三：中等教育初级阶段3年；三：中等教育高级阶段3年

五、初级学院运动 【名解/简答】：16浙江，18深圳大学，19山西大学

（一）背景

19世纪后期，随着美国中等教育的发展，中学生毕业压力加大。也由于美国四年制大学年限长、费用高，不利于吸收更多的高中毕业生。于是，人们开始从高等教育的教育目标和高等教育结构方面提出改革的设想。

（二）简介

19世纪末至20世纪初兴起的初级学院运动，是这一时期美国高等教育发展中的一次具有重要意义的革新运动。它所创立的一种新的教育形式，有力地促进了美国高等教育的普及和发展。

（三）内容

1892年，芝加哥大学校长哈珀率先提出把大学的四个学年分为两个阶段的设想。第一阶段的两年为"初级学院"，第二阶段的两年为"高级学院"；同时也把大学的课程分为两部分，使前一阶段的课程类似于中等教育，后一阶段的课程类似于专业教育或研究生教育。

同一年，加利福尼亚大学也对学校体制进行了改革，建立了"初级证书"制度。这种制度设想把大学的四年分为各为两年的两个阶段，规定学生在读完第一阶段并取得"初级证书"后，才能继续下一阶段的学习。

（四）实质和特点

美国初级学院是一种从中等教育向高等教育过渡的教育，其主要特点是：

第一，招收高中毕业生，传授比高中稍广一些的普通教育和职业教育方面的知识；

第二，初级学院由地方社区以及私人团体和教会开办，不收费或收费较低；

第三，学生就近入学，可以走读，无年龄限制，也无入学考试；

第四，初级学院课程设置多样，办学形式灵活，学生毕业后可直接就业，也可以转入四年制大学的三年级继续学习。

（五）评价

美国初级学院运动的产生和发展是高等教育适应美国社会政治、经济和文化需要的产物。初级学院成为美国高等教育体系中的一个重要层次，第二次世界大战以后，美国初级学院发展速度加快。

六、《国防教育法》 【名解/辨析/简答/论述】：10渤海大学，10、21西北，11辽宁，11鲁东，12江苏，13内蒙古，15中央民族，15温州大学，16沈阳，17苏州，17、18福建，17赣南，18海南，13、19河南，19四川，20江西科技，20临沂大学，20浙江海洋，16重庆，10南京，10曲阜，11、16陕西，13、17山西大学，14、20西

> **复习提示**
>
> 美国教育的指导原则应是民主观念的原则，应使每一个成员通过为他人和为社会服务的活动来发展他的个性。中等教育的主要目标：健康；掌握基本方法；高尚的家庭成员；职业；公民资格；适宜地使用闲暇时期；道德品质。
>
> 综合中学的特征在本章高分拓展中有补充。

北，14 杭州，14 山东，14 华东，15 鲁东，15 贵州，16 福建，16、19 东北，17 哈尔滨，19 重庆，20 华南，20 广西，20 苏州，20 浙江，20 天津外国语，21 江南大学，11 北航，11 沈阳，13 江苏，21 安徽

1957年，苏联卫星上天，美国朝野震惊，开始反思自身的教育问题，并将教育提高到保卫国家的国防高度，要求对教育进行改革。在此背景下，1958年颁布了《国防教育法》。

1. 加强普通学校的自然科学、数学和现代外语（"新三艺"）的教学。 为提高这些学科的教学水平，要求大力更新教学内容，设置实验室、视听设备、计算机等现代教学手段，提高师资的质量。

2. 加强职业技术教育。 要求各地区设立职业技术教育领导机构，有计划地开展职业技术训练。

3. 强调"天才教育"。 鼓励有才能的学生完成中等教育，攻读考入高等教育机构所必需的课程并入该类机构，以便培养拔尖人才。

4. 增拨大量教育经费。 联邦政府拨款八亿多美元作为对各级学校的财政援助。

《国防教育法》认识到教育在国际竞争中的重要性，教育与国家的安危和国家的前途命运息息相关。它的颁布与实施有利于美国教育的发展，有利于教育质量的提高，有利于培养科技人才。

七、《中小学教育法》（20世纪60年代）（浙江师大大纲删除）【论述】：10、11 东北

20世纪60年代，为了继续改善教育机会不平等问题，美国进行了教育改革，1965年，通过了《中小学教育法》。法案的主要内容包括：

第一，提出了中小学的教育目标，小学目标是加强普通文化科学知识的教育，为将来接受专业教育打好基础；中学目标是使学生学习各种科学知识技能，学会钻研科学的方法，为培养未来的学者、专家打基础。

第二，要求政府拨款奖励推动黑人、白人学生合校的工作，规定凡自动而认真合并的学校可以领取大量的补助费。

第三，制定了一系列对处境不利的儿童的教育措施和帮助政策。

该法案对于中小学教育质量的提高和教育公平的实现具有重要作用。

八、生计教育和"返回基础"教育运动（20世纪70年代）

（一）生计教育 【名解】：14 扬州，15 华东，18 中央民族，18 广西师范学院，20 中国海洋，21 江苏

生计教育是美国教育总署署长马兰于1971年首倡的一种教育。生计教育的实质是以职业教育和劳动教育为核心，引导帮助人们一生学会许多新的知识和技能，以适应瞬息万变的社会，实现个人生存与社会发展的双重目的。

1974年美国国会通过了《生计教育法》，采取实际步骤推行生计教育。中小学是生计教育重点实施阶段，分为三个阶段：1~6年级为学生了解和筛选职业阶段；7~10年级为探索和学习阶段；11~12年级为职业决定阶段，为将来从事某种职业做准备。

评价： 生计教育是美国社会失业率较高，人们对自己的就业问题忧心忡忡的心态在教育制度上的反映。这种教育不可能解决社会制度固有的弊端，只能是一种安慰人们适应社会现实的生存措施，并不鼓励人们奋起改造社会。

（二）"返回基础"教育运动 【简答】：18 杭州，18 温州大学，20 江西科技，20 沈阳

"返回基础"教育运动是美国1976年开始的在美国基础教育委员会倡导和推动下进行的一项改革运动。返回基础主要针对中小学校基础知识教学和基本技能训练薄弱的

答题提示

《国防教育法》非常重要，名词解释、简答、论述题都有考过。考名词解释时，每一条都可以简写点。简答/论述题时全部回答。

复习提示

20世纪60年代，美国教育改革主要在三个方面进行：一是中小学的课程改革；二是继续解决教育机会不平等问题；三是发展高等教育，提高高等教育质量。

时代背景

经过第二次世界大战后二十多年的发展，20世纪70年代美国教育发展的相关数据显示，美国教育发展已跃居世界领先地位。但是，70年代美国教育又暴露出一些新的弊端，例如，中小学缺乏社会适应能力，普通教育的基础训练不足等，针对这些问题，70年代美国开展了以生计教育和返回基础为主题的教育改革。

问题而开展。

第一，小学阶段加强阅读、写作和算术教学。学校教育应集中精力在基本技能训练上。

第二，中学阶段的教育重点在英语、自然科学、数学和历史等科目的教学。

第三，强调教师在教学过程中发挥主导作用，不让学生自主活动。

第四，使用传统的教学方法和评价方式，如练习、背诵、日常家庭作业以及经常性测验等。

第五，经过考试证明学生确已掌握规定的基本技能和知识后，学生方可升级或毕业。

第六，取消选修课，增加必修课。取消一切点缀性课程，如泥塑、编织、做布娃娃等。

评价： 返回基础教育运动实质上是美国的一种恢复传统教育的思潮，它否定了进步教育运动的基本主张，强调严格管理，提高教育质量，但是这一教育运动遭到了许多指责，认为它过分赞赏和重振传统教育，所以"返回基础"的呼声在20世纪80年代以后又渐渐地消沉下去了。

九、《国家在危机中：教育改革势在必行》（20世纪80年代）【名解/论述】：

13北京，20湖南，12渤海大学，13华南，21赣南

1983年，美国中小学教育质量调查委员会提出《国家在危机之中：教育改革势在必行》的报告。它指出由于教育水平及教育质量的下降已严重地威胁到美国整个国家和人民的未来，因而教育改革势在必行。该报告建议如下：

第一，**加强中学五门"新基础课"的教育**。中学必须开设数学、英语、自然科学、社会科学、计算机课程，这些课程是现代课程的核心。

第二，**提高教育标准和要求**。小学、中学、学院和大学都要对学生的学业成绩和行为表现采取更严格的和可测量的标准。

第三，**通过加强课堂管理等措施，有效利用在校的学习时间。**

第四，**改进师资培养**。提高教师的专业素质和专业能力、社会地位和物质待遇。

第五，**各级政府应加强对教育改革的领导和实施**。各级政府、学生家长以及全体公民都要为实现教育改革的目标提供必要的财政资助。

该报告对美国教育产生了很大的影响，主要体现在：

第一，恢复和确立了学术性学科在中学课程结构中的主体地位；

第二，加强了课程结构的统一性，对所有学生提出了严格的共同要求；

第三，增强了公众对教育的信心，重新激发了公众对教育的关注和资助。

但是，该运动又引起了一些新的问题，例如因过分强调标准化的测试成绩，导致忽视学生的个性培养；因教学要求过于统一，导致缺乏灵活性；因强调提高教育标准和要求，使潜在的辍学人数迅速增加。

顺口溜>> 各级领导要当好，教师待遇要提高，教育标准更严格，五门基础更重要

> 本章高分拓展中补充了美国中等教育的改革和发展，如"八年研究"。

第六节 日本教育的发展

【简答】：10、13湖北大学

一、明治维新时期教育改革（浙江师大大纲删除）【简答/论述】：16山东，16闽南，18吉林，19华南，21中央民族，21宁波大学，21鲁东，14西北，20江苏

1868年，日本建立了地主和资产阶级联合执政的天皇明治政府，实施了一系列的改革政策，史称"明治维新"，其中包括教育改革，主要内容有：

（一）建立中央集权式的教育管理体制

1871年，日本在中央设立文部省，统一管理全国的文化教育事业。1872年颁布的《学制令》，进一步确立了日本的教育领导体制即中央集权式的大学区制。大学区制因1879年颁布的《教育令》而有所削弱，但在1880年修改《教育令》后，重新强调中央政府管理全国教育的权力，大学区制得以恢复，而且这一体制一直延续到第二次世界大战结束。

（二）初等教育的发展

明治维新时期，日本政府为培养忠顺、爱国、守法的国民，对初等教育极为重视。1886年颁布的《小学令》则表现得更为务实，分阶段实施义务教育，对课程内容都有规定。明治维新之后日本初等教育获得快速发展。

（三）中等教育的发展

1886年颁布的《中学校令》规定：中学承担实业教育及为学生升入高等学校做准备的基础教育两大任务；中学类型分为寻常中学和高等中学两类。到19世纪末，日本中等教育结构已构筑完成，主要包括中学（寻常中学与高等中学）、中等技术学校与女子中学。

（四）高等教育的发展

新大学的创办以1877年东京大学的成立为开端。明治政府对东京大学寄予厚望，在1886年颁布《帝国大学令》，改东京大学为帝国大学，明确其任务为适应国家发展需要，讲授学术及技术理论，研究学术及技术的奥秘，培养大批管理干部及科技人才。

（五）师范教育

1886年颁布的《师范学校令》为日本师范教育的规范发展提供了政策支撑。《师范学校令》要求师范学校必须以"培养教员应有的品德和学识"，使教员具有"顺良、信爱、威重的气质"为己任。

评价： 日本通过改革，使得封建教育向近代资本主义教育转变，建立并完善了学制，普及了初等义务教育，发展了中等教育和高等教育，为日本的发展做出贡献，提高了日本国民文化水平。但是明治维新自上而下进行，带有很大的不彻底性，使得日本近代资本主义教育的发展，从一开始就带有浓厚的封建主义和军国主义的色彩。

二、军国主义教育体制的形成和发展（浙江师大大纲删除）

日本军国主义教育体制的形成主要体现在加强对学校的控制，加强军国主义教育思想灌输和军事训练学校化和社会化三个方面。

时代背景

18世纪中叶之后，在本国经济发展推动及西方资本主义经济浪潮的冲击下，日本封建制度逐渐衰落，资本主义生产关系的萌芽得到孕育并破土而出。在此背景下，一部分主张学习西方以求自强的资产阶级启蒙思想家掀起了声势浩大的"倒幕运动"，最终建立起大地主、大资产阶级联合执政的明治政府。成立后，明治政府就提出"富国强兵""殖产兴业""文明开化"等革新口号，这些自上而下的一系列资产阶级性质的改革，史称"明治维新"。

复习提示

1947年日本国会公布了《教育基本法》和《学校教育法》否定了战时军国主义教育政策，为二战后教育指明了发展方向。这两个法案标志着"二战"后日本教育改革的开端。

三、《教育基本法》和《学校教育法》（浙江师大大纲删除）

（一）《教育基本法》【名解】：16 河南

第一，教育必须以陶冶人格为目标，培养和平的国家和社会的建设者；

第二，全体国民接受九年义务教育；

第三，尊重学术自由；

第四，政治教育是培养有理智的国民，不搞党派宣传；

第五，国立、公立学校禁止宗教教育；

第六，教育机会均等，男女同校；

第七，教师要完成自己的使命，应受到社会的尊重，保证教师有良好的待遇；

第八，家庭教育和社会教育应该得到鼓励和发展。

评价：《教育基本法》所提出的教育目标，与"二战"前法西斯军国主义教育政策截然不同，对"二战"后日本教育发展有积极意义，所以这一文件被视为日本教育史上划时代的教育文献。

（二）《学校教育法》

第一，废除中央集权制，实行地方分权。

第二，采取"六三三四"制单轨学制，延长义务教育年限，由原来的 6 年义务教育延长到 9 年，儿童 6 岁入学，男女儿童教育机会均等。

第三，高级中学以施行普通教育和专门教育为目的，分为单科制和综合制。

第四，将原来多种类型的高等教育机构统一为单一类型的大学。大学以学术为中心，传授和研究高深学问，培养学生研究和实验的能力。在大学基础上设研究生院。

《学校教育法》是《教育基本法》的具体化，它使二战后日本教育系统有了法律保障。但有些条款还不完善，后来经过多次修订和补充。

四、20 世纪 70—80 年代的教育改革（了解）

（一）20 世纪 70 年代的教育改革

1971 年，日本中央教育审议会提出《关于今后学校教育综合扩充、整顿的基本措施》的咨询报告，主要涉及中小学教育和高等教育方面的改革。在中小学教育上，日本提出了重视人的个性发展、国家和教育者的责任的 3 个基本目标和为实现目标而制定的 10 项具体措施。在高等教育方面，报告提出了 5 个方面的要求和 12 项具体措施。

（二）20 世纪 80 年代的教育改革

1984 年，日本成立了"临时教育审议会"。1987 年的咨询报告最有权威性，提出教育改革应重视个性的原则、国际化的原则、信息化的原则和向终身教育体制过渡的原则。"临时教育审议会"还提出了具体的改革建议，主要内容包括：完善终身教育机制；改革中小学教育体制，强调按照灵活、多样、柔性化的观点改革学制；加强道德教育和体育；推进高等教育和师资培训等。

思考：日本明治维新时期的教育改革与中国洋务运动时期的教育改革的区别？

福泽谕吉的教育思想在本章高分拓展中有补充。

本章高分拓展

一、第斯多惠论教育（陕西师大大纲新增）【论述】：14哈尔滨

第斯多惠

第斯多惠是19世纪德国著名的资产阶级民主主义教育家。1811年，第斯多惠大学毕业后从事教育工作，其间接受了裴斯泰洛齐教育思想及教育精神的熏染。1820年之后，他开始从事师范教育工作。他一生为德国师范教育的发展作出了巨大贡献，他本人也被后人尊称为"德意志教师的教师"，同时被誉为"德国师范教育之父"。其思想主要体现在《德国教师培养指南》及其他一些论文中。

（一）论影响人发展的因素

在个人发展过程中，共有三个因素发挥了影响：天资、教育与自由自主。

天资是指个人本身能力和活动可能性的基础，是个人发展能力和力量的胚胎，是一种起因，是一种发展的可能性。除天资外，教育在个人的发展过程中发挥的作用是非常巨大的。教育是造就公民的必要手段，是促使个人全面与自由发展的必经之路，是促使个人天资得以最大限度开发的最佳工具。天资的发挥与教育的实施均须注重个人自由自主的发挥，为此必须注意个人自主学习的进行。

（二）论教育目的

教育的最高目标在于培养激发"为真、善、美服务的"的主动性，培养独立性，使人达到自我完善，实现和谐发展。自我完善的首要意义在于强调个人的发展是一种和谐的发展，是一种全面的发展。

但是，这种和谐与全面的发展又有其崭新的意义：首先，和谐发展是针对全人类而不是针对个人而言的；其次，和谐发展主要是针对人的身体与精神统一而言的。

（三）教学论

对教育史上延续下来的关于形式教学与实质教学的争论，第斯多惠有自己的见解，他认为首要任务在于不可把两者人为地割裂开来，二者之间有着内在的联系。良好的教学致力于实现学生掌握科学知识和发展智力两方面的目的。从这个意义上说，所有的教学既是形式的，又是实质的。形式教育只有在实质教育中才能形成，实质教育只有在形式教育中才能产生。

（四）教学原则

第一，遵循自然原则。教学必须遵循儿童的天性和自然发展规律。遵循自然的原则是对教师的基本要求，是一切课堂教学的基本原则，同时也是一切教育教学工作所必须追求的最高理想与境界。

第二，遵循文化原则。个别的人不是抽象的，他生活在一个具体的时间、具体的地点和环境中，因此，教育应该包括全部现代文化，特别是当地的特有的文化。

第三，遵循连续性与彻底性原则。教师必须有步骤地引导学生进入与年龄和天性相符的主动性阶段，以便达到发展学生的主动性，使学生彻底认识事物的本质。

第四，遵循直观教学原则。人的智力发展是从观察外部世界开始的，人的一切认识的基础是感觉、感受，概念必须建立在直观的基础之上。因此，教学必须遵循从直观到思维、从个别到一般、从具体到抽象的原则。

（五）论教师

第斯多惠对教师的作用有着清醒的认识，提倡全社会形成尊师重教的风气，并对教师提出具体要求：

第一，自我教育；第二，教师要有崇高的责任感；第三，教师要有良好的教育素养和教学技能。

评价：作为一位具有鲜明资产阶级民主主义立场的教育家，第斯多惠根据自己的教育理论与教育实践，极大地推动了资产阶级民主主义和人道主义思想的传播与发展。他与同时代其他教育家一起，与落后的旧式学校与当政者反动的文教政策进行了斗争，极大地推动了德国教育的发展。

二、乌申斯基论教育（陕西师大大纲新增）【论述】：18西北

乌申斯基【名解】：12湖南大学

乌申斯基是19世纪俄国著名的教育家，俄国国民学校和教育科学的奠基人。长期从事教育实践和教育理论研究工作，缔造了俄国女子师范教育，其卓越的理论探索和教育实践活动对19世纪后半期俄国教育的发展产生了积极的影响，被誉为"俄国教育科学的创始人""俄国教师的教师"。《人是教育的对象》是其主要的教育代表作。

（一）教育的本质

教育是一门艺术，而不是一门科学。教育的永恒理想在于造就完满的人。教育所关注的主要问题不应该是学校的教学科目、教学论或体育规则问题，而应该是人的精神和人生问题。

（二）教育目的

教育目的是培养全面和谐发展的个人。这种全面和谐发展的个人除了要在身体、智力、道德等方面得到发展外，还应该具有劳动的习惯和爱好，把民族利益和个人利益结合起来的爱国主义情感。

（三）教学观

乌申斯基批判形式教育论和实质教育论的片面性，认为教学应该包括知识的传授和能力的培养两个方面；课程设置上，主张开设实科课程；教学过程上，提倡教学要适应学生的心理特点；教学原则上，遵循自觉性与积极性、直观性和巩固性等原则。

（四）论道德教育

乌申斯基十分重视道德教育，认为道德教育是培养个人具有爱国主义、人道主义、爱劳动等精神，形成追求真理、公正、诚实、谦逊、尊重他人、信仰上帝等品格的最佳途径。教学是德育的基本方法。此外，教师还要善于运用说服、强制、表扬、鼓励、警告、惩罚等方法。

（五）论教育学

乌申斯基认为，教育学有广义和狭义之分。广义的教育学是指教育学者所必需的或有用的知识的汇集，狭义的教育学是教育活动规则的汇集。在他看来，教育学是一门最高级的艺术，只有依据许多广泛而复杂的科学所提供的知识建立起来的广义教育学，才能为教育实践提供真正的帮助。

（六）师范教育

乌申斯基十分重视师范教育，1861年撰写了《师范学堂草案》。他主张，为发展教育学培养一批教育学者，最好的途径便是创办教育系。教育系的目的在于研究人和人性的一切表现及其在教育艺术上的专门应用。他还提出师范学校应设立在小市镇或乡村，师范生一律住校。师范生除了具备优秀的品质外，还要掌握俄语、文学、地理、历史、自然、心理学、分科教学法等专门的学科知识。

乌申斯基的教育思想不仅对19世纪后半期俄国教育发展产生了积极的影响，而且对苏联的教育理论与实践也产生了一定的影响。但是他的宗教思想和政治思想上的某些保守性反映了他认识上的局限性。

三、福泽谕吉论教育（陕西师大大纲新增）【简答】：14宁波大学

福泽谕吉

福泽谕吉是日本明治维新时期著名的启蒙思想家、教育家。他毕生从事著述和教育活动，形成了富有启蒙意义的教育思想，对传播西方资本主义文明，对日本资本主义的发展起了巨大的推动作用，因而被日本称为"日本近代教育之父""明治时期教育的伟大功臣"。他的代表作有《劝学篇》与《文明论概略》。

（一）教育作用：知识富人，教育立国

福泽谕吉认为教育的作用在于民族独立，国家富强。他希望通过教育来培养公民意识和国家观念。他主张大力普及教育，赞成用强迫的方法保证所有适龄儿童都能够进入学校。

（二）智育：修习学问，唯尚实学

首先，学问包括有形学问和无形学问，有形学问包括物理、化学、地理等，无形学问包括心理学、神学、理学等，这两类学问均能扩大知识见闻的领域，使人明辨事物的情理和懂得做人的本分。但必须分清主次，主要学习那些能够解决实际问题的学问，而把那些远离实际问题的学问视为次要。

其次，他认为在研究学问时，必须树立远大志向，切忌舍难就易，浅尝辄止。研究学问的目的在于追求独立不羁和自由自主。

（三）德育：培养国家观念和独立意识

福泽谕吉认为"道德就是内心的准则"。它首先体现在个人所拥有的国家观念与天赋民权的意识。其次是个体身上的独立意识，在福泽谕吉看来，这部分的独立分为有形和无形两种，有形的独立指的是物质方面的独立，无形的独立指的是精神方面的独立。

（四）体育：造就健康国民

健康的国民必先具有健康的身体，健康的体魄是任何智慧和道德观念培养和形成的基础。学校作为体育活动的主要场所，应注重培养学生具有健康的体魄，体育课应该是必修课。

作为资产阶级的代言人，他积极从事文明开化、思想启蒙等活动，并以教育为利器批判封建意识形态，号召大力发展教育，提高日本国民素质，把日本带入文明国家之林。

四、美国中等教育的改革和发展（陕西师大大纲新增）

（一）《中等教育的基本原则》

1918年，美国"中等教育改组委员会"提出了《中等教育的基本原则》的报告，指出美国教育的指导原则应是民主观念的原则，应使每一个成员通过为他人和为社会的活动来发展他的个性。

中等教育的七大目标是：健康；掌握基本的方法；高尚的家庭成员；职业；公民资格；适宜地使用闲暇；道德品格。

为了实现中等教育的目标，报告建议改组学制，形成六三三制。《中等教育的基本原则》不仅肯定了六三三学制和综合中学的地位，而且提出了中学是面向所有学生并为社会服务的学校的思想。

（二）"八年研究"【简答/论述】：13天津，14云南，16江苏大学

1. 背景

20世纪30年代起，进步主义教育开始关注高中的发展及其存在的问题。高中是中等教育的重要组成

部分，它直接关系到学生的升学和就业问题，如何处理这一矛盾，特别是大学与中学的关系，以及大学入学考试的要求问题，一直是困扰美国高中发展的重要因素。

1930年，美国进步教育协会成立了"大学与中学关系委员会"，试图通过加强中学与大学的合作关系来解决高中长期存在的问题。委员会制订了一项为期八年（1933～1941）的大规模的高中教育改革实验研究计划，即"八年研究"计划。

2. 实验学校

参加实验研究的是从美国全国推荐的200所中学选出的30所中学，故实验也称"三十校实验"。同时，委员会又与全美300所学院签订了一个协议，规定参加实验的学院对接受实验的中学不进行入学考试，接受实验的中学有自行决定学科开设和学习分量的权利。

3. 实验特点

第一，参与实验的学校面广，有代表性；

第二，实验研究以进步主义教育思想为指导；

第三，实验学校具有较大的自主权。

4. 实验研究主要涉及四个方面的问题

第一，教育目的。过去的高中教学主要是把升入大学作为教育的根本目标，通过实验，人们认识到除了升学外，学校教育的目的主要是实现个人的发展并有效地协调个人与社会的关系。

第二，教育管理。许多学校都采用不同的方式来安排课程和方法，但最有效的方式是全体教师共同参与对教学大纲的计划评价和再计划。

第三，课程、方法的选择和安排。围绕生活单元进行课程的安排，成为实验的主要内容；在方法上则重视学生的反省思维和学生与教师间的协作。

第四，评估工作。新的实验设计了许多对教育过程和目标的测验，形成了评定学生的标准，主要有知识能力、文化发展、实际判断、生活哲学、品格训练、情感和谐、社会适应、对社会问题的敏感性和身体健康等。

"八年研究"通过对美国中等教育与大学关系的实验，揭示了人才培养领域中的许多深层次的问题，这对美国教育改革向纵深发展提供了有益的思路。

五、日本20世纪初期至20年代末的教育改革与发展（陕西师大大纲新增）

（一）《教育敕语》

19世纪末，日本社会在发展的同时也受到了来自西方各种文化的影响。为了寻找一条继承日本传统文化、抵御西方文化影响的途径，1890年，日本制定了由天皇颁布的《教育敕语》。

其主要内容是重申忠孝为日本国体之精华、日本教育之渊源，要求全体国民孝父母、友兄弟、夫妇相和，朋友相信，恭俭持己，博爱及众，进德修业，以启智能，成就德器。进而广公益，开世务，常重国家、遵国法，以辅佐皇运。

《教育敕语》的颁布，表明日本教育开始把儒家伦理道德规范与日本民族意识的培养结合起来，反映了日本政府统一思想和规范教育的要求。从此，日本各级教育的发展被纳入以强调民族主义和加强国家对教育控制的轨道。

（二）《大学令》

为了适应社会对高级人才的需要，日本政府于1918年颁布了《大学令》。主要内容有：

第一，大学教育的目的是通过传授国家所需要的思想和知识，培养高水平的人才；

第二，除国立大学外，允许设立私立大学和地方公立大学；

第三，大学可以由几个学部组成，也可以设立单科大学，修业年限3～4年；

第四，大学招生对象主要是预科或高级中学高等部的毕业生，经过考核以后方可录取。

《大学令》的颁布极大地促进了日本各类大学的发展。

六、雷佩尔提计划（浙江师大大纲新增）【名解】：14湖北大学

雷佩尔提是法国大革命时期雅各宾派的主要代表人物之一，他的教育计划反映了雅各宾派的主要教育观点：

第一，强调教育要面向人民大众，要重视解决贫穷儿童受教育的物质保障问题。

第二，要求教育内容既要联系社会现实，又要注重对儿童爱国精神的培养。

第三，在教育目的上，雷佩尔提认为，国民教育要强健儿童的身体，使他们习惯于艰苦的工作；通过各种合适的课程形成他们的思想和心灵，传授给他们不管今后从事何种工作都需要的知识。

第四，在课程设置上，要求儿童记诵爱国歌曲、背诵法国大革命和人类自由历史上最重要的时间、学习共和国家的宪法和基本的伦理知识，以此培养他们的爱国热情。

以雷佩尔提计划为代表的法国大革命时期的教育方案虽没有实施，却反映了启蒙运动的基本原则。

七、习明纳【名解】：12渤海大学，13云南

习明纳（seminar的音译，也意译为讨论课、讨论班）指一种起源于德国、将教学和研究相结合的大学教学模式。其具体含义是：在教授的指导下，大学或研究生院中优秀的学生组成研究讨论小组，定期集中，师生共同探讨原创性或集中性的研究成果，进行教学与研究相结合的教学活动。在课程中，通过师生畅所欲言的讨论、自由地发表意见，共同探索新的知识领域，发现真理。

八、特朗普制【名解】：18江苏大学，18杭州

近年来，美国学校出现了一种新的教学组织形式。它是由教育学教授特朗普提出的，这种教学形式试图把大班、小班和个人三种教学形式结合起来。首先是大班上课。即把两个以上的平行班合在一起上课，讲课时应用现代化教学手段，由出类拔萃的教师担任。然后是小班研究，每个小班20人左右，由教师或优秀生领导，研究、讨论大班授课材料。最后是个别教学，主要由学生独立作业，部分作业指定，部分作业自选，以促进学生个性的发展。其教学时间分配为：大班上课占40%，小班研究占20%，个别教学占40%。目前，这种教学形式尚在实验中。

九、综合中学的特征【名解/简答】：19天津大学，11河南，21重庆三峡学院

综合中学是一种非选拔性的学校，它为全体儿童设立，来自各个社会阶层的学生都在一起受教育。综合中学的宗旨是消除中等教育的阶级差别，促进教育机会均等和社会融合。因此，综合中学运动具有以下一些特征：

1. **广泛性**：综合中学运动本身的广泛性；面对的教育对象具有广泛性；带来的影响具有广泛性。
2. **综合性**：综合中学运动试图建立一种能进行全面教育的教育机构，因此，在教育机构外部排列或内部构成，以及教育内容和课程编制上，这一运动都体现了一种全面、综合、优化选择的特性。
3. **平等性**：综合中学运动试图通过消除中等教育机构之间的地位差异，以及建立新的平等的教育机构，达到教育平等的目的，从而消灭不同社会阶层之间的社会与经济差别。因此，它具有平等主义的色彩和通过教育制度及其平等促进社会平等的作用。
4. **科学性**：综合中学运动是建立在心理学、社会学和经济学等学科的科学研究结果之上的。
5. **民主性**：综合中学运动体现了民主社会发展的特性，也是教育民主化的重要表现。
6. **社会功利性**：综合中学运动的一个重要目的是如何解决传统教育制度与社会经济发展所需要人才之间的矛盾，从而促进国家和社会的发展。

十、从指导思想和改革措施两方面比较中国洋务教育与日本维新教育改革。【论述】：20 江苏

（一）指导思想的异同

洋务教育的指导思想是"中学为体，西学为用"；明治维新教育改革的指导思想是"文明开化"与"和魂洋才"。

相同点：都重视引进和兴办西式近代教育，又希望不丢掉本国文化传统的根本。

不同点：①洋务教育旨在保留封建教育的同时，兴办西式近代教育；②明治维新教育改革以否定封建教育为前提，兴办西式近代教育。

（二）改革措施的异同

相同点：①都采用了向海外派遣留学生的措施。②都聘请洋教员执教、开办西式近代学校。

不同点：①洋务教育未能使教育改革与社会改革同步进行；明治维新则使教育改革与社会改革同步进行。②洋务教育只是当时中国教育体系中的一小部分，且主要集中于专门教育；明治维新则对教育进行了全面而系统的改革，涉及各级各类教育。③兴办洋务教育的主体是部分具有危机和开放意识的官员，未能获得全国统一教育领导机构的有力支持，力量薄弱；明治维新教育改革确立了以文部省为首的中央集权式的教育管理体制，是通过政府动员全国力量进行的，力量强大。

第七章　欧美教育思想的发展

本章大纲考点及考频

第一节　夸美纽斯的教育思想　40
　一、论教育的目的和作用　1
　二、论普及教育、泛智学校、统一学制及其管理实施　17
　三、论学年制和班级授课制　12
　四、论教育适应自然的原则　18
　五、夸美纽斯的贡献（评价）　6

第二节　洛克的教育思想　7
　一、白板说　25
　二、绅士教育　23

第三节　卢梭的教育思想　15
　一、自然教育理论及其影响　103
　二、公民教育理论　0

第四节　裴斯泰洛齐的教育思想　3
　一、教育实践活动　0
　二、论教育目的　0
　三、论教育心理学化　22
　四、论要素教育　22
　五、初等学校各科教学法　0
　六、教育与生产劳动相结合　4

第五节　赫尔巴特的教育思想　23
　一、教育思想的理论基础　10
　二、道德教育理论　28
　三、课程理论　13
　四、教学理论　57
　五、赫尔巴特教育思想的传播　0

第六节　福禄贝尔的教育思想　6
　一、教育的基本原则　0
　二、幼儿园教育理论　22

第七节　斯宾塞的教育思想　15
　一、科学教育的重要性（生活准备说）　7
　二、科学知识的价值（知识价值论）　4
　三、以科学知识为核心的课程体系　7

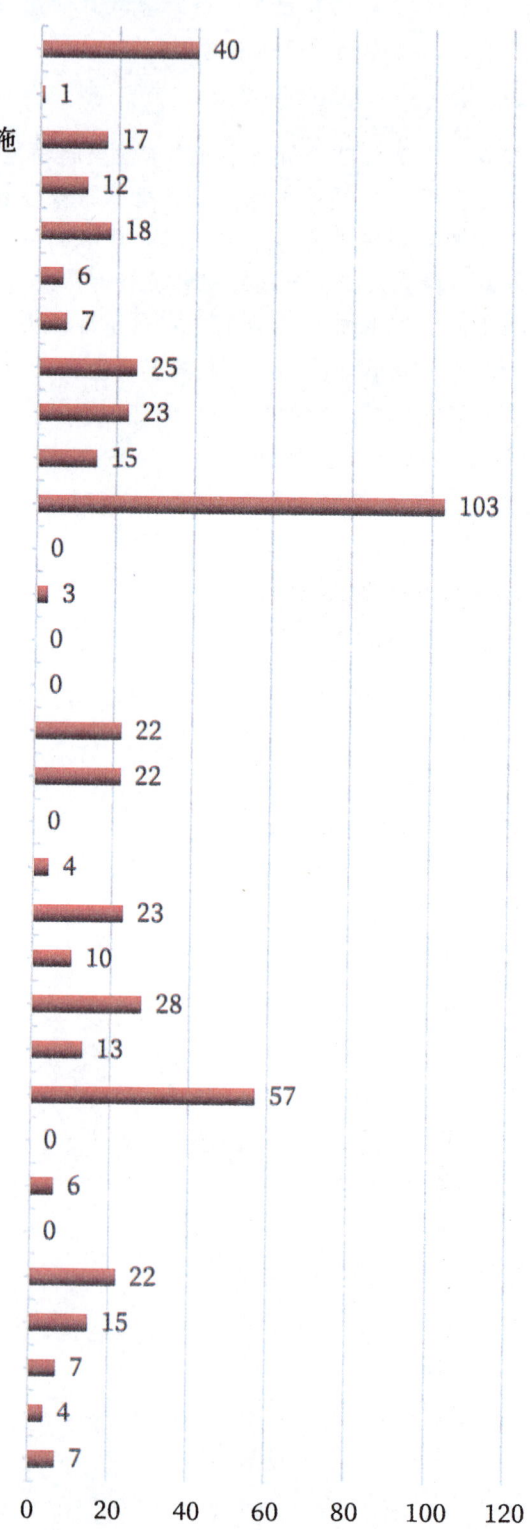

第八节 马克思和恩格斯的教育思想 1
　一、对空想社会主义教育思想的批判继承 0
　二、论人的全面发展与教育的关系 0
　三、论教育与生产劳动相结合的重大意义 1
第九节 19 世纪末至 20 世纪前期的教育思潮和教育实验 3
　一、新教育运动 25
　二、新教育运动中的著名实验 1
　三、梅伊曼、拉伊的实验教育学 0
　四、凯兴斯泰纳的"公民教育"与"劳作学校"理论 2
　五、蒙台梭利的教育思想 5
　六、进步教育运动 31
　七、进步主义教育运动的实验 1
　　（一）昆西教学法 12
　　（二）有机教育学校 0
　　（三）葛雷制 0
　　（四）道尔顿制 34
　　（五）文纳特卡计划 2
　　（六）设计教学法 14
第十节 杜威的教育思想 51
　一、论教育的本质 75
　二、论教育的目的 17
　三、论课程与教材 9
　四、论思维与教学方法 19
　五、论道德教育 2
　六、杜威教育思想的影响 3
第十一节 现代欧美教育思潮 2
　一、改造主义教育 3
　二、要素主义教育 41
　三、永恒主义教育 14
　四、新行为主义教育 1
　五、结构主义教育 21
　六、终身教育思潮 67
　七、现代人文主义教育思潮 8
第十二节 苏联教育思想 0
　一、马卡连柯的教育思想 15
　二、凯洛夫教育学体系 2
　三、赞科夫的教学理论 20
　四、苏霍姆林斯基的教育理论 15

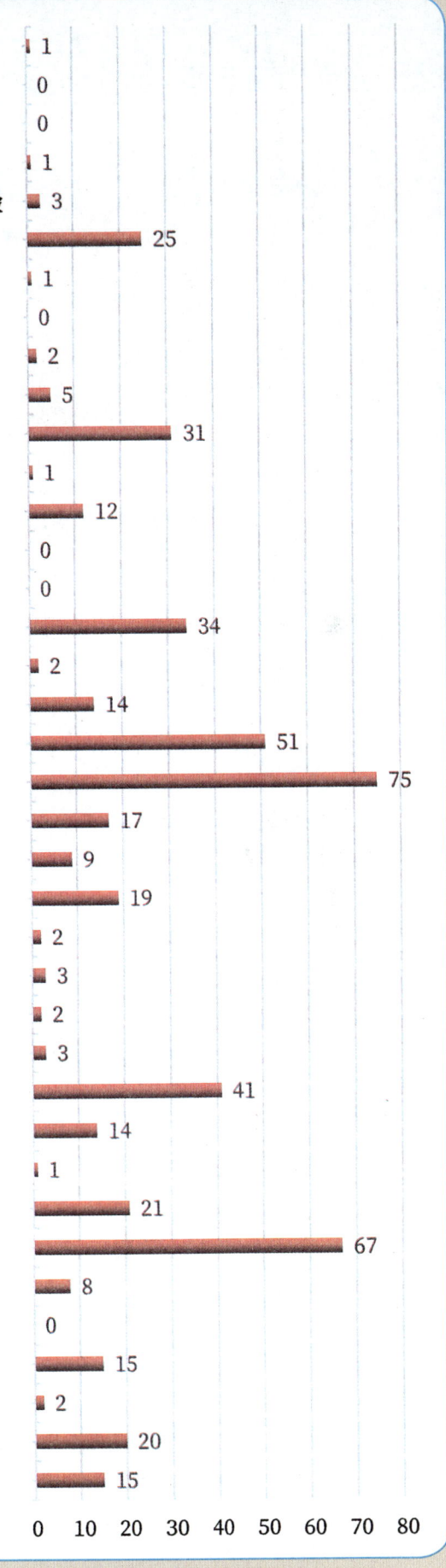

0　10　20　30　40　50　60　70　80

本章思维导图

欧美教育思想的发展（一）

- **夸美纽斯的教育思想（捷克）**
  - 论教育的目的和作用
  - 论普及教育、泛智教育、统一学制及其管理实施
  - 论学年制和班级授课制
  - 论教育适应自然原则
  - 夸美纽斯的贡献（评价）

- **洛克的教育思想（英国）**
  - 白板说
  - 绅士教育

- **卢梭的教育思想（法国）**
  - 自然教育理论及其影响
  - 公民教育理论

- **裴斯泰洛齐的教育思想（瑞士）**
  - 教育实践活动
  - 论教育目的
  - 论教育心理学化
  - 论要素教育
  - 初等学校各科教学法
  - 教育与生产劳动相结合

- **赫尔巴特的教育思想（德国）**
  - 教育思想的理论基础
  - 道德教育理论
    - 教育目的论
    - 教育性教学原则
    - 儿童的管理和训育
  - 课程理论
    - 经验、兴趣与课程
    - 统觉与课程
    - 儿童发展与课程
  - 教学理论
    - 教学进程理论
    - 教学形式阶段理论
  - 赫尔巴特教育思想的理论传播

- **福禄培尔的教育思想（德国）**
  - 教育的基本原则
  - 幼儿园教育理论

- **斯宾塞的教育思想（英国）**
  - 科学教育的重要性（生活准备说）
  - 科学知识的价值（知识价值论）
  - 以科学知识为核心的课程体系

欧美教育思想的发展（二）

- 马克思和恩格斯的教育思想
  - 对空想社会主义教育思想的批判继承
  - 论人的全面发展与教育的关系
  - 论教育与生产劳动相结合的重大意义

- 19世纪末20世纪前期的教育思潮和教育实验
  - 新教育运动（欧）
  - 新教育运动中的著名实验
  - 梅伊曼、拉伊的实验教育学
  - 凯兴斯泰纳的"公民教育"与"劳作学校"理论
  - 蒙台梭利的教育思想
  - 进步教育运动历程（美）
  - 进步教育运动中的教育实验
    - 昆西教学法
    - 有机教育学校
    - 葛雷制
    - 道尔顿制
    - 文纳特卡制
    - 设计教学法

- 杜威的教育思想
  - 论教育的本质
  - 论教育的目的
  - 论课程与教材
  - 论思维与教学方法
  - 论道德教育
  - 杜威教育思想的影响

- 现代欧美教育思潮
  - 改造主义教育
  - 要素主义教育 ┐
  - 永恒主义教育 ├ 20世纪30年代
  - 新行为主义教育 ┘
  - 结构主义教育 ┐ 20世纪50年代
  - 终身教育思潮 ┘
  - 现代人文主义教育思潮 } 20世纪70年代

- 苏联教育思想
  - 马卡连柯的教育思想：集体教育
  - 凯洛夫教育学体系
  - 赞科夫的教学理论
  - 苏霍姆林斯基的教育理论

本章参考书

【1】吴式颖、李明德主编：《外国教育史教程》（第三版），人民教育出版社，第九、十一、十二、十三、十四、十六、十七、十八、十九、二十一、二十三、二十四、二十五章

【2】张斌贤主编：《外国教育史》（第2版），教育科学出版社，第八、九、十、十一章

第一节 夸美纽斯的教育思想

【简答/论述】：12浙江，13苏州，16、17广西，17山东，18曲阜，19、20贵州，21江苏大学，21湖南理工学院，10湖北大学，12、19辽宁，13、16扬州，13湖南科技，15曲阜，16浙江，16哈尔滨，18宝鸡文理学院

夸美纽斯【名解】：13、15江苏，15宁波大学，18郑州大学，19浙江大学，20集美大学

夸美纽斯是17世纪捷克伟大的爱国者、教育改革家和教育理论家。他继承了文艺复兴以来人文主义教育思想的成果，系统地论述了教育基本理论、教育和教学原则、教学和学校管理等思想，其民主、泛爱、适应自然、泛智教育及衍生的教育理念和方法，值得我们关注。他所著的《大教学论》是独立形态的教育学的开端。他对世界教育的发展做出了巨大的贡献，因此在世界教育史上占有特别重要的地位。

《大教学论》【名解】：10、11沈阳，11安徽，12杭州，15内蒙古，17四川，13、17、19西华，18渤海大学，18山西大学，20合肥，20深圳大学，21河南

《大教学论》是捷克著名教育家夸美纽斯的代表作，出版于1632年。在书中，夸美纽斯论述了人生的目的、教育目的、任务、普及教育改革的意义，也对体育和道德教育做了系统论述，提出了直观性、循序渐进性、巩固性和系统性的教学原则，并且系统论述了班级授课制，指出教育的基本规律就是要适应自然。《大教学论》是一本系统的教育学著作，它的问世标志着独立形态的教育学的开端，在世界教育史上占有特别重要的地位。

一、论教育的目的和作用

（一）教育目的

一方面，从宗教世界观出发，他认为人生的最终目的是为达到"永生"，世间的生活只是"永生"的一种准备，因此，教育的目的也应是使人为来世生活做好准备。

另一方面，从现实性出发，教育的现实目的是通过教育使人认识和研究世界上的一切事物，培养和发展他们的各种能力、德行和信仰，以便享受现世的幸福，并为永生做好准备。

夸美纽斯的教育目的有浓厚的宗教色彩，也洋溢着文艺复兴运动带来的人文主义精神。

关键词>> 教育目的：达到永生（来世生活）+为现实服务（享受现世）

（二）教育作用 【简答】：16鲁东大学

首先，教育是建设国家和改造社会的手段。教育对于开发自然资源、发展生产、增进人类幸福和加强国家实力至关重要。这些目的需要通过对青年人的教导才能实现。教导好青年就是对国家和社会最大的贡献

其次，高度评价教育对人的发展的价值。人的天赋发展得如何，关键在于教育。只要接受合理的教育，任何人的智力都能够得到发展。

再者，不同等级的人接受教育的目的不同。

最后，教育对宗教有很大的作用。教育可以培养人的学问、道德和虔信的种子，从而步入天堂。

复习提示

在欧洲封建主义和资本主义交替的历史时期，夸美纽斯继承了文艺复兴以来人文主义教育思想的成果，总结了自己四十余年丰富的教育实践经验，系统地论述了教育的理论和实际问题。他的代表作有《大教学论》《世界图解》《母育学校》等。夸美纽斯教育思想中有许多第一次，这容易出选择题。
① 他是第一个赋予直观教学以感觉论为基础的教育家；
② 第一个提出量力性原则；
③ 第一个提出完整的教学原则体系；
④ 第一个提出建立统一的学校体系；
⑤ 第一个提出班级授课制；
⑥《大教学论》，标志着独立形态的教育学的开端；
⑦《母育学校》是西方第一部学前教育学著作。
⑧《世界图解》是欧洲第一部儿童看图识字课本。

二、论普及教育、泛智学校、统一学制及其管理实施

（一）普及教育 【简答/论述】：10闽南，21沈阳，12闽南，15赣南，17扬州

1. 实现普及教育的可能性

首先，人自身具有接受教育的先天条件，知识和道德的种子已天然地种植在我们的身上。

其次，教育具有改进社会和塑造人的重大作用，社会和人的进步离不开教育，如果要造就一个人，就必须由教育去完成。因此，普及教育具有实现的可能性。

2. 普及教育的提出

夸美纽斯从他的民主主义的观念出发，尖锐地批评当时的学校仅仅为富人而设立，穷人被忽视，埋没了许多卓越的人才。于是夸美纽斯提出所有男女儿童都应该上学，一切孩子，不分男女，不分出身高贵或出身平民，都应该上学。

3. 普及教育的措施

（1）为了实现普及教育，夸美纽斯呼吁帝王和官吏为民众兴办学校，并号召广大民众积极倡议当权者兴办学校，例如广设泛智学校。

（2）夸美纽斯鼓励教育工作者以无比的热情献身普及教育事业。

（3）夸美纽斯恳请学者和神学家们促成普及教育事业。

（4）夸美纽斯自己致力于教育实践，致力于构建良好的学校制度理论、探索使年轻人快速、透彻地获取知识的教育教学原则、组织和方法。例如采用班级授课制；实行学年制；编写统一的"泛智"教材。

4. 普及教育思想的意义和局限

（1）夸美纽斯的普及教育思想有比较完整的理论体系，为以后普及教育的发展奠定了坚实的理论基础。

（2）普及教育思想建立在对儿童身心发展特点的认识基础上，从儿童身心发展特点来论述普及教育的必要性，并对儿童身心特点作了分析，这是前无先例的。

（3）在民主主义、人文主义、爱国主义基础上论证普及教育问题，对贫民给予更多的关心和同情。这与宗教改革时期人们大多为了争夺信徒而倡导普及教育相比，是个进步。

（4）普及教育内容比较丰富，它包括了一些以前没有的自然科学知识。与只讲读、写、算、宗教知识或古典学科等相比，它更适应时代发展的需要。

（5）但是，由于时代及其本人认识上的局限，他的认识还需要不断完善。例如，他认为一切男女青年受教育的目的和程度应是不同的：权贵和富人的子女受教育是为了更加有智慧，成为领袖人物；地位较低的人受了教育才能聪明地、谨慎地、自愿地服从长上。至于妇女们受教育，主要是使她们能够照料家庭，增进她的丈夫和家庭的幸福。

（二）泛智学校 【名解/简答/论述】：13山西大学，14西北，18云南，21齐齐哈尔，10山西，17江西，17贵州，18广西民族，20湖南，18合肥师范

"泛智"思想是夸美纽斯教育体系的指导原则之一，也是其教育理论的核心，是他从事教育实践和研究教育理论的出发点和归宿点。所谓"泛智"就是"把一切事物教给一切人"。它包含两个方面的内容。

一是教育内容泛智化。 人人都应该接受一种百科全书式的教育，掌握对于人类来说必需的一切知识。他认为人们所受的教育应当是周全的，要"学会一切现世与来生所需的事项"。

复习提示

基于教育的崇高目的，夸美纽斯提出了"将一切事物教给一切人"的泛智主义教育观，并由此大力主张普及教育于全体儿童和民众。

二是 **教育对象普及化**。一切人都要受教育,一切城镇乡村的男女儿童,不论富贵贫贱,都应该进学校接受一切有用的教育。夸美纽斯指责当时的学校只是为富人、贵人设立的,穷人、平民被排斥在校门之外。

泛智学校是实行泛智思想的场所,也是面向所有人,实行一种周全的百科全书式的教育。在泛智学校里,采用班级授课制,实行学年制,编写统一的"泛智"教材。

(三) 统一学制及管理 【简答/论述】:19广东技术,12沈阳

1. 国家学校体系的构建(统一学制)

为了使国家便于管理全国的学校,使所有儿童都有上学机会,夸美纽斯主张建立全国统一学制,他把一个人从出生到成年分为四个时期,每个阶段六年,设有与之相适应的学校。

第一阶段:婴儿期(1~6岁),设立母育学校,主要在每个家庭,培养婴儿的外感官,即身体与四肢,相当于春天。

第二阶段:儿童期(6~12岁),设立国语学校,主要在每个村落,培养儿童的内感官、想象力与记忆力,相当于夏天。

第三阶段:少年期(12~18岁),设立文科中学,主要在每个城市,培养少年的理解力与判断力,相当于秋天。

第四阶段:青年期(18~24岁),设立大学,主要在每个王国或省,培养青年的协调力与意志力,相当于冬天。

夸美纽斯这种建立全国统一的既分段又相连的学校制度的思想,对西方教育发展影响很大,各国普及教育及公立学校制度正是在此基础上逐步发展起来。

2. 国家对教育的管理(设置督学)

夸美纽斯强调国家对教育的管理职权,认为国家应该设立督学,对全国的教育进行监督,保证教育得到统一的发展。督学的职责包括:

第一,培训将成为教育管理者的人,使他们学会组织学校、制定规章制度,从而把各自所管理的学校组织得像一座有序运行的"钟";

第二,管理各级学校人员;

第三,检查学校的教学工作;

第四,监督各学校规章制度的执行;

第五,到社会上去了解学生家长和监护人是如何教育和指导孩子的,以便使学校与家庭在教育上取得一致。

夸美纽斯是 **最早** 提倡国家设置督学的教育家。另外还严格规定校长、教师、学生的职责,强调规章制度和纪律的作用。

三、论学年制和班级授课制 【简答/论述】:19内蒙古,14北京,15安徽

(一) 学年制

为了改变当时学校教学活动缺乏统一安排的无序状况,夸美纽斯制定了学校教学活动的学年、学日制度。他在泛智学校中提出学年制度:

第一,各年级应在同一时间开学和放假。

第二,每年招生一次,学生同时入学,以便使全班学生的学习进度一致。学年结束时,经过考试,同年级学生同时升级。

第三,强调学校工作要有计划,每学年、每学季、每月、每周、每日、每时的时间

夸美纽斯在教育史上的另一个重大贡献,是他提出了一套比较完整、系统、有独创性的教育管理与教学管理思想。如前所述,夸美纽斯从事了四十多年的学校教育管理工作,其间还应聘到别的国家帮助教育改革,同时他又善于吸收前人的好的教育管理经验,这些都是形成他教育与教学管理思想的重要基础。

都做了具体安排，规定了工作、休息、娱乐、礼拜时间。

关键词>> 学年制：同一时间开学、放假、入学、升级，工作有计划

（二）班级授课制【简答/论述】：15集美大学，15辽宁，17中央民族，18中国海洋，18湖南农业，19苏州，20内蒙古，20华东，21同济大学

为了克服当时学校教育中家庭教育式的个别教学的弊端，以及为普及教育服务，夸美纽斯大力提倡班级授课制。班级教学的显著特征是**多、快、好、省**，它能适应普及教育的需要。尤其是在教师不足的情况下，其优越性更是个别教学无法比拟的，具体做法：

第一，根据儿童年龄及知识水平分成不同班级，班级成为教学最基本的组织单元，每个班级有一个固定的教室，由一个教师面向班级里全体学生授课，以取代个别教学制度。

第二，为每个班级制订统一的教学计划，编写统一的教材，规定统一的作息时间，使每年、每月、每日、每时的教学都有计划地进行。

第三，把全班学生分成若干小组，每组10人，委托一个优秀学生做10人组长，协助教师管理学生，考查学业。

评价：（1）班级授课制提高了教学效率，扩大了教育对象，有利于普及教育；

（2）教师面对众多的学生，工作兴趣大增，工作热情高涨，可以促进学生学习的积极性，提高教学效率；

（3）学生可以互相激励、互相帮助，促进学生集体的形成，也为学校教学管理的制度化、标准化提供了可能。

（4）但夸大了班级授课制的可能性，过分强调集体教学，忽视个别指导，而且认为每班学生越多越好，这是不科学的。

关键词>> 班级授课制：分班教学、统一教材和计划、每班分组

四、论教育适应自然的原则【名解/简答/论述】：14湖南大学，15吉林，19华中，13、16云南，16聊城大学，17北华大学，19云南大学，19宁波大学，20湖州师范，21上海，21杭州，21湖南科技，12西南，15湖南科技，17福建，20河南，21山西

夸美纽斯明确地提出了教育适应自然原则。他所说的"自然"包括以下两个方面。

第一，**自然界及其普遍法则**。教育应该以自然界及其普遍法则为依据，从自然中找出教育的普遍规律。教育的严谨秩序应该以自然为借鉴，模仿自然。这样，教育艺术的进行就会同自然的运行一样容易、自然。

第二，**人的与生俱来的天性**。教育要根据人的自然本性和年龄特征进行教育，使每个人的智力都能得到充分的发展。

这一原则的中心思想是"普遍的秩序"，即**客观规律**。实际上包含两层意思：一是指教育工作应该是有规律的，教育工作者应遵循这些规律；二是既然教育工作是有规律的，那么应该努力探明、发现这些规律。

评价：教育适应自然的原则是贯穿夸美纽斯整个教育理论体系的一条根本的指导性原则。他不仅将以往零散的教育经验上升为系统化的理论论述，引导人们注意遵循教育

> **复习提示**
> 班级授课制与教育学基础中的班级授课制类似。
> 夸美纽斯是班级授课制理论的创立者。

> **复习提示**
> 夸美纽斯在教育适应自然的原则基础上，总结出一套教学原则，如直观性原则、循序渐进原则、巩固性原则、系统性原则等，这些原则后来成为近代学校教学工作的准则。在本章高分拓展中有补充。

规律办教育，而且使得教育理论研究从神学束缚中初步解放出来，实现了教育理论的突破性进展。当然，他引证自然，采用与自然或社会现象类比的方法论述教育问题，存在一定的片面性。

五、夸美纽斯的贡献（评价）（浙江师大大纲删除）【简答/论述】：11山东，12河南，13延安大学，15西北，15杭州，17湖南

夸美纽斯是教育史上第一位系统地总结教学原则的教育家，他的教学理论包含了大量宝贵的教学经验，在一定程度上反映了教学工作的客观规律，具有普遍的指导意义。

夸美纽斯是一位杰出的教育革新家，他的教育思想中具有明显的民主主义、人文主义色彩。在继承前人经验的基础上，夸美纽斯提出了系统的教育思想。

夸美纽斯论述了教育的作用；呼吁开展普及教育，试图使所有人都能接受普及教育；详细制定了学年制度和班级授课制度；提出各级学校课程设置，编写了许多教科书；系统地阐述了教育的基本原则和方法等。

夸美纽斯在教育工作的一切重要领域都留下了开拓者的足迹以及辛勤耕耘的丰硕成果。尤其是在近代教学理论方面，他做出了比较全面的贡献，奠定了近代教育理论的基础。

但是，夸美纽斯的教育思想中也存在着一些明显的缺陷。如他的教育思想中具有过分浓郁的宗教气息；对科学知识及教育科学的认识也不准确。这些缺陷既有他本人认识上的原因，也有时代本身的局限。

顺口溜>> 系统总结搞改革，重要领域有开拓，宗教科学两缺陷

·第二节 洛克的教育思想·

（浙江师大大纲删除）
【简答】：17广西师范学院

洛克【名解】：17海南

洛克是17世纪英国著名的教育家和哲学家，是英国著名的实科教育和绅士教育的倡导者。他重视教育对个人幸福、事业、前途的影响，其教育思想具有世俗化、功利主义、个人主义的色彩。他的主要著作是《教育漫话》。在洛克的教育思想中，白板说和绅士教育是其核心概念。

《教育漫话》【名解】：13云南，14内蒙古，15宁波大学，16湖南，19渤海大学

《教育漫话》是洛克教育思想的代表作，全书的主题是论述绅士教育，并从体育、德育和智育等方面对绅士教育进行论述。洛克认为，绅士既有贵族的风度，能活跃于上流社会和政治舞台，又有事业家的进取精神，能发展资产阶级经济的实干人才；绅士应具有"德行、智慧、礼仪和学问"四种精神品质，以及健康的身体素质。《教育漫话》在西方教育史上第一次将教育分为体育、德育、智育三部分，并作了详细论述。

《教育漫话》本是洛克与友人爱德华·克拉克讨论儿童问题的书信，于1693年结集出版。

一、白板说 【名解/简答/论述】：11 山西，11 苏州，12、16 四川，12 扬州，13 辽宁，13 北京，13 华中，15、18 江苏大学，16 广西，16 湖南，16 中国海洋，17 南京，17 沈阳，17 宁波大学，18 中南民族，20 中央民族，20 曲阜，21 渤海大学，21 华东，11 中南大学，16 华南，20 赣南，18 中南大学

洛克认为，人出生后心灵如同一块白板，一切知识都建立在经验的基础上，理性和知识都是通过人的感官和经验获得的。因此，教育在人的形成过程中具有重要作用。洛克的白板说表明了他是主张经验主义认识论的。他还认为，五官的感觉只能了解物体的部分性质，只有"内心反省"才能使人了解复杂的概念。这种不彻底的经验主义认识论，构成了洛克教育思想的出发点。

二、绅士教育 【名解/简答/论述】：11、13 沈阳，11、18 江苏，12、16 华东，15 天津，16 江苏大学，17 苏州，19 贵州，19 海南，19 湖南，20 上海，20 佛山科学技术，12 上海，16 西北，17 鲁东，20 集美大学，21 石河子，19 杭州，20 北京，20 石河子大学，21 湖北大学

洛克认为，教育的最高目的在于培养绅士，家庭教育是培养绅士最合适的途径。所培养的绅士必须既要身体强健又要有"德行、智慧、礼仪和学问"四种精神品质。绅士的教育内容与方法如下。

第一，体育： 洛克非常重视体育，认为"健康的精神寓于健康的身体中"。因此，洛克首先论述了体育的目的、价值和原则。洛克非常看重人忍耐劳苦的能力，只有健康的身体，才能幸福地生活和工作，克服开拓生活过程中遇到的各种艰苦环境。

第二，德育： 洛克认为，德行是第一位的。德行的原则是要学会自我克制、服从理智，儿童可以通过在心理上忍耐痛苦，克制欲望来养成坚毅勇敢的个性。另外，洛克还详细论述了诚实、智慧、勇敢、仁爱等美德。洛克重点阐述了"礼仪"的养成。礼仪是一个绅士必须具备的品质，绅士的礼仪要得体，既不能看不起自己，也不能看不起别人。

第三，智育： 洛克论述了学问的价值和做好学问的途径。洛克认为，学问应该使儿童感到愉快，而不是强加的负担。教师的作用是为了儿童打开智慧之门，尊重儿童的兴趣和心理，让儿童喜爱知识、尊重知识，学会用正确的方法学习知识，把学习有用的知识作为一种习惯。

评价： 洛克的教育思想以其世俗化、功利性为显著特点。他的思想在实践中和理论上都对英国及西欧教育的现代化做出了贡献。但他的教育思想局限于绅士教育，缺乏夸美纽斯教育思想的民主性。

> **答题提示**
> 绅士教育经常考查名词解释，如果考名词解释，可以回答《教育漫话》中关于绅士教育的答案。

·第三节 卢梭的教育思想·

【论述】：15 云南，17 延边大学，19 曲阜

卢梭 【名解】：19 湖北大学

卢梭是18世纪法国著名启蒙思想家和教育家，被称为教育史上的哥白尼，是自然主义教育思想的主要代表。卢梭教育思想的基本特征是高度尊重儿童的天性，倡导自然教育和儿童本位的教育观。卢梭又是一个对新的社会制度充满幻想的教育家，主张在新的社会中建立国家教育制度和培养良好的公民。其主要著作有《爱弥儿》。

> 卢梭是18世纪法国启蒙运动中最激进的伟大思想家，被视为法国大革命的导师和旗手。在世界教育发展的历史中，卢梭更是一名扭转乾坤的勇猛战士。

《爱弥儿》【名解】：11、12、16云南，13苏州，15内蒙古，17杭州，17宁波大学，19河南，19上海，20湖南科技，20山东

1762年，卢梭出版了《爱弥儿》。在书中，卢梭集中论述了自然主义的教育理论，全书共五卷。前四卷卢梭以爱弥儿为主人公，分别论述了爱弥儿的四个成长阶段，即婴儿期、儿童期、青年期和青春期，第五卷卢梭讨论了女性教育。他对摧残儿童身心的封建主义教育，疾恶如仇，无情地揭露了其压抑儿童个性的种种弊端，要求加以根本改造。他提出培养真正符合社会需要的新人的构想，描绘了一幅培养新人的蓝图。

> **真题回顾**
>
> 2021年山西师范大学论述题：比较夸美纽斯和卢梭的自然教育思想。

一、自然教育理论及其影响

【简答/论述】：10苏州，10、11渤海大学，11、20广西，11南京，12中南大学，12江苏，13延安大学，13鲁东，14哈尔滨，14四川，14内蒙古，15湖南，15福建，15中国海洋，15、16湖南科技，15、17华南，16、18、19上海，16安徽，16天津，17广西民族，18南航，18山西，19西北，19石河子大学，19辽宁，20山西，20大理大学，20浙江海洋，20天水师范，21湖北大学，21江汉大学，21海南，21云南，11、14、16、17辽宁，11中南大学，12、18杭州，12延安大学，12哈尔滨，12华东，12中山，13重庆，13、15聊城大学，13、19江西，14上海，14华中，14、20扬州，14河北大学，15苏州，15山东，15、17吉林，16东北，16内蒙古，17北华大学，17江苏大学，17南航，18赣南，18集美大学，18广西师范学院，19贵州，19浙江，19四川，20湖南科技，20中国海洋，21山西，21温州大学，21河南，21深圳大学，21佛山科学技术学院，21宝鸡文理，21新疆

（一）自然教育的基本含义

【名解/辨析/简答】：15陕西，17、21西安外国语，17安徽，17鲁东，19江苏，19重庆，13南京，16宁波大学，20内蒙古

卢梭自然主义教育的核心是"回归自然"。一方面，他认为善良的人性存在于纯洁的自然状态之中。只有"回归自然"、远离喧嚣社会的教育，才有利于保持人的善良天性。因此15岁之前的教育必须在远离城市的农村中进行。另一方面，卢梭认为每个人都是由自然的教育、事物的教育、人为的教育三者培养起来的。只有三种教育圆满地结合才能达到预期的目的。教育"回归自然"，即以自然的教育为基准，才是良好有效的教育。

总之，卢梭的"自然教育"，是针对专制制度下的社会及其戕害人性的教育所发出的挑战，"回归自然"、遵从天性，是开创新教育的目标和根本原则。

（二）自然教育的目的（培养目标）

自然教育的最终培养目标是"自然人"。按照他的论述，"自然人"有以下主要特征：

第一，自然人是能独立自主的人（"绝对的统一体"），他能独自体现出自己的价值。

第二，在自然的秩序中，所有的人都是平等的；"回归自然"的教育当然不培养等级的人，不造就王公贵族或奴隶。

第三，自然人又是自由的人，他是无所不宜、无所不能的。

第四，自然人是自食其力的人。自食其力便无须仰赖他人为生，这是独立自由的可靠保证。

（三）自然教育的方法原则 【名解】：18沈阳

首先，正确看待儿童，儿童有他自己的地位，不要把他们看作小绅士、小大人，不要把他们看作上帝的产物、成人的玩物。

其次，给儿童充分的自由，遵循自然天性的教育。成人的不干预、不灌输、不压制和让儿童遵循自然率性发展，就是所谓"消极教育"。

最后，要注意到儿童天性的个体差异，要求因材施教。每个人的心灵都有它自己的形式，必须按它的形式去指导它。

（四）自然主义教育的实施 【论述】：15河南，20合肥，20苏州

> 公民与自然人比较：
> ①公民一切仰赖于专制社会，失去了自身的独特价值；
> ②在社会之中，公民是有等级的；
> ③国家公民在社会中常常是某种专业化的职业人，他被困于他的职业而失去自由。

1. 婴儿期（0～2岁），主要是进行**体育**，任务在于通过身体的养护和锻炼，促进儿童身体的健康发展，增强儿童的体质。健康的体魄是智慧的基础，是儿童接受自然教育的条件。

2. 儿童期（2～12岁），又称"理性睡眠时期"，主要进行**感觉教育**，使他们通过感觉器官的运用获得丰富的感性经验。

3. 青年期（12～15岁），主要是进行**智育和劳动教育**。智育的任务在于发展学生的智力，培养他们的学习兴趣和掌握学习研究的方法。其次，儿童必须学会劳动，学会从事一种职业。劳动不仅可以谋生，还能够促进理性的成长，并直接影响人的道德品质和人格发展。

4. 青春期（15～20岁），主要是进行**道德教育、信仰教育和性教育**，激发青年自然涌现的善良感情，发展他们的理性，使其在行为中接受道德的磨炼。

> 卢梭依据自然教育的原则，根据人的自然发展的进程和不同年龄时期身心的特点，把自然教育分为四个阶段。
> 注意：这里的青年期和青春期顺序没错！

（五）在自然教育的具体实施中，针对德育、智育的一些举措【论述】：16赣南

1. 消极教育

教育要遵循自然天性，也就是要求儿童在自身的教育和成长中取得主动地位，无须成人的灌输、压制、强迫，教师只需创造学习的环境、防范不良的影响。他的作用不是积极的，而是消极的，是对儿童的发展不横加干涉的教育。这就是卢梭所谓的"消极教育"。

2. 自然后果律【名解】：16曲阜，16河南，17江苏，19浙江大学

当儿童犯了错误和过失后，不必直接去制止他们或惩罚他们，而让他们在同自然的接触中，体会到自己所犯的错误和过失带来的自然后果，使儿童服从于自然法则，结合具体事例使他们从自己的直接经验中受到教育。这就是"自然后果法"。卢梭强调说，我们不能为了惩罚而惩罚孩子，应当使他们觉得这些惩罚正是他们不良行为的自然后果。

> 自然后果律：例如儿童打碎窗上的玻璃，不必立刻惩罚他，也不必马上配上新的玻璃，而宁可让他受寒着凉。这样，他就会认识到自己的过失及其后果，并加以改正。

3. 感官训练

卢梭主张，首先是发展触觉，因为触觉不仅能提供事物的形象和表面，而且比其他的感觉更为可靠；其次是发展视觉；最后发展听觉，听觉应该与语言的发展联系起来。

4. 智育

卢梭强调从自然中学习，主张要以儿童的经验为基础，独立观察和研究大自然中的各种事物。他认为教学中最重要的是启发儿童、青年的自觉性，为此特别重视动机、兴趣和需要在学习中的作用。他还主张使用发现法教学、直观教学、从经验中学习。

5. 德育

卢梭主张，从天赋良心与自爱出发到爱亲近的人再到爱全人类，激发青年自然涌现的善良感情，发展理性，在行为中接受道德的磨炼。

（六）自然教育的影响

卢梭的自然教育理论提出了一种崭新的儿童观和教育观，对于当时压迫和束缚儿童、阻碍儿童身心发展的旧教育起到了强烈的批判作用，对于解放儿童、释放儿童天性具有很强的现实意义。此后，多位教育家受到卢梭自然教育思想的影响，不断地进行教育理论研究与实践，极大地推动了近代儿童教育的发展，其中有些观点在当代仍然具有很强的借鉴意义。

二、公民教育理论（非重点）（浙江师大大纲删除）

卢梭认为，公民教育的具体目标是培养忠诚的爱国者，即适应当时社会发展的资产阶级创业者。这种教育是建立在对旧有的制度和教育进行改革的基础上的，是新的社会

制度的教育目的。新的制度中，国家掌管教育，不能按教育对象的贫富分设学校和课程，要求儿童进行平等的教育，教师须由本国公民担任，强调体育等。

三、卢梭教育思想的历史地位与影响（浙江师大大纲删除）

首先，卢梭提出的自然主义教育思想是教育思想史上由教育适应自然向教育心理学化过渡的一个重要环节。他对中世纪以来经院主义教育违反儿童天性的做法进行了批判。在封建社会压制人性的情况下，提倡性善论，尊重儿童天性无疑具有历史进步意义。

其次，在自然主义教育的培养目标上，他呼吁培养身心调和发展的自然人和自由人，反映了对人的发展的合理要求。

再次，卢梭论证了自然主义教育的内容和方法。例如详细分析了儿童身体健康教育；重视感觉教育的价值；反对填鸭式教育，提倡启发式教育；反对向儿童灌输道德教条，要求养成符合自然发展的品德等。这些观点既是在前人的基础上的发展，也反映了近代教育的发展方向。

最后，卢梭的教育理论对欧美教育的影响极其深远。德国的泛爱教育运动、瑞士的裴斯泰洛齐的教育实验、美国进步主义教育运动等等，无不受到卢梭自然教育理论的启发。

第四节 裴斯泰洛齐的教育思想

【简答/论述】：21 广西，13 湖北大学，16 北华大学

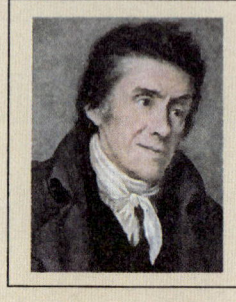

裴斯泰洛齐

裴斯泰洛齐是近代瑞士著名的民主主义教育家。在教育史上，他是第一个提出了教育心理学化的思想，倡导要素教育，以及力图在这些教育思想和理论的基础上，改革教学，建立初等学校各科教学法，对西方近现代教育的发展产生了重大的影响。他的主要著作是《林哈德与葛笃德》《隐士的黄昏》《天鹅之歌》《葛笃德如何教育她的子女》等。

> **复习提示**
> 裴斯泰洛齐一生期望通过革新教育使人的潜能得到全面、充分的发展，提高大众的文化水平和谋生本领，促进社会改良，并为此主张推行民主的教育。

一、教育实践活动（浙江师大大纲删除）

裴斯泰洛齐的生平和教育实践活动本身就是一部完整的教育，他是以自身的偶像力量进行爱的教育的楷模。裴斯泰洛齐的教育实践活动分为四个时期：

（一）第一阶段（1768—1798年），新庄时期

裴斯泰洛齐收容五十多名流浪儿，开始了首次教育实验。让儿童自己在农庄工作，来维持儿童生活所需的费用，同时对他们进行教育。实验在短期内即取得了很大成就。

（二）第二阶段（1798—1799年），斯坦兹时期

1798年后，裴斯泰洛齐在阿尔卑斯山区创建斯坦兹孤儿院，组织儿童边劳动边学习，同时积累了以母爱作为德育基础的新经验。在这段时间里裴斯泰洛齐的要素教育理论产生，也正是在此时，他开始了初等教育新方法的研究和实验。

(三）第三阶段（1799—1805 年），布格多夫时期

1799 年，裴斯泰洛齐在瑞士的布格多夫市市立幼儿学校任教，从事初等教育的改革、探索。裴斯泰洛齐的教育理论在布格多夫学校得到一个充分实验的良机，他的初等教育方法也由此而形成体系。

(四）第四阶段（1805—1827 年），伊佛东时期

1805 年，在政府的帮助下，设立了一所规模很大的学院（伊佛东学校），有小学、中学和师范部。在这里，裴斯泰洛齐的各种教学法得到了更加广泛的实验和应用。

1825 年，裴斯泰洛齐写成总结自己一生教育工作经验的最后每一本著作是《天鹅之歌》。最早使用日记描述法研究儿童成长和发展的是裴斯泰洛齐。

二、论教育目的（了解）

第一，人有"心、脑、手"三种天赋的基本能力，每个人生来都具有发展的要求和发展的可能性，教育在于使人的这种潜在力量和才能得到充分发展。

第二，教育的措施既要适合儿童的天性，又要符合他们所处的社会条件，将人的天性纳入社会秩序的正轨，并促使他们把自己提升到道德状态，"能真正成为社会的有用成员"。

第三，"教育意味着完整的人的发展"。裴斯泰洛齐指出，既然在人的本性中，存在人的心、脑和手的能力的均衡性，并构成人的整体性和统一性，教育也就应该使儿童德、智、体诸方面的能力得到均衡、和谐的发展。

第四，通过教育完美地发展人的能力，提高人民的素质，授予人民谋生的本领，培养每个人树立自立、自养、自尊、自强的意识，就可以使人成为人格得到发展的真正独立的人，成为"必然是一个有用的、受人尊敬的社会成员"，他既将获得个人幸福，也有益于社会。

评价：裴斯泰洛齐关于教育目的的观点，既强调个人的充分、全面、均衡发展，又重视个人发展与社会进步的互动关系，强调教育具有对人的发展和社会的改良之密切联系的双重作用。尽管带有浓厚的人道主义和理想主义色彩，在当时瑞士的社会条件下不现实，但其民主的和积极进步的基本思想，仍十分可贵。

三、<mark>论教育心理学化</mark>【名解/简答/论述】：14 天津，12 聊城大学，12 山东，16 江西，16 湖南，16 山西大学，16、17 延安大学，17 河南，19 湖北大学，20 天津，20 宁波大学，21 华东，10 河南，11 山西，11 福建，18 信阳师范，18 青海，19 中国海洋，20 东北，21 聊城大学，21 长江大学

在西方教育史上，裴斯泰洛齐是**第一个**明确提出"教育心理学化"口号和诉求的教育家，教育心理学化就是要把教育提高到科学的水平，将教育科学建立在人的心理活动规律的基础上。教育心理学化的内涵包括以下几个方面：

（一）教育的目的和理论指导心理学化

将教育的目的和教育的理论指导置于儿童本性发展的自然法则的基础之上。只有认真探索和遵循儿童的心理活动和心理发展的规律性，才能取得应有的教育和教学效果。忽视教育中的所有心理学因素，必将造成教育失败。

（二）教学内容心理学化

使教学内容的选择和编制符合儿童的学习心理规律。裴斯泰洛齐还力图从客观现象和人的心理过程探索教育和教学内容中普遍存在的基本要素，并依据这些要素为核心来

教育心理学化思想最早由裴斯泰洛齐提出。在继承裴斯泰洛齐教学心理学化思想的基础上，德国教育家赫尔巴特第一次构建了一个完整的教学心理学化理论体系。之后，德国教育家福禄贝尔和第斯多惠对教育心理学化思想也作出了自己的贡献。

组织各科课程和教学内容，提出了"要素教育"理论。

（三）教学原则和教学方法的心理学化

教学要遵循自然的规律，要与自然活动的规律相协调。首要的是要使教学程序与学生的认识过程相协调。教学依据人的认识过程进行，从模糊的感觉印象到精确的感觉印象，从精确的感觉印象到清晰的表象，从清晰的表象到确定无误的概念。在此原则下，提出了直观性教学原则、循序渐进原则。

（四）让儿童成为自己的教育者

教育者不仅要让儿童接受其教育，还要使儿童自己成为教育中的动因，要适应儿童的心理时机，尽力调动儿童的能动性和积极性，使他们懂得自我教育。这也是教育心理学化的一个重要方面。

评价： 裴斯泰洛齐对人的心理的理解和解释基本上是感性的，尚未清晰地揭示心理学的基本规律，并不十分科学，但他关于教育心理学化的思想，不仅成为他自己关于人的和谐发展论、要素教育论、简化的教学方法和初等学校各科教学法的重要理论基础，而且对19世纪教育心理学化在欧美一些国家逐渐发展为一种思潮或运动产生了重大影响。

四、**要素教育论** 【名解/简答/论述】：11重庆，12福建，13、20山西大学，14、17西北，17陕西，19中央民族，20四川，20浙江大学，10曲阜，17东北，18信阳师范，18华东，18湖南，19陕西，20上海，21宁波大学，21西北，18福建，19山西大学，20成都大学

要素教育论是裴斯泰洛齐基于教育心理化理论对初等教育内容和方法的重要论述，也是他为初等教育革新所开展的开创性实践的结晶。

> **复习提示**
> 此处的要素教育与现代欧美教育思潮中的要素主义教育注意区别，不要混淆。

（一）要素教育论的基本思想

初等学校从它的本质讲，要求普遍地简化它的方法，初等学校的各种教育都应该从最简单的要素开始，然后逐渐转到日益复杂的要素，循序渐进地促进人的和谐发展。具体地说，要素教育既要求初等学校为每个人在德、智、体几方面都能受到基本的教育而得到和谐的发展，又要求在德育、智育、体育的每一个方面都通过"要素方法"获得均衡的发展。

（二）要素教育的基本内容

1. 德育

德育是培养和谐发展的人极为重要的方面。道德教育的任务就是要遵循道德自我发展的基本原理，培养和发展儿童的德行。

儿童对母亲的爱，是道德教育最基本的要素。随着孩子的长大，他便从爱母亲进而爱双亲，爱兄弟姐妹，爱周围的人。当儿童上学后，社会交往和人际关系日益扩大，又把爱逐步扩大到爱所有的人，爱全人类。爱人类和爱上帝是一致的，这是德行的最高要求。

2. 智育

智育不仅是教给学生知识，还要着力帮助促进他们的思考能力、调查研究能力和判断能力的自然发展，以便有意识地占有人类几千年获得的东西。

首先，教学应从教学的基本要素开始，使教学过程心理学化。数目、形状和语言是教学的基本要素。儿童通过计算来掌握数目，通过测量来认识形状，通过言语（说话）来掌握语言，同时培养和发展自己的计算、测量和言语的能力。

其次，要改进初等学校的教学科目和教学内容。 在初等教育阶段，应开设阅读、书写、算术等课程，一切课程编制和教学内容都要以各自的要素为核心来组织。

最后，智力的发展主要来自思考，教师要引导组织学生进行各种思维练习。

3.体育

体育的基本要素是关节活动。 儿童的体育训练就是要从这些基本动作的训练开始，并随着年龄的增长逐渐进行较复杂的动作训练，以发展他们身体的力量和各种技能。

五、初等学校各科教学法（了解）

裴斯泰洛齐根据教学心理学化和要素教育的理念，具体地研究了初等学校各科教学法，被认为是现代初等学校各科教学法的奠基人。他对初等学校的语言教学、算术教学和测量教学尤为重视。

（一）语言教学

发音教学。从听到说，练习语言器官。

单词教学。教儿童学习周围环境最重要的事物、历史、地理、人们的职业和社会关系等方面的单词。

语言教学。教儿童把名称和事物联系起来，认识事物的各种特性，特别是它的数和形，以及各种事物间的相互联系，并学会清晰地表达它，从而既发展了儿童的语言及认识能力，又使他们获得了各种知识。

（二）算术教学

数字"1"是数目的最简单要素，而计数是算术能力的要素。算术教学首先通过具体实物或直观教具使儿童产生"1"这个数字的概念，从"1"开始，先掌握加法后，再学习乘法、除法、减法。

（三）测量教学（形状教学）

目的是发展儿童对事物形状的认识能力。直线是构成各种形状的最简单的要素，因此，测量教学应从认识直线开始，先通过直线教具观察直线，然后认知角，再到复杂的图形。

（四）地理教学

主张地理教学按照由近及远的原则进行，即从直接观察儿童所熟悉的周围地区的自然环境开始，然后逐渐扩大到对本县、本省、本国以至对全世界地理的了解。

六、教育与生产劳动相结合（浙江师大大纲删除）【简答/论述】：19西北，21湖州师范，20沈阳，20四川

裴斯泰洛齐是西方教育史上**第一位**将教育与生产劳动相结合的思想**付诸实践**的教育家，并在自己的实践活动中，推动和发展了这一思想。

（一）新庄"贫儿之家"时期，初步实验

裴斯泰洛齐认为这也许是帮助未能进学校接受教育的农村贫民子弟提高劳动能力、学会谋生技能、改善生活状况的最好途径。当然，这样的教育与生产劳动相结合，只是一种单纯的、机械的外部结合，教学与劳动间无内在的联系。

（二）斯坦兹孤儿院时期的实验

首先，明确地把学习与手工劳动、学校与工厂相联系，作为办斯坦兹孤儿院的实验

> 裴斯泰洛齐虽不是第一个提出教育与生产劳动相结合思想的人，但他是西方教育史上第一位将这一思想付诸实践的教育家。

内容之一，意味着更有意识地将教育与生产劳动相结合视为探讨新教育的一个重要方面。

其次，以安排学习为主，参加手工劳动为辅，但强调两者的联系和结合。

再者，学习和手工劳动能够结合以前，两者必须分别打好基础，即重视学习基础文化知识，掌握基本的手工劳动技能。

最后，他深信教育与生产劳动结合对培养和谐发展的人具有重大教育意义，并认为这也是基于教育心理学化的教育途径。

评价：裴斯泰洛齐关于教育与生产劳动相结合的实践和论述，反映了资本主义工场手工业时代对教育与生产劳动之间的关系的新要求。在一定程度上看到了教育与生产劳动相结合对人的和谐发展和社会改造的重要意义。但受时代的限制，未能真正找到教育与生产劳动相结合的内在联系。

第五节 赫尔巴特的教育思想

【简答/论述】：11河南，11首都，12湖北大学，19广西，20西北，21浙江大学，10宁波，11、20江西，12、17上海，13延安大学，14鲁东，15西华，18天津，18吉林，18广西师范学院，18北华大学，19宝鸡文理学院

赫尔巴特 【名解】：19集美大学，20山西

赫尔巴特是德国著名的教育家，提出了建立在心理学和伦理学基础上的完整的教育思想体系、教育性教学原则，强调通过知识教学促进学生道德品格的形成、以兴趣和文化纪元理论为基础的课程理论、以明了、联想、系统和方法为核心的教学形式阶段理论等。赫尔巴特被认为是传统教育学的旗帜人物，其主要著作有《普通教育学》《教育学讲授纲要》。

《普通教育学》 【名解】：14南京，15吉林

1806年出版的《普通教育学》标志着教育学已经成为一门独立的学科。该书分为绪论、教育的一般目的、兴趣的多方面性（教学）、品格的道德力量（德育）四个部分。赫尔巴特首先提出了要以心理学为基础的观点，从而使教育建立在科学理论基础之上。他根据儿童心理活动规律，形成明了、联想、系统、方法四个阶段的形式阶段教学理论，为近代教学法的建立提供了基础。《普通教育学》对许多国家的教育产生了很大的影响。

> **复习提示**
> 赫尔巴特的教育思想非常重要，整体教育思想会考简答、论述题，单独某个思想也会考简答、论述题，所以，每一条都要熟练掌握。

一、教育思想的理论基础 【选择/简答/论述】：21南京，13、15陕西，13西南，18西安外国语

赫尔巴特的教育思想具有双重理论基础，即伦理学基础和心理学基础。他认为伦理学为教育指明目的，而心理学则指出教育的途径、方法和手段。

（一）教育学的伦理学基础

伦理学的基本内容是指五种道德观念，即**内心自由、完善、仁慈、正义、公平**。

1. 内心自由

指的是一个人有了正确的思想或者说对真善美具有明确的认识，能够自觉地按照道德规范行事，使自己的行为符合理性的原则。

2. 完善

是指人调节自己的意志、做出判断的一种尺度。

3. 仁慈

是指"绝对的善",它要求人无私地为他人谋福利、与人为善,从而使自己的意志与他人的意志协调一致。

4. 正义的观念

也就是"守法"的观念。它要求避免不同意志之间的冲突,并且按照人们自愿达成的协议(或法律)解决冲突。

5. 公平或报偿

是指当人故意作祟时予以应有的惩罚,即善有善报、恶有恶报。

评价: 赫尔巴特伦理学的重要特征是强调知识或认识在德行形成过程中的作用。这五种道德观念是一个不可偏废的相互联系的整体。在上述五种道德观念中,前两种是调节个人道德行为的,后三种是调节社会道德行为的。

顺口溜>> 公平正义心仁慈,内心自由才完善

(二)心理学基础(统觉理论)【简答/论述】:15 南航,18 陕西,21 北京理工,17 杭州,21 北华大学

在西方历史上,赫尔巴特是**第一位**把心理学作为一门独立学科加以研究并努力把它建成为一门科学的教育家。赫尔巴特系统研究了**统觉、兴趣和注意**等心理学问题。

1. 统觉理论的基本含义

当新的刺激发生作用时,感觉表象就通过感官的大门进入到意识阈中;如果它具有足够的强度能唤起意识阈下已有的相似观念的活动,并与之联合,那么,由此获得的力量就将驱逐此前在意识中占据统治地位的观念,成为意识的中心,新的感觉表象与已有观念的结合,形成统觉团(即认识活动的结果);如果与新的表象相似的观念已经在意识阈上,那么,二者的联合就进一步巩固了它的地位。

2. 统觉的条件

主要是指兴趣,而兴趣是观念的积极活动状态,是一种好奇心和智力活动的警觉状态,正因如此,兴趣赋予统觉活动以主动性。当观念活动对事物的特性产生兴趣这样一种活动时,意识阈上的观念就处于高度活跃状态,因而更易唤起原有的观念,并争取到新的观念。

示意图>>

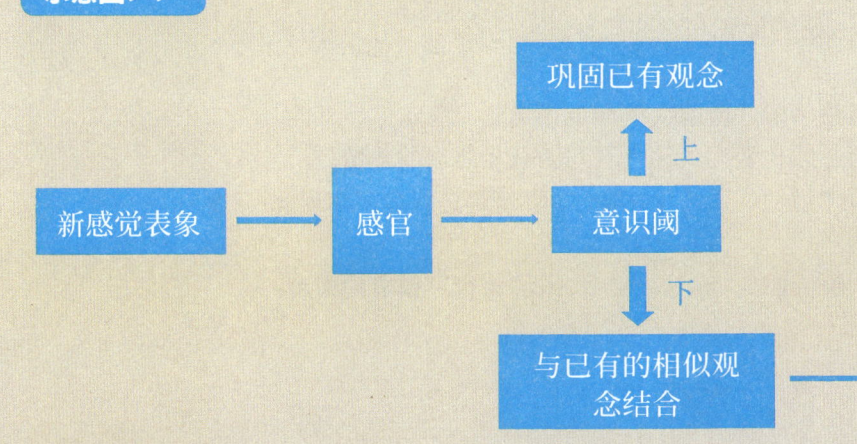

新感觉表象 → 感官 → 意识阈 —上→ 巩固已有观念
意识阈 —下→ 与已有的相似观念结合 → 统觉团

虽然裴斯泰洛齐首先提出了教育心理学化的口号,但他并没有将其丰富的实践经验上升到系统理论的高度。不过,他的设想对赫尔巴特却产生了很大影响。赫尔巴特认为,教育学作为一门科学必须以心理学为基础。

复习提示

教育既然是以道德的养成为最高目的,那么通过什么途径可以有效地达到这种目的呢?赫尔巴特提出了一个非常重要的原则,即教育性教学原则。

二、道德教育理论 【简答/论述】：16辽宁，17内蒙古，12华南，19鲁东，20杭州，21天津

(一) 教育目的论 【名解/简答】：14北京，16湖南大学，18南航，21临沂大学

赫尔巴特认为，教育目的可分为两种，即"可能的目的"和"必要的目的"。

"可能的目的"或"选择的目的"是指发展儿童多方面的兴趣，使人的各种能力得到和谐发展，以便将来选择职业。

"必要的目的"是教育所要达到的最高和最为基本的目的，即道德，就是要养成内心自由、完善、仁慈、正义、公平五种道德观念。

关键词>> 教育目的 = 可能目的（多方面的兴趣）+ 必要目的（五种道德观念）

(二) 教育性教学原则 【名解/辨析/简答/论述】：11辽宁，13天津，14河北大学，17曲阜，18信阳师范，20吉林，20青海，20大理大学，18南京，17云南，21江西科技，11杭州，14宁波大学，16曲阜，18江苏，21苏州科技

1. 内涵

教育性教学原则是指通过教学来进行教育的原则。知识与道德有直接和内在的联系，教育（道德教育）只有通过教学才能产生实际作用，教学是道德教育的基本途径。不存在无教学的教育，也不存在无教育的教学。

2. 实施

他认为要通过教学来进行道德教育。首先，要求教学目的与整个教育目的保持一致，因此，教学的最高目的是养成德行；其次，为了实现最高目的，教学必须为自己设立一个近期的、较为直接的目的，即培养"多方面的兴趣"，多方面的兴趣具有一种道德的力量。最后，教学和道德教育之间是手段和目的的关系，教师应当寓教育于教学。

3. 评价

在赫尔巴特以前，教育家们通常是把道德教育和教学分开进行研究的，教育和教学通常被规定了各自不同的任务和目的。在这个问题上，赫尔巴特的突出贡献在于，运用其心理学的研究成果，具体阐明了教育与教学之间存在内在的本质联系，使道德教育获得了坚实的基础。但在另一方面，他把教学完全从属于教育，把教育和教学完全等同起来，具有机械论的倾向。

(三) 道德教育（儿童的管理和训育） 【简答】：21内蒙古

赫尔巴特的道德教育包括"训育"和"儿童管理"两个方面，是道德的形成过程。

1. 儿童管理的目的是为了"造就一种守秩序的精神"

管理的任务是为随后的教学创造必要的条件。管理的意义在于对某些恶行的预防，训育是为了美德的形成。因此，管理应在进行知识和道德教育之前进行。

2. 训育是指有目的地进行培养，目的在于形成性格的道德力量

训育可分四个阶段：道德判断、道德热情、道德决定和道德自制。赫尔巴特认为，道德判断是道德的基础。这种道德判断必须转变为"同勇气与智慧相协调的热情"，才能把"道德化为性格"。道德决定是指用"道德的眼睛"对事物、环境等进行观察和理解，并依此行动。道德自制是对自我的认识。

赫尔巴特提出的训育方法措施有：维持的训育；起决定作用的训育；调节的训育；抑制的训育；道德的训育；提醒的训育。

在其伦理学和心理学所建构的基础上，赫尔巴特提出了完整的教育理论。他把对儿童教育的整个过程划分为儿童的管理、教学和训育（即道德教育）三个部分，并认为儿童管理的主要任务是身体发展和形成"一种守秩序的精神"，从而为教学和道德教育创造必要的条件，而教学事实上又是为道德教育做准备的。因此，在赫尔巴特教育理论中，道德教育是最为重要的内容。

赫尔巴特的课程理论建立在心理学基础上，提出了课程构建的新的标准和思路。

三、课程理论 【简答/论述】：15 东北，16 渤海大学，17 西华，20 华中，10 福建，11 华东，12 延安大学，14 天津，16 中国海洋，17 陕西，17 集美大学，20 浙江，21 鲁东

（一）课程必须与儿童的经验和兴趣相适应（经验、兴趣与课程）

1. 经验

课程内容的选择必须与儿童的经验和兴趣相一致。儿童在日常生活中，通过与自然的接触和与人的交往，获得了经验和同情，这是教学活动赖以进行的基础。但儿童早期的经验并不是完美无缺的（分散、杂乱），需要教学加以补充和整理。真正符合这种需要的是直观教材，对直观教材的运用，将使儿童的经验变得更为丰富、真实和确切。

2. 兴趣

兴趣存在于经验之中，因此，只有与儿童经验相联系的内容，才能引起儿童浓厚的兴趣。只有引起兴趣的教学内容，才能使儿童保持意识的警觉状态，从而更好地接受教材。他明确指出，要掌握知识，并且得到更多的知识，就必须有兴趣。

3. 兴趣课程体系

赫尔巴特把多种多样的兴趣分为两大类：**经验的兴趣和同情的兴趣**。其中经验的兴趣包括经验的、思辨的和审美的三种；同情的兴趣包括同情的、社会的和宗教的三种兴趣。各种经验、兴趣对应应设的课程，如下表所示。

经验的兴趣	经验的兴趣	自然、物理、化学、地理
	思辨的兴趣	数学、逻辑、文法
	审美的兴趣	文学、绘画
同情的兴趣	同情的兴趣	外国语（古典语言和现代语）、本国语
	社会的兴趣	历史、政治、法律
	宗教的兴趣	神学

（二）课程要与统觉过程相适应（统觉与课程）

根据统觉原理，新的观念和知识总是在原有的理智背景中形成的，是以原有观念和知识为基础产生的。这就必然要求课程的安排应当使儿童能够不断地从熟悉的材料逐渐过渡到密切相关但还不熟悉的材料。

依据统觉原理，赫尔巴特为课程设计提出"相关"和"集中"两项原则，目的是保持课程教学的逻辑结构和知识的系统性。① 相关。学校不同课程的安排应该相互影响和相互联系；② 集中。在学校所有课程中，选择一门科目作为学习的中心，其他科目作为学习和理解它的手段。其中，历史和数学应作为所有课程的中心。

（三）课程必须要与儿童发展阶段相适应（儿童发展与课程）

赫尔巴特力图以文化纪元理论为基础，探讨课程的选择和设计。他把儿童发展分为四个时期：婴儿期、幼儿期、童年期和青年期。每个时期有不同的心理特征。因此，每个时期应该开设不同的课程。婴儿期进行身体的养护，发展感官训练，培养儿童的感受性；幼儿期教授《荷马史诗》发展儿童的想象力；童年期和青年期要教授数学、历史，培养学生的理性。

经典真题

论述赫尔巴特兴趣教育思想对我国创新人才培养的启示。
【论述】：16 中国海洋

课程程序		
儿童发展阶段	对应的种族发展阶段	课程内容
婴儿期	人类历史的早期	身体的养护，发展感官训练，培养儿童的感受性
幼儿期	人类历史的想象期	《荷马史诗》发展儿童的想象力
童年期	人类历史的理性发展期	数学、历史，培养学生的理性
青年期		

评价： 在欧美近代教育史上，赫尔巴特提出的课程理论是最为完整和系统的。他继承了前人的合理思想，使之融合到一个有机联系的整体中，并力图赋予它以严格的和广泛的心理学基础，从而使课程的设置与编制有了明确的依据，这就避免了课程设置中的盲目性和随意性，克服了课程设计的散乱现象，以保证教学工作的有效进行。

四、教学理论【名解/简答/论述】：18湖南大学，12渤海大学，15东北，15、18、19上海，17、18陕西，17宁波大学，18四川，20辽宁，20浙江，21沈阳大学，21陕西理工

（一）教学进程理论（教学方法）

根据赫尔巴特的主张，统觉过程的完成大体上具有三个环节：感官的刺激、新旧观念的分析和联合、统觉团的形成。与此相应，他提出了三种不同的教学方法：单纯提示的教学、分析教学和综合教学。这三种教学方法之间的联系，就产生了他所谓的"教学进程理论"。

1. 统觉活动的第一个环节： 单纯提示的教学方法实际上就是直观教学

单纯提示教学的目的在于通过感官的运用，得到一些与儿童已经观察过的事物相类似，并与之有关联的感觉表象，从而为观念的联合做准备。

2. 统觉过程的第二个环节： 需要进行分析教学

分析教学是在单纯提示教学的基础上进行的。作用在于对不同的观念和表象进行区分，有助于形成观念的复合或融合，为观念的联合做好准备。分析教学有两个阶段：①教师要求学生指出并命名当前出现的事物，然后转向尚未出现的事物；②讲述某一个整体分割成的各主要部分，这些部分的相对位置、它们的联系与变动。

3. 统觉过程的第三个环节： 新旧观念的联合（即统觉团的形成）

通过综合教学，由单纯提示教学所提供的清晰表象和分析教学产生的对表象的区分，就形成了观念的联合，即获得了新的知识和概念。

（二）教学形式阶段理论【名解/辨析/简答/论述】：10南京，13湖南大学，20河南，21山东，12天津，13曲阜，13、18聊城大学，14重庆，15北京，16贵州，16重庆三峡学院，17东北，18华中，20济南大学，20陕西，20西安外国语，20天津外国语，21山西大学，21南宁，21四川，21西北，10、13山西，11安徽，12聊城大学，13渤海大学，13、18闽南，13、17宁波大学，13、15沈阳，14华南，16陕西，16集美大学，18中国海洋，18河南，19吉林，19苏州，20曲阜，20天水师范

1. 兴趣活动的划分

赫尔巴特认为，兴趣活动可以划分为以下四个阶段。

（1）注意。由于心智活动"使一种表象比较突出并对其余表象发挥作用"，这就使兴趣活动对它产生一种倾向。

（2）期待。新引起的表象活动往往并不能立刻出现在意识中，兴趣活动因而转向

复习提示

在赫尔巴特的教育理论体系中，对后世影响最大的是教学理论。教学理论包含：（一）教学进程理论；（二）教学形式阶段理论。

复习提示

赫尔巴特所提出的教学形式阶段，实际上就是课堂教学的完整过程，是一个包括教学方法、教学形式等在内的规范化的教学程序。

复习提示

教学形式阶段理论，如果考查简答题，回答教学形式的四个阶段即可。如果考查论述题，教学形式阶段理论的所有内容都要回答。

对它产生期待。

(3) **要求**。从兴趣中产生欲望，它通过向对象提出要求显示出来。

(4) **行动**。

2. 两种思维状态

赫尔巴特指出，儿童在学习活动中的思维状态主要有两种：**专心与审思**。

(1) **专心**是指集中于任何主题或对象而排斥其他的思想活动；

(2) **审思**是指追忆和调和意识内容，即对由专心而得到的知识进行同化作用。他认为，由于专心活动是相互隔绝的，因而需要使专心活动与审思活动不断地相互转化，并使之在审思活动中结合起来。

3. 教学形式阶段

赫尔巴特指出，任何教学活动都必须是井然有序的，都经历以下四个阶段。

(1) **明了（或清晰）**。当一个表象由自身的力量突出在感官前，兴趣活动对它产生注意；这时，学生处于静止的专心活动；教师通过运用直观教具和讲解的方法，进行明确的提示，使学生获得清晰的表象，以做好观念联合，即学习新知识的准备。

(2) **联合（或联想）**。由于新表象的产生并进入意识，激起原有观念的活动，因而产生新旧观念的联合，但又尚未出现最后的结果；这时，兴趣活动处于获得新观念前的期待阶段；教师的主要任务是与学生进行无拘束的谈话，运用分析的教学方法。

(3) **系统**。新旧观念最初形成的联系并不是十分有序的，因而需要对前一阶段由专心活动得到的结果进行审思；兴趣活动正处于要求阶段；这时，需要采用综合的教学方法，使新旧观念间的联合系统化，从而获得新的概念。

(4) **方法**。新旧观念间的联合形成后需要进一步巩固和强化，这就要求学生自己进行活动，通过练习巩固新习得的知识。

评价：赫尔巴特教学形式阶段理论的突出贡献是在严格按照心理过程规律的基础上，对教学过程中的因素和活动进行高度抽象，建立了明确的和规范化的教学模式。不仅反映了人类对教学过程和教学活动本质认识的发展，而且具有广泛的实践意义。但教学形式阶段理论所固有的机械理论倾向，也使它不断受到来自各方面的批评。

助记表格>>

教学形式阶段	思维状态	心理状态	兴趣活动	教学进程（教学方法）
明了（或清晰）	专心	静止	注意	直观教学和讲解
联合（或联想）	专心	动态	期待	分析教学
系统	审思	静止	要求	综合教学
方法	审思	动态	行动	学生自己活动（应用）

五、赫尔巴特教育思想的传播（了解）

在西欧新教育运动和美国进步主义教育运动兴起之后，赫尔巴特教育学被认为是"传统教育"的主要代表。作为传统教育的代表人物，赫尔巴特强调课堂、书本、教师三中心。

19世纪70年代以后，赫尔巴特和赫尔巴特学派的教育思想曾在一个相当长的时期里，始终作为一个教育思潮的主要流派之一持续地出现，对世界许多国家的学校教育改革起到支配作用。

赫尔巴特的教育学说对亚洲的一些国家也产生了重要影响。在中国，最早且有系统地引进的西方教育学说就是赫尔巴特及其信徒的理论。20世纪初期，赫尔巴特及其学派教学理论在中国得到了广泛的传播，对当时废科举、兴学堂和发展近代师范教育起了积极的推动作用。

赫尔巴特的教育理论也有不足之处，如其教育体系中充满了思辨和神秘色彩，许多论述也带有一定程度的机械性和片面性。

第六节 福禄培尔的教育思想

【简答/论述】：15曲阜，18江苏大学，21湖南，21闽南

福禄培尔 【名解】：17深圳大学，18宁波大学

福禄培尔是19世纪德国著名的教育家、幼儿园的创立者、近代学前教育理论的奠基人。福禄培尔的教育理论主张统一、顺应自然、发展和创造的原则，他深入阐发了幼儿教育思想，论述了幼儿园工作的意义和任务；建立以活动与游戏为主要特征的幼儿园课程体系。福禄培尔对世界幼儿教育的发展有着广泛而深刻的影响，在世界教育史上占有非常重要的地位，被誉为"幼儿教育之父"。主要著作有《人的教育》。

一、教育的基本原则（了解）

1. 统一的原则（万物有神论）

万物有神论是福禄培尔思想的基础，即统一的原则，具有宗教的色彩。人类首先须认识自然，进而认识人性，最终认识上帝的统一。教育的实质在于使人能自由和自觉地表现他的本质，即上帝的精神。教育的任务是帮助人类逐步认识自然、人性和上帝的统一。

2. 顺应自然的原则

在福禄培尔看来，既然神性是人性的本质或根源，人性肯定是善的。因此，教育、教学和训练的最初的基本标志必然是容忍的、顺应的，仅仅是保护性的、防御性的。自由与自决是全部教育和全部生活的目的与追求。

二、幼儿园教育理论 【论述】：21浙江

（一）幼儿园工作的意义与任务 【名解】：18湖南农业

1. 幼儿园工作的意义

（1）必须为3～7岁的儿童建立专门的教育机构，协助家庭更好地教育孩子。

（2）幼儿园教育作为家庭教育的"补充"而非"代替"，强调幼儿园是家庭生活的继续和扩展。

（3）两者的一致性，乃是完善教育的首要条件。福禄培尔的幼儿园采取半日制，正是这一思想的体现。

2. 幼儿园工作的任务

> **复习提示**
>
> 除了统一、顺应自然的原则，福禄培尔还提出了发展的原则、创造的原则。福禄培尔在教育史上第一次把自然哲学中"进化"的概念完全而充分地运用于人的发展和人的教育。
>
> 福禄培尔的教育顺应自然思想是建立在性善论的基础上的。他所谓的"自然"，主要是指儿童的天性，即生理和心理特点。从这里可以明显看出福禄培尔的思想受到卢梭自然主义教育思想的影响。

幼儿园工作的任务是通过各种游戏和活动，培养儿童的社会态度和民族美德，使他们认识自然与人类，发展他们的智力与体力以及做事或生产的技能和技巧，尤其是运用知识与实践的能力，从而为下一个阶段的发展做好准备。此外，幼儿园还应担负训练幼儿园教师、推广幼儿园教育经验的任务。

（二）幼儿园教育方法

福禄培尔关于幼儿园教育方法的基本原理是**自我活动或自动性**。

首先，自我活动是一切生命的最基本的特性。自我活动能表现出儿童的发展程度，激发他们对新知识的兴趣和注意，鼓励自信与自尊，并引导儿童了解各种知识之间的关系。

其次，他重视儿童的亲身观察。要求教育工作者有意识地把有关联性的事物呈现在儿童面前，使儿童能容易而正确地知觉这些事物并形成观念。

再者，高度评价游戏的教育价值。把游戏看作儿童内在本质向外的自发表现，是人在这一阶段上最纯洁的精神产物。所以，他主张为儿童建立公共游戏场所。

最后，明确社交关系的重要性。只有通过与他人的交往，才能认识自己与他人的关系，进而认识人性。他也把"社会参与"作为重要的幼儿园教育方法，要求教育儿童使之充分适应小组生活，并重视家庭和邻里生活之复演。

（三）幼儿园课程

依据感性直观、自我活动与社会参与的思想，福禄培尔建立起一个以活动与游戏为主要特征的幼儿园课程体系，包括游戏和歌谣、恩物、作业、运动、自然研究等。其中重要的有恩物和作业。

1. 恩物　【名解】：10闽南，12、13苏州，12北京，13延安大学，13、16西南，15鲁东，15西北，16天津，16渤海大学，18河南，18湖南，19南京，20集美大学，20合肥，21湖州师范，21成都大学

（1）恩物或福禄培尔恩物是福禄培尔创制的一套供儿童使用的教学用品。

（2）恩物的教育价值是帮助儿童认识自然及其内在规律的重要工具。恩物作为自然的象征，能帮助儿童由易到难、由简及繁、循序渐进地认识自然。

（3）真正的恩物应满足三个条件：①能使儿童理解周围的世界，又能表达他对客观世界的认识。②每种恩物包含前面的恩物并预示后续的恩物；③每种恩物本身应表现为完整的、有秩序的、统一的观念。

2. 作业

（1）作业与恩物关系十分密切，主要体现福禄培尔关于创造的原则。作业是要求将恩物的知识运用于实践。

（2）作业的材料种类有很多，有纸工、泥塑、绘图等，做这些工作需要较高的技巧，必须在学会摆弄恩物后才能进行。

（3）积极有益的作业除了有助于训练感觉、发展技能、锻炼体格、学成手艺之外，还有更深层次的意义，即展现人的内心思想，发展儿童的智力，帮助儿童表达其内心世界。

3. 恩物与作业的联系与区别

联系：表现在它们是两种互相连接的幼儿游戏活动的形式，是儿童认识自然和社会、满足其内心冲动的必要手段。

区别：（1）从安排的顺序看，恩物在先，作业在后；

（2）从活动的材料看，恩物的材料是固定的，作业的材料是可以改变的；

（3）从性质来看，恩物是活动的材料，作业既包括活动，也包括活动的材料；

（4）从儿童的内心需要看，恩物主要反映模仿的本能，作用在于接受或吸收，而作业主要反映创造的本能，作用在于发表和表现。

助记表格>>

	恩物	作业
区别	先	后
	材料固定	材料可变
	活动的材料	活动+活动的材料
	接受或吸收	发表和表现
联系	都是互相联结的幼儿游戏活动形式	

第七节 斯宾塞的教育思想

（浙江师大大纲删除）

【简答/论述】：12江西，13江苏，14云南，14延边大学，16西北，17江苏大学，18广西，21浙江大学，21山东，12湖北大学，13河南，13哈尔滨，13杭州，16延边大学

斯宾塞 【填空】：21陕西

斯宾塞是19世纪近代英国著名的实证主义哲学家、社会学家和教育家，科学教育的倡导者。他是反对当时英国学校古典主义教育、提倡科学教育的主要代表人物之一，对英国教育内容的革新产生过深刻影响，其代表作是《教育论》，是由题为《智育》《德育》《体育》《什么知识最有价值》的四篇论文汇集而成的。他提出了"教育预备说""科学知识最有价值"等一系列著名论断。

一、科学教育的必要性（生活准备说）
【名解/判断/简答】：12沈阳，16安徽，18陕西，14河南，18北京，19湖南，20西北

斯宾塞在外国教育史上第一次明确提出"教育预备说"的观点。他认为，准备过完满生活，是教育应该履行的功能，也是评定教育课程的唯一理性的判断方式。他认为，生活是全面的、整体的；生活的范围涉及如何处理我们的身体，安顿我们的心灵，谋求我们的职业，养育我们的子女，履行公民职责等。所以，为未来的完满生活做好预备，学校应进行科学教育，学生应学习科学知识。

关键词>> 为未来的完满生活做好准备，学校进行科学教育，学生学习科学知识

二、科学知识的价值（知识价值论）
【简答/论述】：10四川，12西华，14闽南，17中南大学

斯宾塞认为，知识的价值取决于知识给人带来的功利大小、给人带来幸福的程度和为人的完满生活做准备的效果。确定知识的比较价值，就是确定哪些知识对我们最有用处。斯宾塞从完满生活的目的出发，把知识的比较价值确定为以下次序：

（1）直接保全自己的知识；
（2）关于获得生活必需品而间接养活自己的知识；
（3）关于家庭幸福所需要的知识；
（4）关于社会福利的知识；
（5）关于培养各种艺术爱好的知识。

在《什么知识最有价值？》一文中，斯宾塞指出，最有价值的知识就是科学，这是从各方面得来的结论。

（1）为了直接保全自己或维护生命的健康，最重要的知识是科学；
（2）为了谋生而间接保全自己，有最大价值的知识是科学；
（3）为了正当地完成父母的职责，正确的指导是科学；
（4）为了解释过去和现在的国家生活，使每个公民能合理地调节他的行为所必需的不可缺少的钥匙是科学；
（5）为了各种艺术的完美创作和最高欣赏所需要的准备也是科学；而为了智慧、道德、宗教训练的目的，最有效的学习还是科学。如果科学被抛弃，那么一切知识必然随之被抛弃。

三、以科学知识为核心的课程体系 【简答/论述】：12辽宁，16河北大学，17渤海大学，20福建，14、16渤海大学，20浙江大学

斯宾塞根据人类完满生活的需要，按照知识价值的顺序，为每一种教育设计了课程，形成了以科学知识为核心的课程体系。

第一类是生理学与解剖学。此类知识属于直接保全自己的知识，应该成为合理教育中最为重要的部分。

第二类是逻辑学、数学、力学、化学、天文学、地质学、生物学和社会科学，属于间接保全自己的知识，是文明生活得以维持的基础知识。

第三类是生理学、心理学与教育学。此类知识能够保证父母们成功履行自己的责任，进而促使家庭稳定和睦，社会文明进步。

第四类是历史学。历史知识有利于人们调节自己的行为，成功履行公民的职责。

第五类是文学、艺术等。这类知识能够满足人们闲暇时休息与娱乐的需要。

评价： 斯宾塞设计的课程体系，内容较为广泛，以自然科学知识为重点，重视知识对生活的实际用途，冲击了英国传统教育中过于追求"装饰"的课程体系，代表着科学教育的发展方向。

助记表格>>

部分	课程名称	目的
第一部分	生理学、解剖学	为了直接保全自己
第二部分	逻辑学、数学、力学、化学、天文学、地质学、生物学和社会科学	为了间接保全自己
第三部分	生理学、心理学与教育学	为了履行父母的职责，更好地教养子女
第四部分	历史学	为了合理地调节自己的行为和履行社会义务
第五部分	文学、艺术	为了更好地度过闲暇

第八节 马克思和恩格斯的教育思想

【论述】：17华南

一、对空想社会主义教育思想的批判继承（浙江师大大纲删除）

以圣西门、傅立叶和欧文为代表的19世纪三大空想社会主义者，都对教育问题提出了许多重要观点，描绘了未来共产主义社会的教育蓝图。马克思、恩格斯既批判了其中的空想性质，又汲取了其中积极的和有价值的思想成分。

（一）对资本主义社会教育的批判

三大空想社会主义者尖锐地批评了资本主义社会存在的教育问题，如压迫儿童的本性、教育方法单一、理论脱离实际等现实问题。马克思和恩格斯认为，空想社会主义者主要是从人性论出发，错误地认为资本主义制度及其教育中的各种弊端只是由于它不符合人性或者所谓人的理性，而未能深刻揭示其真正的社会根源和根除其弊端的途径。

（二）环境和教育对人的发展的影响

空想社会主义者反对先天决定论，强调人的发展的社会制约性，重视教育的作用，但有教育万能的倾向。马克思、恩格斯用唯物主义的观点，强调人的主观能动性，改进了这一观点。

（三）关于人的全面发展

空想社会主义者提出了人的全面发展。马克思、恩格斯扬弃了其中人性论的观念，而从现代工业生产的本性对劳动者的要求以及社会向共产主义发展的必然趋势和人的彻底解放之间的内在联系，对人的全面发展作了论述。

（四）关于教育与生产劳动相结合

空想社会主义者提出了教育与生产劳动相结合的主张，对马克思、恩格斯有重要启示，马克思、恩格斯在前人的基础上，真正揭示了教育与生产劳动相结合的客观规律性，科学地论证了教育与生产劳动相结合的历史必然性和重大意义。

二、论人的全面发展与教育的关系

人的全面发展理论是马克思和恩格斯的教育思想最核心的部分。

第一，马克思和恩格斯深刻地揭示出资本主义社会分工是导致人的片面发展的社会根源。他们在系统考察了分工的发展与人的发展的关系基础上指出，资本主义机器大工业生产在将工人的片面发展推向顶点和普遍化的同时，又为人的全面发展创造了条件。

第二，马克思主义创始人不仅从机器大工业及其资本主义应用的劳动过程考察人的发展，而且从共产主义社会的人的彻底解放展示人的全面发展。人永远是现实社会中的人，人的全面发展及其实现只能依据现实的社会条件。

第三，实现人的全面发展是一个历史发展的过程。到了共产主义社会，人们真正成为社会的主人，人才能充分、自由与和谐地发展。

三、论教育与生产劳动相结合的重大意义 【论述】：20四川

第一，教育与生产劳动相结合不仅是提高社会生产的一种方法，而且是造就全面发

> **复习提示**
> 论人的全面发展与教育的关系与《教育学基础》第五章教育目的中的马克思主义关于人的全面发展学说是同一内容，请回顾查看。

展的人的唯一方法，是改造现代社会的最强有力的手段之一。

第二，由于大工业的本性需要尽可能多方面发展的工人，于是，客观上一方面要求将生产劳动与教育结合起来，使工人尽可能受到适应劳动职能变更的教育；另一方面要求将教育与生产劳动相结合，以培养能多方面发展的劳动者。

第三，由于机器大工业生产是建立在现代科学技术基础上的，这就为通过科学这一中介，将教育与生产劳动有机地相结合提供了基础。

第四，综合技术教育使儿童和少年了解生产各个过程的基本原则，同时使他们获得运用各种生产的最简单工具技能的现代教育内容，为教育与生产劳动相结合提供了重要的"纽带"。

顺口溜>> 教劳全发展，工业有要求，科学当中介，综技是纽带

第九节 19世纪末至20世纪前期的教育思潮和教育实验

【简答/论述】：17苏州，13湖南，20宁夏大学

一、新教育运动 【简答/论述】：10、15宁波大学，11安徽，15重庆，18湖北大学，11南京，17中国海洋大学，19太原，20重庆三峡学院

（一）新教育运动的定义 【名解】：10哈尔滨，10、12河南，11渤海大学，12聊城大学，15湖北大学，16山西，16云南，17福建，17重庆，19华东，20海南，20西藏大学，21北京，21湖南，21深圳大学，21宝鸡文理

新教育运动又称新学校运动，是指19世纪末20世纪初在欧洲兴起的教育改革运动。主要内容是在教育目的、内容、方法上建立与旧式的传统学校完全不同的新学校，作为新教育的"实验室"。初期代表人物有英国教育家雷迪、德国教育家利茨和法国教育家德莫林等。进入20世纪的代表人物有爱伦·凯、德可乐利和沛西·能等人。它最初开始于19世纪80年代末的英国，以后扩展到欧洲其他国家如德国、法国、瑞士、比利时、荷兰和奥地利等国。

（二）新教育运动的主要理论观点

1. 科学方法和精神

新教育运动将科学方法应用于教育本身的研究和实验，在教育和教学中鼓励教师与学生使用科学方法进行教与学，深刻地体现了科学的特征。最为典型的是德国实验教育学理论。

2. 自由和民主精神

新教育运动强调通过自由的教育发展儿童内在的潜能，培养学生的观察能力、审美能力和独创精神，培养适应民主社会发展需要的、具有主动精神和创造精神的人才。最为典型的有爱伦·凯和罗素的教育理论。

> **复习提示**
> 新教育运动非常重要，所有内容都要熟练掌握。

> **答题提示**
> 新教育运动常考简答和论述题。如果考简答题，回答定义、观点两部分内容即可。如果考论述题，定义、观点、影响三部分内容都要回答。

3. 以经验和兴趣为基础、以活动为中心的教学方法

针对传统教育以知识中心、书本中心的弊端，为了解决教育与儿童、与生活、与社会相脱离的问题，体现儿童中心的基本观念，新教育运动强调生活教育，注意研究学生的兴趣和需要，在教学内容上重视现代人文科学与自然科学课程。最为典型的是德可乐利、蒙台梭利和凯兴斯泰纳的教育思想。

（三）新教育运动的意义和影响

新教育思潮促使人们对西方教育传统进行全面反思，推动了人们对于教育现象的重新认识。新教育的思想和实践，对 20 世纪欧美国家的教育发展产生了广泛而深刻的影响，构成了 20 世纪西方教育的重要起点。但是，新教育思想重点在于儿童个人的发展，注重精英教育而非大众教育，始终未能解决好教育过程中的一些基本矛盾。这些都为现代教育进一步发展和改进提供了基础。

二、新教育运动中的著名实验

（一）雷迪的阿博茨霍尔姆乡村寄宿学校（了解）

1889 年，英国教育家雷迪在英格兰创办了欧洲**第一所**新学校——阿博茨霍尔姆乡村寄宿学校，标志着新教育运动的**开端**，被誉为欧洲新学校的典范。

1. 教育对象： 这个学校以 11 岁至 18 岁的男孩为教育对象。

2. 教育目的： 把他们造就成新型的英国各种领导阶层人士。

3. 学校宗旨： 促进学生身心的全面发展，重视儿童的个性特征和创造性活动。

4. 学校课程： 新学校破除古典传统课程体系，开设了农艺、体育与手工劳动、艺术、文学、语言、科学、社会教育、道德和宗教教育等课程，并强调课程之间的联系和全面发展。

5. 时间安排： 上午以学习知识为主，下午以体育和户外活动为主，晚上以娱乐和艺术活动为主。

6. 教育原则： 和谐、合作、领导。这所学校对此后的新学校有着重要影响。

（二）德莫林的罗歇斯学校（了解）

1898 年，法国新教育拥护者德莫林仿照雷迪的做法，在法国开办第一所新学校——罗歇斯学校。该校重视师生之间的家庭式的亲密关系，开设各种正规课程的同时，还从事体力劳动和小组游戏，尤其重视体育运动，被称为运动学校。

（三）利茨的乡村寄宿学校（了解）

1898 年，德国教育家利茨开办了德国的第一所乡村教育学，招收 12～16 岁的学生。在他的影响下，德国出现了以利茨学校为模式的许多新学校，形成了"乡村之家运动"。利茨认为教育应包括品格教育、宗教道德教育、身心官能力量的发展、公民教育、民族文化教育，使儿童在身体、精神、宗教、道德、知识、情感诸方面都能均衡发展。

（四）德可乐利的生活学校【简答】：17 内蒙古

1907 年，德可乐利创办生活学校（或称隐修学校），最后总结了德可乐利教学法。

1. 教育对象： 生活学校的教育对象为 4～18 岁的儿童，从幼儿园到中学一体化。

2. 学校性质： 学校不仅仅是教学教育机构，还是一个实验室、活动室甚至工厂车间，目的是使儿童通过实践活动（提供环境）把学习和日常生活结合（教育与生活结合）。

3. 课程设置： 学校强调儿童的本能和兴趣，以儿童的兴趣为中心设置课程，打破分科，将知识分为个人和环境知识，个人分为四大需要，再把环境知识结合到四大需要中，构成兴趣中心，组成教学单元，从而形成了德可乐利教学法。

4. 教学方法： 德可乐利教学方法分为三种，即观察、联想、表达。观察练习在于收集第一手资料并予以理解，使儿童直接感知事物，感知要遵循从整体到部分的原则。联想是对已充分理解的第一手资料进行综合、分类和比较，并为概括打好基础。表达的目的在于帮助巩固前两个阶段所习得的东西，并帮助扩大学生的兴趣范围。

三、梅伊曼、拉伊的实验教育学（可详细查看《教育学基础》笔记第一章的内容）

四、凯兴斯泰纳的"公民教育"与"劳作学校"理论（浙江师大大纲删除）

（一）"公民教育"理论

凯兴斯泰纳认为只有通过给予每个人以最广泛的教育，国家才能实现其自我保护和增进福利的职能。教育有用的国家公民是国家公立学校的目的，也是一切教育的目的。公民教育的中心内容是通过个人的完善来为国家服务的目的。

（二）"劳作学校"理论【名解/简答】：21西安外国语，19江苏

凯兴斯泰纳主张为实现公民教育的目的，必须将德国的国民学校由"书本学校"改造成"劳作学校"，劳作学校是一种最理想的学校组织形式，是为国家培养有用公民的重要教育机构。

1. 劳作学校的基本精神

让学生在自动创造性的劳动活动中得到性格的陶冶。凯兴斯特纳从公民教育的目标出发，赋予劳作教育以新的意义和内容。

2. 劳作学校的三项任务

（1）职业陶冶的预备。帮助学生将来能在国家的组织团体中担任一种工作或一种职务，这是劳作学校的基本任务。

（2）职业陶冶的伦理化。要求把所任的职务看作郑重的公事，不是专为个人去做，而是要把个人的工作与社会进步联系在一起，把职业陶冶和性格陶冶结合起来。

（3）团体的伦理化。要求在学生个人伦理化的基础上，把学生组织成工作团体，培养其互助互爱、团结工作的精神。

3. 具体措施

（1）把"劳作教学"列为独立科目，聘请专门的技术教员。

（2）改革传统科目教学，着重培养和训练学生逻辑思考的本领和自主自动的能力。

（3）发展学生的公民和社会技能，发展利他主义，强调社会利益。

评价： 凯兴斯泰纳的教育理论不仅对德国，而且对世界许多国家的学校教育都产生了较大影响。在他的影响下，欧洲许多国家也都采取了"劳作学校"的做法。

五、蒙台梭利的教育思想 【简答/论述】：17华中，14江西，18广西师范学院，19北华大学，21宁夏大学

蒙台梭利

蒙台梭利是意大利20世纪具有国际影响的著名幼儿教育家。1907年，蒙台梭利创办了儿童之家，将治疗有身心缺陷儿童的方法和经验应用到正常儿童的教育当中，取得了成功，最后形成了著名的蒙台梭利教学法，在多个国家被广为传播，影响深远，推动了新教育和儿童教育运动的发展。她的主要著作有《蒙台梭利幼儿教育科学方法》和《童年的秘密》。

（一）论幼儿的发展

1. 教育作用

教育的基本任务就是为儿童提供独立进行自由活动的环境，使每个儿童的潜能得到自然发展，成为身心健康的儿童。蒙台梭利的幼儿教育思想是建立在幼儿生命力学说之上的，强调遗传和环境的作用。

2. 儿童心理发展的特点

（1）具有独特的心理胚胎期。
（2）心理具有吸收力。
（3）发展具有敏感期。感觉敏感期、秩序敏感期、语言敏感期、动作敏感期。
（4）发展具有阶段性。第一阶段：个性建设阶段（0～6岁）；第二阶段：增长学识和艺术才能阶段（6～12岁）；第三阶段：青春期阶段（12～18岁）。

（二）论自由、纪律与工作

儿童生命潜力的自发冲动表现为自由活动。自由是蒙台梭利方法的最基本原则。她认为真正的纪律只能建立在自由活动的基础上。但并非任何自由活动都能导致良好的纪律，只有手脑结合、身心协调的活动才能导致良好的纪律。蒙台梭利把这种活动或作业称作"工作"。自由、纪律和工作，它们通过工作有机地联系起来。

（三）幼儿教育的内容

1. 感官教育

重视幼儿的感官（或感觉）训练和智力的培养，这是儿童之家的重要特色，也是蒙台梭利方法的一大特点。她的感官教育主要包括视觉、听觉、嗅觉、味觉及触觉的训练，其中以触觉练习为主。

2. 读、写、算的练习

蒙台梭利打破常规，将写字练习先于阅读的练习。她认为文字的书写关键在于握笔，即肌肉的控制能力，因此，主要通过触觉的训练就能循序渐进地过渡到书写练习。掌握文字书写的技能之后，儿童转入阅读学习。阅读教学及算术教学也都遵循由简单到复杂的程序。

3. 实际生活练习

实际生活练习又称为肌肉教育或动作教育。主要包括日常生活技能的练习、园艺活动、手工作业、体操、节奏动作。

评价： 蒙台梭利在医学、生理学、实验心理学的基础上，结合自己的实验形成了新教育方法体系，有力地挑战了传统教育的模式，体现了新教育运动强调自由、尊重儿童

敏感期：生物界存在一个事实，即各类生物对于特殊的环境刺激都有一定的敏感期，这种敏感期与生长现象密切相关并与一定的生长阶段相适应。儿童心理的发展与这一生物现象类似，也有各种敏感期，在发展过程中也经过不同的阶段，每个阶段都有某种心理的倾向性和可能性显示出来，过了特定的时期，其敏感性则会消失。

的基本精神，对 20 世纪学前教育产生了很大影响。但她的教育方法脱胎于低能儿童的教育方法，不可避免地带有机械训练的性质和神秘主义的色彩。

六、<mark>进步主义教育运动（美国）</mark>【简答/论述】：11安徽，15、17重庆，19河南，19中国海洋，21湖州师范，11南京，15福建，19太原，20北华大学，21湖南科技

（一）<mark>进步主义教育运动的含义</mark>【名解】：11渤海大学，14、20北京，15南京，16湖南大学，17、18苏州，17浙江，17闽南，17赣南，20山东，20陕西，21扬州

进步主义教育运动是指 19 世纪 80 年代至 20 世纪 50 年代在美国出现的以杜威教育哲学为主要理论基础、以进步主义教育协会为组织中心、以改革美国学校教育为宗旨的教育革新理论和实践活动。它尖锐地批判了传统教育，强调教育与社会生活的联系，提倡尊重儿童的心理发展规律，注重儿童的整体发展，主张以儿童的兴趣、经验为重心革新课程和教学，重视从做中学。主要代表人物有帕克、杜威、克伯屈等人。

关键词>> 进步主义教育运动：理论、组织中心、宗旨，强调、提出、注重、主张、重视

（二）进步主义教育运动的发展阶段 【简答】：14江西，18温州大学

1. 兴起（1883—1918 年）。进步主义教育以帕克的昆西学校和库克的实习学校以及杜威先后发表《我的教育信条》《学校与社会》等为标志。

2. 成型（1918—1929 年）。1919 年 3 月，美国进步主义教育协会成立，1920 年"进步主义教育七项原则"制定，1924 年会刊《进步主义教育》创刊。

3. 转折（1929—1943 年）。1929 年经济大萧条严重影响了进步教育运动的发展，使其发生了重心的转变，从以往对教育的批判向妥协转变、从初等教育向中等教育转变，以及中心的转变，从以前强调儿童中心和个人自由发展转变为强调学校的社会职能。

4. 衰落（1944—1957 年）。1944 年进步主义教育协会改名为美国教育联谊会。1955 年，协会解散。1957 年，《进步主义教育》杂志停办，标志着美国教育史上一个时代的结束。

衰落的原因：①不能与美国社会进步保持同步，未能较好地适应美国社会发展对教育提出的新要求；②理论和实践存在矛盾和局限。如过分强调儿童个人自由，忽视社会和文化对个人发展的决定作用；③保守主义和改造主义的批判加速了进步主义教育的衰落。

（三）<mark>进步主义教育运动的特征</mark>【简答/论述】：18、20重庆，18天津大学，18哈尔滨，15渤海大学

1. 对儿童的重新认识和对儿童地位的强调

在批判传统教育忽视儿童的基础上，进步主义教育进一步发扬了儿童中心论，并提出了"整个儿童"的概念，关注儿童的一切能力或力量。这一概念包含两种含义：一种是希望无论在什么时候都不忽视儿童生活的各种不同的方面；另一种是把儿童看作一个有机体，这个有机体是作为一个整体来作出正确反应的。

2. 对教师地位和作用看法的改变

进步主义不再认同以往教育中对教师的看法，而是认为教师的作用是鼓励，而不是

> 💡 **复习提示**
>
> 欧洲的新教育运动和美国的进步主义教育运动比较，在本章高分拓展中有补充。

监督，教师仅仅是用他的高明和丰富的经验分析当前的情景。教师作为"舞台监督""向导"和"调度员"是十分重要的，但他不是唯一的权威。

3. 关于学校观念的变化

学校不再是被动传授知识的场所，而应当是积极的、主动的，并通过解决问题进行教育；学校也不应通过记忆和推论进行教育；反对教育是生活的准备的观念，主张教育是实际生产过程的组成部分。

4. 对教学、课程、课堂等观念的变化

进步主义教育强调互助的、热情的和人道的教室气氛；课程应适应每个儿童的成熟水平，并根据儿童的兴趣、创造力、自我表现和人格发展实现个别化教学；为儿童提供丰富的教学材料，以便他们探索、操作和运用；反对强制和严厉的惩罚。

关键词>> 基本特征：儿童，教师，学校，教学、课程、课堂

（四）进步主义教育运动的影响与局限

第一，对教育理论的影响。 进步主义教育思潮最为重要的贡献就是思考了教育中存在的根本性问题，如社会进步与个人发展、科学与人文等，并对这些问题在现代社会中的解决提出了自己的方案。

第二，对实践的影响。 进步主义教育思潮促进了美国教育从传统向现代的转型，建立了一整套符合美国工业文化的教育体制，形成了美国学校教育的基本特征，如儿童中心、活动课程等，从根本上改变了美国学校和教室的氛围，为20世纪美国教育的发展奠定了重要的基础。

第三，进步主义教育思潮理论上的片面性、局限性和实践中的弊端也非常明显，因此留下了许多尚未解决的问题。如进步主义教育强调儿童个人的发展，过高地估计了儿童自由、个性和创造性的意义等，这些问题引起了众多的批判。

七、进步主义教育运动的实验【简答】：21西安外国语

（一）昆西教学法【名解/简答】：13渤海大学，16天津，17河南，18浙江，18辽宁，11、18福建，18青海，18宁波大学，21吉林，18江西，21中央民族

美国进步教育运动的先驱**帕克**在昆西学校和芝加哥库克师范学校进行的教育改革实验所采取的新的教育方法和措施，其主要特征有以下几点：

第一，强调儿童应处于学校教育的中心。儿童具有内在的能力，能自发地从事学习和工作。

第二，重视学校的社会功能。强调学校应成为理想的家庭、完善的社会和民主政治雏形，在促进民主制度的发展方面发挥巨大作用。

第三，主张学校课程应尽可能与实践活动相联系。这样做不仅可以呼唤起儿童学习的意愿，使他们专心致志，而且能摒弃以往抽象的、无意义的形式训练，并把各门学科统一起来，使学生获得知识的整体。

第四，强调培养儿童自我探索和创造的精神。帕克认为教师的工作在于指导学生发现真理，使学生养成探究、发现、使用真理的习惯。

顺口溜>> 教育离不开儿童，学校离不开社会，课程离不开实践，自我探索要强调

（二）有机教育学校（浙江师大大纲删除）

美国教育家、进步教育协会的创始人之一约翰逊创办的费尔霍普学校，该校以"有机教育学校"而闻名。其主要特征是"有机教育"，主要观点有：

第一，学校教育的目标在于发展人的整个机体，包括培养感觉、体力、智力和社会生活能力，以改善生活和文化。

第二，教育方法是"有机的"，因为它们遵循学生的自然生长。学校的目的在于为儿童提供每个发展阶段所必需的作业和活动。

第三，主张以一般的发展而不是以获得知识的分量来调整学生的分班。她根据学生的年龄来分组，称作"生活班"，而不叫年级。

第四，有机教育学校的整个课程计划以活动为主。例如体育活动、自然研究、音乐、手工、野外地理、讲故事、感觉教育、数的基本概念、戏剧表演、体育比赛以及画地图和地形等。儿童根据需要和兴趣主动地从事探索。凭着儿童自己求知的愿望再把他引导到读、写、算、地理等正规课程的学习。

第五，强迫的作业、指定的课文和通常的考试都被取消。

第六，重视社会意识的培养。她认为，人是社会的人，发展合适的社会关系应是学校最重要的任务之一。应培养学生无私、坦率、合作等品质，以及能提出建设性建议的能力。

第七，反对放纵儿童。在她看来，为使儿童以最有利的方式成长，纪律是必要的。她主张应以一种平衡而有纪律的方式发展整个人的机体。

顺口溜>> 发展有机好生活，不做作业做活动，不纵儿童重培养

（三）葛雷制（浙江师大大纲删除）

葛雷制也称"双校制""二部制"或"分团学制"，是美国教育家沃特担任葛雷市公立学校督学时所推行的一种进步主义性质的教学制度。主要内容包括以下几点。

第一，以杜威的基本思想为依据，把学校分为四个部分：体育运动场、教室、工厂和商店、礼堂。以具有社会性质的作业为学校的课程，并把课程也分为四个方面：学术工作，科学、工艺和家政，团体活动以及体育和游戏。因此，葛雷学校也称作"工读游戏学校"。

第二，教学中采用二重编制法，即将全校学生一分为二。一部分在教室上课，另一部分则在体育场、图书馆、工厂、商店以及其他场所活动，上下午对调，废除寒暑假和星期日，昼夜开放。

第三，沃特的葛雷制曾被认为是美国进步教育思想的最卓越的例子。它的课程设置能保持儿童的天然兴趣和热情，它的管理方式经济而有较高的效率。

关键词>> 葛雷制：学校分四部分，教学二重编制，课程保持儿童兴趣

（四）道尔顿制【名解/简答/论述】：10、16华中，10扬州，11北航，11、13南京，11北京，13山西，13湖南，13湖南科技，13、18华东，13聊城大学，14天津，12、14安徽，14、18赣南，15鲁东，15江西，16内蒙古，16、19闽南，17曲阜，17湖南，18江汉大学，19湖北大学，19江苏大学，19苏州，19陕西，21海南，21重庆，15杭州，15宁波大学

道尔顿制是美国进步主义教育家**帕克赫斯特**针对班级授课制的弊端创始的一种个别教育制度，主要内容包括以下几点。

第一，在学校里废除课堂教学，废除课程表和年级制，代之以**"公约"或合同式**的学习。学生以公约的形式确定自己应完成的各项学习任务，然后学生根据自己的需要自学，不强求一律。

第二，将各教室改为各科作业室或实验室，按学科的性质陈列参考用书和实验仪器，供学生学习之用。各作业室配有该科教师一人负责指导学生。

第三，用**"表格法"**来了解学生的学习进度，既可增强学生学习的动力，也可使学生管理简单化。道尔顿制的两个重要原则是自由和合作。要使儿童自由学习，允许他们根据自己的需要安排学习，养成独立工作的能力。强调师生之间、学生之间的合作，以培养学生的社会意识。

第四，存在的主要问题是过于强调个体差异，对教师要求过高，以及在实施时易导致放任自由，并且将教室完全改成实验室也不太实际。

（五）文纳特卡制 【名解】：16湖南科技，19江苏

由美国进步主义教育家**华虚朋**推行的教育实验计划，主要包括以下几点。

第一，重视使学校的功课适应儿童的个别差异，将个别学习与小组学习结合起来，个性发展与社会意识的培养相联系。

第二，具体做法是将课程分为两个部分：①共同知识或技能（包括读、写、算等工具性科学）；②创造性的、社会性的作业（如木工、金工、织布、绘画、雕刻等）。前者主要按学科进行，并以学生自学为主，教师适当进行个别辅导。后者则以小组为单位展开活动或施教，无确定的程序，也不考试。

文纳特卡制在20世纪30—40年代的美国得到迅速而广泛的传播，对世界不少国家的教育也产生了重要影响。但有人指责它影响学科的深入学习，并且实施起来比较困难。

（六）设计教学法 【名解/简答】：11山西，11扬州，11曲阜，14河南，14华南，15华东，18内蒙古，18西安外国语，20湖南科技，20四川，20宁波大学，21江苏，21鲁东，21中国海洋

设计教学法是由美国进步主义教育家**克伯屈**提出的一种新的教育方法。他将"设计教学法"定义为在社会环境中进行有目的的活动，重视教学活动的社会和道德因素。强调有目的的活动是设计教学法的核心，儿童自动地、自发地有目的地学习是设计教学法的本质。主要内容有：

第一，放弃固定的课程体制，取消分科教学，取消现有的教科书，将设计教学法分成四种类型：（1）生产者的设计；（2）消费者的设计；（3）问题的设计；（4）练习的设计。

第二，设计教学法有四个步骤：决定目的、制订计划、实施计划和评判结果。在这个过程中，他强调教师的指导和决定作用，但实行则以学生为主。

第三，设计教学法在世界各国都有较大影响。设计教学法充分发挥了儿童的主动性和积极性，使儿童成为学习的主人；并力求使教学符合儿童心理发展规律，以提高学习效率；注重培养儿童的合作精神，加强了教学与儿童实际生活的联系。

第十节 杜威的教育思想

【简答/论述】：13山西大学，14南京，16沈阳，18贵州，18延边大学，18西南大学，19西华，20北华大学，21郑州大学，21三峡大学，21西藏大学，10、13、15浙江，10首都，10宁波，11、12、13北京，11、16、18华南，11扬州，12、16四川，12南京，12北航，13辽宁，13、15西华，14延安大学，15南航，15江西，16湖南科技，16安徽，17海南，17温州大学，18曲阜，18陕西，18中南民族，18聊城大学，20闽南，20四川轻化工，21福建

杜威 【名解】：18复旦大学，20、21浙江大学

杜威是20世纪美国著名的哲学家、社会学家和教育家，美国实用主义教育理论和进步教育运动的主要代表人物。他一生从事教育活动和哲学、心理学及教育理论的研究，对美国乃至世界教育的发展产生了深远的影响，被称为"哲学家们的哲学家"。杜威认为，教育即生活，教育即生长，教育即经验的持续不断的改造。主要著作有《民主主义与教育》《我的教育信条》。

《民主主义与教育》【名解】：14内蒙古，16杭州，19西北

杜威在1916年发表了著作《民主主义与教育》，最集中、最系统地表述了他的教育理论。他的教育理论主要解决三个重要问题：一是教育与社会的脱离；二是教育与儿童的脱离；三是理论与实践的脱离。主张有：教育即生活；教育即学生个体经验继续不断地增长；学校是一个雏形的社会；教学过程应重视学生自己的独立发现和体验，尊重学生发展的差异性；师生关系以儿童为中心；课程组织以学生的经验和兴趣为中心，而不是以学科知识体系为中心。

一、论教育的本质

【名解/简答/论述】：13湖南大学，11山东，11重庆，14河南，14、19鲁东，15内蒙古，17曲阜，17西华，17聊城大学，19南京，19、20太原，20江苏，20陕西理工，20延安大学，20新疆，21重庆三峡学院，21陕西科技，10、14、17沈阳，10、15、16江苏，10山东，10哈尔滨，10杭州，11、16、20聊城大学，11山西，11渤海大学，12、17江西，12鲁东，13陕西，14广西，14湖南科技，15、19天津，15中国海洋，15郑州大学，16河北大学，17吉林，17四川，17贵州，18宁夏大学，18广西民族，18东北，19扬州，19湖北大学，20温州大学，21辽宁，21佳木斯大学，21齐齐哈尔，21浙江海洋，21东华理工，21信阳师范

（一）教育即生活

【名解/简答/论述】：18、19宝鸡文理学院，20华东，12、16闽南，20西北，21吉林外国语

1. 该命题关注的主要是正规的学校教育与社会生活及个人（儿童）生活的关系。杜威认为：（1）教育是生活的过程，学校是社会生活的一种形式；（2）学校生活应与儿童自己的生活相契合，满足儿童的需要和兴趣；（3）学校生活应与学校以外的社会生活相契合，适应现代社会变化的趋势，并成为推动社会发展的重要力量。

2. 杜威所要做的就是要使学校生活成为儿童生活和社会生活的契合点，从而使教育既合乎儿童需要也合乎社会需要，实质上是要改造不合时宜的学校教育和学校生活，使之更富活力、更有乐趣、更具实效、更有益于儿童发展和社会的改造。

（二）学校即社会

【名解/简答/论述】：19华东，21同济大学，17、18湖北大学

1. 杜威"学校即社会"意在使学校生活成为一种经过选择的、净化的、理想的民主社会生活，使学校成为一个引导儿童发展的雏形的新社会。而要将此落于实处，就必须改革学校课程，即从分科课程转变为活动课程并重视民主方法。

2. "学校即社会"是对"教育即生活"这一命题的进一步引申，代表社会生活的活动性课程的引入，是使学校与社会生活相联系的基本保证。从"教育即生活"到"学校

复习提示

杜威是人类历史上少数几个最有影响的教育家之一。他立足于现代社会讨论教育问题，积极吸收人类文化的多方面成果，建立起一座宏伟的教育理论大厦，为后人留下了一份丰富的教育思想遗产。

他的教育思想非常重要，每部分都要熟练掌握。

即社会"再到课程的变革（"从做中学"）是层层递进的。

3. 杜威坚信教育是社会进步及社会改革的基本方法，社会的改造要依靠教育的改造。教育改造之所以必要，是因为要给社会生活的变革以充分的、明显的影响。杜威希望通过教育改造社会生活，使之更加民主、更完善、更美好。

（三）教育即生长【名解】：21北京

1. "教育即生长"实质上是在提倡一种新的儿童发展观和教育观。杜威针对当时的教育无视儿童天性，消极地对待儿童，不考虑儿童的需要和兴趣的现象，提出了"教育即生长"的观念，要求一切教育和教学要适合儿童的心理发展水平和兴趣、需要，并通过教育引起儿童内在的变化和发展。

2. 杜威的教育即生长是机体与外部环境、内在条件与外部条件交互作用的结果，是一个持续不断的社会化过程。因此，杜威虽然尊重儿童但反对放纵。

（四）教育即经验的不断改造【名解/简答/论述】：15湖南，18石河子大学，21大理大学

> 教育即经验的不断改造和重组是杜威教育思想的核心。

"教育即经验的改造"是指构成人的身心的各种因素在外部环境和人的主动经验过程中统一的全面改造、全面发展、全面生长的连续过程。这也是教育无目的、做中学，五步探究教学法的思想基础。

1. 经验是一种行为，涵盖认识的、情感的、意志的等理性、非理性因素。经验成为儿童各方面发展和生长的载体，在经验过程中，儿童不仅获得知识，而且形成能力、养成品德。

2. 经验是有机体与环境相互作用的过程，机体不仅受环境的塑造，同时也对环境加以若干改变。经验的过程就是一个实验探究的过程、运用智慧的过程、理性的过程。

3. 经验的过程是一个主动的过程，不单是有机体受着环境塑造，还存在着有机体对环境的主动改造。

4. 经验是一个连续发展的过程，不存在终极目的的发展过程，因此教育就是个人经验的不断生长。

二、论教育的目的 【简答/论述】：19天津大学，16北京，18江苏，18渤海大学，19湖南，19山西，20江苏大学，20中国海洋，21华东，12重庆，15中国海洋，16河北大学，15、19江苏，21东华理工

（一）教育无目的（即"教育即生长"）【名解/辨析】：19安徽，15延安大学

杜威反对外在的、固定的、终极的教育目的，杜威所希求的是过程内的目的，这个目的就是"生长"。教育的过程，在它自身以外没有目的，它就是它自己的目的。

杜威认为在非民主的社会里，教育目的是外在于并强加于教育过程的，饱含权威与专制色彩；而在民主社会里，教育目的应内在于教育的过程之中。

杜威主张以生长为教育的目的，其主要意图在于反对外在因素对儿童发展的压制，在于要求教育尊重儿童愿望和要求，使儿童从教育本身中，从生长过程中得到乐趣。

（二）教育的社会性目的是民主，教育为社会进步服务、为民主制度完善服务

教育是社会改良和进步的基本方法。在民主社会中，个人发展与社会的进步是统一的。教育要培养具有良好公民素质、民主理想和民主生活能力的人，培养具有科学思想和精神、能解决实践问题的人，培养具有道德品质和社会意识的人，培养具有一定职业素养的人。

三、论课程与教材 【论述】：10辽宁，13、15东北，14福建，16河南，20山西大学

（一）"做中学" 【名解/简答/论述】：16湖南，15贵州，16南航

在经验论的基础上，杜威要求从做中学、从经验中学，要求以活动性、经验性的主动作业来取代传统书本教材的统治地位。

这种活动性、经验性课程包括园艺、烹饪、印刷、纺织、油漆、绘画、唱歌等形式。这些活动既能满足儿童的心理需要，又能满足社会性的需要，还能使儿童对事物的认识具有统一性和完整性。

杜威并没有把个人直接经验与人类间接经验对立起来，而是看到了个人直接经验的局限性，强调使儿童最终获得较系统的知识，同时又能在学习过程中顾及儿童的心理水平。

（二）"教材心理化"

教材心理化是指把各门学科的教材或知识的各部分恢复到它被抽象出来之前的原来的经验，也就是把间接经验转化为直接经验，即**直接经验化**。之后再把直接经验组织化，从而形成能提供给有技能的、成熟的人的教材形式。

杜威一向反对将成人和专家编就的以完整的逻辑体系为表现形式的教材作为教育的起点，认为必须以儿童个人的直接经验为起点，并强调对直接经验加以组织、抽象和概括。但如何将学生的直接经验"组织"成为系统的知识，是一个难题，杜威一直没有解决好。

关键词>> 教材→原来的经验（间接转直接）→组织化

四、论思维与教学方法 【简答/论述】：14东北，14江苏，19沈阳，20辽宁，10辽宁，16、21陕西，17重庆三峡学院，18四川，16沈阳

（一）反省思维

杜威反对以教师、教科书、教室为中心的传统教学方法，提倡**"从做中学"**。这是一种通过主动作业，在经验的情境中思维的方法，从而达到经验与思维的统一、思维与教学的统一、课程与作业的统一、教材与教法的统一。杜威提倡**反省思维**，是指对某个经验情境中的问题进行反复的、严肃的、持续不断的思考，其功能在于求得一个新情境，把困难解决、疑虑排除、问题解答。因此，反省思维是一种解决经验中存在的问题的方法，一种使人明智地经验与行动的方法。

（二）五步教学法（五步探究教学法） 【名解/简答】：11河南，19福建，12、17天津，18新疆，12、19河南，21集美大学

杜威根据科学的实验主义探究方法和反省思维方式，提出了五步教学法。

第一，**创设疑难的情境**。教师给儿童提供一个与社会生活经验相联系的情境。
第二，**确定疑难所在**。使儿童有准备去应付在情境中产生的问题。
第三，**提出解决问题的种种假设**。使儿童产生对解决问题的思考和假设。
第四，**推断哪个假设能解决问题**。儿童自己对解决问题的假设加以整理和排列。
第五，**验证这个假设**。儿童通过应用来检验这些假设。

评价：这种教学方法重视科学探究思维，重视解决实际问题的行动能力，与主智主义的传统教育理论有本质区别。但该方法过于注重活动，忽视了传统知识的传授，狭化

了认知的途径，泛化了问题意识，在实践中也存在了诸多影响教育质量的问题。

联想法>> 想象进入一黑暗的房间（疑难情境），发现灯不亮（疑难所在），提出灯泡坏、开关坏、欠费等一些假设（提出假设），推断哪个假设可能性最大，最后进行验证。

五、论道德教育（浙江师大大纲删除）【简答】：11苏州，17湖南农业

（一）道德教育的任务是协调个人与社会的关系，培养民主品格

他反对个人至上论和社会至上论，反对将社会和个人割裂开来，认为个人的充分发展是社会进步的必要条件，社会的进步又可以为个人的发展提供更好的基础。他反对过分强调个人自由和竞争的旧个人主义，而提倡强调人与人之间的合作，强调社会责任的和理智作用的新个人主义。

（二）道德教育的途径

教育的道德性和教育的社会性是相通的，道德教育应该在社会性的情境中进行而不是停留在口头说教。道德教育应该有社会性的情境、社会性的内容和社会性的目的。学校生活、教材、教法是道德教育的重要途径。

（三）道德教育的方法

杜威将道德教育的原理分为社会方面和心理方面。社会方面的道德教育原理是关于道德教育的"目的和内容"，是指道德教育应有社会性的情境、社会性的内容和社会性的目的。心理方面的道德教育原理则是关于道德教育的"方法和精神"，是指道德教育若要取得成效，就必须建立在学生本能冲动和道德认识、道德情感的基础之上。前者决定应当做什么，后者决定应当如何做。

关键词>> 道德教育的任务→培养民主品格，途径→社会性，方法→社会＋心理

六、杜威教育思想的影响【论述】：11鲁东，12中南大学，20西藏大学

杜威是西方现代教育派的理论代表。他对传统教育的整个理论体系进行了挑战，奠定了现代教育的理论大厦的基石。他的教育思想对现代教育产生了广泛而深远的影响。

第一，强调知行合一，将教学中死的知识变为活的知识。

第二，对"教育是人与环境的交互"的强调，是对内发论和外铄论的超越和突破。

第三，"教育即生长"的观点从心理学角度，探讨了教育的本质，试图解决教育方法论问题和教育与儿童脱离的问题，成为儿童中心论的基础之一。

第四，"教育即经验"的观念从认识论的角度探讨教育的本质，解决知识、经验的获得以及心理与社会、过程与目的的协调问题，解决理论与实践脱离的问题。

第五，"教育即生活""学校即社会"的观点是从社会的角度出发，将个人与社会统一起来，将学校的生活和学生的生活经验联系起来，解决教育与社会的脱离问题。

第六，杜威提出教材心理化，适合学生经验的心理发展而不是逻辑顺序，更新了以往的教学传统，打开了现代教育教学的新的开端。

第七，教学方法的科学化和探究精神使科学精神成为教学的重要组成因素。

第八，教学专业化程度大为提高，确立了教育学的学科地位，增强了学术性。

第九，杜威具有世界性的影响，其教育理论对世界教育进程发挥了巨大作用，对日本、中国、土耳其、苏联、墨西哥等国有直接影响。

第十，杜威的理论过于强调儿童中心、活动中心、经验中心，使得教育实践忽视了系统知识的传授，并引发了自由和纪律、师生关系等诸多矛盾。另外，根据经验和教材心理化原则编写新型教材的设想过于理想，难以实现，这也是现代教育发展和改革过程中的难点。

顺口溜>> 教育是生长和生活，人和环境要协调，知行合一很重要，教育地位有提高，教学方法科学化，教材编写心理化，杜威思想影响大，过犹不及有不足

·第十一节 现代欧美教育思潮·

【简答】：12浙江，18西安外国语

一、改造主义教育 【名解/简答】：20太原，14山东，21安徽

改造主义教育形成于20世纪30年代，是实用主义教育的一个分支。改造主义教育宣称，应该根据现代科学知识来重新解释西方文明的价值观点，并对过去的教育理论进行"改造"，以便通过学校教育来"改造"社会，为创造一种新的世界文明开辟道路。代表人物为康茨、布拉梅尔德，主要观点如下：

第一，教育应当以"改造社会"为目标

布拉梅尔德把改造主义称为"危机时代的哲学"，危机时代的教育目的就是要改造社会，旨在通过教育为社会成员建设社会新秩序和实现人们共同生活的理想社会。

第二，教育应当重视培养"社会一致"的精神

"社会一致"的精神是指消除彼此之间的分歧，培养人们的群体意识和集体心理，形成人们共同的理想、信念以及习惯，使之在口头上和行动上表现一致，最终实现一个民主的富裕社会。

第三，教育工作应当以行为科学为依据

行为科学使教育和文化新目的的确定成为可能。行为科学革命要求教育重新考察它的整个结构，并考虑编排教材的新方法、组织教学过程与学习过程的新途径、确定学校与社会的目的的新方法。

第四，课程教学应当以社会问题为中心

教学内容应当突出民主遗产、科学、工艺，还包括一些重要的课题，如贫困与种族歧视、环境污染、战争等。通过对这些问题的分析，培养学生关心社会的积极态度和解决社会问题的能力。

第五，教师的主要职责是劝说教育

改造主义教育家反对灌输式的教育和学习，强调教师应该通过民主的讨论和劝说教育，培养学生的"社会一致"的精神。

复习提示

①实用主义教育分支的教育思潮：改造主义教育。
②新传统教育派教育思潮：要素主义教育、永恒主义教育、新托马斯主义教育。
③以心理学为基础的教育思潮：新行为主义教育、结构主义教育、人本主义教育。
④作为未来教育战略的教育思潮：终身教育。
⑤以哲学为基础的教育思潮：存在主义教育、分析教育哲学。本章高分拓展中有补充。

当进步主义教育运动在实践中出现各种各样弊端的时候，

评价： 改造主义虽然在教育理论上有一定影响，但因为与美国的社会性质不合，在美国教育实践中影响不大。

二、要素主义教育

【名解/辨析/简答/论述】：13重庆，16苏州，16鲁东，17华东，18南京，18安徽，19山西，20江苏大学，20江西科技，20西安外国语，20天津外国语，21四川，19重庆，13、20山东，13、19湖南科技，13南京，14湖南，14聊城大学，16重庆三峡学院，17山西，17河南，17、19集美大学，18南通大学，19杭州，21沈阳大学，21哈尔滨，21闽南，21江西，21华中，21佛山科学技术学院，10中山，12曲阜，13中南大学，16华东，19云南，21淮北，21陕西科技

要素主义教育是20世纪30年代末作为实用主义教育和进步教育的对立面出现的。1938年在美国成立的"要素主义者促进美国教育委员会"是要素主义教育形成的标志。代表人物是巴格莱、科南特，主要观点如下：

第一，把人类文化的"共同要素"作为学校教育的核心

教育的最重要的功能是，使学生学习在人类文化遗产中所存在的那些永恒不变的、共同的、超时间和空间的要素，即一种知识的基本核心。学校的课程计划要保证学生学到基础知识和基本技能，同时要按逻辑系统编写教材和进行教学。

第二，教学过程必须是一种训练智慧的过程

真正的教育就是智慧的训练，因此，学校要提高智力标准，注重思维能力的严格训练。学校还要注意"天才"的发掘和培养，发现最有能力的学生，激发他们最大的潜力。

第三，学生在学习上必须努力和专心

对学生的学习应该坚持严格的学业标准，促使学生刻苦和专心地学习。因为只有强调"努力"，才能实现最有价值的学习。如果学生对学习"共同要素"不感兴趣，那就要强迫他们学习。

第四，强调教师在教育和教学中的核心地位

在系统的学习过程中，要树立教师的权威，加强教师的控制。但是，教师必须具有一流的头脑和渊博的知识，精通所教的科目，了解学生在学习过程中的心理，具有很强的传授知识的能力，并能全心全意地献身于自己的工作。

评价： 要素主义主张系统知识的学习和传授，强调学习内容的逻辑性、连贯性、顺序性，反对任凭儿童兴趣放任自流的所谓"做中学"，这对于匡正进步主义教育所带来的弊端、提高教育质量、培养合格人才具有积极意义。

三、永恒主义教育

【名解/简答/论述】：14安徽，16延安大学，12中山，14苏州，15聊城大学，18山东，19安徽，21苏州科技，21宁波大学，10华东，12苏州，18中央民族，18鲁东，21杭州

永恒主义教育也称"新古典主义教育"，作为进步主义教育思潮的对立面而出现的，具有传统教育特色，是西方现代教育的主要内容之一。产生于20世纪30年代，代表人物是美国教育家赫钦斯、阿德勒，法国教育家阿兰，英国的利文斯通等，主要观点如下：

第一，教育的性质永恒不变

永恒主义把教育理解为是对人之所以为人的永恒不变的理性、道德和精神力量的培养，并试图从人类历史文化遗产中选择永恒的学科内容，发展人的理性也是教育永恒不变的原则。

第二，教育的目的是培养永恒的理性

教育的目的是要引出人类天性中共同的要素（以理性为特征的人性），对人施以人性的教育，达到人性的自我实现、人的进步和完善。而培养这些共同的要素，最好的方法是阅读经典名著。

> 一些具有"回归"传统特征的教育思潮开始出现并对其进行反思和批判。这些思潮试图从西方文明深厚的传统中去寻找教育的本质和规律。其中，最为典型的是永恒主义教育思潮、要素主义教育思潮和新托马斯主义教育思潮。这三者统称为新传统教育思潮。

第三，永恒的古典学科应该在学校课程中占有中心地位

古典学科是人类重要的文化遗产。应当把阅读古典名著作为最好的学习材料，通过阅读名著可以探索其所蕴含的人类重大问题和原理，使人的心灵获得见解和领悟力。

第四，学生通过教师的教学进行学习

学生的学习既然是为了开发他们内在的潜能，发展他们的理性，就应该通过教师的教学，激发学生的思维活动和理智训练。特别是在学习古典名著时，更需要在教师的指导下，让学生自己阅读和讨论，才能使学生深刻理解名著的内容。

评价： 永恒主义教育对进步教育的批判比要素主义教育更加激进，但从整体上来看，它并没有提出什么新的价值判断标准。作为一种教育哲学思想，永恒主义教育在教育理论上有一定的影响，但在教育实践中的影响范围并不大，主要限于大学和上层知识界中的少数人。

顺口溜>> 永恒主义教育：教育性质永不变，理性培养靠经典，教师古典为中心

四、新行为主义教育 【简答】：20集美大学

新行为主义教育是以新行为主义心理学为理论基础，提出操作性学习和学习层次等理论，倡导程序教学和教学机器。产生于20世纪30年代，60年代盛行于欧美国家。代表人物是美国教育心理学家托尔曼、赫尔、斯金纳、加涅等，主要观点如下：

第一，教育就是塑造人的行为

学习过程就是操作性条件反射过程，人的一切行为几乎都是操作性条件反射和积极强化的结果。在教育工作中，按照"刺激—反应—强化"的程序进行训练，就能随意塑造人的行为。

第二，按照程序进行教学

新行为主义提倡程序教学。其基本原则包括：一是积极反应；二是小步子；三是及时强化；四是自定步调。

第三，让学生在学习中运用教学机器

通过教学机器的运用，可以使学生的学习行为得到及时的和足够数量的强化。

第四，教育研究应该以教和学的行为作为研究的对象

新行为主义强调把教和学的行为作为教育研究的对象，目的是为了选择有效的教法和判断教学工作的效果。

评价： 新行为主义教育有助于学习理论的发展，并为计算机辅助教学的发展开辟了道路。新行为主义教育家忽视人类学习和动物学习的本质差别，把人类的学习归结为操作性条件作用，明显具有机械主义的特征，从而受到人们的批评。

顺口溜>> 新行为主义教育：塑造行为靠程序，教学研究用机器

五、结构主义教育 【名解/简答/论述】：11重庆，15河南，16、19扬州，18天津，19宁波大学，11、18闽南，14扬州，20延安大学，21集美大学，21信阳师范，21海南，11、21曲阜，11西北，12云南，13天津，13、15华东，20吉林

结构主义教育是现代欧美国家一种强调认知结构的研究和认知能力的发展的教育思潮。它以结构主义心理学为理论基础，侧重研究课程教学改革问题，对西方教育界有很

大的影响。代表人物为美国心理学家**布鲁纳**，主要观点如下。

第一，教育应重视学生的认知能力发展

教育是教育者引导学习者实现知识的转化，并使学习活动内化的构造过程。其主要任务就是遵循儿童的认知发展规律，促使学生的认知能力得到发展。

第二，注重掌握各门学科的基本结构

每一门学科的概念或知识都可以用一种极其简单的形式来表示，都存在学科的基本结构。教授任何一门学科，主要使学生理解和掌握这门学科的基本结构以及特有的研究方法。

第三，尽早教授学科的基础知识

儿童认知发展的每个阶段都有认识和理解世界的独特方式，任何一门学科的基础知识都能以一定的形式教给任何阶段的任何儿童。尽早让儿童掌握学科的基本结构是有效和便捷地进行教学的主要途径，可以极大地提高教学效率。

第四，提倡发现法和发现学习

学习一门科目不仅是掌握多少知识，更重要的是学会如何学习。学习的过程就是一个探索知识的过程。发现学习就是引导儿童从事物表面现象去探索具有规律性的潜在结构的一种学习途径。

第五，教师是结构教学中的主要辅助者

在教学中尽管应该充分运用各种教学辅助工具，但教师仍然是教学的主要辅导者。教师应该从儿童心理能力出发，考虑一门学科的基本结构在学习中的作用以及如何使学生理解和掌握学科的基本结构。

评价：结构主义教育思想为心理学研究和教育研究的互相协作提供了一个范例，对现代西方课程论影响很大，并成为20世纪60年代美国课程改革的指导思想。但是结构主义教育的某些观点带有片面性，有的想法过于天真和理想主义，致使课程和教材的改革偏难，引起人们的评论和争议。

> **顺口溜 >>** 结构主义教育：认知能力要发展，基本结构和知识要早学，发现学习要师辅

六、终身教育思潮 【简答/论述】：17重庆三峡学院，17闽南，18重庆，20湖北大学，21内蒙古，21宁波大学，10闽南，10西南，10、15扬州，11、18云南，11江苏，11天津，12东北，14湖北大学，14、20赣南，14、17山西，15北京，15四川，17安徽，17湖南农业，18山大学，18江苏大学，19淮北，19中央民族，20佛山科学技术，21沈阳，21洛阳

在现代欧美教育思潮中，终身教育是一种在国际上具有重要影响的教育理论。20世纪50年代中期产生于法国，60年代后在世界上得到了广泛的传播。主要代表人物是法国的**朗格朗**，其代表著作《终身教育引论》被公认为终身教育思想的代表作。

（一）终身教育的含义 【名解】：10东北，10、11苏州，11、20闽南，11渤海大学，11华东，12、19杭州，13、14湖南，14河北大学，15、20河南，15延安大学，10、16、20南京，17郑州大学，17山西大学，18广西民族，18南航，18北京，18复旦大学，19、20西北，19华中，21中央民族，21北航，21同济大学，21南京信息工程，21江苏大学，21淮北，21赣南，21济南大学，21四川

终身教育包括教育的各方面的、各项内容，从一个人出生的那一刻起一直到生命终结时为止的不间断的发展，也包括了在教育发展过程中的各个阶段之间的紧密而有机的内在联系。简言之，终身教育是指持续一生的教育过程，也指正规和非正规教育的总和，

> **答题提示**
> 终身教育思潮经常考简答或论述题。
> 如果考简答题，回答（一）和（二）内容即可。
> 如果考论述题，（一）（二）（三）内容都要回答。

还意味着社会应为受教育者提供各种可供选择的教育机会。

（二）终身教育思潮主要观点

第一，将教育贯穿于人的一生的各个阶段。终身教育是指持续一生的教育过程，也指正规和非正规教育的总和。

第二，主张教育的社会整体性，即打破家庭教育、学校教育、社会教育之间彼此隔离的状态，把人生各个阶段影响人的发展的各种因素有机地结合起来。

第三，终身教育的目标在于实现更美好的生活，在于使人过一种更和谐、更充实和符合生命真谛的生活。具体目标是培养新人，实现教育民主化。

第四，终身教育没有固定的学习内容，强调人要"学会学习"，即养成学习的习惯和获得继续学习所需的各种能力，更好地应付新的挑战。

第五，终身教育的实施原则是使教育成为使人成功地履行生活职责的工具。终身教育是未来教育发展的战略。终身教育对于实现教育机会均等和建立学习化社会具有积极意义的。

（三）终身教育的特点与影响

终身教育现已成为一种具有广泛影响的国际性教育思潮。其主要特点有三：一是注重人的终身学习和教育的整体性；二是强调教育的民主化；三是凸显国际性。

终身教育思潮自20世纪60年代兴起以后在教育领域引起了深刻、广泛的革命，并成为建立学习化社会的象征。《终身教育引论》被译为17种文字而广泛流传。世界上许多国家也将终身教育作为国家教育改革和发展的战略重点。旨在学会生存、学会学习、学会关心的终身教育理论和模式必将改变未来教育的面貌。

> 赫梅尔评价说："可以与哥白尼带来的革命相媲美的终身教育概念的发展，是教育史上最惊人的事件之一。"

七、现代人文主义教育思潮 【名解／简答／论述】：20华中，13杭州，18、19云南，20扬州，16温州大学，19福建，19华南

现代人文主义教育思潮是20世纪70年代后在美国盛行的以人本主义心理学为理论基础的一种现代教育思潮，把人本主义心理学直接应用于教育领域。试图通过挖掘人类理智与情感诸方面的整体潜力来确立人的价值。代表人物是美国的马斯洛、罗杰斯。

第一，强调教育的目标是培养完整的人

教育目的就是人的自我实现、完美人性的形成，以及人的潜能的充分发展。这种人是具有整体性、动态性和创造性人格特征的自我实现的人。

第二，主张课程人本化

他们提出"一体化"课程，主张课程内容应建立在学生需要、生长的自然模式和个性特征基础上，体现出思维、情感和行动之间的相互渗透和相互作用。

第三，学校应该创造自由的心理气氛

在学校中影响学校气氛的因素有三个：教师和管理者；人与人之间的关系；学习过程，应提倡以人为中心的教学、非指导性教学、自由学习、自我学习。

评价：注重人的整体发展，强调认知和情感两个方面在教育过程中的作用，主张学校应形成最佳的学习气氛，充分发挥和实现人的各种潜能，给教育理论带来观念上的革新。立足于人性的发展，过分强调个人的价值观和个人的自我实现，简单把个体的潜能实现与个体的社会价值画上等号，从而忽视了社会环境和学校教育对个体发展的影响。

> **关键词>>** 学校自由人本化，教育是为育完人

第十二节 苏联教育思想

一、马卡连柯的教育思想【论述】：13鲁东、17云南、18江西

马卡连柯是苏联早期的教育理论家和实践家,主要著作有《父母必读》《教育诗》等。

(一) 教育目的

从当时苏联社会主义建设的实际情况出发,主张教育的目的应该是把青年一代培养成为真正有教养的苏维埃人、劳动者,一个有用的、有技术的、有学识的、有政治修养和高尚道德的身心健全的公民,他能够自觉地、有毅力地并且有成效地参加社会主义建设,捍卫无产阶级革命事业。

(二) 教育方法

教育方法既是总的和统一的方法,又是使每个单独的个体发挥自己特点、保持个性的方法。它要防止两个危险倾向:①抹杀个性特点,把所有的人都看成是一样的;②消极地跟着每个人跑,毫无希望地企图用单独对付每一人的方法来对付千千万万的学生。

(三) 论集体主义教育【简答/论述】：10陕西,10曲阜,15鲁东,17江苏大学,20渤海大学,20济南大学

1. 集体和集体主义教育的含义

集体主义教育是马卡连柯教育思想的核心。苏维埃教育的任务只能是培养集体主义者,而要培养集体主义者就必须在集体中通过集体并为了集体来进行教育。他的集体教育理论可以概括为"在集体中、通过集体、为了集体"教育体系。集体首先是在有共同目的、劳动和斗争的前提下,把人们团结起来的社会有机体。

2. 集体主义教育的原则【简答】：20河北大学

(1) **尊重与要求相结合原则**

要尽量多地要求一个人,也要尽可能地尊重一个人,在他看来,要求与尊重是一回事。

(2) **平行教育影响原则**【名解】：17山西大学,20浙江海洋,21吉林,21杭州

平行教育影响原则是以集体为教育对象,通过集体来教育个人。教育者对集体和集体中每一个成员的教育影响是同时的、平行的。在"给个人一种影响的时候,这影响必定同时应当是给集体的一种影响。相反地,每当我们涉及集体的时候,同时也应当成为对于组成集体的每一个人的教育。"这一教育原则,改变了传统的单一的教育方式,充分发挥了学生集体的教育作用。

(3) **前景教育原则**

正常的、健康的集体必须不断地向前发展,一旦停滞不前,集体就没有了生命力,这是集体运动的规律。根据这个规律他提出了前景教育原则,要求教师在教育过程中经常给学生指出美好的前景,即给学生提出一个或好几个需要经过一定努力才能完成的新任务,吸引学生集体和集体中的每一成员,为完成新任务,实现新前景,由近及远、由易到难地开展活动,由简单的原始满足发展到最高的责任感,从而使整个集体朝气蓬勃,永葆青春。

(4) **作风和传统**

> 马卡连柯是苏联早期著名的教育理论家和实践家。他在教育实践和教育理论方面的卓越成就,不仅促进了苏联教育事业的发展,而且对世界教育也产生了深远的影响。

培养优良的作风和传统，对于美化集体和巩固集体具有非常重要的意义。它既是苏维埃教育的主要任务，又是进行集体主义教育的重要方法。

（四）论纪律教育

马卡连柯认为纪律教育和集体主义教育紧密联系在一起的，纪律是达到集体目的的最好方式，也是良好的教育集体的外部表现形式。

（五）论劳动教育 【论述】：20安徽

劳动教育的目的。发展儿童的体力、智力和培养他们从事生产劳动的技能技巧，尤其重要的是要使学生在道德上和精神上得到良好的发展。

劳动教育的作用。组织学员参加现代化的大工业生产，能广泛地满足儿童的各种兴趣爱好，充分发挥他们的聪明才智，使他们掌握高度熟练的生产技术，并且还能培养多方面的性格特点和管理能力。

劳动教育的方式。从事体力劳动的同时对他们进行思想政治教育，教学和劳动结合。

（六）论家庭教育

家庭教育的作用。儿童的早期家庭教育对儿童的成长影响极大，还关系到社会和国家的未来。家长重视对子女的教育，要把教育子女看作生活中最重要的一个方面，忽视或放弃对子女的教育乃是对社会、对国家不负责任的表现。

家庭教育的基本条件。建立一个"完整和团结一致"的家庭集体，家庭教育的方式方法上要注意掌握尺度和分寸，遵循"中庸之道"。

二、凯洛夫教育学体系 【论述】：21江西，21成都大学

（一）关于教学过程本质的论述

1. 教学的本质

教学是指教师在学生自觉与自动参与下，以知识、技能和熟练技巧的体系武装学生的过程，但他还担负着以科学原理和共产主义世界观武装学生与有计划的发展学生智力、培养学生道德品质的任务。

2. 教学过程的特点

①获得前人已有知识；②获得对现实事物的认识；③巩固知识；④发展儿童的德、智、体。

3. 教学过程的六环节

①感知具体事物，形成表象；②认清事物关系；③形成概念；④掌握知识；⑤养成技能技巧；⑥在实践中检验知识。

（二）凯洛夫《教育学》中的教学原则

1. 直观性原则。
2. 自觉性与积极性的原则。
3. 巩固性教学原则。
4. 系统性和连贯性的教学原则。提出要制定教学大纲和教材的观点。
5. 教学的通俗性与可接受性原则。

（三）论教育和教学内容

教育和教学的内容具体表现在教学计划、教学大纲和教科书中。教学计划强调普通

学校授予学生的应该是从整个科学知识中选择出来的基本知识。教学大纲是在有系统的形式中包括一切构成教学科目内容的问题和题目纲要。教科书包括基本原理和学生独立学习的材料，还包括学生必须领会的知识。

（四）教学工作的基本组织形式

课堂教学应是教学工作的基本组织形式。把学生按年龄和程度分成班级，对各种科目按固定课表由教师进行讲授，这种教学工作组织，就是他所强调的班级授课制度。

（五）德育论

1. 德育的任务

德育的任务包括培养苏维埃爱国主义精神、社会主义的人道主义精神、集体主义精神、对劳动和社会公共财产的社会主义态度、自觉纪律以及布尔什维克的意识与性格等六个方面。

2. 德育的原则

德育的过程应渗透共产主义的目的性和思想性。

3. 德育的方法

说服法、练习法、儿童集体组织法、奖惩法等。

评价：凯洛夫《教育学》思想体系的主要缺点在于它未能根据苏联当时已有很大变化的文化教育状况、教育自身特点及其发展规律，提出和解决新的教育理论与实际问题，使它带有浓重的滞后性和封闭性，而缺少创造性。该书的严重不足还表现在对一系列教育、教学理论问题的处理过于绝对化和机械化。

三、赞科夫的教学理论（浙江师大大纲删除）【名解/简答/论述】：15重庆，12山西大学，12山西，17内蒙古，20陕西理工，11闽南，11、12华中，17天津，21东北，21华南

赞科夫是苏联著名的心理学家和教育家。其主要的代表作有《和教师的谈话》以及《教学与发展》等。其教学理论主要是处理教育与人的发展的关系问题，通过他的"教育与发展关系问题"实验来发展苏联的教育理论，形成了他的发展性教学理论。

（一）论一般发展

赞科夫认为"教学要在学生的一般发展上取得尽可能大的效果"。所谓一般发展，一方面是对特殊发展（数学、语言、音乐等方面的发展）而言，即不同于特殊发展；另一方面也有别于智力发展，一般发展包括智力的发展、道德情感的发展、意志的发展、身体的发育等各个方面。

（二）小学教学的"新体系"

当时苏联侧重于知识传授和技能训练的小学教学体系称之为传统教学体系，他把着眼于学生的一般发展的实验教学体系称之为小学教学的"新体系"。他认为对这种传统的小学教学体系必须进行根本的改革，新体系的教学过程必须要使学生的一般发展取得成效。

（三）实验教学体系的原则【名解/简答/论述】：13湖南大学，17北京，17西华，20陕西，21内蒙古，21渤海大学，21济南大学，14、16西华

赞科夫实验教学体系的原则即"发展教学论"，包括教学原则、教学大纲、教学法等几个方面，其中以教学原则最为重要，主要有五项：

1. 以高难度进行教学的原则

这里的"难度"一是指学习材料有一定的难度；二是需要经过学生的努力才能掌握。难度程度限定在最近发展区内。

2. 以高速度进行教学的原则

是指教学要不断引导学生向前发展，不断丰富学生的智慧，使学生能深刻理解所学知识。速度的把握是根据是否能促进学生的一般发展来决定的。

3. 理论知识起主导作用的原则

理论知识是指一门课程的知识结构。掌握课程的知识结构目的是让学生能融会贯通所学知识，能举一反三。

4. 使学生理解学习过程的原则

即让学生通过自己的智力活动去探索获得知识的方法和途径，掌握学习过程的特点和规律。

5. 使班上所有学生（包括最差的学生）都得到一般发展的原则

赞科夫认为，在传统教学条件下差生在发展上，几乎毫无进展，是因为没有把致力于学生的一般发展看作最重要的任务。认为要解决学习差的问题，要增强学生的学习信心，培养他们的求知欲，发展他们所缺乏的心理品质。

评价：赞科夫的教育实验和理论对苏联教育理论与实践的发展影响较大。他的发展性教学理论的一些观点也为苏联教育理论界所接受，并且被吸收到20世纪七八十年代出版的教育著作和教科书中。但其理论也存在较大的局限性。他的研究主要从儿童心理的角度进行，很少考虑教学过程的社会政治与道德要求，过分强调认知方面的智育。

四、苏霍姆林斯基的教育理论 【简答/论述】：11、21扬州，15中央民族，16闽南，18湖南农业，10华中，12扬州，16北京，16吉林，17中央民族，18浙江，18沈阳，20天津，21延安大学

苏霍姆林斯基【名解】：19山西

苏霍姆林斯基是苏联当代著名的教育实践家和教育理论家。他的著作被誉为"活的教育学""学校生活的百科全书"，他本人被誉为"教育思想的泰斗"，其最具代表性的著作有《学生的精神世界》《给教师的100条建议》《把整个心灵献给孩子》等。他坚持将教育理论研究与教育实践紧密结合起来，创建了培养全面和谐发展的人的教育理论体系。

（一）个性全面和谐发展的含义

所谓个性全面和谐发展，即意味着人在品行上以及同他人相互关系上的道德纯洁，意味着体魄的完美、审美需求和趣味的丰富及社会和个人兴趣的多样。

一个个性全面和谐发展的人，应当是社会物质生产领域和精神生活领域中的创造者，是物质和精神财富的享用者，是有道德和文化素养的人，是人类文化财富的鉴赏者和细心的保护者，是积极的社会活动者、公民，是树立于崇高道德基础之上的新家庭的建立者。

苏霍姆林斯基关于个性全面和谐发展的观点是他的个性全面和谐发展教育思想和实践活动的基石，也是他的全部教育理论和教育实践活动的起点和终点。

（二）个性全面和谐发展的教育内容

个性全面和谐发展的教育由德育、智育、体育、美育和劳动教育组成。

1. 德育

(1)应当培养青少年良好的道德习惯。道德习惯的形成有三个阶段：正面教育阶段、自我道德评价阶段、道德成熟阶段。（2）培养学生的道德情感，是学校道德教育的基本目标。（3）培养道德信念是德育的最高目标。

2. 智育

(1)内容：主要包括形成科学的世界观、培养劳动技能等。（2）目的：发展智力，智育的核心是世界观的形成。

3. 体育

苏霍姆林斯基十分重视身体健康发展在个性全面和谐发展中的作用，把体育看作健康的重要因素，生活活力的源泉。对青少年身体的保护给予了充分的关注。学校的环境、教学设备和合理的作息制度，体育课和体育活动。要求学校重视体育设施建设。

4. 美育

发现美、鉴赏美和创造美的能力是个性全面和谐发展的不可或缺的部分。发现美、鉴赏美可以通过欣赏大自然、文艺作品等来培养；创造美可以通过写作和绘画来培养。

5. 劳动教育

认为劳动教育是个性全面和谐发展的重要组成部分。

对于如何进行和谐的教育，他认为应该从德、智、体、美、劳各方面相互渗透整体进行教育，并提出了以下原则：（1）全面与和谐不可分割；（2）多方面教育的相互配合；（3）个性发展与社会需要相适应；（4）学生自由；（5）尊重儿童，重视自我教育。

评价：与传统的片面强调学习间接知识、强调课堂教学和教师主导作用相比，苏霍姆林斯基强调教育与创造性劳动及自我教育相结合，校内教育与家庭教育的结合，并提出通过向家长普及教育知识以求达到学校与家庭教育一致的要求。

关键词 >> 个性全面和谐发展的教育：德智体美劳，全面和谐多配合，自由自我有个性

本章高分拓展

一、夸美纽斯论教学原则（陕西师大大纲新增）【名解/简答】：湖南大学，17北华大学，19云南大学，20河南

夸美纽斯在历史上**第一次**系统地总结了教学原则，这也是其教学理论的重要组成部分。

（一）直观性原则

他认为，"一切知识都是从感官的感知开始的"。因此，他把通过感官所获得的对外部世界的感觉经验作为教学的基础，并宣布运用直观是教学的一条"金科玉律"。夸美纽斯第一次从感觉论出发对直观教学进行了理论论证，这在当时具有革新意义，但他过于夸大了直观的意义，因此往往把直接知识和间接知识对立起来。

（二）巩固性原则

夸美纽斯特别强调使学生获得巩固的知识。他认为理解性的教学有助于知识的巩固，经常地练习和复习是巩固知识的重要方法。另外，把自己所掌握的知识教给别人，也是一种好的巩固知识的方法。

（三）量力性原则

夸美纽斯反对经院主义教学的强迫性和不考虑学生的接受能力。他说："一切学科都应加以排列，使其适合学生的年龄，凡是超出了他们的理解的东西，就不要给他们去学习。"夸美纽斯从教育适应自然的理论出发，在教育史上初次提出了这个原则，对后世的影响很大。一方面击中了时弊，另一方面在一定范围内反映了教学工作的客观规律，无疑是有进步意义的。

（四）系统性和循序渐进性原则

系统性原则要求教材的组织具有系统性和逻辑性，要把一个学科的知识排成一个整体。循序渐进性原则要求教学循序渐进，不要跳跃前进。他还要求教学应遵守从已知到未知、从易到难、从简到繁、从近及远等规则。这两个原则在一定程度上反映了教学工作的客观规律性，但存在着机械化、简单化的缺陷。

（五）激发学生求知欲望原则（主动性和自觉性原则）

他指出，凡是"强迫孩子们去学习的人，就是大大地害了他们"。我们"应该用一切可能的方式把孩子们的求知与求学的欲望激发起来"。要激发学生的求知欲，提高学生学习的主动性和自觉性。教师要运用一切可能的方法调动儿童的求知欲。

（六）启发诱导原则

受亚里士多德内发论的影响，他把儿童的心理比作"种子"或"谷米"，认为儿童具有极大的发展可能性，儿童教育应当循循善诱，引导儿童得到发展的机会与动力。

二、新教育运动与进步教育运动的比较 【简答/论述】：11安徽，15重庆，20淮北，11南京

	欧洲新教育运动	美国进步教育运动
产生原因	1. 经济：欧美经济发达，科技的广泛使用，促使整个社会生活的重大变化。 2. 科学：科技的发展，尤其是实验心理学发展，为教育改革提供科学依据和方法论的基础，人们开展各种教育研究与实验，力图建立"科学的教育学"。 3. 教育：欧美义务教育的普及，人们开始关注教育质量。人们抨击传统教育的弊端，卢梭等思想家的自由教育、自然教育等思想也开阔了人们的视野，人们呼唤与现代生活紧密联系的新式教育。 4. 美国进步教育运动是社会进步改革的重要组成部分。	
形成发展	1. 兴起：英国雷迪的阿博茨霍尔姆寄宿学校；德、法等国学者办校； 2. 成型：协会—"国际新教育局"→"新教育联谊会"，杂志—《新时期的教育》； 3. 发展："七项原则"，儿童中心—社会服务，《儿童宪章》； 4. 衰落：协会改为"世界教育联谊会"。	1. 兴起：帕克昆西教学法，杜威芝加哥实验学校，其他公立学校的教育实验； 2. 成型：协会—"美国进步教育协会"；杂志—《进步教育》，哥大为中心； 3. 转折：初→中，儿童中心→社会职能 4. 衰落：美国教育联谊会，杂志停办（注意衰落原因、历史意义）
著名实验理论	1. 雷迪的阿博茨霍尔姆学校"典范" 2. 德莫林的罗歇斯学校"运动学校" 3. 利茨的乡村教育之家 4. 德可乐利的生活学校以及教学法 5. 梅伊曼、拉伊实验教育学 6. 凯兴斯泰纳公民教育与劳作学校 7. 蒙台梭利的儿童之家	1. 帕克：昆西教学法 2. 约翰逊：有机教育学校 3. 沃特：葛雷制 4. 帕克赫斯特：道尔顿制 5. 华虚朋：文纳特卡制 6. 克伯屈：设计教学法

	欧洲新教育运动	美国进步教育运动
相同点	1. 发生时间和原因大致相同 2. 开办新式学校、新式教学方法进行教育实验 3. 成立协会，办杂志来宣传 4. 目的都是反对传统教育弊端，提出新教育目标、原则、方法：以儿童为中心，重视儿童的自由、个性和创造性、主体性等。 5. 都有理论指导	
不同点	1. 乡村私立办学，寄宿制，环境优美 2. 温和、理性 3. 重视学校管理和自治 4. 一些学校持续时间长 5. 理论性不强、多样化。重在实验教育学和凯兴斯泰纳的公民教育理论为基础。 6. 影响力：欧洲	1. 城市公立学校进行 2. 激进、彻底、批判性更强 3. 更重视儿童需要、自由活动和个体经验，更关心民众的教育，更强调教育与社会的联系，更重视做中学，更注重教育民主化 4. 20世纪50年代后实验学校都关闭了 5. 有明确的理论指导，主要是杜威的实用主义教育学，思想来源是卢梭、裴斯泰洛奇和福禄培尔等人。 6. 影响力极大：在美国以及整个世界都有深远的影响。

三、蒙台梭利和福禄培尔的比较

（一）蒙台梭利与福禄培尔教育理论的相同点

1. 他们都受卢梭的影响，主张儿童本位，强调教育中自由及活动的重要性，反对传统教育对儿童身心的束缚和压迫，反对外铄论。

2. 他们都极其重视幼儿期（尤其是3~6岁）的教育，重视童年生活对人生的影响，提倡建立专门的幼儿社会教育机构及培训大批合格教师来从事幼儿教育工作。

（二）蒙台梭利与福禄培尔教育理论的不同点

1. 教育内容、方法方面：福禄培尔倡导游戏、恩物与作业，认为游戏是幼儿自我表现的最高形式，强调通过游戏来发展幼儿的想象力和创造力；蒙台梭利则主张"工作"、自我教育、感官教育、实际生活练习等，认为工作是幼儿特有的有价值的活动，否定创造性游戏在幼儿教育中的重要作用。

2. 教学组织形式方面：福禄培尔要求组织集体教学，蒙台梭利则主张个别活动，单独学习；

3. 教师作用方面：在福禄培尔的幼儿园里，教师被视为"园丁"，要承担指导与教学的职责；而在蒙台梭利的儿童之家中，教师则由主动转向被动，被称为"指导者"，只承担指导、看护的责任。

四、新托马斯主义教育（陕西师大大纲新增）【名解】：12重庆

新托马斯主义教育是现代欧美国家一种以托马斯·阿奎那宗教神学理论为思想基础的、提倡基督教教育和希望培养"真正的基督徒"的教育思潮。20世纪30年代产生于意大利、法国等西欧国家，二战后也在美国流行，其代表人物是法国教育家马利旦，主要观点有：

第一，教育应该以宗教为基础，以神性为最高原则

如果学校排除宗教教育，那就违背了教育的最高原则。认为宗教教育可以使人的精神在神性的感召下获得解放。

第二，教育的目的是培养真正的基督教徒和有用的公民

把学校看作自然和上帝为了培养人而提供的一种机构，强调学校教育的目的首先是培养虔信上帝、热爱上帝和服从上帝的人。

第三，实施宗教教育是学校课程的核心

为了对学生进行道德上的再教育和培养宗教信仰，学校的课程应该贯穿宗教教育。每一级学校的教学与学校组织，以及每一部门的教师、教学大纲和教科书都要受基督教精神的约束。

第四，教育应该属于教会

人一生下来就要受到家庭、学校和教会的三种教育，构成一个以宗教教育为核心的完整的教育体系。父母应该根据他们作为基督教徒的义务来控制自己子女的教育，而不要把自己的子女送到那些不虔心宗教的学校里去。

新托马斯主义教育对欧美国家的一些教会学校产生了一定的影响。但是，这种教育思想本身存在着连它自己也难以自圆其说的矛盾，从而陷入无法摆脱的窘境。

五、存在主义教育（陕西师大大纲新增）【简答】：14淮北，20安徽

存在主义教育是以存在主义哲学为基础的一种教育思想。存在主义哲学是一种以人的存在为研究对象的哲学。其基本论点是"存在先于本质"，即人首先存在着，通过他的自由选择而决定他的本质。其代表人物是德国的海德格尔、雅斯贝尔斯，法国的萨特，奥地利的布贝尔，美国的奈勒等。主要观点有：

第一，教育的目的在于使学生实现"自我完成"

存在主义强调人的生成，关注人的本质实现，其中首先要发展自我意识，培养人作出自我选择的能力；再者要充分发展自我责任感，最终实现"自我完成"。

第二，强调品格教育的重要性

存在主义教育家认为，品格教育在人的自我发展中具有重要的作用。课程的全部重点必须从事物世界转移到人格世界。学校不能将知识作为教育的中心，更不能将教育变成某种职业训练。其主要任务是形成学生的品格。

第三，提倡学生"自由选择"道德标准

道德教育的任务主要是使学生具有独立意识、自尊心，养成自主、自律的精神。真正的道德教育就是帮助学生学会自由选择，让学生在自由活动中去自觉地感受社会责任感的约束，培养个人的道德判断力和行为抉择能力。

第四，主张个别教育的方法

存在主义教育家认为，应该采取多种多样的教学组织形式和教育教学方法，以适应儿童的个性和个别差异。因此，在教学组织形式上重视个别教学，在教育方式上提倡师生对话。但也不完全排斥集体教学。

第五，师生之间应该建立信任的关系

教师的作用是利用他自己的人格和知识，引导学生认识"自我"和发展"自我"。教师既要尊重学生的主观性，又要维护自身的主观性。教师与学生之间应该通过"对话"与"交流"，形成一种相互信任的、民主的平等关系，并具有一种民主的气氛。

评价： 存在主义教育提出了一些具有积极意义的观点，例如，强调个性的发展，主张教育个性化，提倡积极的师生关系等。存在主义教育思想曾对欧美国家的教育产生很大影响。但是，由于存在主义本身存在的消极因素，致使它在教育工作实践中的影响甚为有限，而且在20世纪70年代后便逐渐衰落。

六、分析教育哲学（陕西师大大纲新增）

分析教育哲学是盛行于20世纪50年代的欧美国家、以分析哲学为理论基础将分析哲学的原则和方法应用于教育领域而形成的一种教育思潮。其主要的代表人物有美国的谢弗勒和索尔蒂斯、英国的奥康纳和彼得斯等。分析教育哲学的基本观点有：

第一，强调用逻辑方法和语言分析方法来澄清一些基本概念和命题

分析教育哲学认为，教育问题的纷乱是由语言的误解、误用和表达不确切所造成的。教育哲学家应当运用分析的方法对教育理论中的概念和命题进行检验，检验的标准包括逻辑的标准和日常语言的标准。

第二，教育哲学要抛弃形而上学和伦理学的命题陈述

分析教育哲学认为，教育哲学不应对诸如人性是什么、教育本质是什么等一类形而上学的问题作出任何内容上的判断，也不应对以有关价值判断为基础的教育工作规定行动纲领、发出工作指令。

第三，教育哲学应澄清教育观念

拒绝形而上学和伦理学命题并对教育语言进行逻辑和语言的分析，目的在于对似是而非的、含糊不清的语言予以澄清，使其对教育思想的表述建立在科学的和清晰准确的语言基础上。

从20世纪50年代起，分析教育哲学被广泛应用于教育理论。分析教育哲学的影响主要是引起教育理论研究者重视语言和逻辑分析在表述教育概念或命题中的作用，为教育理论的发展提供了一个有利条件。但是，分析教育哲学夸大了分析哲学方法的作用，没有考虑教育中的价值和道德的问题，脱离了具体的教育实践情境。

Lucky 学姐 333 教育综合
艾宾浩斯复习计划表

(2022 版)

Lucky 学姐 编

配套资料

(非卖品)

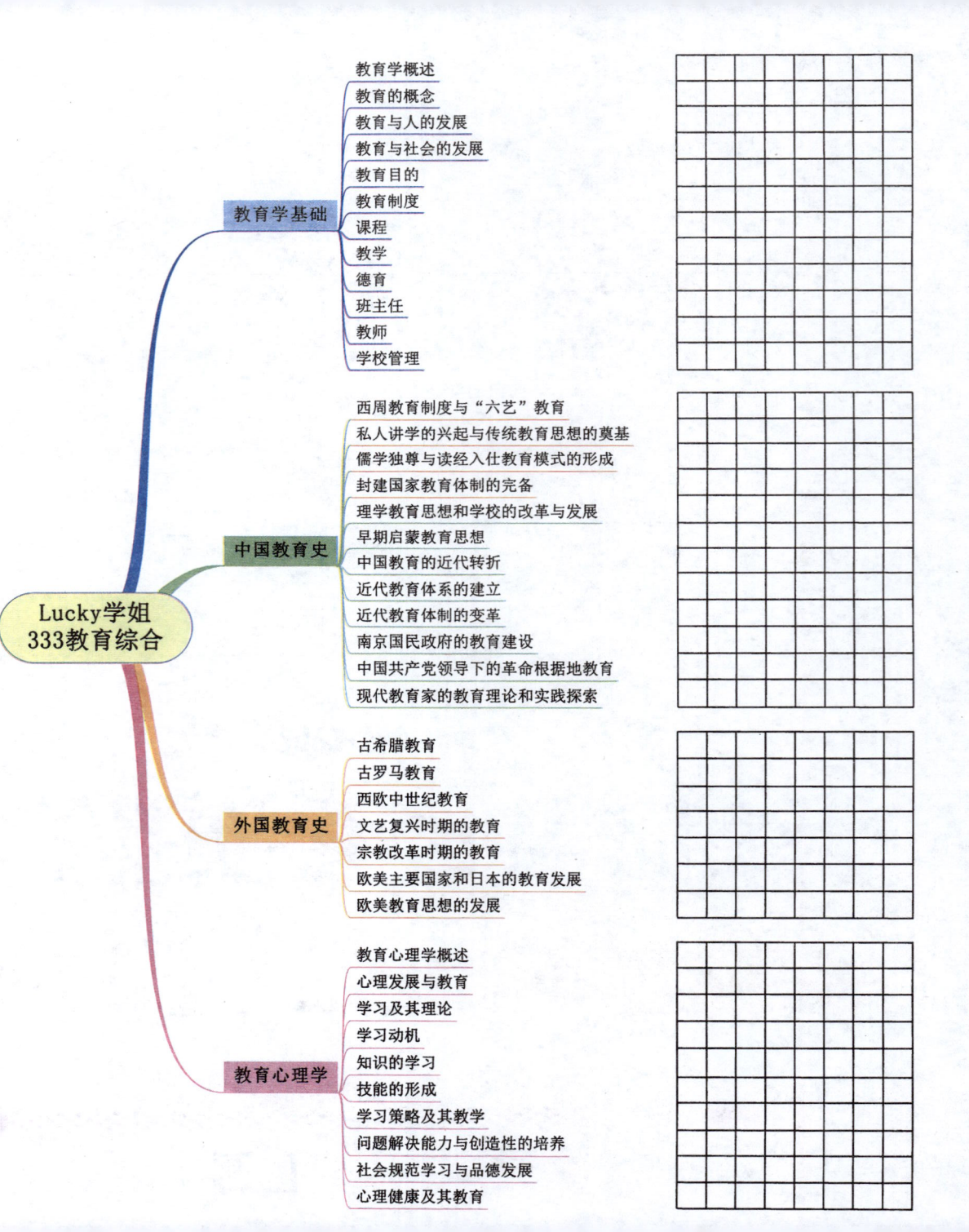

Lucky学姐 333教育综合

教育学基础
- 教育学概述
- 教育的概念
- 教育与人的发展
- 教育与社会的发展
- 教育目的
- 教育制度
- 课程
- 教学
- 德育
- 班主任
- 教师
- 学校管理

中国教育史
- 西周教育制度与"六艺"教育
- 私人讲学的兴起与传统教育思想的奠基
- 儒学独尊与读经入仕教育模式的形成
- 封建国家教育体制的完备
- 理学教育思想和学校的改革与发展
- 早期启蒙教育思想
- 中国教育的近代转折
- 近代教育体系的建立
- 近代教育体制的变革
- 南京国民政府的教育建设
- 中国共产党领导下的革命根据地教育
- 现代教育家的教育理论和实践探索

外国教育史
- 古希腊教育
- 古罗马教育
- 西欧中世纪教育
- 文艺复兴时期的教育
- 宗教改革时期的教育
- 欧美主要国家和日本教育的发展
- 欧美教育思想的发展

教育心理学
- 教育心理学概述
- 心理发展与教育
- 学习理论
- 学习动机
- 学习的迁移
- 知识的形成
- 技能的形成
- 学习策略及其教学
- 问题解决能力与创造性的培养
- 社会规范学习与品德教育
- 心理健康及其教育

当所有的格子涂满时，学弟学妹必将闯关成功，Lucky学姐见证你们创造奇迹。

各位学弟学妹，我们一起来玩一个学习游戏。每复习一遍，请把对应的格子涂满。

淘宝店铺 Lucky学姐考研教育

微信公众号 Lucky学姐考研

微博 Lucky学姐考研教育学

艾宾浩斯复习计划表（2022版）

Lucky 学姐 333 教育综合 第一轮复习（3个月～3个半月）

备注：复习计划表一横排是7天复习内容，在日期的横栏中标注上每天的日期，也可根据自己实际情况，增加或减少每天的复习任务。

日期	当天学习内容（复习后打钩）					随机安排
	第二部分中国教育史 P1~P7	第二部分中国教育史 P8~P14	第二部分中国教育史 P15~P20	第二部分中国教育史 P21~P27	第二部分中国教育史 P28~P34	
	复习之前内容（复习后打钩）					因事耽误补落下的内容
		第二部分中国教育史 P1~P7	第二部分中国教育史 P8~P14	第二部分中国教育史 P15~P20	第二部分中国教育史 P21~P27	

日期	当天学习内容（复习后打钩）					随机安排
	第二部分中国教育史 P41~P47	第二部分中国教育史 P48~P53	第二部分中国教育史 P54~P59	第二部分中国教育史 P60~P65	第二部分中国教育史 P66~P72	
	复习之前内容（复习后打钩）					因事耽误补落下的内容
	第二部分中国教育史 P35~P40	第二部分中国教育史 P41~P47	第二部分中国教育史 P48~P53	第二部分中国教育史 P54~P59	第二部分中国教育史 P60~P65	

日期	当天学习内容（复习后打钩）					随机安排
	第二部分中国教育史 P79~P85	第二部分中国教育史 P86~P92	第二部分中国教育史 P93~P98	第二部分中国教育史 P99~P105	第二部分中国教育史 P106~P113	
	复习之前内容（复习后打钩）					因事耽误补落下的内容
	第二部分中国教育史 P73~P78	第二部分中国教育史 P79~P85	第二部分中国教育史 P86~P92	第二部分中国教育史 P93~P98	第二部分中国教育史 P99~P105	

日期	当天学习内容（复习后打钩）					随机安排
	第二部分中国教育史 P121~P126	第二部分中国教育史 P127~P132	第二部分中国教育史 P133~P139	第二部分中国教育史 P140~P146	第二部分中国教育史 P147~P152	
	复习之前内容（复习后打钩）					因事耽误补落下的内容
	第二部分中国教育史 P114~P120	第二部分中国教育史 P121~P126	第二部分中国教育史 P127~P132	第二部分中国教育史 P133~P139	第三部分外国教育史 P1~P7	

官方正版淘宝店铺/微信公众号：Lucky学姐考研教育　　　　　微博：Lucky学姐考研教育学

日期	当天学习内容（复习后打钩）					随机安排
	第三部分外国教育史 P8~P15	第三部分外国教育史 P16~P22	第三部分外国教育史 P23~P29	第三部分外国教育史 P30~P34	第三部分外国教育史 P35~P39	因事耽误补落下的内容
	复习之前内容（复习后打钩）					
	第三部分外国教育史 P1~P7	第三部分外国教育史 P8~P15	第三部分外国教育史 P16~P22	第三部分外国教育史 P23~P29	第三部分外国教育史 P30~P34	
日期	当天学习内容（复习后打钩）					随机安排
	第三部分外国教育史 P46~P52	第三部分外国教育史 P53~P57	第三部分外国教育史 P58~P65	第三部分外国教育史 P66~P72	第三部分外国教育史 P73~P78	因事耽误补落下的内容
	复习之前内容（复习后打钩）					
	第三部分外国教育史 P42~P47	第三部分外国教育史 P46~P52	第三部分外国教育史 P53~P57	第三部分外国教育史 P58~P65	第三部分外国教育史 P66~P72	
日期	当天学习内容（复习后打钩）					随机安排
	第三部分外国教育史 P85~P92	第三部分外国教育史 P93~P100	第三部分外国教育史 P101~P109	第三部分外国教育史 P110~P118	第一部分教育学基础 P1~P9	因事耽误补落下的内容
	复习之前内容（复习后打钩）					
	第三部分外国教育史 P79~P84	第三部分外国教育史 P85~P92	第三部分外国教育史 P93~P100	第三部分外国教育史 P101~P109	第三部分外国教育史 P110~P118	
日期	当天学习内容（复习后打钩）					随机安排
	第一部分教育学基础 P10~P15	第一部分教育学基础 P16~P21	第一部分教育学基础 P22~P28	第一部分教育学基础 P29~P34	第一部分教育学基础 P35~P41	因事耽误补落下的内容
	复习之前内容（复习后打钩）					
	第一部分教育学基础 P10~P15	第一部分教育学基础 P16~P21	第一部分教育学基础 P22~P28	第一部分教育学基础 P29~P34	第一部分教育学基础 P35~P41	

官方正版淘宝店铺/微信公众号：Lucky学姐考研教育　　微博：Lucky学姐考研教育学

日期	当天学习内容（复习后打钩）						因事耽误 随机安排 补落下的内容
	第一部分教育学基础 P56~P62	第一部分教育学基础 P63~P69	第一部分教育学基础 P70~P76	第一部分教育学基础 P77~P83	第一部分教育学基础 P84~P90	第一部分教育学基础 P91~P97	
	复习之前内容（复习后打钩） 第一部分教育学基础 P49~P55	第一部分教育学基础 P56~P62	第一部分教育学基础 P63~P69	第一部分教育学基础 P70~P76	第一部分教育学基础 P77~P83	第一部分教育学基础 P84~P90	
日期	当天学习内容（复习后打钩） 第一部分教育学基础 P98~P104	第一部分教育学基础 P105~P111	第一部分教育学基础 P112~P118	第一部分教育学基础 P119~P125	第一部分教育学基础 P126~P131	第一部分教育学基础 P132~P139	因事耽误 随机安排 补落下的内容
	复习之前内容（复习后打钩） 第一部分教育学基础 P91~P97	第一部分教育学基础 P98~P104	第一部分教育学基础 P105~P111	第一部分教育学基础 P112~P118	第一部分教育学基础 P119~P125	第一部分教育学基础 P126~P131	
日期	当天学习内容（复习后打钩） 第一部分教育学基础 P140~P146	第一部分教育学基础 P147~P153	第一部分教育学基础 P154~P160	第一部分教育学基础 P161~P167	第一部分教育学基础 P168~P174	第一部分教育学基础 P175~P181	因事耽误 随机安排 补落下的内容
	复习之前内容（复习后打钩） 第一部分教育学基础 P132~P139	第一部分教育学基础 P140~P146	第一部分教育学基础 P147~P153	第一部分教育学基础 P154~P160	第一部分教育学基础 P161~P167	第一部分教育学基础 P168~P174	
日期	当天学习内容（复习后打钩） 第一部分教育学基础 P182~P188	第一部分教育学基础 P189~P195	第一部分教育学基础 P196~P202	第一部分教育学基础 P203~P208	第四部分教育心理学 P1~P8	第四部分教育心理学 P9~P15	因事耽误 随机安排 补落下的内容
	复习之前内容（复习后打钩） 第一部分教育学基础 P175~P181	第一部分教育学基础 P182~P188	第一部分教育学基础 P189~P195	第一部分教育学基础 P196~P202	第一部分教育学基础 P203~P208	第四部分教育心理学 P1~P8	

日期	当天学习内容(复习后打钩)				复习之前内容(复习后打钩)	随机安排 因事耽误 补落下的内容
	第四部分教育心理学 P16~P24	第四部分教育心理学 P25~P32	第四部分教育心理学 P33~P40	第四部分教育心理学 P41~P47	第四部分教育心理学 P48~P54	第四部分教育心理学 P55~P62
	第四部分教育心理学 P9~P15	第四部分教育心理学 P16~P24	第四部分教育心理学 P25~P32	第四部分教育心理学 P33~P40	第四部分教育心理学 P41~P47	第四部分教育心理学 P48~P54

日期	当天学习内容(复习后打钩)				复习之前内容(复习后打钩)	随机安排 因事耽误 补落下的内容
	第四部分教育心理学 P63~P68	第四部分教育心理学 P69~P77	第四部分教育心理学 P78~P87	第四部分教育心理学 P88~P94	第四部分教育心理学 P95~P101	第四部分教育心理学 P102~P109
	第四部分教育心理学 P55~P62	第四部分教育心理学 P63~P68	第四部分教育心理学 P69~P77	第四部分教育心理学 P78~P87	第四部分教育心理学 P88~P94	第四部分教育心理学 P95~P101

日期	当天学习内容(复习后打钩)				复习之前内容(复习后打钩)	随机安排 因事耽误 补落下的内容
	第四部分教育心理学 P110~P118	第四部分教育心理学 P119~P127	第四部分教育心理学 P128~P135	第四部分教育心理学 P136~P143	第四部分教育心理学 P144~P151	第四部分教育心理学 P152~P159
	第四部分教育心理学 P102~P109	第四部分教育心理学 P110~P118	第四部分教育心理学 P119~P127	第四部分教育心理学 P128~P135	第四部分教育心理学 P136~P143	第四部分教育心理学 P144~P151

艾宾浩斯复习计划表（2022版）

Lucky学姐 333 教育综合 第二轮复习（2个月）

日期	当天学习内容（复习后打钩）	复习之前内容（复习后打钩）				
	第一部分教育学基础 P1~P12	第一部分教育学基础 P13~P25	第一部分教育学基础 P26~P38	第一部分教育学基础 P39~P51	第一部分教育学基础 P52~P64	第一部分教育学基础 P65~P76
			第一部分教育学基础 P1~P12	第一部分教育学基础 P13~P25	第一部分教育学基础 P26~P38	第一部分教育学基础 P39~P51
						第一部分教育学基础 P52~P64
						随机安排因事耽误补落下的内容

日期	当天学习内容（复习后打钩）	复习之前内容（复习后打钩）				
	第一部分教育学基础 P77~P88	第一部分教育学基础 P89~P100	第一部分教育学基础 P101~P113	第一部分教育学基础 P114~P126	第一部分教育学基础 P127~P139	第一部分教育学基础 P140~P150
	第一部分教育学基础 P65~P76	第一部分教育学基础 P77~P88	第一部分教育学基础 P89~P100	第一部分教育学基础 P101~P113	第一部分教育学基础 P114~P126	第一部分教育学基础 P127~P139
	第一部分教育学基础 P39~P51					第一部分教育学基础 P101~P113
						随机安排因事耽误补落下的内容

日期	当天学习内容（复习后打钩）	复习之前内容（复习后打钩）				
	第一部分教育学基础 P151~P162	第一部分教育学基础 P163~P174	第一部分教育学基础 P175~P187	第一部分教育学基础 P188~P200	第一部分教育学基础 P201~P208	第二部分中国教育史 P1~P13
	第一部分教育学基础 P140~P150	第一部分教育学基础 P151~P162	第一部分教育学基础 P163~P174	第一部分教育学基础 P175~P187	第一部分教育学基础 P188~P200	第一部分教育学基础 P125~P130
	第一部分教育学基础 P114~P126	第一部分教育学基础 P127~P139	第一部分教育学基础 P140~P150	第一部分教育学基础 P151~P162	第一部分教育学基础 P163~P174	第一部分教育学基础 P175~P187
						随机安排因事耽误补落下的内容

官方正版淘宝店铺/微信公众号：Lucky学姐考研教育　　微博：Lucky学姐考研教育学

日期						
当天学习内容 （复习后打钩）	第二部分中国教育史 P145~P152	第二部分中国教育史 P24~P34	第二部分中国教育史 P35~P46	第二部分中国教育史 P47~P57	第二部分中国教育史 P58~P70	第二部分中国教育史 P71~P82	随机安排 因事耽误 补落下的内容
复习之前内容 （复习后打钩）	第二部分中国教育史 P1~P13	第二部分中国教育史 P14~P23	第二部分中国教育史 P24~P34	第二部分中国教育史 P35~P46	第二部分中国教育史 P47~P57	第二部分中国教育史 P58~P70	
	第一部分教育学基础 P188~P200	第一部分教育学基础 P201~P208				第二部分中国教育史 P1~P13	

日期						
当天学习内容 （复习后打钩）	第二部分中国教育史 P83~P92	第二部分中国教育史 P93~P102	第二部分中国教育史 P103~P113	第二部分中国教育史 P114~P123	第二部分中国教育史 P124~P134	第二部分中国教育史 P135~P144	随机安排 因事耽误 补落下的内容
复习之前内容 （复习后打钩）	第二部分中国教育史 P71~P82	第二部分中国教育史 P83~P92	第二部分中国教育史 P93~P102	第二部分中国教育史 P103~P113	第二部分中国教育史 P114~P123	第二部分中国教育史 P124~P134	
	第二部分中国教育史 P58~P70						

日期						
当天学习内容 （复习后打钩）	第三部分外国教育史 P1~P11	第三部分外国教育史 P12~P22	第三部分外国教育史 P23~P34	第三部分外国教育史 P35~P45	第三部分外国教育史 P46~P59		随机安排 因事耽误 补落下的内容
复习之前内容 （复习后打钩）	第二部分中国教育史 P135~P144	第二部分中国教育史 P145~P152	第三部分外国教育史 P1~P11	第三部分外国教育史 P12~P22	第三部分外国教育史 P23~P34	第三部分外国教育史 P35~P45	
	第二部分中国教育史 P114~P123	第二部分中国教育史 P124~P134	第二部分中国教育史 P135~P144	第二部分中国教育史 P145~P152	第三部分外国教育史 P1~P11	第三部分外国教育史 P12~P22	

日期						
当天学习内容 （复习后打钩）	第三部分外国教育史 P60~P71	第三部分外国教育史 P72~P82	第三部分外国教育史 P83~P93	第三部分外国教育史 P94~P104	第三部分外国教育史 P105~P118	第四部分教育心理学 P1~P12
复习之前内容 （复习后打钩）	第三部分外国教育史 P46~P59	第三部分外国教育史 P60~P71	第三部分外国教育史 P72~P82	第三部分外国教育史 P83~P93	第三部分外国教育史 P94~P104	第三部分外国教育史 P105~P118
	第三部分外国教育史 P23~P34	第三部分外国教育史 P35~P45	第三部分外国教育史 P46~P59	第三部分外国教育史 P60~P71	第三部分外国教育史 P72~P82	第三部分外国教育史 P83~P93
随机安排 因事耽误 补落下的内容						

日期						
当天学习内容 （复习后打钩）	第四部分教育心理学 P13~P25	第四部分教育心理学 P26~P39	第四部分教育心理学 P40~P53	第四部分教育心理学 P54~P66	第四部分教育心理学 P67~P79	第四部分教育心理学 P80~P92
复习之前内容 （复习后打钩）	第四部分教育心理学 P1~P12	第四部分教育心理学 P13~P25	第四部分教育心理学 P26~P39	第四部分教育心理学 P40~P53	第四部分教育心理学 P54~P66	第四部分教育心理学 P67~P79
	第三部分外国教育史 P94~P104	第三部分外国教育史 P105~P118	第四部分教育心理学 P1~P12	第四部分教育心理学 P13~P25	第四部分教育心理学 P26~P39	第四部分教育心理学 P40~P53
随机安排 因事耽误 补落下的内容						

日期						
当天学习内容 （复习后打钩）	第四部分教育心理学 P93~P105	第四部分教育心理学 P106~P118	第四部分教育心理学 P119~P130	第四部分教育心理学 P131~P141	第四部分教育心理学 P142~P151	第四部分教育心理学 P152~P159
复习之前内容 （复习后打钩）	第四部分教育心理学 P80~P92	第四部分教育心理学 P93~P105	第四部分教育心理学 P106~P118	第四部分教育心理学 P119~P130	第四部分教育心理学 P131~P141	第四部分教育心理学 P142~P151
	第四部分教育心理学 P54~P66	第四部分教育心理学 P67~P79	第四部分教育心理学 P80~P92	第四部分教育心理学 P93~P105	第四部分教育心理学 P106~P118	第四部分教育心理学 P119~P130
随机安排 因事耽误 补落下的内容						

艾宾浩斯复习计划表（2022版）

Lucky学姐 333 教育综合 第三轮复习（1个半月）

日期						
当天学习内容 （复习后打钩）	第一部分教育学基础 P1～P19	第一部分教育学基础 P20～P39	第一部分教育学基础 P40～P59	第一部分教育学基础 P60～P80	第一部分教育学基础 P81～P100	第一部分教育学基础 P101～P121
复习之前内容 （复习后打钩）		第一部分教育学基础 P1～P19	第一部分教育学基础 P20～P39	第一部分教育学基础 P40～P59	第一部分教育学基础 P60～P80	第一部分教育学基础 P81～P100
						因事耽误 补落下的内容
						随机安排

日期						
当天学习内容 （复习后打钩）	第一部分教育学基础 P122～P141	第一部分教育学基础 P142～P161	第一部分教育学基础 P162～P181	第一部分教育学基础 P182～P200	第一部分教育学基础 P201～P208	第二部分中国教育史 P1～P17
复习之前内容 （复习后打钩）	第一部分教育学基础 P101～P121 第一部分教育学基础 P60～P80	第一部分教育学基础 P122～P141 第一部分教育学基础 P81～P100	第一部分教育学基础 P142～P161 第一部分教育学基础 P101～P121	第一部分教育学基础 P162～P181 第一部分教育学基础 P122～P141	第一部分教育学基础 P182～P200 第一部分教育学基础 P142～P161	第一部分教育学基础 P201～P208 第一部分教育学基础 P162～P181
						因事耽误 补落下的内容
						随机安排

日期						
当天学习内容 （复习后打钩）	第二部分中国教育史 P18～P34	第二部分中国教育史 P35～P53	第二部分中国教育史 P54～P72	第二部分中国教育史 P73～P90	第二部分中国教育史 P91～P109	第二部分中国教育史 P110～P126
复习之前内容 （复习后打钩）	第二部分中国教育史 P1～P17 第一部分教育学基础 P182～P200	第二部分中国教育史 P18～P34 第一部分教育学基础 P201～P208	第二部分中国教育史 P35～P53 第二部分中国教育史 P1～P17	第二部分中国教育史 P54～P72 第二部分中国教育史 P18～P34	第二部分中国教育史 P73～P90 第二部分中国教育史 P35～P53	第二部分中国教育史 P91～P109 第二部分中国教育史 P54～P72
						因事耽误 补落下的内容
						随机安排

日期						
当天学习内容（复习后打钩）	第二部分中国教育史 P127~P144	第二部分中国教育史 P145~P152	第三部分外国教育史 P1~P17	第三部分外国教育史 P18~P34	第三部分外国教育史 P35~P52	第三部分外国教育史 P53~P70
复习之前内容（复习后打钩）	第二部分中国教育史 P110~P126 第三部分外国教育史 P18~P34	第二部分中国教育史 P127~P144 第三部分外国教育史 P35~P52	第二部分中国教育史 P145~P152 第三部分外国教育史 P53~P70	第二部分中国教育史 P145~P152 第二部分中国教育史 P127~P144	第二部分中国教育史 P145~P152 第三部分外国教育史 P18~P34	第三部分外国教育史 P35~P52 第三部分外国教育史 P1~P17
						随机安排 因事耽误 补落下的内容

日期						
当天学习内容（复习后打钩）	第四部分教育心理学 P54~P71	第三部分外国教育史 P71~P88	第三部分外国教育史 P89~P106	第三部分外国教育史 P107~P118	第四部分教育心理学 P1~P17	第四部分教育心理学 P18~P34
复习之前内容（复习后打钩）	第三部分外国教育史 P53~P70 第三部分外国教育史 P18~P34	第三部分外国教育史 P71~P88 第三部分外国教育史 P35~P52	第三部分外国教育史 P89~P106 P53~P70	第三部分外国教育史 P107~P118 第三部分外国教育史 P71~P88	第四部分教育心理学 P1~P17 第三部分外国教育史 P89~P106	第四部分教育心理学 P18~P34 第三部分外国教育史 P107~P118
						随机安排 因事耽误 补落下的内容

日期						
当天学习内容（复习后打钩）	第四部分教育心理学 P54~P71	第四部分教育心理学 P72~P89	第四部分教育心理学 P90~P105	第四部分教育心理学 P106~P123	第四部分教育心理学 P124~P141	第四部分教育心理学 P142~P159
复习之前内容（复习后打钩）	第四部分教育心理学 P35~P53 第四部分教育心理学 P1~P17	第四部分教育心理学 P54~P71 第四部分教育心理学 P18~P34	第四部分教育心理学 P72~P89 第四部分教育心理学 P35~P53	第四部分教育心理学 P90~P105 第四部分教育心理学 P54~P71	第四部分教育心理学 P106~P123 第四部分教育心理学 P72~P89	第四部分教育心理学 P124~P141 第四部分教育心理学 P90~P105
						随机安排 因事耽误 补落下的内容

艾宾浩斯复习计划表（2022版）

Lucky学姐 333教育综合 第四轮复习（1个月）

日期						
当天学习内容（复习后打钩）	第一部分教育学基础 P1~P23	第一部分教育学基础 P24~P47	第一部分教育学基础 P48~P70	第一部分教育学基础 P71~P93	第一部分教育学基础 P94~P116	第一部分教育学基础 P117~P139
复习之前内容（复习后打钩）		第一部分教育学基础 P1~P23	第一部分教育学基础 P24~P47	第一部分教育学基础 P48~P70	第一部分教育学基础 P71~P93	第一部分教育学基础 P94~P116
				第一部分教育学基础 P1~P23	第一部分教育学基础 P24~P47	第一部分教育学基础 P48~P70

日期						
当天学习内容（复习后打钩）	第一部分教育学基础 P140~P161	第一部分教育学基础 P162~P183	第一部分教育学基础 P184~P208	第二部分中国教育史 P1~P22	第二部分中国教育史 P23~P43	第二部分中国教育史 P44~P65
复习之前内容（复习后打钩）	第一部分教育学基础 P117~P139	第一部分教育学基础 P140~P161	第一部分教育学基础 P162~P183	第一部分教育学基础 P184~P208	第二部分中国教育史 P1~P22	第二部分中国教育史 P23~P43
	第一部分教育学基础 P94~P116	第一部分教育学基础 P117~P139	第一部分教育学基础 P140~P161	第一部分教育学基础 P162~P183	第一部分教育学基础 P184~P208	第二部分中国教育史 P1~P22

日期						
当天学习内容（复习后打钩）	第二部分中国教育史 P66~P87	第二部分中国教育史 P88~P110				
复习之前内容（复习后打钩）	第二部分中国教育史 P44~P65	第二部分中国教育史 P66~P87				
	第二部分中国教育史 P23~P43					

官方正版淘宝店铺/微信公众号：Lucky学姐考研教育　　微博：Lucky学姐考研教育学

日期							
当天学习内容（复习后打钩）	第二部分中国教育史 P111~P132	第二部分中国教育史 P133~P152	第三部分外国教育史 P1~P22	第三部分外国教育史 P23~P45	第三部分外国教育史 P46~P65	第三部分外国教育史 P66~P92	第三部分外国教育史 P93~P118
复习之前内容（复习后打钩）	第二部分中国教育史 P88~P110 第二部分中国教育史 P44~P65	第二部分中国教育史 P111~P132 第二部分中国教育史 P66~P87	第二部分中国教育史 P133~P152 第二部分中国教育史 P88~P110	第三部分外国教育史 P1~P22 第二部分中国教育史 P111~P132	第三部分外国教育史 P23~P45 第二部分中国教育史 P133~P152	第三部分外国教育史 P46~P65 第三部分外国教育史 P1~P22	第三部分外国教育史 P66~P92 第三部分外国教育史 P23~P45

日期							
当天学习内容（复习后打钩）	第四部分教育心理学 P1~P22	第四部分教育心理学 P23~P45	第四部分教育心理学 P46~P68	第四部分教育心理学 P69~P91	第四部分教育心理学 P92~P114	第四部分教育心理学 P115~P137	第四部分教育心理学 P138~P159
复习之前内容（复习后打钩）	第三部分外国教育史 P93~P118 第三部分外国教育史 P46~P65	第四部分教育心理学 P1~P22 第三部分外国教育史 P66~P92	第四部分教育心理学 P23~P45 第三部分外国教育史 P93~P118	第四部分教育心理学 P46~P68 第一部分外国教育史 P1~P22	第四部分教育心理学 P69~P91 第四部分教育心理学 P23~P45	第四部分教育心理学 P92~P114 第四部分教育心理学 P46~P68	第四部分教育心理学 P115~P137 第四部分教育心理学 P69~P91

艾宾浩斯复习计划表（2022版）

Lucky学姐 333教育综合 第五轮复习（21天）

日期							
当天学习内容（复习后打钩）	第一部分教育学基础 P1~P30	第一部分教育学基础 P31~P61	第一部分教育学基础 P62~P93	第一部分教育学基础 P94~P124	第一部分教育学基础 P125~P157	第一部分教育学基础 P158~P187	第一部分教育学基础 P188~P208
复习之前内容（复习后打钩）			第一部分教育学基础 P31~P61	第一部分教育学基础 P62~P93	第一部分教育学基础 P94~P124	第一部分教育学基础 P125~P157	第一部分教育学基础 P158~P187
			第一部分教育学基础 P1~P30	第一部分教育学基础 P31~P61	第一部分教育学基础 P62~P93	第一部分教育学基础 P94~P124

日期							
当天学习内容（复习后打钩）	第二部分中国教育史 P1~P30	第二部分中国教育史 P31~P62	第二部分中国教育史 P63~P92	第二部分中国教育史 P93~P123	第二部分中国教育史 P124~P152	第三部分外国教育史 P1~P29	第三部分外国教育史 P30~P59
复习之前内容（复习后打钩）	第一部分教育学基础 P188~P208	第二部分中国教育史 P1~P30	第二部分中国教育史 P31~P62	第二部分中国教育史 P63~P92	第二部分中国教育史 P93~P123	第二部分中国教育史 P124~P152	第二部分中国教育史 P93~P123
	第一部分教育学基础 P125~P157	第一部分教育学基础 P158~P187	第一部分教育学基础 P188~P208	第一部分教育学基础 P1~P30	第二部分中国教育史 P31~P62	第二部分中国教育史 P63~P92

日期							
当天学习内容（复习后打钩）	第三部分外国教育史 P60~P90	第三部分外国教育史 P91~P118	第四部分教育心理学 P1~P32	第四部分教育心理学 P33~P64	第四部分教育心理学 P65~P96	第四部分教育心理学 P97~P129	第四部分教育心理学 P130~P159
复习之前内容（复习后打钩）	第三部分外国教育史 P30~P59	第三部分外国教育史 P60~P90	第三部分外国教育史 P91~P118	第四部分教育心理学 P1~P32	第四部分教育心理学 P33~P64	第四部分教育心理学 P65~P96	第四部分教育心理学 P97~P129
	第二部分中国教育史 P124~P152	第三部分外国教育史 P1~P29	第三部分外国教育史 P30~P59	第三部分外国教育史 P60~P90	第三部分外国教育史 P91~P118	第四部分教育心理学 P1~P32	第四部分教育心理学 P33~P64

艾宾浩斯复习计划表（2022版）

Lucky学姐 333教育综合 第六轮复习（14天）

日期	当天学习内容（复习后打钩）						复习之前内容（复习后打钩）	
	第一部分教育学基础 P1~P42	第一部分教育学基础 P43~P86	第一部分教育学基础 P87~P129	第一部分教育学基础 P130~P171	第一部分教育学基础 P172~P208	第二部分中国教育史 P1~P50	第二部分中国教育史 P51~P100	
		第一部分教育学基础 P1~P42	第一部分教育学基础 P43~P86	第一部分教育学基础 P87~P129	第一部分教育学基础 P130~P171	第一部分教育学基础 P172~P208	第二部分中国教育史 P1~P50	第一部分教育学基础 P130~P171

日期	当天学习内容（复习后打钩）						复习之前内容（复习后打钩）	
	第二部分中国教育史 P101~P152	第三部分外国教育史 P1~P59	第三部分外国教育史 P60~P118	第四部分教育心理学 P1~P40	第四部分教育心理学 P41~P79	第四部分教育心理学 P80~P121	第四部分教育心理学 P122~P159	
	第二部分中国教育史 P51~P100 第一部分教育学基础 P172~P208	第二部分中国教育史 P101~P152 第二部分中国教育史 P1~P50	第三部分外国教育史 P1~P59 第二部分中国教育史 P51~P100	第三部分外国教育史 P60~P118 第二部分中国教育史 P101~P152	第四部分教育心理学 P1~P40 第三部分外国教育史 P1~P59	第四部分教育心理学 P41~P79 第三部分外国教育史 P60~P118	第四部分教育心理学 P80~P121 第四部分教育心理学 P1~P40	

Lucky 学姐 333 教育综合艾宾浩斯复习计划表（2022 版）

第七轮复习（10 天左右）、第八轮复习（7 天左右）

日期						
当天学习内容 （复习后打钩）	第一部分教育学基础 P1~P64	第一部分教育学基础 P65~P129	第一部分教育学基础 P130~P194	第一部分教育学基础 P195~P208 第二部分中国教育史 P1~P53	第二部分中国教育史 P54~P119	第二部分中国教育史 P120~P152 第三部分外国教育史 P1~P32
复习之前内容 （复习后打钩）		第一部分教育学基础 P1~P64	第一部分教育学基础 P65~P129	第一部分教育学基础 P130~P194	第一部分教育学基础 P195~P208 第二部分中国教育史 P1~P53	第二部分中国教育史 P54~P119

日期						
当天学习内容 （复习后打钩）	第三部分外国教育史 P97~P118 第四部分教育心理学 P1~P43	第四部分教育心理学 P44~P108	第四部分教育心理学 P109~P159			
复习之前内容 （复习后打钩）	第三部分外国教育史 P33~P97	第三部分外国教育史 P97~P118 第四部分教育心理学 P1~P43	第四部分教育心理学 P44~P108			

日期						
当天学习内容 （复习后打钩）	第一部分教育学基础 P1~P105	第一部分教育学基础 P106~P208	第二部分中国教育史 P1~P77	第二部分中国教育史 P78~P152	第三部分外国教育史 P1~P118	第四部分教育心理学 P80~P159
复习之前内容 （复习后打钩）		第一部分教育学基础 P1~P105	第一部分教育学基础 P106~P208	第二部分中国教育史 P1~P77	第二部分中国教育史 P78~P152	第三部分外国教育史 P1~P79

幸运研途考研系列

333 教育综合
(2022 版)

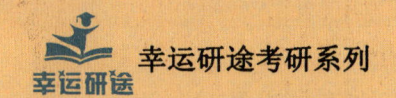

自测题

Lucky 学姐 编

(配套资料)
非卖品

淘宝店铺	微信公众号	微博
Lucky学姐考研教育	Lucky学姐考研	Lucky学姐考研教育学

各位学弟学妹：

在复习 333 教育综合过程中，你可以把《自测题》当作志同道合的研友或是对你进行抽背的小伙伴。

在第一轮复习时，每复习一章节的内容，可以拿出《自测题》来检测一下复习效果，可以口述或动笔简单的回答，不需要把所有答案一字不漏全部写出。如果遇到不会的题目或回忆不起来，也不用过于担心。当进行几轮复习后，你对 333 教育综合背诵效果更有信心了，再使用《自测题》时，你会恍然大悟。

《自测题》可以让你背书过程中多一些充满趣味性的挑战，再也不用担心没人帮你抽背啦！

真题标注说明： 紫色代表考过名词解释，例如 21 北京，代表 2021 年北京师范大学考过名词解释；浅蓝色代表考过简答题，例如 21 北京，代表 2021 年北京师范大学考过简答题；红色代表考过论述题，例如 21 北京，代表 2021 年北京师范大学考过论述题；绿色代表考过辨析题，21 重庆，代表 2021 年重庆师范大学考过辨析题；深蓝色代表考过选择题，21 南京选，代表 2021 年南京师范大学考过选择题。学校名称省略了"师范大学"或"大学"。

请各位 2022 考研的同学一定要关注微信公众号：Lucky 学姐考研, 微博：Lucky 学姐考研教育学。在接下来的考研复习中，我们将在微信公众号和微博中不定期地分享对大家有帮助的知识拓展、教育热点等内容，有些拓展内容或许就会出现在你今年考研真题中。敬请关注！

Lucky 学姐

2021 年 2 月

淘宝店铺	微信公众号	微博
Lucky学姐考研教育	Lucky学姐考研	Lucky学姐考研教育学

第一部分 教育学基础

第一章 教育学概述

一、选择题

1. 20世纪70年代之后兴起的批判教育学思潮，其代表人物不包括（ ）。18南京选　　　答案：D
   A. 阿普尔　　B. 吉鲁　　C. 弗莱雷　　D. 斯普朗格
2. 在布卢姆的教学目标分类学中，认识领域的最高级目标是（ ）。18南京选　　　答案：D
   A. 运用　　B. 分析　　C. 综合　　D. 评价

二、名词解释

1. 教育学　10江苏，10中山，10西南，11渤海大学，11、15沈阳，11西北，11扬州，15、21广东技术，16河南，16海南，12、17、18、19、20哈尔滨，19长春，21同济大学，21华南
2. 实验教育学　10、16安徽，13宁波大学，14扬州，15江苏，19青海，21曲阜，21聊城大学，11鲁东简，14首都简，17内蒙古简，19北京简，15华中论
3. 实用主义教育学　12河北，17广东技术，18西华简，18天津职业简，19山西大学简，10四川论，10南京论，13曲阜论，15江苏大学论，18内蒙古论，21合肥论
4. 文化教育学　15宁波大学，17内蒙古
5. 教育规律　13山西，14渤海大学，17郑州大学，17天津大学，19山东，20沈阳

三、简答题/论述题

1. 简述教育学的对象与任务。/教育学作为一门学科，主要任务是什么？/根据教育研究的对象和任务，为什么必须对教育问题进行研究？11渤海大学简，15曲阜简，16深圳简，17湖南简，17、18、20、21湖北大学简，19中国海洋简，20深圳大学简
2. 教育学的产生和发展经历了哪几个阶段，并列举每一个阶段的一本代表作。11江西简，14西北简，16集美大学简，17河南简，20成都简，19广西论
3. 马克思主义教育学　21山西大学简，21河北论

第二章 教育的概念

一、选择题

1. 从教育的本质属性来看，教育的本体功能是（ ）。18南京选　　　答案：A
   A. 促进个体的发展　B. 促进社会的发展　C. 促进经济的发展　D. 促进政治的发展

二、名词解释

1. 教育者　16沈阳，18广东技术，18郑州大学，19集美大学，20华南
2. 受教育者　11河南，13华南，15北航，20集美大学，21哈尔滨
3. 教育内容　12山西，14湖北大学，20扬州，21华东，21集美大学，21洛阳，21山东辨
4. 教育　10首都，11南京，11、14中山大学，12苏州，13、16四川，14、15、20延安大学，14北京，14天津大学，15华中，15、16广东技术，16天津职业，16、17陕西，13、17哈尔滨，17内蒙古，17、19、20湖北大学，17赣南，17集美大学，17广西师范学院，17宁波大学，18、21宁夏大学，11、14、18曲阜，18贵州，18山西，18沈阳，18、20淮北，19汕头大学，19湖北师范，19、20鲁东大学，11、19西华，20陕西理工，21福建，21重庆三峡学院，21石河子
5. 广义的教育　10扬州，11、15、16、18华南，15江西，15、16哈尔滨，15集美大学，21北华大学，21湖北大学
6. 狭义的教育　10、16聊城大学，11江西，11陕西，12、14、16西华，12湖北大学，12安徽，12西南，14哈尔滨，15湖南科技，15东北，16福建，17河北大学，17华南，17扬州，17贵州，18温州大学，18集美大学，14、15、16、19、20吉林，20闽南，20湖州师范，21苏州科技

7. 学校教育　10、11 渤海大学，10 河南，10 青岛，10 宁波大学，10 安徽，10、12、14 华中，11 哈尔滨，11、15 杭州，12 华南，12 南京，13、17 西华，13 湖北大学，14 西南，16 江苏，17 沈阳，17 天津，12、17 江西，18 陕西

8. 教育中介系统　14 沈阳，18 山东，21 湖南理工学院

9. 教育的质的规定性　12 北航，19 温州大学

10. 教育的基本要素　15 广东技术，16 天津职业，21 北航，21 山西大学，21 沈阳

11. 教育功能的定义　20 苏州，20 济南大学，20 石河子大学，20 新疆

12. 义务教育　10 宁波，10 哈尔滨，11 首都，11 安徽，12 渤海大学，12、13 东北，14 宁波大学，16 西北，16、18 苏州，17 首都，18 杭州，19 聊城大学，20 四川，21 温州大学

13. 研究性学习　12、14 陕西，12 西华，18 河北大学，20 陕西理工，21 北航，14 东北简

三、简答题/论述题

1. 教育区别于其他社会现象的特征有哪些？/为什么说教育是人类特有的社会现象？/论述教育的本质特点。/简述教育的质的规定性。　11 江苏简，14 延安大学简，18 广西民族简，19 河北大学简，19 大理大学简，20 天津简，21 河南简，21 洛阳简，21 华中简，21 云南民族简，12、18 湖北大学论，17 广西论，19 扬州论

2. 简述教育的基本要素。/简述教育的基本要素及其相互之间的关系。　10、12 浙江简，15 集美大学简，15 青岛大学简，15、19 湖北大学简，14、16、21 内蒙古简，17 广西师范学院简，17、18 沈阳简，18 陕西简，18 聊城大学简，20 安庆简，20 赣南简，20 天水师范简，21 东华理工，21 中国海洋简，21 宁夏大学简，17、21 湖北大学论

3. 简述古代教育的特点。14 西南简，15 河南简，19 聊城大学简，19 哈尔滨简，21 安庆辨

4. 简述现代教育的特点。【简答】：10 青岛，11 聊城大学，11、18 福建，13 辽宁，13、16 华南，13 北京，13、14 浙江，13 湖南，14 河北大学，15、21 山东，16 西北，16 扬州，16 天津职业，18 闽南，19、20 安庆，19 江苏大学，19 宁夏大学，20 集美大学，20 吉林，21 中央民族，21 河北，【论述】：10 宁波大学，11 辽宁，12 河南，15 江苏大学

5. "教育"定义的类型。16、19 河南论，19 杭州论，19 石河子论

6. 生物起源说。20 重庆选，21 南京选，21 陕西填，19 青海，19 重庆，19 苏州简，21 洛阳简

第三章 教育与人的发展

一、名词解释

1. 人的发展　10 苏州，10 四川，12 江西，12 华南，14 沈阳，16 天津大学，17 集美大学，17 曲阜，18 温州大学，18 信阳师范，18 天津职业，19 福建，19 华中，20 西安外国语，21 佳木斯大学，21 合肥，21 闽南，21 湖北师范，12 扬州简

2. 人的发展整体性　15 江苏

3. 遗传素质　11 哈尔滨，15 福建

4. 个体发展　14 沈阳，18 信阳师范，17 曲阜，18 天津职业，19 福建，19 华中

5. 外铄论（环境决定论）　10 聊城大学，17 内蒙古，17 东北，20 成都大学，11 北京简

二、简答题/论述题

1. 简述人的发展的规律及其对教育的制约/简述教育工作应遵循儿童身心发展规律/人的身心发展特点及其对教育的制约/教育要怎样适应年轻一代身心发展的规律？人的发展规律，这些规律在我国当下教育基础阶段遵循的状况并提出你们的建议。

【简答】：10 天津，12 云南，12、13 福建，15 哈尔滨，13 中南大学，17、18、20、21 扬州，14、16 南京，14 闽南，14 重庆，14 河南，15 北京，16 青岛大学，16 海南，16 湖南科技，12、16 沈阳，17 安徽，18 郑州大学，18 中国海洋，19 湖北师范，19、20 宝鸡文理，19 渤海大学，20 安庆，20 江西科技，20 聊城大学，20 四川轻化工，20 西藏大学，21 北京联合，21 齐齐哈尔，21 华东，21 宁波大学，21 四川，【论述】：10、20 辽宁，10、11、12 华中，11、18 渤海大学，17 天津，12 哈尔滨，13 聊城大学，13 扬州，13、17、20 浙江，10 南京，15、16 鲁东，17 青岛大学，17、18 沈阳，17、21 西华，17 湖南大学，17、21 温州大学，19 湖北大学，19、20 湖南，19 广西师范学院，21 三峡大学

2. 简述遗传在人的发展中的作用。11 陕西简，16 江苏简，18 上海简，18 鲁东简，20 闽南简，21 西华辨

3. 简述环境在人的发展中的作用。【简答】：10 西北，19 山东，17 福建，18 广东技术，18 内蒙古，19 曲阜，21 同济大学，

21 湖南理工学院，【论述】：10 哈尔滨，10 山东，18 陕西，16、17、19 聊城大学，21 北华大学

4. 简述个体的能动性在人的发展中的作用。【简答】：15 云南，16 内蒙古，17 郑州大学，17 天津大学，20 洛阳，20 江苏，21 曲阜，21 湖北师范，【论述】：15 闽南，17 华中，19 天津，20 大理大学

5. 简述教育的本体功能。/教育对人的发展的功能。/教育对个体的作用。/教育与人的发展的关系。/教育对人的发展的重大作用。【简答】：15、19 苏州，17 宁夏大学，18 淮北，18 宁波大学，20 合肥，20 济南大学，20 石河子大学，21 三峡大学，【论述】：10 渤海大学，10 西北，12 江苏，12 山西，13、14 西南，13 湖南科技，11、14、15 四川，14、15、18 曲阜，14 西华，14 哈尔滨，15、21 河南，10、16 东北，16 深圳大学，17 山东，17 扬州，18 浙江，18 辽宁，18 青海，20 延边大学，20 赣南，20 四川轻化工，21 福建，21 成都大学

6. 简述知识的价值。/文化知识的育人价值。【简答】：10 闽南，11 云南，12 渤海大学，14、19 福建，15 扬州，21 内蒙古，21 集美大学，【论述】：13 江苏，18 华中

7. 人的发展并不总是按照相同速度直线发展，这表明人的发展具有阶段性。18 山东辨析

8. 论述人的未完成性与教育的关系。16 曲阜论

9. 影响人的发展的基本因素。【简答】：10 东北，10 青岛大学，10 浙江，11 曲阜，11 渤海大学，12 北航，19 江西，17 华南，18 苏州，18 海南，19 湖北大学，20 闽南，20 湖南理工学院，20 鲁东大学，20 云南大学，20 浙江海洋，21 洛阳，21 广东技术，【论述】：10 中山大学，11 东北，11、12 江西，12 聊城大学，13、16、20 西华，14 内蒙古，15 渤海大学，15 天津，16 哈尔滨，17 青岛大学，17 湖南大学，17 天津职业，18 石河子大学，19 河北大学，15、17、18、19 吉林，18、20、21 湖北大学，20 苏州，20 天水师范，21 太原，21 广州大学，21 海南，21 西藏大学

10. 学校教育在人的身心发展中的作用。【简答】：10 曲阜，11 安徽，14 湖南科技，14 西北，16 湖南，17 宁波，19 贵州，【论述】：13 湖南大学，14 华南，15 集美大学，15 西北，16 东北，17 南京，19 华中，21 长江大学

11. 学校教育在人的身心发展中发挥主导作用的原因。【简答】：10 聊城大学，12 广西，16 浙江工业，17 西北，18 宁波，20 河北大学，【论述】：17 苏州，18 河北

12. 学校教育主导作用有效发挥的条件。/学校教育如何有效促进人的身心发展。/学校教育要促进人的身心发展要具备什么条件。【简答】：10 安徽，12 陕西，14 西北，14 湖南，18 新疆，18 浙江工业，21 陕西，【论述】：13 江苏，17 苏州，20 安徽，21 渤海大学

第四章 教育与社会的发展

一、名词解释

1. 教育的社会变迁功能　11 山东，16 西南，16 沈阳，17 天津大学，21 集美大学，21 河南，21 华中，21 湖南理工学院

2. 教育的社会流动功能　10、11 苏州，13 渤海大学，13 河南，15 辽宁，16 广西，11、15、16 福建，16 西南，19 扬州，20 江苏，20 上海，21 吉林

3. 教育的相对独立性　17 渤海大学，19 湖北师范，16、19 湖南科技，20 安徽

二、简答题/论述题/辨析题

1. 简述生产力对教育的制约。【简答】：11 扬州，15 吉林，15 集美大学，16 河北大学，18 安徽，18 华南，21 东北，21 聊城大学，【论述】：12 杭州，13 河南，18 陕西，21 洛阳

2. 简述社会经济政治制度对教育的制约。【简答】：10 聊城大学，14 天津，15 沈阳，15 四川，18 郑州大学，18 宁波大学，20 广东技术，20 重庆三峡学院，21 太原，21 温州大学，21 西华，【论述】：14 宁波大学，17 西北，18 陕西，21 湖州师范，21 济南大学，21 大理大学

3. 简述文化对教育的制约。【简答】：10、12 曲阜，13、21 鲁东，13 天津，13 内蒙古，15 湖南，16 贵州，17 山东，17 广西，17 郑州大学，20 渤海大学，【论述】：12 渤海大学，15 青岛大学，16 闽南，12、19 四川

4. 简述教育的经济功能。【简答】：10 河南，10 西北，11 山东，14 渤海大学，15 鲁东，15 温州大学，16 河南，16 海南，17 华中，14、17 吉林，19 华东，19 河北大学，21 天津，21 辽宁，21 信阳师范，【论述】：11 西华，12 杭州，13、18 陕西，16 西南，17 西北，17 天津职业，18 南京，21 东北，21 合肥，21 济南大学

5. 简述教育的政治功能。【简答】: 11鲁东，12、16山东，12北京，13内蒙古，14、21天津，16吉林，16云南，17福建，17延安大学，18闽南，18华中，19扬州，19辽宁，20淮北，20贵州，20、21四川，21山西，21佳木斯大学，21华东，21浙江海洋，21温州大学，21云南民族，【论述】: 14宁波大学，18陕西，18南京，20河南，21东北

6. 简述教育的生态功能。【简答】: 14安徽，14华中，15、17广西，16上海，18天津，18河南，20华东，【论述】: 12河南，19江苏，21东华理工

7. 简述教育的文化功能。【辨析】: 18南京，【简答】: 10青岛，11、19河南，12、18闽南，12浙江，12西北，13、16宁波大学，13鲁东，13天津，13华中，13广西，14山西大学，15渤海大学，15上海，15淮北，16北京，16贵州，17天津大学，18吉林，18集美大学，18、19广州大学，19、21鲁东大学，20内蒙古，21浙江海洋，21赣南，21江汉大学，【论述】: 11四川，12渤海大学，12曲阜，17广西，15青岛，16闽南，18石河子大学，20湖州师范，20浙江大学

8. 教育的社会流动功能及意义。【简答】: 10扬州，10福建，11中南大学，13华东，13杭州，13山西，14上海，16湖南大学，17广西师范学院，18四川，18辽宁，18内蒙古，21同济大学，21江苏，【论述】: 11广西，12安徽，13闽南，17辽宁，15苏州，11、19华南，19太原，20福建，20北华大学，20大理大学

9. 简述教育与文化的关系。12曲阜论，12、20渤海大学简/论，13鲁东简，15青岛大学论，16闽南论，16贵州简，13天津简，17广西论，20湖州师范论

10. 简述教育与政治的关系。/简述教育与政治经济制度的关系。14宁波大学论，14天津简，21西华简，21大理大学论

11. 教育和社会生产力的关系。/试论述教育与社会生产力、社会经济发展的相互关系。10安徽简，12杭州论

12. 简述教育与社会发展的关系。10、13湖北大学论

13. 教育可以传承文化，但是教育缺乏文化的创造功能，它很难产生新文化。18南京辨析

14. 论述教育在促进社会政治、经济发展中所起的作用。18南京论

15. 论述教育的社会制约性。【简答】: 12华南，19集美大学，21云南民族，【论述】: 10湖北大学，10苏州，10、13、16四川，17广西师范学院，18哈尔滨，20吉林，21湖北师范

16. 论述教育的社会功能。【名解】: 12广西，【简答】: 10重庆，10宁波大学，12辽宁，14东北，15广东技术，18山西，18中南民族，19中央民族，21吉林外国语，【论述】: 10湖北大学，10、17苏州，11、12北航，12、14、16西南，12中南大学，12南京，14陕西，15、19浙江，16、20安徽，17集美大学，17河北大学，19长春，20广西，20延边大学，20、21江苏大学，20四川轻化工

17. 论述教育的社会变迁功能。13沈阳论，14北京论，16天津论，19哈尔滨论

18. 谈谈你对教育相对独立性的认识。/简述教育相对独立性。/简述教育的相对独立性的主要表现。【简答】: 10苏州，10、15、20华中，11、15杭州，13山西，13云南，14湖北大学，14、15、20湖南科技，16曲阜，17四川，17江西，17贵州，18河北大学，18中央民族，18中南民族，18广西师范学院，18江汉大学，18淮北，19广东技术，19西北，21湖州师范，21云南民族，【论述】: 11陕西，14华南，14淮北，15内蒙古，21湖南科技

19. 教育为什么要"以人为本"。11北京简

20. 什么是教育的制约性和教育的相对独立性？怎样协调二者关系？12山东论

21. 怎样认识义务教育的先导性、基础性、全局性地位？/为什么要把教育摆在优先发展的战略地位？/为什么说"百年大计，教育为本"？/结合十九大谈谈为什么优先发展教育？/教育在我国社会主义建设中的地位和作用。【简答】: 15华南，15安徽，20湖南科技，21贵州，【论述】: 10渤海大学，10江苏，10曲阜，18山西，18海南，21扬州

22. 中国当前教育不公平主要表现在哪几个方面？选择其中一个方面分析其产生原因，尝试提出解决问题的对策。/教育不公平现象的主要表现。10、12山东论，10哈尔滨论，15苏州论

23. 怎样办好人民满意的教育？（结合十九大）18宝鸡文理学院论

24. 城乡义务教育发展状况的原因及解决策略。18宝鸡文理学院论

第五章 教育目的

一、名词解释

1. 教育目的 10 沈阳，10、13、19 华东，10、11 山东，10、19 辽宁，10、12、16、20 华中，10、12、15 安徽，10、16、17 宁波大学，10、19、21 天津，10、14、17 杭州，11、12、13、21 山西，11、16、18 闽南，11、12 北航，11、18 扬州，12 鲁东，12 中南大学，12 江苏，12、14 上海，13、20 陕西，14 西南，14 苏州，14 河北大学，14、20 延安大学，14、16 湖南科技，15 温州大学，15、16、17 华南，15 北京，15 江苏大学，11、12、15、16 江西，11、15、16 曲阜，16 重庆三峡，16、19 河南，12、14、16、20 内蒙古，16 集美大学，16、17、19 贵州，17 东北，17、19 吉林，17 首都，17 中国海洋，10、13、17、18、21 湖北大学，11、12、14、17、18 西华，10、17、20 重庆，12、17 西北，10、12、16、18 哈尔滨，18 天津大学，18 四川，18、19、20 浙江大学，18、19 海南，18 湖北师范，18 中南民族，18 江汉大学，18 齐齐哈尔，14、16、18 山西大学，15、19 广东技术，19 汕头大学，19、20 北华大学，14、19 聊城大学，20 合肥，20 洛阳，20、21 江西科技，20 宁夏大学，20 济南大学，20 宝鸡文理，20 陕西理工，20 西藏大学，20 佛山科学技术，21 苏州科技，21 湖南理工学院

2. 培养目标 12 广西，16 东北，21 太原

3. 教学目标 12 南京，13 广西，17 浙江大学，21 吉林外国语

4. 个人本位论 【名解】：10 浙江，12、18 河北，15 沈阳，15 广东技术，15 山东，15 杭州，19 重庆，18 合肥师范，20 临沂大学，20 湖州师范，【简答】：13 北京，13 南京，14 扬州，15、16 广西，19 华中，19 曲阜，20 福建，21 上海，【论述】：14 江苏

5. 社会本位论 【名解】：11 杭州，11 华东，12 云南，14 江西，14 南京，16 扬州，18 山东，18 广西师范学院，21 济南大学，21 广东技术，【简答】：13 河南，15 中国海洋，18 苏州，20 山东

6. 全面发展/全面发展教育 12 沈阳，14 华南，16 广东技术，17 天津职业，18 郑州大学，19 新疆，19 湖北大学，19 杭州，20 山西，21 洛阳

7. 智育 11 华中，15 哈尔滨，18 浙江大学，20 集美大学

8. 体育 13 华中，20 洛阳，21 湖南理工学院

9. 美育 11 哈尔滨，12 湖北大学，13、17 安徽，10、14 东北，14 山西，14 闽南，16 深圳大学，16 西南，16、20 内蒙古，16 杭州，17 华中，17 郑州大学，18 浙江大学，19 宝鸡文理，20 湖南理工学院，20 温州大学，20 天津外国语，21 北京，21 湖州师范，21 鲁东，21 湖北师范，21 西华

10. 综合实践活动 16 福建，18 西北，20 洛阳，21 同济大学，19 江西简，19 宝鸡文理简，19 云南简，21 吉林简，21 北航论

11. 劳动教育 21 赣南

12. 教育目的的价值取向 14 沈阳，，17 四川，17 山西，10 广西，21 齐齐哈尔，21 宁波大学

三、辨析题/简答题/论述题

1. 评述马克思和恩格斯的人的全面发展理论和教育与劳动生产相结合的思想。/马克思主义关于人的全面发展学说及其现实意义。【简答】：13、20、21 曲阜，14 苏州，15 闽南，18 贵州，18 齐齐哈尔，19 浙江，21 同济大学，【论述】：16 杭州，18 江西，18 西华，18 东北，19 安徽，19、21 广州大学，19 沈阳，20 太原，20 四川轻化工，21 哈尔滨，21 南京信息工程，21 云南民族

2. 我国教育目的的基本精神。/我国教育目的的基本点是什么？/我国教育目的的主要内容是什么？【简答】：10、16 西南，11 西北，11、13 东北，11 华中，10 辽宁，11、13、16 浙江，11、18 天津，12 江西，12 北京，13、20 重庆，13 渤海大学，13、16 湖南科技，14 南京，14 扬州，15 西华，15 延安大学，15、16 吉林，16 温州大学，17 河北，11、17、21 闽南，17 聊城大学，18 福建，18 鲁东，18 安徽，12 河南，11、19 华南，18 郑州大学，19 四川，19 大理大学，20 深圳大学，21 佳木斯大学，21 安庆，21 成都大学，21 石河子，【论述】：18 河南，20 集美大学

3. 教学目标设计的原则。 17 中国海洋大学

4. 教育目的的构建依据及关系。 18 云南简

5. 教育目的的层次结构和内容结构。 17 江苏，16 云南简，18 广西师范学院简，18 辽宁简，19 中国海洋简，21 华南简，21 北航论

6. 教育目的的价值取向。/试评个人本位与社会本位的教育目的论。【辨析】：18 重庆，【简答】：12 延安大学，12 江西，12

内蒙古，15、17、21 青岛大学，15 广东技术，17 广西师范学院，20 四川轻化工，【论述】：10 安徽，11 首都，13 山东，14 聊城大学，15、19 湖北大学，17 鲁东，20 海南，20 宁波大学

7. 简要回答全面发展教育的组成部分及其各自的地位和作用。/简述德育与其他各育的关系。【简答】：10 渤海大学，10 东北，11 沈阳，13 西北，14 山西大学，14 西南，15 重庆，16 江西，16 安徽，18 河北，20 淮北，20 华南，20 青海，【论述】：12 东北，11 苏州，18 西华，21 吉林外国语，21 中国海洋

8. 简述我国教育目的的理论基础。19 浙江简

9. 论述全面发展与独立个性之间的关系。【辨析】：18 重庆，21 南京，【简答】：16 重庆三峡，16 广东技术，【论述】：16 中国海洋，20 广东技术，21 重庆三峡学院

10. 教育准备生活说。【名解】：12 沈阳，16 安徽，17 山东，21 长江大学，【简答】：14 河南，18 北京，19 湖南，【论述】：19 中南大学

第六章 教育制度

一、名词解释

1. 教育制度 10、15 闽南，10 山东，10 福建，11 江苏，11、14 华南，11 北航，11 天津，12、14 华东，12 山西，12、13、17 扬州，13 鲁东，14 华中，14、15、21 聊城大学，15 渤海大学，15、18、21 广东技术，13、15、16、17 辽宁，16 宁波大学，16 河北大学，13、16 曲阜，16 天津大学，17、18、19 上海，17 河南，17 安徽，17 云南，17 广州，17 天津职业，16、18 集美大学，18 河北，18、19、21 湖北大学，18、20 宁夏大学，18 郑州大学，18 新疆，18 湖北师范，13、15、19 内蒙古，19 四川，19 西华，19 浙江大学，20 吉林，20 江西科技，20 太原，20 延安大学，20 天水师范，21 南京，21 江西，21 湖南理工学院

2. 学校教育制度（学制）10、13 山西，10、12、14、20 湖北大学，10、13、14、18、20 杭州，11、15、18 鲁东，11、12、18 河南，11、18 华中，12 辽宁，12、14、16、20 陕西，12 北航，12 安徽，12、15、17 苏州，12 中山，13 聊城大学，13、14 宁波大学，14、17 延安大学，15 郑州大学，15 南京，15、21 重庆三峡，15 天津，15 重庆，15 贵州，15 吉林，13、15、19 江西，15、21 云南，16 东北，16、21 上海，16 江苏，14、16 内蒙古，17 广东技术，11、17、21 曲阜，10、17 四川，12、17、19 闽南，17、20 浙江大学，17 海南，10、12、18 哈尔滨，13、14、18、21 西北，18、21 深圳大学，15、18、20 西华，18 华东，18 青海，18 复旦，19 北京，19 华南，19 湖北师范，10、13、19 沈阳，19 青岛大学，13、19 山西大学，19 大理大学，20 安庆，20、21 合肥，20 江苏大学，20 赣南，20 西藏大学，20 云南大学，21 中央民族，21 苏州科技，21 信阳师范，21 洛阳，21 黄冈师范，21 江汉大学，21 南宁，21 宝鸡文理，21 宁夏大学，21 石河子，21 新疆

3. 双轨学制 10 华东，12 云南，13 苏州，16 华东，17 北京，18 广西师范学院，18 广州大学，18 淮北，19 安徽，20 山东，21 闽南，21 临沂大学

4. 分支型学制 13 华东，17 西北

5. 单轨学制 19 宁波大学，20 温州大学

二、简答题/论述题

1. 学制确立的依据。【简答】：10、15 陕西，18 中央民族，11 中山大学论

2. 评述我国的基本学制。17 北京简

3. 教育制度的特点。【简答】：11 北航，17 福建，21 云南民族

4. 我国现行的教育制度的演变。11 首都论，21 华南论

5. 简述我国现行教育制度改革的趋势。/根据我国实际参照现代学校教育制度改革趋势，你认为我国的学校教育制度需要怎样进一步改革？【简答】：10 重庆，11 首都，13 福建，15 东北，17 山西，20 曲阜，21 北华大学，21 济南大学，21 西藏大学，【论述】：10 湖北大学，12 福建，14 四川，17 天津大学

6. 现代学校教育制度的发展趋势。11 四川简，15 重庆三峡简，16 江苏大学简，11、15、19 南京简，19 石河子大学论

7. 简述现代学制的主要类型及其特点。10 浙江简，16 青岛大学简，17 广西师范学院简，20 石河子大学简

第七章 课程

一、选择题
1. 学校作为课程编制主体自主研发和实施的课程是（ ） 18南京选择
   A.国家课程　　B.校本课程　　C.地方课程　　D.自由课程

二、名词解释
1. **课程**　10南京，10、13闽南，10、19天津，11中南大学，11陕西，12西华，12西北，12、19华南，12山东，13、16湖南科技，13鲁东，13西南，14河南，14曲阜，14、15延安大学，10、14四川，14内蒙古，14、15北航，15渤海大学，15、20湖北大学，11、15苏州，17温州大学，17上海，17广西师范学院，18、19贵州，14、18吉林，18山西，18沈阳，18西安外国语，18新疆，18湖北师范，19北京，19汕头大学，19海南，12、14、15、19、20哈尔滨，12、19江西，20华中，20北华大学，20扬州，21山西大学，21西藏大学，21陕西科技

2. **课程方案/教学计划**　10聊城大学，13华东，14河北大学，14闽南，15扬州，15北航，15北京，15上海，15、20福建，16、19江苏，16沈阳，17鲁东，18内蒙古，18云南，18郑州大学，18宝鸡文理学院，18广西师范学院，20广东技术，20成都大学，21辽宁，21沈阳大学，21东华理工，21曲阜，21湖北师范

3. **课程标准**　10、13、21山西，11华中，11、13广西，11、18渤海大学，11、13、14、15西北，10、14、19辽宁，12闽南，12东北，12、20鲁东，12内蒙古，13宁波大学，13、14、16西华，13、18安徽，13、16哈尔滨，13、18天津，13、17重庆，13山西大学，14、20西南，14、17、20上海，14杭州，14、15淮北，14、19、21扬州，15南京，15北京，11、16福建，16河北大学，17、21江苏大学，17陕西，16、17、21吉林，17广东技术，17郑州大学，18温州大学，18、20深圳大学，18聊城大学，18天津大学，18、20华东，18、20海南，11、14、19沈阳，19青岛大学，19、21宝鸡文理，19四川，20合肥，20、21湖南科技，20临沂大学，20中国海洋，20天津外国语，20佛山科学技术，21中央民族，21北华大学，21齐齐哈尔，21同济大学，21苏州科技，21黄冈师范，21南宁，21大理大学

4. **学科课程/分科课程**　【选择】：21南京，【名解】：10杭州，10湖北大学，12、14渤海大学，12中南大学，13曲阜，16、20沈阳，17、19华东，17天津，17赣南，19集美大学，19、21聊城大学，19西安外国语，20四川轻化工，20云南，21北京理工，21浙江大学，21江西，【简答】：15山东，16闽南，18广西师范学院，21宝鸡文理，【论述】：10浙江，12广西，15陕西，16苏州

5. **活动课程**　【名解】：10、20河南，12湖北大学，13中南大学，13扬州，13东北，13江苏，13南京，15安徽，15华中，15、20中央民族，15、17江西，16西南，16、21山东，17海南，18、21广东技术，19湖北师范，19太原，19河北大学，19、20大理大学，20首都，20、21华南，20苏州，20四川，21哈尔滨，21湖州师范，21温州大学，21青岛大学，21信阳师范，21洛阳，21深圳大学，21广西，21西安外国语，【简答】：11云南，11华东，14北京，14湖南大学，16重庆，17辽宁，18陕西，19中央民族，【论述】：15陕西，18中央民族，21郑州大学

6. **课程设计**　10、15山西，11鲁东，13沈阳，14、15北航，15、17、20辽宁，15内蒙古，16、17、21上海，16天津，19闽南，20四川轻化工，21云南大学

7. **课程目标**　10宁波大学，10哈尔滨，14安徽，16广东技术，16海南，17闽南，20南京大学，21鲁东，21延安大学

8. **教科书**　14哈尔滨，15集美大学，17西华，17华南，20湖南理工学院，21青岛大学，21大理大学，18陕西辨

9. **直线式**　13云南

10. **螺旋式**　15云南，21江苏，10华东简

11. **课程内容**　12广西，17云南，18山东

12. **经验课程**　19淮北

13. **课程一元化**　20河北大学

14. **综合课程（广域课程/统合课程/合成课程）**　【名解】：10青岛，12华东，15重庆，15东北，16、18江苏大学，16重庆三峡，17杭州，20济南大学，20山西大学，【简答】：16重庆，16、17中国海洋，18西南大学，【论述】：12广西，13杭州，17河北，18中央民族，20江苏

15. **核心课程**　20重庆三峡学院，21新疆，【辨析】：21陕西

16. **隐性课程**　【名解】：12延安大学，14江西，14西北，15东北，16安徽，16杭州，17广州，18北京，19淮北，19重庆

辨，20 聊城大学，20 临沂大学，20 青岛大学，20 曲阜，21 赣南，21 海南，21 陕西辨

17. 校本课程　【选择】：18 南京，【名解】：11 天津，15 杭州，17 宁夏，18 宁夏大学，19 淮北，20 赣南，20 石河子，21 宁波大学，21 重庆，【辨析】：19 重庆，【简答】：16 重庆，10、17 南京，17 河北，21 杭州，【论述】：19 山西大学

三、简答题/论述题

1. 简述课程的多元化。12 北京简

2. 简述课程目标的制订的依据。【简答】：12 陕西，18 渤海大学

3. 论述课程内容的设计。14 天津简，16 华东论

4. 简述课程内容的逻辑规定及课程内容组织编排时要处理好的逻辑组织形式关系。【简答】：11、12 福建，16 山西，【论述】：14 华东，21 辽宁

5. 举例说明螺旋式课程内容组织及其依据和适用性。10 华东简，15 云南

6. 课改内容及特点/课程内容即教材内容。10 首都简，17 山东辨

7. 简述课程目标的几种陈述方式。17 山东简

8. 简述活动课程的基本特点。18 陕西简

9. 简述学科课程和活动课程的区别。【辨析】16 延安大学，21 西华，【简答】：12、13 延安大学，15 南京，18 西北，21 北航，21 湖南大学，【论述】：13 杭州，15 北航，21 南京信息工程，21 黄冈师范

10. 简析课程目标设计的基本方式。12 沈阳简，17 山东简，18 福建简

11. 论述我国基础教育课程改革和发展的趋势。17、18 浙江简

12. 简述我国现代化课程改革的具体目标，并谈谈如何实现这些目标？/试述我国第八次新课改的具体目标和基本理念。【简答】：10 山西，10、11 沈阳，12 辽宁，17 青岛大学，17 东北，19 江苏大学，20 海南，【论述】：10 福建，11、12、15 鲁东，11 东北，12 渤海大学，13 重庆，13 华南，13 广西，14 苏州，14、16 陕西，16 杭州，16 温州大学，18 聊城大学，17、18 江苏，18、19 中国海洋，19、20 西华，19 浙江大学，20 佛山科学技术

13. 请比较博比特活动分析法和泰勒目标课程模式对课程开发的影响。15 华东论，19 云南论

14. 论述世界各国课程改革的趋势。【简答】：11 重庆，12 聊城大学，14 鲁东，17、18 浙江，17 郑州大学，18 河北大学，18、19 青海，13 安徽，21 哈尔滨，【论述】：11 曲阜，17 内蒙古，18 淮北，19 西华，19 安徽

15. 泰勒的目标模式（泰勒原理）。【名解】：18 鲁东，20 江苏大学，【简答】：14 云南，14 山西，14、17 南京，15 天津，15 江苏，20 苏州，【论述】：12、15 华东，17、18 广西师范学院

第八、九章 教学（上、下）

一、名词解释

1. 教学　10 沈阳，10、11 山东，11 重庆，11、13、14、20 江西，11 中南大学，11、16、18 华南，11、12、21 扬州，12 杭州，12 哈尔滨，12 内蒙古，12 鲁东，12 上海，12 苏州，13 南京，13、15 陕西，13 西华，13 西南，14 鲁东，14、15 北航，15 贵州，15 聊城大学，16 四川，16 湖南科技，15、17、18 吉林，17 赣南，17 河北大学，17 广西师范学院，17、19 宁夏大学，18 曲阜，19 安庆，19 河南，20 湖南理工学院，20 太原，20 新疆，20 天水师范，21 同济大学，21 合肥，21 湖北大学，21 佛山科学技术学院

2. 教学过程　10 首都，11 聊城大学，11 广西，12 北航，16 深圳大学，18 上海，19 浙江大学，20 太原，21 福建

3. 教学原则　11 闽南，12 江苏，13 哈尔滨，13 沈阳，15 山西，13、16、19 内蒙古，17 广东技术，18 郑州大学，19 聊城大学，19 云南，20 西南大学，21 江苏大学，21 郑州大学，21 佛山科学技术学院

4. 直观性原则　12 延安大学，13 东北，20 四川轻化工

5. 循序渐进原则　【名解】：14、20 扬州，19 天津，【简答】：14 闽南，15 沈阳，16 鲁东，16 南京，18 集美大学，21 安徽，【论述】：17 福建，17 闽南

6. 发展性原则　【名解】：13 鲁东，15 福建，19 华中，【简答】：10 华东，【论述】：15 云南

7. 因材施教原则　【名解】：10 东北，11 哈尔滨，12 天津，19 湖北师范，【简答】：12 扬州，13 内蒙古，19 华东，20 湖南

理工学院，20 青岛大学，20 湖州师范，【论述】：13 闽南，19、20 湖南大学，21 青岛大学

8. 启发性原则　12、20 辽宁，15 江苏，17 沈阳，17 扬州，18 聊城大学，18 陕西，19 太原，19 中国海洋，21 温州大学

9. 教学方法　13 华南，14 北航，15 曲阜，17 上海，13、17、19、21 哈尔滨，18 杭州，20 宝鸡文理，21 沈阳大学，21 华东，21 云南大学

10. 教学模式　13 闽南，13 广西，13、15 安徽，13 天津，14 杭州，15 哈尔滨，15、18 苏州，17 西安外国语，17 聊城大学，21 苏州科技

11. 教学策略　10 山西，10 重庆，10 渤海大学，10 安徽，10 浙江，11 江苏，11 天津，15 西华，15 内蒙古，16 广东技术，16 天津大学，16、17 延安大学，17 浙江大学，17 首都，19 西北，19 中国海洋，19 云南大学，20 深圳大学，20 温州大学

12. 讲授法　10、12、16 华中，13 湖南科技，13 中南大学，17 赣南，17 郑州大学，17 陕西，18 广西，18 广西师范学院，19 山西，【简答】：10 聊城大学，14 陕西，【论述】：17 南京，17 湖南大学，19 江西

13. 实习作业法　11 哈尔滨，15 淮北

14. 调查法　15 淮北

15. 谈话法　13 西北，14 山西大学，15 哈尔滨，17 华中

16. 教学组织形式　10 山西，10 聊城大学，12 安徽，15 扬州，15 河南，15 闽南，17 哈尔滨，15、19 中国海洋，21 沈阳大学，21 东华理工，21 陕西科技

17. 分组教学制　11、12 华中，16 鲁东，18 中央民族，18 广西师范学院，20 中国海洋，【论述】：19 天津大学

18. 班级授课制　10 聊城大学，10、16、17 杭州，10 辽宁，10、16 西北，11、19 南京，11 鲁东，12、14、16、21 西华，12 中山，12 北航，13 重庆，13 中南大学，13 东北，14、15、21 四川，11、15、16、18、21 江西，15 苏州，16 华东，16 山西大学，16、17 北京，16、18 扬州，16、20 贵州，17 河南，17、21 温州大学，18 齐齐哈尔，18 江汉大学，18、19 淮北，13、15、16、19、20 哈尔滨，20 华南，20 江苏大学，20 赣南，20 沈阳，20 云南大学，20 南京大学，20 天水师范，21 临沂大学，21 黄冈师范，21 湖南大学

19. 教学评价　10 山西，10 江苏，10 扬州，11、15、21 沈阳，12、14 北航，11、13、17、19 辽宁，12 渤海大学，13 聊城大学，13 华东，13、15 杭州，15 北京，15、17 上海，16 西南，17 山东，18 四川，18 青海，18 河南，18 广西师范学院，19 华南，19 曲阜，19 云南大学，20 北华大学，20 内蒙古，20 宝鸡文理，20 新疆，21 中央民族，21 天津，21 中国海洋，21 湖北师范

20. 形成性评价　11 云南，11 四川，13 华中，14 湖北大学，14 山西，16 福建，16 湖南科技，17、19 鲁东，17 广东技术，17 华东简，18 内蒙古，15、18 中国海洋，18 天津大学，19 青岛大学，19 浙江大学，20 安徽，20 太原，21 山东，21 河南，21 华中，21 广州大学，21 云南

21. 总结性评价　16 苏州

22. 相对性评价　14 江苏，17 中央民族，18、20 辽宁，21 临沂大学，21 青岛大学

23. 诊断性评价　18 河北大学，19 中央民族，20 福建，20 青岛大学，21 淮北

24. 绝对性评价　19 福建

25. 教学设计　12 广西，15 广东技术，16、17 重庆，16 首都，17 聊城大学，18 宁夏大学，18 广州大学，18 宝鸡文理学院，20 山西，21 首都，21 杭州，21 济南大学，21 云南大学

二、简答题/论述题

1. 教学过程是一种特殊的认识过程。【辨析】：21 西华，【简答】：10 广西，20 青岛大学，21 南宁，【论述】：18 合肥师范

2. 传授——接受教学学生掌握知识的基本阶段。12 中山简，14 福建简，16 上海论，21 湖南论

3. 科学性与思想性统一原则。【简答】：16 辽宁，19 湖北师范，20 北京，20 西华，21 安庆，【论述】：11 北京

4. 理论联系实际原则。【名解】：17 西华，19 广东技术，19 山西，【简答】：18 山东，21 江西科技，【论述】：13 云南

5. 一位教师用一条活鱼来引导《鱼》一课，播放关于解剖鱼相关的视频使学生了解鱼的知识，该教师用了什么教学原则，该如何运用此原则？/结合实例说明直观性教学原则的含义及实施注意点。【简答】：15 华中，16 西华，17 杭州，18 河北大学，20 山东，20 太原，【论述】：16 贵州，17 山西大学，18 华中，20 上海，21 东华理工

6. 启发性原则。/什么是启发性教学原则，贯彻该原则的基本要求是什么？【简答】：10 杭州，12 渤海大学，12 北京，14 沈阳，14 安徽，15 青岛大学，15 鲁东，16 福建，17 赣南，17 华中，18 云南，18、19 西北，18 中国海洋，18 贵州，19 山东，

20 江西科技，21 江西，21 广西，【论述】：11 扬州，12、13、16 陕西，13、20 华中，14 江西，16 江苏，16、18 闽南，19 贵州，19 湖南科技，20 哈尔滨，21 齐齐哈尔

7. 演示法。10 安徽简，16 哈尔滨，19 青岛简

8. 简述教学组织形式的类型。12 中南大学简，14 北航简，14 陕西简，14、15 四川论，15 浙江简，16 海南简，19 山东论，20 东北论，20 天津外国语论

9. 班级授课制。【简答】：10 江苏，10 南京，14 重庆，14 延安大学，14 福建，16 东北，16、21 深圳大学，16 陕西，17 河北大学，18 上海，18 沈阳，19 宁夏大学，19 西安外国语，20 江西，20 宁波大学，21 大理大学，【论述】：10、12 聊城大学，11 华东，13 天津，13 河南，13 曲阜，14、16 西南，19 福建，16 吉林，19 天津大学，20 北京，21 陕西科技

10. 教学工作基本环节。/上好一堂好课的要求。【简答】：10、11、12 华中，11 闽南，13、14 西华，13 广西，13 沈阳，14 吉林，15 东北，15 华南，16 天津，16 集美大学，11、17 哈尔滨，17 赣南，17、18 西安外国语，18 广东技术，18 湖南大学，18 宁夏大学，18 江苏，20 合肥，20 华东，20 天水师范，21 青岛大学，21 南宁，21 大理大学，21 石河子，【论述】：11 中南大学，12 延安大学，17 华南，20 河南，20 洛阳，20 浙江，20 重庆三峡学院，21 沈阳

11. 教学评价的原则和方法。【简答】：11 北航，15 辽宁，16 中国海洋，17 渤海大学，17 广西师范学院，21 华南

12. 评教的意义和要求。15 山西简

13. 我国中小学教学方法内涵以及主要类型。/简述中小学常用的教学方法有哪些？【简答】：15 北航，15 西北，17 广西师范学院，17 中央民族，18 北京，18 郑州大学，20 天津外国语，21 湖北师范，【论述】：13、15 江西，15 中央民族，20 湖北大学，21 浙江海洋，21 陕西，21 西北

14. 教学的意义和任务。【简答】：10 首都，10 聊城大学，13 北京，14、15 北航，14 淮北，14 河北大学，16 渤海大学，16 华中，17 浙江，17 集美大学，18 广西师范学院，15、19 内蒙古，20 洛阳，21 湖南理工学院，【论述】：15 福建，19 广东技术

15. 教学过程的性质。/结合实际，论述教学过程性质的认知。【简答】：11、20 鲁东大学，13 山东，14、15 北航，15 闽南，15 天津，17 广西师范学院，17 陕西，17 集美大学，18 吉林，20 西北，21 合肥，21 洛阳，21 长江大学，【论述】：10 河南，11、16 江苏，12 扬州，13、14 渤海大学，13、14 湖南，14 曲阜，14 聊城大学，15 南京，18 天津大学，16 浙江，18 温州大学，20 四川，20 浙江海洋，21 安徽

16. 简谈学生掌握知识的基本阶段。10 中山简，13、14 湖南简，10 广西简，16 南京论，20 天津论

17. 教学过程应处理好的几种关系。/教学过程的基本规律。【简答】：11、21 天津，11 东北，12 哈尔滨，17 青岛大学，17 曲阜，13、18 江西，19 安徽，19 安庆，19 北华大学，11、19 沈阳，19 青海，19 海南，20 吉林，20 江西科技，21 闽南，21 黄冈师范，【论述】：10、21 山西，10、13 湖北大学，10、12 西南，11 渤海大学，17 东北，12 湖南大学，13 中南大学，10、12、13、16 四川，13 苏州，14 宁波大学，15 温州大学，15 中国海洋，16 扬州，16 华南，18 淮北，18 郑州大学，18、20 海南，20 集美大学，20 太原，20 南京，21 湖南科技，21 重庆三峡学院

18. 间接经验与直接经验的关系。【简答】：10 青岛，11 西北，13 扬州，14 江苏，14 湖北大学，18 山东，19 辽宁，21 北京理工，【论述】：10 江苏，12、13 浙江大学，15、19、21 扬州，13 浙江，14 华中，18 聊城大学，19 四川，20 湖南，20 湖南理工学院，21 齐齐哈尔，21 江西科技

19. 论述掌握知识和发展智力的关系。【简答】：12 广西，12 安徽，14 天津，15 东北，15 上海，18 广西师范学院，19 青岛，19 山东，20 湖南大学，21 云南，【论述】：10、11、17 聊城大学，10 天津，11 广西，11 杭州，12 云南，12 闽南，13 西北，14 山西，14 辽宁，15 湖南，15 山东，15 沈阳，15 华中，16 河北大学，16 西南，17 山西大学，18 鲁东，18 齐齐哈尔

20. 智力活动与非智力活动的关系。【名解】：21 海南，【简答】：13、16 广西，16 安徽，18 中国海洋，【论述】：10 闽南，16 天津大学，16 北京，21 沈阳大学

21. 教师主导作用与学生主动性的关系。【简答】：17 上海，18、20 广东技术，18 陕西，19 湖北师范，19 湖南大学，19 山西，20 华南，21 南宁，【论述】：11 河南，10 扬州，13 聊城大学，14 西南，14 湖南大学，16 山东，16 西北，16、19 内蒙古，16 山西，16 河北大学，17 陕西，17 鲁东，17 上海，17 郑州大学，18 青海，19 汕头大学，20 洛阳，21 华东，21 赣南，21 大理大学，21 宝鸡文理

22. 掌握知识与培养思想品德的关系。【论述】：12 湖南大学，19 西北，21 内蒙古，21 洛阳

23. 简述教学原则有哪些。/教学过程中应遵循的基本原则及贯彻各个原则的基本要求。【简答】：11 华南，11、14 山西，15

北航，15 江西，15 福建，15 中国海洋，17 广西师范学院，19 广西，20 陕西，20 西安外国语，21 佛山科学技术学院，21 西北，【论述】：10、16 青岛大学，14 北航，15 贵州，16 湖南大学，18 四川，18 东北，18 苏州，18 宝鸡文理学院，18 石河子大学，19 集美大学，19 湖南，21 浙江海洋，21 浙江，21 淮北

24. 教学过程中的教学方法有哪些？13、15 江西论，15、17 中央民族大学论述
25. 教学评价的种类。11 首都论，11 辽宁论，13 福建简，14 扬州简，18 广西师范学院简，20 闽南简，20 西安外国语论
26. 讲授式教学方法在近现代的教育改革和实验中不断遭遇诟病和挫判，但为什么直到现在其依然是基础教育学校的主要教学方法，请论述你的观点。17 南京论
27. 教学评价中如何处理学生自评和教师评价的关系。17 安徽论
28. 我国教学方法的选择依据。18、19 天津简/论，19 南京简
29. 谈谈如何在课堂教学中使用讨论法。10 青岛，12 福建简，14 哈尔滨，18 华东论，19 河北大学简
30. 教学评价的意义。19 福建简
31. 教学评价的方式。19 西北简
32. 读书指导法的基本要求。19 扬州简，20 江苏
33. 教学评价的改革。【论述】：14 闽南，16 聊城大学，20 深圳，21 青岛大学，21 湖南大学

第十章 德育

一、名词解释

1. 德育/学校德育　10 湖北大学，10、15 杭州，12 山东，12 鲁东，12 河南，12 中山，12 内蒙古，13 渤海大学，13、15 江西，13、14、16、17、18 华南，14 湖南科技，14 吉林，15 上海，15 辽宁，10、15 福建，15 中央民族，16 东北，16 山西，16 天津大学，16 云南，12、14、18、20 哈尔滨，11、15、18 西北，11、18 西华，17 天津职业，18 中南民族，18 聊城大学，18 中国海洋，18 广西师范学院，19 广西，19 北华大学，20 宁夏大学，20 四川轻化工，20 石河子大学，21 太原，21 同济大学，21 扬州，21 合肥，21 佛山科学技术学院，21 安庆辨

2. 狭义的德育　18 聊城大学

3. 德育过程　11 北航，11、15 沈阳，12、17 聊城大学，12、16、18 上海，14 河南，14 华东，15 天津，17 渤海大学，18 山西大学，18 闽南，18 淮北，19 扬州，20 合肥，20 江西，20 云南大学，21 西北

4. 德育原则　12 沈阳，12 山西，12、18 渤海大学，13 江苏，14 鲁东，15 贵州，16 闽南，18 天津，20 陕西理工

5. 因材施教原则　11、21 哈尔滨，12 天津，12 延安大学，14 东北，16 鲁东，【论述】：11、20 闽南，19 湖南大学

6. 德育方法　12 扬州，13 鲁东，17 东北，18 天津大学

7. 说服　13 曲阜，17 哈尔滨，21 安徽

8. 榜样/榜样示范法　10 沈阳，16 北京，18 中央民族，13、19 哈尔滨，19 湖北师范，21 陕西简，14 云南论

9. 修养　15、18 华中，15 山西，15 湖南科技，20 青海

10. 陶冶　10 中山，11、12 华中，13、20 哈尔滨，13 杭州，14 安徽，15 湖南科技，16 中国海洋，18 云南，18 江苏，20 河北大学，20 曲阜，20 温州大学，19 广东技术简，20 安徽简，21 成都大学简，21 湖南论

11. 价值澄清模式　17 内蒙古

12. 锻炼法/实践锻炼法　10 西北，18 哈尔滨，19 安徽

13. 奖惩　13 福建，21 上海，21 闽南

二、简答题/论述题

1. 德育的任务和内容。10 首都简，10 聊城大学简，10 青岛简
2. 简述德育过程的规律。/结合实际论述现代德育过程的特点。【简答】：13、14 苏州，15 江西，15 西华，16 天津，17 云南，14、18 鲁东，【论述】：12 辽宁，16 南京，17 哈尔滨，12、17 四川，18 曲阜，20 华东，20 天津，21 湖州师范
3. 简述德育原则中的长善救失原则。【名解】：13 河南，15 安徽，16 湖南科技，18 沈阳，20 安徽，20 西北，20 海南，【简答】：13 闽南，13 华南，14、18 福建，17 郑州大学，21 南宁，21 西华，【论述】：20 温州大学

4. 简述严格要求与尊重学生相结合原则。/材料：黄老师严格要求学生，但学生觉得像犯人一样，不听黄老师的话，黄老师很生气。问：体现了什么德育原则，怎样处理？【名解】：20 西华，【简答】：10 扬州，11 哈尔滨，12 安徽，14 辽宁，18 渤海大学，18 华东，【论述】：14 淮北，15 温州大学，17 江苏，18 贵州

5. 简述在集体中教育的原则。11 华东简，16 沈阳简

6. 简述教育影响一致性和连贯性原则。【简答】：13 西华，14 华南，16 杭州，17 上海，18 内蒙古，【论述】：11 江苏，21 苏州科技，21 山东，21 河南

7. 论述学校德育的途径与方法。【简答】：21 天津，【论述】：15 闽南，20 临沂大学，20 云南大学，21 北华大学

8. 德育方法及实践策略。【简答】：13 沈阳，20 陕西，21 云南，【论述】：15 南京，19 闽南，19 青海，20 延安大学，21 江汉大学

9. 德育途径。/道德教育如何与生活联系？/德育与教学的关系？/如何把德育运用在教学中？结合教学实践谈下。【简答】：10 华东，10、12 南京，12、14 西华，12 沈阳，14 华中，14 北京，14、19 天津，15 山西，16 陕西，16 河北大学，16 聊城大学，17 西北，18 哈尔滨，18 安徽，16、19 吉林，14、19 内蒙古，19 曲阜，20 淮北，20 深圳大学，21 江苏大学，21 福建，21 青岛大学，21 大理大学，21 陕西理工，21 石河子，【论述】：13 湖北大学，18 北京，20 延边大学，21 内蒙古，21 湖南理工学院

10. 论述德育过程是教师教导下学生能动的道德活动课程。【简答】：17 江西，21 北京理工，【论述】：14 扬州，15 华东，15 华中，16 河南，21 黄冈师范

11. 论述德育过程是培养学生知情信意行的过程。/分析"晓之以理、动之以情、导致一行、持之以恒"蕴含的德育规律。【简答】：13 安徽，14 杭州，16 湖南科技，【论述】：10、14 沈阳，11 渤海大学，12、14 杭州，12 内蒙古，15 北京，16、20 华中，17 西华，13、19、20 辽宁，20 中央民族，20 湖南科技，20 湖南理工学院，20 鲁东大学，21 浙江海洋

12. 论述德育过程是培养学生自我教育能力的过程。【简答】：21 南宁，【论述】：10、16 辽宁，11 山西，12 北京，17 河南，18、20 广东技术，21 江苏

13. 德育原则有哪些？/简述学校德育应遵循的基本理念。【简答】：12 北航，12 山西，14 河北大学，16 深圳大学，17 南京，17 辽宁，17 广东技术，17 天津，18 郑州大学，20 吉林，20 江西科技，20 宝鸡文理，21 东北，21 云南，【论述】：15 湖北大学，19 青岛，19 大理大学，20 北华大学，20 浙江海洋，21 辽宁，21 聊城大学，21 江汉大学，21 四川，21 青海

14. 论述德育原则中理论和生活相结合的原则。13 北京论，20 山东论

15. 学校德育的特征，举例说明教师如何运用"奖惩"这一德育方法。13 福建论

16. 论述德育过程的特点，结合实际说明在中小学如何提高德育的实效性。17 四川论

17. 什么是"疏导性原则"？/疏导原则的含义及其贯彻要求。【名解】：14 江苏，21 西华，【简答】：11 北京，19 江苏，19 福建，19 西华，20 深圳大学，【论述】：19 湖南

18. 皮亚杰的道德发展阶段理论。【选择】：16 青岛大学，【简答】：16 首都，19 河北大学，19、21 太原，【论述】：10 苏州，11 海南，13 首都

19. 我国当前学校德育存在的问。【简答】：10 湖南，【论述】：11 重庆，12、19 浙江大学，17 哈尔滨，20 佛山科学技术学院，21 深圳大学

第十一章 班主任

一、名词解释
1. 非正式群体 10 安徽，12 中山，18 广州大学，18 宁波大学
2. 班主任 17 海南
3. 班集体 19 宁波大学

二、简答题/论述题
1. 简述班主任的素质要求。【简答】：12 陕西，15 华东，16 华南，19 吉林，20 天津，【论述】：11、14 闽南，12 沈阳，14 河南，11、16 福建，17 扬州，17 赣南，18 西北，20 江西，21 黄冈师范

2. 班集体的教育功能。/为什么要建设班集体？11、17河南论，19宁夏大学论，20山西大学论
3. 简述集体发展的阶段。【简答】：10安徽，14华东，21沈阳，【论述】：13陕西，17华东
4. 班主任工作的任务。20云南简
5. 论述培养班集体的方法。【简答】：11、12、16华中，14华东，17河南大学，17陕西，18闽南，19江西，20河南，20湖南理工学院，20青岛大学，20、21西华，21扬州，21赣南，【论述】：13陕西，16、19华东，17郑州大学，16、18西北，19湖南，19宁夏大学，19上海，20鲁东大学
6. 举例分析，班主任工作对班集体形成与学生品德发展的作用。17华东论
7. 为什么班主任在管理集体教育时要兼顾个人教育，班主任要如何做到对个人教育的管理。20洛阳简，【论述】：17渤海大学，17山西，21江西科技
8. 班主任工作的任务和内容。【简答】：12山西，13鲁东，13西华，15温州大学，17中央民族，17海南，18河北大学，19闽南，19汕头大学，21湖北师范，【论述】：12西南，12渤海大学，14吉林，15、21广东技术，16、21西北，18上海，18华南，19安庆，19山西大学，20合肥，20浙江，21集美大学，21福建

第十二章 教师

一、名词解释

1. 教师的个性化发展/教师专业化发展　10宁波大学，11华东，12、13西北，13、16、20杭州，14山西大学，16、17广东技术，17山西，18江西，18广州大学，18天津职业，18、21南京，19中央民族，19新疆，20石河子大学，20浙江大学，21南京信息工程，21中国海洋
2. 教师劳动的复杂性　17江苏
3. 教师　16东北，16、18哈尔滨，19长春，20新疆，21浙江大学

二、简答题/论述题

1. 教师劳动的特点。【简答】：10沈阳，10、12、15华中，10青岛，11、18曲阜，11、20江西，12华东，12杭州，12江苏，12、17华南，13哈尔滨，13、14西南，13湖南科技，13、15渤海大学，14、16、21西华，14陕西，14、16浙江，14山西，15内蒙古，15扬州，15东北，16广东技术，16苏州，16天津，17鲁东，17福建，17天津职业，13、17西北，15、18吉林，18复旦，19宁波大学，20湖北大学，20上海，21合肥，21深圳大学，【论述】：10河南，11渤海大学，11天津，12西华，15江苏，15浙江，15曲阜，16海南，17湖南，17杭州，17闽南，20陕西理工，20四川
2. 教师劳动的价值。【简答】：16上海，19浙江，【论述】：15浙江，16辽宁，17湖南，18福建，20四川
3. 教师的权利与义务。【简答】：13重庆，15天津，【论述】：18内蒙古，16、18集美大学，19曲阜，21云南大学
4. 教师的角色扮演。/试论述教师应扮演的角色有哪些？【简答】：16西南，19闽南，【论述】：18云南，18东北，19沈阳，20天水师范，21集美大学
5. 教师的角色冲突及其解决方法。【简答】：10苏州，15辽宁，17集美大学，17山东，18合肥师范，【论述】：15上海，15安徽，17天津，18扬州
6. 教师的素养。/结合材料论述教师应具备哪些素养。【简答】：10安徽，11广西，11、13华中，11、20扬州，12华东，12北航，12曲阜，14、20哈尔滨，14、17上海，15广东技术，15、21湖南科技，15江西，16湖南大学，16河北大学，17东北，17吉林，18浙江工业，18江汉大学，18山西，18天津，14、18、19北京，19华南，19汕头大学，20中央民族，20闽南，20北华大学，20江苏大学，20云南大学，21北京联合，21湖南理工学院，21陕西理工，【论述】：10、12闽南，10、15、20华东，10、17首都，10杭州，11、14重庆，11、13中南大学，11、15西北，19华中，11、16、17浙江，11、13、18山东，12、14渤海大学，12、14湖北大学，18、21山西，12陕西，12上海，12中山，13鲁东，14湖南科技，14、21天津，14河北大学，18广东技术，15、21江苏，16扬州，16中国海洋，16、17、20、21曲阜，17贵州，17四川，17西华，17、18郑州大学，18信阳师范，18中南民族，19太原，19、20宝鸡文理，19、21石河子大学，20安庆，20内蒙古，20宁夏大学，20湖州师范，21淮北，21赣南，21临沂大学，21湖北师范，21湖南，21云南
7. 社会变迁中教师角色发展的趋势。【简答】：15河南，15郑州大学，【论述】：13、15华东，10、14福建，20沈阳，21鲁

东，21 西安外国语

8. 简述教师专业发展的主要内容。/教师的专业发展现状及其限制因素，建议如何提高教师的专业发展。/教师的专业素养有哪些内容？结合教师专业素养，谈谈提高专业素养的途径。/教师专业发展价值取向和教师专业发展的途径。/教师的基本素养及其培养。【简答】：16 广东技术，18 西南大学，19 重庆，21 闽南，21 成都大学，【论述】：10 闽南，10、11 首都，10、11 安徽，12、14 湖北大学，12 天津，12、18 湖南大学，14 华东，14 河北大学，14 湖南科技，15 华南，16 扬州，16 山西，16 重庆，16 四川，17、18 郑州大学，18 中南民族，19 东北，19 青海，20 华南

9. 教师职业道德的具体内容。【简答】：11 扬州，14 江西，18 北京，【论述】：15 重庆，17 江苏大学，17 宁夏大学，19 天津

10. 学生及学生观。【名解】：10 青岛，16 哈尔滨，【简答】：10 安徽，【论述】：10 西南，13 河南大学，13 辽宁，15 湖北大学，16 贵州，18 河北

11. 良好师生关系的建立。【论述】：10、20 重庆，20 赣南，20、21 新疆，21 济南大学，21 海南

12. 建立良好师生关系的途径与方法（良好师生关系构建的基本策略）。【简答】：13 天津，16 重庆，17、20 南京，20 佛山科学技术，21 浙江大学，【论述】：17 重庆，10 西南，11、18 南京，13 宁波大学，15 贵州，15 延安大学，16 广东技术，17、18 浙江大学，18 湖北师范，18 浙江工业，19 苏州，20 石河子大学，20 天津外国语，20 山西大学

第十三章 学校管理

一、名词解释

1. **学校管理** 10、11 山东，10、17 扬州，12、13 沈阳，12、15、18 华南，12 西南，12 杭州，13 江苏，14、19 上海，15 江西，15 福建，16 聊城大学，16 云南，16 渤海大学，16、17、19 辽宁，17 东北，10、17 哈尔滨，14、16、18 吉林，18 温州大学，19 湖北师范，19 河北大学，20 赣南，20 宝鸡文理，21 黄冈师范，21 佛山科学技术学院

2. **学校管理体制** 16 福建，18 扬州，18、20 辽宁

3. **校长负责制** 14 苏州，14 淮北，15 重庆三峡，15 温州大学，16 北京，11、19 华南，18 广西师范学院，20 云南大学，21 湖南科技

4. **学校管理目标** 13 安徽，15、17 上海，20 广东技术

5. **校本管理** 17 安徽，20 扬州，19 云南简

6. **学生管理** 19 湖南科技

二、简答题/论述题

1. 学校管理的作用。11 浙江简，20 山东辨

2. 学校管理过程包括哪些基本环节？/简述学校管理的基本环节及其相互联系。19、21 沈阳，12 北航简，16 安徽简，17 江西简，15 聊城大学论

3. 学生管理的内容和要求。13 福建简

4. 试论述推进"依法治校"的工作的措施。12 华南论，15 安徽论，16 重庆三峡论，19 闽南简

5. 学校管理的构成要素。18 中南民族简

6. 学校管理的发展趋势。【简答】：12 西华，12 安徽，14 西南，14 沈阳，15、20 江西，15 西北，17 吉林，17 河北大学，18 四川，21 山东，【论述】：10 天津，12 鲁东，13 湖南科技，15 辽宁，16 苏州，18 齐齐哈尔，20 河北大学，18、20、21 华东

7. 在现代管理中，有人主张"依法治校"，有人主张"以德治校"，请结合相关理论和实际，谈谈你对两种观点的看法。18 华东论

8. 简述学校管理的人性化。14 辽宁，15 湖南科技简

9. 简述教学质量管理的内容及基本要求。20 云南简

第二部分 中国教育史

第一章 西周教育制度与"六艺"教育

一、选择题
1. 西周教育的特征和标志是（ ）。19 南京选
   A. 奴隶主贵族教育   B. 官师合一   C. 军事教育   D. 六艺   答案 D

二、名词解释
1. 学在官府   10 河南，10 江苏，12 内蒙古，13、15 浙江，14 鲁东，15 山东，16 赣南，16 贵州，17 华中，17 浙江，16、17 集美大学，17、18 广西师范学院，18 湖南，20 安庆，20 江西，20 中国海洋，21 吉林，21 闽南
2. 六艺   11 中南大学，11 天津，11 安徽，11、13、18 西北，12 华东，12、17 湖南大学，12 南京，13、16 聊城大学，13 内蒙古，13 湖北大学，13、19 云南，14、16 湖南科技，14 吉林，14 河北大学，14 山西大学，15 沈阳，15、17 中央民族，16 广西，16 海南，16 四川，17 贵州，17 福建，17 广西师范学院，17 重庆三峡学院，18 扬州，15、18 集美大学，18 中国海洋，18、19 西安外国语，18 淮北，18 南航，19 安庆，19 江西，19 山东，19 宝鸡文理学院，20 深圳大学，20 湖南，20 北华大学，20 赣南，20 西华，20 新疆，21 山西，21 上海

三、简答题
1. 简述"六艺"教育及其对当今教育改革的启示。/简述我国古代"六艺"教育的内涵及其特征。/试述西周"六艺教育"及其历史价值。【简答】：11 南京，12 中山，15 吉林，16 广东技术，17 湖南农业，18 湖南大学，18 河北，20 中央民族，20 洛阳，21 北华大学，【论述】：16 温州大学
2. 西周官学的基本特征是什么？15 吉林简

第二章 私人讲学的兴起与传统教育思想的奠基

一、选择题
1. 中国古代儒家第一次完整解述学习过程"博学之、审问之、慎思之、明辨之、笃行之"的著作是（ ）。16 广东技术选
   A.《大学》   B.《中庸》   C.《论语》   D.《孟子》   答案：B
2. "建国君民，教学为先"这句话出自（ ）。19 南京选
   A.《论语》   B.《学记》   C.《孟子》   D.《大教学论》   答案：B
3. 在中国历史上，首次提出"性相近，习相远也"，指出人的天赋素质相近的是（ ）。19 南京选
   A. 孔子   B. 孟子   C. 荀子   D. 墨子   答案：A
4. 提出"兼爱非攻"主张的是（ ）。14 重庆选
   A. 孔子   B. 墨子   C. 孟子   D. 老子   答案：B
5.《学记》："古之王者，建国君民，教学为先"说明了教育具有（ ）。12 重庆选
   A. 经济功能   B. 政治功能   C. 文化功能   D. 科技功能   答案：B

二、名词解释
1. 稷下学宫   11、14 聊城大学，11、13 渤海大学，12 江苏，13、20 河南，13、17 苏州，14 宁波大学，14、21 辽宁，15、16、17 上海，15、18 赣南，15 陕西，16 吉林，14、17 江西，17 广西师范学院，17 温州大学，18 华中，18 云南，19 长春，19 江苏大学，19 南京，19 太原，20 北京，20 福建，20 集美大学，20 贵州，20 临沂大学，20 曲阜，20 重庆，21 江西科技，21 中国海洋，21 济南大学，21 信阳师范，21 湖南大学，21 陕西理工，21 青海
2. 六经   16 天津，19 湖南大学
3. 性相近、习相远   13 江苏，13 杭州简，16 曲阜简

4. 有教无类　10 苏州，10、18 北京，11 东北，11 辽宁，10、14 江苏，11、17 河南，11 浙江，12 杭州，12 云南，14 内蒙古，14、20 沈阳，14、19 四川，15 湖南科技，16 宁波大学，17、18 广西师范学院，18 贵州，19 扬州，20 中央民族，20 广西，20 华中，20 浙江大学，21 吉林，21 赣南，21 重庆，21 西华，21 大理大学，21 宁夏大学，【简答】：11 华南，14 辽宁，17 曲阜，17 广西民族，17 湖南农业，18 江苏，19 中国海洋，19 宝鸡文理学院

5. 学而优则仕　12 东北，12 江苏，17 广西师范学院，19 浙江大学，19 杭州简

6. 教学相长　12 内蒙古，11、13、15 四川，14 延安大学，19 浙江大学，20 赣南，20 天津外国语，21 陕西理工

7. 性善论　12 内蒙古，12 福建，17 湖南农业，18 聊城大学，19 沈阳

8. "素丝说"　15 江苏，16 西北，16 湖南科技，18 福建，19 山西大学，21 宁波大学，21 安徽，21 江西

9. 《大学》/三纲领，八条目　10、12、20 山东，14、15 河南，14 福建，15 贵州，16 湖南，17 四川，17 新疆，18 浙江，18 鲁东，18、21 宝鸡文理学院，18 南通大学，19 华中，19 广西，19、20 湖南大学，20 西北，20 西藏大学，21 临沂大学，21 石河子

10. 《学记》　10 华中，11 重庆，11 广西，11 江苏，11、13 杭州，13、17 东北，13、17 延安大学，13 中南大学，13 闽南，13 天津，13、14、17 西华，14 辽宁，14 江西，14 西南，14 湖南大学，15、20 重庆三峡学院，16 河北大学，16、21 河南，17 北华大学，17、21 聊城大学，18 广西民族，18 广西师范学院，17、19、21 中央民族，18 四川，18 中国海洋，19 宁波大学，19 山西，20 淮北，20 湖北大学，20 江苏大学，20 陕西，21 北京联合，21 山东，21 深圳大学，21 佛山科学技术学院

11. 《论语》　10 东北，13 湖南，18 杭州

12. 以吏为师　17 华东，19 福建，21 成都大学

13. 化性起伪　13 南京，17 吉林，20 云南

14. 庶富教　14 苏州论，17 湖南，18 中南民族简

15. 不愤不发(启发性)　17 云南

16. 性恶论　17 云南，20 福建

17. 因材施教　12 延安大学，15、21 郑州大学，16 鲁东，16 渤海大学，18 沈阳，20 中国海洋，21 华东，21 湖南大学，16 南航简，17 南航论

18. 孔子　18 湖北大学，19 集美大学

19. "大丈夫"理想人格　11 鲁东，18 宝鸡文理学院

20. 藏息相辅原则　19 安徽

21. 学思行结合　15 闽南，【简答】：10 江苏，19 沈阳

22. "豫、时、孙、摩"　12 渤海大学

23. 诸子百家　12 渤海大学

24. "尊德性"与"道问学"　19 浙江

三、简答题/论述题

1. 简述先秦时期私学兴起及其作用。/私学产生的原因和对教育发展的影响。/简述私学兴起的原因及其历史意义。【简答】：11 山东，13 延安大学，18 北华大学，19 石河子大学，21 佳木斯大学，【论述】：16 江苏，17 延边大学

2. 论述孔子的教育实践与思想。/孔子的教育思想及其现实意义。/孔子的教育思想和教育实践。/孔丘的教育贡献。【简答】：10 宁波，10、12 湖北大学，12 哈尔滨，13 四川，16 沈阳，18 河南，19 长春，21 太原，21 三峡大学，21 湖南理工学院，【论述】：10 首都，10 浙江，12 扬州，12 北京，13 江西，14 吉林，15 延安大学，15 中国海洋，15 湖南科技，16 西南，13 湖北大学，12、16 辽宁，13、14 西华，15、18 曲阜，20 闽南，20 新疆，20 天津外国语，21 集美大学，21 海南

3. 孔子的教学方法。/试论述孔子教学方法及其现实意义。【简答】：12 鲁东，12、17 西华，13 沈阳，14 内蒙古，15 河南，15 天津，15、16 四川，17 华南，18、20 聊城大学，18 温州大学，19 广西，12 中南大学，19 湖南，20 辽宁，20 山东，20 陕西理工，20 重庆，21 深圳大学，【论述】：11 中南大学，13 东北，13 曲阜，17 沈阳，17 赣南，18 天津，18、19 西华，18、19 集美大学，19 哈尔滨，19 内蒙古，19 鲁东，21 东华理工

4. 孔子教育思想的历史影响。/孔子教育的作用和影响。【简答】：10 河南，15 湖北大学，15 华南，15 陕西，17 贵州，19 青海，20 延安大学，20 西藏大学，21 鲁东，【论述】：14 湖南科技，15 渤海大学，16 天津大学，18 淮北

5. 简述孟子的教育思想。【简答】: 10 扬州，14 湖北大学，15 北京，16 湖南，17 聊城大学，18 石河子大学，19 江西，19 华东，21 河南，【论述】: 10 苏州，14 山东，15 山西，17 海南，19 聊城大学

6. 孟子的德育原则。/孟子的理想人格。16 内蒙古简，17 鲁东简，20 渤海大学简

7. 荀子的"闻见知行"学习观。/简述荀子关于教学的思想。【简答】: 12 江苏，14 山西，21 湖南

8. 简述荀子的教师观。/荀子对教师的地位、作用以及条件的论述。/荀子关于教师作用与地位的思想。【简答】: 11 江苏，17 吉林，20 湖州师范，【论述】: 17 哈尔滨

9. 简述《学记》中的教育、教学原则。/《学记》预时孙摩的教学原则。【简答】: 10 辽宁，11 渤海，15 贵州，15、20 西北，16 湖南科技，19 湖南，19 吉林，19 天津，20 苏州，20 大理大学，21 内蒙古，21 哈尔滨，【论述】: 11 哈尔滨，11、15 沈阳，11、12 西北，12、17 渤海大学，20 山西大学

10. 简述《大学》里的三纲领八条目。【简答】: 13 重庆，16 陕西，17 天津，17 苏州，17 西安外国语

11. 荀子的教育思想。【简答】: 14 湖北大学，18 石河子大学，【论述】: 10 苏州，14 山东，17 海南，19 聊城大学

12. 孟子的性善论和教育作用。/谈谈从孟子的人性论观点引申出来的教育观点。【简答】: 10 苏州，12、14 渤海大学，13 聊城大学，18 浙江，【论述】: 17 中南大学，18 中国海洋，18 南航

13. 简述《中庸》中的学习过程阐述。【选择】: 16 广东技术，【名解】: 20 宝鸡文理，21 鲁东，【简答】: 18 陕西，18 湖南，20 北京

14. 简析长善救失的原则及其贯彻要求。18 福建简

15. 荀子的"性恶论"。【简答】: 10 苏州，18 沈阳，【论述】: 18 中国海洋

16. 根据教育对社会的发展作用，论述孔子"庶，富，教"的思想。13 苏州论

17. 孔子的道德教育思想。/孔子的德育原则。【简答】: 11、13 杭州，12 东北，14 安徽，15 内蒙古，18 齐齐哈尔，19 山东，【论述】: 10 山西，11 天津，13 延安大学，15 东北，16 沈阳

18. 孔子的教师观。/论述孔子的教师素质思想及其当代意义。/孔子认为教师应具备哪些条件？【简答】: 13、20 河南，18 华中，19 苏州，21 郑州大学，21 陕西科技，【论述】: 10、21 沈阳，12 重庆，16 集美大学，17 哈尔滨，17 江苏，18 渤海大学，18 鲁东，18、19、21 北华大学，19 南通大学，20、21 西华，21 山西大学，21 宝鸡文理

19. 试述《学记》的教育思想。/我国第一部关于系统阐述教育的著作是什么？它对我国现在的教育有什么影响意义？/《学记》对教育理论的贡献及历史地位。/评述《学记》中的教育管理和教学思想。【简答】: 10 南京，10 江苏，11 江西，14 东北，15 华东，16 浙江工业，16、17 浙江，21 江苏大学，21 宁夏大学，【论述】: 11、18 东北，15 淮北，16、21 吉林，17 苏州，17 山西，18 延边大学，18 陕西，19 青海，19 曲阜

20. 孔子的教育内容和教育方法。18 天津论，20 天水师范简，21 陕西辨

21. 孔子"性相近，习相远"教育思想。【名解】: 13 江苏，【简答】: 13 杭州，16 曲阜，【论述】: 18 沈阳

22. 子曰："不愤不启，不悱不发。举一隅不以三隅反，则不复也。"这是孔子提出的什么教学方法，请结合当前我国基础教育的教学实际，阐述这一教学方法的现实价值。15 集美大学论

23. 墨家教育思想述评。/墨家教育思想的当代启示。【简答】: 12 四川，【论述】: 13 鲁东，18 闽南，21 吉林外国语

24. 法家的教育思想。19 华南简，21 浙江海洋简

25. 稷下学宫的特点。/稷下学宫的性质、特点和历史意义。【辨析】: 14、16 重庆，【简答】: 12 山东，12 内蒙古，15、19 哈尔滨，19 重庆，19 西北，20 东北，21 安徽，21 华南，【论述】: 14 延安大学，18 中南大学，19 宝鸡文理学院

26. 任选中国古代教育史上的 2 位教育家，简要叙述他们的教育思想。15、18 江西论

27. 孟子的教学原则和方法。12、14 渤海大学简

28. 稷下学宫与之前的宫学和同时代的私学相比都显得独具特点。14、16 重庆辨

29. 比较苏格拉底方法与孔子关于启发式教学的思想异。【论述】: 13 重庆，14 延安大学，17 四川，21 江南大学，21 中国海洋，21 西安外国语

30. 试比较孟子与荀子教育思想的异同。【简答】: 11 海南，14 湖北大学，18 石河子大学，【论述】: 10 苏州，12 江西，17 海南，20 石河子大学，18 中国海洋，20 云南大学

第三章 儒学独尊与读经入仕教育模式的形成

一、名词解释
1. 经学教育   16 浙江
2. 太学   12 苏州，14 闽南，17 天津大学，19 海南，20 湖南大学
3. 鸿都门学   10、11 渤海大学，11 苏州，11 北京，12 河南，17 西北，18 信阳师范，19 中央民族，19 江苏，19 山东，20 赣南，21 南京，21 集美大学，21 四川
4. 罢黜百家，独尊儒术   16 宁波大学

二、简答题/论述题
1. 简述汉武帝的文教政策基本内容。【简答】：11、13 浙江，12 上海，15 山东，15 陕西，18 江苏大学，19 内蒙古，【论述】：10 中山
2. 简述董仲舒道德教育思想。11 扬州简，19 吉林简，17 天津大学论
3. 论述董仲舒的教育思想。16 苏州论

第四章 封建国家教育体制的完备

一、名词解释
1. 科举制度 12 天津，12 浙江，12、19 湖南大学，13 延安大学，14 河南，14、15、19、20、21 湖北大学，15、16、17 南航，15 湖南科技，16 西南，17 沈阳，21 重庆三峡学院，21 云南大学
2. 颜之推的《颜氏家训》 11 福建，12 中南大学，12 闽南，14 苏州，15 天津，17、21 中国海洋，19 北京，20 中央民族，20 湖南大学，21 合肥
3. 《师说》   15 华东
4. 性三品说   15 江西
5. 察举制度 11 云南，20 宁波大学，17、18 山东简
6. 九品中正制   20 四川，20 湖州师范，16 山东简

二、简答题/论述题
1. 简述我国隋唐时期教育制度的特点。/论述唐代学校教育制度的特点。【简答】：11 云南，14、16 聊城大学，16 安徽，20 浙江，【论述】：18 哈尔滨，18 山西大学
2. 科举制与学校的关系。/科举制度对学校教育的影响。【简答】：11 江苏，11 北航，15 温州大学，16 贵州，15、18 重庆，18 青海，18 宁波大学，18 合肥师范，21 东北，21 吉林外国语，【论述】：10 苏州，14 内蒙古，14 江苏，21 石河子
3. 科举制度的影响。/试析我国古代科举制度的特点及影响。【简答】：10 杭州，12 延安，12、16、18 华南，13 辽宁，13 西北，16 江苏，16 贵州，17 延边大学，19 四川，21 佛山科学技术学院，21 海南，21 新疆，【论述】：10 南京，10 苏州，11 曲阜，11、16 鲁东，14、21 闽南，14 华南，14 上海，14 内蒙古，15 宁波，15 中国海洋，15、20 中央民族，16 北华大学，16 延安，17 扬州，19 华中，20 贵州，20 石河子大学，20 温州大学
4. 韩愈《师说》中的教师观以及现实价值。/韩愈《师说》的主要内容及对当代教育的启示。/结合《师说》中的教师观，谈谈你对当代教师素养的理解。【名解】：15 华东，【简答】：10 渤海大学，15 扬州，11 山西，17 东北，17 安徽，17 宁波，17 沈阳，18 信阳师范，18 北京，19 北华大学，20 西北，20 鲁东大学，21 辽宁，21 淮北，【论述】：10 沈阳，13 中南大学，16 中国海洋，18 湖南农业，18 扬州，20 湖南科技
5. 颜之推家庭教育思想。/颜之推儿童教育思想。【简答】：13 哈尔滨，17 内蒙古，17 延安大学，19 安徽，20 西安外国语，21 山西，21 沈阳，21 东华理工，21 青海，【论述】：18 中央民族
6. 简述唐朝学校教育制度。/论述唐代官学教育管理制度。15 福建论，18 辽宁简，18 河北论
7. 评述隋唐时期私学的发展演进。19 福建论
8. 隋唐时产生的科举制度的积极意义是什么？13 西北简

9. 颜之推的教育思想。19 贵州简
10. 简述科举制的演变发展历程及其影响。/科举制的发展历程，历史影响和对今天高考改革的影响。/科举制度的产生、发展及影响。17 延边大学简，15 宁波大学论，19 华中论，20 重庆三峡学院论
11. 试论述孔子和韩愈的教师观。10 沈阳论
12. 隋唐时期的文教政策。20 内蒙古简
13. 韩愈的教育思想。20 青海简，21 郑州大学论

第五章 理学教育思想和学校的改革与发展

一、选择题
1. 朱熹一生编撰了多种书籍，其中，成为广大士人和各类学校必读的教科书，影响中国封建社会后期的文化教育长达百年之久的是（ ）。19 南京选
    A.《近思录》 B.《白鹿洞书院揭示》 C.《四书章句集注》 D.《朱子语类》   答案：C

二、名词解释
1. 苏湖教法（分斋教学法） 11、19 河南，12 辽宁，12、16 湖南大学，13 中南大学，13、18 陕西，13 鲁东，14 北京，14 福建，15 湖南，15 渤海大学，15 西北，16 华东，16 天津，16 浙江，17 山东，18 江苏大学，11、18 四川，18 西华，19 湖南科技，21 赣南，21 华中，21 陕西科技
2. 监生历事制度 10 西北，10、11、13、17 浙江，11 四川，11 曲阜，19 湖南，21 赣南，21 新疆
3. "三舍法" 13 北京，14 湖南，14、19 湖南大学，15 山东，15 华东，15 温州大学，16 陕西，17 江苏大学，19 中央民族，19 西北，19 苏州，10、12、19 四川，20 江西科技，20 佛山科学技术，【简答】：11 中南大学，17 集美大学
4. 书院 14 淮北，15 南京，16 曲阜，17 东北，17、20 扬州，17 天津大学，20 鲁东大学，21 长江大学，21 重庆三峡学院
5. "朱子读书法" 11 云南，12 西南，12 西北，12、16 渤海，13 山东，13 福建，14 河北大学，14、21 天津，15 郑州大学，15、21 湖南科技，15、19 西华，16 延安大学，16 辽宁，18 苏州，18 闽南，18 齐齐哈尔，19 淮北，20 西安外国语，21 山西，21 合肥，21 信阳师范
6. 致良知 10 首都，16 山东，16 河北大学，17 华东，20 江苏
7. 《白鹿洞书院揭示》 13 西北，14 山西大学，17 中国海洋
8. 六等黜陟法 16 西北，18 江苏
9. 东林书院 15 河南，17 河北大学，21 闽南
10. 蒙学的主要识字方法 19 湖南大学
11. 积分法（升斋等第法） 18 新疆，21 江苏，21 湖南
12. 《四书章句集注》 14 云南
13. 社学 20 华中

三、简答题/论述题
1. 简述宋朝历史上三次著名的兴学运动。/评述北宋三次兴学。【简答】：10 天津，13 山东，14 辽宁，16 西北，19 南京，【论述】：10 福建，20 浙江海洋
2. 简述东林书院与书院讲会。16 福建简
3. 简述书院教育的特点及现实意义。/中国书院的发展过程和书院教育的特点。/阐述我国古代书院教育的特点，并分析其某一特点对当代教育的启示。/宋代书院在教学和管理方面有哪些特点？【简答】：10 西南，11 杭州，11、17 渤海大学，12 安徽，13 延安，13 闽南，13 宁波大学，13 天津，14、18 赣南，15 温州大学，16 河南，16、20 广西，16 哈尔滨，18 吉林，19 海南，19 浙江，20 深圳大学，20 江苏，20 沈阳，20 四川，21 华中，【论述】：12 华南，13 华东，14 延安，15 内蒙古，15 扬州，16 赣南，17 闽南，17 华中，17 辽宁，17、21 鲁东，18 哈尔滨，21 天津
4. 列举中国教育史上的五个著名书院。17 上海简
5. 简述中国古代蒙养教材的种类及编写特点。【简答】：16 东北，16 杭州，20 山西，20 陕西理工，20 天津，20 宁波大学

6. "朱子读书法"／简述朱子读书法的内容及其当代意义。【填空】：21陕西，【简答】：11、19辽宁，13华中，12沈阳，12扬州，13中南大学，14华南，14浙江，15安徽，15、18江苏，16、17华东，17湖南，17广西师范学院，18江西，18广西，18宁波大学，19石河子大学，19云南，20闽南，20江西科技，20济南大学，21上海，21杭州，21中国海洋，21聊城大学，21陕西科技，21陕西理工，21西北，【论述】：10华中，11扬州，15辽宁，16西华，17集美大学，17、19陕西，20华南，20曲阜，20宝鸡文理

7. 王守仁的教育思想。【简答】：13江苏，【论述】：16北京，18西北，21曲阜

8. 简述王守仁的儿童教育思想。／王守仁的儿童教育观点以及我国学前教育的启示。【简答】：14鲁东，15西华，17中国海洋，17江西，18天津，18安徽，18天津大学，19闽南，20成都大学，【论述】：18山东，18西华，18温州大学，19西北，21福建，21西安外国语

9. 简述王安石的教育改革。／简述熙宁兴学的内容和特点。【简答】：16西北，18福建，19北京，21湖州师范，21郑州大学，21云南

10. 简述书院的产生与发展。【简答】：16闽南，17宁波大学，【论述】：15内蒙古，17华中，21天津

11. 简述宋朝的文教政策。15南航简

12. 《白鹿洞书院揭示》与书院教育宗旨。【简答】：14华东，17上海，17杭州，【论述】：13华东

13. 阐述朱熹的教育思想。10南京论，16延边大学论，19西安外国语论

14. 论述王阳明"致良知"教育目的论的含义及意义。18西北论

15. 朱熹的小学教育任务是培养"圣贤坯璞"。19山东师大辨析

16. 简述朱熹"小学""大学"教育思想及其当代价值。16中国海洋简

17. 对比分析我国古代稷下学宫教育与宋代及明清书院教育的异同点。14延安大学论

18. 论述科举制度的演变及影响。21江苏大学论

第六章 早期启蒙教育思想

一、名词解释
1. "习行"教学法 18青海
2. 颜元 17河北大学，19湖南大学
3. 经世致用 16云南

二、简答题
1. 请分析颜元的"习行"并举例分析。14赣南论，15杭州简，20赣南简
2. 简述颜元的"六斋"与"实学"的教育内容。17华东简，20安徽论
3. 简述颜元的学校改革思想。／简述颜元的教育思想。14延边大学简，15西北简，18华东简
4. 黄宗羲的教育思想。21西安外国语简

第七章 中国教育的近代转折

一、选择题
1. 我国最早的官办新式学校是（ ）。14重庆选择
   A. 京师同文馆   B. 京师大学堂   C. 广州同文馆   D. 福建船政学堂   答案：A

二、名词解释
1. 京师同文馆 11江西，12云南，12北京，13山东，14、17、18、19上海，14天津，15东北，16南航，17吉林，18南京，18宁波大学，19安庆师范，19河南，20四川，21山西大学，21哈尔滨，21江苏大学，21华中，21江汉大学，21新疆，21陕西简

2. "中体西用"　10、15浙江，10西南，11福建，11、16南京，11江苏，11、13北京，11天津，13山东，13湖南大学，13湖南科技，14沈阳，14湖南，15四川，11、16渤海大学，16、20华东，18广西民族，18山西，20吉林，20苏州，20西华，20天津外国语

3. 洋务学堂　10闽南，17湖北大学，21浙江大学

4.《劝学篇》（张之洞）　16中国海洋，17河南，20湖南

5. 福建船政学堂　14渤海大学，19南京

6. 洋务教育　17延安大学，18青海，20重庆三峡学院

7. 马礼逊学校　16云南

三、简答题/论述题

1. 洋务学堂的类别与特点。15江苏，14山西大学简，15苏州论

2. 张之洞的"中体西用"教育思想的历史作用和局限性。【简答】：12闽南，14哈尔滨，14重庆，15郑州大学，16安徽，17浙江，17、20海南，21江西科技，【论述】：11、15、18华南，12北航，12中南大学，14华东，14河北大学，14延边大学，15、17、21上海，16陕西，17北华大学，18吉林，18四川，19湖北大学，19天津大学，19浙江大学，21东北，21赣南，21重庆三峡学院

3. 论述洋务教育改革。【名解】：17延安大学，18青海，20重庆三峡学院，【简答】：18延边大学，【论述】：12浙江，13湖南，15鲁东，17重庆三峡学院，19中央民族，20江苏

4. 试述福建船政学堂及其意义。21福建简，12福建论

5. 洋务运动幼童留美的历史影响。17福建论

6. 简述洋务运动的特点。18中央民族简

7. 简述中国近代教会学校的发展情况和教会教育的性质与作用。15湖北大学简

8. 请先对洋务教育运动的主要代表人物及其思想进行说明，再谈谈你对洋务运动对中国教育现代化影响。17重庆三峡学院论

第八章 近代教育体系的建立

一、选择题

1. 中国近代第一个比较完整，公布并在全国实施的学制是（　）。　　答案：C　16重庆选，18南京选
   A. 壬寅学制　　B. 壬子癸丑学制　　C. 癸卯学制　　D. 壬戌学制

2. 1903年，清政府颁布了我国教育史上具有重要意义的《奏定学堂草程》，第一次将实业教育纳入学制体系。该学制又称为（　）。
   A. 壬寅学制　　B. 癸卯学制　　C. 壬子学制　　D. 癸丑学制　　答案：B　16广东技术选

二、名词解释

1. 京师大学堂　12上海，13北京，18中南民族，21齐齐哈尔，21南京信息工程

2. "癸卯学制"　11辽宁，11、15安徽，12、18河南，14、16聊城大学，15苏州，15云南，17、18山西大学，18东北，19集美大学，19闽南，20山西，20四川轻化工，21江西科技，21陕西理工

3. 庚款兴学　16苏州，18山东，18山西大学，18、21齐齐哈尔，21河南

4. 壬寅学制　17温州大学，19贵州

三、简答题/论述题

1. 简述"百日维新"中的教育改革。【简答】：10、11、12、14西北，11哈尔滨，13山西大学，14上海，14陕西，16集美大学，16湖南大学，16北华大学，【论述】：18江苏大学

2. 梁启超的教育思想。15华中简，20华南简，20渤海大学论

3. 严复的"三育论"。12、15聊城大学简，15福建简，16山东简

4. 简要叙述清末的四次留学。11山东简，13福建论

5. 清末新政时期教育改革的内容。【简答】：14 山东，17 辽宁，19 山西大学，【论述】：15 哈尔滨
6. 评述癸卯学制。【选择】：16 广东技术，18、20 陕西，18、21 南京，【辨析】：13 延安大学，【简答】：17 北京，18 内蒙古，19 曲阜
7. 严复的"体用一致"文化教育观。18 浙江简
8. 述评我国近代早期改良派的教育主张。18 江苏大学论
9. 我国近代第一部由国家公布实施的学制是壬寅学制。13 延安大学辨

第九章 近代教育体制的变革

一、名词解释
1. "壬子癸丑学制"　12 渤海大学，13、15 湖北大学
2. 工读主义教育思潮　14 安徽，20 宝鸡文理
3. 1922 年"新学制"/壬戌学制　10 首都，10、11、13 渤海，12 华东，12 福建，12 辽宁，14 曲阜，16 吉林，19 江苏，21 杭州，21 淮北
4. 中华职业教育社　13 东北，13 湖南
5. 科学教育思潮　13 云南，21 辽宁
6. 蔡元培　10 东北，18 湖北大学
7. "五育并举"的教育方针　10、19 福建，11 东北，12 上海，12 杭州，12、18 聊城大学，12、13、18 湖南大学，17 重庆，17 湖南，18 华中，18 闽南，19 苏州，21 扬州
8. 平民教育思潮　17 山东，17 广西师范学院，20 华东，20 浙江大学，21 陕西理工
9. 勤工俭学　10 西北

二、简答题/论述题
1. 简述蔡元培的"五育并举"的教育方针及影响。/蔡元培完全之人的教育思想。【简答】：11 鲁东，11 沈阳，11、16 聊城大学，12 南京，14 华中，14、16 浙江，15、20 安徽，15、20 云南，16、19、21 贵州，16 华东，17 吉林，17 宁波大学，18 集美大学，19 上海，20 温州大学，21 辽宁，【论述】：12 内蒙古，12 天津，12、20 哈尔滨，14、20 沈阳，16 福建，16、18、20 上海，17 扬州，17 温州大学，18 海南，18 江汉大学，19 中国海洋，20 湖北大学，21 渤海大学，21 佳木斯大学
2. 蔡元培关于改造北京大学的教育实践。/蔡元培的大学教育思想述评。/论述蔡元培高等教育思想以及当前高等教育的启示。【简答】：12 河南，13 华东，19 湖南，【论述】：10 辽宁，11 北航，11 北京，13 山西大学，14 苏州，14 西北，14 云南，15 吉林，16 重庆三峡学院，16 宁波大学，16 河北大学，16 南航，17 湖北大学，18 信阳，18 河南，20 北华大学，20 东北，20 山东，21 合肥，21 信阳师范，21 华中
3. 阐述蔡元培的贯彻"思想自由，兼容并包"的办学方针。【名解】：14 吉林，【辨析】：17 山东，【简答】：10 河南，16 渤海大学，17 四川，17 湖南农业，21 湖北大学，【论述】：16 哈尔滨
4. 阐述蔡元培的教育独立思想。【名解】：15 西华，18 湖北师范，【辨析】：14、19 重庆，【简答】：13 华南，13 江苏，15、16 江苏大学，16 北京，20 江西
5. 中华民国临时政府教育部的教育改革有哪些？/试述蔡元培关于"养成共和国民健全之人格"的思想，分析它对民国初年的教育方针制定及对学制改革的影响。15 杭州论，18 南京简
6. 简要分析新文化运动影响下国家主义教育思潮的主要内涵。16 云南简
7. 论述蔡元培的教育思想。/蔡元培的教育实践和教育思想。/论述蔡元培的教育思想和实践对中国教育有什么贡献和意义。【简答】：13 江西，15 浙江，15、18 曲阜，21 天津，【论述】：10 中山，10 辽宁，10、15 天津，12 湖北大学，13、21 北京，14 河南，17 华南，18 山西，18 海南，19 广西，19 鲁东，19 杭州，20 浙江，21 中央民族，21 江汉大学
8. 我国 20 世纪 20 年代新文化运动时期的教育思潮。【简答】：11 天津，12 杭州，13 浙江，15 江西，16 山西，20 淮北，20 湖南，【论述】：10 宁波大学，20 华中，20 青海，20 太原

9. 1922年"新学制"/壬戌学制。【简答】：11宁波，14、15渤海，14聊城大学，14东北，15中央民族，16西北，17重庆，18天津大学，20佛山科学技术，21安徽，【论述】：11福建，13、16、20杭州，15陕西，15江苏大学，16曲阜，17河南，20辽宁，21西北

10. 评述新文化运动影响下的科学教育思潮。【简答】：15赣南，21苏州科技，【论述】：14、18福建，21云南

11. 新文化运动后教育的变化。/简述新文化运动中教育理念的影响体现哪些方面。/试论五四期间新文化思想对教育改革的影响。【简答】：18青海，19华中，20新疆，【论述】：18安徽，12华东

12. 简述恽代英的教育思想。16华中简，21沈阳大学简

第十章 南京国民政府时期的教育

1. 简述南京国民政府时期的教育宗旨和教育方针。17西北简
2. "战时须作平时看"的教育方针。14哈尔滨论

第十一章 中国共产党领导下的革命根据地教育

一、名词解释
1. 中国人民抗日军政大学 12延安大学，20河南

二、简答题/论述题
1. 简述新民主主义的教育方针。/试析中国共产党的新民主主义教育方针的形成。/简述"民族的、科学的、大众的"文化教育方针。14安徽简，18湖南农业简，16闽南论
2. 中国共产党领导下的革命根据地和解放区教育的基本经验包括哪些方面？/简析革命根据地教育的基本经验。【简答】：12聊城大学，13安徽，14杭州，17陕西，18淮北，19浙江，20合肥，20华中，20重庆三峡学院，21山西大学，21江南大学，21浙江大学，21山东，21重庆，【论述】：19西华，17安徽，21延安大学

第十二章 现代教育家的教育理论和实践探索

一、名词解释
1. 《新教育大纲》 16内蒙古，21广西
2. 全人生指导 13福建，15云南，18浙江，21沈阳
3. "活教育"/活教育思想体系 16湖南，19江苏大学，20曲阜，21四川
4. 小先生制 10河南，12内蒙古，14、21湖南科技，19云南，19浙江，20江苏，21渤海大学，21鲁东
5. 教学做合一 10福建，11杭州，13、14、21江苏，15沈阳，18湖南，【简答】：12鲁东，19太原，【论述】：16安徽
6. 陶行知 13内蒙古，15宁波大学，17湖北大学
7. 晓庄师范 17云南
8. 四大教育 18鲁东
9. 生活教育理论/生活教育 12东北，12北京，13湖南大学，13鲁东，13湖南科技，15西北，15重庆，15湖南，15安徽，18江苏大学，19海南，21陕西理工，21石河子
10. 晏阳初 14湖南大学
11. 化农民和农民化 19湖南

12. 生活即教育　20 南京，20 天水师范

二、简答题/论述题

1. 简述杨贤江的"全人生指导"思想。/论述杨贤江的《新教育大纲》主要教育思想以及历史意义。【简答】：13 云南，17 赣南，20 湖南科技，【论述】：21 华南

2. 简述黄炎培的职业教育思想体系。/试述黄炎培的职业教育思想及其对当前中国教育改革的启示。【简答】：13、16 扬州，15 河南，16 天津，16 天津大学，16 湖南，16 苏州，16 延安大学，17 广西，20 山西，【论述】：10 西北，11、17 重庆，13 哈尔滨，14 湖北大学，15 赣南，17 山西大学，18 华中，18 广西师范学院，21 宁波大学

3. 简述晏阳初关于"四大教育"的思想。/简述晏阳初的"四大教育""三大方式"。【名解】：21 云南，【简答】：10 四川，11 山东，15 辽宁，【论述】：10 南京，17 湖南

4. 梁漱溟的乡农学校教学原则和教学内容。/论述梁漱溟的乡村教育建设理论。/简述梁漱溟乡村建设与乡村教育理论。【简答】：12 四川，17 广西师范学，18 湖南，【论述】：12 延安大学，17 河北大学，18 广西师范学院，19 华南，19 湖南科技，21 佛山科学技术学院

5. 论述陈鹤琴的思想体系。/陈鹤琴的活教育教学论。【简答】：13 陕西，13、21 河南，13 山西，15、20 华东，16、20 江西，16 湖南，16、18、20 山西大学，17 东北，17 云南，18 渤海大学，19 四川，20 哈尔滨，20 江苏，20 上海，21 曲阜，21 信阳师范，【论述】：12 南京，12、19 山西，12 沈阳，12 云南，13 天津，13 扬州，13 华中，13 渤海大学，15 北京，15 湖南，16、21 广西，17 杭州，18 华东，19 安徽，19 宁波大学，19 河南，20 吉林，20 聊城大学，21 苏州科技，21 长江大学，21 南宁

6. 试分析论述陶行知的生活教育思想及其当代价值。/陶行知"生活教育理论"的基本内涵并分析其历史价值和现实意义。/陶行知生活教育理论的主要内容。/ 陶行知的"生活教育"的主要思想是什么？结合该理论谈谈学校教育与学生生活间的理想关系。【简答】：10、17 闽南，10、11、18 山西，10、16 沈阳，11 浙江，11 辽宁，11 南京，11 华东，11、18 云南，11、14、15 广西，12、16、18、19 重庆，12 江西，12 天津，12 山东，12、19 江苏，12、16 西华，13 聊城大学，14、16、20 四川，15 贵州，15、17 延安大学，15 重庆三峡学院，15 集美大学，16 内蒙古，17 广西师范学院，18 浙江大学，18 石河子大学，18 海南，19 湖北大学，20 河南，20 延边大学，20 太原，21 齐齐哈尔，21 南京信息工程，21 温州大学，21 济南大学，21 临沂大学，21 黄冈师范，21 湖南，【论述】：10 哈尔滨，10、21 山东，10、21 杭州，10、19 东北，10、16、18、21 扬州，10、17 曲阜，11 渤海大学，11、14、19、21 江西，11、15、17、21 聊城大学，11、12、16 华中，11 河南，11、12、安徽，12 上海，12、13 西南，12 中山，13 四川，13、19 辽宁，13、19 沈阳，13、14 宁波大学，13、16 华南，14、20 天津，14 北京，15 闽南，15 南京，15、16 湖南科技，16 西华，17 内蒙古，17、20、21 陕西，17、20 中国海洋，17 新疆，18 淮北，18 赣南，18 贵州，18 湖北大学，19 广东技术，19 长春，19 华东，16、19、20 海南，20 合肥，20 江苏大学，20 苏州，20 江西科技，20、21 浙江大学，20 成都大学，21 浙江海洋，21 浙江，21 西藏大学，21 陕西科技

7. 论述陶行知的"生活即教育"和杜威的"教育即生活"的理论，并比较其异同。/请对比分析杜威与陶行知主要教育思想的异同，并分析陶行知教育思想的现实意义。【论述】：13、15 四川，14 延安大学，16 天津，20 鲁东大学，21 山西

8. 论述晏阳初的乡村教育实验。/简述我国 20 世纪 20 年代到 30 年代的乡村教育改革运动。/简述晏阳初的平民教育思想及乡村教育试验。【简答】：11 重庆，12 渤海大学，17 西北，18 江汉大学，20 杭州，【论述】：12 延安大学，17 中央民族，19 湖南科技，21 湖州师范，21 成都大学

9. 论述杨贤江的马克思主义教育理论。18 辽宁论

10. 论述乡村教育运动产生的背景、代表人物及其活动特点。/20 世纪二三十年代中国一些教育家开展了乡村教育运动，你如何评价？ 12 延安大学论，19 湖南科技论

11. 论述陶行知的"生活即教育"思想。【简答】：18 新疆，【论述】：11 苏州，16 南航，20 内蒙古

12. 比较分析陈鹤琴的"活教育"思想和杜威的教育思想的异同。13 渤海大学论

13. 简述陶行知生活教育理论中的"社会即学校"的思想。12 杭州简

第三部分 外国教育史

第一章 古希腊教育

一、选择题
1. 提出谨慎选择教材的问题，强调教育内容应具有教育性，开创了西方后世"教育性教学"的先河的是（ ）19南京选
   A. 柏拉图 B. 亚里士多德 C. 昆体良 D. 苏格拉底   答案：D
2. 智者派创立的"三艺"是修辞、辩证法和（ ）12重庆选
   A. 音乐 B. 天文 C. 文法 D. 几何   答案：C
3. 在古代斯巴达，城邦为18岁的公民子弟接受正规军事训练而设立的教育机构是（ ）14重庆选
   A. 角力学校 B. 埃弗比 C. 体操学校 D. 体育馆   答案：B

二、名词解释
1. 苏格拉底方法/产婆术 10河南，10首都，10、12、17、19、21天津，10辽宁，10、11、13、15、17浙江，10、12、13西南，11广西，11北航，11、17、21聊城大学，11、12东北，11、14、20杭州，11江苏，11北京，12、13内蒙古，12、18华东，10、12南京，12山东，12、16、17、18、20、21上海，13福建，13、16延安大学，12、13、14、15、19四川，14、16湖南科技，14、21赣南，14、18淮北，14、18、20华中，15、16、19、20、21西华，15、19江苏大学，15中国海洋，15郑州大学，15、16、19鲁东，15、18、20贵州，15、19江西，15、19集美大学，16扬州，18陕西，16安徽，10、16沈阳，17山西大学，17南航，17广西师范学院，18山西，18新疆，18合肥，18湖南农业，11、18渤海大学，19、20安庆，19长春，19西安外国语，19曲阜，20闽南，20海南，20、21湖北大学，20湖南，20湖南大学，20吉林，20青海，20济南大学，20、21大理大学，21太原，21北华大学，21吉林外国语，21齐齐哈尔，21深圳大学，21西藏大学
2. "智者" 12闽南，12福建，12湖南大学，13河南，13宁波大学，15山东，17中央民族，18东北，19新疆，20赣南，21华中，21云南，21安庆辨
3. 美德即知识 13扬州，15湖南，15湖南科技，17江苏，16湖南简
4. 学园 12、19云南，13闽南，14山东，15华中
5. 自由教育/自由/博雅教育 11河南，12、16、17渤海大学，18齐齐哈尔，20沈阳，20云南
6. 《理想国》 10东北，11山东，13沈阳，14、17、21湖南，14、17闽南，17海南，18、20鲁东，19福建，21集美大学，21青海
7. 七艺 11中南大学，11、18西北，18安徽，18河南，山西大学，18、21湖南大学，20淮北，20太原，20天津外国语，21上海，21山东
8. 吕克昂 18集美大学
9. 三艺 12湖南大学
10. 斯巴达教育 20曲阜
11. 雅典教育 21福建

三、简答题/论述题
1. 简述斯巴达教育的特点。/斯巴达的教育思想。【简答】：11华南，13哈尔滨，17广西师范学院，19集美大学，20成都大学
2. 简述苏格拉底知识及其美德的教育意义。16湖南简
3. 简述产婆术。/简述"苏格拉底方法"的内容和特点。【简答】：10福建，11曲阜，13东北，13中南大学，13闽南，14江苏，15广西，16湖南，16、18集美大学，17鲁东，18海南，18扬州，17湖北大学，20江苏大学，20临沂大学，21东华理工，21湖南大学，21南宁，【论述】：12西华，14延安大学，15哈尔滨，16天津大学，17山东，20华南，20云南
4. 简述斯巴达与雅典教育的异同。/比较分析斯巴达教育和雅典教育的特征。【简答】：14吉林，17中国海洋，18江汉大学，【论述】：16海南，17西北，19东北，19聊城大学，21中央民族，21石河子

5. 简述亚里士多德的教育思想。【简答】：17湖南大学，21吉林外国语，21齐齐哈尔，21南宁，【论述】：17温州大学，14、18延边大学
6. 简述古希腊雅典教育的特点。17杭州简
7. 简述苏格拉底的教育思想。【简答】：18华南，【论述】：13重庆，14聊城大学，20宝鸡文理
8. 智者派的教育实践与教育改革的主张。11哈尔滨简，20福建简
9. 简述亚里士多德"灵魂论"及影响。16吉林简，20湖州师范
10. 论述柏拉图的教育思想。【简答】：11四川，13江西，17哈尔滨，18浙江大学，20温州大学，【论述】：16苏州，17天津大学，17温州大学
11. 柏拉图和亚里士多德教育思想的主要内容是什么？17温州大学论

第二章 古罗马的教育

一、选择题
1. 西方古代最杰出的教学法学者是（ ） 18南京选   答案：C
　A.苏格拉底　　　　B.亚里士多德　　　C.昆体良　　　　D.西塞罗

二、名词解释
1. 昆体良　11云南，11江西，12重庆，15宁波大学
2. 西塞罗　20渤海大学，21北京联合

三、简答/论述题
1. 简述昆体良的教育思想及其影响。【简答】：17延边大学，17沈阳，20中央民族，20哈尔滨，20陕西理工，20延安大学，21南宁，【论述】：18辽宁
2. 简述昆体良教学理论思想。16鲁东简

第三章 西欧中世纪教育

一、名词解释
1. 修道院学校　12山东
2. 宫廷学校　16贵州，20江西
3. 骑士教育　10苏州，10江苏，10浙江，12、13西北，13、15扬州，14、17、19上海，14福建，14山东，15东北，16海南，16重庆三峡学院，17河南，17江西，17贵州，17集美大学，17广西师范学院，10、18四川，18内蒙古，18齐齐哈尔，18、19北华大学，20深圳大学，20聊城大学，20浙江海洋，21北京理工，21佳木斯大学，21曲阜，21南宁简，20南京辨
4. 城市学校　11、13浙江，14华东，17天津大学，21重庆三峡学院，21宝鸡文理
5. 中世纪大学　13西南，15湖北大学，15苏州，16北华大学，19湖南，19太原，20淮北，20重庆三峡学院，21辽宁，21陕西
6. 行会学校　17天津大学

二、简答题/论述题
1. 基督教教育的特点。13、15华南简，16山东简
2. 中世纪教会的三种学校。17上海简
3. 简述中世纪西欧世俗教育的主要形式。18华东简

4. 论述中世纪大学的特征及意义。【简答】：18 山东，18 南京，19 宝鸡文理学院，19 华东，21 东北，【论述】：17 赣南，18 齐齐哈尔，12、13 福建，20 海南，21 湖南科技
5. 中世纪早期世俗教育的主要形式。11 四川简，18 华东简
6. 中世纪大学的特权。19 华东简

第四章 文艺复兴时期的教育

一、选择题
1. 人文主义教育与中世纪教育的根本区别是（　　）。12 重庆选
　A. 古典主义　　　B. 人本主义　　　C. 贵族性　　　D. 世俗性　　　　答案：D

二、名词解释
1. 人文主义教育　13 华东，21 河南
2. "快乐之家"　12 中南大学，16 西北，19 浙江
3. 《乌托邦》　19 西北
4. 欧洲文艺复兴时期人文主义教育的基本特征　14、18 湖南大学
5. 蒙田　21 集美大学

三、简答题/论述题
1. 简述弗吉里奥的教育贡献。14 华东简
2. 简述人文主义教育的特征。/简述文艺复兴时期人文主义教育的影响和贡献。【简答】：11 西华，11 重庆，12 云南，14 江苏，15 闽南，16 苏州，19 华中，20 佛山科学技术，21 温州大学，10 杭州，10 西南，10、13 山东，10、11、17 天津，11 渤海大学，11、20 聊城大学，11 华东，12、20 鲁东大学，12 华南，12、20 南京，12、17 重庆，13 苏州，14 沈阳，15 延安大学，15 西北，15 湖北大学，16 赣南，16 哈尔滨，17 陕西，17 山西，17 湖南，18 天津大学，18 华中，18 四川，19 吉林，19 扬州，19 内蒙古，19 宁波大学，20 江苏大学，20、21 青海，20 大理大学，20 南京大学，21 北京联合，【论述】：10 苏州，13 东北，11 广西，16 福建，19 海南，21 江苏大学，21 江西科技

第五章 宗教改革时期的教育

一、简答/论述题
1. 论述马丁路德的义务教育思想。19 哈尔滨论，20 湖州师范简
2. 简述加尔文教育思想的特点。21 华南简

第六章 欧美主要国家和日本教育的发展

一、选择题
1. 被称为是美国公立学校之父的是（　　）。14、16 重庆选
　A. 杜威　　　B. 杰斐逊　　　C. 富兰克林　　　D. 贺拉斯·曼　　　　答案：D
2. 十六、十九世纪德国教育家洪堡推动新大学运动，创建了柏林大学办学模式，为大学增添了（　　）。14 重庆选
　A. 人才培养功能　B. 科学研究功能　C. 社会服务功能　D. 文化传承功能　　答案：B

二、名词解释

1. 公学　11 陕西，12 闽南，12 浙江，16 集美大学，17 东北，17 安徽，16、17 西北，17 江苏大学，17、18 广西师范学院，21 沈阳，【辨析】：20 山东，20 南京，21 陕西
2. 贝尔—兰开斯特制/导生制　10 渤海大学，10、13 辽宁，11 杭州，11 陕西，12 北京，13 山东，11、13、20 福建，13 内蒙古，14 华东，14 华南，15、19 湖南科技，15、21 西北，16 延安大学，18 海南，18 广西师范学院，19 浙江，20 中央民族，20 深圳大学，21 南京，21 青海
3. 1870 年《初等教育法》/福斯特法案　11 东北，20 河南，18 湖南简
4. 《巴尔福教育法》　14 福建，21 辽宁，21 佛山科学技术学院
5. 《1944 年教育法》/《巴特勒法案》　10 首都，12 渤海大学，18 南通大学，20 西北，20 青海，21 佳木斯大学
6. 《1988 年教育改革法》　10 天津
7. 泛爱学校　15、18 浙江，21 北京联合
8. 实科中学　10 陕西，16 浙江，16 赣南，17 华东，18 湖南，21 深圳大学，18 南京辨，19 哈尔滨简，19 温州大学简
9. 公立学校运动　14 浙江，17 重庆三峡学院
10. 《莫雷尔法案》　10 华东，14 苏州，15 闽南，15 赣南，17 延安大学，17 江苏大学，17 东北，14、18 辽宁，19 沈阳，20 福建，20 重庆三峡学院，21 南京信息工程，21 江西，21 山东，21 华中，21 江汉大学，21 四川，17 广西师范学院简，21 成都大学简
11. 初级学院运动　16 浙江，18 深圳，19 山西大学简
12. 美国的《国防教育法》　10 渤海大学，10、21 西北，11 辽宁，11 鲁东，12 江苏，13 内蒙古，15 中央民族，15 温州大学，16 沈阳，17 苏州，17、18 福建，17 赣南，18 海南，13、19 河南，19 四川，20 江西科技，20 临沂大学，20 浙江海洋
14. 大学区制（大学院制）　16 山东　17 福建
15. 费里法案/《费里教育法》【名解】：13、14、15 渤海大学，15 河南，15 淮北，【简答】：19 山东，20 山西大学，20 杭州
16. 爱尔维修　14 湖南大学
17. 贺拉斯·曼　14 渤海大学
18. 《国家在危机中》　13 北京，20 湖南
19. 生计教育　14 扬州，15 华东，18 中央民族，18 广西师范学院，20 中国海洋，21 江苏
20. 雷佩尔提计划　14 湖北大学
21. 习明纳　12 渤海大学，13 云南
22. 特朗普制　18 江苏大学，18 杭州

三、简答题/论述题

1. 简述英国《1944 年教育法》。【简答】：15 山东，16 杭州，20 湖南，21 浙江海洋
2. 简答英国《1988 年教育改革法》。【简答】：14 东北，21 湖南，【论述】：12 渤海大学，21 山西大学
3. 简述美国公立学校运动的主要内容。10 天津简，11 四川简，15 渤海大学简，17 河北大学简
4. 简答美国的《国防教育法》。/试述 1957 年"人造卫星事件"与西方教育改革之间的关系。【辨析】：16 重庆，【简答】：10 南京，10 曲阜，11、16 陕西，13、17 山西大学，14、20 西北，14 杭州，14 山东，14 华东，15 鲁东，15 贵州，16 福建，16、19 东北，17 哈尔滨，19 重庆，20 华南，20 广西，20 苏州，20 浙江，20 天津外国语，21 江南大学，【论述】：11 北航，11 沈阳，13 江苏，21 安徽
5. 简答日本明治维新时期的教育改革。【简答】：16 山东，16 闽南，18 吉林，19 华南，21 中央民族，21 宁波大学，21 鲁东，【论述】：14 西北，20 江苏
6. 辨析题：法国的教育管理体制是地方分权式的。18 山东辨析
7. 简述 20 世纪 70 年代美国返回基础教育运动。【简答】：18 杭州，18 温州大学，20 江西科技，20 沈阳
8. 简述 19 世纪德国的教育改革措施。18 山西大学简
9. 洪堡建立柏林大学的经验。/洪堡创建柏林大学的办学理念及时代意义。/洪堡教育改革的内容和意义。21 重庆辨，【简答】：12 渤海大学，14 淮北，17、18 山西大学，【论述】：17 河北大学，19 山东，21 华中
10. 论述 20 世纪 60 年代美国中小学的课程改革。10、11 东北论
11. 《国家在危机中》的教育改革建议有哪些。【论述】：12 渤海大学，13 华南，21 赣南

12. 论述法国《郎之万—瓦隆教育改革法案》的内容及其对教育民主化的意义。17 华东论
13. 论述贺拉斯·曼的教育思想。12、13 西北论，14 山西大学论
14. 简述日本教育的发展。10、13 湖北大学简
15. 美国的八年研究。【简答】：13 天津，【论述】：14 云南，16 江苏大学

第七章 欧美教育思想的发展

一、选择题
1. 主张"把一切事物教给一切人"的教育家是（ ）。12、16 重庆选
   A. 夸美纽斯   B. 卢梭   C. 洛克   D. 维多利诺   答案：A
2. 马卡连柯教育思想体系的核心是（ ）。12 重庆选
   A. 集体主义教育   B. 社会主义教育   C. 爱国主义教育   D. 自然主义教育   答案：A
3. 倡导社会本位教育目的论的主要教育家是（ ）。14 重庆选
   A. 凯兴斯坦纳   B. 卢梭   C. 杜威   D. 蒙台梭利   答案：A

二、名词解释
1. 夸美纽斯　13、15 江苏，15 宁波大学，18 郑州大学，19 浙江大学，20 集美大学
2. 《大教学论》　10、11 沈阳，11 安徽，12 杭州，15 内蒙古，17 四川，13、17、19 西华，18 渤海大学，18 山西大学，20 合肥，20 深圳大学，21 河南
3. 白板说　11 山西，11 苏州，12、16 四川，12 扬州，13 辽宁，13 北京，13 华中，15、18 江苏大学，16 广西，16 湖南，16 中国海洋，17 南京，17 沈阳，17 宁波大学，18 中南民族，20 中央民族，20 曲阜，21 渤海大学，21 华东，【简答】：11 中南大学，16 华南，20 赣南，【论述】：18 中南大学
4. 绅士教育　11、13 沈阳，11、18 江苏，12、16 华东，15 天津，16 江苏大学，17 苏州，19 贵州，19 海南，19 湖南，20 上海，20 佛山科学技术
5. 自然后果律　16 曲阜，16 河南，17 江苏，19 浙江大学
6. 《爱弥儿》　11、12、16 云南，13 苏州，15 内蒙古，17 杭州，17 宁波大学，19 河南，19 上海，20 湖南科技，20 山东
7. 教育心理学化　14 天津
8. 要素教育论　11 重庆，12 福建，13、20 山西大学，17 陕西，14、17 西北，19 中央民族，20 四川，20 浙江大学
9. 赫尔巴特的教育目的论　14 北京，16 湖南大学，18 南航
10. 教育性教学原则　11 辽宁，13 天津，14 河北大学，17 曲阜，18、21 信阳师范，20 吉林，20 青海，20 大理大学
11. 恩物　10 闽南，12、13 苏州，12 北京，13 延安大学，13、16 西南，15 鲁东，15 西北，16 天津，16 渤海大学，18 河南，18 湖南，19 南京，20 集美大学，20 合肥，21 湖州师范，21 成都大学
12. 生活准备说　12 沈阳，16 安徽
13. 教育即经验的不断改造　15 湖南，18 石河子大学简
14. 做中学　16 湖南，16 南航论
15. 五步探究教学法　11、12、19 河南简，19 福建
16. 教学适应生活说　12 陕西，17 山东
17. 新教育运动（新学校运动）　10 哈尔滨，10、12 河南，11 渤海大学，12 聊城大学，15 湖北大学，16 山西，16 云南，17 福建，17 重庆，19 华东，20 海南，20 西藏大学，21 北京，21 湖南，21 深圳大学，21 宝鸡文理
18. 进步主义教育运动　11 渤海大学，14、20 北京，15 南京，16 湖南大学，17、18 苏州，17 浙江，17 闽南，17 赣南，20 山东，20 陕西，21 扬州
19. 昆西教学法　13 渤海大学，16 天津，17 河南，18 浙江，18 辽宁，11、18 福建，18 青海，18 宁波大学，21 吉林，【简答】：18 江西，21 中央民族

20. 道尔顿制　10、16 华中，10 扬州，11 北航，11、13 南京，11 北京，13 山西，13 湖南，13 湖南科技，13、18 华东，13 聊城大学，14 天津，12、14 安徽，14、18 赣南，15 鲁东，15 江西，16 内蒙古，16、19 闽南，17 曲阜，17 湖南，18 江汉大学，19 湖北大学，19 江苏大学，19 苏州，19 陕西，21 海南，21 重庆，15 杭州简，15 宁波大学论

21. 设计教学法　11 山西，11 扬州，11 曲阜，14 河南，14 华南，15 华东，18 内蒙古，18 西安外国语，20 湖南科技，20 四川，20 宁波大学，21 江西，21 鲁东，21 中国海洋简

22. 要素主义教育/要素主义思想　13 重庆，16 苏州，16 鲁东，17 华东，18 南京，18 安徽，19 山西，20 江苏大学，20 江西科技，20 西安外国语，20 天津外国语，21 四川

23. 永恒主义　14 安徽，16 延安大学

24. 终身教育　10 东北，10、11 苏州，11、20 闽南，11 渤海大学，11 华东，12、19 杭州，13、14 湖南，14 河北大学，15、20 河南，15 延安大学，10、16、20 南京，17 郑州大学，17 山西大学，18 广西民族，18 南航，18 北京，18 复旦大学，19、20 西北，19 华中，21 中央民族，21 北航，21 同济大学，21 南京信息工程，21 江苏大学，21 淮北，21 赣南，21 济南大学，21 四川

25. 自然教育/自然主义教育　15 陕西，17、21 西安外国语，17 安徽，17 鲁东，19 江苏，19 重庆

26. 洛克　17 海南

27. 泛智学校/泛智教育　13 山西大学，14 西北，18 云南，21 齐齐哈尔

28. 杜威　18 复旦大学，20、21 浙江大学

29. 教育即生活　18、19 宝鸡文理学院，20 华东，12、16 闽南简，20 西北简，21 吉林外国语论

30. 教育无目的　19 安徽

31. 赫尔巴特　19 集美大学，20 山西

32. 卢梭　19 湖北大学

33. 教育适应自然原则/夸美纽斯的教学原则观　14 湖南大学，15 吉林，19 华中

34. 赫尔巴特的教学四阶段理论　10 南京，13 湖南大学

35. 杜威的教育观　13 湖南大学

36. 赞可夫的教学五原则　13 湖南大学

37. 文纳特卡制　16 湖南科技，19 江苏

38. 《普通教育学》　14 南京，15 吉林

39. 《教育漫话》　13 云南，14 内蒙古，15 宁波大学，16 湖南，19 渤海大学

40. 《民主主义与教育》　14 内蒙古，16 杭州，19 西北

41. 平行教育原则　17 山西大学，20 浙江海洋，21 吉林，21 杭州

42. 苏霍姆林斯基　19 山西

43. 学校即社会　19 华东，【简答】：21 同济大学，【论述】：17、18 湖北大学

44. 福禄培尔　18 宁波大学

45. 改造主义教育　20 太原，【简答】：14 山东，21 安徽

三、简答题/论述题/辨析题

1. 简述夸美纽斯教育思想的主要观点。【简答】：12 浙江，13 苏州，16、17 广西，17 山东，18 曲阜，19、20 贵州，21 江苏大学，21 湖南理工学院，【论述】：10 湖北大学，12、19 辽宁，13、16 扬州，13 湖南科技，15 曲阜，16 浙江，16 哈尔滨，18 宝鸡文理学院

2. 简述夸美纽斯关于班级授课制的想法。14 北京论，21 同济大学论，15 集美大学简，15 辽宁简，18 中国海洋简，18 湖南农业简，19 内蒙古简，20 内蒙古简，20 华东简

3. 简述夸美纽斯普及教育思想及历史贡献。【简答】：10 闽南，21 沈阳，【论述】：12 闽南，15 赣南，17 扬州

4. 论述夸美纽斯的泛智论。【简答】：10 山西，17 江西，17 贵州，18 广西民族，20 湖南，【论述】：18 合肥师范

5. 夸美纽斯的教学管理思想的内容和贡献。16 云南简，19 广东技术简

6. 论述夸美纽斯建立统一学制系统的内容及影响。/夸美纽斯学校改革措施及其对近代教育的影响。12 沈阳论，15 安徽论

7. 阐述夸美纽斯教育思想体系的构成并分析其历史贡献。/简述夸美纽斯在教育史上的地位和贡献。/论述夸美纽斯对西方教育学的贡献。【简答】：11 山东，12 河南，13 延安大学，15 西北，【论述】：15 杭州，17 湖南

8. 对夸美纽斯的适应自然原则进行评述。【简答】：13、16 云南，16 聊城大学，17 北华大学，19 云南大学，19 宁波大学，20 湖州师范，21 上海，21 杭州，21 湖南科技，【论述】：12 西南，15 湖南科技，17 福建，20 河南，21 山西

9. 夸美纽斯对教育作用的理解。16 鲁东简

10. 请简述洛克的教育思想。17 广西师范学院简，18 中南大学论

11. 简述洛克的绅士教育。【简答】：12 上海，16 西北，17 鲁东，20 集美大学，21 石河子，【论述】：19 杭州，20 北京，20 石河子大学，21 湖北大学

12. 卢梭自然教育理论的基本观点是什么？有何积极意义？/论述卢梭自然主义教育思想的主要内容及现实意义。【简答】：10 苏州，10、11 渤海大学，11、20 广西，11 南京，12 中南大学，12 江苏，13 延安大学，13 鲁东，14 哈尔滨，14 四川，14 内蒙古，15 湖南，15 福建，15 中国海洋，15、16 湖南科技，15、17 华南，16、18、19 上海，16 安徽，16 天津，17 广西民族，18 南航，18 山西，19 西北，19 石河子大学，19 辽宁，20 山西，20 大理大学，20 浙江海洋，20 天水师范，21 湖北大学，21 江汉大学，21 海南，21 云南，【论述】：11、14、16、17 辽宁，11 中南大学，12、18 杭州，12 延安大学，12 哈尔滨，12 华东，12 中山，13 重庆，13、15 聊城大学，13、19 江西，14 上海，14 华中，14、20 扬州，14 河北大学，15 苏州，15 山东，15、17 吉林，16 东北，16 内蒙古，17 北华大学，17 江苏大学，17 南航，18 赣南，18 集美大学，18 广西师范学院，19 贵州，19 浙江，19 四川，20 湖南科技，20 中国海洋，21 山西，21 温州大学，21 河南，21 深圳大学，21 佛山科学技术学院，21 宝鸡文理，21 新疆

13. 阐述卢梭提出的针对儿童德育的自然教育举措，并结合现实案例加以分析。16 赣南论

14. 简述裴斯泰洛齐"教育心理学化"理论。/试论裴斯泰洛齐的"教育心理学化"的思想及其现实意义。【简答】：12 聊城大学，12 山东，16 江西，16 湖南，16 山西大学，16、17 延安大学，17 河南，19 湖北大学，20 天津，20 宁波大学，21 华东，【论述】：10 河南，11 山西，11 福建，18 信阳师范，18 青海，19 中国海洋，20 东北，21 聊城大学，21 长江大学

15. 简述裴斯泰洛齐的要素教育论。【简答】：10 曲阜，17 东北，18 信阳师范，18 华东，18 湖南，19 陕西，20 上海，21 宁波大学，21 西北，【论述】：18 福建，19 山西大学，20 成都大学

16. 裴斯泰洛齐的劳动教育思想。【简答】：19 西北，21 湖州师范，【论述】：20 沈阳，20 四川

17. 裴斯泰洛齐的教育思想。21 广西简，13 湖北大学论，16 北华大学论

18. 简述福禄培尔的教育思想。【简答】：15 曲阜，18 江苏大学，21 湖南，【论述】：21 闽南

19 简述福禄培尔游戏理论。18 江苏大学简

20. 简述斯宾塞教育科学化思想。/简述斯宾塞的科学教育思想。【简答】：12 江西，13 江苏，14 云南，14 延边大学，16 西北，17 江苏大学，18 广西，21 浙江大学，21 山东，【论述】：12 湖北大学，13 河南，13 哈尔滨，13 杭州，16 延边大学

21. 简述斯宾塞的课程论思想。/论述斯宾塞科学的课程体系观。12 辽宁简，14、16、17 渤海大学论，20 福建简，20 浙江大学论

22. 简述斯宾塞的生活准备说。14 河南简，18 北京简，19 湖南简

23. 简析斯宾塞"知识价值论"的主要内涵和意义。10 四川简，12 西华简，14 闽南简

24. 斯宾塞的教育思想。12 江西简，12 湖北大学论，16 延边大学论

25. 简述赫尔巴特的教育心理学的思想。/赫尔巴特的教育心理学化思想有哪些？13、15、18 陕西简，13 西南简，15 南航简，21 北京理工简，17 杭州论，18 西安外国语论，21 北华大学论

26. 简述赫尔巴特的道德学习理论。/试论述赫尔巴特的道德教育理论。12 华南，16 辽宁简，17 内蒙古简，19 鲁东论，20 杭州论，21 天津论

27. 阐述赫尔巴特的教学形式阶段理论。/赫尔巴特教学思想的教育贡献及其局限。【辨析】：21 山东，【简答】：12 天津，13 曲阜，13、18 聊城大学，14 重庆，15 北京，16 贵州，16 重庆三峡学院，17 东北，18 华中，20 济南大学，20 陕西，20、21 西安外国语，20 天津外国语，21 山西大学，21 南宁，21 四川，21 西北，【论述】：10、13 山西，11 安徽，12 聊城大学，13 渤海大学，13、18 闽南，13、17 宁波大学，13、15 沈阳，14 华南，16 陕西，16 集美大学，18 中国海洋，18 河南，19 吉林，19 苏州，20 曲阜，20 天水师范

28. 论述赫尔巴特的教育思想。【简答】：11河南，11首都，12湖北大学，19广西，20西北，21浙江大学，【论述】：10宁波，11、20江西，12、17上海，13延安大学，14鲁东，15西华，18天津，18吉林，18广西师范学院，18北华大学，19宝鸡文理学院

29. 评述赫尔巴特的教育性教学原则。【辨析】：18南京，【简答】：17云南，21江西科技，【论述】：11杭州，14宁波大学，16曲阜，18江苏，21苏州科技

30. 评述赫尔巴特的课程理论。【简答】：15东北，16渤海大学，17西华，20华中，【论述】：10福建，11华东，12延安大学，14天津，16中国海洋，17陕西，17集美大学，20浙江，21鲁东

31. 赫尔巴特的教学理论。【简答】：12渤海大学，15东北，【论述】：15、18、19上海，17、18陕西，17宁波大学，18四川，20辽宁，20浙江，21沈阳大学，21陕西理工

32. 论述赫尔巴特兴趣教育思想对我国创新人才培养的启示。16中国海洋论

33. 简述杜威教学方法的五个阶段。/论述杜威的主要教学方法。/简述杜威的"五步教学法"。12、17天津简，14东北简，16陕西论，14江苏简，16宁波大学论，17重庆三峡学院论，18新疆简

34. 简述杜威的教育目的论。/教育即生长，生长即目的，在生长之别无目的。【简答】：19天津大学，16北京，18江苏，18渤海大学，19湖南，19山西，20江苏大学，20中国海洋，21华东，【论述】：12重庆，15中国海洋，16河北大学，15、19江苏，21东华理工

35. 简述杜威关于道德教育的内容。11苏州简，17湖南农业简

36. 评述杜威的课程与教学思想。/论述杜威教育思维和教学方法。【简答】：14东北，14、21江苏，19沈阳，20辽宁，【论述】：10辽宁，16、21陕西，17重庆三峡学院，18四川，16沈阳

37. 评述杜威的教育本质论。/论述杜威关于教育本质和目的的主要思想并谈谈对我国教育改革有何借鉴作用。/杜威的教育本质及教育目的以及对我国的教育启示。【简答】：11山东，11重庆，14河南，14、19鲁东，15内蒙古，17曲阜，17西华，17聊城大学，19南京，19、20太原，20江苏，20陕西理工，20延安大学，20新疆，21重庆三峡学院，21陕西科技，【论述】：10、14、17沈阳，10、15、16江苏，10山东，10哈尔滨，10杭州，11、16、20聊城大学，11山西，11渤海大学，12、17江西，12鲁东，13陕西，14广西，14湖南科技，15、19天津，15中国海洋，15郑州大学，16河北大学，17、21吉林，17四川，17贵州，18宁波大学，18广西民族，18东北，19扬州，19湖北大学，20温州大学，21辽宁，21佳木斯大学，21齐齐哈尔，21浙江海洋，21东华理工，21信阳师范

38. 杜威的教育思想。/杜威的教育思想及其现实意义。/杜威的教育思想对中国产生哪些影响。/论述杜威的教育影响。【简答】：13山西大学，14南京，16沈阳，18贵州，18延边大学，18西南大学，19西华，20北华大学，21郑州大学，21三峡大学，21西藏大学，【论述】：10、13、15浙江，10首都，10宁波，11、12、13北京，11、16、18华南，11扬州，12、16四川，12南京，12北航，13辽宁，13、15西华，14延安大学，15南航，15江西，16湖南科技，16安徽，17、21海南，17温州大学，18曲阜，18陕西，18中南民族，18聊城大学，20闽南，20四川轻化工，21福建

39. 评述赞科夫的发展性教学理论。【简答】：12山西大学，12山西，17内蒙古，20陕西理工，【论述】：11闽南，11、12华中，17天津，21东北，21华南

40. 评述苏霍姆林斯基的个性全面和谐发展思想及其对我国教育改革的影响。/评述苏霍姆林斯基的和谐教育思想。/评述苏霍姆林斯基的教育理论。【简答】：11、21扬州，15中央民族，16闽南，18湖南农业，【论述】：10华中，12扬州，16北京，16吉林，17中央民族，18浙江，18沈阳，20天津，21延安大学

41. 试论苏联教育家马卡连柯的教育思想。10曲阜简，13、15鲁东论，17江苏大学简，17云南论，18江西论，20渤海大学论，20济南大学论，20安徽论，20河北大学简

42. 蒙台梭利的教育思想。/试述蒙台梭利的幼儿教育思想及其对当前学前教育的指导意义。【简答】：17华中，【论述】：14江西，18广西师范学院，19北华大学，21宁夏大学

43. 简述马克思、恩格斯的教育思想。17华南论，20四川论

44. 苏联教育思想的主要体现在哪几位教育家身上？任选其中的2位教育家来介绍他们的教育思想。15江西论

45. 列举五种现代欧美教育思潮。12浙江简答

46. 简述述永恒主义教育思想。/试述永恒主义教育理论的观点及其对当代世界教育的影响。/简述永恒主义教育思潮的主要原则。【简答】：12中山，14苏州，15聊城大学，18山东，19安徽，21苏州科技，21宁波大学，【论述】：10华东，12

苏州，18 中央民族，18 鲁东，21 杭州

47.简述结构主义教育的主要观点。【名解】：11 重庆，15 河南，16、19 扬州，18 天津，19 宁波大学，【简答】：11、18 闽南，14 扬州，20 延安大学，21 集美大学，21 信阳师范，21 海南，【论述】：11、21 曲阜，11 西北，12 云南，13 天津，13、15 华东，20 吉林

48.简述现代人文主义教育思潮。13 杭州简，16 温州大学论，18、19 云南简，19 福建论，19 华南论，20 华中，20 扬州简

49.评述要素主义教育。19 重庆辨，【简答】：13、20 山东，13、19 湖南科技，13 南京，14 湖南，14、21 聊城大学，16 重庆三峡学院，17 江西，17 河南，17、19 集美大学，18 南通大学，19 杭州，21 沈阳大学，21 哈尔滨，21 闽南，21 江西，21 华中，21 佛山科学技术学院，【论述】：10 中山，12 曲阜，13 中南大学，16 华东，19 云南，21 淮北，21 陕西科技

50.试论终身教育思想及其对当代学习型社会建设的意义。/朗格朗的终身教育思想的主要观点及对教育改革。【简答】：17 重庆三峡学院，17 闽南，18 重庆，20 湖北大学，21 内蒙古，21 宁波大学，【论述】：10 闽南，10 西南，10、15 扬州，11、18 云南，11 江苏，11 天津，12 东北，14 湖北大学，14、20 赣南，14、17 山西，15 北京，15 四川，17 安徽，17 湖南农业，18 山西大学，18 江苏大学，19 淮北，19 中央民族，20 佛山科学技术，21 沈阳，21 洛阳

51.简述昆西教学法的主要特征。18 江西简

52.简述进步主义教育运动的特点。/进步教育运动的发展过程。/简述进步主义教育运动的主要内容。【简答】：11 安徽，15、17 重庆，19 河南，19 中国海洋，21 湖州师范，【论述】：11 南京，15 福建，19 太原，20 北华大学，21 湖南科技

53.论述新教育运动形成和发展的过程。15 宁波大学简，17 中国海洋大学论，18 湖北大学简，20 重庆三峡学院论

54.评析 19 世纪末 20 世纪初欧美新教育和进步主义教育思潮的共同特征、意义及其局限性。/新教育运动与进步主义教育。11 南京论，11 安徽简，15 福建论，15 重庆简，19 太原论，20 宁夏大学论

55.简述德国教育家康德提出教育性教学原则，认为教学的目的在于尽可能多地向学生传授有用的知识和技能。18 南京辨

56.劳作学校的主要任务。19 江苏简

57.恩物是福禄培尔创新的一套供儿童使用的教学用品。19 南京辨

58.新行为主义教育　20 集美大学简

59.赞科夫的发展性教学原则。【简答】：17 北京，17 西华，20 陕西，21 内蒙古，21 渤海大学，21 济南大学，【论述】：14、16 西华

60.凯洛夫教育学体系。【论述】：21 江西，21 成都大学

第四部分 教育心理学
第一章 教育心理学概述

一、名词解释

1.教育心理学　14 聊城大学，14 西华，15 延安大学，18 吉林，19 青海，20 赣南，20 石河子大学

2.心理过程　17 江苏，18 扬州

3.个性心理特征　21 南宁

4.自我　21 新疆

二、简答/论述题

1.什么是教育心理学？17、18 湖北大学简

2.教育心理学的研究内容。19 石河子简

3.当代教育心理学研究的基本趋势是什么？13 沈阳简，14 山西简，21 东北论

第二章 心理发展与教育

一、名词解释

1. 心理发展　10首都，11、18扬州，12四川，12、15、18华南，13湖南科技，15华中，18四川，21闽南，21东华理工
2. 认知发展　13、15、19闽南
3. 人格发展　14扬州，16、18闽南，21沈阳大学
4. 皮亚杰　17湖北大学，20南京大学
5. 图式　10辽宁，12重庆，14宁波大学，15渤海大学，16中国海洋，20青岛大学，20成都大学，21西北
6. 同化　16东北，17西安外国语，17中央民族大学，18湖南，20广西，20苏州，21湖北师范
7. 顺应　15江苏，17湖南大学，20淮北，20河北大学，21中央民族，21吉林，21福建
8. 守恒　10天津
9. 最近发展区　10山东，11天津大学，11、21华东，11首都，11、14北京，12、16陕西，13、16扬州，14、21淮北，14、21湖南科技，14、15四川，10、13、14、16南京，14、21天津，14东北，14、16江苏，12、15湖北大学，15杭州，15、16、17辽宁，16、17贵州，16西北，16苏州，17广西民族，17西安外国语，17、18陕西，17宁夏大学，17宁波大学，18福建，18上海，18合肥师范，18、19中国海洋，13、18安徽，18中南民族，18江汉大学，19宝鸡文理学院，14、15、19聊城大学，19、20云南大学，19重庆，19青海，19大理大学，20赣南，20江西，20四川轻化工，20云南，20南京大学，21山西，21吉林外国语，21南京信息工程，21江苏大学，21曲阜，21青岛大学，21信阳师范，21黄冈师范，21华南，21海南，21西藏大学
10. 社会性发展　12浙江，15北京，20佛山科学技术，21北华大学，21湖州师范
11. 亲社会行为　12山西，21华东
12. 同伴关系　17湖北大学
13. 心理差异　18闽南
14. 认知方式/认知风格　18山东，19杭州，19云南大学，21南宁
15. 人格差异　16闽南
16. 气质　10广西
17. 攻击行为　21宁波大学

二、辨析题/简答题/论述题

1. 心理发展的一般规律。15江苏大学简，16内蒙古简
2. 认知发展的一般规律。【简答】：13河南，21南宁
3. 人格发展的一般规律。【简答】：13华中，14沈阳，14河南，21辽宁
4. 论述皮亚杰的认知发展阶段理论及其影响认知发展的因素/皮亚杰的认知发展阶段理论/论述皮亚杰的道德认知发展理论，并联系实际加以评价。【简答】：11北航，12东北，12山东，14四川，14、19广西，15江苏，15中国海洋，16吉林，16海南，16广东技术，16西南，16曲阜，17延安大学，17西华，17赣南，19石河子大学，19聊城大学，18河北大学，20西北，20宁夏大学，20鲁东大学，20、21太原，21山西，21南京信息工程，21浙江海洋，21三峡大学，21新疆，【论述】：10南京，12、14哈尔滨，15、17温州大学，16、18、20山西，16、18内蒙古，17广西师范学院，18天津，18云南，18青海，19曲阜，19云南大学，20浙江海洋，20天津外国语，21吉林外国语，21淮北，21合肥
5. 影响皮亚杰认知发展的因素。19哈尔滨简
6. 根据皮亚杰的观点，教学中如何发展儿童的认知能力？/联系实际，理解认知发展和教学的关系。【简答】：14湖北大学，14西北，16天津，17青岛大学，18宁夏大学，【论述】：18闽南，20佛山科学技术
7. 简述埃里克森人格发展理论的教育意义。/简述埃里克森的心理社会发展理论。【简答】：10华东，15青岛大学，16山西，17苏州，17四川，19宁波大学，20北京，【论述】：15吉林，21北京联合，21湖北师范，21云南大学
8. 科尔伯格的道德发展阶段理论。【简答】：10宁波大学，11渤海大学，12、17、19苏州，13东北，14上海，15江苏大学，16湖南大学，16四川，18合肥，18山西大学，19江苏，19陕西，19天津，20哈尔滨，20西安外国语，21淮北，【论述】：11首都，12云南，12沈阳，13华东，13湖南科技，15内蒙古，16河北大学，18杭州，20华南，20聊城大学，21南京信

息工程

9. 联系教育实际论述人格发展理论及其教育的含义。15 安徽论
10. 维果茨基的心理发展标志。17 哈尔滨简，19 山西简
11. 维果茨基的最近发展区理论和对教学的启示。/维果茨基最近发展区的涵义。【简答】：14、20 湖南大学，15、16 上海，18 杭州，18 西北，19 河北大学，20 湖南理工学院，20 云南，21 中央民族，21 云南民族，【论述】：10 闽南，17 海南，18 湖南，21 上海
12. 维果茨基的教育与认知发展的关系。/试述维果茨基的认知发展理论及其对教学工作的启示。【简答】：15 聊城大学，21 佛山科学技术学院，21 四川，【论述】：14、17 山西，21 宝鸡文理
13. 分析同伴关系的发展和培养。/根据同伴关系的五阶段理论，论述同伴关系的发展及其培养措施。【论述】：18 海南，18 江汉大学，19 浙江
14. 怎么理解攻击性行为的含义。/论述攻击性行为产生的原因以及改变方法。17 湖北大学简，20 曲阜论，20 中国海洋论
15. 最近发展区和支架式教学的关系。18 西北简
16. 学生认知方式的差异。19 云南大学简，21 西安外国语简，19 宝鸡文理学院论
17. 学生的人格差异与教育。【名解】：16 闽南，【辨析】：21 广州大学，【简答】：12 湖南大学，17 内蒙古，21 临沂大学，【论述】：16 广西，19 宝鸡文理学院
18. 学生认知的差异有哪些表现？为此，教学应注意哪些方面？10 苏州简，17 广西论，21 广州大学论
19. 论述人格和行为上的性别差异。13 华南论
20. 联系实际阐述男生女生的心理差异及教学建议。15 宁波大学论，18 宁波大学简
21. 简述学生个体差异包括哪些？/简述学生心理发展的个性差异与教育。12、14 湖南大学论，17 内蒙古简，19 东北简
22. 结合实际谈谈教育工作者应该如何根据学生的气质特征采取有效的教育方法。10 河南大学论，16 河北论
23. 辨析：从几种气质类型的特点来看，多血质和粘液质是比较好的气质类型。10 河北辨
24. 简述亲社会行为的习得途径。20 浙江简

第三章 学习及其理论

一、选择题

1. 按照班杜拉的观点，通过一定的榜样来强化相应的行为或行动倾向属于（ ）。18 南京选
   A.直接强化　　B.替代强化　　C.自我强化　　D.外部强化　　答案：B

二、名词解释

1. 学习　11、12 扬州，12 浙江，12 中山，12 沈阳，13、15 陕西，14 闽南，15 江西，15 集美，17、18 曲阜，17 中国海洋，17 宁夏大学，17 广西师范学院，11、19 西华，19 汕头，21 沈阳大学，21 江西科技，21 南宁
2. 强化　16 宁波大学，17 闽南，17 广西师范学院，21 南宁
3. 正强化　18 云南，20 淮北，21 广东技术
4. 负强化　16 上海，18 西安外国语，18 河北大学，19 华中，21 山西大学，21 吉林
5. 分化　18 河北
6. 发现学习/探究学习　10 西南，11 广西，12 延安大学，12、16 辽宁，14 陕西，15 聊城大学，15 东北，16 湖南科技，16 山西，16、18 苏州，17 广西民族，18 江西，18 江苏，18 安徽，18 江汉大学，19 扬州，19 青岛大学，20 西北，20 海南，20 西安外国语，20 西华，21 江苏大学，21 赣南，21 临沂大学，21 广东技术，21 西藏大学
7. 有意义学习　10 中山，11、21 陕西，12 广西，12 首都，14 北京，14 华东，14 扬州，15 天津，15 华东，15 中国海洋，16 海南，16 安徽，17 新疆，18 吉林，18 江西，18 沈阳，18 江苏，20 华南，20 温州大学，21 南宁
8. 接受学习　16 北京，17 广西民族，21 湖南

9. **先行组织者**　11华东，11聊城大学，12东北，13福建，14湖北大学，14浙江，15中央民族，16华中，16延安大学，17闽南，18安徽，19山西大学，19鲁东，19曲阜，19苏州，19温州大学，20湖南科技，20山东，21哈尔滨，21南宁，21宁夏大学，21石河子，【简答】：12华东，17上海

10. **建构主义的教学观**　12陕西，16广西

11. **操作性条件反射**　16集美，17北京

12. **上位学习**　17山东，19宝鸡文理学院，19江西，19湖南

13. **下位学习**　11、17云南，16河北大学，18淮北，19安徽，20广东技术

14. **程序教学**　11西华简，　　　　　17天津，17广东技术简，18南京简

15. **行为矫正**　12、17河南大学

16. **观察学习**　13浙江，15江苏大学，15鲁东，17天津，17江苏，17安徽，18中国海洋，18内蒙古，19北京，19吉林，19华东，21聊城大学

17. **探究性学习**　16江苏大学，18江苏，18广东技术，19陕西，20河北大学，20青岛大学，【论述】：19天津大学，20温州大学，21南京信息工程

18. **支架式教学**　18江西，20临沂大学，21渤海大学

19. **认知学徒制**　18温州大学

20. **合作学习**　12重庆简，13四川，17江苏大学论，18湖北师范简

21. **认知学习观**　20扬州

22. **随机通达教学**　20济南大学

23. **情境式教学**　20渤海大学

24. **自我强化**　17扬州，20广东技术，21江汉大学

25. **生成学习理论**　21扬州，21大理大学

三、辨析题

1. 认知策略与智慧技能。
2. 所有的接受学习都是机械的。
3. 负强化就是惩罚。

四、简答题/论述题

1. 简述认知同化理论。【简答】：14闽南，15山东，19湖南大学，【论述】：21济南大学

2. 学生学习的特点。【简答】：10闽南，10沈阳，10河南，13西华，13山东，14吉林，14、18扬州，15哈尔滨，20山西大学，20宝鸡文理，20上海，【论述】：13闽南，16西华，21辽宁

3. 桑代克的联结说。/什么是试误说？试误说对教育教学的启示是什么？12湖北大学简，14四川简，18鲁东

4. 巴甫洛夫的经典性条件反射说。【简答】：15闽南，21江南大学

5. 班杜拉观察学习理论。/利用班杜拉的观察学习理论，阐述在课堂中如何应用观察学习？【简答】：13西北，14山西大学，15杭州，15沈阳，15淮北，17河北，18山西，20温州大学，【论述】：11山西，12天津，13安徽，14湖南，16东北，18贵州，19聊城大学，21扬州，21华中

6. 奥苏伯尔有意义学习的实质和条件。/论述奥苏伯尔有意义学习理论和对教育的启示。【简答】：11、20福建，17扬州，14华南，14宁波大学，16重庆，16、20内蒙古，16曲阜，17山东，18山西，19西北，21湖北师范，21江汉大学，21重庆三峡学院，【论述】：13北京，15山西，19东北，16浙江工业，17华东，20中央民族，20江苏大学

7. 有意义的接受学习。【简答】：11东北，13、16扬州，15广西，21吉林，【论述】：12江西，17广西师范学院

8. 加涅的信息加工学习理论。【简答】：12江苏，20云南，【论述】：19安徽，20华中，20内蒙古，20成都大学，21佳木斯大学，21华南

9. 布鲁纳的认知结构教学原则。【简答】：12云南，14哈尔滨，15湖南科技，17浙江工业，18苏州，21江苏，【论述】：21陕西

10. 发现学习的特点。/发现学习及其价值。/布鲁纳的发现学习法及其对现当代教学改革的启示。【简答】：12南京，16江苏，19宁波大学，20吉林，20山西，【论述】：13聊城大学，13西华，13、15杭州，14华中，16广西，21浙江，21江西

科技
11. 结合实际论述布鲁纳的认知说。【简答】：13湖北大学，13鲁东，16南京，16中国海洋，17中央民族，【论述】：17东北，18中南民族，19集美大学，21天津，21鲁东，21湖南大学
12. 布鲁纳的认知学习观。13鲁东简，16广西简，20宁波大学简
13. 一位数学老师没有直接告诉学生答案，而是通过一步一步地设计问题，诱导学生通过自己的探究最后得到答案，问题是这位老师的做法是否符合维果茨基和布鲁纳的教学理论，并结合理论讨论一下。17东北论
14. 举例并解释上位学习、下位学习和并列学习。19上海论
15. 请简述和评价主要的学习理论。17苏州论
16. 举例说明什么是正强化。18云南简
17. 罗杰斯的学习自由原则。10哈尔滨简，19云南论，20温州大学简
18. 加涅的学习种类。/请列举加涅对学习的分类，并分别给以样例说明。【简答】：15江西，16青岛大学，19宁波大学，21哈尔滨，21聊城大学
19. 综述行为主义心理学的主要研究并说明其对心理学的贡献与局限性。【简答】：15重庆三峡，21宁夏大学，【论述】：11西北，17苏州
20. 简述人本主义学习理论。/罗杰斯的学习与教学观。【简答】：10山东，11江苏，16重庆三峡，18江苏大学，18湖北师范，19中央民族，【论述】：11重庆，12中南大学，15、19山西，16聊城大学，17华中，17苏州，19湖南大学
21. 简述罗杰斯的自由学习观。【简答】：10四川，10哈尔滨，18广西师范学院，20温州大学，21集美大学，21湖北师范，【论述】：19云南，21成都大学
22. 罗杰斯的非指导性教学。【辨析】：17南京，【简答】：13曲阜，14广西，15苏州，16鲁东，19扬州，【论述】：14湖南科技，18沈阳
23. 建构主义学习理论的基本观点。【简答】：10、21山西，10、15渤海大学，10江苏，11哈尔滨，11、18聊城大学，12广西，12湖南大学，12闽南，13华东，13、14苏州，13、15南京，13、15、16四川，14辽宁，14曲阜，15中央民族，16江西，17陕西，17扬州，17海南，17天津大学，15、17、20内蒙古，18广西师范学院，18山西大学，19沈阳，20海南，20东北，20临沂大学，20中国海洋，21佳木斯大学，21江苏大学，21湖南理工学院，21广东技术，21西藏大学，【论述】：10首都，10、21浙江，11、20鲁东大学，11安徽，11、14杭州，12、19辽宁，12、21西北，12西南，13、14江西，13、19、20重庆，15山西，15集美，15青岛大学，16、17上海，17西安外国语，18温州大学，19天津，19淮北，19哈尔滨，19四川，20宝鸡文理，20浙江大学，20南京，21沈阳，21赣南，21湖南，21新疆
24. 简答建构主义的主要理论取向。11曲阜简
25. 建构主义学习观。【简答】：11苏州，12沈阳，15湖南科技，17陕西，19北华大学，21淮北
26. 试举例说明社会建构主义内容及其学习应用。/社会建构主义的学习理论和教育启示。13江苏，16华东简，19华中论
27. 联系教学实际论述认知建构主义学习理论与应用。14安徽论
28. 接受学习与发现学习的异同。21湖南科技简，21长江大学论

第四章 学习动机

一、名词解释

1. 学习动机　10重庆，11、16浙江，12、16、17华南，11、12中南大学，11北航，11、12南京，12山西，10、12闽南，13辽宁，13宁波大学，13北京，11、13、16四川，15鲁东，15扬州，15、21重庆三峡，15淮北，13、15、16聊城大学，14、15、18曲阜，16、18江苏，16、20贵州，17、18苏州，17湖南，12、17江西，17云南，17新疆，12、13、15、16、18西华，18集美，18湖北大学，18江汉大学，18河北大学，19太原，19天津，19内蒙古，19中国海洋，19广东技术，20湖南理工学院，20江苏大学，20陕西，21上海，21广西
2. 自我提高内驱力　10南京，12北京，12天津大学
3. 附属内驱力　14湖南，20河北大学

4. 成就动机　10 天津，11 西华，12 首都，13 苏州，15、19 陕西，17 山东，17 湖南大学，18 信阳师范，19、21 湖南，19 浙江，21 西华

5. 自我效能感　10 南京，10 扬州，11、12 天津，12 四川，12、16 鲁东，13、15 扬州，12 中山，14、17 福建，14、17 浙江，14、15 华东，15 辽宁，15 中国海洋，16 湖南大学，15、17 东北，16 宁波大学，16 闽南，16 曲阜，16 西北，16 湖南，16 山东，17、19、20 重庆，17 渤海大学，17 沈阳，18 中央民族，13、14、15、18 山西，18 福建，18 河北，18 新疆，18 聊城大学，19 华南，15、19 内蒙古，19 河北大学，20 江苏，20 西安外国语，20 大理大学，20 天水师范，21 北京联合，21 南宁

6. 认知内驱力　17 湖南大学，19 山西，20 安徽

7. 内部学习动机和外部学习动机　17 湖南大学，12 湖北大学

8. 皮格马利翁效应　【选择】：20 贵州，21 南京，12 首都，13、20 苏州，17 西北，19 青海，20 聊城大学，21 湖南大学，【简答】：12 贵州，13 杭州，21 佳木斯大学

二、简答题/论述题

1. 学习动机主要有哪几种类型。19 吉林简

2. 什么是内部学习动机和外部学习动机？二者对学习的影响分别是什么？二者的关系如何？13 湖北大学简

3. 学习动机的作用。/简述动机在学习活动中的作用。/结合实例说明学习动机的实质及其在学生学习中的重要作用。【简答】：15 吉林，16 内蒙古，17 南京，20、21 广东技术，20 四川轻化工，20 西藏大学

4. 简要介绍几种主要的动机理论。【简答】：10 东北，20 吉林，21 湖州师范

5. 学习动机的强化理论。15 江西论，16 华中简，16 辽宁简，18 北京论，20 济南大学论

6. 学习动机的需要层次理论。/论述学习动机的需要层次理论，并分析该理论对激发学生学习动机的启发意义。【简答】：10 杭州，11 广西，12 西北，13 西南，13 闽南，16 广东技术，16 沈阳，17 江苏，18 广西民族，18 广西师范学院，18 贵州，19 温州大学，20 西华，21 西藏大学，21 陕西理工，【论述】：10 西北，10、13 山西，13 东北，10、13、16 福建，14 吉林，14 沈阳，18 河南，18 河北大学，20 青海，20 四川，21 华东

7. 期望价值理论。/成就动机理论。【简答】：13 湖南大学，20 青岛大学，【论述】：21 江苏

8. 成败归因理论。/归因理论及其教育价值。/论述成败归因理论的内容，如何提高学习动机水平？【简答】：10 四川，19 西北，11、12 东北，20 淮北，20 华中，20 临沂大学，20 山东，20 山西，20 石河子大学，20 新疆，20 天水师范，21 宁波大学，21 南宁，21 青海，【论述】：12 上海，12、19 北京，14 河北大学，15、18 东北，15、20 江苏，16 青岛大学，17 宁波大学，18 合肥师范，19、21 中央民族，19 重庆，20 集美大学，20 苏州，20 太原

9. 自我效能理论。/简述自我效能感的定义以及班杜拉等人关于自我效能感形成的因素。【简答】：10 浙江，11 西北，12 山东，14 淮北，13 辽宁，17 安徽，17、20 宁夏大学，19 山西大学，19 青海，【论述】：18 渤海大学，17 北京

10. 影响学习动机的因素有哪些？【简答】：10、12 华中，13 山西，13 四川，20 河南，20、21 北华大学，20 沈阳，20 曲阜，21 新疆，【论述】：15、18 华南，20 中央民族，20 江苏

11. 联系实际谈谈如何激发学生的学习动机。/学习动机的培养与激发。【简答】：12 鲁东，12、17 河北，13 重庆，14 陕西，14 宁波大学，15 西北，17 山西，18 广西师范学院，19 广东技术，19 青岛大学，19 西华，20 内蒙古，20 云南大学，21 吉林外国语，21 中国海洋，【论述】：10、11、16 渤海大学，11、14、20 天津，11 陕西，11 华南，11、14 西华，12 安徽，12 中山，12、19 南京，12、18 华东，12 苏州，13、17 山西大学，14、16、19 重庆，14 东北，14 湖北大学，15 青岛大学，15 浙江，15、18 江西，15 广西，15 鲁东，15、16 湖南科技，16 哈尔滨，16 重庆三峡，16 集美，17 温州大学，17 河南大学，17、21 中央民族，18 四川，18 中国海洋，18 河南，18 湖北师范，18 浙江工业，18、21 聊城大学，19 贵州，20 合肥，20 湖南大学，20 吉林，20 大理大学，20 云南，21 太原，21 湖州师范，21 安庆，21 黄冈师范，21 江汉大学

12. 学习动机与学习效果的关系。【选择】：19 南京，【名解】：10 湖北大学，10 四川，【辨析】：21 广州大学，21 西华，【简答】：17 湖南，17 四川，18 沈阳，19 首都，21 山东，【论述】：21 江苏大学

13. 影响自我效能形成的因素。【简答】：12 河南，17 延安大学，20 西北，21 福建

第五章 知识的学习

一、名词解释

1. 知识　11、13浙江，11、14、15四川，15曲阜，16、17华南，17广西师范学院，19大理大学，19、20宁夏大学，20佛山科学技术
2. 程序性知识　10湖北大学，12聊城大学，13华中，17安徽，17宁波大学，17河北大学，18中央民族，18华东，18青海，19广州，20闽南，20西北，21北华大学，21佳木斯大学，21广州大学
3. 陈述性知识　12广西，17浙江，19内蒙古，21南宁
4. 表征学习　14云南简
5. 概念学习　13云南，18西安外国语
6. 记忆　20华南，21南宁
7. 短时记忆　16曲阜，21云南
8. 遗忘　17湖南大学
9. 知识迁移/学习迁移/迁移　10宁波大学，11中山大学，11鲁东，11湖南，14内蒙古，15南航，16西华，16中国海洋，16、20新疆，17江西，17聊城大学，17延安大学，18宁夏大学，18云南，18扬州，19汕头，19西北，19河北大学，19西安外国语，20湖南科技，20成都大学，21东华理工，21南宁
10. 横向迁移　10北京
11. 顺向迁移　12重庆，14、17湖南
12. 逆向迁移　20山东
13. 迁移　18扬州，18云南
14. 正迁移　13湖北大学，18山东
15. 负迁移　13湖北大学，21新疆，21山东辨
16. 形式训练说　10、13福建，20华东，20宁波大学简
17. 遗忘原因的同化说　19南京
18. 共同要素说　20山西，21济南大学

二、简答题/论述题

1. 程序性知识与陈述性知识的比较。14上海论，15陕西简
2. 影响知识理解的因素。【简答】：11西华，12四川，14江西，16山西，16、18西北，19海南，19安徽，【论述】：15北京，16闽南，17广西，19山西大学，20河北大学，21湖南理工学院
3. 促进知识迁移的措施。/如何促进知识迁移/联系实际谈谈在教学中如何运用迁移的原理和规律促进学生的学习。/简述促进学习迁移的教学原则有哪些。/结合实例论述为迁移而教学，在教学中如何促进知识的正迁移。【简答】：11、20渤海大学，12湖北大学，13、20扬州，11、14山西，15、21河北，16陕西，16赣南，17山西大学，17沈阳，17西北，18石河子大学，18河北大学，20海南，20安徽，21福建，21江西，21华中，21贵州，【论述】：10中山，14北京，14天津大学，16山东，16天津，11、18哈尔滨，17鲁东，18信阳师范，18、20西安外国语，19杭州，20东北，20上海，21齐齐哈尔，21闽南，21临沂大学，21湖北师范，21佛山科学技术学院，21四川，21石河子
4. 知识整合与深化的方法与策略有哪些？/依据记忆和遗忘的规律，论述促进学生记忆和保持知识的方法。【简答】：13陕西，21吉林，【论述】：12河北，12鲁东，12渤海大学，16贵州，17闽南，17江西，18广西，18河南大学，20延边大学
5. 程序性知识的教学策略。【简答】：18新疆，21宁波大学，21陕西
6. 论述三种学习迁移的理论。【论述】：19东北，21浙江海洋
7. 遗忘的特点与原因。/简述陈述性知识在长时记忆中遗忘的规律及其原因。14渤海大学简，19汕头简
8. 举例说明迁移及其分类。15沈阳论

第六章 技能的形成

一、名词解释
1. 技能 11、12华中，13天津，14闽南，15曲阜，17湖南大学，20石河子大学，21湖北师范
2. 心智技能 11中南大学，11广西，13苏州，16北京，17新疆，17聊城大学，18合肥师范，19天津，21长江大学，21华南，21西北，12中山简
3. 操作技能/动作技能 15、16江西，21曲阜
4. 高原现象 10、20杭州，13广西，18河北，18渤海大学，20聊城大学

二、简答题/论述题
1. 简述心智技能及其特点。【简答】：17闽南，21东华理工
2. 加里培林心智技能的形成阶段。【简答】：10湖北大学，11、19河南，11陕西，19山东，【论述】：10天津，13沈阳
3. 简述安德森心智技能形成的三阶段理论。17华东简
4. 心智技能的培养方法。【简答】：20河北大学，20宁波大学，【论述】：14河南，16华中，18扬州
5. 操作技能的特点是什么。18浙江工业简
6. 心智技能与操作技能的关系。【简答】：20广西，21沈阳

第七章 学习策略及其教学

一、选择题
1. 精细加工策略有助于提高学习效果，不属于该策略的是（ ）18南京选　　　　　　答案：B
　　A.运用表象记忆　　B.进行过度学习　　C.采用位置记忆法　　D.采用首字联词法

二、名词解释
1. 学习策略 11陕西，11重庆，11首都，12聊城大学，12安徽，12、20辽宁，12福建，12苏州，12、15、18天津，12浙江，12、14、17、20鲁东大学，12西南，13华南，10、11、13、20闽南，11、13、14、15、18曲阜，13山西大学，14西北，14东北，15北京，15郑州大学，15四川，17河北大学，17贵州，18华中，18华东，11、13、18山西，18海南，19山东，19湖南科技，19、20北华大学，12、19江西，15、16、19吉林，19青岛大学，19大理大学，19上海，20云南大学，20宁波大学，21吉林外国语，21淮北，21黄冈师范，21延安大学
2. 认知策略 13江苏，17渤海大学，18贵州，19北华大学，19内蒙古，21长江大学
3. 精细加工策略 10、21山东，17山西，16东北，16集美大学，19安徽，19曲阜，20江西科技，20重庆三峡学院，21中国海洋，21重庆
4. 组织策略 20河北大学，21安徽
5. 元认知 10、11、20苏州，10、14华中，12、16扬州，13、20江西，13、17曲阜，15、18西北，15、16聊城大学，15中央民族，16鲁东，16、21江苏，17湖南，17四川，19、20海南，20太原，20上海，21天津，21山西，21闽南，21江西科技，21石河子
6. 元认知策略 11北京，11天津大学，13辽宁，13天津，15重庆三峡，15浙江，16安徽，17内蒙古，18淮北，19贵州，19中国海洋，20湖州师范，21鲁东
7. 努力管理策略 11东北
8. 资源管理策略 18辽宁，20湖南，【简答】：16西北，21内蒙古
9. 监控策略 19云南

三、简答题/论述题
1. 学习策略的结构。11沈阳简，12山西简，14渤海大学简，16重庆三峡简，17西安外国语简
2. 学习策略的类型以及每种类型包括什么及其意义。/论述学习策略的分类及其教学条件。14渤海大学论，18东北论
3. 认知策略有哪些？18吉林简
4. 组织策略和计划策略同属于认知策略。20山东辨

5.元认知策略的类型。/试论述元认知策略及其教学应用。/评述从元认知视角分析提升学生学习效能的教学策略。14、16 华东论，16 杭州论，18 鲁东论，19 华中简，19 福建简，20 江苏大学论，20 重庆三峡学院简

6.精细加工策略及其教学要求。/结合实际分析学习策略中的精加工策略。11 华东论，16 云南论，17 天津大学论

7.试述学业求助策略教学的措施。【论述】：13、21 河南

8.下面材料中教师的教法有何心理学依据？请对其进行分析。教学生识字有很多技巧，有一位老师告诉学生如何区别"买卖"两个字时说："多了就卖，少了就买。"学生很快记住了这两个字。还有的学生把"干燥"写成"干躁"，把"急躁"写成"急燥"，老师就教学生记住"干燥防失火，急躁必躁足。"从此以后，学生对这两个字再也不混淆了。19 湖南科技论

9.学习努力管理策略。20 青海简

第八章 问题解决能力与创造性的培养

一、名词解释

1.加德纳的多元智能理论　10 江苏，11 华南，13 四川，13 江西，14 上海，17 中央民族，18 天津，18 海南，19 江苏大学，20 湖南科技，21 云南大学

2.成功智力理论　14 天津，14 河北大学，20、21 湖州师范，【简答】：16 杭州，19 太原，20 青岛大学

3.流体智力　12 东北，14 江苏，15 上海简，16 浙江，18 温州大学，18 天津大学，18 河北大学

4.问题解决　11 南京，11、15 重庆，15 闽南，16 四川，16 延安大学，17、20 中国海洋，18 浙江，18 贵州，18 信阳师范，20 北华大学，20 沈阳，21 成都大学

5.思维定势　16、17 杭州，17 西北，17 集美大学，19 广州，20 中央民族，20 青海，20 温州大学，21 太原，21 南京辨

6.功能固着　15、18 湖南，18 渤海大学，19 广州，20 安庆，20 山西，21 赣南

7.酝酿效应　16 山西，21 安徽

8.创造性/创造力　10 扬州，13 山西大学，14 西北，14、16 吉林，15 浙江，18 天津，18 集美，18 深圳大学，19 沈阳，19 河北，19 华南，20 宁波大学，21 合肥简

9.创造性思维　15 温州大学，18、19 辽宁，20 广东技术

二、简答题/论述题

1.简述问题解决的含义及其心理过程。/试述问题解决能力的基本过程。【简答】：10 哈尔滨，10、13 山东，14 安徽，14 江苏，19 青海，19 河北大学，21 长江大学，【论述】：10 华东，15 内蒙古，18 湖南师范，18 天津大学

2.影响学生问题解决的因素有哪些？/请联系实际论述解决问题的主观因素。【简答】：10 湖北大学，11 辽宁，11 杭州，15 曲阜，16 扬州，17 陕西，17 河南，18 四川，18 山东，19、20 吉林，20 淮北，【论述】：10 西南，11 河南，11 山东，11、19 扬州，12、20 西华，12 江苏，14、17、18 福建，15 渤海大学，11、16 沈阳，16 湖南大学，17 辽宁，20 闽南，21 杭州

3.问题解决能力的培养措施。/如何提高学生的问题解决能力？【简答】：11、16、20 辽宁，10 扬州，15 江西，15 安徽，17 聊城大学，18 湖南大学，18 西安外国语，20 四川，21 齐齐哈尔，【论述】：10 华东，11 山东，11 扬州，12、18 江苏，12、20 闽南，12 福建，12 华中，13、17 天津，15 广西，15 山西，16 河南，16 中国海洋，17 辽宁，17 哈尔滨，17 集美，17 曲阜，19 鲁东，20 延边大学，20 江西，21 渤海大学，21 沈阳大学，21 杭州，21 安徽，21 重庆三峡学院，21 云南

4.创造性的心理基本结构。/试述创造性的心理结构和培养学生创造性的措施。【简答】：10 首都，12 河北，13 曲阜，13 苏州，14 华南，18 湖北大学，19 淮北，21 江西，21 深圳大学，【论述】：11 闽南，12 扬州，15 华东，17 中国海洋，18 华中

5.创造性的培养措施。/如何对学生的创造性进行培养？/从创造性的心理学角度，论述创造性的培养。【简答】：10 首都，11 天津大学，11 北京，12 中南大学，13 辽宁，15 西华，16 陕西，18 广西师范学院，19 大理大学，20 天津，20 天津外国语，21 北华大学，21 南宁，【论述】：10 东北，10 河南，11 曲阜，11、15、18 华中，11 江苏，11、13 浙江，12 渤海大学，12 广西，12、15、20 扬州，13 中南大学，13 西南，13 湖南大学，14 淮北，15 天津，15 辽宁，15、20 华东，15 哈尔滨，11、15 福建，15 闽南，15 湖南科技，15 苏州，15、16 中央民族，16 鲁东，14、16 山西，16、17 沈阳，17 广西民族，17 中国海洋，17 杭州，15、17 重庆，17 青岛大学，19 西华，11、19、21 江西，20 安庆，20 赣南，20 陕西，21 山西大学

6.试述加德纳的多元智力理论及其教育意义。【简答】：11 江西，12、14 广西，12 杭州，13 山西，13 湖南大学，15、17 青岛大学，16 内蒙古，18 扬州，18 鲁东，18 河北，18 广西师范学院，20 安庆，20 湖南理工学院，21 黄冈师范，【论述】：17

江苏，11 广西，12 浙江大学，13 华中，16 安徽，17 广西师范学院，18 中央民族，18 集美大学，19 福建，19 华东，19 中国海洋，20 哈尔滨，21 深圳大学

7. 流体智力和晶体智力的概念和区别。19 河北大学简

8. 试述有效问题解决者的特征。15 河南论

9. 创造性思维以及创造性思维的特征。【简答】：15 内蒙古，17、21 首都，18 广东技术，19 陕西，19 汕头，21 延安大学

10. 问题的类型。【简答】：12 上海，21 内蒙古

11. 影响创造性发展的因素。【简答】：13 四川，17、18 重庆，【论述】：20 陕西

第九章 社会规范学习与品德发展

一、名词解释

1. 社会规范学习　12 浙江，13 山西，14 华南，15 重庆，20 江苏，21 中国海洋

2. 品德　13、14 宁波大学，15 西北，15 淮北，15 湖南，17 首都，18 曲阜，21 延安大学

3. 道德情感　12、16 南京，19 内蒙古，19 广东技术，20 青岛大学

4. 角色扮演法　10、12、17 福建，20 辽宁

5. 品德不良　14 扬州，15 集美，15、18 华南，19 山东，21 江苏

6. 移情　14 福建，21 重庆

7. 社会规范的内化　17 辽宁，21 沈阳，21 温州大学

二、简答题/论述题

1. 社会规范学习的心理过程。【简答】：11 中南大学，13 安徽，14 北京，15 山东，19 上海，20 合肥，21 东北，【论述】：16 北京，18 安徽，19 华南

2. 品德发展的实质。/结合中西方教育研究成果分析品德发展的实质。13 陕西简，18 辽宁论

3. 影响品德形成的内部因素。/影响品德形成的因素。【简答】：19 四川，【论述】：14 山西大学，21 西安外国语

4. 品德主要由哪些心理成分构成？学校教育应如何培养学生的道德品质？11 四川论，13 西北论

5. 品德不良的成因分析。/联系实际，论述品德不良的成因及类型。【简答】：11 安徽，15 宁波大学，17 渤海大学，19、21 湖南科技，【论述】：10、13 江苏，11 苏州，12、17 华南，19 汕头，20 河南，21 苏州科技，21 信阳师范

6. 品德不良的纠正与教育。【简答】：11 山西，11 安徽，17 内蒙古，17 宁夏大学，19 湖南科技，20 辽宁，20 聊城大学，【论述】：10、13 江苏，12 河南，17 华南，17 浙江，19 海南，20 福建，21 集美大学

7. 品德培育的基本方法。【简答】：17 北华大学，20 重庆，【论述】：19 首都，20 陕西理工，20 渤海大学

第十章 心理健康及其教育

一、名词解释

1. 心理健康　13 北京，13 天津大学，13、14 华南，16 重庆三峡，17 广西民族，18 浙江，19 大理大学，21 东华理工

二、简答题/论述题

1. 心理健康标准。【简答】：14 华中，17 曲阜，21 扬州，【论述】：20 湖州师范

2. 青少年心理健康教育的目标和内容。14 西北简，15 扬州简，16 华南论

3. 联系实际论述为什么要重视青少年心理健康教育及如何实施。12 西南简，14 扬州论，15 华中简

4. 心理健康教育的途径。【简答】：11 闽南，11 河北，12 西南，14 曲阜，14 杭州，15 华中，16 深圳大学，17 河南大学，17、18 吉林，18 上海，18 河南，21 杭州，【论述】：13 鲁东，14 扬州，21 华东

5. 中小学生主要存在的心理健康问题以及如何开展心理健康教育。16、20 深圳大学简，20 山西大学简

6. 简述"中小学心理健康教育指导纲要（2012 年修订）"提出的心理健康发展的总目标。14、15 西北简

7. 青少年心理健康教育的方法。【简答】：21 河南，【论述】：14 扬州，20 深圳大学，20 山西大学

（完）

幸运研途考研系列

教育综合
高分笔记

（修订版）

第二部分　中国教育史

[Lucky 学姐 编著]

中国商务出版社
CHINA COMMERCE AND TRADE PRESS

目 录

第一章 西周教育制度与"六艺"教育 ·· 4
    第一节 学校萌芽的传说 ·· 5
    第二节 西周的教育 ·· 6

第二章 私人讲学的兴起与传统教育思想的奠基 ································ 8
    第一节 私人讲学的兴起 ·· 11
    第二节 孔子的教育实践与教育思想 ·· 15
    第三节 孟子的教育思想 ·· 21
    第四节 荀子的教育思想 ·· 23
    第五节 墨家的教育实践与教育思想 ·· 26
    第六节 道家的教育思想 ·· 29
    第七节 法家的教育实践与教育思想 ·· 30
    第八节 战国后期的教育论著 ··· 31
    本章高分拓展 ·· 35

第三章 儒学独尊与读经入仕教育模式的形成 ···································· 38
    第一节 秦代的教育政策与措施 ·· 39
    第二节 "独尊儒术"的文教政策 ··· 40
    第三节 汉代的学校教育制度 ··· 41
    第四节 董仲舒的教育思想 ··· 42

第四章 封建国家教育体制的完备 ·· 44
    第一节 魏晋南北朝官学的改革 ·· 46
    第二节 隋唐学校教育体系的完备 ··· 47
    第三节 科举制度的建立 ·· 50
    第四节 颜之推的教育思想 ··· 54
    第五节 韩愈的教育思想 ·· 55
    本章高分拓展 ·· 58

第五章 理学教育思想和学校的改革与发展 ·· 60
    第一节 科举制度的演变与学校教育的改革 ··· 62
    第二节 书院的发展 ·· 67

第三节 私塾与蒙学教材 ·· 71
　　　第四节 朱熹的教育思想 ·· 73
　　　第五节 王守仁的教育思想 ·· 75
　　　本章高分拓展 ··· 77

第六章 早期启蒙教育思想 ··· 79
　　　第一节 倡导新的教育主张 ·· 80
　　　第二节 颜元的学校改革思想 ·· 80

第七章 中国教育的近代转折 ·· 83
　　　第一节 教会学校的举办 ·· 85
　　　第二节 太平天国的教育举措 ·· 87
　　　第三节 洋务教育的创立和发展 ·· 88
　　　第四节 张之洞的"中体西用"教育思想 ·· 93

第八章 近代教育体系的建立 ·· 95
　　　第一节 早期改良派的教育主张 ·· 97
　　　第二节 维新派的教育实践 ·· 97
　　　第三节 "百日维新"中的教育改革 ·· 98
　　　第四节 康有为的教育思想 ·· 99
　　　第五节 梁启超的教育思想 ·· 101
　　　第六节 严复的教育思想 ·· 103
　　　第七节 清末教育新政与近代教育制度的建立 ······································ 104

第九章 近代教育体制的变革 ·· 107
　　　第一节 民国初年的教育改革 ·· 109
　　　第二节 蔡元培的教育实践与教育思想 ·· 110
　　　第三节 新文化运动影响下的教育思潮和教育运动 ···························· 114
　　　第四节 学校教学方法的改革与实验 ·· 117
　　　第五节 1922年"新学制" ·· 117
　　　第六节 收回教育权运动 ·· 120
　　　第七节 新民主主义教育发端 ·· 121

第十章 南京国民政府时期的教育 ·· 124
　　　第一节 教育宗旨与教育方针的变迁 ·· 125

第二节 教育制度改革……………………………………………………………… 126

　　第三节 学校教育的管理措施……………………………………………………… 127

　　第四节 学校教育的发展…………………………………………………………… 128

第十一章 中国共产党领导下的革命根据地教育……………………………… 130

　　第一节 新民主主义教育方针的形成……………………………………………… 131

　　第二节 革命根据地的干部教育…………………………………………………… 132

　　第三节 革命根据地和解放区的群众教育和学校教育…………………………… 133

　　第四节 革命根据地和解放区教育的基本经验…………………………………… 134

第十二章 现代教育家的教育理论和实践探索………………………………… 135

　　第一节 杨贤江的马克思主义教育理论…………………………………………… 136

　　第二节 黄炎培的职业教育思想与实践…………………………………………… 138

　　第三节 晏阳初的乡村教育实验…………………………………………………… 140

　　第四节 梁漱溟的乡村教育建设…………………………………………………… 142

　　第五节 陈鹤琴的"活教育"探索………………………………………………… 145

　　第六节 陶行知的"生活教育"思想与实施……………………………………… 146

　　本章高分拓展……………………………………………………………………… 150

中国教育史大纲每章节考频

章节	考频
第一章　西周教育制度与"六艺"教育	84
第二章　私人讲学的兴起与传统教育思想的奠基	476
第三章　儒学独尊与读经入仕教育模式的形成	36
第四章　封建国家教育体制的完备	111
第五章　理学教育思想和学校的改革与发展	235
第六章　早期启蒙教育思想	13
第七章　中国教育的近代转折	112
第八章　近代教育体系的建立	71
第九章　近代教育体制的变革	198
第十章　南京国民政府时期的教育	2
第十一章　中国共产党领导下的革命根据地教育	22
第十二章　现代教育家的教育理论和实践探索	288

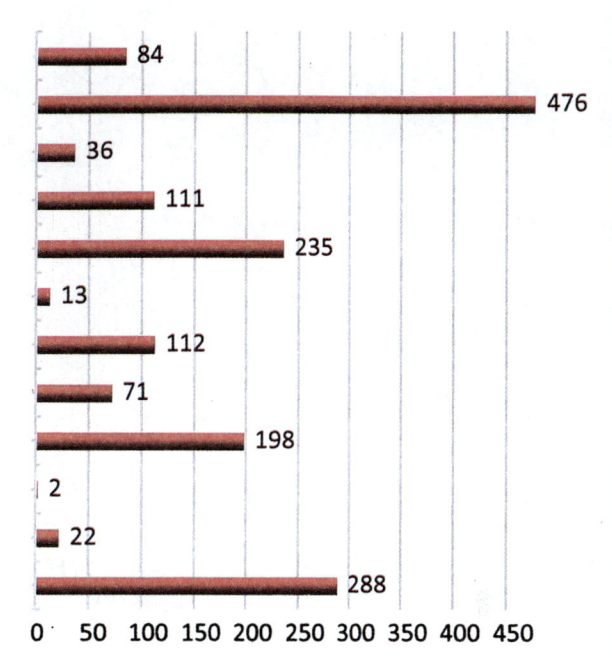

中国教育史整体知识点脉络图

教育实践史

- 古代
  - 五帝时期、夏、商代学校
  - "六艺"教育
  - 齐国的稷下学宫
  - 太学、郡国学与鸿都门学
  - 书院的发展
- 近代
  - 教会的举办
  - 太平天国的教育举措
  - 洋务运动的兴办
  - 留学教育的起步
  - 早期改良派的教育主张
  - 维新派的教育实践与"百日维新"中的教育改革
  - 民国初年的教育改革
  - 新文化运动时期和20世纪20年代的教育改革运动
- 现代
  - 南京国民政府时期学校教育的发展
  - 中国共产党领导下的革命根据地教育

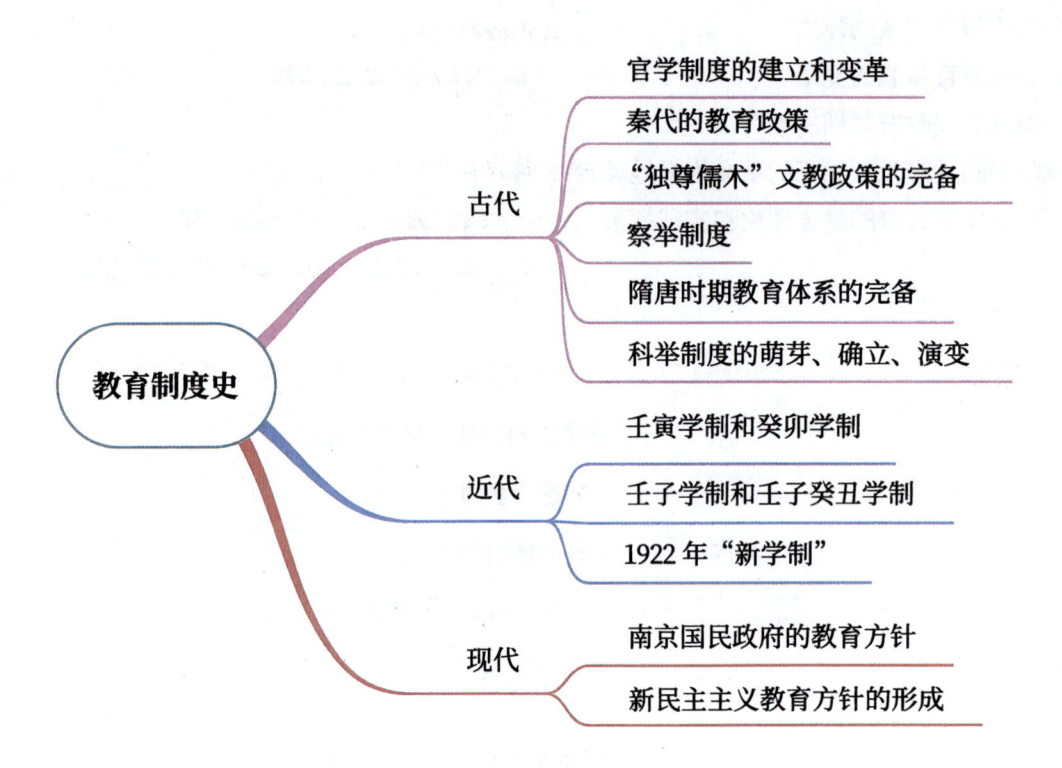

```
                              ┌─ 官学制度的建立和变革
                              ├─ 秦代的教育政策
                              ├─ "独尊儒术"文教政策的完备
                       古代 ──┤─ 察举制度
                              ├─ 隋唐时期教育体系的完备
                              └─ 科举制度的萌芽、确立、演变

                              ┌─ 壬寅学制和癸卯学制
教育制度史 ──────────── 近代 ──┤─ 壬子学制和壬子癸丑学制
                              └─ 1922年"新学制"

                              ┌─ 南京国民政府的教育方针
                       现代 ──┤
                              └─ 新民主主义教育方针的形成
```

教育思想史

古代
- 孔子、孟子、荀子、墨子、道家、法家教育思想
- 战国后期的教育论著
- 董仲舒的教育实践与教育思想
- 颜之推的教育思想
- 韩愈的教育思想
- 私塾与蒙学教材
- 朱熹的教育思想
- 王守仁的教育思想
- 理学教育思想的批判
- 黄宗羲的"公其非是于学校"
- 颜元的教育思想

近代
- "中体西用"思想与张之洞的《劝学篇》
- 康有为的教育思想
- 梁启超的教育思想
- 严复的教育思想
- 蔡元培的教育实践
- 20世纪20年代的教育思潮

现代
- 杨贤江与马克思主义教育理论
- 黄炎培的职业教育与实践
- 晏阳初的乡村教育实验
- 梁漱溟的乡村教育建设
- 陈鹤琴的"活教育"探索
- 陶行知"生活教育"思想与实践

第一章　西周教育制度与"六艺"教育

本章大纲考点及考频

第一节　学校萌芽的传说
一、五帝时期：成均、庠
二、夏代：序、校
三、甲骨卜辞中的商代学校

第二节　西周的教育
一、"学在官府"
二、大学与小学
三、国学与乡学
四、家庭教育
五、"六艺"

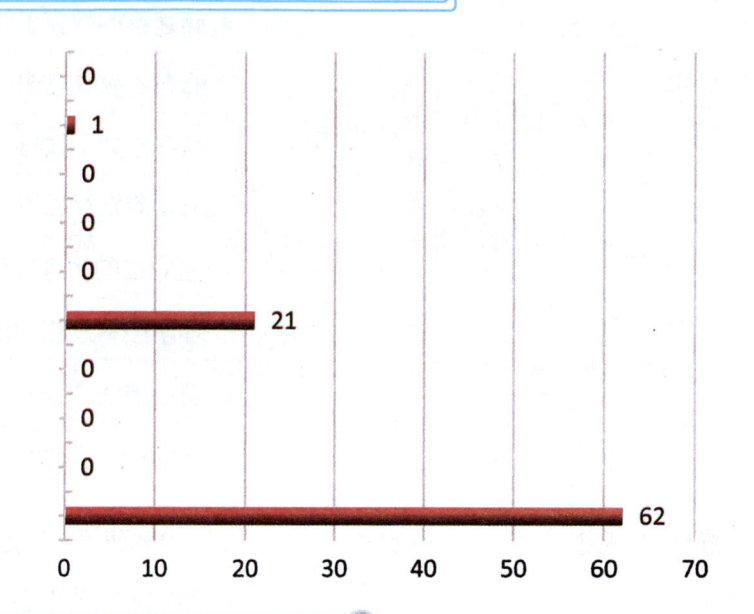

考点	考频
第一节	0
五帝时期：成均、庠	1
夏代：序、校	0
甲骨卜辞中的商代学校	0
第二节	0
"学在官府"	21
大学与小学	0
国学与乡学	0
家庭教育	0
"六艺"	62

本章思维导图

西周教育制度与"六艺"教育
├─ 学校萌芽的传说
│　├─ 五帝时期：成均、庠
│　├─ 夏代：序、校
│　└─ 甲骨卜辞中的商代学校
└─ 西周的教育制度
　　├─ "学在官府"
　　├─ 大学与小学
　　├─ 国学与乡学
　　├─ 家庭教育
　　└─ "六艺"（西周的教育内容）

本章参考书

【1】孙培青主编：《中国教育史》第4版，华东师范大学出版社，第一、二章。
【2】王炳照主编：《简明中国教育史》，北京师范大学出版社，第一章。

· 第一节 学校萌芽的传说 ·

（陕西师大大纲新增）

一、五帝时期：成均、庠 【名解】：21北京联合

五帝时期（公元前2700年）已有叫"成均"和"庠"的教育场所，它们是学校的萌芽，但不能说是正式的学校。

在部落联盟时期，凡举行宗教仪式或公众集会都必有音乐，部落显贵重视音乐修养，他们的弟子均受乐教，实施乐教之地，称为"成均"。

"庠"是敬老养老的地方，在氏族公社中，教育年轻一代的任务，通常由具有丰富生活经验的老人承担，这种活动考虑老年人的方便，一般在养老的地方进行，所以"庠"也兼为教育的场所，教育的任务重在德教。

二、夏代：序、校

夏代已经有学校的设置，主要分为"序"和"校"两类。

"序"最初是教射的场所，后来发展成为奴隶主贵族一切公共活动，如议政、祭祀、养老的场所，也是奴隶主贵族教育子弟的场所。

"校"是指用木材围成的围栏，是养马驯马的地方，后来利用这宽广的场所来进行军事训练，成为习武的场所，也在此进行其他方面的教化活动。

"序"和"校"是两种面向不同对象层次的教育机构。前者设置于国都，面向奴隶主贵族子弟进行教育；后者是乡学，分布于乡里，面向平民甚至奴隶进行教育。

三、甲骨卜辞中的商代学校

甲骨卜辞有不少是与教育有关的，从中可以了解当时学校教育的情况。甲骨文中关于学校名称的记载，已发现有"大学""小学""庠"等名称。从有大学、小学或右学、左学之分，表明商代已根据不同年龄，提出不同的教育要求，实际划分了教育阶段。

（一）瞽宗、右学

瞽宗、右学等，都是属于大学性质，实是同一机构的不同名称。

当时大学以乐教为重，乐教的教师也就是乐师。乐师在学中祀其先师为乐祖，大学也就成为乐师的宗庙，故称瞽宗。瞽宗是当时贵族子弟学习礼乐的学校。

（二）"庠""序"

商代不仅王都有大小学，而且地方也有学校。

"庠"是虞舜时期教养机构名称的承袭，利用养老的活动，来达到对年轻一代进行思想道德教育的目的，可以收到推行孝悌教育的效果。

"序"是夏时期教养机构名称的承袭，"序"以习射为义，保留了军事训练的内容，奴隶主贵族是很重视军事的；"序"不是单纯习射的场所，为了巩固统治，也强调思想品德修养。礼乐教育也成为其基本内容。

> 贵族为了维护其统治地位，对年轻一代的教育很重视，把子弟送到学校中受教育。
>
> 古人以西为右，殷人尚右尚西，将大学设在西郊，也叫右学。瞽宗是商代大学的名称。

第二节 西周的教育

一、"学在官府"【名解】：10河南，10江苏，12内蒙古，13、15浙江，14鲁东，15山东，16赣南，16贵州，17华中，17浙江，16、17集美大学，17、18广西师范学院，18湖南，20安庆，20江西，20中国海洋，21吉林，21闽南

简介： 西周在文化教育上的重要特征是"学在官府"。奴隶主贵族为了管理的需要，制定法纪规章，有文字记录，汇集成专书，由当官者来掌握，历史上称之为"学术官守"，并由此造成"学在官府"。

根本原因： 西周的生产力发展水平和社会经济制度结构。

客观原因： 惟官有书，而民无书；惟官有器，而民无器；惟官有学，而民无学。

特点： 学术官守，政教一体，官师合一，以六艺为主要教育内容，以明人伦为教育宗旨，培养治术人才。

二、大学与小学（了解）

大学入学资格有一定限制，体现了西周教育的等级性。大学的生源有两类：一类是贵族子弟，另一类是平民中的优秀分子。大学的教学服从于培养统治者的需要，学大艺、履大节，以礼乐为重，射御次之。大学的教学已有计划性，表现为定时定地进行教学活动。天子所设大学称为辟雍，诸侯所设大学称为泮宫。

国学的小学设在王宫内，贵族子弟入学年龄早于平民子弟。小学教育强调的是德行教育，学习内容是德、行、艺、仪等，实际上是关于奴隶主贵族道德行为准则和社会生活知识技能的基本训练。

三、国学与乡学（了解）

国学是中央政府办理，设在王都内的小学、大学，总称为国学，主要为贵族子弟设立，由大司乐主管，入学资格的限制，体现了西周教育的等级性。国学分为小学和大学。

设在王都郊外六乡行政区中的地方学校，总称为乡学，主要为下级奴隶主和平民设立。地方学校自乡以下有四学：乡校、州序、党庠和家塾。乡学由管理民政的司徒负责总的领导，教育内容有明确规定即"乡三物"（六德、六行、六艺）。乡学实行定期的考察和推荐，经考核选拔的优秀学生可进入国学中的大学学习。

四、家庭教育（了解）

西周贵族子弟的训练过程是先经家庭教育后再进行学校教育。家庭教育的内容是：基本的生活技能和习惯的教育，进而教以初步的礼仪规则，确立初级的数的观念、方位观念和时间观念。在男尊女卑思想支配下，要求男治外事，女理内事。从7岁开始进行男女有别的教育，男女儿童的教育开始分途。女子受女德的教育，为将来成为贤妻良母做准备。特点是明显的计划性和重男轻女。

助记 >> 习技仪，数位间（习惯教育、生活技能、礼仪规则，数、方位和时间观念）

复习提示

只有官府有学，民间私家无学术，所以要学习专门知识，只有到官府之中才有可能。这是"学术官守"历史现象的客观原因。

奴隶主根据维护贵族专政的需要确定的教育目的，是要把贵族子弟培养成为具有贵族政治道德思想和军事技能的未来统治者，他们必须受"六艺"的专门训练。贵族子弟的训练过程，先经过家庭教育，然后才进行学校教育。

西周不论是国学还是乡学，不论是小学还是大学，都是以"六艺"为基本学科，只是在要求上有层次的不同。

答题提示

各校基本上是以名词解释形式来考查六艺。

五、"六艺"【名解/简答/论述】：11中南大学，11天津，11安徽，11、13、18西北，12华东，12、17湖南大学，12南京，13、16聊城大学，13内蒙古，13湖北大学，13、16云南，14、16湖南科技，14吉林，14河北大学，14山西大学，15沈阳，15、17中央民族，16广西，16海南，16四川，17贵州，17福建，17广西师范学院，17重庆三峡学院，18扬州，15、18集美大学，18中国海洋，18、19西安外国语，18淮北，18南航，19安庆，19江西，19山东，19宝鸡文理学院，20深圳大学，20湖南，20北华大学，20赣南，20西华，20新疆，21山西，21上海，11南京，12中山，15吉林，16广东技术，17湖南农业，18湖南大学，18河北，20中央民族，20洛阳，21北华大学，16温州大学

（一）"六艺"的内容

所谓"六艺"，是指礼、乐、射、御、书、数。礼，内容极广，涉及政治、伦理、道德、礼仪各个领域；乐，艺术教育，包括诗歌、音乐、舞蹈等；射，即射箭的技术；御，即驾驭马拉战车的技术；书，文字读写；数，算法。其中礼、乐、射、御作为"大艺"，是大学的课程；书、数作为"小艺"，主要是小学的课程。礼乐教育是"六艺"教育的中心。

（二）"六艺"的特征

西周的教育内容可以总称为"六艺"教育，是西周教育的特征和标志。它既重视思想道德，也重视文化知识；既注重传统文化，也注重实用技能；既重视文事，也重视武备；既要符合礼仪规范，也要求内心情感修养。总之，"六艺"体现了文武兼备，诸育兼顾的特点。

（三）"六艺"的意义/影响

"六艺"教育有符合教育规律的历史经验，可供后世借鉴。在历史发展过程中，有的教育家想借助"六艺"教育的经验，解决当时教育的某些弊端，因此把"六艺"教育当作理想模式来强调，为自己的主张做历史论证。特别是在儒家思想居于支配地位时期，"六艺"教育被奉为标准。凡有所主张，要从"六艺"教育寻找论据；有所批判，则指斥异端背离"六艺"教育传统。由此可见，"六艺"教育思想产生的深远历史影响。

考查名词解释时，只需要回答：内容+特征即可。如果考简答题，（一）（二）（三）都要回答。

真题回顾

2020年中央民族大学简答题：简述西周时期的教育特征。

第二章 私人讲学的兴起与传统教育思想的奠基

本章大纲考点及考频

第一节 私人讲学的兴起 — 0
- 一、私人讲学兴起 — 7
- 二、诸子百家的私学 — 2
- 三、齐国的稷下学宫 — 57

第二节 孔子的教育实践与教育思想 — 33
- 一、创办私学与编订"六经" — 2
- 二、教育的作用 — 8
- 三、"有教无类"与教育对象 — 41
- 四、"学而优则仕"与教育目标 — 5
- 五、以"六艺"为教育内容 — 3
- 六、教学方法 — 55
- 七、论道德教育 — 13
- 八、论教师品格 — 22
- 九、深远的历史影响 — 13

第三节 孟子的教育思想 — 14
- 一、思孟学派 — 0
- 二、"性善论"与教育作用 — 13
- 三、"明人伦"与教育目的 — 1
- 四、人格理想与修养学说 — 6
- 五、主张因材施教、"深造自得"的教学思想 — 3

第四节 荀子的教育思想 — 6
- 一、荀子与"六经"的传授 — 0
- 二、"性恶论"与教育作用 — 8
- 三、以"大儒"为培养目标 — 0
- 四、以"六经"为教学内容 — 0
- 五、"闻见知行"结合的学习过程与方法 — 3
- 六、论教师 — 4

第五节 墨家的教育实践与教育思想 — 4
- 一、"农与工肆之人"的代表 — 0
- 二、"素丝说"与教育作用 — 9
- 三、以"兼士"为培养目标 — 0
- 四、以科技知识和思维训练为特色的教育内容 — 1
- 五、主动说教、善述善作、合其志功的教育方法 — 1

第六节 道家的教育思想
一、道家学派
二、"法自然"与教育作用
三、追求"逍遥"的人格理想
四、提倡怀疑的学习方法

第七节 法家的教育实践与教育思想
一、"人性利己说"与教育作用
二、禁私学
三、"以法为教"和"以吏为师"

第八节 战国后期的教育论著
一、《大学》
二、《中庸》
三、《学记》

本章思维导图

私人讲学的兴起与传统教育思想的奠基（一）
- 私人讲学的兴起
  - 私学讲学兴起
  - 诸子百家的私学
  - 齐国的稷下学宫
- 孔子
  - 创办私学与编订"六经"
  - 教育的作用
    - 教育与社会发展：庶、富、教
    - 教育与人的发展：性相近、习相远
  - 教育对象："有教无类"
  - 教育目标："学而优则仕"
  - 教育内容："六艺"
  - 教学方法：(1)因材施教；(2)启发诱导；(3)学思行结合
  - 论道德教育
  - 论教师品格
  - 深远的历史影响（即评价）
- 孟子
  - 思孟学派
  - "性善论"与教育作用
  - 教育目的："明人伦"
  - 人格理想与修养学说
  - 教学思想：因材施教、深造自得

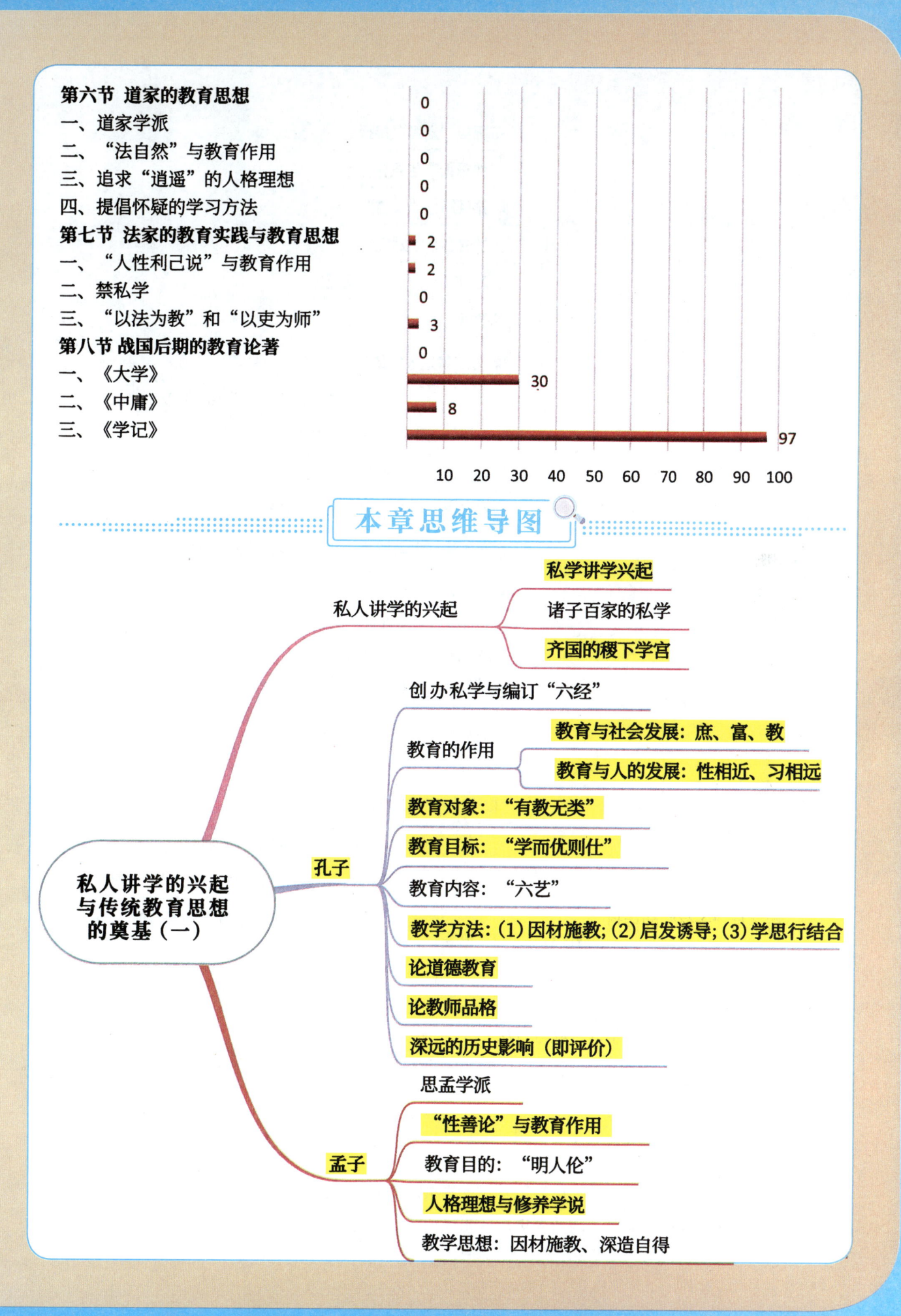

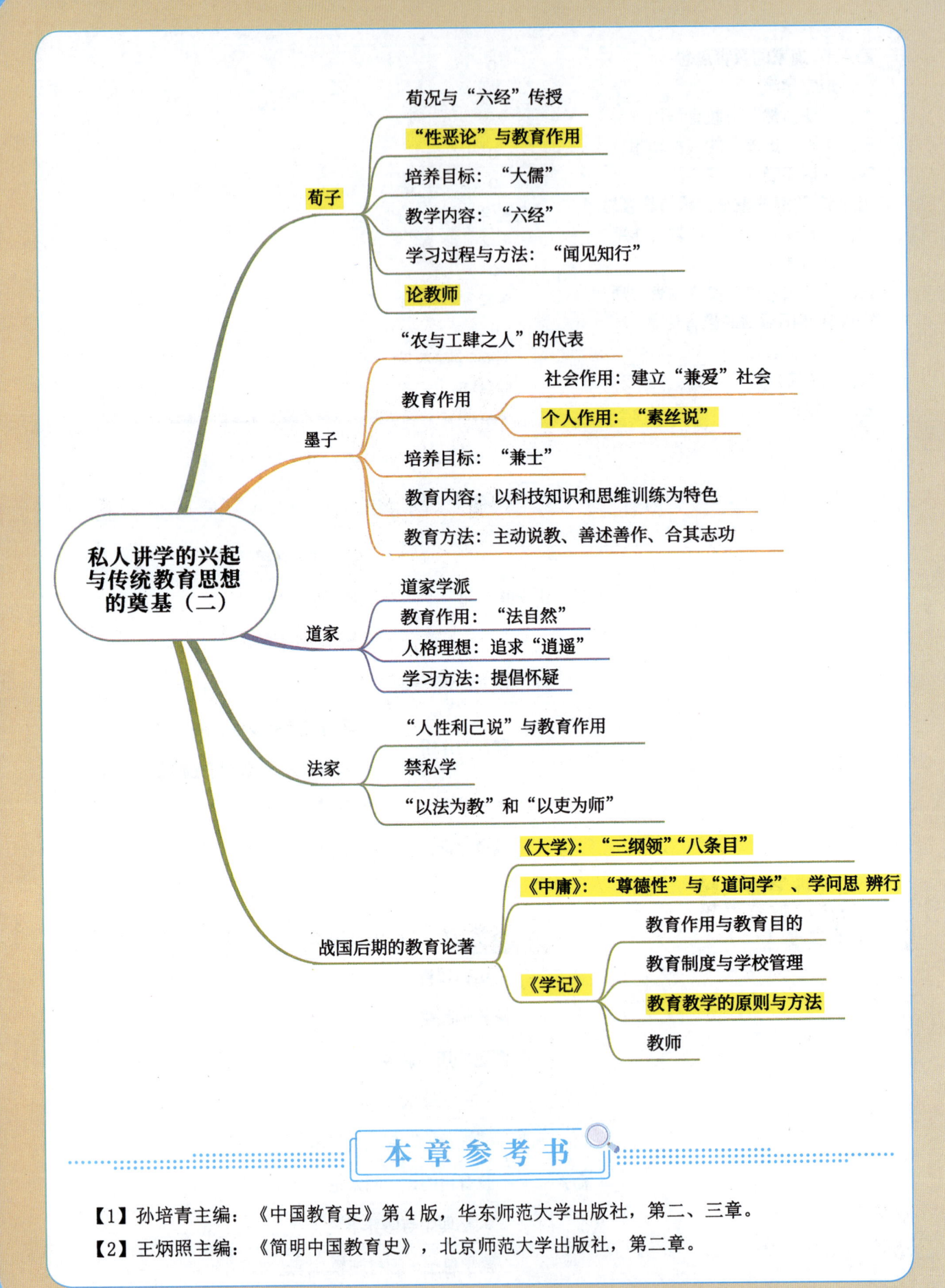

私人讲学的兴起与传统教育思想的奠基（二）

- **荀子**
  - 荀况与"六经"传授
  - **"性恶论"与教育作用**
  - 培养目标："大儒"
  - 教学内容："六经"
  - 学习过程与方法："闻见知行"
  - **论教师**

- **墨子**
  - "农与工肆之人"的代表
  - 教育作用
    - 社会作用：建立"兼爱"社会
    - **个人作用："素丝说"**
  - 培养目标："兼士"
  - 教育内容：以科技知识和思维训练为特色
  - 教育方法：主动说教、善述善作、合其志功

- **道家**
  - 道家学派
  - 教育作用："法自然"
  - 人格理想：追求"逍遥"
  - 学习方法：提倡怀疑

- **法家**
  - "人性利己说"与教育作用
  - 禁私学
  - "以法为教"和"以吏为师"

- **战国后期的教育论著**
  - **《大学》："三纲领""八条目"**
  - **《中庸》："尊德性"与"道问学"、学问思辨行**
  - **《学记》**
    - 教育作用与教育目的
    - 教育制度与学校管理
    - **教育教学的原则与方法**
    - 教师

本章参考书

【1】孙培青主编：《中国教育史》第 4 版，华东师范大学出版社，第二、三章。

【2】王炳照主编：《简明中国教育史》，北京师范大学出版社，第二章。

第一节 私人讲学的兴起

一、私人讲学兴起 【简答/论述】：11山东，13延安大学，18北华大学，19石河子大学，21佳木斯大学，16江苏，17延边大学

（一）私学兴起的原因

1. 官学衰废，文化下移

（1）**世袭制度造成贵族不重视教育**。贵族在世袭制度下保持享有富贵的特权，贵族子弟命中注定成为统治者，学习文化知识与其权位并无直接联系。官学以贵族为教育对象，而贵族不想学习，官学衰落也就成了必然。

（2）**王权衰落导致学校荒废**。周平王东迁，预示着重大的历史转折。王权衰落，礼制破坏，旧制度无法维持。天子的辟雍，诸侯的泮宫，地方的乡校，已名存实亡。

（3）**战争动乱打破旧的文化垄断**。春秋时期，诸侯国争夺统治权的内战连年不断。无论国学或乡学都难以维持，日渐衰废。

在社会动乱中，文化职官被迫流落四方，并把简册器物带出官府。其结果是打破了"学在官府"的局面，出现了"文化下移"的现象。

2. "士"阶层的出现与养士之风盛行

在奴隶制度时，士是贵族的下层；在封建制度时，士转化为平民阶级的上层。士阶层中有许多有才能的人，在政治斗争或军事斗争中发挥重要的作用。各诸侯的统治者为了维护其统治地位并扩张其势力，需要士为自己服务，养士之风开始形成。

（二）私学兴起的意义（作用）

1. 打破了教育垄断

私学打破了"学在官府"的教育垄断局面，教育活动与政治活动分离而成为独立的活动。教师成为一种独立的职业，以传授知识经验、培养人才作为自己谋生的途径。

2. 扩大了教育对象

孔子首倡"有教无类"并在私学中付诸实践，成为当时各家私学一致遵循的原则。教育对象由少数贵族扩大到平民，使学校教育和人才成长的社会基础更为广阔。

3. 丰富了教育内容

私学的教育内容突破了西周的"六艺"范围，各家各派可以自由传授自己的政治观点、道德思想、新知识、新技能。

4. 增加了办学灵活性

在教育方式上，私学可以没有固定的教育场所，而以教师为中心，以学生主动求学为动力基础，办学具有相当大的灵活性。

5. 促进了"百家争鸣"

私学各家各派都有自己的教育思想和教育实践，积累了丰富的教学经验，使教育思想理论有了较大的发展。私学是学术繁荣、百家争鸣的摇篮。

6. 开辟了教育新纪元

私学代替官学，是中国教育发展史上一次重大的变革。它依靠自由办学、自由讲学、自由就学、自由竞争等四大自由来发展教育事业，以适应当时社会对人才的需求。

> **复习提示**
>
> 文化职官都是有文化知识的人，在社会中谋生，就要发挥自己的一技之长，便以知识传授为生，这就是"天子失官，学在四夷"。
>
> 士从自己的利益和政治立场出发，也积极投靠有权势的人，寻求出路，以实现自己的政治主张。
>
> 官学衰废，私学兴起，思想流派随之产生，法家、道家、儒家的先驱人物出现，宣传各自的主张。

助记表格 >>

私人讲学兴起	
兴起原因	1. 官学衰废，文化下移　2. "士"阶层出现与养士之风盛行
意义/作用	打破了、扩大了、丰富了、增加了、促进了、开辟了

二、诸子百家的私学【名解】：12 渤海大学，21 海南

百家争鸣发端于春秋战国之际的儒墨之争，形成诸子纷争局面是在战国时期。"百家"是虚指，形容学派之多。在诸多学派中，在教育方面颇有造诣的为儒、墨、道、法四家，对教育发展影响最大的也是这四家私学。

1. 儒家私学

孔子是儒家私学创始人。其后的思孟学派在教育理论和实践方面颇有造诣，最有影响的是以孟子为代表的"孟氏之儒"和以荀子为代表的"孙氏之儒"。荀子的私学则培养出了韩非和李斯这样两位著名法家学者和政治家，促成了统一大业的实现。此外，荀子私学极为注重儒家经籍的传授，对保存古代文献做出了贡献。

2. 墨家私学

墨家私学创始人是墨子。由于墨家是代表小生产者的学派，这就决定了墨家私学的诸多特色。首先，墨家私学主要传授生产和科学知识。其次，墨家私学既是教学团体，也是带有宗教色彩的政治团体。

3. 道家私学

道家思想和道家私学产生于春秋末期，盛行于战国时期。老聃熟谙典籍，十分博学，完全可能成为最早的私学教师之一。庄周乃道家正宗，他使道家真正成为一个学派而与儒、墨相抗衡。稷下道家发明黄老之术，使之更适合于现实政治需要，表现出或儒或法的趋向。

4. 法家私学

早期法家以李悝、吴起、商鞅、慎到、申不害等人为代表。早期法家可以说是早期儒家陶冶出来的。商鞅的出现，意味着法家的成熟。后期法家以韩非与李斯为代表。韩非是先秦法家思想的集大成者，而李斯则是将法家理论引向实践道路的人。

三、齐国的稷下学宫【名解/辨析/简答/论述】：11、14 聊城大学，11、13 渤海大学，12 江苏，13、20 河南，13、17 苏州，14 宁波大学，14、21 辽宁，15、16、17 上海，15、18 赣南，15 陕西 16 吉林，14、17 江西，17 广西师范学院，17 温州大学，18 华中，18 云南，19 长春，19 江苏大学，19 南京，19 太原，20 北京，20 福建，20 集美大学，20 贵州，20 临沂大学，20 曲阜，20 重庆，21 江西科技，21 中国海洋，21 济南大学，21 信阳师范，21 湖南大学，21 陕西理工，21 青海，14、16 重庆，12 山东，12 内蒙古，15、19 哈尔滨，19 重庆，19 西北，20 东北，21 安徽，21 华南，14 延安大学，18 中南大学，19 宝鸡文理学院

（一）稷下学宫的定义

稷下学宫是战国时期齐国的一所著名学府，是战国百家争鸣的中心与缩影，是东方文化教育和学术的中心，也是当时教育史上的重要创造，对中国古代学术、文化、教育的发展，产生过重大的历史影响。

（二）稷下学宫的性质

1. 稷下学宫是一所由官家举办而由私家主持的特殊形式的学校

从主办者和办学目的来看，稷下学宫是官学。稷下学宫保持充分尊重士人讲学，不

> **答题提示**
>
> 稷下学宫常考名词解释，考名词解释时，回答定义+性质中的主干+特点中的主干即可。考简答题/论述题时，全部都要回答。

加干涉与限制的风范，其教学与学术自由，体现出私学的性质。

2. 稷下学宫是一所集讲学、著述、育才活动为一体并兼有咨政议政作用的高等学府

创办稷下学宫的目的是招贤纳士，这决定了学宫是以讲学、学术活动、培养人才为主要任务并有干政议政的高级学府。

（三）稷下学宫的特点

1. 学术自由

稷下学宫容纳百家，欢迎游学，来去自由，在稷下学宫的各家各派学术地位是平等的。相互争鸣与吸取是学术自由又一表现，促进了思想活跃和学术繁荣。

2. 待遇优厚

（1）政治待遇优厚。稷下学宫发扬了礼贤下士的风格，齐国君主鼓励学者们"不治而议论"，大胆阐述自己的理论主张。稷下学者不担任具体职务，不加入官僚系统，却可以对国事发表批评性的言论。

（2）物质待遇优厚。学者们的俸禄相当于士大夫的俸禄，可以专心做学问。这是稷下学宫长期兴盛的重要原因之一。

3. 学无常师

稷下学宫兼容各家各派，但对天下名士，都实行游学自由的方针。稷下学宫的教学，学生可以自由听讲，可以随时请求加入，随时告退，不受限制。

4. 管理规范

在学生管理上，稷下学宫制定了历史上第一个学生守则——《弟子职》。从《弟子职》可以看出稷下学宫对学生管理的总体特点，体现了教学的目的性、计划性和组织性。

（四）稷下学宫的历史意义

1. 稷下学宫促进了战国时期思想学术的发展

稷下学宫集中了各学派在此进行学术争鸣，极大地促进了学术思想的发展，对中国古代学术、文化和教育的发展产生了重大的历史影响。

2. 稷下学宫显示了中国古代士人的独立性和创造精神

知识界的领导人物能在各国尤其是齐国受到特殊礼遇。他们不仅不用向王侯臣服，还受到师友之待，他们的议论自由还受到制度化的保障，由此得以凭借独立的集团力量，以自己手中之"道"与王侯之"势"相抗衡，最大限度地发挥知识阶层作为整体的独立性和创造精神。

3. 稷下学宫创造了一个出色的教育典范

它所独创的官方举办、私家主持的办学形式，集讲学、著述、育才与咨政为一体的职能模式，自由游学和自由听讲的教学方式，学术自由和鼓励争鸣的办学方针，尊重优待知识分子的政策，都显示了它的成功之处，对后代官学与私学（如书院）的发展具有启迪作用。

4. 稷下学宫值得后人去反思

尊重贤士、尊重学术，其思想学术、文化教育是成功的，齐国办稷下学宫是为了争霸，然而争霸成功的恰恰是对学术思想持否定态度的秦国，这富有戏剧性的一幕值得我们思考。

> **顺口溜 >>** 反思学术发展，独立创造典范

讲学：稷下学宫是一个非常集中的游学场所，讲学活动十分兴盛。

著述：稷下学宫的重要特色是学术性，一方面表现为各家各派的讲学和思想交锋；另一方面表现为著书立说。

育才：稷下学宫囊括了当时绝大多数的学派，这些私学学派通过大师的著述和讲学，培养了学派的传人和时代所需要的各种人才。

咨政议政：稷下学宫的政治色彩十分鲜明，干政议政作用突出。

助记表格>>

	\	孔子	孟子	荀子	墨家	道家	法家
		\	\	\	先秦思想家对比		
教育实践		创办私学；编订六经	思孟学派	传授"六经"	"农与工肆之人"的代表	道家学派、老庄对社会文明的批判	倡导"耕战"的学派
人性论		性相近，习相远	性善论	性恶论 性伪之分 性伪之合	素丝说		绝对的"性恶论"
教育作用		对人：性相近，习相远 对社会：庶、富、教	扩充善性；发扬人性，国泰民安	化性起伪	对社会：平等、互助的"兼爱"社会；对人：教育造就人	"法自然" 对人：人以天地自然为法 对社会：削弱人的社会性而扩张人的自然性	"人性利己说"
教育对象		"有教无类"					
教育目的		"学而优则仕"，德才兼备的从政君子	明人伦	大儒	兼士或贤士		
教育内容		《诗》《书》《礼》《乐》《易》《春秋》		"六经"，重视儒家经典的学习	1. 政治和道德教育 2. 科学技术教育 3. 文史教育 4. 培养思维能力的教育		禁诗书与以法为教
教学方法		因材施教；启发诱导；学思行结合	深造自得	闻见知行	主动、创造、实践、量力	提倡怀疑的学习方法：道家是一个十分善于怀疑的学派，尤其是《庄子》通篇贯穿着怀疑精神	禁私学与以吏为师
道德教育		内容：仁、礼 原则：立志、克己、力行、中庸、内省、改过	"大丈夫"的理想人格：持志养气、动心忍性、存心养性、反求诸己			追求"逍遥"的人格理想：对是非、公明、利害、生死一切都无动于衷，达到了精神的绝对自由，即逍遥	
教师观		学而不厌；诲人不倦；温故知新；以身作则；爱护学生；教学相长		尊师 "师云亦云" 教师要求			

第二节 孔子的教育实践与教育思想

【简答/论述】：10宁波，10、12湖北大学，12哈尔滨，13四川，16沈阳，18河南，19长春，21太原，21三峡大学，21湖南理工学院，10首都，10浙江，12扬州，12北京，13江西，14吉林，15延安大学，15中国海洋，15湖南科技，16西南，13湖北大学，12、16辽宁，13、14西华，15、18曲阜，20闽南，20新疆，20天津外国语，21集美大学，21海南

> **孔子** 【名解】：18湖北大学，19集美大学
> 孔子，字仲尼，鲁国人。他是中国古代伟大的思想家、教育家，儒家学派的创始者，儒学教育理论的奠基人。孔子创办了私学，编订了"六经"，提出"庶、富、教"的教育社会作用和"性相近、习相远"的教育个体发展作用，实行"有教无类"的方针，以"六艺"为教育内容，提倡"学而优则仕"和因材施教、启发诱导、学思行结合的教学方法，重视道德教育，对教师也提出了严格要求。孔子的思想深刻地影响着中国封建时代的政治、经济、文化。

一、创办私学与编订"六经" 【名解】：16天津，19湖南大学

（一）编订"六经"

《诗》《书》《礼》《乐》《易》《春秋》，整理和保存了我国古代文化典籍，奠定了儒家教学内容的基础。汉武帝"独尊儒术"以后，这些典籍更成为中国封建社会教育的核心内容，后世称之为"六经"。

（二）开创私人讲学之风

孔子积累了丰富的教育经验，是我国古代教育思想的奠基人。他创办的私学在春秋时期是规模最大、时间最长、影响最深远的。

二、教育的作用 【论述】：10四川

（一）教育与社会发展："庶、富、教" 【名解/简答/论述】：17湖南，18中南民族，13苏州

孔子认为教育对社会发展有重要作用，是立国治国的三大要素之一。教育事业的发展要建立在经济发展的基础上。立国治国要解决三个重要条件：首先是"庶"，要有较多劳动力；其次是"富"，要使人民群众有丰足的物质生活；最后是"教"，要使人民受到政治伦理教育，知道如何安分守己。

庶与富是实施教育的先决条件，只有在庶与富的基础上开展教育，才会取得社会成效。孔子是中国历史上最早论述教育与经济发展关系的教育家，先抓好经济建设以建立物质基础，随之而来就应当抓教育建设，国家才会走上富强康乐之路。

关键词>> 庶：劳动力；富：物质生活；教：政治伦理教育

（二）教育与人的发展："性相近，习相远" 【名解/简答/论述】：13江苏，13杭州，16曲阜，18沈阳

1. 孔子对教育在人的发展过程中起关键性作用，持肯定态度。

他在中国教育史上首次提出"性相近，习相远"的观点，这一理论具有一定的科学性，指出人的天赋素质相近，打破了奴隶主贵族天赋比平民天赋高贵、优越的思想。这是人

> **答题提示**
>
> 考查孔子的教育实践与思想时，需要将孔子的九大点内容全部写出，每点内容可以压缩回答。
>
> 注意：最前面的孔子人物介绍不需要回答，这是为了考查孔子名词解释时可以用的答案。

> **复习提示**
>
> "六经"中的《乐》在秦焚书坑儒时已经丧失，实际存在的只有"五经"。

类认识史上一个重大的突破，成为人人有可能受教育和应该受教育的理论依据。

2. "性"指的是先天素质，"习"指的是后天习染，包括教育与社会环境的影响。

孔子认为人的先天素质没有多大差别，只是由于后天教育和社会环境的影响作用，才造成人的发展有重大差别。

3. 从"习相远"的观点出发，孔子认为人要发展，教育条件是很重要的。

人一生中的任何发展阶段，教育都是重要的，哪一阶段缺乏教育，哪一阶段就要落后以至发生偏差。特别是人的早期教育，为以后发展奠定基础，尤其重要。人应当终生不断受教育，这样才能使知识的掌握和道德的修养不至于停顿、倒退。

4. 从"习相远"的观点出发，他认为人的生活环境应受到重视。

要争取积极因素的影响，排除消极因素的影响，因此，他一方面强调居住环境的选择，主张"里仁为美"；另一方面强调社会交往的选择，主张"就有道而正焉"。

5. "性相近，习相远"，是孔子人性论的一个组成部分。

（1）关于人性问题，孔子把人性分为三等，一等是"生而知之者"，属于上智；二等是"学而知之者"与"困而学之"，属于中人；三等是"困而不学"，属于下愚。他把人性分成等级，并断言有不移的上智和下愚，这是不科学的，是他人性论的一个缺憾。

（2）"性相近，习相远"，指的就是中人这部分，中人是有条件接受教育的，可以对他们谈高深的学问。社会上绝大多数人都属于中人这个范围，对中人的发展，教育能起重大作用。因此，他在实践上强调重视教育，这是孔子教育思想有进步意义的一面。

关键词>> 人的先天素质没有多大差别，由于后天教育和社会环境的影响，才造成重大差别。

三、"有教无类"与教育对象【名解/简答】：10苏州，10、18北京，11东北，11辽宁，10、14江苏，11、17河南，11浙江，12杭州，12云南，14内蒙古，14、20沈阳，14、19四川，15湖南科技，16宁波大学，17、18广西师范学院，18贵州，19扬州，20中央民族，20广西，20华中，20浙江大学，21吉林，21赣南，21重庆，21西华，21大理大学，21宁夏大学，11华南，14辽宁，17曲阜，17广西民族，17湖南农业，18江苏，19中国海洋，19宝鸡文理学院

（一）含义

"有教无类"的意思是不分贵贱、贫富和种族，人人都可以入学接受教育。孔子的教学实践切实地贯彻了这一办学方针，他的弟子来自各个诸侯国，分布地区较广；弟子成分复杂，出身于不同的阶级和阶层，大多数出身于平民。这个方针对孔家私学的教育对象做了原则性的规定，指导着他的教育实践活动，是孔子教育思想的组成部分。

（二）意义

第一，"有教无类"作为私学的办学方针，与贵族官学的办学方针相对立，它打破了贵贱、贫富和种族的界限，把受教育的范围扩大到平民，这是历史性的进步。

第二，实行开放性的"有教无类"方针，满足了平民入学受教育的愿望，适应了社会发展需要。"有教无类"是顺应历史发展潮流的进步思想，有利于中华民族文化的发展。

四、"学而优则仕"与教育目标【名解/简答】：12东北，12江苏，17广西师范学院，19浙江大学，19杭州

（一）含义

孔子提出由平民中培养德才兼备的从政君子，这条培育人才的路线概括为"学而优

复习提示
"学而优则仕"是子夏所述，但代表了孔子的教育观点。

则仕"。它包括多方面的意思：学习是通向做官的途径，培养官员是教育最主要的政治目的，而学习成绩优良是做官的重要条件，如果不学习或虽经学习而成绩不优良，也就没有做官的资格。"学而优则仕"把读书与做官联系到一起，做官成为人们学习的动力，这成为封建统治者维护统治和笼络人才的手段。

（二）意义（影响）

"学而优则仕"口号的提出，确定了培养统治人才这一教育目的，在教育史上有重要的意义。它反映了封建制兴起时的社会需要，成为当时知识分子积极学习的巨大推动力。"学而优则仕"与"任人唯贤"的路线配合一致，为封建官僚制度的建立准备了条件，适应了社会发展的要求，反映了一定的规律性，直到现代还有实际意义。

五、以"六艺"为教育内容【简答/论述/辨析】：20天水师范，18天津，21陕西

（一）教育内容

"子以四教：文、行、忠、信。"即孔子以知识、品行、忠诚和信实教育学生，这是孔子的教学内容，包含两大部分，即知识教育和道德教育。

1. 道德教育（"行、忠、信"）

孔子说："行有余力，则以学文。"首先要求做一个品行符合道德标准的社会成员，其次才是文化知识的学习。所以，在孔子的教学内容中，道德教育占首位。但是道德教育并没有专设学科，而是把道德教育要求贯穿到文化知识学科中。通过文化知识的传授，灌输道德观念，所以文化知识学科的基本任务在于为道德教育服务。

2. 知识教育（"文"）

"文"主要指《诗》《书》《礼》《乐》等典籍的学习，以"六艺"为教学科目，教材主要是孔子编订的"六经"，即《诗》《书》《礼》《乐》《易》《春秋》六种。

《诗》是中国最早的诗歌选集，对个人品德修养和人际交往都有重要作用。

《书》又称《尚书》是古代历史文献汇编，目的是要人学习先王之道，恢复文武之道。

《礼》又称《士礼》，后世称为《仪礼》，知礼是立足于社会的重要条件，不仅要学会礼的仪式，更重要的是要理解礼的精神实质。

《乐》是各种美育教育形式的总称，内涵广泛，与诗、歌、舞、曲密切结合在一起。乐与礼经常配合发挥作用而为政治服务。

《易》又称《周易》是一部卜筮之书。

《春秋》是我国现存的第一部编年史，具有重要的历史价值。

以上六种教材，各有教育任务，对人的思想教育都有重要价值。

（二）教育内容的特点

第一，**偏重社会人事**。其教材都是属于社会历史伦理方面的文化知识，注重的是现实的人事。

第二，**偏重文事**。有关军事知识技能的学习居于次要地位。

第三，**轻视科技与生产劳动**。他要培养的是从政人才，不是从事农工劳动者，所以不强调掌握自然知识和科学技术。

六、教学方法【简答/论述】：12鲁东，12、17西华，13沈阳，14内蒙古，15河南，15天津，15、16四川，17华南，18、20聊城大学，18温州大学，19广西，12中南大学，20湖南，20辽宁，20山东，20陕西理工，20重庆，21深圳大学，11中南大学，13东北，13曲阜，17沈阳，17赣南，18天津，18、19西华，18、19集美大学，19哈尔滨，

> **复习提示**
>
> 孔子虽袭用西周"六艺"名称，但对所授的学科都做了调整，充实了内容。所以，孔子这里的"六艺"与西周的"六艺"不同，注意不要混淆。

19内蒙古，19鲁东，21东华理工

（一）因材施教【名解/简答/论述】：12延安大学，15、21郑州大学，16鲁东，16渤海大学，18沈阳，20中国海洋，21华东，21湖南大学，16南航，17南航

孔子是我国首倡因材施教的教育家，这一原则主要解决教学中统一要求与个别差异的矛盾。只有从各人的实际情况出发，根据个性特点和具体要求来进行教育，才能达到一定的教育目的。实行因材施教的前提条件是承认学生的个体差异，了解学生的特点，这有利于加速各种人才的成长。孔子了解学生，最常用的方法有两种：谈话和个别观察。孔子说的"听其言而观其行""视其所以，观其所由，察其所安"。

（二）启发诱导【选择/名解/简答/论述】：18陕西，17云南，21江汉大学，14延安大学，15集美大学，21集美大学

1. 启发诱导的含义

孔子是世界上最早提出启发诱导的教育家，这一原则主要解决发挥教师的主导作用和调动学生积极性间的矛盾。孔子认为不论培养人的道德，还是学习知识，都要建立在学生自觉需要的基础上，充分发挥学生的积极主动性，反对机械学习，提倡启发式教学。

2. "不愤不启，不悱不发。举一隅，不以三隅反，则不复也"

孔子提出这个观点的意思是：在教学时必须先让学生认真思考，当学生经过相当长的时间还想不通时，就可以去启发；学生虽然经过思考，并有所领会，却不能用恰当的言辞表述出来，这时候就可以去开导他。教师的启发是在学生思考的基础上进行的，启发之后，应让学生再思考，获得进一步的领会。

3. 训练学生的思考方法

（1）"由博返约"：博学以获得较多的具体知识，返约则是在对具体事物分析的基础上进行综合、归纳，形成基本的原理、原则和方法。

（2）"叩其两端"：从事物的正反两方面思考问题，进而解决问题。这种方法注意到事物的对立面，合乎辩证法。启发式教学的关键在于是否调动了学生学习的积极性。

（三）学思行结合【名解/简答】：15闽南，10江苏，19沈阳

1. 学

"学而知之"，学是求知的途径，也是求知的唯一手段。学，不仅是学习文字上的间接经验，而且要通过见闻获得直接经验，两种知识都需要。他提出"多闻择其善者而从之，多见而识之"，要多听，多看，还要多问，扩大知识的来源和范围，以获得一些直接的经验。

2. 思

孔子提倡学习知识面要广泛，在学习的基础上认真深入地进行思考，把学习与思考结合起来。"学而不思则罔，思而不学则殆"。学习与思考两者应当结合起来，这符合人的认识规律，初步揭示了学习和思考的辩证关系。

3. 行（学以致用）

孔子还强调学习知识要"学以致用"，学到的知识应当用于社会实践之中。学是手段，行是目的，行比学更重要。

4. 学思行结合的意义

由学而思而行，这是孔子探索和总结的学习过程，也是教育过程，与人的一般认识基本符合。这一思想对后来的教学理论、教学实践产生深远影响。《中庸》的学习过程就是继承孔子学思行结合的思想并加以发展的。

> 💡 **复习提示**
>
> 因材施教在第一部分教育学基础笔记中也有出现过。
>
> 孔子的启发诱导比苏格拉底的"产婆术"还要早。
>
> 苏格拉底法与孔子的启发诱导比较在本章高分拓展中有补充。

七、论道德教育【简答/论述】：11、13杭州，12东北，14安徽，15内蒙古，18齐齐哈尔，19山东，10山西，11天津，13延安大学，15东北，16沈阳

（一）道德教育的目的

孔子的教育目的是培养**从政君子**，而成为君子的主要条件是具有道德品质修养，所以他的教育思想中道德教育居首要地位。孔子认为君子应具备的六种道德品质有：仁、知、信、直、勇、刚。

（二）道德教育的内容

"仁"和"礼"是孔子道德教育的主要内容。

1."仁"

"仁"是道德的内在情感准则，是对人的生命及其价值的珍视和关爱，即"仁者，爱人也"。"仁"被孔子作为最高的道德准则，是其学说的中心思想。"仁"的实行最重要的两项是"恕"与"忠"。

从"仁"出发，强调培养人们"爱人"的情感。主要是由推己及人的逻辑路线，启发人们内在的道德自觉，这是一条内发的道德修养路线。

2."礼"

"礼"是道德的外在行为规范，凡符合"礼"的道德行为都要以"仁"为精神指导。

从"礼"出发，强调人必须接受外在社会行为规范的约束。社会行为规范即是"礼"，必须接受礼的约束，这是一条外铄的道德修养路线。

（三）道德修养的方法（孔子的德育原则）【简答】：21延安大学

1. 立志

"三军可夺帅也，匹夫不可夺志也。"孔子认为，志向的确立和坚持，取决于个人的信仰和自觉努力。孔子教育学生要坚持志向，不要因为外来种种因素的干扰而动摇。为了实现志向，不能过多地计较物质生活。

2. 克己

孔子主张在处理对人对己的关系时，应着重要求自己，约束和克制自己的言行，使之合乎礼、仁的规范。观察一个人如何对人对己，就可以判断他的道德是否高尚。

3. 力行

"力行近乎仁"，孔子认为努力按道德规范实践的人接近于仁德。他提倡"力行"，要求言行相顾，言行一致，"言必信，行必果"。

4. 中庸

待人处事要中庸，防止发生偏向，一切行为都要中道而行。"过犹不及"强调的是做得过分或不及的情况都不好，最好是做得恰到好处。

5. 内省

"见贤思齐焉，见不贤而内自省也。"孔子强调内省是日常必要的修养方法之一。见人有好品德，就应向他看齐并虚心学习；见到人有不良的品德，则要对照检查自己，引以为戒。

6. 改过

人非圣贤，孰能无过。即使是君子，要一贯正确也是不可能的。人会犯错误是客观存在的，正确的态度是重视改过。

> **助记 >>** 道德原则：立志力行要内省，克己改过走中庸

八、论教师品格（孔子的教师观）【简答/论述】：13、20河南，18华中，19苏州，21郑州大学，21陕西科技，10、21沈阳，12重庆，16集美大学，17哈尔滨，17江苏，18渤海大学，18鲁东，18、19、21北华大学，19南通大学，20、21西华，21山西大学，21宝鸡文理

孔子热爱教育事业，具有丰富的教学实践经验，重视道德修养，因而具备作为优秀教师的品质和条件。他主张作为教师应具备以下基本条件：

第一，**学而不厌**。教师应重视自身的学习修养，掌握广博的知识，具有高尚的品德，这是教人的前提条件。

第二，**诲人不倦**。教师以教为业，以教为乐，需要对学生和社会有着高度责任心，以耐心说服的态度教育学生。

第三，**温故知新**。教师既要了解、掌握过去的政治历史等知识，又要借鉴有益的历史经验认识当代的社会问题，知道解决问题的办法；教师既要巩固旧知识，又要探索新知识；既要注意继承，又要探索创新。

第四，**以身作则**。教师的教育方式有言教，还有身教。言教在说理，以提高道德认识；身教在示范，实际指导行为方法。教师身教的示范，对学生有重大感化作用，身教比言教更为重要。

第五，**爱护学生**。孔子爱护关怀学生表现在要学生们努力进德修业，对学生充满信心并抱有乐观态度，对他们加以重视和培养。

第六，**教学相长**。教学过程中，教师对学生不是单方面的知识传授，应当为学生答疑解惑，经常共同进行学问切磋。不但教育了学生，还提高了自己。

孔子是"以德服人"的教育家，是教师的光辉典范，他所体现的"学而不厌，诲人不倦"的教学精神，已成为中国教师的优良传统。

顺口溜 >> 以身作则爱学生，温故知新学不厌，教学相长诲不倦

九、深远的历史影响【简答/论述】：10河南，15湖北大学，15华南，15陕西，17贵州，19青海，20延安大学，20西藏大学，21鲁东，14湖南科技，15渤海大学，16天津大学，18淮北

孔子是全世界公认的伟大的思想家和教育家。他是儒家学派的创始人，他的思想学说深刻地影响着中国封建时代的政治、经济、文化，孔子在中国教育史上的贡献是多方面的。

（1）首先提出教育在社会发展和人的发展中的重要作用，强调重视教育。
（2）他创办私学，开私人讲学之风，改变"学在官府"的局面，成为百家争鸣的先驱。
（3）实行"有教无类"的方针，扩大受教育者的范围，使文化教育下移到平民。
（4）培养从政君子，提倡"学而优则仕"，为封建官僚制的政治改革准备条件。
（5）重视古代文化的继承和整理，编纂教材，保存中国古代文化。
（6）总结教育实践经验，强调学思行结合的教学理论，首倡启发式教学，实行因材施教。
（7）重视道德教育，提出道德修养应遵循的重要原则，重视立志，明确人生的前进方向。
（8）要求教师具有良好的职业道德，学而不厌，诲人不倦，以身作则。

总之，孔子的教育思想是中华民族珍贵文化遗产的一部分。我们应当以历史唯物主义为指导，正确、全面地评价孔子的教育思想，批判地继承这一份珍贵的教育遗产，以促进现代文化教育事业的建设。

真题回顾

2020年河南师范大学简答题：简述孔子关于教师的思想。

2020年西华师范大学论述题：论述孔子关于教师的基本观点及其对当前教育的启示。

答题提示

评价教育家的历史影响，首先，要概述一下理论界给的总述；其次，要对每个教育思想有条理、分层次地进行论述；最后，总结该教育思想产生的深远影响。

第三节 孟子的教育思想

【简答/论述】：10扬州，14湖北大学，15北京，16湖南，17聊城大学，18石河子大学，19江西，19华东，21河南，10苏州，14山东，15山西，17海南，19聊城大学

> **孟子**
> 孟子，字子舆，世称孟子，战国中期邹人。他是继孔子以后儒家的主要代表人物，被奉为位次孔子的"亚圣"，孟子的教育思想散见在《孟子》各篇之中。孟子非常热爱教育事业，以"得天下英才教育之"为人生三大乐趣之一。在政治上主张施行"仁政"，表现了某种超前特点，为几百年后的中国封建王朝准备了思想武器和治国之道，并与孔子思想共同影响了此后两千多年的中国社会。

一、思孟学派（了解）

孔子死后，儒家内部分为八派，其中最有影响的是以孟子为代表的"孟氏之儒"和以荀子为代表的"孙氏之儒"。有学者考证，"子思之儒""孟氏之儒"和"乐正氏之儒"三派实为一派，即思孟学派。这一派私学在教育理论和实践方面颇有造诣，《大学》《中庸》《学记》等一些著名先秦教育论著都与之有关。思孟学派在教育史上地位重要，对中国古代教育的发展有重大的影响。

二、"性善论"与教育作用

【简答/论述】：10苏州，12、14渤海大学，13聊城大学，18浙江，17中南大学，18中国海洋，18南航

（一）性善论——教育理论的基础

【名解】：12内蒙古，12福建，17湖南农业，18聊城大学，19沈阳

1. 性善论的含义

孟子认为人有不学而能的"良能"和不虑而知的"良知"，这些是人所固有的。人性本善，人之所以高于动物，不是人性中具有纯粹的完全的道德，而是人性中具有"善端"，即善的因素或萌芽。

2. 人与动物的本质区别在于"四心"

"人性"是指人类所独有的、区别于一般动物的本质属性。"人性"表现为"四心"，即恻隐之心、羞恶之心、恭敬之心、是非之心，分别是"仁、义、礼、智"的基础，是起端，所以称为"四端"。在"四心"中，"恻隐之心"是最基本的，是人类发展"仁"的基础。

3. 人性本质上的平等性

孟子认为人们道德境界、智能程度的差别不是先天决定的，而是后天个人主观努力程度不同。圣人和一般人都具有"四心"，都拥有相同的发展潜力，即"人皆可以为尧舜"。孟子从人性论上肯定了每个人发展的可能性。

（二）教育作用

1. 教育对个人的作用——扩充善性

"善"的习得需要依靠学习和教育，教育的作用表现在两方面：一是"存心养性"，

复习提示

历史上流传的"孟母三迁""断杼教子"的故事，与孟子的思想和个性有相通之处。

复习提示

孟子的"性善论"与荀子的"性恶论"要注意区别。

复习提示

孟子认为仅有"善端"是不够的，必须加以扩充，使之达到完善的境地，就可以成为圣人。由于受外界环境的影响，人们的"善端"受到破坏，就会成为小人、恶人。

把人天赋的"善端"加以保持、培养、扩充、发展；二是"求放心"，寻求失落、放任的心灵，启发人们恢复天赋的善良本性，把已经丧失的"善端"找回来，使之成为道德上的"完人"。

2. 教育对社会的作用——通过教育来扩充人性，进而达到国泰民安

孟子继承和发展了孔子的"仁"和"德治"思想，提出了"仁政"学说，中心是"民本"思想。强调教育是"行仁政""得民心"的最有效手段。教育的全部作用在于经过扩充人固有的善性而达到对国家的治理。

三、"明人伦"与教育目的【选择】：21南京

（一）含义

孟子第一次明确概括出中国古代学校教育的目的——"明人伦"，教育通过实现"明人伦"来为政治服务。

"人伦"是五对关系：父子有亲、君臣有义、夫妇有别、长幼有序、朋友有信。孟子以此为中心，建立了一个道德规范体系"五常"，即仁、义、礼、智、信。

（二）意义

孟子设想以父子、兄弟之类的血缘宗法关系去影响和制约君民、君臣之类的政治社会关系，实现社会改良，达到长治久安。自孟子提出"明人伦"的教育目的后，就明确了此后两千年中国古代教育的性质，即宗法的社会——伦理的教育。

> 在"五伦"中，孟子尤重父子的孝、兄弟的悌这两种关系。

四、人格理想与修养学说（道德教育）【名解/简答】：11鲁东，18宝鸡文理学院，16内蒙古，17鲁东，20渤海大学

（一）"大丈夫"的理想人格

孟子对"大丈夫"理想人格的描绘是："富贵不能淫，贫贱不能移，威武不能屈，此之谓大丈夫。"

首先，"大丈夫"有高尚的气节，他们绝不向权势低头，绝不无原则地顺从。

其次，"大丈夫"有崇高的精神境界即"浩然之气"。"浩然之气"可以理解为受信念指导的情感和意志相混合的一种心理状态或精神境界，具有高度自觉性。

（二）如何实现"大丈夫"人格理想呢？孟子认为主要靠内心修养

1. 持志养气

孟子所说的，"持志"就是坚持崇高的志向，一个人有了志向与追求就会有相应的"气"——精神状态。养气，一是靠坚定志向；二是靠平时的善言善行来积累道义。

2. 动心忍性

就是意志锻炼，尤其是在逆境中磨砺。人的聪明才智得之于艰苦的磨炼，环境越是恶劣，对人的造就就可能越大。

3. 存心养性

虽然人人都有仁义礼智的善端，但善端要形成实实在在的善性善行要靠存养和扩充。存养的障碍来自人的耳目之欲。要扩充善端就要寡欲，要发挥理性的作用。

4. 反求诸己【名解】：21西安外国语

当你的行动未得到对方的回应时，就应当首先反躬自问，从自己身上找原因，对自己提出更高的要求，然后对人做得更到家。凡事必须严于律己，时时反思。

> 浩然之气是一股凛然正气，是对自己行为的正义性的自觉，具有伟大的精神力量。

顺口溜>>　　养气养性逆境磨，时时刻刻问自己

五、主张因材施教、"深造自得"的教学思想

（一）因材施教（教亦多术）

孟子十分强调对不同情形的学生采取不同的教法。他说："君子之所以教者五：有如时雨化之者，有成德者，有达财（材）者，有答问者，有私淑艾者。"对学生，有的应及时点化，有的应成就其德行，有的要发展其才能，有的可答其所问，不能及门者则可以间接地受教。他还说："予不屑之教诲也者，是亦教诲之而已矣。"拒绝教诲，足以成为人的警策，事实上也成为一种教导。所以说"教亦多术矣"，一切因人而异。

（二）"深造自得"【名解／简答】：20西北，12、14渤海大学

孟子认为，深入学习和钻研必须有自己的收获和见解。如此才能形成稳固而深刻的智慧，遇事方能左右逢源，挥洒自如。所以，孟子主张学习中的独立思考和独立见解。"尽信书，不如无书"对前代文献典籍和已有之见，不轻信、不盲从，经自己的思考而有所弃取。学习中特别重要的是由感性学习到理性思维的转化。

· 第四节 荀子的教育思想 ·

【简答／论述】：14湖北大学，18石河子大学，10苏州，14山东，17海南，19聊城大学

荀子

荀子，字卿，又叫孙卿，世称荀子，战国末期赵国人。荀子是先秦最后一位儒学大师，也是先秦思想之集大成者，可以说是整个春秋战国思想理论的总结者。他提出的"性恶论"，在中国教育史上开创了与教育"内省说"完全相反的教育"外铄说"，促进了教育理论的发展。荀子对于教育目的、教育内容、学习过程、教师地位和作用的阐发都颇具新意，其中不少主张及其实践对后世历代封建教育与政治发生过实际影响。

一、荀子与"六经"的传授（了解）

荀子自称为儒，当时人也称他为儒。荀子这一派儒者与孟子一派更是都自以为孔子的真正传人，但荀子却没有成为孔子的嫡传，没有孟子的幸运，他始终没有资格进入孔庙。可是，他的王霸统一的政治思想，自汉代以后却始终对中国古代封建社会发生着实际影响。尤其是在儒家经典的传授方面，荀子的作用远过于孟子。孔子整理的"六艺"后来多经荀子传授。从学术发展史上看，荀子占有极其重要的地位。

复习提示

孟子除了深造自得、因材施教的教学思想，还有1.盈科而后进（循序渐进）：教学和学习的过程要有步骤，循序渐进；2.专心致志：学习必须专心致志，不能三心二意。

复习提示

荀子批评"性善论"未得到实际验证，是一种无实用价值的理论。

注意荀子的性恶论与孟子的性善论做对比。如2018年中国海洋大学论述题。本章高分拓展中有补充。

荀子认为人之所以"恶"，是因为人的本能中不存在道德和理智，如听任本能发展而不加节制，必将产生暴力，

二、"性恶论"与教育作用 【名解/简答/论述】：17云南，20福建，10苏州，18沈阳，18中国海洋

荀子非常重视教育对人的身心发展的影响，他认为人的本性是恶的，但是通过后天的教育可以变善。荀子关于"性恶论"与教育作用的观点可归纳为三个方面。

（一）"性伪之分"

荀子认为孟子的根本错误在于不懂得"人之性伪之分"。人性是指人与生俱来的自然属性，是人的先天素质、人的自然状态；"伪"是指人为，泛指一切通过人为的努力而使人发生的变化。荀子认为孟子所说的人性"善"，实际上是"伪"，而不是"性"。所以，荀子指出，在谈论人性时，首先应把人的先天素质与后天获得的品质区分开来。

（二）"性伪之合"

性与伪是有区别乃至对立的，但也是联系与统一的。性与伪就是素材与加工的关系，没有素材，就无以加工文饰；而缺乏加工文饰，素材永远是那么原始和不完善。只有素材与加工的结合——"性伪合"，才能实现对人的改造，实现对社会的改造。这一观点就把他与法家区别开来了。

（三）"化性起伪"（即教育的作用）【名解】：13南京，17吉林，20云南

1. 教育对人的作用

要实现"涂之人可以为禹"，必须注意环境、教育和个体努力三方面的因素。环境，即荀子所说的"注错习俗"，有什么样的风俗，就会有什么样的习性，所以人应当注意选择环境。教育的作用则显得更主动，它是依一定的规矩对人加以改变的过程。个体的努力，荀子称之为"积"，即知识和道德的积累。因而，"化性起伪"是环境、教育和人的努力的共同结果。

2. 教育对社会的作用

荀子很重视教育的社会作用，认为教育能够统一思想，统一行动，使兵劲城固，国富民强。

三、以"大儒"为培养目标

教育应当以大儒为培养目标。荀子把当时的儒者分为几个层次：俗儒、雅儒、大儒。

俗儒徒有儒者外表，对古经能背诵却全然不知其用，趋炎附势，人格低下；

雅儒的言行能合礼义，虽不能知类通达，却能承认无知，光明坦荡；

大儒是最理想的一类人才，他们不仅知识广博，而且能以已知推未知，自如地应对从未闻见过的新事物、新问题，自如地治理好国家。

评价：荀子以"大儒"为培养目标，首先体现了"贤贤"的育才、选才标准，主张靠人的才德获取社会地位；其次，要求人才是精于道而不是精于物，道指礼义，物指农、工、商等行业。这种人才内涵的确定，虽非荀子首创，但却是他首先作为培养目标加以阐述的。荀子的思想代表了儒家思想与现实政治的进一步结合。

四、以"六经"为教学内容（了解）

荀况以儒经（《诗》《书》《礼》《乐》《春秋》）为学习与教育的内容。荀况认为，各经自有不同的教育作用，在诸经中，荀况尤重《礼》。礼是一切事物的绳墨和一切行为的规范，也是荀子整个教育理论的核心。

评价：荀子重视以儒家经典为内容的文化知识传播，具有重要的意义。从中国经学

旁注：

所以说人性恶。可以看出，荀子并非简单而绝对的性恶论者，实际上是一种"人性恶端"说。

尽管荀子以为人性恶，但他没有忘记人毕竟是人，所以他强调了性与伪之间的内在联系与统一，这一观点就把他与法家区别开来了。

荀子也很重视教育的社会作用，认为教育能够统一思想，统一行动，使兵劲城固，国富民强。

复习提示

"心"是藏与虚、两与一、动与静的统一的意思：

首先，心能接

史上看，秦的焚书坑儒毁掉了很多传统文献，传下来的一部分中有相当数量得益于荀子的口耳相传。从中国教育史上看，由于荀子的传经，使儒家经典得以保存，使后世封建社会有了经典教科书，为文化、思想定于一尊提供了依据。

五、"闻见知行"结合的学习过程与方法【简答】：12 江苏，14 山西，21 湖南

"不闻不若闻之，闻之不若见之，见之不若知之，知之不若行之，学至于行而止。"这话表达了学习过程中阶段与过程的统一，以及学习初级阶段必然向高级阶段发展，而学习的高级阶段又必然依赖初级阶段的思想。

（一）"闻见"

"闻见"是学习的起点、基础和知识的来源，人的学习开始于耳、目、鼻、口、形等感官对外物的接触。但是感官和闻见又是有缺陷的。首先，感官不能把握整体与规律；其次，感官常因主客观因素影响而产生错觉。

（二）"知"

用学习而善于运用思维的功能去把握事物的本质与规律，就能自如地应对事物的变化，这就是知与思维学习阶段的意义。荀子重视思维作用，还具体提出一些发挥"心"的功能的方法：

第一，"兼陈万物而中悬衡"，不偏执于某一事物或事物的某一方面，对事物作广泛的比较、分析、综合，择其所是而弃其所非，以求如实地把握事物及其关系。

第二，"虚壹而静"，荀子认为"心"是藏与虚、两与一、动与静的统一。

（三）"行"

行是学习必不可少的也是最高的阶段。由学、思而得的知识还带有假设的性质，它的最终是否切实可靠，唯有通过行才能得到验证。只有到此时，"知"才能真正算"明"了。荀子的行也指人的社会实践，如个人修养、教人、从政治国等。

六、**论教师（荀子的教师观）**【简答/论述】：11 江苏，17 吉林，20 湖州师范，17 哈尔滨

（一）重视教师的作用和地位

（1）荀子把教师的地位提到与天地、祖宗并列的地位，将教师视为治国之本，教师参与治理国家是通过施教来实现的，教师与师法——教育有着治理国家的作用。荀子把国家兴亡与教师的关系作为一条规律总结出来。

（2）荀子强调尊师，既出于其"性恶论"，也与当时时代的统一趋势有关。国家的统一客观上要求加强对人思想意识的控制，这种控制是通过教育实现的，而教师是教育的具体实施者。这是从维护学术思想的统一性出发而强调尊师。

（二）师生关系

荀子片面强调学生服从老师，主张"师云亦云"。背叛教师，不依师法言行者，人人都应当唾弃他。教师在教学过程中处于绝对的主导地位。

（三）对教师的要求

（1）有尊严而令人起敬；（2）德高望重；（3）讲课有条理而不违师法；（4）见解精深而表述合理。

受与储存来自外界的知识，这是藏；但又不能让已获得的知识成为成见，妨碍新知识的接受，这就是虚。

其次，心能辨别差异，同时兼知多种事物，这是两或多；但心一旦专注于此物，就不能被为心所感的他物干扰思索，这就是壹。最后，心始终在活动着，这是能动；但是又要不让无关思考的心的活动扰乱正常的思索，这是能静。

《荀子·劝学》中荀子承认学生可以超过教师，留下"青出于蓝而胜于蓝"的名言。

助记表格>>

	性恶论	教育目标	教育内容	教学方法	论教师	总结
荀子	性伪之分 性伪之合 化性起伪	大儒	儒经	闻见知行	治国之本 师云亦云	荀子传六经，来把性恶论 大儒为目标，儒经为内容 闻见知与行，最把教师尊

第五节 墨家的教育实践与教育思想

【简答/论述】：12四川，13鲁东，18闽南，21吉林外国语

墨子

墨翟，世称墨子，生活在战国初年。儒家和墨家是两个著名的学派，韩非称之为"显学"。墨子是继孔子之后的伟大思想家，也是学术思想史上第一个批判儒家的人。墨家以自然科学、生产技术和逻辑学为主要特色，其教学制度在先秦私学中也独具风骚。他的教育思想不像孔子那样系统完整，但许多主张相当深刻，是中国古代教育史上的宝贵遗产。他创立墨家学派，并与儒家对立，由此真正揭开了百家争鸣的序幕。

一、"农与工肆之人"的代表（了解）

墨子，出身卑贱，常自称"鄙人""贱人"。墨子生活俭朴，为了百姓的利益可以不辞辛劳，"日夜不休，以自苦为极"。从思想倾向看，他代表着"农与工肆之人"的利益，重视实用，强调下层人民的利益。墨家学派是由下层的士大夫集团形成的，要求小手工业的经济得到发展，并参与政事，取得从政机会，集中反映了这一阶层走上政治舞台的强烈要求。墨家"上说下教"，其私学曾经盛极一时，与儒家在战国时期并称为"显学"。

二、"素丝说"与教育作用【论述】：10四川

（一）教育对社会作用

墨子坚信教育对建立理想社会的作用，主张通过教育建设一个民众平等、互助的"兼爱"社会。教育通过使天下人"知义"实现社会的完善，换句话说，理想的社会应是人人受教育的。

（二）教育对个人作用："素丝说"【名解】：15江苏，16西北，16湖南科技，18福建，19山西大学，21宁波大学，21安徽，21江西

墨翟以素丝和染丝为喻，来说明人性在教育下的改变和形成。"染于苍则苍，染于黄则黄，所入者变，其色亦变，五入必而已则为五色矣。故染不可不慎也。"墨子认为人性不是先天所成，生来的人性不过如同待染的素丝。其次，下什么色的染缸，就成什

儒家与墨家教育的异同点在本章高分拓展中有补充。

复习提示

墨子"官无常贵而民无终贱"的思想，其"上说下教"的主张，都是以此为理论基础的。

墨子的"素丝说"与洛克的"白板说"类似，都是强调环境的作用。

么样的颜色，即有什么样的环境与教育就能造就什么样的人。因此，必须慎其所染，选择所染。这一思想从人性平等的立场出发认识和阐述教育作用，较孔子的人性论显得进步了。

三、以"兼士"为培养目标

"兼相爱，交相利"的社会理想决定了墨子的教育目的是培养实现这一理想的人，即"兼士"或"贤士"。对于"兼士"，墨子提出三个标准：博乎道术、辩乎言谈、厚乎德行，即知识技能、思维论辩和道德的要求。知识技能的要求是为了使兼士们投入社会实践，有兴利除害的实际能力；思维论辩的要求是希望通过兼士们的"上说下教"向社会推行其"兼爱"主张；道德的要求最为重要，这使兼士懂得以兴天下之利、除天下之害为己任。墨家的兼士与儒家的君子有很大的不同，表现了完全不同的人格追求，反映了小生产者的平等理想。

四、以科技知识和思维训练为特色的教育内容【简答】：21临沂大学

（一）科学技术教育

这包括生产和军事科学技术知识教育及自然科学知识教育，目的在于帮助兼士获得"各从事其所能"的实际本领。墨家在自然科学教育和实用科学技术知识教育上都有很高的造诣，涉及数学、光学、声学、力学、心理学以及器械制造等领域。

（二）培养思维能力的教育

这包括认识和思想方法的教育、形式逻辑的教育，目的在于训练和形成逻辑思维能力，善于与人论辩，以雄辩的逻辑力量去说服别人，推行自己的政治主张。

1. "三表法"

墨家提出了判断言谈是否正确有三条标准，即著名的"三表法"：第一表，"有本之者"即历史的经验和知识；第二表，"有原之者"，依据民众的经历，以广见闻；第三表，"有用之者"，在社会实践中检验思想与言论正确与否。"三表法"体现了尊重实践、尊重民众意愿的进步性。

2. "察类明故"

墨家强调必须掌握思维和论辩的法则，即形式逻辑。墨翟在中国古代逻辑学史上首先提出了"类""故"的概念，提出"察类明故"的命题，要求懂得运用类推与求故的方法，即从已知推未知，强调运用类比，讲出道理，合乎逻辑，说服他人，战胜论敌。

（三）政治和道德教育

墨家"十论"：尚贤、尚同、兼爱、非攻、节用、节葬、天志、明鬼、非乐、非命，其中兼爱是核心。墨翟认为，要通过多方面的教育，来养成兼士高尚的思想品质和坚定的政治信念。

（四）文史教育

墨翟本人博学且并不完全抛弃儒家那种以六艺为主体的文史知识教育。但是墨翟显然不注重这方面的教育，他的教育理念与儒家六艺教育有重大差别，其中最为典型的是他的"非乐"。他认为乐教不仅糜费人力财力，而且消磨人的意志，使人懈怠于所从事的职业，与社会实利无补。因此，墨翟认为只需学好对实现"兼爱"有用的主张和本领，并多实践即可。

虽然在战国时期难以实现这种理想社会，但是这种理想中的平等与博爱是人类可贵的精神遗产。中国后世的义侠和任侠精神在很大程度上都是受了墨家兼士形象启发。

墨家特色的教育内容突破了儒家六艺教育的范畴，堪称一大创造。

兼爱：兼相爱，交相利，表现在爱人、爱百姓而达到互爱互助。还表现在大国不侵略小国，国与国之间无战事，和平共处。

儒家所强调的行主要是指道德实践，而且十分强调思想动机的问题。墨家重实践的原因：首先，"言必信，行必果"才能造就"爱利天下"的兼士；其次，在严酷的社会环境下，不能息惰；最后，没有在艰苦实践中磨炼出来的顽强意志，谈不上人的智慧。所以，墨家重行，无不是出于实现兼爱天下的社会理想。

五、主动说教、善述善作、合其志功的教育方法 【简答】：17江苏

墨子和墨家的教育方法与儒家有较大的不同，表现出鲜明的学派特色。

（一）主动说教（主动）

墨子不赞成儒家"叩则鸣，不叩则不鸣"被动施教的态度，主张"虽不叩必鸣"，即使不来请教，也应该主动上门去教，向人们宣传、推行自己的主张。

（二）善述善作（创造）

墨家批评儒家"述而不作"，主张"古之善者则述之，今之善者则作之，欲善之益多"，认为对古代的好东西应当继承，并创造出新的东西，使好的东西越来越多。这既反映了墨翟对待文化遗产的态度，也表现其在学习与教育方法上重创造的特点。

（三）合其志功（实践）

"行"是中国古代教育方法论中的重要范畴。墨子提出"合其志功而观焉"。志是动机，功是效果，主张以动机与效果的统一去评价人的行为，而实际上墨家更着眼于"功"或效果，讲效果就是讲实践。墨家的实践除了道德的和社会政治的之外，还有生产的、军事的和科技的。

（四）量力

墨子是中国教育史上首先明确提出"量力"教育方法的人。墨子十分注意在施教时考虑学生的力之所能及。

量力具有两方面的含义：一是就学生的精力而言，人不能同时进行几方面的学习；二是就学生的知识水平而言，应当量其力而教。

评价：墨家教育思想具有自身特色，其中包含不少合理的主张，尤其可贵的是提倡科学技术和技能技巧的专门教育，在中国教育史上首先提出并实行。这使得墨子的教育思想和实践成为中国教育史上一份独特的、有价值的遗产。

助记表格>>

	代表	教育作用	教育目标	教育内容	教育方法	总结
墨子	农与工肆之人	素丝说	兼士：厚乎德行 辩乎言谈 博乎道术	科学技术 思维训练 政治道德 文史知识	主动说教善述善作 合其志功量力	农工代表之墨子，批判儒学成一家。素丝待染为人性，来把兼士为目标。思科政史为内容，主创实量为方法。

第六节 道家的教育思想

道家的创始人是老子，姓李名耳，字老聃，代表作是《老子》（又名《道德经》）。庄子，名周，字子休，是老子思想的继承者和发展者，代表作是《庄子》，后世将他与老子并称为"老庄"。

一、道家学派

道家学派起于春秋末而盛于战国，因其代表人物老子、庄子以"道"为学说中心而得名。道家之道是指宇宙本体及其法则，这就使其学说有了截然不同的起点。

道家的开创者是老子，其学说的核心是"道"，它是关于宇宙本体、事物规律和认识本质的概括。庄子是道家直系，自庄子起，道家真正成为一个学派与儒、墨相抗衡。庄子将老子思想中有关人与自然对立的主张推向极端，鄙弃和否定社会的一切，大力崇尚自然，追求人格独立和精神的逍遥。

二、"法自然"与教育作用

（一）教育对人的作用

道家认为，宇宙间人是最宝贵的。"人法地，地法天，天法道，道法自然"，人以天地自然为法。与儒墨强调人是社会的人不同，道家强调人是自然的人。在道家看来，人的理想状态是人如同婴儿般无知无欲的素朴状态。教育不应是一个在身上增加人类社会文明影响的过程，而应是把得之于社会的影响逐渐摒弃的过程。

道家提出的问题是有价值的。一是它提醒我们重新审视教育，全面认识教育；二是以"人为"为特点的教育活动固然能够使人不断完善起来，但是否意味着可以不讲条件地加以肯定？

（二）教育对社会的作用

与主张教育对人应是一个"损之又损"的过程相一致，老子认为，教育的社会作用应是对人"虚其心，实其腹，弱其志，强其骨"，"为腹不为目"。作为教育者，"圣人"应当侵削人的头脑而增强人的肢体，削弱人的社会性而扩张人的自然性。

三、追求"逍遥"的人格理想

至人、神人、圣人实是同指，他们凭借天地之道而遨游无穷之境，无所依赖，无所限制，"与天为徒"而消融于自然；对是非、公明、利害、生死一切都无动于衷，达到了精神的绝对自由，即逍遥。

庄子的这种人格理想表现了个人主义价值取向，其实质乃是为了破除仁义礼法的羁绊，抵制社会义务，在"无己"的名义下大大地张扬有己。庄子衡量圣贤的标准就是对自然天性的遵循。庄子的圣贤观对儒、墨学派的人格追求和世俗观念是无情的讥讽，指出了世俗的圣贤观念的虚伪和不公正的一面。

四、提倡怀疑的学习方法

道家是一个十分善于怀疑的学派，尤其是《庄子》通篇贯穿着怀疑精神。在《大宗

道家的核心思想是"道"，认为"道"是天地万物的本源，它不依赖于人的主观意识，客观地存在着，所以叫作"自然无为"。

师》中，庄子叙述了治学闻道的过程，告诉人们，学习固然需要从书本和已有的知识、法则入手，但最终还是要对已有的书本知识本身提出疑问，甚至对事物的根本提出疑问。庄子对自然现象是怀疑的，对社会现象是怀疑的，对人的意识也是怀疑的。最有价值的，是他对已经开始被人奉为圣人的孔子及其所倚仗的"六经"的怀疑。

评价：道家教育思想的特点是反对人为和反对教条，认为"道法自然"，对于孔子提出的仁义道德持否定态度。从思想倾向说，儒重理性，道尚直觉；儒主致用，道崇思辨；儒讲启发，道讲辩证；儒讲现实人生，道则讲回归自然。儒道之间相互批判又相互补充，充实了我国教育思想史的内容，道家教育思想博大精深，虽有消极避世、幻想倒退的地方，但仍有许多值得我们进一步研究学习之处。

第七节 法家的教育实践与教育思想

【简答】：19华南，21浙江海洋

一、"人性利己说"与教育作用 【辨析/论述】：15山东，10四川

法家的人性观表现为绝对的"性恶论"。法家认为人性都是"利己"和"自为"的，要通过教育改变人性，使其为他人考虑，绝无可能。韩非认为，人心总是利己而害人，人与人的关系是一种利害关系，离不开"计算之心"。基于这种对人性的估价，法家强调治国必须靠高压的政治、法制手段，无须用温情脉脉的教育感化。按理说，正常的教育应是行为规范乃至法令、刑罚与教育、诱导、感化的结合。法家只讲法制，否定了教育的价值。法家上述主张在后世中国社会的教育中有一定的影响，但并不是教育的主流。

二、禁私学

法家认为，私家学派的存在造成思想的纷乱和不统一，导致了"乱上反世"。韩非将这些私家学派称之为"二心私学"。为了达到政治强权而实现国家富强进而实现统一各国的愿望，法家采取的一大措施就是不准人思想和禁止人说话，定法家思想于一尊。商、韩的思想，李斯、秦始皇的实际行动满足了统一大业过程中统一人们思想与行动的需要，也结束了春秋战国时期空前繁荣的百家争鸣。法家这种禁私学、学术思想择一的做法，也开中国封建社会思想统治的先河。

三、"以法为教"和"以吏为师" 【名解】：17华东，19福建，21成都大学

"以法为教"主要表达了法家推行法治教育的内容，是法家教育思想的一个基本概括，它要求在社会实行普遍的法制教育，使维护封建统治的政治、经济、思想、文教等法令妇孺皆知，深入人心。

"以吏为师"主要表达了法治教育的实现手段，为了实行法治，选择知法的官吏来担任法令的解释者和宣传者。"以吏为师"还包含一层意思：理想的国家和社会是不需要许多人来从事文化、知识和教育工作的，这样的人一多，就会破坏社会秩序。

顺口溜 法家四大狠，绝对性恶论，二心私学禁，以法为内容，以吏为手段

真题回顾

2019年华南师大简答题：简述法家的教育思想。

2021年浙江海洋大学简答题：简述儒家和法家关于人性观点和教育作用。

"以法为教、以吏为师"是法家代表人物韩非提出的教育主张，其首倡者是商鞅。

第八节 战国后期的教育论著

一、《大学》【名解/简答】：10、12、20山东，14、15河南，14福建，15贵州，16湖南，17四川，17新疆，18浙江、18鲁东、18、21宝鸡文理学院、18南通大学、19华中、19广西、19、20湖南大学、20西北、20西藏大学、21临沂大学、21石河子、13重庆、16陕西、17天津、17苏州、17西安外国语

《大学》是《礼记》中的一篇，它对大学教育的目的、程序和要求做了完整而明确的概括。

（一）"三纲领"

《大学》开篇就说："大学之道，在明明德，在亲民，在止于至善。"这是儒家对《大学》教育目的和为学做人目标的纲领性表达。"三纲领"表达了儒家以教化手段的仁政、德治思想。

"明明德"，就是发扬光大人天生的善性——"明德"，这是每个人为学做人的第一步；
"亲民"，是指推己及人，使人们去其"旧染之污"，也臻于善的境界；
"止于至善"，每个人都应在其不同身份时做到尽善尽美，这是大学教育的终极目标。

（二）"八条目"【名解】：20集美大学，21湖州师范

为了实现"三纲领"，《大学》提出了八个步骤：格物、致知、诚意、正心、修身、齐家、治国、平天下。这八个步骤前后相续，逐个递进而又逐个包含，体现了阶段与过程的统一。

"格物"指穷尽事物之理，即学习儒家的"六德""六艺"之类的经典。
"致知"指获得知识，从寻求事物的理开始，旨在综合而得到最后的启迪。
"诚意"就是要不自欺，人的意念和动机要纯正。
"正心"就是不受各种情绪的左右，始终保持认识的中正。
"修身"是人的一种综合修养过程，是人品质的全面养成。
齐家、治国、平天下是个人完善的最高境界。

《大学》的特点首先在于强烈的伦理性和人文色彩；其次表现出较强的逻辑性。"三纲领"与"八条目"都环环相扣、层层递进，对中国知识分子的为学、为人和为政有极大的影响。

顺口溜>> 格物致知心要诚，修身齐家能治国，天下太平是归宿

二、《中庸》【选择/名解/简答】：16广东技术，20宝鸡文理，21鲁东，18陕西，18湖南，20北京

《中庸》是《礼记》中的一篇，主要阐述先秦儒家的人生哲学和修养问题。

（一）性与教

《中庸》开篇指出："天命之谓性，率性之谓道，修道之谓教。"意思是天所赋予人的就叫作性，顺着性来行事叫作道，修治此道就叫作教。首先，人性是与生俱来的秉性，率性就是要遵循人性中潜在的本然之善，使之发扬光大。其次，人生来就有善的本性，人应当对此加以保存和发扬，人的善性的真正保存与发扬有待于教育的作用。

（二）中庸

孔子认为，中庸是最高的道德准则。中庸的意思是既无过，也无不及，不偏不倚。

在政治和道德实践中，杜绝一切过激行为，以恰到好处为处事原则。

（三）"自诚明"与"自明诚"，"尊德性"与"道问学" 【名解】：19浙江，21安徽

依《中庸》之见，人们可以从两条途径得到完善，其一是发掘人的内在天性，进而达到对外部世界的体认，这就是"尊德性"，或者"自诚明，谓之性"；其二是通过向外部世界的求知，以达到人的内在本性的发扬，这就是"道问学"，或者"自明诚，谓之教"。无论是"尊德性"与"道问学"，都说明人是通过向外求知以完其本性和向内省察以有助于求知来完善自身的。

（四）"博学之，审问之，慎思之，明辨之，笃行之"

中庸对学习过程进行了阐述，把学习过程具体概括为学、问、思、辨、行五个先后相续的步骤。这一表述概括了知识获得过程的基本环节和顺序，是对从孔子到荀子先秦儒家学习过程思想——学思行的发挥和完整表述。

三、《学记》【名解/简答/论述】：10华中，11重庆，11广西，11江苏，11、13杭州，13、17东北，13、17延安大学，13中南大学，13闽南，13天津，13、14、17西华，14辽宁，14江西，14西南，14湖南大学，15、20重庆三峡学院，16河北大学，16、21河南，17北大学，17、21聊城大学，18广西民族，18广西师范学院，17、19、21中央民族，18四川，18中国海洋，19宁波大学，19山西，20淮北，20湖北大学，20江苏大学，20陕西，21北京联合，21山东，21深圳大学，21佛山科学技术学院，10南京，10江苏，11江西，14东北，15华东，16浙江工业，16、17浙江，21江苏大学，21宁夏大学，11、18东北，15淮北，16、21吉林，17苏州，17山西，18延边大学，18陕西，19青海，19曲阜

《学记》是《礼记》中的一篇，是中国教育史和世界教育史上一部<u>最早的、最完整的专门论述教育、教学问题的论著</u>，是对先秦儒家教育和教学活动的理论总结。

（一）教育作用与教育目的

1. 对社会的作用和目的

（1）建国君民、教学为先；（2）化民成俗、其必由学，兴办学校，推行教育，教化人民群众遵守社会秩序，养成良好风俗。

2. 对个人的作用和目的

"玉不琢、不成器；人不学、不知道"。教育通过对人有目的、有计划地培养，使每个人都形成良好的道德与智慧，懂得去维护国家利益和社会安定。

（二）教育制度与学校管理

1. 学制与学年

（1）学制：《学记》提出了中央到地方按行政建制设学的设想。

（2）学年：《学记》把大学教育的年限定为两段、五级、九年。第一、三、五、七学年毕，共四级，为一段，七年完成，谓之"小成"；第九学年毕为第二段，共一级，考试合格，谓之"大成"。这是古代年级制的萌芽。

2. 学校管理：视学与考试

（1）视学：《学记》十分重视大学开学和入学教育，把它作为教育管理的重要环节来抓。开学之日，天子亲自参加开学典礼，定期视察学宫，体现国家对教育的重视。

（2）考试：学习过程中，规定每隔一年考查一次，以表示这一阶段学业的完成。考查内容包括学习成绩和道德品行，不同的年级有不同的要求。整个考试制度体现了循序渐进，德智并重的特点。

《学记》的作者一般认为是思孟学派，孟子的学生乐正克。全文不过1200多字，但内容却颇为丰富。《学记》对教育学基本问题都有论述，被认为是"教育学的雏形"。

考试：
第一年"视离经辨志"。
第三年"视敬业乐群"。
第五年"视博习亲师"。
第七年"视论学取友"。
第九年"知类通达，强立而不反"。

（三）教育教学的原则与方法【简答/论述】：10辽宁，11渤海，15贵州，15、20西北，16湖南科技，19湖南，19吉林，19天津，20苏州，20大理大学，21内蒙古，21哈尔滨，11哈尔滨，11、15沈阳，11、12西北，12、17渤海大学，20山西大学

1. 教育教学原则

（1）预防性原则（预）。"禁于未发之谓预"，要求事先估计到学生可能会产生的种种不良倾向，预先采取防止措施。当不良倾向已经发生甚至积习已深时再作教育引导，就会格格不入而倍感困难。

（2）及时施教原则（时）。"当其可之谓时"，掌握学习的最佳时机，适时而学，适时而教。这已涉及教学中学生的年龄特征、心理准备、教学内容和顺序等问题，要求寻找诸因素的最佳结合点，使教学显见成效。

（3）循序渐进原则（孙）。"不陵节而施之谓孙"，教学必须遵循一定的顺序（"孙"）。孙，可以理解为内容的顺序和年龄的顺序。如果杂乱施教而无合理的顺序，其效果将适得其反。

（4）学习观摩原则（摩）。"相观而善之谓摩"，学习中要相互观摩，相互学习，取长补短。要在集体中学习，借助集体的力量进行学习。否则，"独学而无友，则孤陋而寡闻"。

（5）长善救失原则。【名解】：20吉林，21华南

"学者有四失，教者必知之。人之学也，或失则多，或失则寡，或失则易，或失则止。此四者，心之莫同也。知其心，然后能救其失也。"这指出了学生学习中存在的四种缺点，即贪多务得，片面专精，浮躁轻心，畏难不前。因此，教师要掌握学生的心理差异，认识到它的两重性。《学记》揭示了学生学习中长短、得失的辩证关系。教师要注意学生的个别差异，帮助他们发扬优点，克服缺点。

（6）启发诱导原则。"君子之教，喻也"，教学要注重启发诱导。"导而弗牵，强而弗抑，开而弗达"，意思是教师引导，但又不牵着学生鼻子走；督促勉励，又不勉强、压抑；打开思路，但不提供现成答案。懂得启发的教师，才算是懂得教学的教师。

（7）藏息相辅原则。【名解】：19安徽

"藏焉修焉，息焉游焉"，"时教必有正业，退息必有居学"。这是说既有有计划的正课学习，又有课外活动和自习，有张有弛，让学生感到学习的乐趣，感受到老师、同学的可亲可爱，使学习成为学生的一种内在需要。

（8）教学相长。【名解】：12内蒙古，11、13、15四川，14延安大学，19浙江大学，20赣南，20天津外国语，21陕西理工

"虽有嘉肴，弗食不知其旨也；虽有至道，弗学不知其善也。是故学然后知不足，教然后知困。知不足，然后能自反也；知困，然后能自强也。故曰教学相长也。"

教学相长本意并非教与学双方的相互促进，而是仅指教这一方的以教为学。它说明了教师本身的学习是一种学习，而他教导他人的过程也是一种学习。正是这两种不同形式的学习相互推动，使教师不断进步。但后人作了引申，将其视为教学过程中教师、学生双方的互相促进、共同提高的过程。

答题提示

各校考查《学记》时，名词解释、简答题、论述题都有涉及。如果考查名词解释，要将所有内容进行压缩回答。例如，考查《学记》名词解释时答案可以为：《学记》是《礼记》中的一篇，是中国教育史和世界教育史上一部最早的、最完整的专门论述教育、教学问题的论著，是对先秦儒家教育和教学活动的理论总结。主要包括教育作用与教育目的，教育制度与学校管理，教育教学原则与方法，教师等几大部分。《学记》为中国教育理论的发展树立了典范，其历史意义和理论价值十分显著。它的出现意味着中国古代教育思维专门化的形成，是中国教育理论发展的良好开端。

2. 教学方法

（1）**讲解法**。它提出："约而达"（语言简约而意思通达），"微而臧"（义理微妙而说得精善），"罕譬而喻"（举少量典型的例证而使道理明白易晓）。

（2）**问答法**。教师的提问应先易简，后难坚，要循着问题的内在逻辑。而答问则应随其所问，有针对性地作答，恰如其分，适可而止，无过与不及。

（3）**练习法**。如学诗须多诵读吟唱，学乐则须多操琴拨弦，学礼则多按规矩去做。根据学习的内容来安排必要的练习，练习需要有规范，并且应逐步地进行。

（四）教师

1.《学记》十分尊师

首先，社会上每个人，从君到民，都是教师教出来的，尤其是以教育为治术就离不开好老师。

其次，把为师、为长、为君视为一个逻辑过程，使为师实际上成为为君的一种素质、一项使命，这就使尊师具备了更加丰富的内涵，而与《大学》的"三纲领""八条目"取得一致。

2.《学记》对教师提出了严格要求

（1）教师既要有渊博的知识和崇高的道德，又要掌握教育教学方面技能技巧。

（2）教师自我提高的规律是"教学相长"。（前面已有"教学相长"详细阐述）

总结：

《学记》为中国教育理论的发展树立了典范，其历史意义和理论价值十分显著。它的出现意味着中国古代教育思维专门化的形成，是中国教育理论发展的良好开端。

助记表格>>

《学记》			
教育作用与教育目的	教育制度与学校管理	教育教学原则与方法	教师
社会：建国君民、教学为先；化民成俗、其必由学，兴办学校，推行教育 个人：玉不琢、不成器；人不学、不知道	教育制度： 学制与学年 学校管理： 视学与考试	预时孙摩、藏息相辅、启发诱导、长善救失、教学相长	尊师、对教师严格要求

本章高分拓展

一、《乐记》（陕西师大新增）

《乐记》也是《礼记》中的一篇，是先秦儒家专门论述乐教的论著，它论述了音乐的起源和作用等问题，这本书意味着儒家乐教思想的成熟。一般认为，《乐记》的作者是孔子的再传弟子、战国初期的公孙尼子。

（一）乐的起源与内涵

《乐记》指出，音乐是人的心理活动、人的情感表现，是"人情之所以必不免也"。但人的情感又是受到外物的刺激而引发变化，形诸声音而成为乐的。《乐记》关于乐的产生这一论点，既指出了艺术内容的真实性特点，也说明了艺术对人的感化作用。

所谓的"乐"，内涵十分丰富，不仅是指音乐，还包括绘画、雕刻、建筑等造型艺术，甚至是仪仗、打猎等令人快乐的活动，但通常所谓"乐"，主要是指音乐。

（二）乐教的作用

对人而言，使人认识深刻，情感丰富；对国家而言，有利于维护社会安定，净化社会风气。因此，《乐记》以为，乐是"通伦理"也是"与政通"的。

在论述乐的作用过程中，《乐记》实际上把艺术置于工具和手段的地位。既然乐的目的是为了教育人，这种教育归根结底是服务于社会伦理和政治的，那么乐的思想内容就是第一位的，而艺术形式则是第二位的。于是，《乐记》提出了一个著名的艺术名家和艺术创造的标准——"德成而上，艺成而下"。这一标准不仅成为后代的艺术标准，还泛化为人们其他实践活动的一般标准。

二、《论语》【名解】：10东北，13湖南，18杭州

《论语》是中国春秋时期一部语录体散文集，是儒家学派的经典著作之一，由孔子的弟子及其再传弟子编撰而成。作为一部优秀的语录体散文集，它以言简意赅、含蓄隽永的语言，记述了孔子的言论。《论语》中所记孔子循循善诱的教诲之言，或简单应答，点到即止；或启发论辩，侃侃而谈；富于变化，娓娓动人，集中体现了孔子的政治主张、伦理思想、道德观念及教育原则等。

评价：《论语》有自己的糟粕或消极之处，但它所反映出来的两千多年前的社会人生精论，富有哲理的名句箴言，是中华民族文明程度的历史展示。即使今天处在改革开放、经济腾飞、文化发展的时代大潮中，《论语》中的许多思想仍具有一定的借鉴意义和时代价值。

三、儒、墨教育的异同【简答】：15湖南

相同点：

（1）关于教育的作用，儒墨都认为教育对社会发展，对个人成长起着十分重要的作用。

（2）关于教育的原则和方法，儒墨都强调"行"的重要。

不同点：

（1）理论基础不同。儒家孔子主张"性相近，习相远"，孟子主张"性善"，荀子主张"性恶"；而墨家则提出"素丝说"。

（2）教育的目的不同。儒家孔子主张培养"君子儒"，孟子主张培养"大丈夫"，荀子主张培养"贤能之士"，其实都是培养统治阶级的治术人才；墨家则主张培养"兼士"或"贤士"。

（3）教育的内容不同。儒家重视《诗》《书》《礼》《乐》《易》《春秋》等传统经典的教育；墨家则重视科学和技术教育，重视思维能力的教育，而且认为儒家的六艺之教不可取，提出"非乐"的主张。

（4）教育的原则和方法不同。儒家强调"述而不作"，强调"师道尊严"，因而重传统；墨家则强调"虽不扣必鸣"，强调"古之善者则述之，今之善者则作之"，重创造。

（5）儒墨在教育教学中虽都强调"行"，儒家偏重动机，墨家在结合动机效果的同时偏重效果。

四、试比较孟子与荀子教育思想的异同【简答/论述】：11海南，14湖北大学，18石河子大学，10苏州，12江西，17海南，20石河子大学，18中国海洋，20云南大学

孟子和荀子都是我国古代儒家学派的著名代表人物，然而二者的教育思想既有共同之处，也存在很大的区别：

（一）共同点

首先，在教育作用问题上，孟子和荀子没有什么分歧，二者都重视教育在社会发展和个人成长中的作用。

孟子认为教育对个人的作用在于把人天赋的善端加以保持、培养、扩充、发展，或把已经丧失的善端找回来，启发人们恢复天赋的善良本性，使之成为道德上的"完人"。教育的社会作用则是"行仁政""得民心"。

荀子也是高度重视教育的作用。他认为教育在人的发展中起着"化性起伪"的作用。他指出凡人都可以通过"化性起伪"，改变自己的恶性，化恶为善，而成为君子甚至禹那样的高尚人物。因而，化性起伪是环境、教育和个体努力的共同结果。

其次，在教育目的和教育内容上，二者也有相同的见解，即都认为培养统治人才是教育的最高目标，并且都强调道德教育是教育内容中的重要方面。

孟子认为办教育的目的在于"明人伦"。所谓的"人伦"就是五对关系："父子有亲，君臣有义，夫妇有别，长幼有序，朋友有信。""明人伦"的教育目的决定了他的教育内容是以伦理道德教育为主体。孟子认为仁义礼智的基础就是"孝悌"。以伦理道德为基本教育内容，以"孝悌"为伦理道德基础的教育，是整个中国封建社会教育的重要特点。这一点，与荀子的要求教育培养推行理法的"贤能之士"的教育目标是不冲突的，而荀子整理"五经"为教育内容，与孟子"孝悌"的教育内容更是一脉相承。

（二）不同之处

首先，在人性论上的分歧是二者最大的区别。

孟子肯定"性善论"，认为人人都先天具有仁、义、礼、智四个"善端"。这四个"善端"是每个人与生俱来的，因而从理论上讲，人人皆可为尧舜。但是，仅有这些"善端"是不够的，必须加以扩充，使之达到完善的境地，就可以成为圣人。相反，由于受外界环境的影响，人们的"善端"受到破坏，心灵遭到"陷溺"，就会成为小人、恶人。

荀子学说中最突出的是与孟子"性善论"相对立的"性恶论"，他认为人性是人与生俱来的自然属性，它完全排除任何后天人为的因素。这就是说，与生俱来的本能是"性"，而后天习得者为"伪"。荀子指出孟子所说的人性善，实质上是"伪"而不是"性"，他认为人的本性是恶的，而人的善德是后天习得的。这一点较孟子的"良知""良能"具有更多的唯物主义色彩。

其次，由于哲学观和人性论上的区别，导致孟子和荀子在教学思想上也存在较大差异，孟子主张"内发"，而荀子更倾向于"外铄"。

在学与思的关系上，孟子比较强调"思"，主张深造自得，专心致志；而荀子更提倡"学"。孟子的这种观点是受其唯心主义思想影响，夸大"思"的作用而忽视"闻见"，过多强调理性认识。

在教学过程上，孟子将其视为"存养""内省""自得"的过程，把它看成是发扬人天生的善性过程，唯心主义的倾向较重；而荀子把教学过程看成是闻见、知、行三个环节，更可贵的是强调学是要落到实践上，充分反映其唯物主义的思想，具有较多的客观性。

以上就是孟子与荀子二者在教育思想上的相同与分歧的分析，应该说，二者都有值得我们吸收、发扬的可贵之处，对于他们各自的缺陷，我们应该取长补短，借鉴吸收。

五、比较"苏格拉底方法"与孔子关于启发式教学的思想异同【论述】：13重庆，14延安大学，17四川，21江南大学，21中国海洋，21西安外国语

助记表格>>

	"苏格拉底方法"	孔子启发式教学
含义	又称"问答法""产婆术"。苏格拉底在哲学研究和讲学中，形成了由讥讽、助产术、归纳、定义，四个步骤组成的独特方法，称为"苏格拉底方法" （1）讥讽：采用对话或提问的方式，使对方自陷矛盾，无言以对，终于承认自己的无知 （2）助产术：帮助对方自己得到答案 （3）归纳：从具体事物中找到事物的一般共性和本质 （4）定义：就是把个别事物归入一般的概念，得到关于事物的普遍概念	孔子是世界上最早提出启发式教学的教育家，这一原则主要解决发挥教师的主导作用和调动学生积极性间的矛盾，孔子认为不论培养道德还是学习知识，都要建立在学生自觉需要的基础上，充分发挥学生的积极主动性，反对机械学习，提倡启发式教学。孔子说：不愤不启，不悱不发，举一隅而不以三隅反，则不复 愤：心求通而未得其意——不知道，但想知道 启：开其意 悱：口欲言而未能之貌——说不出来，但知道 发：达其辞 愤与悱是内在心理状态在外部容色言辞上的表现，即教师务必先让学生认真思考，已经思考相当时间但还想不通，然后可以去启发他；虽然思考并已有领会，但未能以适当的言辞表达出来，此时可以去开导他。教师的启发是在学生思考的基础上进行的，启发之后，应让学生再思考，获得进一步领会
相同点	（1）目的：两种教育方法的目的都是启发学生的思维。但非灌输知识，直接把既定的答案告诉学生，都希望学生在教师的引导下，自己思考，自己推理出答案 （2）方法：都采用了互动式交谈（启发式、提问），无论是苏格拉底的"产婆术"还是孔子的启发式，都是教师与学生的一系列对话，教师在对话中去启发学生，交谈的过程中给予学生启示 （3）内容：讨论的内容集中于伦理内容。他们都是注重道德的人，他们探讨的问题往往是没有终极答案，又值得人们去思考哲学类问题和道德类问题		
不同点	（1）启发方式不同。　苏：只是单纯的提问，用一系列的问题使对方无言以对，从而推导出结论。 　　　　　　　　　　孔子：更强调学生本人对知识的思考，不会穷追不舍，只是点到为止，留给学生思考的空间，通过学生的学与思，得出结论。 （2）教学顺序不同。　苏：强调从特殊到一般。孔子：强调从一般到特殊。 （3）教学目的。　　　苏：强调探索新知。孔子：强调温故知新。		

第三章　儒学独尊与读经入仕教育模式的形成

本章大纲考点及考频

第一节　秦代的教育政策与措施　2
第二节　"独尊儒术"的文教政策　9
第三节　汉代的学校教育制度　0
　一、经学教育　1
　二、太学　5
　三、鸿都门学　14
　四、郡国学　0
第四节　董仲舒的教育思想　1
　一、《对贤良策》与三大文教政策　0
　二、论人性与教育作用　1
　三、论道德教育　3

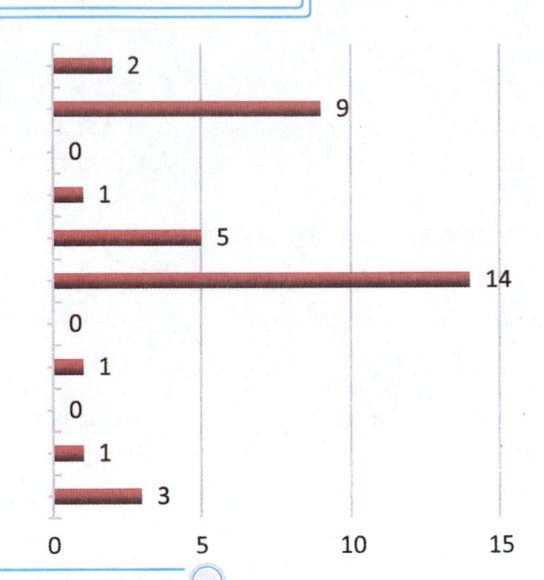

本章思维导图

儒学独尊与读经入仕教育模式的形成
- 秦代的教育政策与措施
  - 统一文字
  - 禁止私学
  - 实行吏师制度
- "独尊儒术"的文教政策
  - "罢黜百家、独尊儒术"
  - 兴太学以养士
  - 实行察举，任贤使能
- 汉代的学校教育制度
  - 经学教育
  - 中央官学：太学（中国第一所完备规制学校）
  - 中央官学：鸿都门学（最早文学艺术专门学校）
  - 地方官学：郡国学
- 董仲舒的教育思想
  - 《对贤良策》与三大文教政策
  - 论人性与教育作用
  - 论道德教育

本章参考书

【1】孙培青主编：《中国教育史》第4版，华东师范大学出版社，第四章。
【2】王炳照主编：《简明中国教育史》，北京师范大学出版社，第三章。

第一节 秦代的教育政策与措施

【论述】：13海南

一、统一文字 【选择】：21南京

（一）原因

秦统一六国以前，各国文字很不统一。国家统一后，这种文字混乱的状况不仅严重阻碍了统一政令的推行，而且阻碍了各地的文化交流。

（二）措施

为顺应客观需要，秦始皇采纳了李斯的建议，进行文字的整理和统一工作，下令"书同文"。据文献记载，李斯以秦国字形为基础，吸收六国字形，总结出种新的字体——**小篆**（又称秦篆），编成字书颁布全国。这部名为《仓颉篇》的字书，成为儿童习字的课本。后来，程邈又对小篆进行改进，将其简化成为隶书。隶书的字形和现在通行的楷书很接近。

（三）意义

秦朝对文字所做的整理工作，是汉字规范化、定型化发展的重要步骤，奠定了汉字统一的基础。文字的统一，对中国文化和教育的发展无疑具有重大的贡献，对维护中国的统一，形成中华民族统一的文化心理起到了重要作用。作为文字统一工作的推动者，秦始皇、李斯等人具有不可磨灭的历史功绩。

二、禁止私学

（一）原因

秦始皇统一六国后，出于加强中央集权的君主专制政治的需要，对私学采取了严厉禁止的政策。

（二）措施

讲学是传播学术思想的途径之一，书籍同样是知识的载体，于是李斯提出了"焚书"的主张。除秦国的历史、卜筮用书、农书不烧外，其他文史书籍一律烧毁。历来以《诗》《书》为教，具有浓厚怀古思想的儒家学者，则成了主要的打击对象，秦国走向了"焚书坑儒"的道路。

（三）评价

秦为了达到思想的统一，简单粗暴地采取禁学、烧书的手段，不顾民众基本精神自由和文化需求，这不仅是文化专制的反映，也是愚民政策的反映。秦禁私学以后，"百家争鸣"的风气从此结束。

三、实行吏师制度

（一）原因

为了达到思想的高度统一，使法家思想深入人心，同时也是为了培养一大批知法、

秦是中国历史上第一个统一的中央集权的封建国家。秦朝的教育政策遵循着一个中心原则，即维护国家的统一和君主集权的封建统治制度，以法治思想指导教育实践。为了实现这个目标，秦朝在文化教育上采取了一系列措施。主要有3方面：
1. 统一文字。
2. 禁止私学。
3. 实行吏师制度。

执法的封建官吏，实现以法治国的目的，秦采取了以法为教、以吏为师的教育政策。

（二）措施

政府规定教育的内容限于法令，其直接目的是使人成为知法守法、服从统治的顺民。政府机关附设"学室"，由吏对弟子进行教训，以培养刀笔小吏。

（三）评价

私学的禁止和"吏师制度"的执行，必然会在教育上出现一种法律之外无学、官吏之外无师的局面。夏、商、西周时期的教育，官师是合一的，后来由于私学的发展，才出现专门以传授文化知识为职业的教师。专职教师的出现，是教育发展史上的一大进步。秦又一次人为地将官与师结合起来，取消了专职教师，无疑是教育发展史上的一次大倒退。

第二节 "独尊儒术"的文教政策

【简答/论述】：11、13浙江，12上海，15山东，15陕西，18江苏大学，19内蒙古，10中山

一、"罢黜百家、独尊儒术" 【名解】：16宁波大学

汉初在文化教育上采取宽松政策，给各学派的发展提供了良好的机会，但各学派之间相互争雄，势必危及政治思想的稳定。董仲舒论证了儒学在封建政治中应居独一无二的统治地位，从而提出"罢黜百家，独尊儒术"的建议。鼓励儒学的发展，对其他各家学说采取排斥态度，达到以儒学统一思想的目的。

二、兴太学以养士

为了保证封建国家在统治思想上的高度统一，也为了改变统治人才短缺的局面，董仲舒在对策中提出了"兴太学以养士"的建议。汉武帝下令为五经博士设弟子，标志着太学正式设立和以经学教育为基本内容的中国封建教育制度的正式确立。实际上，兴办太学，政府直接掌握教育大权，决定人才的培养目标，也是整齐学术、促进儒学独尊的重要手段之一。

三、实行察举，任贤使能

针对汉初人才选拔和使用中的弊病，董仲舒提出了加强选举、合理任用人才的主张。董仲舒提出了一套严格的选士方案，强调"量材而授官，录德而定位"的用人思想。"材""德"都是以儒家经术和道德观念为标准的，这对促进儒学确立独尊地位也有一定的作用。根据董仲舒的这三项建议，汉武帝先后采取了三项措施：立五经博士；开设太学；察举制的完全确立。

总结："独尊儒术"对汉代教育的影响：一是确立了教育为治国之本的地位，国家政策和文化教育都以儒术为本，儒学成为统一的指导思想，根据这个指导思想，培养人才，选拔人才，对人民加强思想教化；二是儒家经学成为教育的主体内容；三是形成了群士归宗攻读儒经的社会风尚。

> **历史背景**
>
> 汉朝经过几十年的"休养生息"，经济上得到恢复和发展，政治上出现了汉景帝平息"七国之乱"的安定局面。汉武帝立志要把"无为"的政治转变成具有进取精神的政治。历来强调"文事武备"的儒家学说和汉武帝的政治愿望相契合，于是应时代需要登上历史舞台。

·第三节 汉代的学校教育制度·

一、经学教育【名解】：16浙江

（一）今文经学与古文经学

汉武帝"罢黜百家，表章六经"之后，儒学取得定于一尊的地位，带来了儒家经学教育与研究的繁荣局面，出现了众多的传授儒学的经师。在为数众多的儒学流派中，可以归结为两大学术流派：今文经学和古文经学。今、古文经学者因治经立场和观点的不同，表现出不同的学术风格。

（二）章句之学与师法、家法

汉朝经学教育中多采用章句的形式教学。章句实际上是经师教学所用的讲义。因为章句之学表现了不同经师的学术风格，所谓师法、家法，正是体现在不同的章句之学之中。

（三）经学会议与石经

经学会议是为了提供经学研究和教育的规范思想，石经创立是提供经学的规范教科书，旨在将教育纳入政府所希望的轨道。

二、**太学（中央官学）**【名解】：12苏州，14闽南，17天津大学，19海南，20湖南大学

汉武帝下令为五经博士设弟子，**标志着**太学正式设立和以经学教育为基本内容的中国封建教育制度的正式确立。

(1) 教师与学生：太学的正式教师是博士，学生称为"博士弟子""诸生""太学生"。
(2) 培养目标：太学为国家培养"经明行修"的官吏。
(3) 教学内容：太学实际上是一所儒学专门学校，所授的知识是单一的儒家经典。
(4) 教学形式：太学中有个别或小组教学，后期也有"大都授"的集体上课形式。
(5) 考试制度：太学没有严格的授课和年级制度，太学考试采用"设科射策"的形式。

汉代太学是中国教育史上**第一所**具有完备规制的学校，利用学校教育来强化官方的意识始于汉代的太学。

助记 >> 太学：博士老师用个别或小组教学方式，教儒家经典给博士弟子，考试采用设科射策，最终培养博士弟子为经明行修的官吏

三、**鸿都门学（中央官学）**【名解】：10、11渤海大学，11苏州，11北京，12河南，17西北，18信阳师范，19中央民族，19江苏，19山东，20赣南，21南京，21集美大学，21四川

鸿都门学创办于东汉灵帝光和元年（178年），因校址在洛阳的鸿都门而得名。鸿都门学在性质上属于一种**研究文学艺术的专门学校**，是宦官抵抗官僚势力而办。

意义：首先，它打破了儒学独尊的教育传统，以社会生活所需要的诗、赋、书画作为教育内容，这是教育的一大变革，促进学校多样化；其次，它是一种专门学校，作为一种办学的新形式，为后代专门学校的发展提供了经验，同时它也是世界上**最早**的文学艺术专门学校。

> **复习提示**
>
> "设科射策"，"策"是指教师（主考）所出的试题。"射"是以射箭的过程来形象描写学生对试题的理解和回答过程。"科"是教师（主考）用以评定学生成绩的等级标记，从优到劣依次分为甲科、乙科。

四、郡国学（地方官学）（浙江师大大纲删除）

地方官学又称郡国学校，汉景帝时，蜀郡太守**文翁**到达成都后，积极兴办文化教育事业，发展儒家思想，改变了当地的风俗，促进了经济的发展，史称文翁兴学。

办学目的：第一，培养本郡的属吏，同时向朝廷推荐地方学校中特别突出的学生；第二，通过学校定期举行"乡饮酒""乡射"等传统行礼活动，向社会普遍推行道德教化。

> 文翁兴学是封建国家兴办地方官学的开始。

· 第四节 董仲舒的教育思想 ·

【论述】：16 苏州

一、《对贤良策》与三大文教政策（略，详见本章第二节内容）

二、论人性与教育作用【简答】：21 北京理工

（一）论人性

1. 人性就是指人天生的素质（"生之质"）

人性之"质"中，有"仁气"和"贪气"。仁气是指人性中那些有利于促进发展封建社会道德的先天因素，贪气是指人性中那些将导致与封建社会道德相抵触的先天因素，它们是人性中的两个对立物。

2. 董仲舒又严格地将人性与善区分开来

善是指封建社会的伦理道德。他认为人性与善的关系是可能性与现实性、根据和结果的关系，性是善的可能性和内在根据，善是性在教育条件下向具备一定道德之善的现实人格转化的结果。

3. 董仲舒明确将人性划分为三种不同的等级

"有斗筲之性，中民之性，圣人之性。"

"圣人之性"，是天生的"过善"之性，是一般人先天不可能、后天不可及的。

"斗筲之性"，是无"善质"的，生来就"恶"的，教化无用，只能采用刑罚对付他们。

"中民之性"，就是万民之性，必须通过王者的教化才能成"善"。

（二）教育作用

教育对于不同的人所起的作用各不相同，圣人能够自觉控制自己的感情欲望，注定要向善的方向发展。斗筲之人的感情欲望强烈而很难进行自我节制，注定要向恶的方向发展，只有用刑罚制止他们作恶。具有"中民之性"的人是教育的主要对象。董仲舒的人性论破坏了先秦原始平等的人性论，并为封建专制统治提供理论基础。

三、论道德教育【简答/论述】：11 扬州，19 吉林，17 天津大学

（一）道德教育的作用

德教是立政之本。在董仲舒的社会政治思想中，虽然主张教化与刑罚并用，但强调

> **复习提示**
>
> 儒家在其发展演变的过程中，经过两次重大的改造，两汉的董仲舒和南宋的朱熹是这两次改造的关键人物。董仲舒不仅是西汉儒学的代表人物，也是一位有重大历史影响的教育家。
>
> 董仲舒前后三次回答汉武帝的策问，提出"独尊儒术"等三条建议，为汉武帝接纳，成为汉代政府的三条文教政策。

以道德教化为本为主，刑罚为末为辅。以道德教化作为实现仁政德治手段是儒家学说的传统。

（二）道德教育的内容

"三纲五常"是董仲舒伦理思想体系的核心，也是其道德教育的中心内容。"三纲"指君为臣纲，父为子纲，夫为妻纲。"五常"指仁、义、礼、智、信。

"三纲"是道德的基本准则，"五常"是与个体的道德认知、情感、意志、实践等心理、行为能力相关的道德观念。"三纲"与"五常"结合的纲常体系成为中国封建社会道德教育的中心内容。

（三）道德修养的原则与方法

1. 确立重义轻利的人生理想

"正其谊（义）不谋其利，明其道不计其功"，董仲舒要求人们心正意诚，立志要做一个适合封建国家要求的人。利，满足人们肉体的需求。义，满足人们的精神需求，提倡封建国家利益原则的追求应高于对个人利益的追求。

2. "以仁安人，以义正我"

"仁"是建立在对人类生命珍视热爱的基础上的，凸显了对个体生命价值与权利的尊重。"义"是从封建国家的公利出发确定的行为准则，凸显了个人对社会及其他个体的责任与义务。他要求人们从尊重他人的价值与权利出发，以"仁者爱人"的情怀去爱护、关心他人。

3. 提倡"必仁且智"

在道德修养中必须做到"仁"与"智"的统一，即道德修养中情感与认知的统一。

4. "强勉行道"

要求人们道德修养不只停于认识上，应表现于行为上。努力地进行道德修养，德行就能日益显著，取得良好的成就，强调品行的积累。

5. "明于性情"

在道德教育中，必须重视道德情感的培养，"引其天性之所好，而压其情之所憎者。"即要诱发其天性中美好的东西，抑制其所憎恶的东西。

助记表格>>

董仲舒	《对贤良策》与文教政策	论人性与教育作用	论道德教育
	独尊儒术、兴太学以养士、实行察举制	性三级	德育作用、德育内容、德育原则与方法

第四章 封建国家教育体制的完备

本章大纲考点及考频

考点	考频
第一节 魏晋南北朝官学的变革	0
第二节 隋唐学校教育体系的完备	0
一、文教政策的探索与稳定	2
二、中央政府教育管理机构的确立	1
三、中央和地方官学体系完备	0
四、学校教学和管理制度齐备	2
五、私学的发展	1
六、学校教育制度的特点	7
第三节 科举制度的建立	1
一、科举制度的产生与发展	1
二、考试的程序、科目与方法	0
三、科举制度与学校的关系	15
四、科举制度的影响	35
第四节 颜之推的教育思想	1
一、颜之推与《颜氏家训》	0
二、论士大夫教育	0
三、论家庭教育	21
第五节 韩愈的教育思想	2
一、道统说	0
二、"性三品"说与教育作用	1
三、论人才的培养与选拔	0
四、师道观	21

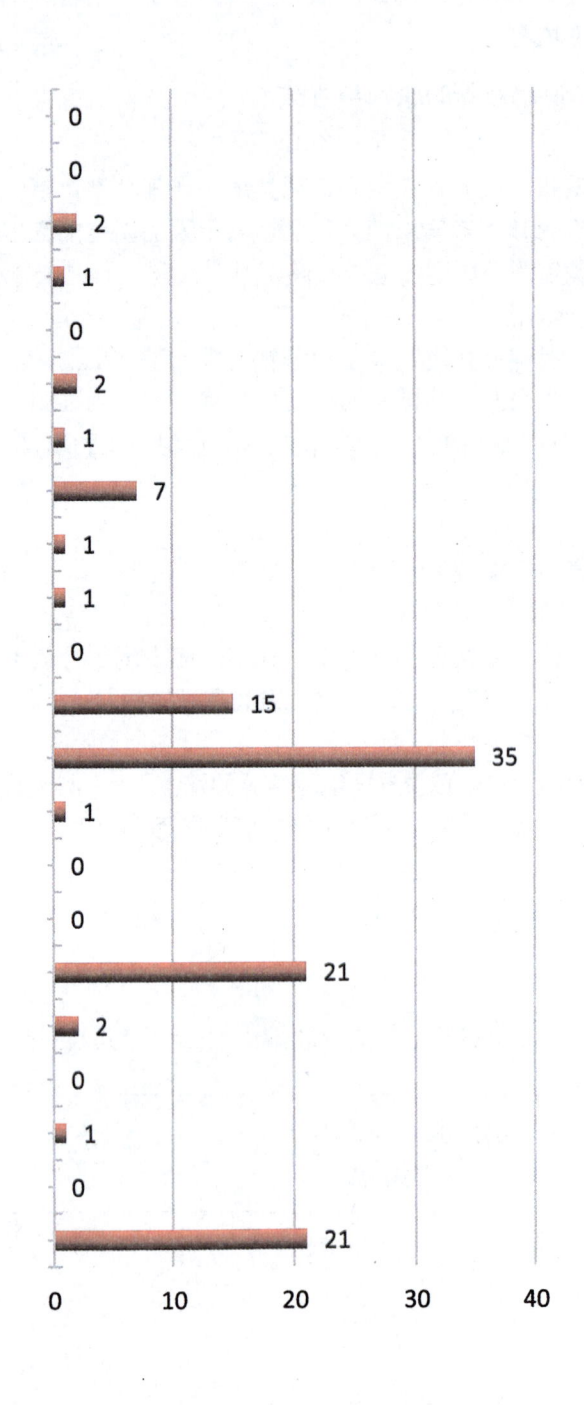

本章思维导图

- **封建国家教育体制的完备**
  - 魏晋南北朝官学的改革
    - 西晋的中央官学：国子学
    - 南朝宋的中央官学：四馆、总明观
    - 北魏的中央官学
  - 隋唐学校教育体系的完备
    - 文教政策的探索与稳定
    - 中央政府教育管理机构的确立
    - 中央和地方官学体系完备
    - 学校教学和管理制度齐备
    - 私学的发展
    - 学校教育制度的特点
  - 科举制度的建立
    - 科举制度的产生与发展
    - 考试的程序、科目与方法
    - 科举制度与学校的关系
    - 科举制度的影响
  - 颜之推的教育思想
    - 颜之推与《颜氏家训》
    - 论士大夫教育
    - 论家庭教育（《颜氏家训》）
  - 韩愈的教育思想（唐）
    - 道统说
    - "性三品"说与教育作用
    - 论人才的培养和选拔
    - 师道观

本章参考书

【1】孙培青主编：《中国教育史》第4版，华东师范大学出版社，第五、六章。

【2】王炳照主编：《简明中国教育史》，北京师范大学出版社，第四、五章。

第一节 魏晋南北朝官学的改革

一、西晋的中央官学（国子学）（了解）

西晋在继续兴办太学之外，还创办了一所旨在培养贵族子弟的国子学。这是我国古代在太学之外，另外设立一所传授同样内容的中央官学的开始，也是西晋教育制度的一个主要特点。国子学的设立是为了满足士族阶级享有教育特权，严格士庶之别的愿望。国子学的设置，使中央官学多样化，等级性更明显。

二、南朝宋的中央官学（了解）

（一）四馆

南朝宋文帝征召名儒，先后设立了儒学馆、玄学馆、史学馆、文学馆，四馆并列，各就其专业招收学生进行教学、研究。四馆的建立打破了自汉代以来经学教育独霸官学的局面，使玄学、史学、文学与儒学并列，这是学制上的一大改革，也反映出当时思想文化领域的实际变化。

（二）总明观

南朝宋明帝以国学既废，诏立总明观（东观），置祭酒，设儒、道、文、史四科，每科置学士。总明观是**藏书、研究和教学**三位一体的机关，以总明观作为总的领导机构，机构上更完备，管理上更完善，使原来四个单科性质的大学发展为在多科性大学中实行分科教授的制度。

三、北魏的中央官学（了解）

明元帝时改国子学为中书学，属中书省管辖，学内设中书博士以教授中书学生。**中书学**名称是北魏的特创。但北魏鲜明的等级制度，致使统治者只重视贵族的教育，但鲜卑贵族世尚武功，贵族子弟亦不以受业为意，故其学校教育的实效是有限的。

公元471年孝文帝即位后，加速了封建化进程，强调皇族教育，建起**皇宗学**，为北魏首创。孝文帝亲政后，开始实行加速汉化的改革措施，诏立国子、太学、四门小学。不久孝文帝即崩，虽有三学分建之令，其实仅只国子学有讲肄之业，其他两学虚荷其名而已。

宣武帝在位期间，虽屡发兴学诏令，然事不行，北魏的官学教育趋于衰落。孝明帝即位不久，又诏立国学，规定以三品以上及五品清官之子选充学生。未及选置，事又不果。孝武帝时，于公元533年释奠于国学，置生72人，但不久东西魏分立，国学也随之瓦解。

> 魏晋南北朝是我国古代由统一转为分裂和长期战乱的时期。在选士制度上，主要实施九品中正制，同时也沿用了汉代的察举制度。在教育思想领域，出现了较为错综复杂的现象，即玄学盛行，佛道广泛传播，儒家经学进入了一个新的历史阶段，被学术界称为"继汉开唐"的时代。

第二节 隋唐学校教育体系的完备

一、文教政策的探索与稳定 【简答】：14中山大学，20内蒙古

(一) 崇儒兴学

隋唐确立了崇儒兴学的文教政策，推行文教，依靠学校，推行普遍道德教化。到了武则天时期，发生了转变，尊佛抑儒，重科举轻学校，使得贞观以来的官学处于荒废。唐玄宗当政后，又重新恢复了崇儒兴学的文教政策，学校再次得到发展，并形成法定的制度。

(二) 兼用佛道

隋唐崇尚儒术，但不"独尊儒术"，在崇儒的同时，还提倡佛教、道教。在学校中研究道教经典，以及在科举中考试道教经义，也是唐代儒道结合的表现。唐玄宗从维护政权需要人才出发，提倡发展儒学，封孔子为文宣王，依法行释典礼。

(三) 发展科举

隋炀帝"始建进士科"，标志着科举考试制度的形成。唐承隋制，恢复科举，并将科举发展成为常规的以考试选拔人才的制度。

(四) 任立私学

提倡民间办学，听任私学发展，以补充官学。隋唐时期，鼓励私学成为政府的政策之一。政府提倡私学，是要求私学在施行礼教、移风易俗方面发挥其作用。

二、中央政府教育管理机构的确立 【简答】：21北京联合

隋文帝时期，为加强对教育事业的管理和领导，在中央设置国子寺总管教育事业。**国子寺及国子祭酒的设置**，是我国历史上**第一次**由中央政府设立专门管理教育的机构和官员，**标志着**我国封建教育已经发展到了成为独立部门的时代。

国子寺独立后改名为国子学，大业三年（公元607年）改国子学为国子监，国子监的名称一直沿用到清朝。

国子监既是中央政府教育行政机构，又是国家最高学府，培养统治人才为国家所用，具有两方面的职能。**国子监的设立，标志着**国家对培养统治人才的重视，学校管理走向专门化，以适应教育事业大规模发展的需要。

三、中央和地方官学体系完备

(一) 中央官学

隋朝的中央官学有五学：国子学、太学、四门学、算学与书学。唐朝中央官学的主干是国子监领导下的六学一馆。六学一馆指国子学、太学、四门学、律学、书学、算学和广文馆。另外的学校是中央的一些事业和行政事务部门结合自己的需要所办，归它们管理。总的来说，唐代中央官学较为发达，种类繁多，人数众多，等级森严，学习内容丰富，远超以往任一朝代。

国子寺→国子学→国子监

隋唐的教育管理体制确立了两种模式：一是中央和地方分级管理的教育行政体制。中央官学由国子监祭酒负责，地方官学由地方长官长史负责。二是统一管理与对口管理并举，以统一管理为主。国子监统一管理教育事业，一些专科学校由对口部门去管理。

（二）地方官学

隋唐的地方官学与地方的行政制度密切相关。地方的行政管理，主要是由州县两级实施，州县的官员都由中央政府吏部任命，听命于中央。地方官学在隋代已有广泛发展，唐代对地方官学更加重视，并且有新的发展。唐代在各府、州、县分别设有府学、州学、县学，在县还设有市学和镇学。学生的名额和教师编制是有规定的。地方学校主要学习儒家经典。

助记图 >>

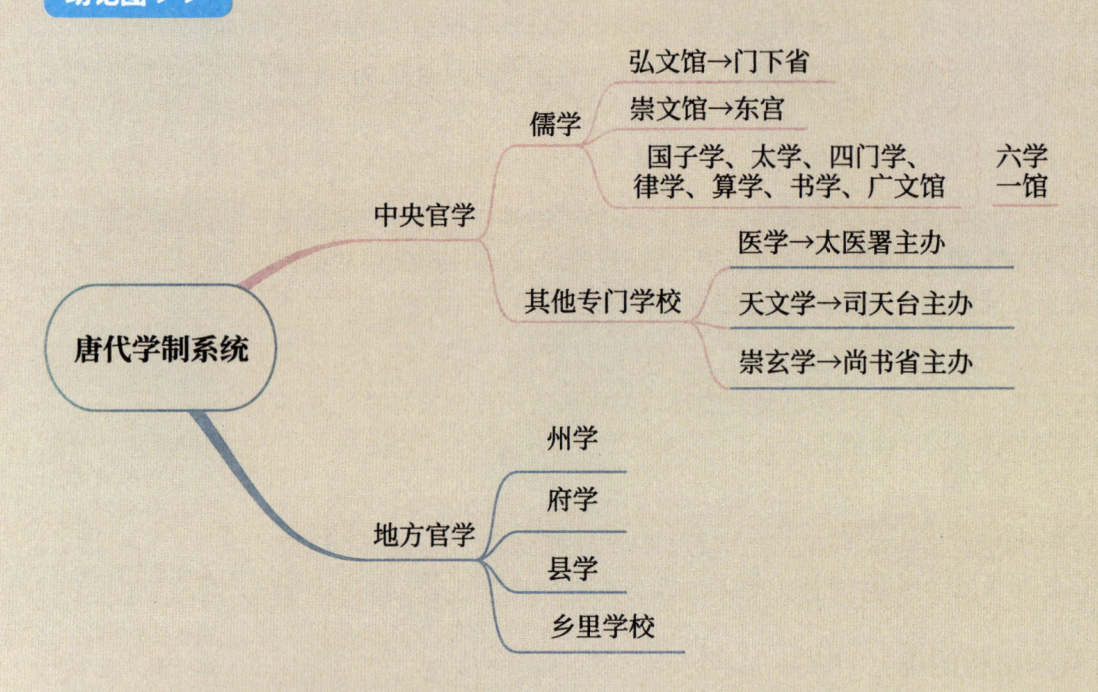

唐代学制系统
- 中央官学
  - 儒学
    - 弘文馆→门下省
    - 崇文馆→东宫
    - 国子学、太学、四门学、律学、算学、书学、广文馆（六学一馆）
  - 其他专门学校
    - 医学→太医署主办
    - 天文学→司天台主办
    - 崇玄学→尚书省主办
- 地方官学
  - 州学
  - 府学
  - 县学
  - 乡里学校

四、学校教学和管理制度齐备（唐代官学教育管理制度）（浙江师大大纲删除）【简答/论述】：18辽宁，15福建

唐代官学教育管理制度最重要的是以下六项：

第一，**入学制度**。唐代中央官学实行等级入学制度，凡申请入国子监的学生，对年龄有一定限制。

第二，**学礼制度**。定期性的礼仪活动使学生受到崇儒尊师、登科从政的教育，受到一定的思想熏陶。

第三，**教学制度**。各种类型的学校教学内容具有具体性和专业性，如国子学、太学、四门学主要学习儒家经典，律学以学习唐律令为专业，都规定了各门课程的修业时限。

第四，**考核制度**。主要有旬试、月试、季试、岁试和毕业试。

第五，**督责与惩戒制度**。国子监主簿负责执行学规，督促学生勤学，保证国子监的教学和生活秩序。

第六，**休假制度**。常规的休假有旬假、田假和授衣假，反映了农业社会的人性关怀。

顺口溜 >> 入学教学要考核，休假学礼要督责

真题回顾

2019年福建师大论述题：评述隋唐时期私学的发展演进。

五、私学的发展【论述】：19 福建

（一）隋唐时期私学蓬勃发展的原因和条件

1. 社会民众的需要

由于地方官学设置限在州、县所在地各一所，名额也有严格限制，广大民众要求子弟入学受教育的愿望不能满足，只好从发展私学找出路，于是挖掘教育资源，开办私学。

2. 政府政策的倡导

隋文帝实行德治，重视教化民众，强调劝学行礼，对私学的发展起了推动作用。唐初对私学也采用鼓励政策。

3. 隋唐经济的繁荣

隋唐都有政治较为安定的时段，和平时期有利于农业经济的发展，导致经济繁荣，这是民间私学发展的基础。

（二）隋唐私学的分类

1. 初级私学

凡进行启蒙识字教育和一般的生活和伦理常识教育为初级私学。初级私学有多种办学主体和办学形式，主要有乡学（乡校）、村学、私塾、家塾、家学等。初级私学没有成文的制度，但遵守历史形成的习俗，儿童六七岁入学受教；春季始业单班学校、个别教授；教学的基本内容为读、写、算，习诗歌诗。私塾教师以教授乡里儿童而获得有限的束脩，作为生活的基本来源。

2. 高级私学

凡进行专经传授或其他专业知识技术传授的为高级私学。以教师为中心，自由设置。师资队伍充实，主要有学有专长的人士，避世隐居的学者，在职、失职或者退休的官员；生源来自各个社会阶层，主要是已受过初级私学教育，要求进一步提高而受专业教育的青年。高级私学中求学受教形式自由多样，教师的生活条件也优于初级私学教师。

3. 书院的创立

书院产生于唐，发展于五代，而繁荣和完善于宋代。唐代书院主要由民间私家设立，既有藏书，又有教学活动，学习内容适合科举考试的需要，不同于以前以单科学习为主的私学，形成知识面较广的新型教育机构。

六、学校教育制度的特点【简答/论述】：11 云南，14、16 聊城大学，16 安徽，20 浙江，18 哈尔滨，18 山西大学

（一）学校体系的形成

在教育行政上官学是教育的主干，私学是官学的重要补充，私学承担基础教育与专业教育两层次教育任务。地方官学向中央官学选送学生，使地方官学与中央官学衔接。官学以私学为基础，吸纳私学输送优秀学生。这一古代学校教育体系的形成，对中国封建社会后期的教育产生了重要影响。

（二）教育行政体制分级管理的确立

隋代开始，加强对教育事业发展管理的需要，中央官学由附属机构转为独立机构，从太常寺分离，国子学后来改称国子监，既是高级教育学府，也是教育行政机关。从此实行分级管理的教育行政体制，中央官学由国子监祭酒负责管理，地方官学由州县长官负责管理。而专科性学校则归对口的行政部门管理，以利于专业教育的实施。这种体制，在当时收到实效。

隋唐时期文化繁荣，催生了多种学科的私学传授。从私学传授内容来看，比较主要的有以下八类：《三礼》学；《易》学；《春秋》学；《汉书》学；谱学；《文选》学；文学；科学技术。

（三）学校内部教学管理制度及法规的完善

隋唐时期对过去学校教学的规定和惯例加以梳理，按现实的需要，做了新的规定，特别在开元年代对规定又做了一番检查修订，使入学资格、学校礼仪、专业教学、成绩考核、违规惩罚、休假处理等方面都纳入法制轨道，此后可依法对学校教学进行管理。

（四）重视专业教育

隋代以前的中央官学，都沿袭汉代太学的传统，只重视五经的传授。这种情况到了隋唐时期才发生转变。由于统一的中央集权国家需要大量人才，才能满足行政管理和事业发展的需要，所以在国子监添设算学专科，以培养算学的专门人才，在太医署附设医药专科，以培养医药专门人才，还有其他一些专科教育。从教育制度发展过程来考察，这是实科教育的首创。

（五）学校教育与行政机构及事务部门的结合

中央政府的管理机构，为履行某方面服务的职责，下设一些事务部门，这些具体部门为开展服务工作，都集中一批专业人才，并拥有必需的物质设备。培养这类人才所需要的师资、设备、实习的场所，事务部门都有条件提供。一些事务部门，如司天台、太医署、太仆寺等，负起双重任务，既为政府进行专业服务，又担负起培养专业人才的任务，学生在这种条件下学习，可以更好地把专业知识学习与专业实践密切结合起来。

顺口溜>> 学校体制分级管，专业制度相结合

第三节 科举制度的建立

【论述】：20 重庆三峡学院

一、科举制度的产生与发展 【论述】：21 闽南

科举制产生于隋朝，既是隋朝社会政治、经济等因素发展的结果，又是中国古代选士制度发展的必然产物。

（一）科举制度产生的原因

第一，隋朝统一封建国家后，为了巩固政权，迫切需要大量德才兼备的人充任官吏。

第二，在改朝换代的过程中，豪门士族的经济势力日益衰落，庶族地主的经济力量得到巩固和发展，为庶族地主参与政治、分享权力，提供了物质基础。

第三，九品中正制仅凭门第取士，不适应隋朝社会发展的要求，淘汰九品中正制势在必行。

第四，西魏时已经有了不全凭门第的考试选士方法，隋朝时期将此方法加以改造和扩大规模，逐步向科举制度迈进，科举制度应运而生。

（二）科举制度的发展

隋文帝开皇七年"制诸州岁贡三人"，是科举考试制度起步的重要标志。

开皇十八年"以志行修谨、清平干济二科举人"，表明察举转向设科举人，具有科举考试制度的重要特征。

复习提示

同朝代的选官制度：
汉朝实行的是察举制。
魏晋南北朝实行的是九品中正制。科举制度是由察举制度演化而来的，产生于隋朝。察举制和九品中正制在本章高分拓展中有补充。

隋炀帝大业二年"始建进士科",是科举考试制度确立的标志,中国考试制度的发展由此进入一个新的历史阶段。

唐朝建立后,一方面要求地方官员向中央政府推荐德才兼备的人才;另一方面推行科举制,逐步扩大考试科目,增加考试内容,完善考试程序,从而使科举制最终取代了以荐举为主的选士制度。

二、考试的程序、科目与方法

(一) 考试程序

(1) 考生来源:唐代参加科举的考生主要有两个来源:一是生徒,二是乡贡。

(2) 考试时间:每年十一月一日开始。

(3) 考试程序:乡试—省试—吏部试。

(二) 考试科目

考试科目分两类,即每年定期举行的**常科**和皇帝根据需要下诏举行的**制科**。常科中有秀才、明经、进士、明法、明字、明算为常设科目。经常举行且为人们所重视的是明经和进士两科。制科科目数量难以确计,招收各种非常之才。

(三) 考试方法

唐代科举考试的方法有帖经、墨义、口试、策问、诗赋五种。

(1) **帖经**:是各科考试中普遍应用的方法,类似今天的填空考试,偏重考查考生的记诵能力。

(2) **墨义**:一种对经义的简单笔试问答。被试者按试题要求叙述经典中相关事实与大义,只需熟读熟记经文和注释就能回答。主要考查记忆能力。

(3) **口试**:口头回答关于经文内容的小问答题。

(4) **策问**:较帖经、墨义高深,也较重要。策问的方法是针对当时社会经济、政治、文化等方面的问题发表评论,设想解决问题的办法。它考查一个人治国安邦的才能,能够促使考生开动脑筋去思考现实问题,利于提高人的思维水平。

(5) **诗赋**:要求考生当场写作诗、赋各一篇,主要考查学生的文学修养和文学创作能力。诗赋考试在一定程度上推动了唐诗的兴盛,不过这种诗的格律体裁均有固定格式,语句用词又必须端庄典雅,以致后来形成注重形式而不重思想内容的创作风格。

三、**科举制度与学校的关系**【简答/论述】:11江苏,11北航,15温州大学,16贵州,15、18重庆,18青海,18宁波大学,18合肥师范,21东北,21吉林外国语,10苏州,14内蒙古,14江苏,21石河子

(一) 相互促进

由于选才与育才标准和要求一致,科举制促进了学校教育的发展。

第一,**学校教育制度是培养人才的制度**,成为国家社会人才的重要来源,学校不断输送人才供科举考试选拔,是科举赖以发展的基础。

第二,**科举考试制度是选拔人才的制度**,科举考试成为国家政权选拔优秀人才的重要渠道,科举在选拔人才以充实官员队伍的同时也为学校培养的人才开辟了政治出路。

第三,**中国历来有"学而优则仕"的教育传统,为学修身**,以从政为官为第一目标,科举是联通学校教育与从政为官的桥梁。学校教育与科举考试,皆独立而并举,相辅而相成,关系相当密切。

生徒:每年冬天,学校都要将经考试合格的学生送到尚书省参加考试,这些考生称为生徒。

乡贡:不在学校学习而学有所成的人,提出书面申请后经本县考试、州重试合格,由州送至尚书省参加考试。由于他们因随各州进贡的物品发送,故称之为乡贡。

（二）相互制约

1. 学校教育的兴衰直接影响科举取士的质量和数量

科举造就了大批科举人口，促进了民间私学的发展，而学校教育的繁荣又为科举提供了大量的考生来源。然而，当科举考试的内容局限于儒家几部经典著作，考试方法注重死记硬背，在这种风气影响下，学校的教育工作充满了教条主义、形式主义的恶习，这不利于选拔和培育有实际能力的人才。

2. 学校教育是科举制的基础，科举制是学校教育发展的指挥棒

科举考什么，学校教育也跟着注重什么，使学校教育完全屈从于科举要求，使学校完全成为科举的附庸。科举制度将读书、应考、做官紧密联系，这种读书目的与人生哲学，支配了学校教育，影响着读书人的思想。

3. 科举取士的标准和方法指导着学校教育的内容和方法

中唐以后，科举重乡贡轻生徒，使许多知识分子可以不经学校而博取入仕资格，严重地影响了官学教育的养士功能，导致了重科举、轻学校现象日益突出，使学校教育逐步沦为科举的附庸，科举制度制约着学校教育的方向、教学内容和教学方式，使学校教育产生了种种形式主义的流弊。

总结： 决定封建学校教育发展的终极因素，是封建社会的政治、经济、文化，科举制只是一个辅助因素，并非科举制的产生导致学校教育衰落。相反，如果统治者将两者并重，则两者相互促进，共同巩固封建统治。

助记表格>>

科举制度与学校教育的关系	
相互促进	相互制约
1. 学校培养人才，输送人才供科举选拔 2. 科举选拔人才，为学校培养人开辟出路 3. 科举是联通学校教育与从政为官的桥梁	1. 学校教育的兴衰直接影响科举取士的质量和数量 2. 学校教育是科举制的基础，科举制是学校教育发展的指挥棒 3. 科举取士的标准和方法指导着学校教育的内容和方法

四、科举制度的影响 【简答/论述】：10杭州，12延安，12、16、18华南，13辽宁，13西北，16江苏，16贵州，17延边大学，19四川，21佛山科学技术学院，21海南，21新疆，10南京，10苏州，11曲阜，11、16鲁东，14、21闽南，14华南，14上海，14内蒙古，15宁波，15中国海洋，15、20中央民族，16北华大学，16延安，17扬州，19华中，20贵州，20石河子大学，20温州大学

（一）积极影响

1. 有利于加强中央集权制

第一，中央政府掌握选士大权，有利于加强中央集权制。

第二，官吏通过考试选拔，提高官吏文化修养，有利于国家长治久安。

第三，士子通过科举获得参政机会，扩大统治基础。

第四，科举制统一思想，笼络人心，缓和阶级矛盾，维护国家稳定与发展。

2. 使选士和育士紧密结合

第一，促使社会形成良好的学习风气。

第二，促进人们思想统一于儒学，结束思想混乱的局面。

第三，刺激学校教育发展，有利于教育的普及。

第四，种类繁多的考试科目扭转人们重文轻武、重经学轻科学的现象。

3. 使选拔人才更为客观公正

第一，重视人的知识才能，而非门第。

第二，时务策与诗赋有利于检验人的能力。

第三，我国文官考试制是世界上最早实行的。

（二）消极影响

从整个发展历程看，科举从隋唐到宋朝，积极作用大于消极作用；到了明清时期，消极作用日趋明显，最终被社会所淘汰。

1. 国家只重科举取士，而忽略了学校教育，使学校教育沦为科举的附庸

学校成为科举考试的预备机构，一切教学活动都围绕科举考试来进行，学校失去了相对独立的地位和作用。

2. 科举制具有很大的欺骗性

第一，评分时主观因素会影响评分客观性。

第二，考官受贿和考试作弊现象严重。

第三，驱使知识分子为功名利禄而学习，大部分考生将终生时间浪费在科场上。

3. 科举制束缚思想，败坏学风

第一，导致学校形成教条主义、形式主义的学习风气。

第二，影响中国知识分子的性格，使很多知识分子养成重权威、轻创新，重经书、轻科学，重书本、轻实践，重记忆、轻思考，独立性弱、依赖性强的性格特征。

第三，形成具有功利色彩的畸形读书观、学习观，"万般皆下品，唯有读书高""书中自有黄金屋，书中自有颜如玉"等，这些思想长期"阴魂不散"。

助记表格>>

科举制度的影响	
积极影响	消极影响
1. 有利于加强中央集权制 2. 使选士和育士紧密结合 3. 使选拔人才更为客观公正	1. 国家只重科举取士，忽略学校教育，使学校教育沦为科举的附庸 2. 科举制具有很大的欺骗性 3. 科举制束缚思想，败坏学风

第四节 颜之推的教育思想

【简答】：19贵州

一、颜之推与《颜氏家训》（了解）

颜之推

颜之推出身于士族家庭，世传儒家专门学术，颜之推少时即传家业。南北朝时期玄学、佛学大为兴盛，颜之推亦受到影响。他晚年转而笃信佛教，主张儒佛调和，认为佛学为主体，儒学为附庸。从士族地主的立场出发，为保持自己家族的传统与地位，颜之推根据自己的经历和体验，写出了我国封建社会第一部系统完整的家庭教科书——《颜氏家训》，用以训诫其子孙。这部著作中包含了不少颜之推在士大夫教育、家庭教育等方面的真知灼见。

二、论士大夫教育

（一）士大夫必须重视教育（教育的个人作用）

第一，性三品说，性的品级与教育直接相关。

第二，从接受教育与否同个人前途的利害关系出发，强调了士大夫受特殊知识教育的必要性。士大夫子弟要保持其原有的社会地位，途径只有重视教育，通过学习获得特殊知识。

第三，从"利"的角度，从知识也是一种谋生的手段等方面论述了知识教育的重要性。

（二）培养治国之才是教育目标（教育的社会作用）

第一，培养有实际效用的统治人才。

第二，培养各种专才，各人专精一职。

颜之推的这个观点，冲破了儒家培养较抽象的君子、圣人的培养目标，不再局限于道德修养和化民成俗的方面，更重要的在于对各种人才的培养。

（三）德与艺是教育的主要内容（统治人才必须"德艺周厚"）

第一，德：儒家的孝悌仁义，树立仁义的信念是德育重要任务，实践仁义是德育的最终目的。

第二，艺：以经史百家书本知识为教育内容；还应当学习琴、棋、书、画、数、医等杂艺。

第三，德与艺的关系：道德教育是根本，知识教育是道德教育的基础，为道德教育服务。

三、论家庭教育（儿童教育）《颜氏家训》【名解/简答/论述】：11福建，12中南大学，12闽南，14苏州，15天津，17、21中国海洋，19北京，20中央民族，20湖南大学，21合肥，13哈尔滨，17内蒙古，17延安大学，19安徽，20西安外国语，21山西，21沈阳，21东华理工，21青海，18中央民族

《颜氏家训》以讨论家庭教育为主，而家庭教育基本是长辈对未成年人主要是儿童的教育。儿童教育应当注意的一些基本原则：

（一）及早施教

幼年时期是奠定基础的重要阶段，长辈应及早地对幼儿进行教育，早期教育甚至可

复习提示

颜之推对南北朝时期士族地主教育的没落深为忧虑，如何改良已经衰微的士大夫教育，是整个教育思想的内涵。

值得一提的是，颜之推还提出士大夫子弟应重视农业生产知识，"知稼穑之艰难"。他并非提倡士大夫子弟躬耕，仅限于认识上的重视，以便齐家治民。

以从胎教开始。

（二）严慈相济
善于教育子女的父母，能把慈爱与严格要求相结合，并能收到良好的教育效果。父母应当严肃地对待儿童教育，树立威严，严加督训。只有严格的教育，子女才能成器。

（三）均爱原则
在家庭教育中应当切忌偏宠，不论子女聪慧与否，都应以同样的爱护与教育标准来对待。

（四）重视语言教育
语言的学习应成为儿童教育的一项重要内容，对儿童进行的语言教育应注意规范，重视通用语言，而不应强调方言。

（五）重视品德教育
道德的教育包括以孝悌为中心的人伦道德教育和立志教育两方面。颜之推认为对儿童进行道德教育应该以"风化"的方式进行，这是一种通过长辈道德行为的示范，使儿童受到潜移默化的影响，从而形成所要求的德行的教育过程。立志教育即为生活理想的教育，颜之推要求士族应教育其后代以实行尧舜的政治思想为志向，继承世代家业，注重气节培养。

顺口溜>> 颜氏家训：语言品德很重要，严慈均爱及早教

第五节 韩愈的教育思想

（浙江师大大纲删除）【简答/论述】：20青海，21郑州大学

> **韩愈**
> 韩愈是唐代著名的文学家、思想家和教育家。他高举儒家道统的大旗，猛烈地反对佛教，提倡古文运动，以复兴儒道为己任。他认为儒家的道有一个传承的过程，从尧开始，中经舜、禹、汤、文、武、周公、孔子，最后传至孟子。孟子死后，儒道不复传矣。为了重振儒家的道统，韩愈极力抨击佛道，尤其反对外来的佛教。韩愈曾直接从事教育和教学工作，他热心教育事业，积极培养人才，不断探讨有关的教育理论问题，是唐代著名的教育家。

一、道统说

在《原道》一文中，韩愈提出儒学纲领是仁义道德，这就是先王之道，也是先王之教。韩愈把仁义道德说成是历代圣人相互传授的传统。"尧以是传之舜，舜以是传之禹，禹以是传之汤，汤以是传之文、武、周公，文、武、周公传之孔子，孔子传之孟子，轲之死，不得其传焉。"排出儒家圣人的序列，以表示儒道的源远流长，有传承的传统，居于中国历史上正统地位。有了这个道统，与佛教宗派传法世系的祖统相抗衡就更有力了。韩愈认为孟子之后，圣人之道无人继传。他鼓起传道的勇气，欲挽救先王之道，再兴而传。其道统说的建立，加强了儒学在民族文化中居主导地位的意识。

二、"性三品"说与教育作用

(一) "性三品"说 【名解】：15江西

（1）韩愈在论述人性问题时，把性与情并提，而以性为情的基础。人有性、有情，性是先天具有的，情是后天习染的，性和情的关系是完全相应。

（2）性之品有上中下，情之品也有上中下与之对应。性的内容是仁义礼智信五德，情的表现是喜怒哀惧爱恶欲七情。上品之性为善性；中品之性可善可恶、尚未定型；下品之性为恶性。

（3）性可移，但性的品级不可移。上、中品之人可受教育，下品之人只能以刑罚制之，而三品之人，都固定在天生的"品"的界限内，是"不移"的。

（4）韩愈制定性三品理论的现实的政治意义，就是以人性的等级作为社会阶级划分的依据，并认为人性三品不可变，这种理论很受统治者欢迎。

(二) 教育的作用

1. 人性决定教育所起的作用

对于不同的人性，教育所起的作用是不尽相同的。教育对上品的人能使其先天具有的仁义、善性得到发扬，行动符合道德原则；教育对中品的人起改造作用；下品的人，对他们只有用刑罚，以此来保证社会秩序。

2. 由人性而规定教育的权利

人性等级不同，教育作用不同，教育的实施只限在一定范围内，没必要普及每一个人。只有统治阶级才能享受教育的权利，对被统治阶级实行专制，剥夺教育权利。这与孔子"有教无类"的思想相比是倒退的。

3. 由人性决定教育的主要内容

由于人天生包含仁、义、礼、智、信的道德内容，教育就应把这种道德发扬开来，而儒家经典是最好的教育内容。

评价：韩愈一方面肯定了教育在促进人性变化中的积极作用；另一方面又认为教育的作用是有限的，人性三品不可变，教育只能在品位内发挥作用，这种人性论不但为封建制度的等级性做了合理的论证，而且也为绝大多数的人接受封建道德教育提供了理论依据。

三、论人才的培养和选拔

(一) 培养人才

韩愈认为治国人才需要通过教育来培养，故主张发展学校教育。

（1）**用德礼而重学校**。韩愈继承儒家德治的思想，把教育作为首要的政治工具。

（2）**学校的任务在于训练官吏**。学校是宣扬封建道德的中心，又是训练封建官吏的机构。

（3）**整顿国学**。一方面建议调整招生制度，放宽入学的等级限制；另一方面主张恢复教学秩序，整顿学风。

（4）**恢复发展地方学校**。运用州刺史的权力，下令恢复州学，聘请了学官，帮助筹集经费。

(二) 选拔人才

韩愈根据自身的科举经历，抨击了科举选士的弊端，指出：（1）科举考试内容不合理，并不能选拔出有真才实学的人，反而会埋没人才，他要求统治者爱惜人才，不拘于一格地选拔人才；（2）放宽招生的等级限制；（3）以实际才学为标准，严格选拔学官，以改变论资排辈、不考艺能的弊端。

（三）爱惜人才

《马说》以千里马为例，不是天下无千里马，而是无伯乐，故千里马常毁于庸人之手。这个比喻，有深刻的哲理，对当时统治者埋没人才也是一种讽刺。他以千里马与伯乐的关系为喻，希望统治者能够以特别的方法发现人才、礼遇人才，不拘一格地选拔人才。

四、师道观【名解/简答/论述】：15华东,10渤海大学,15扬州,11山西,17东北,17安徽,17宁波,17沈阳,18信阳师范,18北京,19华北大学,20西北,20鲁东大学,21辽宁,21淮北,10沈阳,13中南大学,16中国海洋,18湖南农业,18扬州,20湖南科技

《师说》是韩愈一篇专门论述教师问题的文章。在这篇文章里他系统地阐述了他的教师观，提倡社会要尊师重道，概括起来有以下几点：

（一）教师的意义

由"人非生而知之者"出发，肯定"学者必有师"。《师说》在认识论上倾向唯物主义，人非生而知之，因而人人都有学习的必要。学习一定要有教师指导，教师是社会所必需。

（二）教师的任务

"师者，所以传道、授业、解惑也。"教师的任务包括三个方面：一是传道，即传授儒家仁义之道；二是授业，即讲授儒家的六艺经传与古文；三是解惑，即解答学生在学习过程中所提出的疑难问题。

（三）以"道"为求师的标准

韩愈主张不管其门第、出身、相貌等如何，只要学有所成，合乎儒道，就可为人师表。他提出"圣人无常师"，主张广泛地向他人学习，开阔自己的视野，增长自己的知识和才干。另外，"道"是无处不在的，只要能体认到它，就可以为师传道了，"道之所存，师之所存"。

（四）提倡"相师"，确立民主性的师生关系

韩愈认为师生之间可以互相为师，"弟子不必不如师，师不必贤于弟子，闻道有先后，术业有专攻，如是而已。"在一定条件下可以互相转化。只要闻道在先，术业有专长者，皆可以为人师表。

评价：

（1）韩愈的《师说》是中国古代第一篇集中论述教师问题的文章，后人有关师道观的不少论述皆受其影响。

（2）他既肯定了教师在传道、授业、解惑方面的主导作用，又强调教师要尊重学生，向学生学习；既要求学生虚心向教师学习，又鼓励学生敢于超过教师；既提倡乐为人师，勇为人师，又强调不耻下问，虚心拜人为师。

（3）韩愈看到了师与道、道与业、师与生之间的统一关系，对于构建和谐的师生关系具有启发意义。

> 请回顾孔子的教师观、荀子的教师观。

助记表格 >>

	教师意义	教师任务	求师标准	师生关系
韩愈师道观	学习要有教师指导 教师是社会所必需	传道、授业、解惑	道之所存 师之所存	闻道有先后 术业有专攻

本章高分拓展

一、科举制度【名解】：12天津，12浙江，12、19湖南大学，13延安大学，14河南，14、15、19、20、21湖北大学，15、16、17南航，15湖南科技，16西南，17沈阳，21重庆三峡学院，21云南大学

标志：科举制度产生于隋朝，发展于唐朝，"始建进士科"，是科举制度确立的标志。它是由察举制度演化而来的一种选官制度，是我国封建社会中持续时间最长、影响最广的选士制度。

特点：科举制度以考试为主，荐举为辅。科举制产生的前期刺激了学校教育的发展，为封建国家选拔有才能的人为官，形成了社会热爱学习的风气。但宋朝以后各朝重视科举却忽视兴学，导致学校成为科举的附庸，科举弊端显露无遗。

影响：科举制度在中国历史上延续了1300年，直到清末1905年才废除，对封建社会的政治、经济和文化产生了重大影响。

二、察举制度（陕西师大大纲新增、北师大大纲新增）【名解/简答】：11云南，20宁波大学，17、18山东

察举制度是中国古代选拔官吏的一种制度，根据皇帝诏令所规定的科目，由中央或地方的高级官员，通过考察向中央推荐士人或下级官吏的选官制度。汉高祖开察举制度的先河，而察举作为选官的一项制度是从文帝开始的，汉武帝则进一步把察举发展为比较完备的选官制度。它不同于先秦的世袭制和隋唐时的科举制，其主要特征是由地方官在辖区内随时考察、选取人才并推荐给上级或中央，经过试用考核再任命官职。东汉后期选拔官吏中专营请托、结党营私和弄虚作假之风盛行，察举制渐趋败坏。

（一）察举制的建立与发展

汉文帝诏"举贤良方正能直言极谏者"，这是察举制度的正式开端。

汉武帝时，察举开始制度化：一是设立常科，即孝廉科。二是确立察举责任制。规定选得人与否，选任者与被选任者要负连带责任，功罪赏罚相同。

西汉末王莽执政时，以"赦小过，举贤才"为原则，只要被举荐者的恶行是暴露于荐举之后，就不再追究举主的责任，这样一来，举主实际上无须对自己举荐的人负责，朝廷监督也不复存在，于是察举风气急剧败坏，导致滥举之事，屡有发生。

但总的说来，汉代察举奖惩严明，有才不举、举而不实坐罪，有才即举、举而得人者受奖，这就保证了察举制度的正常进行。

（二）察举科目

一类是常科，如孝廉为岁举，茂材（秀才）在西汉为特举，东汉定为岁举；二是特举，如贤良方正科、明经科、童子科。

孝廉科是汉代察举中最重要的科目，以孝行廉举为基本条件，主要是察举孝子廉吏。儒家强调为人立身以孝为本，任官从政以廉为方，被举孝廉者多为州郡属吏或通晓儒经的儒生，被举后，无官者授官，原为小官者升为大官。

茂才（秀才）科主要选拔奇才异能之士，故亦称"茂材异等""茂材特立之士"，始于武帝，但西汉为特科，东汉光武帝时改岁举。

（三）察举方式

察举科目繁多，最初并没有统一的标准。西汉，以荐举为主。东汉顺帝时，形成了荐举和考试相结合的体制，且考试成分有日益加重的趋势。这是汉代察举制度的一个重要特点。

（四）察举制的影响

察举制的实施使孔子"举贤才"和"学而优则仕"的观念在汉代开始获得制度上的落实，同时给教育带来巨大的利益驱动。当然，汉代察举与学校选士各为一途，影响还远不能与后世科举相比，此外，流弊甚多，如贿选成风、察举不力、沽名钓誉。

三、九品中正制（浙江师大大纲新增）【名解/简答】：20四川，20湖州师范，16山东

九品中正制是魏晋南北朝时期一种重要的选官制度，又名九品官人法。其主要内容：在各州郡选择"贤有识见"的官员任"中正"，中正以家世、道德、才能为标准察访州郡人士，将他们分成上上、上中、上下、中上、中中、中下、下上、下中、下下九等，作为吏部授官的依据。这一方法在曹魏时对人才的提升和使用有重要作用，但西晋之后官员都从世家大族中选定，造成"上品无寒门，下品无世族"的局面。到了隋朝，随着门阀制度的衰落和科举制实行，此制终被废除。

四、察举制和九品中正制的异同

助记表格》》

		苏格拉底法	孔子启发式教学
共同点	继承性	同为中国古代的选官制度，九品中正制是在察举制的继承与改进的基础上创设的，实际是一种发展了的察举制	
	选才依据	才德都曾成为两者选拔人才的依据	
	特点	以官举士、权操于上、百姓不得参与、民意无从体现	
不同点	出现条件	在西汉国家统一的前提下，为适应专制主义、中央集权统治的需要而形成的一种荐举人才的制度	东汉末天下大乱，曹魏政权为更好地统治和平衡所管辖区的各种力量而逐步形成的选官制度
	荐举方式	推举和考试相辅而行	是否出身于世家大族（血统与姓族是否高贵）
	选才标准	主要看重才德	品第偏重门第高低（上品无寒门，下品无世族）

第五章 理学教育思想和学校的改革与发展

本章大纲考点及考频

第一节 科举制度的演变与学校教育的改革 0
- 一、宋元明清的文教政策 1
- 二、科举制度的演变及其对学校的制约 1
- 三、"苏湖教法"("分斋教学") 26
- 四、北宋三次兴学与"三舍法" 32
- 五、积分法 3
- 六、"六等黜陟法" 2
- 七、"监生历事" 10
- 八、社学 1

第二节 书院的发展 0
- 一、书院的产生与发展 5
- 二、《白鹿洞书院揭示》与书院教育宗旨 7
- 三、东林书院与书院讲会 4
- 四、诂经精舍、学海堂与书院学术研究 0
- 五、书院教育的特点 37

第三节 私塾与蒙学教材 0
- 一、私塾的发展、种类和教育特点 2
- 二、蒙学教材的发展、种类和特点 9

第四节 朱熹的教育思想 3
- 一、朱熹与《四书章句集注》 0
- 二、"存天理，灭人欲"与教育的作用、目的 0
- 三、论"大学"与"小学" 2
- 四、"朱子读书法" 66

第五节 王守仁的教育思想 4
- 一、"致良知"与教育作用 5
- 二、"随人分限所及"的教育原则（量力施教） 0
- 三、论教学 0
- 四、论儿童教育 15

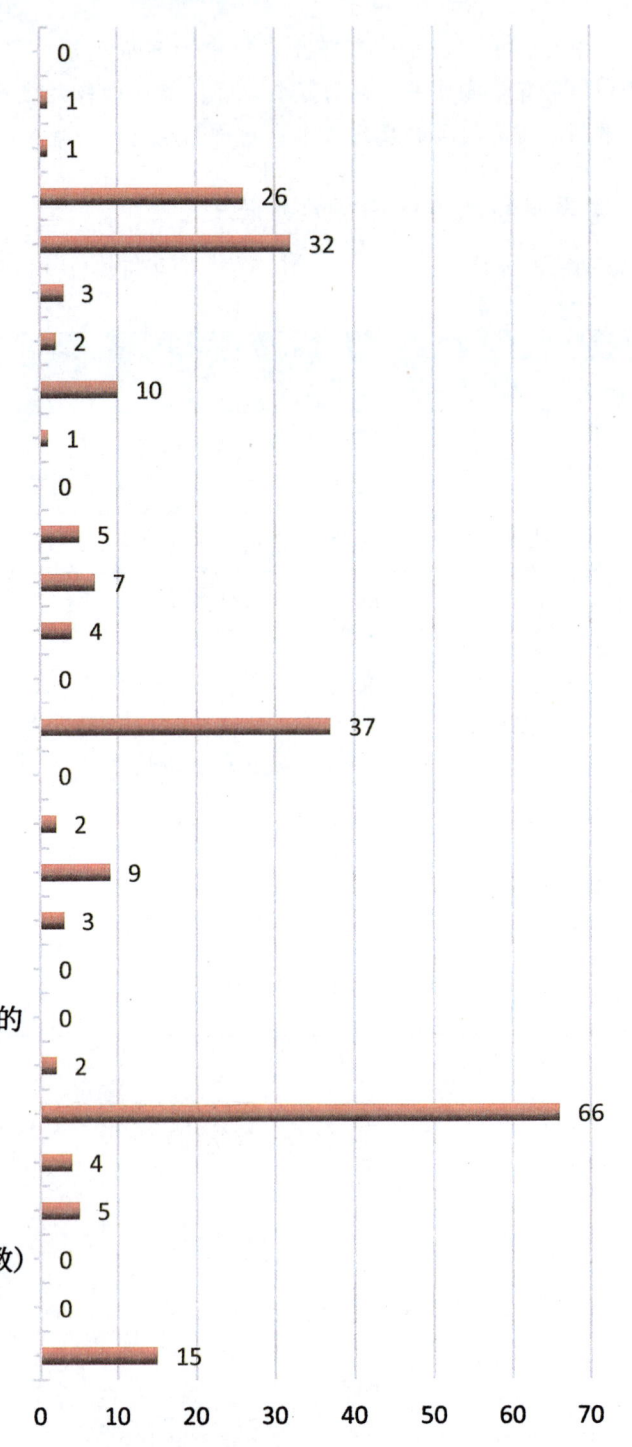

本章思维导图

- **理学教育思想和学校的改革与发展**
  - 科举制度的演变与学校教育的改革
    - 宋元明清的文教政策
    - 科举制度的演变及其对学校的制约
    - **"苏湖教法"（"分斋教学"）**
    - **北宋三次兴学与"三舍法"**
    - 积分法
    - **"六等黜陟法"**
    - **"监生历事"**
    - 社学
  - 书院的发展
    - **书院的产生与发展**
    - **《白鹿洞书院揭示》与书院教育宗旨**
    - 东林书院与书院讲会
    - 诂经精舍、学海堂与书院学术研究
    - **书院教育的特点**
  - 私塾与蒙学教材
    - 私塾的发展、种类和教育特点
    - **蒙学教材的发展、种类和特点**
  - 朱熹的教育思想（南宋）
    - 朱熹与《四书章句集注》
    - "存天理，灭人欲"与教育的作用、目的
    - 论"大学"与"小学"
    - **"朱子读书法"**
  - 王守仁的教育思想（明代）
    - **教育作用："致良知"**
    - 教育原则："随人分限所及"（量力施教）
    - 论教学
    - **论儿童教育**

本章参考书

【1】孙培青主编：《中国教育史》第4版，华东师范大学出版社，第七、八章。

【2】王炳照主编：《简明中国教育史》，北京师范大学出版社，第四、五章。

·第一节 科举制度的演变与学校教育的改革·

一、宋元明清的文教政策

（一）宋朝的文教政策【简答】：15南航

宋初的统治者在打败割据势力，基本统一国家后，在统治策略上做了重大改变，即由原来的重视"武功"改为强调"文治"，确立了"兴文教，抑武事"的国策。

1. 重视科举，重用士人

北宋统治者鉴于唐末五代各地节度使拥兵自重，割据称雄的危害。为了巩固政权，一方面采用政治威慑和物质利诱的手段迫使将帅交出兵权；另一方面重用文人，让他们充任全国各级政权的官吏。正因为政治上迫切需要文人，便利用科举考试，大量取士。

2. "三次兴学"，广设学校

宋初通过科举考试，选拔了不少人才，有利于中央集权的建立与巩固，但却忽视了兴建学校培育人才。一些有识之士意识到，仅仅依靠科举考试选拔人才是远远不够的，还必须广设学校培育人才。于是，自庆历四年后，宋朝历史上先后出现了三次著名的兴学运动。

3. 尊孔崇儒，提倡佛道

宋朝统治者尊孔崇儒，大力提倡佛、道，其主观目的是为了维护封建统治，但因其积极倡导，使儒、佛、道三家在长期而激烈的斗争中，逐渐走上了融合的道路，最终孕育出以儒家思想为主体，糅合佛道思想而形成的新的思想体系——理学思想。

（二）元朝的文教政策

元朝是蒙古族建立的统治全国的政权。元朝建立后，面对政治经济文化比较进步的广大汉族地区，一方面采用武力镇压和民族歧视的政策，将全国人民分为蒙古、色目、汉人、南人四个等级，进行统治；另一方面采取"遵用汉法"的政策，笼络汉族士人、尊孔、尊崇理学，极力笼络汉族地主阶级及其知识分子，重视政治思想和文化教育方面的控制，以巩固政权。

（三）明朝的文教政策

明太祖朱元璋从历史的经验教训和亲身的实践中，深刻地认识到学校教育对于治理国家的重要作用。因此，在立国之初，他便将发展教育事业置于重要的地位，从而确立了"治国以教化为先、教化以学校为本"的文教政策。实行这一政策具体表现：广设学校，培育人才；重视科举，选拔人才；加强思想控制，实行文化专制。

（四）清朝的文教政策

清朝统治者在入关定都北京以后，开始重视发展文化教育事业对于治理国家的重要作用，确立了"兴文教，崇经术，以开太平"的文教政策。贯彻这一文教政策突出地表现为以下三个方面：第一，崇尚儒家经术，提倡程朱理学；第二，广兴学校，严订学规；第三，软硬兼施，加强控制。

> **复习提示**
>
> 宋元时期的科举制度，在沿袭唐制的基础上，又根据宋元社会的实际情况，有许多新的变化和发展。科举制度渐趋成熟和完善，成为各级官员选拔的主要途径，对社会发展和学校教育发生了重要影响。
>
> **注意**：不同时期的文教政策有所不同，不要与汉朝文教政策相混淆。请回顾汉朝的文教政策内容。

二、科举制度的演变及其对学校的制约【论述】：21江苏大学

(一) 科举制度的演变

1. 宋朝的科举制度

(1) 扩大科举名额。宋朝科举考试除按照常例录取正奏名之外，还增设特奏名。所谓特奏名，即是特赐连续多次应省试而不第的年老举子以本科出身，又称"特奏名及第"或"恩科及第"。在扩张录取名额的同时，又提高科举及第后的地位和待遇。

(2) 确定"三年一贡举"。宋仁宗曾固定"间岁一贡举"，开科过于频繁而造成士人疲于奔波，官场穷于应付。宋英宗确定了"三年一贡举"，从此，三年一科举成为定制，一直延续到清末科举考试制度被废除。

(3) 殿试成为定制。殿试始于唐朝武则天，但没有成为制度。宋太祖在讲武殿亲自主持考试，从此形成三级科举考试制度：州试（地方官主持）—省试（尚书省礼部主持）—殿试（皇帝主持）。

(4) 建立新制，防止科场作弊。为了维护考试的客观性和公平性，防止作弊，宋朝在科举考试的实践中，建立了一些新制度，主要内容有：建立锁院制；实行别头试；采用糊名法；创立誊录制。

2. 元朝的科举制度

(1) 民族歧视明显。如果考虑到当时汉人、南人和蒙古人、色目人文化程度差异的实际情况，在科举考试科目、考试要求等方面作适当区别，这本无可厚非，但元朝在科举考试中的种种规定，显然已不是简单的所谓"蒙易汉难"问题，而是体现了明显的民族歧视。

(2) 规定从《四书》中出题，以《四书章句集注》为答题标准。科举考试从《大学》《论语》《孟子》《中庸》内设问，用朱氏章句集注。从此《四书章句集注》成为科举考试的答题标准，取得了与《五经》的同等地位，成为广大士人和各类学校必读的教科书，影响中国封建社会后期的文化教育长达数百年之久。

(3) 科举制度日趋严密。有资料记载，科举考试资格、考试流程等规定越来越严格，所有这些为科举考试制度进一步完善积累了经验，对明清科举制度产生了重要影响。

3. 明朝的科举制度

明朝科举制度是中国科举制度史上的鼎盛时期。它在继承宋、元科举制度的基础上，建立了称为"永制"的科举定式，将八股文作为一种固定的考试文体，并将学校教育纳入科举体系。这严重地影响和制约着学校教育的发展。

4. 清朝的科举制度

清朝的科举制度是国家人才选拔的根本制度。它在沿袭明制的基础上，根据自身利益和实际需要进行损益。科举为"国家抡才大典"；科场舞弊丛生，积重难返；学校成为科举的附庸。

(二) 科举制度对学校教育的影响

1. 宋朝科举制度对学校教育的影响

出于立国之初对人才的迫切需要，宋初的统治者十分重视科举制度，而且每榜录取人数之多，大大超过前代，录取者待遇之优，也为前代所未有。这样做，虽然适应了宋初对于人才的需求，有利于政权的巩固和统治，但对学校教育却带来了消极的影响。

其一，学校教育受到冷落。统治者只重视科举选拔人才，而忽视了兴建学校培养人才，

宋初通过科举考试，选拔了不少人才，基本上适应了当时统治策略的转变以及用人的需要，但却忽视了兴建学校培育人才。随着时间的推移，统治阶级有识之士，越来越清楚地认识到，仅仅靠科举考试选拔人才是远远不够的，还必须广设学校培育人才。三次兴学的侧重点就在于兴学育才。

把人才的培养和选拔完全割裂。

其二，助长了士人名利之心，侥幸奔竞之风，不尚实才，不务实学，使学校成为"声利之场"。

2. 元朝科举制度对学校教育的影响

元朝的科举制度，对提高官僚阶层文化素质，促进学校教育发展，加强民族文化交流，加快政权封建化进程起到了一定作用，但是其负面影响同样不可低估。

其一，元朝科举制度中严重存在的民族歧视，人为地造成了各民族之间的不平等和矛盾。

其二，规定科举考试从《四书》中出题，以朱熹《四书章句集注》为考试答题标准，严重限制了士人的思想，对中国封建社会后期的学校教育都有消极影响。

3. 明朝科举制度对学校教育的影响

科举成为明朝人才选拔的制度被确定下来以后，学校教育与科举之间的关系极为密切。

一方面，有利于士人向学，促进学校教育事业的发展。明朝学校教育的规模和数量远胜于以前各个朝代，应该说科举制度是起了一定作用的。

另一方面，学校教育被纳入科举体系，成为科举制度的附属物。八股文是明朝科举考试的主要文体，因此，学做八股文，便成了明朝学校教育的主要内容和重点。

4. 清朝科举制度对学校教育的影响

自从科举制度产生以后，学校受科举的影响日益加深，逐渐成为科举的备考和训练机构，这种情况在清朝尤甚，突出地表现在以下三方面：

首先，学校以科举中式为目的。清朝重科举，学校"储才以应科目"。因此，科举中式是学校教育的目的，也是士人的志向所在。

其次，教学内容空疏无用。清朝科举考试实际上是八股文的考试。这就使八股文成为学校教学的主要内容。

最后，教学管理松弛。学校在教学管理上只重视各种八股文考试，学校的讲学已成为虚设。学校完全沦为训练八股文考试技巧的机构。到后来，考课也只是勉强维持，学校中缺考现象相当普遍。受科举考试制度的影响，清朝的学校教育已经名存实亡了。

三、"苏湖教法"（"分斋教学"）
【名解】：11、19河南，12辽宁，12、16湖南大学，13中南大学，13、18陕西，13鲁东，14北京，14福建，15湖南，15渤海大学，15西北，16华东，16天津，16浙江，17山东，18江苏大学，11、18四川，18西华，19湖南科技，21赣南，21华中，21陕西科技

内容：北宋胡瑗在主持湖州州学时创立了一种新的教学制度，即在学校内分设经义斋和治事斋，实行分斋教学制度。经义斋主要学习儒家经义，以培养高级统治人才；治事斋分设治兵、治民、水利、算数等学科，旨在培养某一方面有专长的技术、管理人才。

评价：胡瑗创立的分斋教学制度，在中国教学制度发展史上第一次按照实际需要，在同一学校中实行分科教学；实用学科正式纳入官学教学体系，取得与儒家经学同等的地位；治事斋学生治一事，又兼摄一事，开主修与副修制度的先声。

四、北宋三次兴学与"三舍法"

（一）北宋三次兴学【简答/论述】：10天津，13山东，14辽宁，16西北，19南京，10福建，20浙江海洋

宋朝先后出现了三次著名的兴学运动，这是宋代"兴文教"政策最直接、最重要的

体现。

1. 第一次兴学运动是范仲淹在宋仁宗庆历四年主持的，史称"庆历兴学"。

（1）普遍设立地方学校。规定必须接受一定时间的学校教育，才可以应科举。

（2）改革科举考试。规定科举考试先策，次论，次诗经，罢帖经、墨义。

（3）创建太学。在太学中推行胡瑗创立的"分斋教学"制度。

2. 第二次兴学运动是王安石在宋神宗熙宁年间主持的，史称"熙宁兴学"。【简答】：16西北，18福建，19北京，21湖州师范，21郑州大学，21云南

（1）改革太学，创立"三舍法"。扩增太学校舍；充实和整顿太学师资；创立"三舍法"，这是王安石改革太学最重要的措施，是在太学内部建立起严格的升舍考试制度。

（2）恢复和发展州县地方学校。王安石执政后，即奏请恢复和整顿地方学校。宋神宗接受了王安石的建议，设置学官，专司地方学校的恢复、整顿和教育教学工作。

（3）恢复与创立武学、律学、医学等专门学校。熙宁五年，恢复了已废近30年的武学。熙宁六年，创立律学，并规定教学内容和考核方式。同时又对医学进行整顿。通过以上措施，使北宋的专科学校教育进入了一个新的发展阶段。

（4）编撰《三经新义》作为统一教材。为了统一思想，改变"谈经者人人殊"的局面，宋神宗下令设置经义居，训释儒家三部经书，号曰《三经新义》。《三经新义》不仅成为士子必须学习的官定统一教材，而且也是科举考试的基本内容和标准答案。

3. 第三次兴学运动，是蔡京在宋徽宗崇宁年间主持的，史称"崇宁兴学"。

（1）全国普遍设立地方学校。形成了遍布全国州县的学校网络，在数量、规模、分布上，远超任何一次兴学。

（2）建立县学、州学、太学三级相联系的学制系统。规定县学生考选升州学，州学生每三年根据考试成绩升入太学不同斋舍。

（3）新建辟雍，发展太学。崇宁元年营建辟雍，也叫"外学"，作为太学的外舍。同时在太学实行"三舍法"和"积分法"，也增加了学生的数量。

（4）恢复设立医学，创立算学、书学、画学等专科学校。崇宁时期是中国古代唯一开办过画学、设立专门美术学校的时期。

（5）罢科举，改由学校取士。这是对取士制度的重大改革。

助记表格>>

范仲淹、宋仁宗、庆历兴学（庆范仁）	王安石、宋神宗、熙宁兴学（熙安神）	蔡京、宋徽宗、崇宁兴学（崇京徽）
设地方学校、改科举、创太学	发展地方学校、恢复专门学校、编撰《三经新义》为统一教材、改太学创三舍	全国设地方学校、建县州太三级学制系统、发展太学、创立专科学校、罢科举，改学校取士

(二)"三舍法" 【名解/简答】：13北京，14湖南，14、19湖南大学，15山东，15华东，15温州大学，16陕西，17江苏大学，19中央民族，19西北，19苏州，10、12、19四川，20江西科技，20佛山科学技术，11中南大学，17集美大学

内容： "三舍法"是王安石改革太学时的一条重要措施，主要内容是：将太学分为外舍、内舍、上舍三个程度不同、依次递升的等级，太学生相应分为三部分。初入太学者，经考试合格入外舍肄业，为外舍生；外舍生、内舍生再接受升舍考试，并参酌平时行艺，逐次升入内舍、上舍肄业，成为内舍生、上舍生；根据上舍生的考试成绩和平时行艺决定授官或者参加殿试、礼部试。

评价： "三舍法"是在太学内部建立起来的严格考试制度，**将平时行艺与考试成绩相结合**，有利于调动学生学习的积极性，提高太学的教学质量；同时又把上舍考试与科举考试结合起来，融养士与取士于太学，提高了太学的地位。三舍法是对中国古代大学管理制度的一项创新。

关键词>> 三舍法：外舍→内舍→上舍，平时行艺与考试成绩相结合，考试制度

五、积分法 【名解】：18新疆，21江苏，21湖南

内容： "积分法"是元朝国子学的重要特点之一。"积分法"与"升斋等第法"相联系，"升斋等第法"就是把国子学分为下、中、上三个等级六个斋舍，学生按程度分别进入各个斋舍学习不同的内容，依据其学业成绩和品德行为，依次递升的方法。学生由下斋升入中斋时开始实行"积分法"。其方法是根据学生月考成绩，优等者加一分，中等者加半分，下等者不加分，年终积至八分以上则升上一等级，不能升级者来年积分归零。

评价： "积分法"是**累积计算学生全年学业成绩的方法**，由于"积分法"注重学生平时的考试成绩，故具有督促学生平时认真学习的积极作用。

六、"六等黜陟法" 【名解】：16西北，18江苏

内容： 清朝的地方官学中实行严格的管理制度，即"六等黜陟法"。地方官学生员分为三等：廪膳生、增广生、附学生，学生按岁、科考试成绩分为六等，决定升降惩罚。岁试得一等递补廪膳生缺额，二等递补增广生缺额，均给赏；三等不升不降；四等罚责；五等降级；六等除名。

评价： 六等黜陟法的基本特点是对生员进行动态管理，把生员的等级与学业成绩紧密挂钩，有助于调动学生学习积极性，提高学校教育质量。这是清朝在地方官学管理上的重要创新。

关键词>> 六等黜陟法：清朝、地方官学、六等生员等级升降条例、与学业成绩挂钩

七、"监生历事" 【名解】：10西北，10、11、13、17浙江，11四川，11曲阜，19湖南

明朝规定国子监生学习到一定年限，分拨到政府各部门"先习历事"，称为"监生历事"。监生历事的具体时间不同，并有考核办法。设立此制度起因是为弥补明初官吏的不足，然而监生通过历事，可以获得从政的实际经验，有利于他们的成长。"监生历事"可以视为中国古代大学的**教学实习制度**。不过后来监生日增，历事泛滥，已徒具形式，失去了其积极意义。

八、社学（浙江师大大纲删除）【名解】：20华中

社学是设在农村地区，利用农闲时间，以农家子弟为对象的初等教育形式。明代继承发展了社学，社学制度更趋完善，普遍设立，成为对民间儿童进行初步文化知识和伦理道德教育的重要形式。社学对于发展农村地区文化教育事业具有一定的意义。这是元朝在教育组织形式上的一种创新，对后世产生了深远影响。

第二节 书院的发展

一、书院的产生与发展（书院的发展过程）【简答/论述】：16闽南，17宁波大学，15内蒙古，17华中，21天津

（一）书院的产生

"书院"名称出现于唐朝，有官办和私办两种，一种是由中央政府设立的主要用作收藏、校勘和整理图书的机构；另一种是由民间设立的主要供个人读书治学的地方。从事授徒讲学活动的书院在唐末萌芽，主要原因有：

1. 官学衰落，士人失学（直接原因）

唐末战争不断，严重危害了学校教育事业，造成官学日益衰落，士人大量失学。于是，一些好学之士便在山林名胜僻静安全之处，建屋藏书，读书求学，进而聚徒讲学。

2. 我国源远流长的私人讲学传统

早在春秋战国时期，私学就是一种重要的教育组织形式。当社会发生动乱，官学无法维持时，私学往往能以顽强的生命力生存下来，甚至还会有一定程度的发展。

3. 佛教禅林的影响

佛教徒往往在山林名胜之处建立禅林精舍，从事于坐禅和讲授佛经，以为依傍山林胜地便于清静潜修。书院大多也设立于名胜之处，显然是受到禅林的影响。

4. 印刷术的发展

由于印刷术的发展，使书籍的制作变得极为便利，书籍大量增加，促进了知识的传播与发展，是促成宋代书院兴旺发展的重要基础。

（二）书院的发展

1. 宋代书院

书院在五代时期已较为普遍，北宋初年有很大发展，这是由于这一时期官学停顿的缘故。宋初书院在得到较大发展的基础上，出现了一些著名的书院，如白鹿洞、岳麓、应天府、嵩阳、石鼓、茅山书院。宋代书院的特点有：

（1）书院作为一种教育制度已经确立。
（2）书院促进了南宋理学的发展和学术文化的繁荣。
（3）书院官学化的倾向已经出现。

2. 元代书院

元代书院在数量上大大超过前代，一方面是因为元朝的柔化、汉化政策，重视学校

教育和书院建设；另一方面是一些士人隐居教学，创办书院。元代书院的特点有：

（1）元朝对书院采取保护、提倡和加强控制的政策，书院的数量得到较大的发展，遍及于全国许多地区。

（2）官学化倾向越来越严重，许多书院甚至完全被纳入地方官学系统，成为科举的附庸。

（3）元朝书院对文化教育的普及，理学的传播，以及人才的培养发挥一定的积极作用。

3. 明代书院

明代书院的发展趋势是先沉寂后兴盛，明中后期一些失意官僚和在野的士人纷纷设立书院讲学，讽议时政，裁量人物，使书院带有明显的政治色彩。明代书院的议政特点以无锡的东林书院为代表。

4. 清代书院

清代书院也经历了先沉寂后兴盛的发展趋势，清政府积极提倡创办书院，书院得到很大发展，同时又加强对书院的控制，使书院日趋官学化。表现在：（1）控制书院的设立和经费。（2）规定书院师长的选聘和学生的招生与考核都必须经由督抚等地方官过问。

关键词>>　书院：唐朝 → 宋朝 → 元朝 → 明朝 → 清朝
　　　　　　　　　　↓　　　↓　　　↓　　　↓　　　↓
　　　　　　　　　 萌芽　 发展　数量增 先沉寂后兴盛 先沉寂后兴盛

二、《白鹿洞书院揭示》与书院教育宗旨【名解/简答/论述】：13西北，14山西大学，17中国海洋，14华东，17上海，17杭州，13华东

朱熹为白鹿洞书院制定的《白鹿洞书院揭示》是中国书院发展史上**第一个纲领性学规**，不仅对当时的书院教育，而且对官学教育产生过重大影响。

五教之目：父子有亲，君臣有义，夫妇有别，长幼有序，朋友有信。
为学之序：博学之，审问之，慎思之，明辨之，笃行之。
修身之要：言忠信，行笃敬，惩忿窒欲，迁善改过。
处事之要：正其义不谋其利，明其道不计其功。
接物之要：己所不欲，勿施于人，行有不得，反求诸己。

朱熹把这些儒家核心思想汇聚起来，用学规的形式固定下来，形成比较完善的**书院教育理论体系**，成为后世学规的范本和办学准则，使书院逐步走向制度化的发展轨道，对后世官学和私学的发展都有重要影响。

助记表格>>

五教之目	为学之序	修身之要	处事之要	接物之要
孟子明人伦	《中庸》学习过程	《朱子大全》	董仲舒道德修养方法	《论语·卫灵公》

三、东林书院与书院讲会（浙江师大大纲删除）【简答】：16福建

（一）东林书院（龟山书院）【名解】：15河南，17河北大学，21闽南

1. 东林书院的介绍

东林书院是明代中期顾宪成、顾允成复创的，是明朝名声、影响最大的书院，形成

复习提示

1. 白鹿洞书院：左侧有详细介绍。
2. 岳麓书院：在湖南长沙岳麓山，是中国目前保存最完好的一座古代书院。南宋孝宗时，朱熹曾在此讲学，真宗亲书"岳麓书院"的匾额以褒奖，闻名天下。
3. 应天府书院：又称睢阳书院，位于河南省商丘市睢阳区商丘古城南湖畔，是中国古代著名的四大书院之一，史载"州郡置学始于此"。
4. 嵩阳书院：在河南登封嵩山南麓。宋太宗赐"太室书院"匾额及印本《九经注疏》。仁宗时期更名为嵩阳书院，名闻天下。
5. 石鼓书院：在湖南衡阳市北石鼓山。景祐二年（1035年）刘沆为衡阳太守，请于朝廷赐额"石鼓书院"并学田。

著名的"东林学派"。学术思想基本倾向是推崇程朱，反对王学。

2. 东林书院两个重要特点

一是密切关注社会政治，将讲学活动与政治斗争紧密结合起来；二是形成一套完备的讲会制度。东林书院既是当时一个重要的文化学术中心，又是一个重要的政治活动中心。无论是在明朝，还是在中国古代书院发展史上，东林书院都具有其特殊的地位。

（二）书院讲会制度

1. 书院讲会的介绍

书院讲会活动产生于南宋，至明朝逐渐制度化。东林书院的讲会是明朝书院讲会制度的突出代表，集中反映在《东林会约》的"会约仪式"中。东林书院的讲会定期举行，每年一大会，每月一小会；讲会之日，必举行隆重的仪式；讲会内容主要为"四书"；讲授时，与会者"各虚怀以听"；讲授结束，相互讨论。此外，讲会组织的其他方面也做了具体规定。

2. 在教学和活动内容方面的特点

第一，推崇程朱理学，反对陆王心学；第二，讽议朝廷，裁量人物；第三，容纳各种实学。以讲学干涉政治、针砭时弊为职责。

四、诂经精舍、学海堂与书院学术研究（浙江师大大纲删除）

诂经精舍和学海堂是**清代阮元**所创建。两所学院的特点：

（一）"以励品学，非以弋功名"

书院作为一种教育组织形式，其创立的初衷是专志于学术研究，而不事科举。阮元一反当时书院教育的腐朽之风，强调书院的宗旨是"以励品学，非以弋功名"。

（二）各用所长，因材施教

诂经精舍和学海堂在教师使用上，贯彻"各用所长"，即充分发挥教师学术专长的原则。对学生因材施教，根据学生已有的专长进行教育，这一制度在实践中效果很好。

（三）教学和研究紧密结合，刊刻师生研究成果

两所书院既从事教学活动，又进行学术研究，注重自学和独立研究。组织师生合作编书，学生也独立从事著述。对优秀的文章，书院编辑刊刻，或出专著。这些书籍既是学术成果，也是教学参考书，反过来又推动和促进了书院教学和研究活动的开展。

影响： 诂经精舍和学海堂继承和发扬了书院教育的优良传统，培养和造就了众多人才，对清朝学术文化的发展做出了重要贡献。同时，这两所书院成为许多书院的楷模，对改变当时腐败的书院教育起了积极的作用。

五、**书院教育的特点**【简答/论述】：10西南，11杭州，11、17渤海大学，12安徽，13延安，13闽南，13宁波大学，13天津，14、18赣南，15温州大学，16河南，16、20广西，16哈尔滨，17吉林，19海南，19浙江，20深圳大学，20江苏，20沈阳，20四川，21华中，12华南，13华东，14延安，15内蒙古，15扬州，16赣南，17闽南，17华中，17辽宁，17、21鲁东，18哈尔滨，21天津

书院【名解】：14淮北，15南京，16曲阜，17东北，17、20扬州，17天津大学，20鲁东大学，21长江大学，21重庆三峡学院

书院一种是由中央政府设立的主要用作收藏、校勘和整理图书的机构；另一种是由民间设立的主要供个人读书治学的地方。最早出现在唐代，发展于宋代，正式的书院教育制度由朱熹创立。书院扩大了中国古代学校教育的类型，提倡自由讲学，注重讨论和辩论，注重对学生人格修养的培养，师生关系更加平等，学术风气浓厚。总之，书院既是集藏书、教育和学术活动于一体的机构，又是学者以文会友的场所，具有较广泛的社会文化教育功能。

复习提示

东林书院密切关注社会政治，集中体现在顾宪成的对联上"风声雨声读书声声声入耳，家事国事天下事事事关心"。东林书院在讲习之余，抨击政治，评判权贵，以正义的舆论力量给朝廷施加压力。

不事科举：不是为了取得科举功名而学习。

对学生因材施教，如学海堂创立了"专课肄业生制度"，允许专课生自择一书肄业。

答题提示

书院教育的特点，如果考查简答题/论述题，方框中书院的名词解释不用写。单独用方框列出书院是考查其名词解释时写的答案。

(1) 书院培养目标。注重学生人格修养，强调道德与学问并进，培养学生的学术志趣，而官学多以科举出仕为主要目标。

(2) 书院精神。自由讲学是书院教学的基本精神。书院提倡自由讲学，注重讨论，学术风气浓厚，开辟了新的学风，推动教育和学术发展。

(3) 书院功能。书院重视藏书，重视教育、培养人才。在学规中明确规定学习目的和要求，就是读圣贤书，读儒家经典，强调道德和学问并进。

(4) 书院组织形式。有私办、公办和私办公助等多种形式，书院主持者叫"山长"或"洞主"，同时也是主讲者，即管理工作与教学工作一概负责，不另设管理人员和机构。

(5) 书院教学。讲学活动是书院的主要内容，也是作为教育机构的主要标志。

①**教学与研究相结合**。书院既是一个教育机构，又是学术研究基地，同时，许多书院还有一定规模的图书馆和有影响的印刷出版机关。

②**教学形式多样**。有学生自学、教师讲授、师生质疑问难、学友相互切磋等。尤其是明朝以后，盛行讲会制度，促进学术交流。

③**教学上实行门户开放**。书院教学不受地域和学派的限制，允许不同书院、不同学派的师生互相讲学、互相听课，在一定程度上体现了"百家争鸣"的精神。

④**一些书院的教学注重讲明义理、躬行实践**。采用问难论辩式，启发思维，重视学生兴趣。

(6) 学生学习。书院强调学生读书自学，重视对学生自修的指导。

(7) 书院的规章制度。书院作为一种教育制度得以确立，在教育目标、教学方法、教学顺序等方面用学规的形式加以阐明。最著名的是《白鹿洞书院揭示》，学规成为书院教学的总方针。此外在经费制度、管理方面各有规定，说明南宋后书院已经制度化。

(8) 师生关系。师生关系较之官学更为平等，学术切磋多于教训。

(9) 书院发展倾向。自南宋起书院已经出现了官学化的倾向，到了明清，政府加强对书院的控制，官学化日益严重，成为科举考试的附庸。

(10) 书院作用。促进理学的发展和学术文化的繁荣。书院扩大了中国古代学校教育的类型，起到了弥补官学不足的作用。书院提倡自由讲学，成为推动教育和学术发展的重要动力。书院在办学和管理领域也创造了许多行之有效的经验措施，成为中国封建社会中后期一种重要的教育组织形式。

助记表格>>

书院										
培养目标	精神	功能	组织形式	教学	学生	制度	师生关系	发展倾向	作用
注重学生人格修养	自由讲学	藏书、教育、学术一体	公、私	讲学活动	自学独立研究	《白鹿洞书院揭示》	平等	官学化	促进理学发展 扩大学校类型 推动学术发展

·第三节 私塾与蒙学教材·

（浙江师大大纲删除）

一、私塾的发展、种类和教育特点

（一）私塾的发展【名解】：21集美大学

私塾是民间私人所办的蒙学的统称，是对儿童青少年进行启蒙和基础教育的教育组织，主要承担识字、写字、阅读、作文和封建道德教育。西周称"小学"，两汉前称"书馆"，魏晋南北朝和隋唐称"家学"和"蒙馆"，宋元明清有"私塾"和"社学"。

宋元时期是我国蒙学发展的重要阶段。这一时期，蒙学不仅在数量上得到进一步的发展，而且在教育内容、方法以及教材等方面都形成了自己的特点，对此后的明清蒙学教育产生了重要影响。

（二）私塾的种类

1. 家塾

宦官和殷实人家聘教师在家中教子弟，如《红楼梦》里的家塾。

2. 学馆

也叫散馆，是生员（秀才）或其他有文化的人在家庭单独设塾，招收附近人家的子弟就读，以收取学费来维持生计，主要进行初级的启蒙教育，如《三味书屋》。

3. 义塾

又称"义学"，是私塾中规模较大的学校。一般是由地方官绅或富裕人家捐资开办，延请宿儒担任塾师，免费对本族的穷苦子弟进行初等教育。

4. 专馆

由一家或数家、一村或几个村子单独或联合设立的一种私塾，推选地方头面人物作董，延师设塾，经费按人分摊，此多为富裕人户所办，以使其子弟就学。聘教师教子弟的村学，也叫村塾、族塾。专馆以学习儒家经典为主，也叫"经馆"。

（三）私塾教育的特点【简答】：21赣南

1. 强调严格要求，打好基础

蒙学教育是基础教育，在这个阶段严格要求，打好基础，对于儿童的发展将会长期起作用。因此，私塾教育十分强调对儿童进行严格的基本训练。例如，在生活礼节方面，要求儿童居处必恭，步立必正，视听必端，言语必谨，容貌必庄，衣冠必整，饮食必节，堂室必洁等。

2. 重视用《须知》《学则》的形式培养儿童的行为习惯

蒙学阶段的儿童可塑性大，为了培养儿童的行为习惯，宋元时期的教育家制定了各种形式的《须知》《学则》等，以此作为规范儿童行为的准则。如朱熹的《童蒙须知》，对儿童的衣服冠履、语言步趋、洒扫涓洁、读书写字、杂细事宜等都做了详密的条文式规定。

3. 注意根据儿童的心理特点，因势利导，激发他们的学习兴趣

蒙学阶段的儿童活泼好动，宋元教育家已经注意到儿童的这个特点，积极引导，唤起他们的学习兴趣。例如，朱熹主张用历史故事、道德诗歌来教育儿童，并开展"咏歌舞蹈"等文娱活动，以引起他们的乐趣，增加他们学习的自觉性。

二、蒙学教材的发展、种类和特点【简答】：16东北，16杭州，20山西，20陕西理工，20天津，20宁波大学

（一）蒙学教材的发展

我国古代一直重视蒙学教材的编写，且起源比较早，其发展大体分为两个阶段。

第一阶段：周秦至汉唐。最早的蒙学教材见载为西周时代的《史籀篇》，之后秦代蒙学识字读本《仓颉篇》是秦始皇统一文字的范本。西汉时，史游作的《急就篇》流传最广，影响最大。这一阶段的蒙学教材多为综合性读物，以识字为主，也进行品德修养的教育。

第二阶段：宋代以后。宋元是启蒙教材繁荣发展时期，开始出现按专题分类编写的现象。明清时期蒙学教材发展到了相当完备的程度。

（二）蒙学教材的种类【名解/判断】：14内蒙古，19湖南大学，18陕西

1. 识字教学的教材

如"三、百、千"（《三字经》《百家姓》《千字文》），主要目的是教儿童识字，掌握文字工具，同时介绍一些基础知识。

2. 伦理道德的教材

如吕本中的《童蒙训》、吕祖谦的《少仪外传》、程端蒙的《性理字训》等，侧重于向儿童传授伦理道德知识以及为人处世、待人接物的准则。

3. 历史教学的教材

如宋王令作《十七史蒙求》、胡寅作《叙古千文》、黄继善作《史学提要》等。这类教材，有的是简述历史的发展，有的是选辑历史故事或历史人物的嘉言善行，既向儿童传授历史知识，又对他们进行思想教育。体例"多是四言，参为对偶，联以音韵"，便于记诵。

4. 诗歌教学的教材

如朱熹的《训蒙诗》、陈淳的《小学诗礼》等。选择适合儿童的诗词歌赋供他们学习，对他们进行文辞和美感教育。

5. 名物制度和自然常识教学的教材

以宋方逢辰的《名物蒙求》为代表，内容涉及天文、地理、人事、鸟兽、草木、衣服、建筑、器具等。

（三）蒙学教材的特点

第一，宋元时期的蒙学教材开始分类按专题编写，在内容和形式上呈现多样化。

第二，蒙学教材注重儿童的心理特点，采用韵语形式，文字简练，通俗易懂，力求将识字教育、基本知识教育和伦理道德教育有机结合起来。

第三，一些著名学者，如朱熹等亲自编写蒙学教材，对提高蒙学教材的质量起了重要作用。

第四，重视汉字的特点，传统启蒙教材编写最为成功之处就是符合中国语言文字的规律和儿童少年学习本国语言文字的规律，文字浅显通俗，字句讲究韵律，内容生动丰富，包含多种教育功能，儿童易读、易诵、易记。

知识拓展

《三字经》相传为宋末王应麟撰。全书共有356句，每句三个字。句句成韵，通俗易懂，读来朗朗上口，便于背诵。而且文字简练，善于概括。

全书先阐述教育的重要性，随后，便提出封建道德教育的基本纲领"三纲五常"，接着介绍一些名物常识、历史知识以及古人勤奋好学的范例等。使儿童在很短的篇幅内，获得较为丰富的知识，并从古人刻苦求学的榜样中受到激励。

【名解】：14内蒙古

·第四节 朱熹的教育思想·

【论述】：10 南京，16 延边大学，19 西安外国语

一、朱熹与《四书章句集注》

朱熹

朱熹一生从事学术研究和教育活动，毕生讲学活动不断，他继承和发展了二程学说，成为南宋理学思想的集大成者。朱熹一生编撰了多种理学教材，其中影响最深广、最重要的是《四书章句集注》。元朝规定科举考试以《四书章句集注》取士，从此，《四书章句集注》成为科举考试的标准答案和各级学校必读教科书，其地位甚至高于"五经"，影响中国封建社会后期的教育长达数百年之久。

二、"存天理、灭人欲"与教育的作用、目的

（一）"存天理、灭人欲"

朱熹提出"性即理"，人性就是"理"，就是"仁、义、礼、智"等封建道德规范。朱熹又把人性分成"天命之性"和"气质之性"两种。

所谓"天命之性"（又称"天地之性""义理之性"或"道心"）是禀受"天理"而形成的，所以浑厚至善，完美无缺；

所谓"气质之性"（又称"人心"）是禀受"理"与"气"，两者杂然相存而成。由于"气"有清明、混浊的区别，所以，"气质之性"有善有恶。

（二）教育作用："变化气质"

教育的作用就在于发挥"气质之性"中所具有的"善性"，去蔽明善，即"变化气质"，"明明德"，以实现"存天理、灭人欲"的根本任务。

（三）教育目的："明人伦"

朱熹主张，学校教育的目的在于"明人伦"。在朱熹看来，要克服"气质之偏"，革尽"物欲之蔽"，以恢复具有的善性，就必须"尽人伦"。"父子有亲，君臣有义，夫妇有别，长幼有序，朋友有信，此人之大伦也。庠、序、学、校皆以明此而已。"

三、论"大学"与"小学" 【简答】：16 中国海洋

朱熹把一个人的教育分为小学、大学两个既有区别，又有联系的阶段，并分别提出了两者不同的任务、内容和方法。

（一）小学教育阶段（8～15岁） 【辨析】：19 山东

第一，教育任务是培养"圣贤坯璞"。

第二，学习内容是伦理道德规范的训练和基本知识技能的学习。"知之浅而行之小者"，力求浅近、具体。为此，朱熹提出以"教事"为主的思想，即通过具体行事去懂得基本伦理道德规范，养成一定行为习惯，学到初步文化知识技能。

第三，教育方法。朱熹强调三点：先入为主，及早施教；形象生动，能激发兴趣；首创以《须知》《学则》的形式来培养儿童道德行为习惯。

复习提示

《四书章句集注》，包括《大学章句》《中庸章句》《论语集注》《孟子集注》
【名解】：14 云南

关于朱熹的道德教育方法在本章高分拓展中有补充。

真题回顾

2016年中国海洋简答题：
简述朱熹"小学""大学"教育思想及其当代价值。

2019年山东师大辨析题：
朱熹的小学教育任务是培养"圣贤坯璞"。

73

(二) 大学教育阶段 (15岁以后)

第一，教育任务 是在"坯璞"的基础上"加光饰"，再进一步精雕细刻，把他们培养成为对国家有用的人才。

第二，教育内容 的重点是"教理"，即重在探究"事物之所以然"。

第三，教育方法，有两点值得注意：其一，重视自学；其二，提倡不同学术观点之间的相互交流。

评价：尽管小学和大学是两个相对独立的教育阶段，但是两个阶段是有内在联系的，它们的根本目标是一致的。它们之间的区别只是因教育对象的不同而所做的教育阶段的划分。朱熹关于小学和大学教育的见解，反映了人才培养的某些客观规律，为中国古代教育理论的发展增添了新鲜内容。

四、"朱子读书法" 【填空/名解/简答/论述】：21陕西，11云南，12西南，12西北，12、16渤海，13山东，13福建，14河北大学，14、21天津，15郑州大学，15、21湖南科技，15、19西华，16延安大学，16辽宁，18苏州，18闽南，18齐齐哈尔，19淮北，20西安外国语，21山西，21合肥，21信阳师范，11、19辽宁，13华中，12沈阳，12扬州，13中南大学，14华南，14浙江，15安徽，15、18江苏，16、17华东，17湖南，17广西师范学院，18江西，18广西，18宁波大学，19石河子大学，19云南，20闽南，20江西科技，20济南大学，21上海，21杭州，21中国海洋，21聊城大学，21陕西科技，21陕西理工，21西北，10华中，11扬州，15辽宁，16西华，17集美大学，17、19陕西，20华南，20曲阜，20宝鸡文理

朱熹对于如何读书提出了许多精辟的见解，他的弟子将其概括为"朱子读书法"六条。

第一，循序渐进：(1)读书要讲究顺序，不能颠倒；(2)根据自己的实际情况做出读书计划并遵照执行；(3)读书要扎扎实实打好基础，切忌囫囵吞枣、急于求成。

第二，熟读精思：读书既要熟读成诵，又要精于思考，从无疑到有疑，再到解疑，即是发现问题和解决问题的过程。

第三，虚心涵泳：虚心，读书要虚怀若谷、静心思考，仔细体会书中的意思，不要先入为主，牵强附会；涵泳，读书要反复咀嚼、细心品味。

第四，切己体察：读书不能仅仅停留在书本上、口头上，必须见之于自己的实际行动，要身体力行。

第五，着紧用力：(1)要抓紧时间，勤学苦练，反对悠悠然；(2)必须精神抖擞，勇猛奋发，反对松松垮垮。

第六，居敬持志：这是朱熹道德修养的重要方法，也是他最重要的读书法。"居敬"就是读书时精神专一，注意力集中；所谓"持志"就是要树立远大的志向，高尚的目标，并要以顽强的毅力长期坚持。

优点：朱子读书法是朱熹对自己长期读书经验以及前人读书经验的概括和总结，比较集中地反映了我国古代对于读书方法研究的成果，是古代最有影响的读书方法论，六条均反应读书的基本规律和要求，在今天来说也有很大的参考价值。

局限：其一，朱熹所提倡读的书，主要是宣扬封建伦理道德的"圣贤之书"；其二，他的读书法主要是强调如何学习书本知识，而未曾注意到与实际知识之间的联系。这不仅使读书的范围受到极大限制，而且对造成"万般皆下品，唯有读书高""两耳不闻窗外事，一心只读圣贤书"的不良学风也有消极作用。

顺口溜 >> 循心思，切力志

答题提示

朱子读书法最后的评价根据题型来回答，如果考论述题，要将评价回答上；如果考简答题，评价内容可以简写。

我们在肯定朱熹读书法积极意义的同时，也应注意到它的不足及其消极影响。

第五节 王守仁的教育思想

（浙江师大大纲删除）【简答/论述】：13江苏，16北京，18西北，21曲阜

王守仁

王守仁，字伯安，号阳明，浙江余姚人。王守仁继承和发展了陆九渊的学说，提出"心即理""致良知""知行合一"等命题，创立了与程朱理学相径庭的"阳明学派"（亦称"姚江学派""王学"）。其学说以"反传统"的姿态出现，在明中叶以后曾广为流行，并流传到日本，对明治维新产生过积极影响。

一、"致良知"与教育作用【名解】：10首都，16山东，16河北大学，17华东，20江苏

（一）"良知"

"理"存在于"心"中，"心即理"。"良知即是天理"即是"心之本体"。良知不仅是宇宙的造化者，也是伦理道德观念。"良知"的特点：（1）与生俱来，不学自能，不教自会；（2）为人人所具有，不分圣愚；（3）良知不会泯灭，不会消失；（4）"良知"也有致命的弱点，即在与外物接触中，由于受物欲的引诱，会受昏蔽。

（二）教育作用："致良知"

教育的作用就在于去除物欲对于"良知"的昏蔽，即"学以去其昏蔽"或"致良知"。"学以去其昏蔽"的目的是为了激发本心所具有的"良知"，实现"存天理、灭人欲"的根本任务。基于此，王守仁认为用功求学受教育，并不是为了增加什么新内容，而是为了日减"人欲"。

二、"随人分限所及"的教育原则（量力施教）

王守仁认为儿童期是一个重要的发展时期，儿童的精力、身体、智力等方面都在发展过程之中。教学必须考虑到这个特点，儿童的接受能力发展到了何种程度，就在这个程度的基础上进行教学，不可躐等。

他把这种量力施教的思想概括为"随人分限所及"，即如果不顾及儿童实际能力，把大量的高深的知识灌输给他们，对儿童毫无益处。其次，王守仁认为，对儿童教学"授书不在徒多，但贵精熟"，因此，教学应该留有余地，使儿童"精神力量有余"，这样他们就不会因学习艰苦而厌学，而乐于接受教育。

三、论教学

（一）教学内容

凡是有助于"求其心"者均可作为教育内容，如读经、习礼、写字、弹琴、习射等，无可不学。学习不在于记诵六经文字，而在于利用六经启发人心中的"常道"，即"致良知"。此外，写字、弹琴、习射等教育内容也有益于陶冶本心。

王守仁十分重视教育对于人的发展所起的重要作用，提出了"学以去其昏蔽"的思想。他是用"心学"的观点阐明这一思想的。

王守仁在十五六世纪提出这一思想，是难能可贵的。

（二）教学方法

王守仁还提倡生动活泼的教学方式方法。他认为，教师先要有普通人的心态，方能与人讲学；教学的方式应该多种多样，读书、谈话、问对、歌诗、习礼等等。

（三）道德修养

在道德教育和修养的方法上，王守仁以"知行合一"思想为指导，强调道德实践和实际行动对道德教育和修养的重要性。具体而言，他提出以下四个基本主张：

第一，**静处体悟**：实际上就是叫人静坐澄心，摒去一切思虑杂念，体认本心。

第二，**事上磨炼**：即结合具体事物，所谓的"事"就是指人事。

第三，**省察克治**：主张要不断地进行自我反省和检察，自觉克制各种私欲。

第四，**贵于改过**：他认为，即使大贤人也难免犯错，故不贵于无过而贵于改过。要能改过，首先必须对过错要有认识，表示悔悟，但悔悟并不就是改过，所以这种"贵于改过"的主张，体现了求实精神和向前看的态度，是可取的。

四、论儿童教育【简答/论述】：14鲁东，15西华，17中国海洋，17江西，18天津，18安徽，18天津大学，19闽南，20成都大学，18山东，18西华，18温州大学，19西北，21福建，21西安外国语

王守仁十分重视儿童教育，在《训蒙大意示教读刘伯颂等》一文中，集中阐发了他的儿童教育思想。

（一）揭露和批判传统儿童教育不顾儿童的身心特点

当时从事儿童教育的老师，每天只是督促儿童读书习字，责备他们修身，但不知道用礼义来引导；想使他们聪明，但不知道用善德来培养。对待儿童用鞭打，用绳缚，就像对待囚犯一样。不顾儿童的身心特点，把他们当作小大人，这是传统儿童教育的致命弱点。

（二）儿童教育必须顺应儿童的性情

儿童的性情总是爱好嬉游，而厌恶拘束，教育必须顺应儿童的身心特点，使他们"趋向鼓舞""中心喜悦"，使儿童自然不断地长进，对待儿童就应该像对待小树苗一样，给予春风细雨般的呵护。

（三）儿童教育的内容是"歌诗""习礼"和"读书"

这些内容的选择是为了培养儿童的意志，调理他们的性情，在潜移默化中消除其鄙吝，化除其粗顽，让他们日渐礼义而不觉其苦，进入中和而不知其故，在品德、知识、身体诸方面都得到发展。

（四）"随人分限所及"，量力施教

教学必须考虑儿童的接受能力发展到了何种程度，就在这个程度的基础上进行教学，不可躐等。同时，王守仁认为，对儿童教学"授书不在徒多，但贵精熟"，因此，教学应该留有余地，使儿童"精神力量有余"，这样他们就不会因学习艰苦而厌学，而乐于接受教育。

> 复习提示
>
> 王守仁有儿童教育、颜之推也有儿童教育，注意两者的差别。

评价： 尽管王守仁进行儿童教育的目的是灌输封建伦理道德，但是他要求顺应儿童的性情，依据儿童的接受能力施教，使儿童在德、智、体、美诸方面得到发展，反映了他教育思想的自然主义倾向。早在15、16世纪就提出这一思想，实在难能可贵。

助记表格 >>

王守仁（王阳明）

教育作用：致良知	教育原则：随人分限所及	论教学	论儿童教育
良知即是天理 学以去其昏蔽	考虑儿童的接受能力 量力施教	教育内容：读经、习礼、写字、弹琴、习射 教学方法：提倡生动活泼 道德修养：静处体悟、事上磨炼、省察克治、贵于改过	1. 揭露和批判传统儿童教育不顾儿童的身心特点 2. 儿童教育必须顺应儿童的性情 3. 儿童教育的内容是"歌诗""习礼"和"读书" 4. "随人分限所及"，量力施教

本章高分拓展

一、《四书》《五经》 【名解】：12中南大学，13重庆，14曲阜，18河南，19聊城大学

《四书五经》是《四书》《五经》的合称，泛指儒家经典著作。四书指的是《大学》《中庸》《论语》《孟子》。五经指的是《诗经》《尚书》《礼记》《周易》《春秋》五部。《礼记》通常包括三礼，即《仪礼》《周礼》《礼记》；《春秋》由于文字过于简略，通常与解释《春秋》的《左传》《公羊传》《谷梁传》分别合刊。四书之名始于宋朝，五经之名始于汉武帝。

二、朱熹关于道德教育的方法 【简答/论述】：11陕西，21内蒙古，14苏州

（一）立志

朱熹认为，志是心之所向，对人的成长至为重要。因此，他要求学者首先应该树立远大的志向。"问为学功夫，以何为先？曰：亦不过如前所说，专在人自立志"。人有了远大的志向，就有了前进的目标，能"一味向前，何患不进"。

（二）居敬

朱熹强调"居敬"。他说："敬字工夫，乃圣门第一义，彻头彻尾，不可顷刻间断。"还说："敬之一字，圣学之所以成始而成终者也。为小学者不由乎此，固无以涵养本原，而谨夫洒扫应对进退之节与夫六艺

之教。为大学者不由乎此，亦无以开发聪明，进德修业，而致夫明德新民之功也。"由此可见，"居敬"是朱熹重要的道德修养方法。

（三）存养

所谓"存养"就是"存心养性"的简称。朱熹认为每个人都有与生俱来的善性，但同时又有气质之偏和物欲之蔽。因此，需要用"存养"的功夫，来发扬善性，发现本心。同时，从道德教育的根本任务来说，"存养"是为了收敛人心，将其安顿在义理上。

（四）省察

"省"是反省，"察"是检查。"省察"即是经常进行自我反省和检查的意思。朱熹认为一个人要搞好自身道德修养，就应当"无时不省察"。因此，为了使人心不"沦于亡"，做事不"陷于恶"，经常进行自我反省和检查，是必不可少的。朱熹的这一见解，表明他在道德教育中既强调防微杜渐，同时又重视纠失于后。

（五）力行

朱熹十分重视"力行"。"夫学问岂以他求，不过欲明此理，而力行之耳"，"故圣贤教人，必以穷理为先，而力行以终之"。他所说的"力行"，是要求将学到的伦理道德知识付之于自己的实际行动，转化为道德行为。朱熹的这些见解，已经触及道德认识转化为道德行动，道德行动接受道德认识的指导，并检验道德认识的正确与否等这样一些道德教育的基本问题。

第六章　早期启蒙教育思想

本章大纲考点及考频

第一节　倡导新的教育主张
一、"公其非是于学校"与学校的作用
二、"日生日成"的人性与教育
三、义利合一的教育价值观
第二节　颜元的学校改革思想
一、颜元与漳南书院
二、"正其谊以谋其利，明其道而计其功"的义利观
三、"实德实才"的培养目标
四、"六斋"与"实学"教育内容
五、"习行"的教学方法

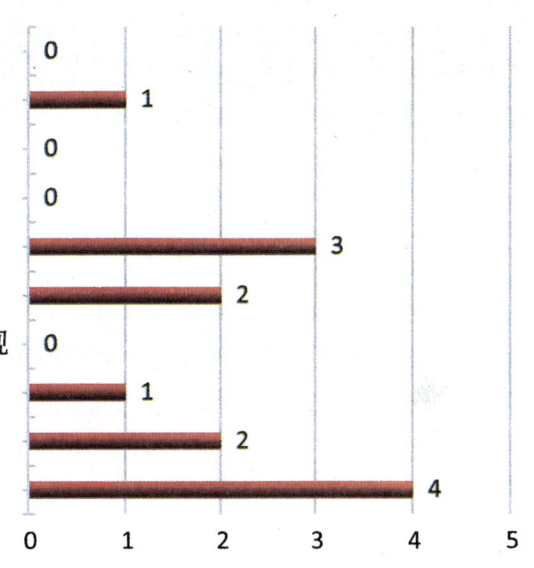

本章思维导图

早期启蒙教育思想
- 倡导新的教育主张
  - "公其非是于学校"与学校的作用
  - "日生日成"的人性与教育
  - 义利合一的教育价值观
- 颜元的学校改革思想
  - 颜元与漳南书院
  - "正其谊以谋其利，明其道而计其功"的义利观
  - "实才实德"的培养目标
  - "六斋"与"实学"教育内容
  - "习行"的教学方法

本章参考书

孙培青主编：《中国教育史》第4版，华东师范大学出版社，第九章。

第一节 倡导新的教育主张

（浙江师大大纲删除）

一、"公其非是于学校"与学校的作用【简答】：21西安外国语

黄宗羲认为，学校不仅应具有培养人才改进社会风俗的职能，而且应成为议论国家政事的场所。"治天下之具皆出于学校"，在学校中共同议论国家政事之是非标准。

学校议政可以逐渐养成普遍议政的社会风气，不再以天子的是非为标准，天子也就不敢"自为非是"。"公其非是于学校"思想的基本精神，在于反对君主专制，改变国家政事之是非标准由天子一人决断的局面。

意义："公其非是于学校"的思想是中国古代关于学校职能的创新，反映了要求国家决策民主化的强烈愿望。这种性质的学校已与近代资本主义制度下的议会相近，所以这种思想也是近代议会思想的萌芽，对中国近代资产阶级反对封建教育起到了启蒙作用。

二、"日生日成"的人性与教育（了解）

王夫之认为人性不是一成不变的，而是处在不断地变化发展过程之中，从而提出了人性"日生日成"的著名论断。人性不是天生的，而是在后天不断的生长变化过程中逐渐形成的。从上述思想出发，王夫之十分重视教育对人的发展所起的作用。他认为这种作用主要表现为两方面：一是继善成性，使之为善；二是可以改变青少年时期因"失教"而形成的"恶习"。教育同人的发展密切相关，它或使人继善成性，或使人改恶为善。

三、义利合一的教育价值观（了解）

在伦理道德教育上，传统教育将"义"和"利""理"和"欲"对立起来。颜元针对传统教育的偏见，继承和发展了南宋事功学派的思想，明确提出"正其谊以谋其利，明其道而计其功"命题，认为"义"和"利"两者并非截然对立，是能够统一起来的。

"利"是"义"的基础，"正谊""明道"的目的，就是为了"谋利"和"计功"。当然，"利"也不能离开"义"，而且"利"必须符合"义"。这种见解冲击了传统的禁锢，使中国古代对于义、利关系问题的认识出现新趋势。

> **复习提示**
> 本节内容目前没有学校考查过，了解即可，记住关键词即可。

第二节 颜元的学校改革思想

【简答】：14延边大学，15西北，18华东

一、颜元与漳南书院

颜元【名解】：17河北大学，19湖南大学

颜元，字易直，号习斋，是清初杰出的唯物主义思想家和教育家。他毕生从事教育活动，培养了众多学生，形成了著名的"颜李学派"。他深刻批判传统教育尤其程朱理学教育严重脱离实际，竭力提倡"实文、实行、实体、实用"的教育，创立了以"实"为特征的教育理论体系。颜元的教育思想在当时独放异彩，对我国近代教育也曾产生一定的影响。

颜元毕生从事教育活动。62岁时，应郝公函之聘，主持肥乡漳南书院。他亲自规划书院规模，在漳南书院设置六斋，规定了各斋教育内容，开展实学教育，并制定"宁粗而实，勿妄而虚"的办学宗旨。颜元在漳南书院的办学实践比较集中地反映了他的教育主张。

二、"正其谊以谋其利，明其道而计其功"的义利观

传统教育的弊病之一是在伦理道德教育方面，把"义"和"利""理"和"欲"对立起来。董仲舒提出"正其谊（义）不谋其利，明其道不计其功"。理学家主张"明天理，灭人欲"。颜元针锋相对地做了批判，他认为"义"和"利"两者并非截然对立，而是能够统一起来的。他针对传统教育的偏见，继承和发展了南宋事功学派的思想，明确提出了"正其谊以谋其利，明其道而计其功"的命题，冲破了传统的禁锢，使中国古代对于义、利关系问题的认识近乎科学。

三、"实才实德"的培养目标 【名解】：16云南

"实才实德之士"，即品德高尚，有真才实学的经世致用人才。具体来说有两种：一种是"上下精粗皆尽力求全"的通才；另一种是"终身止精一艺"的专门人才。颜元主张学校应该培养"实才实德之士"，冲破了理学教育的桎梏，具有鲜明的经世致用特征，反映了要求发展社会生产的新兴市民阶层对于人才的新要求。

四、"六斋"与"实学"教育内容 【简答/论述】：17华东，20安徽

（一）实学教育内容

颜元提倡以"三事""三物""六府"为教育内容。
"三事"即"正德、利用、厚生"。
"六府"即金、木、水、火、土、谷。
"三物"即六德、六行、六艺。
"六德"（智、仁、圣、义、忠、和）
"六行"（孝、友、睦、姻、任、恤）
"六艺"（礼、乐、射、御、书、数）

（二）"六斋"及各斋的教育内容

漳南书院六斋的教育内容是对颜元"真学""实学"内涵的最明确，也是最有力的说明。漳南书院的六斋及各斋教育内容如下。

第一，文事斋：课礼、乐、书、数、天文、地理等科。
第二，武备斋：课黄帝、太公以及孙、吴五子兵法，并攻守、营阵、陆水诸战法，射御、技击等科。
第三，经史斋：课"十三经"、历代史、诰制、章奏、诗文等科。
第四，艺能斋：课水学、火学、工学、象数等科。
第五，理学斋：课静坐，编著、程、朱、陆、王之学。
第六，帖括斋：课八股举业。

颜元"真学""实学"的教育内容不仅同理学教育有着本质的区别，而且在广度和深度上，都大大超越了"六艺"教育。它除了经、史、礼、乐等知识之外，还把诸多门类的自然科技知识、各种军事知识和技能正式列进教育内容，并且实行分科设教，蕴涵着近代课程设置的萌芽。

关键词>> 实学：三事三物六府。六斋：文武艺经学帖

> 颜元注重实践的教育思想对于今天教育也有很强的借鉴意义。

四、"习行"的教学方法【名解/简答/论述】：18青海，15杭州，20赣南，14赣南

（一）"习行"的含义

"习行"教学法，就是强调在教学过程中，要联系实际，要坚持练习和躬行实践，只有如此，学得的知识才是真正有用的。颜元强调"习行"，并非排斥通过读和讲学习书本知识，只是反对唯独通过静坐读书来获取知识，他主张将读书、讲学与"习行"相结合，而且要在"习行"上下更多的功夫和花更多的精力。

（二）重视"习行"的原因

一方面同他朴素的唯物主义认识论有密切关系。他认为"理"存在于客观事物之中，只有接触事物，躬行实践，才能获得真正有用的知识；

另一方面，是为了反对理学家静坐读书、空谈心性的教学方法，这是颜元重视"习行"教学法的直接原因。因为静坐读书脱离实际，不能解决实际问题，而且终日坐在书房中，影响健康。

（三）"习行"的意义

颜元所说的"习行"强调接触实际，重视练习，从亲身躬行实践中获得知识，这在当时以读书为穷理功夫，讲说著述为穷理事业，脱离实际的"文墨世界"中，无疑是吹进一股清新之风，令人耳目一新。

助记表格 >>

整个近代发展的逻辑脉络			
洋务派	维新派	清末新政	资产阶级革命派
1. 办学：京师同文馆、福建船政学堂	1. 办学	1. 办学	1. 办学：学社
2. 留学：欧、美	2. 留学	2. 留学：美、日	2. 学制：壬子癸丑、壬戌
	3. 科举：改科举、改设经济特科	3. 科举：废科举，三步骤	3. 教育行政体系：教育部
	4. 学会、学报	4. 学制：壬寅，癸卯学制	4. 教育方针：五育并举
	5. 京师大学堂	5. 教育行政体系：学部	5. 课程标准
		6. 教育宗旨：忠君、尊孔、尚实、尚公、尚武	

第七章　中国教育的近代转折

本章大纲考点及考频

考点	考频
第一节　教会学校的举办	1
一、英华书院与马礼逊学校	1
二、教会学校的发展	1
三、"学校与教科书委员会"与"中华教育会"	0
四、教会学校的课程	0
五、教会学校的性质与影响	0
第二节　太平天国的教育举措	0
第三节　洋务教育的创立和发展	10
一、洋务学堂的兴办、类别与特点	8
二、京师同文馆	24
三、福建船政学堂	4
四、幼童留美与派遣留欧	2
第四节　张之洞的"中体西用"教育思想	2
一、"中体西用"思想的形成与发展	0
二、张之洞与《劝学篇》	29
三、"中体西用"思想的历史作用和局限	30

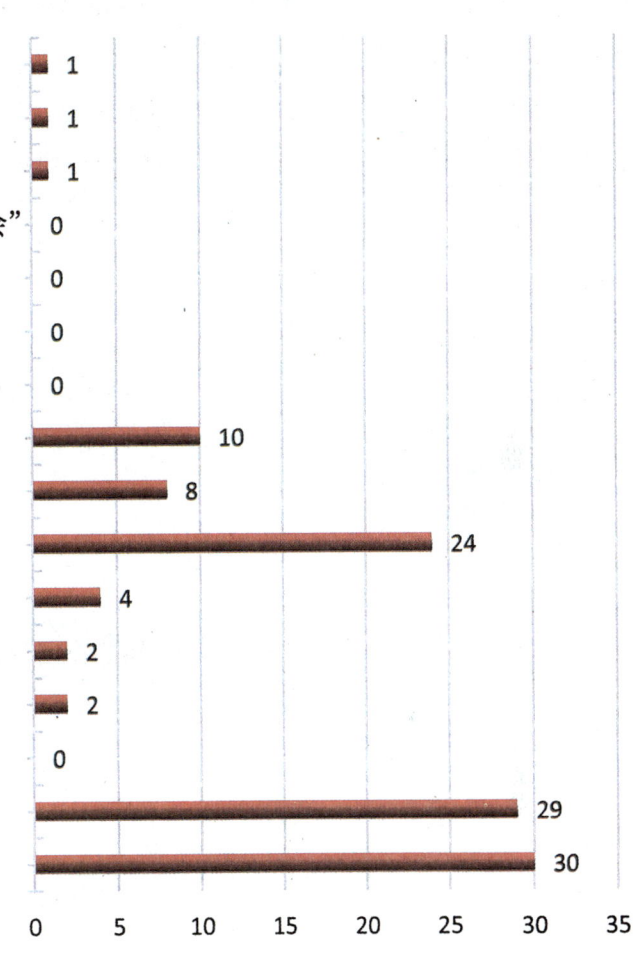

本章思维导图

- **中国教育的近代转折**
  - 教会学校的举办
    - 英华书院与马礼逊学校
    - 教会学校的发展
    - "学校与教科书委员会"与"中华教育会"
    - 教会学校的课程
    - 教会学校的性质与影响
  - 太平天国的教育举措
    - 对儒学的批判
    - 改革文字、文风和科举制度
    - 改革教育内容
  - 洋务教育的创立与发展
    - 洋务学堂的兴办、类别与特点
    - 京师同文馆
    - 福建船政学堂
    - 幼童留美与派遣留欧
  - 张之洞的"中体西用"教育思想
    - "中体西用"思想的形成与发展
    - 张之洞与《劝学篇》
    - "中体西用"思想的历史作用和局限

本章参考书

【1】孙培青主编：《中国教育史》第4版，华东师范大学出版社，第十章。
【2】王炳照主编：《简明中国教育史》，北京师范大学出版社，第九章。

·第一节 教会学校的举办·

(浙江师大大纲删除)【简答】：15湖北大学

一、英华书院与马礼逊学校 【名解】：16云南

（一）英华书院

1815 年，马礼逊提出创马六甲书院的想法，得到有关方面的支持，最终定名为英华书院，并于 1818 年开学，1843 年迁往香港，1856 年停办。英华书院尽管不是设在中国大陆本土，但它是第一所主要面向华人的新式教会学校，该校毕业的部分华人学生，成为近代中国第一批西学的知情者。从传教士方面说，英华书院也为鸦片战争后教会学校的大量设立积累了经验，探索了路径，准备了人才。

（二）马礼逊学校

马礼逊学校是最早设立在中国本土的、比较正式的教会学校，因纪念马礼逊而得名。它是一所专门为华人开办的学校。在马礼逊学校接受教育的学生中，容闳、黄宽、黄胜等三人于 1847 年在教会资助下随布朗赴美，成为中国第一批留美学生。而容闳则于 1872 年促成了中国近代史上最早的官派留学生——第一批幼童留美。马礼逊学校开设了丰富的西学课程，充实了在此求学的中国青年，开阔了他们的知识视野，为他们形成近代社会观念打下了基础。

二、教会学校的发展 【简答】：15湖北

《南京条约》签订后，西方传教士纷纷来华传教办学。教会学校的发展可划分为两个阶段：

（一）第一阶段（19 世纪 60 年代初到 1876 年）

教会学校由原来的五个通商口岸发展到内地，数量迅速增加。同时，随着西方各国在华事业和洋务派兴办的洋务事业的不断发展，对新式人才的需求日益增大，因而促进了教会学校的发展，教会学校的层次不断提高。

（二）第二阶段（1877 年以后）

1877 年 5 月，在华基督教传教士举行了第一次传教士大会。会后，基督教会学校改变了过去零星分散、各自为政的状态，加强了相互之间的联系。教会学校的独立性加强，并着手讨论和解决教会教育的具体问题，从而加速了教会学校的制度化发展。

三、"学校与教科书委员会"与"中华教育会" (了解)

（一）前期：学校与教科书委员会

1877 年，第一次在华基督教传教士大会上，为适应教会学校的发展，规范教会学校的教学内容，大会决定成立"学校与教科书委员会"，中文名称为"益智书会"。这是近代第一个在华基督教教会联合组织。委员会成立后，随即开会议决编写初、高级两套中文教材，极大地推动了教会学校的教材编写工作。所编的教材除供应教会学校外，也赠送给各地传教区的私塾应用，促进了基督教教士、教会和学校之间的联系和交流。

时代背景

鸦片战争开始了中华民族一段屈辱的抗争历史，也揭开了中国教育近代化的序幕。

教会学校在中国的举办开启了中国教育和国际接触的大门，这个可作为此后中国教育发展的背景。

洋务运动中期以后，多数位于沿海的教会学校已不再招收贫民子女，而是吸引新兴资产阶级和富家子弟，并收取较高的学费。在提高教会的教育影响的同时，还能获取经济利益。

第七章 中国教育的近代转折

85

（二）后期：中华教育会

1890年，第二次在华基督教传教士大会在上海召开，会上将1877年成立的"学校与教科书委员会"改组为中华教育会。中华教育会标榜"以提高对中国教育之兴趣，促进教学人员友好合作为宗旨"，对整个在华基督教教育进行指导。通过对中国教育进行调查，创办各种杂志和讲习会、交流会、演讲会，鼓励个人之间以通信联系的方式，来推广教育经验，策划教育方针和具体措施，并在基督教教会学校推行公共考试计划。中华教育会扩大了工作范围，强调工作的经常性和规范性，后来成为中国基督教教会教育的最高领导机构，对当时中国教育的发展产生了较大的影响。

四、教会学校的课程（了解）

教会学校的课程设置经历了由各自为政逐渐走向统一的过程。

1877年之前，各校基本由主办者自行选择、编写教材，自行安排课程。

1877年设立"学校与教科书委员会"，希望通过统一编译教科书，引导课程向规范化发展。

1890年"中华教育会"成立后，对课程统一问题给予了更多的关注，并成为中华教育会努力推行的事项。其课程设置一般包括宗教、外语、西学和儒学经典等。

（一）宗教

这是教会学校必开的主课，除课程表里规定的宗教课程外，学生还参加弥撒、做礼拜等活动，大部分学校规定宗教课程不及格者不能升级，但也有鲜见的特例，如上海中西书院。

（二）外语

1865年，为适应中外交往和工商买办型人才的需要，将英语提升到教学语言的位置。到了19世纪90年代后，教会学校已普遍开设外语课程，有些学校已作为教学用语。

（三）西学

洋务运动开始后，西方科技逐渐受到中国人的重视，传教士认为"培养受过基督教和科学教育的人，使他们能够胜过中国的旧式士大夫"，才能"从受过儒家思想教育的人那里夺取他们现在所占有的地位"。教会学校一般都开设相当数量的数学、物理、化学课程和其他科技课程，高等级的学校还开设一定数量的人文社会学课程，如哲学、逻辑学、经济学等。

（四）儒学经典

早期的传教士视儒家文化与基督教文化势不两立，但他们的传教活动受到儒家思想的强烈抵制，迫使传教士不得不有所妥协。同时，教会学校要使培养的学生能对中国一般民众产生影响或居于领袖地位，就必须适应中国的文化背景，甚至通过科举考试取得功名。19世纪70年代后，教会学校一般都开设相当数量的儒经课程。

五、教会学校的性质与影响

（一）教会学校是西方世界殖民扩张的产物

传教士宣称"要以基督教征服世界"，使中国完全的基督教化，向中国传播西方的科学和文明。事实上，传教士的活动领域并不限于文化和宗教，即使传教士所从事文化教育活动，其目的也不是单一的，而是与各宗主国的政治、经济甚至军事目的紧密结合，带有强烈的殖民性质。

（二）教会学校的存在，是近代中国半殖民地的国家地位在教育上的反映

19世纪后期，西方传教士在华开设的一大批教会学校，没有一所在中国政府立案。它是以武力开道，以不平等条约为保护伞的。这是教育主权不能独立的表现。

（三）教会学校同时也是中国传统教育向近代教育过渡的促进因素

教会学校与洋务学堂被并称为新式学堂。教会学校的广泛设立，无疑加速了西学在中国的传播进程。通过教会教育这个渠道，中国人逐渐开阔了教育的视野。当时中国缺乏懂得西学的新式教师，而教会学校的毕业生在知识结构上符合新式教育的需要，成为洋务时期乃至清末新政时期新式学堂教师的重要来源。

第二节 太平天国的教育举措

（浙江师大大纲删除）

一、对儒学的批判

在太平天国运动中，洪秀全等人创立"拜上帝教"教义，在教义中，只有上帝才是唯一的真神，其他一切权威和偶像都必须打倒，包括儒家学说。金田起义前，洪秀全、冯云山、洪仁玕撤除了私塾里的孔子牌位，以示与传统儒学教育决裂；金田起义之后，实行了激烈的反儒政策，毁坏孔像、焚烧孔孟诸子百家书籍，出现了"敢将孔孟横称妖，经史文章尽日烧"的局面。

二、改革文字、文风和科举制度

为了利于广大群众掌握、理解和接受革命道理，太平天国对文字、文风进行了简易和通俗化改革。

主要措施有：吸收民间常用的简体字作为官方用字，便于书写；仿照西方在书写印刷时引入标点符号的做法，便于识读；改革文风，要求文章的内容反映现实生活，做到"文以纪实"，提倡大众化语言。这些改革促进了文化教育向平民化发展。

三、改革教育内容

太平天国颁布了《天朝田亩制度》，其内容之一是在农村地区建立一套军事、政治、宗教合一的地方政权体系。在天京城区，"设有育才书院，延师各官子弟读"。"育才书院"是一种比较正规但面向将官子弟的学校。就城市地区和将官子弟而言，太平天国并未因战争环境而放弃对儿童教育的努力。

太平天国教育的内容主要是以宗教教义的形式组织起来的，把政治思想、道德教育融汇到宗教教育宣传之中，以达初步读写和文化知识教育的目的。基本材料有两类：一类是群众性宗教、政治思想教育读物，一类是儿童启蒙性读物。

1859年，洪仁玕大力提倡学习西方科技知识，主张凡外国人技艺精巧者，只要不干涉天国内政，都可"教导我民"，表现出对西学的开放态度。

评价： 太平天国运动对于儒学为核心的传统教育展开批判，提出了普及教育的组织形式，同时开放女子教育，允许女子参加科举考试。洪仁玕还提出学习西方、发展资本主义的教育主张，这些都对传统教育体系产生了重大的冲击，并具有近代教育的因素。

第三节 洋务教育的创立和发展

【名解/简答/论述】：17延安大学，18青海，20重庆三峡学院，18延边大学，12浙江，13湖南，15鲁东，17重庆三峡学院，19中央民族，20江苏

一、洋务学堂的兴办、类别与特点 【名解/简答/论述】：15江苏，14山西大学，15苏州

（一）洋务学堂的兴办 【名解】：10闽南，17湖北大学，21浙江大学

兴办学堂是洋务运动的重要组成部分，其目的是培养洋务活动所需要的翻译、外交、工程技术、水陆军事等多方面的专门人才，其教学内容以所谓"西文"与"西艺"为主。从19世纪60年代至90年代，洋务派创办的洋务学堂约30余所，它们随着洋务运动的展开而逐渐开办的，中国近代教育由此开端。

（二）洋务学堂的类别 【简答】：13西北

1. 第一类是外国语（"方言"）学堂

主要有京师同文馆、上海广方言馆、广州同文馆、新疆俄文馆、台湾西学馆、珲春俄文馆、湖北自强学堂，这些学堂以学习外国语为主，主要培养翻译人员。

2. 第二类是军事（"武备"）学堂

主要有福建船政学堂、上海江南制造局操炮学堂、广东实学馆及广东水陆师学堂、广东黄埔鱼雷学堂、天津水师学堂、天津武备学堂等。这些学校训练水师人才，培养能使用洋枪、洋炮的士兵和军官。

3. 第三类是技术实业学堂

主要有福州电报学堂、天津电报学堂、上海电报学堂、天津西医学堂、湖北矿务局工程学堂、山海关铁路学堂、南京储才学堂，这些学堂主要培养会使用、维修洋机器的人员和一些通信人员。

（三）洋务学堂的特点 【简答】：14云南

洋务学堂与封建官学、书院、私塾等中国传统学校有显著的差异，因此常称其为新式学堂。所谓新，主要表现在办学性质、培养目标、教学内容、教学方法和教学组织形式等方面。

1. 办学性质上

洋务学堂是提供专门训练的专科性学校，属于部门办学，是洋务机构的组成部分或附属单位，直接针对本部门和机构的需要培养人才。这和传统学校培养科举入仕的人才有所不同。

2. 培养目标上

造就各项洋务事业需要的专门人才，广泛分布于外交、律例、水陆军事、机械制造、电报、矿务、铁路、教育等诸多领域。

时代背景

洋务运动发生发展于19世纪60年代至90年代。1861年1月，因奕䜣等人的奏请，清政府批准设立"总理各国事务衙门"，作为总揽洋务全局的中央枢纽。这标志洋务运动的开始。1895年，中国在甲午战争中彻底失败，清政府与日本签订割地赔款、丧权辱国的《马关条约》。从此逐渐让位于资产阶级改良派发起的维新变法运动。

洋务运动时期的中国教育仍然以传统的封建教育为主体，但在传统教育主体中萌生了近代新教育的幼芽。正是洋务派举办的新式学堂和留学教育，开辟了传统教育之外的另一番天地。

3. 教学内容上

以学习"西文""西艺"为主，课程包括外语、数学、格致、化学等一般性课程以及和各自专业相关的科学技术课程，注意学以致用，区别于传统学校的经史义理和八股文章。

4. 教学方法上

按照知识的接受规律由浅入深、循序渐进地安排教学内容，重视理解；注意理论和实践相结合，很多学校安排了实践性课程，有的还建立了实习制度。

5. 教学组织形式上

洋务学堂制定分年课程计划，确定了学制年限，采用班级授课制，突破传统的进度不易的个别教学形式。

然而，洋务学堂是套种在传统封建教育体制边上的幼苗，根植于半殖民地半封建社会的土壤，难脱其桎梏和影响，又表现出新旧杂糅的特点。

首先，洋务学堂是洋务大臣们各自为政办起来的，零星分散，缺乏全国性的整体规划和学制系统。学校和学校之间是相互孤立的，上下、同级之间没有形成规范的程度标准，没有明确的界限和衔接关系。

其次，在"中体西用"的总原则下，洋务学堂没有丢弃四书五经的学习。

最后，洋务学堂是洋务大臣所举办，但洋务大臣也是封建官僚，因此，对洋务学堂的管理免不了沾上封建官僚习气。

总之，洋务学堂以西方近代科技文化作为主要课程，在形式上引入了资本主义因素，初步具备了近代教育的特征。在它产生之初，并未有意与科举为核心的旧教育体系对抗，甚至还乞求后者的容纳，但它产生之后，逐渐动摇和瓦解了旧的教育体制，启动了中国近代教育改革的进程。

助记表格 >>

洋务学堂		
兴办	类别	特点
培养洋务活动所需要的翻译、外交、工程技术、水陆军事等多方面的专门人才	1. 外国语学堂 2. 军事学堂 3. 技术实业学堂	办学性质：专科性学校、部门办学 培养目标：造就各项专门人才 教学内容：学习"西文""西艺"为主，注意学以致用 教学方法：由浅入深、循序渐进；注意理论和实践相结合 教学组织形式：分年课程计划和学制年限，采用班级授课制

二、京师同文馆【名解/简答】：11江西，12云南，12北京，13山东，14、17、18、19上海，14天津，15东北，16南航，17吉林，18南京，18宁波大学，19安庆师范，19河南，20四川，21山西大学，21哈尔滨，21江苏大学，21华中，21江汉大学，21新疆，21陕西

（一）简介

京师同文馆是第一所洋务学堂，也是我国最早的官办新式学校，是近代中国被动开放的产物，最初是作为外语学校设立的，后来发展成为一所以外语教学为主，兼习各门"西

复习提示

洋务教育的改革主要是兴办洋务学堂和幼童留美、留欧。这一节中的京师同文馆和福建船政学堂都属于洋务学堂，只是因为两者特殊意义而单独展开阐述。

京师同文馆作为洋务学堂的开端，福建船政学堂是办得最有成效的一所。

学"的综合性学校。1862年正式开学，1902年，京师同文馆并入京师大学堂。

（二）主要特点

(1) **在培养目标上**，专门培养懂翻译、外事的洋务人才，注重学以致用。

(2) **在课程设置上**，侧重西学西艺，外语居于首位，此外，汉文经学贯穿始终。

(3) **在教学组织形式上**，采用西方的教学制度，实行分年课程和班级授课制。

(4) **在教学方法上**，由浅入深，循序渐进，一定程度上改变了死记硬背的学风，注重理论与实际的结合。

(5) **在学校管理上**，以外国人为主，受外国列强控制。同文馆经费多由海关拨款，从学校经费到聘请校长教员都由海关税务司长官赫德一手包办，管理学校的大权也逐步落入外国人手中，教员也多为外国人。

（三）意义

京师同文馆是洋务学堂的开端，也是中国近代新教育的开端，表明近代以来向西方学习开始由观念变为现实。京师同文馆地处北京，一些重要举措以及由此引发的争执能反映出各派关于教育改革的观点，由此决定了京师同文馆在中国近代教育史上的象征意义。

三、福建船政学堂【名解/简答/论述】：14渤海大学，19南京，21福建，12福建

（一）福建船政学堂的简介

福建船政学堂，又称"求是堂艺局"或"福州船政学堂"，是福建船政局的组成部分。它由左宗棠于1866年创办，是近代中国第一个，也是洋务运动时期最大的专门制造近代轮船的工厂。设立船政局的主要目的是造轮船以应军需，加强海防，有效地抵御列强的海上侵略；同时也鉴于两次鸦片战争后，航行于沿海及长江的洋行轮船日渐增多，而传统的船运业已面临破产，必须发展自己的近代船运业与之竞争。

（二）福建船政学堂的组成部分

学堂由前学堂和后学堂两部分组成，学制五年。

前学堂专习制造技术，又称造船学堂。因认为法国的造船技术最先进，故多以法国人担任教习，学习法文。目标是培养能够设计制造各种船用零件并能进行整船设计的人才。课程有基本课程和实践课程，基本课程包括法文、算术、代数、物理以及机械学等；实践课程包括船体建造、机器制造和操纵等。1868年，前学堂增设"绘事院"（培养生产用图纸的制作人才）和"艺圃"（培养生产和技术骨干，实为在职培训学校）。这种通过工读结合形式有计划地培养生产和技术骨干的做法，开我国近代职工在职教育的先河。

后学堂学习驾驶和轮机技术。因认为英国的航海技术最先进，故多以英国人担任教习，学习英文。除英文外，驾驶专业的基本课程设有算术、几何、球体三角、航海天文学、航行理论等；轮机专业的基本课程设有算术、几何、海上操纵轮机规则及指示计等。实践课驾驶专业主要是上船实习（"练船"）；轮机专业主要是在岸上装配发动机或为本厂所造船只安装发动机。

（三）评价（意义）

第一，福建船政学堂在近代中国海军事业的发展中占有重要地位，为近代中国海军输送了第一代舰战指挥和驾驶人才，也为近代中国船舰制造业的发展写下了光辉的一页。

真题回顾

福建师范大学2012年考过论述题，或许与福建这个地方相关。

答题提示

福建船政学堂如果考查名词解释，只需要回答（一）福建船政学堂的简介。如果考查简答/论述题，3点内容都需要回答。

第二，尽管进入19世纪80年代后，相继成立了多所海军军事学校，但福建船政学堂作为同类学堂的先驱和办得最久的一所，为这些学校输送了一批教师和管理人员。

第三，就所培养人才的数量和层次而言，是任何其他一所同类学校所难以比拟的。福建船政学堂无愧于"近代中国海军人才摇篮"的称誉。

助记表格 >>

福建船政学堂（求是堂艺局或福州船政学堂）	
前学堂	后学堂
专习制造技术，又称造船学堂，法国人担任教师，培养设计制造船或船零件的人才	学习驾驶和轮机技术，英国人担任教师，培养驾船人才
评价：为近代中国海军输送第一代舰战指挥和驾驶人才，近代中国海军人才摇篮	

四、幼童留美与派遣留欧【论述】：17福建

（一）幼童留美【论述】：21南宁

1.幼童留美的开始时间

1872年出发的留美幼童是近代中国政府派出的首批留学生，这次留学计划的实施得力于我国早年留学美国的容闳的倡导。

2.幼童留美的具体内容

选派幼童每年为30名，分四年共120名，学习年限为15年。学生到美国后除学习西学外，仍要兼习中学，课以《孝经》、小学、"五经"及国朝律例等书，同时派遣正、副委员（监督）和数名"中学"教师同往，首任正委员是守旧派人物陈兰彬，副委员为容闳。1872年8月第一期30名幼童詹天佑等经上海预备学校培训后赴美，1873年、1874年、1875年第二、第三、第四期各30名幼童也按计划出发。

3.幼童留美的结果

由于新旧不同观念的管理人员的争执，加之国内守旧派的反对，1881年清政府下令全数撤回留美学生，1881年下半年，幼童留美生分三批返国，幼童留美计划宣告夭折。尽管留学生未能按计划完成学业，但他们仍成为近代中国科技、实业和管理等领域的一支重要力量。

4.评价

本质上说，幼童留美依然无法摆脱"中体西用"的束缚，但是这次留学活动也开了中国近代留学教育的先河，为近代中国培养了一批人才，并且为中国近代留学教育积累了经验，传播了资产阶级社会的政治学说和哲学思想，推动了社会的进步和发展。

（二）派遣留欧

1.派遣留欧简介

留欧学生的派遣始于船政大臣沈葆桢的建议，并以福建船政学堂的学生为主。1875年初，沈葆桢派遣前堂和后堂共5名学生同当时的法国工程师日意格回法购买设备，以期开阔视野，增长见识，实际上是派遣留欧的先导。

> **时代背景**
>
> 19世纪70年代初，洋务运动开展已近十个年头。洋务派认识到，要全面深入地学习西方的先进技术，国内的学堂存在诸多局限。于是，向国外派遣留学生，便被纳入洋务计划。留学教育主要是派遣留美和留欧学生。

1877年～1886年，共三批留学生分别留学欧洲。他们一部分在法国学习制造，一部分在英国学习驾驭技术，还有一部分在德国学习造船技术。这些学生在1879年陆续回国，为中国近代海军事业做出了贡献。

2. 派遣留欧的作用

（1）留欧学生把中国近代军舰制造技术推进到一个新水平。

（2）留欧学生成为近代海军重要将领的人选。

（3）在近代海军教育事业上大显身手。例如严复担任北洋水师学堂总教习和总办达20余年。

（4）留欧学生的影响不局限于海军领域，在外交、实业和其他科技领域均有建树。严复则通过翻译世界名著宣传进化论和天赋人权思想，对近代思想解放做出了重大贡献，影响则更为深远。

（三）留学教育的意义

洋务时期留学教育是中国教育走向世界过程的最名副其实的一步。主要意义有：

1. 传统教育再次受到冲击

如果说京师同文馆设立天文算学馆是传统教育的第一次冲击，那么官派留学生就是第二次冲击。

2. 留学教育可以培养一批新式人才

这些人才在知识结构和文化生活上都不同于以往的中国知识分子，并为中国培养了第一批卓有贡献的人才。如：詹天佑从美归来，自行设计修建京张铁路，成为世界闻名的铁路工程师。

3. 将西方政治学说、哲学等社会科学介绍到中国，促进近代中国的思想解放

留学生接受了西方国家的思想和文化的熏陶，从更深层次的思想观念上受到启迪，比如：严复把这些先进的社会科学的知识带入中国，引起了中国观念领域的不断变革，这是对中国思想界最重要的启蒙作用。

助记表格 >>

幼童留美	派遣留欧
1. 时间：1872年	1. 时间：1877年、1881年、1886年
2. 倡导人：容闳	2. 倡导人：沈保桢
3. 内容：选派幼童每年为30名，分四年共120名，由于新旧不同观念的管理人员的争执，幼童留美计划宣告夭折	3. 内容：以福建船政学堂的学生为主，分三批，分别赴英、法、德、西班牙等国学习制造和驾驶
4. 学成代表：詹天佑	4. 学成代表：严复
留学意义：1. 传统教育再次受到冲击。2. 留学教育可以培养一批新式人才。3. 将西方政治学说、哲学等社会科学介绍到中国，促进近代中国的思想解放	

第四节 张之洞的"中体西用"教育思想

【简答】：12内蒙古，21广西

一、"中体西用"教育思想的形成与发展（了解）

形成：洋务运动的过程实质上是一场对近代西方文明成果的移植过程。如何解决"西学"与中国固有文明之间的关系？洋务派提出典型的方案就是"中体西用"，在"中学"的主导下肯定"西学"的辅助作用和器用价值。

发展：1861年，冯桂芬在《采西学议》中写道："如以中国之伦常名教为原本，辅以诸国富强之术，不更善之善者哉？"到19世纪90年代，发表类似观点的人越来越多，而表达方式越来越明确，并逐渐定型于"中学为体，西学为用"。1892年，郑观应在《西学》篇中说："中学其本也，西学其末也。主以中学，辅以西学"。直到1898年春，张之洞撰成《劝学篇》，围绕"旧学为体，新学为用"的主旨集中阐述，形成了一个比较完整的思想体系。

关键词>> 冯桂芬《采西学议》→郑观应《西学》→张之洞《劝学篇》

二、张之洞与《劝学篇》

（一）张之洞的生平及活动

张之洞

张之洞，字孝达，号香涛，晚年自号抱冰老人，他的一生涉及政治、经济、军事和教育领域，是晚期洋务派的主要代表，对清末教育思想和实践都产生过重大影响。张之洞的思想以1884年中法战争为分界线，前期是一个守旧的封建官僚和清流党人，1884年以后，一跃成为洋务派的后起之秀。张之洞寄意于对中国传统教育的整顿和振兴，在总结洋务实践和思考时局走势的基础上，于1898年著成《劝学篇》。

（二）《劝学篇》【名解】：16中国海洋，17河南，20湖南

张之洞的《劝学篇》是对洋务运动的理论总结，并试图为以后的中国改革提供理论模式。《劝学篇》共24篇，分内篇（9篇）和外篇（15篇）。内外篇各有主旨："内篇务本，以正人心；外篇务通，以开风气。"通篇主旨归于："中学为体，西学为用。"内篇专从"中学"发题，外篇专从"西学"发题，但所论常兼及中、西学的关系。《劝学篇》还提出了一系列教育改革的策略和措施，成为张之洞规划清末新政时期教育改革的基本思路。

（三）"中体西用"具体内涵【名解】：10、15浙江，10西南，11福建，11、16南京，11江苏，11、13北京，11天津，13山东，13湖南大学，13湖南科技，14沈阳，14湖南，15四川，11、16渤海大学，16、20华东，18广西民族，18山西，20吉林，20苏州，20西华，20天津外国语

"中体西用"是张之洞1898年在《劝学篇》中阐述的思想。在突出"中学"的主导地位的前提下，应该肯定"西学"的辅助作用和器用价值。

洋务派提出的"中体西用"，在不危及"中体"的前提下侧重强调采纳西学，这既是洋务派的文化教育观，也是洋务派应对守旧派的策略。

1. "中学"也称"旧学"

"四书五经，中国史事、政书、地图为旧学"，其中张之洞最注重的是纲常名教，三纲是维持封建王权和家族伦理的基本准则，三纲的废除必然导致封建社会秩序的崩溃。

2. "西学"也称"新学"，即西政、西史、西艺为新学

西政是指西方有关文教制度、工商财政、军事建制和法律行政等管理层面的文化。西艺是指近代西方科技。

3. 中西学的关系

"旧学为体，新学为用，不使偏废。"教育首先要传授中国传统的经史之学，这是一切学问的基础，放在率先的地位上，然后再学西学，以补中学之不足。

三、"中体西用"思想的历史作用和局限【简答/论述】：12闽南，14哈尔滨，14重庆，15郑州大学，16安徽，17浙江，17、20海南，21江西科技，11、15、18华南，12北航，12中南大学，14华东，14河北大学，14延边大学，15、17、21上海，16陕西，17北华大学，18吉林，18四川，19湖北大学，19天津大学，19浙江大学，21东北，21赣南，21重庆三峡学院

（一）历史作用

（1）"中体西用"理论为"西学"教育的合理性进行了有效的论证，促进了资本主义文化在中国的传播，在此原则下实施的留学教育和举办新式学堂，给封闭僵化的封建文化打开了一个缺口，加速了封建制度的解体，改变了单一的传统教育结构。

（2）"中体西用"启动了中国近代教育改革的步伐，催发了新式教育的产生，自然科学知识的传授，新式学堂的兴办，留学教育的开展等，打破了儒学一统天下的传统教育格局。

（3）"中体西用"使教育领域可以较为充分地引进西方近代学科，课程及制度措施，对清末教育制度的改革既有思想层面的启发，又有实践层面的推动。

（4）"中体西用"思潮的扩展，极大地冲击了传统教育的价值观，逐步改变了封建士大夫对于新式教育的看法，为新式教育的推广扫清了障碍。

（二）局限（消极）

（1）"中体西用"固守"中学"为体，其根本目的在于维护封建专制传统和以"三纲五常"为核心的儒家意识形态，使新式教育一直受到忠君、尊孔、读经的封建信条的支配，任何教育改革都不能摆脱以新卫旧、以西补中的目的，延缓了新式教育的发展进程，抑制了维新思想的更广泛传播，不利于近代刚刚开始的思想启蒙运动。

（2）在没有克服中、西学内在矛盾的情况下直接嫁接，会引起两者的排异性反应。这种简单拼凑中学西学而不涉及中国传统文化和政体的改造，必然表现出严重的局限性。

顺口溜 >>　作用：打破传统启发大，新教推广障碍除
　　　　　　　局限：中学为体局限大，中西矛盾引排异，抑制维新阻启蒙

第八章　近代教育体系的建立

本章大纲考点及考频

考点	考频
第一节　早期改良派的教育主张	0
第二节　维新派的教育实践	0
第三节　"百日维新"中的教育改革	17
第四节　康有为的教育思想	1
第五节　梁启超的教育思想	5
第六节　严复的教育思想	7
第七节　清末教育新政与近代教育制度的建立	4
一、"壬寅学制"和"癸卯学制"的颁布	29
二、废科举、兴学堂	0
三、建立教育行政体制	0
四、确定教育宗旨	0
五、留日高潮与"庚款兴学"	8

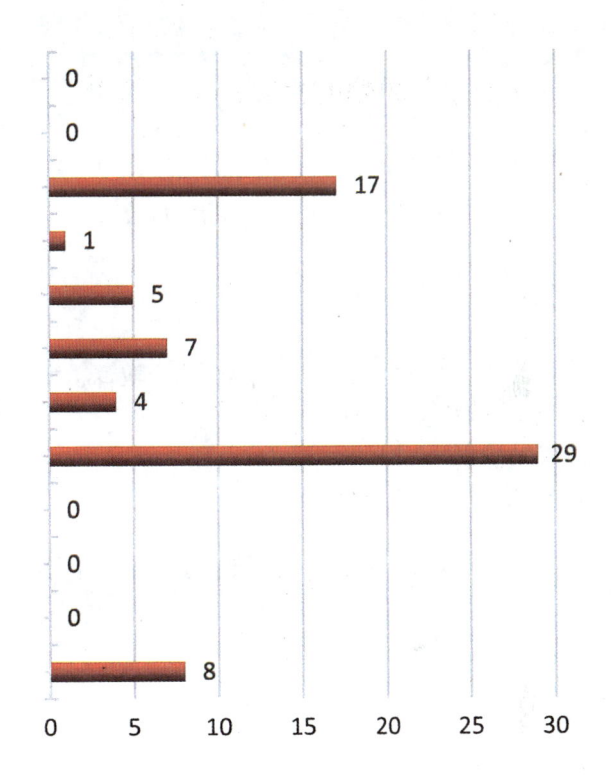

本章思维导图

近代教育体系的建立

- 早期改良派的教育主张
  - 全面学习西学
  - 改革科举制度
  - 建立现代学制

- 维新派的教育实践
  - 兴办学堂
  - 兴办学会与发行报刊

- "百日维新"中的教育改革
  - 创办京师大学堂
  - 书院改办学堂
  - 废除八股考试，开设经济特科

- 康有为的教育思想
  - 维新运动中的教育改革主张
  - 《大同书》的教育理想

- 梁启超的教育思想
  - 教育作用："开民智""兴民权"
  - 教育目的：培养"新民"
  - 论师范教育、女子教育和儿童教育
  - 论述近代学校制度

- 严复的教育思想
  - "三育论"："鼓民力""开民智""新民德"
  - "体用一致"的文化教育观

- 清末新政时期的教育改革
  - "壬寅学制"和"癸卯学制"的颁布
  - 废科举、兴学堂
  - 建立教育行政体制
  - 确定教育宗旨
  - 留日高潮与"庚款兴学"

本章参考书

【1】孙培青主编：《中国教育史》第4版，华东师范大学出版社，第十一章。
【2】王炳照主编：《简明中国教育史》，北京师范大学出版社，第十章。

第一节 早期改良派的教育主张

（浙江师大大纲删除）

一、全面学习西学

鸦片战争后，魏源提出"师夷长技以制夷"，当时，"制夷"主要表现在军事上，并未自觉讨论中、西学之间的关系；洋务派提出"中体西用"的文化模式，既是对魏源思想的继承，也是对魏源思想的限定。早期改良派将近代向西方学习的思想推进了一步，认为西学的内容非常丰富，要求扩大向西方学习的规模和领域，深化学习的层次。

二、改革科举制度

随着新式学堂的产生和发展，科举制度阻碍中国教育发展的弊端越来越明显，科举制度开始受到早期改良派的批判。王韬认为，"时文不废，人才不生，必去时文尚实学，乃见天下之真才"，主张"以学时文之精神才力，专注于器艺学术"。早期改良派，虽然猛烈抨击科举制度，但并未彻底否定，仍主张保留科举制度的形态，甚至在他们设计近代学制时还考虑到与科举制度接轨。

三、建立现代学制

容闳作为我国最早接受美国高等教育的知识分子，曾寄希望于太平天国能实现他建立近代学校教育制度的理想。然而他的主张在当时并未成文传世。在早期改革派中，勾画出中国近代学制轮廓的是郑观应。郑观应认为，中国传统教育不可能培养出适应近代工商业发展的人才，他通过比较中国传统教育与西方教育，认为中国传统教育是"只知教习举业，不屑讲求商贾农工之学"。在此认识上，郑观应提出仿照西方学制设立小学、中学、大学三级学制系统，大、中、小学均采取班级授课的形式，规定学习年限各为三年，考试的结果作为升学的标准。这种学制设想虽然粗糙，有明显与科举挂钩的痕迹，但它反映了早期改良派要求系统地改革封建教育体制的思想，也远远超出了洋务派教育实践的水平，克服了洋务学堂孤立、分散和应急性的特点。

> **时代背景**
>
> 早期改良派是19世纪70年代后逐渐形成的一个思想群体。他们成分复杂，所受教育和生活经历也各不相同。他们都认识到，改革的关键在于人才，人才的基础在于教育。因此，早期改良派把改革封建传统教育制度、培养新型人才，作为实现整体改革方案的基础

第二节 维新派的教育实践

（浙江师大大纲删除）

一、兴办学堂

（一）第一类是维新运动的代表人物为培养维新骨干、传播维新思想而设的学堂

1. 万木草堂

1891年由康有为创办，是维新派开办最早的学校。万木草堂继承了传统书院的办学形式和教学方法，但在旧形式中注入新内容，该学堂成为酝酿、研究、宣传维新理论的场所，造就了一大批维新人才，梁启超就是典型代表。

> **时代背景**
>
> 所谓维新，就是在保留清朝皇权的前提下，用和平的方式进行自上而下的改良，建立君

2. 湖南时务学堂

1897年由陈宝箴、谭嗣同在湖南长沙创办。梁启超为中文总教习，李维格为西学总教习。在教学中着重宣传维新变法思想，倡导民权学说，推动了维新运动在湖南的开展。

（二）第二类是在办学类型与模式、招生对象、教学内容等某些方面对洋务办学观念有所突破，领风气之先的学堂

1. 北洋西学堂与南洋公学

这两所学校最早采用西方近代学校体系的形式，分初、中、高等级，相互衔接，具有近代三级学制的雏形。

2. 经正女学

又称"中国女学堂"，1898年由梁启超、经元善在上海创办。经正女学作为近代第一所国人自办的正规女子学校，起到开风气之先的作用。

二、兴办学会与发行报刊

维新派还通过创办各种学会和发行报刊来宣传维新思想。1895年，康有为与陈炽发起并筹资在北京创办《万国公报》（后更名为《中外纪闻》），并于同年成立北京强学会和上海强学会。此后各地宣传维新的学会和报刊如雨后春笋不断涌现。著名的有梁启超于1896年在上海创办的《时务报》和1897年严复在天津创办的《国闻报》等。

维新派以学会为阵地，以报刊为传媒，讲西学，论国事，宣传变法主张，抨击封建势力，进行维新思想的启蒙。学会与维新学堂相互补充，起到了扩大教育面，开民智、新民德的作用。

· 第三节 "百日维新"中的教育改革 ·

【简答/论述】：10、11、12、14西北，11哈尔滨，13山西大学，14上海，14陕西，16集美大学，16湖南大学，16北华大学，18江苏大学

一、创办京师大学堂 【名解】：12上海，13北京，18中南民族，21齐齐哈尔，21南京信息工程

刑部侍郎李端棻首次向清政府提出设立京师大学堂的建议。康有为也多次奏请开办京师大学堂，之后梁启超草拟《京师大学堂章程》，得到光绪帝的批准。

该章程规定：

（1）性质：京师大学堂不仅是全国最高学府，也是全国最高教育行政机关。
（2）办学宗旨："中学为体，西学为用。"
（3）课程设置：西学比重高于中学。
（4）封建等级性非常浓厚。

"戊戌政变"后，京师大学堂是维新运动仅存的硕果，1900年毁于八国联军战火，1902年恢复开办，并被纳入清末学制系统。民国初年，京师大学堂改为北京大学。

二、书院改办学堂

1898年，光绪帝令各省及地方官将各省府厅州县之大小书院，一律改为兼习中学、

主立宪的政治体制，使中国走上资本主义道路。维新派认为，改革教育、培养新式人才是实现变法维新的基础。

时代背景

中日《马关条约》签订后，西方列强企图进一步以中国为宰割对象。康有为等维新派人物大声疾呼，力陈变法图存。1898年6月11日，光绪皇帝发布《明定国是诏书》，宣布维新变法。9月21日，慈禧太后发动政变，软禁光绪皇帝，变法宣告夭折，

西学的新式学堂。以省会之大书院为高等学堂，郡城之书院为中学堂，州县之书院为小学堂，地方自行捐资办理社学、义学等一律中、西学兼习。凡民间祠庙不再举行祀典者，也一律改为学堂，并鼓励绅民捐资兴学。

三、废除八股考试，开设经济特科

废除八股考试、改革科举制度也是"百日维新"中颁布的重要改革措施。1898年6月23日，光绪帝下诏废除八股，改试策论。八股废除后，人们不得不寻求新的学问，促进了西学的传播。7月23日，光绪帝下诏催立经济特科，以选拔维新人才。百日维新后，虽然恢复了八股考试，罢经济特科，但人们开始向往富有朝气的新式教育。科举考试经此次冲击后，比以前冷清了很多，考试人数骤减。

评价： 百日维新中的教育改革措施反映了资产阶级维新派的主张和愿望，对封建传统教育产生了强大冲击。因为时间短，大多数封建官僚因循守旧，废八股、改祠庙为学堂等又触及一些人的切身利益，这些措施在推行中遭到抵制和拖延，大多未及施行即被守旧派宣布废止。但是，百日维新中那种"人人谈时务，家家言西学"的局面，激荡起一股思想解放的潮流。放眼世界，渴求新知，已成为不可遏止的士林风尚。

> 共103天，史称"百日维新"。在这103天中，光绪皇帝颁布了一系列改革法令，维新运动被推向高潮，其中教育改革是一个重要的方面。

· 第四节 康有为的教育思想 ·

（浙江师大大纲删除）

康有为

康有为，字广厦，号长素，人称南海先生。1884年中法战争失败，刺激他进一步向西方寻求真理，逐渐突破封建传统观念的藩篱，形成资产阶级改良主义思想。他与维新人士一起组织学会、创办报纸，广泛开展救亡图存的维新活动。戊戌变法失败后，康有为逃亡海外，从事保皇活动。后来又与资产阶级革命派论战，坚持改良路线。

一、维新运动中的教育改革主张

（一）废八股，改策论，等学校普遍开设后，再废科举

康有为认为八股取士导致读书人不研究现实，不研究世界各国的情形，也放弃了中国真正的传统学问，选拔出的人才也不能做实事，所以先废八股，广开校舍，之后再慢慢废除科举。

（二）大力创办学校，改变传统的教育内容，传授科学技术，培养新型人才

康有为力图仿照西方建立近代中国学制，并在《请开学校折》中设计了一个学校系统。

为了更快更有效地学习西学，他还提出派遣留学生、翻译西书等建议。作为维新运动的领袖，康有为的这些建议直接影响了百日维新中的教育改革措施。

> 康有为迫切要求进行教育改革，是源于他对教育作用的认识。"才智之民多则国强，才智之士少则国弱"，所以兴学育才是维新救国的基本保障，教育成为救亡图存，振兴中华的重要手段。

二、《大同书》的教育理想 【论述】：21哈尔滨

《大同书》是康有为代表作之一，成书于1901年至1902年，但其基本思想早已产生，万木草堂讲学期间，康有为曾向弟子梁启超等讲过"大同"学说，即后来《大同书》的基本内容。

（一）康有为描绘了一幅"大同"社会的蓝图

大同社会是"无邦国，无帝王，人人平等，天下为公"，根除了愚昧无知，教育昌盛，文化繁荣，语言统一，教化相同的社会。儿童是整个社会的儿童，对儿童的抚养和教育均由社会承担。

（二）康有为设计了一个前后衔接的完整教育体系

1. 人本院（出生前）

为怀孕妇女设立，进行胎教。院内环境优雅，有书画、音乐等供孕妇欣赏，已怀孕的妇女进入人本院，进行胎教。人本院必须有优良的环境条件，居室要宽敞清洁，景色优美。院内应有品种丰富、内容健康的书画、音乐，随时供孕妇阅读欣赏。工作人员经过精心选择，有女医、女师、女保、女傅等。

2. 育婴院（0~3岁）与慈幼院（3~6岁）

婴儿断乳后，送入育婴院抚养，3岁后送入慈幼院。育婴院与慈幼院是幼儿教育的主要承担机构，保育目标是"养儿体，乐儿魂，开儿知识"。

3. 小学院（6~11岁）

小学教育"以德育为先""养体为主而智次之"的原则。教师是女傅，教师的言行举止、音容笑貌都应善良规范，让儿童模仿，培养起影响其儿童终生的善良德性。

4. 中学院（11~15岁）

人生的关键期，德、智、体兼重，尤以育德为重。教师男女均可，一定选择有才有德者充任，课程要根据学生的禀赋和个性设置。

5. 大学院（16~20岁）

专以开智为主，注重实验，校址的选择应结合专业的实际，学生自由选择专业，教师不限男女，选择"专学精深奥妙，实验有得者"担任。

（三）在《大同书》里，有专章论述男女平等，重视女子教育

康有为认为男女不平等是人类历史上最大的不平等，在入学资格和毕业出路上都应该男女平等。他还从女子对胎教和儿童教育的影响角度，说明了重视女子教育的意义。

评价：《大同书》中倡导"公养""公教"，每个社会成员都有权享受教育，皆为公费。重视学龄前教育，主张男女教育平等，指出对儿童实行德、智、体、美诸方面的教育等，在当时具有耳目一新的感觉，对传统封建教育是一个很大的冲击。但是《大同书》中教育理想的观念背景是中国传统的大同思想和近代空想社会主义的综合体，带有明显的未来乌托邦色彩。

·第五节 梁启超的教育思想·

（浙江师大大纲删除）【简答/论述】：15华中，20华南，20渤海大学

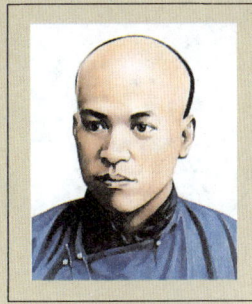

梁启超

梁启超，广东新会人，字卓如，号任公，又号饮冰室主人。他是清末维新变法时期极其重要的领导人物，在维新变法期间，他在社会的各个方面都做了很多的改革工作，写了大量文章宣传变法思想，参与京师大学堂的创办，在近代中国教育发展上起了很大的推动作用。梁启超自幼聪慧，熟读经史典籍，一生著述宏富，有《饮冰室合集》《变法通议》《论教育当定宗旨》等。

一、"开民智""兴民权"与教育作用

梁启超认为国势强弱随着人民的受教育程度而转移，必须通过教育而达到"开民智"的目的。他明确地将"开民智"与"兴民权"联系起来，为"兴民权"而"开民智"。这在一定程度上揭示了专制与愚民、民主与科学的内在联系。他的"开民智"具有科学与民主启蒙的内涵。

二、培养"新民"的教育目的 【简答】：11苏州

梁启超发表了《论教育当定宗旨》，提出教育宗旨应结合"品行智识体力"，即德育、智育、体育三种基本要素；使受教育者能具有自动、自主、自治、自立的品质，融民族性、现代性、开放性于一体。

《新民说》称这种理想的国民为"新民"。"新民"是具有新道德、新思想、新精神、新的特性和品质，包括国家思想、权利思想、政治能力、冒险精神，以及公德、私德、自由、自治、自尊等。"新民"具有资产阶级政治信仰、思想观念、道德修养和适应资本主义社会生活的知识技能的新国民。

三、论师范教育、女子教育和儿童教育

（一）师范教育

梁启超于1896年发表了《变法通议·论师范》，他是在中国近代史上首次以专文论述师范教育的人，也是在我国最早提出设立师范学校的人。他的观点如下：

第一，师范教育是各种学校教育的基础。主张师范学校应该办在大学之先，与小学同办。

第二，中国急需普遍设立中、西学兼习的新式学堂，根本的解决办法是设立师范学校，培养符合时代要求的教师。

第三，梁启超倡导师范教育，不仅是从教师职业的特殊性出发，强调对教师进行专门培养，更重要的目的是通过广设师范学校，培养一批在知识结构和思想观念上都符合维新要求的新教师，推动维新教育活动的开展。

（二）女子教育 【论述】：21湖北大学

梁启超在《变法通议·论女学》中系统阐述了女子教育问题。

第一，从女子自养自立、成才成德、教育子女、实施文明胎教等方面揭示女子教育的必要性。

第二，接受教育是女子的天赋权利，也是男女平等的保障。女子有耐心、喜静、心细等特点，与男子相比，各有所长，可以相互补充，中国应充分开发和利用女性这一巨大的人才资源。

第三，女子教育的发展水平反映国势的强弱，中国欲救亡图存，由弱转强，就必须大力发展女子教育，但发展女子教育必须从破除女子缠足陋习、给女子行动自由开始。

第四，梁启超积极参与中国第一所女学——经正女学的筹办，以实际行动推动女子教育的发展，对女学的办学宗旨、课程设置、教职人员、管理制度、招生对象等方面，都有明确的规定。

评价： 梁启超主张男女平等、妇女解放，提倡创设女学，以及他对女学的规划和设想在当时的历史条件下，是具有进步意义的。

（三）儿童教育

第一，梁启超重视儿童教育，他说："人生百年，立于幼学"。他写了《论幼学》，集中阐述了他关于儿童教育的主张，并介绍了西方国家儿童教育的经验，对改革当时中国的儿童教育提出了自己的主张，他批评了中国传统教育中对儿童采取的体罚，结果使儿童视学校如囚牢，畏教师如狱吏。他认为这种儿童教育必须彻底改革。

第二，他认为儿童教育要适应儿童的年龄特点，由浅入深，由易到难，循序渐进，要从小及早传授自然科学和社会科学的常识，然后逐步扩大学生的眼界。要重视实物教学、直观教学，引起儿童的兴趣。要从小教以外国语，孩子容易记住和掌握。还要授以歌谣、俗语、音乐、体育，使儿童德、智、体、美得到和谐的发展。

第三，他还建议为儿童编好蒙学读物，认为儿童应读七种书：识字书、文法书、歌诀书、问答书、说部书、门径书、名物书。对这七种书，都做了详细的说明，并且还指出了教学方法，是我国近代最早提倡各科教材教法的教育家。

四、论述近代学校制度

梁启超积极提倡兴学校，模仿日本的学校教育制度，按照儿童身心发展的状况，设计国家教育体制：五岁以下为"幼儿期"，受家庭教育或幼稚园教育；6～13岁为"儿童期"，受小学教育；14～21岁为"少年期"，受中等或师范教育或各种实业、专门学校的教育；22～25岁为"成年期"，受大学教育。大学分文、法、师范、医、理、工、农、商诸科。各类学校是互相衔接的，按学习程度递进，不能越级。小学阶段为强迫义务教育。

按照学生身心发展的阶段特性来确定学制的不同阶段和年限，是近代西方教育心理研究的成果。梁启超是中国近代最早系统介绍和倡导这一理论的人物。

第六节 严复的教育思想

【论述】：21沈阳大学

严复

严复是福建船政学堂的第一批留欧生,被派往英国学习海军,留学期间深受进化论思想的影响。1912年,他出任京师大学堂总监督,后担任北京大学首任校长。在维新运动和清末新政期间,严复是倡导变法和宣传资本主义思想文化的代表人物之一。主要著作有《原强》《救亡决论》《论教育与国家的关系》等。

一、"鼓民力""开民智""新民德"的"三育论" 【选择/简答】：21南京，12、15聊城大学，15福建，16山东

严复是中国近代从德、智、体三要素出发构建教育目标模式的第一人。他的德、智、体"三育论"首次在《原强》中提出,认为一国的政治经济状况、参与国际竞争的能力取决于国民德、智、体三方面的发展水平。中国要改变贫弱状况,就必须从提高国民这三方面的素质着手。

"鼓民力"是指提倡体育,包括禁止吸鸦片和女子缠足等陋习,使国民有强健的身体。

"开民智"是指要全面开发人民的智慧,提高人民的教育文化水平,核心是改革科举,废除八股取士和训诂辞章之学,讲求西学。

"新民德"是指改变传统德育内容,用西方的民主自由平等取代封建伦理道德,培养人民忠爱国家的观念意识。

严复提出的德、智、体三育兼备的教育目标体系,无论是其结构要素,还是各育的内容,都基本确立了中国教育目标体系的近代模式。

二、"体用一致"的文化教育观 【简答】：18浙江

甲午战争后,严复发表了《论世变之亟》《原强》《救亡决论》等文章。通过对中西文化的比较,明确肯定西方文化的先进性和优越性,其间充满了颂扬民主、自由、平等的激昂文字,并指出西方社会是"以自由为体,以民主为用",隐含有"体""用"不可割裂的观念,间接对"中体西用"加以否定。倡导对西方自然科学和社会政治学说要一体学习。

严复"体用一致"还包括对西学整体性和发展性的认识。他认为西学中的思维方法学科、基础理论学科和应用学科是联成一体的,相资为用,交叉发明。西学是一个发展的体系,运用考察、实验、归纳等方法创造新知和验证学理,更不断更新、改进和发展。据此,他批评洋务教育只是急功近利地学习西方的某些技术,或仅是抄袭西学的现成结论,忽视了西学的整体性和发展性。

复习提示

严复的"三育论"源于近代英国实证主义哲学家斯宾塞的教育著作《教育论》。严复在国家危亡的严重关头,希望通过改革教育来全面提高国民素养,以实现救亡图存,进而走上独立富强的道路,反映了他对教育作用的高度重视和评价。王国维在中国近代教育史上第一次提出德智体美四育并重的教育宗旨。

第七节 清末教育新政与近代教育制度的建立

【简答/论述】：14山东，17辽宁，19山西大学，15哈尔滨

一、"壬寅学制"和"癸卯学制"的颁布

（一）"壬寅学制"【名解】：17温州大学，19贵州

1902年，在管学大臣张百熙的主持下，拟定了一系列学制系统文件，统称《钦定学堂章程》。因该年为壬寅年，又称"壬寅学制"。这是中国近代**第一个**以中央政府的名义制定的全国性学制系统，具体规定了各级各类学堂的性质、培养目标、入学条件、修业年限、课程设置及相互衔接关系，"壬寅学制"公布后未能得到实行。

（二）"癸卯学制"【选择/名解/辨析/简答】：16广东技术，18、20陕西，18、21南京，11辽宁，11、15安徽，12、18河南，14、16聊城大学，15苏州，15云南，17、18山西大学，18东北，19集美大学，19闽南，20山西，20四川轻化工，21江西科技，21陕西理工，13延安大学，17北京，18内蒙古，19曲阜

1904年，清政府公布了由张百熙、张之洞、荣庆主持重新拟定的一系列学制系统文件，统称《奏定学堂章程》。因公布时在农历癸卯年，又称"癸卯学制"。这是我国近代由中央政府颁布并**首次得到施行**的全国性法定学制系统（第一个正式实施的学制）。

"癸卯学制"主系划分为三段七级。第一段为初等教育，包括蒙养院4年，初等小学5年，高等小学4年，共三级，十三年。第二段为中等教育，设中学堂5年，一级。第三段为高等教育，分为高等学堂（或大学预科）3年，分科大学堂3年至4年，通儒院5年，共三级。儿童从小学堂到大学堂，学制总年限长达20～21年之久。主系之外尚有实业类、师范类学堂。

评价：清末学制具有半资本主义半封建主义性质，是传统性和近代性的综合产物，也是学习西方教育的系统性成果，在中国教育近代化发展中具有标志性意义。它直接参考日本，间接吸纳欧美，反映出近代资本主义教育的诸多特点。

第一，学制整体结构仿照西方流行的三级学制系统模式，分为初、中、高等三级。

第二，学制规划了义务教育的目标，反映了对教育普及性和平等性的要求。

第三，教育目标上，确立德、智、体协调发展的"三育"模式。

第四，设置了众多的实业学堂，以适应和推动近代资本主义工商业的发展。

第五，重视师范教育，加强教师职业训练。

第六，将分年课程规划、班级授课制作为基本的教学管理和教学组织形式。

第七，尊重儿童个性，禁止体罚。

第八，课程比重上，西学占主导地位。

但是，清末新政毕竟是封建王朝在垂亡时的自救性改革，所以，清末学制又表现出浓厚的封建性。

第一，学制的指导思想是"中体西用"的延续，首要任务是培养学生效忠封建王朝。

第二，"读经讲经"课比重过大，所以导致学制年限偏长。

第三，大学堂限制了普通民众进入高等教育的机会，无形中维护了教育的封建等级性。

第四，广大妇女被排斥在学校教育之外。

时代背景

19世纪末，美国抛出"门户开放"政策，相继被各国接受。列强将中国视为可瓜分的稳定市场。1900年，八国联军攻陷北京，慈禧携光绪帝西逃。侵略者的炮火强烈震撼了中国朝野上下。慈禧太后以光绪帝的名义在西安颁布了"预约变法"的上谕，揭开了清末新政的序幕。

第五，对教职员和学生的许多规定旨在维护封建统治秩序，显示出较强的封建专制性。

第六，根据学生的表现和学业程度奖励相应的科举功名，没有割断与旧教育体制的瓜葛。

二、废科举、兴学堂

1898年百日维新中已出台设立经济特科、取消八股考试的措施，但因变法失败而告终。1901年拟行新政后，又重新确认了这两项改革措施。

1903年张之洞、袁世凯上书废科举，要求确立废科举的最后期限、具体步骤和时间表，并提出按科递减，十年后停止科举的方案。但时代对新学人才的热望已使部分官僚感到时不我待，时隔不到两年，袁世凯、张之洞等各省督抚会奏停科举以广学校。

迫于形势，光绪帝于1905年9月2日上谕，1906年开始，所有乡会试一律停止，各省岁科考试亦即停止。这宣告了自隋代起实行了1300年之久的科举考试制度的终结。

科举废除后，配合学制颁布后兴学政策的落实，出现了中国近代史上难得的兴办新学的热潮。至1909年，各级各类新式学堂的数量已达5万多所，在校学生超过160万人。

三、建立教育行政体制

废除科举后，为适应教育形势的新变化，加强教育管理，清政府进一步对教育行政体制进行了改革。

中央：1905年，清政府设立学部，作为统辖全国教育的中央教育行政机关，并将原来的国子监并入学部。学部的最高长官叫尚书，首任学部尚书是荣庆。机构设置整体上注意到教育行政与教育学术的联系，注重实业教育的地位。

地方：1906年，各省设提学使司作为各省专管教育的行政机构，长官为提学使。在府、厅、州、县设立劝学所，为各级教育行政机关。至此形成一套新的从中央到地方的教育行政系统。

四、确定教育宗旨

1906年，学部针对民权思想的流行和资产阶级革命派的活动，拟定"**忠君、尊孔、尚公、尚武、尚实**"的五项教育宗旨，这是中国近代第一次正式颁布的教育宗旨。"忠君、尊孔"强调维护君主专制制度和儒家礼教，体现封建教育的根本性质。"尚公、尚武、尚实"分别与德育、体育和智育对应，出发点是从国家本位。"尚公"强调国家利益和公民道德；"尚武"的目的是强兵；"尚实"的目的是使国家富强。

五、留日高潮与"庚款兴学" （浙江师大大纲删除）【简答/论述】：11山东，13福建

（一）留日高潮

1. 留日的原因

甲午战争后，中国的士大夫开始寻求日本迅速强大的原因。他们认为，（1）日本早期派遣的大量留学生对日本的富强起到重要作用，中国必须仿效。（2）日本路近费省，中日文字接近易于通晓，西书已由日本翻译定本，日本的风俗习惯近似中国等。（3）清末新政后，在清政府多次的倡导之下，留日学生逐年增加。（4）1905年废除科举后，士人为寻求近的出路，纷纷涌向日本，造成留日高峰。

2. 留日的意义

清末留日归国学生虽然在输入近代西方科技方面整体层次不高，但他们充实了新式学堂的师资，壮大了实业技术人才的队伍，翻译了大量日文西学书籍，广泛地传播了资本主义思想观念。特别是以留日学生为骨干，形成了资产阶级革命派群体，促成了辛亥革命的爆发，对中国近代社会的变革产生了重大的影响。

（二）"庚款兴学"（"退款兴学"）

1. "庚款兴学"的含义 【名解】：16苏州，18山东，18山西大学，18、21齐齐哈尔，21河南

《辛丑条约》规定，中国付各国战争赔款共计白银4.5亿两，从1902年到1940年分39年还清，史称"庚子赔款"。美国詹姆士提醒美国政府应当采用一种"从知识和精神上支配中国的领袖方式"来控制中国的发展。1908年，美国国会通过议案，决定从1909年起，将美国所得庚子赔款的一部分以"先赔后退"的方式退还给中国，并建议中国政府以所退庚款发展留美教育。美国的这一举动后来被部分相关国家仿效，这就是所谓的"庚款兴学"或称"退款兴学"。

2. 庚款兴学的实施

为了更好地实施庚款留美计划，中国政府拟定《派遣留美学生办法大纲》，在华盛顿设立"游美学生监督处"作为管理中国留美学生的机构，在北京设立"游美学务处"，负责留美学生的考选派遣事宜，并从1909年起实施。

3. 庚款兴学的意义

通过"退款兴学"美国确实达到了"把中国的留学潮流引向美国"的目的，1909年之后，留美人数逐年增加，中国留学生的流向结构从此发生了重大的变化。

助记表格 >>

清末新政时期的教育改革					
1. 壬寅学制和癸卯学制	2. 废科举、兴学堂	3. 建立教育行政体制	4. 确定教育宗旨	5. 留日、庚款兴学
壬寅学制：近代第一个以中央政府的名义制定的全国性学制系统，但未实施。癸卯学制：第一个正式实施的学制。	设立经济特科→取消八股考试→停科举→兴办新学	中央：设学部，统辖全国教育的中央教育行政机关 地方：各省设提学使司。在府、厅、州、县设立劝学所，为各级教育行政机关	忠君、尊孔、尚公、尚武、尚实	留日：日本富强、路近费省、清政府倡导、士人寻出路 庚款兴学：庚子赔款一部分以"先赔后退"的方式退还给中国，发展留美教育

第九章 近代教育体制的变革

本章大纲考点及考频

考点	考频
第一节 民国初年的教育改革	6
第二节 蔡元培的教育实践与教育思想	22
一、"五育并举"的教育方针	56
二、改革北京大学的教育实践	32
三、教育独立思想及对收回教育权的推进	10
第三节 新文化运动影响下的教育思潮和教育运动	11
一、新文化运动抨击传统教育，促进教育观念变革	5
二、平民教育运动	5
三、工读主义教育运动	2
四、职业教育思潮	2
五、勤工俭学运动	1
六、科学教育思潮	7
七、国家主义教育思潮	1
第四节 学校教学方法的改革与实验	1
第五节 1922 年"新学制"	35
第六节 收回教育权运动	0
第七节 新民主主义教育发端	2

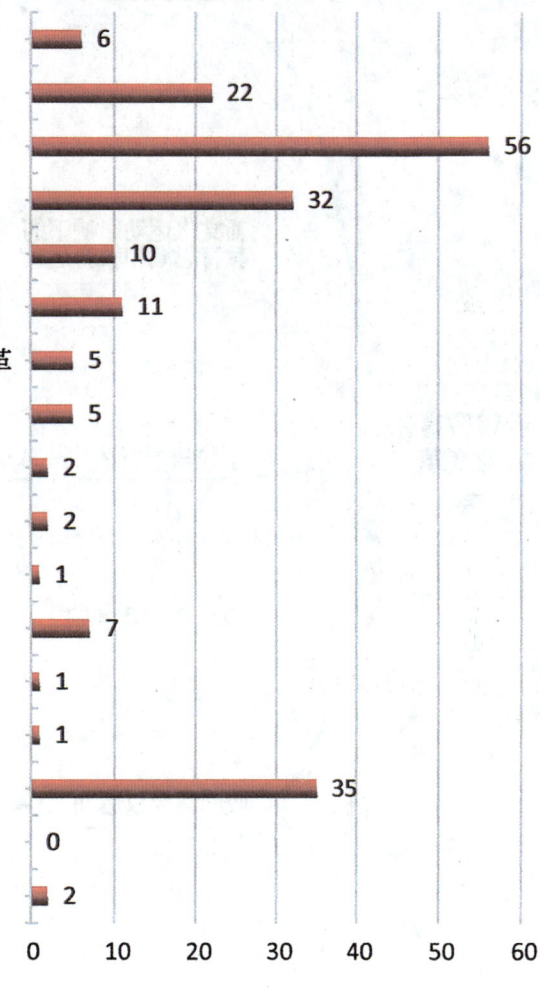

本章思维导图

- **近代教育体制的变革**
  - 民国初年的教育改革
    - 制定教育方针
    - 颁布"壬子癸丑学制"
    - 颁布中小学校课程标准
  - 蔡元培的教育实践与教育思想
    - "五育并举"的教育方针
    - 改革北京大学的教育实践
    - 教育独立思想及对收回教育权的推进
  - 新文化运动影响下的教育思潮和教育运动
    - 新文化运动抨击传统教育，促进教育观念变革
      - 教育观念的变革
      - 推动教育改革
    - 平民教育运动
    - 工读主义教育思潮
    - 职业教育思潮
    - 勤工俭学运动
    - 科学教育思潮
    - 国家主义教育思潮
  - 学校教学方法的改革与实验
  - 1922年"新学制"
    - "新学制"的产生过程
    - "新学制"的标准和体系
    - "新学制"的特点
    - "新学制"的课程标准
    - "新学制"的评价
  - 收回教育权运动
    - 教会教育的扩张
    - 收回教育权运动
  - 新民主主义教育发端
    - 中国共产党领导下的工农教育
    - 湖南自修大学
    - 上海大学
    - 国共合作时期的黄埔军校
    - 农民运动讲习所
    - 李大钊的教育思想
    - 恽代英的教育思想

本章参考书

【1】孙培青主编：《中国教育史》第4版，华东师范大学出版社，第十二、十三章。

【2】王炳照主编：《简明中国教育史》，北京师范大学出版社，第十一、十二章。

第一节 民国初年的教育改革

【简答/论述】：18 南京，15 杭州

一、制定教育方针 【名解】：16 河南

（一）提出

1912年，民国第一任教育总长蔡元培主持制定了一系列文化教育改革措施。临时政府教育部重要的任务是为新生的资产阶级共和国的教育发展规划蓝图，其中最有战略意义的是确立民国教育方针。蔡元培发表《对于教育方针之意见》一文，提出"五育并举"的教育方针，即公民道德教育、军国民教育、实利主义教育、世界观教育和美育。

（二）意义

民国教育方针以道德教育为核心，将培养受教育者具有健全人格作为首要任务，以军国民教育和实利教育引导体育和智育，寄希望于教育能在捍卫国家主权、抑制武人政治、振兴民族经济方面发挥基础作用。这是近代**第一个实行的资产阶级的国民教育宗旨**，它完全否定了清末封建教育宗旨，包含了德、智、体、美四育因素，体现了受教育者身心和谐发展的思想。

关键词>> 民国教育方针：蔡元培→五育并举→公、民、实、界、美

二、颁布"壬子癸丑学制"

（一）壬子癸丑学制（1912—1913年学制）的含义 【名解】：12 渤海大学，13、15 湖北大学

1912年，教育部参照日本学制的基础上，正式公布了民国学制系统的结构框架，因当年为阴历壬子年，故称为壬子癸丑学制，又称1912—1913年学制。学制主系列划分为三段四级。初等教育分为初等小学4年，高等小学3年，法定入学年龄为6周岁；中等教育4年，专设女子学校；高等教育虽不分级，但含预科、本科、大学院三个层次。主系列之外有师范教育类、实业教育类。壬子癸丑学制是民国第一个学制，是**中国近代第一个资产阶级性质的学制**，相对全面地反映了资产阶级的教育要求。

（二）壬子癸丑学制与癸卯学制相比，其明显的特点如下

第一，**缩短了学制年限**。有利于普通教育的普及和平民化发展。

第二，**女子享有与男子平等的法定教育权**。不分男女儿童都应接受义务教育，男女同校，突破了封建礼教对女性的限制，体现了资本主义文化的男女平等观念。

第三，**取消对**毕业生奖励科举出身，废止清末高等教育中的所谓保人制度，大学不设经科，有利于消除教育中的封建等级性、科举名位思想和复古气息。

第四，**课程改革和教学方法上**，取消了忠君尊孔的课程，增加了自然科学课程和生产技能训练；**改进了教学方法，反对体罚**，要求教育联系儿童实际，适合儿童身心发展的特点。

时代背景

1901年清政府被迫签订丧权辱国的《辛丑条约》，中华民族面临严重危机。由此进一步激起人民爱国救亡运动，促使资产阶级民主主义革命迅速发展。1912年1月，资产阶级革命党人在南京成立了以孙中山为大总统的中华民国临时政府。

壬子癸丑学制清除了清末学制中的封建因素，不再限制女子进入各级学校接受教育。同时也继承了清末学制的三级模式，发展义务教育，重视实业教育的合理因素。

三、颁布中小学校课程标准

在颁布学制的同时，教育部还颁布了各级各类学校的课程标准和课程表，对有关学校课程的设置、教学目标、授课时数都做了具体的规定。在各级各类学校课程标准中不难发现：

首先，废止了癸卯学制中的"读经讲经"课，突出近代学科和资本主义文化在教育中的地位；同时，对中国传统文化也采取了批判继承的态度，如小学修身课突出孝悌、亲爱、信实、义勇、恭敬、勤俭等传统德目，中学修身课要注意"本国道德之特色"，大学文科中的文学、历史、哲学各门都注意对中国传统文、史、哲的教授、研究与发扬。

其次，提高了唱歌、图画、手工、农业等课程的地位，关注对学生的美感和情感教育，注意课程的应用性、平民化和手脑协调发展的特色。

应该说，课程设置明确体现了全国临时教育会议通过的民国教育方针。

·第二节 蔡元培的教育实践与教育思想·

【简答/论述】：13江西，15浙江，15、18曲阜，21天津，10中山，10辽宁，10、15天津，12湖北大学，13、21北京，14河南，17华南，18山西，18海南，19广西，19鲁东，19杭州，20浙江，21中央民族，21江汉大学

蔡元培 【名解】：10东北，18湖北大学

蔡元培是中国近代著名的资产阶级革命家和民主主义教育家。辛亥革命前，他通过兴办教育进行反清革命活动。民国成立之初，他以第一任教育总长的身份，坚决清除教育中的封建专制主义因素，苦心规划民国教育的未来。提出了"五育并举"的教育方针，坚持教育独立的思想。1917年任北京大学校长后，以自由、民主的原则改革北大，推行"思想自由、兼容并包"的办学原则，调整学科结构，改革教学制度，改革管理体制，实行教授治校等，为中国高等教育开辟了一片天地。

复习提示

1912年初，蔡元培发表了《对于教育方针之意见》一文，提出军国民教育、实利主义教育、公民道德教育、世界观教育和美感教育，"五育并举"的教育思想，成为制定民国教育方针的理论基础，该文章系统阐述了"五育"各自的内涵、作用和相互关系。

一、"五育并举"的教育方针 【名解/简答/论述】：10、19福建，11东北，12上海，12杭州，12、18聊城大学，12、13、18湖南大学，17重庆，17湖南，18华中，18闽南，19苏州，21扬州，11鲁东，11沈阳，11、16聊城大学，12南京，14华中，14、16浙江，15、20安徽，15、20云南，16、19、21贵州，16华东，17吉林，17宁波大学，18集美大学，19上海，20温州大学，21辽宁，12内蒙古，12天津，12、20哈尔滨，14、20沈阳，16福建，16、18、20上海，17扬州，17温州大学，18海南，18江汉大学，19中国海洋，20湖北大学，21渤海大学，21佳木斯大学

（一）"五育并举"的内容

1. 军国民教育

主张将军事教育引入到学校和社会教育之中，让学生和民众受到一定的军事教育和训练。希望借此改变中国重文轻武的教育传统，培养国民的强健体魄和尚武精神，强体强兵。蔡元培主张军国民教育，有寓兵于民、对抗军阀拥兵自雄、捍卫民主共和的良苦用心。

2. 实利主义教育

即是"以人民生计为普通教育之中坚",密切教育与国民经济生活的关系,加强职业技能的培训,使教育能发挥提高国家经济能力和改善人民生活水平的作用。

3. 公民道德教育

基本内容是法国资产阶级革命所标榜的自由、平等、博爱等,蔡元培指出,中国传统伦理的内涵与其是相通的。他尊重文化的继承性和发展性的统一。在摒弃封建道德专制性和等级性的同时,汲取其中有利于资产阶级道德建设的养分。

4. 世界观教育

为蔡元培所**独创**并被认为是教育的最高境界。世界观教育就是要培养人们立足于现象世界,但又超脱现象世界而贴近实体世界的观念和精神境界。

5. 美感教育

与世界观教育紧密联系,要引导人们具有实体世界的观念,有效的方式是通过美感教育,利用美感这种超越利害关系、人我之分界的特性去破除现象世界的意识,陶冶、净化人的心灵。所以,美感教育是世界观教育的主要途径。

(二)五育的关系

蔡元培认为"五育"不可偏废,其中军国民教育、实利主义教育、公民道德教育偏于现象世界的观念,隶属于政治教育;世界观教育和美感教育以追求实体世界的观念为目的,为超越政治教育。根据当时流行的德、智、体三育的说法,蔡元培认为"五育"中,军国民教育为体育,实利主义教育为智育,公民道德教育为德育,美感教育可以辅助德育,世界观教育将德、智、体三育合而为一,是教育的最高境界。"五育"各有侧重,但又同时兼通数育。

(三)评价

蔡元培"五育并举"的思想,是以公民道德教育为中心的德智体美诸育和谐发展的思想,这在中国近代教育史上是首创的,是对中国的半殖民地半封建教育宗旨的否定。它顺应了当时中国社会的变革以及世界发展的潮流。

顺口溜>> 五育并举→公、民、实、界、美

二、改革北京大学的教育实践【简答/论述】:12河南,13华东,19湖南,10辽宁,11北航,11北京,13山西大学,14苏州,14西北,14云南,15吉林,16重庆三峡学院,16宁波大学,16河北大学,16南航,17湖北大学,18信阳,18河南,20北华大学,20东北,20山东,21合肥,21信阳师范,21华中

(一)抱定宗旨,改变校风

1. 改变学生的观念

要求学生抱定宗旨、砥砺德行、敬爱师友。抱定宗旨是首位,蔡元培指出:"大学者,研究高深学问者也。"他要求学生从此以后,一定要抱定求学而来的宗旨。

2. 整顿教师队伍,延聘积学热心的教员

蔡元培在教师聘任上采取"学诣"第一的原则,认为对于具有真才实学、教学热心、有研究学问的兴趣和能力的学者,不管他的国籍、资格、年龄、思想倾向,都应加以聘任。

3. 发展研究所,广积图书,引导师生研究兴趣

蔡元培认为,大学不仅是传授知识的机关,而且是要创新知识,推动学术的进步。他率先在国内大学中设立了各科研究所,并十分注意丰富图书馆藏,为学术研究创造

真题回顾

2019年中国海洋大学论述题:论述蔡元培的五育并举教育方针的主要内容。

复习提示

大学应该成为"研究高尚学问之地",但是当时的北京大学官僚习气浓重,学生入学多为升官发财,教师不热心学问。因此,蔡元培改革北大的第一步是明确大学的宗旨,并为师生创造研究高深学问的条件和氛围。

真题回顾

2021年华中师范大学论述题:论述洪堡的高等教育改革与蔡元培北京大学改革的主要内容,并比较其异同。

4. 砥砺德行，培养正当兴趣

蔡元培努力在师生中提倡道德修养，告诫学生要砥砺德行，敬爱师长。他倡导成立体育会、画法研究会、书法研究会、演剧会等各种学生组织，以培养学生正当的兴趣。

（二）贯彻"思想自由，兼容并包"的办学原则【名解/辨析/简答/论述】：14吉林，17山东，10河南，16渤海大学，17四川，17湖南农业，21湖北大学，16哈尔滨

第一，"循思想自由原则，取兼容并包主义"是他办理北京大学的基本指导思想。蔡元培认为，"大学者，囊括大典，网罗众家之学府也"。

第二，蔡元培认为大学的性质决定了，一个真正的大学，应该使各派学说都在此占有一席之地。他主张学术、言论、思想自由，反对学术上的门户之见。

第三，"思想自由，兼容并包"也体现在教师的聘用上。蔡元培以"学诣为主"，罗致各类学术人才，使北大教师队伍一时出现流派纷呈的局面，也为当时营造出一种良好的学术气氛。

第四，"思想自由，兼容并包"这一原则促进了思想的解放和学术的繁荣，确立了大学学术研究的宗旨，奠定了中国大学教育的基本格调。

（三）提倡教授治校，民主管理

1912年由蔡元培制定的《大学令》中，即已确立了"教授治校，民主管理"的原则，蔡元培主要采取了以下措施：

第一，组织了评议会，作为全校最高立法机构和权力机构，每5名教授选举评议员1人。

第二，组织教授会，由各门的教授公举教授会主任，分管各学门的教务，规划本学门的教学工作。

第三，设立行政会议，作为全校最高行政机构和执行机构，负责组织实施评议会议事项，下设各种委员会分管各类事务。

第四，设立教务会议及教务处，由各系主任组成，并互相推选教务长一人，统一领导全校教务。

第五，设立总务处，主管全校的人事和事务工作。

评价：管理体制改革，体现了蔡元培教授治校、民主管理的思想，目的是把推动学校发展的责任交给教授，让真正懂得学术的人来管理学校。新的管理体制的建立，改变了京师大学堂遗留下来的封建衙门作风，提高了工作效率，从而促进了学校的蓬勃发展。

（四）学科与教学体制改革

1. 扩充文理，改变"轻学而重术"的思想

在学科与教学体制改革上，蔡元培认为大学应该偏重于纯粹学理研究的文、理两科。在这一思想指导下，他将北京大学工科停办，商科改为商业学，并入法科；同时扩充文、理两科的专业门类，加强两科的建设。北大由原来的五科改为文、理、法三科，突出文、理两科，强调基础理论的地位。

2. 沟通文理，废科设系

蔡元培清除人为的科际障碍，废科设系。强调文、理应该相互联系、相互渗透，文科里包含理科，理科里也要包含文科。

3. 改年级制为选科制（学分制）

课程分为必修课、选修课和基础课三类，实行学分制，学生可以提前毕业或者滞后毕业，大大增加了教学的灵活性。选科制体现了蔡元培"尚自然""展个性"的教育思想，也落实了"沟通文理"的措施，后来其他高校纷纷采用选科制。

评价： 北京大学的改革不仅使自身改变了面貌，也是我国高等教育近代化发展中的一个里程碑。这场改革的灵魂是"思想自由、兼容并包"。"兼容并包"不仅包容不同的学术和学说流派、不同的人物和主张，也在男生之外包容女生，在正式生之外包容旁听生。"兼容并包"也并非不偏不倚，而是有所抑扬。封建专制思想文化本已根深蒂固，所包容的主要是资产阶级乃至于无产阶级的新思想、新文化、新人物，北大也因此成为新文化运动和马克思主义的传播中心、五四运动的策源地，其影响远远超出了教育领域。

助记表格>>

蔡元培改革北京大学的教育实践			
1. 抱定宗旨，改变校风	2. 思想自由，兼容并包	3. 教授治校，民主管理	4. 学科与教学体制改革
观、师、所、德	包容不同的学术和学说流派、不同的人物和主张；教师的聘用，以"学诣为主"	评议会、教授会、行政会议、教务会议及教务处、总务处	扩充文理 沟通文理，废科设系

三、教育独立思想及对收回教育权的推进 【名解/辨析/简答】：15西华、18湖北师范、14、19重庆、13华南、13江苏、15、16江苏大学、16北京、20江西

（一）教育经费独立

政府指定固定的款项，专门用作教育经费，不能移作他用，建立独立的学校教育会计制度。

（二）教育行政独立

设立专管教育的行政机构，不附设于政府部门，教育总长也不因政局变动而频繁变动。

（三）教育学术和内容独立

教育方针应保持稳定，不受政治干扰，能自由编辑、出版、选用教科书。

（四）教育脱离宗教独立

不必依存某种信仰观念，教育是求进步、促进相互交流，宗教是保守、妨碍文化交流的。

评价（影响）：

教育活动必须接受社会的物质支持并传播一定的政治和社会价值体系，它因此依附和反作用于一定的政治和社会理论，就这一点而言，教育不可能也不应该完全独立。但是，在军阀对教育横加干涉的情况下，蔡元培等人突出教育活动的独立性和自主性，维护教育的基本生存，有其合理性。另外，教育独立思想在推进收回教育权运动、抵制殖民教育上，也起到积极作用。

顺口溜>> 行政、经费不求人，学术独立不信教

时代背景

"教育独立"作为一种思潮，萌发于"五四"之前。由于军阀混战、经济凋敝，北洋政府不重视教育，国家预算中教育经费比例极低。"五四"前后，拖欠教育经费、积欠教职员薪资引发罢教、罢课风潮此起彼伏。为维持教育的正常进行，教育界发起了向北洋政府争取教育经费独立的斗争。

第三节 新文化运动影响下的教育思潮和教育运动

【简答/论述】：11天津，12杭州，13浙江，15江西，16山西，20淮北，20湖南，10宁波大学，20华中，20青海，20太原

一、新文化运动抨击传统教育，促进教育观念变革
【简答/论述】：18青海，19华中，20新疆，18安徽，12华东

（一）新文化运动促进教育观念的变革

1. 教育的个性化

个性主义思想体现于教育，其一，强调在教育上使个人享自由平等的机会；其二，要求在教育中尊重个人，从尊重儿童开始；其三，尊重个性意味着不以"划一单调"的"模型"塑造个人，使受教育者各尽其性；其四，学校教育尤忌"随便教育"。

2. 教育的平民化

坚持教育的"庶民"方向，打破了以往社会贵贱上下、劳心劳力、治人与被治的阶级教育。提倡"庶民"教育，令平民大众都能享有教育。

3. 教育的实用化

一方面，人们认识到教育对个人生活能力的培养、对社会生产发展的重要意义；另一方面，认识到学校内部必须进行全面改革，强调从社会生活和学生生活实际出发，沟通教育与生活、学校与社会的关系，强调学生主动、创造的学习和实际能力的培养。

4. 教育的科学化

对科学方法和观念的倡导，是"五四"新文化运动思想启蒙的重要内涵和特点，表现出强烈的理性色彩。民主主义者开始用科学的精神分析中国教育现状，指出要让科学内容和方法渗入到社会各项事业，渗入到教育，改变人民的态度和观念。

（二）新文化运动推动下的教育改革

1. 废除读经，恢复民国初年的教育宗旨

1919年4月，由蔡元培、陈宝泉等人组成的教育部教育调查会议决了"养成健全人格，发展共和精神"的国民教育宗旨，这个教育宗旨留下了新文化运动的鲜明烙印，较之民国初年公布的教育宗旨，更明显地表现出资产阶级的要求。

2. 教育普及有所发展

在民主思想的推动下，平民教育呼声强烈，义务教育得到提倡。中等教育在这个时期也有所发展，规模有所扩大。虽然全国和各地普及教育的计划落实效果并不理想，但教育界人士的确在为此做着努力。

3. 学校教学内容的改革

首先，学校教育中推行白话文和国语教学，此外，教育部正式公布注音字母供各地推广使用。其次，中等教育开始注意科学和实用，使中等教育更为贴近中国民族资本主义工商业发展的趋势。

4. 师范教育和大学的改革

在师范教育方面，教育部调整全国师范教育布局，每区设立一所高等师范学校。在大学改革方面，开大学改革风气之先的是北京大学，它以其不可代替的影响力推动了新文化运动时期全国教育改革的进程。

> **复习提示**
>
> 五四运动的爆发，标志着新文化运动的高潮，促成了民族现代意识的觉醒和空前的思想解放。以探索中国社会改造和进步的出路为目的，面对大量涌入的西方现代教育思想，中国的教育实践者积极加以选择吸取，开始了各种各样的教育实验，形成了形形色色的教育思潮和教育运动。在此过程中，北洋政府迫于形势，也进行了一些教育改革。在20世纪20年代，中国现代教育观念和教育制度初步形成。

二、平民教育运动 【名解】：17山东，17广西师范学院，20华东，20浙江大学，21陕西理工

倡导平民教育是新文化运动中民主思潮在教育领域的反映和重要组成部分。平民教育思潮的共同点是批判传统的"贵族主义"的等级教育，破除千百年来封建统治者独占教育的局面，使普通平民百姓享有教育权利，获得知识文化，改变生存状况。

平民教育思潮在实践中表现各异，主要有两大不同倾向。一种是改良主义的平民教育思想，希望通过平民教育，逐渐地提高全体国民的素质，通过平民教育实现平民政治。例如"平民教育社"。另一种是革命的平民教育思想，认为平民教育不仅是传播文化知识，更主要的是要唤起工农群众的革命觉悟。他们认为，不是教育了一切人，才可以改造社会，而是改造了社会，才可以有好教育。例如李大钊、邓中夏、毛泽东等马克思主义的知识分子持有这种倾向。

三、工读主义教育思潮 【名解】：14安徽，20宝鸡文理

"工读"就是提倡"做工和读书相结合"。但在思潮发展和具体实践中，"工读"主张表现为不同追求：其一，勤工俭学，勤工是为了获得经济收益，解决求学的费用；其二，工学结合，把所学的内容和生产劳动结合起来，认为做过工、实验过、应用过的学问，"方是透达、纯熟、实在的真学问"；其三，劳心与劳力的结合，以促进身心的和谐发展，养成体力劳动者和脑力劳动者平等的观念；其四，建立一种"新村"社会的理想；其五，强调学生和知识分子应与工农群众结合，唤起工农革命觉悟，早期马克思主义者所强调的正是这种工读主义道路。

顺口溜 >> 工读主义教育思潮：勤工俭学建新村，工学心力三结合

四、职业教育思潮

（一）起源

职业教育思潮是由清末民初的实利主义教育和实用主义教育思想发展而来的，基本内涵是"授人一技之长"和"促进实业发展"。

（二）发展

民国初年，蔡元培就将实利主义教育列入资产阶级的教育方针。民国成立后，民族工商业的发展，要求在比较短的时期内补充一定数量的技术人员、管理人员和熟练工人，从而推进职业教育思潮的产生和发展。从1915年开始，全国教育联合会多次提出推进职业教育的议案。

（三）高潮

1917年，黄炎培发起成立了"中华职业教育社"，进一步从理论上探讨、在实践中推行职业教育，将职业教育思潮推向了高潮，并出现全国范围内的职业教育运动。

（四）意义

职业教育思潮和运动的开展，不仅产生了代表人物黄炎培系统的、有中国特色的职业教育理论，而且大大促进了中国的职业教育事业。

中华职业教育社【名解】：13东北，13湖南

1917年，黄炎培发起组织中国近代第一个研究、倡导、实验和推行职业教育的专门机构，即中华职业教育社，进一步从理论上探讨、在实践中推行职业教育，从而职业教育思潮达到高潮，并出现全国范围内的职业教育运动。1918年，中华职业教育社在上海创办中华职业教育学校，通过学校教育形式开展职业教育实验。职业教育思潮和运动开展的结果，不仅产生了代表人物黄炎培系统的、有中国特色的职业教育理论，而且大大促进了中国的职业教育事业。

五、勤工俭学运动【名解】：10西北

1915年，蔡元培、李石曾、吴玉章等在法国组织勤工俭学会，以"勤于工作，俭于求学，以进劳动者之智识"为宗旨，在参与第一次世界大战的在法华工中开展教育，创造了半工半读的教育形式。

1919—1920年，留法勤工俭学运动形成高潮。早期共产主义者是此阶段的主要发起、组织、参加者，留法勤工俭学运动性质发生变化，从通过勤工与俭学维持生计，到勤工与俭学结合，以探索改造中国出路的境界。留法学生表现出很强的政治意识，从中出现了一批中国的无产阶级革命的领袖和骨干。

六、**科学教育思潮**【名解/简答/论述】：13云南，21辽宁，15赣南，21苏州科技，14、18福建，21云南

科学教育的基本内涵：一是"物质上之知识"的传授；二是应用科学方法于教育研究和对人的科学精神、科学态度的训练，以后者为重。五四运动后，科学教育运动表现为两方面。

（一）科学的教育化

提倡学校中的科学教育，即按照教育原理和科学方法进行教育，培养学生科学的知识、技能和态度，即科学的教育化趋势。让科学知识成为学校教育的重要内容，加大科学在学校教育内容中的分量。

（二）教育的科学化

提倡以科学的方法研究教育，实施教育；教育实施必须以教育理论和科学研究为根据，教育理论研究又必须运用调查、测验、测量、实验、观察等科学方法来进行。

评价：科学教育思潮和运动对中国现代教育进步的促进表现在：以科学的方法研究教育蔚然成风，教育以及心理测试、智力测试、教育统计、学务调查在20世纪二三十年代的中国教育界成为十分流行的研究手段；各种新教学方法的试验广泛开展，道尔顿制、设计教学法、蒙台梭利教学法等方法为人们耳熟能详；高校开始设置培养教育学科专门人才的学科和专业。

七、国家主义教育思潮【简答】：16云南

国家主义教育思潮是一种具有资产阶级民族主义色彩的社会思潮，于20世纪初在中国兴起，其内涵为：一是以教育为国家的工具，教育目的对内在于保持国家安宁和谋求国家进步，对外在于抵抗侵略、延存国脉；二是教育为国家的任务，教育设施应完全由国家负责经营办理，国家对教育不能采取放任态度。其主旨在于以国家为中心，反对社会革命，通过加强国家观念的教育来实现国家的统一与独立。清末教育宗旨中的"尚公""尚武"，民初蔡元培所提教育宗旨中的"军国民教育"，均反映了国家主义教育精神。

评价：国家主义教育思潮的目的是培养爱国精神和国家意识的好国民，本质上是一

种教育救国论，甚至一概而论地反对教育的政治和党派性，与新文化运动形成的教育民主观念相抵触。国家主义教育派是20世纪20年代收回教育权运动的中坚力量之一。

第四节 学校教学方法的改革与实验

（浙江师大大纲删除）

一、现代西方教学理论在中国的传播 【论述】：20福建

在近代，输入中国最早的是赫尔巴特教学法。赫尔巴特的"五段教学法"以学生的心理过程为依据，强调教师的主导作用，注意课堂教学形式的组织和规范化。

20世纪初，美国和欧洲的一些国家兴起了进步主义教育运动，猛烈冲击"以教师为中心""以课本为中心"的课堂教学模式，形成了"以儿童为中心""以活动为中心"的关注学生兴趣和个性发展的教学思想和教学方式。

1919年杜威来华讲学，在中国逗留长达两年，掀起了中国教育界宣传、介绍和运用实用主义教育理论的高潮；1925年柏克赫司特来华，推行"道尔顿制"讲演；1927年克伯屈应中华教育改进社之邀来华，宣传"设计教学法"。

二、设计教学法（可详细查看外国教育史此部分内容）

三、"道尔顿制"（可详细查看外国教育史此部分内容）

四、"文纳特卡制"（可详细查看外国教育史此部分内容）

第五节 1922年"新学制"

【名解/简答/论述】：10首都，10、11、13渤海，12华东，12福建，12辽宁，14曲阜，16吉林，19江苏，21杭州，21淮北，11宁波，14、15渤海，14聊城大学，14东北，15中央民族，16西北，17重庆，18天津大学，20佛山科学技术，21安徽，11福建，13、16、20杭州，15陕西，15江苏大学，16曲阜，17河南，20辽宁，21西北

一、"新学制"的产生过程

"壬子癸丑学制"经过几年的实施，出现了整齐划一有余而灵活性不够，中学的修业年限太短且偏重于普通教育而对学生职业技能的训练注意不够等缺点。

1915年全国教育会联合会第一届年会上，湖南省教育会提出了改革学制系统的议案。在以后的几届年会上，陆续有学制改革的议案提出。

经过比较长时间的酝酿准备，1921年10月，在第七届年会上，确定以"学制系统案"作为大会的中心议题，最后通过了《学制系统草案》。会后，联合会将讨论通过的草案全文公开发表，向全国广泛征求意见，从而引起了全国范围的学制改革讨论。

> 1922年"新学制"或称"壬戌学制"，又称"六三三学制"。

1922年全国教育会联合会第八届年会上通过了《学校系统改革案》，随后以大总统的名义颁布施行。这就是1922年"新学制"或称"壬戌学制"，由于采用美国式的六三三分段法，又称"六三三学制"，这是中国近代史上实施时间最长、影响最大的学制。

二、"新学制"的标准和体系

（一）"新学制"的标准【名解】：13河南

"新学制"的标准为：**(1) 适应社会进化需要；(2) 发扬平民教育精神；(3) 谋个性之发展；(4) 注意国民经济实力；(5) 注意生活教育；(6) 使教育易于普及；(7) 多留各地伸缩余地**。这七项标准正式取代民初的教育宗旨，体现了新文化运动以来所倡导的"民主"与"科学"的精神，尤其是实用主义的教育思想，对其后民国一系列的教育改革产生了深远的影响。

（二）"新学制"的学制体系

采用的是美国式的六三三分段法，从纵向看，学制分为初等教育、中等教育、高等教育三级。其中小学6年，初小和高小4～2分段；中学6年，初中和高中3～3分段；大学4年至6年；小学之下有幼稚园，大学之上有大学院。从横向看，与中学平行的有职业学校和师范学校。

关键词>> 七项标准：个性生活易普及，平民经济留余地，适应社会和需要

三、"新学制"的特点【简答】：16西北

（一）根据儿童的身心发展规律划分教育阶段

"以儿童身心发展阶段划分学级之大体标准"，是1922年新学制最显著的特点。采用美国学制的"六三三制"基本上是依据我国青少年身心发展的特点来划分的，这在中国近代学制发展史上是**第一次**。

（二）初等教育阶段趋于合理，更加务实

缩短小学年限，有利于初等教育的普及。幼稚园纳入初等教育阶段，使幼儿教育与小学教育得以衔接，确立了幼儿教育在中国教育史上的地位。

（三）中等教育是改制的核心，是新学制中的精粹

第一，延长中学年限，初中和高中各3年，提高中等教育的程度，克服旧学制中中学只有4年而造成基础教育浅显的缺点，改善中学和大学的衔接关系；

第二，中学分为初、高中，不仅增加了地方办学收缩余地，也增加了学生的选择余地；

第三，中学实行分科制和选科制，力求使学生有较大的发展余地，适应不同发展水平学生的需要。

（四）建立比较完善的职业教育系统

最明显的特点是兼顾升学与就业。初中在实行普通教育基础上，兼设各种职业科。实施职业教育机构有两种：一是独立的职业学校和专门学校；二是附设于高小、初中、高中的职业科以及大学的专修科。这种改革既注意了普通教育与职业教育的沟通，又加重了职业教育在整个教育体制中的比重。

（五）改革师范教育制度

突破了师范教育自成系统的框架，使师范教育种类增多、程度提高、设置灵活，设师范大学，并在大学设教育科。

（六）缩短高等教育年限，取消大学预科

使大学不再担任普通教育的任务，有利于大学进行专门教育和科学研究。

此外，还有两条"附则"：一是注重天才教育，变通修业年限及课程，使优异之智能尽量发展；二是注意特种教育。

顺口溜>> 初等务实中核心，高教缩短童分段，师范改革建职教

四、"新学制"的课程标准

在学制改革的同时，全国教育联合会还组织了新学制的课程标准起草委员会，并于1923年公布了《新学制课程标准纲要》，对小学、初中、高中的课程设置做了规定。

小学设立国语、算术、卫生、公民、地理、历史等课程。

初中课程分为两类：一是必修课；二是选修课。必修课有公民、历史、地理、国语、外语、算学、自然、艺术、体育。从初中开始实行学分制。

高中采用综合中学制度，分设普通科和职业科，普通科又分为文理两组。因为实行分科制，课程分为公共必修课、分科专修课（其中包含必修和选修）、纯选修课三类。公共必修课程包括国语、外国语、人生哲学、社会问题、文化史、科学概论、体育。这是不管哪一科都要修的科目。分科专修课反映不同的科目特色。纯选修课反映各人不同的兴趣爱好。高中修满150个学分可以毕业。其中公共必修课67学分，纯选修课一般不超过30学分。

五、"新学制"的评价

第一，1922年的"新学制"虽然在一定程度上借鉴了美国的"六三三"制，但它"并不是盲从美制"，只是在一定程度上受到了实用主义教育思想的影响。

第二，1922年"新学制"的颁行，加强了中等教育和职业教育的训练，并注意以选科制和学分制来适应教育对象的不同发展水平，还注意发挥地方办教育的积极性，提高师范教育水平，缩短小学教育年限，规定初中可单设等，均有利于初级中等教育的普及，再加上课程的改革等，在一定程度上处理了升学和就业的矛盾，适应了当时中国资本主义工商业发展的要求。

第三，1922年"新学制"尽管受到进步主义教育思想和美国模式的影响，但有其内在的先进性和合理性，比较彻底地摆脱了封建传统教育的束缚，具有适应社会和个人需要等时代特点。

第四，1922年"新学制"既有比较统一的基本要求，又给地方留有充分的灵活性，反映了新文化运动以来教育领域改革创新的一些综合成果。

第五，1922年"新学制"是中国教育界、文化界共同智慧的结晶，标志着中国近代以来国家学制体系建设的基本完成。

第六，1922年"新学制"在具体的实施过程中也存在不少问题，如缺乏师资、教材、设备等，不得不在其后对所开的综合中学增开大量的选科等做法进行调整。

第六节 收回教育权运动

（浙江师大大纲删除）

一、教会教育的扩张（了解）

进入20世纪后，教会学校在数量和办学层次上都有所发展，并形成了一个完整而独立的办学体系。据统计，1920年，全国基督教学校学生数比1912年翻了一番。特别值得注意的是教会大学的发展，1921年全国公立大学仅北京大学、山西大学、北洋大学3所，私立大学也只有5所，而教会大学却有16所之多。所有这些教会学校都是由相应的差会设置，无一向中国政府立案注册，其招生升学、课程教材、考试毕业等自成体系，堪称中国教育领域中的"独立王国"。

二、收回教育权运动

20世纪20年代发生的收回教育权运动，其根本原因就是教会学校以及帝国主义所办的其他学校侵犯了中国的教育主权，但也和五四运动后中国人民特别是知识分子的民族意识增强和科学主义教育思想的广泛传播密不可分。

1921年，教育部长范源濂在直隶山西基督教教育会上公开声明，教会学校强迫学生做礼拜和读《圣经》是违背中国宪法的行为，表达了对教会教育的强烈不满。

1922年，蔡元培在《教育独立议》一文中，提出教育与宗教分离的主张，得到了许多人的响应。

1923年，"少年中国学会"的领导人之一余家菊在《中华教育界》杂志上发表了《教会教育问题》一文，提出了"收回教育权"的口号。

1924年6月，"广州学生收回教育权运动委员会"宣告成立。1924年7月，中华教育改进社在南京开会，讨论外人在华设学和收回教育权问题。10月，全国教育联合会在开封召开年会，通过《教育实行与宗教分离》和《请取缔外人在中国设立学校》。

1925年，收回教育权运动在"五卅运动"中达到高潮。同年11月，北洋政府颁布《外人捐资设立学校请求认可办法》，这是收回教育权运动最大的实际性成果。主要内容包括：（1）外国人在中国办学要遵守中国法令；（2）教会学校要由中国人任校长；（3）学校董事会中，中国人要占多数；（4）不得传播宗教；（5）课程要遵照教育部颁发的课程标准；（6）学校名称上要有私立字样。

"收回教育权运动"虽然没有达到取缔教会学校的目的，但使教会教育的发展受到了遏制，淡化了宗教色彩，教育职能得到一定程度的强化。收回教育权运动是教会教育走向本土化和世俗化必不可少的前奏，具有深远的历史意义。

> **复习提示**
>
> 收回教育权运动取得了一定的成果，表现在：大部分传教士开始承认中国政府有权监督中国境内的一切学校；大多数教会学校都向中国政府申请注册；教会学校开始重新组织课程，向中国政府教育部规定的课程标准靠拢；在学校管理上开始吸收中国人作为行政管理人员等。

第七节 新民主主义教育发端

一、中国共产党领导下的工农教育

（一）工人教育

中国共产党领导的工人教育，是通过领导全国职工运动的中国劳动组合书记部并依靠各级工会开展的。北方最早创办的工人教育机构是长辛店劳动补习学校。在南方，则由刘少奇于1921年在沪西小沙渡开办了劳动补习学校。在湖南的工人学校中，安源地区成绩最突出。补习学校启发了工人的觉悟，组织了工人队伍，培养了工人运动骨干。1925年后，工人教育在全国各地更为广泛地开展起来，各种形式的工人学校逐渐普及，有效地促进了工人运动的深入开展和北伐战争。

（二）农民教育

中国共产党在领导和发动工人运动的同时认识到，占中国绝大多数人口且深受帝国主义、封建主义压迫的农民，是工人阶级的天然盟友和可靠同盟军，因此也把组织、教育农民作为一项重要工作。他们深入农村，以宣传教育的手段，组织农民，建立农会，开展斗争。

农民运动最早兴起的广东海陆丰地区，也是农民教育最早开展的地区。1923年，海丰农民总会成立。总农会下设教育部，开办农民学校，实施了彭湃提出的"农民教育"，可见农民教育同样是农民运动的组成部分。

湖南的农民教育也开展得比较早、比较普遍。1924年毛泽东在韶山领导农民运动时成立了农会，办起了农民夜校。在农民运动中提出的有关农民教育的纲领性文件，既促进了农民教育的蓬勃开展，也推进了农民运动本身。其指导方针、办学思想和不少实践经验，为后来中国共产党领导的农村革命根据地的教育事业，奠定了良好的基础。

二、湖南自修大学（了解）

1921年8月，毛泽东、何叔衡等在长沙利用船山学社的旧址和经费，办起了湖南自修大学这一新型学校，为中国共产党培养了许多干部。办"平民主义的大学"是湖南自修大学的办学宗旨。为实现办学宗旨，自修大学实行了独特的教学制度、方法和课程。由于办学模式新颖，湖南自修大学广受赞誉。湖南自修大学为中国共产党培养了大量的干部和革命的中坚分子，对中国人民的解放事业贡献巨大。

三、上海大学

上海大学创办于1922年春，是共产党领导的又一类型的高等学校。上海大学的办学目的是培养研究社会实际问题和建设新文艺的革命人才，专业设置关注现实与政治。教学采取教师授课与学生自学相结合的方式，注重学生的自学。上海大学鼓励学生投身社会活动，支持学生积极参加革命活动。上海大学办学五年，不仅宣传革命，教育青年民众，也培养了许多党的干部。

四、国共合作时期的黄埔军校（浙江师大大纲删除）

1924年1月，中国国民党第一次全国代表大会在广州举行。孙中山接受共产党国际和中国共产党的建议，改组国民党，实行联俄、联共、扶助农工三大政策（即"新三民主义"）。会议期间，孙中山决定筹办"中国国民党陆军军官学校"，任命蒋介石为筹备委员会委员长。1924年5月，黄埔军校领导机构正式成立。

1927年4月12日，蒋介石发动政变，黄埔军校改名为"中央陆军军官学校"并迁往南京，从此进入南京中央军校时期。

黄埔军校是第一次国共合作的产物，建立在新三民主义的思想基础上，摒弃了以往旧军队制度上的一些弊端，提出了一套比较完整的建军路线，培养了大批高级军事政治人才。

具有三个鲜明的办学特色：

第一，贯彻新三民主义的办学宗旨，把政治教育放在首位，政治教育和军事教育相辅相成。

第二，实行课堂教学与现实斗争相结合，将学生锻炼成为革命军战士。

第三，纪律严明，管理规范，从严治校。

中国共产党在黄埔军校初期倾注了大量人力，为军校发展作出了巨大贡献。初创时期，中国共产党多次促成国民党和共产国际的沟通，争取苏联的支持，使黄埔军校得以顺利筹建。军校成立后，政治工作完全是中国共产党一手建立起来的，周恩来、熊雄、叶剑英、聂荣臻等发挥过重要作用，而黄埔军校也为中国共产党培养了许多高级将领，中国共产党还在黄埔军校成立了秘密党组织——中共黄埔特别支部，吸收优秀学员加入中国共产党。

五、农民运动讲习所

农民运动讲习所是国共合作时期培养农民运动干部的学校，也是全国农民运动研究中心，创办于1924年7月，初为广州农民运动讲习所，至1926年9月共办六届，广州国民政府迁武汉后，于1927年3月又办一届，为中央农民运动讲习所。前六届分别由彭湃、毛泽东主持，迁至武汉后由邓演达、毛泽东主持。广州和中央农民运动讲习所先后培养一千多名农运干部，为此后十年土地革命播下了火种。

六、李大钊的教育思想

李大钊

李大钊是中国共产主义运动的先驱，中国共产党的创始人和领导人之一，也是中国马克思主义教育理论的奠基人之一。李大钊用历史唯物主义说明教育的本质，提醒人们正确认识教育与社会发展的关系；积极倡导工农大众的教育；关心青年问题，关心青年的教育和成长，对新民主主义教育思想的形式产生了实际影响。

第一，李大钊用历史唯物主义说明教育的本质，提醒人们正确认识教育与社会发展的关系。他指出文化教育受经济基础和政治制约，要改造中国光靠教育本身是不够的，而首先要解决经济基础问题。李大钊运用上层建筑与经济基础的关系理论，深刻揭示了封建教育的灭亡，新教育建立的历史必然。

第二，他积极倡导工农大众的教育。认为资产阶级那里不可能有真正平等的教育，广大工农群众应该面对现实,积极争取受教育的机会。他还认识到劳工教育的重要性,因此号召广大有志青年到农村去,根据农民的生活生产实际,对农民进行反帝反封建教育,启发阶级觉悟并进行工农联盟的政治教育。

第三,他始终关心青年问题,关心青年的教育和成长。中国共产党成立后,他明确指出青年在社会改造中的使命,要求青年运动成为社会变革的先锋,要求青年不仅要树立正确的人生观,而且要磨炼坚强的意志,指导青年走工农结合的道路。

七、恽代英的教育思想【简答】:16华中,21沈阳大学

恽代英

恽代英是中国共产党早期出色的活动家和理论家、杰出的青年运动领导人,同时也是一位教育理论的探索者和教育改革的实践者。恽代英在学生时代积极参加革命活动,是武汉地区五四运动主要领导人之一。创办共存社,传播新思想、新文化和马克思主义。1921年加入中国共产党,1926年创办和主编《中国青年》,培养和影响了整整一代青年。遗著编为《恽代英文集》等。

(一)论教育与社会改造

恽代英首先肯定了教育是改造社会的有力工具,但要发挥这一作用,关键在于要以社会改造的目的和需要来办教育,要以社会的需要来决定教育。

他批判了"教育救国论",主张把教育放在社会中,把改造教育与改造社会结合起来,认为中国当下最需要的是革命的人才,而不是学术的人才。

(二)论教育的改造

儿童教育的改造。恽代英以社会改造为其教育改造的根本目的和依据,通过批判旧教育,提出新教育的构想。他主张实行儿童公育,设立专门机构,使儿童一出生就受到良好的教育。

中等教育的改造。恽代英的教育工作始于中学,因此提出了对中等教育的改造。中等教育首先应该明确其教育的目的,这样才能培养出符合社会发展的人才。提出对中等教育的课程、教科书和教学方法改造思想。恽代英澄清了人们对教育作用的认识,给青年指出了前进的方向。恽代英改革中等教育的思想,切中当时中等教育的弊端,推动了20世纪20年代中学教育的进步。

第十章 南京国民政府时期的教育

本章大纲考点及考频

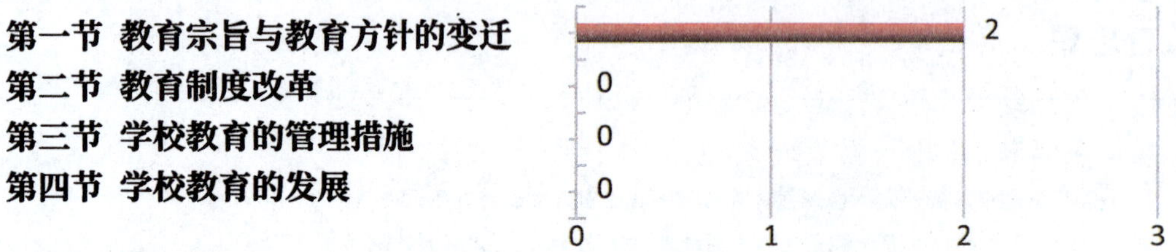

第一节 教育宗旨与教育方针的变迁
第二节 教育制度改革
第三节 学校教育的管理措施
第四节 学校教育的发展

本章思维导图

南京国民政府时期的教育
- 教育宗旨与教育方针的变迁
  - 党化教育
  - "三民主义"教育宗旨
  - "战时须作平时看"的教育方针
- 教育制度改革
  - 大学院和大学区制的试行
  - "戊辰学制"的颁布
- 学校教育的管理措施
  - 训育制度
  - 中小学校的童子军训练
  - 高中以上学生的军训
  - 推行导师制
  - 颁布课程标准,实行教科书审查制度
  - 实行毕业会考
- 学校教育的发展
  - 幼儿教育
  - 初等教育
  - 中等教育
  - 高等教育
  - 抗日战争时期的学校西迁

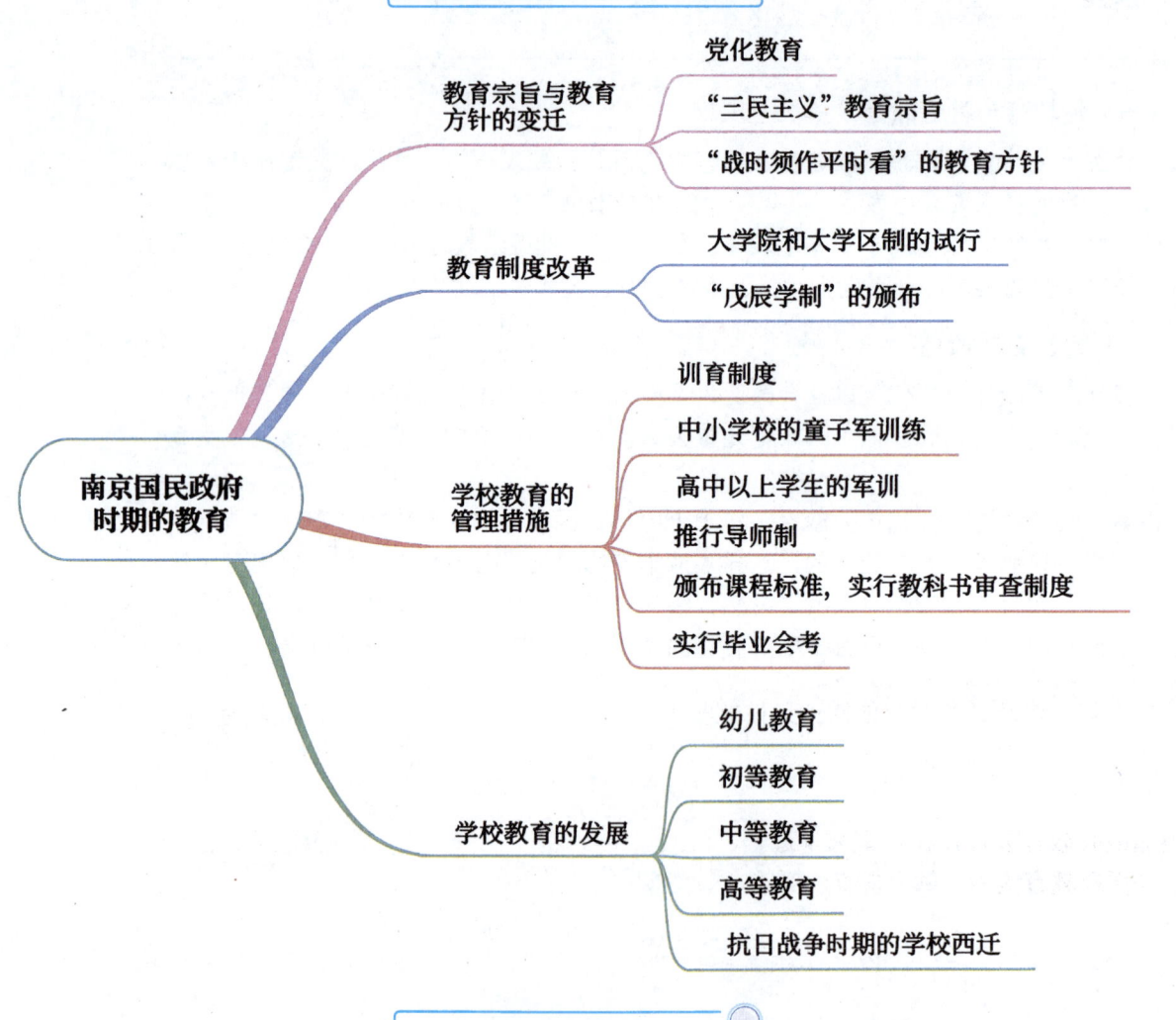

本章参考书

【1】孙培青主编:《中国教育史》第4版,华东师范大学出版社,第十四章。
【2】王炳照主编:《简明中国教育史》,北京师范大学出版社,第十三章。

第一节 教育宗旨与教育方针的变迁

【简答】：17西北

一、党化教育

孙中山改组国民党后，强调"以党治国"，强调政治上的一切举措以党纲为依据，教育也不例外。1926年，广东国民革命政府成立教育行政委员会，明确提出"党化教育"的口号，同年8月，国民政府教育行政委员会决定实施"党化教育"法案，强调所谓"党化教育"就是"教育方针要建筑在国民党的根本政策之上"。

实际上，"党化教育"是为国民党一党专制服务的，目的在于强化国民党对学校教育的控制，其实质是在推行"一个党，一个主义"的专制教育，实行教育国民党化，建立起国民党的一党独裁。由于"党化教育"过于露骨，遭到进步人士的攻击。1928年，国民党用"三民主义教育"代替了"党化教育"。

二、"三民主义"教育宗旨

三民主义的教育宗旨为"中华民国之教育，根据三民主义，以充实人民生活，扶植社会生存，发展国民生计，延续民族生命为目的；务期民族独立，民权普遍，民生发展，经促进世界大同"。"三民主义"教育宗旨的颁行对教育的稳定发展起到一定作用，但这一方针的本质是维护国民党的一党专制，在实际执行中也大打折扣。

三、"战时须作平时看"的教育方针 【论述】：14哈尔滨

抗日战争爆发后的1937年8月，国民政府提出了"战时须作平时看"的教育方针，颁布了"一切以维护正常教育"为主旨的《总动员时督导教育工作办法纲领》。一方面采取了一些战时的教育应急措施，另一方面强调维护正常的教育和管理秩序。提出了战时教育的九大方针和十七项要求。

九大方针：（1）三育并进；（2）文武合一；（3）农村需要与工业需要并重；（4）教育目的与政治目的一贯；（5）家庭教育与学校教育密切联系；（6）以科学方法整理发扬我国固有文化之精粹，以立民族自信；（7）加速自然科学研究，以应国防与生产急需；（8）社会科学要取人之长，补己之短，以求适合国情；（9）各级学校目标明确，谋求各地均衡发展，普及义务教育依原计划按期实现，有计划地实施社会教育与家庭教育。

十七项要点则更为具体地规定了教育实施要求。这些教育方针政策成为战时教育的指导性原则。

遵循战时教育方针，在日军大举进犯、国土相继沦丧、学校严重破坏的情况下，**国民政府为保存教育实力，勉力应变，颇有成效。**

其一，高校迁移，将一批重点大学迁往西南西北，调整重组。

其二，学校国立，保障部分学校正常办学。因战局变化，打破原来省市教育厅局主管中等教育的体制，在大后方新设国立中学，并将部分私立大学转为国立，予以经费保障。

其三，建立战地失学青年招致训练委员会，安置、培训流亡失学失业青年。

其四，设置战区教育指导委员会，实施战区教育。

由于这些措施，使国家的教育事业未因残酷的战争而中辍，反而在某些方面有所发展。

> **真题回顾**
> 2017年西北师范大学简答题：简述南京国民时期的教育宗旨与教育方针。

评价： 国民政府在抗日战争爆发后制定的"抗战建国"的基本国策和与之相应的"战时须作平时看"的教育方针政策，是一项并不短视的重要决策。它既顾及了教育为抗战服务的近期任务，也考虑了教育为战后国家重建和发展的远期目标，使得教育事业在艰苦卓绝的战争环境中仍能苦苦支撑，并在大后方西南、西北地区有所发展。

关键词>> "战时须作平时看"的教育方针：战时应急措施、维护正常教育秩序

·第二节 教育制度改革·

一、大学院和大学区制的试行（了解）

南京国民政府成立后，根据蔡元培的建议仿照法国教育行政制度模式，实行大学院和大学区制，主要内容有：

（1）在中央设中华民国大学院，大学院为全国最高学历教育机关，隶属国民政府，管理全国的学术和教育行政事宜。地方试行大学区，以取代民国以来中央政府教育部和省级教育厅。

（2）全国各地按教育、经济、交通等状况划分为若干个大学区，每区设大学一所，大学设校长一人负责大学区内的一切学术和教育行政事务。"大学区"制先在江苏、浙江、河北三省试行，欲取得经验后推广到全国。

大学区制是蔡元培教育独立思想的体现，目的是要促进教育与学术相结合，实现教育行政机构学术化。但"大学院"和"大学区"制试行不到两年即宣布废除，根本原因在于它的原则和精神违背了国民党政府的官僚专制体制，但蔡元培在文化教育这一学术人才最为密集的领域首倡行政、学术一体化，以提高行政决策的科学性和独立性，其方向无疑是值得肯定的。

> **复习提示**
> 蔡元培被任命为大学院院长，并公布了《中华民国大学组织法》和《大学区组织条例》。1927年10月1日，大学院正式成立。

二、"戊辰学制"的颁布（了解）

1928年5月，大学院召开了第一次全国教育会议，会议以1922年公布的学制为基础，进行了修改整理，通过了《整理中华民国学校系统案》，即"戊辰学制"。这个学制分原则与组织系统两部分：第一部分提出根据本国实情、增高民生需要、增高教育效率、提高学科标准、谋个性之发展、使教育易于普及和留地方伸缩余地之可能等七项原则。第二部分为学校系统，与1922年新学制没有太大变化。

与1922年的"壬戌学制"相比，"戊辰学制"的主要变化是：

（1）在师范教育方面，改6年制师范为6年或3年，取消师范专修科及师范讲习所等名目，添设乡村师范学校。

（2）在职业教育方面，除在高级中学设职业科外，可单独设立高级职业学校及初级职业学校，与初级中学和高级中学相对应，并在小学中增设职业科。

（3）大学采用多院制，取消单科大学（称为学院）。

1928年后，国民政府针对学制中的弊端又做了一些局部修改与改革，修改最大的是在综合中学问题上，废除综合制度，分设中学、师范、职业三种学校，并且不再将分科选课制作为一项基本原则。"戊辰学制"颁定后进过多次局部的增改和调整，**越来越重视职业教育**。

·第三节 学校教育的管理措施·

(了解)

一、训育制度（了解）

训育制度是国民政府在学校里进行常规政治思想教育和实行管理的基本组织形式。训育员或者导师除了对学生的品德、生活进行训导外，还经常接受国民党党部和三民主义青年团交给的任务，严密控制学生的思想和行为。国民政府统治时期所建立的学校训育制度，虽也有一些道德教育的价值，但主要是维护其独裁统治，显然是倒退的。

二、中小学校的童子军训练（了解）

童子军是一种使儿童少年接受军事化教育训练的组织形式，目的是养成青少年的服从意识，统一行动习惯，培养团体主义精神和军事知识技能，民国初年传入中国。

1928年5月，国民党中央常务会议通过了《中国国民党童子军总章》，规定以"三民主义"培养青年，凡12～18岁的青少年皆须受童子军训练。不过在学校范围内，由于针对高中以上学校通过了另外的相关法规，童子军主要针对初中阶段。

三、高中以上学生的军训（了解）

国民政府对高中学生实施军事训练始于1929年。1929年经国民政府修正后改名为《高中以上学校军事教育方案》。规定凡大学、高级中学及专门学校、大学预科并其他高等以上学校，除女生外均应以军事教育为必修科目。从此，"军事训练"成为高中的必修课程。军训对训练学生的纪律、秩序观念和刻苦耐劳的精神确实具有一定的作用，但国民政府实施的军训目的是将其作为控制学生思想的工具，因此一直饱受非议。

四、推行导师制

抗日战争时期，为了进一步控制学生，强化学校的训育，教育部公布了《中等以上学校导师制纲要》《切实推进导师制办法》，这些法规规定了导师制度具体实行的要求：

第一，中等以上学校每一年级学生分成若干组，由校长指定专任教师一人为导师，学校设主任导师或训育主任一人，总领全校训导。

第二，导师对学生的思想、行为、学业和身体，均应体察，做详细记录，按月报告训导处和家长。

第三，训导方式除个别谈话外，还可有本组学生的谈话、讨论。

第四，学生不堪训导，由学校除名。

第五，学生毕业，必须有导师的"训导证明书"。

第六，导师授课时数可酌减，但不减待遇。

1946年，教育部在南京召开的高等教育会议决定：废除大学导师制，代之以训育委员会制。中等学校仍继续沿用。

五、颁布课程标准，实行教科书审查制度（了解）

（一）颁布课程标准

1927年国民政府在推行党化教育时，就提出了要课程重组，使之与党化教育保持一致，同时也体现教育学和科学原则。1932年正式由教育部颁发《小学课程标准》和《中学课程标准》。为了统一规范全国公私立大学的培养工作，从1938年至1948年的10年中，国民政府教育部召开了三次全国大学课程会议，先后颁发了文、理、农、工、商、师范八个学院的共同必修科目、分系必修科目和选修科目，强调基础训练、基本要求和扩大知识面。

（二）实行教科书审查制度

民国成立时，临时政府于1912年颁布了《审定教科图书暂行章程》。1927年，南京国民政府为贯彻党化教育，通过了《组织教科书审查会章程》。大学院时期，设立了专门编审机构，并公布了《教科图书审查条例》，规定非经大学院审定，所有教科书不得发行和采用；凡审定的教科书必须在书面上标明；教科书在使用一段时期后须重新审核认定。这明确了以国民党的党纲、党义和"三民主义"为审查教科书的标准。在30年代，国民政府教育部先后成立中小学教科书编审委员会、教科图书编辑委员会和大学用书编辑委员会，1942年归入国立编译馆。抗战胜利后，除由国立编译馆继续编纂教材外，也可选择各书局、出版社的优秀课本，但都在国民政府严格的控制之下。

六、实行毕业会考（了解）

1932年国民政府教育部公布《中小学学生会考暂行规程》，后来在舆论的压力下，废除了小学会考，但中学会考继续保留。1933年公布了《中学学生毕业会考规程》，并开始施行。规定以毕业生所在学校的毕业考试成绩的40%，毕业生所在教育行政机关会考成绩的60%计算成绩，各科成绩都及格才发给毕业证，参加升学考试。会考制度后来又推广到师范学校，而大专学校则实行总考制度。会考制度对学生来说是无疑是一个沉重的负担，它会把学生的精力吸引到课业和考试上来而客观上禁锢学生思想，限制学生行为的效果，因此受到进步人士的反对。

第四节 学校教育的发展

一、幼儿教育

1904年颁布的"癸卯学制"规定幼儿教育机构为蒙养院，1912年"壬子癸丑学制"改称蒙养园，1922年新学制又改为幼稚园。新学制公布前后，以教会办幼儿机构较多，1925年以后，外国人设立幼稚园逐渐减少，其在中国幼儿教育中的地位开始下降，而中国人自办的幼稚园借助国家法律法规的保障，在重视幼儿教育、推广教育研究实验的社会氛围中，走上了规范蓬勃发展的道路。1932年，国民政府教育部颁布《小学组织法》，规定小学设立幼稚园。多采用西方设计教学法，办园形式以半日制为主。1939年教育部公布《幼稚园规程》，1943年教育部将《幼稚园规程》加以修正，经呈行政院，改名为《幼稚园设置办法》，随后公布实施。这一系列法规的颁布实施，使得各级政府管理幼稚园有据可依、有章可循，保证了幼稚园的健康发展。

二、初等教育

南京国民政府时期，依时事变化，分为三个时期：

第一，稳定和发展时期： 这一时期国民政府对初等教育加强了控制。

第二，抗日战争时期： 由于国民党提出"抗战建国"的口号，实施国民教育制度，在时局动荡中初等教育仍能维持一定的发展。

第三，抗战胜利后： 国民党发动了全面内战，普及教育的实施受到极大的影响，初等教育也同样走向衰败。

三、中等教育

国民政府时期的中等教育也先后经历三个发展阶段：

第一，最初十年： 通过一系列中等教育法规的颁布，保证了中等教育的发展，主要体现于中等教育内部结构的调整，而非数量的增加。

第二，抗战时期： 由于采取"抗战建国"方针，对中学教育采取了一些调整措施，保证了中等教育的发展。

第三，抗战胜利后： 战后教育部开展国立中学复原工作，分别将国立中学交由各省教育厅办理，学生资送回乡入学。抗战胜利后，全国中学的数量达到最高点。

> 普通中学仍然沿用"三三"制，分初、高两级，取消了中学的分科制，以年级制替代选科制。

四、高等教育

国民政府时期的高等教育经历了三个发展阶段：

第一，前十年，可以说是稳步发展，逐步定型。

第二，抗日战争爆发后的一段时期里，高等教育的发展受挫。这一时期，国民政府对高等教育采取了应变措施。一方面加强了对高校的统一管理和规范调整，另一方面为保存国家教育实力，国民政府将沿海地区不少著名大学西迁。

第三，抗战胜利后，大学数量和学生数量都达到最高点。

五、抗日战争时期的学校西迁

抗战爆发后，中、高等教育损失巨大。但国民政府在"战时须作平时看"政策的指导下，一定程度上维持了中、高等教育的稳定和发展。抗战中，前后创办了国立中学34所，国立师范学校14所，国立职业学校14所。国立中等学校与其他内迁学校一起，共同促进了原来文化教育比较落后的西南、西北地区教育水平的提高。

在高等教育方面，为保存国家教育实力，国民政府将沿海著名的大学西迁，高等教育的基本力量不仅得到保存，还获得了一定的发展。一些著名的大学经过合并组合，优势互补，形成了新的特色，如**北京大学、清华大学、南开大学**辗转长沙，迁往云南昆明，组成西南联合大学；**国立北平大学、国立北平师范大学、国立北洋工学院**迁往陕西汉中，成立西北联合大学；国立中央大学迁往重庆。在西北、西南增设了和改制了一些大学，如新设江西中正大学、贵州大学等，由于省立改为国立的云南大学、广西大学等，由私立大学改为国立的厦门大学、复旦大学等。

第十一章　中国共产党领导下的革命根据地教育

本章大纲考点及考频

第一节　新民主主义教育方针的形成　　3
第二节　革命根据地的干部教育　　2
第三节　革命根据地和解放区的群众教育和学校教育　　0
第四节　革命根据地和解放区教育的基本经验　　17

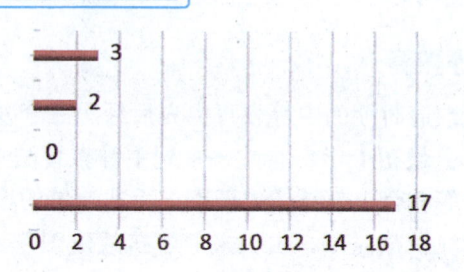

本章思维导图

中国共产党领导下的革命根据地教育
- 新民主义教育方针的形成
  - 苏维埃文化教育总方针
  - 抗日战争时期中国共产党的教育方针政策
  - "民族的、科学的、大众的"文化教育方针
- 革命根据地的干部教育
  - 干部在职培训
  - 干部学校教育
  - 中国人民抗日军政大学
- 革命根据地和解放区的群众教育和学校教育
  - 群众教育
  - 根据地的小学教育
  - 解放区中小学教育的正规化
  - 解放区高等教育的整顿与建设
- 革命根据地和解放区教育的基本经验
  - 教育为政治服务
  - 教育与生产劳动相结合
  - 依靠群众办教育

本章参考书

【1】孙培青主编：《中国教育史》第4版，华东师范大学出版社，第十五章。
【2】王炳照主编：《简明中国教育史》，北京师范大学出版社，第十五章。

第一节 新民主主义教育方针的形成

【论述】：16 闽南

一、苏维埃文化教育总方针（了解）

1934年在第二次全国苏维埃代表大会上，毛泽东提出苏维埃文化教育的总方针是："在于以共产主义的精神来教育广大的劳苦大众，在于使文化教育为革命战争与阶级斗争服务，在于使教育与劳动联系起来，在于使广大中国民众都成为享受文明幸福的人。"

二、抗日战争时期中国共产党的教育方针政策（了解）

抗战时期，依据党的"一切为着前线，一切为着打倒日本侵略者和解放中国人民"的总方针，执行中共中央制定的一系列教育方针政策，如实行抗战教育政策；实行文化教育中的统一战线政策；干部教育第一，国民教育第二的政策；实行生产劳动的教育政策；民办公助的政策等。在整个抗日战争时期，抗日根据地都执行教育为抗战服务的教育政策，把教育事业作为抗战事业的重要组成部分。但是这一政策在抗战的不同时期，认识和贯彻程度有所不同。

三、"民族的、科学的、大众的"文化教育方针（新民主主义文化教育方针）

【简答】：14 安徽，18 湖南农业

毛泽东强调："民族的科学的大众的文化，就是人民大众反帝反封建的文化，就是新民主主义的文化，就是中华民族的新文化。"这是文化的方针，也是教育的方针。

所谓"民族的"，指新民主主义教育是反对帝国主义压迫，主张中华民族的独立和尊严，带有民族特性的教育。它不一概排除外国教育，也不"全盘西化"，而是取其精华、去其糟粕。既有民族的形式和特点，又与新民主主义的内容相结合，即为新民主主义的教育。

所谓"科学的"，指新民主主义教育是反对一切封建、迷信思想，主张实事求是，主张客观真理，主张理论与实践统一。它坚持辩证唯物主义，对中国古代和近代教育既不一概否定，也不因循守旧，而是剔除封建糟粕，汲取其民主性精华。

所谓"大众的"，指新民主主义教育是为全民族百分之九十以上的工农劳苦民众服务的，并逐渐成为他们的教育，因而又是民主的。它把革命干部和群众的教育进行了区别与联系，把普及和提高互相区别与联系，是人民大众的有力武器，是革命总战线中一条必要和重要的战线。

真题回顾

2014年安徽师范大学简答题：简述新民主主义教育方针。

2018年湖南农业大学简答题：简述"民族的、科学的、大众的"文化教育方针。

第二节 革命根据地的干部教育

一、干部在职培训（了解）

这是开展最早的干部教育形式，通过干部培训班、在职干部学校实施，以政治和军事指挥技术为主要内容，以随军学校、教导队和短训班为主要形式，类别丰富，层次较多，目的在于提高在职干部的水平或训练某种专业人员，为苏区的建设和革命战争提供了组织保障。

二、干部学校教育（了解）

干部学校教育是在1931年苏区政权逐步稳定后由一些干部训练班和随营学校发展而来的。1933年后，建立了一批重要的高级干部学校，如马克思共产主义大学、苏维埃大学等。抗日战争时期，在陕甘宁边区的中心延安，干部教育得到迅速发展，逐渐形成了较完整的干部教育体系，逐渐建立起培养各类干部的学校，包括党政、军事、医药、师范、艺术、农业等各方面。其中比较有影响的有中共中央党校、陕北公学、鲁迅艺术学院、延安大学等。

三、中国人民抗日军政大学（抗大） 【名解】：12延安大学，20河南

中国人民抗日军事政治大学，简称"抗大"，是在中国共产党和毛泽东直接领导和关心下创建和发展起来的。这是一所培养抗日军政干部的学校，是抗日根据地干部学校的典型。

第一，**抗大的教育方针**。抗大的教育方针内涵是"坚定不移的政治方向，艰苦奋斗的工作作风，加上机动灵活的战略战术，便一定能够驱逐日本帝国主义，建立自由解放的新中国。"

第二，**抗大的校训**。"团结、紧张、严肃、活泼"。

第三，**抗大的培养宗旨**。以训练抗日救国军政领导人才为宗旨。

第四，**抗大学风**。抗大的学风最重要的传统就是理论联系实际。边学习、边战斗，在战争的第一线学习、锻炼。

第五，**抗大的课程设置**。分为政治、军事、文化三大类。政治课开设马克思主义基本理论、中国问题、社会科学概论、哲学、政治工作等；军事课开设游击战争、战略战术、炮兵、测绘、地形、射击等；根据学员需要，开设地理常识、自然常识、算术、日文等文化课，体现出军事、政治、文化并重的特色。

第六，**抗大的政治思想教育**。一是学习理论，提高马克思主义理论水平；二是学习中共党内斗争的文件，提高党性意识；三是开展群众性的自我教育；四是严格的组织纪律要求；五是深入工农群众，投身于火热的斗争中去，向工农学习，在实践中学习。

第七，**抗大的教学方法**。抗大创造了一套从实际出发、生动活泼的教学形式与方法：（1）启发式；（2）研究式；（3）实验式；（4）"活"的考试。

> 抗大前身是红军大学，校址在延安，从1936年建校开始，先后办了8期，有12所分校。抗战胜利后，总校干部赴东北组建东北军政大学。

第三节 革命根据地和解放区的群众教育和学校教育

（浙江师大大纲删除）

一、群众教育（了解）

群众教育又称社会教育。抗日根据地的群众教育重心在成人教育。群众教育的任务是一方面是扫除文盲，提高人民的文化水平；另一方面提高政治觉悟，进行军事知识和技能的训练。让一般群众都能理解战争、配合战争、参与战争。群众教育的形式主要有冬学、民校、夜校、半日校、识字班等。其中，冬学和民校是最主要的形式，是最受欢迎、最普遍、最广泛的群众教育形式。

二、根据地的小学教育（了解）

苏区小学又称列宁小学，抗日根据地的小学教育基本延续苏区的制度，学制五年，前三年为初小，后两年为高小。

根据地的小学教育根据实际需要和可能，因地制宜办学，创造了诸如"游击小学""两面小学""一揽子小学"等形式多样、生动活泼、富有战斗性的学校形式。

根据地小学教育的内容十分注意适应战争的需要，初小开设国语、算术、常识、美术、音乐、劳作、体育，高小增加政治、自然、历史、地理。同时，教育内容特别重视战时政治教育。

抗日根据地的普通教育基本也以小学教育为主，缺乏中学教育。具有中等教育程度的学校主要是师范学校，另外一些招收小学毕业生的学校也基本上是培养地方干部。

三、解放区中小学教育的正规化（了解）

抗战胜利后，为适应建设需要，1948年秋，随着解放事业的推进，新的形势要求教育事业既要考虑解放战争的发展对各种干部的迫切需要，也要考虑为顺利接管各地乃至全国政权和新中国成立后大规模的经济建设准备后继人才的问题。于是，华北、东北、山东等解放区召开专门教育会议，重点讨论教育正规化的问题，普遍认为应该建立正规的教育制度，办正规的学校，注意文化科学知识的学习。教育正规化问题的提出和落实，标志着教育开始有意识地从为革命战争服务转移到为和平建设事业服务上来。

四、解放区高等教育的整顿与建设（了解）

随着解放战争的节节胜利，各地都需要大批军事、政治、经济、党务、文化教育等方面的干部，而造就这些干部和高级人才的途径主要是靠高等教育，因此解放区对高等教育进行了整顿和改造。

一是办"抗大"式训练班。为使学校师生尽快适应解放事业的需要，须逐步加强对他们的思想教育和思想改造。各大解放区举办人民革命大学，如东北军政大学等。

二是对解放区原有的大学进一步正规化。出于培养有革命思想与科学技术知识的管理干部和"自己的高级知识分子"的目的，解放区原有的一些较为正规的大学要求进一步正规化，1939年创办于延安的华北联合大学堪称典型。

三是创办新大学。高等教育的大规模整顿和创办新大学，最先从东北开始。1949年后，东北创办了一系列培养各种人才的新大学。

第四节 革命根据地和解放区教育的基本经验

【简答/论述】：12聊城大学，13安徽，14杭州，17陕西，18淮北，19浙江，20合肥，20华中，20重庆三峡学院，21山西大学，21江南大学，21浙江大学，21山东，21重庆，19西华，17安徽，21延安大学

一、教育为政治服务

第一，在教育对象上。 明确在特定环境下的轻重缓急，保证当前最迫切的需要。在干部教育中，坚持干部教育第一，群众教育第二；群众教育中，坚持成人教育第一，儿童教育第二；这样就保证了革命骨干和领导人才的培养。

第二，在教育内容上。 始终以服从战争的需要为原则，以形势教育、对敌斗争教育、阶级斗争教育、纪律教育、群众教育路线为主。

第三，在教育教学的组织安排上。 充分考虑到战争条件和政治需要。课程少而精，以速成班为主，教育与现实紧密联系，在战斗和工作中学习。

二、教育与生产劳动相结合

第一，苏维埃文化教育方针中明确提出"使教育与劳动联系起来"，用教育来提高生产劳动的知识和技术，这一精神在抗日根据地和解放区得到了继承和发展。

第二，教育内容紧密联系当时当地的生产和生活实际，进行劳动习惯和观点、劳动知识和技能的教育。

第三，教育教学的组织形式和时间安排注意适应生产需要。

第四，要求学生参加实际的生产劳动，做到教育与生活和生产劳动相结合。

三、依靠群众办教育

依靠群众办教育，一方面是出于根据地的经济基础薄弱，民主政府的人力、物力有限；另一方面，根据地中在政治、经济上翻身了的群众又有极大的受教育愿望。

第一，群众教育由群众自己办，政府只给予一定的指导，保证教育政策的执行。

第二，依靠民众力量办普通小学，即由政府出一部分经费，场地、设施和部分经费由各乡村自行解决。通常是初小由乡办，高小由区办。

第三，干部教育也不脱离群众，无论教学内容、学习时限和教学组织，都考虑群众工作的实际需要。

时代背景

中国共产党领导下的革命根据地教育是一场规模宏大的革命教育实践，也是一种在特殊环境下从事的教育实践。残酷的战争环境、落后的农村地区、薄弱的文化教育基础，是革命根据地开展教育的基本条件。但在艰苦环境下，创造了教育为政治和革命战争服务的一个成功范例。

第十二章　现代教育家的教育理论和实践探索

本章大纲考点及考频

第一节　杨贤江的马克思主义教育理论　　13
第二节　黄炎培的职业教育思想与实践　　21
第三节　晏阳初的乡村教育实验　　21
第四节　梁漱溟的乡村教育建设　　10
第五节　陈鹤琴的"活教育"探索　　48
第六节　陶行知的"生活教育"思想与实践　　175

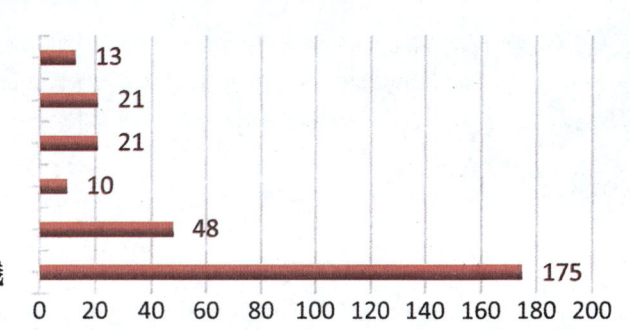

本章思维导图

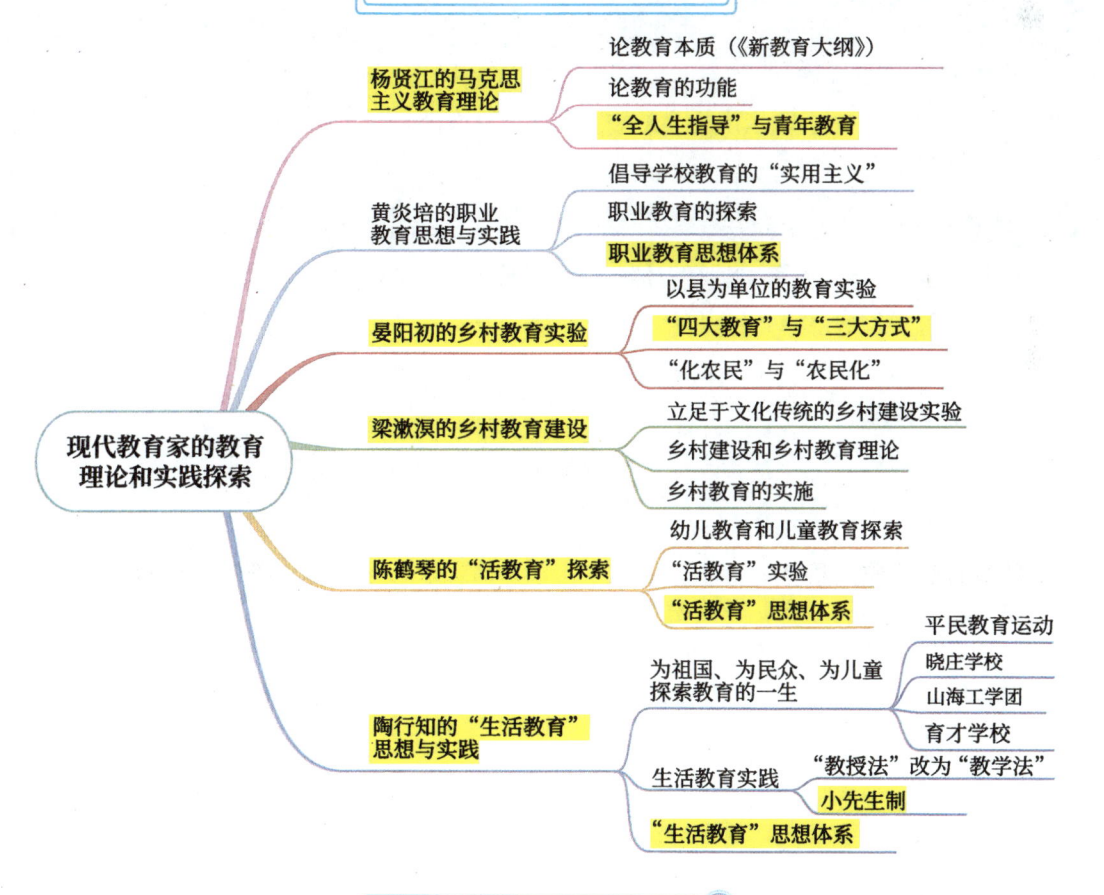

- 现代教育家的教育理论和实践探索
  - 杨贤江的马克思主义教育理论
    - 论教育本质（《新教育大纲》）
    - 论教育的功能
    - "全人生指导"与青年教育
  - 黄炎培的职业教育思想与实践
    - 倡导学校教育的"实用主义"
    - 职业教育的探索
    - 职业教育思想体系
  - 晏阳初的乡村教育实验
    - 以县为单位的教育实验
    - "四大教育"与"三大方式"
    - "化农民"与"农民化"
  - 梁漱溟的乡村教育建设
    - 立足于文化传统的乡村建设实验
    - 乡村建设和乡村教育理论
    - 乡村教育的实施
  - 陈鹤琴的"活教育"探索
    - 幼儿教育和儿童教育探索
    - "活教育"实验
    - "活教育"思想体系
  - 陶行知的"生活教育"思想与实践
    - 为祖国、为民众、为儿童探索教育的一生
      - 平民教育运动
      - 晓庄学校
      - 山海工学团
      - 育才学校
    - 生活教育实践
      - "教授法"改为"教学法"
      - 小先生制
    - "生活教育"思想体系

本章参考书

【1】孙培青主编：《中国教育史》第4版，华东师范大学出版社，第十四章。
【2】王炳照主编：《简明中国教育史》，北京师范大学出版社，第十三章。

第一节 杨贤江的马克思主义教育理论

【论述】：18辽宁，19山西大学，20集美大学

杨贤江

杨贤江是中国最早的马克思主义教育理论家和青年教育家，为马克思主义理论在中国的传播和创立中国无产阶级教育理论体系做出过重要的贡献。1928年，他撰写的《教育史ABC》是第一部用历史唯物主义分析世界教育史的著作。1930年，他撰写的《新教育大纲》是中国教育史上第一部运用马克思主义论述教育原理的著作。他致力于中国的青年教育，提出了"全人生指导"的青年教育思想，对当时一代青年的健康成长影响很大。

一、论教育本质（《新教育大纲》）【名解】：16内蒙古，21广西

杨贤江运用历史唯物主义阐明教育的本质，是他教育思想的重要内容，也是他对中国当代教育理论的一大贡献。主要体现在《新教育大纲》中，他认为，教育的本质是为支配阶级服务的，教育受政治、经济决定，但一定程度上促经济、政治的变革。教育作为上层建筑有其特殊性，其独立性不如上层建筑的其他构成部分。（1）在原始社会，教育是"社会所需要的劳动领域之一"；（2）私有制度的产生，导致教育"变质"，成为"社会的上层建筑之一"；（3）未来社会的教育将是"社会所需要的劳动领域之一"，"在一个更高形态上的复活"。

二、论教育的功能

20世纪20年代的教育界流行着"教育万能""教育救国""先教育后革命"的论点，对教育的功能做了不恰当的夸大。杨贤江认为，这些观点迷惑了人，颇为有害，有必要澄清。

（一）对于"教育万能"论

杨贤江认为，教育固然有助于社会发展，但教育又是受制于社会的政治制度和经济关系的，它不可能超越时代和环境条件而有"独立特行的存在"和"非凡的本领"。

（二）对于"教育救国"论

杨贤江针对当时提倡道德教育、爱国教育和职业教育救国等几种观点，指出只要中国社会未得改造，只靠教人读书、识字，中国是无法得救的。青年学生要研究适合现实需要的救国方法并切实行动。教育救国是有前提的。

（三）对于"先教育后革命"论

杨贤江指出，先通过教育培养人民的革命能力，然后才能进行革命的说法具有欺骗性。当时中国革命正处于紧要关头，特别要注重革命问题。但是，强调革命也不表示否定教育。教育无论在革命前、革命中还是革命后，都是"斗争武器之一"。

三、"全人生指导"与青年教育【简答/论述】：13云南，17赣南，20湖南科技，21华南

（一）全人生的指导含义【名解】：13福建，15云南，18浙江，21沈阳

所谓全人生的指导，就是对青年进行全面关心、教育和引导，即不仅关心他们的文

知识背景

杨贤江的教育研究大量是针对青年问题的。他发表了300多篇教育文章，大多是关于青年问题的专论；写给青年学生200多封通信，回答了1000多则青年的提问，表达了对青年成长的关切之心。他对青年的理想、修养、健康、求学、择友、社交、婚恋等各方面都给予耐心的指导，这种全方位的教育谓之"全人生指导"。

化知识学习，同时对他们生活中各种实际问题给以正确的指点和疏导，使之在德、智、体诸方面都得以健康成长，成为一个"完成的人"，以适应社会改进之所用。

（二）指导青年树立正确的人生观，是杨贤江青年教育思想的核心

杨贤江指出，对人生的见解是对人生存价值和意义的看法，青年的成长首先应弄清楚的就是人生问题，应有个确定的观念；青年又正处于人生观形成之初，青年的人生观关乎青年的自我认识和社会观念，影响着他的个人成长和社会行为，因此至关重要。

（三）杨贤江主张青年要干预政治，投身革命

杨贤江认为，这是中国社会的出路，也是青年的出路。首先，他强调学生运动的群众性、广泛性和团结一致；其次，学生运动要讲究方法，联系实际，富有成效；最后，青年要提高理论水平，学习和研究"新兴社会科学"，掌握革命的理论武器。

（四）杨贤江强调青年必须学习，这是青年的权利与义务

杨贤江告诫青年，求学既非为获取功名利禄，也非为高人一等，而是"做今后救国的准备"，因此"求学不忘救国，救国不忘求学"。他更多地倡导青年的自学，要求不仅向书本学习，更要向社会生活学习学校中所不具备的知识，并把读书、观察和实践与社会结合起来。

（五）杨贤江对青年的生活也提出了指导性意见：完美的青年生活是多方面的

（1）**健康生活（体育生活）**：个人生活的资本，倘若健康生活不完全，人将不能有所生产。

（2）**劳动生活（职业生活）**：维持生命和促进文明的要素，是幸福的源泉，人人都应该"乐动主义"，快乐地劳动，并以之与生活目的保持一致，轻视劳动就是轻视自己。

（3）**公民生活（社会生活）**：懂得一个人不能离开社会和人群而存在，要处理好团体纪律与个人自由的关系。

（4）**文化生活（学艺生活）**：包括科学、文艺、语言、常识、游历等的研究和欣赏活动，可增添人生情趣，促进社会进步。

（六）强调青年生活的宗旨和特征

杨贤江认为，青年生活的宗旨是要有强健的体魄和精神，要有工作所需的知识技能，要有服务人群的理想和才干，要有丰富的风尚和习惯。具有正确生活态度的青年所应有的特征是：活动性、奋斗性、多趣性、认真性。

评价：杨贤江的"全人生指导"思想的核心是教育青年树立正确的人生观并引导他们走上革命道路。"全人生指导"最重要的原则是提倡自动自律，培养青年的主动精神，让青年做自己的主人，教育只能居于指导地位，不应包办和强制。这些思想对当时一代青年的健康成长影响深远，而且对当今教育改革也具有深刻的启示意义。

助记表格 >>

杨贤江的全人生指导				
1.核心	2.干预政治，投身革命	3.权利与义务	4.多方面	5.宗旨和特征
树立正确人生观	中国社会的出路，也是青年的出路	青年必须学习	公民、文化、健康、劳动	宗旨：体魄和精神、知识技能、理想才干、风尚习惯 特征：活动性、奋斗性、多趣性、认真性

第二节 黄炎培的职业教育思想与实践

(浙江师大大纲删除)

> **黄炎培**
>
> 黄炎培是中国近现代著名的爱国主义者和民主主义教育家，是我国近代职业教育的创始人和理论家。他以毕生精力奉献于中国的职业教育事业，为改革脱离社会生活和生产的传统教育，建设中国的职业教育，做出了重要的贡献。他认为，职业教育的要旨有三："为个人谋生之准备"，"为个人服务社会之准备"，"为国家及世界增进生产力之准备"。

一、倡导学校教育的"实用主义"

1913年，黄炎培发表了《学校教育采用实用主义之商榷》一文，对"癸卯学制"颁布以来中国教育尤其是普通教育发展中的问题做了考察。他指出，学生在学校中所受到的道德、知识、技能训练，走上社会后毫无用处。这就从理论上论证了改革普通教育、加强学校教育与个人生活和社会需要之间联系的必要性。文章发表后，在民国初年的教育界激起强烈的反响，形成早期实用主义教育思潮，引发人们教育观念的变化。

二、职业教育的探索（了解）

黄炎培的职业教育思想是在吸取西方的教育经验，反思中国自创办新教育以来的问题与教训中逐步形成的。1913年发表《学校教育采用实用主义之商榷》一文，提倡教育与学生生活、学校与社会实际联系，激起了强烈的社会反响，引发了人们教育观念的变化。黄炎培早期职业教育思想多是解决个人生计问题，从20世纪20年代起，黄炎培既强调个人谋生，也重视服务社会；既强调职业技能训练，也重视职业道德教育；既强调一技之长，也重视全面发展，并对职业教育内部规律进行了探讨。20年代中后期，提出"大职业教育"的观念，认为职业必须联络和沟通所有教育界和职业界，参与全社会的发展。至此，黄炎培职业教育思想基本成熟。

三、**职业教育思想体系**【简答/论述】：13、16扬州，15河南，16天津，16天津大学，16湖南，16苏州，16延安大学，17广西，20山西，10西北，11、17重庆，13哈尔滨，14湖北大学，15赣南，17山西大学，18华中，18广西师范学院，21宁波大学

黄炎培的职业教育思想主要涉及职业教育的作用、地位、目的、办学方针、教学原则和职业道德教育的基本规范等。

（一）职业教育的作用

1. 职业教育的理论价值

在于：（1）谋个性之发展；（2）为个人谋生之准备；（3）为个人服务社会之准备；（4）为国家及世界增进生产力之准备。

2. 就其教育和社会影响而言

在于通过提高国民的职业素养，使学校培养之材无不可用，社会从业者无不得受良好训练，国无不教之民，民无不乐之生，乃至野无旷土，市无游氓，社会国家的基础由

碎碎念

黄炎培在中华人民共和国成立后，担任多种要职，他是政务院副总理兼轻工业部部长、全国人大常委会副委员长、全国政协副主席、中国民主建国会中央主任委员等。

答题提示

黄炎培的职业教育思想体系，简答、论述题都会考。
考简答题时每条下面可以简写点。

此确立。

3. 就其对当时中国社会的作用而言

在于有助于解决中国最大、最重要、最困难、最急需解决的生计问题，消灭贫困，并进而使国家每一个公民享受到基本的自由权利。

（二）职业教育的地位：一贯的、整个的、正统的

（1）"一贯的"是指应建立起从初级到高级的职业教育系统，贯穿于全部教育过程和全部职业生涯，建立起职业陶冶—职业指导—职业教育—职业补习和再补习的体系。

（2）"整个的"是指不仅学校教育体系中应有一个独立的职业教育系统，而且其他各级各类教育也要与职业教育相互沟通；不仅普通教育要适应职业需要，而且职业教育也要防止偏执实用的片面。

（3）"正统的"是指应破除以为升学做准备的普通教育为正统，而以为就业做准备的职业教育为偏系的传统观念，职业教育的地位应与普通教育等量齐观。

（三）职业教育的目的：使无业者有业，使有业者乐业 【辨析】：21重庆

所谓"使无业者有业"，是指通过职业教育为资本主义工商业发展造就适用人才，同时解决社会失业问题，使人才不致浪费，使生计得以保障。

所谓"使有业者乐业"，是指通过职业教育形成人的道德智能，使之能胜任所职、热爱所职，进而能有所创造发明，造福于社会人类。

"使无业者有业，使有业者乐业"的职业教育目的论，包含了黄炎培所提倡的为个人谋生、为社会服务、促进实业发展、增长社会经济、稳定社会秩序诸多追求，表现了他的社会政治观和教育观。

（四）职业教育的方针

1. 社会化

职业教育须适应社会需要，包括办学宗旨的社会化；培养目标的社会化；办学组织的社会化；办学方式的社会化。

2. 科学化

用科学来解决职业教育问题，包括物质方面的工作和人事方面的工作均需遵循科学原则。

（五）职业教育的教学原则

（1）手脑并用；（2）做学合一；（3）理论与实际并行；（4）知识与技能并重。这体现了职业教育的特殊规律，体力劳动与脑力劳动结合、理论与实际联系的思想，具有教育理论和实践价值。

（六）职业道德教育：敬业乐群

敬业指热爱所业，尽职所业，有为所从事的职业和社会做出贡献的追求；乐群指有高尚的情操和群体合作的精神，有"利居众后，责在人先"的服务乃至奉献精神。

评价：作为中国近现代职业教育的先行者，黄炎培及其职业教育思想开创和推进了中国的职业教育事业；具有平民化、实用化、科学化和社会化的特征，也丰富了中国的教育理论，并对20世纪二三十年代的教育改革产生了巨大的影响。

知识拓展

1925年，黄炎培把社会化职业教育概括为"大职业教育主义"。他提出：第一，"提倡职业教育的，同时须分一部分精神来参加全社会的运动"。第二，"办职业学校的，须同时和一切教育界、职业界努力地沟通和联络"。第三，职业教育应贯彻于各级各类学校之中。第四，职业教育应贯彻于全部教育过程和全部教育生涯中。可见，"大职业教育主义"观念的核心思想是解决职业教育与外部环境的关系问题。

助记表格>>

黄炎培的职业教育思想体系					
1. 作用	2. 地位	3. 目的	4. 方针	5. 教学原则	6. 职业道德教育
理论价值 社会影响 社会作用	一贯的 整个的 正统的	使无业者有业 使有业者乐业	社会化 科学化	①手脑并用 ②做学合一 ③理论与实际并行 ④知识与技能并重	敬业乐群

第三节 晏阳初的乡村教育实验

（浙江师大大纲删除）【简答/论述】：11重庆，12渤海大学，17西北，18江汉大学，20杭州，12延安大学，17中央民族，19湖南科技，21湖州师范，21成都大学

晏阳初【名解】：14湖南大学

晏阳初是中国现代史上著名的教育家、世界平民教育运动与乡村改造运动的倡导者。1923年担任中华平民教育促进会总干事，积极致力于平民教育运动。1943年5月，他被美国百余所大学学者推选为"现代世界最具革命性贡献的伟人"之一，成为当时获此殊荣的唯一的东方人。1950年后，他开始从事国际平民教育运动，先后到过许多发展中国家考察和指导乡村建设工作。

一、以县为单位的教育实验

1923年8月，中华平民教育促进会总会成立，晏阳初担任总干事，积极致力于平民教育运动。自1926年起，晏阳初把平民教育的重点从城市转移到乡村。1929年秋，中华平民教育总会由北平迁入河北定县。晏阳初与平教会同仁携带家属同时迁居定县，全力从事"彻底的、集中的、整个的县单位实验"，任河北省县政建设研究院院长。1936年，他在重庆北碚创办了中国乡村建设育才院并任院长。

二、"四大教育"与"三大方式"【名解/简答/论述】：21云南，10四川，11山东，15辽宁，10南京，17湖南

20世纪30年代，晏阳初在河北定县开展乡村平民教育实验。通过对中国农村问题的考察，他认为中国农村的问题是：愚、穷、弱、私。"愚"是指中国人民有80%的文盲；"穷"是指中国大多数人生活在生与死的夹缝里，谈不上有生活水平；"弱"是指中国最大多数人民是病夫；"私"是指中国最大多数人民是不能团结，不能合作，缺乏道德陶冶和公民训练的。针对这四点，晏阳初认为应该发展"四大教育"。

（一）"四大教育"【名解/简答】：18鲁东，21渤海大学

1. 以文艺教育攻愚，培养知识力

从文字及艺术教育着手，使人民认识基本文字，得到求知识的工具，以为接受一切

知识背景

为什么晏阳初被称为世界平民教育运动倡导者呢？1920年8月从美国回国后担任中华基督教青年会全国协会平民教育科科长。1926年，他把平民教育的重点从城市移到农村（河北定县）。他在中国的湖南、四川、广西等地推行平民教育实验。1949年中国共产党取得胜利，晏阳初辗转到了台湾，1950年后定居美国，开始从事国际平民教育运动。

四大教育与三大方式，化农民与农民化都是他在河北定县

建设事务做准备。其首要工作是除净青年文盲，将农村优秀青年组成同学会，使他们成为农村建设的中坚分子。

2. 以生计教育攻穷，培养生产力

（1）在农业生产方面，注意选种、园艺、畜牧各部分工作，应用农业科学，提高生产，使农民在农事方面，能接受最低程度的农业科学；

（2）在农村经济方面，利用合作方式教育农民，组织合作社、自助社等，使农民在破产的农村经济状况下，能有相当的补救方法；

（3）在农村工作方面，除改良农民手工业外，还提倡其他副业，以充裕其经济生产力。

3. 以卫生教育攻弱，培养强健力

注重大众卫生和健康，以及科学医药的设施。使农民在他们现有的经济状况下，能得到科学治疗的机会，以保证他们最低程度的健康。

4. 以公民教育攻私，培养团结力（根本）

激起人民的道德观念，施以良好的公民训练，使它们有公共心、团结力，有最低限度的公民常识，政治道德，以立地方自治的基础。公民教育首先是施以公民道德的训练，使每一个公民都了解个人与社会的关系，以发扬他们公共心的观念。所以，公民教育最为根本。

（二）"三大方式"（推行"四大教育"要依靠"三大方式"）【简答】：16 河南

1. 学校式教育

主要以青少年为对象，包括初级平民学校、高级平民学校和生计巡回学校。初级平民学校以识字教育为主，高级平民学校以培养有领导能力的村长等为主，而生计学校主要是为了对农民进行农业生产技能和生活知识的教育。

2. 社会式教育

主要以一般群众和有组织的农民团体为对象。内容取材于四大教育，主要通过平民学校同学会所开展的各项活动使平民学校的毕业生继续受教育，例如开展读书会、演讲比赛、办农业展览会等形式。

3. 家庭式教育

这是对各家庭中不同地位的成员用横向联系的方法组织起来进行教育的一种方法。就是每个家庭应对其成员进行公民道德训练、卫生习惯、儿童保护等方面的教育。教育内容仍是四大教育，选材标准侧重家庭需要与身份特点。

三、"化农民"与"农民化" 【名解】：19 湖南

化农民和农民化是晏阳初进行乡村建设试验的目标和途径。晏阳初提出"农民科学化，科学简单化"的平民教育目标。

（1）乡村实验的目的："化农民"，指实实在在地进行乡村改造，教化农民。

（2）乡村实验的途径："农民化"，指知识分子与村民一起劳动和生活，时称"博士下乡"，彻底与广大农民打成一片，唯有如此，才能深切地了解农民，懂得他们的需要，才能实实在在进行乡村改造。

评价：晏阳初是一位爱国的教育改革家，他所提出的中国四大基本问题，只看到社会现象的表层，而没能认识到"帝国主义之侵略与封建残余的剥削才是造成'愚、穷、弱、私'的原因"；否认了旧中国社会问题的根源是阶级压迫和剥削，反而把由于阶级压迫所造成的愚、穷、弱、私等社会现象作为问题根源。因而晏阳初在解决中国社会问题时

时采用的平民教育思想，取得的效果，据20世纪80年代的统计，定州（即定县）是河北省内唯一一个无文盲县；20世纪20年代晏阳初引入的良种棉花、苹果、白杨等作物和引入培育的良种鸡等仍然广受当地农民的欢迎。

所采取的办法是改良主义的，其理论不能解决旧中国农村的根本问题，无法达到复兴农村、拯救国家的根本目的。

但有其可取之处：一是平民教育和乡村改造理论颇具中国特色；二是虽然他的乡村教育实验，并没有也不可能使实验区的农民从根本上摆脱贫穷落后的命运，但确实给他们带来了一定的实惠；三是四大教育、三大方式打破了狭隘的教育观念，使乡村教育与乡村经济、文化、卫生、道德等方面共同进行，使学校、家庭和社会相互促进，成为一个系统工程，这在中国是一种创新，至今仍有现实意义。

助记表格>>

晏阳初的乡村教育试验		
1. 四大教育	2. 三大方式	3. 化农民与农民化
以文艺教育攻愚，培养知识力 以生计教育攻穷，培养生产力 以卫生教育攻弱，培养强健力 以公民教育攻私，培养团结力	学校式教育 社会式教育 家庭式教育	乡村实验的目的：化农民，指实实在在地进行乡村改造，教化农民 乡村实验的途径：农民化，指知识分子与村民一起劳动和生活，时称"博士下乡"

第四节 梁漱溟的乡村教育建设

（浙江师大大纲删除）【简答/论述】：12 四川，17 广西师范学，18 湖南，12 延安大学，
17 河北大学，18 广西师范学院，19 华南，19 湖南科技，21 佛山科学技术学院

梁漱溟

梁漱溟在20世纪二三十年代中国的乡村教育运动中，"乡农教育"实验独树一帜。他基于中国社会和文化特殊性分析的乡村教育理论及其实践，产生过广泛的社会影响。中华人民共和国成立后，梁漱溟历任第一至第六届全国政协委员，第五、第六届全国政协常委。代表作有《印度哲学概论》《东西文化及其哲学》《乡村建设理论》《中国文化要义》等。

一、立足于文化传统的乡村建设实验

1928年，梁漱溟筹办乡治讲习所，欲仿"吕氏乡约"，从乡俗入手，改造旧中国。

1929年秋，他赴河南辉县创办河南村治学院，自任教育长；次年赴北平主编《村治》月刊，宣传村治理论。

1931年，他与河南村治学院同仁同赴山东邹平，创办山东乡村建设研究院，先后任研究部主任、院长，并兼邹平实验县县长，从事乡村建设实验和理论研究，指导邹平、菏泽、济宁等地区的实验，探索民族自救和农村复兴之路。

抗日战争和解放战争期间，他担任最高国防参议会参议员、国民参政会参议员。

1941年，他参与创建中国民主政团同盟（1944年改为"中国民主同盟"），任中央常务委员，赴香港创办民盟机关报《光明报》，致力于民主运动，并在重庆、成都、

复习提示

梁漱溟和晏阳初都有提倡乡村建设，要注意两者的区别，两人的教育思想在历年真题中考的比较少，但是仍然要熟练掌握。

两者的比较在本章高分拓展中有补充。

桂林等地高校中任教。

1946年,他以民盟秘书长身份参与国共调停,为国内和平奔走。不久他退出民盟,在重庆主持勉仁文学院,潜心讲学著述。

二、乡村建设和乡村教育理论【简答】:15云南

乡村教育是梁漱溟乡村建设理论的重要组成部分。所谓乡村建设,是一种力图在保存既有社会关系的基础上,通过乡村教育的方法,由乡村建设引发社会工商业发展,实现经济改造和社会改良。其乡村建设和乡村教育理论建立于他对中国传统文化和社会的分析、中西文化的比较之上。梁漱溟的乡村教育理论起源于对中国社会问题症结的分析,而乡村建设是解决这种症结的途径。

(一)中国问题的症结

在中西文化比较的基础上,梁漱溟指出,中国社会自始至终走着一条自己的发展道路。表现为遇事安分、知足、寡欲、摄生,取一种向自身内求"调和持中"的有理智、有意识的态度。中国文化追求人与人之间真的妥洽关系的"仁的生活",因此世界文化的未来是中国文化的复兴,而中国问题的解决只有从自身固有文化中寻找出路。中国的问题就是文化的失调。

(二)如何解决中国的问题:乡村建设

1. 中国应该找一条什么样的出路

梁漱溟认为,中国的建设问题便是乡村建设。中国自周代起就已脱离了阶级社会,不存在经济意义上的阶级对立,"中国旧社会可说为伦理本位、职业分立"的社会,在这种社会结构之下,不会产生阶级对抗。因此,社会革命在中国已不可能,唯一可行的道路就是乡村建设。

2. 为什么中国社会的改良唯有走乡村建设之路

首先,中国社会是乡村社会;其次,中国传统文化的根在乡村,道德和理性的根在乡村,要保存中国传统文化就必须从乡村教育入手;最后,近百年来中国社会已被破坏得不堪收拾,乡村经济尤甚,中国如要从头建设,必须一点一滴从乡村建设抓起。所以,乡村建设是乡村被破坏而激起的乡村自救运动,是重建我们民族和社会的新组织构造的运动。

(三)乡村建设与乡村教育

乡村建设与乡村教育是一个问题的两个方面。乡村建设是以乡村教育为方法,乡村教育以乡村建设为目标。梁漱溟认为,中国文化已经严重失调,教育的功能就在于延续文化而求进步。同时,中国社会的改造其实是一个如何以中国固有精神为主吸收西方文化的过程,这是巨大的教育工程。所以,建设必寓于教育,乡村建设是纳社会运动于教育中,以教育完成社会改造。

三、乡村教育的实施

1931年,梁漱溟在山东邹平开办了山东乡村建设研究院,专门研究乡村建设问题,培养乡村建设人员,规划和指导实验区的乡农教育。

> 所谓"精神讲话"是指在教员指导下启发民众的思想,做切实的"精神陶炼"功夫,步骤是先用旧道德巩固他们的自信力,再用新知识、新道理改变从前不适用的一切旧习惯,以适应现在的新世界。

（一）乡农学校的设立

1933年，山东省政府将邹平、菏泽划为县政建设实验区。实验区的两县事实上建立了行政机构与研究院合一的行政体制，并开办乡农学校。乡农学校分村学和乡学两级。

从教育程度上分，文盲和半文盲入村学，识字的成年农民入乡学。

从行政功能上分，村学是乡学的基础组织，乡学是村学的上层机构。

组织原则是：

第一，政教养卫合一，以教统政，即乡农学校是教育机构和行政机构的合一。

第二，学校式的教育与社会式的教育"融合归一"，在乡农学校中成立儿童部、成人部、妇女部和高级部。

（二）乡农学校的教育内容

乡农学校的教学从识字、唱歌等最平淡处入手。课程分为两大类：

一类是各校共有的课程，包括识字、唱歌等普通课程和"精神讲话"。

另一类是各校根据自身生活环境需要而设置的课程，如产棉地区学习植棉技术。总之，所有教育内容强调服务于乡村建设，密切适合农村生产、生活的需要。

评价： 乡村建设理论和乡村教育思想，本质上是一种中国知识分子通过改造中国农村来改良中国社会的理想，是在探索拯救中国的"第三条道路"。否认阶级斗争，体现了消极的一面。可取之处在于认识到中国问题是农村问题，立足于文化传统来思考中国社会的改造是有识之见，对农村有一定的贡献。

助记表格>>

梁漱溟的乡村教育建设	
一、乡村建设和乡村教育理论	二、乡村教育的组织与实施
1. 中国问题的症结：中国的问题是文化的失调 2. 如何解决中国的问题：乡村建设。因为中国社会是乡村社会，中国传统文化的根在乡村，中国如要从头建设，必须一点一滴从乡村建设抓起 3. 乡村建设与乡村教育：乡村建设是以乡村教育为方法，乡村教育以乡村建设为目标	1. 乡农学校的设立：山东省政府将邹平、菏泽划为县政建设实验区。实验区的两县建立了行政机构与研究院合一的行政体制，并开办乡农学校 2. 乡村学校的教育内容：乡农学校的教学从识字、唱歌等最平淡处入手

第五节 陈鹤琴的"活教育"探索

陈鹤琴

陈鹤琴是中国近代学前儿童教育理论和实践的开创者。他一生致力于从中国国情出发,学习和引进西方教育思想和方法,建设有民族特色的中国现代儿童教育。他倡导"活教育",为改革传统教育提出了极有价值的思路。1923年,陈鹤琴在南京创办了我国最早的幼儿教育实验中心——鼓楼幼稚园。著有《儿童心理之研究》《家庭教育》《陈鹤琴教育文集》等。

一、幼儿教育和儿童教育探索

1919年9月,陈鹤琴任教南京高师,授教育学、心理学和儿童心理学。之后的8年里,是其奠定事业基础和形成教育思想的时期。其间,投身教育改革,译介西方新理论、新方法,并通过对长子陈一鸣的追踪研究,力行观察、实验方法,探索中国儿童心理发展及教育规律,写成《儿童心理之研究》一书;同时创办了中国第一所实验幼稚园——鼓楼幼稚园,进行中国化、科学化的幼儿园实验,总结并形成了系统的、有民族特色的学前教育思想。

二、"活教育"实验【了解】

20世纪30年代末,陈鹤琴提出教师如何"教活书,活教书,教书活",学生如何"读活书,活读书,读书活"的思想,在总结以往经验的基础上明确提出了"活教育"的主张。

1940年,陈鹤琴受邀在江西开展"活教育"实验。

1941年,创办《活教育》杂志,标志着有全国影响的"活教育"理论的形成和"活教育"运动的开始。

1943年,"活教育"实验已形成包括专科部、幼师部、小学部、幼稚园和婴儿园五个部门的非幼儿教育体系,并在教育目标、教学原则与方法、德育原则、课程与教学大纲等方面进行了改革,造就了一所有崭新气息的新型学校。

1945年,陈鹤琴到上海任职,并在那里继续着他的"活教育"实验。

三、"活教育"思想体系【名解/简答/论述】:16湖南,19江苏大学,20曲阜,21四川,13陕西,13、21河南,13山西,15、20华东,16、20江西,16湖南,16、18、20山西大学,17东北,17云南,18渤海大学,19四川,20哈尔滨,20江苏,20上海,21曲阜,21信阳师范,12南京,12、19山西,12沈阳,12云南,13天津,13扬州,13华中,13渤海大学,15北京,15湖南,16、21广西,17杭州,18华东,19安徽,19宁波大学,19河南,20吉林,20聊城大学,21苏州科技,21长江大学,21南宁

(一)"活教育"的目的论

"活教育"的目的是"做人,做中国人,做现代中国人"。其中,"做人"是"活教育"最为一般意义的目的。"做中国人"体现了活教育目的的民族特征。"做现代中国人"体现了时代精神,他赋予"现代中国人"五方面的要求:要具备健全的身体,要有建设的能力,要有创造的能力,要有合作的态度,要有服务精神。这是包容了民族性、现代性、世界性等丰富内涵的目的论。活教育的目的论从抽象的人到具体的现代中国人,

---

时代背景

陈鹤琴与陶行知是同船赴美留学的,两人是很好的朋友。陈鹤琴的思想非常重要,要详细记忆。

复习提示

请思考陈鹤琴在学前教育方面的研究和实践,可以与外国教育史中的幼儿教育家蒙台梭利、福禄培尔进行比较。

需要说明的是陈鹤琴尽管主张从自然和社会中直接获知,但他并未绝对强调经验,并不否定、不摒弃书本。只是强调历来教育忽视了活生生的自然和社会。

表达了陈鹤琴对人的发展,教育与社会变革的追求。

(二)"活教育"的课程论

"大自然、大社会都是活教材"。传统教育束缚人的思想,只有大自然、大社会才是知识的真正来源,是活的书,活的教材,即让儿童在与自然、社会的直接接触中,在亲身观察中获取经验和知识。他提倡采取活动中心和活动单元的形式,即五指活动:儿童健康活动;儿童科学活动;儿童艺术活动;儿童文学活动;儿童社会活动。五指活动如五根手指,是一个整体。

(三)"活教育"的教学论

"做中教、做中学、做中求进步"是"活教育"教学方法的基本原则。"做"是学生学习的基础,也是教学论的出发点,他强调儿童在学习过程中的主体地位和在活动中直接经验的获取。"活教育"教学的四个步骤,即实验观察,阅读思考,创作发表,批评研讨。"活教育"的教学原则体现了两个鲜明的特点:(1)强调以"做"为基础,确立学生在教学活动中的主体性。(2)儿童的"做"往往带有盲目性,需要教师进行有效的指导。

评价: 陈鹤琴的"活教育"思想受到杜威实用主义教育思想的影响,与陶行知的"生活教育"理论一样,吸取了杜威实用主义教育的合理内核,同时也充分考虑到中国的时代背景和国情。这是一种有吸收、有改造、有创新的教育思想。"活教育"是对中国现代教育产生过重要影响的教育思想,其精神至今都未过时,不少观点当今的教育改革仍然富有启发。

助记表格>>

陈鹤琴"活教育"的思想体系		
"活教育"的目的论	"活教育"的课程论	"活教育"的教学论
做人,做中国人,做现代中国人	大自然、大社会都是活教材	做中教、做中学、做中求进步

第六节 陶行知的"生活教育"思想与实施

【论述】:14延安大学,17西安外国语,19海南,21南宁

陶行知 【名解】:13内蒙古,15宁波大学,17湖北大学

陶行知是中国现代杰出的人民教育家、大众诗人和坚定的民主战士。他毕生从事教育,勇于批判和改革旧教育,为中国探索民族教育的新路。他的教育思想是一种具有创造性并不断发展、不断进步的教育思想,而其生活教育思想则贯穿始终。提出了"生活即教育""社会即学校""教学做合一"三大主张,生活教育理论是陶行知教育思想的理论核心。

复习提示

陶行知的教育思想非常重要。陶行知师从美国杜威,深受其杜威思想的影响,注意杜威和陶行知两

一、为祖国、为民众、为儿童探索教育的一生

（一）平民教育运动

他认为平民教育是改造环境、把握国家命运的重要方法。他希望利用平民教育打破贫富贵贱，"创造一个四通八达的社会"。1923年，他辞去东南大学教职，与朱其慧、晏阳初在北京发起组织中华平民教育促进会，推行平民教育运动。

（二）晓庄学校 【名解】：17云南

晓庄学校以培养乡村人民儿童所敬爱的老师为总目标，1926年，陶行知提出了"筹募一百万元基金，征集一百万位同志，提倡一百万所学校"的口号。1927年，陶行知在南京创办试验乡村师范学校，该校后改名晓庄学校，确立"生活即教育""社会即学校""教学做合一"的生活教育理论，亲自试验，倡导以"艺友制"师范教育模式和"教学做合一"方法培养教师，希望从乡村教育入手，寻找改造中国教育和社会的出路。1930年晓庄被查封。

（三）山海工学团

1932年陶行知在上海创办"山海工学团"，提出"工以养生，学以明生，团以保生"。力图把工厂、学校、社会打成一片，进一步探索中国教育之路，以达到普及教育的目的。工学团实际上是一种以贫苦工农大众为教育对象，采取半工半读形式，对学员实行军事、生产、科学、识字、民权和节制生育六大训练的教育组织。

（四）育才学校

1939年，陶行知为了收容战争中流离失所的难童，在重庆创办了育才学校，苦心兴学。

培养目标： 育才学校的培养目标是"用生活教育的原理和方法，培养难童之中优秀儿童，使成为抗战建国之人才"。

培养原则： 贯彻"一般基础教育与特殊教育"相结合的原则，各组在学习普通文化课的同时，给予某一方面的特殊培养。

培养方式： 学校实行集体生活中的自我教育，把集体生活的教育与因材施教结合起来，在集体自治、集体探讨、集体创造中发展学生的个性。实行教育与生产实践、社会实践、革命实践的密切结合。

意义： 育才学校冲破了国民党的重重政治压迫和经济封锁，培养了大批革命战士和优秀的专业人才，突出体现了陶行知站在人民大众，尤其是劳苦大众的立场上思考和解决他们的教育问题的主张。

二、生活教育实践

（一）"教授法"改为"教学法"

1917年陶行知回国后，积极参加当时在新文化运动推动下的新教育改革运动。当时学校普遍存在"先生只管教，学生只管受教"，教师的教和学生的学严重脱节的现象，于是他主张将南京高师全部课程的"教授法"改为"教学法"，以突出教与学的联系。五四运动后，随着社会观念的更新，"教学法"终将被教育界所接纳。

（二）小先生制 【名解】：10河南、12内蒙古、14、21湖南科技、19云南、19浙江、20江苏、21渤海大学、21鲁东

为了解决普及教育中师资缺乏、经费匮乏、女子教育困难等问题，陶行知提出"即

人思想的异同。陶行知的"生活即教育"和杜威的"教育即生活"比较，在本章高分拓展中有补充。

生活教育，从定义上说，生活教育是给生活以教育，用生活来教育，为生活向前向上的需要而教育；从生活与教育的关系上说，是生活决定教育；从效力上说，教育要通过生活才能发生力量而成为真正的教育。"生活教育"是陶行知教育思想的核心，集中反映了他在教育目的、内容和方法等方面的主张，反映了陶行知探索适合中国国情和时代需要的教育理论的努力。

知即传"的"小先生制"。"小先生制"是指人人都要将自己认识的字和学到的文化，随时随地教给别人，而儿童是这一传授过程的主要承担者。尤其重要的是"小先生"的责任不只在教人识字学文化，还在教自己的学生做"小先生"，由此将文化知识不断延绵推广。陶行知认为，儿童是中国实现普及教育的重要力量，是贫穷国家普及教育最重要的钥匙。

三、"生活教育"思想体系（非常重要）【名解/简答/论述】：12东北，12北京，13湖南大学，13鲁东，13湖南科技，15西北，15重庆，15湖南，15安徽，18江苏大学，19海南，21陕西理工，21石河子，10、17闽南，10、11、18山西，10、16沈阳，11浙江，11辽宁，11南京，11华东，11、18云南，11、14、15广西，12、16、18、19重庆，12江西，12天津，12山东，12、19江苏，12、16西华，13聊城大学，14、16、20四川，15贵州，15、17延安大学，15重庆三峡学院，15集美大学，16内蒙古，17广西师范学院，18浙江大学，18石河子大学，18海南，19湖北大学，20河南，20延边大学，20太原，21齐齐哈尔，21南京信息工程，21温州大学，21济南大学，21临沂大学，21黄冈师范，21湖南，10哈尔滨，10、21山东，10、21杭州，10、19东北，10、16、18、21扬州，10、17曲阜，11渤海大学，11、14、19江西，11、15、17、21聊城大学，11、12、16华中，11河南，11、12、安徽，12上海，12、13西南，12中山，13四川，13、19辽宁，13、19沈阳，13、14宁波大学，13、16华南，14、20天津，14北京，15闽南，15南京，15、16湖南科技，16西华，17内蒙古，17、20、21陕西，17、20中国海洋，17新疆，18淮北，18赣南，18贵州，18湖北大学，19广东技术，19长春，19华东，16、19、20海南，20合肥，20江苏大学，20苏州，20江西科技，20、21浙江大学，20成都大学，21浙江海洋，21浙江，21西藏大学，21陕西科技

（一）生活即教育【名解/简答/论述】：20南京，20天水师范，18新疆，11苏州，16南航，20内蒙古

"生活即教育"是陶行知生活教育理论的核心。

1. 生活含有教育的意义

陶行知说："教育的根本意义是生活之变化。生活无时不变即生活无时不含有教育的意义。因此，我们可以说生活即教育。"正因为生活的矛盾无时无处不在，生活也就随时随地在发生教育的作用。从生活的横向发展来说，过什么样的生活，就受什么样的教育；从生活的纵向发展来说，生活伴随人生命的始终，教育也是如此。

2. 实际生活是教育的中心

陶行知始终把教育和社会生活联系起来进行考察，认为"生活教育是生活所原有，生活所自营，生活所必需的教育"。生活与教育是一回事，是同一个过程，教育不能脱离生活。教育要通过生活来进行，教育内容、教育方法都要根据生活的需要。他强烈批判以书本、以文字为中心的"老八股"和"洋八股"教育，认为书本和文字不过是生活的工具。

3. 生活决定教育，教育改造生活

陶行知说："从生活与教育的关系上说，是生活决定教育。"一方面，生活决定教育，表现为教育的目的、原则、内容、方法都由生活决定，是为了"生活所必需"。另一方面，教育又能改造生活，推动生活进步。

陶行知说："教育是民族解放、大众解放、人类解放之武器。"这说明了教育对社会政治改造的作用。教育不仅改造着社会生活，也改造着每个个人的生活。因此，生活决定教育，教育改造生活，相辅相成。

评价（价值）："生活即教育"强调教育以生活为中心，反对脱离生活而以书本为中心的传统教育。尽管它在生活与教育的区别和系统的知识传授方面有所忽视，但在破除传统教育脱离民众、脱离社会生活的弊端方面，有十分重要的意义。

（二）社会即学校【简答】：12杭州

"社会即学校"是生活教育理论另一重要主张，是"生活即教育"思想在学校与社会关系问题上的具体化。

1. 社会即学校，是指"社会含有学校的意味"或者"以社会为学校"

由于整个社会是生活的场所，亦即教育的场所。陶行知认为，需要拆除学校与社会之间的"高墙"，"把学校的一切伸张到大自然里去"，解放自由，成为适应生活、融于民众的有用的人。基于"社会是大众唯一的学校"的认识，陶行知鼓励劳动群众在社会中学习、向社会学习，而他本人先后办各种方便劳动群众及其子弟的学习场所，通过社会的大学校使之受到教育。

2. 社会即学校，是指"学校含有社会的意味"

学校通过与社会生活结合，一方面"运用社会的力量，使学校进步"，另一方面，"动员学校的力量，帮助社会进步"，使学校真正成为社会生活必不可少的组成部分。陶行知认为"学校即社会"是一种"半开门"的改良主义主张；"社会即学校"是拆除学校围墙，依据社会的需要、利用社会的力量、在社会中创建学校。

评价（价值）：社会即学校，扩大了学校教育的内涵和作用，对传统的学校观、教育观有所改变；使劳苦大众能够受到起码的教育，贯穿了普及民众教育的苦心，值得肯定。

（三）教学做合一【名解/简答/论述】：10福建，11杭州，13、14、21江苏，15沈阳，18湖南，12鲁东，19太原，16安徽

"教学做合一"是生活教育理论的又一重要主张，是"生活即教育"在教学方法问题上的具体化。

1. "教学做合一"要求"在劳力上劳心"

陶行知认为在传统教育下，劳力者与劳心者是割裂的，造成"田呆子"（劳力者）和"书呆子"（劳心者）两个极端，所以在中国"科学的种子长不出来"。因此，必须教劳心者劳力即教读书的人做工；教劳力者劳心即教做工的人读书。

2. "教学做合一"是因为"行是知之始"

陶行知批评传统教育历来把读书、听讲当成知识的来源。他认为，行动是知识的重要来源，也是创造的基础，身临其境，动手尝试，才有真知，才有创新。

3. "教学做合一"要求"有教先学"和"有学有教"

"有教先学"即教人者先教自己，先将所教材料弄得格外明白，先做好学生。同时，教人者先明了所教对象为什么而学、要学什么、怎么学。"有学有教"即"即知即传"，会者教人学，能者教人做。"小先生制"就充分体现了这一意义上的"教学做合一"。

4. "教学做合一"反对注入式教学法

陶行知指出，注入式的教学法是以教师的教、书本的教为中心的"教授法"，它完全不顾学生的学、不顾学生和社会生活的需要。根据生活教育的要求，教是服从于学的，而教、学又是服从于生活需要的。"教学做合一"是最有效的方法。

评价（价值）：陶行知的"教学做合一"反映在课程上，就是要求以培养学生"生活力"为目的的生活课程论取代旧的传统课程论；反映在教材上，反对以文字为中心，与生活相脱节的教材，主张教材要具有"工具性"，可以当作工具来使用。

（四）陶行知的生活教育理论总体评价

陶行知的生活教育理论，有六大特点，即生活的、行动的、大众的、前进的、世界的、有历史联系的。生活教育的方针为：民主的、大众的、科学的、创造的。从思想背景

上来说，"生活教育理论"深受杜威实用主义教育思想的影响。生活教育理论是在批判传统教育的过程中发展起来的，目的是要摆脱传统"死读书，读死书，读书死"的教育。

助记表格>>

陶行知"生活教育"思想体系		
1. 生活即教育	2. 社会即学校	3. 教学做合一
生活含有教育的意义 实际生活是教育的中心 生活决定教育，教育改造生活	社会含有学校的意味 学校含有社会的意味	在劳力上劳心 行是知之始 教人者先教自己，学到知识去教别人 教育要与实践结合

本章高分拓展

一、论述陶行知的"生活即教育"和杜威的"教育即生活"的理论，并比较他们的异同【论述】：
13、15 四川，14 延安大学，16 天津，20 鲁东大学，21 山西

（一）陶行知的"生活即教育"理论

"生活即教育"是陶行知生活教育理论的核心，该理论认为，生活教育是给生活以教育，用生活来教育，为生活向前向上的需要而教育。生活决定教育，教育要通过生活才能发生力量而成为真正的教育。

首先，生活含有教育的意义。教育的根本意义是生活之变化。生活无时不变，即生活无时不含有教育的意义。

其次，实际生活是教育的中心。生活教育是生活所原有，生活所自营，生活所必需的教育。

再次，生活决定教育，教育改造生活。"生活即教育"所强调的是教育以生活为中心，所反对的是传统教育脱离生活而以书本为中心。

尽管它在生活与教育的区别和系统的知识传授方面有所忽视，但在破除传统教育脱离民众、脱离社会生活的弊端方面，有十分重要的意义。

（二）杜威的"教育即生活"理论

关注的基本问题是：什么样的生活才是美好的，才是值得向往的？教育怎样为创造美好生活尽力？教育又怎样对待社会生活中的不足与弊端？尤其是，教育本身怎样才能成为美好生活的典范？杜威认为教育是生活的过程，学校是社会生活的一种形式，即学校生活也是生活的一种形式。

首先，学校生活应与学生自己的生活相契合，满足学生的需要和兴趣，使学生在现实的学校生活中得到乐趣。

其次，学校生活应与学校以外的社会生活相契合，适应现代社会变化的趋势并成为推动社会发展的重要力量。教育不能脱离社会变革而我行我素。

杜威坚信教育是社会进步及社会改革的基本方法，认为社会的改造要依靠教育的改造，教育改造之所以必要，是因为要给社会生活的变革以充分的和明显的影响。杜威的希望是通过教育改造社会生活，使之更完善、更美好。

(三) 陶行知和杜威教育两者相同点

（1）承认教育和生活之间存在着密切的联系，反对将教育与生活分离。

（2）认为生活含有重要的教育意义；承认教育对改造生活的重要作用。

(四) 陶行知和杜威教育不同点

（1）定位不同。前者认为教育应该以生活为核心，后者认为教育也是生活的一个过程，学校是生活的一种形式，生活包含教育。

（2）前者强调了生活的重要性，对系统教育的重要性有所忽视，后者更强调两者的契合。

（3）后者更注重把教育本身作为一种美好的生活。

二、叙述晏阳初和梁漱溟所提出的乡村教育方案，并比较他们乡村教育理论的异同？【论述】：21 江苏

(一) 二者的乡村教育方案

1. 晏阳初的乡村教育方案

（1）晏阳初认为，中国的平民普遍都具有"愚、贫、弱、私"四大疾病。

（2）针对以上四大病症，晏阳初他们研究出"四大教育"之法，即以文艺教育攻"愚"，培养平民的知识力；以生计教育攻"贫"，培养生产力；以卫生教育攻"弱"，培养强健力；以公民教育攻"私"，培养团结力。

（3）晏阳初采取三种方式对民众进行教育，即学校式教育、社会式教育、家庭式教育。学校式教育是以青少年为对象设置初级、高级平民学校和生计巡回学校；社会式教育是以一般群众和农民团体为对象开展读书、演讲活动；家庭式教育是以家庭中各个成员为对象的生活、生产常识教育。

（4）"化农民"与"农民化"是晏阳初进行乡村建设实验的目标和途径。他认为："我们欲'化农民'，我们须先'农民化'"。就是要彻底地与广大农民打成一片，唯有如此，才能深切的了解农民，懂得他们的需要，才能实实在在进行乡村改造。

2. 梁漱溟的乡村教育方案

（1）梁漱溟的乡村教育理论是从寻找中国问题的症结入手的，他认为文化是一切问题解决的根本。目前中国之所以与西方相比呈现出落后、贫弱的状况，本质上是文化失衡，其表现出来就是社会构造的崩溃，政治上的无办法。而解决中国问题的办法便是改造文化，即立足于中国文化传统去吸取西洋现代文明，以此建设一种新的社会组织构造、新的礼俗。农村的出路就唯有乡村建设，而"建设必寓于教育""归于教育"。为此，他致力于乡村教育，从创造新文化上来救活旧农村。

（2）梁漱溟选择了从乡村教育入手，通过政教合一的途径，用乡农学校去实行农民的精神陶冶、自卫训练和生产知识等的教育。这就是乡村教育的核心思想。

（3）实验区两县的行政机构与研究院事实上合一，而整个行政系统与各级教育机构合一，希望以教育的力量替代行政的力量。将全县分成若干个区，各区成立乡农学校校董会，开办乡农学校。乡农学校分村学和乡学两级。组织原则是政教养卫合一，经教统政；学校式教育与社会式教育融合归一。所有教育内容强调服务于乡村建设，密切配合农村生产生活的需要。课程分两大类，一类是各校共有的课程，包括识字唱歌等普通课程到精神讲话。另一类是各校根据自身生活环境需要而设置的课程。

(二) 二者之间的异同

1. 二者的不同点

（1）二者乡村教育的背景思想不同。晏阳初基于现代社会民主文化和社会治理模式，提出非常体系化、可操作性的解决乡村落后具体问题的方式。

梁漱溟则基于东西方文化的比较，以及对我国古代乡约制度的研究，提出改造文化进而由下到上，由里到外，从创造文化来救活旧农村的方式。

（2）二者对乡村问题的病灶根源认识不同。晏阳初的关注焦点在于中国乡村存在的四个普遍的问题，就好像作为医生一眼看到了病人身上有哪几种病，然后对症下药，固然相比后者显得有些表象，但是简单明了、直截了当；

梁漱溟的关注焦点在于文化根源，尽管他眼中也看到了中国社会的问题，但是他通过分析东西方文化，认为当时中国的情况是文化早熟引起的，是文化失衡引起社会构造的崩溃、政治上的无方法。二者看问题的视角明显不同，一个看在身体急要的地方，一个看在脑袋的思想里。

2. 二者的相同点

（1）关于教育的作用。二者都认识并重视教育在乡村建设中的积极作用。

（2）关于教育与社会其他因素的协同作用。二者都注重发挥教育与其他因素的协同作用。

三、陶行知"生活教育"理论与陈鹤琴"活教育"理论的共同特点

（一）理论基础相同

二者由于留美的缘故，其教育理论均受到了美国杜威实用主义教育思想的影响，并很大程度上关照了当时的国情、教育情况进行了非常充分的本土化处理，提出了中国化的理论主张。如陶行知对杜威"教育即生活、学校即社会、做中学"等观点进行改造，提出"生活即教育、社会即学校、教学做合一"；陈鹤琴的教育思想也受到杜威实用主义的影响，但也结合中国具体国情进行了很多创新，其"活教育"的教育思想在世界教育史上都是独树一帜的，无论是从目的论、课程论还是教学论。

客观来看，二者均吸收了西方先进教育思想特别是杜威实用主义教育的合理内核，同时也充分考虑到了中国的时代背景和国情，其教育思想是一种有吸收的、有改造的、有创新的教育思想。

（二）批判改造重点相同

1. **二者都反对传统书本教育，但并不忽视书本的地位**

陶行知认为传统书本教育是以书本为教育，学生只是读书，教师只是教书，其结果是读死书、死读书、读书死。当然，在生活即教育的原则下，书是有地位的，但书不过只是工具，过什么生活就用什么书。陈鹤琴认为传统的书本教育是把书本作为了学校学习的唯一材料，把学校与社会、自然隔离了，培养的是五谷不分的书呆子。当然，将书恰当地作为参考材料，书还是有用的。

2. **二者都反对课堂中心和学校中心，强调教育与社会生活和大自然的联系**

陶行知主张"生活即教育""社会即学校"，认为教育应以生活为中心，以社会为学校，把学校的一切都伸张到大自然里去。陈鹤琴提出"大自然、大社会都是活教材"，主张把大自然、大社会作为活教育课程的出发点，让学生直接向大自然、大社会去学习。

3. **二者都重视直接经验的价值，强调"做"在教学中的地位**

陶行知提出"教学做合一"，主张事情怎样做就怎样学怎样教，"教"与"学"都以"做"为中心。陈鹤琴认为"做"是学生学习的基础，也是活教育教学论的出发点，主张"做中教，做中学，做中求进步。"陈鹤琴强调要"做中教、做中学、做中求进步"。他认为"做"是学生学习的基础，强调儿童在学习过程中的主体地位和在生活中直接经验的获取。

4. **二者都对传统教育忽视儿童生活和主体性，将儿童当作小大人来培养进行了批判**

他们提倡相信儿童、解放儿童、发展儿童。陶行知认为儿童生活是学校的中心，教育不能创造儿童，其任务只是帮助儿童发展，为此教育者应了解儿童、尊重儿童、解放儿童。陈鹤琴主张凡是儿童能够做的就应当教儿童自己做，凡是儿童自己能够想的就应当让他们自己想，鼓励儿童去发现他自己的世界。

幸运研途考研系列

333

教育综合
高分笔记

(修订版)

第四部分 **教育心理学**

[Lucky 学姐 编著]

中国商务出版社
CHINA COMMERCE AND TRADE PRESS

目 录

第一章 教育心理学概述 ………………………………………………………… 2
    第一节 心理学与教育心理学 …………………………………………… 3
    第二节 教育心理学的发展 ……………………………………………… 5

第二章 心理发展与教育 ………………………………………………………… 9
    第一节 心理发展及其规律 ……………………………………………… 11
    第二节 认知发展理论与教育 …………………………………………… 13
    第三节 人格发展理论与教育 …………………………………………… 20
    第四节 社会性发展与教育 ……………………………………………… 26
    第五节 心理发展的差异性与教育 ……………………………………… 30
    本章高分拓展 …………………………………………………………… 35

第三章 学习及其理论 …………………………………………………………… 36
    第一节 学习概述 ………………………………………………………… 38
    第二节 行为主义的学习理论 …………………………………………… 40
    第三节 认知派的学习理论 ……………………………………………… 50
    第四节 人本主义的学习理论 …………………………………………… 57
    第五节 建构主义的学习理论 …………………………………………… 59
    本章高分拓展 …………………………………………………………… 64

第四章 学习动机 ………………………………………………………………… 69
    第一节 学习动机概述 …………………………………………………… 71
    第二节 学习动机的主要理论 …………………………………………… 74
    第三节 学习动机的培养与激发 ………………………………………… 80
    本章高分拓展 …………………………………………………………… 82

第五章 知识的学习 ……………………………………………………………… 84
    第一节 知识及知识获得的机制 ………………………………………… 86
    第二节 知识的理解 ……………………………………………………… 87
    第三节 知识的整合与应用 ……………………………………………… 90
    本章高分拓展 …………………………………………………………… 97

第六章 技能的形成 ……………………………………………………………… 99

  第一节 技能及其作用 …………………………………………………………… 100

  第二节 心智技能的形成与培养 ………………………………………………… 102

  第三节 操作技能的形成与训练 ………………………………………………… 104

第七章 学习策略及其教学 …………………………………………………… 106

  第一节 学习策略的概念与结构 ………………………………………………… 108

  第二节 认知策略及其教学 ……………………………………………………… 109

  第三节 元认知策略及其教学 …………………………………………………… 112

  第四节 资源管理策略及其教学 ………………………………………………… 114

  本章高分拓展 …………………………………………………………………… 117

第八章 问题解决能力与创造性的培养 ……………………………………… 119

  第一节 有关能力的基本理论 …………………………………………………… 121

  第二节 问题解决的实质与过程 ………………………………………………… 123

  第三节 问题解决能力的培养 …………………………………………………… 125

  第四节 创造性及其培养 ………………………………………………………… 128

  本章高分拓展 …………………………………………………………………… 131

第九章 社会规范学习与品德发展 …………………………………………… 133

  第一节 社会规范学习与品德发展的实质 ……………………………………… 135

  第二节 社会规范学习的心理过程 ……………………………………………… 136

  第三节 品德的形成过程及培养 ………………………………………………… 138

  第四节 品德不良及其矫正 ……………………………………………………… 142

  本章高分拓展 …………………………………………………………………… 144

第十章 心理健康及其教育 …………………………………………………… 149

  第一节 心理健康概述 …………………………………………………………… 150

  第二节 青少年心理健康教育的目标与内容 …………………………………… 152

  第三节 青少年心理健康教育的途径与方法 …………………………………… 153

  本章高分拓展 …………………………………………………………………… 155

教育心理学大纲每章节考频

- 第一章 教育心理学概述　　19
- 第二章 心理发展与教育　　321
- 第三章 学习及其理论　　443
- 第四章 学习动机　　343
- 第五章 知识的学习　　162
- 第六章 技能的形成　　50
- 第七章 学习策略及其教学　　161
- 第八章 问题解决能力与创造性的培养　　277
- 第九章 社会规范学习与品德发展　　83
- 第十章 心理健康及其教育　　40

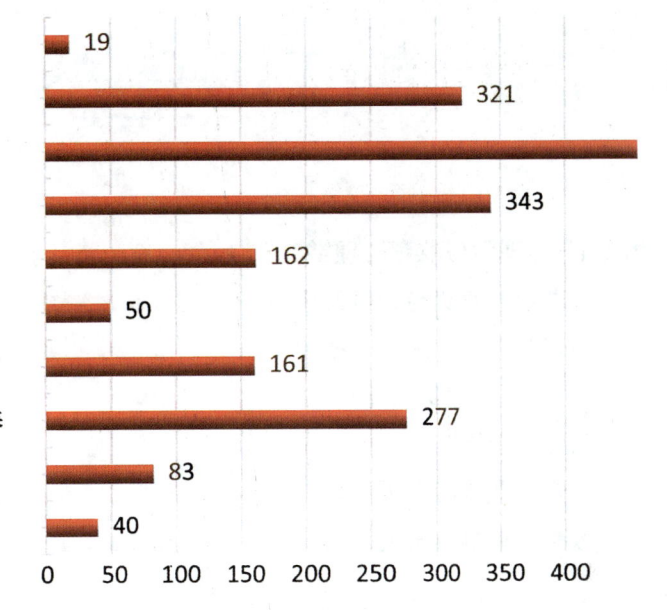

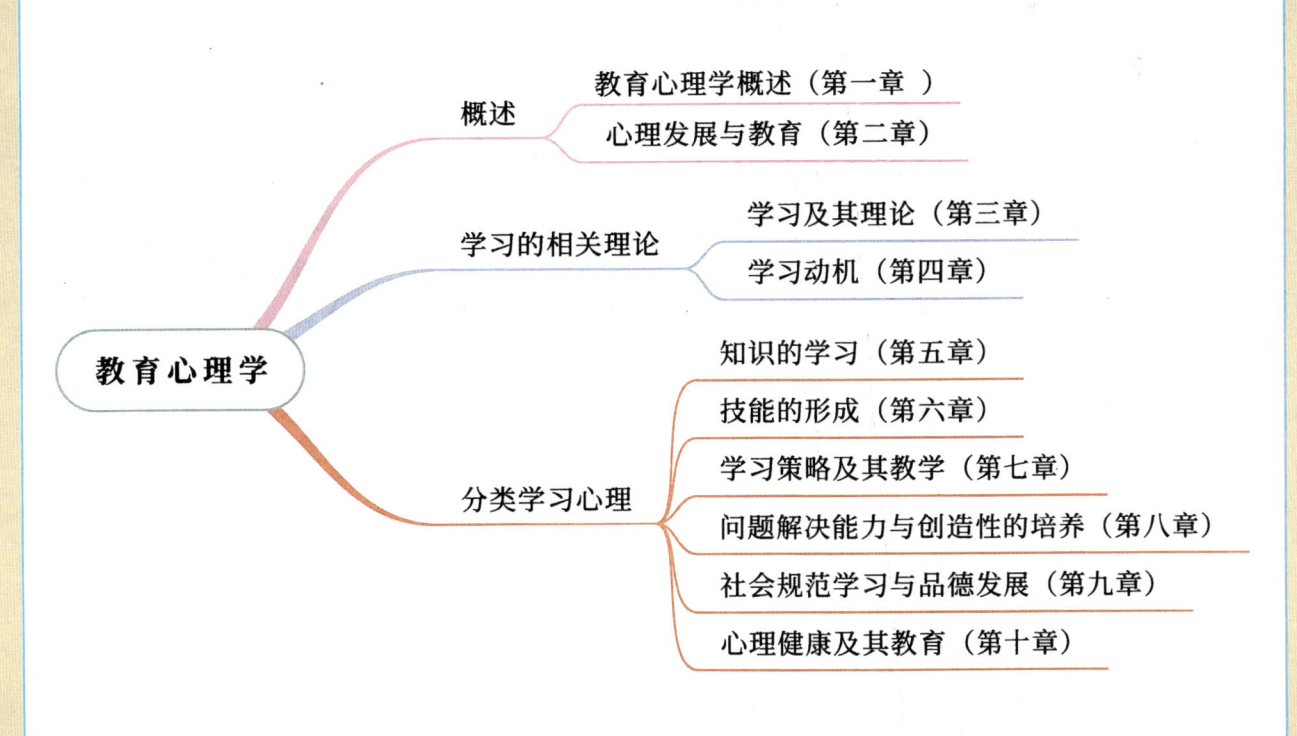

教育心理学大纲知识点整体框架图

教育心理学
- 概述
  - 教育心理学概述（第一章）
  - 心理发展与教育（第二章）
- 学习的相关理论
  - 学习及其理论（第三章）
  - 学习动机（第四章）
- 分类学习心理
  - 知识的学习（第五章）
  - 技能的形成（第六章）
  - 学习策略及其教学（第七章）
  - 问题解决能力与创造性的培养（第八章）
  - 社会规范学习与品德发展（第九章）
  - 心理健康及其教育（第十章）

第一章　教育心理学概述

本章大纲考点及考频

第一节　心理学与教育心理学
一、心理学的定义与研究对象　　4
二、教育心理学的定义与研究对象　　12

第二节　教育心理学的发展
一、教育心理学的起源　　0
二、教育心理学的发展过程　　0
三、教育心理学的研究趋势　　3

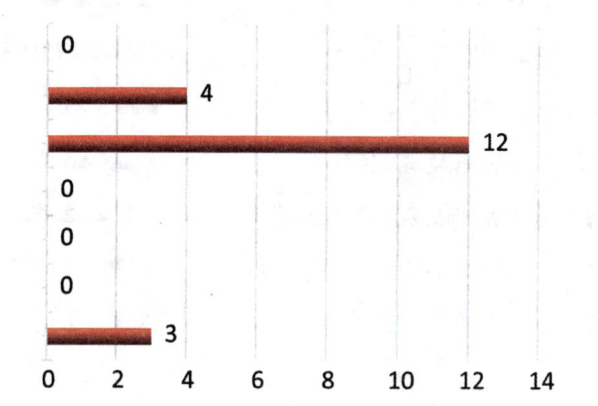

本章思维导图

- 教育心理学概述
  - 心理学与教育心理学
    - 心理学的定义与研究对象
      - 什么是心理学
      - 心理学的研究对象
    - 教育心理学的定义与研究对象
      - 教育心理学的含义
      - 教育心理学的研究对象
      - 教育心理学的研究任务
      - 教育心理学与教师
  - 教育心理学的发展
    - 教育心理学的起源
    - 教育心理学的发展过程
    - 教育心理学的发展趋势

本章参考书

【1】张大均主编：《教育心理学》（第三版），人民教育出版社，第一章。
【2】陈琦、刘儒德主编：《教育心理学》（第3版），高等教育出版社，第一章。
【3】陈琦、刘儒德主编：《当代教育心理学》（第3版），北京师范大学出版社，第一章。

第一节 心理学与教育心理学

一、心理学的定义与研究对象

（一）什么是心理学

心理学是一门既古老又年轻的学科。两千多年前，人类就开始了对心理现象的探索。但直到1879年，德国心理学家冯特在德国莱比锡大学建立了世界上第一个心理学实验室，心理学才脱离其哲学母体成为一门独立的学科。

心理学是一门研究人的心理现象的科学，心理学对心理现象的研究就是要揭示心理现象发生、发展的客观规律，指导人们的实践活动。

（二）心理学的研究对象

心理学的研究对象就是人的心理现象。为了研究的方便，在心理学中，人们通常从心理过程和个性心理两个方面去研究心理现象。心理现象就是心理过程与个性心理的统一体。

1. 心理过程【名解】：17江苏，18扬州

心理过程是指人的心理活动发生、发展的过程，探讨人的心理的共同性。具体来说，它是指在客观事物作用下，在一定时间内大脑反映客观现实的过程。心理过程包括认知过程、情绪过程和意志过程。

（1）认知过程指人通过感觉、知觉、记忆、想象、思维等形式反映客观事物的特性、联系和关系的过程。

（2）情绪过程就是人对待他所认识的事物、所做的事情以及他人和自己的态度体验，包括情绪和情感。

（3）意志过程指人在自己的活动中设置一定的目的，按计划不断地排除各种障碍，力图达到该目的的心理过程。意志是人的主观能动性的充分体现。

认知、情绪和意志是心理活动过程的三个方面。这三者之间相互联系、相互制约、相互影响，共同构成了心理活动的动态过程。认知是情绪和意志行动的基础。情绪既是意志行动的动力，又使认知活动带有一定的情感成分。意志对认知和情绪具有控制和调节作用。

2. 个性心理

当认知过程、情感过程和意志过程具体表现在不同人身上时却有较大的个体差异，这些个体差异的表现称为个性心理。它可以划分为三个主要的子系统：个性心理特征、个性倾向性和自我。

（1）**个性心理特征**【名解】：21南宁

个性心理特征包括能力、气质和性格三个部分。能力标志着人在完成某项活动时的潜在可能性上的特征，如聪明、愚笨等。气质标志着人的心理活动的稳定的动力特征，如活泼、安静等。性格显示着人对现实的稳定的态度和行为方式上的特征，如诚实、虚伪、勤奋、懒惰等。

（2）**个性倾向性**

个性倾向性是推动人进行活动的动力系统，是个性结构中最活跃的因素。个性倾向性主要由需要、动机、兴趣、信念、理想和价值观等因素构成。

> **复习提示**
>
> 本章节内容各院校考查得比较少，属于非重点章节。除了考查的内容需要记忆外，其他内容都可以简单了解。
>
> 感觉：如看到的颜色、听到的声音、闻到的气味等。感觉是最简单、最低级的心理现象。
>
> 知觉：如看到红色的花、听到一首乐曲、闻到苹果的香味等。
>
> 记忆：如回想起几天前经过的事情等。
>
> 想象：人脑对已储存的表象进行加工改造形成新形象的过程。
>
> 思维：人脑对客观事物本质属性与规律的概括的间接的反映。
>
> 心理现象的各个方面是相互联系、相互制约、相互影响的。既没有离开个性心理的心理过程，也没有脱离心理过程的个性心理。

（3）自我【名解】：21新疆

自我即自我意识，是个人对自己的自觉因素。自我意识是一种多维度、多层次的心理系统。

助记表格>>

心理学的研究对象：人的心理现象	
心理过程	个性心理
认知过程、情绪过程、意志过程	个性心理特征、个性倾向性、自我

二、教育心理学的定义与研究对象【简答】：17、18湖北大学，19石河子大学

（一）教育心理学的含义【名解】：14聊城大学，14西华，15延安大学，18吉林，19青海，20赣南，20石河子大学

教育心理学是研究教育教学情境中主体的心理活动及其发展变化的机制、规律和有效促进策略的学科。该定义包含如下含义：

第一，教育心理学的研究对象是教育教学情境中人的各种心理活动的特征、机制、规律和有效促进策略；

第二，教与学情境中的施教者（教师）和受教者（学生）都是活动的主体，都是心理与行为的承担者和组织者，都属于教育心理学的研究范畴；

第三，教育心理学不但应揭示教育教学情境中主体心理活动的特征、机制和规律，而且应重点揭示有效促进主体健全发展的策略。

（二）教育心理学的研究对象

一是研究主体（师生）心理活动的一般机制和规律；二是研究教与学、促进主体（主要指学生）健康发展的有效策略。这两个方面又可分为不同的研究领域或层面：

第一，研究教育心理学的科学问题，构建学科基础和学科体系；

第二，研究主体心理发展的一般机制和规律，揭示教与学情境中主体心理活动的机制和规律；

第三，研究在教与学情境中促进主体心理发展变化的有效途径和策略；

第四，研究制约和影响主体顺利实现教与学的目标及主体发展的条件和因素。

教育心理学上述不同领域的研究都是围绕教与学展开的，它们分别从不同侧面揭示教育心理学的研究对象的发展变化的特征和规律。

（三）教育心理学的研究任务【简答】：17、18湖北大学

教育心理学研究对象的多维性和学科特点的交叉性决定了其研究任务的两重性，即理论探索任务和实践指导任务。

1. 教育心理学的理论探索任务

首先，从学科范畴看，教育心理学是心理科学和教育科学的交叉，其理论任务应兼顾这两个学科。

教育心理学的理论任务在于揭示教与学的基本心理规律，丰富和发展心理科学尤其

> 教育心理学包括学生心理、学习心理、教学心理和教师心理四大部分内容。

是教育心理学的理论；教育心理学还应研究怎样遵循教与学的心理规律去设计教育内容、改革教育方式方法、优化教育资源、提高教育效能、培养高素质人才。

其次，从学科任务看，教育心理学既有理论学科的特点，又有应用学科的特点。

作为理论学科的基本任务是探索教与学情境中主体获得知识、发展智能、形成健全人格的心理机制和规律，为构建科学合理的教育心理学理论体系服务，以期推动整个心理科学和教育科学的发展。

2. 教育心理学的实践指导任务

教育心理学以研究教与学情境中主体的心理规律为己任。学校教育一般由目标系统、内容系统、教与学的活动系统、教育成效的考核评价系统组成，这些系统的确立和应用既必须遵循主体心理活动的特点和规律，也需要教育心理学提供实施途径、策略、方法等方面的具体指导。

（四）教育心理学与教师

教育心理学与教师是紧密联系、相互依存的关系。

一方面，教育心理学中包含着大量对教师的教学实践起积极作用的知识，如提高教学有效性的知识、教学管理的知识、如何处理师生关系的知识等。通过学习这些教育心理学的知识，教师可以很好地运用这些知识指导自己的教学实践，提高教学的有效性，进而提高自己的教育教学能力。

另一方面，教师在日常的教学实践中，一定会遇到很多新问题，产生新见解，这些又拓宽了教育心理学的研究范围。

· 第二节 教育心理学的发展 ·

（了解）

一、教育心理学的起源（浙江师大大纲删除）

（一）教育心理学诞生的背景

1. 教育心理学诞生的社会背景

（1）**西方工业革命对教育的期待**。教育心理学诞生于20世纪初的美国，工业化的加速要求社会建立公共教育机构来承担起培养知识型人才的责任。学校教育的迅速发展推动了教育心理学的研究。

（2）**城市化进程与教育发展**。在19世纪末美国仅有四分之一的人口住在大城市，到20世纪中叶则有一半以上的人口住进了大城市，形成了西方独有的城市化特征。这就要求城市的每个公民都有胜任相应职业的专业知识和技能，推动了基础公共教育事业的发展。

（3）**移民带来的教育问题**。美国是一个典型的移民国家，亟待通过教育把来自不同文化背景的人"美国化"，然而传统的教育由于自身的缺陷不能适应这一挑战，必须找到一种新的教育方法，要求以科学的原理为基础，改革传统的教育方法。这也是促使科学教育心理学产生的重要因素。

2. 教育心理学诞生的哲学背景

教育心理学乃至整个心理科学都是从哲学中独立出来的，它的产生和发展自然离不开源远流长的哲学根基。纵观教育心理学的发展轨迹，对其影响最大的哲学流派主要有经验主义、理性主义、实证主义和实用主义。

3. 教育心理学诞生的心理学背景

在教育心理学诞生之前，科学心理学已经从哲学中分离出来，成为一门独立的学科，并在诸多领域内取得了丰硕成果。

（1）教育心理学化运动

教育心理学化运动强调教育学必须以心理学为基础，应该根据心理学的知识来揭示教育教学的规律，并有计划地从教育实验中探讨和研究儿童的心理特点和发展规律。

（2）心理测量运动

心理测量不仅是桑代克教育心理学的研究领域之一，而且更为重要的是，它为教育心理学从思辨走向科学研究提供了一种重要的研究手段。

（3）儿童研究运动

儿童研究运动推动了运用心理学方法研究儿童发展的规律，从而更好地为教育研究提供科学的方法，改善教育实践。这场影响深远的运动为教育心理学的独立创造了条件。

（4）冯特的科学心理学

1879年冯特在莱比锡建立了第一个心理学实验室，标志着科学心理学的诞生。冯特的科学心理学对教育心理学的贡献主要在于：

①使心理学成为一门科学，为科学教育心理学的创立铺平了道路；
②把心理学的研究对象转到具有不同于动物的人身上，为教育心理学确定了明确的研究对象；
③为教育心理学培养了一批专业队伍；
④教育心理学的许多研究内容正是在批判冯特的内容心理学的基础上发展起来的。

（5）艾宾浩斯的记忆研究

艾宾浩斯用自己做被试对象对记忆规律进行了深入探讨。艾宾浩斯对教育心理学的主要贡献在于，他向人们证明了人类的高级心理是可以改变和促进的，如学习效率是可以通过科学的方法进行研究和改善的。

4. 教育心理学诞生的科学背景——进化论

进化论对心理学的影响：

首先，认为动物活动是有机体的某种机能表现，揭示了心理学实在和有机体实在二者在进化过程中所形成的历史同一性，从而为心理学澄清由二元论思维方式所造成的理论混乱带来了希望；

其次，承认人与动物在心理上的连续性，为教育心理学的研究提供了一种途径；

再次，进化论把心理看作动物进化赋予人的一种机能，强调心理适应环境的作用，这把心理学从纯理论研究转向应用研究，从而推动了侧重于应用性的教育心理学的产生；

最后，进化论把个体差异的发展引入了心理学的研究课题，个体差异是桑代克科学教育心理学理论体系中的三大内容之一。

（二）教育心理学诞生的标志

虽然教育心理学的创立者是桑代克，但教育心理学的独立绝不是桑代克一人的功劳，比如前面提到的教育心理化运动、心理测量运动以及儿童研究运动等都对教育心理学的建立做出了各自的贡献。也许桑代克只是时代精神的代言人，才成为教育心理学的创立者。

1. 教育心理学的催产士

（1）詹姆斯的教育心理学观点。詹姆斯是一位实用主义哲学家和心理学家。他对教育心理学的主要贡献一方面是实用主义哲学，另一方面是《给教师的谈话》一书。

（2）杜威的教育心理学观点。杜威是美国著名的实用主义哲学家，他的主要影响在教育理论方面，其中包含丰富的教育心理学内容。

2. 桑代克教育心理学的创立

桑代克是一个伟大的学习理论家、教育心理学家，是科学教育心理学的鼻祖。他在1903年出版的《教育心理学》，标志着教育心理学的诞生。该书被誉为教育心理学发展史上的一座里程碑，备受教育心理学家的推崇。

> 教育心理学是心理学的一个分支学科。伟大的学习理论家、教育心理学家桑代克在1903年出版《教育心理学》一书，标志着教育心理学的诞生。

二、教育心理学的发展过程（浙江师大大纲删除）

（一）教育心理学的发展阶段

1. 创立阶段（20世纪20年代以前）

创立阶段是教育心理学学科体系的初创阶段，也是教育心理学的第一个繁荣阶段。在这个阶段中，教育心理学学科体系不完整、不系统，其内容体系主要建立在对普通心理学资料的印证的基础上。

2. 迷茫阶段（20世纪20～50年代）

这一阶段教育心理学呈现出忽略自身理论构建，体系不一和内容零散、庞杂等弱点。

3. 选择阶段（20世纪60～90年代）

这一阶段教育心理学发展的特点是内容开始趋于集中，大多数研究都是围绕着有效教与学而组织的，教育心理学的理论体系将进一步完善。

4. 整合阶段（20世纪90年代以后）

整合是现代教育心理学的基本发展趋势。所谓整合就是从学科的对象出发，融合各相关研究之长，强调整体实质上的一致，求同存异，淡化学派之争。自20世纪90年代以后教育心理学的整合趋势日益明显，表现为：①理论构建的综合化倾向；②研究取向的整体化倾向；③研究方法论的本土化倾向。

（二）教育心理学发展的基本特点

1. 教育心理学发展与时代社会发展密切联系。
2. 教育心理学发展以教育发展要求为前提。
3. 教育心理学的发展受心理科学思潮的直接影响。
4. 教育心理学的发展受自身研究方法的制约。

三、教育心理学的研究趋势【简答/论述：13沈阳，14山西，21东北】

1. 在研究取向上，从行为范式、认知范式向情境范式转变

情境观非常强调学习情境的真实性，强调社会因素、动机等对知识和策略获得的影响，强调用互动的观点去理解和解释学习的过程和结果。

2. 在研究内容上，强调教与学并重、认知与非认知并举、传统领域与新领域互补

在学习心理与教学心理领域比较重视教与学的心理动力、教与学的策略、教与学的评价研究。围绕智力因素与非智力因素的关系展开。随着社会发展，教育心理面临许多新课题。

3. 在研究思路上，强调认知观和人本观的统一、分析观和整体观的结合

认知观教育心理学也有自己的缺陷，在很多问题上无能为力，而这些问题正是人本主义教育心理学致力于解决的，这就为认知观教育心理学和人本主义教育心理学的融合提供了可能。

4. 在学科体系上，由零散、庞杂逐渐转向系统、整合、完善

现代认知教育心理学家们对别人的理论不是一味地批判，而是采取友好的态度兼收并蓄，表现出一种可喜的整合趋势。

5. 在研究方法上，注重分析与综合、量性与质性、现代化与生态化、人文精神与科学精神的结合

从教育心理学的发展历程来看，它的研究方法是不断创新、改造和完善的，日趋科学化、客观化、人文化和生态化。

助记表格>>

人物	大事记	著作	具体时间
裴斯泰洛奇	第一个提出"教育心理学化"口号的教育家		
赫尔巴特	第一个明确提出将心理学作为教育学理论的基础	《普通教育学》	1806 年
桑代克	标志西方教育心理学独立学科体系的确立	《教育心理学》	1903 年
廖世承	我国第一本教育心理学教科书	《教育心理学》	1924 年

第二章　心理发展与教育

本章大纲考点及考频

考点	考频
第一节 心理发展及其规律	2
一、心理发展的内涵	12
二、认知发展	5
三、人格发展	8
四、社会性发展	5
五、心理发展与教育的关系	0
第二节 认知发展理论与教育	2
一、皮亚杰的认知发展阶段理论	87
二、维果茨基的文化历史发展理论	102
三、认知发展理论对教育的启示	4
第三节 人格发展理论与教育	8
一、埃里克森的心理社会发展理论	11
二、科尔伯格的道德发展阶段理论	33
三、人格发展理论的教育含义	1
第四节 社会性发展与教育	0
一、亲社会行为的发展与教育	3
二、攻击行为的发展与教育	5
三、同伴关系的发展及培养	5
第五节 心理发展的差异性与教育	4
一、认知差异与教育	11
二、人格差异与教育	11
三、性别差异与教育	2

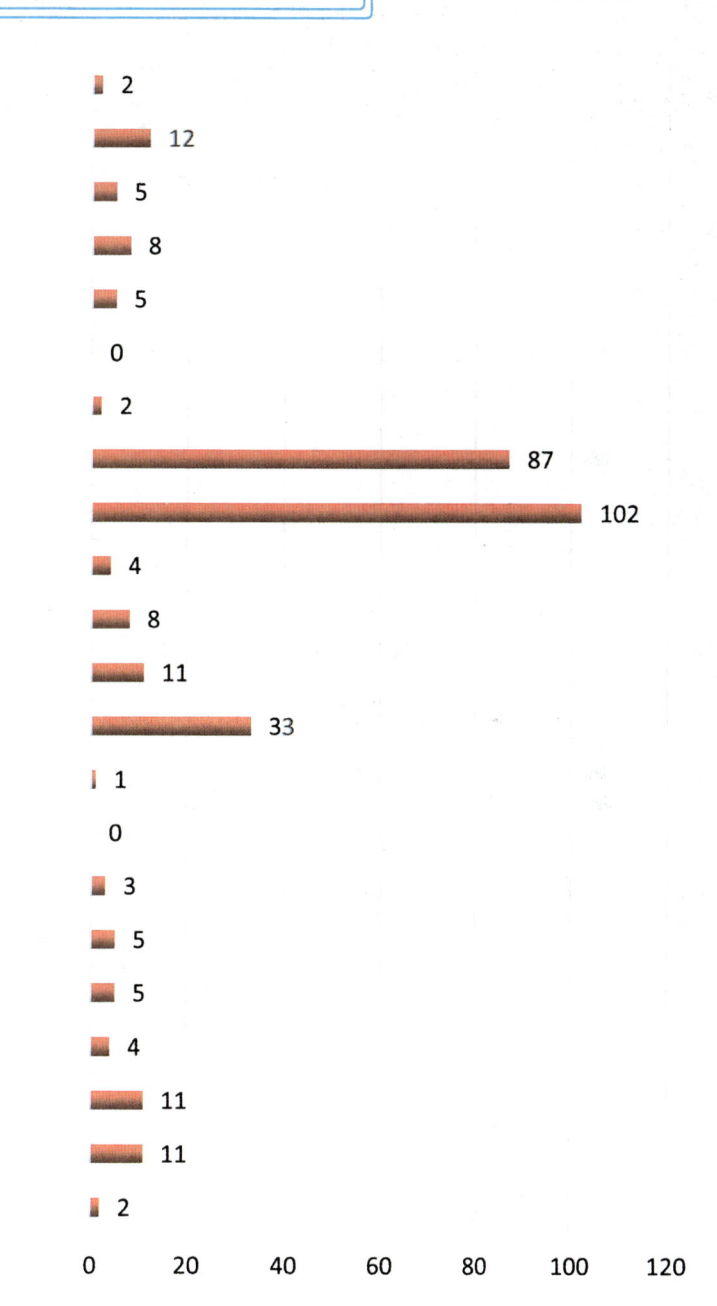

本章思维导图

- **心理发展与教育**
  - 心理发展及其规律
    - 心理发展的内涵
    - 认知发展的一般规律
    - 人格发展的一般规律
    - 社会性发展的一般规律
    - 心理发展与教育的关系
  - 认知发展理论与教育
    - 皮亚杰的认知发展阶段理论
    - 维果茨基文化历史发展理论
    - 认知发展理论对教育启示
  - 人格发展理论与教育
    - 埃里克森的心理社会发展阶段理论
    - 科尔伯格的道德发展阶段理论
    - 人格发展理论的教育含义
  - 社会性发展与教育
    - 亲社会行为的发展与教育
    - 攻击行为及其改变方法
    - 同伴关系的发展及培养
  - 心理发展的差异性与教育
    - 认知差异与教育
    - 人格差异与教育
    - 性别差异与教育

本章参考书

【1】张大均主编：《教育心理学》（第三版），人民教育出版社，第二章。
【2】陈琦、刘儒德主编：《教育心理学》（第3版），高等教育出版社，第二、三章。
【3】陈琦、刘儒德主编：《当代教育心理学》（第3版），北京师范大学出版社，第二、三章。

第一节 心理发展及其规律

（浙江师大大纲删除）【简答】：15江苏大学，16内蒙古

一、心理发展的内涵 【名解】：10首都，11、18扬州，12四川，12、15、18华南，13湖南科技，15华中，18四川，21闽南，21东华理工

心理发展是指个体从胚胎期经由出生、成熟、衰老一直到死亡的整个生命过程中所发生的持续而稳定的内在心理变化过程。

心理发展反映的是个体心理随年龄的增长而出现的持续而稳定的系列变化过程，主要包括认知发展和人格发展两大方面。

二、认知发展

（一）认知发展的含义 【名解】：13、15、19闽南

认知发展是指在个体与环境相互作用的过程中，其感知觉、注意、记忆、思维、言语等认知的功能系统不断发展，并趋于完善的变化过程，表现为个体自出生后在适应环境的活动中，对事物的认识以及面对问题情境时的思维方式与能力表现随年龄增长而逐渐改变的历程。

（二）认知发展的一般规律 【简答】：13河南，21南宁

认知是个体在认识事物过程中所表现出的感知、记忆和思维、言语和注意等活动。认知发展是指儿童在心理上表征世界、思考世界的方式的发展。认知发展一般遵循以下规律：

1. 认知活动从简单、具体向复杂、抽象发展

儿童最初只有非常简单的、具体的反射活动。随着年龄的增长，认知活动越来越复杂、越来越抽象。

2. 认知活动从无意向有意发展

儿童最初的认知活动是不自觉的、无意识的，以后逐渐向有意识的心理活动方向发展，出现有意注意、有意记忆等。

3. 认知活动从笼统向分化发展

儿童最初的认知活动是笼统而不分化的，发展的趋势是从混沌到分化和明确。

三、人格发展 【简答】：13华中，14沈阳，14河南，21辽宁

（一）人格发展 【名解】：14扬州，16、18闽南，21沈阳大学

人格发展是指个体自出生经成年到老年的整个生命全程中人格特征或个性心理形成、发展和表现的过程。一般认为，人格的形成和发展是遗传因素和环境因素相互作用的结果。遗传因素是人格形成和发展的生物学基础，遗传为人格发展提供了可能性和发展方向。环境因素，包括社会、家庭、学校等，则把遗传给人格发展提供的可能性转化为现实。

（二）人格发展的一般规律

在心理学上，人格指的是构成一个人的思想、情感及行为的特有统合模式，这个独

复习提示

认知发展和人格发展的一般规律一般会结合对应的认知发展理论和人格发展理论来考查。

认知发展代表人物：皮亚杰，认知发展是一个多层次的发展。

人格发展代表人物：埃里克森。

特的模式包括了一个人区别于他人的稳定而同一的心理品质。

1. 连续性和阶段性并存

从人的一生来看，个体人格的发展是连续不断的，但是，具体到某个阶段，又有其各自的规定性，体现阶段性的特点。

2. 发展具有定向性和顺序性

正常的发展条件下，个性人格的发展总是指向一定的方向并遵循一定的先后顺序，而且这种顺序是不可逆的，也不可逾越。

3. 发展表现出不平衡性

人格发展的不平衡性主要表现在发展的不同阶段、不同方面，在发展的速度、到达某一水平的时间以及最终达到的高度等方面都表现出多样化的发展模式。

4. 发展的共同性和个别性差异

一般来说，个体的人格发展总要经历一定的共同发展基本阶段，但又没有两个个体的发展是完全一样的。

四、社会性发展

（一）社会性发展的内涵 【名解】：12浙江，15北京，20佛山科学技术，21北华大学，21湖州师范

社会性发展是指个体在其生物特性的基础上，在与社会生活环境相互作用的过程中，掌握社会规范，形成社会技能，学习社会角色，获得社会性需要、态度、价值，发展社会行为，从而更好地适应社会环境。社会性发展的实质是个体由自然人成长为社会人。

（二）社会性发展的一般规律

1. 从整体上看，个体从生物人发展为文化人，从自然人发展为社会人。
2. 从自我意识上，个体从无意识发展到有意识，再发展到可控制的自我意识。
3. 从情绪情感上，个体从习得外在情绪发展到情绪情感的社会成分不断增多，再发展到表达和控制自己的情绪情感。
4. 从社会行为上，个体从受模仿性的行为发展到自主自动的社会行为。
5. 从社会道德上，个体从无律发展到他律，再发展到自律的道德行为。

五、心理发展与教育的关系

（一）心理发展是有效教育的背景和前提

虽然教育对个体身心素质发展起主导作用，但个体身心发展的规律又制约着教育主导作用的发挥，影响着教育的效率，教育必须以个体心理发展的水平和特点为依据。

（二）有效的教育能促进个体心理的发展

教育一方面要依据个体的心理发展状况和水平，另一方面，教育又能够极大地促进个体智力的发展并对个体的心理发展起着主导作用。

助记表格>>

分类		含义	规律	代表理论	心理发展与教育的关系
心理发展	认知发展规律	思维、言语等认知功能的发展过程	1. 简单、具体到复杂、抽象 2. 无意识向有意识发展 3. 笼统向分化发展	1. 皮亚杰认识发展阶段理论 2. 维果茨基文化历史发展理论	1. 心理发展是有效教育的背景和前提 2. 有效教育能促进个体心理的发展
	人格发展规律	人格特征或个性心理形成、发展和表现的过程	1. 连续性和阶段性并存 2. 定向性和顺序性 3. 不平衡性 4. 共同性和差异性	1. 埃里克森社会发展八阶段 2. 科尔伯格道德发展阶段论	

第二节 认知发展理论与教育

【简答/论述】：16天津，16浙江

一、皮亚杰的认知发展阶段理论 【论述】：10南京，12、14哈尔滨，15、17温州大学，16、18、20山西，16、18内蒙古，17广西师范学院，18天津，18云南，18青海，19曲阜，19云南大学，20浙江海洋，20天津外国语，21吉林外国语，21淮北，21合肥

皮亚杰 【名解】：17湖北大学，20南京大学

皮亚杰是瑞士著名的发展心理学家和发生认识论的创始人，他对儿童认知发展进行了系统的研究。他认为，认知（或智力）的本质就是适应，即儿童的认知是在已有图式的基础上，通过同化、顺应和平衡等机制，不断从低级向高级发展。他把儿童的认知发展分成四个阶段：感觉运动阶段、前运算阶段、具体运算阶段、形式运算阶段。

（一）认知发展的实质（即认知发展观）

认知（或智力）的实质是适应，即儿童的认知是在已有图式的基础上，通过同化、顺应和平衡，不断从低级向高级发展。

1. 图式【名解】：10辽宁，12重庆，14宁波大学，15渤海大学，16中国海洋，20青岛大学，20成都大学，21西北

图式是指儿童用来适应环境的认知结构，是一个有组织的、可重复的行为或思维模式。从发展的角度来看，儿童最初的图式是遗传所带来的一些本能反射行为，如新生的婴儿具有吸吮、哭叫、抓握等行为。为了应付周围的世界，个体逐渐地丰富和完善自己的认知结构，形成了一系列的图式。

2. 同化【名解】：16东北，17西安外国语，17中央民族大学，18湖南，20广西，20苏州，21湖北师范

同化是指新知识纳入原有的认知结构（图式）而引起认知结构（图式）发生量变的过程，它不能引起图式的质变，但影响图式的生长。在知识建构过程中，学生需要以原

八卦趣闻

皮亚杰是个"老顽童"天天琢磨和小孩玩游戏。皮亚杰爱上心理学与母亲有关，他母亲的心理不大健康。皮亚杰的婚姻与心理学有关，他的老婆也是他的心理研究合作者。皮亚杰心理学成就与自己孩子也有关，有了孩子（2个女儿，1个儿子）后他就一直观察其成长，最后成就其认知发展阶段论。他的长相与心理学有关，多年研究孩子，自己也长得眉慈善目起来。

有的知识经验为基础来同化新知识。学生对新信息的理解，需要通过适当的途径在新信息和原有知识经验之间建立适当的联系，才能获得新信息的意义。

3. 顺应【名解】：15 江苏，17 湖南大学，20 淮北，20 河北大学，21 中央民族，21 吉林，21 福建

顺应是指新知识的纳入使原有的认知结构（图式）得到调节和改造而引起认知结构（图式）发生质变的过程。当新观念与原有知识可以融洽相处时，新观念的进入可以丰富和充实原有知识。当新观念与原有知识存在一定的偏差时，新观念的进入会使原有知识发生一定的调整，以顺应新知识的接纳。通过顺应，儿童的认知能力达到一个新的水平。

4. 平衡

平衡是指同化和顺应之间的均衡。当已有图式不能解决面临的问题情境时，就产生了不平衡状态。个体心理发展是个体通过同化和顺应环境而达到平衡的过程，个体正是在平衡与不平衡的交替中不断地建构和完善其认知结构，实现认知发展的。

（二）影响认知发展的因素 【简答】：19 哈尔滨

1. 成熟

成熟是指机体的成长，特别是大脑神经系统和内分泌系统的成熟。成熟为认知发展提供生理基础。

2. 练习与习得经验

练习与习得经验是认知发展的必要条件。它包括物理经验，即个体作用于物体，抽象出物体的特性；逻辑—数理经验，即个体作用于物体，目的在于理解动作间相互协调的结果。

3. 社会经验

社会经验包括社会生活、文化教育和语言在内的各种因素，指社会相互作用和社会信息相互交换的过程。社会经验也是认知发展的一个必需而重要的因素，但不是决定性因素。它依赖于个体与社会的相互作用。

4. 平衡化

平衡化是心理发展的决定因素。平衡化具有自我调节的作用，通过调节同化和顺应的关系，使个体的认知不断发展。

> **答题提示**
> 皮亚杰的认知发展阶段理论有的学校考简答题，也有考论述题。考简答题时，回答（三）即可或者回答助记表格也可。如果考论述题，（一）（二）（三）（四）都要回答。

助记表格>>

	过程	含义	特点	影响认知发展的因素
皮亚杰认知发展的实质	图式	儿童用来适应环境的认知结构、行为或思维模式	有组织、可重复	1. 成熟 2. 练习与习得经验 3. 社会经验 4. 平衡化
	同化	儿童把新的刺激纳入已有图式中的认知过程	量变	
	顺应	儿童通过改变已有的图式或形成新图式来适应新刺激的认知过程	质变	
	平衡	同化和顺应之间的均衡	平衡与不平衡不断交替	

(三) 认知发展的阶段 【名解/简答】：16江西，16山西大学，11北航，12东北，12山东，14四川，14、19广西，15江苏，15中国海洋，16吉林，16海南，16广东技术，16西南，16曲阜，17延安大学，17西华，17赣南，19石河子大学，19聊城大学，18河北大学，20西北，20宁夏大学，20鲁东大学，20、21太原，21山西，21南京信息工程，21浙江海洋，21三峡大学，21新疆

皮亚杰提出认知发展阶段具有四个特征：连续性和阶段性、结构性、次序不变性、交叉性。皮亚杰认为个体认知发展从不成熟到成熟要经历以下四个阶段：

1. 感知运动阶段（0～2岁）

此为儿童思维的萌芽期。在这一阶段中，儿童的认知活动主要是通过探索感知觉与运动之间的关系来获得动作经验。其中，手的抓取和嘴的吸吮是他们探索世界的主要手段。

2. 前运算阶段（2～7岁）

这一时期是儿童表象思维阶段。在这一阶段，儿童能运用语言或较为抽象的符号来代表他们经历过的事物，凭借表象思维，他们可以进行各种象征性活动或游戏，延缓性模仿以及绘画活动等。思维具有不可逆性、刻板性，以自我为中心，**尚未获得物体"守恒"的概念**。

3. 具体运算阶段（7～11岁） 【名解】：21南宁

这一阶段相当于小学阶段。此阶段儿童的认知结构已经发生了重组和改善，思维具有一定的弹性，可以逆转，已经获得长度、体积、重量和面积等的守恒，能凭借具体事物或从具体事物中获得的表象进行逻辑思维和群集运算，但其思维仍然需要具体事物的支持。**出现"守恒"的概念**。

4. 形式运算阶段（11岁以后）

此阶段青少年的思维已经超越了对具体的可感知的事物的依赖，能以命题的形式进行，并能发现命题之间的关系，能理解符号的意义，能做一定的概括。具备假设演绎思维、抽象思维、系统思维。**思维已经接近成人的水平**。

【Lucky学姐拓展】

皮亚杰的著名实验

1. 三山实验 【名解】：13湖北大学

实验材料是一个包括三座高低、大小和颜色不同的假山模型，实验首先要求儿童从模型的四个角度观察这三座山，然后要求儿童面对模型而坐，并且放一个玩具娃娃在山的另一边，要求儿童从四张图片中指出哪一张是玩具娃娃看到的"山"。结果发现儿童无法完成这个任务。他们只能从自己的角度来描述"三山"的形状。皮亚杰以此来证明儿童的"自我中心"的特点。

实例提示

守恒：例如两杯等量的水，其中一杯倒入高杯中，守恒儿童不会认为水变多。

不可逆性：思维只能前推，不能后退。例如儿童学会了3+4=7，但是7-3=？就无法倒推出来。

刻板性：例如儿童错将白色的乌鸦当成绵羊，是因为儿童只注意到了乌鸦与绵羊在颜色上的相近性，而忽视两者在体积等方面的差异性。

复习注意

注意：皮亚杰的认知发展阶段论与皮亚杰的道德认知阶段论是不同的，可详细查看第一部分《教育学基础》笔记，第十章德育的高分拓展，有详细补充皮亚杰的道德认知阶段论。一定注意区分。

考试时，要看清楚题干问的是皮亚杰道德认知阶段理论还是皮亚杰的认知发展阶段理论，一定不要混淆，两者答案不同。

2. 守恒实验 【名解】：10天津

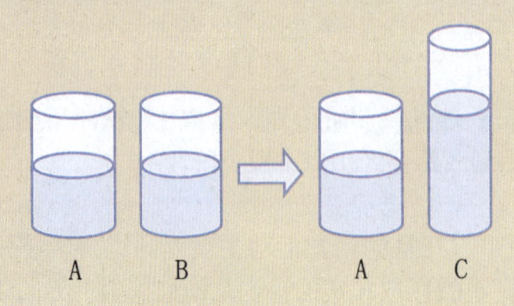

A　B　　A　C

前运算阶段的幼儿会回答后面的结果不一样，说明他们还未获得守恒概念。这个阶段的儿童做出判断时只能运用一个标准或维度，比如：长得多、密得多或高得多，还不能同时运用两个维度。

守恒是指掌握概念的本质特征，所掌握的概念不因某些非本质特征的改变而改变。前运算阶段的儿童认知不到在事物的表面特征发生某些改变时，其本质特征并不发生变化。不能守恒是前运算阶段儿童的重要特征。

助记表格>>

阶段	每个阶段的特征
感知运动阶段 （0～2岁） （儿童思维的萌芽期）	1. 通过探索感知觉与运动之间的关系来获得动作经验 2. 语言和表象尚未完全形成 3. 客体永恒性（即当某一物体从儿童视野中消失时，儿童知道该物体仍然存在）
前运算阶段 （2～7岁） （儿童表象思维阶段）	1. 开始用语言和抽象符号为事物命名 2. 泛灵论 3. 自我中心主义 4. 思维不可逆、刻板性、集中化 5. 未获得物体守恒概念
具体运算阶段 （7～11岁） （小学阶段）	1. 凭借具体事物进行逻辑运算和群集运算 2. 思维可逆、去集中化、去自我中心 3. 获得守恒的概念
形式运算阶段 （11岁以后） （初高中阶段）	1. 假设演绎推理、命题推理能力、系统思维 2. 思维发展已接近成人水平

（四）认知发展与教学的关系【简答/论述】：14湖北大学，14西北，16天津，17青岛大学，18宁夏大学，18闽南，20佛山科学技术

根据皮亚杰的认知发展理论，教育教学应注意以下几点：

1. 提供活动
为了增进学生的活动经验，教师要为他们提供大量的、丰富的、真实环境中发生的活动，让学生自发地与环境进行相互作用，去自主地发现知识。

2. 创设最佳的难度
皮亚杰认为，认知发展是通过不平衡来促进的。因此，教师要在教学过程中经常制

真题回顾

2018年河北大学简答题：简述皮亚杰关于认知发展的四个阶段是什么？

2019年河北大学简答题：简述皮亚杰的道德认知发展理论。

造一些使学生产生认知不平衡的问题，以促使他们的认知发展。

3. 关注儿童的思维过程

皮亚杰是率先详细描绘儿童与成人心理差异的科学家。在教学中，教师必须认识到儿童思考问题的方式与成人不同，并根据当前儿童认知水平提供适宜的学习活动，只有这样，才能真正促进学生的认知发展。

4. 认识儿童认知发展水平的有限性

教师需要认识各年龄阶段儿童认知发展所达到的水平，遵循儿童认知发展顺序来设计课程，这样在教学中就会更加主动。

5. 让儿童多参与社会活动

皮亚杰特别强调社会活动对儿童认知发展的作用，他认为环境教育重于知识教育。年幼儿童的自我中心主义表现为只从自己的立场出发考虑问题，主要是由于缺少与他人相互作用的机会。因此，随着儿童参与社会活动的增多，他们逐渐能够认识到他人的观点与自己的不同。

二、维果茨基文化历史发展理论【论述】：12重庆，17东北

维果茨基

维果茨基（1896～1934）是苏联的心理学家，主张把历史研究作为人类心理学的基本原则，提出"心理发展的文化历史理论"，该理论认为，人的高级心理机能是社会历史的产物，受社会规律的制约，人类社会文化对人的心理发展以及社会交往作用对认知发展起着重要作用。他主要研究儿童发展与教育心理，着重探讨思维和语言、儿童学习、教学与发展的关系问题。他所创立的文化历史理论不仅对苏联，而且对西方心理学产生了广泛的影响。

（一）文化历史发展理论的主要观点【简答】：12四川

维果茨基提出，人的高级心理是随意的心理过程，不是先天就有的，而要受人类文化历史的制约。高级心理包括认知能力。

1. 两种工具的理论

维果茨基认为，人有两种工具：

（1）**物质工具**，如原始人用的石刀，现代人所使用的机器。

（2）**精神工具**，主要是指人类所特有的语言、符号等。精神工具的使用使人类的心理发生质的变化，上升到高级阶段。精神工具与物质工具一样，受人类文化历史发展的影响，是不断变化发展的。

2. 两种心理机能的理论

维果茨基认为，必须区分两种心理机能：

（1）**靠生物进化获得的低级心理机能，** 这是个体早期以直接的方式与外界相互作用时表现出来的特征，如：基本的知觉加工和自动化过程。

（2）**文化历史发展的结果，即以精神工具为中介的高级心理机能。** 如：记忆的精细加工。人的高级心理机能是在同周围人的交往中产生和发展起来的，受人类文化历史的制约。在个体发展过程中，这两种心理机能是融合在一起的。

（二）心理发展的实质【简答】：17哈尔滨，19山西

维果茨基认为，心理发展是个体的心理自出生到成年，在环境与教育的影响下，在

人物背景

维果茨基与皮亚杰是同时期的人物。但不同于皮亚杰认知发展泛宇宙统一的观点，维果茨基的理论强调文化、社会对儿童认知发展的影响。由于其理论中有浓厚的西方文化色彩，在1936至1956年间受到苏联政府当局的打压，禁止讨论其理论。直至60年代，维果茨基的理论才受到美国心理学界的重视。

低级心理机能的基础上，逐渐向高级心理机能转化的过程。心理机能由低级向高级发展的标志有五个方面：

第一，**心理活动的随意机能**，指心理活动是主动的、随意的，是由主体按照预定的目的而自觉引发的。儿童心理活动的随意性越强，心理水平越高。

第二，**心理活动的抽象概括机能**，指心理活动的反映水平是概括的、抽象的。儿童年龄的增长、语言能力的发展、日常生活经验的增多，促进了他们认知活动的概括性和间接性的发展。

第三，**高级心理结构的形成**。在儿童与环境相互作用的过程中，他们的各种心理机能之间的关系不断发生变化，认知结构的转换性和自调性增强，形成了更高级的心理结构。

第四，**心理活动的社会文化历史制约性**。随着年龄的增长，儿童只有不断地社会化，其心理发展才能趋向成熟，儿童才能成为社会的人。

第五，**心理活动的个性化**。儿童心理的发展不仅是个别机能由某一年龄向另一年龄过渡时的增长和发展，而主要是其个性的形成和发展。个性的形成是高级心理机能发展的重要标志，个性特点对个体机能发展具有重大意义。

（三）教学与认知发展的关系【简答/论述】：15聊城大学，21佛山科学技术学院，21四川，14、17山西，21宝鸡文理

维果茨基对认知发展与教学的关系的探讨，是从以下五个方面展开的：

1. 教学的含义

他提出应将教学分为广义和狭义两种。广义的教学是指儿童通过活动和交往掌握精神生产的手段，它带有自发的性质。狭义的教学是指有目的、有计划进行的一种交际形式，它"创造"着儿童心理的发展。

2. 强调活动

活动在人的发展中具有重要作用。教学活动是教学中认识的起点，学生知识的获得和能力的发展都离不开教学活动。开展丰富多样的活动，充分调动学生的多种感官和学习兴趣，把感知学习与实践操作融合在一起，真正使教学成为一种社会文化活动。

3. 最近发展区【名解/简答/论述】：10山东，11天津大学，11、21华东，11首都，11、14北京，12、16陕西，13、16扬州，14、21淮北，14、21湖南科技，14、15四川，10、13、14、16南京，14、21天津，14东北，14、16江苏，12、15湖北大学，15杭州，15、16、17辽宁，16、17贵州，16西北，16苏州，17广西民族，17西安外国语，17、18陕西，17夏大学，17宁波大学，18福建，18上海，18合肥师范，18、19中国海洋，13、18安徽，18中南民族，18江汉大学，19宝鸡文理学院，14、15、19聊城大学，19、20云南大学，19重庆，19青海，19大理大学，20赣南，20江西，20四川轻化工，20云南，20南京大学，21山西，21吉林外国语，21南京信息工程，21江苏大学，21曲阜，21青岛大学，21信阳师范，21黄冈师范，21华南，21海南，21西藏大学，14、20湖南大学，15、16上海，18杭州，18西北，19河北大学，20湖南理工学院，20云南，21中央民族，21云南民族，10闽南，17海南，18湖南，21上海

（1）维果茨基认为儿童有两种发展水平：一种是儿童现有的发展水平，另一种是即将达到的发展水平。维果茨基把这两种水平之间的差异称为"最近发展区"，即学生独立解决问题的真实发展水平和在成人指导下或与他人合作情况下解决问题的潜在发展水平之间的差距。

（2）最近发展区的提出说明了儿童发展的可能性，教学应当走在儿童现有发展水平的前面。对于教师来说，在教学中既要能充分考虑到学生现有的发展水平，又要能根据学生的最近发展区给学生提出更高的发展要求。

复习提示

最近发展区太重要，很多学校考过，大多学校是直接考名词解释，也有考简答题的，例如2018年杭州师大简答题：维果茨基的最近发展区及其在教育中的意义。答案是（1）（2）（3）都要回答。当考名词解释时只需要回答（1）（2）即可。

（3）教学的作用表现在两个方面：一方面，教学决定着儿童发展的内容、水平、速度等；另一方面，教学也创造着最近发展区。因为儿童的两种水平之间的差距是动态的，取决于教学如何帮助儿童掌握知识并促进其内化。教学不等同于发展，也不可能立竿见影地决定发展，但如果从教学内容到教学方法上都不仅考虑到儿童现有的发展水平，而且能根据儿童的最近发展区给儿童提出更高的发展要求，则更有利于儿童的发展。

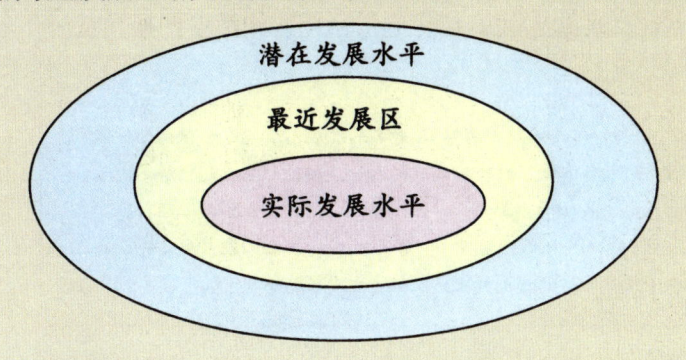

潜在发展水平
最近发展区
实际发展水平

4. 学习存在着最佳期

维果茨基认为，儿童在学习任何内容时，都有一个最佳年龄。如果不考虑儿童学习的最佳年龄，就会对儿童认知发展造成不利的影响。因此，教师在开始教学时要处于儿童的最佳期内。教学最佳期是不断发展变化的、因人而异的。教师要把握教学的适当时机。

5. 认知发展的内化说

内化是将外部的实践活动转化为内部心理活动的过程。教育必须重视内化，促进学生从外部语言向内部言语转化，从外部的、对象的动作向内部的、心理的动作转化，形成丰富的心理过程，促进个性发展。

三、认知发展理论对教育的启示【简答/论述】：13山西大学, 18湖南大学, 19汕头, 19河南

1. 教学要适应儿童的认知发展水平

教学要考虑儿童不同发展阶段的认知特点，根据不同阶段儿童的特点采用不同的教学方法和措施。例如教师运用适合他们特点的语言来描述科学的概念和原理，以便于他们理解。必要的时候也要辅以适当的具体例子，以帮助学生理解。

2. 教学应引导并促进学生的认知发展

维果茨基认为"教学应当走在发展前面"，即教学的重要任务是创造最近发展区。因此，我们要采用合理的教学方法，对学生进行有效的指导，教给学生有组织的、结构化的陈述性知识、自动化的智慧技能以及高效的认知策略，促进学生认知水平的发展。

3. 学习是主动建构的过程

知识是学习者经过同化、顺应建构起来的经验体系。我们要树立新的知识观、学习观，选择符合儿童发展的教育内容，通过精心组织的教学内容与方法促进儿童认知发展。

4. 学生必须积极主动地参与活动

认知发展的过程是一个内在结构连续不断地组织和再组织过程，在新水平上整合新、旧信息以形成新结构。只有当所教的东西能够引起儿童积极探究和进行再创造的愿望和行动时，才会有效地被儿童所同化。

5. 教育教学要适应个体差异

每个学生的认知发展水平和已有知识经验都有很大差异，教师要了解学生的不同认知发展水平，以保证所实施的教育教学与学生的认知结构和认知发展水平相匹配。

> **复习提示**
>
> 皮亚杰的认知发展理论与维果茨基的社会文化历史理论都对儿童认知发展的特征做了比较系统的探讨，但是二者的侧重点有所不同。皮亚杰强调认知发展对学习的制约作用，强调教育应该适应儿童的认知发展水平；维果茨基则主张通过有目的、有系统的教学促进儿童认知的发展。实质上他们讲的是同一事物的不同方面，在实际教学中应该将两方面结合起来。

第三节 人格发展理论与教育

一、埃里克森的心理社会发展理论

埃里克森

埃里克森（1902~1994）是美国精神病学家，著名的发展心理学家和精神分析学家。他同意弗洛伊德对人格结构作本我、自我和超我的划分，但他对自我的理解不同于弗洛伊德把一切活动和人格发展的动力都归于"性"方面。他提出人格的心理社会发展理论，把心理的发展划分为八个阶段，指出每一阶段的特殊社会心理任务，并认为每一阶段都有一个特殊矛盾，矛盾的顺利解决是人格健康发展的前提。

> **复习提示**
>
> 埃里克森是最早研究人的一生发展的心理学家，他不只是研究某一年龄段，而是阐释了个体从出生到青年、中年、老年期一生的发展，体现了人的终身发展的观念。

（一）心理社会发展的内涵

埃里克森认为个体的人格发展是在社会背景下进行的，受文化和社会背景的影响和制约。人格的发展是一个经历一系列阶段的过程，每一阶段都有一种特定的危机和特定的任务，即亟待解决的心理社会问题。危机的解决标志着前一阶段向后一阶段的转化。危机的成功解决（顺利度过危机）有助于自我力量的增强和对环境的适应；而不成功的解决（不能顺利度过危机）则会削弱自我的力量，阻碍对环境的适应。

（二）埃里克森心理社会发展的阶段 【简答/论述】：10华东，15青岛大学，16山西，17苏州，17四川，19宁波大学，20北京，15吉林，21北京联合，21湖北师范，21云南大学

根据每个阶段不同的危机和冲突，埃里克森将个体的发展划分为八个阶段，同时指出了每一个阶段的主要发展任务。

1. **信任对怀疑**（0~1.5岁）：主要任务是满足生理上的需求，发展信任感，克服不信任感。

2. **自主对羞怯**（1.5~3岁）：这一时期，婴儿渴望自主探索新事物，由于父母的养育态度和方式，容易使婴儿介入自己意愿和父母意愿相互冲突的危机中。如果这一阶段的危机得到积极解决，就会获得一种独立的自我意识。反之，就会使儿童对自己产生怀疑，形成自我羞愧感。

3. **主动感对内疚感**（3~6岁）：如果顺利度过这个阶段，就能培养儿童对生活的自主性和目的性。相反，就会导致儿童退缩内疚，缺乏主动性。

4. **勤奋感对自卑感**（6~12岁）：处于这一年龄阶段的儿童大多数在上小学，学习成为儿童的主要活动。从学习活动中，儿童可以产生勤奋感。如果儿童不能发展这种勤奋感，他们将对自己能否成为一个对社会有用的人缺乏信心，从而产生自卑感。

5. **角色同一对角色混乱**（12~18岁）：这一阶段，个体的主要任务是建立一种新的自我同一感。如果能做到这一点，他们就获得了自我同一性。如果在这个阶段青少年不能获得同一性，就会产生角色混乱或消极同一性。

6. **亲密感对孤独感**（18~30岁）：主要任务是发展亲密感以避免孤独感，体验爱情和婚姻的实现。

7. **繁殖感对停滞感**（30~60岁）：这一阶段的危机得到积极解决，就会形成关心的品质；如果是消极解决，就会导致自私自利，出现人格的停滞。

8. 自我完善对悲观沮丧（60～死亡）：如果这一阶段的危机得到积极解决，就形成智慧的品质；如果危机是消极解决，就会有失望和毫无意义感。

评价：

优点： 埃里克森对人的心理研究，既注重社会因素，也注重文化因素；不是只考虑意识心理发展的某一个方面，而是考虑各个方面的关系；不是只研究某一个年龄阶段，而是涉及人的一生。

缺点： 其理论有过分强调本能，相对忽视人的意志、理智等高级心理过程在发展中的作用的倾向。其发展阶段的划分以及每一个阶段矛盾的确立，是否合理，是否适合不同文化背景的人，都是引起争议的焦点。

埃里克森心理社会发展八个阶段					
年龄	心理社会矛盾体现	本阶段重要事件	危机描述		如何帮助个体顺利度过该阶段
^^	^^	^^	发展顺利的表现	危机未得到彻底解决的表现	^^
0～1.5岁	信任对怀疑	喂食	婴儿与看护者建立初步的爱与信任，获得安全感	认为外在世界是不可靠的，在不熟悉的环境中会产生焦虑	家长应该积极地、始终如一地满足婴儿的需求
1.5～3岁	自主对羞怯	吃饭、穿衣、如厕训练	开始出现符合社会要求的自主性行为	缺乏信心，产生羞愧感	教师和家长应该给儿童提供独立完成任务的机会，包括吃饭、穿衣；对儿童的尝试行为和成功举动多加表扬，在他们受到挫折和遇到困难时不要羞辱他们
3～6岁	主动感对内疚感	独立活动	儿童对周围世界更加主动和好奇，更具自信和责任感	形成退缩、压抑、被动的人格，产生内疚感	教师和家长应该多给儿童提供自己做决定的机会
6～12岁	勤奋感对自卑感	入学	学习知识，发展能力，学会为人处事，形成成功感	产生自卑感和失败感，缺乏基本能力	教师可将教学内容安排为一系列的单元，对于那些完成每一单元的儿童予以表扬；鼓励儿童将自己目前的成绩与从前的成绩相比，而不是与别人横向比较
12～18岁	角色同一对角色混乱	同伴交往	在职业、性别角色等方面获得同一性，方向明确	难以始终保持自我一致性，容易丧失目标，失去信心	教师应该鼓励青少年进行自我认同，并给他们树立榜样

埃里克森心理社会发展八个阶段

阶段	冲突	主题	积极表现	消极表现	教育意义
18~30岁，成年初期	亲密感对孤独感	爱情婚姻	乐于与他人交往，感到和他人相处具有亲密感	被排斥在周围群体之外，疏离于社会而感到孤独寂寞	教师应有意识地建立好同事关系，不仅给学生树立榜样，自身也能获得拥有感；教师可以选择一些人际关系处理得好的人物让学生学习；教师应鼓励学生建立自己的人际关系网
30~60岁，成年中期	繁殖感对停滞感	养育子女	关爱家庭，支持下一代发展，富有社会责任感和创造力	过于自我，满足私利，产生颓废感，生活消极懈怠	教师可以通过努力学习和实践建立起自己的繁殖感，这既包括养儿育女，也包括对下一代的关心和指导；教师还应该让一些成功人士走进课堂，讲述他们的职业和人生选择
60岁以后，老年期	自我完善对悲观沮丧	反省和接受生活	自我接受感和满足感达到顶点，安享晚年	固着于陈年往事，在绝望中度过余生	处于这一阶段的教师在回顾自己的教学生涯时往往希望得到学生出人头地的好消息；教师应该在学生发展的前几个阶段鼓励他们记日记，或者让他们对自己的每次选择都作出评价

二、科尔伯格的道德发展阶段理论（浙江师大大纲删除）【简答/论述】：10宁波大学，11渤海大学，12、17、19苏州，13东北，14上海，15江苏大学，16湖南大学，16四川，18合肥，18山东大学，19江苏，19陕西，19天津，20哈尔滨，20西安外国语，21淮北，11首都，12云南，12沈阳，13华东，13湖南科技，15内蒙古，16河北大学，18杭州，20华南，20聊城大学，21南京信息工程

> **案例：海因茨偷药的故事**
>
> 　　欧洲有一位妇女患了癌症，生命危在旦夕。医生告诉她的丈夫海因茨，只有本城一个药剂师最近发明的一种药可以救他的妻子。但是该药价钱十分昂贵，海因茨无法凑够购买药物所需钱数，万般无奈之下，海因茨只得请求药剂师便宜一点卖给他，或允许他赊账，但药剂师坚决不答应，并说他发明这种药就是为了挣钱。海因茨在走投无路的情况下，为了挽救妻子的生命，在夜间闯入药店偷了药，治好了妻子的病。但海因茨因此被警察抓了起来。
>
> 　　**第一个阶段**的儿童，对海因茨偷药的故事可能会做出这样两种不同的反应：赞成者认为，他可以偷药，因为他先提出请求，又没偷大的东西，不该受罚；反对者则会说，偷药会受到惩罚。
>
> 　　**第二个阶段**的儿童，赞成者认为，他的妻子需要这种药，他需要同他的妻子共

复习提示

科尔伯格的道德发展阶段理论，结合案例来帮助理解。这部分会考简答、论述题，回答文字内容即可（案例不用写）。

处于不同水平阶段的儿童对海因茨偷药的回答，反映儿童不同阶段的心态，而对海因茨偷药是对是错并不是关键所在的，关键把握儿童的心态，注重判断标准与依据。

同生活；反对者则会说，他的妻子在他出狱前可能会死，因而对他没有好处。

第三个阶段的儿童，赞成者会说，他做的是好丈夫应做的事；反对者则说，他这样做会给家庭带来苦恼和丧失名誉。

第四个阶段的儿童，赞成者会说，不这么做，他要为妻子的死负责；反对者会说，他要救妻子的命是应该的，但偷东西犯法。

第五个阶段的儿童，赞成者认为，法律没有考虑到这种情况；反对者认为，不论情况多么危险，总不能采用偷的手段。

第六个阶段的儿童，赞成者认为，尊重生命、保存生命的原则高于一切；反对者认为，别人说不定也像他妻子一样急需这药，要考虑所有人生命的价值。

美国发展心理学家科尔伯格，依据不同年龄儿童进行道德判断的思维结构提出了自己的一套儿童道德认识发展的阶段模式。科尔伯格运用"**道德两难**"故事法来推断儿童的道德发展水平，提出了三水平六阶段品德发展理论。【名解】：21陕西

（一）前习俗水平（0～9岁）

这个水平的主要特征是儿童的道德观念是纯外在的，儿童为了避免受惩罚或获得奖励而顺从权威人物规定的行为准则。这一水平包括两个阶段：

1. 第一阶段： 以惩罚和服从为定向阶段

此阶段的儿童根据行为的后果来判断行为的好坏及严重程度。服从权威或规则只是为了避免处罚，没有真正的准则概念。

2. 第二阶段： 朴素的享乐主义或功利主义定向阶段

此阶段的儿童为了获得奖赏或满足个人需要而遵从准则。儿童判断行为的好坏只按照行为后果是否能满足需求，带有浓重的互利交换的实用主义色彩。

（二）习俗水平（9～15岁）【名解】：17集美大学，21南宁

这一水平的儿童为了得到赞赏和表扬或维护社会秩序而服从各种准则。他们都能顺从现有的社会秩序，有维持这种秩序的内在欲望；此时规则已被内化，他们自己感到规则是正确的。因此，他们把遵守社会秩序规则所达到的程度作为行为价值的根据。分为两个阶段：

1. 第三阶段： 人际和谐的定向阶段，又称"好孩子"定向阶段

此阶段的儿童以人际和谐为准则，儿童心目中的道德行为就是取悦于人，有助于人获得别人的赞赏。他们希望被人看作是好人，判断道德行为好坏的主要依据是看是否被人赞许。

2. 第四阶段： 权威和维持社会现有秩序的定向阶段

此阶段的儿童注意的中心是维护社会秩序，认为每个人应当承担社会的义务和责任。判断某一行为的好坏，要看他是否符合维护社会秩序的准则。

（三）后习俗水平（15岁以后）

这一水平又称"原则水平"，它的特点是道德行为由共同承担的社会责任和普遍的道德准则支配，道德标准已被内化为他们自己内部的道德命令了。

1. 第五阶段： 社会契约和法律的定向阶段【选择】：19南京

此阶段的人以社会契约和法律为准则，有强烈的责任心和义务感。但他们同时认为

> **真题回顾**
>
> 2021年陕西师范大学名词解释：道德两难。

契约和法律的规定并不是绝对的,是可以改变。如果法律不符合人们的需要,可以通过共同协商和民主的程序加以改变,认为反映大多数人意愿或最大社会福利的行为就是道德行为。

2. 第六阶段: 普遍的道德原则和良心的定向阶段

此阶段的人认为应运用适合各种情况的道德准则和普遍的公正原则作为道德判断的根据。背离了一个人自选的道德标准或原则就会产生内疚或自我谴责感。道德原则已经被内化为儿童的自觉追求,规则已经不再是外在的判定标准,他们做决定的标准来自自身的良心。

评价: 科尔伯格通过大量研究,揭示了人类道德发展的两大规律:由他律到自律和循序渐进,并且提出道德教育必须配合儿童心理的发展。理论不足之处在于强调的是道德认知,而不是道德行为,因而不能作为学校实施道德教育的根据。

助记表格 >>

科尔伯格的道德发展阶段理论			
水平	阶段	特点	对两难问题的回答
一、前习俗水平（儿童的道德观念是纯外在的,儿童为了避免受惩罚或获得奖励而顺从权威人物规定的行为准则）	阶段1:服从和惩罚的道德定向阶段	儿童只根据后果来判断行为的好坏。为了免遭惩罚而听从权威人物的命令,尚未具有真正意义上的准则概念	海因茨不能去偷药,因为如果被抓到的话会坐牢
	阶段2:朴素的享乐主义或功利主义定向阶段	以个人的最大利益为出发点来考虑是否遵守规则（通常是为了获得奖赏或满足自己的需要而尊重规则）	海因茨应该去偷药,谁让药剂师那么坏,一点都不便宜
二、习俗水平（个体着眼于社会及其希望考虑问题遵从道德准则和社会习俗,维护传统的社会秩序）	阶段3:人际和谐的定向阶段,又称"好孩子"定向阶段	以个人的最大利益为出发点来考虑是否遵守规则（通常是为了获得奖赏或满足自己的需要而尊重规则）	应该去偷药,因为作为丈夫就应该照顾好妻子。若不偷药,妻子死了,别人会骂他没良心
	阶段4:尊重权威和维护社会秩序定向阶段	儿童在进行道德评价时总是考虑到他人和社会对一个"好孩子"的期望和要求,并以此为标准展开思维和行动	不应该去偷药,因为如果人人都去偷的话,社会就会变得很混乱
三、后习俗水平（又称"原则水平",它的特点是道德行为由共同承担的社会责任和普遍的道德准则支配,道德标准已被内化为他们自己内部的道德命令）	阶段5:社会契约和法律定向阶段	个体认识到规则是人为的、民主的、契约性的东西,当社会习俗或法律不符合公众利益时,就应该修改	应该去偷药,因为人的生命的价值远远大于药剂师财产的所有权
	阶段6:良心或普遍原则定向阶段	个体已经认识到了社会规则、法律的局限性。开始基于自己的良心或人类的普遍价值标准判断道德行为	应该去偷药,因为没有什么比人的生命更有价值

三、人格发展理论的教育含义 【论述】：15 安徽

从个体心理发展的各个层面及其相互关系中，考察人的社会性发展和道德的形成发展，重视文化、社会因素对人的发展的作用，对教育实践有着较大的启发意义。具体来说：

（一）埃里克森心理社会发展理论的教育启示（意义）

1. 人格发展理论揭示了人格发展具有连续性和阶段性

埃里克森从个体心理发展的各个层面和相互关系中考察人的社会性发展和道德的形成和发展，而不是孤立地看待它们的发展。其理论从个体出生到青春期、成年期甚至晚年，体现了人的全程发展观，对转变教育观念有重要意义。

2. 适当的教育能培养学生解决发展危机的能力，促进个体的发展；不适当的教育则导致危机发生，阻碍个体发展。因此，教育就是要了解学生人格发展不同阶段的独特性

埃里克森的理论指出了人生每个阶段的发展任务和所需要的支持帮助，这有助于教育工作者了解中小学生在不同发展阶段所面临的各种冲突，从而采取相应的措施，因势利导，对症下药，有助于教育适应中小学生的发展。

3. 青少年就是要摆脱父母的控制，成为一个独立自主的人，他们拒绝教师的权威，正如拒绝父母的权威一样

青少年想被看作一个成人，他们一般愿意以类似成人的行为作出反应，这一原理意味着：①中学生不应该被当作"孩子"看待；②不应在其他同伴或其他有关的人面前轻视青少年；③给予明确的指示，让学生独立完成任务；④注意同伴之间的影响，同样一个管理措施，在小学行得通，在中学就不一定行得通。同伴学习的效果在中小学也可能是不一样的。

（二）科尔伯格的道德发展阶段理论对道德教育的启示（意义）

科尔伯格的道德发展阶段理论对于学校的德育工作有很大的借鉴意义。

1. 应该首先了解儿童的道德发展水平，只有这样，道德教育才更有针对性和实效性。

2. 儿童道德发展的顺序是一定的、不可颠倒的，这与儿童的思维发展有关。但具体到每个人，时间有早有迟，这与文化背景、交往等有关。

3. 要促进儿童道德发展，必须让他不断地接触道德环境和道德两难问题，以便于讨论和展开道德推理练习，进而提高儿童的道德敏感度和道德推理能力。

4. 采用道德两难问题来发展个体的道德推理能力，本身就给我们提供了一种开展德育工作的新形式。

5. 在现代社会中，由于西方文化的影响，出现了利益多元、价值泛滥的情况，在这样一种形势下，把提高学生的道德判断能力作为德育的目标之一是非常必要的。

答题提示

2015年安徽师大论述题：联系教育实际论述人格发展理论及其教育含义。对于此类论述题，题干要求联系教育实际进行论述，所以在回答的时候，尽量要结合自己的学习经历及相关背景来论述。

中小学同伴的影响不同。例如，和老师对着干的学生，在小学不会受同学们的欢迎，可是在中学，则可能被同学们视为"英雄"。

第四节 社会性发展与教育

一、亲社会行为的发展与教育

（一）亲社会行为的含义 【名解】：12 山西，21 华东

亲社会行为又叫积极的社会行为，是指人们表现出来有益他人和社会的行为，包括助人、安慰、分享、合作、捐赠、同情、关心、谦让等。个体亲社会行为发展的过程就是他们道德认识水平提高、道德情感丰富的过程，是人与人之间在交往过程中维护良好关系的重要基础，对个体一生的发展意义重大。

（二）亲社会行为的发展阶段

艾森伯格及其同事利用两难故事情境，探讨儿童亲社会行为的发展。他提出儿童亲社会行为的发展要经历五种水平。（见下表）

亲社会行为发展的水平		
水平	年龄段	阶段特征的描述
享乐主义、自我关注取向	学前儿童及小学低年级学生	关心自己，在对自己有利的情况下可能帮助他人
他人需求取向	小学生及一些正要步入青春期的少年	助人的决定是以他人的需求为基础的，不去助人时不会产生同情或内疚
赞许和人际关系取向	小学生及一些中学生	关心别人是否认为自己的利他行为是好的或值得称赞的，有好的或适宜的表现是重要的
自我投射的、移情的取向	一些小学高年级的学生及中学生	出于同情而关心他人，设身处地为他人着想
内化法律、规范和价值观取向	少数中学生	是否助人的决定以内化的价值、规范和责任为基础，违反个人内化的原则将会损伤自尊

艾森伯格认为，上述发展水平并非不可逆，起码是年龄较大的儿童在解决不同的两难问题时的水平有所不同。例如，帮助受伤者是出于移情性关心，分享行为则视他人的需要而定，甚至会出于享乐主义而拒绝分享。但基本的趋势是随着年龄的增长，较高水平的亲社会行为不断增加。

（三）亲社会行为的影响因素

1. 文化因素

倡导利他行为的文化特征——温暖和慈爱；反复灌输亲社会的价值观念；主流文化融于日常生活。

2. 情境因素

三种假设——服从互动的社会标准；人们的依赖本能；榜样作用。

3. 家庭成员的行为

（1）父母的榜样作用：父母的言传身教是孩子利他行为形成的重要原因；（2）父

> 💡 复习提示
>
> 随年龄增长，一般道德标准会增高，道德标准内化水平高的个体在助

母对利他行为的要求；受到一系列传统美德的熏陶；（3）父母对利他行为的归因；（4）诱导和强化；（5）移情训练：通过情绪追忆——情感换位——作品深化——作品评析的顺序进行教育。

4. 学校、同伴与媒体的影响

如果一个学校仅仅重视升学率，忽略学生道德品质的培养，对学生之间恶性竞争和有意伤害不管；如果同伴对个体帮助他人的举动不屑一顾并冷嘲热讽，那么个体久而久之也会漠然面对他人的困境。

5. 受助者特征

（1）性别；（2）相似性：同一群体、种族、国家、政治态度一致；（3）外部特征，包括长相、打扮；（4）人格特征：看起来善良、友好的人；（5）由于外部原因需要帮助的人。

6. 助人者特征

（1）年龄与性别。（2）人格特征：同情理解他人与责任感和利他行为正相关。（3）认知特点：对当前情境的认知（情境是否严重，自己能力是否够，对象是否需要帮助）。（4）心境：好心境——帮助；坏心境——儿童会降低亲社会行为。

（四）亲社会行为的习得途径【简答】：20浙江

1. 移情反应的条件化

这是一种旨在提高儿童善于体察他人的情绪、理解他人的情绪，从而与之产生共鸣的训练方法。亲社会行为使助人者感到愉快或减轻了移情的痛苦，因而强化了亲社会行为。

2. 直接训练

它是指教师利用一切学习和游戏活动，引导训练儿童在实践中表现出合作、谦让、共享等良好行为。如：游戏中，训练儿童互相配合、合作等。教师应启发儿童去想出各种不同的解决问题的办法，并让儿童学会谦让、合作、共享等良好行为。儿童反复练习、反复实践，他们就能逐步形成自觉、稳固的亲社会行为习惯。

3. 观察学习

根据班杜拉的观点，对亲社会行为影响最大的是社会榜样。因此，树立一定的榜样，使学生有意无意地进行模仿，可以有效促进学生亲社会行为的形成与发展。

助记表格>>

亲社会行为			
含义	发展阶段	影响因素	习得途径
有益他人、社会的行为，如助人、分享、合作	1. 享乐主义、自我关注取向 2. 他人需求取向 3. 赞许和人际关系取向 4. 自我投射的、移情的取向 5. 内化法律、规范和价值观取向	1. 文化因素 2. 情境因素 3. 家庭成员的行为 4. 学校、同伴与媒体的影响 5. 受助者特征 6. 助人者特征	1. 移情反应的条件化 2. 直接训练 3. 观察学习

人方面更积极。男性对陌生人或在比较危险环境中更愿意提供帮助；安全的环境女性提供帮助者多；女性在从长期照顾和亲密关系上更愿意提供帮助。

真题回顾

2020年浙江师范大学简答题：简述亲社会行为的习得途径。

二、攻击行为的发展与教育【简答/论述】：17湖北大学，20曲阜，20中国海洋

(一) 攻击行为的含义【名解】：21宁波大学

攻击行为是一种经常有意地伤害和挑衅他人的行为。这种行为是儿童、青少年中比较常见的一种问题行为，对儿童、青少年的人格和品德的发展有着消极的影响，严重的甚至会导致儿童、青少年走向犯罪。

(二) 攻击行为产生的原因

1. 遗传因素

有些攻击性强的儿童可能存在有某些微小的基因缺陷。

2. 家庭因素

有些家长惯用暴力惩罚的方式来教育孩子，结果孩子也以同样的方式来对待其他儿童，表现出攻击行为。

3. 环境因素

美国心理学家班杜拉通过一系列实验证明，攻击是观察学习的结果。由于儿童模仿性强，是非辨别能力差，因此，孩子很容易模仿其周围的人或是影视里人物的攻击行为。

> 大众传媒的不良影响是产生攻击行为的一个很重要的原因。如果儿童经常看暴力影视片、武打片，玩暴力电子游戏，会使孩子的攻击性心理得到加强。值得指出的是，如果一个孩子在偶然几次的攻击行为后得到了"便宜"、尝到了"好处"，其攻击行为的欲望会有所增强。若再受到其他人的赞许，其攻击行为就会日益严重。

(三) 攻击行为的改变方法【简答】：17西安外国语

1. 消退法

对于儿童的攻击行为可以采取不加理睬的方法，使他们得不到强化而逐渐减少。一项在幼儿园中的研究表明，对儿童的攻击行为采用消退法，而对其合作行为进行奖励，可很快减少他们的身体攻击和言语攻击，并能增加其亲社会行为。

2. 暂时隔离法

暂时隔离法是为了抑制某种特定行为的发展，而让行为者在一段时间内得不到强化或远离强化刺激的一种行为干预方法。

3. 榜样示范法

利用榜样示范法改变儿童的攻击行为有两种做法：①将有攻击行为的儿童置于无攻击行为的榜样当中，减少他们的攻击行为；②让有攻击行为的儿童观察其他儿童的攻击行为是如何受到禁止或处罚的。

4. 角色扮演法

利用角色扮演法改变儿童的攻击行为时，要注意让他们扮演不同的角色。首先，让他们扮演攻击者的角色，然后让他们说出自己扮演此角色的心理感受。其次，让他们扮演被攻击者的角色，然后让他们说出自己扮演此角色的心理感受。多次互换角色，能够提高他们自我控制冲动的能力。

> 这里的角色扮演法与第九章的角色扮演法意思是一样的。

助记表格>>

攻击行为及其改变方法		
含义	产生原因	攻击行为改变方法
有意伤害、挑衅他人的行为	1. 遗传 2. 家庭 3. 环境	1. 消退法　2. 暂时隔离法 3. 榜样示范法　4. 角色扮演法

三、同伴关系的发展及培养【论述】：18海南，18江汉大学，19浙江

（一）同伴关系的含义 【名解】：17湖北大学

同伴关系是指个体在交往过程中建立和发展起来的一种个体之间的，特别是同龄人之间的一种人际关系。同伴关系存在于整个人类社会，无论原始还是现代社会，个体的成长都离不开同伴。

（二）同伴关系对个人成长的作用

1. 同伴关系有利于个体社会价值的获得、社会能力的培养以及健康人格的发展。
2. 同伴可以满足个体归属与爱的需要和尊重的需要。
3. 同伴交往为个体提供学习他人反应的机会。
4. 同伴是为个体提供情感支持的来源。

（三）儿童友谊的发展阶段 【简答】：18哈尔滨

儿童友谊的发展表现在亲密性、稳定性和选择性等方面，随着年龄的增长，友谊的特性也不断发展变化着。塞尔曼提出儿童友谊的发展要经历五个阶段。

第一阶段（3～7岁）：尚不稳定的友谊。还没有形成友谊概念，儿童之间的关系只是短暂的游戏同伴关系。

第二阶段（4～9岁）：单向帮助关系。这个时期的儿童要求朋友能够服从自己的愿望和要求，如果顺从自己的就是朋友，否则就不是朋友。

第三阶段（6～12岁）：双向帮助关系。这个阶段的儿童能相互帮助，但不能共患难。儿童对友谊的交互性有了一定的了解，但带有明显的功利性。

第四阶段（9～15岁）：亲密的共享。儿童发展了朋友的概念，认为朋友之间可以互相分享，朋友之间保持信任和忠诚，同甘共苦。

第五阶段（12岁以后）：友谊发展成熟。以双方互相提供心理支持和精神力量，互相获得自我的身份为特征。随着年龄的增长，儿童对朋友的选择性逐渐增强。由于选择朋友更加严格，所以一旦建立起来朋友关系，持续时间都比较长。

（四）如何促进同伴关系的良好发展

由于同伴关系对学生的社会性发展以及心理健康水平等都有重要影响，因此在实际的教学和管理活动中，教师应该有意识地帮助学生发展良好的同伴关系。

1. 开设相关课程，进行交往技能训练

许多学生同伴关系不良主要是因为交往技能的缺乏，通过引导学生了解、分析人际冲突的内在因素，使学生掌握非报复性冲突化解的原理与方法，培养学生对冲突事件进行自我反省的态度，有助于帮助学生建立良好的同伴关系。

2. 丰富课堂教学交往活动

学生在课堂的时间占了在校时间的很大比例，其交往能力主要是在学校的多种交往活动中，特别是在课堂教学中形成和发展起来的。教师应该注意为学生创造更多的交往机会，如多采用合作学习的方式增强学生的课堂交往，进而促进他们的同伴关系的发展。

3. 组织丰富多彩的交往实践活动

教师除了课堂内的支持和引导外，还要从交往角度设计、组织各种课外交往实践活动，如集会演讲、社会调查、假日郊游等，满足学生内在的交往需要，让学生在真实情境中体验、学习各种交往技能，提高解决人际冲突的能力，最终在实践中学会交往。

真题回顾

1. 2018年江汉大学案例分析题：用教育心理学知识，给一位人际关系处理不好的同学回信，200字左右。
2. 2019年浙江师大论述题：结合儿童友谊发展的五阶段理论，论述同伴关系的发展及其培养策略。

复习提示

亲密的共享阶段与友谊发展成熟阶段的年龄段本身是有有重合的，并没有错。

4. 培养学生的亲社会能力

研究表明，亲社会行为和同伴接纳之间存在密切相关，个体做出的亲社会行为越多，他的同伴接纳程度越高，就越能够发展出良好的同伴关系。因此，教师可以通过培养学生的亲社会行为来促进同伴关系的发展。

助记表格 >>

同伴关系的发展及培养		
含义	友谊发展阶段	如何促进同伴关系的发展
同龄人之间的人际关系	1. 尚不稳定的友谊（3～7岁） 2. 单向帮助关系（4～9岁） 3. 双向帮助关系（6～12岁） 4. 亲密的共享（9～15岁） 5. 友谊发展成熟（12岁以后）	1. 开设相关课程，进行交往技能训练 2. 丰富课堂教学交往活动 3. 组织丰富多彩的交往实践活动 4. 培养学生的亲社会能力

第五节 心理发展的差异性与教育

（浙江师大大纲删除）【名解/简答/论述】：18闽南，18宁波大学，19东北，14湖南大学

心理差异是指人在认知、情感、意志等心理活动过程中表现出来的相对稳定而又不同于他人的心理特征方面的差异，包括个体心理差异和群体心理差异两个方面。

一、认知差异与教育 【简答/论述】：10苏州，17河南，21广州大学

认知差异主要表现在认知水平的差异和认知类型的差异两个方面。

（一）认知水平的差异（即智力水平的差异）

认知水平的差异主要表现为智力水平的差异，而智力水平的差异又表现为智力发展水平的差异和智力发展速度的差异。

1. 智力发展水平的差异

智力发展水平的高低是通过智力测验所得到的智商来体现的。智商是智力年龄与实足年龄之间的比值。智力按发展水平的高低，可以分为超常、正常和低常三种类型。一般来说，智力的发展是呈正态分布的，即智力超常和智力低常的人数极少，智力偏高和智力偏低的人数次之，智力中等的人数最多。

2. 智力发展速度的差异

智力的发展有早晚的差异。有的人是天生聪慧，在很小的时候就表现出较高的智力水平，有的则是在大器晚成，在很大年龄才表现出较高的智力水平。有人对301位诺贝尔奖获得者进行统计，结果表明，30～45岁是人的智力发展最佳年龄区。

3. 针对认知水平差异的教育

(1) 按能力分组

能力分组一般是根据学生的智力和学业成绩进行的。能力分组有三种方法：一是班级间分组；二是班级内分组；三是重新分组。

复习提示

一般认为，智商在130以上为超常，智商在70以下为低常，智商在100左右为正常。智力超常是指智力发展水平大大超过同龄人的水平。智力超常的人有的是某一方面得到专门发展。智力低常是指智力发展水平远远低于同龄人的水平，表现出学习和社会适应的障碍。

中小学生存在智力因素上的差异是不可否认的事实，因此教育者必须针

(2) 设置不同的教育目标

对智力超常学生的教育目标是进行多元智能的充分开发，对其进行高学历教育和个性优化教育。对于轻度智力落后学生，教育目标是通过训练使其能够掌握较高的生活能力，较好地适应社会生活。

(3) 选择不同的教育方式

对智力超常学生的教育方式主要有：①采用提早入学或跳级的形式；②提供常规课程以外的课程；③提供难度更大的学习材料和学习任务；④提供更多的充满挑战的课外活动。

对智力落后学生的教育方式主要有：①让他们从简单的小事做起；②传授生活、劳动必需的基本知识；③以活动课程为主，帮助学生积累感性经验；④激发学生的学习动机。

（二）认知类型的差异（认知方式/认知风格的差异）【简答/论述】：19云南大学，21西安外国语，17广西，17河南

1. 认知类型（认知方式/认知风格）【名解】：18山东，19杭州，19云南大学，21南宁

认知类型的差异又叫认知方式、认知风格的差异。认知方式（或认知风格）是指个体在进行信息加工时，通过其知觉、记忆、思维等内在心理过程在外显行为上表现出的习惯性特征。它具有持久性和一致性的特点，反映的是个体在信息加工方式上的偏好。主要包括知觉类型差异、记忆类型差异、思维类型差异和认知反应类型差异。

2. 认知类型的差异的不同类型

(1) 知觉方式的差异

①根据知觉时分析和综合所占的比重，知觉类型可以分为分析型、综合型与分析——综合型。

②根据知觉受外界环境影响的程度，知觉类型可以划分为场依存型与场独立型。

(2) 记忆方式的差异

根据记忆过程中的知觉偏好，记忆类型可以分为视觉型、听觉型、动觉型与混合型。知觉偏好是指记忆过程中哪一种感觉系统的记忆效果最好，学生就偏向于使用哪一种感官来进行学习。

(3) 思维方式的差异

①根据思维的概括性，思维可以分为艺术型、思维型与中间型。在现实生活中，艺术型和思维型的人数较少，大多数人属于中间型。

②根据学习策略的差异，可分为整体型与序列型。整体型与序列型的学生主要存在思维差异和性别差异。

(4) 认知反应类型的差异

根据认知反应和情绪反应的速度，认知反应可划分为冲动型与沉思型。冲动型与沉思型的学生主要在问题解决、使用认知策略、学习三个方面存在差异。

3. 针对认知方式差异的教育

(1) 教师必须帮助学生识别自己的认知方式。教师对学生认知方式的识别不仅仅在于调整自己的教学方法，还应该帮助学生分析和认识自己的认知方式。

(2) 教师要明确适应认知方式的两类教学策略。适应认知方式的教学策略可以分成两类：一类是采取与学习者认知风格一致的教学策略，即匹配策略；另一类是采取对学习者缺乏的认知风格进行弥补的教学策略，即失配策略。

(3) 教师要调整自己的教学风格，提供多模式教学。学生认知方式的多样性要求教

> 对学生在智力上的个别差异进行因材施教，解决这个问题的方式之一就是能力分组。

> 场依存型与场独立型、冲动型与沉思型、辐合型和发散型在本章高分拓展有补充。

师必须改变自己单一的教学风格，采用各种教学方法，组织多样化的教学活动来满足和弥补不同学习者不同层次的需要。

二、人格差异与教育（个性差异与教育）【名解/简答/论述/辨析】：16闽南，12湖南大学，17内蒙古，21临沂大学，16广西，19宝鸡文理学院，21广州大学

人格差异又称个性差异，是指个人在稳定的心理特征方面的差异，反映的是人格特征在个体之间所形成的不同品质。

（一）性格差异

性格差异主要表现为性格类型的差异。性格类型是指在某一类人身上共同具有的某些性格特质的独特组合。

1. 心理学上对性格的分类主要有两种

（1）根据心理活动的倾向，将性格分为外向型和内向型

不同性格的学生在学习、生活中的表现是不同的。外向型的学生爱交朋友，乐于助人，爱参加娱乐活动，对新事物比较敏感，社会适应力强。内向型的学生爱安静，不爱与人交往，比较孤独、沉闷，对新事物反应迟缓，社会适应力差。大多数人都是中间类型。

（2）根据个人独立性的程度来划分，性格分为独立型和顺从型

独立型的人的认知方式是场独立型，不容易受环境的影响，独立能力强，有自己的主见。顺从型的人的认知方式是场依存型，容易受别人的影响，独立性差，对困难和意外事件的处理缺乏主见。

2. 针对性格差异的教育

（1）根据学生的性格类型进行因材施教

要通过观察、调查、测量等方法综合判断学生的性格类型，根据学生的性格类型的特征寻找相应的教育对策。例如对于内向型的学生，教师要在平时学习中鼓励他们积极参与集体活动，交给他们那些需要慎思、稳重的任务，使他们看到自己在集体活动中的作用。

（2）发挥集体的作用

良好的班集体有助于学生不良性格的改造和优良性格的强化。所以，有经验的教师总是培养坚强、团结、民主、有纪律的集体，使学生在班集体中潜移默化，形成良好的性格特点。

（3）引导学生进行自我教育

学生性格的形成是从"他律"向"自律"发展的。这就要求性格教育要从被动向主动转变，让学生通过自我教育和自我调节将外在的教育影响转换为内在品质。因此，教师引导学生进行自我教育是培养学生良好性格的重要途径和方法。

（二）气质差异 【辨析/论述】：10河北，10河南大学，16河北

1. 气质的含义 【名解】：10广西

气质就是平常所说的脾气禀性。气质是表现在心理活动的强度、速度、灵活性与指向性的一种稳定的心理特征。人的气质差异是先天形成的，受神经系统活动过程的特性所制约。一般认为，气质无好坏之分，每种气质都有其长处和短处。心理学家把人的气质分为多血质、胆汁质、抑郁质和黏液质四种类型。

> 德国心理学家斯普兰格从文化学的观点出发，将人的性格分为六种：理论型、经济型、艺术型、权力型、社会型、宗教型。

2. 四种气质类型的特征及针对性教育

气质类型	气质特点	针对性教育	典型人物	高级神经活动类型
多血质	反应迅速，有朝气，活泼好动，情感丰富外露但不稳定，擅交际，但感情浅薄，缺乏耐心	鼓励他们勇于克服困难，培养专一、坚持、踏实和耐劳的品质	王熙凤	活泼型
胆汁质	精力旺盛、情绪体验强烈，思维灵活，却粗枝大叶、表里如一、刚强、易感情用事	采取直截了当的方式，但不宜轻易激怒，对其严厉批评要有说服力，培养自制力、坚持到底的精神，豪放、勇于进取的人格品质	张飞	兴奋型
抑郁质	情绪体验深刻、细腻持久，情绪抑郁，多愁善感，想象力丰富。行为举止缓慢，优柔寡断	采取委婉暗示的方式，多关心、多爱护，不宜在公开场合下指责，不宜过于严厉的批评，培养亲切、友好、善于交往、富于自信的精神，培养其敏感、机智、认真、细致的优点	林黛玉	抑制型
黏液质	思维较迟缓，反应速度慢，性格内向，不善于表达，不喜欢交际，多愁善感，但注意力集中，兴趣稳定，能够深入思考，能够坚持	耐心教育，给予考虑和做出反应的足够时间，培养生气勃勃的精神、热情开朗的个性和以诚待人、工作踏实、顽强的优点	沙和尚	安静型

气质不能决定一个人的成就，任何气质的人只要经过自己的努力都能在不同实践领域中取得成就，也可能成为平庸无为的人。这就要求：第一，教师对学生的气质不应存在任何偏见，应该正确对待学生的气质特征，有针对性地进行教育。第二，教师要准确把握学生的气质特征，有的方式地进行教学。第三，指导学生正确认识和调控自己的气质。

三、性别差异与教育【论述】：13华南，15宁波大学

性别差异是指男女两性的生理差异及在智力、人格和成就等方面的心理差异。

（一）智力的性别差异

1. 男女两性在智力发展的总体水平上是平衡的，男性智力分布的离散程度比女性大。即很聪明和很笨的男性都比女性多，智力中等的女性比男性多。
2. 男女两性在智力结构上表现出不平衡性。如男性在数学能力、空间能力和抽象推理能力方面占优势，而女性在言语能力、记忆能力方面占优势。
3. 男女智力差异在不同的年龄阶段有不同的表现。如学龄前的男孩和女孩的智力差异不太明显。从童年期开始，智力差异开始显现，女生智力较优于男生。
4. 智力差异取决于遗传、环境和教育等许多因素的影响，特别是环境和教育的影响。

（二）人格和行为上的性别差异

1. 性格特征的性别差异

研究表明，小学阶段男女学生的性格特征并无显著的性别差异，但到了中学阶段，学生逐渐形成了对现实的稳固的态度和习惯了的行为方式，并表现出性别差异。

2. 学习兴趣的性别差异

一般来说，小学男生对数学、体育和美术的兴趣超过女生。女生对语文、英语和音乐的兴趣超过男生。中学男生对数学、物理、化学等理科的兴趣超过女生；女生对语文、外语、政治、历史等文科的兴趣超过男生。

3. 学习动机的性别差异

研究发现，小学阶段，女生在成就性动机、认知性动机上都显著高于男生；男生在附属性动机上显著地高于女生，其中为满足家长的要求和监督、为执行老师指示而学习因素差异非常显著。中学阶段，男生成就性动机及其所含的竞争性、新奇性因素显著高于女生；女生的成功性因素、认知性动机中的获取知识因素显著高于男生；威信性动机和班级威信因素女生略高于男生；他人尊重、社会影响因素男生略高于女生；附属性动机和执行教师要求、挣大钱因素男生显著高于女生。

4. 学习归因的性别差异

一般来说女生比男生更容易把失败的原因归结为自己内部的因素，如努力程度不够、自己的学习能力较低等。男生则更多地归结为外部环境的因素，如学习内容太困难、学习任务重、教师教学方法有问题等。

（三）性别差异的教育意义

正是由于对男女学生性别差异的认识不同，教师才产生对男女学生不同的处理方式。教师只有充分考虑到这种性别差异，才能适当地选择教育教学方式，在实际教育教学过程中"扬长避短"，使学生得到最优发展。

1. 教学材料和语言方面

在教学中，教师要注意教学材料的选择和语言的使用。教师需要检查所用教材和材料，避免使用含有性别偏向的观点或图片，如"男孩有泪不轻弹""女人是水做的"等言论，不要给男女生灌输性别歧视的思想，如男生比女生聪明、有出息；避免使用一些包含性别偏向的语言，如"女流（之辈）""妇道（人家）""祸水"等词语。

2. 学科和兴趣方面

教师要鼓励学生积极参与不同学科的学习，不能认为数学是男生的专长、诗歌是女生的专长。教师要鼓励学生根据自己的兴趣爱好选择职业或参与活动，而不是根据社会文化中的性别刻板印象打压学生兴趣。

3. 课堂管理和活动方面

教师在布置任务或安排活动时，给予男女生同等的参与、承担领导角色的机会。教师要让男生和女生有均等的机会参加各种活动，若有体力类活动，也不要把女生排除在外。教师不能只指派男生为小领导，女生只能做小秘书或后勤部长。

4. 课堂教学和互动方面

在课堂上，教师要给予男女生同样多的注意，对男女生的提问次数、问题的性质要差不多，对男女生所给予的反馈质量、数量也要相当。

本章高分拓展

一、场依存型和场独立型 【选择】：16青岛大学

场依存型者和场独立型者的学习特点		
	场依存型	场独立型
参照物	外在参照	内在参照
学习兴趣偏好	人文、社会科学	理科、自然科学
知觉方式	非分析的、笼统的整体知觉方式	分析的知觉方式
学习策略特点	易受暗示，学习欠主动，由外在动机支配	独立自觉学习，由内在动机支配
教学方式偏爱	结构严密的教学	结构不严密的教学

二、沉思型和冲动型

沉思型：①沉思与冲动的认知方式反映了个体信息加工、解决问题过程的速度和准确性。沉思型学生在碰到问题时倾向于深思熟虑，用充足的时间考虑、审视问题，权衡各种问题解决的方法，然后从中选择一个满足多种条件的最佳方案，因而错误较少。②沉思型的学生表现出具有更成熟的解决问题策略，更多地提出不同假设。而且沉思型学生能够较好地约束自己的动作行为，忍受延迟性满足，比起冲动型学生，更能抗拒诱惑。③沉思型学生往往更易自发地或在外界要求下对自己的解答作出解释。④在学习方面，沉思型学生阅读成绩好，测验及推理测验成绩也好于冲动型学生，而且在创造性设计中成绩优秀。

冲动型：①沉思与冲动的认知方式反映了个体信息加工、解决问题过程的速度和准确性。冲动型学习者则倾向于很快地检验假设，根据问题的部分信息或未对问题做透彻的分析就仓促作出决定，反应速度较快，但容易发生错误。②冲动型学生很难做到自发地或在外界要求下对自己的解答作出解释，即使在外界要求下必须作出解释时，他们的回答也往往是不周全、不合逻辑的。③在学习方面，冲动型学生往往阅读困难，较多表现出学习能力缺失，学习成绩常不理想。不过，在某些涉及多角度的任务中，冲动型学生则表现较好。

三、辐合型和发散型 【名解】：20山西

辐合型认知方式是指个体在解决问题过程中常表现出辐合思维的特征，表现为搜集或综合信息与知识，运用逻辑规律，缩小解答范围，直至找到最适当的唯一正确的解答。

发散型认知方式则是指个体在解决问题过程中常表现出发散思维的特征，表现为个人的思维沿着许多不同的方向扩展，使观念发散到各个有关方面，最终产生多种可能的答案而不是唯一正确的答案，因而容易产生有创见的新颖观念。

四、抽象型和具体型

根据个体在加工信息时所采用概念水平的高低，可以把认知方式区分为具体型和抽象型。

抽象型的人能够看到某个问题或论点的众多方面，因此，可以避免刻板印象，能够进行抽象程度较高的思考。具体型的人则擅长于比较深入地分析某一具体观点或情境，但是要向他们提供尽可能多的有关信息，否则很容易造成偏见。

相关研究表明，抽象型的学生在非结构化教学（如归纳法、发现法）下会表现得更好，而具体型的学生在结构化教学方法（如演绎法、讲解法）下成绩比较好。因此，教师在教学过程中要注意考虑不同学生认知方式的特点。

第三章　学习及其理论

本章大纲考点及考频

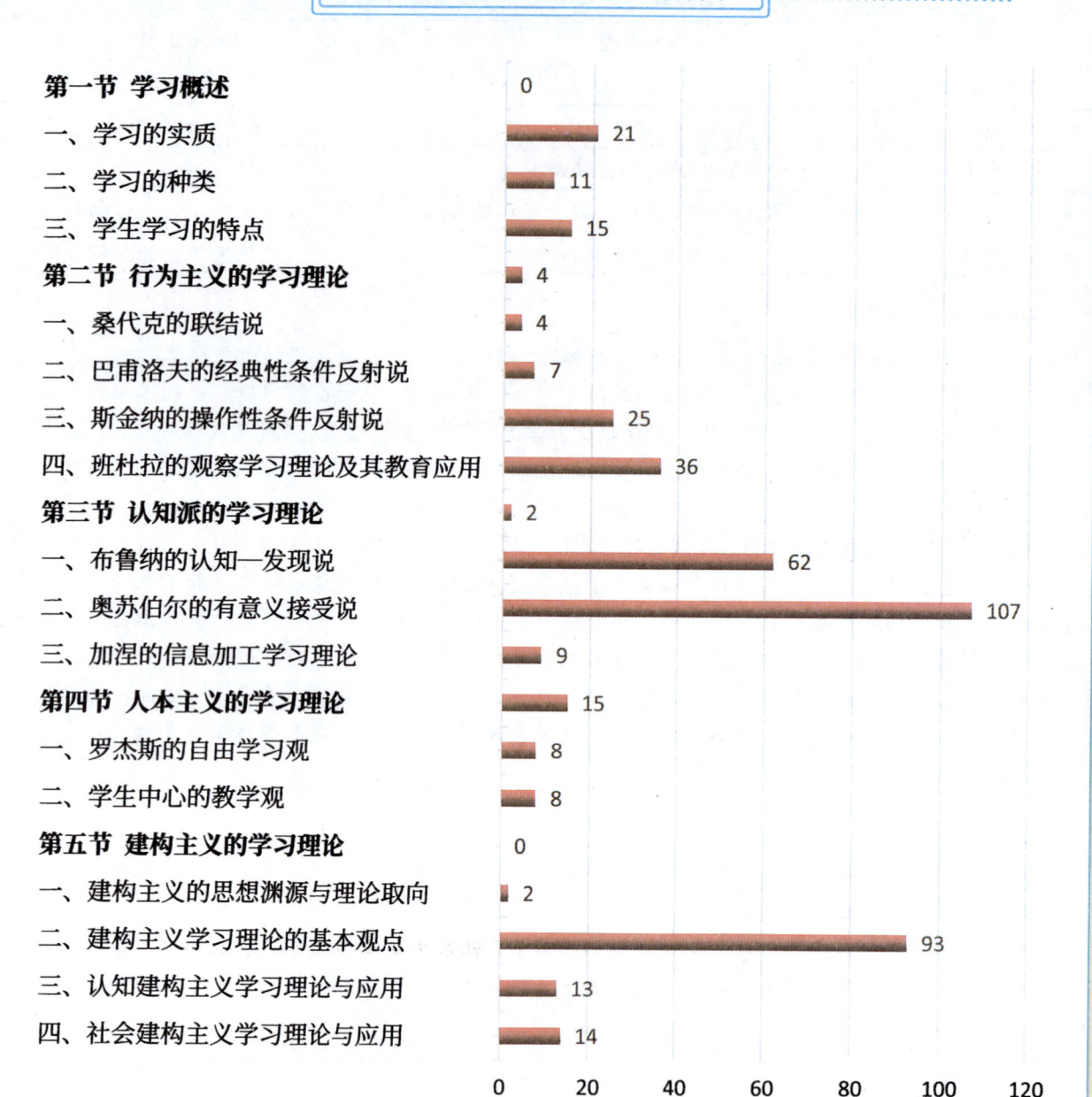

第一节　学习概述　0
- 一、学习的实质　21
- 二、学习的种类　11
- 三、学生学习的特点　15

第二节　行为主义的学习理论　4
- 一、桑代克的联结说　4
- 二、巴甫洛夫的经典性条件反射说　7
- 三、斯金纳的操作性条件反射说　25
- 四、班杜拉的观察学习理论及其教育应用　36

第三节　认知派的学习理论　2
- 一、布鲁纳的认知—发现说　62
- 二、奥苏伯尔的有意义接受说　107
- 三、加涅的信息加工学习理论　9

第四节　人本主义的学习理论　15
- 一、罗杰斯的自由学习观　8
- 二、学生中心的教学观　8

第五节　建构主义的学习理论　0
- 一、建构主义的思想渊源与理论取向　2
- 二、建构主义学习理论的基本观点　93
- 三、认知建构主义学习理论与应用　13
- 四、社会建构主义学习理论与应用　14

本章思维导图

- **学习及其理论**
  - 学习概述
    - 学习的实质
    - 学习的种类
    - 学生学习的特点
  - 行为主义的学习理论
    - 桑代克的联结说
    - 巴甫洛夫的经典性条件反射说
    - 斯金纳的操作性条件反射说
    - 班杜拉的观察学习理论及其教育应用
  - 认知派的学习理论
    - 布鲁纳的认知—发现说
      - 认知学习观
      - 结构教学观
      - 发现学习观
    - 奥苏伯尔的有意义接受说
      - 有意义学习的实质和条件
      - 先行组织者策略
      - 认知同化理论
      - 接受学习的界定与评价
    - 加涅的信息加工学习理论
  - 人本主义的学习理论
    - 罗杰斯的自由学习观
    - 学生中心的教学观
  - 建构主义学习理论
    - 建构主义的思想渊源与理论取向
    - 建构主义学习理论的基本观点
    - 认知建构主义学习理论与应用
    - 社会建构主义学习理论与应用

本章参考书

【1】张大均主编：《教育心理学》（第三版），人民教育出版社，第三章。

【2】陈琦、刘儒德主编：《教育心理学》（第3版），高等教育出版社，第四、五、六、七章。

【3】陈琦、刘儒德主编：《当代教育心理学》（第3版），北京师范大学出版社，第四、五、六、七章。

第一节 学习概述

一、学习的实质（学习的含义）【名解】：11、12扬州，12浙江，12中山，12沈阳，13、15陕西，14闽南，15江西，15集美，17、18曲阜，17中国海洋，17宁夏大学，17广西师范学院，11、19西华，19汕头，21沈阳大学，21江西科技，21南宁

学习是指经由反复经验而导致有机体的行为或行为潜能的相对持久的变化过程。其实质有以下含义。首先，学习的结果表现为行为或行为潜能的变化。其次，学习所引起的行为或行为潜能的变化是相对持久的。最后，学习是由反复经验而引起的。综上，学习不是本能活动，而是后天习得的活动，是由经验或实践引起的。

二、学习的种类【简答】：13湖南科技

（一）学习主体分类

学习按主体不同，可以分为动物的学习、人类的学习、机器的学习。

动物学习： 仅限于消极适应环境变化，以满足其生理需要；主要是靠直接方式获取个体经验；局限于第一信号系统。

人类学习： 主动适应并改造自然和社会环境以满足其生理和社会需要的活动，是具有社会意义的活动。

机器学习： 计算机系统如何获得信息并利用信息来解决问题的过程。

（二）学习水平分类

加涅根据学习的水平不同，将学习分为八大类：信号学习、刺激——反应学习、连锁学习、言语联想学习、辨别学习、概念学习、规则学习和解决问题的学习。

（三）学习性质分类【选择/简答】：18陕西，21陕西理工

奥苏伯尔等人依据不同的维度对学习进行分类。

1. 依据学习主体所获得经验的来源不同，学习可分为接受学习和发现学习

（1）**接受学习：** 又称掌握学习，是指人类个体经验的获得源于学习活动中主体对他人经验的接受，把别人发现的经验经过其掌握、占有或吸收，转为自己的经验。

（2）**发现学习：** 又称创造学习，是指人类个体经验的获得源于学习活动中主体对经验的直接发现和创造，并非由他人的传授而得。接受学习和发现学习是个体获得经验的两条途径，两者都是在能动反映现实的基础上，通过主体主动构建而实现的。

2. 依据学习材料的性质及学习者的理解程度不同，学习可分为有意义学习和机械学习

（1）**有意义学习：** 有意义学习的实质是指符号所代表的新知识与学习者认知结构中已有的适当观念建立实质性的、非人为的联系。它有两个先决条件：

其一，学习者认知结构中要有同化新知识的适当观念并且要表现出有意义的学习心向；

其二，所要学习的材料对学习者来说具有潜在意义。

（2）**机械学习：** 一切机械学习都不具备上述有意义学习的两条标准。

（四）学习结果分类【简答】：15江西，16青岛大学，19宁波大学，21哈尔滨，21聊城大学

加涅根据学习结果的不同，将学习分为五大类：

复习提示

1. 行为的变化并不等同于学习的存在；
2. 学习与表现不能等同；
3. 学习是一个广泛的概念，它不仅是人类普遍具有的，而且动物也存在。
4. 学习是个体的一种适应活动。个体要生存，必须适应环境的变化。
5. 学习是以心理变化和生理变化适应复杂多变的环境的过程。

实例提示

意义学习：明确概念之间的关系。
机械学习：背乘法口诀。

复习提示

学习水平分类是加涅的，但加涅本人觉得根据学习水平分类不太适用，为此，他根据学习所得的结果或形成的能力不同，提出五种学习结果的划分。

1. **言语信息的学习**【简答】：10重庆

学生掌握的是以言语信息传递（通过言语交往或印刷物的形式）的内容，或者学生的学习结果是以言语信息表达出来的。这一类的学习通常是有组织的，学习者得到的不是个别的事实，而是根据一定的教学目标给予的许多有意义的知识，使信息的学习和意义的学习结合在一起。有组织有联系的言语信息可以为思维提供工具。

2. **智慧技能的学习（过程知识）**【辨析】：18重庆

智慧技能的学习要解决"怎么做"的问题，以处理外界的符号和信息，故又称过程知识。加涅认为每一级智慧技能的学习要以低一级智慧技能的获得为前提，最复杂的智慧技能则是把许多简单的技能组合起来而形成的。他把辨别技能作为最基本的智慧技能，依次按不同的学习水平及其所包含的心理运算的不同复杂性程度划分为：辨别、概念、规则、高级规则（解决问题）等智慧技能。

3. **认知策略的学习**【辨析】：18重庆

认知策略是学习者用以支配他自己的注意、学习、记忆和思维的有内在组织的才能，这种才能使得学习过程的执行控制成为可能。因此，从学习过程的模式图来看，认知策略就是控制过程，它能激活和改变其他的学习过程。

认知策略与智慧技能的不同在于智慧技能定向于学习者的外部环境，而认知策略则支配着学习者在对付环境时其自身的行为，即"内在的"东西。认知策略就是学习者用来"管理"他的学习过程的方式。这种使学习者自身能管理自己思维过程的内在的有组织的策略非常重要。

4. **态度的学习**

加涅提出三类态度：①儿童对家庭和其他社会关系的认识；②对某种活动所表现出来的积极的喜爱的情感，如音乐、阅读、体育锻炼等；③有关个人品德的某些方面，如爱国家、关切社会需要的愿望等。

5. **运动技能的学习**

运动技能又称为动作技能，如体操技能、写字技能、作图技能、操作技能等，它也是能力的组成部分。

助记表格>>

加涅学习结果分类	解释	行为表现举例
言语信息	有关事物的名称、时间、地点、定义以及特征等方面的事实性信息	北京是中国的首都
智慧技能	指运用符号与环境相互作用的能力	把分数转换成为小数
认知策略	调节控制自己的注意、学习、记忆、思维等内部心理过程的技能	画出组织结构图
态度	影响个人对人、事和物采取行动的内部状态	做出听古典音乐的行为选择
动作技能	通过身体动作的质量（如敏捷和连贯等）不断改善而形成的整体动作模式	"8"字形溜冰

三、学生学习的特点（浙江师大大纲删除）【简答/论述】：10闽南、10沈阳、10河南、13西华、13山东、14吉林、14、18扬州、15哈尔滨、20山西大学、20宝鸡文理、20上海、13闽南、16西华、21辽宁

学生的学习是人类学习的特殊形式，它不但是人类学习的一般特点，而且还具有特殊性，主要表现以下特点。

实例提示

智慧技能：每种水平的学习中都包含着不同的智慧技能，比如怎样把分数转换成小数，怎样使动词和句子的主语一致等。

经典真题

2019年宁波大学简答题：加涅的学习分类。
2018年重庆师大辨析题：认知策略与智慧技能。

复习提示

态度学习：态度是通过学习获得的内部状态，这种状态影响着个人对某种事物、人物及事件所采取的行动。态度可以从各种学科的学习中得到，但更多的是从校内外活动中和家庭中得到。

学生学习的特点要好好记忆，常考简答题。

(一) 接受学习是学习的主要形式

学生的学习是在教师的指导下，有目的、有计划、有组织、有系统地进行的，是在较短的时间内接受前人所积累的文化科学知识，并以此来促进自己发展和完善的过程。

(二) 学习过程是主动构建过程

学生的学习必须通过一系列的主动构建活动来接受信息，形成经验结构或心理结构，这一点越来越为众多研究者所认同。

(三) 学习内容的间接性

在经验传递系统中，学生主要是接受前人的经验，而不是亲自去发现经验，因此，所获得的经验具有间接性。

(四) 学习的连续性

学生的学习是一个连续的过程，这表现在前后学习相互关联。前面的学习为后面的学习奠定基础，而后面的学习又是前面学习的补充和发展。

(五) 学习目标的全面性

学生的学习不但要掌握知识经验和技能，还要发展智能，形成行为习惯以及培养道德品质和促进人格发展。

(六) 学习过程的互动性

重视教学中教师与学生以及学生与学生之间的社会互动，倡导合作学习、交互教学是当前教学改革的重要趋势。

第二节 行为主义的学习理论

【简答/论述】：15重庆三峡，21宁夏大学 ，11西北，17苏州

一、桑代克的联结说（联结—试误说）（浙江师大大纲删除）【名解/简答】：18鲁东，12湖北大学，14四川

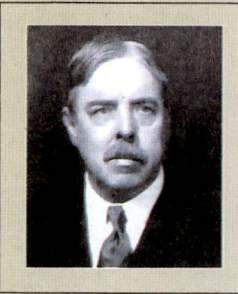

桑代克

桑代克是美国动物心理学实验的创始人之一，又是第一个系统地论述教育心理学的心理学家，联结学习理论的创始人，被誉为现代教育心理学的奠基人，也被尊称为"教育心理学之父"。他把动物和人类的学习过程定义为刺激与反应（S-R）之间的联结，认为知识和技能的获得必须通过尝试—错误—再尝试这样一个过程。他所开创的工作不仅在学习理论方面，还涉及教育实践领域、言语行为、智力测验等多个方面。

经典实验：桑代克最著名的饿猫打开迷箱实验（"桑代克迷笼"）

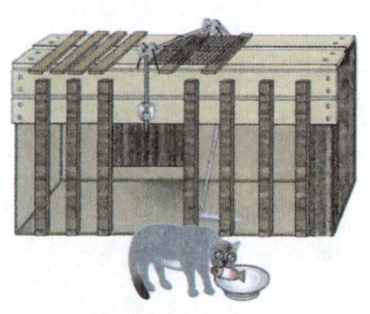

> 💡 **复习提示**
>
> 在行为主义心理学家们的讨论中，我们看到，他们把学习看作是形成刺激和反应的联结或联想。并且，他们的观点之间存在区别，一种观点认为：学习是通过刺激和反应的同时出现进行的（巴甫洛夫和华生）；另一种观点认为学习是通过行为受奖励而进行的（桑代克）。
>
> 本章高分拓展补充了华生对经典条件作用的发展。

将饿猫关入此笼中，在笼外放一条鱼，饿猫要冲出笼门去吃鱼，必须踩到开门的机关。经观察，刚放入笼中的饿猫以抓、咬、钻、挤等各种方式想逃出迷笼，在这些努力和尝试中，它无意中踩到了机关最终使门打开。把猫多次放回箱中后，发现饿猫的无效动作越来越少，逃出笼子的速度越来越快。经过反复尝试，最后饿猫能够在一入迷笼就会立即以一种正确的方式去触及开关打开门。这时，饿猫就学会了做出成功的反应，抛弃了不成功的反应，自动形成了迷笼刺激情境与触及开关反应之间的联结。

（一）桑代克依据其实验结果提出了联结主义学习理论，并总结出以下原理

1. 学习的实质在于形成一定的联结

桑代克明确指出，学习即联结。所谓联结，桑代克认为与"结合""连锁""关系"或"倾向"同义，指某情境仅能唤起某些反应，而不能唤起其他反应的倾向。他认为，学习——刺激与反应的联结的形成是通过渐进的尝试与错误，按一定的规律形成的。

2. 联结—试误学习的基本规律：准备律、练习律、效果律【填空】：21陕西

（1）**准备律**

指在试误学习过程中，如果当刺激与反应之间的联结事前处于某种准备状态时，实现则感到满意，不实现则感到烦恼，当此联结不准备实现时，实现则感到烦恼。

（2）**练习律**

指在试误学习的过程中，任何刺激与反应的联结，如果经常练习和运用则联结的力量就会逐渐增大。如果不练习和运用则联结的力量会逐渐减少，直至消退。

（3）**效果律**

指在试误学习的过程中，如果其他条件相等，在学习者对刺激情境做出特定的反应之后，如果得到满意的结果则其联结就会增强，如果得到烦恼的结果则其联结就会削弱。可见，一个人当前行为的后果对他未来的行为起着关键的作用。奖励是影响学习的主要因素。

（二）对教育的启示

第一，桑代克的学习理论指导了大量的教育实践。效果律指导人们用一些具体奖励如小红花、口头表扬等。练习律指导人们对所有学生进行大量的重复练习或操练。他对教师总的劝告是"集中并练习那些应结合的联结，并且奖励想要的联结"。

第二，中小学生的学习也是通过尝试与错误的过程而获得的。该理论特别强调"做中学"，在学习过程中，教师应该允许学生犯错误，并鼓励学生从错误中进行学习，这样获得的知识也许更能长久保持。

第三，在实际的教育过程中，教师应努力使学生的学习得到自我满意的积极结果，防止一无所获或得到消极后果。同时应注意在学习过程中合理加强的练习，并注意学习结束后及时地进行练习。

（三）评价

桑代克的联结——试误说，虽然不完善，某些方面甚至存在错误，但是它在教育心理学发展史上的地位和作用却是不容忽视的。作为教育心理学史上第一个比较完整的学习理论，联结——试误说试图要说明什么是学习，指出学习的过程是怎样进行的、遵循哪些规律、学习又有哪些特点。它有利于确立学习在教育心理学理论体系中的核心地位，从而有利于教育心理学学科体系的建立。此外，不可否认，试误也是人类解决问题的一个途径和方法。

> 奖励就是感到愉快的或可能进行强化的物品、刺激或后果。

二、巴甫洛夫的经典性条件反射说【简答】：15闽南，21江南大学

巴甫洛夫

巴甫洛夫（1849～1936）是俄国生理学家、心理学家、医师、高级神经活动学说的创始人，高级神经活动生理学的奠基人，最早提出经典性条件作用的人，是第一位在生理学领域获诺贝尔奖的科学家。他在研究消化现象时，观察了狗的唾液分泌，得出经典条件作用的基本内容。

巴甫洛夫的经典实验：狗的条件反射实验

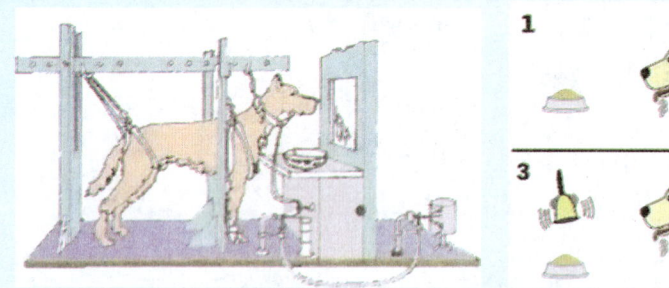

实验安排如图所示，实验台上缚着狗，有导管与其唾液腺相连，有关设施可对唾液分泌情况加以计量。实验时，当铃声响起后就紧接着喂食，重复若干次后，即使没有食物，只要听到铃声，狗也会分泌唾液。这表明铃声与分泌唾液之间形成了联结，分泌唾液是对铃声的一种条件反射，即一个原来对分泌唾液中性（无作用）的刺激（铃声）能够达到一个原来就能引起某种反应（分泌唾液）的刺激（食物）的作用，从而使动物学会对那个中性刺激（铃声）做出反应（分泌唾液）。其中食物叫作无条件刺激（UCS），由食物引起唾液分泌叫作无条件反应（UCR）。铃声原来是一种中性刺激，和食物在时间上多次结合后，成了条件刺激（CS），仅由铃声引起唾液分泌叫作条件反射（CR）。

（一）经典性条件反射的含义【名解】：11华南，21温州大学

所谓经典性条件反射，就是一种刺激替代过程，即由一个新的、中性的刺激（称为条件刺激，即CS）替代原先自然引发反应的无条件刺激（UCS）。由条件刺激（CS）引发的反应，就称为条件反应（CS）。

经典性条件作用的形成过程

建立前	无条件刺激（食物） →	无条件反应（唾液分泌）
	中性刺激（铃声） →	引起注意（无唾液分泌）
建立中（多次重复）	中性刺激（铃声） 无条件刺激（食物） →	无条件反应（唾液分泌）
建立后	条件刺激（铃声） →	条件反应（唾液分泌）

> 经典条件作用代表人物是巴甫洛夫、华生。操作性条件作用代表人物是桑代克、斯金纳。
> 经典条件作用与操作性条件作用的异同，斯金纳内容后有表格对比介绍。

(二) 经典性条件作用的主要规律（原理）【论述】：21 临沂大学

1. 习得与消退

习得： 有机体对条件刺激和无条件刺激之间联系的获得阶段称为条件反射的习得阶段。这阶段必须将条件刺激和无条件刺激同时或近于同时地多次呈现，才能建立这种联系，这就是条件反射的习得或获得。

消退： 经典条件作用形成后，如果反复呈现条件刺激，却不呈现无条件刺激，则条件反应的强度逐渐减弱，甚至消失，这称之为条件反射的消退。

2. 泛化

人和动物一旦学会对某一特定的条件刺激做出条件反射以后，其他与该条件刺激相类似的刺激也能诱发相同的条件反射。这就是条件反射的泛化，如我们常说的："一朝被蛇咬，十年怕井绳。"

3. 分化（辨别）【名解】：18 河北

分化是与泛化互补的过程。泛化是对事物的相似性的反应，分化（辨别）则是对事物的差异的反应。即只对特定刺激给予强化，而对引起条件反射泛化的类似刺激不予强化，这样，条件反射就可得到分化，类似的不相同的刺激就可以得到辨别。例如，为了使狗能够区分圆形和椭圆形光圈，如果只是在圆形光圈出现时才给予食物强化，而在椭圆形光圈出现时则不给予强化，那么狗便可以学会只对圆形光圈做出反应而不理会椭圆形光圈。

4. 高级条件作用

在条件作用形成后，条件刺激可以像无条件刺激一样诱发出有机体的反应。这种由一个已经条件化了的刺激来使另外一个中性刺激条件化的过程，叫作高级条件作用。即在一级条件作用的基础上建立二级条件作用，在二级条件作用的基础上建立三级条件作用。

5. 两个信号系统理论【简答】：21 温州大学

凡是能够引起条件反应的物理性条件刺激叫作第一信号系统刺激；凡是能引起条件反应的，以语言符号为中介的条件刺激叫作第二信号系统的刺激。"谈虎变色"就属于第二信号系统的条件作用。人类学习与动物学习的本质区别就在于有了以语言为主的第二信号系统。

(三) 经典性条件反射的教育应用

经典性条件反射揭示了学习活动最基本的规律，在教育实践中有广泛的应用。

第一，经典性条件反射可以用来解释很多学习现象，尤其是在幼儿学习过程中出现的问题。

第二，运用经典性条件反射的原理，可以在一定程度上控制学生的行为，促进学生进行一些基本的简单的学习。

第三，运用经典性条件反射原理进行心理治疗，可以矫正学生的偏差行为，消除学生对某些事物的恐惧。

但需要注意的是，经典性条件反射理论只能应用于比较简单的学习过程，它并不能解释人类复杂的行为活动，无法解释有机体为了得到某种结果而主动做出某种随意反应的学习现象，如小朋友为了得到母亲的表扬而主动做家务等。因此，在应用过程中要谨慎，切忌犯机械性和简单性的错误。

三、斯金纳的操作性条件反射说

斯金纳

斯金纳（1904～1990）是美国著名的新行为主义心理学家，操作性条件反射理论的奠基者。他创制了研究动物学习活动的仪器——斯金纳箱。1950年当选为国家科学院院士，1958年获美国心理学会颁发的杰出科学贡献奖，1968年获美国总统颁发的最高科学荣誉国家科学奖。

经典实验：斯金纳在桑代克的迷笼基础上创设了"斯金纳箱"

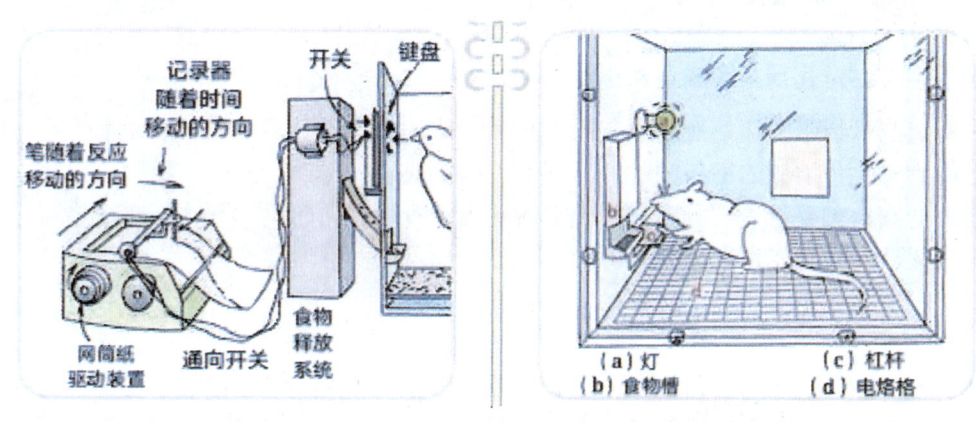

斯金纳箱内装有一杠杆（踏板），杠杆和另一提供食丸的装置相连接（见上图）。实验时将饥饿的白鼠置于箱内，白鼠在箱内自由活动，当它偶然碰触到杠杆时，供丸装置里就会自动落下一颗食丸。经过几次尝试，它会不断地按压杠杆，直到吃饱为止。同时，箱外的记录器记下白鼠按压杠杆和得到食物的详细情况。这一装置是对桑代克迷笼的改进，箱内杠杆作为刺激具有良好的辨别性，抬起前腿按压杠杆既不同于啃、抓、咬等动作，又是新的不难掌握的动作。在这一实验中，白鼠学会了按压杠杆以获取食物的反应，刺激情境（杠杆S）和压杆反应（获得食物R）之间形成固定的联系，形成了操作性条件反射。另外，按压杠杆变成了取得食物的手段或工具，因此，**操作性条件反射又叫作工具性条件反射**。【名解】：16集美，17北京

（一）操作性条件反射的主要原理

1. 强化理论【简答】：21云南民族

（1）强化【名解】：16宁波大学，17闽南，17广西师范学院，21南宁

所谓强化，是指条件反射中能够增强反应概率的一切手段。在操作性条件作用中，强化是最主要的自变量。强化的作用在于改变同类反应在将来发生的频率。行为之所以发生变化就是因为强化作用。强化有正强化和负强化之分。产生强化作用的刺激称为强化物。

（2）正强化【名解】：18云南，20淮北，21广东技术

正强化也称积极强化，是指有机体做出某种反应，并得到了正强化物（能够满足行为者需要的刺激物），那么这一反应在今后发生的频率就会增加。在日常生活中，人们常在自觉或不自觉地运用正强化塑造他人的行为。例如，教师对上课守纪律的学生进行

八卦趣闻

斯金纳的研究，从基础理论一直到应用实践，都颇有建树。他能写小说，还常上电视，不仅接受访谈，还做动物训练表演。纵观心理学史，无人能出其右。斯金纳第一次上电视，就石破天惊说出一句："如果在烧掉自己孩子还是自己的书籍之间作出选择的话，我愿意先烧掉自己的孩子。"这当然导致舆论大哗，效果就如同马诺那句"宁坐宝马车里哭，不坐自行车上笑"一样。心理学家这样说多吸引眼球呀，结果各家电视台就不断邀请他，斯金纳经常露面，就出名了。

表扬，家长对考试成绩好的孩子给予奖励，公司老板为努力工作的雇员增加薪水等。

（3）负强化【名解】：16上海、18西安外国语、18河北大学、19华中、21山西大学、21吉林

负强化也称消极强化，是指当厌恶刺激或不愉快情境出现时，若有机体做出某种反应，从而避免了厌恶刺激或不愉快情境（负强化物的移去或取消），则该反应在以后的类似情境中发生的概率便增加了。例如学校中曾被记过的学生因改过自新而被撤销了记过，监狱中的犯人因表现好而被减刑，这样的学生和犯人就会增加好的表现。负强化包括两种形式：逃避条件作用和回避条件作用。

评价： 在强化时，可以使用普雷马克原理，用高频的活动作为低频活动的强化物。如"你吃完这些青菜，才可以吃火腿"。

2. 惩罚与消退【辨析】：18山东

（1）惩罚【名解】：21宁波大学

当有机体做出某种反应后，若及时使之承受一个厌恶刺激（又称惩罚物），那么以后在类似情境或刺激下，该行为的发生概率就会降低甚至受到抑制。

（2）消退

当有机体做出以前曾被强化过的反应之后不再有强化物相伴时，那么这一反应在今后发生的概率便会降低。换言之，消退是一种无强化的过程，其作用在于降低某种反应在将来发生的概率，以达到消除某种行为的目的。

评价： 消退是减少不良行为、消除坏习惯的有效方法。例如，小孩的许多无理取闹的行为实际上是学习的结果，因为他们通过哭闹能得到诸如玩具、冷饮等强化物。为矫正这种行为，就不应再给予强化，父母的无端让步实际上正起着强化不正确行为的作用。因此，不去强化而去淡化，既可以消除不正确行为，又不会带来诸如惩罚等导致的感情受挫的副作用。

3. 连续渐进法与塑造

斯金纳设计了**连续渐进法**，用以研究包括一连串反应的学习。此法使用的程序是：

（1）先把要求个体学习的目标行为列举出来，如训练智能较低儿童自己上桌吃饭；

（2）开饭前他会自行走向饭桌（第一个反应）时，立即予以奖励（强化）；

（3）他走向饭桌且自行坐上座位（第二个反应）时，立即予以奖励；

（4）坐定后自行拿起调羹（第三个反应）时，立即予以奖励；

（5）用调羹自行吃饭（第四反应，亦即目标行为）时，立即予以奖励。用此种类似分解动作的方式渐进，最后将多个反应连贯在一起形成复杂行为的方法，称为**塑造**。

补充：惩罚与负强化不同【辨析】：18山东

负强化是通过厌恶刺激的排除，来增加反应在将来发生的概率，而惩罚是通过厌恶刺激的呈现，来降低反应在将来发生的概率。例如：某人因为犯罪被判处终身监禁，这里的"判刑"就是一种惩罚，目的是抑制或阻止此人不好的行为表现。批评、处分、判刑都是一种惩罚，而撤销处分、减刑则是一种负强化，两者的区别主要是：

（1）目的不同，惩罚的目的是阻止不良行为的发生，负强化则是激励良好的行为。

（2）实施的方式不同，惩罚是当个体表现不良时使用，负强化是在受惩罚的个体表现好时使用。

（3）后果不同，惩罚的结果是不愉快的，而负强化的结果是愉快的。

惩罚并不能使行为发生永久性的改变，只能暂时抑制行为而不能根除行为。因此，惩罚的运用必须慎重，日常生活中纠正不良行为时，要尽量避免单独运用惩罚，应该把惩罚和负强化结合起来，方能取得预期的效果。

复习提示

强化理论是重点，与第四章学习动机的强化理论可以相互参考，都是斯金纳提出来的。

普雷马克原理在本章高分拓展有补充。

真题回顾

2018年北京师大论述题：请运用教育心理学强化理论解释教学问题，并给教师提一些改正建议。

2018年山东师大辨析题：负强化就是惩罚。（错误）惩罚和负强化不同，一定要注意区别。

斯金纳克服了桑代克、华生等联结派学说解释学习现象的局限，扩展了联结派的眼界，加深了人们对行为习得机制的理解，使人们能成功地预测、控制和塑造。

（二）操作性条件反射的实际应用

1. 程序教学【辨析/简答】：16 重庆，11 西华，17 广东技术，18 南京

（1）程序教学的含义【名解】：17 天津

程序教学是通过教学机器呈现程序化教材而进行自学的一种方法。它把一门课程学习的总目标分为几个单元，再把每个单元分为许多小步子。学生在学完每一步骤的课程之后，就会马上知道自己的学习结果，即能得到及时反馈，然后按顺序进入下一步的学习，直到学完一个个单元。在学习过程中，学生可按自己的学习能力和学习习惯，自定学习步调，自主进行反应，逐步达到总目标。程序教学包括直线式程序和分支式程序两种。

（2）程序教学的基本原则

①小步子原则：框面以由易到难的小步子呈现，两个步子之间难度差很小。
②积极反应原则：要求学习者对每个学习问题都做出主动的反应。
③及时反馈原则：在学生做出反应后，及时确认或及时强化，以提高学生的信心。
④自定步调原则：让学生按自己的速度和潜力完成整个教学程序，强调个体化的学习方式。
⑤低错误率原则：教学中尽量避免可能出现的错误反应，提高学习效率。

2. 行为矫正【名解】：12、17 河南大学

（1）原理

有机体自发做出的操作性行为与其随后出现的行为结果之间的相倚关系，控制着该行为在以后发生的概率。即通过操作性条件反射或消退的原理来消除个体在某种情境下的不适当行为或不良习惯。

（2）基本程序

①确定目标行为；②建立目标行为的基线水平；③选择强化物；④必要时确定惩罚与惩罚标准；⑤实施行为矫正程序，观察目标行为并与基线水平做比较；⑥减少强化频率。

（3）实例

行为矫正的程序和方法被专业人员用来帮助人们改变其显著的社会行为，以达到改进其生活的某些方面的目标。如对正常儿童口吃、发脾气、厌学、说谎、言行不一等不良行为的治疗，或对成人酗酒等行为的矫正。

操作性条件反射		
人物	桑代克	斯金纳
实验	饿猫打开迷笼实验	白鼠的操作性条件作用实验（斯金纳箱）
学习实质	形成刺激—反应的联结，无须观念做媒介	一种反应概率的变化，强化是增强反应概率的手段
规律	准备律、练习律、效果律	强化（正强化和负强化）、惩罚与消退、连续渐进法与塑造
教育应用	1. 激发动机，培养兴趣 2. 适当练习，巩固知识 3. 及时表扬，走向成功	1. 程序性教学 2. 行为矫正
评价	第一个比较完整的学习理论，试误也是解决问题的一个途径和方法	克服桑代克、华生的局限，加深对行为习得机制的理解，使人们可以预测、控制和塑造、矫正行为

矫正行为。程序教学理论产生深远的影响，尤其对今天的计算机辅助教学有很大的影响。但是把人的学习与动物的学习等同起来，简单归结为操作性条件反射，过于偏狭，不注重人学习的内部机制和过程，将人等同于学习机器。

经典条件反射与操作反射的异同及其在教学中的应用

【辨析/简答】：14重庆，15山东，16延安大学，17山西

比较	经典性条件作用	操作性条件作用
代表人物	巴普洛夫	桑代克、斯金纳
行为特点	无意的、情绪的、生理的、应答性行为	有意的、操作性行为
过程及特点	行为发生在刺激之后，刺激替代	行为发生在刺激之前，反应修正
形成条件	条件刺激与无条件刺激相匹配	及时强化
刺激	对特定刺激才能产生反应	不需要特定刺激
消退	条件刺激多次单独出现	将强化物去掉
学习观	学习是刺激与反应之间联结的过程，这个过程出现的人的行为是被动的。	学习是人们自发作出一种行为，随后这种行为受到强化，此后这种自发行为出现的概率增加。
联结公式	刺激S——反应R（被动）	行动（自发）R——强化S，重要的是紧随其后的强化（刺激）
适应条件	主要用于解释人们的各种情绪性反应是如何与各种中性刺激建立联系的	主要解释如何利用强化手段来形成良好的行为或改变不良行为
两者相同点	①两者研究的都是外部刺激和主体行为反应之间的联系 ②两者都需要通过强化才能建立起来，都有消退抑制和自然恢复现象 ③两者都可以建立多级条件作用 ④两者都有泛化和分化现象	
在教学中的应用	①根据操作性条件学说，在教育过程中，教师应多用正强化的手段来塑造学生的良性行为，用不予强化的方法来消除消极行为。应慎重地对待惩罚，因为惩罚只能让学生明白什么不能做，不能让学生知道什么能做和应该怎么做。 ②在实际的教育中，人们对不同的强化会做出不同的反应。因此，教学中应注意：教师要对班上的学生提供不同的强化物。这就要求教师细心观察和了解学生对什么强化物感兴趣；教师选择强化物要注意年龄因素。	

四、班杜拉的观察（社会）学习理论及其教育应用【简答/论述/辨析】：13西北，14山西大学，15杭州，15沈阳，15淮阳，17河北，18山西，20温州大学，11山西，12天津，13安徽，14湖南，16东北，18贵州，19聊城大学，21扬州，21华中，21安庆

班杜拉

班杜拉（1925—）是新行为主义的主要代表人物之一，社会学习理论、社会认知理论的奠基人。他所提出的社会学习理论是在与传统行为主义的继承与批判的历史关系中逐步形成的，并在认知心理学和人本主义心理学几乎平分心理学天下的当代独树一帜，影响波及实验心理学、社会心理学、临床心理治疗以及教育、管理等社会生活领域。他认为来源于直接经验的一切学习现象实际上都可以依赖观察学习而发生，其中替代性强化是影响学习的一个重要因素。

经典实验：赏罚控制实验

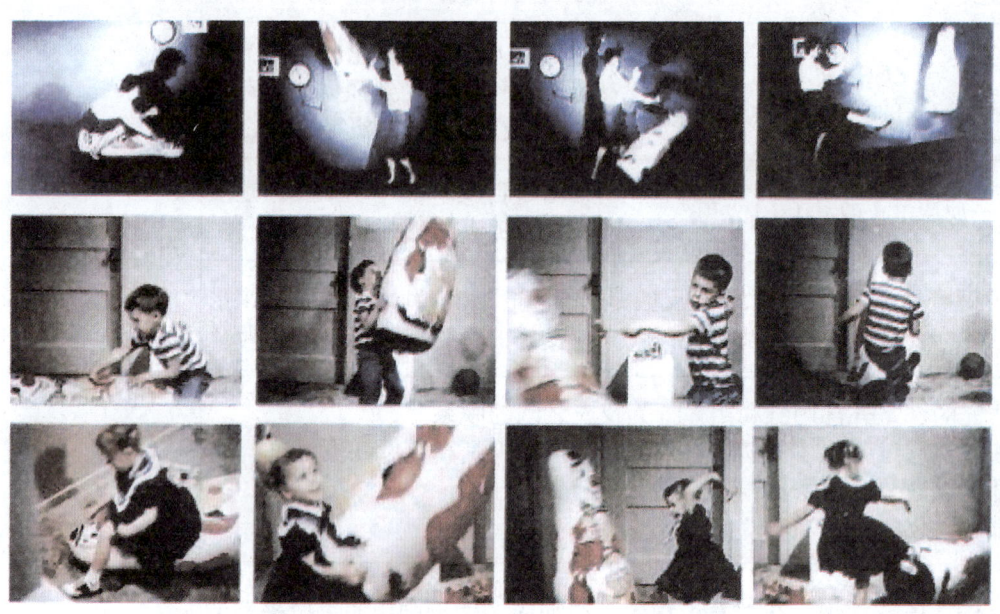

班杜拉首先让儿童观察成人榜样对一个充气娃娃拳打脚踢，然后把儿童带到一个放有充气娃娃的实验室，让其自由活动，并观察他们的行为表现。结果发现，儿童也会对充气娃娃拳打脚踢。这说明，成人榜样对儿童行为有明显影响，儿童可以通过观察成人榜样的行为而习得新行为。

后来对上述实验进一步延伸，他们把儿童分为三组，首先让儿童看到电影中的成年男子的攻击性行为。影片结束后，第一组儿童看到成人被表扬，第二组看到成人被批评，第三组既不表扬也不批评。然后，再把三组儿童带到实验室，里面有成人攻击过的对象。结果发现，榜样受奖组儿童的攻击性行为最多，受罚组最少，控制组居中。

（一）观察学习的定义【名解】：13浙江，15江苏大学，15鲁东，17天津，17江苏，17安徽，18中国海洋，18内蒙古，19北京，19吉林，19华东，21聊城大学

观察学习是一种间接学习的形式。人类的大多数行为是通过观察而习得的。人们通过观察他人的行为及其后果，可获得榜样行为的符号表征和经验教训，并可引导观察者今后的行为。观察学习的过程受注意、保持、动作再现和动机四个子过程的影响。

班杜拉观察学习理论除了观察学习之外，还可了解以下三个内容。

1. 社会认知论
班杜拉认为，儿童通过观察他们生活中重要人物的行为而习得社会行为。这些观察以心理表象或其他符号表征的形式储存在大脑中，来帮助他们模仿行为。班杜拉的社会认知论吸收了行为主义理论家们的大多数原理，但更加注意线索对行为、对内在心理过程的作用，强调思想对行为和行为对思想的作用。

2. 交互作用论
班杜拉认为，学习不但要受外部环境的影响，而且要受到认知调节和自我调节的影响。班杜拉强调人的行为是内部因素和外部因素相互作用的产物，坚持了多因素相互作用决定行为的观点。交互作用论认为，个人、环境和行为是相互影响、彼此联系的，组成了相互作用的系统，三者影响力的大小取决于当时的环境和行为的性质。

（二）观察学习的过程 【简答/论述】：20淮北，21广西，21湖北师范

1. 注意过程
调节观察者对示范活动的探索与知觉。注意过程是观察学习的首要阶段，决定着观察者在大量的榜样中选择什么作为观察对象。影响注意的因素有榜样行为的特性、榜样的特征和观察者的特点。

2. 保持过程
使得学习者把瞬间的经验转变为符号概念，形成内部表征。这一过程有赖于表象系统、语言系统、动作系统。

3. 动作再现过程
动作再现过程就是观察后的模仿过程。班杜拉认为，个体对榜样行为的再现过程可以划分成：反应的认知组织，反应的发起和监控，以及在信息反馈基础上的演练。在行为实施的初始阶段，反应在认知水平上得到了筛选和组织。自我效能感是影响动作再现过程的一个重要因素。

4. 动机过程
决定所习得的行为中哪一种将被表现出来。班杜拉把习得与行为表现相区分，认为行为表现是由动机变量控制的。动机过程包括外部强化、替代强化和自我强化。

（1）外部强化（直接强化）

如果按照榜样行为去行动会导致有价值的结果，而不会导致无奖励或惩罚的结果，人们倾向于展现这一行为。

（2）替代性强化 【名解/选择】：10、13湖南，13海南，20大理大学，13华中，18南京

观察者因看到榜样受到强化而受到强化。学习者如果看到他人成功的行为、获得奖励的行为，就会增强产生同样行为的倾向；如果看到失败的行为、受到惩罚的行为，就会削弱或抑制发生这种行为的倾向。这样一来，对榜样行为的强化，通过学习者的观察、体验而可以转化为学习者自身的动机作用。这种替代强化和由此产生的动机作用，可以说是班杜拉"模仿"的机理。

（3）自我强化 【名解】：17扬州，20广东技术，21江汉大学

自我强化依赖于社会传递的结果。社会向个体传递某一行为标准，当个体的行为表现符合甚至超过这一标准时，他就对自己的行为进行自我奖励。例如，补习了一年语言的学生为自己设立了一个成绩标准，于是他们将根据对其成绩的评价而对自己的行为进行自我奖赏或自我批评。

（三）观察学习理论的教育应用 【简答】：20中国海洋，21青岛大学

观察学习理论在人类学习中具有重要的作用。它不但可以使我们超越由赏罚控制来学习直接经验的限制，而且可以使我们超越事先设计的学习情境的限制，随时随地进行学习。这对学校教育教学提出了以下几方面要求：

第一，**选择适当的榜样行为并反复示范榜样行为**。教师须明确意识到观察学习是大量存在的。因而，无论是课堂教学中的技能形成，还是德育工作中的社会规范学习，既要发挥教师自身的榜样作用，也应注意为学生提供良好的榜样。

第二，**教师要有意识地按照观察学习的过程来指导学生的观察学习**，引导学生学习和保持榜样行为，并为学生创造再现榜样行为的机会，同时对良好的行为给予及时的表扬和鼓励，对错误的行为则给予批评和教育。

第三，**要充分发挥替代强化和自我强化的作用**，发挥学习者的主观能动性。这要求

---

3. 自我效能论

所谓自我效能感，是指个人对影响其生活的事件能够施加控制的信念。自我效能感通过决定着人试图去做什么，以及在做的过程中要付出多大努力的预期而对个体行为起着重要的引导作用，尤其是个体自己的行为和榜样行为之间存在差距时。

替代强化还有一个功能是情绪反应的唤起。例如，当电视广告上某明星因穿某个牌子的衣服或使用某种洗发水而风采迷人时，如果你知觉到或体验到因受到注意而感觉到的愉快，对你也是一种替代性强化。

教师保持旺盛的学习热情，时刻表现出对学习的热爱、对知识的渴求，以使学生获得内在的学习动力。

第三节 认知派的学习理论

【简答/论述】：16宁波大学，17苏州

一、布鲁纳认知——发现说
【简答/论述】：13湖北大学，13鲁东，16南京，16中国海洋，17中央民族，17东北，18中南民族，19集美大学，21天津，21鲁东，21湖南大学

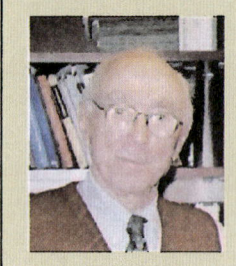

> **布鲁纳**
> 布鲁纳（1915～2016）是美国著名的认知教育心理学家，他把研究的重心放在知识获得的内部认知过程，以及学习理论和教学理论在教学中的应用。他特别强调学生的主动探索，主张学习的目的在于采用发现学习的方式，使学科的基本结构转变为学生头脑中的认知结构。因此，他的理论被称为发现学习论。他最为知名的一本书是1960年出版的《教学过程》。

> **复习提示**
> 早期的认知学习理论包括格式塔学派的完形—顿悟说和托尔曼的认知—目的说，已补充在本章高分拓展中。

（一）认知学习观【名解/简答】：20扬州，16广西，20宁波大学

1. 学习的实质是主动形成认知结构，而不是被动地形成刺激—反应的联结

布鲁纳认为，学习者不是被动地接受知识，而是主动地获取知识。学习者通过把新获得的知识和已有的认知结构联系起来，积极地建构其知识体系。

2. 学习包括获得、转化和评价三个过程，这三个过程几乎是同时发生的

学习活动首先是新知识的获得过程。新知识可能是以前知识的深化，也可能与原有知识相违背。获得了新知识以后，还要对它进行转化，我们可以超越给定的信息，运用各种方法将它们变成另外的形式，以适合新任务，并获得更多的知识。评价是对知识转化的一种检查，通过评价可以核对我们处理知识的方法是否适合新的任务，运用得是否合理。因此，评价通常包含对知识合理性进行判断。

（二）布鲁纳的结构教学观【简答/论述】：12云南，14哈尔滨，15湖南科技，17浙江工业，18苏州，21江苏，21陕西

> 此部分结构教学观与外国教育史中现代欧美教育思潮的结构主义教育相联系参考，类似。

1. 教学的目的在于理解学科的基本结构

学科的基本结构就是指一门学科的基本概念、基本原理及其基本的态度和方法。布鲁纳很重视学科结构的教学，把学科的基本结构放在设计课程和编写教材的中心地位，成为教学的中心。学生理解了学科的基本结构，就容易掌握整个学科的基本内容，容易记忆学科知识，促进学习迁移，提高学习兴趣，促进儿童智力和创造力的发展。

2. 掌握学科基本结构的教学原则

（1）**动机原则**

内部动机是维持学习的基本动力，学生具有好奇的内驱力（求知欲）、胜任的内驱力（成就感）、互惠的内驱力（人与人之间和睦共处的需要），这三种内在动机都具有自我奖励的作用，因而效应是持久的，教学应激发这三种内在动机。

（2）**结构原则**

布鲁纳认为任何知识结构都可以用动作、图像、符号三种表征形式来呈现。教师应根据学生的年龄、知识背景和学科的性质选择最佳的知识结构进行传授。

（3）程序原则（序列原则）

通常每门学科都存在着各种不同的程序，教师要根据学生过去所学的知识、智力发展的阶段、材料的性质以及个别差异等因素，采取适合学习者使用的具体程序，不存在对所有学习者都适用的程序。

（4）强化原则

为了提高学习的效率，学习者必须获得反馈，知道学习结果如何。这种反馈对学生的学习起着强化作用。因此，教学规定适当的强化时间和步调是学习成功的重要一环。同时，教学是一种暂时状态，其目的是促进学生的自我学习，逐渐地形成自我矫正的能力。

（三）发现学习观【简答/论述】：12南京，16江苏，19宁波大学，20吉林，20山西，13聊城大学，13西华，13、15杭州，14华中，16广西，21浙江，21江西科技

1. 发现学习的含义【名解】：10西南，11广西，12延安大学，12、16辽宁，14陕西，15聊城大学，15东北，16湖南科技，16山西，16、18苏州，17广西民族，18江西，18江苏，18安徽，18江汉大学，19扬州，19青岛大学，20西北，20海南，20西安外国语，20西华，21江苏大学，21赣南，21临沂大学，21广东技术，21西藏大学

发现学习是指学生在学习情境中，经过自己探索寻找，从而获得问题答案的一种学习方式。布鲁纳认为"发现是教育儿童的主要手段"，学生掌握学科的基本结构的最好方法是发现法。布鲁纳所说的发现不只限于寻求人类尚未知晓事物的行为，也包括用自己的头脑亲自获取知识的一切形式。为此，教学应让学生自己把事物整理就绪，使自己成为发现者。教师的作用在于帮助学生形成一种能够独立探究的情境，而不是提供现成的知识。

2. 发现学习的步骤

（1）创设问题情境，提出和明确学生感兴趣的问题；

（2）激发探究的欲望，提供解决问题的各种假设；

（3）从理论上和实践上检验假设；

（4）引导学生运用分析思维去验证结论，最终使问题得到解决。在这个过程中，教师要提供资料，让学生亲自发现结论或规律。

3. 发现学习的四项原则

（1）教师要将学习情境和教材性质向学生解释清楚；

（2）要结合学生的经验，适当组织教材；

（3）要根据学生心理发展水平，适当安排教材的难度与逻辑顺序；

（4）确保材料的难度适中，以维持学生的内部学习动机。

4. 学生是发现学习的主动者，教师的作用在于

（1）鼓励学生有发现的自信心；

（2）激发学生的好奇心和求知欲；

（3）帮助学生寻找新问题与已知知识的联系；

（4）训练学生运用知识解决问题的能力；

（5）协助学生进行自我评价；

（6）启发学生进行对比。

5. 发现学习的评价

（1）**优点**：①发现学习有利于激发学生的好奇心及探索未知事物的兴趣；②有利于调动学生的内部动机和学习的积极性，最大限度地为学生提供自由回旋的余地；③有

教学就是引导学生有条不紊地提出一系列的问题或积累大量知识的结构，以提高学生知识的掌握、转化和迁移能力。

复习提示

发现学习经常考名词解释，非常重要。第一部分教育学基础笔记第八章第二节教学过程中也有发现学习和接受学习，如果考发现学习和接受学习的名词解释，最好回答教育心理学此处的答案。

利于学生创造性、批判性思维的发展。

（2）局限：①真正能够用发现法学习的只是极少数学生；②发现法只适合自然科学的某些知识的教学，对于文学、艺术等以情感为基础的学科是不适用的；③发现法教学没有现成方案，过于灵活，对教师知识素养和教学机智、技巧、耐心等要求很高，一般教师很难掌握，反而容易弄巧成拙；④发现法耗时过多，不经济，不宜用在短时间内向学生传授一定数量的知识和技能的集体教学活动。

二、奥苏伯尔的有意义接受说【简答/论述】：11东北、13、16扬州、15广西、21吉林、12江西、17广西师范学院

奥苏伯尔

奥苏伯尔（1918～2008）是和布鲁纳同时代的美国著名教育心理学家。他根据学习进行的方式把学习分为接受学习和发现学习，又根据学习材料与学习者原有认知结构的关系把学习分为机械学习和意义学习，并认为学生的学习主要是有意义的接受学习。

（一）有意义学习的实质和条件【简答/论述】：11、20福建、17扬州、14华南、14宁波大学、16重庆、16、20内蒙古、16曲阜、17山东、18山西、19西北、21湖北师范、21江汉大学、21重庆三峡学院、13北京、15山西、19东北、16浙江工业、17华东、20中央民族、20江苏大学

1. 有意义学习的实质【名解】：10中山、11、21陕西、12广西、12首都、14北京、14华东、15扬州、15天津、15华东、15中国海洋、16海南、16安徽、17新疆、18吉林、18江西、18沈阳、18江苏、20华南、20温州大学、21南宁

（1）有意义学习就是将符号所代表的新知识与学生认知结构中已有的适当观念建立**非人为的和实质性的**联系。

（2）实质性的联系是指新旧知识之间的联系是**非字面的**，是新的符号或符号代表的观念与学习者认知结构中已有的表象和已经有意义的符号、概念或命题的联系。

（3）非人为的联系是指有内在联系而不是任意的联想或联系，是新知识与原有认知结构中有关的观念建立以某种**合理的逻辑为基础的联系**。

2. 有意义学习的条件【简答】：16河南、20北京、21太原、21赣南

有意义学习的产生既受学习材料本身性质（客观条件）的影响，也受学习者自身的因素（主观条件）的影响。

（1）从客观条件看
①有意义学习的材料本身要有逻辑意义，在学生心理上是可以理解的。
②有意义学习的材料本身是在学生学习能力范围之内的，符合学生的心理年龄特征和知识水平。学生可以通过理解去获得知识所具有的意义。

（2）从主观条件看
①学习者要有从事有意义学习的欲望，具有积极主动地将新旧知识建立联系的倾向。
②学习者认知结构中必须具有能够同化新知识的旧知识。
③学习者必须积极主动地实现新旧知识之间的联系，从而揭示新知识的意义。

（二）先行组织策略【名解/简答】：11华东、11聊城大学、12东北、13福建、14湖北大学、14浙江、15中央民族、16华中、16延安大学、17闽南、18安徽、19山西大学、19鲁东、19曲阜、19苏州、19温州大学、20湖南科技、20山东、21哈尔滨、21南宁、21宁夏大学、21石河子、12华东、17上海

答题提示

如果简答/论述题考有意义学习，1.实质，2.条件，都要回答。

奥苏伯尔的有意义学习与人本主义罗杰斯的有意义学习要注意区别，如果考名词解释有意义学习没有指明是谁的，回答时将两者的有意义学习都回答上。

第一，先行组织者，是先于学习任务本身呈现的一种引导性材料，它要比学习任务本身有较高的抽象、概括和综合水平，并且与认知结构中原有的观念和新的学习任务相关联。

第二，先行组织者的目的是为新知识的学习提供观念上的固着点或认知框架，增强新旧知识之间的可辨认性，促进学习的迁移。

第三，"组织者"不仅可以先行，也可以放在学习材料之后呈现。主要包括陈述性组织者和比较性组织者两种。前者的目的在于为新的学习提供最适当的类属者；后者是比较新材料和认知结构中相类似的材料，目的在于增强新旧知识的可辨别性。

（三）认知同化理论【简答/论述】：14闽南，15山东，19湖南大学，21济南大学

1. 当学生把教学内容与自己的认知结构联系起来时，有意义学习便发生了

所谓认知结构，就是指学生现有知识的数量、清晰度和组织结构，它是由学习眼下能回想出的事实、概念、命题、理论等构成的。因此，要促进新教材的学习，首先要增强学生认知结构中与新教材有关的观念。

2. 奥苏伯尔认知同化理论的核心

学生能否习得新信息，主要取决于他们认知结构中已有的有关观念，有意义学习就是新知识与学生认知结构中已有观念发生相互作用时才得以发生的，这种交互作用导致了新旧知识的有意义的同化。

3. 按照新旧观念的概括水平及其联系的方式不同，有三种同化方式【论述/选择】：19上海，21南京

(1) 下位学习【名解】：11、17云南，16河北大学，18淮北，19安徽，20广东技术

下位学习也叫类属学习，是将概括程度较低或包容范围较窄的新概念或命题，归属到认知结构中原有的概括程度较高或包容范围较广的适当命题或概念之下，从而获得新概念或新命题的意义。

(2) 上位学习【名解】：17山东、19宝鸡文理学院、19江西、19湖南

上位学习是新概念、新命题具有广泛的包容面或较高的概括水平，将一系列已有观念包含于其下而获得意义。如先知道松树、柳树等具体概念，然后学习"树"，知道"树"是各种树木的总括概念。

(3) 并列学习

并列学习也叫组合学习，新旧知识既无上位关系，又无下位关系，它们之间可能存在组合关系。这种只凭借组合关系来理解意义的学习就是并列学习。如先学松树概念，再学习柳树概念。

> 实例提示
>
> 下位学习：先学习"油"这个词，再学习"汽油、花生油"等，学生就会更清楚"油"的意义。

有意义学习的三种同化模式		
下位学习	上位学习	组合学习

（四）接受学习的界定及评价【辨析/简答/论述】：19山东，15杭州，16南京，20河北大学，20临沂大学，20青岛大学，14华中，20扬州，20杭州，21浙江

1. 接受学习的界定【名解】：16北京，17广西民族，21湖南

（1）接受学习是在教师指导下，学习者接受事物意义的学习。在接受学习中，所要学习的内容大多是现成的、已有定论的、科学的基础知识，通过教科书或教师的讲述，用定义的方式直接向学习者呈现，使学习者接受这些已有的知识，掌握它们的意义。

（2）接受学习绝非被动学习，学习者仍然是主动的，在学习一种新知识时，学生在教师的引导下，尝试运用其既有的知识，从不同角度去吸收新知识，最后纳入他的认知结构中，成为他自己的知识。

2. 对接受学习的评价

（1）接受学习是学习者掌握人类文化遗产及先进的科学技术知识的主要途径。在教师的合理指导下，学习者可以在较短时间内尽快掌握大量的间接知识，所获得的知识是系统的、完整的、精确的，而且便于储存和巩固。

（2）奥苏伯尔所倡导的接受学习有其合理性，尤其他提出的先行组织者教学策略很有参考价值，教学中应灵活应用该技术以促进知识的学习和保持。但是对学生技能的发展，尤其创新能力的发展则有一定的局限性。

（3）在学习的基本理论上，奥苏伯尔的有意义学习和布鲁纳的发现学习具有相同之处，二者都重视学生学习的主动性，都强调新知识的学习对已有知识的依赖性，都强调认知结构对学习新知识的重要性，以及认知结构的可变性。在教学组织模式上，二者有很大的差异。布鲁纳反对教师在教学中的系统讲解，主张学生自行发现其中的道理。而奥苏伯尔认为，讲解式教学应该是教学的主要模式。

助记表格>>

接受学习与发现学习的异同【简答/论述】：21湖南科技，21长江大学

		接受学习	发现学习
不同点	代表人物	奥苏伯尔	布鲁纳
	侧重点	强调现成知识的掌握	强调探究过程
	呈现学习材料的方式	教师把学习内容直接呈现给学生	教师只呈现一些提示性的线索，而不直接呈现学习内容
	学习的心理过程	学生只需直接把现成的知识加以内化，纳入到认知结构中	学生必须首先通过自己的探究活动，从事实中归纳出结论，然后再把结论纳入到认知结构之中
	教师的作用	主导、控制作用	指导作用
	教学组织模式	奥苏伯尔认为讲解式教学应该是教学的主要模式。	布鲁纳反对教师在教学中的系统讲解，主张学生自行发现其中的道理
相同点	①都重视学生学习的主动性 ②都强调新知识的学习对已有知识的依赖性 ③都强调认知结构对学习新知识的重要性，以及认知结构的可变性		

三、加涅的信息加工学习理论【简答/论述】：12江苏，20云南，19安徽，20华中，20内蒙古，20成都大学，21佳木斯大学，21华南

加涅

加涅（1916～2002）是20世纪最有影响的著名教育心理学家之一，被认为是行为主义学习理论和认知学习理论的折中主义者。他力图将行为主义的刺激反应学习模式和认识心理学的学习分类模式融合起来，建立起综合的学习理论。现代学习理论由于受信息加工理论的影响，越来越多的人接受了计算机模拟的思想，把学习过程类比为计算机的加工过程。

（一）学习的信息加工模式

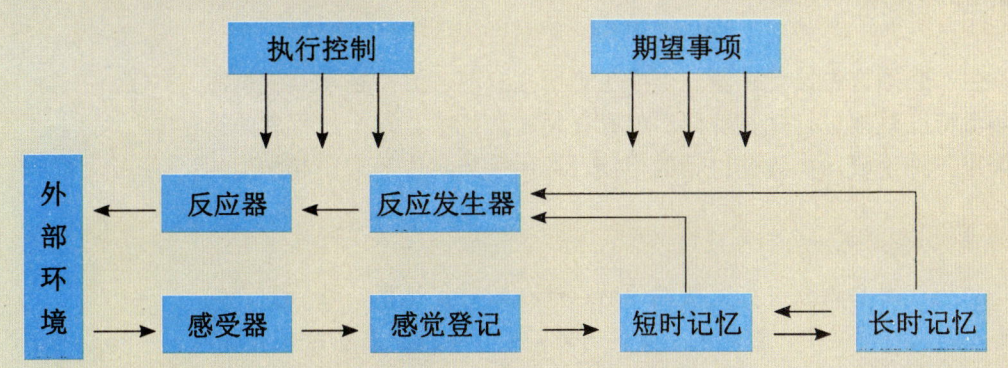

执行控制 → 反应器、反应发生器、感受器、感觉登记、短时记忆、长时记忆

期望事项 → 反应器、反应发生器、感受器、感觉登记、短时记忆、长时记忆

外部环境 ← 反应器 ← 反应发生器 ← 长时记忆

外部环境 → 感受器 → 感觉登记 → 短时记忆 ⇌ 长时记忆

信息加工的学习模式由三大系统组成，即信息的三级加工系统、执行控制系统和期望系统，它主要用来说明人的学习的结构和过程。对于理解人类的学习，理解教学和教学过程都具有重要意义。

1. 信息的三级加工（信息流）

我们每时每刻都在接受来自环境的各种刺激，这些刺激首先到达我们的各种感觉器官（或感受器），从而推动感受器并把它们转化为神经信息，这种信息就可能进入感觉登记。这一阶段是对信息非常短暂的记忆贮存，也是对信息最初和最简单的加工，往往被称为感觉记忆或瞬时记忆。（一级）

被知觉登记的信息很快就会进入短时记忆，这种信息主要来自视觉或听觉。短时记忆的信息可以持续二三十秒钟，由于短时记忆的容量有限，一般只能贮存七个左右的信息组块，新信息的进入就会挤走原有的信息，因此，要想使某种信息得到保持就需要采用复述策略，复述就成为促进信息保持并能顺利地进入长时记忆的重要的前提条件，短时记忆是信息的第二级加工，也是信息加工的一个重要环节。（二级）

经过复述的信息就能够进入第三级加工，即长时记忆。长时记忆被认为是一个永久性的信息贮存库，其信息的容量也是非常巨大的。信息进入长时记忆后，信息发生了关键性的转变，即信息经过了编码的过程。（三级）

储存信息是为了应用，运用这些信息去解决各种问题。当使用信息时，我们就会到长时记忆中去搜寻，这一过程称为提取。而提取的关键是检索，被提取的信息可以直接通向反应发生器，从而产生反应。

2. 期望事项和执行控制（控制结构）

期望事项是指人对信息加工所想要达到的目标，主要指动机系统，正因为学生对学习有某种期望，他才能够对信息进行深入加工，才能够进行学习，来自于教师的各种反

真题回顾

2020华中师范大学论述题：论述学习的信息加工理论的主要观点及其对教学启示。

答题提示

加涅的信息加工学习理论通过图示了解，如果考到，根据图示概括出来即可。

实例提示

类似于高中生物中我们学习过的反射弧：感受器—传入神经—神经中枢—传出神经—效应器。

馈才具有强化作用，而反馈又进一步肯定和增强了学生的期望。

执行控制系统主要是指在信息加工过程中决定哪些信息从感觉记忆进入短时记忆，如何通过复述使信息进入长时记忆，如何对信息进行编码，采用何种信息提取的策略等，相当于加涅所说的认知策略。

（二）学习阶段与教学设计 【论述】：15 云南

加涅把学生的学习过程分为 8 个阶段，根据这些阶段进行相应的教学设计，安排相应的教学事件。

1. 动机阶段

有效的学习必须要有学习动机，这是整个学习的开始阶段。在教学中，首先要激发学生学习动机，形成学习期望，因为学习动机是借助于学生内部产生的心理期望而建立起来的。期望可以为随后的学习指明方向。

2. 领会阶段

有了学习动机的学生，必须首先接受刺激，当学生把所注意的刺激特征从其他刺激中分化出来时，这些刺激特征就被进行知觉编码，储存在短时记忆中。这个过程就是选择性知觉。教师可以采用各种手段，如改变讲话的声调、运用手势动作等来引起学生的注意。

3. 习得阶段

习得阶段涉及的是对新获得的刺激进行直接编码后存储在短时记忆里，然后把它们再进一步编码加工后转入到长时记忆中。教师的主要任务就是给学生提供各种编码程序，鼓励学生选择最佳的编码方式。

4. 保持阶段

学生习得的信息经过复述、强化后，以语义编码的形式进入长时记忆的储存阶段。

5. 回忆阶段

学生要将习得的信息表现出来，必须经过信息提取这一环节，这就是回忆。在教学设计上最重要的是强化信息的保持，使学生掌握为自己提供线索的策略。

6. 概括阶段

学习过程必然有一个概括的阶段，也就是学习迁移的问题。为了促进学习的迁移，教师必须让学生在不同的情境中进行学习，并提供在不同情境中运用提取过程的机会；同时，更为重要的是，要引导学生掌握和概括其中的原理。

7. 作业阶段

只有通过作业才能反映学生是否已习得了所学的内容。作业的一个重要功能是反馈；同时，通过作业学生看到自己学习的结果，可以获得一种满足。教师要提供各种形式的作业。

8. 反馈阶段

反馈是学习的最后阶段，学生通过作业的完成，可以了解自己的学习是否达到预期目标。这时教师给予反馈，让学生及时知道自己学习的结果，从而强化他们的学习动机。

总之，加涅认为教师是教学活动的设计者和管理者，也是学生学习效果的评定者。一个完整的学习过程是由上述的八个阶段的系列所组成的。有效的教学要求教师根据学习的内部条件，创设或安排适当的外部条件，促进学生有效学习，以实现预期的教学目标。

> 这部分要理解记忆，死记硬背很痛苦。

助记表格>>

加涅的学习阶段与教学事件		
学习阶段	内部过程	教学事件
1. 动机阶段	期望	1. 激发动机 2. 告知目标
2. 领会阶段	注意：选择性知觉	3. 指导注意
3. 习得阶段	编码：储存登记	4. 刺激回忆 5. 提供指导
4. 保持阶段	记忆储存	
5. 回忆阶段	提取	6. 增加保持
6. 概括阶段	迁移	7. 促进学习迁移
7. 作业阶段	反应	8. 让学生做作业 提供反馈
8. 反馈阶段	强化	

第四节 人本主义的学习理论

【名解/简答/论述】：20南京，10山东，11江苏，16重庆三峡，18江苏大学，18湖北师范，19中央民族，11重庆，12中南大学，15、19山西，16聊城大学，17华中，17苏州，19湖南大学

罗杰斯

罗杰斯（1902～1987）不仅是人本主义心理学的创始人，而且是心理治疗中人本治疗学派的鼻祖，是当事人中心疗法的创始人。在人本主义心理学对教育产生最直接而重要的影响中他当推首位。20世纪60年代，罗杰斯将他的"来访者中心疗法"移植到教育领域，创立了"以学生为中心"的教育和教学理论，成为20世纪最重要的教育理论之一。

一、罗杰斯的自由学习观（有意义的自由学习）
【简答/论述】：10四川，10哈尔滨，18广西师范学院，20温州大学，21集美大学，21湖北师范，19云南，21成都大学

（一）罗杰斯关于学习的分类

罗杰斯认为，学生学习主要有两种类型：认知学习和经验学习；学习方式主要有两种：无意义学习和有意义学习。他认为认知学习和无意义学习、经验学习和有意义学习是完全一致的。

认知学习很大一部分内容对学生自己是没有个人意义的，它只涉及心智，而不涉及感情或个人意义，是一种"在颈部以上发生的学习"，因而与全人无关，是一种无意义学习。

复习提示

人本主义心理学家罗杰斯年幼只知读书，是个孤僻的人，缺少朋友，大学时才体验到交往的快乐。这种经历让他注重人际沟通的平等和尊重，提出了"以来访者为中心"的观念，认为咨询时应创造一种绝对的无条件的积极尊重气氛，以助人自助。后来他将"来

经验学习以学生经验生长为中心,以学生的自发性和主动性为学习动力,把学习与学生的愿望、兴趣和需要有机地结合起来,因而经验学习必然是有意义的学习,必能有效地促进个体的发展。

(二)罗杰斯有意义学习的含义和特征

1. 罗杰斯有意义学习的含义

罗杰斯有意义学习不仅仅是一种增长知识的学习,而且是一种与每个人各部分经验都融合在一起的学习,是一种使个体的行为、态度、个性以及在未来选择行动方针时发生重大变化的学习。

2. 罗杰斯认为有意义学习具有四个特征

(1) 全神贯注。整个人的认知和情感都投入学习活动中。
(2) 自动自发。学习者由于内在的愿望主动去探索、发现和了解事件的意义。
(3) 全面发展。学习者的行为、态度、人格等获得全面发展。
(4) 自我评估。学习者自己评估自己的学习需求、学习目标是否完成。

二、以学生为中心的教学观(非指导性教学)【辨析/简答/论述】:17南京,13曲阜,14广西,15苏州,16鲁东,19扬州,14湖南科技,18沈阳

(一)"非指导性"教学的含义

"非指导"不等于不指导,而是指导的另一种形式。它强调指导的间接性、非命令性,以区别于传统教学中的那种直接告诉、简单命令、详细指示的指导。教师的任务是为学生提供各种学习资源,促进学习的气氛,让学生自己决定如何学习。促进学生学习的关键不在于教师的教学技巧、专业知识、课程计划、演示讲解、丰富书籍等,而在于特定的心理气氛因素,这些因素存在于"促进者"与"学习者"的人际关系中。

(二)促进学习的心理气氛因素

1. 真诚一致
学习的促进者是一个表里如一、真诚、完整而真实的人,没有任何矫饰、虚伪和防御。

2. 无条件的积极关注
学习的促进者关心学生的各个方面,尊重学生的情感和意见,接纳其价值观念和情感表现。

3. 同理心
学习的促进者能了解学生的内在反应,了解其学习过程,为其设身处地,使其感同身受。在这样一种心理气氛下,教师只是学习的促进者、协作者或者说是伙伴、朋友,学习者才是学习的关键,学习的过程就是学习目的之所在。

(三)"非指导性"教学法的特点

1. 无结构教学
课程大部分的进程缺乏连贯性和方向性。指导教师聚精会神地、认真地倾听着每一个人的发言,他并不在乎学生发言切题或不切题。

2. 鼓励思考

3. 接受的重要性
罗杰斯认为,如果一个人被人们接受,完完全全地接受,而且是体贴和同情的,这个人就能够面对自己,丢开戒备心理和正视自己的勇气。

访者中心疗法"移植到教育领域,创立了"以学生为中心"的教育和教学理论。

罗杰斯的人格与治疗观在本章高分拓展有补充。

这里要注意罗杰斯有意义学习和奥苏伯尔有意义学习的区别。前者关注的是学习内容与个人之间的关系;而后者则强调新旧知识之间的联系,它只涉及理智,而不涉及个人意义。

罗杰斯认为,教师的任务不是教学生学习知识,也不是教学生如何学习,如何学习应由学生自己来决定。因此,教师的角色应由传统的"知识的传授者"蜕变为"学习的促进者"。

罗杰斯十分重视教学过程中的师生关系,认为促进学习的关键不在于教师的教学技能、课程设计、教学设备资源等,而是在于教师和学生的关系。

4. 一种新型的方法论

从来不做总结性发言。各种讨论最后都悬而未决，课堂上提出的问题总是在流动变化之中。学生以真实的自我与他人进行交流，产生了亲密关系和热烈气氛，与一般课程上的那种非人格化的课程内容恰恰形成了对比。

（四）"非指导性"教学中的师生关系

为了促进学生人格的充分发展，罗杰斯认为教师必须具备四种态度品质：
第一，充分信任学生能够发挥自己的潜能；
第二，表里如一，以真诚的态度对待学生；
第三，尊重学生的个人经验，重视他们的感情和意见；
第四，深入理解学生的内心世界，设身处地为学生着想。

三、人本主义学习理论的应用

人本主义学习理论倡导以学生经验为中心的"有意义的自由学习"，对教育教学实践具有重要的推动作用。

（一）重视学习者的内心世界

人本主义学习理论关注学习者在教学中的认知、情感兴趣、动机、潜在智能等心理活动，主张设身处地为学习者着想，使他们感受到学习的乐趣，从而全身心地投入学习。

（二）对学习者持积极乐观的态度

人本主义心理学家提倡教育目标应该是指向学习者的创造性、目的和意义，这就要求教师应当充分地尊重、了解与理解学生，创设自由的、宽松的、快乐的学习气氛，激发学生的学习积极性，从而促进学生的学习与成长。

（三）对教师的态度定势与教学风格的重视

人本主义心理学家重视师生关系、课堂气氛及群体动力的作用，特别是促使教师更加重视与研究涉及人际关系与人际感情，诸如自我概念与自我尊重等问题；促使教师从学生的外部行为理解其内在的动因；促使教师在讲授知识中正确地理解自己。

（四）重视意义学习与过程学习

人本主义心理学家主张的"做"中学和在学习过程中学习如何学习的观点有利于在教育教学中消除老师与学生、学和做、目的和手段之间的对立，使学习成为乐趣。

因此，教学的重点也应当放在良好的师生关系或教师态度上。

从罗杰斯的教学论思想可以看出，在教学过程中，他强调情感因素和人际关系。而且他还竭力呼吁应培养有充实丰富情感世界、精神世界的人，也就是知情合一的"完整的人"，有形成良好人际关系能力的人。

·第五节 建构主义的学习理论·

一、建构主义的思想渊源与理论取向（浙江师大大纲删除）【论述】：21沈阳

（一）建构主义的思想渊源

建构主义是学习理论从行为主义发展到认知主义以后的进一步发展。建构主义的思想渊源可以上溯到苏格拉底和柏拉图的观点和教学实践。皮亚杰的同化和顺应的双向建

💡 真题回顾

2021年沈阳师范大学论述题：建构主义的思想渊源与理论取向有哪些？从建构主义出发，教师如何看待学生以及促进学生的学习。

59

构过程、布鲁纳的发现学习、认知心理学中的图式理论等都对当今的建构主义有重要的影响。20世纪70年代以后，维果茨基的思想对当今建构主义有很大的影响。

（二）建构主义的理论取向【简答】：11曲阜

建构主义本身并不是一种学习理论流派，而是一种理论思潮，目前正处于发展过程中，尚未达成一致意见，存在着不同的取向，对教育实践具有一定影响的主要有以下四种理论。

1. 激进建构主义
（1）代表人物
这是在皮亚杰思想基础上发展起来的建构主义，以冯·格拉塞斯菲尔德和斯特菲为典型代表。
（2）基本观点
①知识不是通过感觉被个体被动地接受，而是由认知主体主动建构起来，这种建构是通过新旧经验的相互作用而实现的。
②认识是适应和组织自己的经验世界，而不是去发现本体论意义上的现实。
③世界的本来面目是我们无法知道的，我们所知道的只是我们的经验。

2. 社会建构主义
（1）代表人物
这是以维果茨基的理论为基础的建构主义，以鲍尔斯菲尔德和库伯为代表。
（2）基本观点
①世界是客观存在的，对每个认识世界的个体来说是共通的。
②知识是在人类社会范围里建构起来的，又在不断地被改造。
③学习是个体建构自己的知识和理解的过程，但更关心这一建构过程的社会性。
④知识分为"自下而上的知识"和"自上而下的知识"。

3. 社会文化取向
（1）代表人物
这种倾向与社会建构主义很相似，也受维果茨基的影响。
（2）基本观点
①心理活动是与一定的文化、历史背景和风俗习惯密切联系在一起的。
②知识与学习都存在于一定的社会文化背景中，不同的社会实践活动是知识的来源。所以它着重研究不同文化、不同时代和不同情境下个体的学习和问题解决等活动的差别。

4. 信息加工建构主义
（1）代表人物
在学习理论学派中，信息加工并不属于严格的建构主义。代表有斯皮诺等人的认知灵活性理论。
（2）基本观点
①信息加工的建构主义完全接受"知识是由个体建构而成的"观点，强调外部信息与已有信息之间存在双向的、反复的相互作用。
②新经验意义的获得要以原有的知识经验为基础，从而超越所给的信息。而原有经验又会在此过程中被调整或改造。这种观点并不接受"知识仅是对经验世界的适应"的原则。所以，信息加工建构主义往往被称为"温和建构主义"。

复习提示

冯·格拉塞斯菲尔德认为，应该用"生存力"来代替"真理"一词，只要某种知识能帮助我们解决具体问题，或能提供关于经验世界的一致性解释，那它就是适应的，就是有"生存力"的，不要去追求经验与客体的一致。

"自下而上的知识"是指学习者在自己的日常生活、交往和游戏等活动中，形成大量的个体经验。
"自上而下的知识"是指在人类的社会实践活动中形成了公共文化知识，在个体的学习中，这种知识首先以语言符号的形式出现，由概括向具体经验领域发展。

二、建构主义学习理论的基本观点【名解/简答/论述】：21广州大学，10、21山西，10、15渤海大学，10江苏，11哈尔滨，11、18聊城大学，12广西，12湖南大学，12闽南，13华东，13、14苏州，13、15南京，13、15、16四川，14辽宁，14曲阜，15中央民族，16江西，17陕西，17扬州，17海南，17天津大学，15、17、20内蒙古，18广西师范学院，18山西大学，19沈阳，20海南，20东北，20临沂大学，20中国海洋，21佳木斯大学，21江苏大学，21湖南理工学院，21广东技术，21西藏大学，10首都，10、21浙江，11、20鲁东大学，11安徽，11、14杭州，12、19辽宁，12、21西北，12西南，13、14江西，13、19、20重庆，15山西，15集美，15青岛大学，16、17上海，17西安外国语，18温州大学，19天津，19淮北，19哈尔滨，19四川，20宝鸡文理，20浙江大学，20南京，21沈阳，21赣南，21湖南，21新疆

（一）知识观【简答】：14湖南科技

建构主义对知识的客观性和确定性提出了质疑，强调知识的动态性和情境性。

第一，知识意义上，知识并不是对现实的准确表征，它只是一种解释、一种假设，并不是问题的最终答案。

第二，知识应用上，知识并不能精确概括世界的法则，在具体问题中需要针对具体情境进行再创造。

第三，知识学习上，不同学习者对同一命题会有不同理解，理解是由个体基于自己的知识经验背景而建构起来，取决于特定情境下的学习历程。

（二）学生观【简答】：16湖南科技，20广东技术

第一，学生并不是空着脑袋进入教室，他们在日常生活、学习中，已经形成丰富的经验。教学不能无视学生已有的经验，而是要把学生已有的知识经验作为新知识的增长点，引导学生从原有的知识经验中"生长"出新的知识经验。

第二，教学不是知识的传递，而是知识的处理和转换。教师应该重视学生自己对各种现象的理解，洞察他们想法的由来，引导他们丰富或调整自己的理解。教师应该使学生学会尊重不同于自己的看法，看到不同看法所具有的特殊价值与长处，增进学生之间的合作，从而促进学习的进行。

（三）学习观【名解/简答】：12沈阳，11苏州，12沈阳，15湖南科技，17陕西，19北华大学，21淮北

建构主义对学习做出了新的解释，强调学习的主动建构性、社会互动性和情境性。

1. 学习的主动建构性

学习是由个体学习者基于自己的经验背景建构知识的过程，不是由教师向学生传递知识的过程。因此，学生是主动的信息构建者，不是被动的刺激接受者。面对新信息、新概念和新命题，每个学生都在以自己原有的知识经验为基础建构自己的理解。

2. 学习的社会互动性

学习是通过某种社会文化的参与内化相关的知识和技能、掌握有关的工具的过程。常通过学习共同体的合作互动来完成，即学习任务是通过各成员在学习过程中的沟通交流、共同分享学习资源完成的。

3. 学习的情境性

知识并不是脱离活动情境抽象地存在，学习应该与情境化的社会实践活动结合起来。知识存在于具体的、情境性的、可感知的活动之中，不是一套独立于情境的知识符号（如名词术语等），只有通过实际应用活动才能真正被人理解。

（四）教学观【名解/简答/论述】：12陕西，16广西，20集美大学，17江苏大学

建构主义对传统的教学观提出了尖锐批评，对教学做了新的解释。其中最基本、核

心的思想是让学生通过问题解决来学习。

第一，教学不再是传递客观而确定的现成知识，教学应激发出学生原有的相关知识经验，促进知识经验的"生长"和学生的知识建构活动，以促成知识经验的重新组织、转换和改造。

第二，教学要为学生创设理想的学习情境，激发学生的推理、分析、鉴别等高级思维活动，同时给学生提供丰富的信息资源、处理信息的工具以及适当的帮助和支持，促进他们自身建构意义以及解决问题的活动。

第三，教学的目的就是帮助学生进行知识的意义建构，以培养学生的探究能力和创新能力为目标。教学评价要重视评价学生知识建构的过程。

三、认知建构主义学习理论与应用（浙江师大大纲删除）【论述】：14安徽

（一）认知建构主义学习理论的内容

认知建构主义关注的是学习者个体如何建构认知方面或情感方面的，其基本观点是强调意义的双向建构过程。以激进建构主义、信息加工建构主义为代表，典型代表是维特罗克的生成学习理论和斯皮罗等人的认知灵活性理论。

1. 生成学习理论【名解】：21扬州、21大理大学

该理论由维特罗克提出，他认为学习的生成过程就是学习者原有的认知结构（已存储在长时记忆中的事件和脑的信息加工策略）与从环境中接受的感觉信息（新知识）相互作用，主动地选择和注意信息，以及主动地建构事物的意义的过程。

生成学习有两个前提：一是人们生成对所知觉事物的意义，总是与他以前的经验相结合，即理解总是涉及学习者的认知过程及其认知结构；二是人脑并不是被动地学习和记录输入的信息，它总是建构对输入信息的解释，主动选择一些信息，忽视一些信息，并从中推出结论。

2. 认知灵活性理论

根据知识的复杂性，斯皮罗等人将知识划分为结构良好领域的知识和结构不良领域的知识。所谓结构良好领域的知识，是指有关某一主题的事实、概念、规则和原理，它们之间是以一定的层次结构组织在一起的。结构不良领域的知识则是将结构良好领域的知识应用于具体问题情境时产生的，即有关概念应用的知识。结构良好领域的学习主要是初级学习，而复杂和结构不良领域的学习则主要是高级学习。

（二）认知建构主义学习理论的应用

认知建构主义对教学改革的具体指导主要表现在：（1）反对僵化统一的课程目标，坚持课程目标的开放性和弹性（2）反对一味地灌输知识，强调学生积极主动地建构理解知识；（3）反对抽象地授受知识，强调情境教学；（4）反对一味重视结果，主张教师把注意力更多地放在学生获得知识的过程上。

1. 探究性学习【名解/论述】：16江苏大学、18江苏、18广东技术、19陕西、19河北大学、20青岛大学、19天津大学、20温州大学、21南京信息工程

探究性学习是认知建构主义学习理论在教学中的典型应用，是指学习者通过发现问题和解决问题而建构知识的过程。研究表明，以问题为中心的探究性学习，有利于帮助学生提高灵活应用知识的能力，形成有效的问题解决和推理策略，发展他们的自主学习能力。

探究性学习被广泛采用的一个具体模式是项目式学习，基本步骤是：针对课程内容

答题提示

2018年西北师大简答题：简述支架式教学和最近发展区的关系。

先解释支架式教学、最近发展区的含义，再回答两者的关系。支架式教学与最近发展区的关系：支架式教学要保证提供的支架必须处于学生的最近发展区内，在学生能力有所发展的时候，随着学生认知发展的变化而进行调整。同时，为了更好地形成学习者的认知冲突，实现有效教学，

设计出一个个学习单元——项目，每个项目围绕着一个具有启发性的问题而展开，学习者以合作的方式来分析问题、搜集资料、确定方案，直到解决问题。

2. 随机通达教学【名解】：20济南大学

在学习过程中，由于可以从多个角度对信息进行建构、获得不同的理解，因此，教学要促使学生在多个情境中、从多个角度对问题进行建构，以达到对知识全面而深刻的理解；同时也有利于把学习与具体情境联系起来，形成背景性经验，促进知识的迁移。所以对同一内容的学习要在不同时间多次进行，每次的情境都是经过改组的，而且目的不同，分别着眼于问题的不同侧面。

四、社会建构主义学习理论与应用（浙江师大大纲删除）【名解/简答/论述】：13江苏，16华东，18西北，19华中

（一）社会建构主义学习理论的内容

社会建构主义学习理论以维果茨基的理论为基础，关注的是学习和知识建构背后的社会文化机制。学习是一个文化参与过程，学习者通过借助一定的文化支持，参与学习共同体的实践活动来内化有关的知识。社会文化互动在知识建构中具有重要作用。以社会建构主义和社会文化取向的建构主义为代表。

（二）社会建构主义学习理论的应用

社会建构主义学习理论在教学中的应用主要以情境式教学和支架式教学为典型代表，此外还有抛锚式教学、合作学习、认知学徒制、交互式教学等。

1. 情境式教学【名解】：20渤海大学

教学应使学习在与现实情境相类似的情境中发生，以解决学生在现实生活中遇到的问题为目标。这种教学过程与现实的问题解决过程相类似，所需要的工具往往隐含于情境当中，教师指导学生探索。情境式教学不需要独立于教学过程的测验，而是采用融合式测验，在学习中对具体问题的解决过程本身就反映了学习的效果。

2. 支架式教学【简答】：18西北，19新疆

（1）支架式教学的含义【名解】：18江西，20临沂大学，21渤海大学

支架式教学是指教师或其他助学者通过和学习者共同完成某项学习任务，为学习者提供某种外部支持，帮助他们完成独自无法完成的任务的一种教学。随着活动的进行，逐步减少外部支持，直到最后完全撤去支架，让学生独立完成任务为止，把学生的最近发展区转化为现实。支架教学包括预热、探索和独立探索三个环节。

（2）支架式教学的具体环节

①搭脚手架：围绕当前学习主题，按"最近发展区"的要求建立概念框架。

②进入情境：将学生引入一定的问题情境（概念框架中的某个节点）。

③独立探索：让学生独立探索问题情境中所蕴含的意义，抽取出问题的实质，努力解决这一问题。

④协作学习：进行小组协商、讨论。在共享集体思维成果的基础上达到对当前所学知识的比较全面、正确的理解，即完成对所学知识的意义建构。

⑤效果评价：对学习效果的评价包括学生个人的自我评价和学习小组对个人的学习评价，评价内容包括：自主学习能力；对小组合作学习所作出的贡献；是否完成对所学知识的意义建构。

3. 抛锚式教学

> 教学支架既不能太难也不能太容易。教师常常在学生学习有一定挑战性的内容时使用到教学支架。

教学要建立在有感染力的真实事件或真实问题的基础上。确定这类真实事件或问题被形象地比喻为"抛锚"，因为一旦这类事件或问题被确定了，整个教学内容和教学进程也就被确定了。在学习中，学习者首先看到一种问题情境，他们要先运用原有的知识去尝试理解情境中的现象和活动，在此基础上，教师逐步引导他们形成一些概念和理解，然后让他们用自己的理解方式去体验和思考问题。

4. 合作学习【名解/简答/论述】：13 四川，12 重庆，18 湖北师范，17 江苏大学

这是一种教学策略，同一小组的学生通过合作共事，共同完成小组的学习目标。合作学习的目的不仅是培养学生主动求知的能力，而且发展了学生在合作过程中的人际交往能力。

5. 认知学徒制【名解】：18 温州大学

认知学徒制指经验较少的学生在专家指导下参与某种真实性的活动，从而获得与该活动有关的知识技能。如在手工作坊中小徒弟进行的学习就是一种情境式的学习方式。

6. 交互式教学

这是教师通过示范传授知识与技能的一种方法。交互式教学重视学习者之间的相互支持和促进，它有两个特点：一是着眼于培养学生以特定的、具体的用以促进理解的策略；二是以教师和学生之间对话为背景。

本章高分拓展

一、华生对经典条件作用的发展（陕西师大大纲新增）

华生于 1913 年在《心理学评论》杂志上发表了一篇题为"一位行为主义者眼中的心理学"的论文，正式宣告行为主义心理学的诞生，标志着行为主义革命的开始。华生是行为主义心理学的创始人。影响：科举制度在中国历史上延续了 1300 年，直到清末 1905 年才废除，对封建社会的政治、经济和文化产生了重大影响。

> **经典实验：小艾尔伯特实验（恐惧形成实验）**
>
> 给婴儿一个小白兔，婴儿原本是很开心的，当婴儿快碰到兔子时，给出一种尖锐的声音，让婴儿感到害怕；几次后，婴儿只要看到小白兔就开始害怕，到后来甚至只是白色的东西他都害怕。

（一）华生的刺激—反应说

华生把凡是能引发个体反应的因素都称为刺激。华生认为，一切心理学问题及其解决，都可以纳于刺激和反应的范畴之中。通过刺激可以预测反应，通过反应可推测刺激。

行为是指有机体所说的或所做的，是能直接观察到的。想要儿童习得预期的行为，只需控制刺激，以产生相应的反应，并使之习惯化，这样就能达到塑造行为的目的。所以，发展是儿童行为模式和习惯的逐渐建立和复杂化的过程，因而不会表现出阶段性。

华生认为组成行为的基本单元是刺激—反应（S—R）。刺激—反应之间的联系是直接的，不存在心理、

意识的中介。

（二）刺激—反应说的基本观点

学习就是以一种刺激替代另一种刺激建立条件作用的过程。人类出生时只有几个反射（如打喷嚏、膝跳反射）和情绪反应（如爱、怒、惧等），人类所有其他的行为都是通过条件作用建立新刺激—反应联结而形成的。学习的过程是形成习惯的过程，即刺激与反应间建立牢固联结的过程。习惯的形成，遵循频因律和近因律。

1. 频因律：在其他条件相等的情况下，某种行为练习得越多，习惯形成得越迅速，即练习的次数在习惯中起重要作用。

2. 近因律：当反应频繁发生时，最新近的反应更容易得到强化。

二、早期的认知学习理论（陕西师大大纲新增）

（一）格式塔学派的完形—顿悟说

苛勒

完形—顿悟说是由德国的格式塔心理学派提出的一种学习理论。格式塔心理学又称完形心理学，诞生于1912年，苛勒是其重要的代表人物。1913～1917年，苛勒在德国对黑猩猩的学习和解决问题进行了较多研究，由此认为，学习是通过顿悟实现的，而不是桑代克认为的尝试错误。

经典实验：黑猩猩问题解决的箱子实验和棒子实验

【棒子实验】：在黑猩猩的笼子外放有香蕉，笼子里面放有两根短竹棒，用其中的任何一根都够不着笼子外面的香蕉。然而，黑猩猩思考一会儿，突然将两根棒子像钓鱼竿一样接起来，够着了香蕉，把香蕉拨过来。黑猩猩一旦领悟棒子接起来与远处香蕉的关系时，就一次又一次把一根棒子插进另一根棒子的末端，以便能获得远处的香蕉。

【箱子实验】：在房间中央的天花板上吊一串香蕉，猩猩站在地板上而不能拿到，房间的四周放了一些箱子。面对这样一个情境，猩猩开始采取跳跃的方式获取香蕉，但是没有达到目的。于是它不再跳，而是走来走去。突然它站在箱子前面不动，过一会儿，它很快把箱子挪到香蕉下面，爬上箱子，取到了香蕉。有时一个箱子不够，还能把两个或几个箱子叠起来。这便是苛勒所说的对问题情境的"顿悟"，即只有对问题的情境进行改组，才能使问题得到解决。

【实验解释】：对于黑猩猩的行为，苛勒的解释是遇到问题时，动物可能审视相关的条件，也许考虑一定行动的成功可能性，当突然把一件工具的工具性价值（如棒子作为手臂的延伸）"看"作达到目标的手段，即看出两根接起来与远处香蕉的关系时，它便产生了顿悟，解决了这个问题。而且，一旦发现了这一方法之后，遇到类似情境就能够运用这一"领悟"了的经验。

1. 完形—顿悟说的基本观点 【简答】：15中山大学

(1) 学习的实质在于构造完形

在格式塔心理学家看来，学习就是知觉的重新组织。人在认知活动中需要把感知到的信息组织成有机的整体，在头脑中构造和组织一种格式塔（完形），对事物、情境的各个部分及其相互关系形成整体理解，而不是对各种经验要素进行简单的集合。他们提出了"整体不等于各部分之和，而大于各部分之和"的论断。

(2) 学习是通过顿悟实现的 【名解】：19江苏

学习是一个顿悟的过程，是个体利用自身的智慧与理解力对情景与自身关系的顿悟，而不是尝试错误的过程。顿悟是以对整个问题情境的突然领悟为前提的，只有在清楚地认识到整个问题情境中各种成分之间的关系时，顿悟才可能发生。顿悟的过程也是一个知觉的重新组织过程。

所谓顿悟，就是动物突然觉察到问题解决的办法，即动物领会到自己的动作该怎样进行，领会到自己的动作和情景，特别是和目的物之间的关系。顿悟往往跟随在一个阶段的尝试与错误之后发生，但这种行为不像桑代克所描述的那样，而更似于一种"行为假设"的程序，动物在试验了这些假设以后，便会抛弃它们，这往往是顿悟的前奏。

(3) 刺激与反应之间的联系不是直接的，而需要以意识为中介

对于刺激与反应或环境与行为之间的关系，格式塔与构造主义或行为主义的理解都是不同的。格式塔认为它们的关系是间接的，是以意识为中介的，用公式表示的话是一个三项式，即S—O—R；而后者的理解是直接的，不存在意识的中介作用，其公式是一个二项式，即S—R。这是二者的根本分歧所在。

2. 评价

优点： 格式塔心理学派看到了这些学派的还原主义、机械主义的不足，从而把研究的对象确定为知觉、思维等心理现象，主张研究意识，这在当时是难能可贵的，为现代认知心理学的研究提供了心理学的来源。

缺点： 但他们企图用顿悟说说明人类的学习，这是不妥当的。同样，他们否认"尝试—错误"的学习形式，过分夸大顿悟学习的作用与意义，也不符合学习的实际。

（二）托尔曼的认知—目的说

托尔曼是一位新行为主义者。但他是一位受格式塔学派影响的行为主义者。

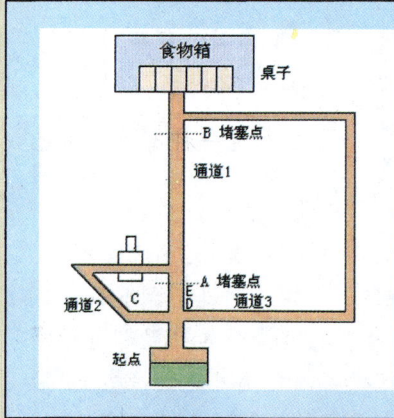

> **经典实验**
>
> 设计一个迷宫，主要有三条通道通向食物，被试是白鼠，在最初训练时，白鼠已经熟悉了三条通道，并形成了一定的顺序，先选择通道1，再是通道2，再是通道3，实验时，我们堵塞A处，白鼠选择通道2去拿食物，当B处堵住后，白鼠却直接选择通道3，避开通道2。托尔曼认为白鼠的头脑中已经形成了认知地图，它们能够按照认知地图去行动，而不是依靠盲目的行为习惯。

1. 认知—目的说的基本观点

(1) 学习是有目的的，是期待的获得

期待指有机体对未来事件的假设或信念。托尔曼认为，动物通过学习可以形成对未来事件的意义认识，表现出对未来事件的预先认知或推测。

(2) 学习是对完形的认知，是形成认知地图（位置学习）

托尔曼认为，有机体在达到目的的过程中，会遇到各式各样的环境条件。个体只有认知这些环境条件，才能克服困难，达到目的。学习不是简单地、机械地形成运动反应，而是学习达到目的的符号，形成"认知地图"。所谓认知地图是动物在头脑中形成的对环境的综合表象，包括路线、方向、距离，甚至时间关系等信息。

(3) 学习的结果不是刺激（S）与反应（R）的直接联结，而是在S与R之间存在中间变量O，即：S—O—R。O指的是有机体的内部变量，它是一种期待。

(4) 潜伏学习是一种重要的学习方式

托尔曼认为强化虽然有助于学习，但并非必要条件，不强化时也会出现学习。学习在无强化时结果不明显，是"潜伏"着的，一旦受到强化，这种结果可通过操作明显地表现出来。

2. 评价

贡献：托尔曼重视行为的整体性、目的性，提出中介变量的概念，重视在刺激与反应之间的心理过程，强调认知、目的、期望等在学习中的作用，是进步的，应给予肯定。

不足：托尔曼理论中的一些术语，如"认知地图"没有被明确地界定；对人类的学习与动物的学习也没有从本质上进行区分，因而是机械主义的，这使得他的理论不能成为一个完整的、合理的体系。

(三) 早期认知学习理论的启示

第一，肯定主体：格式塔学派的学习顿悟说强调学习的认知过程，肯定了主体的能动作用和目的性。

第二，认知地图：托尔曼所讲的认知地图就是现代认知心理学所讲的认知结构，形成学生良好的认知结构是教育的关键和核心。

第三，顿悟：学习过程中最主要的是顿悟，是观察和理解过程，避免单纯的、盲目的练习和重复。

第四，期待：期待是学习动机中一个构成要素，是学习目标在人头脑中的反映。

三、罗杰斯的人格与治疗观（陕西师大大纲新增）

(一) 人格

人格形成的原动力来自于自我实现的需要，人格发展的关键在于形成和发展正确的自我，而自我的正常发展必须具备两个基本条件：无条件的尊重和自尊。其中，无条件的尊重是自尊产生的基础。人格就是一个人根据自己对外在世界的认识而力求自我实现的行为表现。

按罗杰斯的看法，每个人心中有两个自我：一个是他的自我概念，即实际自我；一个是他打算成为的自我，即理想自我。如果两种自我有很大重合或相当接近，人们的心理是健康的；反之，如果两种自我评价间差距过大，心理问题就容易出现。因此，心理治疗的目的就在于帮助患者创造一种有关他自己更好的概念，使他能自由的实现他的自我，实现他自己的潜能，成为自我实现者（功能完善者、心理健康者）。

(二) 心理治疗观

罗杰斯对心理学的最大贡献在于其以自我理论为理论假设的心理治疗观。他的"以人为中心"的咨询疗法直接反映出他的心理治疗观。罗杰斯心理治疗观经历了"非指导性治疗"——"患者"中心疗法（又称来访者中心法）——"以人为中心"的疗法的过程。

罗杰斯认为患者有自我实现的潜能，这种潜能不是被治疗家所创建的，而是在一定条件下自由释放出来的，故采用"患者中心疗法"。基本做法是鼓励患者自己叙述问题，自己解决问题。治疗者在治疗过程中，不为当事人解释过去压抑于潜意识中的经验与欲望，也不对当事人的自我报告加以评价，只是适当的重复当事人的话，帮助他澄清自己的思路，使当事人自己逐步克服自我概念的不协调，接受和澄清当前的态度和行为，达到自我治疗的效果。

疗法运用的三个条件：

第一，无条件地积极关注。治疗者应对患者表现出真诚的尊重、关心、喜欢和接纳，即使当患者叙述某种可耻的感受时，也不表示冷漠或鄙视，即"无条件尊重"。

第二，真诚一致。治疗者的想法与他对当事人的态度和行为应该是相一致的，不能虚伪做作。

第三，移情性理解。治疗者要深入了解患者经历的感情和想法，设身处地地了解和体会患者的内心世界。

四、普雷马克原理【名解/论述】：14 新疆，18 西北，20 吉林，20 济南大学

用高频的活动作为低频活动的强化物，或者说用学生喜爱的活动去强化学生参与不喜爱的活动。"你吃完这些青菜，才可以吃火腿"；"先吃完饭，才可以看电视"。运用普雷马克原则选择最佳强化物时，在教学中要注意：

第一，教师要针对班上不同的学生提供不同的强化物系列。教师要注意观察和了解学生对什么强化物感兴趣。在一个30多人的班级中，可以事先让学生填写问卷，如"在课堂上你喜欢干什么或玩什么东西？在课堂上你最喜爱干的三件事是什么？如果你去商店，你将买哪三件喜爱的玩具？"。

第二，教师选择强化物时应考虑年龄因素。比如，有些活动如帮助老师或做谜题，对小学生而言可能是有力的强化物；但对中学生来说，和朋友聊天、玩电子游戏、听音乐则可能是更合适的强化物。因此，必须针对不同年龄的学生提供相应的有力的强化刺激和事件。

第三，强化程式是指反应受到强化的时机和频率。利用强化程式来教学习者习得并维持一个新行为时应遵循如下原则：

（1）教新任务时，进行即时强化，不要进行延缓强化。在行为主义学习理论中有一条重要的原理就是后果紧跟行为比后果延缓要有效得多。即时反馈有两个作用：首先它使行为和后果之间的联系更为明确，其次它增加了反馈的信息的价值。

（2）在任务的早期阶段，强化每一个正确的反应。随着学习的发生，对比较正确的反应优先强化，逐渐地转到间隔式强化。

（3）强化要保证做到朝正确方向促进或引导。不要坚持一开始就做到完美。不要强化不希望行为。

第四章 学习动机

本章大纲考点及考频

第一节 学习动机概述 1
 一、学习动机的内涵 61
 二、学习动机的分类 15
 三、学习动机的作用 7
 四、学习动机与学习效果的关系 11

第二节 学习动机的主要理论 3
 一、学习动机的强化理论 5
 二、学习动机的需要层次理论 32
 三、学习动机的认知理论 0
  （一）期望—价值理论 16
  （二）成败归因理论 34
  （三）自我效能感理论 67
  （四）自我价值理论 0

第三节 学习动机的培养与激发 4
 一、影响学习动机的因素 14
 二、学习动机的培养与激发措施 73

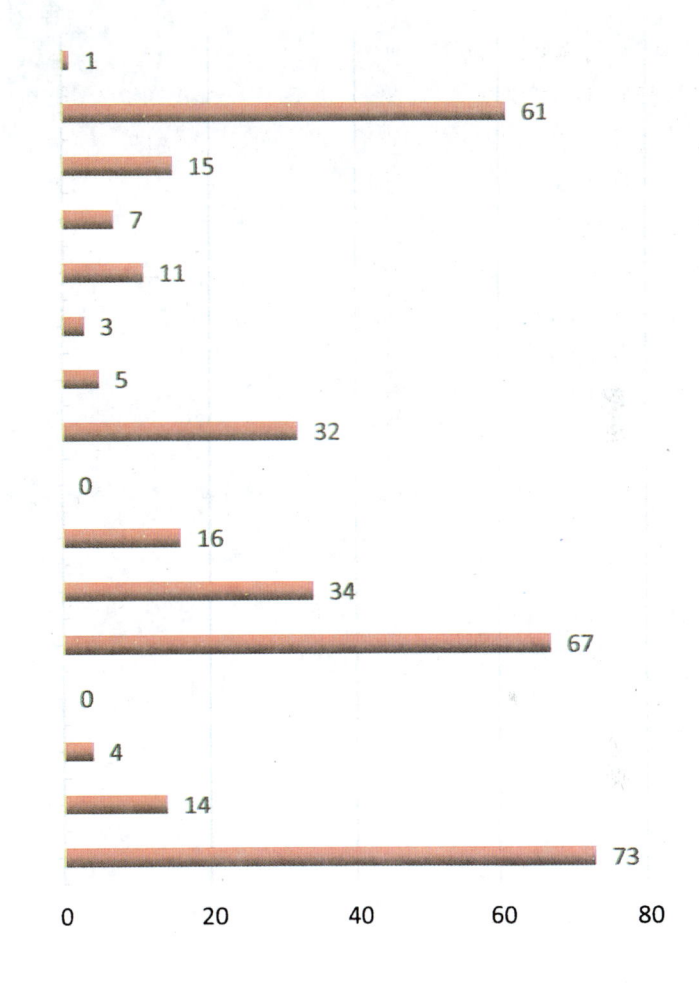

本章思维导图

- **学习动机**
  - 学习动机概述
    - 学习动机的内涵
    - 学习动机的分类
    - 学习动机的作用
    - 学习动机与学习效果的关系
  - 学习动机的主要理论
    - 强化理论
    - 需要层次理论
    - 认知理论
      - 期望价值理论
      - 成败归因理论
      - 自我效能感理论
      - 自我价值理论
  - 学习动机的培养与激发
    - 影响学习动机的因素
    - 学习动机的培养与激发

本章参考书

【1】张大均主编：《教育心理学》（第三版），人民教育出版社，第五章。

【2】陈琦、刘儒德主编：《教育心理学》（第3版），高等教育出版社，第八章。

【3】陈琦、刘儒德主编：《当代教育心理学》（第3版），北京师范大学出版社，第八章。

·第一节 学习动机概述·

【论述】：18 上海

一、学习动机的内涵 【名解】：10 重庆，11、16 浙江，12、16、17 华南，11、12 中南大学，11 北航，11、12 南京，12 山西，10、12 闽南，13 辽宁，13 宁波大学，13 北京，11、13、16 四川，15 鲁东，15 扬州，15、21 重庆三峡，15 淮北，13、15、16 聊城大学，14、15、18 曲阜，16、18 江苏，16、20 贵州，17、18 苏州，17 湖南，12、17 江西，17 云南，17 新疆，12、13、15、16、18 西华，18 集美，18 湖北大学，18 江汉大学，18 河北大学，19 太原，19 天津，19 内蒙古，19 中国海洋，19 广东技术，20 湖南理工学院，20 江苏大学，20 陕西，21 上海，21 广西

学习动机是引起和维持个体进行学习活动，并使活动朝向一定的学习目标，以满足某种学习需要的一种内部心理状态。

学习动机是直接推动学习行为的原因和内部动力。构成学习动机的主要内容包括知识价值观、学习兴趣、学习效能感和成败归因。

二、学习动机的分类 【简答】：19 吉林，21 湖南大学

1. 根据学习动机的社会意义，可把学习动机分为高尚的和低级的两类。
2. 根据学习动机起作用时间长短，可把学习动机分为间接远景性的和直接近景性的两类。
3. 根据学习动机作用的大小，可把学习动机分为主导性和辅助性两类动机。
4. 根据学习动机分布特点，可把学习动机分为普遍型和偏重型两类。
5. **根据学习动机产生的诱因来源，可把学习动机分为内部和外部两类**【简答/论述】：13 湖北大学，21 温州大学

（1）内部学习动机 【名解】：12 湖北大学，17 湖南大学

内部学习动机是指人们对学习本身的兴趣所引起的动机。动机的满足在活动之内，不在活动之外。它不需要外界的诱因、奖惩来使行动指向目标，因为行动本身就是一种动力。如有的学生喜爱数学，他便在课上认真听讲，课下刻苦钻研。

（2）外部学习动机 【名解】：12 湖北大学

外部学习动机是指人们由外部诱因所引起的动机，动机的满足不在活动之内，而在活动之外。这时人们不是对学习本身感兴趣，而是对学习所带来的结果感兴趣。如有的学生是为了得到奖励、避免惩罚、取悦于老师等。

内部动机和外部动机决定着学生们是否去持续掌握他们所学的知识。具有内动机的学生能在学习活动中得到满足，他们积极地参与学习过程，而且在教师评估之前能对自己的学业表现有所了解；他们具有好奇心，喜欢挑战，在解决问题时具有独立性。而具有外部动机的学生一旦达到了目的，学习动机便会下降；另一方面，为了达到目标，他们往往采取避免失败的做法，或是选择没有挑战性的任务，或是一旦失败，便一蹶不振。

6. **根据学习动机影响学生学业成就的不同，奥苏伯尔将学校情境中的成就动机分为三种内驱力：认知内驱力、自我提高内驱力和附属内驱力**

奥苏伯尔对学校情境中的成就动机的分类				
成就动机成分	认知内驱力 【名解】：17湖南大学，19山西，20安徽	自我提高内驱力 【名解】：10南京，12北京，12天津大学	附属内驱力 【名解】：14湖南，20河北大学
含义	在要求理解、掌握知识以及系统地阐述问题或解决问题的需要的基础上产生的一种内驱力；这种动机指向学习任务本身（为了获得知识），是一种内部动机	在通过胜任某些活动而获得他人尊敬的需要的基础上产生的一种内驱力，其目标是赢得某种地位或名次；把成就看作赢得地位与自尊心的根源，是一种外部动机	又称交往内驱力，是在希望获得或保持他人认可、赞许、关心、支持或友谊的需要的基础上产生的一种内驱力，也是一种外部动机
产生	后天产生，有赖于特定的学习经验	从儿童入学即开始产生	后天产生，有赖于三个条件：1.学生在感情上对他人有依附性；2.能从他人的赞许或认可中获得一种派生地位；3.享受到派生地位乐趣的学生会有意识地使自己的行为符合他人的标准和期望，借以获得并保持他人的赞许，且这种赞许往往能使一个人的地位更确定、更巩固
对学习的意义	是意义学习中最重要、最稳定的动机	产生后日趋重要，是成就动机的主要组成部分	从小学到中学，附属内驱力的来源逐步从家长和教师转向伙伴，同伴的赞许和许可日益成为重要的动机源

三、学习动机的作用【简答】：15吉林，16内蒙古，17南京，20、21广东技术，20四川轻化工，20西藏大学

（一）引发作用

当学生对某些知识或技能产生迫切的学习需要时，就会引发学习内驱力，唤起内部的激动状态，产生焦急、渴求等心理体验，并最终激起一定的学习行为。

（二）定向作用

学习动机以学习需要和学习期待为出发点，使学生的学习行为在初始状态时就指向一定的学习目标，并推动学生为达到这一目标而努力。

（三）维持作用

学习动机水平高的学生能在长时间的学习活动中保持认真的态度和坚持把学习任务胜利完成的毅力，而学习动机水平低的学生则缺乏学习行为的稳定性和持久性。

（四）调节作用

学习动机调节学习行为的强度、时间和方向。如果行为活动未达到既定目标，动机

还将驱使学生转换行为活动方向以达到既定目标。

四、学习动机与学习效果的关系【选择/名解/辨析/简答/论述】：19南京，10湖北大学，10四川，21广州大学，21西华，17湖南，17四川，18沈阳，19首都，21山东，21江苏大学

第一，学习动机仅仅是影响学习效果的众多因素之一，除此之外，知识基础、智力水平、学习策略、学习习惯、人格特征、健康状况、情绪状况、学习环境、课外指导等都是影响学习效果的重要因素。

第二，学习动机对学习效果的影响不是直接的，动机对学习效果的影响是通过努力程度、集中注意力和对学习的立即准备等学习行为为中介变量间接增强与促进学习效果的。

第三，两者之间是互为因果、相互依存、相辅相成的关系，动机可以促进学生改善学习行为和习惯，从而更好地掌握知识，同时也使求知欲和自信心获得提升。

第四，学习动机存在一个最佳水平，即在一定范围内，学习效率随学习动机强度增大而提高，直至达到学习动机最佳强度而获得最佳，之后则随学习动机强度的进一步增大而下降。动机强度的最佳水平会随学习活动的难易程度而有所变化。一般说，从事比较容易的学习活动，动机强度的最佳水平点会高些，而从事比较困难的学习活动，动机强度的最佳水平会低些，这就是耶克斯—多德森定律。（如图所示）

总之，学习动机强度与学习效果之间不是一种线性关系，而是倒U形曲线关系，中等强度的动机是最有利于任务的完成，一旦动机强度高于这个水平，对行为具有阻碍作用。因为过分强烈的学习动机往往使学生处于一种紧张的情绪状态之下，注意力和知觉范围变得狭窄，由此限制了学生正常的智力活动，降低了思维效率。

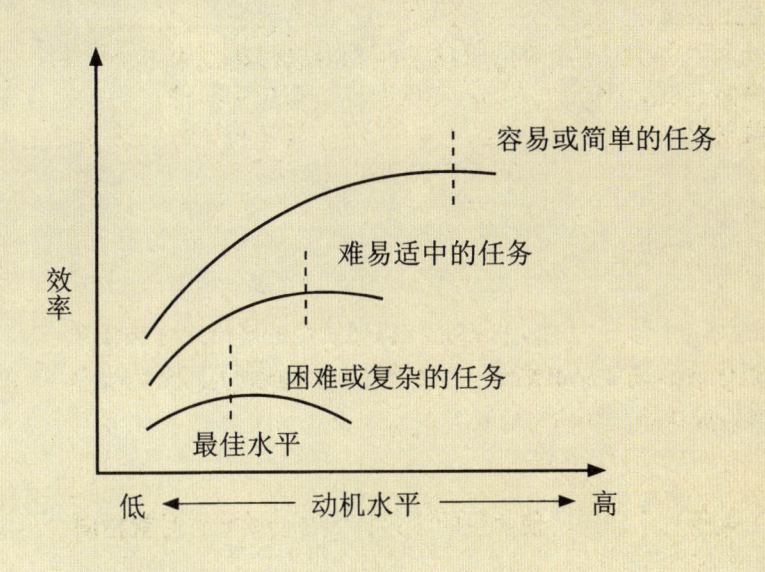

> **真题回顾**
>
> 2021年西华师范大学辨析题：学生的学习动机越强，学习效果越好。

耶克斯—多德森定律曲线

2021年西华师范大学辨析题：学生的学习动机越强，学习效果越好。

第二节 学习动机的主要理论

【简答】：10东北，20吉林，21湖州师范

一、学习动机的强化理论 【简答/论述】：16华中，16辽宁，15江西，18北京，20济南大学

（一）学习动机的强化理论内容

学习动机的强化理论是由行为主义心理学家提出来的，以**桑代克、斯金纳**为代表，不仅用强化来解释学习的发生，而且用强化来解释动机的引起。强化可以使人在学习过程中增强某种反应发生的概率，使刺激与反应之间的联结得到加强和巩固。按照这个观点，任何学习行为都是为了获得某种报偿，因此，在学习活动中，采取奖赏、赞扬、评分、竞赛等外部手段可以激发学生的学习动机，引起其相应的学习行为。

（二）强化论在学校教育实践中的应用

该理论广泛应用于教学实践，用奖惩的手段的确可以达到立竿见影的效果。但强化论只重外在学习动机而忽视内在学习动机，忽视甚至否认了学习者的主动性和自觉性，因而有较大的局限，局限性主要体现在：

第一，为分数、名次而学，不利于培养主动积极的求知热情。

第二，多数学生没有成就感，用奖惩方式控制学习，学生自然会形成趋奖避罚而读书的心态，但真正能获得奖励的学生只是少数。

第三，阻碍学生人格全面发展，奖优罚劣在实际应用中，往往造成学生以追求高分为目的，素质全面发展的理想成了空想。

第四，学生在应付考试的功利主义心态下很难形成良好的知识结构和能力结构。

二、学习动机的需要层次理论 【填空/名解/简答/论述】：19陕西，15中国海洋，17鲁东，10杭州，11广西，12西北，13西南，13闽南，16广东技术，16沈阳，17江苏，18广西民族，18广西师范学院，18贵州，19温州大学，20西华，21西藏大学，21陕西理工，10西北，10、13山西，13东北，10、13、16福建，14吉林，14沈阳，18河南，18河北大学，20青海，20四川，21华东

（一）七个需要层次

人本主义心理学家**马斯洛**认为，个体行为的动机都是在需要发生的基础上才被激发起来的，各种需要之间又有先后顺序和高低层次之分。按需要性质由低到高可分为七个层次：

第一，**生理需要**——维持生存和延续种族的需要；

第二，**安全需要**——受保护与免遭威胁、获得安全感的需要；

第三，**归属和爱的需要**——被人接纳、爱护、关注、鼓励、支持的需要；

第四，**尊重需要**——希望被人认可、关爱、赞许等维护个人自尊心的需要；

第五，**认识和理解的需要**——探索、摆弄、试验、阅读、询问等，个体对不理解的东西寻求理解的需要，学习动机正来源于这种需要；

第六，**审美需要**——欣赏、享受美好事物的需要；

第七，**自我实现需要**——在精神上臻于真、善、美合一的至高人生境界的需要，即个人理想全部实现的需要。

> **复习提示**
> 可以与第三章行为主义的学习理论中斯金纳提出的强化理论相联系，其实是一个内容。

> **复习提示**
> 马斯洛、罗杰斯都属于人本主义心理学的代表人物。

> **答题提示**
> 需要层次理论经常考简答或者论述题。论述题时当然全部都要回答，如果考简答题，评价可以不用写。2018年河南师大论述题：论述学习动机的需要层次理论，并分析该理论

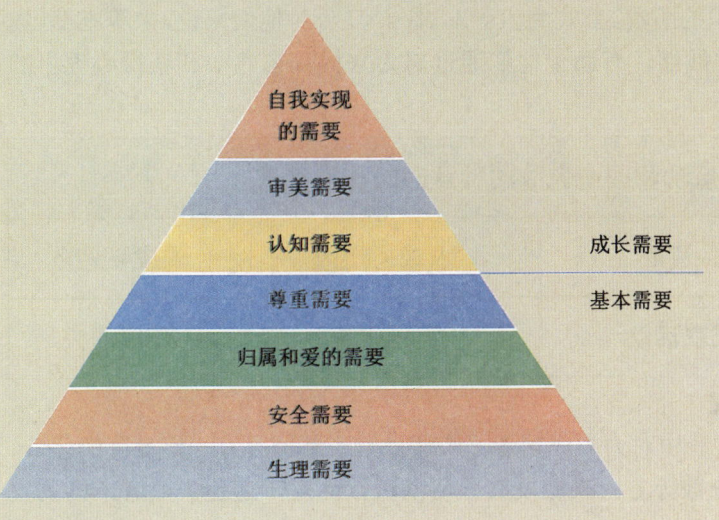

金字塔层次（自上而下）：
- 自我实现的需要
- 审美需要
- 认知需要 —— 成长需要
- 尊重需要 —— 基本需要
- 归属和爱的需要
- 安全需要
- 生理需要

（二）七个需要层次分类

马斯洛把七个层次的需要分为两类：**基本需要和成长需要**。这些需要从低级到高级排成一个序列，较低级的需要至少达到部分满足后才能出现较高级的需要的追求。较低的四层需要称为基本需要（缺失性需要），是由于生理或心理上缺失而导致的，是生存所必需的，必须得到一定程度的满足。但一旦得到满足，由此产生的动机就会消失或减弱。较高的三个层次的需要称为成长需要，非生存所必需，也非人人都具有，但对于人们适应社会有十分重要的意义。

（三）评价

基本需要与成长需要的关系：相互制约、相互影响。一方面，基本需要是成长需要的基础，基本需要若未得到满足，成长需要就不会产生。另一方面，成长需要对基本需要起引导作用，尤其是自我实现的需要对其他各层次需要都有潜在的影响力。

根据需要层次理论，家长和教师应注重为学生创设良好的成长环境，学生只有在各种缺失性需要都获得满足后，才会不断成长，达到自我实现的理想境界。在现实的学校生活中，学生最主要的缺失性需要往往是爱和自尊，只有民主、公正、理解、爱护、尊重学生的教师，才有可能使学生产生学习的热情、克服困难的意志和创造的欲望。

局限：把学习的内部和外部动机结合起来，对教育有重大的实际指导意义。但它忽略了个体本身的兴趣、好奇心等在学习中的始动作用。

三、学习动机的认知理论

（一）期望——价值理论（即成就动机理论） 【名解/简答/论述】：10天津，11西华，12首都，13苏州，15、19陕西，17山东，17湖南大学，18信阳师范，19、21湖南，19浙江，21西华，13湖南大学，20青岛大学，21江苏

1. 成就动机理论的代表人物是默里、麦克莱兰、阿特金森

基本观点是：成就动机是个人追求成就的内在心理倾向。人们在追求成就时存在两种倾向：一种是力求成功的动机，一种是避免失败的动机，也就是说，成就行为体现了趋向成功或避免失败两种倾向的冲突。

2. 阿特金森进一步研究了成就动机的实质，并用数学模型来说明

他认为追求成功的倾向（Ts）乃是成就需要（成功动机）（Ms）、成功可能性（Ps）

对激发学生学习动机的启发意义。

不过马斯洛的需要层次理论不能完全解释"夫尤饿死，不食嗟来之食"的现象。如果按照马斯洛的理论来解释，只有在温饱解决的前提下，才能谈得上人的尊严。

💡 实例提示

成就动机理论其实类似于大家的考研，有的同学成就动机高，会倾向选择难度适中的学校，通过自己的努力，完成具有挑战性的任务，提高自己的自尊心和获得心

和成功的诱因值(Is)三者乘积的函数。公式为：Ts=Ms×Ps×Is。对他们来说，中等难度(成功概率为50%)的任务最有挑战性，有助于他们通过努力来提高自尊心和获得心理上的满足。

追求成功和回避失败两种意向的作用模式			
条件	求成＞避败	求成＜避败	求成＝避败
结果	趋向成就活动	迟疑退缩	心理冲突

3. 对教育实践的指导意义

针对这种情况，在教育实践中对力求成功者，应通过给予新颖且有一定难度的任务、安排竞争的情境、严格评定分数等方式来激发其学习动机。而对于避免失败者，则要安排少竞争或竞争不强的情境，若取得成功则及时表扬予以强化，评定分数时要求稍微放宽些，并尽量避免在公众场合下指责其错误。

(二)成败归因理论【选择/名解/简答/论述】：21南京，19宁夏大学，10四川，19西北，11、12东北，20淮北，20华中，20临沂大学，20山东，20山西，20石河子大学，20新疆，20天水师范，21宁波大学，21南宁，21青海，12上海，12、19北京，14河北大学，15、18东北，15、20江苏，16青岛大学，17宁波大学，18合肥师范，19、21中央民族，19重庆，20集美大学，20苏州，20太原

1. 成败的六原因三维度

美国心理学家韦纳提出归因理论，韦纳认为，个体对自己的行为及其结果有了解的动机，个体解释自己行为后果时的归因是复杂的，这种归因将影响其今后类似行为动机的强弱。人们通常将自己行为结果的成败归为六种原因：能力高低、努力程度、身心状态、任务难易、运气好坏、外界环境。他把以上六种原因分为三个维度：内部归因和外部归因；稳定性归因和非稳定性归因；可控归因和不可控归因。

内部归因： 能力高低、努力程度以及身心状态属于内部因素，其他属于外部因素。
稳定性归因： 能力高低和任务难易属于相对稳定，其他都是不够稳定的。
可控归因： 努力程度是受意志支配的、可控的，其他都属于不可控的。

韦纳成败归因模式						
类别	原因来源		稳定性		可控性	
	内部	外部	稳定的	不稳定的	可控	不可控
能力高低	√		√			√
努力程度	√			√	√	
任务难度		√	√			√
运气好坏		√		√		√
身心状态	√			√		√
外界环境		√		√		√

理上的满足感。而有的同学成就动机低，只要有学校上就好，所以倾向选择简单、容易考的学校而避免失败，或者选择特别难的学校，即使失败也能找到借口减少失败感。其实不管哪种动机的人都无所谓对错之分，不同选择罢了。

知识拓展

当学生习惯将失败归因于能力这种内部的、稳定的、不可控的因素，那么，他们就会听任失败，长期处于消极的归因心态会阻碍人格成长，表现冷漠、压抑、自暴自弃或"丧失动机"，心理学家通常把这种现象称为"习得性无助"。习得性无助是指由于连续的失败体验而导致个体产生的对行为结果感到无力控制、无能为力的心理状态。

2. 成功与失败的归因结论

（1）**内部维度影响对成败的情绪体验**

如果把成功归结为内部原因，会使学生感到满意和自豪；归结为外部原因，会使学生产生惊奇和感激的心情。把失败归于内部原因，会使学生产生内疚和无助感；归于外部原因，会产生气愤和敌意。

（2）**稳定性影响情绪与对未来成败的预期**

把成功归因于稳定因素，会提高学习的积极性，期望未来再度成功；归因于不稳定因素，学习的积极性可能提高也可能降低。把失败归因于稳定因素，如能力缺乏，将预期再度失败，降低学习的积极性；归因于不稳定因素，则可能提高学习的积极性。

（3）**可控性影响情绪反应和行为**

如果将失败归于可控因素，如努力，则会感到内疚，下次做出努力。归于不可控因素，如运气，则倾向于不作为。

成功与失败的归因		
控制点	稳定性程度	
	稳定	不稳定
内部	能力 "我很聪明"成功 "我很笨"失败	努力 "我下了功夫"成功 "我实际没下功夫"失败
外部	任务的难度 "这很容易"成功 "这太难了"失败	运气 "我运气好"成功 "我运气不好"失败

3. 韦纳系列研究得出归因的最基本结论

第一，无论成败，归因于努力比归因于能力会产生更强烈的情绪体验。努力而成功会让人感到愉快，努力而失败的人也应受到鼓励，不努力而失败会让人感到愧疚。

第二，在取得同样的成绩时，能力低者应得到更多的奖赏。

第三，能力低而努力的人应受到最高评价，而能力高但不努力的人则应受到最低评价。

4. 韦纳的归因理论在教育上的意义

个体的归因方式将影响其未来活动的选择、坚持性和动机强度。归因理论能从学生的角度分析其学习成败的原因，了解学生的自我归因可预测其今后的学习动机。学生的自我归因未必正确，却十分重要，教师应注意了解和辅导。长期消极归因有碍学生健康成长。教师的反馈是影响学生自我归因的重要因素，学生的自我归因并不完全以考分高低为依据，在很大程度上受到教师对其成绩的评价和态度的制约。

（三）**自我效能感理论**【名解/简答/论述】：10南京，10扬州，11、12天津，12四川，12、16鲁东，13、15扬州，12中山，14、17福建，14、17浙江，14、15华东，15辽宁，15中国海洋，16湖南大学，15、17东北，16宁波大学，16闽南，16曲阜，16西北，16湖南，16山东，17、19、20重庆，17渤海大学，17沈阳，18中央民族，13、14、15、18山西，18福建，18河北，18新疆，18聊城大学，19华南，15、19内蒙古，19河北大学，20江苏，20西安外国语，20大理大学，20天水师范，21北京联合，21南宁，10浙江，11西北，12山东，14淮北，13辽宁，17安徽，17、20宁夏大学，19山西大学，19青海，18渤海大学，17北京

1. 自我效能感理论的基本观点

自我效能感理论由班杜拉提出。**基本观点**是：当一个人面对一项挑战性工作时是否主动地全力以赴，取决于他对自我效能的评估。自我效能指个体根据以往多次成败经验，确认自己对某一特定工作是否具有高度效能，即人们对自己是否能够成功进行某一成就行为的主观判断。当一个人面对一项挑战性工作时，是否接受挑战和全力以赴，受两个因素的影响：一是对工作性质的了解掌握情况；二是根据经验对自己实力的评估，即自我效能评估。

2. 影响行为的两因素

班杜拉指出，一个人的行为受**行为的结果因素和先行因素**的影响，行为的结果因素就是强化，强化能激发和维持行为的动机以控制和调节人的行为。行为的先行因素就是对强化的期望，期望分为结果期望和效能期望。结果期望指的是人对自己某种行为会导致某一结果的推测。效能期望则是个体对自己能否完成某项活动的能力的推测或判断。

3. 影响自我效能形成的因素主要有5种 【简答】：12河南，17延安大学，20西北，21福建

(1) 直接经验。学习者的亲身经验对效能感的影响最大，成功的经验会增强自我效能感，反之，多次失败的经验会削弱自我效能感。

(2) 间接经验。学习者通过观察别人的成败间接影响自我效能感。

(3) 书本知识和别人的意见。通过阅读或跟别人交往获得的经验。这种经验若得到直接经验和间接经验的支持，效果会更好。

(4) 情绪唤醒水平。高水平的唤醒会使成绩降低而影响自我效能感，而当人们不为厌恶的刺激所困扰时更能期望成功。

(5) 身心状况。个体对自己身心状况的评估也会影响其效能期望。

4. 对自我效能的评价和教育实践启示

自我效能论克服了传统心理学重行轻欲、重知轻情的倾向，把人的需要、认知、情感结合起来研究人的行为动机，是动机理论的一大进步。该理论对于教育实践也有深刻启示：

第一，自我效能感对学生的学习行为有显著影响，因此，教师应注重对学生自我效能感的培养，以促进其设定合理的、能够实现的目标。

第二，在帮助学生设立目标时，教师应注意让学生感受到自己的进步，相信自己能够实现目标，对拟定的目标做出承诺并为实现目标而付出努力，这样学生就能提升自己的学业。

（四）自我价值理论

1. 科温顿的自我价值理论观点

第一，自我价值感是个人追求成功的内在动力；能力、成功、自我价值感三者之间形成了前因后果的连锁关系，有能力的人容易成功，成功的经验会带给人自我价值感。

第二，个人把成功看作是能力的展现，而不是努力的结果；因为将成功归因于能力而不是努力，会使人感到更大的自我价值。

第三，成功难以追求，则以逃避失败来维持自我价值；长期获得失败经验的人不承认自己能力薄弱，但也不认可努力就能成功，以此来达到既维护自我价值、又足以逃避失败的目的。这是科温顿学习动机自我价值论的中心要点，可用以解释"学生有能力，但不用功读书"的老问题。

第四，学生对能力与努力的归因随年级而转移。自小学一年级起，学生的学习动机

自我效能感也与我们的考研有相似之处。当你选择考某个大学时，肯定要先评估一下是否能成功，评估后，有高度自我效能感，你会全力以赴接受挑战。

复习提示

自我价值理论的特点是从学习动机的负面着眼，从学生自尊需要出发，试图探讨学校教育实际中出现的"有的学生为什么不肯努力学习""为何逃避失败"等一系列棘手问题。

强度一般随年级的升高而降低。

2. 动机类型及学生类型

自我价值理论将动机划分为四种类型，相应地，也将学生划分为四种类型：

四类学生特点		
类型	特点	实例
高趋低避型	这类学生拥有无穷好奇心，对学习有极高的自我卷入水平。他们通过不断刻苦努力发展自我，通常表现得自信机智。被称为"乐观主义者"。	期末考试来临，高驱低避型学生眼中无测验，只有学习。
低趋高避型	对这类学生来说，逃避失败要比对成功的期望更加重要。他们并不一定存在学习问题，只是对课程的兴趣不高，被称为"逃避失败者"。	期末考试来临，低趋高避型学生会祈求考试取消。
高趋高避型	这种学生同时感受到成功的诱惑和失败的恐惧，他们对某一项任务表现出既追求又排斥的突出情绪，兼具了前两种类型学生的特点，被称为"过度努力者"。	期末考试来临，高驱高避型学生在学校表现的毫不在乎，回家挑灯夜战。
低趋低避型	他们没有对成功自豪的期望，对失败也不感到丝毫恐惧或羞愧，被称为"失败接受者"。	期末考试来临，低趋低避型学生眼中无测验，只有游戏。

3. 自我价值论在教育上的意义

第一，自我价值理论对学校教育实践的启示是课堂学习动机的激发和培养应当从内部动机入手，着重培养积极的信念，保护学生的自我价值感。其意义就在于把指导学生认识学习目的、培养学生的学习动机视为学校教育最重要的目的。

第二，自我价值论对教育过程中的很多现象具有独特的解释能力。如对学生努力的态度，学习动机随年龄的增长而降低，学习对任务的选择、对目标的选择、对考试的抱怨等都能进行合理的解释。

第三，这种理论把人的学习动机认为是对成功的追求和个人能力的炫耀，看到一部分学生缺乏理性的价值取向，以及忽视自身努力，轻视教师作用的倾向，但现实中并不是所有学生都这样，所以该理论的普遍性、代表性不强。

第三节 学习动机的培养与激发

【简答/论述】：19闽南，10扬州，14闽南，21曲阜

一、影响学习动机的因素
【简答/论述】：10、12华中，13山西，13四川，20河南，20、21北华大学，20沈阳，20曲阜，21新疆，15、18华南，20中央民族，20江苏

（一）内部条件

1. 学生的自身需要与目标结构

由于每个人在需要的强度、水平、目标结构上不同，学习动机强度和水平也会有很多的差异。学生主要有两类目标：以掌握知识为定向的掌握目标和以成绩为定向的成绩目标。掌握目标定向的学生具有内归因的倾向，成绩目标定向的学生具有外归因的倾向。

2. 学生的成熟和年龄特点

年幼儿童的动机主要是生理性动机，随着年龄的增长，社会性动机及其作用也日益增长。年龄较小的儿童对生理安全很关注，而中学生对社会影响，如教师、家长的期望等比较关注。

3. 学生的性格特征和个别差异

学生的兴趣、好奇心、意志品质等都影响着学习动机的形成。兴趣可视为动机的定向，而动机之所以定向，是由于行为后果获得了动机的满足。好奇心是一种原始的内在冲动，与生俱来，不需要学习。意志具有促进行为的动机作用，它比动机更具选择性与坚持性。

4. 学生的志向水平和价值观

学生的世界观、人生观、价值观直接影响个体对事物的价值判断，进而影响个体是否把该事物作为目标物以及对该目标物追求的强烈程度。理想、志向水平越高，学习动机就越强，且越具有持久性。

5. 学生的焦虑程度

焦虑程度会影响学习动机和学业成绩。中等程度的焦虑对学习是有益的。焦虑程度过高或过低都会对学习产生不良影响。焦虑程度过低则学习动力不足，焦虑程度过高则导致神经过度紧张、生理节律紊乱、失眠，甚至出现恐惧等不良反应，从而对学习带来不良影响。

（二）外部条件

1. 家庭环境和社会环境

首先，社会要求通过家庭对学生的动机起影响作用，年级越低的学生，其学习动机受家庭的影响越大。其次，随着学生年龄增长和逐渐成熟，社会影响越来越大。社会环境不仅直接影响学生的学习动机，而且通过家庭环境间接地影响学生的学习动机。所以，让全社会形成尊重知识、尊重人才、尊师重教的风气有利于学生形成积极而正确的学习动机。

2. 学校教育

学校教育对学生学习动机的形成和发展起主导作用，学校教育对学生学习动机的影响主要是通过教师的作用实现的。首先，教师是学生学习的榜样；其次，教师对学生的期望会对学生的学习动机和行为产生巨大影响，即皮格马利翁效应；最后，教师是沟通学校、家庭和社会的桥梁，使学生形成正确学习动机的纽带，要善于把各种外部因素和

> **复习提示**
>
> 影响学习动机的因素包括内部、外部条件，要好好掌握，常考。
>
> 请各位同学一定要调整好心态，给自己适当的焦虑程度，切忌焦虑程度过高！

> **复习提示**
>
> 不同参考书对学习动机的激发表述不同。以下是陈琦《当代教育心理学》中的表述，可作为参考：
> 1. 教学吸引
> 利用灵活的教

学生的内部因素结合起来。

二、学习动机的培养与激发措施【简答/论述】：12鲁东, 12、17河北, 13重庆, 14陕西, 14宁波大学, 15西北, 17山西, 18广西师范学院, 19广东技术, 19青岛大学, 19西华, 20内蒙古, 20云南大学, 21吉林外国语, 21中国海洋, 10、11、16渤海大学, 11、14、20天津, 11陕西, 11华南, 11、14西华, 12安徽, 12中山, 12、19南京, 12、18华东, 12苏州, 13、17山西大学, 14、16、19重庆, 14东北, 14湖北大学, 15青岛大学, 15浙江, 15、18江西, 15广西, 15鲁东, 15、16湖南科技, 16哈尔滨, 16重庆三峡, 16集美, 17温州大学, 17河南大学, 17、21中央民族, 18四川, 18中国海洋, 18河南, 18湖北师范, 18浙江工业, 18、21聊城大学, 19贵州, 20合肥, 20湖南大学, 20吉林, 20大理大学, 20云南, 21太原, 21湖州师范, 21安庆, 21黄冈师范, 21江汉大学

（一）学习动机的培养

学习动机的培养是指学生建立学习动机的过程，是学习动机从无到有，从弱到强，从错误、低级到正确、高级的发展变化过程。学习动机的培养是一个从无到有的过程。

1. 成就动机的培养

科尔布的研究结果表明，训练不仅能够提高学生的成就动机水平，而且能够提高学生的成绩。成就动机的训练过程分为六个阶段：意识化、体验化、概念化、练习、迁移、内化。

2. 成败归因训练

归因倾向是后天形成的，因此教师可以根据情况采取如下的帮助培养学生：①帮助学生了解自己的优点和缺点，并为他们制定切实可行的目标。②改变他们的归因倾向，让他们将失败归因于缺乏努力，而不是缺乏能力，使他们明白，只有付出努力才会成功的道理。③教学生学会如何完成他们的计划，并对学生的每一个学习行为给予及时的反馈。

3. 自我效能感的培养

引起和增强学生的自我效能感，有利于培养学习动机，我们要做好三方面：直接经验训练；间接经验训练；说服教育。

（二）学习动机的激发

学习动机的激发是指通过一定的教学措施使学生已有的学习动机由潜在状态转变为激活状态，成为学习活动直接、有效的推动力量。学习动机的激发是一个从静到动的过程。

1. 适当进行归因训练，促使学生继续努力，教师应指导学生进行成败归因

一方面，要引导学生找出成功或失败的真正原因，即进行正确归因；另一方面，教师也应根据每个学生过去一贯的成绩的优劣差异，从有利于今后学习的角度进行积极归因。积极归因训练对于差生转变具有重要意义。

2. 创设问题情境，实施启发式教学

问题情境是具有一定难度，需要学生努力克服且又是力所能及的学习情境。要想创设问题情境，首先，教师要熟悉教材，掌握教材的结构，了解新旧知识内在的关系；其次，教师要充分了解学生已有的认知结构状态，使新的学习内容与学生已有发展水平构成一个适当的跨度。

3. 根据作业难度，恰当控制动机水平

学习动机与学习效果并不是总成正比关系，根据耶基斯—多德森定律，最佳的动机水平与作业难度密切相关。中等程度的动机水平最有利于学习效果的提高。在学习较容易、较简单的课题时，尽量使学生集中注意力，紧张一点；而在学习较复杂、困难的课题时，则尽量创造轻松自由的氛围。

学方式唤起学生的学习热情；加强教学内容的新颖性，吸引学生的注意力；充分调动学生在课堂练习中的积极性。

2. 兴趣激发
利用教师期望效应培养学生的学习兴趣；利用已有的动机和兴趣形成新的学习兴趣；加强课外指导，发展学习兴趣。

3. 反馈评定
学习结果的反馈要及时、具体、经常给予。

4. 奖励惩罚
正确运用奖励和惩罚是激发学生学习动机的重要手段之一；表扬和奖励比批评和指责更能有效激发学生的学习动机；奖励要恰当；奖励不是万能的。

5. 合作竞争
合作型目标结构最大限度调动学生学习的积极性，要使合作学习有效，必须将小组奖励和个体责任结合；少用、慎用竞争，可以按能力分组。

6. 归因指导
形成积极的自我概念。自我概念水平较高的学生往往会把成功归因于个人的能力和努力程度，把失败归因于努力不够，失败

4. 充分利用反馈信息，给予恰当的评定与反馈

一方面学习者可以根据反馈信息调整学习活动，改进学习策略。另一方面，学习者为了取得更好的成绩或避免再犯错误而增强学习动机，保持学习的主动性和积极性。评定是必要的，关键采取什么方式评定，通过评定等级可以表明学生进步的大小。实验证明，评定等级加上适当的评语，能取得比较好的效果。

5. 妥善进行奖惩，维护内部学习动机

表扬与奖励比批评与指责能更有效地激发学生的学习动机，所以在教学中要多给予学生表扬而非批评。但不可滥用外部奖励，否则会破坏学生的内在动机。教师应根据学生具体的情况进行奖励，促使学生由外部动机向内部动机转化，对信息任务本身产生兴趣。

6. 合理设置课堂环境，妥善处理竞争和合作

学生的学习主要是在课堂中进行的，课堂中的合作与竞争环境无疑是影响学习动机的一个重要的外部因素。研究表明现实中有竞争型、合作型和个体化型三种课堂目标结构，它们激发的是学生三种不同的动机系统。合作型目标结构能最大限度地调动学习积极性，更有利于激励学生的学习动机和改善同伴关系。

> 会更加进一步努力；激发学生的学习动机。自我概念水平较低的学生，往往把失败归因为自己的能力差，看不到自己的潜力，甚至拒绝再次付出努力。

本章高分拓展

一、目标定向理论（陕西师大新增、浙江师大大纲新增）

目标定向理论也称成就目标定向理论，是以阿特金森的成就动机理论为基础，在德维克能力理论的基础上发展起来的一种学习动机理论，主要包括两方面内容：一是描述个体在成就情境下可能采取的目标定向类型；二是分析个体之所以产生不同目标定向的原因。

在教育实践中，当儿童面对学业的失败和困难时，通常有两种反应：一些儿童表现出无助取向；另一些儿童则表现为进取取向。无助者把困难视为失败，认为自己能力低下，很快体验到厌烦、焦虑、自责等负性的情绪体验；进取者则把困难视为暂时的挫折和进一步发展自己能力的机会，认为难题是可以通过努力而得到解决的挑战。德维克经过研究发现，这两类儿童有着不同的成就目标定向而呈现出如此差异。

1. 两类成就目标定向： 掌握目标定向和成绩目标定向

掌握目标定向，也称学习目标定向、任务卷入目标定向。掌握目标定向者意在获取知识，增加能力，倾向于内部动机激发，通过成绩来表现自己的能力，追求伴随学习过程产生的内在满足感，更相信努力导致成功，表现为一种进取取向；

成绩目标定向，也称自我卷入目标定向。成绩目标定向者靠外部动机激发学习兴趣，将学习视为通过成绩在他人面前展示和证明自己能力的手段，并极力回避可能导致失败或表现出能力不足的情境。一旦学业失败，则表现为一种无助取向。

2. 不同目标定向的原因： 两种不同的能力内隐观

掌握目标定向的儿童持能力增长观，认为能力是可以改变的，随着学习的进行，通过努力和经验是可以提高的；

成绩目标定向的儿童持能力实体观，认为能力是成功的原因，且能力是固定的，是不会随学习而改变的，有些个体甚至将高努力视为低能力的象征。

3.成就目标定向与学习策略的关系

目标定向与学习策略之间存在密切关系，目标定向是导致学习策略变化的因素之一。

掌握目标定向的个体，其学习目的在于能力提升，力图在学习中提高自己的能力以及对知识的理解和掌握，学习本身就是一种终极的目标，完成任务的坚持性强，有助于深加工策略的使用，拥有更多的积极自我描述。

成绩定向的个体，把学习看成一种工具和手段，将困难看作失败的征兆，必然导致完成任务的坚持性差，采用表面加工策略，对自己有较多的消极描述。

二、皮格马利翁效应【选择/名解/简答】：20贵州，21南京，12首都，13、20苏州，17西北，19青海，20聊城大学，21湖南大学，12贵州，13杭州，21佳木斯大学

皮格马利翁效应亦称"毕马龙效应""比马龙效应""**教师期望效应**""**罗森塔尔效应**"，是指人们基于对某种情境的知觉而形成的期望或预言，会使该情境产生适应这一期望或预言的效应。教师如果根据对某一学生的了解而形成一定的期望，就会使该学生的学习成绩和行为表现发生符合这一期望的变化。

你期望什么，你就会得到什么，你得到的不是你想要的，而是你期待的。只要充满自信地期待，只要真的相信事情会顺利进行，事情一定会顺利进行；相反地说，如果你相信事情不断地受到阻力，这些阻力就会产生，成功的人都会培养出充满自信的态度，相信好的事情是一定会发生的。

"皮格马利翁效应"留给我们这样一个启示：赞美、信任和期待具有一种能量，它能改变人的行为，当一个人获得另一个人的信任、赞美时，他便感觉获得了社会支持，从而增强了自我价值，变得自信、自尊，获得一种积极向上的动力，并尽力达到对方的期待，以避免对方失望，从而维持这种社会支持的连续性。

第五章 知识的学习

本章大纲考点及考频

第一节 知识及知识获得的机制 — 0
一、知识含义及类型 — 33
二、知识获得的机制 — 4

第二节 知识的理解 — 0
一、知识理解的类型 — 3
二、知识理解的过程 — 0
三、影响知识理解的因素 — 14

第三节 知识的整合与应用 — 0
一、知识的整合 — 0
（一）记忆及其种类 — 4
（二）遗忘的特点与原因 — 6
（三）促进知识整合的措施 — 11
二、知识的应用与迁移 — 0
（一）知识应用的形式 — 0
（二）知识迁移的种类与理论 — 44
（三）促进知识迁移的措施 — 43

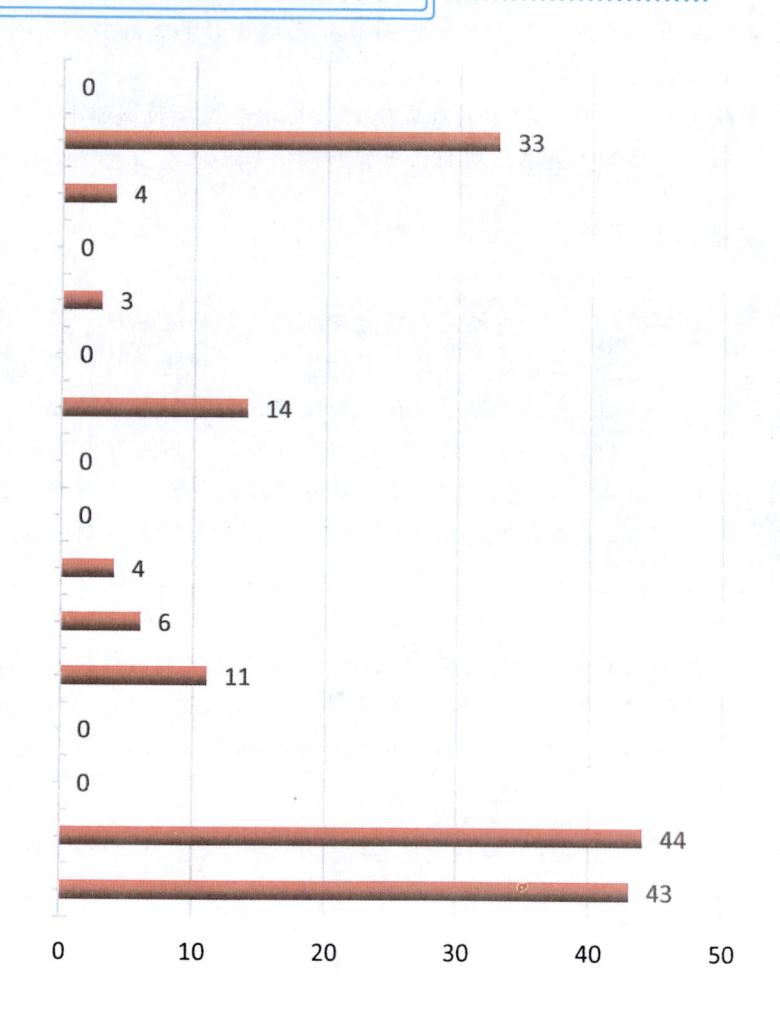

本章思维导图

- **知识的学习**
  - 知识及知识获得的机制
    - 知识含义及其类型
      - 陈述性知识
      - 程序性知识
    - 知识获得的机制
      - 陈述性知识获得机制
      - 程序性知识获得机制
  - 知识的理解
    - 知识理解的类型
      - 陈述性知识理解的类型
      - 程序性知识理解的类型
    - 知识理解的过程
      - 陈述性知识理解的过程
      - 程序性知识理解的过程
    - 影响知识理解的因素
  - 知识的整合与应用
    - 知识的整合
      - 记忆及其种类
      - 遗忘的特点与原因
      - 促进知识整合的措施
    - 知识的应用与迁移
      - 知识应用的形式
      - 知识迁移的种类与理论
        - 形式训练说
        - 共同要素说
        - 产生式理论
        - 概括化理论
        - 认知结构迁移理论
      - 促进知识迁移的措施

本章参考书

【1】张大均主编：《教育心理学》（第三版），人民教育出版社，第七章。

【2】陈琦、刘儒德主编：《教育心理学》（第3版），高等教育出版社，第九章。

【3】陈琦、刘儒德主编：《当代教育心理学》（第3版），北京师范大学出版社，第九章。

第一节 知识及知识获得的机制

一、知识的含义及类型

（一）知识的含义 【名解】：11、13浙江，11、14、15四川，15曲阜，16、17华南，17广西师范学院，19大理大学，19、20宁夏大学，20佛山科学技术

知识是人对事物属性与联系的能动反映，是通过人与客观事物的相互作用而形成的。知识一方面储存在个体的头脑中，成为个体知识或主观知识；另一方面又可以通过文字符号等表述出来，并通过书籍、计算机或其他载体来储存，成为公共知识或客观知识。

此外，人可以通过学习和交往，借助于公共知识来发展自己的个体知识。而个体知识又分为广义和狭义之分：广义的知识泛指人们所获得的经验，心智技能和认知策略也包含其中。狭义的知识仅指个体获得的各种主观表征，不包括技能和策略等调控经验。

（二）知识的类型 【论述】：15重庆三峡

分类标准	知识类型	特征
根据知识的来源	直接经验知识	个体通过亲身实践活动而获得，如学生通过参观访问、调查或实验所获得的知识
	间接经验知识	个体通过书本和大众传媒等途径而获得的知识
根据知识反映事物的层次	感性知识	通过人们的感觉器官直接获得，是对事物的外部特征与外部联系的反映，可分为感知和表象两种水平
	理性知识	通过思维活动间接获得，是对事物的本质特征与内部联系的反映，可分为概念和命题两种形式
根据知识反映事物的范围	一般知识	个体具有的对一类事物的普遍知识，如日常生活知识
	特殊知识	个体对具体事物或专门事物的知识，如心理学专业知识
根据知识传递的难易	显性知识	易于用言语传递、可以外显的知识，如文字、数据的陈述和处理
	隐性知识	只能意会的内隐经验类知识，如观念、表象
根据知识解决问题的功能	陈述性知识【名解】：12广西，17浙江，19内蒙古，21南宁	主要反映事物的形态、内容及变化发展的原因，说明事物"是什么""为什么""怎么样"等问题，一般可用言语进行清楚的陈述，**也叫描述性知识**
	程序性知识【名解】：10湖北大学，12聊城大学，13华中、17安徽、17宁波大学、17河北大学、18中央民族、18华东、18青海、19广州、20闽南、20西北、21北京大学、21佳木斯大学、21广州大学	用于具体情境的算法或一套操作步骤，说明"做什么""怎么做"的问题，与实践操作有密切联系，解决的是个体从不会做到会做到熟能生巧的过程，**也叫操作性知识或过程性知识**

复习提示

关于知识的定义，存在多种争论，一般而言，知识通常是两种含义，即公共知识和个体知识，无论是公共知识还是个体知识，实质都是通过主客体的相互作用产生的，是人对事物属性与联系的能动的反映，是客观事物的主观表征。

知识学习可以分为三个阶段：知识的生成与理解、知识的整合与深化、知识的应用与迁移。所有阶段的知识学习都遵循知识的双向建构的过程。个体获得知识的过程不是简单地将知识从外到内传送转移，而是学习者自己建构自己的知识的过程。

二、知识获得的机制

（一）陈述性知识的获得机制：同化【简答】：17青岛大学

心理学家认为，陈述性知识获得的心理机制是同化。最早将之运用于心理学的是赫尔巴特，他用同化概念来解释知识的学习，认为学习过程是新知识融入原有认知结构内，使原有知识结构得到丰富和发展，从而吸收新知识的统觉过程。

皮亚杰进一步发展了赫尔巴特的同化思想，认为学习新知识的基础和关键是儿童已掌握的知识经验，儿童借助同化和顺应两种方式将新旧知识联系起来进行学习。同化是指新知识纳入原有的认知结构而引起认知结构发生量变的过程。

奥苏伯尔继承和发展了皮亚杰的认知同化论思想，认为新知识的学习依赖于学生已形成和掌握的表象、概念、原理和命题，原有的认知结构为新知识的学习起了固定点的作用，新意义的获得是新知识与起固定作用的认知结构进行相互作用而获得的，其结果是原有的知识结构发生了变化或得到改造。同化是一个使知识从一般到个别、由上位到下位逐渐分化和横向联系的相互作用过程。同化有三种模式，即下位学习、上位学习、并列结合学习。

关键词>> 赫尔巴特的同化→皮亚杰的认知同化论→奥苏伯尔的认知同化论

（二）程序性知识的获得机制：产生式【简答】：18新疆，21宁波大学，21陕西

产生式由条件和行动两部分组成，基本原则是"如果条件是X，那么实施行动Y"，即当一个产生式的条件得到满足，则执行该产生式规定的某个行动。通常解决一个简单的问题只需一个产生式，而解决一个复杂的问题则需要若干的产生式，这些产生式组成了产生式系统。

程序性知识的学习在本质上是掌握一个程序，即在长时记忆中形成一个解决问题的产生式系统，以后遇到同样类型的问题，就按这个产生式系统的程序，一步一步地做下去，直至解决问题。产生式系统理论为揭示程序性知识的表征和获得的心理机制提供了新的思路，为程序性知识的教学提供了科学依据。

关键词>> 产生式：条件＋行动，如果条件是X，那么行动是Y

> 所谓产生式系统，就是人所能执行的一组内隐的智力活动。例如解决"1/4+1/5"的产生式系统是：如果求两个分数的和，且分母不同，那么先求出两个分数的最小公分母。

·第二节 知识的理解·

一、知识理解的类型

知识理解主要指学生运用已有的经验、知识去认识事物的种种联系，直至认识其本质、规律的一种逐步深入的思维活动。它是学生掌握知识过程的中心环节。

（一）陈述性知识理解的类型

1.陈述性知识的类型

加涅把陈述性知识看作言语信息，将陈述性知识由简到繁分为符号、事实、知识群

> **复习提示**
> 由于人们对知识做出不同的分类，因此知识的理解也可以按照对应的知识分类而分类。例如陈述性知

三类。符号是指各种事物的名称或标记。事实是指表明两个或两个以上事物之间关系的言语陈述。知识群（有组织的知识）是指由多个事实联结成的整体，如学生形成的关于我国地形地貌特点的知识。

2. 陈述性知识理解的类型

奥苏伯尔把他所区分的有意义学习的三种类型看作陈述性知识理解的类型：

（1）表征学习【简答】：14云南

表征学习指学习单个符号或一组符号的意义，或者说学习它们代表什么。其主要内容是词汇学习，即学习单词代表什么。表征学习的实质是符号和它所代表的事物在个体认知结构中建立了相应的等值关系。例如，儿童将"猫"这个符号在头脑中与猫的形象建立相应的等值关系。表征学习有利于儿童迅速掌握大量有具体指称对象的词汇。

（2）概念学习【名解/简答】：18西安外国语，13云南

概念学习指掌握以符号代表的同类事物共同的本质特征。如学习"鸟"的概念，就是掌握鸟是"有羽毛"的"动物"这个本质特征，而与它的大小、形状、颜色、是否会飞等特征无关。

（3）命题学习

命题学习指学习某个句子的意义，由于构成命题的基本单位是概念或词汇，所以，命题学习实际上是学习概念之间的关系。学习者必须先了解组成命题的有关概念的意义，才能获得命题的意义。例如，学习者没有获得"直径""半径""倍"的概念，便不能学习"直径等于半径的两倍"这个命题。命题学习以概念学习为前提，但比概念学习更复杂。

（二）程序性知识理解的类型

1. 程序性知识的类型

按其性质和特点，可以把程序性知识分为智慧技能、动作技能和认知策略。智慧技能也称心智技能；动作技能也称运动技能（详见第六章的内容）。认知策略作为一种对信息的加工方式方法，是个体在信息加工过程中对自己思维过程的调节、控制和选择（详见第七章第二节认知策略）。

2. 程序性知识理解的类型

（1）模式识别学习

指学习者对某一特定内外刺激模式进行辨认和判断。它包括低级和高级水平的模式识别，其主要任务是学会把握产生式的条件项，其心理机制是概括和分化。

（2）动作步骤学习

指学习者学会顺利完成一项活动的一系列陈述性的规则与操作步骤，是动作步骤执行的前提与基础。动作步骤学习从模式识别开始，通过程序化和程序合成两个阶段来完成。

二、知识理解的过程

（一）理解的生成过程

美国加州大学的维特罗克提出的生成学习理论对理解的这一生成过程进行了深入分析和解释。他认为，学习的生成过程是指学习者原有的认知结构——已经储存在长时记忆中的事件和脑的信息加工策略，与从环境中接受的感觉信息相互作用，主动地选择和注意信息，以及建构信息的意义。理解生成过程大致经历了如下环节：

（1）长时记忆中存在着影响个体知觉和注意的各方面内容，以及以特殊方式加工信息的倾向进入短时记忆；

（2）以上内容和倾向构成学习者的动机，使他注意外来的有兴趣的信息，主动地对感觉经验进行选择性注意，具有持续的兴趣从事选择性知觉；

（3）经过选择性知觉得到的信息，需要和长时记忆中存在的有关信息建立某种联系，即主动地理解新信息的意义；

（4）在与长时记忆进行试验性检验、建构意义时，通过与感觉经验的对照，与长时记忆中已有的信息建立某种联系；

（5）如果检验不成功，应该回到感觉信息，检查感觉信息与长时记忆试验性联系的策略，如是否采用了没有事实根据的假设，从长时记忆中提取的建立联系的信息是否适宜，从感觉信息中选用的信息是否合用；

（6）如果构建意义成功，即达到意义的理解；

（7）新信息达到意义的理解后，可从短时记忆归属到长时记忆中，同化到原有的认知结构中，或导致长时记忆中原有认知结构的重组。

（二）理解的三种水平

第一，初级水平的理解。又叫知觉水平的理解，这是对客观事物进行"是什么"的揭示。

第二，中级水平的理解。这是揭露客观事物"为什么"的问题，揭示客观事物的本质、客观事物之间的联系。

第三，高级水平的理解。这是个体在揭示客观事物"为什么"的基础上，进一步实现具体化、分类化和系统化，把有关事物归入已获得的概念中去的过程。这是实现知识的迁移、知识的应用及创造性解决问题的基础。

三、影响知识理解的因素【简答/论述】：11西华，12四川，14江西，16山西，16、18西北，19海南，19安徽，15北京，16闽南，17广西，19山西大学，20河北大学，21湖南理工学院

（一）客观因素

1. 学习材料的内容

第一，**学习材料的意义性**。有意义的学习材料应该是逻辑地、清晰地表达某种观念意义，具有激活学习者相关知识经验的可能性。

第二，**学习材料内容的具体程度**。具体的、形象的、与生活经验更为贴近的信息，如自然课中的"水""植物的花"等，容易激活学生的先前经验，有助于学生形成丰富的联系。

第三，**学习材料的相对复杂性和难度**。涉及因素较少、概念之间关系比较直接的知识较易于为学生接受和理解。

2. 学习材料的形式

学习材料在表达形式上的直观性会影响到学习者的理解。如采用实物、模型、形象的言语等，这些直观方式可以为抽象内容提供具体感性信息的支持。

3. 教师言语的提示和指导

教师在教学的不同阶段的言语提示对学生的学习有直接的影响。在教学中，教师言语的作用不应仅仅局限于对某一具体知识的描述和解释，重要的是用言语引导学生进行主动的建构。

> **复习提示**
>
> 原有的知识经验背景，不仅包括学习新知识所需要的直接的基础性知识（准备性知识），也包括相关领域的知识以及更一般的经验背景；不仅包括学生在学校学习的正规知识，也包括他们的日常直觉经验；不仅包括与新知识相一致的、相容的知识经验，也包括与新知识相冲突的经验；不仅包括具体领域的知识，还涉及学生的基本信念；不仅包括直接以现实的表征方式存在于长时记忆中的知识经验，也包括一些潜在的观念；它有时被表述为学生的认知结构。

（二）主观因素

1. 原有的知识经验背景

学习者的原有知识背景会影响到理解新知识，而这种知识背景有着丰富而广泛的含义，它包括来源不同的、以不同的表征方式存在的知识经验，是一个动态的、整合的认知结构。一般来说，学习者经验的丰富程度以及经验与知识的关系会影响到学习者对知识的理解。

2. 认知结构的特征

认知结构中有没有适当的、起固着作用的观念；起固着作用的观念是否稳定、清晰；新学习材料与原有观念之间的可辨别性，即这些观念与新观念之间区别的程度如何。

3. 学生的能力水平

学生的认知发展水平和学生的语言能力都会制约对某些知识的理解。学生能否理解一个事实和其自身的认知发展水平有直接的关系。知识尤其是抽象知识是用语言来表述的，有时学生语言能力的缺失往往会制约其对某些知识的理解。

4. 主动理解的意识与方法

新信息与原有知识经验之间的相互作用是通过学习者积极的认知加工活动而实现的，学习者需要有主动理解的意识和建构理解的有效方法。这是理解知识的重要前提，毫无疑问对知识的理解起着重要的作用。

·第三节 知识的整合与应用·

一、知识的整合

知识的整合过程实际上是知识的记忆过程，是通过记忆来促进知识的整合与深化。

（一）记忆及其种类

1. 记忆的含义【名解】：20华南、21南宁

所谓记忆，是个体通过对知识的识记、保持、再现（再认或回忆）等方式，在头脑中积累和保存经验的心理过程。从信息加工阶段的观点来看，记忆是指人脑对外界输入的信息进行编码、存储和提取的过程。识记和保持是再现的前提，再现是识记和保持的结果，知识的整合与深化主要是通过识记和保持两个记忆环节实现的。

2. 记忆的种类

（1）根据记忆的结构，可把记忆区分为瞬时记忆、短时记忆和长时记忆

①**瞬时记忆**

瞬时记忆也叫感觉记忆，是指感觉刺激停止之后所保持的瞬间映像。它不做任何形式的加工，且保持的时间很短。

②**短时记忆**【名解】：16曲阜、21云南

短时记忆也叫工作记忆，是指个人当时注意着的信息，为现实进行加工、操作服务的记忆过程。它具有记忆容量有限、储存时间短、唯一对信息进行有意识加工和具有语音听觉、视觉形象、语义等多重编码的特点。

> **复习提示**
>
> 知识的整合也叫知识的系统化，实质是通过记忆将相互关联的知识组成网络状的知识体系，促进知识的整合与深化。

③长时记忆

长时记忆是短时记忆中的部分信息经过加工而得到永久储存的记忆,这种记忆保持的时间从分钟以上直至伴随人的一生,而且容量无限。

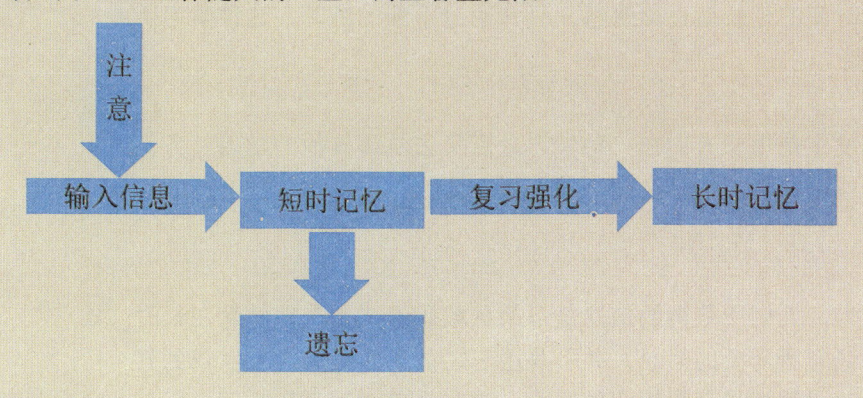

```
       注意
        ↓
输入信息 → 短时记忆 → 复习强化 → 长时记忆
              ↓
            遗忘
```

(2)在长时记忆中,从不同的角度可区分为程序性知识和陈述性知识的记忆、形象记忆和情绪记忆、情境记忆和语义记忆、表象系统和言语系统的记忆等。

(二)遗忘的特点与原因【名解/简答】:17湖南大学,14渤海大学,19汕头

1. 遗忘的特点

(1)保持量的减少。随着时间的推移,总的趋势是保持量不断减少,但因材料特点、记忆方式等而有所不同。

(2)保持量的增加。儿童在学习后两三天保持量会比学习后立即测得的保持量要多,这种现象是记忆的恢复。

(3)记忆内容的变化。头脑中的内容一方面会模糊化,同时大脑也会对其进行加工和整合,使内容更有逻辑性、条理性,符合记忆习惯。

【补充】艾宾浩斯遗忘曲线【名解/简答】:17北京,21吉林

德国心理学家艾宾浩斯对遗忘现象做了系统的研究,他用无意义的音节作为记忆的材料,把实验数据绘制成一条曲线,成为艾宾浩斯遗忘曲线,也称艾宾浩斯保持曲线,它的纵坐标代表保持量。

曲线表明了遗忘发展的一条规律:遗忘的进程不是均衡的,不是固定的一天丢掉几个,转天又丢几个的,而是在记忆的最初阶段遗忘的速度很快,后来就逐渐减慢,到相当长时间后,几乎就不再遗忘,这就是遗忘的发展规律,即"先快后慢"。

该曲线描述了人类大脑对新事物遗忘的规律。人体大脑对新事物遗忘的循序渐进的直观描述,人们可以从遗忘曲线中掌握遗忘规律并加以利用,从而提升自我记忆能力。该曲线对人类记忆认知研究产生了重大影响。

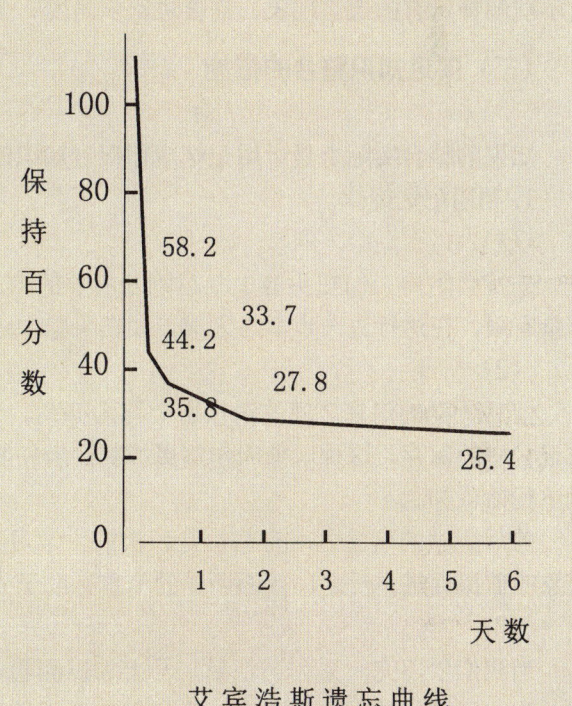

艾宾浩斯遗忘曲线

2. 遗忘原因的理论探讨

（1）记忆痕迹衰退说

完形心理学家提出人们在学习时神经活动引起大脑产生某种变化，并留下各种记忆痕迹，这些记忆痕迹会随着时间的延长而逐渐衰退，只有通过不断的练习，这种学习所留下的记忆痕迹才能继续保持。

（2）材料间的干扰说

这一理论认为，遗忘的发生是由于人们在一种学习之后又去从事其他的学习任务，人们在某时期所学习的材料或所获得的信息之间会发生相互影响，正是这种影响造成了遗忘的发生。

（3）检索困难说

现代信息加工心理学认为，人们所获得的信息是以某种编码形式永久地储存在长时记忆中的，人们一时无法回忆起所需要的信息，并不是遗忘之故，而是因为难以找到其提取的线索造成的。如果能够通过指导获得提取的线索，这些先前"遗忘"的信息仍然能够找到。

（4）知识同化说 【名解】：19南京

奥苏伯尔根据其同化理论指出，遗忘是知识的组织和认知结构简化的过程。在有意义学习中，新旧知识之间通过相互作用建立起非人为的、实质性的联系，新知识同化到原有的认知结构中，人们长时记忆中储存的是经过转换了的较为一般性的观念结构，遗忘的往往是一些被较为高级的观念所替代的低一级的观念，从而减轻了记忆的负担。

（5）动机性遗忘说

这一理论认为，遗忘是因为我们不想记，而将一些记忆推出意识之外，因为它们太可怕、太痛苦、太有损于自我，遗忘不是保持的消失而是记忆被压抑，这种理论由此也被称为压抑理论。

总之，遗忘的原因是多方面的，上述每一种理论都能解释遗忘发生的部分原因，但又不能解释所有的遗忘现象，需要进行多角度、多侧面、综合性的思考与解释。

（三）促进知识整合的措施 【简答/论述】：13陕西，21吉林，12河北，12鲁东，12渤海大学，16贵州，17闽南，17江西，18广东，18河南大学，20延边大学

知识的整合实际上是运用记忆规律促进知识的保持的过程。措施有：

1. 利用记忆规律

（1）排除干扰

干扰会阻碍人们在头脑中复述刚才所学的信息。因此，我们一定要考虑短时记忆的容量有限，在进行进一步学习之前，要在头脑中进行复述，避免干扰。

（2）抑制和促进

前后所学的信息之间的消极影响称为抑制。当后面所学的信息干扰了先前所学信息在记忆中的保存，这种现象叫作倒摄抑制；当先前所学的信息干扰了后面信息的学习时，就出现前摄抑制。

前后所学的信息之间有些也是积极的。学习某件事常常有助于学习类似的事，这种现象叫前摄促进；反之，后面所学的信息有助于先前信息的巩固，这叫倒摄促进。

（3）首因效应和近因效应

当我们学习完一系列词汇后，马上加以测验，我们记住开始的几个词和结尾的几个词一般比记中间的词要好得多。人们倾向于记住开始的事，是因为倾注了更多的注意，

> **复习注意**
>
> 促进知识整合的措施，与第七章学习策略内容有重复，因为各种学习策略是为了在记忆中保持信息而采取的，也就是运用记忆规律促进知识的保持的过程。所以，两处的答案有重复，不要以为错误啦。

这造成了首因效应；另一方面，由于最后的项目几乎不存在什么干扰，造成了近因效应。

2. 合理复习

（1）及时复习

根据艾宾浩斯的研究，遗忘是先快后慢，复习最好及时进行。复习的黄金 2 分钟是指学习后 10 分钟就进行复习，只用 2 分钟复习就能取得良好效果。

（2）集中复习和分散复习

一般分散复习更有益于保持，如：考前抱佛脚，或许能帮你通过测试，但这些信息并不一定能整合到长时记忆中。

（3）部分学习和整体学习

对于某种知识技能，进行整体学习可以减少别的事情对学习的干扰。如教孩子学自行车。但是许多情况下，一次学习过长的内容是极其困难的。相反，将较长的学习内容分成许多部分，有助于记忆。

（4）自问自答或尝试背诵

根据自己回答或背诵的情况，检查自己的错误和薄弱的环节，从而重新分配努力。

（5）过度学习

在达到掌握水平之后，继续进行过度学习，有助于加强记忆的保持。过度学习就是指对学习材料达到背诵之后，再继续学习一段时间。

3. 运用记忆术

（1）位置记忆法

位置记忆法是一种传统的记忆术，通过与你熟悉的某种地点顺序相联系起来记忆一些名称或客体。位置记忆法对于记忆有顺序的系列项目特别有用。

（2）首字联词法

首字联词法是利用每个词的第一个字形成一个缩写。此外，与此类似的还有句子记忆术，利用记忆中每个术语的第一个字母作为一个句子中每个词的第一个字母，常采用歌谣口诀来帮助记忆。

（3）谐音联想法

学习一种新材料时运用联想，假借意义，对记忆亦很有帮助。

（4）关键词法

关键词法是将新词或概念与相似的声音线索词，通过视觉表象联系起来。

（5）视觉想象法

想象是一种非常有效的记忆辅助手段。联想时，想象越奇特而又合理，记忆越牢固。

4. 多重编码与组织

（1）列提纲

列提纲是以简要的语言写下主要和次要观点，也就是以金字塔的形式呈现材料的要点，使每个具体的细节都包含在高水平的类别中。提纲就是一本书的主要脉络，直观、概括，具有条理性，层次分明，脉络清楚。

（2）做图解

运用图解的方式来说明信息之间的内在关系，用连线和箭头等形象地显示组织结构，包括系统结构图、概念关系图、运用理论模型（如加涅的信息加工模式）。

（3）做表格

对于复杂的信息，采用各种形式的表格，如一览表和矩阵表，都可以对信息起到组

复习提示

心理学研究表明，在达到 100% 的学习程度以后，再继续多学几遍并不多余，而是很有必要。一般认为，150% 的过度学习是最适宜的，既能取得一个最佳的记忆效果，又不浪费时间和精力。

真题回顾

2020 年延边大学论述题：论述如何用记忆规律组织复习。

织的作用，有利于形成信息的视觉化，能促进对信息的记忆和理解。一览表还可以表示人物之间的关系。

二、知识的应用与迁移

（一）知识应用的形式（了解）

知识的应用是指运用所获得的知识去解决同类或类似课题的过程。其形式可分为课堂应用和实际应用，过程一般包括四个环节：①审题；②联想；③课题类化；④检验。

（二）知识迁移的种类与理论

1. 知识迁移的含义（即学习迁移或迁移）【名解】：10宁波大学，11中山大学，11鲁东，11湖南，14内蒙古，15南航，16西华，16中国海洋，16、20新疆，17江西，17聊城大学，17延安大学，18宁夏大学，18云南，18扬州，19汕头，19西北，19河北大学，19西安外国语，20湖南科技，20成都大学，21华理工，21南宁

学习是一个连续的过程，任何学习都是在学习者已有的知识经验、技能、态度等基础上进行的。而新的学习又会对原有的知识、技能、态度产生影响。这种新旧学习之间的相互影响就是学习的迁移，即一种学习对另一种学习的影响。

学生学会知识的迁移，不仅有利于增加学习的内容，而且有利于提高学生适应新情境、解决问题的能力。从这个意义上说，教育的首要任务就是让学生学会知识的迁移。

2. 知识迁移的类型【论述】：15沈阳

（1）从迁移的影响效果看，迁移的发生并非总是积极的影响，也可能是消极的

①**正迁移**【名解】：13湖北大学，18山东

一种学习对另一种学习的积极影响，包括一种学习使另一种学习具有了良好的心理准备状态，一种学习使另一种学习活动所需的时间或练习的次数减少，或使另一种学习的深度增加或单位时间内的学习量增加，或者已有的知识经验使学习者顺利地解决了面临的问题等情况。

②**负迁移**【名解/辨析】：13湖北大学，21新疆，21山东

一般是指一种学习对另一种学习的消极影响，多指一种学习所形成的心理状态，如反应定势等对另一种学习的效率或准确性产生了消极的影响；或一种学习使另一种学习所需的学习时间或所需的练习次数增加或阻碍另一种学习的顺利进行、知识的正确掌握等。

（2）根据迁移内容抽象和概括水平的不同，正迁移又分为横向迁移和垂直迁移

①**横向迁移**【名解】：10北京

横向迁移是指同一抽象和概括水平的经验之间的相互影响，个体把已学到的经验推广应用到其他在内容和难度上类似的情境中。

②**垂直迁移（竖向迁移）**

垂直迁移是不同难度的两种学习之间的相互影响：一种是已有的较容易的学习对难度较高的学习的影响，往往是对已有的学习进行概括和总结并形成更一般性的方法或原理的结果；另一种是较高层次的学习原则对较低层次的学习的影响，由较高层次的学习产生的原则对该原则适合的具体学习情境的迁移。

（3）从迁移的方向而言，迁移既可以是顺向的，也可以是逆向的

①**顺向迁移**【名解】：12重庆，14、17湖南

迁移是顺向的，即先前的学习对后来的学习的影响。例如，当学习者面临新的学习情境和问题情境时，学习者如果利用原有的知识或技能获得了新知识或解决了新问题。

举一反三、触类旁通都是属于迁移。

复习提示

不同参考书对于促进知识迁移有不同的表述，张大均《教育心理学》对于促进知识迁移措施，分为以下三部分：

1. 促进陈述性知识迁移的措施

（1）科学编排和呈现教材，促进学生形成良好的认知结构；

（2）重视基础知识的教学，提高学生的概括水平；

（3）注意学习材料的共同性，促进学生知识

这种迁移是顺向的迁移。

②逆向迁移【名解】：20山东

迁移是逆向的，即后来的学习对先前学习的影响。例如，学习者原有的知识技能不足以使其学习新知识或解决新问题时，学习者需要对原有的知识进行补充、改组或修正，这种后来学习对先前学习的影响就是逆向的迁移。

（4）根据迁移的范围不同可分为自迁移、近迁移与远迁移

如果个体所学的经验影响着相同情境中的任务操作，则属于自迁移；

近迁移即把所学的经验迁移到与原来的学习情境比较相似的情境中；

如果个体将所学的经验用到与原来情境极不相似的情境中，即产生了远迁移。

3. 有关迁移的理论【论述】：19东北，21浙江海洋

（1）形式训练说【名解/简答】：10、13福建，20华东，20宁波大学

形式训练说以官能心理学为理论基础，是一种古老的学习迁移理论。它认为人类的心理由许多不同的心理官能，如观察、注意、记忆、想象、思维等组成。这些心理官能只有经过训练才能发挥作用。知识的迁移就是心理官能得到训练的结果。

（2）共同要素说【名解】：20山西，21济南大学

共同要素说以桑代克、伍德沃思为代表，认为两种学习之间具有共同成分和共同因素时，才会产生迁移。迁移的程度取决于两种情境相同要素的多寡。相同要素越多，迁移的程度越高；相同要素越少，迁移的程度越低。

（3）概括化理论【名解】：11东北

贾德通过著名的击水打靶实验而得出概括化理论。他认为两种学习之间的共同成分只是学习迁移产生的必要条件，概括出两种学习活动的共同原理是学习迁移产生的关键。学生是否善于概括与教师的教学方法、学生的思维水平等有密切的关系。

（4）关系理论

格式塔心理学家苛勒认为迁移是由于学习者突然领悟两种学习之间所存在的关系的结果，驳斥共同因素说。

（5）认知结构迁移理论

奥苏伯尔认为，在有意义学习中，学生积极主动地将新知识与认知结构中有关的旧知识发生相互作用，旧知识得到充实和改造，新知识获得了实际意义。这个过程就是陈述性知识迁移的过程，而其中的关键因素是认知结构本身的可利用性、可辨别性与清晰稳定性。

【补充】影响学习迁移的主要因素【简答】：13宁波大学，15新疆，16河北，17北京

1. 相似性

相似性是影响学习迁移发生的一个重要因素。相似性包括客观因素的相似，也包括主观因素的相似。学习材料的相似性属于客观相似，除此之外，个体加工学习材料的过程是否相似也影响着迁移的发生。加工过程的相似性可视为主观相似性。

2. 已有经验的概括水平

学习迁移实际上是已有经验的具体化或新旧经验的协调过程，因此，已有经验的概括水平对迁移的效果有很大影响。

3. 学习态度和定势

一般来说，定势对学习能够起促进作用，但是有时候也会起阻碍作用，明显的表

的综合贯通。

2. 促进程序性知识迁移的措施

（1）促进智慧技能的迁移，教师应注意以下问题：①帮助学生形成条件化知识，掌握产生式规则；②促进产生式知识的自动化，熟练解决问题；③加强学生的言语表达训练，促使智慧活动内化。

（2）促进动作技能的迁移，教师应注意以下问题：①帮助学生理解任务性质和学习情境；②教师的示范与讲解要准确清晰；③加强学生的练习与反馈。

3. 促进认知策略迁移的措施

（1）培养学生树立正确的学习动机；

（2）丰富学生的知识背景；

（3）根据学生的元认知水平进行策略训练；

（4）制订一套外显的可以操作的训练技术；

（5）变式与练习。

现就是功能固着，即把某种功能、作用赋予某种物体的心理倾向。

4. 个体的智力水平

这是影响迁移效果非常重要的主观因素之一。

除此之外，诸如年龄、学习者的态度、教学指导、外界的提示与帮助等因素，都在不同程度上影响着迁移的产生。

（三）促进知识迁移（学习迁移）的措施【简答/论述】：11、20渤海大学，12湖北大学，13、20扬州，11、14山西，15、21河北，16陕西，16赣南，17山西大学，17沈阳，17西北，18石河子大学，18河北大学，20海南，20安徽，21福建，21江西，21华中，21贵州，10中山，14北京，14天津大学，16山东，16天津，11、18哈尔滨，17鲁东，18信阳师范，18、20西安外国语，19杭州，20东北，20上海，21齐齐哈尔，21闽南，21临沂大学，21湖北师范，21佛山科学技术学院，21四川，21石河子

1. 整合学科内容

教师注意把各独立的教学内容整合起来，即要注意各门学科的横向联系。教师应该鼓励学生把在某一门学科中学到的知识运用到其他学科中去。若有必要，教师可做这方面的示范。这就是加涅所说的横向迁移。

2. 加强知识联系

教师重视简单的知识技能与复杂的知识技能、新旧知识技能之间的联系。教师要促使学生把已学过的内容迁移到新的学习内容上去。教师通过提问或简单的提示，有利于学生利用已有知识，从而比较容易学习新的、比较复杂的内容，即所谓的纵向迁移。

3. 强调概括总结

教师在教学中应注意启发学生对所学内容进行概括总结。一方面，在教学中注意引导学生自己总结出概括化的原理，培养和提高其概括总结的能力，充分利用原理、原则的迁移。另一方面，在讲解原理、原则时，要列举最大范围的例子，使学生正确把握其内涵和外延。

4. 重视学习策略

教师有意识地教学生学会如何学习，帮他们掌握概括化的认知策略和元认知策略。认知策略和元认知是可教的，教师教授学习策略，可以促进学习的迁移。

5. 培养迁移意识

教师通过反馈和归因控制等方式使学生形成关于学习和学校的积极态度。教师要注意对学生的反馈，当学生用其他学科的知识来解决某一学科的问题时，应予以鼓励。

6. 避免消极迁移

结合学生的年龄特点，创设和改造学校的环境和气氛，增加学校对学生的吸引力，并且在每次学习前，应注意帮助学生形成良好的心理准备状态，避免不良情绪、反应定势等消极心态产生的消极迁移。

这些教学原则提供了一种"为迁移而教"的思路，以帮助教师树立在教学中和日常生活中都注意促进学生学习积极迁移的概念。

真题回顾

2020年上海师范大学论述题：结合实例论述为迁移而教学，在教学中如何促进知识的正迁移。

例如，要学生关注历史与地理、几何与三角、化学与生物、数学与物理学等学科之间的关系。

如果哪位老师对学生说："我都被搞糊涂了，我们在讲历史知识，而你却在谈论地理知识。"那肯定会在学生中产生负迁移的效果。

本章高分拓展

一、错误概念的转变（陕西师大大纲新增）

（一）错误概念的性质【名解】：18新疆，20湖南

儿童在日常生活和以往的学习中，已经形成了大量的经验，其中有些是与科学的理解基本一致的，但有些理解却是与当前科学理论对事物的理解相违背的，如"太阳绕着地球转"，这就是错误概念或称为异类概念。错误概念不只是由于理解偏差或遗忘而造成的错误，它常常与日常直觉经验相联系，植根于一个与科学理论不相容的概念体系。

错误概念不仅在儿童中出现，甚至在成年人身上也会出现，它们出现的频率在各年龄阶段变化不大。以往的教学只是关注于新知识的传授，但正确概念的传授并不能自动地校正学生原有的错误概念在教学之后，儿童往往仍然信奉原来的观点。所以，必须寻找促进错误概念发生转变的途径和策略。

（二）概念转变及其过程

1. 概念转变的内涵

概念转变是指个体原有的某种知识经验由于受到与此不一致的新经验的影响而发生的重大改变，它是新旧经验相互作用的集中体现，是新经验对已有经验的影响和改造。概念转变过程就是认知冲突的引发及其解决的过程。

概念转变有两种可能：一是丰富，即新知识的纳入补充了现有知识，通过积累的方式使这些知识发生变化。二是修订，即新获得的信息与现有的信念、假定或有关理解之间存在着冲突，需对对立的理解作出调整，这种情况通常会遇到较大的阻力。概念转变主要指修订，所以又称"原理转变"或"信念转变"。

2. 概念转变的过程

（1）**认知冲突的引发**

认知冲突是指人在原有观念与新经验之间出现对立性矛盾时而感受到的疑惑紧张和不适的状态。基于原有的知识经验，人对行为的结果做出预期，而实际的行为结果与人的预期并不完全一致，面对出乎意料的情境，人就会产生认知冲突。它是相对于个体的知识体系而言的，知识背景的不同，某些情境与一个人的原有经验冲突，但对另一个人来说可能并不存在冲突。

（2）**认知冲突的解决**

新获得的信息与现有的信念、假定或有关理解之间存在着冲突，需对对立的理解做出调整，这种情况通常会遇到较大的阻力。个体在面临与原有经验不一致的信息时，对现有的理解、解释做出调整和改造，而不是针对细枝末节的变化，即"原理转变"或"信念转变"。

（三）影响概念转变的因素【简答】：16延安大学

1. 学习者的形式推理能力

为克服错误概念，学习者需要理解新的科学概念，能意识到证明新概念有效性的证据，看到事实材料是如何支持科学概念、而违背原有的错误概念的。所有这些都依赖于学生的形式推理能力。

2. 学习者的先前知识经验

学习者先前知识的三个特征：强度（丰富程度）、一致性（是否能对先前经验提供解释）和坚信度（个人对自身先前观念的坚信程度）影响转变的可能性。

3. 学生的元认知能力

学习者的元认知能力对概念转变有影响。学生的先前经验里有的与所要学习的科学概念一致，即使如此，也并非能够保证学习过程一定成功。

4. 学生的动机以及对知识和学校的态度

第一，目标取向。内在的、掌握型的学习目标更有利于学习者对信息的深层加工，更有利于概念转变的发生。

第二，自我效能感。它对概念的影响可能是双重的：一方面，学生对自己原有概念的自信可能会妨碍概念转变的发生；另一方面，自我效能感使学生相信自己能够改变原有的观点，从而运用策略对不同的观点进行整合，进而有利于概念转变。

第三，控制点。内控的学生相信自己能够支配自己的学习，面对新旧经验的不一致，他们可能会更积极地去解决。

第四，兴趣与学科态度。积极的态度兴趣会使学习者在学习中采用更有效的认知策略。态度对学生概念转变的影响是教学工作者必须考虑的。

（四）概念转变的条件【简答】：16延安大学

波斯纳提出一个人原来的概念要发生转变（顺应）需要满足以下4个条件：

第一，对原有概念的不满。只有当学生发现自己相信的概念已经不起作用时，他们才会愿意去改变这种概念。让学生看到原有概念无法解释的事实，可以有效地导致他们对原有概念的不满。

第二，新概念的可理解性。学生需要懂得新概念的真正含义，这不仅仅是字面的理解，而是对新概念形成整体的理解和深层的表征。

第三，新概念的合理性。学生感到新概念看起来是合理的，这意味着新概念与个体所接受的其他概念、信念是一致的，不存在什么冲突，它们可以一起被重新整合。这种一致包括新概念与原有认识论信念的一致、与其他相关理论和知识的一致、与实际经验的一致、与直觉印象的一致等。学生看到了新概念的合理性，意味着他相信新概念是对的。

第四，新概念的有效性。学生还需要看到新概念对自己的价值：它能解决用其他概念难以解决的问题，并且能向个体展示新的可能和方向，具有启发意义。有效性意味着个体把新概念看作解释某种问题更好的途径。

（五）为概念转变而教的策略【简答/论述】：11陕西，17新疆，16温州大学

概念转变的本质就是学习，即学生原有概念改变、发展和重建的过程，是学习者由前科学概念向科学概念的转变过程。为了促进概念转变，教学一般包括三个环节：第一，揭示、洞察学生原有的概念；第二，引发认知冲突；第三，通过讨论分析，使学生调整原来的看法。具体而言，教学应该注意以下几点：

1. 创设开放的、相互接纳的课堂气氛

只有创设开放的、相互接纳的课堂气氛，学习者才能大胆地面对不同的观点、事实之间的冲突，才能理智地去思考、分析问题。

2. 倾听、洞察学生的经验世界

在教学的开始，教师应该首先保留自己的或者书本中的见解，先去充分了解学生相关学科的原有知识经验背景，了解学生有哪些错误概念。

3. 引发认知冲突

引发认知冲突，让学习者意识到与原有概念相对立的事实或观点，这是转变学生的错误概念的基本途径。引导学生投入到积极的思维活动中，对当前问题进行分析、推理，这是引发认知冲突的重要条件。

4. 鼓励学生交流讨论

教师应该组织学生进行讨论，交流各自的看法，不同观点的交锋能更好地引发学生积极地思维活动，促进学生对问题的深层理解。

第六章　技能的形成

（浙江师大大纲删除）

本章大纲考点及考频

第一节　技能及其特点
一、技能及其特点　　10
二、技能的类型　　18
三、技能的作用　　0

第二节　心智技能的形成与培养
一、心智技能的形成过程　　9
二、心智技能的培养方法　　5

第三节　操作技能的形成与训练
一、操作技能的形成过程　　2
二、操作技能的训练要求　　6

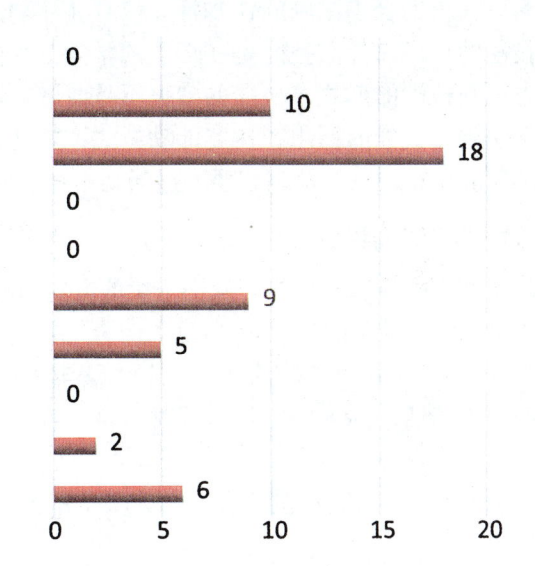

本章思维导图

技能的形成
- 技能及其作用
  - 技能及其特点
  - 技能的类型
  - 技能的作用
- 心智技能的形成与培养
  - 心智技能的形成过程
  - **心智技能的培养方法**
- 操作技能的形成与训练
  - 操作技能的形成过程
  - 操作技能的训练要求

本章参考书

【1】陈琦、刘儒德主编：《当代教育心理学》（第3版），北京师范大学出版社，第十章。

·第一节 技能及其作用·

一、技能及其特点

（一）技能【名解】：11、12华中，13天津，14闽南，15曲阜，17湖南大学，20石河子大学，21湖北师范

技能是指经过练习而获得的合乎法则的认知活动或身体活动的动作方式。技能具有以下特点：①练习是技能的形成途径。技能是在后天的学习过程中，通过不断的练习而逐步完善的。②动作方式是技能的形式。技能的掌握不是通过言语表述而是通过实际活动表现出来的。③合乎法则是技能的标志。技能活动方式不是动作的随意组合。在技能形成过程中，各个动作要素及其之间的顺序都要遵循活动本身的要求。

（二）合乎法则的熟练技能的特点【简答】：17闽南，21东华理工

第一，流畅性。即各动作成分以整合的、互不干扰的方式和顺序进行。
第二，迅速性。即快速作出准确的反应。
第三，经济性。即完成某种动作所需的生理与心理能量较小。
第四，同时性。即熟练的活动的各成分可以同时被执行或者同时进行两种互不关联的活动。
第五，适应性。即能够适应各种变化的条件，显示其活动的稳定与灵活。

谐音助记 >> 技能特点：流、速、经、同、适（流速经同事）

二、技能的类型

按其性质和特点，技能可以分为心智技能和操作技能。

（一）心智技能【名解/简答】：11中南大学，11广西，13苏州，16北京，17新疆，17聊城大学，18合肥师范，19天津，21长江大学，21华南，21西北，12中山

心智技能也称智力技能、智慧技能，是一种借助于内部言语在头脑中进行的认知活动方式，如默读、心算、写作、观察和分析等技能。学生在观察、记忆和解决问题时所采用的策略也是心智技能的不同形式。

心智技能具有以下特点：
第一，动作对象的观念性，是客观事物在人脑中的主观映像。
第二，动作执行的内潜性，在头脑内部进行。
第三，动作结构的简缩性，内部言语是可以合并、简化的，如默读、心算、写作等。

（二）操作技能【名解/简答】：15、16江西，21曲阜，18浙江工业

操作技能也叫运动技能、动作技能，是指由一系列的外部动作以合理的程序组成的操作活动方式。如书写、体操、骑自行车等技能。

操作技能具有不同于心智技能的特点：
第一，操作技能的活动对象是物质性客体或肌肉，具有客观性。
第二，动作的执行是通过外显的肌体运动实现的，具有外显性。
第三，活动的每个动作必须切实执行，不能合并、省略，在结构上具有展开性。

复习提示

学生的学习，不能只限于对知识的掌握，还必须使所学到的知识转化为相应的技能，因此，学生技能的形成同样是学校教育、教学工作中的一个重要任务。

程序性知识包含智慧技能、动作技能和认知策略。技能包含心智技能和动作技能。所以，心智技能和操作技能都属于程序性知识。程序性知识的获得机制是产生式。

（三）心智技能与操作技能的关系【简答】：20广西，21沈阳

1. 区别

（1）**活动对象的不同。**操作技能属于实际操作的范畴，其对象是物质的、具体的，表现为外显的骨骼和肌肉的操作。心智技能的对象是头脑中的观念范畴，具有主观性和抽象性，是外部难以察觉的思维活动。

（2）**活动结构的不同。**操作技能是系列动作的连锁，因而动作必须从实际出发，符合实际，不能忽略。心智技能是借助于内部语言实现的，可以高度省略、简缩。

（3）**活动要求不同。**操作技能必须掌握"刺激—反应"联结，心智技能必须掌握正确的思维方法，即获得产生式系统。

2. 联系

心智技能是操作技能的调节者和必要的组成部分，操作技能又是心智技能形成的最初依据和外部体现的标志。两者是相辅相成、互相制约、互相促进的。

	分类	特征	联系
技能类型	心智技能	观念性、内潜性、简缩性	心智技能是操作技能的调节者和必要的组成部分，操作技能又是心智技能形成的最初依据和外部体现的标志。两者是相辅相成、互相制约、互相促进
	操作技能	客观性、外显性、展开性	

三、技能的作用（了解）

（一）技能作为合乎规则的活动方式，可以调节和控制动作的进行

技能不仅可以控制动作的执行顺序，即动作成分之间的顺序关系，而且可以控制动作的执行方式，即动作的方向、形式、强度、动作间的协调等。技能可以使个体的活动表现出稳定性、灵活性，能够适应各种变化的情境。

（二）技能是获得知识经验、解决问题的前提条件

经验获得的过程是人脑对外在事物的反映过程，而这种反映又是通过一系列的心智动作实现的。解决问题的过程也包含着一系列的心智活动和外部操作活动，从形成问题表征、确定问题的性质与类型、探索解决问题的方法，到实施解决问题的方案都是通过各种心智与操作动作实现的。

（三）技能是能力的构成要素之一，是能力形成发展的重要基础

心理学研究表明，能力的形成与发展，与个体经验的积累、与知识和技能的获得是分不开的。虽然知识和技能本身并不是能力，但是通过广泛的迁移，可以逐步地概括化和系统化而发展成为能力，所以应从知识与技能的掌握和迁移入手来培养能力。

第二节 心智技能的形成与培养

一、心智技能的形成过程

(一) 加里培林关于心智技能按阶段形成的理论【简答/论述】：10湖北大学，11、19河南，11陕西，19山东，10天津，13沈阳

苏联教育心理学家加里培林认为，心智活动不同于外部的实践活动，但来源于实践活动，心智活动本身是外部的实践活动的反映。加里培林将心智技能的形成分为五个阶段。

1. 活动定向阶段

这是心智活动的准备阶段。在该阶段，学生要了解活动的任务，知道做什么和怎么做，对活动进行定向。

2. 物质活动或物质化活动阶段

这个阶段是借助于实物或实物的模型、图表、标本等进行学习。这是完备的心智活动的源泉，因为在很多情况下，物质化的形式是最易理解和最方便的教学手段。

3. 有声的言语活动阶段

即出声说话的阶段。该阶段心智活动已摆脱了实物或实物的替代物，代之以外部言语为支持物。本阶段是外部的物质活动向心智活动转化的开始，是心智活动在形式上发生质变的重要阶段。

4. 无声的外部言语活动阶段

该阶段的特点在于心智活动的完成是以不出声的外部言语来进行的，这种言语形式要求学生进行专门的练习。

5. 内部言语活动阶段

这是心智活动完成的最后阶段。其主要特点是心智活动的压缩和自动化，心智活动似乎不需要意识的参与，脱离了自我观察的范围，在言语的结构与机制上都发生了重大变化。

顺口溜>> 定物有无外内语

(二) 安德森的心智技能形成的三阶段理论【简答】：17华东

1. 认知阶段

在该阶段，要了解问题的结构，即问题的起始状态、目标状态以及从起始阶段到达目标状态中间的步骤，从而形成最初的问题表征。

2. 联结阶段

在该阶段，学习者将某一领域的描述性知识编辑为程序性知识，应用具体的方法来解决问题。

3. 自动化阶段

在该阶段，个体操作某一技能所需的有意识的认知投入较小，且不易受到干扰。但高度自动化的程序可能使人的反应变得刻板。

顺口溜>> 认联自动化

> **复习提示**
> 不同专家对心智技能的形成过程有不同的理论。

(三) 我国心理学家冯忠良提出了心智技能形成的三阶段说【简答】：16浙江工业

1. 原型定向阶段
这一阶段主要任务是使学生了解所要学习的心智技能的实践模式，其次要借助于外化的原型（如解应用题的步骤流程图）。通过原型定向，学员在头脑中形成了有关活动方式的定向映象，从而调节自己的活动。

2. 原型操作阶段
学生依据心智技能的实践模式进行实际操作。在该阶段，活动方式是物质化的，即以外部语言、外显的动作，按照活动模式一步步展开执行。

3. 原型内化阶段
原型内化是指动作离开原型中的物质客体与外显形式而转向头脑内部，借助于言语作用于观念对象，从而对对象进行加工改造，使原型在学生头脑中转化为心理结构内容的过程。

三、心智技能的培养方法【简答/论述】：20河北大学，20宁波大学，14河南，16华中，18扬州

（一）形成条件化知识
心智技能形成的关键是把所学知识与该知识应用"触发"条件结合起来，形成条件化知识，即在头脑中储存大量的"如果……那么……"的产生式。

（二）促进产生式知识的自动化
为使头脑中的产生式知识进一步熟练并达到自动化的程度，学习者应对其进一步进行深加工和协调，并加强变式练习，才能变成心智技能。

（三）加强学生的言语表达训练
研究表明，言语活动有利于减少学生思维的盲目性，帮助学生寻找新的更佳思路，能引发执行的控制加工过程，使注意集中于问题的突出方面或关键因素，导致问题解决的成功率更高。言语表达水平可以相当程度地体现内部思维水平、提高解决问题的速度和迁移水平，促使心智活动内化。

（四）正例与反例的运用
由于学生在学校中学习心智技能，主要是学习概念和规则，正例传递了最有利于概括的信息，反例则传递了最有利于辨别的信息。通过大量正例、反例的分析和比较，模式识别的概括化和分化，概念和规则就能被正确地运用到相应的问题情境中。

（五）科学地进行练习
练习要适合学生认知发展水平，从易到难，从简单到复杂地进行。只有当学生通过练习对基本知识达到熟练掌握程度，且获得成功的喜悦和价值感后，学生练习难题的条件才真正成熟，才能有信心地更加喜爱练习。

（六）分阶段进行培养
由于心智技能是按一定阶段逐步形成的，而且一种心智技能往往是由多种心智动作构成的，如果在某种心智技能中，有些动作成分是学生已经掌握了的，有些是尚未掌握的，就应该针对那些新的动作成分进行分阶段练习，并注意做好新旧动作间组合关系的指导。

> **顺口溜>>** 条件自动学言语，分段正反是科学

第三节 操作技能的形成与训练

一、操作技能的形成过程【简答/论述】：10西北，11辽宁

（一）认知阶段
这是操作技能形成的开始阶段。从传授者角度看，主要是讲解与示范；从学习者角度看，主要是理解学习任务，形成目标表象和目标期望。在认知阶段，学习者认知的质量和学习时间，取决于对现有任务的知觉和有关线索的编码。

（二）分解阶段
这一阶段，传授者把整套动作分解成若干局部动作，学习者则初步尝试，逐个学习。这个阶段，学习者的注意力只能集中在个别动作上，不能统观全局和注重动作的细节。

（三）联系定位阶段
这是操作技能的巩固阶段。这一阶段的重点是使适当的刺激与反应形成联系固定下来，整套动作连为整体，变成固定程序式的反应系统。特点是学习者经过练习使各个个别动作联系起来，动作趋向协调，对单个动作的注意力大为减少。

（四）自动化阶段
这是操作技能的熟练阶段，这一阶段，一长串的动作系列似乎是自动流出来的，无须特别的注意和纠正。各个动作的完成娴熟协调、得心应手，甚至出神入化，令旁观者眼花缭乱、叹为观止。

二、操作技能的训练要求
操作技能的形成是一个动态的过程。在这个过程中，有多种因素影响着操作技能的学习，教师应充分考虑这些因素，并采取相应的有效措施促进学生的学习。

（一）让学生理解任务的性质和学习情境
学习者要学习任何一种操作技能都必须首先理解任务的性质和学习情境，这是影响操作技能获得的内在原因和培养操作技能的必要条件。教师要使学生懂得掌握某种操作技能的重要性，形成强烈的学习动机，这样学生才会乐于接触，认真研究，力求掌握。

（二）准确示范与讲解
教师的示范与讲解有利于学习者不断调整头脑中的动作表象，形成准确的定向映像，进而在实际操作活动中可以调节动作的执行。

（三）必要而适当的练习
练习是形成各种操作技能的关键环节。此外，采取何种练习方式也直接影响着操作技能的学习。练习方式有多种，有集中练习和分散练习；有整体练习与部分练习；有模拟练习、实际练习与心理练习等。另外，要注意练习周期，克服"高原现象"。

> 操作技能的形成过程可以联系我们自己学习舞蹈的过程，例如，先听舞蹈老师讲解、示范，舞蹈老师分解舞蹈动作，学习者经过练习将各个动作联系起来，最终达到熟练自动化阶段。

> **高原现象（高原期）** 【名解】：10、20杭州，13广西，18河北，18渤海大学，20聊城大学
>
> 在操作技能的形成过程中，会出现练习时而进步、时而退步的波动现象，甚至出现练习暂停或下降，难以有所提高的"高原现象"。要克服"高原现象"，关键是教师要帮助学生寻找原因，对症下药，严格要求学生，改善练习方法和练习环境，利用学生对未来进步的憧憬，以增强他们努力的信心和学习的兴趣。

（四）充分有效的反馈

反馈在操作技能学习过程中具有非常重要的作用，但对教师或培训者而言，注意反馈的内容、频率和方式是至关重要的。

关键词>> 理解、示范、练习、反馈（内在逻辑：理解要学的技巧，教师示范后练习，注意反馈结果）

第七章　学习策略及其教学

本章大纲考点及考频

考点	考频
第一节 学习策略的概念与结构	0
一、学习策略的概念	60
二、学习策略的结构	3
第二节 认知策略及其教学	9
一、注意策略	0
二、精细加工策略	19
三、复述策略	1
四、编码与组织策略	3
第三节 元认知策略及其教学	6
一、元认知及其作用	31
二、元认知策略	21
第四节 资源管理策略及其教学	4
一、时间管理策略	0
二、努力管理策略	2
三、学业求助策略	2

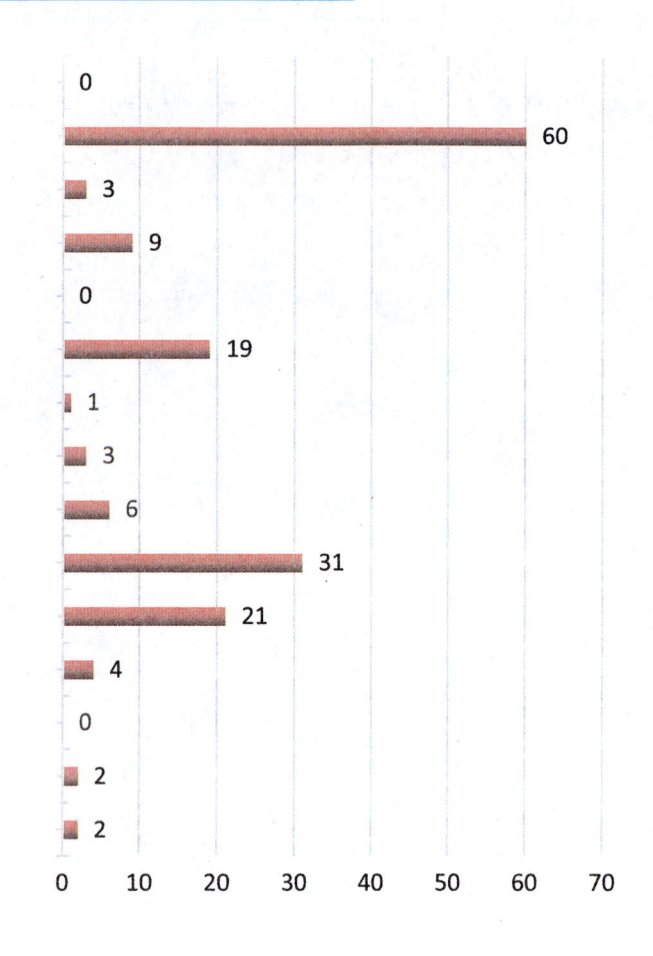

本章思维导图

- 学习策略及其教学
  - 学习策略的概念与结构
    - 学习策略的概念
    - 学习策略的结构
  - 认知策略及其教学
    - 注意策略
    - 精细加工策略
    - 复述策略
    - 编码与组织策略
  - 元认知策略及其教学
    - 元认知及其作用
    - 元认知策略
    - 元认知策略的教学
  - 资源管理策略及其教学
    - 时间管理策略
    - 努力管理策略
    - 学业求助策略

本章参考书

【1】张大均主编：《教育心理学》（第三版），人民教育出版社，第六章。

【2】陈琦、刘儒德主编：《当代教育心理学》（第3版），北京师范大学出版社，第十二章。

第一节 学习策略的概念与结构

一、==学习策略的概念== 【名解】：11陕西，11重庆，11首都，12聊城大学，12安徽，12、20辽宁，12福建，12苏州，12、15、18天津，12浙江，12、14、17、20鲁东大学，12西南，13华南，10、11、13、20闽南，11、13、14、15、18曲阜，13山西大学，14西北，14东北，15北京，15郑州大学，15四川，17河北大学，17贵州，18华中，18华东，11、13、18山西，18海南，19山东，19湖南科技，19、20北华大学，12、19江西，15、16、19吉林，19青岛大学，19大理大学，19上海，20云南大学，20宁波大学，21吉林外国语，21淮北，21黄冈师范，21延安大学

学习策略就是学习者为了提高学习的效果和效率，有目的、有意识地制定的有关学习过程的复杂方案。学习策略具有四个特征：①**主动性**，学习者根据自己的学习特点及学习任务，积极主动的思考学习过程。②**有效性**，采用策略性学习能使学生提高学习效率。③**过程性**，学习策略是有关学习过程的策略。④**程序性**，学习策略是学习者制定的学习计划，由规则和技能构成。

二、学习策略的结构（学习策略的分类） 【简答】：11沈阳，16重庆三峡，17西安外国语

学习策略由两种相互作用的成分组成：一种是基本策略，直接用于学习者的认知活动；另一种是辅助性策略，用来维持合适的学习心理状态。

（一）迈克卡（麦基奇）等人的分类

根据学习策略覆盖的成分，迈克卡等人将学习策略分为认知策略、元认知策略和资源管理策略。如图所示。

- 学习策略
  - 认知策略
    - 注意策略
    - 复述策略：如重复、抄写、做记录、画线等
    - 精加工策略：如想象、口述、总结、做笔记、类比、答疑等
    - 组织策略：如组块、选择要点、列提纲、画地图等
  - 元认知策略
    - 计划策略：如设置目标、浏览、设疑等
    - 监视策略：如自我检查、集中注意、监控领会等
    - 调节策略：如调整阅读速度、重新阅读、复查等
  - 资源管理策略
    - 时间管理策略：如建立时间表、设置目标等
    - 努力管理策略：如归因与努力、调整心境、自我谈话等
    - 学业求助策略：如教师帮助、求助伙伴、获得个别指导等

（二）丹瑟洛的分类

根据学习策略所起的作用，丹瑟洛把学习策略分为基本策略和支持策略两类。

复习提示

关于学习策略的概念，学术界没有统一的界定。人们从不同的研究角度对学习策略进行了界定。综合不同的看法，得出学习策略的概念。

本章高分拓展中补充了影响学习策略教学训练的因素以及学习策略的教学训练模式。2020年浙江师范大学论述题考了此部分新增内容。

基本策略，**又称主策略系统**，是指直接操作材料的各种学习策略，主要包括信息的获得、贮存、信息的检索和应用的策略。

支持策略，**又称辅策略系统**，是指帮助学习者维持适当的学习心理状态，以保证基础策略有效操作的策略，如集中注意策略。

（三）奥克斯福德的分类

奥克斯福德认为学习策略包含以下五个层面：

第一，**元认知策略**。用来帮助学生计划、管理以及评估学习过程的策略。

第二，**情感策略**。用来提高学习兴趣和端正学习态度的策略，例如多给正面鼓励和反馈。

第三，**社会策略**。用来促进学生之间合作的策略，可提高学习兴趣，增强理解能力。

第四，**记忆与认知策略**。用来增强记忆与思考能力的策略。

第五，**补偿性策略**。用来与学生沟通，帮助学生克服知识上不足的策略。

（四）温斯坦的分类

1. 认知信息加工策略，如精细加工策略。
2. 积极学习策略，如应试策略。
3. 辅助性策略，如处理焦虑。
4. 元认知策略，如监控新信息的获得。

第二节 认知策略及其教学

【辨析/简答】：20山东，18吉林，21湖北师范

认知策略 【名解】：13江苏，17渤海大学，18贵州，19北华大学，19内蒙古，21长江大学

认知策略是指学习者用来调节自己内部注意、记忆、思维等过程的技能，其功能在于使学习者不断反省自己的认知活动，调控对概念和规则的使用。从信息加工流程的角度出发，认知策略是学习过程中对信息进行加工的方式方法。认知策略分为注意策略、复述策略、精细加工策略以及组织策略。

一、注意策略（浙江师大大纲删除）

（一）注意策略定义

注意策略就是保证学习者将注意力指向和集中于学习材料的策略。由于注意的指向性具有选择性的特点，所以选择性注意策略是注意的重要策略。选择性注意策略是指学习者在学习情境中激活与维持学习心理状态，将注意集中于有关学习信息或重要信息上，对学习材料保持高度的觉醒或警觉状态的学习策略。

（二）注意策略的教学

第一，教师应有意识地培养学生区别重要信息与次要信息的能力。

第二，教给学生专注于重要信息的策略。

真题回顾

2018年吉林师大简答题：认知策略主要有哪些？

2020年山东师大辨析题：组织策略和计划策略同属于认知策略。

第三，以问题为导向，引导学习者对重要信息加以注意。
第四，巧妙运用刺激物的特点，吸引选择性注意。

二、精细加工策简答略【选择/名解/简答/论述】：18南京，10、21山东，17山西，16东北，16集美大学，19安徽、19曲阜、20江西科技、20重庆三峡学院、21中国海洋、21重庆，16苏州，15山西，11、16云南，11华东，17天津大学，19湖南科技

> 精细加工策略，例如，学习"医生讨厌律师"这句话时，如果附加一句"律师对医生起诉了"。如此一来，以后回忆起来就相对容易一些。

（一）精细加工策略定义

精细加工策略是指通过对学习材料的精细加工（对学习材料的意义进行添加、构建或生发等），把新信息与头脑中旧信息联系起来，从而帮助学习者增进对新知识的理解，并把信息储存到长时记忆中去的学习策略。

（二）精细加工策略的教学

1. 记忆术

（1）位置记忆法

位置记忆法是一种传统的记忆术，通过与你熟悉的某种地点顺序相联系起来记忆一些名称或客体。位置记忆法对于记忆有顺序的系列项目特别有用。

（2）首字联词法

首字联词法是利用每个词的第一个字形成一个缩写。此外，与此类似的还有句子记忆术，利用记忆中每个术语的第一个字母作为一个句子中每个词的第一个字母，常采用歌谣口诀来帮助记忆。

（3）谐音联想法

学习一种新材料时运用联想，假借意义，对记忆亦很有帮助。

（4）关键词法

关键词法是将新词或概念与相似的声音线索词，通过视觉表象联系起来。

（5）视觉想象法

想象是一种非常有效的记忆辅助手段。联想时，想象越奇特而又合理，记忆越牢固。

2. 灵活处理信息

（1）有意识记

在学习时，我们不要孤立地去记东西，而要找出事物之间的关系，这样即使所学信息部分遗忘了，也可以利用信息之间的关系推出来。

（2）主动应用

我们不仅要记住某个信息，而且要知道如何以及何时使用所拥有的信息。教师要帮助学生能把这些信息和其他信息联系起来，并在课堂以外的环境中应用它们。

（3）充分利用背景知识

对于某一事物，到底能学会多少，最重要的一个决定因素就是对这一方面的事物已经知道多少。教师一定要把新的学习和学生已有的背景知识联系起来。

以上所述都是一些基本的精细加工策略，对于比较复杂的课文学习，可以说出大意、总结、建立类比、用自己的话做笔记、解释、提问以及回答问题等。

三、复述策略【简答】：16哈尔滨

（一）复述策略定义

复述策略是指在工作记忆中为了保持信息，运用内部语言在大脑中重现学习材料或

刺激，以便将注意力维持在学习材料之上的策略，这是短时记忆的信息进入长时记忆的关键。

（二）复述策略的教学

1. 利用记忆规律

（1）排除干扰

干扰会阻碍人们在头脑中复述刚才所学的信息。因此，我们一定要考虑短时记忆的容量有限，在进行进一步学习之前，要在头脑中进行复述，避免干扰。

（2）抑制和促进

前后所学的信息之间的消极影响称为抑制。当后面所学的信息干扰了先前所学信息在记忆中的保存，这种现象叫作倒摄抑制；当先前所学的信息干扰了后面信息的学习时，就出现前摄抑制。

前后所学的信息之间有些也是积极的。学习某件事常常有助于学习类似的事，这种现象叫前摄促进；反之，后面所学的信息有助于先前信息的巩固，这叫倒摄促进。

（3）首因效应和近因效应

当我们学习完一系列词汇后，马上加以测验，我们记住开始的几个词和结尾的几个词一般比记中间的词要好得多。人们倾向于记住开始的事，是因为倾注了更多的注意，这造成了首因效应；另一方面，由于最后的项目几乎不存在什么干扰，造成了近因效应。

2. 合理复习

（1）及时复习

根据艾宾浩斯的研究，遗忘是先快后慢，复习最好及时进行。复习的黄金2分钟是指学习后10分钟就进行复习，只用2分钟复习就能取得良好效果。

（2）集中复习和分散复习

一般分散复习更有益于保持，如：考前抱佛脚，或许能帮你通过测试，但这些信息并不一定能整合到长时记忆中。

（3）部分学习和整体学习

对于某种知识技能，进行整体学习可以减少别的事情对学习的干扰。如教孩子学自行车。但是许多情况下，一次学习过长的内容是极其困难的。相反，将较长的学习内容分成许多部分，有助于记忆。

（4）自问自答或尝试背诵

根据自己回答或背诵的情况，检查自己的错误和薄弱的环节，从而重新分配努力。

（5）过度学习

在达到掌握水平之后，继续进行过度学习，有助于加强记忆的保持。过度学习就是指学习材料达到背诵之后，再继续学习一段时间。

3. 自动化

随着任务学得越来越好，所要求的注意力就越来越少，这样一个过程就称为自动化。自动化主要是通过操练和练习获得的。

4. 亲自参与

在学习完成各种任务时，让个体亲自参与这些任务，要比让个体只看说明书或者只看教师完成这一任务学得多。如看完说明书，马上动手操作一遍，比光看书会有更多的收获。

5. 情境相似性和情绪生理状态相似性

俗话说"触景生情""睹物思人"，就是说相似的情境有助于回忆；同样，情绪状态的相似也大大影响了记忆。我们兴奋时，想到的大多是愉快的事，心情不佳时会记起许多不开心的回忆。

6. 心理倾向、态度和兴趣

心理倾向、态度和兴趣是影响记忆的一个重要因素。教学时，教材的意义必须适合学生的态度和兴趣；教师可以设法引导学生，形成建设性的态度和兴趣，从而容易记住和保留所学知识；学生要设法改变自己的态度和兴趣，以适于对知识的学习和记忆。

四、编码与组织策略 【论述】：17云南

（一）编码与组织策略定义 【名解】：20河北大学，21安徽

编码和组织策略是整合所学新知识之间、新旧知识之间的内在联系，形成新的知识结构的策略。组织是学习和记忆新信息的重要手段，其方法是将学习材料分成一些小的单元，并把这些小的单元置于适当的类别之中，从而使每项信息和其他信息联系在一起。

（二）编码与组织策略的教学

1. 列提纲

列提纲是以简要的语言写下主要和次要观点，也就是以金字塔的形式呈现材料的要点，使每个具体的细节都包含在高水平的类别中。提纲就是一本书的主要脉络，直观、概括，具有条理性，层次分明，脉络清楚。

2. 做图解

运用图解的方式来说明信息之间的内在关系，用连线和箭头等形象地显示组织结构，包括系统结构图、概念关系图、运用理论模型（如加涅的信息加工模式）。

3. 做表格

对于复杂的信息，采用各种形式的表格，如一览表和矩阵表，都可以对信息起到组织的作用，有利于形成信息的视觉化，能促进对信息的记忆和理解。一览表还可以表示人物之间的关系。

第三节 元认知策略及其教学

【论述】：14、16华东，16杭州，17聊城大学，18鲁东，20江苏大学

一、元认知及其作用

（一）元认知的概念 【名解/简答】：10、11、20苏州，10、14华中，12、16扬州，13、20江西，13、17曲阜，15、18西北，15、16聊城大学，15中央民族，16鲁东，16、21江苏，17湖南，17四川，19、20海南，20太原，20上海，21天津，21山西，21闽南，21江西科技，21石河子，18河北大学

元认知是个人自己认知过程的知识和调节这些过程的能力，是对思维和学习活动的

> **实例提示**
>
> 元认知例子：赶时间去机场要选择交通工具，你选择了拼车，路上一直催促司机，结果

认知和控制。简单地说，元认知就是"**对认知的认知**"。

元认知具有两个独立但又相互联系的成分：①元认知知识，即对认知过程的知识和观念（储存在长时记忆中）；②元认知控制，即对认知行为的调节和控制（储存在工作记忆中）。

（二）元认知的三种心理成分

1. 元认知知识

元认知知识是指个体对自己或者他人的认知活动的知识，这种知识可以是认知活动的背景知识，可以是认知活动的过程知识，也可以是认知活动的结果知识，是关于整个认知活动的直接经验或间接经验方面的知识。

2. 元认知体验

元认知体验是伴随认知活动而产生的认知体验和情感体验。

3. 元认知监控

元认知监控是指认知主体在认知过程中，以自己的认知活动为对象，进行自觉的监督、控制和调节。元认知监控主要包括确定认知目标、选择认知策略、控制认知操作、评价认知活动并据此调整认知目标、认知策略和认知操作等环节。元认知监控是元认知最重要的心理成分。学习者可以通过元认知来了解检验评估和调整自己的认知活动。

（三）元认知的作用

第一，元认知可以提高学生对学习目标的意识水平。

第二，元认知可以使学生意识和体验到学习情境有哪些变量，并且意识和体验到这些变量之间的关系与它们的变化情况。

第三，元认知是学习策略迁移的关键。

二、元认知策略【名解/简答/论述】：11北京、11天津大学、13辽宁、13天津、15重庆三峡、15浙江、16安徽、17内蒙古、18淮北、19贵州、19中国海洋、20湖州师范、21鲁东、19福建、19华中、20重庆三峡学院、21湖北师范、14、16华东、16杭州、17赣南

元认知策略是指学生对自己学习过程的有效监控。它使学生警觉自己在注意和理解方面可能出现的问题，以便找出来并加以修改。元认知策略包括元认知计划策略、监控策略、调节策略。

（一）计划策略

计划策略指根据认知活动的特定目标，在一项认知活动之前计划各种活动，预计结果、选择策略，想出各种解决问题的方法，并预估其有效性。包括设置学习目标、浏览阅读材料、产生待回答的问题以及分析如何完成学习任务。

实例：给学习作计划就好比是足球教练在比赛前针对对方球队的特点与出场情况提出对策。不论是完成作业，还是为了应付测验，学生在每一节课都应当有一个一般的"对策"。成功的学生并不只是听课、做笔记和等待教师布置测查的材料。他们会预测完成作业需要多长时间，在写作业前获取相关信息，在考试前复习笔记，在必要时组织学习小组，以及使用其他各种方法。

（二）监控策略【名解】：19云南

监控策略指在认知活动的实际过程中，根据认知目标及时评价、反馈自己认知活动的结果与不足，正确估计自己达到认知目标的程度、水平；根据有效性标准评价各种认

迟到了。后来，你反思这件事情，是因为自己当时为了省钱并抱着侥幸心理选择了便宜的拼车，结果导致了迟到，后来再遇到这种情况，会冷静对比各种交通方式，选择相对保险的方式。例子中，当时解决选择交通的问题是我们的认知活动（对外的），而后来反思自己的认知活动的差错并且矫正这种差错就是元认知（是对内的）。

元认知策略实例：假如读一本书，遇到一段读不懂，你该怎么办？你或许会慢慢地再读一遍；或许会寻找其他线索，如图表等来帮助理解；或许还会退回看前一章内容，这意味着你要学会如何知道你为什么不懂，以及如何去改正自己。这都属于元认知策略。

知行动、策略的效果。监控策略有两种：领会监控和集中注意。

实例：阅读时对注意加以跟踪、对材料进行自我提问，考试时监控自己的速度和时间。这些策略使学生警觉自己在注意和理解方面可能出现的问题，以便找出来，并加以改正。

（三）调节策略

调节策略是指根据对认知活动结果的检查，如发现问题，则采用相应的补救措施，根据对认知策略的效果的检查，及时修正、调整认知策略。

实例：调节策略与监控策略有关。例如，当学习者意识到他不理解课程的某一部分时，他就会退回去重读困难的段落；在阅读困难或不熟的材料时放慢速度、复习他不懂的课程材料；测验时跳过某个难题，先做简单的题目等。调节策略能帮助学生矫正他们的学习行为，补救他们理解上的不足。

三、元认知策略的教学

第一，教给学生元认知知识，提高学生元认知学习的意识性。
第二，丰富学生的元认知体验，指导学生调节与监控自己的学习过程。
第三，经常给学生创设和谐、民主的反馈条件。

第四节 资源管理策略及其教学

（浙江师大大纲删除）【简答】：16西北，21内蒙古

资源管理策略【名解】：18辽宁，20湖南

资源管理策略是帮助学生管理学习环境和学习资源，从而提高学习效率的策略。资源管理策略可以帮助学生积极适应环境，充分利用资源，提高学习效率，包括时间管理策略、努力管理策略和学业求助策略等。

一、时间管理策略

时间管理策略就是通过一定的方法合理安排时间，有效利用学习资源。主要有计划时间策略、最优时间策略、化零为整策略。

（一）计划时间策略

根据目标的时间分类，时间计划策略可以分为长期目标的时间计划、中期目标的时间计划和短期目标的时间计划。

（二）最优时间策略

在不同的时间里，人的体力、情绪和智力状态是不一样的，因此，个体的学习就有一个最优学习时间。所以学习者要选择自己生理功能旺盛、精力充沛的时候从事学习活动。

首先，要根据自己的生物钟安排学习活动。
其次，每周、每天的学习效率都不一样。
再次，随着学习的进行，人的精神状态和注意力会发生变化。

> **复习提示**
>
> 时间管理策略、努力管理策略在考研复习中很重要，我们需要把每天的时间计划、安排好；调整好自己的身心状态，坚持不懈地努力，必定收获成功！
>
> 人生犹如一张大的时间表，每个人都应当根据自己的总体目标，对时间做出总体安排。总体时间表必

（三）化零为整策略

时间的有效性不仅仅体现在整块时间的利用上，也体现在零碎时间（如课余、饭前饭后、等人等车、乘车乘船等）的利用上。

二、努力管理策略【名解/简答】：11 东北，20 青海

努力管理策略是指系统性的学习大都需要意志努力，为了维持或促进意志努力，而对自己的学习兴趣、态度、情绪状态等心理因素进行约束和调整，实现学习目标的策略。努力管理策略主要包括归因于努力、调整心境、意志控制和自我强化等策略。

（一）归因于努力

韦纳的归因理论将能力、努力、任务难度和运气等作为人们在解释成败时的四种主要原因。不论学习成功还是失败，归因于努力都会使学习者产生较强烈的情绪体验，从而维持和促进学习者继续努力，积极地去争取成功。

（二）调整心境

调整心境是为了排除学习过程中消极情绪对学习的干扰，使学习者保持愉悦、活跃、轻松的积极情绪状态。对于学习过程中的紧张、焦虑等消极情绪体验，可以采用两种有效的调控方式：一是自我提示言语；二是采用转移法。

（三）意志控制

意志控制主要对努力起维持作用，亦即把既定的努力付出集中在学习任务上，使其不受其他因素的干扰。因此，意志控制对学习具有较强的维持功能。

（四）自我强化

自我强化指的是学生在达到自己制订的学习目标时进行自我奖赏。自我强化是一种自我管理、自我监督的过程。

三、学业求助策略【论述】：13、21 河南

学业求助策略是指学生在学习过程中遇到困难向他人寻求帮助以克服学习困难，提高学习效率的策略。学业求助策略分为两方面：一是对工具的求助；二是对人的求助。

（一）学业求助的类型

执行性求助也称非适应性求助，是指学生面临学习困难时，直接请求他人给出答案或直接替自己解决困难。执行性求助，学习者在乎的是学习的结果而不是学习的过程，虽然解决了问题，但是自己并未参与问题的解决，因此无助于自己学习能力的提高。

工具性求助也称适应性求助，是指学生遇到学习困难时，向他人寻求与解决问题有关的信息，借助他人的力量自己解决问题或达成学习目标。工具性求助是非常积极的求助方式，它不仅能提高学生的学习能力，而且能提高自己的人际交往能力。

（二）影响学业求助的因素

1. 学业求助者的态度

学业求助者的态度与学习者的自我效能感有关。低自我效能水平的学生更有可能认为，如果求助就意味着低能，因此更少求助或回避求助；相反，高自我效能水平的学生遇到困难或失败时，他们不在乎别人是否把自己归为低能，因此更有可能寻求必要的帮助。

须通过阶段性的时间表来落实，例如，将自己的一生分成不同的时期，其中，可将中学时期的时间表转变为不同的学年时间表、学期时间表、每月时间表、每周时间表以及每天的时间表。计划应当尽量具体，防止拖拉。

2. 学习者的归因

学习者常常根据是否独立完成任务来判断学习者能力的高低，因此为了避免对自我构成威胁，常常回避求助。

3. 过去习得经验的影响

学生的求助经验会影响学生的求助行为，在鼓励求助的教师那里，学生的求助行为是积极的；在抑制求助的教师那里，学生的求助行为是消极的。

4. 难以识别该策略的运用条件

部分学生不知道在什么时候、什么条件下应该使用该策略，他们认为自己无须求助或认定求助无益。也有学生不知道该向什么人求助，以及求助的方式等。

（三）学业求助的过程

1. 意识到求助的需要

个体意识到任务的复杂和困难，发现仅靠自己的能力难以实现目标。

2. 决定求助

个体对求助行为的受益和代价进行权衡，决定是否求助。

3. 识别和选择潜在的帮助者

作出求助决定后，需要决定向谁求助，帮助者的能力、态度是个体选择帮助者的主要标准。

4. 取得帮助

取得帮助的策略有两类，一类是非言语性的，如求助的目光、困惑的表情等；另一类是言语性的，即直接开口求助。如果求助者发现从某人那里得到的帮助不能令自己满意，还需要向别人继续求助。

5. 评价反应

求助者最后还需要对求助结果进行评价，这包括所获得的帮助对问题的解决是否足够、求助策略是否有效、他人对求助的反应等方面的评价。

（四）学业求助策略的教学

1. 教会学生正确看待学业求助

学生不愿意使用学业求助策略大多是因为他们认为求助展示了自己的无能，损伤了自尊，因此他们回避求助。

2. 注意发展学生学业求助能力

教师要教会学生正确判断是否需要学业求助、向何人求助以及如何求助才能获得信息等学业求助策略，使学生在真正需要求助的时候能够运用所学达到解决问题、提高能力的目的。

3. 要求学生采用工具性求助

教师要让学生明白，学业求助并不是对所有的问题"不懂就问"，而是要学会工具性求助。要明确学业求助关键在于求得别人的点拨和提示，而不是要求别人直接给出答案或让别人直接解决问题。只有在遇到自己经过深思都不能解决的学习问题时才应寻求他人的帮助。

4. 注意营造一种良好的社会性学习环境

所处的环境不同，心情和态度就会有所不同。当所处的环境杂乱无章时，人的精神就会随之松散；相反，如果所处的环境井井有条，则很容易集中精力。环境对学习和生活的影响很大。

5. 强调元认知策略

在学业求助过程中学习者是否意识到自己的学习状况、学习能力，是否需要求助他人，如何求助等，实质上反映了学生在问题情境中对自己学习的监控和调整。可见，学生的元认知水平和元认知策略直接成为影响学生学业求助行为的重要因素。

本章高分拓展

一、学习策略的教学训练

（一）影响学习策略教学训练的因素（浙江师大大纲新增）【论述】：20浙江

策略的学习和训练包括教与学两个方面，因此，策略教学的影响因素也相应地来源于这两个方面。

1. 学生因素

学习策略的掌握和运用很大程度上取决于学习者自身。

（1）年龄特征

学习策略的发展具有一定的阶段性，同时学习者的认知发展也具有相应的年龄特征，因此学习策略的教学必须要充分考虑策略发展的阶段性和认知发展的阶段性特征，既不能不管不问，也不能拔苗助长。

（2）原有的知识背景

学生原有的知识背景中有两种知识，一种是策略性知识，另一种是非策略性知识（学科领域知识），这两种知识对学习策略的掌握和运用都有非常重要的影响。

（3）学习动机

动机的强度对掌握和应用学习策略的影响主要体现在学生掌握策略的意识性和对学习材料的兴趣以及对材料的敏感程度上。只有具备较强的学习动机，学习者才会积极探索、吸收能够提高学习效率的策略。

（4）学习归因方式

当学习者将学习的成败归于自身能够控制的、相当不稳定的因素，如努力程度时，这些学习者的策略水平相对较高。这要求教师能够引导学生恰当归因，以促进学生对学习策略的掌握和运用。

（5）自我效能感

它是指学习者对策略应用效能的信任和自信程度。如果学生注意到，使用某些学习策略确实提高了他们的学习成绩，则他们可能受到激励，继续应用这些策略。因此，在学习策略教学中，教师应该让学生体验到应用策略所带来的成功感。

2. 教师因素

（1）运用学习策略的水平

这是对教师自身策略知识和能力的要求。通常，运用学习策略水平较高的教师在教学活动中善于识别重要的学习策略，并且能够清楚地认识到哪些学习策略对当前的学习任务最为适宜，他们也最有可能对学生进行策略的教学。

（2）策略教学经验

教师的策略教学经验包括：①善于选择适合的学习策略；②善于不断寻求新的学习策略；③能将学习策略明确地、有意识地教给学生；④能提高学生掌握学习策略的意识水平。教师的策略教学经验能够有效地促进学生对学习策略的获得和运用。

（3）策略教学方法

教师的策略教学方法影响学生对学习策略的掌握程度。恰当的教学方法体现在：①对教学过程的特点有深入的了解，能在关键环节对学生授以必要的策略；②能根据学生的年龄特征、认知水平及学习任务，采用多样化的教学方法，提高教学效果；③能运用适当的教学方法、教学手段，有效地揭示内隐的学习策略，把抽象的内容具体化、形象化，便于学生学习和掌握。

（二）学习策略的教学训练模式（浙江师大大纲新增）【论述】：20浙江

1. 课程式教学训练模式

这就是所谓的学习策略教学的课程化，它通过开设专门的学习策略课程，讲授教与学策略的有关常识，包括教与学的模式、方法、手段等。

2. 学科渗透式教学训练模式

它是指将学习策略的训练与特定学科的学习内容相结合，在具体学科知识的学习过程中传授学科学习的方法与技巧。如专门传授语文（数学）学科学习方法与技巧的阅读理解策略（应用题解题策略）就可应用这种模式。学科渗透式教学训练模式可以贯穿整个教学活动。

3. 交叉学习式教学训练模式

这种模式是为了克服前面两种模式的不足而设立的。这种模式往往是先独立地教授学习策略，包括学习策略的意义、适用范围、条件及具体操作程序等，简短的教学之后，将它与具体的学科内容结合起来，根据具体学习情境的差异，要求并帮助学生把所学的策略运用于具体的学习活动中。

第八章 问题解决能力与创造性的培养

本章大纲考点及考频

第一节 有关能力的基本理论 — 0
一、传统智力理论 — 1
（一）二因素理论 — 0
（二）群因素论 — 0
（三）流体智力与晶体智力理论 — 8
（四）智力结构理论 — 0
二、加德纳的多元智力理论 — 40
三、斯滕伯格的成功智力理论 — 7

第二节 问题解决的实质与过程 — 0
一、问题解决的内涵 — 14
二、问题解决的心理过程 — 12

第三节 问题解决能力的培养 — 0
一、影响问题解决的因素 — 51
二、有效问题解决者的特征 — 1
三、问题解决能力的培养措施 — 39

第四节 创造性及其培养 — 0
一、创造性的内涵 — 14
二、创造性的心理结构 — 27
三、创造性的培养措施 — 63

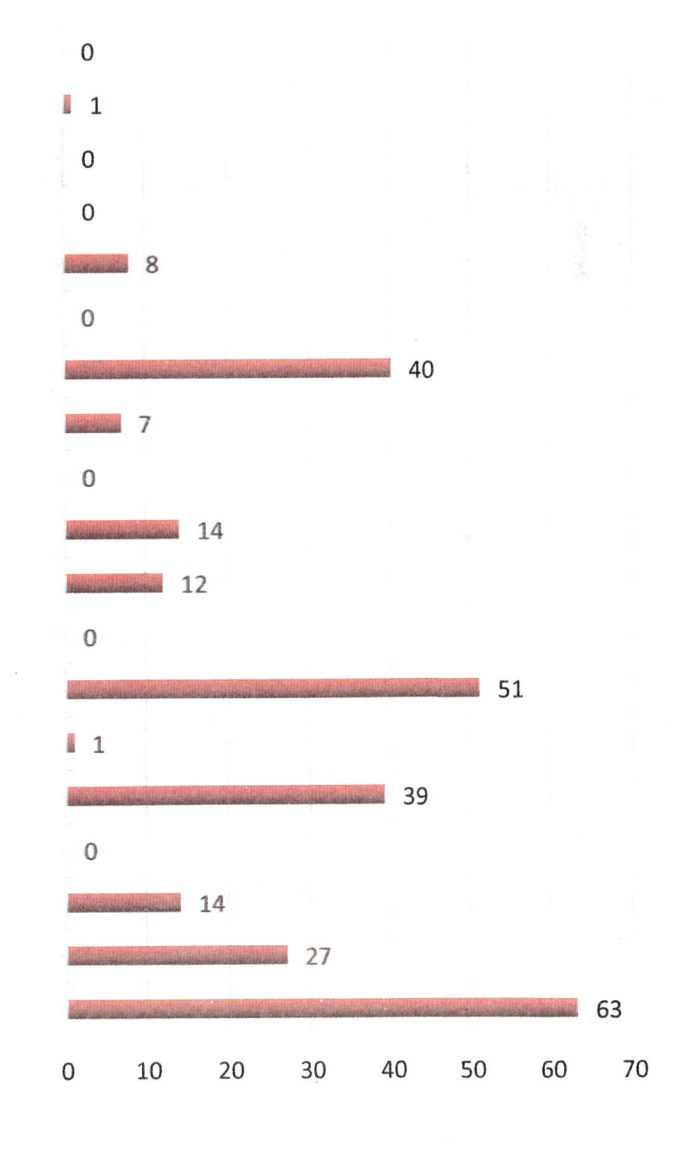

本章思维导图

- 问题解决能力与创造性的培养
  - 有关能力的基本理论
    - 传统智力理论
      - 二因素理论
      - 群因素论
      - 流体智力和晶体智力理论
      - 智力结构理论
    - 加德纳的多元智能理论
    - 斯滕伯格的成功智力理论
  - 问题解决的实质与过程
    - 问题解决的内涵
    - 问题解决的心理过程
  - 问题解决能力的培养
    - 影响问题解决的因素
    - 有效问题解决者的特征
    - 问题解决能力的培养措施
  - 创造性及其培养
    - 创造性的内涵
    - 创造性的心理基本结构
    - 创造性的培养措施

本章参考书

【1】张大均主编：《教育心理学》（第三版），人民教育出版社，第十一、十二章。

【2】陈琦、刘儒德主编：《教育心理学》（第3版），高等教育出版社，第十章。

【3】陈琦、刘儒德主编：《当代教育心理学》（第3版），北京师范大学出版社，第十一章。

·第一节 有关能力的基本理论·

（浙江师大大纲删除）

一、传统智力理论【简答】：16吉林

（一）二因素理论（了解）

该理论由英国心理学家斯皮尔曼提出。他认为智力由一种单一的G因素（一般因素）和一系列S因素（特殊因素）构成，完成任何一项任务都必须依靠这两种因素。G因素是智力的首要因素，基本上是一种推理因素，在相当程度上是遗传的。S因素有五类：口语能力、算数能力、机械能力、注意力、想象力。此外，还可能有第六种因素，即心理速度。一般因素和特殊因素是相互联系的，一般因素是智力结构的关键和基础。

（二）群因素论（了解）

美国心理学家瑟斯顿发现智力并不是由斯皮尔曼所说的一般因素与特殊因素组成，而是由若干个介于一般因素与特殊因素之间的群因素构成的。他认为人类智力由以下七种主要因素（或称心理能力）组合而成：（1）语词理解能力；（2）一般推理能力；（3）语言流畅性；（4）计算能力；（5）记忆能力；（6）空间关系；（7）知觉速度。

（三）流体智力和晶体智力理论【名解/简答】：12东北，14江苏，16浙江，18温州大学，18天津大学，18河北大学，15上海，19河北大学

助记表格 >>

美国心理学家卡特尔等人认为，一般智力因素包含流体智力和晶体智力		
	流体智力	**晶体智力**
区别	流体智力是与基本心理过程有关的能力，如知觉、记忆、运算速度和推理能力等。 这种智力在青少年之前一直都在增长，在30岁左右达到顶峰，随后逐渐衰退。 流体智力大多是先天的，依赖于大脑的神经解剖结构，不大依赖于学习；	晶体智力则是经验的结晶，是在一定的社会文化背景中习得的，如在学校学习获得的计算能力和操作能力等。 这种智力在人的整个人生中都在增长，因为它包括了习得的技能和知识。晶体智力依赖于后天的学习和经验。
联系	人通过在解决问题时投入流体智力而发展晶体智力，但是，生活中许多任务同时需要流体智力和晶体智力。	

> **复习提示**
> 有关能力的基本理论其实就是智力的基本理论。这与第二章第五节心理发展的差异性与教育相关。

示意图 >>

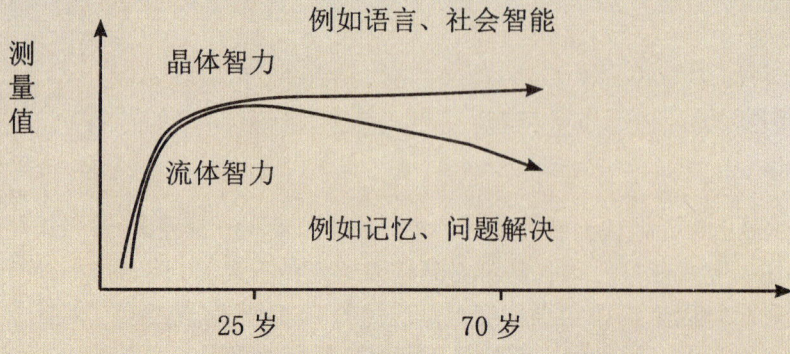

```
测量值
        晶体智力 ────────→ 例如语言、社会智能
       ╱
      ╱  流体智力 ────────→ 例如记忆、问题解决
     ╱
    25岁              70岁
```

年轻人：流体智比较强，晶体智力相对较弱
阅历丰富的成人：流体智力相对较箸，晶体智力较强

（四）智力结构理论（了解）

美国心理学家吉尔福特否认 G 因素的存在，坚持智力因素的独立性。他认为任何一项智力活动都不过是对一定内容（对象）进行操作产生一定产品（结果）的过程，对智力结构的分析应该从智力活动的内容、操作和产品三个维度去考虑。吉尔福特认为该模型含三个维度共 5*6*6=180 种独特的智力因素。

内容维度分为 5 个项目：图形、符号、语义、行为和听觉。
操作维度分为 6 个项目：短时记忆、长时记忆、认知、发散思维、聚合思维和评价。
产品维度分为 6 个项目：单位、分类、关系、系统、转换和推测。

二、加德纳的多元智能理论【名解/简答/论述】：10江苏、11华南、13四川、13江西、14上海、17中央民族、18天津、18海南、19江苏大学、20湖南科技、21云南大学、11江西、12、14广西、12杭州、13山西、13湖南大学、15、17青岛大学、16内蒙古、18扬州、18鲁东、18河北、18广西师范学院、20安庆、20湖南理工学院、21黄冈师范、17江苏、11广西、12浙江大学、13华中、16安徽、17广西师范学院、18中央民族、18集美大学、19福建、19华东、19中国海洋、20哈尔滨、21深圳大学

（一）介绍

多元智能理论是美国心理学家加德纳提出的。他认为，智力的内涵是多元的，人类至少存在八种智能，分别是语言智能、逻辑—数理智能、空间智能、音乐智能、肢体动觉智能、内省智能、社交智能、自然观察智能。每一种智能代表着一种区别于其他智能的独特思考模式，但这些智能之间是相互依赖、相互补充的。

（二）多元智能理论的八种智能

第一，**语言智能**，指阅读、写文章或小说以及用于日常会话的能力。
第二，**逻辑—数理智能**，指数学运算与逻辑思考的能力，如做数学证明题。
第三，**空间智能**，指认识环境、辨别方向的能力，如查阅地图等。
第四，**音乐智能**，指对声音的辨别与韵律表达的能力，如拉小提琴或写一首曲子等。
第五，**肢体动觉智能**，指支配肢体完成精密作业的能力，如打篮球、跳舞等。
第六，**内省智能**，指认识自己并选择自己生活方向的能力。
第七，**社交智能**，指与人交往且能和睦相处的能力，如理解别人的行为、动机或情绪。

> **答题提示**
>
> 多元智力理论名词解释、简答、论述题都会考.
> 如果考名词解释，只需要回答（一）介绍的内容.
> 如果考简答或论述题，（一）（二）（三）都需要回答.

第八，自然观察智能，指辨别生物以及对自然世界其他特征敏感的能力。

（三）评价

加德纳智力理论的创新在于突破了传统的智力范畴，提出了多维智力的理念，并相应引发了人们对教育、人才、智力开发、教育评价的思考；另外，既注重神经生理学证据，又不忽视社会文化作用，也使得其理论更具说服力。因此，其理论在世界范围内对教育理论和教育实践都有极大的影响力。

助词>> 八种智能可以联系高中课表：语（语言）、数（逻辑数理）、外（社交）、史（内省）、地（空间）、生物（自然观察）、音乐、体育（肢体动觉）

三、斯滕伯格的成功智力理论（三元智能理论） 【名解/简答】：14天津，14河北大学，20、21湖州师范，16杭州，19太原，20青岛大学

美国耶鲁大学的斯滕伯格提出了智力的三元理论（成功智力理论）。他认为，成功智力是一种用以达到人生中主要目标的智力，是对现实生活中真正能起到举足轻重影响的能力。而传统的智力概念仅仅关注学业方面，过于狭窄，智力应当与真实世界的成功相联系，应当能够解释生活中的各种成功，即成功智力，它与传统 IQ 测量中所测量和体现的学业智力有本质的区别。

成功智力包括分析性智力、创造性智力和应用性智力三个方面，分析性智力发现好的解决方法，用创造性智力找对问题，用实践性智力来解决实际问题，只有这三个方面协调、平衡时才最有效。

成功智力主要具有四个方面的内涵：第一，应当在一个人的社会文化背景内，按照个人的标准，根据在生活中取得成功的能力定义智力；第二，个体取得成功的能力依赖于利用自己的长处和改正或弥补自己的不足；第三，成功是通过三个方面智力的平衡获得的，包括分析性智力、创造性智力和应用性智力；第四，智力平衡是为了实现适应、塑造和选择环境的目标，而不仅仅是传统智力所强调的对环境的适应。

关键词>> 与真实世界的成功联系，能够解释生活中各种成功，包括分析、创造、应用

·第二节 问题解决的实质与过程·

一、问题解决的内涵 【名解】：11南京，11、15重庆，15闽南，16四川，16延安大学，17、20中国海洋，18浙江，18贵州，18信阳师范，20北华大学，20沈阳，21成都大学

问题解决一般是指个体通过应用并超越过去所学规则从而产生一个新答案的过程。现代信息加工心理学认为，问题解决是一种以目标定向的搜寻问题空间的认知过程。个体必须对原有知识经验和当前问题的组成成分进行改组、转换或联合，才能达到既定目标。问题解决有四个特征：目标定向性、认知性、一系列心理运算、个人性。

复习提示 本章高分拓展补充了问题的类型。

二、问题解决的心理过程 【简答/论述】：10哈尔滨，10、13山东、14安徽、14江苏、19青海、19河北大学、21长江大学、10华东、15内蒙古、18湖北师范、18天津大学

（一）理解和表征问题阶段

1. 识别有效信息

解决问题的第一步是确定问题到底是什么。这意味首先找出相关信息而忽略无关的细节。

2. 理解信息含义

除了能识别问题的相关信息外，还必须准确地表征问题。这就要求其有某一问题领域特定的知识。

3. 整体表征

表征问题的第二个任务是集中问题的所有句子达成对整个问题的准确理解。

4. 问题归类

在具体某一领域中，要想促进学生转换和选择图式，就需要让学生观察各种不同类型的例题，并且让学生比较这些例题，想想每种解答有什么相同点和不同点。

（二）寻求解答阶段

在寻求解答时，可能存在这样两种一般的途径：算法式和启发式。

1. 算法式

算法式就是为了达到某一个目标或解决某一个问题而采取的一步一步的程序。它通常与某一个特定的课题领域相联系。

2. 启发式

所谓启发式就是使用一般的策略试图去解决问题。这种一般的策略可能会导致一个正确的答案。常用的启发式方法主要有四种：

（1）**手段目的分析法**：即将目标划分为多个子目标，将问题划分成许多子问题，然后寻找解决每个子问题的方法。

（2）**逆向反推法**：即从目标开始，退回到未解决的最初问题，这种方法对解决几何证明题又是非常有效的。

（3）**爬山法**：即基本思想就是先设定一个目标，然后选取与起点邻近的未被访问过的任意一点，向目标方向移动，逐渐逼近目标。

（4）**类比思维**：当面对某种问题情境时，可以运用类比思维，先寻求与此有些相似的情境的解答。

（三）执行计划或尝试某种解答阶段

当表征某个问题并选好某种解决方案后，下一步就要执行计划，尝试解答。

（四）评价结果阶段

当选择并完成某个解决方案后，还应对结果进行评价，以确定对问题的分析是否正确，选择策略是否合适，问题是否得到解决等。评价结果的方法之一，就是寻找能够证实或证伪这种解答的证据，对解答进行核查。

> 问题解决的心理过程，不同心理学家给的过程稍有不同，例如，《大纲指南》中的5个阶段，是由张大均提出的。有兴趣也可以查看相关内容。

第三节 问题解决能力的培养

一、影响问题解决的因素【简答/论述】：10湖北大学，11辽宁，11杭州，15曲阜，16扬州，17陕西，17河南，18四川，18山东，19、20吉林，20淮北，10西南，11河南，11山东，11、19扬州，12、20西华，12江苏，14、17、18福建，15渤海大学，11、16沈阳，16湖南大学，17辽宁，20闽南，21杭州

（一）知识经验

知识经验能促进问题解决者对问题的表征和解答。知识经验包括陈述性知识、程序性知识、认知策略知识和元认知知识。它们主要是通过数量和质量两方面制约问题解决效率的。

（二）个体的智能与动机

智能水平是影响问题解决的重要因素，智能的变量主要通过以下三个中介作用于问题解决：第一，提取及运用背景性命题；第二，突破心理定势；第三，运用问题解决策略。不同的动机水平直接影响着问题解决的效果。中等强度的动机水平有利于问题的解决。

（三）问题情境与表征方式

有两个或两个以上的可能性可供选择时即形成情境。 如果情境与人们过去已经获得的经验不一致而发生冲突时就形成问题情境。问题情境中各素材元素的空间集合方式直接影响问题的解决。问题的呈现方式也会影响问题解决的过程。对问题的表征是否恰当，会直接影响问题解决的难易和速度。

问题表征就是对问题呈现的内化，是关于问题呈现的内在心理状态，是问题的目标状态、问题的已知条件以及由它们构成的问题起始状态在心理系统中的构造方式。解决问题首先需要针对问题呈现形成问题心理表征。

问题表征的主要功能包括：引导个体对问题的有关信息做出进一步解释；促使个体根据自身知识结构的特点选择可模仿的解决方式；帮助个体联想并提出一个具体的解决方案图式。问题表征是正确解决问题的关键环节，常以内在表征和外在表征两种形式出现。

（四）思维定势与功能固着【论述】：17贵州

1. 思维定势【名解/辨析】：16、17杭州，17西北，17集美大学，19广州，20中央民族，20青海，20温州大学，21太原，21南京

思维定势，也称"惯性思维"，是指人用某种固定的思维模式去分析问题和解决问题，这种固定的模式是已知的，事先有所准备的。它能够影响后继活动的趋势、程度和方式。构成思维定势的因素主要是认知的固定倾向。在问题情境不变的条件下，思维定势能使人应用已掌握的方法迅速地解决问题。而在问题情境发生变化的情况下，思维定势就会妨碍人采用新的解决方法。

2. 功能固着【名解】：15、18湖南，18渤海大学，19广州，20安庆，20山西，21赣南

功能固着是指一种特殊类型的消极定势，是把某种功能赋予某种物体的倾向，使个体想到某个物体的惯常用途后，往往很难想出其他新用途。它往往影响人们解决问题的灵活性。能否改变事物固有的功能以适应新的问题情境的需要，常常成为解决问题的关键。要注意多进行发散思维，这也是进行创造性问题解决的关键。

实例提示

思维定势和功能固着案例：在课堂上，教师让学生"列举砖头的用处"，学生小方的回答是："造房子，造仓库，造学校，铺路。"学生小明的回答是："盖房子，盖花坛，打狗，敲东西。"[分析]小方回答砖头的用途都是沿着用作"建筑材料"的方向进行思考的，是一种思维定势的表现。而小明的回答不仅想到了砖头可作建筑材料，还可作防身的武器、敲打的工具，摆脱了功能固着。

（五）原型启发和酝酿效应

1. 原型启发【名解】：12四川

原型启发就是通过与假设的事物具有相似性的东西，来启发人们解决新问题的途径。能够起到启发作用的事物叫作原型，原型通常来源于生活、生产和经验。原型之所以有启发作用，主要是因为原型与所要解决问题有某些共同点或相似之处，能引起联想，启发思维机制。原型启发理论有助于人们更清楚地认识创造性的思维过程，为创造性思维的培养提供支撑。

> 原型启发实例：人们通过对鸟翅膀构造的研究，设计飞机机翼；通过对蝙蝠超声波定位的仿效，制造出雷达等。

2. 酝酿效应【名解】：16山西，21安徽

酝酿效应又称直觉思维，也有助于问题解决。酝酿效应是指在反复探索一个问题而无结果时，把问题暂时搁置几小时、几天或几个星期之后，由于某种契机突然产生灵感，使百思不得其解的问题迎刃而解，是一种"积之在平时，得之在俄顷"的现象。酝酿效应打破了解决问题不恰当思路的定势，从而促进了新思路的产生。

顺口溜>> 影响问题解决的因素：知智动表情、定固启酝酿

二、有效问题解决者的特征【论述】：15河南

大量研究显示，不同个体在问题解决的效率上存在着极大差异。国外有学者认为，专家之所以能够高效率地解决问题，是因为他们具备以下七个显著特征。

（一）在擅长的领域表现突出

专家一般在解决自己擅长领域的问题时较为出色，而不是在所有的领域。也就是说专家长期积累的经验只能在具体领域中发挥作用。

（二）以较大的单元加工信息

专家之所以能更有效地组织信息，是因为他们能将信息转换成更大的、可利用的单元。

（三）能迅速处理有意义的信息

专家往往能更有效地搜索和表征问题。这主要是因为他们以前解决过大量的类似问题。积累起来的这些经验使专家通过回忆类似问题和解决方法并仅凭极少努力就能找到合适策略。

（四）能在短时记忆和长时记忆中保持大量信息

专家在解决问题时观念和行动的产生都是高度自动化的，这种自动化操作使专家以更有效的方式运用自己的短时记忆。

（五）能以深层方式表征问题

专家通常将他们的注意力放在问题的基本结构上，而不是问题表面特征上。专家更倾向于将问题分解成子目标并通过顺向推理的方式来最终解决问题（即使用手段目的分析法）。

（六）愿意花费时间分析问题

在许多研究中，人们都发现专家花费了更多的时间来确认和表征问题，而一旦问题得到了理解，在选择解题策略时就耗时甚少。

（七）能很好地监视自己的操作

专家在解决问题之前更可能会产生其他的假设，在解题过程中更可能会迅速抛弃不

恰当的解决方法。而且研究也证实，他们能更为准确地判断出问题的难度，在问题解决的各个阶段，能始终保持反思，给自己提出一些恰当的疑问。

三、问题解决能力的培养措施【简答/论述】：11、16、20辽宁，10扬州，15江西，15安徽，17聊城大学，18湖南大学，18西安外国语，20四川，21齐齐哈尔，10华东，11山东，11扬州，12、18江苏，12、20闽南，12福建，12华中，13、17天津，15广西，15山西，16河南，16中国海洋，17辽宁，17哈尔滨，17集美，17曲阜，19鲁东，20延边大学，20江西，21渤海大学，21沈阳大学，21杭州，21安徽，21重庆三峡学院，21云南

（一）充分利用已有经验，形成知识结构体系

问题解决的前提在于学生掌握了足够数量的知识，并在自身内部形成合理的知识结构体系，即知识掌握的高效化。这就要求教师既要督促学生广泛阅读，汲取知识，同时也要注意引导学生按照知识本身的内在逻辑准则塑造知识结构体系。

（二）分析问题的构成，把握问题解决规律

分析问题的构成是解决问题的基础。因此，在教学中教师要帮助学生系统地思考问题，养成系统分析的习惯，教给学生一些通用的问题解决方法和思维策略，把握问题解决的规律。同时，教师不能让学生盲目尝试错误练习，更不能把结论直接告诉学生。

（三）开展研究性学习，发挥学生的主动性

研究性学习是在教师指导下，以课题或项目设计等为学习载体，以科学研究方法和文化知识为基本内容，以培养学生发现问题、提出问题和解决问题的能力为基本目标的学习方式。研究发现，探究是学生了解和认识世界的重要途径，而研究性学习能够极大地激发学生的好奇心和求知欲，促使学生从个人兴趣出发主动积极地去探索未知的世界。

（四）教授问题解决策略，灵活变换问题

帮助学生习得多种解决问题的策略，是培养学生问题解决能力的有效方式，其中启发式策略最能有效地提高解决问题的效率，因为一般的启发式策略能适用于较广的范围和领域，并可以转化为具体学科的思维方法。经常采用的启发式策略主要有：手段—目的分析法、逆推法、联想法、简化计划法等等。

（五）允许学生大胆猜想，鼓励实践验证

教师应让学生了解思维定势、功能固着、酝酿效应等对学生问题解决有什么影响，发挥这些因素的积极作用和克服其阻碍作用的有效策略等。让学生打开思路，从多种角度提出问题解决的策略，并鼓励学生进行积极的尝试和实验，在实践中验证自己的猜想。

> 本章高分拓展补充了一般问题解决能力的训练。

第四节 创造性及其培养

一、创造性的内涵 【名解/简答】：10扬州，13山西大学，14西北，14、16吉林，15浙江，18天津，18集美，18深圳大学，19沈阳，19河北，19华南，20宁波大学，21合肥

创造性也称创造力，是个体利用内外条件，产生新颖独特、有社会和个人价值产品的心理特性。这种心理特性是综合的、多维的，包括与创造活动密切联系的认知品质、人格品质和适应性品质。创造性表现于创造活动（过程）之中，其结果以"产品"为标志，其水平以产品的价值为标准。

顺口溜>> 影响问题解决的因素：知智动表情、定固启酝酿

二、创造性的心理结构 【简答/论述】：10首都，12河北，13曲阜，13苏州，14华南，18湖北师范，19淮北，21江苏，21深圳大学，11闽南，12扬州，15华东，17中国海洋，18华中

创造性是由多种心理因素构成的复合体，其心理结构具有多维性。由多心理品质有机结合构成的心理结构系统，主要包括创造性认知品质、人格品质和适应品质三个子系统。

（一）创造性认知品质 【论述】：15扬州

创造性认知品质是指创造性心理结构中与认知加工有关的部分，它是创造性心理活动的核心，主要包括创造性想象、创造性思维、创造性认知策略三个方面。

1. 创造性想象 【名解】：21东华理工

创造性想象是在人脑中对已有的表象进行选择、加工和改组，形成独特的新形象的心理过程。创造性想象是人类创造性活动中必不可少的因素。没有创造性想象的参与，就很难创造出新事物。

2. 创造性思维 【名解/简答】：15温州大学，18、19辽宁，20广东技术，15内蒙古，17、21首都，18广东技术，19陕西，19汕头，21延安大学

创造性思维是创造性认知品质的核心，是用超常规方法，重新组织已有知识经验，产生新方案和新成果的心理过程。主要特征有五点：

（1）**流畅性**，是指在给定时间内能产生、联想起更多的观念，反映了思维的敏捷性。

（2）**变通性**，是指能超越习惯的思考方式，在更广阔的视角下开创各种不同的思路，展示众多的思考方向，体现了思维的广度。

（3）**独特性**，是指善于对信息加以重新组织，产生不同寻常、与众不同的见解。

（4）**综合性**，指创造性思维是各种思维的综合，是抽象思维与形象思维、发散思维与聚合思维、逻辑思维与非逻辑思维相互作用而出现的整体思维功能。

（5）**突发性**，指创造性思维往往在时间上以一种豁然开朗标志着某一突破的获得，表现出一种非逻辑性的特征。这是长期量变基础上的质的飞跃，主要表现形式是灵感和顿悟。

3. 创造性认知策略

创造性认知策略是指有效地进行创造性思维和想象的方法和操作程序。例如属性列举法、幻想法、头脑风暴法、分合法、旁通思维法等。经过创造性认知策略训练的儿童在解决问题时所表现出来的创造性明显高于一般儿童。

复习提示

创造性是一种个性特质，这种个性特质的人具有创造力，所以，创造性也称创造力。这一节内容都是重点，对学生创造性的培养是现在教育趋势。

创造性与智力存在一定的关系，但并不呈线性正相关。表现为

（1）高创造力者，智商一定很高；

（2）高智商者，创造力可高可低；

（3）低智商者，创造力一定低；

（4）低创造力者，智商可高可低。

（二）创造性人格品质

创造性人格品质是指有创造性的人所具有的人格品质，对创造性的发挥起着极重要的推动作用，包括创造性动力特征、创造性情意特征、创造性人格特质等。

1. 创造性动力特征

创造性动力特征主要表现为创造动机，它反映的是个体从事创造性活动的目的和意图。根据对创造活动的不同影响，创造动机可分为外部动机和内部动机。

2. 创造性情意特征

创造性情意特征主要包括创造性情感和创造性意志两方面。创造性情感主要表现为对创造具有积极的情感体验，有较高的创造热情和强烈的创造欲望。创造性意志是指人们自觉调节创造行动，克服创造活动中的各种困难以实现创造目标的心理品质。

3. 创造性人格特质

创造性人格特质在创造中有着不可忽视的地位和作用。高创造者所具有的共同人格特征为：（1）强烈的好奇心和求知欲，乐于接受新事物，对智力活动和游戏有着广泛兴趣。

（2）想象丰富，好幻想，富于直觉。

（3）勇于探索，渴求发现，不满足于现有理论，具有挑战性和冒险性。

（4）独立自信，不盲从，不轻信。

（5）自制力强，能克服各种困难，专注于自己感兴趣的问题之中。

（6）富有幽默感。

（三）创造性适应品质

创造性适应品质是指个体在其创造性认知品质和创造性人格品质的基础上，在自己特定年龄阶段所规定的社会生活背景中，通过与社会生活环境的相互作用，表现出来的对外在社会环境进行创造性的操作应对、对内在创造过程进行调适的创造性行为倾向，具体表现为创造行为习惯、创造策略和创造技法的掌握运用等。

助记表格 >>

创造性的心理结构	创造性认知品质	创造性想象、创造性思维（核心）、创造性认知策略
	创造性人格品质	创造性动力特征、创造性情境特征、创造性人格特质
	创造性适应品质	对外在社会环境、对内在创造过程应对和调适

三、创造性的培养措施

【简答/论述】：10首都，11天津大学，11北京，12中南大学，13辽宁，15西华，16陕西，18广西师范学院，19大理大学，20天津，20天津外国语，21北华大学，21南宁，10东北，10河南，11曲阜，11、15、18华中，11江苏，11、13浙江，12渤海大学，12广西，12、15、20扬州，13中南大学，13西南，13湖南大学，14淮北，15天津，15辽宁，15华东，15哈尔滨，11、15福建，11、15闽南，15湖南科技，15苏州，15、16中央民族，16鲁东，14、16山西，10、17沈阳，17广西民族，17中国海洋，17杭州，15、17重庆，17青岛大学，19西华，11、19、21江西，20安庆，20赣南，20陕西，21山西大学

（一）营造鼓励创造的环境

营造有利于学生创造性发展的学校环境是促进青少年创造性发展的必要条件。首先，

真题回顾

2020年陕西师范大学论述题：结合实际论述影响学生创造性的因素有哪些？并说明如何培养和提高学生的创造性。影响创造性发展的因素。在本章高分拓展中有补充。

应倡导民主式的教育和管理。其次，改革考试制度，为学生创造宽松的学习环境。再次，增加自主选择课程的机会和有针对性的课程设计。最后，为学生提供创造性人物的榜样。

（二）培养创造型的教师队伍

要培养富有创造力的学生，则需要创造型教师。首先，要转变教师的教育教学观念，使教师形成理解并鼓励学生创造。其次，要教给教师必要的创造技法和思维策略。最后，教师应不断学习关于创造性的心理学知识，用心理学的理论指导自己的实践。

（三）发展和培养创造性思维

创造性思维是创造性的核心。创造性思维的培养应注意以下几个方面：（1）加大思维的"前进跨度"，培养学生思维的跳跃能力；（2）加大思维的"联想跨度"，使学生敢于把习惯上认为毫不相干的、表面上看来微不足道的问题联系起来或进行移植；（3）加大"转换跨度"，引导学生敢于否定原来的设想，善于打破固有的思路；（4）给学生大胆探索与推测的体会。

（四）培育创造意识，激发创造动机

创造意识和创造动机是创造活动的强大推动力。有效培养学生的创造意识和激发创造动机的方法有：（1）破除创新的神秘感，使每个人都敢于创造，从而树立学生创新的自信心。（2）激发创造热情。创造热情是对创造活动表现出的一种积极的情绪体验。（3）磨砺创造意志。创造意志是创造者自觉地确定创造目标，克服创造困难的心理品质。（4）培养创造勇气。创造者要提出新思想、新观点、新见解，如果没有勇气，就将寸步难行。

（五）塑造创造性人格

创造性人格是创造性的重要组成部分，培养学生的创造性人格是培养创造性的重要内容。建议有：（1）保护好奇心；（2）解除对错误的恐惧心理；（3）鼓励独创性与多样性。此外，自信与乐观、忍耐与有恒心、合作、严谨等也是创造性人格培养的重要方面。

（六）开设创造课程，教给创造技法

开设创造性课程已成为国内外开发创造性的有效途径。促进创造性发展的主要创造技法有：（1）头脑风暴法；（2）系统探求法；（3）联想类比法；（4）组合创新法；（5）对立思考法；（6）转换思考法。

> 头脑风暴法又叫智力激励法。即像狂风暴雨一样，给头脑以不同观念的冲击。通过多人集体讨论，在相互激励、相互启发、相互感染的集体氛围中，摆脱固有观念的束缚，逃出僵化的习惯思维，激发想象力，从而引起创造性思维，形成创新思路。

助记表格 >>

创造性的培养措施	1. 营造创造环境	倡导民主管理、改革考试制度、增加自主选择机会、提供榜样
	2. 培养创造教师	转变教师教育教学观念、教创造技法和思维策略、学习创造性心理学知识
	3. 培养创造思维	加大思维"前进跨度""联想跨度""转换跨度"
	4. 培育创造意识	破除创新神秘感、激发创造热情、磨砺创造意志、培养创造勇气
	5. 塑造创造性人格	保护好奇心、解除错误恐惧心理、鼓励独创性多样性、自信、乐观、忍耐、合作
	6. 开设创造课程	头脑风暴法、系统探求法、联想类比法、组合创新法、对立思考法、转换思考法

本章高分拓展

一、问题的类型（浙江师大大纲新增）【简答】：12上海，21内蒙古

心理学家一般采用二分法对问题进行分类。使用的标准不同，划分的结果也不同。目前得到广泛认可的类型划分主要有以下几种：

问题的类型			
划分依据	问题类型	定义	举例
问题结构的完整性	结构良好问题	问题的给定状态、目标状态以及用于转换状态的方法均已清楚规定	$x^2+2x+4=0$
	结构不良问题	问题的给定状态、目标状态以及用于转换状态的方法中的一项或几项缺乏明确的界定	全球水资源短缺
解决者对问题的熟悉程度	常规问题	与问题解决者已经解决的问题相同或非常相似的问题	代数题
	非常规问题	不同于问题解决者已经解决过的问题，需要给出一个新的解决方案	编写一段计算机程序
解决问题所需的算子质量	一般领域的问题	解决问题所需要的特定领域的专业知识相对较少，又称为知识贫乏领域的问题	传教士和野人过河问题、河内塔问题
	专门领域的问题	包含了大量特定学科专业知识，又称作知识丰富领域的问题	心理咨询

二、一般问题解决能力的训练（浙江师大大纲新增）

（一）CoRT教程

这是由英国剑桥大学德波诺教授提出的思维教程。目前这一课程已在众多国家实施，效果比较理想。它通过大量的日常生活的问题情境，训练学生探讨想法的正反两面、考虑事情的各种因素、分清主次、寻求更多的可能性等多种思维策略，给学生提供解决实际问题所必需的技能。教程中有像这样的问题：如何使电视节目或广播节目更令人感兴趣？该教程中大多数问题都来自实际生活，对获得如何分析问题、计划解答等一系列问题解决策略有很大的帮助。

（二）工具丰富教程

这是由以色列心理学家福伊尔施泰因设计的。目前这一课程已在加拿大、美国、以色列等国家广泛实施，影响较大。该课程的主要目的在于提高认知功能低下的学生对新事物进行独立思考的能力，为他们提供对应学习和问题解决所必需的工具、自信心和动机。设计者希望创造一种环境，使学生不会因过去的失败而对自己抱有否定态度。在这种环境中，智力上的操作不需要大量的学科知识，因而过去学习成绩差的学生同样能取得成功，从而使一般问题解决能力得到提高。

（三）创新思维教程

该教程是由科温顿主持开发的。它由15课组成，向小学生传授一般的问题解决技能。每课都由卡通小册子和补充问题构成。小册子中描述两个儿童遇到许多神秘的情况，需要进行回答。在两个成人的指导下，孩子们尝试着解决这些问题。教程以非常形象的方式描述了大量的问题，儿童在成人帮助下试图按照类似于前面提到的五个步骤来解决问题。教程要求儿童去界定问题、收集事实、检查事实、制订计划并做出表征。

（四）儿童哲学教程

李普曼的儿童哲学教程是专门为从幼儿到十二年级的学生编制的，教学生学习"哲理"，学会哲学地思考问题。该教程通过让学习者阅读一系列的故事参与到所刻意安排的那种思路中，介绍如何进行有效的思维。故事通常选择学生日常生活中的典型事例，每个故事都配有练习。该教程训练的思维技能包括提出因果关系、进行演绎推理、鉴定一致和矛盾、归类、用类比进行思考、进行适当的概括等30种。

（五）专家思维教程

布卢姆的授予新手以专家思维策略的训练方案，是布卢姆为大学生结合学科内容的训练提出的，其具体的训练措施是在训练之前，先进行一系列与学科内容有关的综合测验，把在测验中表现出色的学生称为榜样组，把不能通过测验的学生称为补救组，两组学生在学习动机、努力程度和智力方面基本相同；然后，让榜样组和补救组学生都大声说出自己解决问题的过程，再让补救组学生找出自己与榜样组学生解题过程的差异。如此经过10～12次的训练，与能力、背景基本相同但未接受训练的学生相比，补救组学生的成绩提高了0.5～0.7个等级点，并且表现得更自信。

三、影响创造性发展的因素（浙江师大大纲新增）【简答/论述】：13四川，17、18重庆，20陕西

（一）生理基础

个体的神经系统，尤其是大脑所固有的结构和功能是创造性产生的物质基础。
1. 神经元精密的结构以及由大量神经细胞所形成的复杂的神经网络为创造性的产生提供了可能性。
2. 大脑左右半球在结构和功能上的差异影响创造性的发展。
3. 大脑皮质的激活水平及其可变性影响着创造性。

（二）知识经验

丰富的知识是创造的必要条件，没有必要的知识基础，就根本谈不上创造。但是，就知识本身而言，不仅其量的多少会影响创造性，更重要的是其质的水平。那些具备了条件化、结构化、自动化和策略化表征的知识，才是高质量的知识，才能促进创造性的发挥。

（三）社会文化和教育观念

社会文化和教育对个体创造性有巨大影响。随着年龄的增长，由于文化、教育等外部环境的消极影响，个体的创造性在急剧降低。在一定程度上说明目前的社会文化和教育环境不利于个体创造性的发展。比如，倾向于保守封闭、排斥新观念的社会文化环境会导致个体思想封闭。

（四）个人心态、人格特征和认知习惯

对个体创造性发展起阻碍作用的因素还包括个人消极的心态、人格特征和认知习惯。个人消极的心态主要表现为：处理问题的态度被动、不积极；缺乏自信心；怕被别人批评；错误成功观念。消极人格特征为：胆怯、过分自责、懒惰、狭隘、刻板、骄傲。消极认知习惯为：只抓住一点、过早下判断、只关心答案、过分积极、钻牛角尖、忽略想象的重要性。

第九章 社会规范学习与品德发展

本章大纲考点及考频

第一节 社会规范学习与品德发展的实质 0
一、社会规范学习的含义与特点 6
二、品德发展的实质 11

第二节 社会规范学习的心理过程 14

第三节 品德的形成过程及培养 0
一、影响品德形成的因素 5
二、道德认知的形成与培养 0
三、道德情感的形成与培养 7
四、道德行为的形成与培养 4

第四节 品德不良及其矫正 0
一、品德不良的含义与类型 7
二、品德不良的成因分析 14
三、品德不良的纠正与教育 15

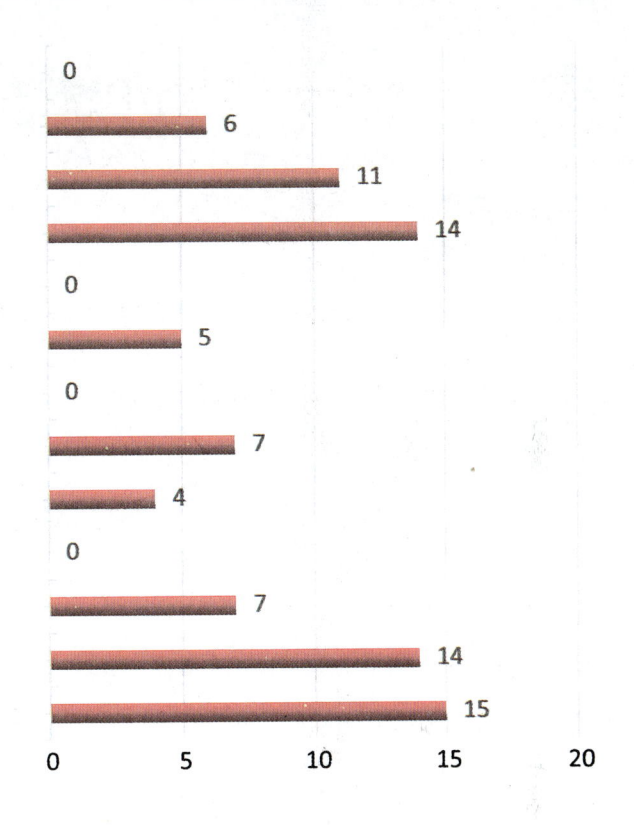

本章思维导图

- **社会规范学习与品德发展**
  - 社会规范学习与品德发展的实质
    - 社会规范学习的含义与特点
    - 品德发展的实质
  - 社会规范学习的心理过程
    - 遵从
    - 认同
    - 内化
  - 品德的形成过程及培养
    - 影响品德形成的因素
    - 道德认知的形成与培养
    - 道德情感的形成与培养
    - 道德行为的形成与培养
  - 品德不良及其矫正
    - 品德不良的含义与类型
    - 品德不良的成因分析
    - 品德不良的矫正

本章参考书

【1】张大均主编：《教育心理学》（第三版），人民教育出版社，第八章。

【2】陈琦、刘儒德主编：《教育心理学》（第3版），高等教育出版社，第十二章。

【3】陈琦、刘儒德主编：《当代教育心理学》（第3版），北京师范大学出版社，第十三章。

第一节 社会规范学习与品德发展的实质

一、社会规范学习的含义与特点

(一) 社会规范学习的含义 【名解】：12浙江，13山西，14华南，15重庆，20江苏，21中国海洋

社会规范学习是指学生获得一定的规范认知，并努力将规范所确定的外在的行为要求转化为内在的行为需要，从而建构内部的行为调节机制的过程。也就是说，社会规范学习是个体不断社会化、积极主动适应社会的、内隐的、不断内化的过程。

(二) 社会规范学习的特点

1. 社会规范学习的情感性

情感性反映了社会规范学习的本质特征。在规范学习中，情感过程渗透在认知学习和行为方式学习的所有方面，可以说没有情感，就没有规范的内化。

2. 社会规范学习的约束性

规范不仅会约束学生的认知与评价，还会约束学生的行为方式。

3. 社会规范学习的延迟性

规范学习的目的在于使学生形成良好的行为习惯，促进其身心健康发展。但习惯的养成非一夕之功，是在社会交往活动中，经过教育、训练而形成的。

二、品德发展的实质 【论述】：18辽宁

(一) 品德的含义 【名解】：13、14宁波大学，15西北，15淮北，15湖南，17首都，18曲阜，21延安大学

品德（道德品质）作为个体社会行为的内在调节机制，是合乎社会规范要求的稳定的心理特性，是道德行为产生的内因，又称为德行。品德的实质就是人际交往经验结构，根本内容为对人、对事、对己方面的社会规范的遵从经验。品德的心理结构包含道德认知、道德情感、道德意志和道德行为。

(二) 品德发展的实质 【简答】：13陕西，17云南

品德发展是指个体的整个生命历程中品德的发生发展和变化。品德发展的实质可以从以下几方面理解：

1. 品德发展是品德心理结构的形成和不断完善

在德育活动中，必须全面兼顾品德的各个侧面，将道德认知、道德情感、道德意志和道德行为结合起来，不能简单让学生记忆各种社会规范。

2. 随着个体年龄增长，品德发展表现出阶段性特点

国外关于品德发展的阶段性特征的理论中，以皮亚杰和科尔伯格的道德认知发展理论最有代表性。品德发展存在着转折、飞越等关键期，因而只有了解和把握这些关键期，进行有针对性的培育和训练，品德教育才会更加科学有效。

3. 品德发展是个体对社会规范的学习和内化过程

品德结构及其对行为的价值取向的选择，是规范行为产生的内因。品德结构是个体通过学习和实践活动而不断构建起来的一种心理结构，它的形成是在社会规范的学习过

> **复习提示**
>
> 品德发展可以与教育学基础第十章德育相联系，有很多共通的地方。

程中，通过学习主体的建构作用而确立的。

4. 品德发展过程就是个体不断社会化的过程

个体社会化是个体适应社会的前提，品德作为个体社会行为的内在调节机制，是合乎社会规范要求的稳定的心理特征，是德行产生的内因。品德实质是人际交往经验结构，表现为对人、对己、对事方面的社会规范的遵从经验。

第二节 社会规范学习的心理过程

【简答/论述】：11中南大学，13安徽，14北京，15山东，19上海，20合肥，21东北，16北京，18安徽，19华南

一、社会规范的遵从/依从

（一）含义

遵从是社会规范学习的初级接受水平，也是规范认同和内化的基础。外界的要求与个体的内在需要并不一致，依从是迫于外在压力或为了满足某种安全的需要。

（二）特点

虽然依从规范行为，但认识不足，具有一定的盲目性、工具性、情境性，可能出于自愿，也可能是被迫的。

（三）影响社会规范遵从的因素

1. 群体特征的影响

导致社会规范遵从的群体特征主要包括群体的规范、群体舆论和群体凝聚力等。一个群体的规范越标准、越集中、越明确，群体成员的认同感就越强。当一个人在群体中与多数人的意见或行为不一致时，就会感到强大的群体压力而产生社会遵从。

2. 外界压力的影响

外界压力是诱发个体社会规范遵从的主要外因。外界压力有直接的外部压力也有间接的外部压力。直接的外部压力即一般的奖励与惩罚。间接的外部压力指情境压力，是指当个体处于一个井然有序、循规蹈矩的情境中时所产生的很难不服从的潜在压力。

3. 个性特征的影响

由于个性的差异，不同个体在相同的群体中，面对相同情境会有不同的表现。一般说来，缺乏主见、独立性差、场依存型认知方式的人，更容易表现出遵从。另外，不同国籍和种族的人，其文化背景不同，其遵从性也不同。

二、社会规范的认同 【简答】：16浙江工业

（一）含义

社会规范认同作为社会规范的一种较高接受水平，属于社会认同范畴，是指个体在认识、情感上对社会规范的吸收，将社会期待转变为个体对自身的期待，在行为上与社会规范一致。社会规范认同是个体接受社会规范、确立自觉态度、形成品德的一个关键阶段。

> 🔍 真题回顾
>
> 2020年合肥师范学院简答题：品德的形成，即社会规范心理的形成。

（二）特点

认同作为社会规范学习的过渡阶段，表现出不同于社会规范遵从阶段的特点，表现为社会规范认同的自觉性、主动性、稳定性。

（三）类型

社会规范认同可以分为榜样认同和价值认同。

1. 榜样认同

榜样认同指个体出于对某人或某团体（可以称为示范者或榜样）的崇拜、仰慕等所产生的趋同心理，从而认同了榜样的示范行为，并将其作为一种行为规范认同接纳的现象。

2. 价值认同

价值认同指个体出于对规范本身的含义及规范执行的必要性的认识而发生的对规范的认可、接受并按照规范行动的现象。

（四）影响社会规范认同的因素

1. 榜样的特点

榜样是主体认同的对象，是主体心中的范例，是主体认为值得学习的好人或好事。只有能够引起主体注意，激起主体认同需求和趋同情感的人或事，才能成为榜样。

2. 规范本身的特性

主体产生价值认同的前提是能认识到规范本身的含义和价值，所以，规范本身的特性同样会影响到主体对社会规范的认同。社会规范的抽象性程度、实践意义和使用频率是影响主体价值认同的主要因素。

3. 强化方式

强化对社会规范认同产生影响。如果认同行为受到奖励，可以促进社会规范认同；如果认同行为受到惩罚，则会降低社会规范认同。

三、社会规范的内化/信奉

（一）含义 【名解】：17辽宁，21沈阳，21温州大学

社会规范的内化是社会规范接受的高级水平，是品德形成的最高阶段，它是指主体随着对社会规范的概括化与系统化，以及对规范体验的逐步累积与深化，最终形成一种价值信念作为个体规范行为的驱动力。

（二）特点

社会规范内化的社会需求性、稳定性，外在的社会要求到主体的内在需要，形成了稳定的品德。

（三）影响社会规范内化的因素

影响主体社会规范内化学习的不仅有主体对社会规范价值的认知，也有主体对规范价值的情感体验。

1. 对规范价值的认知

规范价值的认识是在对规范的实践后果进行伦理学判断的基础上产生的，关于规范行为的是非、善恶、美丑的价值判断。个体的认知能力、社会实践机会、社会阅历、立场、态度以及所处的历史条件或情境都会直接影响到其对规范价值的认识。

> 内化阶段表现为高度的自觉性、自主性、坚定性，行为由自己的信念所驱动。

2. 对规范价值的情感体验

对规范价值的情感体验是主体对规范价值的社会意义和作用的一种唤醒或激活状态的反馈感受，这种感受是主体规范学习的内部动力。对规范价值的情感体验既表现在自我强化着自身的规范行为，也表现在间接强化着他人的规范学习。

助记表格>>

社会规范学习的心理过程			
过程	含义	特点	影响因素
社会规范的遵从	遵照执行	盲目性、工具性、被动性	群体特征、外界压力、个性特征
社会规范的认同	趋于一致，自愿接受	自觉性、主动性、稳定性	榜样的特点、规范本身的特性、强化方式
社会规范的内化	形成价值信念	社会需求性、稳定性	规范价值的认知、规范价值的情感体验

第三节 品德的形成过程及培养

一、影响品德形成的因素（外部＋内部）

【简答/论述】：19 四川，14 山西大学，21 西安外国语

（一）影响品德形成的外部因素

1. 家庭环境

家庭环境对品德发展的影响可分为客观因素和主观因素两个方面。

客观因素方面：（1）家庭经济状况和居住条件。（2）家庭结构和主要社会关系。（3）家长职业类型与文化程度。

主观因素方面：（1）家长是儿童模仿学习的榜样，家长品德不良会对孩子品德的发展产生不良影响。（2）家长对子女的教养态度及期望，在很大程度上影响着孩子人格的发展。（3）家长作风和家庭气氛对孩子品德发展影响的情况是：和善作风有利于儿童的良好品德发展。

2. 学校集体

（1）班集体的影响。班集体是构成学校集体的基本单位，学校集体的特点也是通过班集体的特点表现出来的。班集体的信念、情感、坚定的意志行动、行为习惯水平都会对集体成员品德形成有影响。

（2）学校德育的影响。学校德育是根据一定社会的思想政治观点、道德行为规范和学生的身心发展规律，有目的、有计划地塑造儿童与青少年心灵的教育活动。

（3）学校集体中其他因素的影响。①教师的领导方式；②集体舆论；③校风班风。

（4）校园文化的影响。学校文化环境包括教室、操场、食堂、宿舍等处的设备、卫生状况、装饰布置等硬件和软件建设，对学生的精神面貌和行为方式也具有重要的

影响。

3. 社会化

社会化是指个体加入社会系统，通过与社会环境的相互作用，由自然人向社会人转化的过程。个体正是在和社会环境相互作用的过程中，学会适应环境进而形成相应的人格特征。因此，品德的形成和发展无疑是在社会化的过程中进行的。

（二）影响品德形成的内部因素【简答】：12扬州，18浙江工业

1. 道德认识

道德认识不是与生俱来的，而是在实践中逐渐形成的对社会公认的品德准则、社会行为的是非善恶标准的了解与掌握。作为独特的个体，学生在同化外界信息时呈现出不同的特点，受其不同认知特性的制约，每个人的道德认识会呈现出不同的水平与程度。

2. 个性品质

个性对品德发展的作用，主要体现为个性倾向性和个性心理特征对品德发展的影响。

（1）个性倾向性。个性倾向性在思维发展上起动力作用。动机、兴趣、理想、信念，制约着学生品德发展的方向和水平；自我意识，有助于提高品德发展的策略性和自我评价能力；人生观和世界观，给予品德发展以倾向性、出发点，促使品德行为的习惯化。

（2）个性心理特征。各种稳固的品德特征与能力、气质、性格等个性心理特征的影响也是分不开的。许多能力与品德发展有密切联系，其中认知能力是品德发展的基础。气质直接影响着品德结构、品德过程。人的性格和品德有相似的结构，且统一在一个人的完整的个性中。因此，性格培养可以巩固已形成的品德心理特征，也可以改造或矫正不良品德。

3. 适应能力

从社会对个体品德的要求出发，适应能力有两大方面：一是自我教育能力；二是社会生活和工作能力。由于人与人之间存在差异性，因而人的适应能力各不相同，其品德表现也各不相同。要使学生在复杂的社会信息、社会现象中成为独立的、有德的公民，就必须加强对学生适应能力的培养与训练。

二、道德认知的形成与培养（浙江师大大大纲删除）

（一）道德认知的含义

道德认知是对道德行为准则及其执行意义的认识，是社会道德要求转化为个体内在品质的首要环节，是道德品质形成的基础和前提。道德认知又包括道德知识的掌握、道德评价能力的发展和道德信念的产生三个基本环节。

（二）道德认知的培养

道德认知的培养不仅包括使学生获得准确的道德知识，发展积极正确的道德评价，还包括使学生形成牢固的积极的道德信念。道德认知的培养方略一般有短期训练法、小组讨论法、认知冲突法等。

1. 短期训练法。对儿童道德认知的影响也是短暂的，很难使儿童的道德认知在结构、水平上发生长期的持久的变化，但短期训练能够有效改变儿童的道德判断定向。

2. 小组讨论法。是老师把儿童在家庭和学校中人与人之间或群体间的矛盾冲突关系分别编成道德两难故事，让学生进行讨论，以帮助学生发展道德推理。

3. 认知冲突法。是指教师和处于不同认知发展水平的儿童共同参与对道德故事的讨

复习注意

注意：皮亚杰的道德认知阶段论可详细查看第一部分《教育学基础》笔记，第十章德育的高分拓展，有详细补充皮亚杰的道德认知阶段论。这与第二章皮亚杰的认知发展阶段理论是不同内容。考试时，要看清楚题干问的是皮亚杰道德认知阶段理论还是皮亚杰的认知发展阶段理论，一定不要混淆，两者答案不同。

论，让主体在论辩中为自己的道德认知寻找依据，在认知冲突中感悟自己和他人的认知的合理性，矫正不全面或错误的认识，从而提高自己的道德认知水平。

三、道德情感的形成与培养（浙江师大大纲删除）

（一）道德情感的含义【名解】：12、16 南京，19 内蒙古，19 广东技术，20 青岛大学

道德情感是人们根据社会的道德准则去处理相互关系和评价自己或他人的言行举止时所体验到的情感。它是品德心理结构的动力机制，也是一种自我监督和自我检查的力量。从内容上看，它包括公正感、责任感、自尊感、羞耻感、友谊感、荣誉感、集体主义情感和爱国主义情感等；从形式上看，它包括直觉的道德感、形象性的道德感和伦理性的道德感。

（二）道德情感的发展及培养

1. 人本主义情感取向的道德教育理论

人本主义的道德教育思想是情感取向的道德教育理论之一，主要可以归纳为五个方面：（1）承认人性是建设性的。（2）重视情感在道德教育中的作用。（3）实施道德教育的三个最基本的条件：一是真诚；二是接受和信任；三是移情性理解。（4）视道德教育为一种过程。教师应是这一过程的"促进者"。（5）以"学生"为中心的非指导性教学模式。

2. 移情及其训练【名解】：14 福建，21 重庆

移情是对事物进行判断和决策之前，将自己处在他人的位置，考虑他人的心理反应，理解他人的态度和情感体验。移情是自我与道德行为之间的重要的中介变量；移情是助人、安慰、合作、分享等亲社会行为的基础。

训练包括：（1）以图片的方式提供假定的情绪情感情境，让学生想象在这种情境中，他人是如何进行情境知觉的；（2）让学生说出他们知觉这种情境的原因，帮助他们识别情绪情感线索，并训练他们用语言表达情绪情感的准确度；（3）用语言暗示，通过表情动作和语言向导，提醒他们对情境线索的情境反应给予注意。

四、道德行为的形成与培养（浙江师大大纲删除）

（一）道德行为的含义

道德行为是个人在一定的道德认识指引和道德情感激励下，表现出来的对他人和社会具有一定道德意义的行动。道德行为是道德认识和道德情感的集中体现，也是衡量个体道德品质的客观指标。

（二）道德行为的发展

新行为主义认为品德发展没有固定阶段，是儿童学习外部环境和受强化的结果。新行为主义的品德理论包括斯金纳的新行为主义品德理论和班杜拉的社会学习品德理论。

1. 斯金纳的品德理论

斯金纳坚持从强化理论来阐述道德行为。凡是受到正强化的行为就是善或好的行为。他还特别重视外部环境对道德行为的强化作用。道德教育塑造道德行为就是通过环境的控制和改变来实现的。

2. 班杜拉的道德行为形成理论

班杜拉认为，观察学习是儿童学习的主要形式，品德学习也是通过观察学习完成。

> **真题回顾**
> 2018 年河北大学简答题：简述皮亚杰关于认知发展的四个阶段是什么？
> 2019 年河北大学简答题：简述皮亚杰的道德认知发展理论。

不同的成人及同辈榜样是导致儿童大部分道德行为获得和改变的主要原因。在儿童的道德行为形成过程中，观察者本人、环境和行为三者是相互作用的。

（三）道德行为的培养

1. 里康的四成分道德发展模型

里康提出了促进学生道德行为发展的四成分模型，包括自尊、合作学习、自我道德反省以及参与制定决策。尊重每个学生的独特性是提高学生自尊的有效方法，高自尊感学生表现出较高水平的道德行为。合作学习能增加学生的道德行为，尤其是亲社会行为和利他行为。通过为学生提供阅读、写作以及讨论道德事件的机会，促进学生自我道德反思。最后，通过引导、组织儿童参与游戏规则、班级制定等的制订，提高学生决策参与感。

2. 角色扮演法【名解】：10、12、17福建，20辽宁

角色扮演是使个人暂时置身于他人的社会位置，并按这一位置所要求的方式和态度行事，以增进个人对他人社会角色及自身原有角色的理解，从而有效地履行自己角色的方法。

3. 学校教育在培养学生道德行为中起到了举足轻重的作用

校园环境、校园制度、校园氛围、教师言行和同伴行为都是重要的影响因素。教师在培养学生道德行为中应该注意：

第一，身体力行，做遵守规章制度的典范，做遵循社会规范的典范。

第二，尽量创设重复良好行为的情境，让学生远离诱发错误行为和不良习惯的情境，以消退不良行为。

第三，明确活动目的性，培养学生道德行为学习的意识性。

第四，要及时纠正学生的问题行为和不良习惯。

第五，以奖励和表扬为主，合理、慎重使用惩罚。

第六，重点培养榜样，不轻易赋予学生特权等。

助记表格>>

\multicolumn{4}{c}{品德形成过程与培养}
形成过程	含义	形成与培养	理论与取向
道德认知	认识道德行为准则及其执行意义（道德品质形成的基础和前提）	形成过程：1. 道德知识的掌握；2. 道德评价能力的发展；3. 道德信念的产生 培养方法：短期训练法、小组讨论法、认知冲突法	皮亚杰道德认知发展理论 科尔伯格道德发展阶段论（三水平六阶段）
道德情感	根据道德准则去处理和评价他人的言行举止时所体验的情感	移情及其训练	人本主义理论（情感主义）
道德行为	对他人和社会具有一定道德意义的行动（是道德认识和道德情感的集中体现）	1. 里康四成分道德发展模型：自尊、合作学习、自我道德反省、参与制订决策。2. 角色扮演法 3. 学校教育在培养学生道德行为中起到了举足轻重的作用	1. 斯金纳的强化理论 2. 班杜拉的观察学习理论

第四节 品德不良及其矫正

（浙江师大大纲删除）

一、品德不良的含义与类型【简答】：17华中

（一）品德不良的含义【名解】：14扬州、15集美、15、18华南、19山东、21江苏

品德不良是指学生经常发生的违反道德准则的行为或为了达到个人目的而违背道德规范，有较严重的道德过错，甚至处于违法犯罪边缘的行为。学生品德不良的类型主要有：过失型、攻击型和压抑型。它具有一贯性、严重性、有意性、倾向性等特点。

（二）品德不良的行为表现（类型）

1. 作弊行为

考试作弊属于学习领域最普遍的品德不良表现之一。该现象长期存在，一直受到社会广泛关注。

2. 诚信及文明礼仪缺失

诚信及文明礼仪缺失是青少年在社会生活领域中品德不良的主要表现。

3. 责任意识淡薄

责任在整个道德规范体系中居于最高层次。一个人能否形成一定的责任意识，能否勇于承担一定的社会责任，关键是青少年阶段。其主要表现有：①重个人意识，对集体、对社会责任意识淡漠；②自私、冷漠、懦弱、缺乏正义感；③行为上表现出怕负责任或逃避责任。

二、品德不良的成因分析【简答/论述】：11安徽、15宁波大学、17渤海大学、19、21湖南科技、10、13江苏、11苏州、12、17华南、19汕头、20河南、21苏州科技、21信阳师范

（一）品德不良的客观原因

1. 家庭的不良影响

家庭是学生接受品德教育的启蒙学校，家庭环境中的某些不当教育和环境中的某些不良因素，是形成学生不良品德的一个重要原因。主要包括家长的言行、家庭的文化、教养方式等，如养而不教、重养轻教、宽严失度、方法不当、要求不一、互相抵消等。

2. 学校教育的失误

主要包括学校对德育不够重视、学校德育目标不当、学校德育内容与方法陈旧、学校德育环境不良等。例如：某些教师缺乏正确的教育思想，"自我中心倾向"严重，对学生不能一视同仁；学校教育与家庭教育脱节，互不沟通，各行其是，削弱了教育的力量；有少数教师缺乏师德，或品德不良；有的学校破墙开店，干扰学校正常教学秩序；学校的各种压力，如升学压力等，常会引起学生过度焦虑；有些教师对学生或家长的要求过高、过严、过急。

3. 社会环境的侵蚀

主要包括社会价值观的不良导向、社会文化的消极影响、社会媒介的不当引诱等。例如：社会上各种错误的思想、不良风气，社会文化生活中不健康因素的影响；社会上有各种恶习的人的影响，尤其坏人的教唆；学生群体亚文化与小伙伴的不良影响等。

复习提示

本章高分拓展中补充了品德发展全程性的内涵、品德培育的基本方法、纪律形成的内在矛盾、自觉纪律的心理结构、良好纪律的形成与培养、态度形成与改变的条件、态度的心理结构、态度形成与改变的方法等，请详细查看。

真题回顾

2019年汕头大学论述题：联系实际，论述品德不良的成因及类型。

（二）品德不良的主观原因

1. 错误的道德认识

品德不良学生往往缺乏正确的道德认知，产生种种不合理的需求，经不起不良因素的诱惑，做出一些违反道德规范、损害他人利益的行为。

2. 薄弱的道德意志

品德不良学生往往由于缺乏坚强的道德意志，不能用正确的认识战胜不合理的欲望而产生不良行为。

3. 异常的道德情感

品德不良学生由于不良环境和错误观念的长期影响，情感失去理智的控制，甚至丧失理智，诱发不良行为。

4. 不良的道德习惯

不良的行为习惯一旦形成，就会使学生不知不觉地采取类似的不良行为，仿佛不那样做就感到不自然，甚至产生不愉快的情绪体验。

三、品德不良的纠正与教育 【简答/论述】：11山西，11安徽，17内蒙古，17宁夏大学，19湖南科技，20辽宁，20聊城大学，10、13江苏，12河南，17华南，17浙江，19海南，20福建，21集美大学

对学生的不良行为要及早矫正，在矫正时要以正面教育和疏导为主，工作要有诚心、细心和耐心。在着手工作时，要注意下列几点：

（一）**培养深厚的师生感情，消除疑惧心理和对立情绪**

犯错误的学生常常在心里有一道防线，对别人存有戒心，有敌意。此时教师不要急于批评，而是要更加关心他、爱护他、信任他，使之深受感动。通过教师对他的爱来感化他，从而消除其心理防线。只要师生感情深厚，对于此类学生的教育就会收到事半功倍的效果。

（二）**培养正确的道德观念，提高明辨是非的能力**

由于缺乏道德观念和正确的是非观，有的学生常常犯错误。联系他们生活实际去说教，还是能被他们理解和接受的。只要我们注意儿童身心发展的特点和接受能力的实际，进行有效的说服工作，还是能够帮助他们形成正确的是非观念和是非感的。

（三）**保护和利用学生的自尊心，培养集体荣誉感**

教师要充分利用集体的力量，帮助和鼓励犯错误的学生消除自卑感、培养自尊心，使其自爱、自重、自强，并在此基础上鼓励他们和同学一起，共同参加集体活动，培养其集体荣誉感。集体荣誉感一旦产生，集体的道德行为规范会内化为个人的行动指令。

（四）**锻炼同不良诱因做斗争的意志力，巩固新的行为习惯**

儿童可塑性的另一面就是易变性，正在改正错误的学生往往一遇到不良诱因，就很容易故态复发。因此，教师要有意识、有控制地进行信任性考验，并不断演化，以锻炼其与不良诱因做斗争的意志力。其次，必须对学生多鼓励，表扬，以强化学生良好的行为习惯。

（五）**针对学生的个别差异，采取灵活多样的教育措施**

学生的个性不同，矫正的方法也应不同。如果他怕集体，有些行为就可以通过集体帮助的方式来解决。如果学生自尊心特别强，教师可以先容忍一下，等事过之后再做个别谈心，促进其思想转化；而对有的学生则需要给以冷淡，不予理睬，让他自己进行思

复习提示

品德不良学生的转化过程有三个阶段：

① 醒悟阶段
开始认识错误，产生改过自新的意向。

② 转变阶段
在行为上逐渐发生一定的积极的变化。但这是一个非常漫长的过程，并有可能出现反复甚至倒退。

③ 自新阶段
经过较长时间的转变之后，不良行为不再出现反复或很少出现反复，而完全以崭新的道德风貌出现在社会生活中。

真题回顾

品德不良的纠正与教育常常会结合相关的实际案例来考查。简答、论述题都有可能考查。
例如，2019年海南师大论述题：试论如何在教学中帮助学生矫正不良品德。

想斗争。

总之，矫正学生的不良行为的办法和措施是多种多样的，切忌把有不良行为的学生看作罪犯，对他们实施"关、卡、压"的态度，而应把他们视为遭受病虫害侵蚀的花朵。只要我们真心地热爱他们，并进行精心的调理和修补，他们仍然可以在爱的阳光下放射出绚丽夺目的光彩。

> 2020年福建师范大学论述题：请联系实际分析学生不良行为的原因及矫正策略。

顺口溜>> 道德意志需感化，自尊差异多措施

本章高分拓展

一、品德发展全程性的内涵（浙江师大大纲新增）

（一）个体品德发展与完善贯穿于人的生命全程

人从出生到生命的终结，品德发展从没间断。例如，从出生到两三岁，这个时期虽然不存在严格意义上的个体品德，但个体早期发展经验和社会性品质的获得将对品德的萌芽产生重要影响。成年期品德成熟以后，随着生活经验、社会背景等因素的影响，个体品德仍然处在发展变化过程中。

（二）品德发展既指完整品德心理结构的形成与发展，也指品德结构的功能的发展

品德结构的形成与发展，首先是各种品德心理成分的发展；其次是指完整的、相对稳定的品德结构的发展。品德结构的功能发展的最高目标在于发挥个体的自觉性、自主性、自律性和创造性，实现人的道德价值。

（三）个体品德发展成熟之前存在极大的可塑性、可变性

品德发展存在年龄阶段特征，同时，品德在某一阶段内的变化，甚至阶段之间的过渡转折不完全是单向的、唯一的、线性的。在不同发展阶段，甚至在同一阶段的不同个体，其品德发展方向、速度和水平可能是多样性、多维度的。另外，由于受社会、家庭、学校及个体自身等诸多因素的影响，个体品德发展中出现"倒退""反复""暂时停滞"都是可能的。

二、品德培育的基本方法（浙江师大大纲新增）【简答/论述】：17北华大学，20重庆，19首都，20陕西理工，20渤海大学

（一）条件反应法

条件反应法是利用经典性条件反应和操作性条件反应的原理来进行品德培育的方法。借助经典性条件反应，在教学中，可以把"助人为乐""热爱集体"等类似道德要求与教师的赞许、同伴的羡慕、父母的疼爱联系起来，使学生形成对这些道德要求的积极态度。在操作性条件反应方面，教师通常可用的技术是适当地对学生的行为进行强化。

（二）自我强化法

自我强化法是个体以自我评价提供的信息为依据所做出的反应。这种反应可以是自我奖赏、自我鼓励，也可以是自我谴责、自我否定。在教育活动中，个体的这种自我强化常常是内隐的心理活动，如在心里

对自己说"我得学习某人的优良品德","我怎么能够做出这种打扰他人休息的事"。自我强化能够影响个体的动机状态,对此运用得当,对道德教育活动会产生积极影响。

(三) 价值辨析法

价值辨析法也称价值澄清法。要让潜在的价值观念发挥作用,就要对它们进行辨析或澄清。辨析的过程可分为三部分:选择、赞赏、行动。因此,运用这一方法进行品德培育,教师要先诱发学生的价值陈述,但是教师对学生的思想、情感、信念等并不做判断,而是向学生提出问题,让他们思考自己的价值观念。最后,根据自己的价值选择来采取行动。

(四) 群体讨论法

科尔伯格认为,通过对道德两难问题的讨论,可以发展学生的道德判断能力,从而会有助于改变学生的行为。因此,要有效地培养学生的品德,教师可尝试使用群体讨论的方法。教师要注意启发学生思考,鼓励学生在讨论时考虑他人的观点或意见,协调与他人的分歧,使学生的道德认识水平、道德判断能力得到提高与发展。

(五) 移情训练法

移情是个体在对事物进行判断和决策前,将自己放在他人位置上,考虑他人的心理反应,理解他人的态度和情感的能力。在品德培育过程中,移情是最具动力特征的因素。一方面它是亲社会行为(如助人、分享等)的动机基础,能激发和促进亲社会行为的发展;另一方面它作为一种替代分享他人情绪情感状态的心理过程,对侵犯行为甚至违法犯罪也具有显著的抑制作用。移情是自我与亲社会行为之间的一个重要的中介变量,儿童在道德情境中的移情能力是他履行道德行为的一个必不可少的条件。

(六) 习惯养成法

养成良好的道德行为习惯能加强道德行为的自觉性、概括性和稳定性,这是由不经常的道德行为转化为稳定道德品质的重要一步。培养良好的道德行为习惯需要注意以下几点:使学生了解有关行为的社会意义,产生自愿练习的愿望;创设重复良好行为的情境,避免重复不良行为的机会;提供道德行为练习与实践的良好榜样,让学生进行模仿;组织各种有益活动,使学生明确练习的目的和要求,并及时给予强化与反馈;最后,要注意矫正不良的行为习惯。

三、自觉纪律的心理结构(浙江师大大纲新增)

自觉纪律的心理结构	
成分	特点
纪律认识	主要指个体的纪律意识水平,是对纪律重要性及纪律内容的理解:包括对纪律的感性观念、对纪律的理性理解、纪律评价及纪律信念;纪律认识的最高层次是纪律信念,表现为个体确信纪律的必要性与正确性,并要求自己和他人坚决遵守
纪律态度	自愿遵守、主动执行、积极维护
纪律意志	是学生执行纪律的意志表现,表现为按纪律要求积极行动,或为了遵守纪律而抑制某些违反纪律的行动;是一种约束和控制自己的能力,能促使学生选择正确的动机,排除外部的干扰,控制不良的情绪,最终坚决地执行纪律
纪律习惯	良好的纪律行为习惯是从强制性的被动遵守转变为自觉纪律的关键;稳定的纪律习惯可以使学生遵守纪律的行动容易实现,同时,其受阻也会引起消极体验;纪律习惯是自觉纪律行为的一种动力

四、纪律形成的内在矛盾(浙江师大大纲新增)【简答】:21重庆

在学生将行为规范内化为自己的内在要求，再外化为纪律行为的过程中，需要经过复杂的转化环节与矛盾。这些矛盾是在纪律形成时要特别予以重视的。

（一）外在纪律规范与学生认识之间的矛盾

学习纪律的第一个环节应该是让学生在正确了解、理解纪律的基础上形成正确的纪律观。一般来说，学生理解纪律等行为规范要经历四种水平：（1）具体性理解。（2）知识性理解。（3）认同性理解。（4）内化性理解。不同的学生对纪律的理解水平可能不同，因此在进行纪律学习时，恰当地解决外在纪律规范与学生认识水平之间的矛盾就至关重要了。

（二）纪律认识与纪律态度之间的矛盾

学生认识了纪律，了解其意义与要求之后，并不必然就会接受这些要求且表现守纪行为。此时还有一个他们是否愿意遵守纪律的态度问题。只有纪律认识与积极的纪律情感相结合，才会形成正确的行为态度。因此，要让学生形成正确的态度——自愿遵守、主动执行、积极维护，就必须消除情感障碍，消除对纪律的消极态度。

（三）遵守纪律与个人动机之间的矛盾

一个人能在动机斗争中选择正确的动机，起决定作用的不仅是思考和斟酌，更主要的是对自己行为后果的预见能力。此外，学生的意志力在动机斗争中也发挥着重要作用，尤其是在极具诱惑力的情境下，可以依据纪律的要求对自己的冲动、欲望等行为倾向进行抑制。

（四）遵守纪律与辨识能力低之间的矛盾

解决此矛盾的措施是：一要重视纪律情境，使学生在各种不同的纪律情境中领悟纪律的实质，发展自己的纪律辨识能力；二要重视自我纪律评价能力的发展，使学生对纪律的评价从现象到本质、从片面到全面、从情境到原则、从自我到群体、从他人到自己，不断发展。

（五）遵守纪律与不良行为习惯之间的矛盾

行为习惯是逐渐养成的、不需要任何意志与外在监督而能自动实现的行为方式。教育需要使学生养成良好的行为习惯。然而，处于成长发展之中的学生都或多或少有一些不良行为习惯，如遇事大吵大闹、动辄任性撒娇等。这些不良行为习惯与守纪的要求之间就会产生矛盾，妨碍自觉纪律的形成。

五、良好纪律的形成与培养（浙江师大大纲新增）

（一）情境化策略

情境化的"情境"，实质上是人为优化了的环境。从纪律教育的目标及内容来看，就是精选相应的社会或自然界的典型事例，创设以真实、生动、鲜明的形象为主体的具有浓厚情感色彩的教育场景。这种人为的优化环境，具有"认知与情感、行为的统一"和"运用基本事实说明基本概念和原理"的直接意义。

（二）自我建构策略

如果说情境化教育重视外部教育力量的运用，那么自我建构重视的就是个体内部教育力量的运用。纪律的自我建构过程其实也是学生的自觉纪律得以形成与培养的过程。因此，在具体教学中，可采用诸如角色扮演法、共同讨论法、参与规章制度制订等方法，促使学生在自我体验、自我监控、自我剖析、自我生成的建构过程中培养良好的纪律习惯。

六、态度的心理结构（浙江师大大纲新增）

关于态度的心理结构，目前比较流行的观点即态度由情感、行为意向和认知三种成分构成，又称态度的 ABC 模式（见表）。

态度的心理结构	
成分	含义
情感成分	是个体对态度对象的情感取向，也就是态度对象是否满足人的情感需要而引起的主体的内心体验。表现为人对态度对象的喜爱或憎恶、亲近或冷漠等。它伴随着态度的认知因素而产生，通常被认为是态度的核心成分。
行为意向成分	指个体对态度对象可能产生某种行为反应的倾向。它构成态度的准备行为意向成分状态，表现为接近或回避、赞成或反对等倾向。行为意向不等于行为本身，有行为意向也并不等于一定会发生实际行为。
认知成分	指个体对态度对象所持的认识和评价，是态度得以形成的基础。对于同一对象，不同个体的态度中的认知成分是不同的，有些态度是基于正确的信息和信念的，而有些可能基于错误的信息和信念。

七、态度形成与改变的条件（浙江师大大纲新增）【论述】：16 河北，18 浙江

（一）主观条件

1. 对态度对象的认识

在进行态度教学前，学生的认知结构中首先要有关于新态度对象的观念或认识。其次还要有一套关于行为与其相应情境的关系的观念。例如，许多态度教学是通过为学生提供模仿的榜样来进行的，此时，榜样以及与榜样特征相关的所有概念都是一种情境的观念。

2. 认知失调

如果处于认知失调状态，个体就会努力改变自己的观点或信念来求得新的平衡。因此，认知失调就成为进行态度教学的必要条件。教师在态度教学时，可以有意引起学生的认知失调，使学生产生改变态度的心理需要，以有助于达成态度的教学目标。

3. 有形成或改变态度的意向

具备前两类条件并不能确保学生就能形成或改变某种态度。此时还可能存在的事实是：许多人的愿望、观念与行动根本不一致。这说明，在特定条件下，学生可能会没有或者失去形成、改变态度的意向。意向是一种习惯性倾向，有着持久的影响，对于态度教学来说是非常重要的。

4. 对教育者的信任度

学生对教育者的信任度是关键。对教育者的信任度是指受教育者对教育者的"为师之道"与"授业之道"的信任程度。要提高教育者在学生心目中的信任度，教育者得从提高自身综合素质做起，增强行为的表率性、情感的真挚性与感染性、教育方法的科学性与艺术性等。

（二）客观条件

1. 所传递信息的可信度

信息来源的权威性、信息内容的新颖性、信息组织结构的严谨性、信息表述的鲜明性、信息难易程度的适合性等方面都会影响学生对所传递信息的认知与理解，从而影响学生态度的形成与改变。

2. 榜样人物的选择

许多态度是由模仿他人的行为而习得的。在进行态度教学时，榜样的选择就显得至关重要。有较大影响的榜样多具有这些特征：榜样的行为达到了要求并得到了奖励，而其他人也常去效法他们的行为；榜样有权力、有能力奖励学习者，尤其是已经赏励或鼓励过学习者的榜样，如教师、同伴。

3. 外部强化

外部强化也可导致态度的形成或改变。外部强化可分为两种：一种是直接强化，即一般所说的奖励或惩罚。奖励对态度有正向诱发作用，而惩罚对态度有负向抑制作用。另一种强化是间接强化。特定的环境氛围、群体的舆论、群体成员的评价等以潜移默化的方式影响着人的态度的形成与改变。

八、态度形成与改变的方法（浙江师大大纲新增）【简答/论述】：10重庆，18河北，18浙江

（一）提供榜样法

榜样对态度的影响是巨大的。学校所能提供的榜样一般来自教材和教师。就教材而言，有关教材的内容提供了今人、古人的生活方式，或有意或无意地表达了作者的态度以及前人所推崇的态度。就教师而言，学生所仰慕、模仿的教师通常是品德高尚、知识渊博、兴趣广泛、授课得法、关心学生的教师。

（二）说服性沟通法

在实际教育情境中，教师常常通过言语说服的方法来改变学生的态度，这方法又称为说服性沟通法。有效的说服技巧主要有以下几种：

1. 选择证据

霍夫兰等经研究认为，单面证据即只提供单方面的证据（如正面证据）对受教育程度较低的人以及原来持赞同态度的人更为有效，而双面证据（提供正反两个方面的证据）对受教育程度较高的人以及原来持反对态度的人更为有效。因此在态度教学中，对于低年级学生，教师说服时应主要提供正面证据，而对于高年级学生，则可以考虑提供正反两个方面的论据。

2. 情理服人

教师在说服时，要么以理服人，要么以情动人。哈特曼的研究告诉我们：说服内容的情感因素对态度的改变容易立即见效，但其影响不能保持长久；说服内容的理智因素对态度的改变容易产生长期的效果。在具体说服时，教师还要注意学生的成熟水平。

3. 逐渐缩小态度差距

学生原有态度与教师要求的态度之间是有一定距离的，这一距离是影响态度改变的一个重要因素。因此，为了有效改变学生的态度，必须先了解学生的原有态度，估计它与要求的态度之间的距离。如果两者悬殊太大，则不能急于求成，应该采取逐步提高要求的方法来渐渐缩小两种态度之间的差距。

（三）角色扮演法

角色扮演指人依照自己的角色来行事，也指模仿别人的角色来行事。由于在角色扮演的过程中，个体有了较多的情感涉入，因而，角色扮演常会在改变个体原有态度方面产生奇效。人们在角色扮演中所花费的力气越大，改变态度的效果就越好。在态度教学中，让学生尝试扮演不同的角色，会产生神奇的效果。

第十章　心理健康及其教育

本章大纲考点及考频

第一节　心理健康概述
一、心理健康的实质　9
二、心理健康的标准　4
三、中小学生常见的心理健康问题　2
四、心理健康与心理素质的关系　0

第二节　青少年心理健康教育的目标与内容
一、青少年心理健康教育的目标　4
二、青少年心理健康教育的内容　1

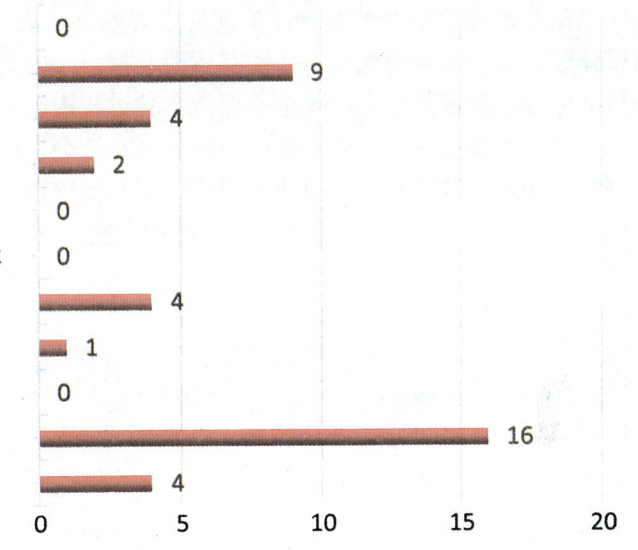

第三节　青少年心理健康教育的途径
一、青少年心理健康教育的途径　16
二、青少年心理健康教育的方法　4

本章思维导图

心理健康及其教育
- 心理健康概述
  - 心理健康的实质
  - 心理健康标准
  - 中小学常见的心理健康问题
  - 心理健康与心理素质的关系
- 青少年心理健康教育的目标与内容
  - 青少年心理健康教育的目标
  - 青少年心理健康教育的内容
- 青少年心理健康教育的途径与方法
  - 青少年心理健康教育的途径
  - 青少年心理健康教育的方法

本章参考书

【1】张大均主编：《教育心理学》（第三版），人民教育出版社，第十四章。
【2】陈琦、刘儒德主编：《教育心理学》（第3版），高等教育出版社，第十六章。
【3】陈琦、刘儒德主编：《当代教育心理学》（第3版），北京师范大学出版社，第十七章。

第一节 心理健康概述

一、心理健康的实质（含义）【名解】：13北京，13天津大学，13、14华南，16重庆三峡，17广西民族，18浙江，19大理大学，21东华理工

广义的心理健康是一种良好而持续的心理状态，表现为个人具有生命的活力、积极的情感体验、良好的社会适应，并能有效地发挥个人的身心潜能和社会功能。

狭义的心理健康是指人的基本心理活动的过程内容完整、协调一致，即认识、情感、意志、行为、人格完整和协调，能适应社会，与社会保持同步。

判断一个人的健康状况，目前主要有以下几类依据（了解）

第一，**统计常模**。当一个人的心理特质的测量值接近总体平均数时，就认为他的心理是正常的、健康的；若一个人心理特质的测量值偏离总体平均值，就认为他的心理是异常的、不健康的。

第二，**社会常模**。当一个人的心理与行为符合社会规范，得到多数人的认可，就认为他的心理与行为是健康的、正常的；反之，就认为他的心理与行为是异常的、不健康的。

第三，**生活适应**。生活适应良好者的心理是健康的；适应困难、干扰了个人或社会康宁者的心理是不健康的。

第四，**心理成熟**。一个人心理发展与生理发展程度协调者是心理健康的，而心理发展落后于生理发展或落后于同龄人平均水平者则是不健康的。

第五，**主观感受**。按照当事人主观体验到的是满意感、幸福感还是痛苦与不适，来判断一个人心理健康状况。

顺口溜>> 社会统计两常模，生活心理需感受

二、心理健康的标准【简答/论述】：14华中，17曲阜，21扬州，20湖州师范

心理健康标准是心理健康含义的具体化。由于国内外学者确立心理健康标准所遵循的依据不同，因而对心理健康的判断标准的认识也存在差别。

第一，充分自我实现的人就是心理健康的人。这是人本主义心理学马斯洛的观点。

第二，适应良好的人是心理健康的人。这是中国传统文化中隐含的心理健康标准。

第三，适应与发展和谐统一的人是心理健康的人。这是比较公认的现代心理健康标准——综合标准。这一标准具体分为以下几点：（1）对现实的有效知觉；（2）自知、自尊与自我接纳；（3）自我调控能力；（4）与人建立亲密关系的能力；（5）人格结构的稳定与协调；（6）生活热情与工作高效率。

在理解和把握心理健康标准时，应主要考虑以下几点：

第一，判断一个人心理健康状况应兼顾个体内部协调与对外良好适应两个方面；

第二，心理健康概念具有相对性；

第三，心理健康既是一种适应状态，也是一种发展状态；

第四，心理健康作为一种整体的心理状态，反映出一个人健康的人生态度与生存方式。

总之，心理健康的人在生活中多持有一种积极的、开放的、现实的、发展的、辩证的、通达的人生态度。

复习提示

本章内容，考得比较多的是心理健康的名词解释，以及心理健康教育的途径。有的会考心理健康素质教育，其实内容一样。

顺口溜>> 　　*心理健康标准：自知感知人格稳，热情亲密要自控*

　　理解把握标准：内外兼顾健康人生，概念相对适应发展

三、中小学常见的心理健康问题（浙江师大大纲删除）【简答/论述】：16深圳大学，21华东

　　从学生心理健康问题的内容、成因及所涉及的生活领域来分析，中小学生心理健康问题主要表现在以下几个方面。

　　第一，学习问题。包括厌恶学习、逃学、学习效率低、阅读障碍、计算技能障碍、考试焦虑、学校恐惧症、注意缺陷及多动障碍等。

　　第二，人际关系问题。包括亲子关系、师生关系、友伴关系等方面的问题，如社交恐惧、人际冲突等。

　　第三，学校生活适应问题。包括生活自理困难、对学校集体生活不适应、对高学段学习生活的不适应等。

　　第四，自我概念问题。包括缺乏自知、自信，自我膨胀，沉溺于自我分析，理想自我与现实自我的差距过大，自贬的思维方式等。

　　第五，青春期性心理问题。包括青春期发育引起的各种情绪困扰，异性交往中的问题，性困惑、性恐慌、性梦幻、性身份识别障碍等。

顺口溜>> 　　*常见问题：学习生活人际，自我心理困惑多*

四、心理健康与心理素质的关系

　　1. 从根本上说，心理素质和心理健康都是人的心理现象，但二者处在人的心理现象两个不同的层面。心理素质是一种稳定的心理品质，而心理健康则是一种积极良好的心理状态。

　　2. 从心理素质的功能来看，心理素质的高低与心理健康的水平有直接关系。一般情况下，心理素质健全且水平高的人，较少产生心理问题，其心理处于健康状态；相反，心理素质不健全或水平低的人，容易产生心理问题，其心理极有可能处于不健康状态。也就是说，心理健康是心理素质健全的功能状态和外显标志之一。

　　3. 从心理测量和评定的角度看，心理素质的测量常常包含许多心理健康的指标；而心理健康的测量标准也包含许多心理素质的成分。

　　4. 从心理素质的内容要素与功能作用的统一性意义来看，心理健康只是心理素质的表现层面，即功能性层面。大多数研究者都把心理健康看作心理素质的一个重要方面。

　　5. 从总体上看，心理素质与心理健康的关系是"本"与"标"的关系。心理素质包含从稳定的内源性心理品质到外显的行为习惯的多层面的自组织系统，而心理健康作为外显的表现和心理状态是心理素质的一种功能性反映，同时也可通过人的心理健康状况去了解人的心理素质。

顺口溜>> 　　*素质稳定，健康积极，直接相关互相评，标本体用（功能性）两方面*

第二节 青少年心理健康教育的目标与内容

（浙江师大大纲删除）

一、青少年心理健康教育的目标【简答/论述】：14、15西北，15扬州，16华南

（一）心理健康教育的总目标

提高全体学生的心理素质，充分开发他们的潜能，培养学生乐观、向上的心理品质，促进学生人格的健全发展。

（二）心理健康教育的具体目标

1. 使学生不断正确认识自我，增强调控自我、承受挫折、适应环境的能力；
2. 培养学生健全的人格和良好的个性心理品质；
3. 对少数有心理困扰或心理障碍的学生，给予科学有效的心理咨询和辅导，使他们尽快摆脱障碍，调节自我，提高心理健康水平，增强自我教育能力。

（三）心理健康教育的主要任务

全面推进素质教育，增强学校德育工作的针对性、实效性和主动性，帮助学生树立在出现心理行为问题时的求助意识，促进学生形成健康的心理素质，维护学生的心理健康，减少和避免对他们心理健康的各种不利影响；培养身心健康，具有创新精神和实践能力，有理想、有道德、有文化、有纪律的一代新人。

二、青少年心理健康教育的内容【论述】：16华南

（一）心理健康教育的主要内容

包括：普及心理健康基本知识，树立心理健康意识，了解心理调节方法，认识心理异常现象，以及初步掌握心理保健常识，其重点是学会学习、人际交往、升学择业以及生活和社会适应等方面的常识。

（二）心理健康教育的具体内容

中小学心理健康教育，必须从不同地区的实际和学生身心发展特点出发，做到循序渐进，设置分阶段的具体教育内容。

1. 小学低年级

主要包括：帮助学生适应新的环境、新的集体、新的学习生活与感受学习知识的喜悦；乐于老师、同学交往，在谦让、友善的交往中体验友情。

2. 小学中、高年级

主要包括：帮助学生在学习生活中品尝解决困难的快乐，调整学习心态，提高学习兴趣与自信心，正确对待自己的学习成绩，克服厌学心理，体验学习成功的喜悦，培养面临毕业升学的进取态度；培养集体意识，在班级活动中，善于与更多的同学交往，培养健全开朗、合群、乐学、自立的健康人格，培养自主自动参与活动的能力。

3. 初中年级

主要包括：帮助学生适应中学的学习环境和学习要求，培养正确的学习观念，发展其学习能力，改善学习方法；把握升学选择的方向；了解自己，学会克服青春期的烦恼，逐步学会调节和控制自己的情绪，抑制自己的冲动行为；加强自我认识，客观地评价自己，

积极与同学、老师和家长进行有效的沟通；逐步适应生活和社会的各种变化，培养对挫折的耐受能力。

4. 高中年级

主要包括：帮助学生培养适应高中学习环境的能力，发展创造性思维，充分开发学习的潜能，在克服困难，取得成绩的学习生活中获得情感体验；在了解自己的能力、特长、兴趣和社会就业条件的基础上，确立自己的职业志向，进行职业的选择和准备；正确认识自己人际关系的状况，正确对待和异性伙伴的交往，建立对他人的积极情感反应和体验；提高承受挫折和应对挫折的能力，形成良好的意志品质。

第三节 青少年心理健康教育的途径与方法

一、青少年心理健康教育的途径 【简答/论述】：11闽南、11河北、12西南、14曲阜、14杭州、15华中、16深圳大学、17河南大学、17、18吉林、18上海、18河南、21杭州、13鲁东、14扬州、21华东

（一）专题训练

专题训练过程一般由"判断鉴别—训练策略—反思体验"三个彼此衔接的基本环节构成。判断鉴别是通过多种形式的训练和评估，让学生了解自己某方面心理素质发展的现状，引起学生的认同感和缺失感。训练策略是针对该课主题和在判断鉴别中所发现的问题，提出若干解决问题的方法和技巧。反思体验就是在训练中的心理感受，对情感体验等进行反思，强化训练效果，促进自我认知与评价。

（二）咨询与辅导

开展心理咨询和辅导，对个别存在心理问题的学生及时进行认真、耐心、科学的心理辅导，帮助学生解除心理障碍。

心理辅导是一种心理上的助人活动，是指在一种新型的建设性的人际关系中，辅导教师运用其专业知识和技能，给学生以合乎需要的心理上的协助与服务，帮助学生处理他所面临的问题局面，以便在学习、工作与人际关系各个方面做出良好适应。心理辅导的最简单的定义是"助人者自助"。

（三）学科渗透

学科渗透是指教师在进行常规教学时，自觉有意识地运用心理学理论、方法和技术，让学生在掌握知识、形成能力的同时，完善各种心理品质。在学科教学中各项教育活动中和班主任工作中，都应注重对学生的心理健康教育，这是心理健康教育的主要途径。

二、青少年心理健康教育的方法 【论述/简答】：14扬州、20深圳大学、20山西大学、21河南

根据教育内容、情境和青少年的特点，青少年心理健康教育有多种多样的组织形式和教育方法。概括起来，主要有以下常用的方法：

（一）认知法

这种方法主要靠调动学生的感知、记忆、想象、思维等心理过程来达到教学目标。

真题回顾

2021年华东师范大学论述题：结合现实，谈谈中小学生常见的心理健康问题及其解决措施.

2020年深圳大学论述题：如何加强中小学生的心理健康教育.

它可以派生出阅读、听、讲故事，观看幻灯、图片、录像、电影，欣赏音乐、美术、舞蹈等艺术品，案例分析、判断和评价等形式。

（二）游戏法

竞赛性游戏能够调动学生参与活动的积极性，培养学生的竞争意识和团结合作精神；非竞赛性游戏可缓解学生的紧张和焦虑程度，再现原有的生活体验，使学生获得新的体会与认识。

（三）测验法

通过智力、性格、态度、兴趣和适应性等各种问卷测验，帮助学生自我反省、自我分析，了解自己某方面心理素质的发展现状，形成正确的自我认识和自我评价。

（四）交流法

通过学生间的交流活动，各自介绍自己的心理优势或个体经验，促进其对训练策略的认同、领悟和掌握。交流有多种组织形式：既可以是口头的，也可以是书面的；既可以让交流者在课前有所准备，也可以要求他们在课堂上临场发挥；既可以是个人交流，也可以是小组或团体交流。

（五）讨论法

通过师生、生生间广泛且深入的思想交流，引导学生积极思考，步步深入，提高认识，转变思维方式和看问题的角度，掌握科学的行动步骤。讨论法可分为全班讨论、辩论、小组讨论、脑力激荡、配对交谈、行动方案研讨等多种形式。

（六）角色扮演法

教师提供一定的主题情境并讲明表演要求，让学生扮演某种人物角色，演绎某种行为方式、方法与态度，达到深化学生的认识、感受和评价"剧中人"的内心活动和情感的目的。

（七）行为改变法

通过奖惩等强化手段帮助学生建立某种良好的行为或消除、矫正不良行为。此法可分为代币法、契约法、自我控制法等多种形式。

（八）实践操作法

让学生亲自动手，完成某种操作任务。常用于验证某种心理效应，达到加深学生的体验和增强认同感的目的。

顺口溜>> 扮演实践要测验，交流讨论变认知，游戏行为兴致高

本章高分拓展

一、教师的职业发展（北师大大纲新增）

（一）教师职业发展的阶段（略，可查看第一部分《教育学基础》笔记第十二章）

（二）教师职业发展各阶段关注的核心问题

主要有以下几类问题可能会困扰处于职业发展不同阶段的教师：

一是适应问题。教师进入新环境，面对新问题，会产生心理和生理困扰。"不适应"不只在新教师身上才会发生，任何年龄、处于任何发展阶段的教师都会在每个职业发展的转折期或多或少出现适应问题。此外，教师还容易在职业生涯中出现职业生涯"高原现象"。所有这些问题都会影响教师的教学效果和身心状况，而这又会间接影响学生的学习成绩与心理状态。

二是工作压力问题。适当的压力有利于提高工作绩效和满意感，是有益的，压力过大则会起反作用。教师的生活充满了各种压力，其压力主要来源于工作要求和教师个人特征。

三是拓展和创新问题。教育教学的理论、课程、教材和教法虽然会在短时间内有较大变化，但社会的变迁、新的文化观念、新的科技成果无时无刻不在影响教育教学中的主体：教师和学生。如果教师不注意与时俱进接受新的思想观念，善于用新的科技成果和新的资讯来充实自己的教学内容、改进教学形式，而是因循守旧、思想僵化，则会引起职业发展的危机。

二、教师职业心理素质（北师大大纲新增）

（一）教师职业心理素质及其特点

1. 教师职业心理素质是多维度而非单一维度的结构，包括多个相互关联的要素

教育是为了促进学生的发展，而发展不仅指获得知识、掌握技能、形成人格品质，还包括懂得生活、适应社会、不断创新等。因此，教师作为学生发展的促进者，应具备该角色所要求的一系列心理素质。

2. 教师职业心理素质处于动态发展之中

社会对教师群体心理素质的要求在不断变化。随着时代发展，学生心理素质教育的含义和内容在变化，作为素质教育的操作者，教师的心理素质在某种程度上制约着学生心理素质的发展。

3. 教师心理素质的形成具有个别化、阶段性特点

随着教师教育实践活动的深入、教师本人专业化程度的提高，教师心理素质在教师步入职业生涯及专业发展过程中逐步形成、不断提高并渗透于日常教育教学行为之中，教师个体心理素质构成的各方面在教育实践中的表现、比例等会有所不同。

4. 教师的心理素质具有可培养的特点

心理素质虽然是内在的品质，但它可以通过外显的行为来表现。因而通过对教师的行为优化训练，就能够提高教师的心理素质。教师心理素质是教师搞好教育工作的重要条件，有显性和隐性两种作用。

（二）教师职业心理素质的结构

1. 教师的教学效能感【名解】：21湖北师范

教师的教学效能感是指教师相信自己有能力对学生的学习产生积极影响的一种知觉和信念。它属于教师的教育观念，是教师从事教育工作的心理背景，影响着教师的知觉、判断，进而影响其教育行为及教学质量。

2. 教师的教学能力

（1）教学认知能力
教学认知能力是指教师对所教学科的知识的概括能力以及对所教学生的心理特点和所使用的教学策略的理解能力。

（2）教学操作能力
教学操作能力是指教师在教学中使用教学策略的能力即教师如何管理组织课堂、引导学生、测评教学效果、组织教材、选择教学技术和方法等方面的能力。

（3）教学监控能力
教师的教学监控能力是指教师为了保证教学成功，实现预期教学目标，在教学全过程中将教学活动本身作为意识的对象，不断地对其进行积极主动的计划、检查、评价、反馈、控制和调节的能力。

3. 教师的人格特征
优秀教师的典型人格特征主要有以下三大方面：（1）热爱教育事业，热爱学生，富有事业心、责任感。（2）情感成熟而稳定，情绪自控力强。（3）耐心、自制、有恒。

三、教师职业倦怠和职业压力调适 【论述】：19河北大学

（一）教师职业倦怠

1. 教师职业倦怠的含义 【名解】：19太原，21西藏大学
教师职业倦怠是教师不能顺利应对工作压力时的一种极端反应，是教师长期压力体验下所产生的情绪、态度和行为的衰竭状态，典型症状是工作满意度降低、工作热情和兴趣丧失以及情感的疏离和冷漠。职业倦怠包括三个核心成分：①情感衰竭。②去个性化。③个人成就感降低。

2. 教师职业倦怠的原因
（1）社会因素，即教师职业的声望压力。（2）职业因素，即教师担当的多种角色所产生的角色职责压力、角色冲突和角色超载压力。（3）工作环境，即教师与学生、家长、领导、同事之间的人际关系压力，学校考评、聘任制度所带来的压力。（4）个人因素，如角色模糊、自我效能感、社会比较方式等。

3. 职业倦怠心理的影响
职业倦怠心理的存在直接影响教师的身心健康：

（1）生理上，经常疲劳、失眠、食欲不振、血压升高等。

（2）心理上，觉得工作无意义、无价值、枯燥、重复、琐碎，感到自己前途暗淡，没有希望，常产生厌倦、抑郁、压抑、焦虑、烦恼等负性情绪。

（3）行为上，对工作敷衍了事，不思进取，不愿钻研，甚至产生辞职意向和行为。

教师职业倦怠不仅可能严重影响教师的身心健康，还会阻碍教师的专业发展，甚至会引发家庭冲突和危机。不仅如此，它还直接影响其教学品质，使其创造性降低，危害学生的学业，不利于学生身心健康的发展和健全人格的形成。

（二）教师职业压力的调适

1. 勇于面对，客观看待，换个角度思考问题
认识、解释不同，产生的个人体验也就不同。任何事情都有积极面和消极面，教师职业角色压力及生活中的压力也是这样，若能换个角度思考问题，往往能茅塞顿开、柳暗花明。

2. 进行职业发展规划，使用问题解决策略和具体的放松策略
首先，处于任何发展阶段的教师都需要进行职业发展规划，尤其是新教师，要在教师职业生涯开始时就为自己设定发展目标，把目标细化，并定期审查目标达到的情况以调整发展计划。

其次，在出现问题时要使用问题解决策略，包括即使合理地宣泄情绪、寻求社会支持等。

最后，运用具体的放松策略来调节生活，包括适度的体育运动、休闲，以及在感觉紧张时使用肌肉放松等方法来松弛身心。

四、教师的威信（北师大大纲新增）

（一）教师威信的含义【名解】：18 宁波大学

教师的威信是指教师以优良的个性心理品质，获得学生的信赖与尊敬。教师的威信是教师教育影响力的重要成分，是教师知识、能力、品格和情感等因素在学生心理上产生的非权力性影响力，它自然地影响学生，使学生自觉自愿信服、尊重教师。因此，威信并不等同于威严。

（二）教师威信的教育功能【论述】：12 宁波大学

教师威信的高低，是直接影响教育教学效果的重要因素之一，会在教育教学中产生以下作用：

其一，教师的威信影响学生的认识，是学生接受其教诲的前提。有威信的教师能使学生产生信任的心理感受，对于他们的指导，学生会更积极主动地接受。而对于威信较低的教师，学生往往持不大信任的态度，甚至会有抵触情绪，因而学习效果一般较差。

其二，教师的威信影响学生的思想品德和行为习惯。有威信的教师常常被学生自觉或不自觉地视为心目中的榜样而加以模仿，所以有威信的教师一言一行都能起到教育作用，这样的"言传"和"身教"无形当中塑造着学生的思想品性。

其三，教师的威信影响学生的情感体验。有威信的教师的表扬能让学生感到愉快和自豪，其批评能让学生感到悔悟、自责和内疚。这样的情感体验有利于强化学生的行为方式，对思想和行为的塑造具有推波助澜的作用，因而能够放大教育的效果。

由此可见，有威信的教师能够在认知、情感和行为上影响学生。不同年龄、性别、个性特点的学生对教师的期望不同，所以教师的威信对于不同的学生来说有不同的深度和广度。

什么样的教师在学生心目中才有威信呢？教师的威信主要表现在六个方面：

(1) 教育热情——热爱、尊重、关心学生，待人耐心、和蔼、亲切，师生关系融洽；
(2) 思想品格——文明，真诚，言行一致，有修养，以身作则；
(3) 知识水平——不仅了解所教学科知识，对其他学科也比较了解，一专多长；
(4) 教学能力——教学有方，语言表达力强，讲课生动有趣；
(5) 工作态度——尽职尽责，严格要求，认真勤恳，治学严谨；
(6) 教育作风——公正无私，不偏不袒，作风民主。

（三）教师威信的形成与发展

1. 影响教师威信形成的因素【简答】：17 重庆

教师自身的因素对教师威信的形成起着决定作用，具体表现在以下几个方面：

(1) 教育教学技能和心理素质是教师获得威信所必需的因素

教师不仅要有丰富的知识，还要有效地传递知识，这就需要教师提高现代教育技术的应用能力，不断改进教学艺术。同时教育又是一项复杂的、高负荷的工作，面对困难，难免会产生挫折感，这又反过来影响教学工作。因此，教师只有树立终身学习的意识，积极进取，其威信才能提高。

(2) 良好的道德品质是教师威信形成的基本条件

教师作为社会文化价值与道德准则的传递者，极易被学生看作代表与具有这些价值和准则的人。一个表里不一、华而不实的教师会对学生产生不良影响。良好的道德品质还体现在教师对教育工作的态度上，具有敬业精神，对自己所教学科有着浓厚兴趣和热情，这样的教师才能得到学生的尊敬。

(3) 教师的仪表、生活作风和习惯也在影响威信的形成

教师的仪容姿态、作风、生活习惯并非微不足道的细枝末节。教师仪容不整、生活懒散、不讲卫生

以及自己习惯性的不雅观的语言动作会损害教师的威信。教师可以通过录像、录音，看到自己上课时的言语、教态、仪容、表情等，从而意识到自己言行的不当之处，并有效地纠正自己的缺点。

(4) **教师给学生的第一印象对其威信的形成有重要影响**

在头几次见面的关键时期，学生会根据教师的表情、态度、声音、语调等形成初步印象和评价。如果教师给学生的第一印象很好，则有利于今后的交流与沟通；反之，则使学生失望，今后也很难改变这种印象，教师威信就难以建立。

(5) **师生关系、师生情感对教师威信的获得也有相当大的作用**

师生关系并非只限于课堂教育教学中，在日常的生活交往中，教师与学生交流思想、兴趣、情感等，也能增进双方的了解，融洽师生关系，使学生对教师产生亲近感、认同感，从而增强学生对教师的信赖和尊敬。

2. 教师威信的变化

影响教师威信降低或丧失的主观因素有以下几点：

一是**安于现状，不思进取，求知欲弱**，导致知识面窄，既不重视本门学科的发展趋势和最新的科研成果，更不注意了解其他学科的知识，在信息时代这样一个闭目塞听、孤陋寡闻的教师的威信肯定难以维持。

二是**思想保守，因循守旧，故步自封**，导致不敢创新，不能自我扬弃，自以为威信一如既往，实际上威信早已下降。

三是**随着年龄的增长，教育观念变得消极**，教育态度变得冷淡，导致教学质量下降，引起学生反感。

总之，教师如果不是经常处于积极的发展状态，行为表现不合乎教师角色的要求，其威信就有可能降低或丧失。教师想要恢复已失去的威信，要比最初获得威信困难得多。因此，教师需要注意维护和发展自己的威信。

3. 教师威信的维护和发展

教师威信的维护和发展指以下几方面：一是巩固已有的威信，防止威信的下降和丧失；二是发展不全面的威信为全面的威信；三是发展低水平的威信为高水平的威信。

教师威信的维护和发展，主要取决于教师自身具有的特征：

(1) **教师要有坦荡的胸怀、实事求是的态度**。教师勇于承认自己的错误，并能够为自己的过失承担责任，及时纠正，这不但不会降低威信，还会赢得学生的尊重。

(2) **教师要正确认识和合理运用自己的威信**。要对威信有正确的认识，威信不是威严。只有认识到威信的实质，妥善处理师生关系，才能有效地维护和提高自己的威信。

(3) **不断进取的敬业精神**。教师要有不断进取的敬业精神，不断更新自己的知识，完善自己的各种素质，以满足学生不断发展的需要，从而激起学生的敬佩之情，提高其威信。

(4) **言行一致，做学生的楷模**。一般来说，每位教师在学生心目中都有一定程度的威信。在学生看来，教师是知识丰富的人，是举止文明的典范。如果教师的言谈举止和学生心目中的教师形象有云泥之别，其威信就会降低。同时，教师言行一致，则"言传"和"身教"并行，不仅增强教育效力，而且会赢得学生的信赖与尊重，提高威信。

五、专家型教师（北师大大纲新增）【论述】：20四川轻化工大学

(一) 专家型教师的基本特征 【名解/简答】：19内蒙古，15河南大学

斯滕伯格在《专家型教师的教学原型观》中提出了专家在总体上不同于新手的三个基本特征：

1. 有丰富的、组织化的专门知识，并能灵活应用

斯滕伯格提出专家型教师具备的知识包括：要教的学科内容知识；各种教学法知识（如怎样激发学生动机的知识）；与具体内容有关的教学法知识（如怎样阐明某一概念的知识）；与教学相联系的社会和政治背景知识，这类知识使得专家型教师能够对所在领域的实际限制因素随机应变。在拥有这些知识

以外，专家型教师还能将广博、可利用的知识组织起来灵活地运用在教学中。

2. 高效率解决教学领域的问题

首先，专家型教师善于利用认知资源，他们的知识经验丰富且高度组织化，某些教育技能已程序化、自动化。其次，专家型教师善于监控自己的认知执行过程，在接触问题时具有计划性，善于自我观察，主动自我评价并随时进行自我调整。

3. 善于创造性地解决问题，有很强的洞察力

创造性解决问题过程中的洞察力与斯滕伯格等提出的认知的"选择性编码""选择性联合""选择性比较"是相对应的。选择性编码旨在区分与问题解决相关的信息和无关的信息。选择性联合以有利于问题解决的方式将这些信息结合起来，如两项信息分开是不相关的，而联系起来考虑对于解决手边的问题却是相关的。选择性比较涉及将所有在另一个背景中获得的信息运用到手边的问题解决上来。

综上所述，专家型教师指那些在教学领域中具有丰富的、组织化的专门知识，能高效率解决教学中的各种问题，富有职业的敏锐洞察力的教师。

（二）关于专家型教师的新近研究 【简答/论述】：16青岛大学，18石河子大学，20青岛大学，21南京

专家型教师和新手型教师的特征

相关变量		专家型教师的特征	新手型教师的特征
教学效能感	一般教育效能感	认为自己能克服外在环境的负面影响，有能力克服学生个体差异；对学生行为和成就抱正向期望；教学目标和实现目标的策略明确	认为自己克服外在环境的负面影响的能力和克服学生个体差异的能力都不高；对学生行为和成就不抱正向期望；教学目标模糊，缺少实现目标的策略
	个人教育效能感	认为自己的专业，教学能力高，教学的个人成就感高，对学生学习的个人责任感高，教学活动中情绪稳定，教学信念坚定	认为自己的专业，教学能力不高，教学的个人成就感不高，对学生学习的个人责任感不高，教学活动中情绪不稳定，缺乏坚定的教学信念
教学监控能力	计划与准备性	课时计划全面，有预见性，结合教学目标与学生实际；结合要教的内容和知识教学法知识	预见性差，难以结合学生问题与课时目标；课时计划比较简单，孤立；在与课程无关的任务上花较多的时间
	评价与反馈性	课堂教学中能随时通过观察，提问，练习等途径把握学生的掌握情况；能及时了解学生的反应，并评估自己的教学行为	把提问，练习等活动看作教学过程中的必经阶段，而不是从这些活动中获得学生的掌握情况及自己教学生的反馈；无意识的把注意力集中在少数学生身上，较少获得全体学生和整个课堂的信息
	控制与调节性	能根据学生的反馈或具体教学情境灵活调整教学行为；能根据遇到的困难修正课程计划	只能按课时计划按部就班的进行教学，很少能根据学生的理解和兴趣对教学行为进行调整
	课后反省性	课后及时反思教学过程，包括教学和学生反映，检讨教学得失，作为修正教学活动的依据	注重课堂中发生的细节，注重自己的某个具体教学行为是否成功，忽视对学生反应的思考
教学行为	课前准备	考虑到教学中的突发事件，充分了解学生和教材，花在准备教学细节上的时间较少，教学计划简洁，以学生为中心，有预见性	把大量的时间花在课时计划的细节上，课时计划过于繁琐，囊括了教学过程中的每个环节，缺少与预见性和灵活性，很少能把课时计划于学生的特点联系起来
	课中互动	课堂规划明确；能用各种方法把学生的注意力集中在教学活动上；能机智处理突发事件；教材呈现方式新颖，教学策略运用自然，灵活；及时了解学生的理解情况和兴趣，根据实际对教学计划和行为做适当调整	课堂规则含糊且不能持久坚持执行；无法有效利用教学时间，把较多精力花在与教学无关的事件上；不能灵活运用教学策略，很少根据实际情况调整教学行为；注意力集中在自己的教学上，忽视学生的反应；不能通过各种途径获得学生的反馈信息